管理教材译丛

# CORPORATE FINANCE

## 13th Edition

# 公司理财

## （原书第13版）

[美] **斯蒂芬·A. 罗斯**（Stephen A. Ross） **伦道夫·W. 威斯特菲尔德**（Randolph W. Westerfield） 著
**杰弗利·F. 杰富**（Jeffrey F. Jaffe） **布拉德福德·D. 乔丹**（Bradford D. Jordan）

**吴世农 沈艺峰 王志强** 等译

机械工业出版社
CHINA MACHINE PRESS

本书是一本风靡全球的公司理财学教科书。它以独特的视角、完整而有力的概念重新构建了公司理财学的基本框架。全书围绕以 NPV 分析为主干的价值评估这条主线，紧密结合理财实践的需要，精选了公司理财的基本概念与观念、财务报表与长期财务计划、未来现金流量估值、资本预算、风险与收益、资本成本与长期财务政策、短期财务计划与管理、国际公司理财等方面的核心内容。作者以平实的语言，配以丰富的案例、举例，系统、扼要、有效地传达了公司理财的基本观念、基本方法和实务技能。

本书既适合作为商学院 MBA、财务管理和金融管理本科生、研究生的教科书，又适合作为财务和投资专业人士、大学相关教师和研究人员的必读名著或参考书。

北京市版权局著作权合同登记　图字：01-2022-6776 号。

**图书在版编目（CIP）数据**

公司理财：原书第 13 版 /（美）斯蒂芬·A. 罗斯（Stephen A. Ross）等著；吴世农等译 . —北京：机械工业出版社，2023.10（2024.11 重印）
（管理教材译丛）
书名原文：Corporate Finance, 13th Edition
ISBN 978-7-111-74009-4

I. ①公⋯　II. ①斯⋯ ②吴⋯　III. ①公司 – 财务管理 – 高等学校 – 教材　IV. ① F276.6

中国国家版本馆 CIP 数据核字（2023）第 209439 号

机械工业出版社（北京市百万庄大街 22 号　邮政编码 100037）
策划编辑：吴亚军　　　　　　　责任编辑：吴亚军
责任校对：龚思文　王　延　　　责任印制：单爱军
保定市中画美凯印刷有限公司印刷
2024 年 11 月第 1 版第 3 次印刷
214mm×275mm · 41.25 印张 · 1 插页 · 1348 千字
标准书号：ISBN 978-7-111-74009-4
定价：129.00 元

电话服务　　　　　　　　　网络服务
客服电话：010-88361066　　机　工　官　网：www.cmpbook.com
　　　　　010-88379833　　机　工　官　博：weibo.com/cmp1952
　　　　　010-68326294　　金　　书　　网：www.golden-book.com
**封底无防伪标均为盗版**　机工教育服务网：www.cmpedu.com

在"公司理财"（corporate finance）这一领域的教学和研究工作中，一些经典的教材、专著和论文一直影响着我们，它们是我们永远的导师。其中，由斯蒂芬·A. 罗斯（Stephen A. Ross）、伦道夫·W. 威斯特菲尔德（Randolph W. Westerfield）、杰弗利·F. 杰富（Jeffrey F. Jaffe）和布拉德福德·D. 乔丹（Bradford D. Jordan）4位教授合著的《公司理财》（*Corporate Finance*）是最有影响力的教材之一。

公司理财，又称"公司财务"或"公司金融"，是一门充满未知和挑战而又妙趣横生的学科。迄今为止，已有多位公司财务或金融学家荣获诺贝尔经济学奖：默顿·米勒因为在资本结构理论领域研究的杰出贡献，哈里·马科维茨因为在投资组合理论和方法方面开创性的研究，威廉·夏普因为发明了资本资产定价模型，共同于1990年获奖；1997年罗伯特·默顿和迈伦·斯科尔斯因为在期权定价研究中的开创性贡献而获奖；出于率先开展有效资本市场理论与实证的研究，芝加哥大学的尤金·法玛教授在2013年获奖，同年获奖的还有耶鲁大学的罗伯特·席勒教授，用于表彰他在行为金融方面的开创性研究；2014年法国经济学家让·梯若尔获奖，实际上，他也是一位著名的公司财务与金融学家。可以说，罗斯教授等4人所撰写的这部教材已连续修订和出版多次，系统地介绍和阐述了几乎涉及公司理财所有的经典理论、最新理论和实证研究成果及其应用前景、面临的新问题，同时又补充了大量的新数据和新案例，专注于探讨公司金融发展的新趋势，是一部经典与前沿兼具、理论与应用并举的公司财务教科书。

20世纪90年代初，国外同行极力向我们推荐罗斯等人合著的《公司理财》一书。该书自1988年出版之后一版再版，在美国和加拿大的各大名校中广受师生的欢迎。1997年译者访问新加坡国立大学和南洋理工大学时，曹勇教授赠送给我们一本罗斯等人合著的《公司理财》（第4版），并向我们推荐使用这本书。1999年机械工业出版社的编辑与我们联系翻译此书的第5版。我们认为，当时我国资本市场发展迅速，正在成为亚太地区重要的新兴市场之一。资本市场的诞生、规范和成长改变了我国企业传统的财务管理方法，企业的筹资和投资管理面临新的环境、方式和方法。因此，探讨如何结合中国国情，学习和借鉴国外先进的公司财务与金融的理论、方法和应用去推动我国在这一领域的教学、研究和应用，具有重要的理论意义和现实意义。为此，我们欣然接受翻译这部巨著的工作。2000年此书第5版在我国翻译出版后，受到广大读者的欢迎和喜爱，成为最畅销的公司财务和公司金融方面的教科书。

经典教材由于受到读者长期的喜爱，因此总在不断追踪学科的理论发展和现实实践的变化，对原有版本进行更新和完善，一版再版。《公司理财》也不例外。从1999年开始至今，为了能够把《公司理财》一版又一版精彩的原著呈现在读者面前，厦门大学管理学院一拨又一拨的老师和学生为此付出了艰辛的努力。参加《公司理财》第5版翻译工作的有：吴世农、沈艺峰、洪锡熙、李常青、贺颖奇、王志强、肖珉、冉孟顺、李雅莉、张津、卢贤义、高成福、林翔、李广斌、汤华、叶军、俞满娇、胡勤勤和何玲云等，吴世农教授和沈艺峰教授负责全书的校译和审订。参加《公司理财》第6版翻译工作的有：吴世农、沈艺峰、王志强、洪锡熙、李常青、肖珉、俞满娇、曾永艺、肖作平、潘越、张俊生、赖建清、李广斌、刘彤、沈红涛、胡勤勤、杨熠、庄峻辉、陆建伟和孙波等，吴世农教授、沈艺峰教授和王志强博士负责全书的校译和审订。参加《公司理财》第8版翻译工作的有：吴世农、沈艺峰、王志强、沈哲、肖珉、李常青、邬瑜骏、洪艺珣、顾劲尔和牛明超等，吴世农教授、沈艺峰教授和王志强教授负责全书的校译和审订。参加《公司理财》第9版翻译工作的有：吴世农、沈艺峰、王志强、沈哲、肖珉、李常青、张玮婷等，吴世农教授、沈艺峰教授和王志强教授负责全书的校译和审订。参加《公司理财》第11版翻译工作的有：吴世农、沈艺峰、王志强、沈哲、乔政、肖珉、李常青、林涛等，吴世农教授、沈艺峰教授和王志强教授负责全书的校译和审订。《公司理财》第13版的翻译分工如下：吴世农和沈哲负责翻译第1、10～14、21、27～28章，沈艺峰和林涛负责翻译第20章和第30章，王志强负责翻译第4～9、15～18章，肖珉和任春艳负责翻译第2～3、26章，刘杨树负责翻译第22章和第23章，郑振龙和陈蓉负责翻译第24章和第25章，江芷倩负责翻译第29章和第31章，李常青负责翻译第19章。在翻译过程中，我们力求做到"信、达、雅"，但由于译者水平有限，译稿难免存在一些疏漏，请读者批评指出，以便今后再版校正。

衷心感谢机械工业出版社的编辑们。他们的专业和热心促使这部巨著的中文版能基本跟上原书的再版步伐。感谢家人和朋友，感谢他们的理解和支持。

吴世农　沈艺峰　王志强

2023年4月1日于厦门大学芙蓉湖畔嘉庚楼

## 斯蒂芬·A. 罗斯（Stephen A. Ross）

罗斯教授曾任麻省理工学院斯隆管理学院经济与金融学教授，是经济与金融学领域发表论文最多的作者之一，受到广泛认可。他最杰出的成就是发明了套利定价理论和代理理论，并且他是信号理论和二项式期权定价模型的共同发现者。罗斯及其同事开发的模型，包括期限结构模型和期权定价模型。罗斯曾任美国金融协会会长、加州理工学院理事，他还曾担任数家知名经济与金融学刊物的编委。2017 年 3 月辞世。

## 伦道夫·W. 威斯特菲尔德（Randolph W. Westerfield）

现任南加利福尼亚大学（USC）马歇尔商学院荣誉院长，查尔斯·B. 桑顿（Charles B. Thornton）金融学教授。此前曾在宾夕法尼亚大学沃顿商学院任教 20 年，并担任金融系主任。他是橡树资本共同基金董事会成员。他的专业领域包括公司财务政策、投资管理及股票市场价格行为。

## 杰弗利·F. 杰富（Jeffrey F. Jaffe）

宾夕法尼亚大学沃顿商学院教授。杰富教授多年来一直是金融经济学领域多产的撰稿人，在很多杂志上发表过多篇论文，包括《经济学季刊》（*Quarterly Economic Journal*）、《金融杂志》（*Journal of Finance*）、《金融与定量分析杂志》（*Journal of Financial and Quantitative Analysis*）、《金融经济学杂志》（*Journal of Financial Economics*）以及《金融分析师杂志》（*Financial Analysts Journal*）等。他最著名的作品是关于内幕交易的，他向人们展示了企业内部人士从内部交易中赚取了异常利润，但监管却忽略了内幕交易的影响。杰富教授在首次公开发行、效用规制、做市商行为、金价波动、通货膨胀与利率作用的理论和实证研究、小市值股与 1 月效应之间的关系以及资本结构决策等方面做出了重要的贡献。

## 布拉德福德·D. 乔丹（Bradford D. Jordan）

布拉德福德·D. 乔丹是佛罗里达大学沃灵顿商学院访问学者。他曾担任肯塔基大学银行和金融服务系的杜邦讲座教授，并多年担任系主任。他的研究领域是公司理财和证券估值。他在核心金融期刊上发表了多篇论文，并获得了诸多优秀科研奖，其中包括 2010 年获得的 Fama/DFA 奖。

乔丹博士是《公司理财》第 13 版、《公司理财：核心原理和应用》第 6 版、《公司理财基础》第 13 版、《公司理财精要》第 10 版等世界上使用最广泛的公司理财教科书，以及《投资学基础：估值与管理》第 9 版等热门的投资学教科书的合著者。

# 前 言 Preface

公司理财的教学和实践从未像今天这样富有挑战性和令人振奋。21 世纪的前 20 年发生了两件影响重大的事件：2008—2009 年的全球金融危机和 2020—2021 年的全球新冠疫情，这两次冲击均导致了大量的企业重组。我们经常看到金融报刊对诸如接管、垃圾债券、财务重组、首次公开发行、破产和衍生金融工具等的报道。此外，我们也重新认识了实物期权、私募股权资本与风险资本、次级抵押债券、紧急财政援助和信用利差等问题。众所周知，全球金融市场的一体化程度之高前所未有，公司理财的理论和实践在快速变化，因此，教学必须与之保持同步发展。

这些变化和发展给"公司理财"这一课程的教学提出了新的挑战。一方面，日益变革的财务和金融使得公司理财的教学内容难以紧跟时代的步伐；另一方面，教师必须在纷繁变化的潮流中去伪存真，精选具有意义的永恒题材。对这个问题的解决办法是强调现代财务理论的基本原理，并通过实例将理论与实践结合起来，同时，我们挑选了更多美国以外的案例。

许多公司理财的初学者总是认为公司理财是一门把各种不同的论题汇聚在一起的"大杂烩"，因此他们认为公司理财是一门综合各种不同的论题于一体的课程。我们的目标就是要将公司理财演绎成一个高度统一的体系，即好的公司财务决策将提升公司和股东的价值，而糟糕的公司财务决策则损害价值。要创造价值，相对于其使用的现金，公司必须产出更多的现金。我们希望在本书的各个章节都能凸显这个简单的财务学原理。

## 本书的读者对象

本书可以作为工商管理硕士（MBA）学习"公司理财"初级课程的教科书，也可以作为管理学院本科生学习"公司理财"中级课程的教科书。当然，某些教授也会发现本书可以作为金融学专业本科生的初级教材。

我们假设学习这门课程的学生已经或正在学习会计学、统计学和经济学。这些先修课程有助于学生理解公司理财中一些深奥的难题。但是，无论如何，本书自成体系，先修课程的内容并非至关重要。本书所涉及的数学也仅限于基本代数知识。

## 第 13 版的变化

第 13 版主要有以下 5 个方面的变化。

（1）个人所得税。除 C 公司外的实体均须缴纳累进的个人所得税。在第 13 版中对有关边际税率与平均税率的讨论均重新进行了修订。

（2）新冠疫情。2020—2021 年发生的新冠疫情在多个方面影响了公司的运营，包括资本预算、长期和短期的财务计划、资本结构、供应链管理和风险管理等。我们围绕这些冲击及它们对不同类型公司的影响进行了讨论。

（3）讨论有杠杆的贝塔系数和无杠杆的贝塔系数。第 13 版更加深入地讨论了有杠杆和无杠杆的贝塔系数，包括什么时候使用无杠杆的贝塔系数，什么时候使用有杠杆的贝塔系数。

（4）风险资本。对于创业与风险资本，第 13 版更新和拓展了很多内容，包括不同的风险投资和融资阶段。

（5）股票的相对估值法。第13版拓展了股票的相对估值法，包括对不同行业的价格比率的讨论。

第13版还新增了以下的内容。

（1）股票回购的税收优势。

（2）行为金融对有效市场挑战的实证证据。

（3）金融科技。

（4）更加详细地讨论了高管股票期权。

（5）更加详细地讨论了加权平均资本成本法的各种变化。

（6）交叉销售、杠杆再资本化和债务压力。

（7）使用远期汇率估算实际汇率风险。

此外，每一章的数据以及与国际化有关的内容均进行了更新。我们试图用最新的实例、章内专栏以及章首内容来反映公司理财的一些激动人心的发展变化。本书全面推行电子表格应用程序。

最后，第13版最大的变化也许是来自耶鲁大学的凯莉·苏（Kelly Shue）教授的第一次特别贡献。凯莉提出了许多建议，这些建议使得我们对不同论题有了更全面的覆盖、更清晰的阐述和更崭新的见解。

# 目 录 Contents

## 第 5 篇 长期融资

## 第 6 篇 期权、期货与公司理财

# PART

# 1

第1篇

# 概　　论

# 第1章

# 公司理财导论

2010 年，亚当·诺伊曼（Adam Neumann）和一位商业伙伴在纽约小意大利社区创立了第一个联合办公空间 WeWork。WeWork 为那些有租房需要的公司提供共享办公空间，租期有时候可低至一天。截至 2019 年年底，WeWork 已经在全球 29 个国家超过 111 个城市设有联合办公场所。虽然营业收入已增至 30 亿美元，但公司仍然处于亏损状态。2019 年年初，科技投资界的巨头软银集团对 WeWork 下了一场豪赌，认为其估值达到 470 亿美元。

很不幸，WeWork 并非所有事情都是乐观的。2019 年年中，WeWork 提交了上市申请，但随后改变了主意。2019 年年末，软银集团承诺向公司提供另外一项重大投资，但又在 2020 年取消了该项协议。这中间究竟发生了什么？其他暂且不说，新冠疫情使共享面对面的办公空间这一商业模式受到质疑。但出乎众人意料的是，临危受命的马塞洛·克劳尔（Marcelo Claure）在 2020 年 7 月宣布 WeWork 有望在 2021 年实现盈利。

了解 WeWork 如何从一家初创企业成长为价值超十亿美元的巨头公司的历程及其后续面临的各种困难，可以带领我们进入一些将在本章中进行讨论的有关公司的组织形式、公司目标和公司控制的问题。

## 1.1 什么是公司理财

假设你决定创办一家生产网球的公司，为此你雇用经理购买原材料，招募一批生产和销售网球的工人。用理财学的语言来说，你投资于存货、机器、土地和劳动力。你对这些资产的投资额必须和你筹集到的现金相匹配。当你开始销售网球的时候，你的公司将获得现金，这是创造价值的基础。公司的目标就是为你这个所有者创造价值。这一价值体现在公司简单的资产负债表中。

### 1.1.1 公司的资产负债表模式

如果你在某一时点以财务的眼光浏览一下公司及其经营活动，图 1-1 展示的是公司资产负债表的概念图解，它将帮助你对公司理财有初步的了解。

资产负债表的左边是公司的资产，这些资产可以划分为"流动的"和"固定的"。**固定资产**是指那些持续时间较长的资产，如建筑物。某些固定资产是可触及的、有形的，如机器和设备；而某些固定资产是不可触及的、无形的，如专利和商标。另一种类型的资产，**流动资产**是由持续时间较短的资产组成的，如存货。公司生产出来尚未销售的网球就是存货的一部分。除非公司

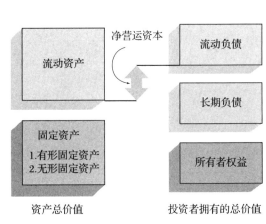

图 1-1 公司资产负债表图示

过度生产，否则存货通常不会在公司停留太久。

在公司投资一种资产之前，它必须获得资金，这意味着公司必须筹集资金来支付投资。筹集资金的方式反映在资产负债表的右边。公司一般通过发行（出售）一些被称为**债务**的证券（借款合同）或**普通股**（股票）来筹资，分为负债和所有者权益。正如资产有长期和短期之分一样，负债也可以分为"短期负债"和"长期负债"。短期负债又被称为**流动负债**，是指那些在一年之内必须偿还的贷款和其他债务；而长期负债是指那些不必在一年之内偿还的债务。所有者权益等于公司的资产价值与其负债之差。从这个意义上说，所有者权益是股东对企业资产的剩余索取权。

从公司的资产负债表模式来看，不难理解为什么公司理财可以看作对以下 3 个问题的研究。

（1）公司应该投资于什么样的长期资产？这个问题涉及资产负债表的左边。当然，公司需要的各种资产的类型和比例往往会因为行业的不同有所差异。我们用**资本预算**（capital budgeting）这个专用名词来描述长期资产支出的制定和管理过程。

（2）公司如何筹集所需的资本支出？这个问题涉及资产负债表的右边。这一问题的答案牵涉**资本结构**（capital structure），它表示公司短期及长期负债与所有者权益的比例。

（3）公司应该如何管理短期经营活动产生的现金流量？这个问题涉及资产负债表的上半部分。首先，经营活动产生的现金流入和现金流出通常在时间上不匹配。其次，经营活动产生的现金流量在数量和时间上都具有不确定性。财务经理必须致力于管理这些现金流量的缺口。从资产负债表的角度看，现金流量的短期管理与**净营运资本**（net working capital）有关。净营运资本被定义为流动资产与流动负债之差。从财务管理的角度看，短期现金流量问题是由于现金流入和流出的不匹配引起的，这属于短期融资问题。

## 1.1.2 财务经理

在大型公司里面，理财活动通常与副总裁、财务总监和一些级别略低的公司高层管理者相联系。图 1-2 描绘了一个强调财务活动的一般组织结构。财务长和主计长负责向财务总监报告。财务长负责现金流量管理、资本支出决策管理以及制订财务计划。主计长负责会计方面的职能，包括税务、成本会计、财务会计和信息系统。

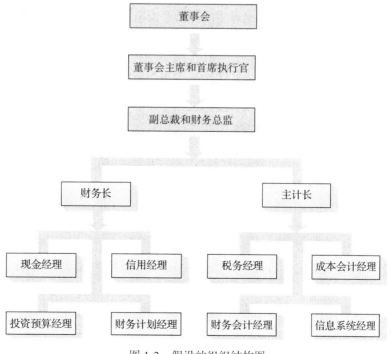

图 1-2　假设的组织结构图

## 1.2 公司制企业

企业是一种组织众多个体进行经济活动的方式。企业的一个基本问题是如何筹集资金。企业业务的形式（也就是以公司的形式组织企业）是解决筹集大量资金碰到的问题的标准方法。但是，企业还可以采取其他形式。在这一节中，我们考虑组织企业的 3 种基本的法律形式，并且看看公司在各种组织形式下如何完成筹集大量资金这个任务。

### 1.2.1 个人独资企业

**个人独资企业**（sole proprietorship）是指由一个人所拥有的企业。假设你决定创办一家生产捕鼠器的企业。入行很简单，你只要对所有听众宣布："今天我要做出一个更好的捕鼠器。"

大多数大城市要求你获得营业执照。在那之后，你就可以开始雇用你所需要数量的人，借你所需的钱。到了年末，所有盈利和亏损都是你的。

以下是建立个人独资企业需要考虑的重要因素。

（1）个人独资企业是费用最低的企业组织形式。不需要正式的公司章程，而且大多数行业需要满足的政府规章极少。

（2）个人独资企业不支付企业所得税。所有经营利润按个人所得纳税。

（3）个人独资企业对企业债务负有无限责任，个人资产和企业资产之间没有差别。

（4）个人独资企业的存续期受限于企业所有者的生命期。

（5）单一业主是个人独资企业唯一的所有者，所以个人独资企业所能筹集到的权益资本仅限于企业所有者的个人财富。

### 1.2.2 合伙制企业

任何两个或两个以上的个人可以在一起组成**合伙制企业**（partnership）。合伙制企业分为两类：①普通合伙制（也称一般合伙制）企业；②有限合伙制企业。

在**普通合伙制**企业中，所有合伙人同意提供一定比例的工作和资金，并且分享相应的利润或亏损。每个合伙人都对合伙企业的所有债务负有无限责任。合伙制企业的协议明确了这种制度安排的实质。合伙制企业的协议可以是口头的，也可以用正式的书面形式阐明所规定的事项。

**有限合伙制**企业允许某些合伙人对企业债务的责任仅限于其个人在合伙制企业的出资额。有限合伙制企业通常要求：①至少有一个普通合伙人；②有限合伙人不参与企业管理。以下是建立合伙制企业时需要考虑的一些重要事项。

（1）合伙制企业的费用一般较低且易于形成。无论是有限合伙制企业还是一般合伙制企业，复杂的协议需要以书面形式呈现。企业经营执照和申请费用是必需的。

（2）普通合伙人对所有债务负有无限责任。有限合伙人仅限于承担与其出资额相应的责任。如果一个普通合伙人不能履行其承诺，不足部分将由其他普通合伙人承担。

（3）普通合伙制企业随着一个普通合伙人的死亡或撤出而终止（有限合伙制企业却不是这样的）。对于一个合伙制企业，在没有宣布解散的情况下是很难转让产权的。这通常需要所有普通合伙人的一致同意。但是有限合伙人则可以出售他们在企业中的权益。

（4）合伙制企业要筹集大量的资金十分困难。权益资本的规模通常受到合伙人自身能力的限制。许多企业就是从个人独资或者合伙制企业开始，到了某一个时点再选择转为公司制企业。

（5）合伙制企业的收入按合伙人的个人所得征收所得税。

（6）管理控制权归属于普通合伙人。诸如企业利润留存数额等重大事项通常由多数票决定。

大型企业组织要以个人独资或合伙制的形式存在是很困难的。个人独资企业或合伙制企业最主要的优势是启动成本。在那之后，可能变严重的劣势是：①无限责任；②有限的企业生命；③产权转让的困难。这三方面的劣势导致了：④筹集资金困难。

## 1.2.3 公司制企业

在众多企业组织形式中，**公司制企业**（corporation）是目前最为重要的。它是一个独立的法人实体。正因为这样，公司可以有名称，可以享有很多自然人的法律权利。例如，公司可以购买和交换财产；公司可以签订契约，可以起诉和被起诉。为了便于管辖，法人是其成立时所在州的公民（但没有投票权）。

创办一家公司制企业比创办一家个人独资企业或合伙制企业复杂得多。公司创办人必须准备公司章程和一套规章制度。公司章程要包括如下内容。

（1）公司名称。

（2）公司计划的经营年限（可以永续经营）。

（3）经营目的。

（4）公司获准发行的股票数量，并说明各种不同股份的权限。

（5）股东拥有的权利。

（6）发起董事会的成员数量。

规章制度是公司规范其自身存续的准则，它们涉及股东、董事会成员和经理。规章制度可以是对公司经营管理原则的简要陈述，个别也有长达数百页的文字说明。

在最简单的公司制中，公司由三类不同的利益者组成：股东（即公司所有者）、董事会成员、经理（即公司高层管理人员）。传统上，股东控制公司的方向、政策和经营活动。股东选举董事会成员，然后董事会成员选择高层管理人员。高层管理人员作为公司的主管，为了股东的利益管理企业的日常经营活动。在股东少、持股股权集中的公司，股东兼任董事会成员或者公司高层管理人员的情况很普遍。甚至在大公司中，高层管理人员通常会持有公司股票并且在董事会任职。

虽然股东、董事会成员和经理三者间存在职务重叠的现象很普遍，但是与个人独资企业和合伙制企业相比，公司制企业的所有权和管理权的潜在分离有很多好处。

（1）因为股份代表着对公司的所有权，所以所有权可以随时转让给新的所有者。因为公司的存在与持股者无关，所以股份转让不像合伙制企业那样受到限制。

（2）公司具有无限存续期。因为公司与它的所有者相互独立，所以某一所有者的死亡或撤出股份法律上并不影响公司的存在。即使公司的创立者撤资，公司仍可以继续经营。

（3）股东的债务仅限于其对所有权股份的出资额。例如，如果股东购买公司1 000美元的股份，其潜在的损失就是1 000美元。在合伙制企业中，出资1 000美元的普通合伙人可能损失这1 000美元再加上合伙制企业的其他负债。

有限责任、易于转让所有权和永续经营是公司制这种企业组织形式的主要优点。这些优点增强了公司筹集资金的能力。

但是公司制企业有一个重大缺陷。联邦政府（州政府）除了对股东的股利收入征税，还对公司的收入征税。与个人独资企业和合伙制企业的税制相比，这是对股东的双重课税。表1-1对合伙制与公司制进行了总结。

表 1-1 合伙制和公司制的比较

|  | 公司制 | 合伙制 |
| --- | --- | --- |
| 流动性和可交易性 | 股份可以交易而公司无须终结。普通股可以在证券交易所上市 | 交易的数量受到很大限制，合伙制企业的交易市场一般不存在 |
| 投票权 | 在需要表决重大事项和选举董事会时，普通股股东每拥有一股就享有一票。董事会决定高层管理者人选 | 有限合伙人享有一些投票权，但一般合伙人完全控制和管理企业的运作 |
| 税收 | 双重征税：公司收入要征税，分给股东的股利也要征税 | 合伙制企业不交所得税。一般合伙人从合伙制企业取得的利润缴纳个人所得税 |

（续）

| | 公司制 | 合伙制 |
| --- | --- | --- |
| 再投资和分红 | 公司在股利支付政策上有很大的选择余地 | 一般来说，合伙制企业不允许把其利润进行再投资。所有利润都分给合伙人 |
| 责任 | 股东个人对公司债务不承担责任 | 有限合伙人对合伙制企业的债务不承担责任。一般合伙人可能要承担无限责任 |
| 存续 | 公司可以无限存续 | 合伙制企业只有有限存续期 |

现在美国全部 50 个州都已经通过法案，允许创造一种较新的企业组织形式——有限责任公司（简称 LLC）。这一实体的目标是按合伙制企业一样运作和纳税，但保留所有者的有限责任，所以有限责任公司本质上是合伙制和公司制的混合。尽管各个州对有限责任公司的定义各不相同，但是更重要的把关者是美国国税局（IRS），除非满足某些特别的条件，否则美国国税局将认定有限责任公司是一种公司制企业，因此要双重课税。其实有限责任公司是不可能过分公司化的，否则会被美国国税局当作公司来看待。有限责任公司越来越普遍。比如高盛公司，这一华尔街仅存的合伙制企业决定从私人的合伙制企业转变为有限责任公司（它后来"上市"了，变成一个上市公司）。许多大型会计师事务所和律师事务所已经转变为有限责任公司。

### 1.2.4　其他名称的公司

企业的组织形式在世界各地不尽相同。确切的法律和规章制度当然因为所处国家的不同而有所差异，但是公众所有和有限责任这两个本质特征保持不变。这些公司通常被称为**股份公司**、**公众有限公司**或者**有限责任公司**，具体取决于公司的特定性质和它们所在的国家。

表 1-2 给出了一些国际知名公司的名称、它们的原籍国家和公司类型。

**表 1-2　国际知名公司**

| 公司 | 国家 | 公司类型 | |
| --- | --- | --- | --- |
| | | 原文 | 翻译 |
| 宝马 | 德国 | Aktiengesellchaft | 公司 |
| 红牛 | 奥地利 | Gesellschaft mit Beschräenkter Haftung | 有限责任公司 |
| 劳斯莱斯 | 英国 | Public limited company | 公众有限公司 |
| 英国壳牌 | 英国 | Limited | 公司 |
| 联合利华 | 荷兰 | Naamloze Vennootschap | 股份公司 |
| 菲亚特 | 意大利 | Società per Azioni | 股份公司 |
| 沃尔沃 | 瑞典 | Aktiebolag | 股份公司 |
| 标致 | 法国 | Société Anonyme | 股份公司 |

## 1.3　现金流量的重要性

财务经理最重要的工作是通过资本预算、融资和净营运资本活动创造价值。财务经理是如何创造价值的？答案是公司应该：

（1）购买那些产生的现金高于其成本的资产。

（2）发售那些筹集到的现金高于其成本的债券、股票和其他金融工具。

因此，公司创造的现金流量必须超过它所使用的现金流量。公司支付给债权人和股东的现金流量必须大于债权人和股东投入公司的现金流量。

公司各种财务活动与金融市场的相互作用如图 1-3 所示。图 1-3 中的箭头表明现金从公司到金融市场，再从金融市场回到公司。假设我们从公司的融资活动开始。为了筹集资金，公司在金融市场向投资者发售债券和股票。这导致现金从金融市场流向公司（A）；公司管理层将这些现金用于公司的投资活动（B）；公司创造的现金（C）将支付给债权人和股东（F）。股东以股利的方式收到现金；出借资金给公司的债权人获得利息，并且最终收回公司偿还的本金。但是，公司并不是将所产生的现金全部支付出去。公司自己留存了一部分（E），此外还以税收的形式支付给政府（D）。

当支付给债权人和股东的现金（F）大于从金融市场上筹集的资金（A）时，公司的价值增加了。

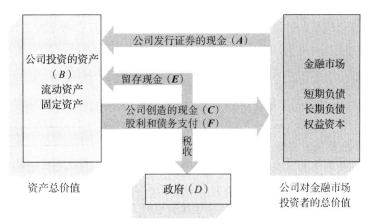

图1-3 公司和金融市场之间的现金流量

### 1. 现金流量的确认

遗憾的是，有些时候我们很难直接观测公司创造的现金流量。我们获得的信息大多数都是以会计报表的形式出现的，财务分析的大量工作就是从这些会计报表中提取现金流量信息。下面的例子说明了如何做到这一点。

### 例1-1 会计利润和现金流量

Midland公司从事黄金的提炼和交易。年末公司销售了价值100万美元的黄金2 500盎司<sup>⊖</sup>。公司年初以现金支付了90万美元购买这些黄金。遗憾的是，公司还没有收到客户购买黄金应支付的现金。右上表是Midland公司年末的财务会计状况。

根据一般公认会计准则，即使客户尚未付款，销售也应予以确认。这是基于客户将会很快支付货款的假定。所以从会计的角度看，Midland公司似乎是赢利的。然而，从公司理财的角度，主要关注现金流量（见右下表）。

公司理财注重Midland公司经营的黄金交易是否给公司创造了现金流量。价值创造取决于现金流量。对于Midland公司，价值创造取决于它是否能真正收到和何时能收到这100万美元。

**Midland公司利润表（会计的角度）**
**（12月31日）**

| | （单位：美元） |
| --- | --- |
| 销售收入 | 1 000 000 |
| 成本 | 900 000 |
| 利润 | 100 000 |

**Midland公司利润表（公司理财的角度）**
**（12月31日）**

| | （单位：美元） |
| --- | --- |
| 现金流入 | 0 |
| 现金流出 | 900 000 |
| 现金收支差 | -900 000 |

### 2. 现金流量的时点

公司投资的价值取决于现金流量的时点。理财学中一个最重要的原理是任何人都偏好早一点收到现金流量。今天收到的1美元比明天收到的1美元更有价值。

### 例1-2 现金流量的时点

Midland公司正试图从两种新产品的投资方案中做出选择。两种投资方案在未来4年都将带来额外的现金流量，最初都需投资1万美元。这两种投资方案的现金流量如右下表所示。

表面上新产品A比新产品B好。然而，新产品B的现金流量比新产品A的现金流量来得早。由于没有更多的信息，因此我们不能决定哪种

| | | （单位：美元） |
| --- | --- | --- |
| 年份 | 新产品A | 新产品B |
| 1 | 0 | 4 000 |
| 2 | 0 | 4 000 |
| 3 | 0 | 4 000 |
| 4 | 20 000 | 4 000 |
| 总计 | 20 000 | 16 000 |

⊖ 1盎司=28.349 5克。

方案将给债券持有者和股东创造更多的价值。这取决于新产品 B 在前期取得的现金流量的价值是否超过新产品 A 额外总现金流量的价值。

### 3. 现金流量的风险

公司必须考虑风险。现金流量的数量和时点难以确切知道，大多数投资者都厌恶风险。

**例 1-3 风险**

Midland 公司正在考虑扩大海外的业务。它正在评估两个可能的地点：欧洲和日本。欧洲被认为相对安全，而在日本经营看起来风险较大。无论在哪里，一年后公司都将停止其海外经营。

Midland 公司做了一个全面的财务分析之后，确定了两种备选扩张方案在三种状况——悲观、最可能和乐观情况下的现金流量（见右表）。

（单位：美元）

| | 悲观 | 最可能 | 乐观 |
|---|---|---|---|
| 欧洲 | 75 000 | 100 000 | 125 000 |
| 日本 | 0 | 150 000 | 200 000 |

如果我们忽略悲观的状况，日本或许是更好的选择。当考虑悲观的状况时，我们的选择就没有那么清楚了。日本的经营风险比较高，因为在悲观状况下其现金流量为 0。什么是风险和如何定义风险？我们必须试着回答这一重要问题。公司理财无法回避对风险型方案的选择，因此本书用较大的篇幅逐步提出对风险型投资机会的评估方法。

## 1.4 财务管理的目标

假定我们把讨论范围限制在营利性经营，那么财务的目标就是为所有者赚钱或者增加价值。当然，这个目标有点模糊，所以我们考察一些不同的表述方式，试图给出一个更准确的定义。这个定义很重要，因为它是制定和评价财务决策的客观基础。

### 1.4.1 可能的目标

如果考虑财务管理可能的目标，可能会有如下想法：

- 生存；
- 避免财务困境和破产；
- 在竞争中获胜；
- 销售额或者市场份额最大化；
- 成本最小化；
- 利润最大化；
- 实现稳定的收益增长。

这些仅仅是我们能罗列的一些目标，而且对财务经理来说，每个可能的目标都有问题。

比如，增加某个产品的市场份额和销售额很简单：只要降低价格或者放松赊销付款条件就可以实现。类似地，倘若不做研发一类的事情，总是可以减少成本支出；如果从不贷款或者从不承担任何风险，就可以避免破产等。很难说这些行为都是符合股东利益的。

利润最大化可能是最经常被人引用的目标，但它不是很精确。我们指的是今年的利润吗？如果是，我们应该注意到，虽然推迟机器厂房的维护、减少库存以及采取其他一些可降低短期生产成本的举措会增加本年利润，但这些举措未必对企业有利。

利润最大化的目标可能指的是某种"长期"或者是"平均"意义上的利润，但确切的意思还不是很清楚。首先，我们指的大概是会计净利润或每股收益吗？第 2 章会更详细地了解这些会计数字和公司的好与坏没什么关系。其次，我们说的长期是什么意思？正如一位著名的经济学家说的：长期来看，我们都会死！此外，这个目标并没有告诉我们当前利润和未来利润之间的转换关系。

我们在此所列的目标显然各不相同，但它们可以归为两类。第一类和收益率相关。涉及销售额、市场份额、成本控制的这类目标都直接或者间接地与获得利润或者增加利润的各种不同方式有关。涉及避免破产、实现稳定性和安全性的第二类目标在某些方面与风险的控制有关。不幸的是这两类目标有些矛盾。追求利润通常都会涉及某些风险，所以实际上是不可能做到最大化安全性的同时又最大化利润的。因此我们需要的是一个同时包含这两个因素的目标。

### 1.4.2 财务管理目标

公司的财务经理为公司的股东做决策。因此我们不是为财务经理列出一些可能的目标，而是确实有必要回答一个更为基础的问题：从股东的角度看，什么决策是一个好的财务管理决策？

如果我们假定股东买股票是因为他们想获取利润，那么答案就是显而易见的：好的决策增加股票价值，而糟糕的决策减少股票价值。

因此我们得出这样一个结论：财务经理通过增加股票价值的财务决策，最大限度地保护股东的利益。因此，财务经理恰当的目标可以简单地表述为：

财务管理的目标是最大化现有股票的每股价值。

股票价值最大化的目标避免了上述其他不同目标所存在的问题。判断标准明确，而且没有长期或者短期、安全或者风险这类问题。我们的目标可以明确地表达为最大化**当前**股票价值。

如果这个目标对你来说显得有点极端，或者说过于单一，请牢记当前股票价值反映了拥有公司股份的总价值。股东有权主张公司当前和未来的现金流量，他们同时也承担了和这些现金流量相关的风险的成本。因此，当前股票价值反映了股东在尽早获得现金流量还是推迟获得现金流量，以及在增加利润还是降低风险这些有时候冲突的目标之间是如何权衡的。管理者追求股票价值最大化实际上是在追求对股东来说意义重大的一系列更广泛的目标。

管理者在追求股票价值最大化目标的同时，也可以使公司其他的投资者和利益相关者受益更多。这是因为公司股东是公司剩余索取权的持有者。股东只有在职员工、供应商和债权人（还有其他所有有合法要求权的人）都得到他们应得的部分以后才享有剩余资产的所有权。如果未能支付他们中的任何一个，股东什么也得不到。因此，如果股东因为剩余部分的增长而获得成功，那么其他人一定也获得了成功。正如在后面的章节中将会谈到的，当公司存在破产风险时一个重要的例外情况会发生。在这种情况下，债权人可能会偏好低风险策略以保证公司债务得以清偿，而股东则可能更偏好高风险、上升空间更大的策略。

因为财务管理的目标是最大化股票价值，所以我们有必要了解如何鉴别对股票价值有利的投资和融资安排。确切地说，这就是我们将要学习的。在前面的章节中，我们强调了现金流量在价值创造中的重要性。实际上，我们本可以把**公司理财**定义为研究企业决策、现金流量和企业股票价值的关系。

### 1.4.3 一个更一般的目标

如果我们的目标是最大化股票价值，那么就有一个显而易见的问题：若公司没有可交易的股票，合适的目标是什么？公司当然不是唯一的组织形式，许多公司的股票很少易主，因此任意时点上的股票价值是很难确定的。

如果我们还是考虑营利性企业，那么就只需要一点细微的改动。公司股票的全部价值就是所有者权益的价值。因此更一般地表述我们的目标是这样的：最大化现有所有者权益的市场价值。

有了这个目标，就不用担心企业是个人独资企业、合伙制企业还是公司制企业。对于任意一种企业，好的财务决策增加所有者权益的市场价值，而糟糕的则会减少。实际上，尽管我们在以后的章节的讨论集中于公司，但所揭示的基本原理适用于所有形式的企业，其中的许多甚至适用于非营利性的部门。

最后，我们的目标并不意味着财务经理可以采用非法或者不道德的手段来增加公司股权的价值。我们的意思是财务经理通过识别那些可以增加公司价值的商品和服务来更好地为公司的所有者服务，这些商品和服务是大家都想得到的、合法的且在自由市场得到重视的。

## 1.5　代理问题和公司的控制

我们已经看到，财务经理通过采取增加股票价值的措施，最大限度地保护股东的利益。但是在大型公司，所有权可能分散在大量的股东手中。这种所有权的分散按理意味着管理层有效地控制了公司。在这种情况下，管理层必然会最大限度地保护股东的利益吗？换个方式说，管理层可能为了达到自己的目的而以牺牲股东利益为代价吗？接下来我们将简要地讨论一些和这个问题有关的观点。

公司治理代表着一系列能够确保管理者以股东利益及对公司现金流量有索取权的其他相关人利益为目标进行决策的规章制度和实践。公司治理在全球范围差异很大。比如，在除了英美以外的大多数国家，公开交易的公司通常都由一个或者多个大股东控制。<sup>⊖</sup>而且，相对于投资者保护力度比较强的国家（比如美国和英国），大股东在一些投资者保护力度有限的国家可能有更多的机会欺负少数股东。研究显示，一个国家的投资者保护框架对于理解一家公司的现金持有水平和股利支付是很重要的。一些研究发现，相对于那些位于投资者保护程度比较高的国家，在投资者保护程度比较低的国家中，股东对公司持有现金的估值并不高，因为他们担心公司内部持有的现金不会被派发给中小投资者。

在最基本的公司治理安排中，股东选举董事会成员，后者任命公司高层管理人员（如首席执行官）。首席执行官通常是董事会成员。公司治理最近受到广泛关注的一方面是公司董事会的主席。在许多美国公司中，首席执行官和董事会主席是同一个人。一种观点认为把首席执行官和董事会主席职位合并会导致糟糕的公司治理。美国和英国的公司治理相比，通常认为英国的公司治理会更好一些，部分原因是90%以上的英国公司由外部董事而不是公司首席执行官担任董事会主席。这是许多美国大公司面临的一个有争议的问题。例如，2019年，34%的标准普尔500指数中的公司任命外部独立董事作为董事会主席，比前几年的10%有了很大的提升。另外19%的标准普尔500指数中的公司实现了董事长和首席执行官两职分离。标准普尔500指数中的公司董事会成员的一大明显趋势是多元化。2019年，标准普尔500指数中的公司总共增加了432位董事，这些董事中59%为女性或少数族裔。目前，超过90%的标准普尔500指数中的公司董事会中包含至少两位女性董事。

### 1.5.1　代理关系

股东和管理层之间的关系称为**代理关系**。当某人（委托方）雇用另一个人（代理方）代表其利益的时候，代理关系就产生了。比如，当你还在学校读书的时候，你可能雇某人帮你卖车。在所有这一类关系中，委托方和代理方有可能存在利益上的冲突。这种冲突被称为**代理问题**（agency problem）。

假设你雇了某人帮你卖车，并同意在事成之后支付固定的酬金。在这个例子中，代理方的动机是把车卖出去，但未必能卖到最高的价格。如果你给的佣金比方说是销售价格的10%而不是固定的酬金，那么这个问题可能就不存在。这个例子说明，支付给代理方酬金的方式是影响代理问题的一个因素。

### 1.5.2　管理层目标

要了解管理层与股东的利益存在哪些差别，可假定某公司正在考虑一项新的投资项目。预计这项投资会对公司股价产生好的影响，但相对来说它也是有风险的。公司所有者希望接受该项投资（因为每股价值会上升），但是管理层不一定同意，因为事情可能发生意想不到的变化，将导致管理层丢了工作。如果管理层不接受该项目，那么股东就可能失去一个有价值的投资机会。这是**代理成本**的一个例子。

更一般地说，**代理成本**指的是股东和管理层利益冲突的成本。这些成本可以是间接的也可以是直接的。间

---

⊖　关于美国和全球的股东所有权集中度的一个有点相反的观点，见 Clifford G. Holderness " The Myth of Diffuse Ownership in the United State," *The Review of Financial Studies* 22, no. 4, (April 2009)。

接的代理成本是失去的投资机会，比如前面描述的例子。

直接的代理成本分为两种。第一类直接代理成本是管理层受益但股东蒙受损失的公司支出。可能购买一架奢侈而且不需要的私人飞机属于这一类。第二类直接代理成本是出于监督管理层行为而产生的支出。支付给外部审计人员，例如请他们评估财务报表信息的准确度。

人们有时候在争论，财务经理会最大限度地增加他们所能控制的资源，或者更一般地说，控制公司的权力和财富。这个目标可能导致过分强调公司的规模或者增长。比如为了增加企业规模或者显示公司实力，管理层被指责支付过高的价格购买另一家公司的例子屡见不鲜。很显然，如果过高支付确实发生，受益的肯定不是购买方的股东。

我们的讨论指出，管理层可能过于强调组织的生存以求保护其工作的安全性。而且，管理层可能不喜欢外界的干扰并拒绝外部监督，即使外部监督能提升股东价值。

### 1.5.3 管理者是否按股东的利益行事

实际上管理者是否按照股东的最佳利益行事取决于两个因素。首先，管理层的目标与股东的目标是否一致？这个问题涉及管理者获取报酬的方式。其次，如果管理者不为股东的目标考虑，他们是否会被撤换？这个问题涉及对公司的控制。正如我们将要讨论的，管理薪酬结构和解雇威胁可以激励管理层按股东利益行事。

#### 1. 管理人员薪酬

管理层持续提高每股价值的经济激励因素主要有两个。第一，管理薪酬，特别是高级管理人员的薪酬通常都是和总体财务绩效，尤其是和每股价值联系在一起的。例如，管理层经常会获得以特定价格（行权价）购买公司股票的期权。当股价上涨超过行权价时，这个期权会变得更有价值。事实上，期权经常被用来激励各个级别的员工，不仅仅是高级管理人员。例如，2020年苹果公司支付了与股权相关的薪酬总共约122亿美元，人均约63 200美元。苹果公司的首席执行官蒂姆·库克在2020年度的总薪酬约为1 500万美元。他的底薪为300万美元，绩效奖励1 070万美元，安保、旅行等费用100万美元。另外，他还拥有价值2.81亿美元的限制性股票。尽管高额的管理层薪酬一直为人诟病，但是从股东的角度来看，他们会更多考虑薪酬对业绩的敏感性。

管理人员的第二个激励因素和工作前景有关。公司内部业绩比较好的管理者有可能得到提拔。更概括来说，那些能成功执行股东目标的管理者在市场上供不应求，因此可以要求更高的薪酬。

实际上，成功实现股东目标的管理者可以获得丰厚的回报。2020年薪酬最高的高管为Paycom创始人及首席执行官查德·里奇森，薪酬高达2.11亿美元。相比之下，演员凯莉·詹娜的总收入为5.9亿美元，美国说唱歌手坎耶·维斯特的总收入大约为1.7亿美元<sup>⊖</sup>。

尽管可以向高管支付适当的奖金，但是如果高管进行了非法或不道德行为而依然收到奖金或其他形式的付款，那么这将是有问题的。最近，"薪酬追回"和薪酬延期支付的引入在一定程度上缓解了这类有疑问的支付。"薪酬追回"条款允许公司从涉及欺诈等行为的企业高管那里收回奖金。例如，高盛集团在2019年说公司正在调查从前任首席执行官劳尔德·贝兰克梵和现任首席执行官大卫·所罗门分别追回1.42亿美元和1.54亿美元薪酬的可能性。之所以要考虑追回薪酬，主要是因为高盛集团卷入了马来西亚腐败丑闻，导致公司价值暴跌一半。薪酬延期支付的情况也越来越多。薪酬延期支付是指在若干年后才将钱支付给高管。根据薪酬延期支付协议，公司可以在情况允许的时候取消薪酬的延期支付。

#### 2. 公司的控制

公司的控制权最终在股东手里。他们选举董事会，再由董事会聘请和解雇管理层。

不满意的股东借以更换现有管理层的一个重要机制被称为**代理权之争**。代理权是指代表他人进行投票的

---

⊖ 这引出了高管薪酬水平及它与其他员工的关系问题。根据 *Economic Policy Institute* 的数据，2019年首席执行官的平均薪酬是其他员工平均薪酬的221倍，这个数字在1978年的时候只有30倍。但是，没有精确的公式来控制高管薪酬和员工薪酬之间的差距。2018年，许多大公司开始报告首席执行官薪酬与其他员工平均薪酬之间的薪酬比率。

权利。当一群人为了更换现有的董事会进而更换现有的管理层而四处搜集代理权的时候，事情就会演化成代理权之争。例如，2019 年 1 月，激进对冲基金 Elliott Management 宣布了争夺 eBay 代理权的计划，同样是激进投资的 Starboard Value 加入了 Elliott Management。Elliott Management 和 Starboard Value 希望 eBay 能够出售 StubHub 和 Classifieds 业务。最终两家对冲基金争得 eBay 董事会的四个席位。作为回应，eBay 也于 2019 年 11 月以 40 亿美元的价格出售了旗下的 StubHub 业务。2020 年 4 月，eBay 董事会四个席位的代理权之争以 eBay 任命杰米·伊安诺尼为新任首席执行官而结束。虽然代理权之争已经结束，但 eBay 还是在 2020 年 7 月以 92 亿美元的价格出售了 Classifieds 业务。

更换管理层的另一种方式是接管。管理不善的企业对于管理良好的企业而言是很有吸引力的收购对象，因为通过更换管理层可以获得更高的潜在利润。比如，2020 年 7 月，Eldorado 完成了对凯撒娱乐价值高达 173 亿美元的收购，组建成了美国最大的博彩公司。尽管新公司保留了凯撒这一名称和股票代码，但是原凯撒公司的管理层被解雇，Eldorado 的管理层全面接管了合并后的公司。避免其他企业的接管是管理层按股东利益行事的另一种激励。不满意的重要股东可以向公司的高层管理人员建议不同的经营策略。

### 1.5.4　利益相关者

我们目前的讨论意味着管理层和股东是公司决策中仅有的利益相关方。当然，这过于简单化了。职工、顾客、供应商甚至是政府在公司都有财务方面的利益。

总的来说，这些各种各样的群体被称为公司的**利益相关者**（stakeholders），一般来说，利益相关者就是对公司现金流量有潜在索取权的人。利益相关者群体可能会有利益冲突，并竞相对公司施加控制。

## 1.6　管制

直到现在，我们谈的大部分都是关于股东和董事会为了减少他们和管理层之间的利益冲突可以采取的行为。我们还没有谈到管制。⊖最近联邦管制的主旨要求公司披露相关信息给投资者和潜在投资者。公司披露相关信息是为了让所有投资者都处于信息平等的环境，因而减少利益冲突。当然，管制把成本强加到公司，任何关于管制的分析必须包含好处和成本。

### 1.6.1　《1933 年证券法》和《1934 年证券交易法》

《1933 年证券法》和《1934 年证券交易法》为在美国公开证券交易提供了一个基本的规范性框架。

《1933 年证券法》重点是发行新股票。总的来说，《1933 年证券法》要求公司向美国证券交易委员会（SEC）呈报一份每个新股票的购买者都可以查阅的说明书。说明书的目的是向潜在投资者提供做决策所需的所有信息。《1934 年证券交易法》把《1933 年证券法》的披露要求扩展到证券上市后的市场交易。《1934 年证券交易法》设立了证券交易委员会并且涉及许多问题，包括公司报告、投标报价和内幕交易。《1934 年证券交易法》要求公司要向证券交易委员会提交年度报告（Form 10K）、季度报告（Form 10Q）和月度报告（Form 8K）。

前面提到《1934 年证券交易法》涉及内幕交易的重要性。当有人获得了非公开的特别信息（也就是内幕信息）并且用这些信息买卖股票时，这就是非法的内幕交易。《1934 年证券交易法》有一部分阐述了董事、高管和大股东等内部人，另外一部分阐述了已经获取了内幕信息的任何人。《1934 年证券交易法》的这些部分是为了防止内部人或者有内幕信息的任何人在和其他人交易时不正当地利用这些信息。

为了说明这一点，假设你已经得知 ABC 公司将要公开宣布它已经同意以一个显著高于当前市场水平的价格

---

⊖ 在本书的这个阶段，我们的重点是公司治理的管制。我们并没有涉及金融市场的其他管制，更不用说非金融市场比如说美联储了。在第 8 章中，我们会讨论在美国国内认可的统计评级组织，包括惠誉、穆迪和标准普尔。它们的评级被资本市场参与者用来帮助对公司债券进行估值。许多对评级机构的批评把 2007—2009 年的次贷危机归罪于对这些机构的监管过弱。

被另一个公司收购。这就是一个内幕消息的例子。《1934 年证券交易法》禁止你从那些没有掌握这个信息的投资者那里购买 ABC 公司的股票。如果你是 ABC 公司的首席执行官，这种限制将会特别强。其他类型的内幕信息可以是知道初始股利将要发放、发现一种可以治愈癌症的药或者某个债务合同的违约。

### 1.6.2 《萨班斯 – 奥克斯利法案》

针对安然、世通、泰科和阿德菲亚发生的公司丑闻，美国国会在 2002 年颁布了《萨班斯 – 奥克斯利法案》（Sarbanes-Oxley Act）。被称为 "SOX" 的该法案是为了保护投资者不受公司的各种欺诈。比如，该法案的某一部分就禁止公司向其职工提供个人贷款，例如，世通公司首席执行官伯尼·埃伯斯就曾得到过类似这样的贷款。

SOX 法案的一个核心部分从 2004 年 11 月 15 日开始生效。除了别的要求，404 部分要求公司年报必须评估公司的内部控制结构和财务报告。审计人员必须评价并且证明管理当局对这些事件的评估属实。SOX 法案还创立了上市公司会计监督委员会（Public Company Accounting Oversight Board，PCAOB）以确立新的审计指南和道德标准。它要求上市公司董事会的审计委员会只包括独立董事和外部董事，对年度审计进行监督，当该委员会有财务专业人士的时候予以披露（没有的话要解释为什么没有）。

SOX 法案还包含了其他重要的要求。比如，公司的管理者必须对年报进行审核并签字。他们必须明确地宣布该年报不包含任何虚假陈述或者重大遗漏，财务报告真实地反映了财务状况，他们对所有内部控制负责。最后，年度报告必须列出内部控制的不足之处。本质上，SOX 法案促使公司管理层对公司财务报告的准确性负责。

当然，和其他法令一样，执行该法案是有成本的。SOX 法案增加了公司审计的成本，有时候成本的增加非常显著。2004 年，大公司平均税务执行成本是 451 万美元，但从表 1-3 中可以看到，现在成本已大幅下降。

表 1-3　执行 SOX 法案的年均成本

| SOX 分类 | 执行 SOX 法案的年均成本（内部，单位：美元） | | | |
| --- | --- | --- | --- | --- |
| | 2020 年 | 2019 年 | 变化趋势 | 变化百分比 |
| 大型快速申报企业 | 1 371 200 | 1 309 200 | ↑ | 5% |
| 快速申报企业 | 1 133 200 | 989 300 | ↑ | 15% |
| 非快速申报企业 | 889 300 | 734 200 | ↑ | 21% |
| 新兴成长型公司 | 1 328 600 | 1 338 800 | ↓ | −1% |

资料来源：2020 Sarbanes-Oxley Compliance Survey, Proviti www.protiviti.com/US-en/insights/sox-compliance-survey.

这些增加的费用导致了一些意料之外的结果。比如，在 2003 年总共有 198 家上市公司从交易所上市交易股票的名单中除去它们的股票，或者说"闭市"（went dark），这和 2004 年退市公司的数量大体相同。这两个数字都比 1999 年的 30 起退市有所上升。许多公司称它们选择退市是为了避免执行 SOX 法案的成本。⊖

闭市的公司不必提供季度或者年度报表。年度审计不需要独立的注册会计师，并且管理层也不需要证明财务报告的准确性，因此节约的成本可能非常大。当然这也是有代价的。股票价格通常在公司宣布将要闭市的时候都会下跌。而且，这些公司通常使用资本市场的渠道有限，一般将会为银行借款支付较高的利率。

SOX 法案也影响了在美国选择上市的公司数量。比如，当位于佛罗里达的 Peach Holdings 决定上市的时候，它回避了美国股票市场，反而选择了伦敦证券交易所的 AIM（Alternative Investment Market）。若要在美国上市，这个公司需要支付 10 万美元的费用，加上遵守 SOX 法案的大约 200 万美元。然而，该公司在 AIM 发行股票只花了 50 万美元。

---

⊖ Craig Doidge、Andrew Karolyi 和 Rene Stulz 发现退市数量的下降和法案没有直接联系。他们总结大多数的退市是因为并购、财务困境和重组。参见 "Has New York Become Less Competitive in Global Markets? Evaluating Foreign Listing Choices Over Time," *Journal of Financial Economics* 91, no. 3, （March 2009），pp. 253-77。

# 本章小结

本章介绍了一些公司理财的基本理念。

1. 公司理财有 3 个关注的领域。
   a. **资本预算**：公司应该采取什么样的长期投资？
   b. **资本结构**：公司应该从哪里筹集长期资本用以支付长期投资？此外，公司应该使用何种债务和股权的组合来为业务提供资金？
   c. **营运资本管理**：公司应该如何管理日常财务活动？

2. 营利企业财务管理的目标是增加股票的价值，或者更一般地说增加所有者权益的市场价值。

3. 公司的组织形式在筹集资金和所有权的转移方面优于其他组织形式，但它的重大缺陷是双重征税。

4. 大公司的股东和管理层有可能会存在利益冲突。我们把这些冲突称为**代理问题**并且讨论了这些问题是如何得到控制和减少的。

5. 金融市场的存在显示了公司制的优势。

在我们目前所讨论的题目中，最重要的是财务管理目标：股票价值最大化。我们将会在本书的许多地方分析许多不同的财务决策，但我们总会问同一个问题：考虑之中的决策是如何影响股票价值的？

# 思考与练习

1. **代理问题** 谁拥有公司？描述所有者借以控制公司管理层的过程。代理关系在公司的组织形式中存在的主要原因是什么？在这种环境下，什么样的问题可能出现？

2. **非营利企业的目标** 假设你是一个非营利企业（或许是非营利的医院）的财务经理，你认为什么样的财务管理目标是恰当的？

3. **公司的目标** 评价下面这句话：管理者不应该只关注现在的股票价值，因为这么做将会导致过分强调短期利润而牺牲长期利润。

4. **道德规范和公司目标** 股票价值最大化的目标可能和其他目标（比如为了避免不道德或者非法的行为）相冲突吗？特别是，你认为顾客和员工的安全、环境以及社会的总体利益是否在这个框架之内，或者它们完全被忽略了？考虑一些具体的情形阐明你的回答。

5. **跨国公司目标** 股票价值最大化的财务管理目标在外国会有不同吗？为什么？

6. **代理问题** 假设你拥有一家公司的股票。股价现在是 25 美元。另外一家公司刚刚宣布它想要购买这家公司，愿意以每股 35 美元的价格收购发行在外的所有股票。你公司的管理层立即展开对这次恶意收购的斗争。管理层是按股东的最大利益行事吗？

为什么？

7. **代理问题和公司所有权** 公司所有权在世界各地都不相同。从历史来说，美国个人投资者占了上市公司股份的大多数，但是在德国和日本，银行和其他金融机构拥有上市公司股份的大部分。你认为代理问题在德国和日本会比在美国更严重吗？

8. **代理问题和公司所有权** 近年来，大型金融机构（比如共同基金和养老基金）已经成为美国股票的主要持有者。这些机构越来越积极地参与公司事务。这一趋势对代理问题和公司控制有什么样的启示？

9. **高管薪酬** 有评论认为美国公司高级管理人员的薪酬过高，应该削减。比如在大型公司中，通用电气公司的拉里·卡尔普是 2020 年度美国薪酬最高的首席执行官之一，薪酬约为 7 300 万美元。这样的数字是不是过高了？不妨考虑像罗纳尔多这样的超级运动员、维斯特和奥普拉这种在娱乐界拿顶薪的人以及许多在各自领域拿最高薪酬的人，对回答这个问题可能有帮助。

10. **财务管理目标** 为什么财务管理的目标是最大化现在公司股票的价值？换句话说，为什么不是最大化未来股票价值呢？

# 第 2 章

# 会计报表与现金流量

2020 年年初的新冠疫情影响了很多行业，受影响最大的可能莫过于航空业了。国际航空运输协会（International Air Transport Association，IATA）称，就行业总体而言，2020 年全球损失大约 840 亿美元，2021 年又额外损失 150 亿美元。以美国联合航空公司为例，仅 2020 年第一季度就损失 20 亿美元，第二季度又损失 16 亿美元。

当然，全球疫情并非这些公司报告亏损的唯一原因。2020 年中期，壳牌公司（Shell）公告因资产价值下降核销 220 亿美元，英国石油公司（BP）因为同样的原因公告核销 175 亿美元。这两家公司都将核销归因于未来数十年预期油气价格将随着清洁能源变革而下跌。

那么，主要航空公司的股东会因旅行减少而产生损失吗？确实。壳牌和英国石油公司的股东会因会计核销而发生损失吗？可能未必。要透彻地理解这个问题，让我们进入本章主题——唯有**现金流量**才是最重要的。

## 2.1 资产负债表

**资产负债表**（balance sheet）可以被看成某一特定日期会计人员对企业会计价值所拍的一张快照，仿佛企业在这一瞬间是静止的。资产负债表分为左右两部分，左边是"资产"，右边是"负债"和"所有者权益"，说明了企业拥有什么东西以及这些东西是怎么融资得来的。资产负债表编制的基础和描述的内容在会计上的准确定义是：

$$资产 \equiv 负债 + 所有者权益$$

我们在方程式中用了一个三横的等号，表明该等式是恒成立的。实际上，所有者权益被定义为企业资产与负债之差，原则上，权益是指股东在企业清偿债务以后所拥有的剩余权益。

表 2-1 是虚拟的美国联合公司（U. S. Composite Corporation）2021 年和 2022 年的资产负债表。资产负债表中的资产按照一个持续经营企业的资产正常变现所需的时间长短顺序排列。资产部分取决于企业的行业性质和管理行为，管理层经常要就各种问题做出决策，如持有现金还是购入有价证券、信用销售还是现金销售、自制商品还是外购商品、租赁还是购买以及从事何种类型的业务等，这些都会影响企业资产的构成。负债和所有者权益一般按偿付先后顺序排列。

表 2-1　美国联合公司资产负债表（2021 年和 2022 年）　　　　　　（单位：百万美元）

| 资产 | 2021 年 | 2022 年 | 负债与所有者权益 | 2021 年 | 2022 年 |
| --- | --- | --- | --- | --- | --- |
| 流动资产： | | | 流动负债： | | |
| 现金及其等价物 | 157 | 198 | 应付账款 | 455 | 490 |
| 应收账款 | 270 | 294 | 流动负债合计 | 455 | 490 |

（续）

| 资产 | 2021 年 | 2022 年 | 负债与所有者权益 | 2021 年 | 2022 年 |
|---|---|---|---|---|---|
| 存货 | 280 | 269 | | | |
| 　流动资产合计 | 707 | 761 | 长期负债： | | |
| 固定资产： | | | 　递延税款 | 104 | 113 |
| 　地产、厂房及设备 | 1 274 | 1 423 | 　长期债务① | 458 | 471 |
| 　减累计折旧 | 460 | 550 | 　长期负债合计 | 562 | 584 |
| 　地产、厂房及设备净值 | 814 | 873 | | | |
| 　无形资产及其他资产 | 221 | 245 | 所有者权益： | | |
| 　固定资产合计 | 1 035 | 1 118 | 　优先股 | 39 | 39 |
| | | | 　普通股（面值 1 美元） | 32 | 55 |
| | | | 　股本溢价 | 327 | 347 |
| | | | 　累积留存收益 | 347 | 390 |
| | | | 　减库存股票② | 20 | 26 |
| | | | 　所有者权益合计 | 725 | 805 |
| 资产总计 | 1 742 | 1 879 | 负债与所有者权益总计③ | 1 742 | 1 879 |

① 长期债务增加 47 100 万美元 −45 800 万美元 = 1 300 万美元，等于 8 600 万美元新增债务与 7 300 万美元到期旧债之间的差额。

② 库存股增加 600 万美元，是由于公司回购了 600 万美元的股票。

③ 公司报告了 4 300 万美元的新增权益，公司以 1.87 美元的价格发行了 2 300 万股，普通股的面值增加 2 300 万美元，股本溢价增加 2 000 万美元。

负债与所有者权益部分反映了企业融资的类型和比例，它取决于管理层对资本结构的选择，即在负债与权益之间的选择，以及在流动负债与长期负债之间的选择。

分析资产负债表时，财务管理人员应当注意 3 个问题：流动性、负债与权益、价值与成本。

### 2.1.1　流动性

**流动性**是指（在不引起价值大幅损失的情况下）资产变现的方便与快捷程度。**流动资产**的流动性最强，它包括现金以及自资产负债表编制之日起一年内能够变现的其他资产。**应收账款**是指销售货物或提供劳务后应向客户收取而尚未收取的款项（剔除可能发生的坏账后的金额）。**存货**包括投产前的原材料、生产中的在产品以及完工后的产成品。**固定资产**是流动性不高的一类资产，有形的固定资产包括地产、厂房及设备，这些资产不随日常业务活动转化为现金，也不用于支付应付工资之类的费用。

还有一些固定资产是无形的，无形资产没有实物形态，却可能具有很大的价值，如商标、专利等。资产的流动性越大，对短期债务的清偿能力就越强，因此，企业避免财务困境的可能性与流动性相关。遗憾的是，流动资产的收益率通常低于固定资产的收益率，比如现金就无法带来投资收益。从某种程度上来说，企业投资于流动性较强的资产是以牺牲对收益性更高的资产的投资机会为代价的。

### 2.1.2　负债与权益

**负债**是指企业所承担的在规定的期限内偿付现金的责任，大多涉及在一定的期限内偿还约定本息的合同义务。所以，负债通常伴随着固定的现金支出负担，即**债务清偿**，如果企业不能支付，将会构成违约。**股东权益**是对企业剩余资产的索取权，它是不固定的。一般情况下，当企业借款时，债权人享有对企业现金流量的第一索取权。⊖如果企业违约，债权人有权对其提起诉讼，这将有可能导致企业被迫宣告破产。所有者权益等于资产与负债之差：

$$资产 - 负债 \equiv 所有者权益$$

---

⊖ 债权人是指企业债务的提供者，是企业的贷主。在本书中，术语"债权人"与"贷主"的含义相同。

这是会计上对所有者权益的描述。当企业将部分利润留存而不分派股利时，留存收益增加，所有者权益的会计价值也随之提高。

### 2.1.3　价值与成本

企业资产的会计价值通常是指**置存价值**或**账面价值**。<sup>○</sup>按照一般公认会计准则（generally accepted accounting principles，GAAP），美国经审计的企业财务报表对资产应按成本计价。<sup>○</sup>因此，**置存价值**与**账面价值**这两个术语具有误导性，使许多读者认为财务报表中的企业资产是按真实的市场价值记录的。**市场价值**是指有意愿的买者与卖者在资产交易中所达成的价格。如果资产的会计价值与市场价值正好相等，那只是一种巧合。实际上，管理层的任务正在于为企业创造高于其成本的价值。

使用资产负债表者为数众多，他们想要从报表中获取的信息却各不相同。银行家可能希望了解企业的会计流动性和营运资本，供应商或许希望了解应付账款的多少以及一般情况下其付款的及时性。许多财务报表的使用者（包括管理者与投资者）所关心的是企业的市价，而非它的成本，但这些信息在资产负债表上是无法得以体现的。实际上，企业很多真正的资源并没有出现在资产负债表上，比如优秀的管理、专有的资产、有利的经济条件等。从现在开始，只要我们谈及一项资产的价值或一个企业的价值，正常情况下都是指市场价值。例如，当我们说财务管理者的目标是提高股票价值时，其中的股票价值是指股票的市场价值，而非账面价值。

随着商业全球化的发展，会计准则越来越需要在不同的国家之间更具备可比性。近年来，美国会计准则与国际会计准则（IFRS）的结合更加紧密，负责 GAAP 政策的财务会计准则委员会与负责 IFRS 的国际会计准则委员会更是致力于推动会计准则趋同。尽管 GAAP 与 IFRS 在多个领域趋于相似，但至少到目前为止，会计准则的完全统一尚未排上日程。

**例 2-1　市场价值与账面价值**

可尼公司固定资产的账面价值是 700 美元，市场评估价值约 1 000 美元，净营运资本的账面价值是 400 美元，但如果所有的流动性账目被清算，可以得到大约 600 美元，长期负债的账面价值和市场价值都是 500 美元。可尼公司权益的账面价值是多少？其市场价值呢？

我们可以编制两份资产负债简表，一份是会计（账面价值）的，一份是经济（市场价值）的。

可尼公司资产负债表（市场价值与账面价值）　　　　　　　　（单位：美元）

| 资产 | | | 负债与所有者权益 | | |
|---|---|---|---|---|---|
| | 账面价值 | 市场价值 | | 账面价值 | 市场价值 |
| 净营运资本 | 400 | 600 | 长期负债 | 500 | 500 |
| 固定资产净值 | 700 | 1 000 | 股东权益 | 600 | 1 100 |
| | 1 100 | 1 600 | | 1 100 | 1 600 |

在本例中，所有者权益实际上是账面记录金额的近两倍，正是因为账面价值与实际的经济价值天差地别，所以了解二者之间的差异非常重要。

## 2.2　利润表

**利润表**（income statement）用来衡量企业在某一特定时期（如一年）内的业绩。利润的会计定义为：

收入 − 费用 = 利润

---

○ 很多财务会计术语的含义相同，给报表读者带来理解上的不便。比如，"资产减去负债""净资产""所有者权益"及"权益资本"表达的实际上是同一个意思。

○ GAAP 一般要求资产应按成本与市价孰低计价，而多数情况下成本低于市价。不过，在某些情形下，如果公平市场价值可以方便地确定，资产会按照公平市场价值调整。

如果说资产负债表如同一张快照，那么利润表就像一段录像，记录了公司在两张快照之间做了些什么。表2-2是美国联合公司2022年的利润表。

表2-2 美国联合公司利润表（2022年）　　　（单位：百万美元）

| | |
|---|---:|
| 总营业收入 | 2 262 |
| 产品销售成本 | 1 715 |
| 销售、行政及管理费用 | 327 |
| 折旧 | 90 |
| 营业利润 | 130 |
| 其他利润 | 29 |
| 息税前利润 | 159 |
| 利息费用 | 49 |
| 税前利润 | 110 |
| 所得税 | 24 |
| 当期：15 | |
| 递延：9 | |
| 净利润 | 86 |
| 　留存收益： | 43 |
| 　股利： | 43 |

注：发行在外的股票有2 900万股。每股收益和每股股利计算如下：

$$每股收益 = 净利润 / 发行在外股份总数 = 86/29 = 2.97（美元）$$
$$每股股利 = 股利 / 发行在外股份总数 = 43/29 = 1.48（美元）$$

利润表通常分为几个部分，经营活动部分报告企业主营业务的收入和费用，其中一个特别重要的数字是息税前利润（EBIT），这个指标反映扣除所得税和融资费用之前的利润。利润表的非经营活动部分列示了融资费用，比如利息费用。另外，再用一个独立的项目报告税务部门对利润课征的所得税。利润表的最后一项是净利润，净利润常常被表示成普通股的每股利润，即每股收益的形式。

分析利润表时，财务管理人员需要注意如下问题：GAAP、非现金项目、时间与成本。

### 2.2.1　GAAP

当货物已经交易或服务已经提供，赢利过程已经在实质上完成时，利润表确认收入。而当企业财产的价值增值但尚未实现时，则不能确认收入。这就为利润平滑化提供了一个工具，企业有可能在需要的时候出售已增值的资产，从而调节利润。例如，如果某企业所拥有的一个林场的价值翻了一番，那它就可以在某个经营业绩不好的年份卖掉一些林木来增加总利润。按GAAP中配比原则的要求，收入应与费用相配比。在收入发生或者应计的时候，即使没有现金流量，也要在利润表上报告（例如，销售收入应于产品销售时予以报告，即使该产品为赊销产品）。

### 2.2.2　非现金项目

资产经济价值的大小与其未来所能产生的现金流量密切相关，然而，现金流量并没有在利润表上反映。在利润表上，与收入相配比的费用中有些属于**非现金项目**（noncash item），并不影响现金流量。在这些非现金项目中，最重要的是**折旧**，折旧是会计人员对生产过程中的设备耗费成本所进行的估计。假定某项固定资产寿命期为5年，5年后无残值，其买价为1 000美元。对于会计人员而言，必须将这1 000美元的成本在该资产的寿命期内摊入费用，若按直线折旧法，5年中每年的折旧费均为200美元。但从财务的角度看，这笔资产的成本是固定资产取得时的实际现金流出（即，成本是1 000美元，而非会计上的每年所分摊的200美元折旧费）。

另一种非现金费用是**递延税款**。递延税款是由会计利润和实际应纳税所得之间的差异引起的。[⊖]在美国联合公司的利润表上，会计税款 2 400 万美元可以分成两个部分：当期税款和递延税款，当期税款向税务机关（如美国国税局）缴纳，而递延税款则不必如此。理论上，如果本年的应税所得小于会计利润，以后年度的应税所得就会大于会计利润，也就是说，本年未付的税款将在以后年度付出，这就形成企业的负债，在资产负债表上表示为递延税款贷项。然而，从现金流量的角度来看，递延税款不是一笔现金流出。

现实中，现金流量与会计利润的差异有可能非常大，因此，理解这个差异十分重要。比如，在 2020 年第二季度，商业印刷（Quad / Graphics）公司公告净损失 1 500 万美元，听起来很糟糕，但公司报告的现金流量为 5 100 万美元，二者相差 6 600 万美元。

### 2.2.3　时间与成本

我们把未来的时间形象地分为**短期**和**长期**，这样的区分十分有用。所谓短期，就是在这样一个时间长度内企业特定的设备、资源和责任义务都是固定的，但可以通过增加劳动力和原材料来改变产量。尽管对于不同的行业来说，所谓短期并没有一个统一的期限标准，但所有企业制定短期决策时一定都有固定成本，即由于固定的承诺而不可更改的成本，比如业务活动中的债券利息、管理费和财产税等。非固定的成本便是变动成本，变动成本随企业产量的变化而变化，比如原材料和生产工人的工资。

从长期来看，所有的成本都是变动的。财务会计人员对变动成本和固定成本不做区分，而通常将费用分为产品成本和期间费用。产品成本是指某一期间内所发生的全部生产成本，包括原材料、直接人工和制造费用，产品销售出去后，这一部分在利润表上作为已销产品成本列示。产品成本中既有变动成本，也有固定成本。期间费用是指分配到某一期间的费用，包括**销售**、**行政费用**和**管理费用**，比如，公司总裁的薪酬便是一项期间费用。

## 2.3　税

税负可能是企业最大的一笔现金流出。例如，2019 年西南航空公司的税前利润大约 29.6 亿美元，其包括全球所纳税款在内的税务账单高达 6.57 亿美元约占税前利润的 22%。同样在 2019 年，沃尔玛的应纳税所得额为 201.2 亿美元，支付税款 49.2 亿美元，平均税率为 24%。公司税负的多少由税法及一系列的修订案规定，本节我们将讨论公司税率以及税负的计算。

如果你觉得纷繁复杂的税法规定多少有点古怪而令人费解，别忘了税法不是经济的，也不是暴力的，而是政治的产物。所以，它没必要符合经济逻辑。

### 2.3.1　公司税率与个人税率

2017 年的《减税与就业法案》通过之后，美国的联邦企业所得税变成统一的 21%。不过，独资企业、合伙制企业和有限责任公司等不同商业形式的企业的税率并不统一。为了说明与这些主体的纳税有关的要点，我们看看表 2-3 中的个人税率。如表 2-3 所示，2021 年税率分为七个档次，从10% 到从 2017 年的 39.6% 降下来但仍然较高的 37%。

**表 2-3　个人税率**

| 应税所得 / 美元 | 税率 / % |
| --- | --- |
| 0　～　9 950 | 10 |
| 9 950　～　40 525 | 12 |
| 40 525　～　86 375 | 22 |
| 86 375　～　164 925 | 24 |
| 164 925　～　209 425 | 32 |
| 209 425　～　523 600 | 35 |
| ≥ 523 600 | 37 |

### 2.3.2　平均税率与边际税率

进行财务决策时，区分平均税率和边际税率十分重要。**平均税率**（average tax rate）等于应纳税额除以应税所得，也就是收入中用于付税的金额所占的百分比。**边际税率**（marginal tax rate）则是指多赚 1 美元需要支付的

---

⊖　若某企业对美国国税局报税使用加速折旧法，而对外报告时，GAAP 规定允许使用直线法，那么该企业应税所得就可能低于会计利润。

税金（以百分比表示），表 2-3 所显示的都是边际税率，即税率仅适用于对应区间内的收入，而非总收入。

平均税率与边际税率之间的差异可以用一个简单的例子加以说明，假设公司应税所得为 100 000 美元，应纳税额是多少？根据表 2-3，计算如下：

$$
\begin{aligned}
0.10 \times (9\,950) &= 995\ (美元) \\
0.12 \times (40\,525 - 9\,950) &= 3\,669\ (美元) \\
0.22 \times (86\,375 - 40\,525) &= 10\,087\ (美元) \\
0.24 \times (100\,000 - 86\,375) &= \underline{3\,270\ (美元)} \\
&\quad\ \ 18\,021\ (美元)
\end{aligned}
$$

所以，应纳税额为 18 021 美元。

本例中，平均税率是多少呢？应税所得是 100 000 美元，应纳税额是 18 021 美元，所以平均税率是 18 021/100 000 = 18.02%。边际税率是多少呢？如果我们再多赚 1 美元，这 1 美元应缴纳 24% 的税金，所以边际税率为 24%。

### 例 2-2　进一步了解税负的计算

Algernon 公司是一位未婚人士拥有的小独资企业，应税所得为 80 000 美元，应纳税额是多少？平均税率和边际税率分别是多少？

根据表 2-3，在该公司的应税所得中，起初的 9 950 美元适用税率为 10%，随后的 40 525 美元适用税率为 12%，接下来直至 80 000 美元的部分适用税率为 22%，因此，Algernon 公司应缴纳税金是 10% × 9 950 + 12% × (40 525 - 9 950) + 22% × (80 000 - 40 525) = 13 348.50 美元，因此，该公司的平均税率为 13 348.50/80 000 = 16.69%。由于应税所得再多 1 美元要按照 22% 的税率纳税，所以该公司的边际税率为 22%。

一般而言，与财务决策有关的是边际税率，因为新的现金流量总是会按照边际税率计税，而财务决策通常涉及新的现金流量或现有现金流量的变动，边际税率可以告诉我们一项决策对应纳税额的边际影响。

在**比例税率**的情况下，所有收入等级的税率都一样，在这种情况下，边际税率始终等于平均税率。事实上，美国的公司税规定的是经过修正的比例税率，对于最高等级的收入而言，其实就是固定税率。

在继续之前，我们应该注意到本节所讨论的只是联邦税的税率，如果考虑州、地方及其他税负，公司的总税率还要更高。

## 2.4　净营运资本

净营运资本等于流动资产减去流动负债。当流动资产大于流动负债时，净营运资本为正，表明企业在未来的 12 个月里能得到的现金将大于要付出的现金。美国联合公司 2021 年的净营运资本是 25 200 万美元，2022 年的净营运资本是 27 100 万美元。

（单位：百万美元）

| | 流动资产 | − | 流动负债 | = | 净营运资本 |
|---|---|---|---|---|---|
| 2021 年 | 707 | − | 455 | = | 252 |
| 2022 年 | 761 | − | 490 | = | 271 |

企业除了投资于固定资产（即资本性支出），还要投资于净营运资本，这就是**净营运资本变动额**（change in net working capital）。2022 年的净营运资本变动额是 2022 年和 2021 年净营运资本的差额，即 27 100 万美元 −25 200

万美元=1 900万美元。通常情况下，成长性企业的净营运资本变动额是正数。⊖

## 2.5 企业的现金流量

企业财务报表中最重要的项目可能要算**现金流量**（cash flow）了。法定会计报表中的**现金流量表**说明了现金及其等价物是如何发生变动的。从表2-1可以看到，美国联合公司的现金及其等价物从2021年的15 700万美元增加到2022年的19 800万美元，变动额为4 100万美元（见第2.6节）。这里我们从另外一个角度——财务的角度来讨论现金流量。从财务的角度看，企业的价值就在于其产生现金流量的能力（我们将在后续章节中讨论财务现金流量）。

首先要指出的一点是，现金流量不同于净营运资本。例如，增加存货需要支出现金，由于存货和现金都是流动资产，所以净营运资本不发生变动。但在这种情况下，用现金购买存货导致存货的增加，却引起了现金余额的减少。

正如我们已经说过的，企业资产的价值一定等于负债的价值与权益的价值之和。资产的现金流量CF（$A$），也一定等于流向债权人的现金流量CF（$B$）与流向权益投资者的现金流量CF（$S$）之和：

$$\text{CF}（A） \equiv \text{CF}（B） + \text{CF}（S）$$

确定企业现金流量的第一步是计算**经营性现金流量**。从表2-4可以看出，经营性现金流量是包括销售产品和提供劳务在内的经营活动所产生的现金流量。经营性现金流量反映企业的纳税支出，但不反映筹资性支出、资本性支出或净营运资本的变动额（见右表）。

（单位：百万美元）

| | |
|---|---|
| 息税前利润 | 159 |
| 折旧 | 90 |
| 当期税款 | −15 |
| 经营性现金流量 | 234 |

**表2-4 美国联合公司的财务现金流量（2022年）** （单位：百万美元）

| 企业现金流量 | |
|---|---|
| 经营性现金流量 | 234 |
| （息税前利润加折旧减税） | |
| 资本性支出 | −173 |
| （固定资产的取得减固定资产的出售） | |
| 净营运资本的增加 | −19 |
| 合计 | 42 |
| **企业流向投资者的现金流量** | |
| 债务 | 36 |
| （利息加到期本金减长期债务融资） | |
| 权益 | 6 |
| （股利加股票回购减新权益融资） | |
| 合计 | 42 |

企业现金流量的另一重要部分是**固定资产的变动额**。美国联合公司2022年出售其能源系统分部，使现金流量增加2 500万美元。固定资产的取得减去固定资产的出售就是固定资产的净变动，固定资产的净变动导致资本性支出的现金流量如下表所示。

（单位：百万美元）

| | | |
|---|---|---|
| 固定资产取得 | 198 | |
| 固定资产出售 | −25 | |
| 资本性支出 | 173 | （＝149＋24＝地产、厂房及设备的增加＋无形资产的增加） |

---

⊖ 公司的流动负债有时包括短期的附息债务，如**应付票据**。不过，财务分析师一般将流动负债分为付息短期债务和非附息短期债务（如应付账款）。如果进行了这样的区分，在计算营运资本时只考虑非附息短期债务，这样计算出来的净营运资本叫作"经营性"净营运资本。附息短期债务并未被遗忘，而是被纳入融资活动现金流量，利息被认为是资本的收益率。分析师在计算净营运资本时有时也剔除"冗余的"现金与短期投资，因为这些冗余是公司现金流量暂时的不平衡导致的，与公司的正常经营或融资活动可能并不相关。

资本性支出还可以简单地计算如下：

$$资本性支出 = 期末固定资产净额 - 期初固定资产净额 + 折旧$$
$$= 1\,118 - 1\,035 + 90 = 173（百万美元）$$

企业现金流量还被用于净营运资本投资，美国联合公司 2022 年的**净营运资本增加额**如右表所示。

| | （单位：百万美元） |
|---|---|
| 净营运资本增加额 | 19 |

这里的 1 900 万美元就是我们先前计算的净营运资本变动额。

可见，企业的资产所产生的现金流量总额等于右表 3 个部分之和。

企业的总现金流出分为两个部分：向债权人支付的现金流量和向股东支付的现金流量。向债权人支付的现金流量是对表 2-4 中数据的重新组合，并明确列示利息费用。向债权人支付的数额通常被称作**还本付息**（debt service），包括利息的支出和本金的偿付（即债务清兑）。

| | （单位：百万美元） |
|---|---|
| 经营性现金流量 | 234 |
| 资本性支出 | -173 |
| 净营运资本的增加 | -19 |
| 企业现金流量总额 | 42 |

发行新债是现金流量的一个重要来源。美国联合公司的长期债务增加 1 300 万美元（8 600 万美元的新债借入减去 7 300 万美元的旧债清偿）。<sup>○</sup>向债权人支付的现金流量就等于借入新债、偿还到期债务和支付利息的净影响（见右下表）。

对债权人的现金流量还可以这样计算：

$$向债权人支付的现金流量 = 支付的利息 - 净增借款$$
$$= 支付的利息 - （期末长期债务 - 期初长期债务）$$
$$= 49 - （471 - 458）$$
$$= 36（百万美元）$$

**对债权人的现金流量**

| | （单位：百万美元） |
|---|---|
| 利息 | 49 |
| 到期债务的本金 | 73 |
| 债务清偿 | 122 |
| 新增的长期债务 | -86 |
| 合计 | 36 |

企业的现金流量还要向股东支付，这一部分等于股利支付、股票回购和新股发行三者的净影响（见下表）。

| **对股东的现金流量** | （单位：百万美元） |
|---|---|
| 股利 | 43 |
| 股票回购 | 6 |
| 流向股东的现金 | 49 |
| 来自新股发行的现金 | -43 |
| 合计 | 6 |

通常，对股东的现金流量可以这样计算：

$$向股东支付的现金流量 = 支付的股利 - 权益筹资净额$$
$$= 支付的股利 - （发行的股票 - 回购的股票）$$

要确定发行的股票，首先要注意普通股和股本溢价一共增加 23 + 20 = 43（百万美元），说明公司发行了价值 4 300 万美元的股票。其次，库存股增加 600 万美元，说明公司回购了价值 600 万美元的股票。所以，权益筹资净额是 43 - 6 = 37（百万美元），而股利支付 4 300 万美元，故向股东支付的现金流量为：

$$向股东支付的现金流量 = 43 - （43 - 6） = 6（百万美元）$$

这正是我们先前计算得出的 600 万美元。

从以上关于现金流量的讨论中我们可以归纳几个要点。

（1）为了理解企业的财务状况，我们用到几种类型的现金流量。**经营性现金流量**（operating cash flow）等于息税前利润加上折旧减去税，反映经营活动所带来的现金，不包括资本性支出和净营运资本支出。经营性现金

---

○ 新发债务和旧债的清偿通常列示在资产负债表的附注中，见表 2-1 的表注。这个增加额可以从资产负债表里的长期债务由 45 800 万美元增加到 47 100 万美元获知。

流量通常为正，当企业的经营性现金流量长期为负时，就会陷入麻烦，因为其经营活动的现金入不敷出。**企业的现金流量总额**（total cash flow of the firm）除了经营性现金流量，还包括资本性支出和净营运资本支出，它时常为负。当企业快速成长时，用于存货和固定资产的支出就可能高于经营性现金流量。

（2）净利润不同于现金流量。美国联合公司 2022 年净利润为 8 600 万美元，而现金流量为 4 200 万美元。这两个数字一般是不相等的，在判断企业的经济状况和财务状况时，现金流量更加有用。

企业的现金流量总额有时以另外一个名字出现，即**自由现金流量**（free cash flow）。当然，真正"自由的"现金是没有的（我们希望有！），这里的所谓自由，是指那些现金可以自由地分派给债权人和股东，因为这些现金无须用于营运资本或固定资产投资。实践中对自由现金流量有各种不同的计算，对于这个重要概念，我们暂时还是坚持使用"企业的现金流量总额"这个名词。不过，无论何时，当你听到术语"自由现金流量"时，要知道那就是指可以从资产中支付给投资者的现金流量。

## 2.6 会计现金流量表

如前所述，**现金流量表**是法定会计报表之一，用于说明会计现金的变动，美国联合公司 2022 年会计现金的变动为 4 100 万美元。现金流量表对于理解财务现金流量非常有用。

确定企业现金变动的第一步是计算经营活动产生的现金流量，即由于生产和销售产品及提供劳务等正常的经营活动所带来的现金流量；第二步是考虑投资活动产生的现金流量；第三步再考虑筹资活动产生的现金流量，即当年对债权人和所有者的净支出（不包括利息费用）。

现金流量表由三个部分组成：经营活动产生的现金流量、投资活动产生的现金流量以及筹资活动产生的现金流量。

### 2.6.1 经营活动产生的现金流量

计算经营活动产生现金流量从净利润开始。由利润表可知，美国联合公司净利润是 8 600 万美元。在此基础上，加回非现金费用，再根据流动资产和流动负债（不包括现金与应付票据）的变化做出调整，即可得到经营活动产生的现金流量（见右表）。

**美国联合公司经营活动产生的现金流量（2022 年）**

| | （单位：百万美元） |
|---|---:|
| 净利润 | 86 |
| 折旧 | 90 |
| 递延税款 | 9 |
| 资产及负债的变化 | |
| 应收账款 | −24 |
| 存货 | 11 |
| 应付账款 | 35 |
| 经营活动产生的现金流量 | 207 |

### 2.6.2 投资活动产生的现金流量

投资活动产生的现金流量是指资本性资产发生的变化：固定资产的取得和固定资产的出售（即净资本性支出），美国联合公司的有关计算如下。

| 美国联合公司投资活动产生的现金流量（2022 年） | （单位：百万美元） |
|---|---:|
| 固定资产的取得 | −198 |
| 固定资产的出售 | 25 |
| 投资活动产生的现金流量 | −173 |

### 2.6.3 筹资活动产生的现金流量

筹资活动产生的现金流量涉及债权人和所有者的现金流量，包括权益和债务的变动（见下表）。

| 美国联合公司筹资活动产生的现金流量（2022 年） | （单位：百万美元） |
|---|---:|
| 长期债券清偿 | −73 |
| 发行长期债券 | 86 |
| 股利 | −43 |
| 股票回购 | −6 |
| 新股发行 | 43 |
| 筹资活动产生的现金流量 | 7 |

现金流量表由经营活动产生的现金流量、投资活动产生的现金流量、筹资活动产生的现金流量三个部分组成（见表2-5）。把所有的现金流量加总起来，就可以得到美国联合公司资产负债表中的现金的变动额4 100万美元。

这里显示的会计现金流量表与之前章节讨论的公司财务管理中用到的总现金流量类似（见表2-4），最大的不同在于向债权人支付的利息，即利息费用的处理。现金流量表从净利润开始，在净利润中利息已经作为一项费用扣除。从概念上讲，向债权人支付的利息其实应该列报于融资活动部分，但会计不是这么处理的。

## 2.7 现金流量管理

现金流量分析之所以普遍，原因之一在于现金流量不容易被操纵和调整。GAAP在很多关键领域允许会计人员进行主观判断，运用现金流量作为评估公司的一个度量标准，源于这样的想法：现金流量涉及较少的主观性，其数字难以被操纵。不过，最近有几个例子表明，公司仍然能找到办法调整现金流量数字。

例如，泰科（Tyco）运用多种手法改变现金流量。公司向经销商购买顾客安全预警账户花费8亿多美元，这些交易的现金流量列报于会计现金流量表的融资活动部分。当泰科收到客户支付的款项时，现金流入则列报于经营性现金流量。泰科运用的另一种方法是让被收购的公司预付经营费用，即被泰科收购的公司在尚未收货之前向卖方付款，其中一例付款总共超过5 000万美元。当被收购公司与泰科合并时，这些预付款项会减少泰科的现金流出，从而增加其经营性现金流量。

第二个例子是能源巨头达力智（Dynegy），它曾被诉进行许多复杂的"往返交易"。这些往返交易实际上是将自然资源出售给交易对手，又以相同的价格向同一交易对手购回这些资源。达力智以100美元销售一项资产，同时立即以100美元向购买者购回该项资产。那么，销售所得现金流量的处理便成为一个问题。达力智将销售资产所得现金作为经营性现金流量，而将回购所用现金作为投资性现金流量。在这些往返交易中，达力智的协议现金流量总额共达到3亿美元。

另一家明显操纵现金流量的公司是阿德菲亚通信（Adelphia Communications）。该公司将安装电缆的人工资本化，即将这种人工费用归为一项固定资产。尽管这种做法在通信行业较为常见，但阿德菲亚通信的人工费用资本化比例高于行业一般水平。这样处理的影响是，人工费用被当作投资现金流量，经营性现金流量得以提高。

在以上各例中，公司都试图通过改变现金流量的类别，将其置于不同的标题之下，从而提高经营性现金流量。值得一提的是，这些改变并不影响企业的现金流量总额，这就是为什么我们建议关注现金流量总额，而不仅仅是经营性现金流量。

**表2-5 美国联合公司的总现金流量表（2022年）**

（单位：百万美元）

| 经营活动 | |
| --- | --- |
| 净利润 | 86 |
| 折旧 | 90 |
| 递延税款 | 9 |
| 资产及负债的变化 | |
| 应收账款 | −24 |
| 存货 | 11 |
| 应付账款 | 35 |
| 经营活动产生的现金流量合计 | 207 |
| **投资活动** | |
| 固定资产的取得 | −198 |
| 固定资产的出售 | 25 |
| 投资活动产生的现金流量合计 | −173 |
| **筹资活动** | |
| 长期债券清偿 | −73 |
| 发行长期债券 | 86 |
| 股利 | −43 |
| 股票回购 | −6 |
| 新股发行 | 43 |
| 筹资活动产生的现金流量合计 | 7 |
| 现金的变动额（资产负债表上） | 41 |

## 本章小结

本章除了向你介绍会计知识，还教你如何根据公司会计报表中的信息确定现金流量。

1. 现金流量由企业的业务活动所产生，并向债权人和股东支付，它可以分为：

    a. 经营性现金流量。

    b. 固定资产变动产生的现金流量。

    c. 营运资本变动产生的现金流量。

2. 计算现金流量并不困难，但是要细心，特别要注意折旧、递延税款等非现金费用的恰当计算。尤为重要的是，不能将净营运资本变动的现金流量与净利润相混淆。

# 思考与练习

1. **流动性** 是非题：所有的资产都在付出某种代价的情况下具有流动性。请解释。

2. **会计与现金流量** 为什么标准的利润表上列示的收入和成本不代表当期实际的现金流入和现金流出？

3. **会计现金流量表** 在会计现金流量表上，最后一行表示什么？这个数字对于分析一家公司有何用处？

4. **现金流量** 财务现金流量与会计现金流量有何不同？对于公司分析，何者更有用？

5. **账面价值与市场价值** 按照会计规定，一个公司的负债有可能超过资产，此时所有者权益为负，这种情况在市场价值上有没有可能发生？为什么？

6. **资产的现金流量** 为什么说在一个特定期间内资产的现金流量为负不一定不好？

7. **经营性现金流量** 为什么说在一个特定期间内经营性现金流量为负不一定不好？

8. **净营运资本和资本性支出** 公司在某个年度净营运资本的变动额有可能为负吗？(**提示**：有可能。)请解释怎样才会发生这种情况？资本性支出呢？

9. **对股东和债权人的现金流量** 公司在某个年度对股东的现金流量有可能为负吗？(**提示**：有可能。)请解释怎样才会发生这种情况？对债权人的现金流量呢？

10. **公司价值** 2020 年 7 月，卡夫亨氏（Kraft Heinz）公司公告因奥斯卡·梅耶和麦斯威尔等几个知名品牌下降而核销 29 亿美元，我们说卡夫亨氏公司的股东所遭受的损失可能并不像会计报告的损失那么严重，你认为我们这么说的依据是什么？

11. **编制利润表** Gia 公司的销售额为 497 000 美元，成本为 276 000 美元，折旧费用为 43 000 美元，利息费用为 24 000 美元，税率为 21%。该公司的净利润是多少？若分派 30 000 美元的现金股利，留存收益会增加多少？

12. **计算净资本性支出** Wallace 驾校 2020 年资产负债表上的固定资产净额为 230 万美元，2021 年资产负债表上的固定资产净额为 310 万美元，2021 年的利润表上有折旧费用 32.7 万美元，其 2021 年的净资本性支出是多少？

13. **计算现金流量** Osaka 网球店 2020 年和 2021 年的长期负债分别为 225 万美元和 266 万美元，2021 年利息费用为 30.5 万美元。该公司 2020 年普通股为 78 万美元，股本溢价为 478 万美元，2021 年这两项分别为 96.5 万美元和 504 万美元，该公司 2021 年支付现金股利 65.4 万美元，净资本性支出为 150 万美元，净营运资本减少 5.5 万美元。该公司 2021 年的经营性现金流量是多少？

14. **计算总现金流量** Nightwish 公司 2021 年的利润表上显示了如下信息：销售额为 336 000 美元；成本为 194 700 美元；其他费用为 9 800 美元，折旧费用为 20 600 美元；利息费用为 14 200 美元；税为 21 275 美元；股利为 21 450 美元。另外，你还了解到公司 2021 年发行了 7 100 美元的新股，赎回了 5 400 美元的长期债券。

 a. 2021 年经营性现金流量是多少？

 b. 2021 年流向债权人的现金流量是多少？

 c. 2021 年流向股东的现金流量是多少？

 d. 如果该公司当年固定资产净额增加 53 200 美元，净营运资本增加额是多少？

15. **剩余索取权** Polska 公司所承担的近期即将向债权人支付的债务为 10 300 美元。

 a. 如果其资产的市场价值为 11 600 美元，所有者权益的市场价值是多少？

 b. 如果其资产的市场价值为 9 400 美元呢？

# 小案例

## 沃夫计算机公司的现金流量

15 年前，一个名叫尼克·沃夫的计算机程序员创立了沃夫计算机公司。公司最初的启动资金来自尼克和他的朋友。在过去的这些年里，这个团队通过权益和短期、长期债务为其有限的后续投资提供资金。最近，公司开发了一种虚拟键盘（VK），VK 运用复杂的人工智能计算法，让使用者通过自然说话令计算机输入文本、修订拼写与语法错误，并按照使用者预先设定的要求进行排版，VK 甚至还可以提示不同的短语和句子结构，提供详细的文体诊断。这项系统基于私人拥有的极其先进的软硬件混合技术，比当前市场上的其他系统超前了整整一代。为了推行 VK，沃夫公司需要大量的外部投资。

尼克决定寻求新的股权投资和银行贷款等外部融资。当然，新的投资者和银行会要求一份详细的财务分析。你的雇主 Angus Jones & Partners 有限公司让你去查看尼克提供的财务报表，以下是最近两个年度的资产负债表和最近的利润表。

### 沃夫计算机公司资产负债表 （单位：千美元）

| 资产 | 2021 年 | 2022 年 | 负债与所有者权益 | 2021 年 | 2022 年 |
|---|---|---|---|---|---|
| 流动资产： | | | 流动负债： | | |
| 现金及其等价物 | 516 | 596 | 应付账款 | 645 | 685 |
| 应收账款 | 883 | 945 | | | |
| 存货 | 875 | 846 | 应计费用 | 529 | 329 |
| 其他 | 103 | 121 | 流动负债合计 | 1 174 | 1 014 |
| 流动资产合计 | 2 377 | 2 508 | | | |
| | | | 长期负债： | | |
| 固定资产： | | | 递延税款 | 210 | 282 |
| 地产、厂房及设备 | 4 197 | 5 476 | 长期债务 | 1 517 | 1 557 |
| 减累计折旧 | 1 441 | 1 777 | 长期负债合计 | 1 727 | 1 839 |
| 地产、厂房及设备净值 | 2 756 | 3 699 | | | |
| 无形资产及其他资产 | 936 | 1 047 | 所有者权益： | | |
| 固定资产合计 | 3 692 | 4 746 | 优先股 | 25 | 25 |
| | | | 普通股 | 166 | 171 |
| | | | 股本溢价 | 1 027 | 1 044 |
| | | | 累积留存收益 | 2 116 | 3 414 |
| | | | 减库存股票 | 166 | 253 |
| | | | 所有者权益合计 | 3 168 | 4 401 |
| 资产总计 | 6 069 | 7 254 | 负债与所有者权益总计 | 6 069 | 7 254 |

### 沃夫计算机公司利润表 （单位：千美元）

| | |
|---|---|
| 销售收入 | 9 975 |
| 产品销售成本 | 5 882 |
| 销售、行政及管理费用 | 933 |
| 折旧 | 336 |
| 营业利润 | 2 824 |
| 其他利润 | 98 |
| 息税前利润 | 2 922 |
| 利息费用 | 180 |
| 税前利润 | 2 742 |
| 所得税 | 687 |
| 当期：615 | |
| 递延：72 | |
| 净利润 | 2 055 |
| 股利 | 757 |
| 留存收益 | 1 298 |

尼克还提供了如下信息：最近一年中，公司新增长期债务 301 000 美元，偿还长期债务 261 000 美元；出售 22 000 美元的新股，回购 87 000 美元的股票；购置 1 955 000 美元的固定资产，出售 565 000 美元的固定资产。

Angus 让你准备财务现金流量表和会计现金流量表，并要求你回答如下问题：

1. 怎样反映沃夫计算机公司的现金流量？
2. 哪一种现金流量表更准确地反映了该公司的现金流量？
3. 根据前述问题的回答，请对尼克的扩张计划做出评论。

# 第 3 章

# 财务报表分析与财务模型

2020 年 8 月 17 日，劳氏（Lowe's）公司的股票价格大约为 158 美元，按照此价格，劳氏公司的市盈率（PE）为 27，说明投资者愿意为劳氏公司每 1 美元的利润支付 27 美元。在同一时间，对于花旗集团（Citigroup）、星巴克（Starbucks）和特斯拉（Tesla）所赚取的每 1 美元，投资者分别愿意支付 9 美元、76 美元和 950 美元。其他极端的例子有华特迪士尼（Walt Disney）和别样肉客（Beyond Meat），这两家公司上一年均为亏损，但华特迪士尼每股价格约为 129 美元，别样肉客每股价格约为 125 美元。由于 PE 计算出来会是负值，所以这两家公司均未报告市盈率。此时标准普尔 500 大型公司股票指数中典型股票的 PE 大约是 28，即交易价格是它们在华尔街报告的利润的 28 倍。

市盈率比较是财务比率应用的例子，本章将介绍各种不同的财务比率，每个财务比率都用来反映企业特定方面的财务特征。除了讨论如何分析财务报表和计算财务比率，我们还将说明谁会使用这些信息，以及为什么使用这些信息。

## 3.1 财务报表分析

第 2 章讨论了财务报表和现金流量的一些重要概念，为了加深对财务报表信息使用（和滥用）的理解，本章将继续上一章的讨论。

掌握财务报表的应用知识之所以重要，是因为这些报表以及报表中的数字是企业内部和外部进行财务信息交流的主要工具，简言之，本章将要讨论的内容关系到商务沟通的财务语言。

显然，会计师的重要任务之一就是按照一种便于报表使用者进行决策的方式报告财务信息。然而颇具讽刺意味的是，这些信息通常并没有按照这样的方式传递给报表使用者。换言之，会计师在提供财务报表时并未加附一份使用说明。本章将为弥补这个欠缺开个头。

### 3.1.1 报表的标准化

拿到一家公司的财务报表，我们要做的第一件事可能是要将它与其他类似公司的财务报表进行比较，这时我们立刻面临一个问题——由于规模差异，直接比较两家公司的财务报表几乎是不可能的。

例如，特斯拉和通用汽车（GM）是汽车市场的竞争对手，但通用汽车的资产规模较大，很难直接对两者进行比较，就这一点而言，如果一家公司的规模有所改变，甚至对同一公司不同时期的财务报表进行对比都很困难。假如我们要比较通用汽车和丰田汽车（Toyota），规模问题会变得更加复杂，如果丰田汽车的财务报表是按照日元编制的，我们就会遇到规模不同和货币不同的双重困扰。

显然，为了进行比较，需要在一定程度上对财务报表进行标准化。一种常见且有用的办法是将以金额表达的数据转化成百分比形式，由此产生的报表被称为**共同比报表**（common-size statement）。接下来我们对此进行讨论。

### 3.1.2　共同比资产负债表

表 3-1 列示了 Prufrock 公司 2021 年和 2022 年的资产负债表，把报表中的每个项目都表示成总资产的百分比，就可以得到共同比资产负债表，Prufrock 公司 2021 年和 2022 年的共同比资产负债表如表 3-2 所示。

**表 3-1　Prufrock 公司的资产负债表（2021 年和 2022 年）**

（单位：百万美元）

|  | 2021 | 2022 |
|---|---|---|
| **资产** | | |
| 流动资产 | | |
| 　现金 | 84 | 98 |
| 　应收账款 | 165 | 188 |
| 　存货 | 393 | 422 |
| 　　流动资产小计 | 642 | 708 |
| 固定资产 | | |
| 　厂房和设备净额 | 2 731 | 2 880 |
| 资产合计 | 3 373 | 3 588 |
| **负债与所有者权益** | | |
| 流动负债 | | |
| 　应付账款 | 312 | 344 |
| 　应付票据 | 231 | 196 |
| 　　流动负债小计 | 543 | 540 |
| 长期负债 | 531 | 457 |
| 所有者权益 | | |
| 　普通股与股本溢价 | 500 | 550 |
| 　留存收益 | 1 799 | 2 041 |
| 　　所有者权益小计 | 2 299 | 2 591 |
| 负债与所有者权益合计 | 3 373 | 3 588 |

**表 3-2　Prufrock 公司的共同比资产负债表（2021 年和 2022 年）**

（%）

|  | 2021 | 2022 | 增减 |
|---|---|---|---|
| **资产** | | | |
| 流动资产 | | | |
| 　现金 | 2.5 | 2.7 | +0.2 |
| 　应收账款 | 4.9 | 5.2 | +0.3 |
| 　存货 | 11.7 | 11.8 | +0.1 |
| 　　流动资产小计 | 19.0 | 19.7 | +0.7 |
| 固定资产 | | | |
| 　厂房和设备净额 | 81.0 | 80.3 | −0.7 |
| 资产合计 | 100.0 | 100.0 | 0.0 |
| **负债与所有者权益** | | | |
| 流动负债 | | | |
| 　应付账款 | 9.2 | 9.6 | +0.3 |
| 　应付票据 | 6.8 | 5.5 | −1.4 |
| 　　流动负债小计 | 16.1 | 15.1 | −1.0 |
| 长期负债 | 15.7 | 12.7 | −3.0 |
| 所有者权益 | | | |
| 　普通股与股本溢价 | 14.8 | 15.3 | +0.5 |
| 　留存收益 | 53.3 | 56.9 | +3.5 |
| 　　所有者权益小计 | 68.2 | 72.2 | +4.1 |
| 负债与所有者权益合计 | 100.0 | 100.0 | 0.0 |

请注意表 3-2 中的个别合计数与单个数字的加总不一致是由于四舍五入的缘故，另外，增减栏的百分比之和必须等于零，因为期初栏和期末栏的百分比相加都等于 100%。

这样的形式使财务报表的阅读和比较都相对容易，就 Prufrock 公司的两份资产负债表而言，其流动资产占总资产的比重从 2021 年的 19.0% 上升到 2022 年的 19.7%，在负债与所有者权益方面，流动负债所占的比重从 2021 年的 16.1% 下降到 2022 年的 15.1%，而权益所占的比重则从 68.2% 上升到 72.2%。

总体上，以流动资产与流动负债相比来衡量的流动性显示 Prufrock 公司的流动性一年来有所增强；同时，从负债占总资产的百分比来看，公司的负债程度有所降低。可以说，公司的资产负债表变得"更强"了。

### 3.1.3　共同比利润表

表 3-3 列示了衡量盈利的常用指标。一种有用的方法是将表 3-4 中的利润表进行标准化，把每个项目都表示成销售额的百分比，如表 3-5 所示。

**表 3-3　盈利的度量指标**

| 投资者和分析师密切关注利润表，希望借此判断一个公司在特定年度的经营业绩。下面是一些衡量盈利水平的常用指标 |
|---|

| **净利润** | 被称为"底线"，等于总收入减去总成本费用。Prufrock 公司最近一期的净利润是 363（百万美元）。净利润反映了公司在资本结构、税以及经营利润上的差异，从经营利润中减去利息费用和税，就得到净利润。股东密切关注净利润，因为股利分配和留存收益都与净利润紧密相关 |
|---|---|

（续）

| 每股利润（EPS） | EPS 反映了每股股票的净利润，等于净利润除以发行在外的股数。假设 Prufrock 公司发行在外的股数为 33（百万）股。Prufrock 公司的 EPS = 净利润 / 发行在外的股数 = 363/33 = 11（美元） |
| --- | --- |
| 息税前利润（EBIT） | 扣除利息和税之前的利润，在利润表里通常被称为"经营利润"，是未考虑非经常性项目、非连续经营业务和特别项目之前的利润。从总经营收入中减去经营费用，就得到 EBIT。分析师爱用 EBIT，因为它剔除了公司资本结构（利息费用）和税所带来的差异。Prufrock 公司的 EBIT 是 600（百万美元） |
| 息税折旧摊销前利润（EBITDA） | 扣除利息、税、折旧和摊销之前的利润。EBITDA = EBIT+ 折旧和摊销，这里摊销不是指债务的偿还，而是指无形资产（如专利）所产生的类似有形资产（如机器）折旧的非现金费用，Prufrock 公司的利润表里没有摊销。Prufrock 公司的 EBITDA = 600+276 = 876（百万美元）。分析师爱用 EBITDA，是因为它加回了非现金费用，从而更好地衡量了税前经营现金流量 |

这些盈利指标有时在前面加上字母 LTM，表示为过去 12 个月的数字。例如，LTM EPS 是过去 12 个月的 EPS，LTM EBITDA 是过去 12 个月的 EBITDA。有时人们使用字母 TTM，表示最近 12 个月的数字，LTM 与 TTM 是一样的

表 3-4　Prufrock 公司的利润表（2022 年）
（单位：百万美元）

| | |
| --- | --- |
| 销售额 | 2 311 |
| 产品销售成本 | 1 435 |
| 折旧 | 276 |
| 息税前利润 | 600 |
| 利息 | 141 |
| 应税所得 | 459 |
| 税（21%） | 96 |
| 净利润 | 363 |
| 　股利 | 121 |
| 　留存收益增加额 | 242 |

表 3-5　Prufrock 公司的共同比利润表（2022 年）
（%）

| | |
| --- | --- |
| 销售额 | 100.0 |
| 产品销售成本 | 62.1 |
| 折旧 | 11.9 |
| 息税前利润 | 26.0 |
| 利息 | 6.1 |
| 应税所得 | 19.9 |
| 税（21%） | 4.2 |
| 净利润 | 15.7 |
| 　股利 | 5.2 |
| 　留存收益增加额 | 10.5 |

表 3-5 说明了每 1 美元的销售额中所发生的事情，就 Prufrock 公司而言，在每 1 美元的销售额中，利息费用耗用了 0.061 美元，税占去了 0.042 美元，把所有因素都考虑进来，最后一栏（即净利润）剩下 0.157 美元，这 0.157 美元被分成两个部分：0.105 美元留存于公司，0.052 美元分派股利。

这些百分比对于公司间的比较很有帮助，以成本所占的比重而言，Prufrock 公司每销售 1 美元，就有 0.621 美元用于支付已销产品的成本，再计算一下主要竞争对手的该项比例，将两者进行对比，看看 Prufrock 公司在成本控制方面表现如何，便很有意思。

## 3.2　比率分析

要在规模不同的公司之间展开对比，还有一个办法，那就是计算和比较**财务比率**（financial ratio）。财务比率是在财务信息中的各个数据之间进行比较和考察的方法，以下将介绍较为常见的财务比率（还有很多比率本书无法一一提及）。

在财务比率的计算上，不同的人和不同的来源的算法并非完全相同，难免令人混淆迷惑。我们这里对于财务比率的定义与你在其他地方曾经见过或者将会见到的定义可能相同，也可能不同。如果要利用财务比率作为分析工具，应注意说明每个财务比率是如何计算的；如果要将你计算出来的比率与来自其他渠道的数字相比较，应确定自己了解这些数字是怎么算出来的。

我们暂且把财务比率的应用及其应用中产生的问题推迟到后面的章节进行讨论，这里针对每个财务比率，先讨论 5 个问题。

（1）它是如何计算的？

（2）它是用来度量什么的？为什么我们会感兴趣？

（3）度量的单位是什么？

（4）它的值比较高或比较低可能说明什么？这样的值可能产生哪些误导？

（5）这个指标可以做怎样的改进？

财务比率通常分为以下几个方面。

（1）反映短期偿债能力的比率，即流动性比率。

（2）反映长期偿债能力的比率，即财务杠杆比率。

（3）反映资产管理情况的比率，即周转率。

（4）反映盈利能力的比率。

（5）反映市场价值的比率。

下面让我们通过 Prufrock 公司的例子，逐一计算这些财务比率，除非特别说明，我们使用的都是期末（即2022 年）的资产负债表。

### 3.2.1　短期偿债能力或流动性指标

顾名思义，短期偿债能力比率是一组旨在提供企业流动性信息的财务比率，有时也被称为**流动性比率**。它们主要关心企业短期内在不引起不适当压力的情况下支付账单的能力，因此，这些比率关注的是流动资产和流动负债。

显然，流动性比率是短期债权人所关心的，财务管理人员需要不断地与银行和其他短期债权人打交道，所以有必要理解这些财务比率。

考察流动资产和流动负债有一个好处，那就是它们的账面价值和市场价值相差无几，这些资产和负债通常（尽管并不总是）持续的时间不长，不至于使账面价值和市场价值之间产生较大的差距。不过，作为近似现金的项目，流动资产和流动负债可能而且确实是瞬息万变的，其当前金额未必代表未来的状况。

#### 1. 流动比率

最为人熟知并且应用最为广泛的当属**流动比率**，你或许可以猜得到，流动比率可以定义如下：

$$流动比率 = \frac{流动资产}{流动负债} \qquad (3\text{-}1)$$

Prufrock 公司 2022 年的流动比率为：

$$流动比率 = \frac{708}{540} = 1.31（倍）$$

原则上，流动资产和流动负债会在 12 个月内转换成现金或以现金支付，所以流动比率是度量短期流动性的指标，它的单位可以是美元或者倍数。我们可以说，相对于每 1 美元的流动负债，Prufrock 公司有 1.31 美元的流动资产，或者说，Prufrock 公司的流动资产对流动负债的保障倍数达到 1.31。正常情况下，我们可以认为流动比率至少应达到 1，流动比率低于 1 意味着净营运资本（流动资产减去流动负债）为负。

流动比率跟其他比率一样，会受到不同类型交易的影响。假设一家公司通过长期债务筹集资金，其短期影响就表现为现金增加和长期负债增加，而流动负债不受影响，从而导致流动比率上升。

#### 例 3-1　流动性项目

假设一家公司要向供货商和短期债权人付款，其流动比率将会如何变化？如果一家公司要购买一些存货呢？要出售一些商品呢？

第 1 个问题是个陷阱，流动比率会如何偏离 1 呢？如果流动比率大于 1，它会提高；如果流动比率小于 1，它会降低。为了弄清楚这一点，设想这个公司有 4 美元的流动资产和 2 美元的流动负债，流动比率为 2，如果花去 1 美元的现金来减少流动负债，流动比率将变成（4-1）/（2-1）=3；反之，如果这个公司有 2 美元的流动资产和 4 美元的流动负债，流动比率就会从 1/2 下降到 1/3。

第 2 个问题没什么陷阱，由于现金减少而存货增加，流动资产总额并未发生改变，所以流动比率不受影响。

第3个问题中的流动比率通常会上升，因为存货一般按成本计价，而销售额总是高于成本（二者之差额是价值增值）。因此，现金或应收账款的增加会大于存货的减少，这就增加了流动资产，流动比率自然随之提高。

最后需要提请注意的是，对于一家储备了大量未动用借款能力的公司而言，看似较低的流动比率可能并非不良信号。

### 2. 速动（酸性试验）比率

存货通常是指流动性最低的流动资产，相对而言其账面价值也不太能准确地反映市场价值，因为账面价值没有把存货的质量考虑在内，有可能我们最终会发现一些存货被损坏、变腐烂甚或已经丢失了。

再补充一点，存货过多往往是公司短期内陷入困境的一个标志，该公司可能因高估销售而过多地购买材料或生产产品，使流动性在很大程度上被变现缓慢的存货所拖累。

作为进一步分析流动性的指标，**速动（酸性试验）比率**的计算与流动比率类似，只是不将存货计算在内。

$$速动比率 = \frac{流动资产 - 存货}{流动负债} \tag{3-2}$$

值得注意的是，用现金购买存货不会影响流动比率，但会降低速动比率，这个观点是存货与现金相比流动性较差。

Prufrock 公司 2022 年的速动比率是：

$$速动比率 = \frac{708 - 422}{540} = 0.53（倍）$$

由于 Prufrock 公司的存货占据流动资产的半数以上，所以其速动比率与流动比率所提示的信息不太一样，夸张一点说，假如这些存货中包含未出售的核电站，显然就会导致这样的差异。

为了说明流动比率与速动比率的不同，不妨以沃尔玛和万宝盛华集团（ManpowerGroup）最近的财务报表为例，两家公司的流动比率分别为 0.80 和 1.44，但万宝盛华集团无存货可言，而沃尔玛的流动资产几乎全都是存货，所以，沃尔玛的速动比率只有 0.23，而万宝盛华集团的速动比率则为 1.44，与其流动比率几乎相等。

### 3. 现金比率

最短期的债权人或许会关心**现金比率**：

$$现金比率 = \frac{现金}{流动负债} \tag{3-3}$$

根据公式可以得出，Prufrock 公司的现金比率为 0.18 倍。

## 3.2.2 长期偿债能力指标

长期偿债能力比率反映公司负担长期债务的能力，或者更一般地说，负担其财务杠杆的能力，这些比率有时被称为**财务杠杆比率**（financial leverage ratios）或者就叫**杠杆比率**（leverage ratios），下面来看看 3 种常用的度量指标及其变化形式。

### 1. 总负债比率

**总负债比率**是指把对所有债权人的所有期限的所有债务都考虑在内，它可以有多种表达形式，最初的形式如下：

$$总负债比率 = \frac{总资产 - 总权益}{总资产} \tag{3-4}$$

$$= \frac{3\ 588 - 2\ 591}{3\ 588} = 0.28（倍）$$

这样，分析师会说，Prufrock 公司有 28% 的债务，<sup>⊖</sup>至于这个指标是高是低，或者有没有什么影响，取决于资本结构是否与价值相关，这个问题我们将在后面的一章中进行讨论。

Prufrock 公司每 1 美元资产中有 0.28 美元来自负债，也就是说，有 0.72（=1−0.28）美元来自权益。因此，我们可以定义负债比率的两个有用的变形形式，即**负债 − 权益比**（debt-equity ratio）和**权益乘数**（equity multiplier）。

$$负债 - 权益比 = 总负债 / 总权益 \tag{3-5}$$
$$= 0.28/0.72 = 0.38（倍）$$
$$权益乘数 = 总资产 / 总权益 \tag{3-6}$$
$$= 1/0.72 = 1.38（倍）$$

权益乘数等于 1 加上负债 − 权益比，这并非巧合。

$$权益乘数 = 总资产 / 总权益 = 1/0.72 = 1.38（倍）$$
$$=（总权益 + 总负债）/ 总权益$$
$$= 1+ 负债 - 权益比 = 1.38（倍）$$

需要说明的是，在这 3 个比率中，只要给定其中一个，就能立即算出另外两个，所以，它们其实都是一码事。

### 2. 利息倍数

另外一个常用于衡量长期偿债能力的指标是**利息倍数**（TIE），利息倍数同样有好几种定义方法，我们主要讨论最传统的一种：

$$利息倍数 = \frac{EBIT}{利息} \tag{3-7}$$
$$= \frac{600}{141} = 4.26（倍）$$

顾名思义，这个比率衡量一个公司负担利息的能力如何，也常被称作**利息保障率**，Prufrock 公司对利息的保障率是 4.26 倍。

### 3. 现金对利息的保障倍数

TIE 存在一个问题，即它是基于 EBIT 的。但在计算 EBIT 时，非现金项目折旧已经被减去，因而 EBIT 并不能真正度量可用于支付利息的现金有多少。由于利息多数情况下是对债权人的现金流出，所以可以定义一个**现金对利息的保障倍数**：

$$现金对利息的保障倍数 = \frac{EBIT + 折旧和摊销}{利息} \tag{3-8}$$
$$= \frac{600 + 276}{141} = \frac{876}{141} = 6.21（倍）$$

该式中，分子是 EBIT 加折旧和摊销，简称 EBITDA（息税折旧摊销前利润），这是度量公司经营活动产生现金流量能力的基本度量指标，通常用于衡量对财务负担的承受能力。

最近另一个长期偿债能力指标越来越多地出现在财务报表分析和债务协议中，它用 EBITDA 和附息债务进行计算，Prufrock 公司的这一指标计算如下：

$$\frac{附息债务}{EBITDA} = \frac{196 + 457}{876} = 0.75（倍）$$

这里我们将应付票据（多数情况下应付票据是银行债务）和长期负债作为分子，EBITDA 作为分母，该比率小于 1 表示长期偿债能力很强，大于 5 表示长期偿债能力较弱。不过，要合理地解释这个指标，有必要与其他公司进

---

⊖　如果有优先股的话，这里的总权益包括优先股。公式中的分子也可以用（流动负债 + 长期负债），是一样的。

行仔细比较。

### 3.2.3 资产管理或周转指标

接下来让我们看看 Purfrock 公司运营资产的效率如何，本部分讨论被称为**资产管理比率**或**资产利用比率**的指标，具体而言，这些比率都用于衡量资产的周转率，旨在说明公司在多大程度上能有效或密集地运用资产来获得收入。首先来看两项重要的流动资产：存货和应收账款。

#### 1. 存货周转率与存货周转天数

Prufrock 公司 2022 年的产品销售成本为 1 435 美元，年末存货为 422 美元，其**存货周转率**（inventory turnover）计算如下：

$$存货周转率 = \frac{产品销售成本}{存货} \tag{3-9}$$

$$= \frac{1\ 435\ 美元}{422} = 3.40（次）$$

这说明该公司这一年出售存货 3.40 次，即存货周转 3.40 次，只要不是出清存货结束销售，存货周转率越高，表示存货管理效率越高。

了解到存货一年周转 3.40 次，我们立即可以算出平均的存货周转时间，即**存货周转天数**：

$$存货周转天数 = \frac{365\ 天}{存货周转率} \tag{3-10}$$

$$= \frac{365}{3.40} = 107.34（天）$$

这说明存货在被出售之前平均大约有 107 天的时间留在公司里，或者，用最近的存货和成本数字来说，当前的存货需要大约 107 天才能被销售出去。

实际工作中，存货可能偏离最优水平大幅变动。举个例子，2020 年 3 月，由于新冠疫情导致销量下滑，美国汽车行业整体的存货周转天数达到 116 天，几乎是该行业正常水平 60 天的 2 倍。这个数字意味着按照这样的销售速度，需要 116 天才能将现有库存销售出去。当然，不同类型的汽车销量存在显著差异。例如，轻型卡车销量首次超过轿车销量。因此，轻型卡车的库存只有 40 万辆，但当通用汽车想要扩大轻型卡车生产时，却因零部件短缺而延误了生产。

#### 2. 应收账款周转率和应收账款周转天数

存货度量指标说明公司产品的销售速度有多快，现在让我们来看看这些销售货款的收回速度有多快，**应收账款周转率**的计算思路与存货周转率一样：

$$应收账款周转率 = \frac{销售额}{应收账款} \tag{3-11}$$

$$= \frac{2\ 311}{188} = 12.29（次）$$

大致而言，公司在 2022 年收回货款之后又将其赊借出去大约 12.29 次。[⊖]

若将这一比率转换成天数，其含义会更加清晰，**应收账款周转天数**计算如下：

$$应收账款周转天数 = \frac{365\ 天}{应收账款周转率} \tag{3-12}$$

---

⊖ 这里隐含着一个假设，即所有的销售都是信用销售。如果不是如此，需要用总赊销额而非总销售额加以计算。

$$= \frac{365}{12.29} = 29.69 \text{（天）}$$

所以，公司平均大约 30 天收回赊销货款。不难理解，这个比率通常又被称作**平均收账期**（ACP）。同样，如果用最近的数字来说，该公司目前还有相当于 30 天销售额的货款尚未收回。

### 例 3-2　应付账款周转率

与应收账款收账期相类似，我们也可以问，Prufrock 公司平均花多长时间支付它的账单呢？要回答这个问题，需要利用产品销售成本，计算应付账款周转率。假设 Purfrock 公司全部采用赊账方式购货。

产品销售成本为 1 435 美元，应付账款为 344 美元，可以算出，应付账款的周转率为 1 435/344 = 4.17（次），周转天数为 365/4.17 = 87.50（天）。所以，Purfrock 公司平均花 88 天支付账单，如果我们是该公司潜在的债权人，应当记住这个数字。

### 3. 总资产周转率

除了存货及应收账款这些特定的项目，我们还可以再计算一个重要的"全景图"比率——**总资产周转率**，显然，总资产周转率可以计算如下：

$$总资产周转率 = \frac{销售额}{总资产} \tag{3-13}$$

$$= \frac{2\ 311}{3\ 588} = 0.64 \text{（次）}$$

这说明，每 1 美元资产产生了 0.64 美元的收入。

### 例 3-3　更高的周转率

假设一个公司每 1 美元的总资产带来了 0.40 美元的年收入，这个公司的总资产多长时间周转一次？

该公司每年的总资产周转率为 0.40 次，则总资产完整地周转一次需要 1/0.40=2.5（年）。

## 3.2.4　盈利性指标

本部分将要谈到的 4 个指标可能是所有财务比率中最为人们熟知和常用的，它们以这样或那样的形式，衡量公司运用资产和管理经营的效率。

### 1. 销售利润率

公司特别关注**销售利润率**：

$$销售利润率 = \frac{净利润}{销售额} \tag{3-14}$$

$$= \frac{363}{2\ 311} = 0.156\ 9 \text{ 或 } 15.69\%$$

这一指标说明，在会计意义上，Prufrock 公司从每 1 美元的销售额中获得了近 16 美分的利润。

### 2. EBITDA 利润率

另一个常用的盈利性指标是 EBITDA 利润率。如前所述，EBITDA 是反映税前经营现金流量的一个指标，它加回了非现金费用，不考虑税和利息费用。因此，EBITDA 利润率看起来更接近经营现金流量，而非净利润，且资本结构与税的影响都不包括在内。Prufrock 公司的 EBITDA 利润率为：

$$\frac{EBITDA}{销售额} = \frac{876}{2\ 311} = 0.379\ 1 \text{ 或 } 37.91\%$$

假设其他情况都相同，利润率较高显然是值得推崇的，较高的利润率对应着较低的销售费用率。不过，我们还是要不太情愿地指出，其他情况通常都不一定相同。

比如，降低销售价格一般能够提高销量，但也通常会导致销售利润率下降。总利润（或者更为重要的经营性现金流量）可能上下波动，所以利润率降低也不见得一定是坏事。是不是有这样一种可能，如人们所说的："我们的价格很低，以至于处处亏损，但是我们可以在销量上加以弥补？"⊖

由于利润率衡量的是一家公司的盈利情况，因此它是一个被广泛关注的比率。然而，与任何比率一样，不同行业的利润率大相径庭。表3-6 显示了最近一个季度各行业的利润率。

可以看到，美国制造业的平均利润率为9.04%，但科学研究与开发行业却出现了严重的问题，利润率为负。相反，广播电视业的利润率约为23%。

### 3. 资产收益率

**资产收益率**（ROA）衡量的是每 1 美元资产所带来的利润，它有很多种计算方法，⊜不过最常用的是下面这种：

$$资产收益率 = \frac{净利润}{总资产} \tag{3-15}$$

$$= \frac{363}{3\ 588} = 0.101\ 1\ 或\ 10.11\%$$

### 4. 权益收益率

**权益收益率**（ROE）度量的是一年来股东的收益。由于提高股东利益是我们的目标，所以在会计意义上，ROE 是最终的业绩衡量指标。ROE 通常计算如下：

$$权益收益率 = \frac{净利润}{总权益} \tag{3-16}$$

$$= \frac{363}{2\ 591} = 0.139\ 9\ 或\ 13.99\%$$

可见，Prufrock 公司每 1 美元的权益产生了近 14 美分的利润，不过，这同样只是在会计意义上正确。

ROA 和 ROE 被引用得如此频繁，我们不得不强调，这些都是会计收益率，记住这一点非常重要。因此，这些指标被称作**账面资产收益率**和**账面权益收益率**更加合适。另外，ROE 有时也被称为**净资产收益率**，无论怎么称呼，将这样一个指标与诸如金融市场利率之类的数据进行比较是不太妥当的。

Prufrock 公司的 ROE 超过 ROA，说明它运用了财务杠杆。我们将于下节探讨这两个指标之间的关系。

## 3.2.5 市场价值的度量指标

最后一组指标部分基于非财务报表信息——股票的每股市价，显然，它们仅适用于公开上市交易的公司。

假设 Prufrock 公司有 33（百万）股发行在外的股票，年末股票每股价格为 88 美元，其净利润是 363（百万）美元，其每股收益计算如下：

表 3-6　不同行业的利润率

| | |
|---|---|
| 全部制造业 | 9.04% |
| 科学研究与开发行业 | −22.54% |
| 管理和技术咨询服务业 | 1.27% |
| 电影和录音行业 | −4.78% |
| 计算机系统设计及相关服务业 | 3.79% |
| 食品 | 4.55% |
| 木制品 | 3.96% |
| 服装和皮革制品 | 10.46% |
| 化学制品 | 16.34% |
| 制药和药品 | 24.41% |
| 广播电视业（互联网除外） | 23.37% |

资料来源：美国人口普查局，美国制造业、采矿业、批发贸易和部分服务业。2020 年第一季度，作者计算得出。

---

⊖ 不，不可能如此。

⊜ 例如，我们可能需要一个与资本结构（利息费用）和税无关的资产收益率指标，Prufrock 公司的这一指标可能是：$\frac{EBIT}{总资产} = \frac{600}{3\ 588} = 0.167\ 2$ 或 16.72%，这个指标可以很自然地解释，如果 16.72% 高于 Prufrock 公司的借款利率，说明 Prufrock 公司投资所赚的钱超过它付给债权人的钱，得到的利润缴纳税款后便属于 Prufrock 公司的股东。

$$EPS = \frac{净利润}{发行在外的股票} = \frac{363}{33} = 10.99（美元）\qquad（3-17）$$

### 1. 市盈率

第一个要介绍的市场价值指标是**市盈率**（PE ratio），也叫作市盈率乘数（PE multiple），其定义如下：

$$市盈率 = \frac{每股价格}{每股收益}\qquad（3-18）$$

$$= \frac{88}{10.99} = 8.01（倍）$$

我们可以说，Prufrock 公司的股票按照 8 倍于利润的价格交易，或者说，Prufrock 公司的市盈率乘数是 8。

市盈率衡量投资者愿意为每股当前利润支付多少钱，因此，较高的市盈率通常意味着公司未来的成长前景不错。当然，如果一家公司没有什么利润，其市盈率也可能会很高，所以，解释这个比率时要多加小心。

### 2. 市值账面比

第二个常常被引用的指标是**市值账面比**：

$$市值账面比 = \frac{每股市场价值}{每股账面价值}\qquad（3-19）$$

$$= \frac{88}{2\ 591/33} = \frac{88}{78.5} = 1.12（倍）$$

其中，每股账面价值等于总权益价值（不仅仅是普通股的价值）除以发行在外的股票数量。

每股账面价值是指会计上的历史成本，因而市值账面比大致上是将公司投资的市场价值与其成本进行比较，这个指标小于 1 说明总体上公司未能成功地为股东创造价值。

### 3. 股票市值

上市公司的股票市值等于公司每股股票市场价格乘以发行在外的股票数量。Prufrock 公司的股票市值为：

$$每股价格 \times 发行在外的股票数量 = 88 \times 33 = 2\ 904（百万美元）$$

这对 Prufrock 公司的潜在投资者是个有用的数字，如果投资者有可能（通过并购）买下 Prufrock 公司全部发行在外的股票，他需要付出至少 29.04 亿美元并附加溢价。

### 4. 企业价值

**企业价值**（EV）是与股票市值密切相关的一种衡量公司价值的指标，与股票市值仅关注发行在外股票的市场价值不同，企业价值等于发行在外的股票与附息债务的市场价值之和减去所持有的现金。我们知道 Prufrock 公司的股票市值，但不知道其附息债务的市场价值，在这种情况下，一般做法是用附息债务的账面价值减去所持有的现金进行近似计算。Prufrock 公司的企业价值为：

$$EV = 股票市值 + 附息债务市场价值 - 现金\qquad（3-20）$$

$$= 2\ 904 + （196 + 457）- 98 = 3\ 459（百万美元）$$

企业价值这个指标旨在更好地估计如果购买公司全部发行在外股票且偿付其债务需要多少资金。之所以减去现金，是考虑到如果投资者这样做，那么现金立即可用于偿还债务或者支付股利。

### 5. 企业价值乘数

分析师为了估计一个公司总体的价值，而不仅仅是其权益的价值，会利用基于公司企业价值的估值乘数。企业价值除以 EBITDA，就可以得到一个这样的乘数。Prufrock 公司的企业价值乘数为：

$$\frac{EV}{EBITDA} = \frac{3\ 459}{876} = 3.95（倍）\qquad（3-21）$$

企业价值乘数特别有用，它使资本结构（利息费用）、税或资本性支出存在差异的不同公司之间可以进行比较，该乘数并不直接反映这些差异的影响。

与市盈率类似，一家成长机会良好的公司一般被认为有着较高的企业价值乘数。

至此，我们关于常用比率的定义介绍完毕。你可能还能说出更多的财务比率，但以上这些暂时已经够用了，我们在这里暂告一个段落，接下来不再说明这些指标是如何计算的，而是进一步讨论这些指标的运用方法。表3-7是对以上财务比率的概括。

表 3-7　常用财务比率

Ⅰ. 短期偿债能力或流动性比率

$$流动比率 = \frac{流动资产}{流动负债}$$

$$速动比率 = \frac{流动资产 - 存货}{流动负债}$$

$$现金比率 = \frac{现金}{流动负债}$$

Ⅱ. 长期偿债能力或财务杠杆比率

$$总负债比率 = \frac{总资产 - 总权益}{总资产}$$

$$负债 - 权益比 = 总负债 / 总权益$$

$$权益乘数 = 总资产 / 总权益$$

$$利息倍数 = \frac{EBIT}{利息}$$

$$现金对利息的保障倍数 = \frac{EBIT + 折旧和摊销}{利息}$$

Ⅲ. 资产管理或周转比率

$$存货周转率 = \frac{产品销售成本}{存货}$$

$$存货周转天数 = \frac{365 天}{存货周转率}$$

$$应收账款周转率 = \frac{销售额}{应收账款}$$

$$应收账款周转天数 = \frac{365 天}{应收账款周转率}$$

$$总资产周转率 = \frac{销售额}{总资产}$$

$$资本密集率 = \frac{总资产}{销售额}$$

Ⅳ. 盈利性比率

$$销售利润率 = \frac{净利润}{销售额}$$

$$资产收益率（ROA）= \frac{净利润}{总资产}$$

$$权益收益率（ROE）= \frac{净利润}{总权益}$$

$$ROE = \frac{净利润}{销售额} \times \frac{销售额}{资产} \times \frac{资产}{总权益}$$

Ⅴ. 市场价值比率

$$市盈率 = \frac{每股价格}{每股收益}$$

$$市值账面比 = \frac{每股市场价值}{每股账面价值}$$

$$企业价值乘数 = \frac{企业价值}{EBITDA}$$

## 例 3-4　企业价值乘数

Atlantic Company 公司和 Pacific Depot 公司 2022 年有关数据如下（除每股价格和发行在外的股票数量外，其他单位为 10 亿美元）。

| | Atlantic Company 公司 | Pacific Depot 公司 |
| --- | --- | --- |
| 销售额 | 53.4 | 78.8 |
| EBIT | 4.1 | 16.6 |
| 净利润 | 2.3 | 5.4 |
| 现金 | 0.4 | 2.0 |
| 折旧 | 1.5 | 1.6 |
| 附息债务 | 10.1 | 14.7 |
| 总资产 | 32.7 | 40.5 |
| 每股价格 | 53 | 91 |
| 发行在外的股票数量 | 1.0 | 1.4 |
| 所有者权益 | 11.9 | 17.9 |

1. 计算 Atlantic Company 公司和 Pacific Depot 公司的销售利润率、ROE、股票市值、企业价值、PE 乘数和 EV 乘数。

| | Atlantic Company 公司 | Pacific Depot 公司 |
| --- | --- | --- |
| 权益乘数 | 32.7/11.9 = 2.75 | 40.5/17.9 = 2.26 |
| 总资产周转率 | 53.4/32.7 = 1.63 | 78.8/40.5 = 1.95 |
| 销售利润率 | 2.3/53.4 = 0.043 1 或 4.31% | 5.4/78.8 = 0.068 5 或 6.85% |
| ROE | 2.3/11.9 = 0.193 3 或 19.33% | 5.4/17.9 = 0.301 7 或 30.17% |
| 股票市值（10 亿美元） | 1.0 × 53 = 53 | 1.4 × 91 = 127.4 |
| 企业价值（10 亿美元） | （1.0 × 53）+ 10.1 - 0.4 = 62.7 | （1.4 × 91）+ 14.7 - 2.0 = 140.1 |
| PE 乘数 | 53/2.3 = 23.04 | 91/5.4 = 16.85 |
| EBITDA（美元） | 4.1+1.5 = 5.6 | 16.6+1.6 = 18.2 |
| EV 乘数 | 62.7/5.6 = 11.2 | 140.1/18.2 = 7.7 |

2. 基于财务的角度，你如何评价这两家公司？总体而言，这两家公司较为相似。2022 年，Pacific Depot 公司的 ROE 较高（部分原因在于其总资产周转率和销售利润率较高），而 Atlantic Company 公司的企业价值乘数较高。

## 3.3　杜邦恒等式

正如我们在讨论 ROA 和 ROE 时所提到的，这两个盈利性指标之间的差异反映了债务融资即财务杠杆的运用。本部分我们通过著名的 ROE 分解方法说明财务指标之间的关系。

### 3.3.1　透视 ROE

首先，让我们回忆一下 ROE 的定义：

$$ROE = \frac{净利润}{总权益}$$

在不改变其他条件的情况下，将该比率乘以资产/资产：

$$ROE = \frac{净利润}{总权益} = \frac{净利润}{总权益} \times \frac{资产}{资产}$$
$$= \frac{净利润}{资产} \times \frac{资产}{总权益}$$

如前所述，ROE 可以表达为另外两个财务比率——ROA 和权益乘数的乘积：

$$ROE = ROA \times 权益乘数 = ROA \times （1 + 负债 - 权益比）$$

再以 Prufrock 公司为例，其权益乘数为 1.38，ROA 为 10.11%，则 ROE 等于两者之乘积，与我们前面的计算结果一致。

$$ROE = 10.11\% \times 1.38 = 0.139\ 9 \text{ 或 } 13.99\%$$

ROE 与 ROA 之间的差异可能很大，对于某些特定行业尤其如此。例如，2019 年，美国银行（Bank of America）的 ROA 仅为 2.61%，这在银行业相当典型。不过，银行一般借款很多，所以权益乘数很高，美国银行的 ROE 大约为 22%，说明其权益乘数高达 8.43。

让我们在分子和分母上分别乘以销售额，进一步分解 ROE：

$$ROE = \frac{销售额}{销售额} \times \frac{净利润}{资产} \times \frac{资产}{总权益}$$

对上式进行变形，可以得到：

$$ROE = \underbrace{\frac{净利润}{销售额} \times \frac{销售额}{资产}}_{资产收益率} \times \frac{资产}{总权益}$$

（3-22）

$$= 销售利润率 \times 总资产周转率 \times 权益乘数$$

这里，我们把 ROA 分解成两个部分：销售利润率与总资产周转率，以上最后一个 ROE 表达式因杜邦公司的推广应用而被称为**杜邦恒等式**（DuPont identity）。

我们可以用 Prufrock 公司的例子进行验证，销售利润率为 15.69%，总资产周转率为 0.64，那么：

$$ROE = 销售利润率 \times 总资产周转率 \times 权益乘数$$
$$= 15.69\% \quad \times \quad 0.64 \quad \times 1.38$$
$$= 0.139\ 9\ 或\ 13.99\%$$

这与我们前面计算的结果相同。

杜邦恒等式说明，ROE 受三个方面因素的影响：

（1）经营效率（以销售利润率度量）。

（2）资产运用效率（以总资产周转率度量）。

（3）财务杠杆（以权益乘数度量）。

经营效率或资产运用效率的低下都会削弱资产收益率，并导致 ROE 下降。

按照杜邦恒等式，增加公司负债似乎有利于提高 ROE，但是要知道，增加负债的同时也会提高利息费用，而利息费用的提高会降低销售利润率，并进而引起 ROE 的降低。所以，ROE 可能会随着负债的增加而上升，也可能会随着负债的增加而下降，视情况而定。此外，负债融资还有一系列的其他影响，并且，我们将于后面的章节提到，一个公司的杠杆程度取决于它的资本结构政策。

本部分所讨论的 ROE 分解是系统地展开财务报表分析的一个便捷方法，如果 ROE 不太令人满意，那么杜邦恒等式可以告诉你从哪里寻找原因。<sup>○</sup>

杜邦分析（以及一般的比率分析）也可以用来比较两家公司。亚马逊和阿里巴巴都是世界上最重要的互联网公司之一。我们将用它们来说明杜邦分析如何有助于对公司财务业绩提出正确的问题。亚马逊和阿里巴巴的杜邦分析如表 3-8 所示。

表 3-8 亚马逊和阿里巴巴的杜邦分析

| 亚马逊 | | | | | | |
|---|---|---|---|---|---|---|
| | ROE/% | = | 销售利润率 /% | × | 总资产周转率 | × | 权益乘数 |
| 2019 年 | 18.7 | | 4.1 | × | 1.245 | | 3.63 |
| 2018 年 | 23.1 | | 4.3 | × | 1.432 | | 3.73 |
| 2017 年 | 10.9 | | 1.7 | × | 1.355 | | 4.74 |

| 阿里巴巴 | | | | | | |
|---|---|---|---|---|---|---|
| | ROE/% | = | 销售利润率 /% | × | 总资产周转率 | × | 权益乘数 |
| 2019 年 | 34.9 | | 35.2 | × | 0.507 | | 1.96 |
| 2018 年 | 16.6 | | 21.3 | × | 0.390 | | 2.00 |
| 2017 年 | 16.8 | | 24.5 | × | 0.349 | | 1.96 |

如表 3-8 所示，2019 年亚马逊的 ROE 为 18.7%，比 2018 年下降了约 4%。相比之下，2019 年阿里巴巴的 ROE 为 34.9%，是 2018 年的两倍多。三年中有两年，阿里巴巴的 ROE 高于亚马逊。

通过杜邦分析可以看到，这两家公司在产生各自 ROE 的方式上存在差异。阿里巴巴的销售利润率一直在 20% 以上，而亚马逊的销售利润率一直是较低的个位数。另外，亚马逊的总资产周转率要高得多，其权益乘数也是阿里巴巴的两倍。可以说，阿里巴巴的优势在于它的经营效率远高于亚马逊，而亚马逊的优势在于它的资产运用效率。

## 3.3.2 财务报表分析中存在的问题

接下来我们继续讨论使用财务报表时可能出现的其他问题。财务报表分析的根本问题在于没有潜在理论指

---

○ 或许是时候提到著名的财务评论家亚伯拉罕·比尔拉夫了，他的一个著名的评论是："财务报表犹如名贵香水，只能细细鉴赏，不可生吞活剥。"

导我们该去看哪些数字以及如何设立比较基准。

正如其他章节所言，在很多情况下，关于价值和风险的判断可以遵从财务理论和经济思想的指导，而关于财务分析，所能得到的理论指导却少之又少，这就是为什么我们很难说哪些财务比率重要以及什么样的指标值才是高或者低。

尤为严峻的问题是，很多公司是企业集团，拥有互不相干的多种业务，通用电气（GE）便是众所周知的例子。此类公司的合并报表不能很清晰地被归入任何一个行业。一般而言，我们前面所说的同类公司分析只有公司严格地经营同类业务、行业是竞争性的且只有一种经营方式的情况下才真正适用。

另一个日益普遍的问题是，行业内主要的竞争对手和合适的同类公司可能分布在全球各地，汽车行业便是明显的例子。这里的问题是，来自美国之外的财务报表不一定遵循 GAAP。会计准则和处理程序的差异使得财务报表的跨国比较变得十分困难。

即使公司经营的业务相同，其财务报表也未必可比。例如，主要从事发电的电力事业被归为同类公司，一般被认为较具同质性。然而，大多数电力事业属于管制垄断经营，相互之间不存在什么竞争，至少历史上是如此。这些公司中有些有股东，有些没有股东，通过合作经营的方式组织；发电的方式从水电到核电各不相同，经营活动也不尽相同；最后，由于其盈利性受管制环境的影响很大，所以地处不同区域的电力事业可能十分相似，但利润却相差甚远。

财务报表分析中还时常出现其他问题。首先，不同公司的会计处理不同（比如存货会计），使报表比较变得困难。其次，不同公司的财年截止时间不同，对于业务具有季节性的公司（比如受圣诞季影响较大的零售业），账款在年度内上下波动可能导致资产负债表难以比较。最后，有些公司会出现非常规或暂时性事件，比如出售资产获得一次性盈利，此类事件可能影响财务业绩，在公司报表比较中产生误导性信号。

## 3.4　财务模型

财务报表的另一重要用途是安排财务计划，多数财务计划模型的结果生成预测财务报表，即财务计划以财务报表的形式表达，财务报表是用于概括公司未来预计财务状况的形式。

### 3.4.1　一个简单的财务计划模型

我们可以通过一个简例开始讨论长期财务计划模型。Computerfield 公司最近一年的财务报表如下所示。

| Computerfield 公司财务报表 | | | | （单位：美元） |
|---|---|---|---|---|
| 利润表 | | 资产负债表 | | |
| 销售额 | 1 000 | 资产 | 500 | 负债 | 250 |
| 成本 | 800 | | | 权益 | 250 |
| 净利润 | 200 | 资产合计 | 500 | 负债与权益合计 | 500 |

除非另外说明，这里假设 Computerfield 公司的所有项目都与销售额直接挂钩，且目前财务关系处于最优水平，这就意味着，所有的项目都与销售额同比例增长。当然，这一假设的确过于简单，却可以让我们更清楚地说明问题。

假设销售额上升 20%，从 1 000 美元增加到 1 200 美元，我们可以预测成本也会上升 20%，从 800 美元增加到 800×1.2 = 960（美元），这样，预测利润表如右表所示。

| Computerfield 公司预测利润表 | |
|---|---|
| | （单位：美元） |
| 销售额 | 1 200 |
| 成本 | 960 |
| 净利润 | 240 |

假设所有项目都增长 20%，则预测资产负债表如下所示。

| Computerfield 公司预测资产负债表 | | | （单位：美元） |
|---|---|---|---|
| 资产 | 600（+100） | 负债 | 300（+50） |
| | | 权益 | 300（+50） |
| 资产合计 | 600（+100） | 负债与权益合计 | 600（+100） |

上表中，我们只是简单地将每个项目都增加 20%，括号中的数字是各项目的变动金额。

下面我们必须要让这两张预测报表协调统一。比如，为什么净利润为 240 美元，而权益仅增加 50 美元呢？答案是 Computerfield 公司一定付出了 240-50 = 190（美元）的差额，可能这 190 美元是以现金股利的形式支付出去的，倘若如此，股利就是一个调节变量。

假如 Computerfield 公司没有支付 190 美元的现金股利，留存收益就会增加 240 美元，使权益达到 490 美元，即初始的权益金额 250 美元加上净利润 240 美元。要使总资产等于 600 美元，就需要归还债务。

总资产为 600 美元，权益为 490 美元，负债必须等于 600-490 = 110（美元），由于 Computerfield 公司的初始负债为 250 美元，所以必须偿还 250-110 = 140（美元）的债务，这样，预测资产负债表如下所示。

**Computerfield 公司预测资产负债表**（单位：美元）

| 资产 | 600（+ 100） | 负债 | 110（− 140） |
|------|------------|------|------------|
| | | 权益 | 490（+ 240） |
| | — | | |
| 资产合计 | 600（+ 100） | 负债与权益合计 | 600（+ 100） |

这时，负债是使得预计资产负债表平衡的调节变量。

这个例子阐释了销售增长与财务政策之间的相互作用关系。当销售额增加时，总资产也增加，这是因为公司必须投资于净营运资本和固定资产以支撑更高的销售水平。随着资产的增加，资产负债表右边的负债与权益也要增加。

需要说明的是，在我们这个简单的例子中，负债与所有者权益如何变动取决于公司的融资政策和股利政策，资产的增长要求决定公司需要从财务上为其提供支持，这是严格的管理决策。请注意，本例中公司不需要外部资金，而通常情况并不一定如此，下面我们分析更为复杂的情形。

### 3.4.2　销售百分比法

以上简单的财务计划模型假设所有项目都随着销售额的变动而呈比例变动，这个假设可能适用于某些项目，而对于另外一些项目，如长期借款，则未必合适。长期借款的金额由管理层设定，并不一定与销售水平直接相关。

本部分我们对上述简单的例子进行扩展，基本思路是将利润表和资产负债表的项目划分成两组，一组直接与销售额挂钩，另一组与销售额不直接相关。对于一个给定的销售预测，我们可以计算公司为实现预计销售额所需要的融资金额。

下面介绍一种基于**销售百分比法**（percentage of sales）的财务计划模型。我们的目的是建立一个生成预测财务报表的快速实用的方法，此处暂且把细节的修饰问题留待后续讨论。

#### 1. 利润表

表 3-9 是 Rosengarten 公司近期的利润表，我们还是进行了适当的简化，将成本、折旧及利息等合并成成本。

Rosengarten 公司计划来年销售增长 25%，即预测销售额达到 1 000 × 1.25 = 1 250（美元）。为了得到预测利润表，假设总成本仍为销售额的 833/1 000 = 0.833 或 83.3%。这样，Rosengarten 公司的预测利润表如表 3-10 所示。假设成本与销售额之间维持一个固定的比率实际上就是假设销售利润率不变，不妨做个检验：初始利润表中的销售利润率 = 132/1 000 = 0.132 或 13.2%，预测报表中的销售利润率 = 165/1 250 = 0.132 或 13.2%，确实如此。

下面来看看股利，股利支付的金额由 Rosengarten 公司的

**表 3-9　Rosengarten 公司的利润表**（单位：美元）

| | |
|------|------|
| 销售额 | 1 000 |
| 成本 | 833 |
| 税前利润 | 167 |
| 税（21%） | 35 |
| 净利润 | 132 |
| 　股利 | 44 |
| 　留存收益增加额 | 88 |

**表 3-10　Rosengarten 公司的预测利润表**（单位：美元）

| | |
|------|------|
| 销售额（预计） | 1 250 |
| 成本（销售额的 83.3%） | 1 041 |
| 税前利润 | 209 |
| 税（21%） | 44 |
| 净利润 | 165 |

管理层决定，假设该公司的股利政策是按照净利润的固定比例派发现金，其近期的**股利支付率**（dividend payout ratio）是：

$$股利支付率 = 现金股利 / 净利润 \qquad (3\text{-}23)$$
$$= 44/132 = 0.333\ 3\ 或\ 33.33\%$$

同样，我们还可以计算留存收益增加额与净利润之比：

$$留存收益增加额 / 净利润 = 88/132 = 0.666\ 7\ 或\ 66.67\%$$

这个比率被称作**留存比率**（retention ratio），或者**利润再投资率**（plowback ratio），由于所有的净利润非分配即留存，所以该比率等于 1 减去股利支付率。假设留存比率固定，预计的股利与留存收益增加额分别为：

$$预计股利 = 165 \times 0.333\ 3 = 55（美元）$$
$$预计留存收益增加额 = 165 \times 0.666\ 7 = \underline{110（美元）}$$
$$\underline{165（美元）}$$

### 2. 资产负债表

我们基于表 3-11 所示的 Rosengarten 公司近期的资产负债表来编制预测资产负债表。

表 3-11 Rosengarten 公司的资产负债表

| 资产 | | | 负债与所有者权益 | | |
|---|---|---|---|---|---|
| | 金额 / 美元 | 占销售额的百分比 /% | | 金额 / 美元 | 占销售额的百分比 /% |
| 资产 | | | 负债与所有者权益 | | |
| 流动资产 | | | 流动负债 | | |
| 现金 | 160 | 16 | 应付账款 | 300 | 30 |
| 应收账款 | 440 | 44 | 应付票据 | 100 | n/a |
| 存货 | 600 | 60 | 流动负债小计 | 400 | n/a |
| 流动资产小计 | 1 200 | 120 | 长期负债 | 800 | n/a |
| | | | 所有者权益 | | |
| 固定资产 | | | 普通股与股本溢价 | 800 | n/a |
| 厂房和设备净额 | 1 800 | 180 | 留存收益 | 1 000 | n/a |
| | | | 所有者权益小计 | 1 800 | n/a |
| 资产合计 | 3 000 | 300 | 负债与所有者权益合计 | 3 000 | n/a |

在资产负债表中，假设有些项目随销售额的变动而变动，表示为销售额的百分比形式；有些项目不随当年销售额的变动而直接变动，表示为"n/a"，意即"不适用"。

例如，在资产部分，年末存货等于销售额的 60%（= 600/1 000），假设这一比例适用于下一年度，则销售额每增加 1 美元，存货要增加 0.60 美元，推而广之，年末总资产与销售额之比为 3 000/1 000 = 3，即 300%。

总资产与销售额之比被称为**资本密集率**（capital intensity ratio），指的是产生 1 美元销售额所需要的资产的金额，这个比率越高，公司的资本密集度越高。这个比率与本书前面章节定义的总资产周转率互为倒数。

假设 Rosengarten 公司的这个比率为常数，它要用 3 美元的总资产来产生 1 美元的销售收入（显然这是一个资本密集型企业）。所以，如果销售额要增加 100 美元，Rosengarten 公司需要增加的资产是这一金额的 3 倍，即 300 美元。

在负债与权益部分，应付账款随着销售额的变动而变动，因为当销量上升时，公司需要向供货商订的货更多，所以应付账款会"自然地"随着销售额而变化。而应付票据代表银行借款之类的短期负债，除非采取特定的措施，否则数字不会发生变化，故标以"n/a"。

同样，长期负债也标以"n/a"，因为它不会随着销售的变动而自动变化，普通股与股本溢价也是如此。资产负债表右边的最后一项留存收益倒是与销售额有关，不过，它并不是销售额的一个简单的百分比，而是根据预测的净利润和股利进行准确计算。

现在我们为 Rosengarten 公司编制一个局部的预测资产负债表。为此，我们尽可能利用上述百分比进行预测。比如，固定资产净额等于销售额的 180%，随着销售额增加到 1 250 美元，固定资产净额应达到 1.80×1 250 = 2 250（美元），说明厂房设备应增加 2 250-1 800=450（美元）。需要说明的是，对于那些不直接随着销售额的变动而变动的项目，我们先假设其不变，只是简单地填上初始数字。预测结果如表 3-12 所示，其中留存收益的变动额等于我们先前计算的留存收益增加额 110 美元。

表 3-12 Rosengarten 公司的局部预测资产负债表 （单位：美元）

| 资产 | | | 负债与所有者权益 | | |
|---|---|---|---|---|---|
| | 下年度 | 下年度比本年度增加额 | | 下年度 | 下年度比本年度增加额 |
| 资产 | | | 负债与所有者权益 | | |
| 流动资产 | | | 流动负债 | | |
| 现金 | 200 | 40 | 应付账款 | 375 | 75 |
| 应收账款 | 550 | 110 | 应付票据 | 100 | 0 |
| 存货 | 750 | 150 | 流动负债小计 | 475 | 75 |
| 流动资产小计 | 1 500 | 300 | 长期负债 | 800 | 0 |
| | | | 所有者权益 | | |
| 固定资产 | | | 普通股与股本溢价 | 800 | 0 |
| 厂房和设备净额 | 2 250 | 450 | 留存收益 | 1 110 | 110 |
| | | | 所有者权益小计 | 1 910 | 110 |
| 资产合计 | 3 750 | 750 | 负债与所有者权益合计 | 3 185 | 185 |
| | | | 外部融资需要量 | 565 | 565 |

从预测资产负债表可以看到，资金预计要增加 750 美元。然而，若无额外融资，负债和权益只能增加 185 美元，资金缺口为 750-185 = 565（美元）。我们将这个金额称为**外部融资需要量**（EFN）。

只要清楚解决问题的思路，不必借助于预测报表，EFN 也可以直接计算如下：

$$\text{EFN} = \frac{\text{资产}}{\text{销售额}} \times \Delta\text{销售额} - \frac{\text{自然增长的负债}}{\text{销售额}} \times \Delta\text{销售额} - PM \times \text{预计销售额} \times (1-d) \tag{3-24}$$

其中，"Δ 销售额"是指预计的销售增加额（以美元计），在本例中，下年度预计销售额为 1 250 美元，比本年增加 250 美元，故 Δ 销售额 = 250 美元；"自发增长的负债"是指会自发地随着销售额上下变动的负债，对 Rosengarten 公司而言，自发增长的负债为 300 美元的应付账款；PM 和 d 分别表示销售利润率和股利支付率，这两个指标先前计算过，分别是 13.2% 和 33.33%。已知总资产为 3 000 美元，销售额为 1 000 美元，所以有：

$$\text{EFN} = \frac{3\ 000}{1\ 000} \times 250 - \frac{300}{1\ 000} \times 250 - 0.132 \times 1\ 250 \times (1-0.333\ 3) = 565（美元）$$

计算包括三个部分，第一部分是利用资本密集率计算的预计资产增加额，第二部分是负债中自然增长负债的增加额，第三部分是根据销售利润率和预计销售额计算出来的预计净利润乘以留存比率，即预计留存收益增加额。

### 3. 一种特定的情形

财务计划模型让我们联想到那些"好消息–坏消息"笑话，好消息是公司预计有 25% 的增长，坏消息是如果 Rosengarten 公司不能筹措 565 美元的资金，这个增长将无法实现。

这个例子很好地说明了计划过程有助于发现问题和可能的冲突，比方说，如果 Rosengarten 公司不打算额外借债和出售股权，那么销售额 25% 的增长很可能就不可行。

如果 Rosengarten 公司需要 565 美元的新增融资，那么有 3 种可能的途径：短期借款、长期借款以及新的权益融资，如何在这三种方式中进行组合取决于管理层，此处我们仅讨论众多可能性中的一种。

假设 Rosengarten 公司决定借入所需的资金，在这种情况下，公司可能举借一些短期和长期的资金，例如，流动资产增加 300 美元，而流动负债仅增加 75 美元，Rosengarten 公司可以借入 300-75=225（美元）的短期应付票据，以维持净营运资本保持不变。由于需要的资金是 565 美元，还有 565-225=340（美元）要靠长期债务满足。表 3-13 为 Rosengarten 公司完整的预测资产负债表。

表 3-13　Rosengarten 公司的预测资产负债表　　　　　　　　（单位：美元）

| 资产 | | | 负债与所有者权益 | | |
|---|---|---|---|---|---|
| | 下年度 | 下年度比本年度增加额 | | 下年度 | 下年度比本年度增加额 |
| 流动资产 | | | 流动负债 | | |
| 现金 | 200 | 40 | 应付账款 | 375 | 75 |
| 应收账款 | 550 | 110 | 应付票据 | 325 | 225 |
| 存货 | 750 | 150 | 流动负债小计 | 700 | 300 |
| 流动资产小计 | 1 500 | 300 | 长期负债 | 1 140 | 340 |
| | | | 所有者权益 | | |
| 固定资产 | | | 普通股与股本溢价 | 800 | 0 |
| 厂房和设备净额 | 2 250 | 450 | 留存收益 | 1 110 | 110 |
| | | | 所有者权益小计 | 1 910 | 110 |
| 资产合计 | 3 750 | 750 | 负债与所有者权益合计 | 3 750 | 750 |

这里，我们用短期借款和长期借款的结合作为一个调节变量，不过需要强调的是，这只是可能的策略中的一种，并不一定是最好的，还可以考虑很多其他的情形。先前讨论的各种财务比率在这里可以派上用场，例如，按照刚刚设想的情形，我们一定很想检查一下流动比率和总负债比率，看看预测的新的债务水平是否合适。

## 3.5　外部融资与增长

显然，外部融资需要量与增长相关联。若其他情况不变，销售或资产的增长率越高，外部融资需要量越大。在前面的部分，我们假设增长率给定，然后确定支持增长所需要的外部融资。这里我们稍微改变一下，假设公司的财务政策给定，然后考察财务政策和为新投资筹措资金的能力之间的关系，进而讨论其对增长的影响。

需要强调的是，我们之所以关注增长，不是因为增长是一个合适的目标，而是因为增长是考察投资决策与融资决策之间关系的一个便捷途径。实际上，我们假设基于增长来安排计划只是财务计划过程需要高度整合的一个反映。

### 3.5.1　EFN 与增长

首先，要建立 EFN 与增长之间的关联。为此，我们看看表 3-14 所示的 Hoffman 公司的利润表与资产负债表简表。请注意，我们在资产负债表简表中把短期负债和长期负债合并成总负债。我们还假设没有流动负债随着销售额的变动而自动发生变化，这个假设并没有听起来那么苛刻，如果某些流动负债（如应付账款）随销售额而变动，我们可以认为这个项目是流动资产的减项。同样，我们还在利润表简表中将折旧、利息与成本合并在一起。

表 3-14　Hoffman 公司的利润表与资产负债表　　　　　　　　（单位：美元）

| 利润表 | | |
|---|---|---|
| 销售额 | | 500.0 |
| 成本 | | 416.5 |
| 应税所得 | | 83.5 |
| 税（21%） | | 17.5 |
| 净利润 | | 66.0 |
| 股利 | 22 | |
| 留存收益增加额 | 44 | |

（续）

| 资产负债表 | | | | | |
|---|---|---|---|---|---|
| 资产 | | | 负债与所有者权益 | | |
| | 金额 | 销售额的百分比 /% | | 金额 | 销售额的百分比 /% |
| 流动资产 | 200 | 40 | 总负债 | 250 | n/a |
| 固定资产净额 | 300 | 60 | 所有者权益 | 250 | n/a |
| 总资产 | 500 | 100 | 负债与所有者权益总计 | 500 | n/a |

如果 Hoffman 公司预计下年度的销售水平会增加 100 美元，达到 600 美元，增长率是 100/500 = 0.20 或 20%，运用销售百分比法及表 3-14 中的数据，可以编制出表 3-15 的预测利润表和预测资产负债表。如表 3-15 所示，按照 20% 的增长率，Hoffman 公司需要新增 100 美元的资产，预计留存收益会增加 52.8 美元，所以，外部融资需要量 EFN = 100−52.8 = 47.2（美元）。

表 3-15 Hoffman 公司的预测利润表与资产负债表 （单位：美元）

| 利润表 | | |
|---|---|---|
| 销售额（预计） | | 600.0 |
| 成本（销售额的 83.3%） | | 499.8 |
| 应税所得 | | 100.2 |
| 税（21%） | | 21.0 |
| 净利润 | | 79.2 |
| 股利 | 26.4 | |
| 留存收益增加额 | 52.8 | |

| 资产负债表 | | | | | |
|---|---|---|---|---|---|
| 资产 | | | 负债与所有者权益 | | |
| | 金额 | 销售额的百分比 / % | | 金额 | 销售额的百分比 / % |
| 流动资产 | 240.0 | 40 | 总负债 | 250.0 | n/a |
| 固定资产净额 | 360.0 | 60 | 所有者权益 | 302.8 | n/a |
| 总资产 | 600.0 | 100 | 负债与所有者权益总计 | 552.8 | n/a |
| | | | 外部融资需要量 | 47.2 | n/a |

Hoffman 公司的负债 – 权益比起初等于 250/250 = 1.0（见表 3-14），假设该公司不打算出售新的权益，47.2 美元的 EFN 必须靠借债取得，那么，新的负债 – 权益比会是多少呢？由表 3-15 可知，所有者权益合计数预计为 302.8 美元。总负债为 250 美元原有负债加上 47.2 美元新增借款，即 297.2 美元。于是，负债 – 权益比从 1.0 下降到 297.2/302.8 = 0.98。

表 3-16 显示的是不同增长率所要求的 EFN，在每一种情形下，预计留存收益增加额和预计负债 – 权益比也都是给定的（你可以练习这些计算）。在确定负债 – 权益比时，我们假设资金缺口由借债弥补，资金冗余也用于归还负债。这样，在零增长的情况下，负债由 250 美元下降 44 美元，为 206 美元。请注意，在表 3-16 中，所要求的资产的增加就简单地等于原有资产 500 美元乘以增长率，同样地，留存收益增加额也等于原来的 44 美元加上 44 美元乘以增长率。

表 3-16 Hoffman 公司的增长率与预计 EFN

| 预计销售额增长率 /% | 所要求的资产增加额 / 美元 | 留存收益增加额 / 美元 | 外部融资需要量 EFN/ 美元 | 预计负债 – 权益比 |
|---|---|---|---|---|
| 0 | 0 | 44.0 | −44.0 | 0.70 |
| 5 | 25 | 46.2 | −21.2 | 0.77 |
| 10 | 50 | 48.4 | 1.6 | 0.84 |
| 15 | 75 | 50.6 | 24.4 | 0.91 |
| 20 | 100 | 52.8 | 47.2 | 0.98 |
| 25 | 125 | 55.0 | 70.0 | 1.05 |

表 3-16 显示，当增长率较低时，Hoffman 公司会出现资金冗余，负债–权益比下降；但当增长率上升到 10% 左右，资金冗余就变成资金缺口；当增长率再进一步超过 20% 的时候，负债–权益比就会超过原来的 1.0。

图 3-1 根据表 3-16 中不同增长率下的资产需求额和留存收益增加额绘制而成，从而直观地说明了销售增长与外部融资需要量之间的关系。可以看到，新增资产的需求比留存收益增加额增长速度更快，所以留存收益增加额所提供的内部资金很快就不能满足需要了。

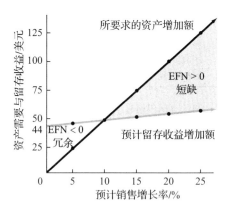

如上所述，公司的现金冗余抑或现金短缺取决于公司的增长。微软便是一个很好的例子，20 世纪 90 年代其收入增长令人称奇，10 年中每年平均增长超过 30%。2000—2010 年，微软的增长明显放缓，这样的增长与强劲的销售利润率相结合，导致巨额现金冗余。再加上少分甚至不分股利，微软的现金迅速积聚起来，到 2020 年中期，其现金及短期投资高达 1 360 亿美元。

图 3-1 Hoffman 公司的销售增长与融资需要

### 3.5.2 融资政策与增长

根据上述讨论，我们了解到增长与外部融资直接相关，本部分我们将讨论对于长期财务计划特别有用的两个增长率。

#### 1. 内部增长率

第一个增长率是在没有任何外部融资的情况下公司可能实现的最大增长率，之所以称为**内部增长率**（internal growth rate），是因为这个增长率是仅靠内部融资来支持的。在图 3-1 中，内部增长率由两条直线相交的点来表示。在这个点上，所要求的资产增加额刚好等于留存收益增加额，EFN 为零。可以看到，这时增长率略低于 10%。运用一点代数知识便可以得到该增长率的准确定义：

$$内部增长率 = \frac{ROA \times b}{1 - ROA \times b} \tag{3-25}$$

其中，ROA 是我们前面讨论过的资产收益率；$b$ 是利润再投资率，即留存比率，这个比率在前面也定义过。

Hoffman 公司的净利润为 66 美元，总资产为 500 美元，因此 ROA = 66/500=0.132 或 13.2%。在 66 美元的净利润中，有 44 美元被留存下来，所以利润再投资率 $b$ = 44/66 = 0.666 7，则内部增长率可计算如下：

$$
\begin{aligned}
内部增长率 &= \frac{ROA \times b}{1 - ROA \times b} \\
&= \frac{0.132 \times (0.666\ 7)}{1 - 0.132 \times (0.666\ 7)} \\
&= 0.096\ 4\ 或\ 9.64\%
\end{aligned}
$$

这样，Hoffman 公司在没有外部融资的情况下，每年预计可实现的最大内部增长率为 9.64%。

#### 2. 可持续增长率

Hoffman 公司若想以高于 9.64% 的速度增长，就需要进行外部融资。第二个增长率是公司在没有外部**股权融资**且保持负债–权益比不变的情况下可能实现的最高增长率，它通常被称为**可持续增长率**（sustainable growth rate），因为这是在没有提高总体财务杠杆的条件下所达到的最大增长率。

公司希望避免出售股权的原因多种多样，例如，发行新权益可能会因为巨额费用而十分昂贵，或者现有股东既不愿意引入新股东也不打算追加股权投资。至于公司为什么把特定的负债–权益比看作最优的，我们将在后面章节讨论，这里先假设这是给定的。

根据表 3-15，Hoffman 公司的可持续增长率大约为 20%，因为其负债–权益比在这个增长率上接近 1.0。准确的计算如下：

$$可持续增长率 = \frac{ROE \times b}{1 - ROE \times b} \qquad (3\text{-}26)$$

除了以 ROE 替代 ROA 之外，这个公式与内部增长率的公式一样。

Hoffman 公司的净利润为 66 美元，总权益为 250 美元，因此 ROE = 66/250 = 0.264 或 26.4%。利润再投资率 $b$ 仍然是 0.666 7。可持续增长率可计算如下：

$$
\begin{aligned}
可持续增长率 &= \frac{ROE \times b}{1 - ROE \times b} \\
&= \frac{0.264 \times (0.666\ 7)}{1 - 0.264 \times (0.666\ 7)} \\
&= 0.213\ 4\ 或\ 21.34\%
\end{aligned}
$$

这样，Hoffman 公司在没有外部股权融资的情况下，每年预计可实现的最大可持续增长率为 21.34%。

### 例 3-5　可持续增长

假设 Hoffman 公司刚好按照可持续增长率 21.34% 增长，其预测财务报表会是怎样的呢？

按 21.34% 的增长速度，销售额将会从 500 美元上升到 606.7 美元，预测利润表如下所示。

| Hoffman 公司预测利润表 | （单位：美元） |
|---|---|
| 销售额（预测） | 606.7 |
| 成本（销售额的 83.3%） | 505.4 |
| 应税所得 | 101.3 |
| 税（21%） | 21.3 |
| 净利润 | 80.0 |
| 　股利 | 26.7 |
| 　留存收益增加额 | 53.3 |

像前面一样编制资产负债表，在本例中，由于留存收益增加 53.3 美元，所有者权益将从 250 美元增加到 303.3 美元。

| Hoffman 公司预测资产负债表 | | | | | （单位：美元） |
|---|---|---|---|---|---|
| **资产** | | | **负债与所有者权益** | | |
| | 金额 | 销售额百分比 / % | | 金额 | 销售额百分比 / % |
| 流动资产 | 242.7 | 40 | 总负债 | 250.0 | n/a |
| 固定资产净额 | 364.0 | 60 | 所有者权益 | 303.3 | n/a |
| 资产合计 | 606.7 | 100 | 负债与所有者权益合计 | 553.3 | n/a |
| | | | 外部融资需要量 | 53.3 | n/a |

可以看到，EFN 为 53.3 美元。如果 Hoffman 公司借入这笔资金，总负债将达到 303.3 美元，负债 – 权益比正好等于 1.0，与我们前面的计算结果一致。不过，对于其他的增长率，情况就不得不发生变化了。

### 3. 增长的决定因素

在本章的前面部分我们看到，利用杜邦恒等式，ROE 可以分解成几个部分，既然 ROE 对于可持续增长率具有如此显著的影响，显然，那些决定 ROE 的重要因素也就是决定可持续增长率的重要因素。

如前所述，ROE 可以被表达成三个变量的乘积：

$$ROE = 销售利润率 \times 总资产周转率 \times 权益乘数$$

如果我们研究可持续增长率的公式，就会发现任何导致 ROE 上升的因素都会通过使可持续增长率的分子更大和分母更小而导致可持续增长率上升，那些提高利润再投资率的因素也是如此。

两相结合，我们可以发现，一个公司的可持续增长能力直接取决于以下 4 个因素。

（1）**销售利润率**：销售利润率的增加会提高公司内部生成资金的能力，从而提高可持续增长率。

（2）**股利政策**：净利润中用于支付股利的百分比下降会提高留存比率，增加内部股权资金，从而提高可持续增长率。

（3）**融资政策**：提高负债 – 权益比即提高公司财务杠杆，这使得公司可获得额外的债务融资，提高可持续增长率。

（4）**总资产周转率**：提高总资产周转率使得公司每单位资产能够带来更多的销售额，在销售额增长的同时降低公司对新增资产的需求，因而提高可持续增长率，要知道提高总资产周转率与降低资本密集度是同一回事。

可持续增长率是财务计划中十分重要的一个数字，它清楚地说明了公司 4 个主要方面的关系：由销售利润率表示的经营效率、由总资产周转率度量的资产运用效率、由留存比率反映的股利政策以及由负债 – 权益比衡量的融资政策。

### 例 3-6　销售利润率与可持续增长

Sandar 公司的负债 – 权益比为 0.5，销售利润率为 3%，股利支付率为 40%，资本密集率为 1，其可持续增长率为多少？如果 Sandar 公司可持续增长率达到 10%，并计划通过提高销售利润率实现这个目标，你认为如何？

ROE 为 $0.03 \times 1 \times 1.5 = 0.045$ 或 4.5%，留存比率为 $1 - 0.40 = 0.60$，因此，可持续增长率为 $0.045 \times 0.60 / (1 - 0.045 \times 0.60) = 0.0277$ 或 2.77%。

该公司要实现 10% 的可持续增长率，销售利润率必须提高。为了说明这一点，假设可持续增长率等于 10%，求解销售利润率 PM：

$$0.10 = PM \times 1.5 \times 0.6 / (1 - PM \times 1.5 \times 0.6)$$
$$PM = 0.1/0.99 = 0.101 \text{ 或 } 10.1\%$$

可见，只有销售利润率从 3% 大幅度地提高到 10%，该公司才能够实现计划，这样的增长似乎不太可行。

如果这 4 个比率都给定，就只能实现一个增长率，这一点很重要，所以有必要重申：

如果一家公司不打算出售新的权益，且销售利润率、股利政策、融资政策及总资产周转率（或资本密集率）不变，该公司可能实现的增长率只有一个。

财务计划的主要优点之一在于，它保证了公司不同目标之间的内在一致性，可持续增长率的概念很好地抓住了这一本质。同样，我们现在可以看看如何运用财务计划模型测试计划增长率的可行性。如果公司想要以高于可持续增长率的速度增长，必须提高销售利润率、总资产周转率、财务杠杆、留存比率或者出售新的权益。

表 3-17 概括了两个增长率——内部增长率与可持续增长率。

表 3-17　内部增长率与可持续增长率

**I. 内部增长率**

$$\text{内部增长率} = \frac{\text{ROA} \times b}{1 - \text{ROA} \times b}$$

式中，ROA 为资产收益率，即净利润 / 总资产；$b$ 为利润再投资率（留存比率），即留存收益增加额 / 净利润
内部增长率是在没有任何形式的外部融资的情况下所能够实现的最大增长率

**II. 可持续增长率**

$$\text{可持续增长率} = \frac{\text{ROE} \times b}{1 - \text{ROE} \times b}$$

式中，ROE 为权益收益率，即净利润 / 总权益；$b$ 为利润再投资率（留存比率），即留存收益增加额 / 净利润
可持续增长率是在没有外部股权融资且保持负债 – 权益比不变的情况下所能够实现的最大增长率

### 3.5.3　关于可持续增长率计算的一个说明

可持续增长率在很多时候只是用分子的 $ROE \times b$ 来计算，这使人备感困惑，对此，我们在这里厘清认识。这个问题与 ROE 的计算有关，我们还记得，ROE 等于净利润除以总权益，如果总权益取自期末资产负债表（我们一贯是这么做的，在实践中也通常这么做），那么我们前面列示的公式是正确的，然而，如果总权益取自期初资产负债表，那么这个简单的公式 $ROE \times b$ 是正确的。

原则上，不论怎样计算，都可以得出完全相同的可持续增长率（只要你针对 ROE 的计算正确地使用可持续增长率公式）。不过实际上，由于会计的复杂处理，二者的计算还是会出现一些差异。顺便提一下，如果要用期初权益与期末权益的平均数来计算 ROE（这是有些人提倡的做法），还需要另外的计算公式。所有这些解释同样适用于内部增长率的计算。

---

**| 个人观点 |　　　　　罗伯特·C.希金斯谈可持续增长率**

许多财务人员凭直觉感到需要用钱去赚钱，销售收入的快速增长要求应收账款、存货和固定资产等形式的资产也要有相应的增加，这就要求在资产上投资。他们也懂得，如果公司的资金不敷此用，增长就会受阻。可持续增长公式将这些直观的认识清晰地表达出来。

银行家和其他外部分析人员经常运用可持续增长率来估计一个公司的信用可靠度。他们借助于复杂的计算机软件来开展这一工作，计算机软件对公司过去的财务业绩进行详细的分析，包括每年的可持续增长率。

银行家运用这一信息的方法有好几种，将公司的实际增长率与可持续增长率进行比较，可以很快地了解企业最高管理层的财务安排会出现什么样的问题。如果实际增长率高于可持续增长率，管理当局将面临从何处取得资金来支持增长的问题。这样，银行家就可以预先确定其融资品种的利息。反之，如果可持续增长率高于实际增长率，银行家最好是准备提供投资品种，因为这种情况下企业管理当局的问题将在于如

何处置其不断积聚的现金。

银行家还发现可持续增长公式有助于向缺乏管理经验的小企业主和过于乐观的企业家说明，从企业长远利益考虑，保持增长与赢利的适当平衡是必要的。

最后，将实际增长率与可持续增长率相比较还有利于银行家了解贷款申请人为什么需要资金，这种需要将持续多久。有一个例子，一位申请人要求贷款 100 000 美元支付给坚持要收取现金的供应商，并承诺，有一些即将到期的应收账款很快能够收回，他可以在几个月内偿还这笔贷款。一份可持续增长的分析却表明，该企业目前的增长率已经高达可持续增长率的 4～6 倍，并且在可以预见的将来，这种状况很可能还会持续下去。这就使得银行家产生警惕，那个没有耐性的供应商只是一个征兆，它表明企业的过快增长存在着许多根本性弊病，100 000 美元的贷款最终很可能只是今后数年更多的贷款额的一个底数而已。

注：罗伯特·C.希金斯（Robert C. Higgins）是华盛顿大学的财务学教授，他率先将可持续增长率运用于财务分析。

---

## 3.6　关于财务计划模型的注意事项

财务计划模型并非总是提出正确的问题，主要原因在于它依赖于会计关系而非财务关系。特别是，公司价值的三个最基本的要素没有被考虑在内，即现金流量的规模、风险以及时间性。

有鉴于此，财务计划模型有时并不能为使用者提供关于提高公司价值策略的有益思路。相反，它们把使用者的注意力引向诸如负债-权益比与公司增长之间的关系之类的问题上。

我们为 Hoffman 公司选择的财务模型很简单，事实上是过于简单了，它像如今广为应用的多数模型一样，本质上只不过是一个会计报表的生成器，这样的模型有助于为我们指出矛盾所在，并帮助我们了解财务需求，但对于如何解决这些问题，却功效甚微。

在结束本章讨论的时候，我们还要补充说明，财务计划是一个重复的过程，计划制订、检查、修正，如此

循环不断，最后的计划是整个过程中所有参与者相互协调的结果。实际上，很多公司的长期财务计划依赖于一种被称作普洛克路斯忒斯⊖方法的办法，高层管理者的脑中有一个目标，将其传达给计划制订人员，最后由他们提出一份满足这个目标的可行计划。

因此，最后的计划暗含着不同方面的不同目标，并受制于很多限制条件，所以，这个计划不是对我们所认为的未来可能会发生什么的客观冷静的评估，而是对不同团体的计划活动进行调和并对未来形成共识的一种方法。

无论计划是如何制订的，财务计划都不是纯粹的机械过程，记住这一点非常重要。如果财务计划是机械的，它就有可能是错误的。无论如何，如果没有计划，我们只能盲目地走向未来。也许尤吉·贝拉（棒球接球手，不是卡通人物）的不朽名言说得好："如果你不知道自己在朝哪里走，务必小心，你可能就到不了那里。"⊜

## 本章小结

本章集中讨论财务报表信息，具体包括标准的财务报表、比率分析以及长期财务计划。

1. 公司规模的差异使得财务报表比较变得较为困难，本章讨论了如何构造共同比报表，使公司间报表数据的比较简单而有意义。

2. 比较财务报表信息的另一种方法是估算会计数字的比率，本章定义了很多最为常用的比率，并讨论了著名的杜邦恒等式。

3. 本章还说明了如何编制预测财务报表，并利用它计划未来的资金需求。

学完本章，希望你能够理解财务报表信息的利用与滥用，你应该还发现自己的商业和财务术语充实了不少。

## 思考与练习

1. **财务比率分析**　不同行业的公司在财务比率上存在很大的差异，财务比率本身提供的信息有限，分析一个公司的财务比率有两种基本方法：时间趋势分析和同类公司分析。为什么这些方法会有用呢？每种方法能够告诉你哪些关于公司财务健康状况的信息？

2. **行业专用比率**　所谓的"同店销售"（same-store sales）是像麦当劳和塔吉特之类的十分分散的公司的一项重要指标，顾名思义，分析同店销售就是比较同样的店铺或餐馆在两个不同时间点的销售额。为什么公司更关注同店销售而不是总销售额？

3. **销售预测**　为什么多数长期财务计划都从销售预测开始？或者说，为什么未来销售额是关键？

4. **可持续增长**　本章利用 Rosengarten 公司说明 EFN 的计算，Rosengarten 公司的 ROE 大约是 7.3%，利润再投资率大约是 67%，如果你为 Rosengarten 公司计算可持续增长率，会发现它只有 5.14%，而我们在计算 EFN 时所使用的增长率为 25%，这可能吗？（提示：可能。如何才能实现呢？）

5. **EFN 与增长率**　Broslofski 公司每年都维持一个正的留存比率，并保持负债 - 权益比不变。当销售额按照 20% 的速度增长时，公司预计 EFN 为负数，这是否向你提示了某些关于该公司可持续增长率的信息？你能够肯定内部增长率是大于还是小于 20% 吗？为什么？如果留存比率上升，预计 EFN 将会怎样？如果留存比率降低呢？如果留存比率等于零呢？

6. **共同比财务报表**　共同比报表是财务分析的工具之一，共同比利润表与资产负债表为什么有用？现金流量表没有被转变成共同比报表的形式，为什么？

7. **资产利用与 EFN**　我们在计算外部融资需要量时隐含着一个假设，即公司资产满负荷运转。如果公司的生产能力尚未全部利用，会如何影响外部融资需要量？

8. **比较 ROE 和 ROA**　ROA 和 ROE 都衡量盈利性，

---

⊖　在希腊神话中，普洛克路斯忒斯（Procrustes）是一个巨人，他抓捕旅行者，把他们绑在一张铁床上，拉伸或者切割他们的腿，使之适合铁床的尺寸。

⊜　我们并不确切地清楚这句话的意思，不过听起来很有道理。

在对两个公司进行对比时，哪个指标更加有用？为什么？

9. **比率分析** EBITD/资产这一比率说明什么？为什么说这个比率在比较两个公司时比 ROA 更加有用？

10. **投资收益率** 一个越来越被广泛使用的比率是投资收益率。投资收益率按净利润除以长期负债加权益之和计算。你认为投资收益率是用来衡量什么的？投资收益率和资产收益率之间的关系是什么？

**利用以下信息回答下面的 5 个问题。** 祖母日历（Grandmother Calendar）公司是一家小公司。公司一开始出售个性化的照片日历套品，结果日历套品大获成功，销售额很快大幅度超出预期，订单接踵而来。为此，公司租用了更大的场地并扩大了产能，然而还是无法满足需要，设备因过度使用而损坏，质量随之受到影响，营运资本因扩大生产而耗尽，与此同时，客户要等到产品发出才支付货款。公司无法按照订单供货，现金紧张使之陷入极大的困境，以至于支付员工薪水的支票开始被银行退票。最后，该公司由于现金短缺，3 年后不得不全线终止经营。

11. **产品销售** 你是否认为假如该公司的产品销售不是如此火爆它就不会遭此命运？为什么？

12. **现金流量** 祖母日历公司显然存在现金流量问题，根据第 2 章的现金流量分析，客户直到发货时才付款对其现金流量有何影响？

13. **公司借款** 既然这家公司的销售如此成功，为什么银行或其他债权人不插手进来，为其提供所需要的资金以便该公司能够持续经营？

14. **现金流量** 这个例子中，罪魁祸首是什么，太多的订单？太少的现金？还是过低的生产能力？

15. **现金流量** 发现自己处于增长和销售超过生产能力的时候，像祖母日历公司这样的小公司可以采取什么措施（除了扩大产能之外）？

16. **权益乘数与权益收益率** Kodi 公司的负债－权益比为 0.63，资产收益率为 8.4%，总权益为 645 000 美元，其权益乘数是多少？权益收益率是多少？净利润呢？

17. **可持续增长** 如果 Premier 公司的 ROE 为 14.1%，股利支付率为 25%，其可持续增长率是多少？

18. **可持续增长率** Iron River 公司的 ROE 为 11.05%，股利支付率为 25%。

    a. 该公司的可持续增长率是多少？

    b. 该公司的实际增长率可以与可持续增长率不同吗？为什么？

    c. 公司如何提高其可持续增长率？

19. **应收账款周转天数** 一家公司的净利润为 213 700 美元，销售利润率为 7.1%，应收账款余额为 126 385 美元，假设销售额中有 65% 为赊销，该公司的应收账款周转天数是多少天？

20. **计算现金对利息的保障倍数** Whipporwill 公司最近年度的净利润是 19 382 美元，税率为 21%，公司支付的总利息费用为 3 681 美元，折旧费用 4 738 美元。该公司现金对利息的保障倍数是多少？

# 小案例

## 东方海岸游艇的财务比率与财务计划

丹·欧文最近受雇于东方海岸游艇帮助制订公司的短期融资计划并评估公司的财务业绩。丹 5 年前从大学取得财务学位，毕业后一直在一家《财富》500 强公司的资金部门工作。

东方海岸游艇是 10 年前由拉丽莎·沃伦创建的一家有限责任公司，公司的经营地点临近南卡罗来纳州希尔顿头岛（Hilton Head Island），这段时间一直为顾客定制中等大小的高品质游艇，产品因安全可靠而备受好评，该公司的游艇最近还获得公司满意度最高奖赏。游艇主要是有钱人为娱乐而购买的，偶尔也有公司出于商业目的而购置。

游艇定制行业的分布较为分散，有很多制造商。像其他行业一样，有一些厂商属于市场的领头羊，但行业分散的特性使得没有一家制造商能够主宰市场，市场竞争和产品成本决定了对细节的关注十分必要。例如，东方海岸游艇会花 80～100 小时手工打磨不锈钢艏鼻护材，即确保游艇与船坞或其他船只相契合的船头金属帽。

为了帮助丹开始分析，拉丽莎为其提供了如下财务报表，丹也搜集了游艇制造业的行业财务比率。

**东方海岸游艇年利润表（2022 年）** （单位：美元）

| | |
|---|---:|
| 销售收入 | 185 250 000 |
| 产品销售成本 | 136 125 000 |
| 其他费用 | 22 169 000 |
| 折旧 | 6 054 000 |
| 息税前利润 | 20 902 000 |
| 利息费用 | 3 336 000 |
| 税前利润 | 17 566 000 |
| 所得税（21%） | 3 688 860 |
| 净利润 | 13 877 140 |
| 股利 | 6 340 000 |
| 留存收益增加额 | 7 537 140 |

**东方海岸游艇资产负债表（2022 年 12 月 31 日）** （单位：美元）

| 资产 | | 负债与所有者权益 | |
|---|---:|---|---:|
| 流动资产 | | 流动负债 | |
| 现金 | 2 891 400 | 应付账款 | 5 582 200 |
| 应收账款 | 5 201 500 | 应付票据 | 12 621 500 |
| 存货 | 5 832 100 | 合计 | 18 203 700 |
| 合计 | 13 925 000 | 长期负债 | 32 100 000 |
| 固定资产 | | 所有者权益 | |
| 厂房与设备净额 | 89 303 400 | 普通股 | 4 912 000 |
| | | 留存收益 | 48 012 700 |
| | | 权益合计 | 52 924 700 |
| 资产总计 | 103 228 400 | 负债与所有者权益总计 | 103 228 400 |

**游艇行业财务比率**

| | 下四分位数 | 中位数 | 上四分位数 |
|---|---|---|---|
| 流动比率 | 0.50 | 1.43 | 1.89 |
| 速动比率 | 0.21 | 0.38 | 0.62 |
| 总资产周转率 | 0.68 | 0.85 | 1.38 |
| 存货周转率 | 6.85 | 9.15 | 16.13 |
| 应收账款周转率 | 6.27 | 11.81 | 21.45 |
| 负债比率 | 0.44 | 0.52 | 0.61 |
| 负债 – 权益比 | 0.79 | 1.08 | 1.56 |
| 权益乘数 | 1.79 | 2.08 | 2.56 |
| 利息倍数 | 5.18 | 8.06 | 9.83 |
| 销售利润率 | 4.05% | 6.98% | 9.87% |
| 资产收益率 | 6.05% | 10.53% | 15.83% |
| 权益收益率 | 9.93% | 16.54% | 28.14% |

1. 按照行业财务比率表所列示的比率，计算东方海岸游艇的各项财务比率。

2. 将东方海岸游艇的业绩与整个行业进行比较，分析每一个财务比率，评价其与行业相比为什么有可能被认为是表现好还是不好。假设你用存货除以流动负债计算了一个存货比率，你会如何解释这个比率？东方海岸游艇与行业平均水平相比表现如何？

3. 计算东方海岸游艇的可持续增长率，假设该公司就是按照这个增长率增长，其外部融资需要量（EFN）是多少？重新计算上一题的比率，你观察到了什么？

4. 在特定的情形下，东方海岸游艇不想筹集外部权益资本，部分原因在于股东不愿意稀释现有的股权和控制权，但东方海岸游艇计划来年实现 20% 的增长，对于这个扩张计划，你会做出什么结论和建议？

5. 很多资产都随着销售额成比例增加，例如，现金可以增加任何金额，但固定资产只能增加某些特定的金额，因为不可能购买新厂房或设备的某一部分。这样，公司的固定成本结构是阶梯式的。假设东方海岸游艇最近满负荷生产，为了扩大生产，公司必须安装一整套新的生产线，成本为 2 500 万美元，计算新的 EFN。这意味着东方海岸游艇来年的产能利用率是多少？

# PART

# 2

## 第2篇

# 估值与资本预算

# 第 4 章

# 折现现金流量估值

大牌运动员的薪酬合约总是媒体津津乐道的话题，但媒体所报道的金额经常夸大其实。例如，2019 年年底，棒球运动员亚斯马尼·格兰道尔和芝加哥白袜队（Chicago White Sox）签署了一份 7 300 万美元的合同。这合同确实不错，特别是对那些使用"傻子工具"（运动员的行话，指棒球接球手的设备）来谋生的人而言更是如此。同样地，2020 年，橄榄球中卫运动员拜伦·琼斯和迈阿密海豚队（Miami Dolphins）签署了一份 8 250 万美元的合同。

两人的薪酬看起来很诱人，但与四分卫球员帕特里克·马霍姆斯近期和堪萨斯城酋长队（Kansas City Chiefs）签署的一份 12 年期的合约一比就略显逊色了。帕特里克·马霍姆斯的这份合同达到 4.776 亿美元，但其实并非一次性支付，而是分成若干年支付的。这份合同包含了 2020 年支付的 1 082.5 万美元，其余的 4.668 亿美元将在 2021—2031 年分期支付。前面提到的两位运动员的工资也类似地分期支付。这 3 份合同都需要在未来的时间点进行支付，因此我们必须要考虑货币的时间价值，这意味着这些合同价值并没有所报道的那么高。那么，他们实际上能拿到多少报酬呢？本章将提供给你解决这个问题的"工具"。

## 4.1 价值评估：单期投资的情形

吉姆·艾利斯正在考虑出售在阿拉斯加的一片土地。昨天，有人提出以 1 万美元购买。他正准备接受这一报价，又有一人报价 11 424 美元，但是 1 年以后付款。他已了解两个买主都有购买诚意，并且均有支付能力，所以他并不担心他选择的报价会落空。这两个报价绘成如图 4-1 所示的两个现金流量。吉姆先生应该选择哪个报价呢？

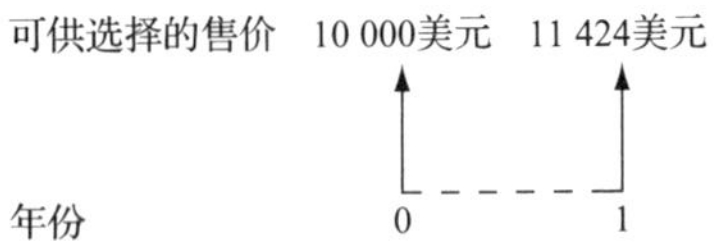

图 4-1 吉姆先生售地的现金流量

吉姆的财务顾问希瑟·图克斯指出，如果他接受第 1 个报价，他可以将这 10 000 美元以 12% 的利率存入银行。这样一年后，他可以得到：

$$10\ 000 + (0.12 \times 10\ 000) = 10\ 000 \times 1.12 = 11\ 200（美元）$$

本金的偿还　　利息

但是，因为这一数目要少于第 2 个报价 11 424 美元，所以希瑟先生建议他接受后者。在这一分析过程中，我们用到了**终值**（future value，FV）或**复利值**（compound value）的概念来描述一笔资金经过一个时期或多个时期以后的价值。在本案例中，10 000 美元的终值（或复利值）就是 11 200 美元。

对于**现值**（present value，PV）的概念，则采用另一种方法来讨论。通过下面的问题，我们就可以理解现值的概念：吉姆先生需要现在存入银行多少钱才可以在一年后得到 11 424 美元？我们可以计算如下：

$$PV \times 1.12 = 11\,424\,(\text{美元})$$

由此可见，我们所要求解的现值（PV），就是在今天以12%的利率投资多少资金使之在1年后可以收到11 424美元。求解PV，可得：

$$PV = \frac{11\,424}{1.12} = 10\,200\,(\text{美元})$$

这样，求解现值的公式可写为：

**投资的现值**

$$PV = \frac{FV_1}{1+r} \tag{4-1}$$

其中，$FV_1$是一期后的现金流量；$r$是适用的利率。在本案例中，$r$就是吉姆先生对他的土地销售所要求的回报率，人们有时把它称作**折现率**。

**现值分析**告诉我们，一年后收到的11 424美元，其现值为10 200美元。换言之，在利率为12%的情况下，不管你是现在给他10 200美元还是明年给他11 424美元，吉姆先生都会觉得无所谓。因为如果你现在给他10 200美元，他可以将它存入银行，明年就可以得到11 424美元。

因为第2个报价的现值为10 200美元，而第1个报价仅为10 000美元，这样，通过现值分析也可以得出吉姆先生应接受第2个报价。换句话说，不论终值分析还是现值分析都可以得出同样的结论。

尽管这个例子很简单，但它包含了我们在后面几章中会经常用到的一些基本原理。现在我们用另一个例子来阐述净现值的概念。

事实上，分析师们常常更想确定一项决策确切的**成本**或**收益**。在例4-1中，今年购置土地、明年售出的决策可以这样进行评价。

**例4-1　现值**

Kaufman & Broad公司是一家有影响力的不动产公司，它的财务分析师黛安娜正考虑是否建议公司以85 000美元购置一块土地。她很确信来年这块土地将价值91 000美元。毫无疑问，公司能从中获得6 000美元的收益。假设其他类似替代投资的收益率为10%，公司是否应对这块土地进行投资？黛安娜女士的选择如图4-2所示。

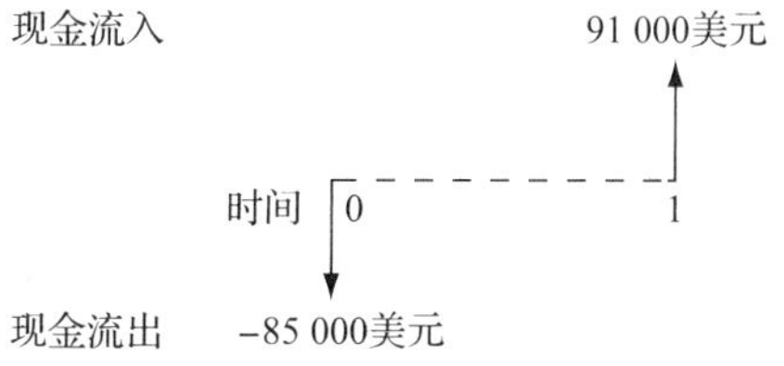

图4-2　土地投资的现金流量

但是，稍加考虑就能认识到这不是一笔划算的交易。若把这85 000美元用于购置土地，公司就能在明年得到91 000美元；而若将之进行类似的替代投资，在10%收益率情况下，这85 000美元在明年就增长至：

$$(1+0.10) \times 85\,000 = 93\,500\,(\text{美元})$$

这也就意味着将这85 000美元进行替代投资能产生2 500美元的额外收益（银行存款本息93 500美元－土地投资的收益91 000美元）。在这里，这一问题是用终值计算来进行分析的。

另一种方法，她也可以计算土地明年售价的现值：

$$\text{现值} = \frac{91\,000}{1.10} = 82\,727.27\,(\text{美元})$$

今年购置土地的收益：

$$\underset{\text{今年土地的购置价}}{-2\,273 = -85\,000} + \underset{\text{明年土地出售收益的现值}}{\frac{91\,000}{1.10}}$$

明年土地出售收益的现值少于今年土地的购置价85 000美元，由此可见，现值分析同样证明了她不应建议公司购置这块土地。

这样可将净现值的计算公式写为：

**投资的净现值**

$$NPV = - \text{成本} + PV \qquad (4\text{-}2)$$

式（4-2）说明，在列出所有投资收益和成本在零期的现值以后，我们可以知道这项投资的价值为 -2 273 美元。我们把这 -2 273 美元定义为这项投资的**净现值**（net present value，NPV）。也就是说，净现值 NPV 是这项投资未来现金流量的现值减去成本的现值所得到的结果。在本案例中，因为投资购买土地的 NPV 为负值，所以建议黛安娜不应购置这块地。

以上两个例子都是在未来高度确定情况下的问题。也就是说，吉姆能肯定明年他可以将他的土地以 11 424 美元售出；同样地，黛安娜也可以肯定公司能在明年以 91 000 美元售出那块土地。但不幸的是，现实中商人常常不能确定未来的现金流量。我们将在下面的例子中说明这种不确定性。

### 例 4-2　不确定性与价值评估

Professional Artworks 公司是一个从事现代绘画投资的公司。它的经理正考虑是否值得以 400 000 美元购买一幅毕加索真迹，然后来年售出。这位经理预计这幅油画一年后会价值 480 000 美元。有关的现金流量如图 4-3 所示。

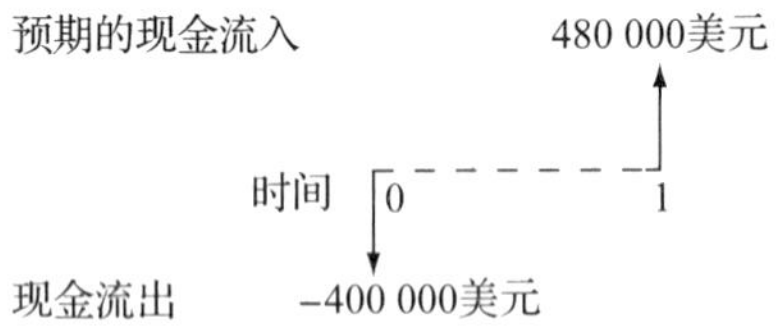

当然，这幅画价值 480 000 美元只是一个估计，它也许会值得更多或是不值这么多。假如银行担保贷款利率是 10%，公司是否应购买这幅画？

我们马上会想到，将 480 000 美元的投资以 10% 这个利息率去折现，就可得出：

图 4-3　购买油画的现金流量

$$PV = \frac{480\,000}{1.10} = 436\,364（美元）$$

由此可见，由于 436 364 美元要高于 400 000 美元，乍一看，似乎应该购买这幅画。但是，这 10% 的收益率是人们投资在一个低风险项目上所能获得的收益。由于投资于油画的风险很大，从而需要一个更高的折现率。因此，这位经理选择一个 25% 的折现率来反映这项投资的风险。换句话说，他认为 25% 的期望收益率才是对油画这类风险投资项目的一个合适的补偿。

结果，这幅画的现值就变为：

$$PV = \frac{480\,000}{1.25} = 384\,000（美元）$$

这样，这位经理就会认为如果目前这幅画定价 400 000 美元，其价值被高估了，从而不会进行这项投资。

上述分析是现如今公司经常碰到的一种典型的决策方式，只是现实生活中的情况会更复杂。遗憾的是，任何实际例子只要有风险存在，就会产生无风险情况下所不会遇到的问题。理论上，对于一笔预期现金流量正确的折现率是在市场上可得到的与它拥有相同风险其他投资机会的回报率。由于它对于投资者来说表示了经济机会成本，所以是适合采用的折现率。这是投资者如果不投资于这个项目，他们将会获得的预期回报。然而，选择一项风险投资的折现率不是一件容易的事。我们完全不知道例 4-2 中油画投资的折现率应是 10%、15%、25% 还是其他百分比。

折现率的选择十分复杂，我们仅在这里提出了这一问题。本章的其余部分将会侧重于讨论完全确定情况下的例子。但是，等到在以后几章中学习了关于风险和收益的特定知识，我们就可以进行风险调整的分析。

## 4.2　价值评估：多期投资的情形

在上一节中，我们仅仅介绍了有关单期投资的现值或终值的计算方法。现在我们将之推广到多期投资的情形。

### 4.2.1 终值和复利计算

假设一个人准备贷款 1 美元，到了第 1 年年末，借款人将欠贷款人本金 1 美元再加上在利率为 $r$ 情况下的利息。本例中，若假定利率 $r$ 为 9%，借款人将共欠贷款人：

$$1 \times (1+r) = 1 \times 1.09 = 1.09 （美元）$$

然而，到了第 1 年年末，贷款人有两个选择：她可以收回这 1.09 美元，或者更一般地说收到（$1+r$），退出资本市场；她也可以在第 2 年年初不收回而接着把它借出去。这种把货币留在资本市场并继续出借的过程叫作**复利**（compounding）。

假设贷款人决定第 2 年将贷款继续出借以获得复利。为此，她要将所获得的第 1 年贷款的本金和收益，即 1.09 美元，接着贷出。这样，到了第 2 年年末，借款人将欠她：

$$1 \times (1+r) \times (1+r) = 1 \times (1+r)^2 = 1 + 2r + r^2$$
$$1 \times 1.09 \times 1.09 = 1 \times 1.09^2 = 1 + 0.18 + 0.008\,1 = 1.188\,1 （美元）$$

这就是两年中这笔借款按复利计算所能获得的总收入。

换言之，通过提供自动结转的贷款机会，资本市场使投资者将其最初的 1 美元转变成了两年后的 1.188 1 美元。到了第 3 年年末，这笔资金就将变成 $1 \times (1.09)^3 = 1.295$（美元）。

值得注意的是，贷款人收到的总额不只是她借出的本金 1 美元再加上这 1 美元在两年的利息值，即

$$2 \times r = 2 \times 0.09 = 0.18 （美元）$$

除此之外，贷款人还得到 $r^2$ 的数目，这是第 1 年所产生的利息部分在第 2 年所产生的利息。$2 \times r$ 表示这两年里的**单利**（simple interest），而 $r^2$ 指的是**利息的利息**。本例中，利息的利息正好是：

$$r^2 = (0.09)^2 = 0.008\,1 （美元）$$

如果资金按**复利**（compound interest）计算进行投资，利息将被进行再投资。而单利情况下，利息没有进行再投资。本杰明·富兰克林说过，"钱可以生钱，钱生的钱又可以生出更多的钱"，这是一个解释复利过程的十分形象生动的描述。复利和单利计算之间的差异如图 4-4 所示。

在本例中，两者间的差距不大，但这是因为本金仅为 1 美元，如果借款数量为 1 000 000 美元，出借者将会在两年后收到 1 188 100 美元。在这一金额中，8 100 美元是利息的利息。这就告诉我们，如果交易金额足够大，小数点后的小数字也会变成一笔大钱。另外，贷款期限越长，利息的利息也会变得越为重要。

一笔投资在多期以后其终值的一般计算公式可以写为：

**一笔投资的终值**

$$FV = PV \times (1+r)^T \tag{4-3}$$

其中，PV 是期初（例如今天）投资的金额；$r$ 是利息率；$T$ 是资金投资所持续的时期数。

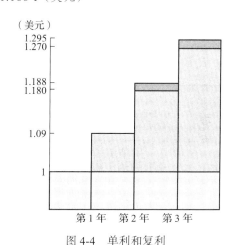

图 4-4 单利和复利

注：深灰色部分就是单利和复利相差部分。这部分差距在较长时间后就会变得很大。

#### 例 4-3 利息的利息

Suh-Pyng Ku 将 500 美元存入她在肯塔基州第一国民银行的存款账户。这个账户资金利率为 7%，每年按复利计息。3 年后 Ku 女士能得到多少钱？

$$500 \times 1.07 \times 1.07 \times 1.07 = 500 \times (1.07)^3 = 612.52 （美元）$$

图 4-5 描述了 Ku 女士存款的增长过程。

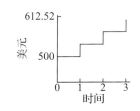

图 4-5 Ku 女士的存款账户

### 例 4-4 复合增长

杰伊·里特投资 1 000 美元购买 SDH 公司的股票。公司现在付给股东的股息为 2 美元，其股息预计在以后两年中以每年 20% 的速度递增。SDH 公司两年后的股息为多少？

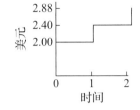

图 4-6 SDH 公司股息的增长

$$2 \times (1.20)^2 = 2.88 （美元）$$

图 4-6 描述了 SDH 公司股息的增长过程。

上述两个例子可以用手工、计算器或查表的方法进行计算。本书附录 A 中的表 A-3 是适用表，表中给出了 "1 美元在 $T$ 期末的复利值"，横栏给出了相应的利率，竖栏则给出了相应的时期数。

比如说，Ku 女士就可以通过查表 A-3 计算出她那 500 美元的终值为：

| 期数 | 6% | 7% | 8% |
| --- | --- | --- | --- |
| 1 | 1.060 0 | 1.070 0 | 1.080 0 |
| 2 | 1.123 6 | 1.144 9 | 1.166 4 |
| 3 | 1.191 0 | 1.225 0 | 1.259 7 |
| 4 | 1.262 5 | 1.310 8 | 1.360 5 |

$$500 \times 1.225 \ 0 = 612.50 （美元）$$
$$初始投资 \qquad 1 美元的终值$$

在这个例子中，我们给出了最初的投资额、利率，从而计算终值。当然，我们也可以给出初始投资额和终值，从而来求利率（见例 4-5）。

### 例 4-5 求解利率

Fernando Zapetero 最近在博彩中赢了 20 000 美元，他想在 5 年后买一辆车，他估计那时该车车价会达 32 210 美元。他的现金流量如图 4-7 所示。

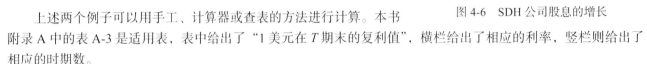

现金流入 20 000 美元

图 4-7 Fernando Zapetero 购车的现金流量

他必须以多高利率进行存款才能使他 5 年后能买得起那种车子？

购买价与初始现金的比率为：

$$\frac{32\ 210}{20\ 000} = 1.610\ 5$$

这也就是说，他要获得一个利率，使 1 美元能在 5 年后变成 1.610 5 美元。表 A-3 告诉我们，10% 的利率就会使他买得起这辆车。

我们可以这样计算：

$$20\ 000 \times (1+r)^5 = 32\ 210 （美元）$$

其中，$r$ 是购买这辆车所必需的存款利率。由于 32 210/20 000 = 1.610 5，可以得到：

$$(1+r)^5 = 1.610\ 5$$
$$r = 10\%$$

值得指出的是，无论是用表或是计算器计算都可解出 $r$。

### 4.2.2 复利的威力

凡是了解复利的人，大都会被它在长时间产生的威力所震撼。就拿股票市场来说，Ibboston 和 Sinquefield 已经计算出 1926—2020 年股市的整体回报。[⊖] 他们发现，在 1926 年年初投资于美国大公司股票的 1 美元，在

---

⊖ R. G. Ibbotson and R. A. Sinquefield, *Stocks, Bonds, and Inflation* [SBBI] (Charlottesville, VA: Financial Analysis Research Foundation, 1982). Updated by Morningstar, 2021.

2020年年末就会变成10 944.66美元，这相当于以10.29%的年利率复利计算95年的结果，在忽略因四舍五入所带来的误差时，就是（1.102 9）$^{95}$ = 10 944.66美元。

这个例子说明了单利与复利之间的巨大差距。在10.29%利率下，1美元的单利利息是每年10.29美分。95年的单利本利和是10.78（= 1+ 95 × 0.102 9）美元。这要远远低于在本金和利息进行再投资情况下所得到的10 944.66美元。

如果间隔时间更长，结果会更惊人。一个不懂复利的人可能会认为如果回报率相同的话，1美元在190年后的价值是其95年后价值的2倍。然而，事实上1美元在190年后的价值是其在95年后价值的**平方**。也就是说，如果回报率不变，投资1美元购买普通股股票的价值就会达到119 785 582.52(= 1 × 10 944.66 × 10 944.66 )美元。

几年前一个人类学家在一件考古文物中记载的一件事：恺撒大帝借给某人相当于1罗马便士的钱，没有记录说明这1便士是否已经偿还。这位人类学家想知道，如果在20世纪恺撒的后代想向借款人的后代要回这笔钱，那么本息值总共会是多少？他认为6%的利率是比较合适的。令他震惊的是，2 000多年后，这1便士的本息值竟然超过了整个地球上的所有财富。

复利的威力可以解释为什么富有的家族总是将其财产传给孙子辈而不是儿女辈。这也就是说他们要隔过一代人。父母总是宁愿使孙子辈更加富有，而不是只使他们的儿女辈比较富有。我们也发现了在这些家族中，孙子辈比儿女辈对复利的威力持更为积极的态度。

### 例4-6 愚蠢的苏厄德？

1867年，美国国务卿威廉·苏厄德与俄罗斯谈判购买了阿拉斯加。美国政府支付720万美元从俄罗斯政府手上购买了586 412英里$^{2\ominus}$的土地。反对者把这笔交易嘲讽为"愚蠢的苏厄德"，因为他们认为这片土地是毫无用处的冰盖子。但这笔交易美国政府真的亏了吗？如果俄罗斯把这720万美元按5%的收益率进行投资（无税），那么155年后这笔投资价值139亿美元。毫无疑问，阿拉斯加以其丰富的自然资源，今天其价值肯定远远不止139亿美元。所以，如果按5%的收益率计算，俄罗斯在这笔交易中遭受损失。然而，如果俄罗斯按10%的收益率进行投资，那么，这笔投资现在大约价值：

$$720 × （1+r）^t = 720 × 1.1^{155} = 18.8（万亿美元）$$

这是一笔巨额财富。18.8万亿美元大约相当于今天美国大陆所有土地的价值总和。然而，在历史上没有人能找到一个持续155年且年收益率为10%的投资项目。

### 4.2.3 现值和折现

我们现在已经知道，9%的年利率能使投资者当前的1美元变成两年后的1.188 1美元。但是，我们还想知道：

一个投资者现在需付出多少钱才能在两年后得到1美元？

我们可以写出以下计算式：

$$PV × 1.09^2 = 1（美元）$$

式中，PV表示现值，即为了在两年后获得1美元现在要借出的货币数目。

解出式中的PV，我们可以得到：

$$PV = \frac{1}{1.09^2} = 0.84（美元）$$

这一计算未来现金流量现值的过程就叫作**折现**（discounting）。它是复利计息的相反过程。复利和折现之间的区别如图4-8所示。

为了能肯定这0.84美元确实是两年后1美元的现值，我们可以检验一下，看看现在借出0.84美元，两年后

---

⊖ 1英里$^2$=2.589 99 × 10$^6$米$^2$

我们是否能恰好收回 1 美元。如果事实确实是这样，资本市场上就会认为两年后收到的 1 美元相当于现在拥有 0.84 美元。计算可得：

$$0.841\ 68 \times 1.09 \times 1.09 = 1\ (\text{美元})$$

换句话说，如果资本市场有确定的年利率为 9%，我们对现在拿到 0.84 美元或者两年后得到 1 美元没有偏好。我们没有理由认为这两个选择间有差别，因为今天的 0.84 美元借出两年后就能得到 1 美元。这个 0.84 $[= 1/(1.09)^2]$ 的值被称作**现值系数**（present value factor）。这是用来计算未来现金流量现值的系数。

在多期的情况下，求解 PV 的公式可写为：

**投资的现值**

$$PV = \frac{FV_T}{(1+r)^T} \qquad (4\text{-}4)$$

其中 $FV_T$ 是在 $T$ 期的现金流，$r$ 是适用的折现率。

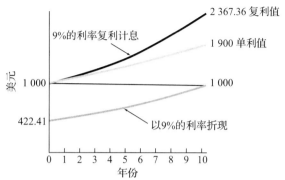

图 4-8  复利计息和折现过程

注：上面的曲线表明 1 000 美元在以 9% 的利率复利计息情况下的未来值：第 10 年年末为 $1\ 000 \times (1.09)^{10} = 2\ 367.36$（美元）。中间表达的是单利值，第 10 年年末为 $1\ 000 + [10 \times (1\ 000 \times 0.09)] = 1\ 900$（美元）。下面的曲线表达折现率为 9% 情况下 1 000 美元的折现值。

### 例 4-7  多阶段折现

伯纳德·杜马 3 年后将收到 10 000 美元。伯纳德可以以 8% 的收益率进行投资。这样这 8% 就是适用的折现率。那么他未来现金流量的现值是多少呢？

$$
\begin{aligned}
PV &= 10\ 000 \times \left(\frac{1}{1.08}\right)^3 \\
&= 10\ 000 \times 0.793\ 8 \\
&= 7\ 938\ (\text{美元})
\end{aligned}
$$

图 4-9 描述了伯纳德投资的现值系数的应用。

若他的投资以 8% 利率增长，伯纳德会认为现在收到 7 938 美元与 3 年后收到 10 000 美元没有差别。毕竟他可以将现在收到的 7 938 美元以 8% 的利率借出去，3 年后得到的就是 10 000 美元。

伯纳德可以用 3 种方法得出计算结果。他可以用手工、计算器或是查表方式（表见书后附录）。表中给出了"$T$ 期后得到的 1 美元的现值"。表中横栏是相应的利率，竖栏是相应的时期。比如伯纳德查如表 A-1 所示的一部分，得到 3 年期的资金其现值系数为 0.793 8。

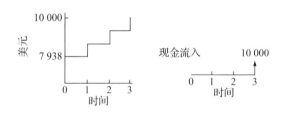

图 4-9  伯纳德·杜马资金的折现

| | 利率 | | |
| --- | --- | --- | --- |
| 期数 | 7% | 8% | 9% |
| 1 | 0.934 6 | 0.925 9 | 0.917 4 |
| 2 | 0.873 4 | 0.857 3 | 0.841 7 |
| 3 | 0.816 3 | 0.793 8 | 0.772 2 |
| 4 | 0.762 9 | 0.735 0 | 0.708 4 |

合适的现值系数是 0.793 8。

在前面的例子中，我们给出了利率和未来的现金流量。在某些情况下，利率也可以是个未知数。

### 例 4-8  求解利率

佩奇·维梅特想购买一艘拖船。但他不想现在付款，而愿意 3 年后支付 150 000 美元。拖船公司目前制造拖船的成本为 115 830 美元，有关现金流量如图 4-10 所示。问在利率是多高的情况下，公司既没有在这桩交易中吃亏也没有占便宜？

建造成本（现值）与售价（终值）比率为：

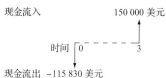

图 4-10　销售拖船的现金流量

$$\frac{115\,830}{150\,000} = 0.772\,2$$

我们要确定的是能使现在 0.772 2 美元变成 3 年后的 1 美元的利率，表 A-1 告诉我们 9% 的利率就是这样的利率。

### 4.2.4　确定期数

假设我们对购买一项价值 50 000 美元的资产感兴趣。我们现在有 25 000 美元现金。从这 25 000 美元我们可以得到 12% 的年收益率，那么多长时间我们可以得到 50 000 美元呢？想找到答案我们需要解出在基本现值方程式中最后一个变量，即时期数。对于这个特定的问题，我们有个简单的方法可以得到近似的答案。考虑到需要让我们的钱翻倍，根据 72 法则，在 12% 利率下这大概需要 72/12 = 6（年）。

为了得到更准确的答案，我们可以再次处理基本现值方程式。现值是 25 000 美元，而终值是 50 000 美元。根据 12% 的折现率，基本方程如下形式：

$$25\,000 = 50\,000/1.12^{T}$$
$$50\,000/25\,000 = 1.12^{T} = 2$$

因此对于 12% 折现率，我们有终值系数 2。我们现在需要解出 $T$。如果你查阅表 A-3 对应 12% 折现率那一列，你将会发现在 6 年期对应着终值系数 1.973 8。因此正如我们前面计算的，时期数将为 6 年。如果要获得确切的答案，我们将明确地计算出 $t$（使用财务计算器或者电子表格）。如果你这么做，你将会得到答案为 6.116 3 年。在这个例子中我们的估计值十分接近真实值。

| 电子表格应用 |　　　　　使用电子表格计算货币的时间价值

来自不同领域的商务人士（不仅仅金融和会计领域）越来越多地使用电子表格来进行实务中的各种计算。因此，我们将在这个部分为你展示如何使用电子表格来解决在这一章节中提出的货币不同时间价值的问题。我们将使用微软公司的 Excel™ 软件，其他软件的命令也相类似。我们假设你已经熟悉了电子表格的基本操作。

正如我们所看到的，你可以解出下列 4 种未知数的任何一个：终值、现值、折现率和时期数。电子表格中都有对应的公式。在 Excel 中的对应公式在下表中列出。

| 未知数 | 键入此公式 |
| --- | --- |
| 终值 | = FV（rate，nper，pmt，pv） |
| 现值 | = PV（rate，nper，pmt，fv） |
| 折现率 | = RATE（nper，pmt，pv，fv） |
| 时期数 | = NPER（rate，pmt，pv，fv） |

在上述公式中，PV 和 FV 表示现值和终值，NPER 表示时期数，RATE 表示折现率或者利率。

有两个地方需要注意，第一，不像其他的财务计算器，电子表格要求将折现率按照小数格式输入。第二，和大多数财务计算器一样，计算折现率或者时期数时，你需要在现值或者终值前加上负号。同样地，当你计算现值时，如果你不在终值前加上负号，那么计算结果将为负数，反过来计算终值时也需要同样的操作。

为了举例说明如何使用这些公式，我们回到章节中的例子。如果你将 25 000 美元进行年收益率为 12% 的投资，你多久会得到 50 000 美元呢？你可以如下表建立一个电子表格：

| | A | B | C | D | E | F | G | H |
|---|---|---|---|---|---|---|---|---|
| 1 | | | | | | | | |
| 2 | 使用电子表格计算货币的时间价值 | | | | | | | |
| 3 | | | | | | | | |
| 4 | 如果我们将 25 000 美元进行年收益率为 12% 的投资，多久将得到 50 000 美元呢？我们需要解 | | | | | | | |
| 5 | 出时期数，因此我们使用公式 NPER（rate，pmt，pv，fv）。 | | | | | | | |
| 6 | | | | | | | | |
| 7 | 现值（pv）： | 25 000 | | | | | | |
| 8 | 终值（fv）： | 50 000 | | | | | | |
| 9 | 折现率（rate）： | 0.12 | | | | | | |
| 10 | | | | | | | | |
| 11 | 时期数： | 6.116 255 4 | | | | | | |
| 12 | | | | | | | | |
| 13 | 在 B11 中输入的公式为 = NPER（B9，0，−B7，B8）；注意 pmt 等于 0 而 pv 有个负号。 | | | | | | | |
| 14 | 另外还要注意折现率需要按小数格式输入，而不是百分比 | | | | | | | |

### 例 4-9 等待戈多

你准备攒钱买下戈多（Godot）公司，总共要花费 1 000 万美元。你现在有 230 万美元。如果你每年可以有 5% 的收益率，那么你需要等待多久才能买下公司呢？如果收益率为 16%，你又需要等待多久呢？

在 5% 的收益率下，你将需要等待很长时间。从基础现值公式中：

$$2.3 = 10 / 1.05^T$$

$$1.05^T = 4.35$$

$$T = 30（年）$$

利率为 16% 时，情况要好一些。你自己可以试着计算出需要等待 10 年的时间。

在实际生活中，一个投资者或商人接触的不会只是一次现金的收付，而是一系列的现金流量。这一系列现金流量的现值就是对各个现金流量现值的加总。下面两个例子可说明这一问题。

### 例 4-10 现金流量估价

凯尔·梅耶赢得了肯塔基州的乐透奖，他在接下来的两年内会有这样的现金收入。

| 年 | 现金流量 / 美元 |
|---|---|
| 1 | 20 000 |
| 2 | 50 000 |

凯尔先生的银行存款账户可以获得 6% 的利息率，这样 6% 的折现率是适当的。这两笔现金流量的现值如下表所示。

| 年 | 现金流量 × 折现系数 = 现值 / 美元 |
|---|---|
| 1 | $20\,000 \times \dfrac{1}{1.06} = 18\,867.92$ |
| 2 | $50\,000 \times \dfrac{1}{(1.06)^2} = 44\,499.82$ |
| | 合计　　　63 367.74 |

换言之，凯尔先生认为现在得到 63 367.74 美元或者是未来两年内分别得到 20 000 美元和 50 000 美元两者之间没有差别。

**例 4-11　NPV**

Finance.com 公司有一项在一种新型高速计算机上的 50 000 美元的投资机会。从现在起，这台计算机在第 1 年将产生 25 000 美元的现金流量（来源于成本的节约），在第 2 年将产生 20 000 美元的现金流量，在第 3 年将产生 15 000 美元的现金流量。3 年后这台计算机将分文不值，不会产生任何现金流量。Finance.com 公司确定这项投资所适用的折现率为 7%。那么，Finance.com 公司是否应进行这项新型高速计算机的投资呢？这项投资的 NPV 是多少？

计划购买的计算机将产生的现金流量和现值系数如下表所示。

| 年 | 现金流量 / 美元 | 现值系数 |
|---|---|---|
| 0 | −50 000 | $1 = 1$ |
| 1 | 25 000 | $\dfrac{1}{1.07} = 0.934\,6$ |
| 2 | 20 000 | $\left(\dfrac{1}{1.07}\right)^2 = 0.873\,4$ |
| 3 | 15 000 | $\left(\dfrac{1}{1.07}\right)^3 = 0.816\,3$ |

现金流量的现值如下表所示。

| | 现金流量 × 现值系数 = 现值 / 美元 | | |
|---|---|---|---|
| 第 0 年 | −50 000 × 1 | = | −50 000 |
| 第 1 年 | 25 000 × 0.934 6 | = | 23 364.49 |
| 第 2 年 | 20 000 × 0.873 4 | = | 17 468.77 |
| 第 3 年 | 15 000 × 0.816 3 | = | 12 244.47 |
| | | 合计 | 3 077.73 |

可见，Finance.com 公司应该进行这一新型高速计算机的投资，因为这项投资未来现金流量的现值高于它的投入成本，净现值为 3 077.73 美元。

## 4.2.5　算术公式

为了得出一笔现金流量净现值的计算公式，首先要计算一年后现金流量的现值，即：

$$PV = C_1 / (1+r)$$

然后求得两年后现金流量的现值为：

$$PV = C_2 / (1+r)^2$$

这样，我们就可以得出一笔在 $T$ 期后产生效益的投资项目的净现值为

$$NPV = -C_0 + \frac{C_1}{1+r} + \frac{C_2}{(1+r)^2} + \cdots + \frac{C_T}{(1+r)^T} = -C_0 + \sum_{i=1}^{T} \frac{C_i}{(1+r)^i} \tag{4-5}$$

式中，$-C_0$ 是初始现金流量，由于它代表了一笔投资因而是负值；"$\sum$" 是连续求和符号。

我们将通过回答我们在本章开头所提出的，与橄榄球的四分卫球员帕特里克·马霍姆斯的合同有关的问题来结束这一节。该合同规定 2020 年支付 1 082.5 万美元，剩下的 4.668 亿美元分布为：2021 年支付 22 806 905 美元，2022 年支付 2 945 万美元，2023 年支付 4 045 万美元，2024 年支付 3 795 万美元，2025 年和 2026 年分别支付 4 195 万美元，2027 年支付 5 995 万美元，2028 年支付 4 445 万美元，2029 年支付 4 495 万美元，2030 年支付 5 045 万美元，2031 年支付 5 245 万美元。如果适当的利率为 12%，那么酋长队的四分卫暴投的合同实际值多少钱？

为了回答这个问题，我们可以如下表所示，通过把每一年的工资折现来求得工资的现值（请注意，在这里

我们假设未来的工资将在每年的年末支付）。

（单位：美元）

| | | |
|---|---|---|
| 第 0 年（2020）： | 10 825 000 | = 10 825 000.00 |
| 第 1 年（2021）： | 22 806 905 × 1/1.12$^1$ | = 20 363 308.04 |
| 第 2 年（2022）： | 29 450 000 × 1/1.12$^2$ | = 23 477 359.69 |
| $\vdots$ | $\vdots$ | $\vdots$ |
| 第 11 年（2031）： | 52 450 000 × 1/1.12$^6$ | = 15 078 121.66 |

如果你把空缺的地方补上（作为练习），你将发现帕特里克的合同现值为 2.452 亿美元，其大概只有所报告的价值（4.77 亿美元）的 50%，但这还是相当不错的。

## 4.3 复利计息期数

到目前为止，我们都假定复利计息和折现都是以年为单位进行的。然而在现实中，复利计息会在一年之中发生多次。比如，假如一个银行声明付给储户 10% 的年利率，每半年按复利计息。这就意味着银行中的一笔 1 000 美元的存款半年后变成 1 000 × 1.05 = 1 050（美元），再过半年就又变成 1 050 × 1.05 = 1 102.5（美元）。

结果，一年后存款价值就是：

$$1\,000 \times \left(1 + \frac{0.10}{2}\right)^2 - 1\,000 \times (1.05)^2 = 1102.50 \text{（美元）}$$

当然，这笔 1 000 美元的存款如果以年为单位复利计息，一年后就会值 1 100（= 1 000 × 10%）美元。值得指出的是，每半年按复利计息的终值要高于年复利计息的终值。如果以年为单位按复利计息，这最初的 1 000 美元是全年计息的本金。而每半年按复利计息中，这 1 000 美元只是前 6 个月计息的本金，而下半年计息的本金变为 1 050（美元），这样，本年复利计息投资者就获得了**利息的利息**。

因为 1 000 × 1.102 5 = 1 102.50（美元），这样 10% 的年利率每半年按复利计息，实际上与 10.25% 的利率每年计息是一致的。换言之，理性的投资者会认为 10% 的年利率每半年按复利计息实际上就等于按照 10.25% 的利率年复利计息，二者之间没有差别。

如果 10% 的年利率每季按复利计息，一年末的终值为：

$$1\,000 \times \left(1 + \frac{0.10}{4}\right)^4 = 1103.81 \text{（美元）}$$

再推而广之，一年中一项投资每年按复利计息 $m$ 次的年末终值为：

$$C_0 \left(1 + \frac{r}{m}\right)^m \tag{4-6}$$

式中，$C_0$ 是投资者的初始投资；$r$ 是**名义年利率**（annual percentage rate，APR），名义年利率是不考虑年内复利计息的，它在不同的银行或金融机构中会有不同的称谓。

### 例 4-12　EAR

如果名义年利率是 24%，且每月按复利计息，Vicki Bogan 的 1 美元投资到年末价值为多少？

用式（4-6）可得，她的 1 美元会变为：

$$1 \times \left(1 + \frac{0.24}{12}\right)^{12} = 1 \times (1.02)^{12} = 1.268\,2 \text{（美元）}$$

这就是说，每年投资收益率实际上是 26.82%。这个回报率就叫**实际年利率**（effective annual rate，EAR）或

**实际年收益率**（effective annual yield，EAY）。由于复利计息的缘故，实际年利率要高于名义年利率。因此，我们可以把实际年利率的公式写为：

**实际年利率**

$$\left(1+\frac{r}{m}\right)^m - 1 \qquad\qquad (4-7)$$

有些同学经常会因为式（4-7）中要减去 1 而迷惑。值得指出的是，年末的价值包括年内的利息以及本金。所以，我们要从式（4-7）中减去 1 才能去除本金，从而得出实际年利率。

#### 例 4-13　复利频率

如果名义年利率是 8%，每季按复利计息，那么实际年利率是多少？

由式（4-7），可得：

$$\left(1+\frac{r}{m}\right)^m - 1 = \left(1+\frac{0.08}{4}\right)^4 - 1 = 0.082\,4 \text{ 或 } 8.24\%$$

根据我们前面的例子，$C_0 = 1\,000$，$r = 10\%$，我们可导出下表。

| $C_0$/美元 | 复利计息次数（$m$） | $C_1$/美元 | 实际年利率 = $\left(1+\dfrac{r}{m}\right)^m - 1$ |
|---|---|---|---|
| 1 000 | 每年（$m=1$） | 1 100.00 | 0.10 |
| 1 000 | 每半年（$m=2$） | 1 102.50 | 0.102 5 |
| 1 000 | 每季（$m=4$） | 1 103.81 | 0.103 81 |
| 1 000 | 每日（$m=365$） | 1 105.16 | 0.105 16 |

### 4.3.1　名义年利率和实际年利率之间的差别

名义年利率（APR）和实际年利率（EAR）之间的差别对一些同学来说也许是个有些困惑的问题。名义年利率只有在给出计息间隔期的情况下才是有意义的，认识到这一点有助于澄清此处的混淆。例如：若 APR 为 10%，1 美元每半年按复利计息情况下，1 年后的终值为 [1+（0.10/2）]$^2$ = 1.102 5（美元）；每季按复利计息情况下，1 年后的终值为 [1+（0.10/4）]$^4$ = 1.103 8（美元）。如果仅给出名义年利率为 10%，但是计息间隔期没有给出，就不能计算终值。也就是说，人们不知道该按年、月、季或是其他间隔期进行计息。

相反，实际年利率本身就有很明确的意义，它**不需要**给出复利计息的间隔期。例如，若实际年利率为 10.25%，就意味着 1 美元的投资在一年后就可变成 1.102 5 美元。你可以认为这是名义年利率为 10%、半年复利计息，或是名义年利率为 10.25%、年复利计息，亦或是其他的复利计息方式所得来的。

当利息率很大时，名义年利率与实际年利率有很大的差别，如发薪日贷款。发薪日贷款是一种短期贷款，期限经常少于 2 周，其由诸如 Check Into Cash 或者 AmeriCash Advance 等公司提供。这种贷款的运作过程如下：在今天签署一张远期支票，当支票到期时，你要么付钱赎回这张支票要么由贷款公司来兑现这张支票。比如，Check Into Cash 在一个特定的州允许你开一张 14 天后到期的总额为 115 美元的远期支票。在这种情况下，他们将在今天给你 100 美元用于今天的消费。那么，这种贷款的名义年利率与实际年利率是多少？首先，我们要算出利率，这个可以通过下面的 FV 公式解得：

$$FV = PV\,(1+r)^1$$
$$115 = 100 \times (1+r)^1$$
$$1.15 = (1+r)$$
$$r = 0.15 \text{ 或 } 15\%$$

在你还没想起这是 14 天的利率时，似乎看起来还不算太糟糕。但该贷款的名义年利率是：

$$APR = 0.15 \times 365/14$$

$$APR = 3.910\ 7\ 或\ 391.07\%$$

该贷款的实际年利率为：

$$EAR = (1 + r/m)^m - 1$$

$$EAR = (1 + 0.15)^{365/14} - 1$$

$$EAR = 37.236\ 6\ 或\ 3\ 723.66\%$$

如此骇人的利率！让我们看看利息费用一个小小的变化会带来什么影响。AmeriCash Advance 公司允许你为了今天的 100 美元签署一张 14 天后到期的总额为 117.50 美元的远期支票。自己可以检验一下，该贷款的名义年利率为 456.25%，实际年利率为 6 598.65%。无论如何，我们不推荐你去贷这种款。

根据法律规定，贷款人必须报告全部贷款的名义年利率。在本书中，我们通过计算每期名义年利率再乘以期数来计算名义年利率。根据联邦法律，名义年利率是用来衡量消费信贷成本的年度比率，它包括了利息和非利息费用。在实务中，名义年利率要比贷款利率高得多，因为贷款人可能收取较高的费用，这些费用又必须包含在法律规定的名义年利率计算中。

### 4.3.2　多年期复利

式（4-6）给出了经过 1 年一项投资终值的计算公式。如果一项投资历经多年，其终值计算公式就会变为：

**复利计息的终值**

$$FV = PV \times \left(1 + \frac{r}{m}\right)^{mT} \tag{4-8}$$

**例 4-14　多年的复利**

哈利以 12% 的名义年利率投资 5 000 美元，每季按复利计息，那么，他的资金 5 年后会变为多少？

用式（4-8）可得他的资金会变为：

$$5\ 000 \times \left(1 + \frac{0.12}{4}\right)^{4 \times 5} = 5\ 000 \times (1.03)^{20} = 5\ 000 \times 1.806\ 1 = 9\ 030.50\ （美元）$$

### 4.3.3　连续复利

前面的分析说明了复利计息一年可不只一次。人们可以半年、每季、每天、每小时或每分钟复利计息，甚至还可以在更短的时间内进行复利计息。最极端的情况是在无限短的时间间隔按复利计息，也就是一般所称的**连续复利计息**（continuous compounding），令人惊讶的是，银行和其他金融机构有时会采用连续复利计息方式，这也正是我们要学习它的原因。

也许你一想到复利计息要如此迅速便会觉得大脑一团糊涂，摸不着头绪。但是，我们可以导出一个很简单的公式。连续复利计息，$T$ 年后的终值可以表达为：

$$C_0 \times e^{rT} \tag{4-9}$$

式中，$C_0$ 是最初的投资；$r$ 是名义年利率；$T$ 是投资所持续的年限；e 是一个常数，其值约为 2.718。不同于 e，$C_0$、$r$ 和 $T$ 都是未知数。

**例 4-15　连续复利**

卡塔琳娜·卢埃林以连续复利计息方式将其 1 000 美元投资 1 年。那么，她的投资到了年末将等于多少？

由式（4-9），可得：

$$1\ 000 \times e^{0.10} = 1\ 000 \times 1.105\ 2 = 1\ 105.20\ (美元)$$

这一结果也可很容易地从表 A-5 中查到，即只要在横栏中找出所给的利率 $r = 10\%$，在竖栏中找出 $T$。与本例有关的表中的部分如右表所示。

注意利率为 10% 的连续复利计息等价于利率为 10.52% 的年复利计息方式。换句话说，卡塔琳娜认为将她的资金以 10% 的利率连续计息或是以 10.52% 的利率年复利计息是没有差别的。

| 计息期 ($T$) | 连续复利计息利率 ($r$) | | |
| --- | --- | --- | --- |
| | 9% | 10% | 11% |
| 1 | 1.094 2 | 1.105 2 | 1.116 3 |
| 2 | 1.197 2 | 1.221 4 | 1.246 1 |
| 3 | 1.310 0 | 1.349 9 | 1.391 0 |

### 例 4-16 连续复利（续）

卡塔琳娜的丈夫乔纳森将其 1 000 美元以连续复利计息的方式投资两年，利率为 10%。相应的公式为：

$$1\ 000 \times e^{0.10 \times 2} = 1\ 000 \times e^{0.20} = 1\ 221.40\ (美元)$$

用上面的连续复利计息表，查出终值系数为 1.221 4，可以得到同样的结果。

图 4-11 描述了年、半年以及连续复利计息方式之间的关系。半年复利计息的曲线比年复利计息的曲线更高、更平滑，连续复利计息方式的曲线则最高、最平滑。

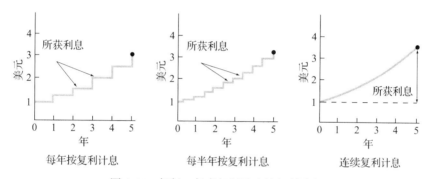

图 4-11 每年、每半年以及连续复利计息

### 例 4-17 现值和连续复利

密歇根州博彩公司将要在 4 年后付给你 100 000 美元，如果按 8% 的利率连续计息，这笔钱的现值为多少？

$$100\ 000 \times \frac{1}{e^{0.08 \times 4}} = 100\ 000 \times \frac{1}{1.377\ 1} = 72\ 616.37\ (美元)$$

## 4.4 简化公式

本章的前面部分探讨了现值和终值的概念。尽管这些概念有助于我们解决许多有关货币时间价值的问题，但是我们常常要做很烦琐的工作。比如说，一个银行要计算一笔 20 年期的每月付款的抵押贷款的现值，由于这笔抵押货款有 240（=20 × 12）个付款期，所以这个简单问题的计算也要费很多时间。

因为许多基本的财务问题都会这样十分费时，所以本节我们会致力于导出一些简便的公式。我们给出了下面 4 类有关现金流量计算的简化公式：

- 永续年金
- 永续增长年金
- 年金
- 增长年金

### 4.4.1 永续年金

永续年金（perpetuity）是指一系列没有止境的现金流量。如果你认为永续年金与现实无关，你会惊讶地发现一个十分著名的有无限期现金流量的例子：它就是一种被叫作**永续债券**（consols）的英国政府债券。一个购买永续债券的投资者有权永远每年都从英国政府领取利息。

如何确定永续债券的价格呢？我们假定有一种永续债券，无限期地每年支付债息 $C$ 美元，简单地直接应用 PV 的计算公式就可得：

$$PV = \frac{C}{1+r} + \frac{C}{(1+r)^2} + \frac{C}{(1+r)^3} + \cdots$$

其中，式后的省略号表示还有无穷项。诸如此类的序列称作**几何级数**。众所周知，尽管它有无穷多项，但每一项只是前一项的一部分，因此，序列之和是一个确定的数。在你查阅微积分、了解无穷级数的基本原理之前，让我们看看能否用理财的直觉来帮助我们确定其现值。

永续债券的现值是它未来所有利息收入的现值的加总。换句话说，它是这样一笔资金，如果投资者现在拥有它，会与拥有永续债券具有同样的消费能力。假如一个投资者想以后每年消费 $C$ 美元，如果它有这样一笔每年利息为 $C$ 美元的永续债券，他就可以做到这一点。但他现在要拥有多少钱才能有同样的消费水平呢？很明显，他需要拥有的这笔钱的利息应正好是每年 $C$ 美元。如果他的钱有更多，他就可以每年花得更多。但如果他的钱没有这么多，而他每年还要花 $C$ 美元，那么他最终会破产。

永续债券能给投资者每年带来 $C$ 美元的利息，其现值可以通过简单的公式求得：

$$PV = \frac{C}{r} \tag{4-10}$$

为了证实这是正确的答案，注意如果我们借出 $C/r$ 这笔资金，其每年利息是：

$$利息 = \frac{C}{r} \times r = C$$

这也恰好是永续债券的债息。综上所述，永续年金的现值计算公式可为：

**永续年金的现值计算公式**

$$PV = \frac{C}{1+r} + \frac{C}{(1+r)^2} + \frac{C}{(1+r)^3} + \cdots = \frac{C}{r} \tag{4-11}$$

用我们的一些理财直觉就可以轻而易举地解决这个算术问题，确实令人愉快。

**例 4-18   永续性**

假如有一笔永续年金，每年要付给投资者 100 美元，如果有关利率为 8%，该永续年金的现值为多少？

用式（4-10），可得：

$$PV = \frac{100}{0.08} = 1\,250\,（美元）$$

现在假定利率降至 6%，由式（4-10），可得这笔永续年金的现值为：

$$PV = \frac{100}{0.06} = 1\,666.67\,（美元）$$

注意永续年金的现值会随着利率的下调而增加；相反地，它的价值也会随利率的升高而下降。

### 4.4.2   永续增长年金

假设有一栋公寓在扣除各项费用后，明年房东会有 100 000 美元的房租现金收入。这笔现金流量预计会以每年 5% 的速度增长。如果能肯定这种增长趋势将永远持续下去，这种现金流量序列就称作**永续增长年金**（growing perpetuity）。有关的利率是 11%，因而适用的折现率应为 11%，所以这笔现金流量的现值计算方法可表达为：

$$PV = \frac{100\ 000}{1.11} + \frac{100\ 000 \times 1.05}{(1.11)^2} + \frac{100\ 000 \times 1.05^2}{(1.11)^3} + \cdots + \frac{100\ 000 \times (1.05)^{N-1}}{1.11^N} + \cdots$$

从而，我们可以得出这类问题的计算公式：

$$PV = \frac{C}{1+r} + \frac{C \times (1+g)}{(1+r)^2} + \frac{C \times (1+g)^2}{(1+r)^3} + \cdots + \frac{C \times (1+g)^{N-1}}{(1+r)^N} + \cdots$$

其中，$C$ 是现在开始一期以后收到的现金流量；$g$ 是每期的增长率；$r$ 是适用的折现率。

值得庆幸的是，该式可简化为：

**永续增长年金的现值计算公式**

$$PV = \frac{C}{r-g} \tag{4-12}$$

由式（4-12）可知，房东由房屋可得的现金流量（房租）的现值为：

$$\frac{100\ 000}{0.11 - 0.05} = 1\ 666\ 667（美元）$$

关于永续增长年金的计算公式，需要注意 3 个问题。

（1）**关于分子**。式（4-12）的分子是现在起后一期的现金流量，而不是目前的现金流量。见下面的例子。

**例 4-19 支付股息**

Popovich 公司正准备付给股东每股 3 美元的股息，投资者估计以后每年的股息将会以每年 6% 的速度增长。适用的折现率是 11%，目前公司股票的价格应是多少呢？

式（4-12）中分子是下一期要收到的现金流量，由于股息增长率是 6%，因而下年的股息应为 3.18（= 3.00×1.06）美元。所以今天股票的价格应是：

$$66.60 = 3.00 + \frac{3.18}{0.11 - 0.06}$$

当前的股息　一年后各期股息的现值

这 66.60 美元的价格既包括马上要收到的股息，也包括一年后开始发放的各期股息的现值。式（4-12）只能用来计算一年以后各期股息的现值。对这一例子要能够真正理解透彻，因为有不少同学会在有关这部分的测试题中出错。

（2）**折现率和增长率**。在这里，利率 $r$ 一定要高于增长率 $g$，这样永续增长年金公式才会有意义。假设增长率与利息率数值十分接近，公式中的分母就会趋于无穷小，以至于现值就会变得趋于无穷大。事实上，一旦增长率 $g$ 高于利率 $r$，计算现值就没有意义了。

（3）**时间假设**。现实世界中，公司现金的流入或流出是随机的，并且几乎是连续不断的。但是，在式（4-12）中，我们假定现金流量的领取和支付是有规律而且是确定的。在那个租房的例子中，我们假设 100 000 美元的现金流入每年只发生一次。现实中，房租是按月支付的，而维护房屋的费用和其他一些费用支出也可能在一年中的任一时间发生。

我们只有在假设现金流量是有规律和确定的情况下，才能应用式（4-12）。这种假定可以节省很多计算时间，因而也是合理的。但是，使用者一刻也不应忘记这只是一个"假定"。这一点我们也会在以后各章中反复强调和说明。

关于一些术语也有必要进一步澄清。理财学书籍的作者一般使用下面两种约定方式之一来指时间。一小部分作者把现金流量的收付时间当作发生在某一确定的**时期**来处理。例如第 0 期、第 1 期等。在这种约定之下，

0 期表示现在。但是，由于一年只是一个时间段而不是一个时间上的特定时点，所以大部分作者都假定现金流量是在年末发生的（或者说是在**期末**发生的）。在这种**年末**约定之下，第 0 年年末表示现在，第 1 年年末表示现在起的一年后，依此类推[$\ominus$]。

这两种约定方式的相互转换可以从下图中看出：

我们坚信关于"某期"约定方式能减少语义上的模糊。但是由于在以后的课程中，你们很有可能会遇到"年末"约定方式，这里两种约定方式我们都会使用。

### 4.4.3 年金

**年金**（annuity）是指一系列稳定有规律的、持续一段固定时期的现金收付活动。毫不奇怪，年金是一项最为常见的金融工具。人们退休后所得到的养老金经常是以年金的形式发放的。租赁费和按揭贷款也通常是年金的形式。

为了求出年金的现值，我们需要先求出下式的值：

$$PV = \frac{C}{1+r} + \frac{C}{(1+r)^2} + \frac{C}{(1+r)^3} + \cdots + \frac{C}{(1+r)^T}$$

这种仅仅收取 $T$ 期债息的年金的现值肯定会小于永续年金的现值，然而究竟相差多少呢？要回答这个问题，我们还要进一步研究一下"永续年金"。

请看下面的时间图：

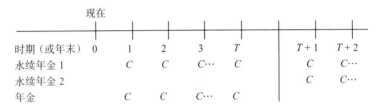

永续年金 1 是一个 1 期后开始支付债息的正常的永续年金，永续年金 2 的债息则是从 $T+1$ 期开始支付的。

$T$ 期内每期收到 $C$ 美元现金流量年金的现值就等于永续年金 1 的现值减去永续年金 2 的现值，永续年金 1 的现值可由下式得出：

$$PV = \frac{C}{r} \tag{4-13}$$

永续年金 2 是从 $T+1$ 期开始付息的，由永续年金的计算公式，我们可知它在 $T$ 期的现值为 $C/r$。[$\ominus$]然而，我们想得到的是它在第 0 期即现在的现值，而不是它在第 $T$ 期的价值。因而必须将这 $T$ 期的 $C/r$ 折现到第 0 期。这样，第 2 个永续年金的现值为：

$$PV = \frac{C}{r}\left[\frac{1}{(1+r)^T}\right] \tag{4-14}$$

$T$ 期内每期收到 $C$ 美元的现金流量的现值就是第 1 期开始付息的永续债券的现值减去第 $T+1$ 期开始付息的

---

[$\ominus$] 有些理财学书籍的作者有时会只说在第 $x$ 年的现金流量。尽管这个术语语义模糊，但作者一般指的是第 $x$ 年年末。

[$\ominus$] 读者们经常会认为 $C/r$ 是在第 $T+1$ 期的现值，因为该永续债券的首期支付是在第 $T+1$ 期。但是，这个公式计算的是在第一次支付前一期的现值。

永续年金的现值。这样，年金的现值就可用式（4-13），减去式（4-14）求得：

$$PV = \frac{C}{r} - \frac{C}{r}\left[\frac{1}{(1+r)^T}\right]$$

这个公式可简化为：

**年金现值的计算公式**

$$PV = C\left[\frac{1}{r} - \frac{1}{r(1+r)^T}\right] \tag{4-15}$$

该公式也可以写成：

$$PV = C\left[\frac{1 - \dfrac{1}{(1+r)^T}}{r}\right]$$

**例 4-20 彩票估值**

马克·扬赢得了一项州博彩大奖，在以后 20 年中每年得到 50 000 美元的奖金，一年以后开始领取奖金。博彩公司广告称这是一个百万美元 [50 000×20 = 1 000 000（美元）] 的大奖，若年利率为 8%，这项奖项的真实价值是多少？

由式（4-15）可得：

$$
\text{百万美元大奖的现值} = 50\,000 \times \left[\frac{1 - \dfrac{1}{(1.08)^{20}}}{0.08}\right]
$$

$$
\begin{array}{ccc}
\text{每期所得奖金} & & \text{年金现值系数} \\
= \quad 50\,000 & \times & 9.818\,1 \\
= \quad 490\,905\text{（美元）} & &
\end{array}
$$

扬先生没有为获奖欣喜，反而控告博彩公司进行误导和欺诈。他的陈词主要说公司承诺发放 100 万美元，但他只收到 490 905 美元。

我们把用来计算 $T$ 期内均匀支付 $C$ 美元现金流量现值的术语称作**年金现值系数**（present value interest factor for annuities）。本例中的年金现值系数值为 9.818 1，因为在求现值的计算中经常会用到年金现值系数，我们在表 A-2 中给出。表中给出了不同利率 $r$ 和不同到期时间 $T$ 的年金现值系数的值。

式（4-15）括号中所表示的年金现值系数的形式十分复杂。为了简单、便于表示，我们会经常用下式来表示年金现值系数：

$$\text{PVIFA}(r,\ T)$$

其表达的是在利率为 $r$ 的情况下，$T$ 年内每年获得 1 美元的年金的现值。

我们同样给出年金的终值的计算公式：

$$FV = C\left[\frac{(1+r)^T}{r} - \frac{1}{r}\right] = C\left[\frac{(1+r)^T - 1}{r}\right] \tag{4-16}$$

与年金现值系数一样，我们编了年金终值系数（见表 A-4）。

### 例 4-21 退休投资

假设你每年向罗斯个人退休金账户（Roth IRA）存入 3 000 美元。该账户每年支付 6% 的利息。当你 30 年后退休时，你能得到多少钱？

这个问题问的是，在 6% 的折现率下，每年 3 000 美元并持续 30 年的年金终值是多少？我们可以这样计算：

$$FV = C\left[\frac{(1+r)^T - 1}{r}\right] = 3\,000 \times \left[\frac{1.06^{30} - 1}{0.06}\right]$$

$$= 3\,000 \times 79.058\,2$$

$$= 237\,174.6\,（美元）$$

因此，你的账户里的钱将接近 100 万美元的 1/4。

经验告诉我们，年金计算公式虽然并不复杂，但是很容易出错，尤其对于那些初级阶段的学生。以下我们列出 4 个容易出错之处。

## | 电子表格应用 |

如下使用电子表格计算年金现值：

| | A | B | C | D | E | F | G |
|---|---|---|---|---|---|---|---|
| 1 | | | | | | | |
| 2 | | | | 使用电子表格计算年金现值 | | | |
| 3 | | | | | | | |
| 4 | 当折现率为 10% 时，3 年期 500 美元年金的现值是多少？ | | | | | | |
| 5 | 我们需要计算的未知数为现值，因此我们使用公式 PV (rate, nper, pmt, fv) | | | | | | |
| 6 | | | | | | | |
| 7 | 每期支付额 | 500 | | | | | |
| 8 | 支付期数 | 3 | | | | | |
| 9 | 折现率 | 0.1 | | | | | |
| 10 | | | | | | | |
| 11 | 年金现值 | 1 243.43 | | | | | |
| 12 | | | | | | | |
| 13 | 在 B11 中输入的公式是 = PV (B9, B8, −B7, 0)；注意 fv 为 0，pmt 是个负值。同时也要注意折现率需要按小数格式 | | | | | | |
| 14 | 输入，而不是百分比 | | | | | | |
| 15 | | | | | | | |
| 16 | | | | | | | |
| 17 | | | | | | | |

### 1. 第一，递延年金

在有关年金或永续年金的计算时，要特别注意的一点是要弄清确切时间。这一点对多期以后开始的年金和永续年金来说尤需注意。我们发现哪怕是最聪明的人在刚开始时也会在这里出错。现在看看下面的例子。

### 例 4-22 递延年金

丹尼尔将会收到一份为期 4 年每年为 500 美元的年金，该年金的第一次支付发生在 6 年后。如果利率为 10%，那么他的年金的现值为多少？这一情形可由下图表示：

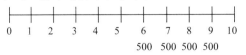

分析过程包括两步。

（1）用式（4-15）计算年金的现值，也就是：

**在第 5 期年金的现值**

$$500 \times \left[ \frac{1 - \dfrac{1}{(1.10)^4}}{0.10} \right] = 500 \times \text{PVIFA}(0.1, 4)$$

$$= 500 \times 3.169\,9$$

$$= 1\,584.95 （美元）$$

注意 1 584.95 美元代表年金在第 5 期的现值。

经常有学生会认为 1 584.95 美元是在第 6 期的现值，因为年金是在第 6 期开始的。但是，我们的计算公式求出的是年金在开始付出现金流之前一期的现值。在最典型的案例中年金的第一次支付是发生在第 1 期的。这里公式计算的是年金在第 0 期的现值。

（2）将年金在第 5 期的现值折现到当前，也就是第 0 期。这样：

**第 0 期的现值**

$$\frac{1\,584.95}{(1.10)^5} = 984.13 （美元）$$

需要再一次指出的是，因为年金计算公式求出的是丹尼尔的年金在第 5 期的现值，第 2 步的计算要再将其经过的这 5 期时间进行折现。这两步计算过程可由图 4-12 绘出。

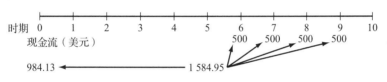

图 4-12 丹尼尔年金的折现过程

第 1 步：用年金公式将 4 期现金的支付折现至第 5 期。

第 2 步：将第 5 期的现值（1 584.95 美元）再折现至当前。

### 2.第二，先付年金

式（4-15）年金的计算公式假设第一次年金支付发生在 1 期之后。我们常称这种类型的年金为**后付年金**，但若年金的第一次支付发生在现在或者说是第 0 期，其价值如何计算？

### 例 4-23　先付年金

在前面的例子中，扬先生将在以后 20 年内每年从博彩公司收到 50 000 美元，并且是在获得大奖一年以后开始领取奖金。现在我们假设第一次奖金马上支出，支付年限仍为 20 年。

这种假设之下，我们得到的是一个为期 19 年、一年以后开始支付的后付年金和一个第 0 期额外的支付金额。这样该先付年金的现值为：

$$50\,000 \quad + \quad 50\,000 \times \frac{[1 - 1/(1.08)^{19}]}{0.08}$$

$$\text{第 0 期的支付} \qquad \text{19 年期年金的现值}$$

$$= 50\,000 \quad + \qquad 50\,000 \times 9.603\,6$$

$$= 530\,180 （美元）$$

本例的结果是 530 180 美元要高于例 4-20 的结果 490 905 美元。这是由于本例年金的支付时间提前。这种立即开始支付的年金称作**先付年金**，而式（4-15）和表 A-2 都是适用于**后付年金**的。

### 3. 第三，低频率支付年金

下面我们将看到一些年金，其支付频率的时间要超过 1 年。

#### 例 4-24　低频率支付年金

安小姐得到一笔 450 美元的年金，每两年支付一次，持续时间为 20 年。第一次支付是在第 2 期，也就是两年以后，年利率为 6%。

这里容易犯错在于是否要确定 2 年期的利率。2 年期的利率应为：

$$(1.06 \times 1.06) - 1 = 12.36\%$$

也就是，今天投资 100 美元，两年后会得到 112.36 美元。

这样，本例我们实际要计算的相当于是一个总共 10 期、每期支付 450 美元、利率为 12.36% 的年金的现值，这样可得：

$$450 \times \left[ \frac{1 - \dfrac{1}{(1 + 0.123\,6)^{10}}}{0.123\,6} \right] = 450 \times \text{PVIFA}（0.123\,6，10）= 2\,505.5（美元）$$

### 4. 第四，两笔年金的现值相等

下例是使一系列现金流入的现值与一系列现金流出的现值相等。

#### 例 4-25　年金计算

纳什夫妇开始为他们刚出生的女儿苏珊进行大学教育存款，纳什夫妇估计当他们女儿在 18 年后上大学时，每年的费用将达 30 000 美元，在以后几十年中年利率将为 14%。这样，他们现在要每年存多少钱才能够女儿 4 年大学期间的费用？

为了便于计算，我们假定苏珊今天出生，她父母将在她 18 岁生日那年支付第 1 年的学费。在以后的 17 年中，他们每年都在苏珊生日那天存入相同金额的存款。第 1 次存款是在 1 年以后。这一情况可由下图来表达：

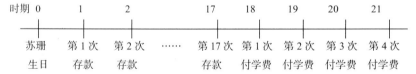

纳什夫妇将在以后的 17 年中每年都到银行进行等额的存款，而在随后的 4 年中每年支付 30 000 美元。我们确信，如果纳什夫妇以后 17 年存款的现值等于其最后 4 年所交学费的现值，他们将恰好可以用存款来支付女儿 4 年的学费。

计算过程有三步。前两步要计算最后 4 年要支付学费的现值，最后一步计算纳什夫妇每年要存多少款其现值才等于所支付学费的现值。

（1）用年金公式计算 4 年学费的现值：

$$30\,000 \times \left[ \frac{1 - \dfrac{1}{(1.14)^4}}{0.14} \right] = 30\,000 \times \text{PVIFA}(0.14, 4)$$

$$= 30\,000 \times 2.913\,7$$

$$= 87\,411（美元）$$

我们假设苏珊是在其 18 岁生日那天上学。根据前面我们在常见易犯错误之一所讨论的，要注意，这里的 87 411.4 美元是在第 17 期的现值。

（2）计算 4 年学费在第 0 期的现值：

$$\frac{87\,411}{(1.14)^{17}} = 9\,422.92\ (\text{美元})$$

（3）假设纳什夫妇以后 17 年中每年年末存款，可知其每年存款的现值应为 9 422.92 美元方能支付学费。也就是：

$$C \times \text{PVIFA}\ (0.14,\ 17) = 9\,422.92\ (\text{美元})$$

由 PVIFA（0.14，17）= 6.372 9，得：

$$C = \frac{9\,422.92}{6.372\,9} = 1\,478.59\ (\text{美元})$$

这样，以后 17 年中每年以 14% 的利率存入 1 478.59 美元，就恰好能够支付苏珊在大学 4 年间每年 30 000 美元的学费支出。

例 4-25 的另一种计算方法是：① 计算在苏珊 18 岁生日时 4 年学费的现值；② 计算每年的存款在苏珊 18 岁生日时的终值，使其等于此时学费的现值。尽管这种计算方法也能得到正确的结果，但是我们发现它很容易出错，因而只详细列出前一种方法。

### 4.4.4 增长年金

由于企业实际增长或通货膨胀的原因，企业的现金流量常会随着时间而增长。增长永续年金为一种无限期的现金流量，它的计算为此类问题提供了解决办法。我们现在研究**增长年金**（growing annuity），它是一种在**有限**时期内增长的现金流量。因为现实生活中永续年金种类比较少，因而增长年金计算公式将会十分有用。公式为：

**增长年金现值的计算公式**

$$PV = C\left[\frac{1}{r-g} - \frac{1}{r-g} \times \left(\frac{1+g}{1+r}\right)^T\right] = C\left[\frac{1-\left(\frac{1+g}{1+r}\right)^T}{r-g}\right] \tag{4-17}$$

其中，$C$ 与以前一样是指第 1 期期末开始支付的数额；$r$ 是利率；$g$ 是每期的增长率，用一个百分比来表示；$T$ 是年金支付的持续期。

#### 例 4-26 增长年金

加布里埃尔是 MBA 二年级的一个学生，他得到了一份年薪为 80 000 美元的工作。他估计他的年薪每年会增长 9%，直到 40 年后他退休为止。若年利率为 20%，他工作期间工资的现值为多少？

为了便于计算，我们假设正好在今天起 1 年以后开始支付其 80 000 美元的年薪，而且在以后每年的同一时期支付。适用的折现率为 20%，由式（4-17），其计算为：

$$\text{加布里埃尔工作期间工资的现值} = 80\,000 \times \left[\frac{1-\left(\frac{1.09}{1.20}\right)^{40}}{0.20-0.09}\right] = 711\,730.71\ (\text{美元})$$

尽管增长年金的用途十分广泛，但它的计算比起其他的简化公式来显得冗长乏味。许多复杂的计算如永续年金、增长永续年金、年金都有简便的计算公式，但增长年金的计算却没有简便方法，我们必须直接计算式（4-17）中的每一项。

### 例4-27 增长年金的深入

在前面的例子中，纳什夫妇计划在17年中每年存入等额的资金以便将来支付女儿大学教育的费用。另外，苏珊希望他们每年的存款数以4%的速度增长。那么，这种情况下他们第1年的存款应是多少？

例4-25的前两步求出了4年教育费用的现值是9 422.92美元，这两步与本例无异。第3步则不同。我们现在要求的是："第1年要存多少钱，在以后每年存入数额增长4%的情况下，能使存的现值达到9 422.92美元？"

令增长年金的计算公式等于9 422.92美元，求解$C$：

$$C \times \left[ \frac{1 - \left(\frac{1+g}{1+r}\right)^T}{r-g} \right] = C \times \left[ \frac{1 - \left(\frac{1.04}{1.14}\right)^{17}}{0.14 - 0.04} \right] = 9\ 422.92\ (美元)$$

这里，$C = 1\ 192.75$美元。这样，他们女儿第1个生日时的存款应是1 192.75美元。在第2个生日时应存1 240.46（=1.04×1 192.75）美元，依此类推。

## 4.5 分期偿还贷款

每当贷款人借出一笔款时，都会涉及本金偿还条款的约定。一笔贷款的本金可能分期等额偿付，也可能到期一次性偿付。因为本金和利息的偿付方式需满足不同当事人的不同需要，因此有着无数种可能性。

本节我们将介绍分期偿还贷款。这类贷款的计算我们可以直接运用之前学的现值法则。

**分期偿还贷款**要求借款人在一段时间内分几次偿还贷款。这种对贷款设定定期还款额度并最终完全付清的过程叫作对贷款的**分期偿还**。

最简单的分期偿还贷款方法是让借款人每期都支付贷款的利息加上固定数额的本金（等本还贷）。这种方法通常用于中期商业贷款。假设有笔业务借出一笔利率为9%的5年期贷款，额度为5 000美元。贷款协议要求借款方每年偿还贷款的利息加上本金中的1 000美元。因为每年贷款总额都会扣去1 000美元，因此这笔贷款将会在5年内还清。

在上述例子中，我们看到每年偿还的金额都在减少。原因是贷款总额每年都在减少，导致了每年需要支付的利息也相应减少，而1 000美元的本金减少额度不变。比如在第1年的时候利息将是5 000×0.09 = 450（美元）。总支付额将为1 000 + 450 = 1 450（美元）。而在第2年，贷款余额为4 000美元，因此利息为4 000×0.09 = 360（美元），总支付额为1 360美元。我们可以通过准备好如下表所示的简单**分期偿还计划**来计算剩余每年需要偿还的金额：

（单位：美元）

| 年数 | 期初余额 | 付款总额 | 应付利息 | 应付本金 | 期末余额 |
|---|---|---|---|---|---|
| 1 | 5 000 | 1 450 | 450 | 1 000 | 4 000 |
| 2 | 4 000 | 1 360 | 360 | 1 000 | 3 000 |
| 3 | 3 000 | 1 270 | 270 | 1 000 | 2 000 |
| 4 | 2 000 | 1 180 | 180 | 1 000 | 1 000 |
| 5 | 1 000 | 1 090 | 90 | 1 000 | 0 |
| 总计 | | 6 350 | 1 350 | 5 000 | |

可以发现每一年的应付利息是由期初余额乘以利率得到的，并且期初余额等于前一年的期末余额。

也许最常见的分期偿还方式就是让借款人每一期都偿还相同数目的还款额（等额本息）。几乎所有的消费贷款（例如车贷和助学贷款）和房屋按揭贷款都是这样进行偿还的。假设有一个总额为5 000美元的5年期贷款利率为9%，其偿还方式为上述方式。那么这笔贷款的分期偿还计划是什么样的？

我们首先需要确定付款额。从本章前面的讨论我们可以知道这笔贷款的现金流量应该是一般年金的形式。

因此，我们可以解出付款额如下：

$$5\,000 = C \times \{[1-(1/1.09^5)]/0.09\} = C \times [(1-0.649\,9)/0.09]$$

解得：

$$C = 5\,000/3.889\,7 = 1\,285.46 \text{（美元）}$$

因此借款人每年需要支付 1 285.46 美元。这样还款能够还清此笔贷款吗？我们可以通过填入分期偿还计划来检查。

在我们之前的例子中，知道每年本金的减少额，我们便能够计算出每年需要支付的利息，从而获得每年的总支付额。而在这个例子中，我们知道的是每年的总支付额。因此我们能够计算出利息，然后将总支付额中减去利息便是每年需要偿付的本金。

正如我们之前计算出来的，第 1 年利息为 450 美元。因为总支付额为 1 285.46 美元，所以第 1 年的本金应该支付：

$$\text{应付本金} = 1\,285.46 - 450 = 835.46 \text{（美元）}$$

期末贷款余额为：

$$\text{期末余额} = 5\,000 - 835.46 = 4\,164.54 \text{（美元）}$$

第 2 年的利息为 4 164.54 × 0.09 = 374.81（美元），贷款余额减少 1 285.46 - 374.81 = 910.65（美元）。我们可以把相关的计算过程用下表表示。

（单位：美元）

| 年数 | 期初余额 | 付款总额 | 应付利息 | 应付本金 | 期末余额 |
|---|---|---|---|---|---|
| 1 | 5 000.00 | 1 285.46 | 450.00 | 835.46 | 4 164.54 |
| 2 | 4 164.54 | 1 285.46 | 374.81 | 910.65 | 3 253.88 |
| 3 | 3 253.88 | 1 285.46 | 292.85 | 992.61 | 2 261.27 |
| 4 | 2 261.27 | 1 285.46 | 203.51 | 1 081.95 | 1 179.32 |
| 5 | 1 179.32 | 1 285.46 | 106.14 | 1 179.32 | 0.00 |
| 总计 | | 6 427.30 | 1 427.31 | 5 000.00 | |

因为贷款总额最后减少为零，因此这 5 期相同的支付额能够还清贷款。注意到利息的支付每一期都有减少，这是因为每期的贷款余额也在减少。因为每期的付款总额是相同的，因此每期的应付本金也在上升。

如果你比较这两种不同的贷款方式，你会看到等额本息的还款方式支付的利息 1 427.31 美元比等额本金支付的利息 1 350 美元要多一些。这样的原因在于等额本息一开始支付的本金较少，所以利息支付总额就会更多。这并不代表一种贷款方式优于另外一种，只是说明等额本金还款的速率更快。我们可以看到在等额本息中第 1 年支付的应付本金 835.46 美元要少于等额本金中支付的 1 000 美元。

## 例 4-28 部分分期付款

一种常见的房地产贷款方式是先按照 15 年的分期付款去偿还，但最后 5 年偿还全部贷款。这要求借款人按照 15 年期的分期付款方式进行每月偿还，但是在 60 个月之后一次性将剩余的贷款额全部付清。这笔一次性付清的大额还款就叫作"放气式偿还"或者"子弹式偿还"。因为之前的分期付款没有办法在 5 年内完全付清贷款，因此这种方法叫作部分分期付款。

假设我们有一笔 100 000 美元的商业抵押贷款，年利率为 12%，按照 20 年期进行分期付款。预计使用 5 年期"放气式偿还"将其付清。请问我们每月将支付多少钱？最后的"放气式偿还"金额是多少？

分期付款的额度我们可以将其按照现值 100 000 美元的普通年金法计算出来。一共需要支付 240 期，每期的利率为 1%。因此支付额为：

$$100\,000 = C \times [1-1(1/1.01^{240})]/0.01 = C \times 90.819\,4$$

$$C = 1\,101.09 \text{（美元）}$$

接下来我们有一种简单和一种复杂的方法去计算"放气式偿还"的金额。复杂的方法是如实地去计算按照60期分期还款的贷款最后的余额。简单的方法是发现在60期后我们仍然有240-60 = 180（期）的贷款额需要偿还。每期支付额依然为1 101.09美元，而且每期的利息依然为1%。贷款余额因此为剩余支付额的现值：

$$贷款余额 = 1\ 101.09 \times [1-(1/1.01^{180})]/0.01 = 1\ 101.09 \times 83.321\ 7 = 91\ 744.69（美元）$$

"放气式偿还"支付额竟然高达91 744.69美元。为什么这么大呢？我们来看看第1次支付的金额。第1个月的利息为100 000×0.01 = 1 000（美元）。你的支付额为1 101.09美元。因此本金的减少额仅为101.09美元。由于本金的减少速度这么慢，因此5年后本金并没有减少很多。

我们同样使用一个相关的例子来结束这一节。联邦斯塔福德贷款（Federal Stafford Loans）是很多大学生重要的贷款来源。这个贷款包括学费贷款、书本费贷款、车贷、房租贷款和很多其他贷款方式。一些学生并没有认识到联邦斯塔福德贷款有一个严重的缺点：他们通常必须在毕业后的6个月后就开始按月偿还贷款。

有些斯塔福德贷款可以获得补助，这意味着贷款的利息会一直到你开始还款时才计算（这是件好事）。如果你是使用这一特定类别贷款的本科生，你总共可以借用23 000美元的贷款。2020—2021年的年利率为2.75%，或者2.75/12 = 0.229 2%／月。通常这一贷款的分期付款期限为10年（每期最少支付额为50美元）。

假设你使用了这一贷款的最高额度。你在毕业后（或者说离开象牙塔）6个月开始偿还。你每期还款额应该是多少？在支付4年之后你还有多少钱需要还？

根据我们之前的讨论，你可以自己计算看看对于一笔总额为23 000美元的贷款，你是否需要每个月支付219.45美元。同样正如例4-28中所述，在支付了4年的还款后，你的贷款余额相当于后面每期还款的现值。总还款期一共是120期。当你支付了其中的48期（第1个4年）后，你还有72期需要偿还。你应该可以很容易计算出72期月供219.45美元在折现率0.229 2%的情况下现值为14 550美元，因此你还有很大一部分需要支付。

当然，借用更大笔的贷款也是有可能的。比如美联储前主席本·伯南克的儿子在读医学研究生时，他的学生贷款高达400 000美元！事实上根据美国医学院校联合会的统计，2019届医学院学生的平均贷款金额为201 490美元。哎哟！不知道平均需要花多长时间这些学生才能够还清这些贷款呢。

让我们做一个假设，一个贷款的学生每个月还款1 400美元，而这笔贷款的年利率为7%（或者月利率为0.583 3%）。你可以自己算算看，该学生是不是需要315个月，也就是26年多才能够还清贷款。看来医学博士（MD）真的是"债台高筑"（mucho debt）的意思。

## | 电子表格应用 |　　　　　使用电子表格计算分期付款

分期付款是电子表格的一个常见计算。我们使用之前的那个例子，一笔5年期、总额为5 000美元、年利率9%的等额本息贷款。我们的计算如下表所示：

| | A | B | C | D | E | F | G | H |
|---|---|---|---|---|---|---|---|---|
| 1 | | | | | | | | |
| 2 | | | 使用电子表格计算分期付款 | | | | | |
| 3 | | | | | | | | |
| 4 | | | 贷款额 | 5 000 | | | | |
| 5 | | | 利率 | 0.09 | | | | |
| 6 | | | 贷款期限 | 5 | | | | |
| 7 | | 月供 | | 1 285.46 | | | | |
| 8 | | | 注：月供使用公式PMT（rate，nper，-pv，fv）计算 | | | | | |
| 9 | | 月供表： | | | | | | |
| 10 | | | | | | | | |
| 11 | | 年 | 期初余额 | 付款总额 | 应付利息 | 应付本金 | 期末余额 | |
| 12 | | | | | | | | |

（续）

| | A | B | C | D | E | F | G | H |
|---|---|---|---|---|---|---|---|---|
| 13 | | 1 | 5 000.00 | 1 285.46 | 450.00 | 835.46 | 4 164.54 | |
| 14 | | 2 | 4 164.54 | 1 285.46 | 374.81 | 910.65 | 3 253.88 | |
| 15 | | 3 | 3 253.88 | 1 285.46 | 292.85 | 992.61 | 2 261.27 | |
| 16 | | 4 | 2 261.67 | 1 285.46 | 203.51 | 1 081.95 | 1 179.32 | |
| 17 | | 5 | 1 179.32 | 1 285.46 | 106.14 | 1 179.32 | 0.00 | |
| 18 | | 总计 | | 6 427.31 | 1 427.31 | 5 000.00 | | |
| 19 | | | | | | | | |
| 20 | | 月供表使用公式: | | | | | | |
| 21 | | | | | | | | |
| 22 | | 年 | 期初余额 | 付款总额 | 应付利息 | 应付本金 | 期末余额 | |
| 23 | | | | | | | | |
| 24 | | 1 | = + D4 | = D7 | = + D5*C13 | = + D13-E13 | = + C13−F13 | |
| 25 | | 2 | = + G13 | = D7 | = + D5*C14 | = + D14-E14 | = + C14−F14 | |
| 26 | | 3 | = + G14 | = D7 | = + D5*C15 | = + D15-E15 | = + C15−F15 | |
| 27 | | 4 | = + G15 | = D7 | = + D5*C16 | = + D16-E16 | = + C16−F16 | |
| 28 | | 5 | = + G16 | = D7 | = + D5*C17 | = + D17-E17 | = + C17−F17 | |
| 29 | | | | | | | | |
| 30 | | 注: 月供表中的总计使用公式 SUM 计算 | | | | | | |
| 31 | | | | | | | | |

## 4.6 如何评估公司的价值

假如你是一个资产评估师，要去确定一家小公司的价值。你当如何确定一个公司的价值呢？对一个公司价值多少这类问题的一种思考方式是计算这家公司将来现金流量的现值。

现在看一个例子，某公司预计在明年产生 5 000 美元的净现金流量（现金流入减去现金流出），在随后的 5 年中每年产生 2 000 美元的净现金流量。从现在开始，7 年后公司可以以 10 000 美元售出。在考虑了市场上其他具有类似风险的投资后，公司的所有者对公司期望的投资收益率为 10%。

公司的价值可由各期净现金流量乘以相应的现值系数求得。这样公司的价值其实也就是公司未来每期净现金流量现值的加总。

公司各期净现金流量的现值如下表所示。

**公司的现值**

| 年末 | 公司的净现金流量 / 美元 | 现值系数（$r$ = 10%） | 净现金流量的现值 / 美元 |
|---|---|---|---|
| 1 | 5 000 | 0.909 09 | 4 545.45 |
| 2 | 2 000 | 0.826 45 | 1 652.90 |
| 3 | 2 000 | 0.751 31 | 1 502.62 |
| 4 | 2 000 | 0.683 01 | 1 366.02 |
| 5 | 2 000 | 0.620 92 | 1 241.84 |
| 6 | 2 000 | 0.564 47 | 1 128.94 |
| 7 | 10 000 | 0.513 16 | 5 131.60 |
| | | 公司的现值 | 16 569.37 |

数学上我们可以写出如下公式：

$$5\,000/1.1 + 2\,000/(1.1)^2 + \cdots + 2\,000/(1.1)^6 + 10\,000/(1.1)^7$$

我们也可由年金的简化公式直接计算：

$$\frac{5\,000}{1.1}+\frac{2\,000\times\text{PVIFA}(0.10,5)}{1.1}+\frac{10\,000}{(1.1)^7}=16\,569.37\ （\text{美元}）$$

其中 PVIFA（0.10，5）= [1−1/（1.1）$^5$] /0.10。

假如你有机会以 12 000 美元购得公司，那么你是否应该购买呢？答案是肯定的，因为 NPV 是正的。

$$\text{净现值（NPV）}=\text{现值（PV）}-\text{成本（Cost）}$$
$$4\,569.37\ =\quad 16\,569.37\quad -\ 12\,000$$

这样，购买公司可产生的增值（NPV）是 4 569.37 美元。

### 例 4-29 公司价值评估

Trojan Pizza（TP）公司正在考虑是否投资 100 万美元在洛杉矶开 4 个分店，公司的总财务师安德鲁估计这项投资将在 9 年内每年产生 200 000 美元净现金流量（各期现金流量均在期末发生）。安德鲁将这项投资的折现率确定为 15%，这是公司在其他类似项目中可获得的投资收益率。那么，公司是否应投资建设分店呢？

决策过程是这样的：

$$\begin{aligned}\text{NPV}&=-1\,000\,000+\frac{200\,000}{1.15}+\frac{200\,000}{(1.15)^2}+\cdots+\frac{200\,000}{(1.15)^9}\\&=-1\,000\,000+200\,000\times\text{PVIFA}（0.15,9）\\&=-1\,000\,000+954\,316.78\\&=-45\,683.22\ （\text{美元}）\end{aligned}$$

这 4 家新分店的现值仅为 954 316.78 美元，它们的价值低于其成本。TP 公司不应该进行这项投资，因为其净现值是 −45 683.22 美元。也就是说，如果公司要求 15% 的收益率，那么这项投资就是不可行的。

---

**| 电子表格应用 |**      **如何使用电子表格计算复合未来现金流量的现值**

我们可以使用基本的电子表格单独计算现金流量的现值，注意到我们是单独计算现值后再进行加总：

| | A | B | C | D | E |
|---|---|---|---|---|---|
| 1 | | | | | |
| 2 | 使用电子表格计算复合未来现金流量的现值 | | | | |
| 3 | | | | | |
| 4 | 折现率为 12%，一笔第 1 年 200 美元、第 2 年 400 美元、第 3 年 600 美元、第 4 年 800 美元的 | | | | |
| 5 | 复合未来现金流现值为多少呢 | | | | |
| 6 | | | | | |
| 7 | 折现率 | 0.12 | | | |
| 8 | | | | | |
| 9 | 年 | 现金流量 | 现值 | 使用公式 | |
| 10 | 1 | 200 | 178.57 | = PV（B7，A10，0，−B10） | |
| 11 | 2 | 400 | 318.88 | = PV（B7，A11，0，−B11） | |
| 12 | 3 | 600 | 427.07 | = PV（B7，A12，0，−B12） | |
| 13 | 4 | 800 | 508.41 | = PV（B7，A13，0，−B13） | |
| 14 | | | | | |
| 15 | | 总现值 | 1 432.93 | = SUM（C10：C13） | |
| 16 | | | | | |
| 17 | 注意到 PV 公式中插入的负号，这使得现值能够为正值。另外，由于折现率会被使用好几次，在单元格 B7 中 | | | | |
| 18 | 我们使用绝对引用方法 B7 来输入折现率。我们也可以简单地使用 "0.12"，但是上述绝对引用的方法比较灵活 | | | | |

（续）

| | A | B | C | D | E |
|---|---|---|---|---|---|
| 19 | | | | | |
| 20 | | | | | |
| 21 | | | | | |
| 22 | | | | | |

# 本章小结

1. 两个基本概念：**终值**和**现值**。本章一开始便介绍了这两个基本概念。终值分析在于确定当前资金在未来的价值，在 10% 的利率下，投资者当前的 1 美元 1 年后的终值为 1.10 美元，两年后为 1.21（$= 1 \times 1.10^2$）美元，依此类推。相反，现值分析则是要确定未来的现金流量在当前的价值。利率为 10% 时，1 年后收到的 1 美元，其当前价值是 0.909（$= 1/1.10$）美元，而两年后收到的 1 美元，其当前价值是 0.826（$= 1 / 1.10^2$）美元。

2. 利率一般是按年计息的，比如说每年 12%。但是也有些金融机构计息期短于 1 年，比如说是季息 3%。这样虽然后一种方式的名义利率仍为 12%（$= 3\% \times 4$），但其实际利率是 12.55%（$= 1.03^4 - 1$）。换句话说，复利计息增加了投资的终值。计息次数增加到极限情况就是连续复利计息，其资金在每一瞬间都会被用来进行再投资。

3. 一种定量的财务决策方法是净现值分析法。一项在未来时期产生现金流量（$C_i$）的投资，其净现值公式为：

$$\text{NPV} = -C_0 + \frac{C_1}{1+r} + \frac{C_2}{(1+r)^2} + \cdots + \frac{C_T}{(1+r)^T}$$

$$= -C_0 + \sum_{i=1}^{n} \frac{C_i}{(1+r)^i}$$

该公式中假定第 0 期的现金流量为初始投资，其实际上是一笔现金流出，$r$ 是反映时间和风险的适用的折现率。

4. 简化公式。事实上，现值的计算常常是冗长烦琐的。按月偿还的长期抵押贷款的现值的计算就是一个典型例子。为了便于运算，我们推导出了下列 4 个简化公式：

永续年金：$\text{PV} = \dfrac{C}{r}$

永续增长年金：$\text{PV} = \dfrac{C}{r-g}$

年金：

$$\text{PV} = C \left[ \frac{1 - \dfrac{1}{(1+r)^T}}{r} \right]$$

增长年金：

$$\text{PV} = C \left[ \frac{1 - \left( \dfrac{1+g}{1+r} \right)^T}{r-g} \right]$$

5. 在上边几个简化公式的应用中，我们强调要注意的有以下几点。

a. 各个公式的分子是从现在起一个期限以后收到的现金流量。

b. 现实生活中的现金流量分布常常是没有规律的，为了避免大量的笨拙计算，在本书和实际中常会假定现金流量分布是有规律的。

c. 有些问题是关于几期以后开始的年金（或永续年金）的现值的计算。同学们应学会结合折现公式和年金（或永续年金）公式来求解。

d. 有时年金或永续年金可能是每两年或更多的时期发生一次，而不是每年一次。年金和永续年金的计算公式可以轻易地解决这些问题。

e. 在应用过程中，同学们还经常会碰到令两个年金的现值相等来联合求解的问题。

## 思考与练习

1. **计算终值** 计算以下情况下 1 640 美元的复利终值：
   a. 以 5% 的利率复利 10 年。
   b. 以 10% 的利率复利 10 年。
   c. 以 5% 的利率复利 20 年。
   d. 为什么 c 题中获得的利息不是 a 题中的两倍？

2. **计算利率** 计算以下情况下的利率。

| 现值 / 美元 | 年数 | 利率 / % | 终值 / 美元 |
| --- | --- | --- | --- |
| 181 | 8 | | 317 |
| 335 | 13 | | 1 080 |
| 48 000 | 11 | | 185 382 |
| 40 353 | 25 | | 531 618 |

3. **连续复利** 请计算以下情况下 4 250 美元连续复利的终值。
   a. 利率为 12%，连续复利 9 年。
   b. 利率为 8%，连续复利 5 年。
   c. 利率为 5%，连续复利 17 年。
   d. 利率为 9%，连续复利 10 年。

4. **计算永续年金价值** Perpetual 人寿公司向你推销一款投资计划，该计划将为你和你的后代永续支付每年 20 000 美元。如果你对该计划的期望收益率为 3.4%，那么你将为该计划支付多少钱？假如该公司将该计划价格定为 475 000 美元，那么当利率为多少时该计划是公平的？

5. **利率** 著名的金融作家 Andrew Tobias 提到他能够通过买卖红酒每年获得 177% 的收入。他假设自己未来 12 周中每周购买一瓶波尔多白兰地，价格为 10 美元。他可以每周支付 10 美元，也可以直接购买一打。如果他购买一打，他将获得 10% 的折扣，同时他将获得 177% 的折扣。假设他购买了红酒且从现在起购买第 1 瓶。你同意他的分析吗？你看出他的分析有什么问题了吗？

6. **单利与复利** First Simple 银行为其投资账户支付利率为 6.4% 的单利。而 First Complex 银行采用的是年复利的计息方式，为了在 10 年期内获得相同的收益水平，应该设定复利利率为多少？

7. **永续增长年金** Mark Weinstein 正着力于研发一种眼睛激光手术的先进技术。该技术将在短期内投入使用。他预计将在两年后得到该技术带来的第一笔现金流量为 225 000 美元。剩余的收入将以永续年金的方式获得，同时每年增长 3.2%。那么当折现率为 10.1% 的时候，该技术带来现金流量的现值应为多少？

8. **"放气式偿还"** Amanda Rice 计划在巴哈马群岛购买一套价值 775 000 美元的度假屋。首付 20%。房屋抵押贷款的名义年利率为 4.9%，按月复利计息，要求在未来 30 年等额本息按月付清。她的第 1 笔支付将在一个月后到期。而这个房屋抵押贷款有一个"放气式偿还"，要求在第 8 年年末一次性付清剩余本金。假设没有其他的交易费用，8 年后 Amanda Rice 的"放气式偿还"是多少？

9. **增长年金** 你所从事的工作每年支付一次工资。今天是 12 月 31 日，你刚刚获得了 48 000 美元的工资，而且你计划将其全部花完。但是你想从明年开始为你的退休储蓄资金。你决定从 1 年后起，将年薪的 9% 存入银行账户，该账户将提供 10% 的利息。在你的职业生涯中，你的工资将以每年 3.5% 的增长率增长。请问在 40 年后退休时，你将能获得多少钱？

10. **计算债务清偿额** 你需要一份 30 年期、固定利率的抵押贷款来购买一幢 245 000 美元的新住房。你的抵押贷款银行将以 4.8% 的名义年利率（APR）提供一项 360 个月期的贷款。但是，你只能负担每月 900 美元的偿还额，因此你要求在贷款到期时提供一笔"放气式偿还"，以清偿所有剩余的数额。如果你将月度清偿额保持在 900 美元的水平，那么这笔"放气式偿还"的数额会是多少？

11. **现值与盈亏平衡点利率** 假设有家公司签订了一项合同，该合同约定在 4 年后以 175 000 美元的价格售出一项资产。该资产今天的价格为 104 600 美元。如果这项资产的相关折现率为每年 11%，那么公司在这项资产上能否赚取利润？在什么利率下公司刚好盈亏平衡？

12. **变动利率** 一份 15 年期的年金每月支付 1 750 美元，在月底支付。如果在前 7 年采用的是以 9% 利率进行月度复利，而在之后采用 6% 的月度复利，请问这份年金的现值是多少？

13. **年金** 你正在为你的两个孩子进行教育储蓄。他们年龄相差两岁；一个将在 15 年后上大学，另一个则是 17 年后。你预计他们的大学费用将为每个孩子 76 000 美元 / 年，在每个学年初支付。年利率为 7.8%。你需要每年在账户中储蓄多少钱呢？你的储蓄将在一年后开始。同时你将在你的第 1 个孩子进入大学之后停止储蓄。假设大学学制为 4 年。

14. **"放气式偿还"** 在 2021 年 9 月 1 日这一天, 苏珊购买了一辆摩托车, 价格为 35 000 美元。她付了 4 500 美元的首付, 然后将在未来 5 年内以年利率 6.8% 按月复利计息的方式对剩余债务进行偿付。她从购买一个月后开始进行偿付, 也就是从 2021 年 10 月 1 日开始。两年以后的 2023 年 10 月末, 苏珊找到了一份新工作, 并且决定付清贷款。如果银行将会对苏珊提前付清贷款收取一笔数额为剩余本金的 1% 的违约费用, 那么苏珊在 2023 年 11 月 1 日将向银行支付多少钱?

15. **贴息贷款** 这个问题将举例说明什么是**贴现利息**。假设你正在和一个从不讲道德的贷款人讨论一笔债务。你想借入一笔期限 1 年的 20 000 美元贷款, 利率为 14.6%。你和贷款人就利息达成一致, 为 0.146×20 000 = 2 920 (美元)。因此该贷款人提前将这笔利息从贷款中扣除, 仅借给你 17 080 美元。在这个例子中, 我们说贴息为 2 920 美元。这究竟是为什么呢?

16. **计算附加利息的实际年利率** 这个问题将说明一种具有迷惑性的报告利率的方式, 被称为**附加利息**。假设你看到了一则疯狂 Judy 立体城市的广告:"1 500 美元的快速信用贷款! 18.4% 的单利! 3 年付清! 非常非常低的月还款额!"你不是很确定这是什么意思, 同时有人把贷款合同的名义年利率弄脏了看不清, 因此你决定咨询该广告的经理。

Judy 对此的解释如下。如果你按照 18.4% 的利率借入 3 年期 1 500 美元的贷款, 那么在 3 年后你的欠款为:

$$1\ 500 \times 1.184^3 = 1\ 500 \times 1.659\ 80 = 2\ 489.70\ (美元)$$

Judy 说一下子支付 2 489.70 美元可能有点吃力, 因此她允许你按月进行很低额度的偿还, 为 2 489.70 / 36 = 69.16 美元, 虽然这样会给她增加一些工作量。

那么该贷款的利息真的为 18.4% 吗? 为什么? 该贷款的名义年利率应该是多少? 实际年利率呢? 你认为这为什么被称为附加利息?

# 第5章

# 净现值和投资评价的其他方法

当一家公司决定是否投资一个新项目时,通常意味着需要相当大的一笔资金的投入。例如,2020 年 5 月,台湾积体电路制造股份有限公司(以下简称"台积电")宣布拟投资 120 亿美元在亚利桑那州建厂,计划于 2024 年开始生产 5 纳米的芯片。到了 7 月中旬,台积电不仅选好了工厂的厂址,而且划定了工厂周围的一大片土地,希望其供应商一起跟进。

当然,并不是所有的投资都涉及建新厂。2020 年年初,通用电气宣布投资 22 亿美元将其底特律–汉姆川克装配厂改造成生产电动自动驾驶汽车厂。像这种贴着超过 10 亿美元价格标签的决策,毫无疑问都是企业的大事情,因此,对其风险和收益都要仔细地衡量。本章我们将介绍做这种决策的基本工具。

我们将首先介绍净现值法则,如果投资者遵循这个法则,他们就会选择投资于使公司增值的项目,本章也会介绍财务分析师经常使用的其他方法。更重要的是,我们会分析这些方法存在哪些缺陷,并解释为什么净现值法则是最可靠的投资评价方法。

## 5.1 为什么要使用净现值

与接下来两章一样,本章着重讲述有关资本预算的问题,资本预算即决定接受还是拒绝某个项目的决策过程。本章将逐步展开介绍基本的资本预算方法,而把资本预算的实际应用留在后面章节。由于之前的章节已介绍过一些相关的内容,因此我们不必从头开始。在第 4 章中,我们指出未来收到的 1 美元的价值低于今天收到的 1 美元。当然,其原因是今天的 1 美元可以用来再投资,从而在未来获得一定的收益。而且,我们在第 4 章中说明了未来收到的 1 美元的准确价值等于其现值。另外,在 4.1 节中,我们提议应该计算任一项目的净现值,即计算某个项目未来现金流量的现值与项目的最初成本之差。

净现值法是本章所要考虑的第一种方法。我们首先用一个简单的例子来回顾这一方法,然后回答为什么这种方法将带来正确的决策。

**例 5-1 净现值**

Alpha 公司现在计划投资一个 100 美元的无风险项目。该项目只在第 1 期获得 107 美元的现金流量,而且没有其他的收入。无风险折现率为 2%。

很容易计算出该项目的 NPV 为:

$$4.90(\text{美元}) = -100 + \frac{107}{1.02} \tag{5-1}$$

根据第 4 章的介绍,由于该项目的净现值为正,因此其应该被接受。这是正确的,因为此项目从 100 美元的投资中获得了 107 美元的未来现金流量，而类似风险的投资项目只能产生 102 美元。

因此，该基本的投资法则可以归纳为：

接受净现值大于 0 的项目，拒绝净现值为负的项目。

我们把这称为**净现值法则**（NPV rule）。

为什么净现值法则会带来正确的决策呢？考虑 Alpha 公司管理层可以采用的两种策略，具体如下：

（1）用公司的现金 100 美元投资此项目，而 107 美元在这一期后用于支付股利。

（2）放弃此项目，把 100 美元作为当期的股利支付给股东。

如果策略（2）被采用，股东可以将收到的股利存入银行 1 年。在利率水平为 2% 的情况下，该年年末策略（2）可以带来 102（= 100 × 1.02）美元的现金。但股东将更加喜欢策略（1），因为策略（2）所产生的现金流量低于 107 美元。

我们的基本观点是：

接受净现值为正的项目将使股东受益。[⊖]

我们如何理解确切的净现值为 4.9 美元呢？其实这是该项目所带来的公司价值的增加量。例如，某公司今天有生产性资产价值 $V$ 美元，并且拥有 100 美元的现金。如果公司放弃此项目，公司今天的价值将为：

$$V+100$$

如果公司接受了该项目，那么公司在 1 年后将收到 107 美元，而今天没有现金。从而公司今天的价值将为：

$$V+\frac{107}{1.02}$$

两者之差刚好是 4.9 美元，等于式（5-1）中的净现值。因此，

公司的价值随项目 NPV 的增加而增加。

请注意，公司的价值仅仅是不同项目、部门以及公司中其他实体价值的总和，这种重要的特性叫**价值可加性**（value additivity），意味着任一项目对公司价值的贡献仅仅是该项目的净现值。就如我们在之后可以看到的那样，本章所讨论的其他方法一般没有如此好的特性。

净现值法则使用正确的折现率。

还有一个问题是我们假设该项目是无风险的，实际上这个假设十分不真实。现实世界中未来的现金流量总是有风险的。换句话说，未来的现金流量只能估计，而无法提前知道。想象一下 Alpha 公司的管理者预期下一年的现金流量为 107 美元。但事实上，现金流量可能会高一些，如 117 美元；也可能会低一些，如 97 美元。有了这种轻微变化的可能，就可以说明该项目是有风险的。假如该项目的风险与整个市场的风险一样，而且这一年市场风险的期望收益率为 10%。那么 10% 即为项目的折现率，因此该项目的净现值为：

$$-2.73（美元）=-100+\frac{107}{1.10}$$

由于净现值为负，因此该项目应该要被拒绝。其含义为 Alpha 公司的股东在今天收到 100 美元的股利，可将这 100 美元投入股票市场，并且可以预期该投资有 10% 的收益率。既然这样，那为什么要接受一个与市场风险一样，但期望收益率只有 7% 的项目呢？

---

⊖ 在公司面临高破产风险的极少数情况下，净现值为正的项目可能会使债务人受益，但无法使股东受益。我们将在第 17 章中讨论这个例外情况。无论如何，接受净现值为正的项目总是会增加公司的总价值。

从概念上讲，某一项目的折现率是投资者投资于相同风险的金融资产所能获得的收益率。这一折现率经常被称为**机会成本**，因为公司对该项目进行投资时，股东就失去了把其股利投资于金融资产的机会。从概念上讲，我们应该在资本市场上寻找具有类似风险的投资。但计算这种折现率绝不是完全不可能的。我们在本章中暂时不介绍这一部分的内容，而在后面的章节中进行介绍。

手工计算净现值可能很乏味。以下电子表格应用展示了如何以简单的方式进行操作，并说明了一个重要的问题。

## | 电子表格应用 | 　　　　使用电子表格计算净现值

净现值通常会使用电子表格计算。使用下列电子表格来计算净现值，也让我们发现一个重要的问题。考虑下图：

| | A | B | C | D | E | F | G | H |
|---|---|---|---|---|---|---|---|---|
| 1 | | | | | | | | |
| 2 | | | | 使用电子表格计算净现值 | | | | |
| 3 | | | | | | | | |
| 4 | 一个项目的费用为 10 000 美元。在前两年，该项目能带来每年 2 000 美元的现金流量 | | | | | | | |
| 5 | 在第 3～4 年，带来每年 4 000 美元的现金流量，第 5 年为 5 000 美元。折现率为 10% | | | | | | | |
| 6 | 那么净现值应为多少 | | | | | | | |
| 7 | | | | | | | | |
| 8 | | 年数 | 现金流量 | | | | | |
| 9 | | 0 | −10 000 | 折现率 = | | 10% | | |
| 10 | | 1 | 2 000 | | | | | |
| 11 | | 2 | 2 000 | | NPV= | 2 102.72 | (错误答案) | |
| 12 | | 3 | 4 000 | | NPV= | 2 312.99 | (正确答案) | |
| 13 | | 4 | 4 000 | | | | | |
| 14 | | 5 | 5 000 | | | | | |
| 15 | | | | | | | | |
| 16 | 在单元格 F11 中输入的公式是 =NPV（F9，C9∶C14）。但这得出的是错误的答案 | | | | | | | |
| 17 | NPV 方程实际上算出的是现值，而不是净现值 | | | | | | | |
| 18 | | | | | | | | |
| 19 | 在单元格 F12 中输入的公式是 =NPV（F9，C10∶C14）+C9。这得出的是正确的答案 | | | | | | | |
| 20 | 因为 NPV 公式算出的现值再减去初始投资就是净现值 | | | | | | | |
| 21 | 注意到我们直接加上单元格 C9，因为 C9 已经是负值 | | | | | | | |

上述例子中我们给出了两个答案。尽管我们使用了 Excel 中的 NPV 公式，但第 1 个答案是错误的。之所以会这样是因为 Excel 中的 NPV 函数实际上是 PV 函数。多年以前最早的 Excel 版本 NPV 出现了定义错误，而随后的版本一直沿用这种错误的定义。第 2 个答案展示了如何正确地使用 NPV 公式。

这个例子说明了在不知道其工作原理的情况下盲目使用电子计算器或者计算机的危险性。一想到现实中不知道有多少资本预算决策是基于这个错误的函数而做出的，我们就不寒而栗！

以上我们说明了净现值法是进行投资决策的明智选择，但是否存在其他同样合理的评价方法呢？就净现值法而言，它主要具有 3 个特点。

（1）**净现值法使用了现金流量**。公司可以直接使用项目经营所获取的现金流量（比如，分配股利、投资其他资本预算项目或是支付利息）。相比之下，利润则包含了许多人为的因素。对会计人员来说，利润是有用的，但却不能在资本预算中使用，因为利润并不等同于现金。

（2）**净现值法使用了项目的全部现金流量**。其他一些投资决策方法往往会忽略某一特定时期之后的现金流量，使用这些方法时应当小心。

（3）**净现值法对现金流量进行了合理的折现**。其他方法在处理现金流量时往往会忽略货币的时间价值，运用这些方法时也应当小心。

## 5.2 回收期法

### 5.2.1 定义

现实中经常用来代替净现值法的是**回收期法**（payback period rule）。

我们先讨论一个初始投资为 50 000 美元的项目。项目前 3 年的现金流量依次为 30 000 美元、20 000 美元和 10 000 美元。这些现金流量如图 5-1 所示，可以用下面的记号表示：

（-50 000，30 000，20 000，10 000）

50 000 前面的负号提醒我们对投资者而言这是现金流出，而不同数字之间用逗号隔开代表这是不同时点流入或者流出的现金流量。在本例中，我们假设现金流量一年发生一次，而第 1 笔现金流量则发生在我们做决策的时点。

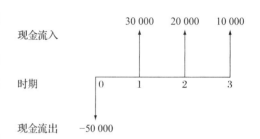

图 5-1 投资项目的现金流量（单位：美元）

公司在项目运营的前两年将收到 30 000 美元和 20 000 美元，加起来就相当于初始投资 50 000 美元。这意味公司在两年内就可以收回投资。两年就是项目的**回收期**。

回收期法的决策过程很简单。选择一个具体的回收期决策标准，比如两年，所有回收期等于或小于两年的项目都可行，而那些回收期在两年以上的项目不可行。

### 5.2.2 回收期法存在的问题

回收期法至少存在 3 个问题。为了说明前两个问题，我们先阅读表 5-1。表格所列 3 个项目的回收期均为 3 年，是否就可以说它们没有区别呢？我们通过两两对比，便可以发现并非如此。

#### 1. 问题 1：回收期内现金流量的时间序列

我们先比较项目 A 和项目 B。前 3 年，项目 A 的现金流量从 20 美元增加至 50 美元。与此同时，项目 B 的现金流量从 50 美元降到 20 美元。但由于项目 B 的大额现金流量 50 美元发生的时间早于项目 A，其净现值就相对较高。而二者回收期相等，体现不出这个差别，即回收期法不考虑回收期内的现金流量序列。这表明回收期法逊于净现值法。正如我们前面所说，净现值法对现金流量进行了合理的折现。

#### 2. 问题 2：回收期以后的现金流量

对比项目 B 和项目 C，二者回收期内的现金流量完全相同。但项目 C 明显优于项目 B，因为在第 4 年它有 100 美元的现金流入。也就是说，回收期法存在的另一个问题是，它忽略了所有在回收期以后的现金流量。由于回收期法只顾及短期内的收益，因此一些有价值的长期项目就会被拒绝，而净现值法不存在这个问题。就如我们在前面所指出的那样，净现值法使用了项目的全部现金流量。

#### 3. 问题 3：回收期法决策依据的主观臆断

我们在考虑回收期法的第 3 个问题时，并不需要提及表 5-1。资本市场可以帮我们估计出 NPV 法中所使用的折现率。无风险利率可以用国债的收益率来代替，它可作为无风险投资的合适利率。之后的章节将说明如何使用资本市场的历史收益率来估计某个风险项目的折现率。然而，对于回收期截止日的选择，并不存在有可比性的指南。因此，利用回收期法所做出的选择有些武断。

表 5-1 项目 A、B、C 的预期现金流量

（单位：美元）

| 年份 | A | B | C |
| --- | --- | --- | --- |
| 0 | -100 | -100 | -100 |
| 1 | 20 | 50 | 50 |
| 2 | 30 | 30 | 30 |
| 3 | 50 | 20 | 20 |
| 4 | 60 | 60 | 100 |
| 回收期（年数） | 3 | 3 | 3 |
| NPV @ 10% | 21.5 | 26.3 | 53.6 |

为了举例说明回收期法的问题，我们以表 5-1 为例。假设参考风险项目的期望收益率为 10%，因此我们将使用 10% 的折现率。那么对于项目 A、B、C 来说，计算出的净现值将为 21.5 美元、26.3 美元、53.6 美元。但是使用回收期法时，这 3 个项目是没有区别的（都拥有 3 年的回收期）。然而，在考虑现金流量时，由于现金流量时间的不同，项目 B 拥有比项目 A 更高的净现值。而由于回收期后的 100 美元现金流量，项目 C 拥有最高的净现值。

### 5.2.3　管理的视角

那些有丰富市场经验的大公司在做出规模相对较小的投资决策时，通常使用回收期法。比如，建一个小仓库、修理卡车等一些往往由基层管理人员具体负责的项目。一个很典型的例子是，花 400 美元修理卡车是否合算？管理人员会推算，修理之后每年可节省燃料 240 美元，这样不到两年就可以收回成本。这便是基于回收期法的决策。

也许公司的财务人员不会照此进行决策，但公司往往认可这种方法。为何公司的上层管理者会默许，甚至支持下属的这类可能会导致不良后果的投资决策呢？一种可能的原因是回收期法决策过程的简便性。假设一个月要进行 50 个类似项目的投资决策，这一简便方法的魅力显然大增。

回收期法便于管理控制。与投资决策同样重要的是，公司必须对管理人员的决策能力进行评估。如果是净现值法，必须经过比较长的时间才可以判断出某个投资决策是否正确。而我们知道，利用回收期法，也许两年就可以做出判断。

也曾经有人建议，缺乏现金的公司如果有很好的投资机会，利用回收期法还是比较合适的。比如，那些具有良好的发展前景却难以进入资本市场的私人小企业，可以采用回收期法。毕竟，资金的快速回笼有利于这类公司的扩大再投资。

最后，从业人员经常争论说，权威理论对使用回收期法解决现实世界中问题的批评是夸大的。例如，课本一般会以某个项目为例来取笑回收期法，该项目在早期现金流量较少，但在回收期截止日后有较大的现金流入。使用回收期法，该项目将会被拒绝。而实际上，接受该项目会使公司受益。表 5-1 中的项目 C 就是这样的一个例子。从业人员指出，这些课本例子中的现金流量模式由于过于程式化，无法反映现实世界的情况。事实上，许多管理人员告诉我们，对于现实世界中的大部分项目而言，回收期法与 NPV 法均会带来同样的决策。另外，这些管理人员指出，如果在现实世界中遇到像项目 C 那样的投资，决策者几乎肯定会对回收期法做出特别的调整，从而使该项目被接受。

尽管存在前面的诸多原因，但是用不着奇怪，一旦决策的重要性增强，比如说当公司面临大型项目投资决策时，净现值法就会成为首选的投资决策方法。当制定一个正确的投资决策成为重中之重，而诸如评估管理人员等问题的急迫性或者重要程度退居次席时，回收期法就不常使用了。于是，在进行关系重大的投资决策时，比如是否要购买大型设备、建造厂房或兼并一家公司，回收期法就很少被采用。

### 5.2.4　回收期法小结

回收期法不如净现值法好，它存在很多概念性错误。回收期法决策标准确定的主观臆断、无视回收期后的现金流量，都可能导致愚蠢的错误。然而，由于该方法相对简单，它常常被用来筛选大量的小型投资项目。

这意味着当你发现公司使用诸如回收期法这一类简便的方法进行投资决策时，如果想改变这种状况必须谨慎。但你也要防止循其思维，在进行资本预算时草率行事。学了这节课后，如果你在决策时使用回收期法代替净现值法，那很可能给公司带来伤害。

## 5.3　折现回收期法

由于回收期法存在许多不足，所以一些投资决策人员转而采用一种变通的方法，被称为**折现回收期法**（discounted payback period rule）。这种方法先对现金流量进行折现，然后求出达到初始投资所需要的折现现金流量的时限长短。

例如，假设折现率为 10%，项目的现金流量为：

$$(-100,\ 50,\ 50,\ 20)$$

那么该投资的回收期为 2 年。

为计算折现回收期，我们首先对每期现金流量按 10% 的折现率进行折现，可以得到：

$$[-100,\ 50/1.1,\ 50/(1.1)^2,\ 20/(1.1)^3]=(-100,\ 45.45,\ 41.32,\ 15.03)$$

简而言之，初始投资的折现回收期就是针对这些折现后的现金流量的回收期。由于前 3 年的折现现金流量之和为 101.80（=45.45 + 41.32 + 15.03）美元，因而折现现金流量的回收期略小于 3 年。在各期现金流量均为正数的情况下，由于折现会使现金流量变小，所以折现回收期一定不小于相应的回收期。

初看起来，折现回收期法似乎很有吸引力。但仔细分析后我们会发现，它仍然存在许多类似于回收期法的严重缺陷。和回收期法一样，折现回收期法首先要求我们去"变"出一个参考回收期，与此同时还忽略了回收期以后所有的现金流量。

既然我们已经计算出折现后的现金流量，倒不如加总所有的折现现金流量，利用净现值法进行决策。尽管折现回收期法有些类似于净现值法，但它只是回收期法与净现值法二者之间并不很明智的折中方法。

## 5.4　内部收益率法

现在我们介绍 NPV 法则的另一种最重要的替代方法，通常被称为内部收益率法，缩写为 IRR，IRR 是在 NPV 法无法使用的情况下，与 NPV 法最接近的一种方法。它的基本原理是试图找出一个能体现项目内在价值的数值。内部收益率本身不受资本市场利息率的影响，而是取决于项目的现金流量，是每个项目的完全内生变量。这也就是该项指标被称为"内部收益率"的原因所在。

我们看一个简单的例子，如图 5-2 所示。设折现率为 $R$，那么项目的净现值可以表示为：

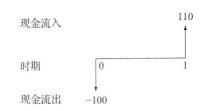

图 5-2　一个简单项目的现金流量（单位：美元）

$$NPV=-100+\frac{110}{1+R} \tag{5-2}$$

那么，折现率是多少时，项目的净现值才为 0 呢？

先假设折现率是 0.08，可以得到：

$$1.85=-100+\frac{110}{1.08} \tag{5-3}$$

由于式（5-3）的净现值为正，我们再试一个稍大的折现率 0.12，可以得到：

$$-1.79=-100+\frac{110}{1.12} \tag{5-4}$$

由于式（5-4）的净现值为负，我们降低折现率至 0.10，可以得到：

$$0=-100+\frac{110}{1.10} \tag{5-5}$$

通过试错法，我们发现当折现率等于 10% 时，项目的净现值为 0。⊖这样，我们就称 10% 为项目的**内部收益率**（internal rate of return，IRR）。概括而言，内部收益率就是那个令项目的净现值为 0 的折现率。这个例子说

---

⊖　当然，我们可以令式（5-2）等于 0，直接求出 $R$。可是，对于比较复杂的多期现金流量，就难以直接地计算出 $R$。这种情况就必须运用试错法。

明，如果市场折现率为10%，公司接受或者放弃该项目没有任何差别。若市场折现率低于10%，公司就可以接受该项目；若高于10%，就应该放弃。

很明显，项目投资的判定法则可以概括为：

若内部收益率大于折现率，可以接受项目；若内部收益率小于折现率，则不能接受项目。

我们称之为**内部收益率的基本法则**（basic IRR rule）。

下面我们探讨一个复杂一点的例子（-200，100，100，100），如图5-3所示。

与前面一样，我们利用试错法可以求出内部收益率。把20%和30%代入，从而得到：

| 折现率 / % | 净现值 / 美元 |
|---|---|
| 20 | 10.65 |
| 30 | -18.39 |

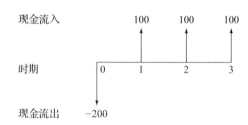

图5-3 一个稍复杂项目的现金流量（单位：美元）

经过试错，我们发现当折现率为23.38%时，项目的净现值等于0。这样，内部收益率就是23.38%。当折现率为20%时，净现值为正，可以接受该项目。但如果折现率升至30%，该项目就不能被采纳。

内部收益率可以利用下列代数公式计算：⊖

$$0 = -200 + \frac{100}{1+\text{IRR}} + \frac{100}{(1+\text{IRR})^2} + \frac{100}{(1+\text{IRR})^3}$$

图5-4形象地说明了求内部收益率对项目投资决策的意义所在。图中净现值为折现率的因变量。曲线在内部收益率等于23.38%时与横轴相交，在该点净现值为0。

通过该图还可以清楚地知道，折现率小于内部收益率时，净现值为正；折现率大于内部收益率时，净现值为负。这样，如果我们在折现率小于内部收益率时接受某一个项目，我们也就接受了一个净现值为正的项目。在这一点上，内部收益率法与净现值法是一致的。

如果事情永远是这么简单，那么内部收益率法和净现值法就会具有相同的功效，但理财学并没有这么简单。不幸的是，内部收益率法和净现值法只适用于常规的现金流量项目，即开始现金流量为负、后来现金流量为正的项目。内部收益率法在更复杂的情况下会出现几个问题，这是下一节将要讨论的主题。

内部收益率在前一个例子中是通过试错法计算出来的。这个复杂的过程可以通过使用电子表格避免，正如下述表格所示。

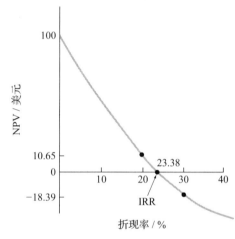

图5-4 一个稍复杂项目的净现值和折现率

注：折现率小于IRR时，NPV为正；折现率大于IRR时，NPV为负。

**| 电子表格应用 |      使用电子表格计算内部收益率**

由于笔算内部收益率实在是太烦琐了，因此我们通常使用财务计算器，特别是电子表格。使用其他财务计算器的方法不尽相同，因此我们主要考虑如何使用电子表格。正如下表所示，使用电子表格是十分容易的。

| | A | B | C | D | E | F | G | H |
|---|---|---|---|---|---|---|---|---|
| 1 | | | | | | | | |

⊖ 首期现金流量为负，并且随后的一或两期现金流量为正，至多用二次方程式就可以直接求出IRR。但对于期数更多的现金流量而言，就必须采用试错法，当然可以借用计算器的相关功能来简化计算。

（续）

| | A | B | C | D | E | F | G | H |
|---|---|---|---|---|---|---|---|---|
| 2 | 使用电子表格计算内部收益率 | | | | | | | |
| 3 | | | | | | | | |
| 4 | 假设我们有一个 4 年期的项目花费 500 美元。在 4 年中的现金流量顺序如下：100 美元，200 美元，300 美元，400 美元 | | | | | | | |
| 5 | 那么，内部收益率应该为多少 | | | | | | | |
| 6 | | | | | | | | |
| 7 | | 年数 | 现金流量 | | | | | |
| 8 | | 0 | −500 | | | | | |
| 9 | | 1 | 100 | | IRR= | 27.3% | | |
| 10 | | 2 | 200 | | | | | |
| 11 | | 3 | 300 | | | | | |
| 12 | | 4 | 400 | | | | | |
| 13 | | | | | | | | |
| 14 | | | | | | | | |
| 15 | 单元格 F9 中输入的公式是 =IRR（C8：C12）。注意到第 0 年的现金流量前面有个负号 | | | | | | | |
| 16 | 负号表示项目的支出 | | | | | | | |
| 17 | | | | | | | | |

## 5.5 内部收益率法存在的问题

### 5.5.1 独立项目与互斥项目的定义

所谓**独立项目**（independent project），就是对其接受或者放弃的决策不受其他项目投资决策影响的投资项目。举个例子，假设麦当劳打算在一个偏远的小岛上开设一家汉堡包餐厅。是否采纳这个方案不会受到在其他地方开设新餐厅的投资决策的影响。这是因为该餐厅位置偏远，不会影响其他餐厅的销售额。

现在，我们看看与其相对应的**互斥项目**（mutually exclusive investments）。比如项目 A 与项目 B，怎样才能称这两个项目互相排斥呢？你可以选择项目 A 也可以选择项目 B，或者是两者同时放弃，但你唯独不能同时采纳项目 A 和项目 B。比如，项目 A 是在你拥有的一块地皮上建一幢公寓楼，而项目 B 是决定在同样的一块地上建一座电影院。

现在，我们先探讨一下内部收益率法在应用于独立项目和互斥项目时避免不了的两个问题，接着讨论在互斥项目中应用内部收益率法可能存在的两个特殊问题。

### 5.5.2 影响独立项目和互斥项目的两个一般问题

我们的讨论从项目 A 开始，项目 A 的现金流量为：

$$（-100，130）$$

项目 A 的内部收益率是 30%。表 5-2 还列出了项目 A 的一些其他数据。从图 5-5 中可以看到，项目 A 的净现值随着折现率的上升而逐渐减小。

表 5-2 内部收益率与净现值

| 时期 | 项目 A | | | 项目 B | | | 项目 C | | |
|---|---|---|---|---|---|---|---|---|---|
| | 0 | 1 | 2 | 0 | 1 | 2 | 0 | 1 | 2 |
| 现金流量 / 美元 | −100 | 130 | | 100 | −130 | | −100 | 230 | −132 |
| IRR | 30% | | | 30% | | | 10% 与 20% | | |
| NPV @10% / 美元 | 18.2 | | | −18.2 | | | 0 | | |

（续）

| 时期 | 项目 A | | | 项目 B | | | 项目 C | | |
|---|---|---|---|---|---|---|---|---|---|
| | 0 | 1 | 2 | 0 | 1 | 2 | 0 | 1 | 2 |
| 允许的市场利率 | < 30% | | | > 30% | | | > 10% 且 < 20% | | |
| 融资还是投资 | 投资型 | | | 融资型 | | | 混合型 | | |

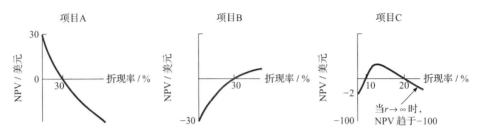

图 5-5 项目 A、B、C 的净现值与折现率

注：项目 A 第 0 期流出现金，随之第 1 期流入现金，其 NPV 与折现率负相关。项目 B 第 0 期流出现金，随之在第 1 期流出现金，其 NPV 与折现率正相关。项目 C 的现金流量变号两次，第 0 期流出现金，第 1 期流入现金，第 2 期又流出现金。现金流量变号两次以上的项目可能拥有多个内部收益率。

### 1. 问题 1：投资还是融资

现在我们分析项目 B，其现金流量为：

$$( 100, -130 )$$

项目 B 现金流量的流动方向与项目 A 恰恰相反。在项目 B 中，公司可以先获得一笔资金，然后才需要流出现金。这是比较特殊的一类投资项目，但的确存在。比如，某社团主办专家研讨会，通常与会者得预缴会费，大部分的开支则发生在研讨会召开期间，即现金流入早于现金流出。

让我们通过试错法来求 IRR：

$$-4 = +100 - \frac{130}{1.25}$$

$$3.70 = +100 - \frac{130}{1.35}$$

$$0 = +100 - \frac{130}{1.30}$$

和项目 A 一样，内部收益率也是 30%。但必须注意，当折现率低于 30% 时，净现值为负；相反，当折现率高于 30% 时，净现值为正。于是，我们得到与前面恰恰相反的投资法则。对于这一类项目：

若内部收益率小于折现率，可以接受项目；若内部收益率大于折现率，不能接受项目。

这一特殊法则可以从图 5-5 的项目 B 中归纳出。曲线上升直观地表明净现值与折现率正相关。

例如，我们假设某公司急需 100 美元，有两种选择：① 执行项目 B；② 向银行借款。项目 B 可以作为银行借款的替代方案。实际上，当项目 B 的内部收益率等于 30% 时，执行项目 B 就相当于按 30% 的利率借款。如果公司能够在 25% 的利率水平上从银行筹到该款项，就必须放弃项目 B。但如果银行借款利率高达 35%，那就应该采纳项目 B，即只有在折现率高于项目的内部收益率时，我们才可以接受项目 B。$^{\ominus}$

这与项目 A 完全相反。若公司有 100 美元可用于投资，可以选择：① 执行项目 A；② 借款给银行。项目 A

---

$\ominus$ 这里实际上假设项目的现金流量无风险。这样，我们就可以把贷款利率作为需要融资 100 美元的公司的折现率。如果现金流量存在风险，我们应该选取另外的折现率，但仍然在内部收益率小于折现率时才采纳该项目。

实际上是方案②借款给银行的替代方案。当项目 A 的内部收益率等于 30% 时，执行项目 A 等同于以 30% 的利率借款给银行。当利率低于 30% 时，公司应纳项目 A；相反，当利率高于 30% 时，就应放弃项目 A。

项目 A 在首期付出现金，而项目 B 在首期收到现金，因此我们称项目 A 为投资型项目，项目 B 为融资型项目。投资型项目是内部收益率应用的一般模型。而内部收益率的基本法则在遇到融资型项目时出现逆反，因此我们使用内部收益率法来评价这类项目时要注意。

### 2. 问题 2：多个收益率

假设项目 C 的现金流量为：

$$(-100,\ 230,\ -132)$$

该项目每期的现金流量依次为负的现金流量、正的现金流量、负的现金流量，即项目的现金流量变号两次，我们称之为"非常规现金流量"。这种模式的现金流量初看有点特别，但很多项目都要求获得现金流入后必须再次注入一些现金。采矿业中的露天开采就是一个例子。这类项目的第一阶段需要投资开掘矿脉；在第二阶段，就可以获得相应的利润；但是在第三阶段，必须追加投资以改造土地和满足环境保护法规的规定，这一阶段的现金流量就为负值。

利用租赁进行融资的项目也会出现类似的情况。融资租赁往往能获得稳定的税收好处，在初始投资后将带来现金流入。然而这些补助将随着时间而减少，经常导致后期的现金流量为负。（租赁的细节将在后面的章节进行讨论。）

我们很容易地就可以求出本项目存在的两个内部收益率，而不单单只有一个，即 10% 和 20%。[一]一旦出现这种情况，内部收益率就解释不通了。我们应该选择哪个内部收益率呢，10% 还是 20%？实在没有什么理由可以说明其中一个优于另外一个，也就是说，在这里不能简单地使用内部收益率法。

为什么该项目有多个收益率呢？项目 C 出现多个收益率的原因在于，初始投资以后既发生了现金流入，又发生了现金流出。概括地说，"非常规现金流量"的多次变号造成了多个收益率。根据代数理论，若现金流量变号 $K$ 次，那么最多可能会有 $K$ 个合理的内部收益率。因此，由于项目 C 的符号改变了两次，它可能有两个内部收益率。而我们曾指出，实务中投资项目的现金流量不可避免地会发生多次变号。

### 3. NPV 法则

当然，我们不必过于担忧多个收益率，毕竟我们还可以依靠净现值法则。图 5-5 把项目 C 的净现值当成折现率的函数并绘图。如图所示，当折现率为 10% 或 20% 时，项目的净现值为 0；当折现率小于 10% 或大于 20% 时，项目的净现值为负。因此，净现值法则告诉我们当适用的折现率在 10% 与 20% 之间时，就接受该项目。如果折现率在此范围之外，则拒绝该项目。

## 5.5.3 修正内部收益率

我们可以采用修正内部收益率（MIRR）解决标准的内部收益率法存在的问题。后面你可以看到，有好几种方法可以计算 MIRR，但基本思路其实是一样的：首先修正现金流量，然后用修正后的现金流量计算 IRR。

为了说明，让我们看看项目 D 有以下的现金流量：

$$(-60,\ 155,\ -100)$$

---

[一] 将两个值分别代入，可以得到：

$$-100 + \frac{230}{1.1} - \frac{132}{(1.1)^2}$$
$$-100 + 209.09 - 109.09 = 0$$

和

$$100 + \frac{230}{1.2} - \frac{132}{(1.2)^2}$$
$$-100 + 191.67 - 91.67 = 0$$

这样，便出现了多重收益率。

可以计算得出这个项目有两个内部收益率，分别为 25% 和 33.33%。我们接下来要介绍三种不同的计算 MIRR 的方法，它们都具有只能产生一个答案的属性，从而解决了多个内部收益率的问题。

### 1. 方法1：折现法

折现法的思路就是把后面所有负的现金流量按照项目必要的收益率折现并与初始投资相加，然后计算 IRR。折现率既可以采用项目的必要收益率，也可以使用其他外部提供的利率，我们这里采用项目的必要收益率。

如果项目必要的收益率为 20%，那么，修正后的现金流量如下：

$$第 0 年：-60-\frac{100}{(1.20)^2}=-129.44$$
$$第 1 年：155$$
$$第 2 年：0$$

根据修正后的现金流量，可以计算出 MIRR 为 19.74%。

### 2. 方法2：再投资法

再投资法的思路是把除初始投资外的所有现金流量全部以复利的形式换算到最后一期，然后计算 IRR。这种方法就像是我们把项目中间所有的现金流量全部再投资于项目而不回收，直到项目结束为止。折现率可以是项目的必要收益率，也可以是其他特定的“再投资收益率”。我们采用项目的必要收益率。我们可以把项目的现金流量修正如下：

$$第 0 年：-60$$
$$第 1 年：0$$
$$第 2 年：-100+（155 \times 1.2）=86$$

根据修正后的现金流量，可以计算出 MIRR 为 19.72%，比用折现法算出来的略低一点。

### 3. 方法3：复合法

顾名思义，复合法就是前述两种方法的复合。即把期间负的现金流量折现，而把正的现金流量以复利的形式换算到最后一期。实际操作中，可以采用其他的折现率，但此处我们依然采用项目的必要收益率。

采用复合法，修正后的现金流量如下：

$$第 0 年：-60-\frac{100}{(1.20)^2}=-129.44$$
$$第 1 年：0$$
$$第 2 年：155 \times 1.2=186$$

计算得出 MIRR 为 19.87%，这是三种方法中最大的。

### 4. MIRR 和 IRR，哪个更好

MIRR 毁誉参半。一种是对 MIRR 赞誉有加，根据设计，MIRR 显然不会受多个回报率的影响。

此外，贬低 MIRR 的人会说 MIRR 不就是“毫无意义的 IRR”吗？⊖ 首先，正如我们前面展示的，有三种方法算 MIRR，但我们无法说清楚哪一种方法更优。尽管在我们前面的例子中，三种方法计算出的结果差异不大，但在更复杂的项目里，这个差异有可能变得很大。其次，我们不知道如何解释 MIRR。它看起来像是一个收益率，但它是修正以后的现金流量的收益率而不是项目本身真实的现金流量的收益率。

我们无意选边站。然而，如果考虑到计算 MIRR 需要折现、计算复利，甚至二者都需要，这会引起我们以下的两点思考：首先，如果我们知道相关的折现率，那为何不直接用 NPV 来解决问题呢？其次，由于计算 MIRR 需要依赖一个外部的折现率，那么，你计算得到的那个答案就不再是真正的“内部”收益率了，而我们知道 IRR 仅仅依赖项目本身的现金流量来计算。

尽管我们在此问题上无意选边站，但我们在这里必须对一个经常出现的问题给出明确的意见。项目的价值与项目产生的现金流量如何使用没有任何关系。公司可能会使用项目产生的现金流量去投资其他项目、发股利

---

⊖ 第一个 M 被嘲讽者解读为 Meaningless。——译者注

或者去给公司高管购置专机。这都无所谓：项目产生的现金流量未来如何花费不会影响项目本身在当今的评估价值。因此，通常情况下，不需要考虑项目期中的现金流量的再投资问题。

### 5. 确保不出现多个内部收益率

如果项目第 1 期的现金流量为负值，即进行初始投资，而此后所有的现金流量均为正值，那么内部收益率是唯一的，不管项目持续多少期。对于这一点，利用货币时间价值的概念就很容易理解。例如，我们知道表 5-2 的项目 A 只有一个内部收益率 30%。这是因为，当折现率为 30% 时有：

$$NPV = -100 + (130 / 1.3)$$
$$= 0$$

我们怎么知道这是唯一的内部收益率呢？假设我们代入一个大于 30% 的折现率。在计算净现值时，折现率的变化并不影响初始现金流量 −100 美元，因为它无须折现。提高折现率只会降低未来现金流量的净现值。也就是说，因为净现值在折现率为 30% 时等于 0，折现率稍有提高都会使净现值变为负数。同样，如果让折现率小于 30%，项目的净现值就变为正数。虽然例子中只有一期的现金流入，但是对于在初始投资后有多期现金流入（没有现金流出）的项目，以上的推理照样成立。

如果初始现金流量为正值，而其余均为负值，那么内部收益率也是唯一的。其推理过程类似于投资型项目。这些案例的现金流量均只有一次改号。也就是说，当项目的现金流量只有一次改号时，多个收益率问题不会出现。

### 6. 投资法则小结

下面对投资法则做个小结。

| 现金流量 | IRR 个数 | IRR 法则 | NPV 法则 |
|---|---|---|---|
| 首期为负，其余为正 | 1 | 若 IRR > r，则接受；若 IRR < r，则放弃 | 若 NPV > 0，则接受；若 NPV < 0，则放弃 |
| 首期为正，其余为负 | 1 | 若 IRR < r，则接受；若 IRR > r，则放弃 | 若 NPV > 0，则接受；若 NPV < 0，则放弃 |
| 首期之后，部分为正，部分为负 | 可能大于 1 | IRR 无效 | 若 NPV > 0，则接受；若 NPV < 0，则放弃 |

特别注意，不管是哪种情况，净现值法的投资法则都是一致的。换言之，净现值法总是适用的。相比之下，内部收益率法只能在某种条件下使用。

## 5.5.4 互斥项目特有的问题

上面提到，公司如果同时拥有两个以上的互斥项目，至多只能采纳其中之一。接下来，我们就谈谈当内部收益率法用在互斥项目上时可能出现的两个问题。两个问题十分类似，但从逻辑上讲是有区别的。

### 1. 规模问题

我们认识的一位教授在课堂讨论时提出这样一个问题："同学们，现在有两个互相排斥的投资机会供大家选择。投资机会 1 是现在你给我 1 美元，下课时我还给你 1.50 美元。投资机会 2 是现在你给我 10 美元，下课时我还给你 11 美元。只能选择其中的一个投资机会，并且每个投资机会都不能重复选择。谁第一个举手？"

你会怎么选择呢？正确的答案是投资机会 2。<sup>⊖</sup>

请看下表。

（单位：美元）

| | 课初现金流量 | 课末现金流量 | NPV<sup>①</sup> | IRR |
|---|---|---|---|---|
| 投资机会 1 | −1 | +1.50 | 0.50 | 50% |
| 投资机会 2 | −10 | +11.00 | 1.00 | 10% |

① 我们假设利息率为 0，毕竟他的课仅持续 90 分钟。

---

⊖ 教授在这里使用真实的货币。尽管许多学生在这位教授的考试中成绩一贯较差，但却从来没有学生选过投资机会 1。于是，教授把他的学生戏称为"金钱玩家"。

本书前面强调过，应该选择净现值最大的投资机会，在例子中也就是投资机会2。这个例子很形象地暴露出IRR法则存在的一个缺陷。IRR的基本法则倾向于投资机会1，因为IRR高达50%。而投资机会2的IRR只有10%。

IRR在哪里出了问题呢？关键在于其忽略了项目的规模。虽然投资机会1的IRR相对较高，但投资额太小。换句话说，投资机会1的高收益率掩盖了其获取"收益"这一绝对值偏低的不足。[⊖]

在这种情况下，IRR产生了误导。我们能不能进行一定程度的修正呢？当然可以，下面我们通过一个例子来说明。

### 例5-2 NPV 与 IRR

斯坦利和雪莉刚购买了教学影片《公司理财》的版权。他们不清楚制作这部影片应该用多大的预算比较合适。预计现金流量如下表所示。

（单位：百万美元）

| | 第0期<br>现金流量 | 第1期<br>现金流量 | NPV<br>@ 25% | IRR |
|---|---|---|---|---|
| 小预算 | −10 | 40 | 22 | 300% |
| 大预算 | −25 | 65 | 27 | 160% |

由于项目的风险比较高，折现率设定为25%。雪莉认为应该斥巨资，因为其净现值比较高。斯坦利的观点是小预算比较合算，因为其内部收益率相对较高。谁对呢？

按照前例所述的理由，运用净现值法绝对错不了。因此，雪莉是对的。但是，斯坦利固执地认为应该使用内部收益率法。雪莉应该如何利用内部收益率说服斯坦利呢？

这就得用到增量内部收益率。她算出采纳大预算放弃小预算所增加的现金流量。

（单位：百万美元）

| | 第0期现金流量 | 第1期现金流量 |
|---|---|---|
| 增量现金流量（采纳大预算放弃小预算） | −25−(−10）= −15 | 65−40 = 25 |

即增量现金流量第0期为−1 500万美元，第1期为2 500万美元。雪莉计算的增量内部收益率为：

#### 增量内部收益率的求解方程

$$0 = -15\,000\,000 + \frac{25\,000\,000}{1 + IRR}$$

方程中的内部收益率等于66.67%，这就是**增量内部收益率**（incremental IRR）。它是选择大预算所增加的那部分投资的内部收益率。

另外，我们可以计算出增量现金流量的净现值：

#### 增量现金流量的净现值

$$-15\,000\,000 + \frac{25\,000\,000}{1.25} = 5\,000\,000 \text{（美元）}$$

我们知道，如果是独立项目，小预算就可以接受，因为其净现值为正。而我们现在所要知道的是，另外再增加1 500万美元制作一部大影片是否合算，即追加1 500万美元投资，换取增加2 500万美元的现金流入是否合算？首先，通过上面的计算，增量投资的净现值为正。其次，66.67%的增量内部收益率明显高于25%的折现率。基于这两个原因，增量投资相当合算。而第2个理由最能令斯坦利信服。

概括起来，遇到互斥项目，可以有3种决策方法。

---

⊖ 在短短的90分钟内获得10%的回报，机会2的收益率实际上也很高。

（1）**比较净现值。**在上例中，大预算教学影片的净现值比小预算高，前者是 2 700 万美元，后者为 2 200 万美元。

（2）**计算增量净现值。**在上例中，由于增量净现值等于 500 万美元，因此我们选择制作大预算的教学影片。

（3）**比较增量内部收益率与折现率。**在上例中，增量内部收益率为 66.67%，折现率为 25%，因此我们选择制作大预算的教学影片。

三种方法得出的结论是一致的。但是，我们决不能比较二者的内部收益率。那样，我们就会产生决策失误，而选择小预算。

尽管学生经常认为规模问题相对不重要，但事实却刚好相反。在现实投资决策中规模问题并非一目了然，相反地，公司必须决定项目的最佳规模。例如，一部电影预计投资 2 500 万美元并非铁板一块，也许额外增加 100 万美元去聘请一位更大牌的明星或者在更好的地方拍摄能增加电影的收入。类似地，在工业胶片行业，我们必须决定是租或者建 50 万英尺 $^2$ [一] 还是 60 万英尺 $^2$ 的库房。在本章的前面部分，我们假设麦当劳在一个偏远的小岛开店，如果公司要做这个投资决策，她必须决定要开多大规模的店。对于绝大多数投资项目，公司必须有人拍板决定投资规模，这意味着在现实中规模问题是普遍存在的。

还有一点要注意，学生常常问，在计算增量现金流量时应该怎么减。请注意，我们是用大预算的现金流量减小预算的现金流量，使得现金流量在第 0 期表现为"现金流出"。这样我们便可以应用内部收益率的基本法则。[二]

### 2. 时间序列问题

下面我们说说使用内部收益率法评估互斥项目时常常遇到的另外一个问题。

### 例 5-3 互斥项目

Kaufold 公司有一个闲置的仓库，可以存放有毒废物容器（项目 A），也可以存放电子设备（项目 B）。现金流量如下表所示。

（单位：美元）

| 年份 | 当年现金流量 | | | | NPV | | | IRR |
| --- | --- | --- | --- | --- | --- | --- | --- | --- |
| | 0 | 1 | 2 | 3 | @0% | @10% | @15% | |
| 项目 A | -10 000 | 10 000 | 1 000 | 1 000 | 2 000 | 669 | 109 | 16.04% |
| 项目 B | -10 000 | 1 000 | 1 000 | 12 000 | 4 000 | 751 | -484 | 12.94% |

我们看到，在折现率比较小时项目 B 的净现值比较高，而在折现率比较大时项目 A 的净现值比较高。仔细分析二者的现金流量就能发现其中原委。项目 A 的大额现金流入早于项目 B。根据货币的时间价值，早期的现金流量受高折现率的影响较小，因此项目 A 第一年的现金流量更大。由于项目 B 的现金流量较大，价值较高且折现率低，因此出现较大现金流量的时间比较迟。

两个项目现金流量模式的分析如图 5-6 所示。当折现率为 0 时，只要把各期的现金流量加总起来，就可以得到项目 A 的净现值为 2 000 美元，项目 B 的净现值为 4 000 美元。但随着折现率的提高，项目 B 净现值的下降速度比项目 A 更快。上

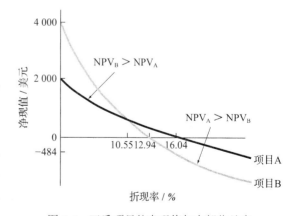

图 5-6 互斥项目的净现值与内部收益率

---

[一] 1 英尺 $^2$ = 0.092 9 米 $^2$。

[二] 同样，我们也可以采用小项目减去大项目的方法。这样，第 0 期将出现现金流入，相应地就必须使用融资型项目的内部收益率投资法则。这种方法也是可行的，但往往比较容易出错。

面说过，这是因为项目 B 的大额现金流入发生的时间比较迟。当折现率等于 10.55% 时，二者的净现值相等。内部收益率是项目净现值等于 0 时的折现率，因为项目 B 的净现值曲线下降得更快，项目 B 就有了一个相对较小的内部收益率。

类似于教学影片制作预算的例子，我们可以用 3 种方法来选择最优项目。

（1）比较两个项目的净现值。图 5-6 有助于我们的决策。若折现率低于 10.55%，我们选择净现值较高的项目 B；若折现率大于 10.55%，就应该选择净现值较高的项目 A。

（2）对比增量内部收益率与折现率。另一种决定项目 A 和项目 B 哪一个更好的方法是将项目 A 的现金流量减去项目 B 对应时点的现金流量，然后计算这一组现金流量的内部收益率，这就是我们前面提及的增量内部收益率法。

本例的增量现金流量如下表所示。

| | | | | 增量现金流量的净现值 | | | | （单位：美元） |
| --- | --- | --- | --- | --- | --- | --- | --- | --- |
| 年份 | 0 | 1 | 2 | 3 | 增量内部收益率 | @0% | @10% | @15% |
| B-A | 0 | −9 000 | 0 | 11 000 | 10.55% | 2 000 | 83 | −593 |

通过该表可以发现，增量内部收益率为 10.55%，即在折现率为 10.55% 时，增量投资的净现值为 0。因此，如果折现率小于 10.55%，项目 B 优于项目 A；反之，则应选择项目 A。

图 5-6 显示，当折现率为 10.55% 时两个项目的 NPV 相等。换言之，图中的交叉折现率是 10.55%。增量现金流量图显示的增量内部收益率也是 10.55%。增量内部收益率和两个项目的交叉折现率相等并非偶然而是必然。增量内部收益率就是使得增量现金流量的净现值等于零的那个折现率。而当两个项目的净现值相等时，它们 NPV 的差也一定为零。

（3）计算增量现金流量的净现值。从前面的表中我们可以看到，折现率等于 0 或 10% 时，增量净现值为正；折现率等于 15% 时，增量净现值为负。如果增量净现值为正，我们就选择项目 B。否则，我们就选择项目 A。

这三种方法得到的结论都是一样的，但同样不能用内部收益率进行比较做决策。

前面我们讲过，在运用增量内部收益率法进行投资决策时，最好用初始投资额比较大的项目减去投资额比较小的项目。但如果出现像此例初始投资额相同的两个项目，应该如何处理呢？我们建议，应当确保第一个非零的现金流量为负值。Kaufold 公司一例中，我们把项目 B 减去项目 A，使得第 1 期（最先出现非零）的现金流量为负值。这样，我们就仍然可以使用内部收益率的基本法则。

上面举了一些例子来说明内部收益率法在评估互斥项目时可能出现的问题。课堂案例和制作教学影片这两个例子说明的是，当两个互斥项目的初始投资额不相等时，运用内部收益率法进行评估将会出现的问题。Kaufold 公司一例所分析的是，当互斥项目的现金流量出现不同的时间序列模式时，内部收益率法所存在的问题。实际上，在做互斥项目投资决策时，没有必要去区分是规模问题还是时间序列问题，实务中两者往往同时存在。一般来说，实务操作人员要么运用增量内部收益率法，要么使用净现值法。

### 5.5.5　内部收益率法的可取之处

尽管内部收益率法有这样那样的缺点，但在与净现值法的竞争中却活下来了，这是因为它具有净现值法不具备的优点。人们似乎想要有一个能够包含项目所有信息的收益率指标。这样的一个指标能够让人们简单地讨论项目的优劣。比如，一个公司的经理可以跟别人这样说："改变北翼的项目有 20% 的内部收益率。"

值得高兴的是，采用内部收益率法的公司似乎明白这种方法的不足。比如，公司通常会规定只有初始投资时现金流量为负而后续现金流量完全为正才允许使用内部收益率法。也许是由于内部收益率法能够用一个简单的数字评估一个复杂项目，而且能够很容易地表示出来，才使得内部收益率法没有被淘汰。

### 5.5.6　小测试

为了测试你掌握的程度，考虑下面两段描述：

（1）你必须使用折现率才能计算出一个项目的净现值，但是你不需要折现率就可以计算出内部收益率。

（2）内部收益率法比净现值法更容易使用，因为你不需要使用折现率。

第1段描述是正确的。计算净现值需要使用折现率，而内部收益率法是通过计算当净现值为0时的利率来获得的，在计算的过程中不需要使用折现率。第2段描述是错误的。要采用内部收益率法，你需要将内部收益率与折现率进行比较。因此，不管是净现值法或者内部收益率法，都需要使用折现率。

## 5.6 盈利指数法

还有一个方法常用于项目评估，那就是**盈利指数**（profitability index，PI）法。它是初始投资以后所有预期未来现金流量的现值和初始投资额的比值。盈利指数可以表示为：

$$盈利指数（PI）= \frac{初始投资所带来的后续现金流量的现值}{初始投资额}$$

### 例 5-4　盈利指数

Hiram Finnegan 公司有以下两个投资机会，折现率设定为 12%。

（单位：百万美元）

| 项目 | 现金流量 | | | 折现率为 12% 时初始投资所带来的后续现金流量的现值 | 盈利指数 | 净现值 |
| --- | --- | --- | --- | --- | --- | --- |
| | $C_0$ | $C_1$ | $C_2$ | | | |
| 1 | -20 | 70 | 10 | 70.47 | 3.52 | 50.47 |
| 2 | -10 | 15 | 40 | 45.28 | 4.53 | 35.28 |

### 盈利指数的计算

盈利指数的计算过程如下，初始投资之后两期现金流量的现值为：

$$70.47 = \frac{70}{1.12} + \frac{10}{(1.12)^2} \qquad (5\text{-}6)$$

盈利指数就是式（5-6）的结果除以初始投资额，即

$$3.52 = \frac{70.47}{20}$$

下面我们分 3 种情况对盈利指数进行分析。

（1）**独立项目**。如果两个都是独立项目，根据净现值法的基本投资法则，只要净现值为正就可以采纳。净现值为正，也就是盈利指数大于1。因此，PI 的投资法则为：

对于独立项目，若 PI ＞ 1，可以接受；若 PI ＜ 1，必须放弃。

（2）**互斥项目**。假若两个项目中只能选择一个，根据净现值法，应该选择净现值比较大的项目1。而项目2的盈利指数大于项目1，这很可能对决策产生误导。

盈利指数在互斥项目中应用所面临的问题，实际上与前面所述的内部收益率的规模问题是一致的。项目2的规模小于项目1。由于盈利指数是一个比值，这样就忽略了项目1的投资额比项目2大。和内部收益率一样，盈利指数忽略了互斥项目之间规模上的差异。

盈利指数法的这一缺陷和内部收益率法一样，也可以用增量分析法进行调整。我们把项目1的现金流量减去项目2的现金流量。

（单位：百万美元）

| 项目 | 现金流量 | | | 折现率为 12% 时初始投资所带来的后续现金流量的现值 | 盈利指数 | 净现值 |
| --- | --- | --- | --- | --- | --- | --- |
| | $C_0$ | $C_1$ | $C_2$ | | | |
| 1-2 | -10 | 55 | -30 | 25.19 | 2.52 | 15.19 |

由于增量现金流量的盈利指数大于 1.0，我们应选择投资额比较大的项目，即项目 1。这和净现值法得出的结论相同。

（3）**资本配置**。以上两种情况实际上都假设该公司有充足的资金用于投资。现在我们分析一下，当资金不足以支付所有净现值为正的项目时的情况。在这种情况下，公司就需要进行**资本配置**（capital rationing）。

假设 Hiram Finnegan 公司现在有第 3 个投资项目。项目 3 的现金流量如下表所示。

（单位：百万美元）

| 项目 | 现金流量 $C_0$ | $C_1$ | $C_2$ | 折现率为 12% 时初始投资所带来的后续现金流量的现值 | 盈利指数 | 净现值 |
|---|---|---|---|---|---|---|
| 3 | -10 | -5 | 60 | 43.37 | 4.34 | 33.37 |

同时假设：① Hiram Finnegan 公司的项目之间互相独立；② 公司只有 2 000 万美元可供投资。由于项目 1 需要的初始投资额为 2 000 万美元，因此公司一旦选择了项目 1 就不可能再选择其他项目。而项目 2 和项目 3 都只需要 1 000 万美元的初始投资额，这两个项目可以同时采纳。也就是说，有限的资金使得公司要么选择项目 1，要么选择项目 2 和项目 3。

公司应当如何进行投资决策呢？孤立地看每个项目，项目 2 和项目 3 的净现值都小于项目 1，但二者的净现值之和加在一起大于项目 1。这样，理所当然，应该选择项目 2 和项目 3。

这一结论说明了什么呢？在资金有限的情况下，我们不能仅仅依据单个项目的净现值进行排序，而应该根据现值与初始投资额的比值进行排序。这就是盈利指数法则。由于项目 2 和项目 3 各自的盈利指数均大于项目 1，所以我们在资本配置时就应该优先考虑。

盈利指数法对于资本配置的作用可以借用一些军事术语进一步予以解释。美国的五角大楼常常吹嘘自己的武器具有强大的"美元爆炸威力"。对应于资本预算，盈利指数衡量的就是投资在武器上的"美元"所能带来的"爆炸威力"，即美元的投资回报。这便是资本配置。

必须注意的是，倘若初始投资期之后在资金使用上还有限制，那盈利指数就会失效。例如，假设项目的第 1 期，公司在其他地方需要大额的现金流出，那么项目 3 可能就得摒弃。也就是说，盈利指数无法处理多个期间的资本配置问题。

另外，经济学术语"不可分割性"可能会降低 PI 法则的有效性。假如 Hiram Finnegan 公司有 3 000 万美元可用于投资，而不仅仅为 2 000 万美元。现在企业就有足够多的钱来满足项目 1 与项目 2 的投资需求。由于这两个项目净现值的总和大于项目 2 与项目 3 净现值的总和，企业将因接受项目 1 与项目 2 受益。但由于项目 2 与项目 3 有更高的盈利指数，因此使用 PI 法则就会带来错误的决策。为什么在这里 PI 法则会使我们误入歧途呢？关键在于，项目 1 与项目 2 可以用完所有的 3 000 万美元，而项目 2 与项目 3 总的最初投资额只有 2 000 美元（= 1 000 万美元 +1 000 万美元）。如果接受了项目 2 与项目 3，那么剩余的 1 000 万美元就留在银行了。

这种情形指出，在现实世界里使用盈利指数时要注意。然而，尽管盈利指数法并不完美，但它对处理资本配置时的排序问题却大有帮助。

## 5.7 资本预算实务

迄今为止，本章讲述了"公司可以采用哪些资本预算方法"。一个同样重要的问题是，公司正在使用哪些方法？表 5-3 可以帮助回答这些问题。就如表中所见，在美国与加拿大的公司中，大概有 75% 的公司使用内部收益率法与净现值法。考虑到这些方法在理论上的优势，这并不让人惊奇。有超过一半的公司使用回收期法，由于这种方法带有概念性的问题，因此这相当令人吃惊。折现回收期法是常规回收期

表 5-3　首席财务官对资本预算方法使用情况的调查结论

| | （几乎）始终使用的比率 / % |
|---|---|
| 内部收益率（IRR） | 75.6 |
| 净现值（NPV） | 74.9 |
| 回收期（PP） | 56.7 |
| 折现回收期 | 29.5 |
| 盈利指数（PI） | 11.9 |

资料来源：Adapted from Figure 2 from John R. Graham and Campbell R. Harvey, "The Theory and Practice of Corporate Finance: Evidence from the Field," *Journal of Financial Economics* 60 (2001). Based on a survey of 392 CFOs.

法的一个理论上的改进，但在这里使用得更少。这可能是因为公司受到回收期法所具有的用户友好性质的吸引。另外，之前所提到的有关这种方法的瑕疵可能相对容易修正。例如，尽管在使用回收期法时，回收期之后的现金流量将被忽略，但警觉的管理者将对回收期后仍会带来现金流量的项目做出特别的调整。

单个公司的各个资本支出项目加总后将是一个大数目。例如，2020 年，埃克森美孚公司公告称，预期在该年度其资本支出将达到 330 亿～ 350 亿美元，这将比 2019 年的 300 亿美元有所增加。公司资本支出最高的 2013 年，投资金额高达 425 亿美元。同时，雪佛龙公司公告称 2020 年支出 180 亿～ 200 亿美元，与 2019 年的支出的 198 亿美元大致持平。在 2020 年有大的资本预算的公司还包括沃尔玛公司，其预计的资本支出总额达到 110 亿美元；AT&T 公司的资本支出达 200 亿美元。

大规模的资本支出一般是一种行业现象。例如，2020 年，半导体行业的资本支出总额预计达到 943 亿美元，这个行业的投资峰值出现在 2018 年，高达 1 059 亿美元。

根据 2020 年美国人口调查局所发布的消息，2016 年全美的资本支出为 1.575 万亿美元，2017 年为 1.683 万亿美元，2018 年为 1.698 万亿美元，三年总共支出了近 5 万亿美元！考虑到金额如此巨大及其可能遭受的风险，对资本支出的仔细分析是成功企业想要精通的事情就显得不足为奇了。

有人可能会认为大公司所采用的资本预算方法比小公司更完善，毕竟大公司有足够的经济实力来雇用更有经验的雇员。表 5-4 支持了这种观点，它展现了公司使用各种资本预算方法的频率。这种频率用量表来衡量，从 0（从不）到 4（总是）。内部收益率法与净现值法均经常使用，而回收期法则用得比较少。与小公司相比，这种现象在大公司更加明显。相反，大公司与小公司使用最后两种方法的频率大概相等。

表 5-4 资本预算方法的使用频率

| | 大公司 | 小公司 |
| --- | --- | --- |
| 内部收益率（IRR） | 3.41 | 2.87 |
| 净现值（NPV） | 3.42 | 2.83 |
| 回收期（PP） | 2.25 | 2.72 |
| 折现回收期 | 1.55 | 1.58 |
| 盈利指数（PI） | 0.75 | 0.88 |

注：公司使用的频率用量表来衡量，从 0（从不）到 4（总是）。表中的数目是回答者的平均值。

资料来源：Adapted from Table 2 from Graham and Harvey (2001), op. cit.

资本预算中定量技术的使用情况因行业而异。应该想得到，那些有可能精确预测现金流量的公司往往倾向于使用净现值法。例如，在石油类企业中，预测的现金流量就具有很高的可信度。正因为如此，从历史上看，能源类公司首先开始采用净现值法。相反，要预测影片制作公司的现金流量十分困难。很多畅销影片如"蜘蛛侠""哈利波特"和"星球大战"等系列，它们的票房收入都远远地超过了预先的想象。而像《阿拉莫之战》与《未来水世界》等影片所遭受的冷遇和重挫也是制作人始料未及的。正因为如此，电影公司往往很少考虑使用净现值法。

那么好莱坞是如何进行资本预算的呢？电影公司常常通过面谈来决定是否投资一个新的影片创意。独立制片人约电影公司进行极为短暂的会面，推销自己的影片创意。下面摘自一本畅销书 *Reel Power*[一]。

"他们（电影公司的经理）并不想知道太多，"罗恩·辛普森说道，"他们很想知道的是电影的主题……他们只想知道有关剧情的三段简短介绍，因为他们需要为广告活动提供素材。他们还想知道电影的名称……至于具体的细节，他们根本不想听。如果谈话超过五分钟，那他们很可能就不会采纳这个项目。"

"一个家伙走了进来，说我的创意是'太空遇险'，"电影《战灯》的编剧克莱·弗罗曼说，"然后他们惊叹，'精彩！奇妙！真是引人入胜！'双方一拍即合……就这么简单。这就是他们想听的。他们的观念就是'别用那些故事情节来烦我'。"

"……构思新颖的创意更具吸引力。最受欢迎的是那些观众闻所未闻，但与以往的高票房影片又有几分相似的题材。这样，也就可以让电影公司确信影片不至于太离谱。因此，经常可以见到的简短记录是，这是一部类似于发生在地球上的《闪电舞》或发生在太空的《正午》的影片。"

---

[一] Mark Litwak, *Reel Power: The Struggle for Influence and Success in the New Hollywood* (New York: William Morrow and Company, 1986), pp. 73, 74, and 77.

"……面谈最忌讳的开场白,"一个电影公司的经理芭芭拉·博伊尔认为,"就是鼓吹你未来的影片将会赢得多么高的票房收入。大家都知道,当然他们更清楚,根本不可能预测一部影片将来的票房收入。这只会让人觉得你是在大放厥词。"

## 本章小结

1. 本章介绍了几种十分常用的投资决策方法:回收期法、折现回收期法、内部收益率法和盈利指数法。通过分析,我们对净现值法有了进一步的认识。

2. 尽管每种方法都有其自身的优点,但我们说过,从理财学的角度来看,它们都不如净现值法。这也注定了它们的辅助地位。

3. 在这些方法中,内部收益率法优于回收期法。实际上,当独立项目首期为现金流出,首期之后均为现金流入时,内部收益率法可以得到与净现值法完全相同的结论。

4. 我们把内部收益率法的缺陷分为两大类。首先,我们分析了在独立项目和互斥项目中可能遇到的两个问题。

(a) 有些项目首先有现金流入,其后才需要现金流出。在这种情况下,内部收益率法的投资法则与一般法则正好相反:当内部收益率低于折现率时,项目可行。

(b) 有些项目的现金流量多次变号,这样就会出现多个内部收益率。此时,从业人员必须使用NPV法。

5. 其次,我们分析了互斥项目所独有的问题。如本章所述,由于规模与时间序列的不同,高内部收益率未必对应高净现值。这样,单纯的内部收益率法就不再适用。(当然,净现值法仍然可以使用。)

接着,我们引入了增量现金流量。为简化计算,我们建议用投资额较大项目的现金流量减去投资额较小项目的现金流量,这样就可以使首期的增量现金流量为负值。如果增量的内部收益率大于折现率,那么接受较大的项目总是正确的。

6. 我们把有限资金条件下的投资决策称为资本配置,在这种情况下可以用盈利指数调整净现值法。

## 思考与练习

1. **计算投资回收期** 一项投资可以在未来8年内带来每年835美元的现金流入。如果初始投资额为1 900美元,那么该项目的投资回收期应为多少?当初始投资为3 600美元时呢?为7 400美元时呢?

2. **计算内部收益率(IRR)** 请计算以下两个项目的内部收益率。

| 年 | 现金流 / 美元 | |
|---|---|---|
| | 项目 A | 项目 B |
| 0 | −8 500 | −4 870 |
| 1 | 4 250 | 2 360 |
| 2 | 3 860 | 2 530 |
| 3 | 2 890 | 1 920 |

3. **有关内部收益率的问题** 假设你得到的一笔贷款的现金流量如下表所示。

| 年 | 现金流 / 美元 |
|---|---|
| 0 | 9 800 |
| 1 | −4 300 |

| | (续) |
|---|---|
| 年 | 现金流 / 美元 |
| 2 | −3 300 |
| 3 | −2 500 |
| 4 | −2 300 |

a. 这笔贷款的内部收益率为多少?

b. 如果折现率为10%,你是否应该接受这笔贷款?

c. 如果折现率为20%,你是否应该接受这笔贷款?

d. 当折现率为10%时,该贷款的净现值为多少?折现率为20%时呢?

e. d中根据净现值法则得到的结论是否与内部收益率法得到的结论相一致?

4. **比较投资标准** Wii兄弟公司是一家游戏制作公司,有一个冒险类游戏的新想法。它可以将该游戏设计成传统的桌面游戏,也可以设计成互动的DVD形式,但是只能选择其中一种。两种游戏开发方式的现金流量如下表所示。假设折现率为10%。

| 年 | 桌面游戏 / 美元 | DVD / 美元 |
|---|---|---|
| 0 | −750 | −1 500 |
| 1 | 640 | 1 180 |
| 2 | 480 | 670 |
| 3 | 80 | 320 |

a. 根据回收期法则，应该接受哪个项目？

b. 根据净现值法则，应该接受哪个项目？

c. 根据内部收益率法则，应该接受哪个项目？

d. 根据增量内部收益率法则，应该接受哪个项目？

5. **比较投资标准** 东京橡胶公司的两个互斥项目如下所示。假设两个项目的折现率为 8%。

| 年 | Dry Prepreg / 美元 | Solvent Prepreg / 美元 |
|---|---|---|
| 0 | −1 800 000 | −715 000 |
| 1 | 1 080 000 | 380 000 |
| 2 | 840 000 | 627 000 |
| 3 | 870 000 | 396 000 |

a. 根据回收期法则，应该接受哪个项目？

b. 根据净现值法则，应该接受哪个项目？

c. 根据内部收益率法则，应该接受哪个项目？

d. 在此项分析中，增量内部收益率法是必需的吗？如果是，请进行分析。

6. **多个内部收益率** 考虑以下现金流量，有多少项不同的内部收益率？（**提示**：20% ～ 70%。）我们何时应该接受该项目？

| 年 | 现金流量 / 美元 |
|---|---|
| 0 | −3 024 |
| 1 | 17 172 |
| 2 | −36 420 |
| 3 | 34 200 |
| 4 | −12 000 |

# 第6章

# 投 资 决 策

外太空有像地球这样的绿洲吗？埃隆·马斯克显然认为它存在。马斯克成立了一家著名的太空探索公司SpaceX，意图实现太空旅游的商业化。SpaceX另一件可能鲜为人知的事情是星链计划，它计划最终发射多达3万颗相互链接的卫星，为全球用户提供宽带连接。这个计划预计成本会高达600亿美元，此外，每年还需投入120多亿美元用以更换服役到期的卫星。

当然，SpaceX并非唯一在进行太空探索的公司。著名的维珍大西洋航空公司的老板理查德·布兰森爵士也在从事太空旅行商业化的业务，亚马逊披露了他的一个商业计划，其公司将发射超过3 000颗卫星提供互联网服务。

正如你从前面学到的一样，SpaceX决定发展和营销绿色科技的决策是一项资本预算决策。本章我们将学习如何确认项目相关的现金流量，包括初始投资、净营运资本需求以及经营性现金流量等。我们也会分析折旧和税收的影响。最后，还会研究通货膨胀的影响，并分析通货膨胀环境下如何评价项目。

第5章已经讨论了诸如净现值、内部收益率和投资回收期等资本预算的基本原则。我们指出三个指标的计算均需用到现金流量。然而，我们还没有讲授在实务中如何估计项目的现金流量。第6章将重点探讨这个问题。我们以"项目的现金流量就是增量现金流量"这个理念作为本章的开端。

## 6.1 增量现金流量：资本预算的关键

### 6.1.1 现金流量，而非"会计利润"

尽管你可能没有意识到这个问题，然而公司理财课程和财务会计课程有很大的区别。公司理财通常运用现金流量，而财务会计则强调收入和利润。当然，本书同样遵循这一传统，因为净现值是对现金流量而不是利润的折现。当考虑一个项目时，我们对项目产生的现金流量进行折现。

#### 例6-1 相关现金流量

Weber-Decker公司刚刚用1 000 000美元现金投资于一栋大楼，这栋大楼是一个新的投资项目的一部分。1 000 000美元就是目前这个时间点上的全部现金流出。但是，如果用20年直线计提折旧，则目前这个时间点上的会计成本仅仅是50 000（=1 000 000/20）美元。目前这个时间点上的利润是扣除了50 000美元成本后的利润。剩余的950 000美元都将作为未来19年分期摊销的折旧成本。在做资本预算时，在0时点的相关现金流出是1 000 000美元，而不是用来计入会计成本的50 000美元。

项目现金流量代表公司由于投资于未来的某个项目或者支付给公司的投资者而导致的公司现金的变化。在我们做投资预算时，只能用现金流量而不是利润来进行折现，因为利润并不必然代表你收到的真金白银，你不可能拿没有现金支撑的利润来购买原材料，支付职工薪酬，当然也不可能分发股利。这些都只能用现金来支付。

此外，仅仅讲现金流量是不完全的。在计算项目的 NPV 时，所运用的现金流量应该是因项目而产生的现金流量"增量"。这些现金流量是公司接受一个项目而引发的直接后果——现金流量的变化。也就是说，我们感兴趣的是公司接受项目和不接受项目在现金流量上的差别。

增量现金流量的应用听起来容易，但在实际应用中有许多易犯的错误。在本章中，我们将讨论怎样在计算增量现金流量时避免这些易犯的错误。

## 6.1.2 沉没成本

沉没成本（sunk costs）是指已经发生的成本。由于沉没成本是在过去发生的，它不因接受或摒弃某个项目的决策而改变。正如谚语所说"过去的就让它过去吧"，我们应该忽略这类成本。沉没成本不属于增量现金流量。

### 例 6-2 沉没成本

General Milk 公司正在评估新建一条巧克力牛奶生产线的 NPV。作为评估工作的一部分，公司已经向一家咨询公司支付了 100 000 美元作为实施市场调查的报酬。这项支出是去年发生的。它与 General Milk 公司管理层正面临的资本预算决策是否有关呢？

答案是无关。这 100 000 美元是不可收回的，因此 100 000 美元的支出是沉没成本或"泼出去的水"。换句话说，你一定会问：整个公司有巧克力牛奶项目的现金流量与没有该项目现金流量有什么区别？由于已经花费了 100 000 美元，接受该项目并不影响现金流量。因此，为了达到资本预算的目的，应该忽略这部分现金流量。

当然，将 100 000 美元用于市场调查的决策本身是一项资本预算决策，在它沉没之前是绝对有关的。我们的论点是一旦公司的某项支出发生了，这项成本就与将来的任一决策无关。

正确处理沉没成本对于系列投资决策非常重要。假设你作为某公司的 CEO，去年在决定建设一家新厂生产新产品时犯了大错。由于前期的投资巨大，因此当你发现新产品的需求量不如预期时，你意识到要收回投资已经没有希望了。但是，你也不应该因为原来的决策失误就简单粗暴地关掉这家工厂。当你决定是否继续生产时，应该不要再去考虑建厂已经花费的成本，因为那是沉没成本。记住："过去的就让它过去吧"。

## 6.1.3 机会成本

你的公司可能拥有某一资产，对它的使用方式可能是出售、租赁或其他方式。但一旦这项资产用于某个新项目，则丧失其他使用方式所能带来的潜在收入。这些丧失的收入有充分的理由被看成成本。如果接受了该新项目，公司就丧失了其他利用这项资产的机会，所以该成本被称为**机会成本**（opportunity costs）。

### 例 6-3 机会成本

假设 Stiles 贸易公司在费城有一个空仓库，该仓库可用于存放一种新式电子弹球机。公司希望能将这种机器卖给富裕的东北部消费者。仓库和土地的成本是否应该包括在把这种新式电子弹球机推向市场的成本里面？

答案是应该。这项成本相当于假如取消将这种电子弹球机推向市场的计划，并把仓库和土地卖掉，公司能够获得的现金。因此，仓库的卖价就成为评估销售电子弹球机项目的机会成本。

## 6.1.4 副效应

决定增量现金流量的另一个难点在于，新增项目对公司原有其他项目的副效应。副效应可以被分为**侵蚀效应**（erosion）和**协同效应**（synergy）。侵蚀效应产生于新项目减少原有产品的销量和现金流量时。比如，迪士尼公司计划建造巴黎迪士尼乐园，就需要考虑是否会吸引原本属于佛罗里达公园（一个在欧洲游客中非常流行的主题乐园）的游客。协同效应产生于新项目同时增加了公司原有项目的销量和现金流量时。比如，一家剃须刀公司可能因为它的新剃须刀产品而亏损，但是该产品的销售也可能让剃须刀片成为最大赢家。

### 例 6-4

#### 侵蚀效应

假设 Innovative Motors 公司（IMC）正在估算一种新式敞篷运动轿车的 NPV，其中一些将购买这种轿车的客户是从原先打算购买 IMC 紧凑型轿车 Sedans 的客户中转移过来的。是不是所有这种新式敞篷运动轿车的销售额和利润都是增量现金流量呢？

答案是否定的，因为这些现金流量的一部分是从 IMC 的其他产品线转移而来的。这就是侵蚀效应，在计算 NPV 时必须将其考虑进去。假如不考虑侵蚀效应，IMC 可能会错误地计算出运动轿车的 NPV，比如说 1 亿美元。如果 IMC 的管理者知道一半的顾客是从紧凑型轿车转移过来的，并且因此损失的销售额的 NPV 为 1.5 亿美元，他们将得出真实的 NPV 为 −0.5（=1−1.5）亿美元。

#### 协同效应

IMC 同时考虑成立一个赛车队，这个车队在可预期的未来是亏损的。在最乐观的情况下，车队可能的 NPV 为 −0.35 亿美元。但是，IMC 的管理层意识到，赛车队的存在将使消费者关注并对所有 IMC 的产品产生兴趣。公司顾问估计这个车队带来的协同效应的 NPV 为 0.65 亿美元。如果公司顾问所估计的协同效应是正确的，则这个车队的 NPV 是 0.30（=0.65−0.35）亿美元。公司的管理层应该同意成立该车队。

## 6.1.5 成本分摊

通常来讲，如果一项费用支出的受益为很多项目所分享，则会计上通过成本分摊来将该费用分摊到最终的每个不同项目中。但是，在投资预算中，成本分摊只能在该现金流出作为一个项目的增量现金流量时才记入到该项目中。

### 例 6-5 成本分摊

Voetmann Consulting 公司办公楼的一部分被打造为一个图书馆，这个图书馆的维修保养费为每年 100 000 美元。一个新的投资项目可以带来相当于公司现有销售额 5% 的收入。公司的一个管理者彼得森建议这个新项目在做预算时，应该将 5 000（=100 000×5%）美元作为项目应分摊的图书馆维护费用计入。这部分成本应该考虑在资本预算中吗？

答案是否定的。我们要问的一个问题是：有这个项目和没有这个项目，公司的现金流量有何不同？无论公司是否接受该项目，公司每年都将花费 100 000 美元用于维修保养图书馆。是否接受该项目并不影响这部分现金流量。因此，在做这个项目的资本预算时，用于维护图书馆的这部分现金流量可以忽略。假设在没有分摊成本的情况下该项目的净现值为正，但当考虑分摊成本时就会拒绝该项目。在这种情况下，该公司将失去本来可以获得的价值。

## 6.2 Baldwin 公司的案例

为了预测一个项目的现金流量，我们需要预估项目的经营性现金流量并扣除投资性现金流量。为了说明这个过程，下面考虑一个关于机器设备和相关项目投资的例子。该例子是有关 Baldwin 公司和亮彩色保龄球的。

Baldwin 公司成立于 16 年前，最初主要生产美式足球（即橄榄球），现在则是网球、棒球、美式足球和高尔夫球的领先制造商。9 年前公司率先引进了"高速高尔夫球"生产线，首次生产高质量的高尔夫球。公司的管理层一直热衷于寻找一切能够带来潜在现金流量的机会。最近，公司的副总裁梅多斯先生发现了另外一个运动球类的细分市场，他认为其大有潜力并且还未被更大的制造商占领。这个市场是亮彩色保龄球市场，他相信许多保龄球爱好者认为外表和时髦的式样比质量更重要。他同时认为公司的成本优势和高度成熟的市场营销技巧，将使竞争者很难利用这个投资机会获利。

因此，公司决定评估亮彩色保龄球的市场潜力。公司向三个市场的消费者发出了调查问卷：费城、洛杉矶和纽黑文。这三组问卷的调查结果比预想的要好，支持了亮彩色保龄球能够获得 10% ～ 15% 市场份额的结论。当然，公司的一些人对市场调查的成本颇有微词，因为它高达 250 000 美元（我们在前面的分析中看到，这项市场调查费用是一项沉没成本，不应该计入项目评估中。）

无论如何，公司现在开始考虑投资生产保龄球的机器设备。保龄球生产厂址位于一幢靠近洛杉矶的、由公司拥有的建筑物中。这幢空置的建筑加上土地的税后净价为 150 000 美元。

梅多斯先生和同僚一起开始准备提交一份有关新产品的分析报告。他把一些有关的资料总结如下：保龄球机器设备的成本为 100 000 美元。预计第 5 年年末它的市场价值为 30 000 美元。该机器设备在 5 年的使用期内年产量预计如下：5 000 个、8 000 个、12 000 个、10 000 个和 6 000 个。第 1 年保龄球的价格为 20 美元。由于保龄球市场具有高度竞争性，梅多斯先生认为，相对于 5% 的预期通货膨胀率，保龄球的价格将以每年 2% 的比率增长。然而，用于制造保龄球的塑胶将很快变得更昂贵。因此，制造过程的现金流出预计每年将增长 10%。第 1 年的经营成本为每单位 10 美元。梅多斯先生经分析后确定，根据公司现有的应纳税所得额，新增保龄球项目适用的企业所得税税率为 21%。

**净营运资本**（net working capital）被定义为流动资产与流动负债之差。和其他制造类企业一样，Baldwin 公司必须在生产和销售之前购买原材料并对存货进行投资。它还得为不可预见的支出保留一定的现金。它的信用销售将产生应收账款。管理层确定该项目初始投资额（第 0 年）的净营运资本为 10 000 美元，且在项目运行期间有所增减，当项目结束时则减少至 0。换言之，对净营运资本的投资在项目周期结束时能够完全回收。

这就是该项目的全部前提假设，梅多斯先生的分析如表 6-1 ～表 6-4 所示。在这些表中，所有的现金流量都被假定在年末发生。由于这些表中包含大量的数据，因此明确表与表之间的关系就十分重要。表 6-1 列示有关项目投资与利润的基础数据。有关经营收入、经营成本和折旧的明细资料列于表 6-2 和表 6-3 中，以说明表 6-1 的数据来源。我们的目的是获得项目的现金流量，如表 6-4 所示。表 6-1 的数据都是计算相关的现金流量所需要的。

表 6-1　Baldwin 公司的现金流量表

（所有的现金流量都在年末发生）　　　　　　　　　　　　　　　　（单位：千美元）

| | 第 0 年 | 第 1 年 | 第 2 年 | 第 3 年 | 第 4 年 | 第 5 年 |
|---|---|---|---|---|---|---|
| 投资： | | | | | | |
| （1）保龄球生产设备 | −100.00 | | | | | 24.91① |
| （2）累计折旧 | | 20.00 | 52.00 | 71.20 | 82.72 | 94.24 |
| （3）设备纳税调整（年末） | | 80.00 | 48.00 | 28.80 | 17.28 | 5.76 |
| （4）机会成本（仓库） | −150.00 | | | | | 150.00 |
| （5）净营运资本（年末） | 10.00 | 10.00 | 16.32 | 24.97 | 21.22 | |
| （6）净营运资本变化 | −10.00 | | −6.32 | −8.65 | 3.75 | 21.22 |
| （7）投资的总现金流量 [（1）+（4）+（6）] | −260.00 | | −6.32 | −8.65 | 3.75 | 196.13 |
| 收入： | | | | | | |
| （8）销售收入 | | 100.00 | 163.20 | 249.70 | 212.24 | 129.89 |
| （9）经营成本 | | −50.00 | −88.00 | −145.20 | −133.10 | −87.85 |
| （10）折旧 | | −20.00 | −32.00 | −19.20 | −11.52 | −11.52 |
| （11）税前利润 [（8）+（9）+（10）] | | 30.00 | 43.20 | 85.30 | 67.62 | 30.53 |
| （12）所得税（21%） | | −6.30 | −9.07 | −17.91 | −14.20 | −6.41 |
| （13）净利润 | | 23.70 | 34.13 | 67.38 | 53.42 | 24.12 |

① 我们假定这项资本投资第 5 年的年末市场价值为 30。应纳税所得额为 24.24（=30−5.76）。税后残值为 30−[0.21×（30−5.76）] = 24.91，即 24 910 美元。

表 6-2　Baldwin 公司的经营收入和成本　　　　　　　　　　（单位：美元）

| （1）年 | （2）产量 | （3）价格 | （4）销售收入 | （5）单位成本 | （6）经营成本 |
|---|---|---|---|---|---|
| 1 | 5 000 | 20.00 | 100 000 | 10.00 | 50 000 |
| 2 | 8 000 | 20.40 | 163 200 | 11.00 | 88 000 |
| 3 | 12 000 | 20.81 | 249 696 | 12.10 | 145 200 |
| 4 | 10 000 | 21.22 | 212 242 | 13.31 | 133 100 |
| 5 | 6 000 | 21.65 | 129 892 | 14.64 | 87 846 |

注：价格每年增长 2%。单位成本每年增长 10%。

表 6-3　改进的加速成本折旧法（MACRS）下的折旧率

| 年 | 折旧年限分类 | | | | | |
|---|---|---|---|---|---|---|
| | 3 年 | 5 年 | 7 年 | 10 年 | 15 年 | 20 年 |
| 1 | 0.333 3 | 0.200 0 | 0.142 9 | 0.100 0 | 0.050 0 | 0.037 50 |
| 2 | 0.444 5 | 0.320 0 | 0.244 9 | 0.180 0 | 0.095 0 | 0.072 19 |
| 3 | 0.148 1 | 0.192 0 | 0.174 9 | 0.144 0 | 0.085 5 | 0.066 77 |
| 4 | 0.074 1 | 0.115 2 | 0.124 9 | 0.115 2 | 0.077 0 | 0.061 77 |
| 5 | | 0.115 2 | 0.089 3 | 0.092 2 | 0.069 3 | 0.057 13 |
| 6 | | 0.057 6 | 0.089 2 | 0.073 7 | 0.062 3 | 0.052 85 |
| 7 | | | 0.089 3 | 0.065 5 | 0.059 0 | 0.048 88 |
| 8 | | | 0.044 6 | 0.065 5 | 0.059 0 | 0.045 22 |
| 9 | | | | 0.065 6 | 0.059 1 | 0.044 62 |
| 10 | | | | 0.065 5 | 0.059 0 | 0.044 61 |
| 11 | | | | 0.032 8 | 0.059 1 | 0.044 62 |
| 12 | | | | | 0.059 0 | 0.044 61 |
| 13 | | | | | 0.059 1 | 0.044 62 |
| 14 | | | | | 0.059 0 | 0.044 61 |
| 15 | | | | | 0.059 1 | 0.044 62 |
| 16 | | | | | 0.029 5 | 0.044 61 |
| 17 | | | | | | 0.044 62 |
| 18 | | | | | | 0.044 61 |
| 19 | | | | | | 0.044 62 |
| 20 | | | | | | 0.044 61 |
| 21 | | | | | | 0.022 31 |

注：折旧是通过固定资产账面价值的百分比算出来的，这些折旧安排基于 IRS 第 946 号出版物《如何折旧资产》。折旧的有关细节在本章之后会展示。5 年期的折旧事实上按 6 年折旧，是因为 IRS 假定你是在年中进行的购买。

表 6-4　Baldwin 公司的增量现金流量　　　　　　　　　　（单位：千美元）

| | 第 0 年 | 第 1 年 | 第 2 年 | 第 3 年 | 第 4 年 | 第 5 年 |
|---|---|---|---|---|---|---|
| （1）销售收入 [ 表 6-1 第（8）行 ] | | 100.00 | 163.20 | 249.70 | 212.24 | 129.89 |
| （2）经营成本 [ 表 6-1 第（9）行 ] | | −50.00 | −88.00 | −145.20 | −133.10 | −87.85 |
| （3）所得税 [ 表 6-1 第（12）行 ] | | −6.30 | −9.07 | −17.91 | −14.20 | −6.41 |
| （4）经营性现金流量 [（1）+（2）+（3）] | | 43.70 | 66.13 | 86.58 | 64.94 | 35.64 |
| （5）投资的总现金流量 [ 表 6-1 第（7）行 ] | −260.00 | | −6.32 | −8.65 | 3.75 | 196.13 |
| （6）项目的总现金流量 [（4）+（5）] | −260.00 | 43.70 | 59.81 | 77.93 | 68.69 | 231.77 |

（续）

| | | | 第 0 年 | 第 1 年 | 第 2 年 | 第 3 年 | 第 4 年 | 第 5 年 |
|---|---|---|---|---|---|---|---|---|
| NPV@ | 4% | 155.81 | | | | | | |
| | 10% | 78.53 | | | | | | |
| | 15% | 28.97 | | | | | | |
| | 18.54% | 0 | | | | | | |
| | 20% | −10.68 | | | | | | |

## 6.2.1 项目分析

对于大多数项目来说，现金流量的发生遵循一种普遍的模式。首先，公司在项目开始时进行投资，产生了公司的现金流出。其次，在项目的生命周期内，产品销售带来现金流入。最后，厂房和设备在项目结束时卖出，产生了更多的现金流入。我们现在讨论 Baldwin 公司在这三个阶段中分别产生的现金流量。

### 1. 投资

表 6-1 的上半部分列示项目所需的投资支出，它包括三个部分。

（1）保龄球生产设备。这项购买在第 0 年产生了 100 000 美元的现金流出。当设备在第 5 年卖出时，公司能获得一笔现金流入。这些现金流量如表 6-1 第（1）行所示。正如表下的附注所说明的，这项资产售出产生了纳税义务。

（2）不能出售仓库的机会成本。如果公司接受了保龄球项目，它将使用一个原本可以出售的仓库和相关土地。因此仓库和土地预计的销售价格应该作为机会成本，正如表 6-1 第（4）行所示。机会成本应该作为资本预算时须加以考虑的现金流量。但我们应该注意到，当该项目结束时，管理层估计仓库将在第 5 年以 150 000 美元（税后）出售。

市场调查的 250 000 美元支出则不予考虑。正如前面已经讨论过的，这项调查是过去发生的，应看作沉没成本。

（3）营运资本投资。所需营运资本如表 6-1 第（5）行所示。营运资本在项目早期因业务扩张而有所增加。然而，按照资本预算的一般性假设，最后所有的营运资本可假定完全收回。换句话说，最后所有的存货全部售出，现金账户全部清算，所有的应收账款都回收。项目早期营运资本增加所需的资金来源于公司其他项目产生的现金。因此，这种增加被看作现金流出。重申一下，只有当年的增量营运资本投资才可以作为当年的现金流出。即使营运资本是一个很大的数目，如果每一年的营运资本保持不变，则每一年在营运资本上并不会产生现金流出。相反，在项目后期营运资本的减少应作为现金流入，所有这些现金流量均如表 6-1 第（6）行所示。对营运资本更详细的讨论可见本节稍后部分。

总的来讲，这个例子中有三部分需要投资：保龄球生产设备 [ 表 6-1 第（1）行 ]、仓库的机会成本 [ 表 6-1 第（4）行 ] 和营运资本的净变化 [ 表 6-1 第（6）行 ]。以上三部分投资的总现金流量如表 6-1 第（7）行所示。

### 2. 利润和所得税

利润的确定列示于表 6-1 的下半部分。虽然我们最感兴趣的是现金流量而不是利润，但我们需要计算利润以决定所得税。表 6-1 的第（8）、（9）行分别列示了销售收入和经营成本。这两行的数字来源于表 6-2 第 4 列和第 6 列计算的销售收入和经营成本。收入和成本是根据公司计划人员的假设而做出的估计。换言之，这些预测在很大程度上依赖于假设产品价格预计每年增长 2%，单位成本预计每年增长 10%。

100 000 美元资本投资部分的折旧在表 6-1 第（10）行列示，这些数字是怎么计算出来的呢？美国公司用于报税的折旧是根据改进的加速成本折旧法（MACRS）来计算的。改进的加速成本折旧法给每一个固定资产设定一个存续期，其相应的折旧比率如表 6-3 所示。按照 IRS 的规定，Baldwin 公司将在 5 年内对它的资本投资提取折旧。因此，表 6-3 的第 3 列适用于此种情形。由于表中的固定资产折旧是以百分比的形式给出的，因此用固定资产初始投资 100 000 美元乘以该表中的百分比，即可得出每年以美元计算的折旧。注意表 6-3 每列的百分数总和为 100%，这表示 IRS 允许折旧残值为 0。

计算出的税前利润列于表 6-1 第（11）行，所得税列于第（12）行，净利润列于第（13）行。

### 3. 残值

当卖出一项资产时，公司必须计算资产的售价与账面价值的差额以计算税额。前面提到 Baldwin 公司将在第 5 年年末出售保龄球生产设备，估计售价为 30 000 美元。

在第 5 年年末，这台设备的账面价值为 5 760 美元，正如表 6-1 第（3）行所示。如果公司实际上的售出价格为 30 000 美元，公司将在 30 000 美元和 5 760 美元的差额上缴纳所得税。在 21% 的税率下，公司应该缴纳的所得税为 0.21 ×（30 000-5 760）= 5 090（美元）。因此，该设备的税后残值为 30 000-5 090 = 24 910（美元）。这部分价值也将作为公司的一项现金流入，正如表 6-1 第（1）行所示。

相对地，如果账面价值超过市场价值，则这一部分的差额将作为一项税收抵免。例如，如果 Baldwin 公司以 4 000 美元出售这台设备，则该设备的账面价值将超过市场价值 1 760 美元，此时将产生 0.21 × 1 760 = 370（美元）的税收抵免。

### 4. 现金流量

最后在表 6-4 中确定现金流量，开始时我们将表 6-1 的第（8）、（9）、（12）行复制到表 6-4 的第 1、2、3 行。经营性现金流量等于销售收入减去经营成本和所得税，列示于表 6-4 第 4 行。投资的总现金流量来自表 6-1 的第（7）行，将之作为表 6-4 的第 5 行。来自经营性现金流量加上投资的总现金流量等于项目的总现金流量，如表 6-4 第 6 行所示。

### 5. 净现值

根据表 6-4 第（6）行的现金流量就能估算公司保龄球项目的 NPV，正如表 6-4 底部所示。如果适用的折现率为 10%，NPV 等于 78 533 美元；如果折现率为 20%，NPV 等于 -10 682 美元；如果折现率为 18.54%，项目的 NPV 为 0。换句话说，项目的内部收益率为 18.54%。如果公司保龄球项目的折现率超过 18.54%，就不应该接受这个项目，因为它的 NPV 是负值。

## 6.2.2 使用哪套账簿

公司必须同时向其股东和税务机构提供关于公司盈利情况的数值。你也许会认为给这两方的数据应该是一样的，事实上并非如此。美国公司通常会有两套账簿，一套提供给 IRS（称为税收账簿），另一套作为年报（称为股东账簿）。这两套账簿的数字是不同的。

为什么会出现这样的情况呢？这两套账簿的差异是因为它们遵循的法则是由独立的主体制定的。税收账簿遵循 IRS 的法则，股东账簿则遵循财务会计准则委员会（FASB）的法则，FASB 是会计的管理机构。例如，市政债券的收入在计算应税利润时可以免税，而依据一般的财务会计准则则要确认为应税收入。另一个例子是公司在税收账簿中使用加速折旧法，而在股东账簿中使用直线折旧法。

这两套账簿的差异总是能使公司受益，因为法则允许股东账簿的收入高于税收账簿的收入。因此，公司既可以向股东显示自身的盈利能力，又不用为其报告的全部利润缴纳税款。实际上，许多大公司向其股东持续地报告盈利，同时又向 IRS 报告亏损。对此事的解读看起来有点愤世嫉俗，那就是国会议员们往往在制定税收政策时，倾向于制定对他们所代表的利益集团有利的规则。不管这样的解读是否真实，事实显而易见：公司在遵循法律的情况下，创建两套账簿并不违法。

我们在本章中应该使用哪一套账簿呢？税收账簿中的数值是相关信息，因为只有知道税款，才能计算现金流量。尽管股东账簿对于会计和财务分析来说是有用的，但它们不会用于资本预算。

最后，虽然美国公司被允许使用两套账簿，但这并不是其他国家的普遍情况。在估计跨国企业的现金流量时，需要先了解当地的法律法规。

### 6.2.3 净营运资本计算的一个注解

净营运资本指的是流动资产与流动负债的差额。由于它影响了现金流量，因此对净营运资本的投资是所有资本预算分析的一个重要部分。当我们考虑表 6-1 第（5）、（6）行的净营运资本时，学生们也许不清楚这几行数据从何而来。在资本预算中，我们对存货、应收账款、应付账款和现金最为关心。如下情况会产生对净营运资本的投资：①在产品的销售之前购买的原材料和其他存货；②为不可预测的支出在项目中保留的作为缓冲的现金；③发生了信用销售，产生的不是现金而是应收账款。（在某种程度上，净营运资本投资可以通过信用购买的方式得到一定程度的抵消，也就是说，应付账款可以减少净营运资本的投资。）对净营运资本的投资代表现金流出，因为从公司其他地方产生的现金被此项目占用了。

为了了解对净营运资本的投资是如何由各组成部分构成的，我们重点观察第 1 年。在表 6-1 中，Baldwin 公司的管理者预测第 1 年的销售额为 100 000 美元，经营成本为 50 000 美元。如果销售和成本支出都是现金交易，公司将收到 50 000（=100 000−50 000）美元。正如之前所假设的，现金流量一般发生在第 1 年年末。

下面会给出更多的相关信息。管理者：

（1）估计销售额中的 9 000 美元将为信用销售，因此第 1 年收到的现金只有 91 000（=100 000−9 000）美元，9 000 美元的应收账款将于第 2 年收讫。

（2）认为他们能使 50 000 美元成本中的 3 000 美元延迟支付，因此现金支出额只有 47 000（=50 000−3 000）美元，当然，Baldwin 公司将于第 2 年付清 3 000 美元的应付账款。

（3）决定在第 1 年保留 2 500 美元的存货，以避免"缺货"（没有库存）和其他意外事件。

（4）决定在第 1 年为此项目留出 1 500 美元的现金，以避免现金短缺。

因此，第 1 年净营运资本为：

$$9\,000 \quad - \quad 3\,000 \quad + \quad 2\,500 \quad + \quad 1\,500 \quad = \quad 10\,000$$
$$\text{应收账款} \quad \text{应付账款} \quad \text{存货} \quad \text{现金} \quad \text{净营运资本}$$

因为公司在其他地方产生的现金将有 10 000 美元用来满足净营运资本的需要，所以 Baldwin 公司的管理者把对净营运资本的投资当作项目的现金流出是正确的。随着项目的开展，对净营运资本的需求将有所增长。年与年之间净营运资本的改变量代表了增减的现金流量，正如表 6-1 第（6）行前面几年的负值所示。然而，在项目销售衰减的年份，净营运资本逐渐减少并最终为 0。这意味着应收账款全部收回，所有剩余的存货全部出售。这使后面几年的现金有所剩余，正如表 6-1 第（6）行第 4、5 年的正值所示。

通常，公司的工作表（如表 6-1）把净营运资本当作一个整体。净营运资本的组成要素（应收账款、存货等）一般不在工作表中单独出现。然而，读者必须记住工作表中的净营运资本数值并非无根之木。相反，它们正如我们对第 1 年所说明的，来自对各个组成部分的细致预测。

### 6.2.4 折旧的一个注解

Baldwin 公司的案例对折旧做了一些假设。这些假设从何而来呢？公司资产目前根据 IRS 第 946 号出版物《如何折旧资产》的有关条款进行与税收有关的折旧。该出版物对不同资产进行分类，由此来决定折旧的周期。举例如下。

- 3 年期资产：包括某些特殊的短期资产，如拖拉机和超过两岁的赛马都包含在这个为数不多的类别中。
- 5 年期资产：包括轿车、卡车、计算机和外围设备、办公设备以及用于研究目的的特殊设备。
- 7 年期资产：包括办公家具、固定的装置以及农业设施。
- 10 年期资产：包括轮船、驳船、拖船和类似的与水上运输相关的设备以及农业和园艺构件。
- 15 年期资产：包括诸如种植的灌木丛、修筑的围栏、道路、人行道、桥梁等土地改善支出以及餐厅物业。
- 20 年期资产：包括农场建筑以及电力厂的土地改良。
- 可折旧的房产被分为两类：居住的和非居住的。居住用房产的成本在 27.5 年内折旧，非居住用房产的成本在 39 年内折旧。

3 年、5 年、7 年、10 年、15 年和 20 年期资产按表 6-3 中的时间表折旧。所有的房产按直线法折旧。

所有计算都有一种半年惯例，即假设所有资产都是从年中开始使用的。为了前后一致，IRS 规定在资产被处置或停止使用的那一年计提半年的折旧。这样做的结果是，资产的折旧期比它所属类别规定的期限长了 1 年。例如，5 年期资产有 6 年的税收年度。

在 2018 年之前的若干年，美国政府制定和颁布了各式各样的"折旧红利"政策。根据 2015 年颁布的《保护美国人免于逃税法案》（简称《PATH 法案》），2017 年的折旧红利为 50%。意思是，对于符合规定的资产，公司可以在第一年计提 50% 的折旧，然后剩余 50% 的资产可根据前面已经介绍过的加速成本折旧法（MACRS）计提。更重要的是，2017 年下半年，美国国会通过了《减税和就业法案》，把 2018—2022 年的折旧红利进一步提升到 100%，然后每年减少 20%，直至 2026 年减少到 0。这意味着在 2023 年之前，大多数企业的固定资产都是一次性全部计提折旧，不再需要采用加速成本折旧法，除非企业愿意采用加速成本折旧法（因为《折旧红利法案》<sup>⊖</sup>是企业的可选项）。当然，未来的法案仍然还可能变化。

### 6.2.5 利息费用

在 Baldwin 公司这个例子中，我们并没有考虑诸如利息支出等融资成本。原因是在分析项目投资时，我们感兴趣的是项目的资产所能够产生的现金流量。正如我们在第 2 章中已经说过的，利息支付是流向债权人的现金流量的组成部分，而不是资产所产生的现金流量。

更笼统地讲，在项目评估中我们的目标是通过把项目产生的现金流量与取得项目所花费的成本进行比较计算 NPV。公司在某个具体项目所采用的债务融资和权益融资的特定组合安排是一个管理变量，并最终决定了项目产生的现金流量如何在所有者和债权人之间的分配。这并不是说融资安排不重要，只是它们需要单独讨论。我们将在以后的章节中探讨这个问题。

## 6.3 经营性现金流量的不同算法

正如 Baldwin 公司这个例子所示，项目的现金流量等于经营性现金流量（OCF）减去投资现金流量。准确计算项目的现金流量是资本预算的关键。在实际应用中，出现了多种有关经营性现金流量的定义，这经常把学习公司理财的学生搞得晕头转向。好在这些定义彼此之间是一致不悖的。也就是说，只要正确使用，我们总能得出相同的结果。接下来介绍几种有关经营性现金流量的定义，并证明它们会得出相同的结果。

在后面的讨论中，当我们说到现金流量的时候，都是指现金流入减去现金流出。

我们假设一个典型项目的年数据如下：

$$销售收入 = 1\ 500\ 美元$$
$$付现成本 = 700\ 美元$$
$$折旧 = 600\ 美元$$

在这个假设下，我们的 EBT 为：

$$税前利润 = 销售收入 - 付现成本 - 折旧 \qquad (6\text{-}1)$$
$$= 1\ 500 - 700 - 600$$
$$= 200（美元）$$

则当年的税收为：

$$税收 = 税前利润 \times t_c \qquad (6\text{-}2)$$
$$= 200 \times 0.21$$
$$= 42（美元）$$

---

⊖ 《折旧红利法案》（Bonus Depreciation）是美国在 2001—2004 年以及 2008 年至今实施的一项法案。如果企业投资是用于购买新的设备等固定资产（不包括地产、土地等），则合规的固定资产允许在购买当年给予折旧优惠，即当年可以将投资的 30% ~ 100% 直接计提为当年的折旧，用于冲抵应纳税所得额，剩下的额度按照正常的加速成本折旧法进行。

这里的 $t_c$ 是企业所得税率，为 21%。

现在我们已经通过式（6-1）和式（6-2）计算出税前利润和税收，如何确定经营性现金流量呢？下面我们介绍三种不同的方法，并证明它们会得出相同的结果。

## 6.3.1 自上而下法

也许最显而易见的计算经营性现金流量（OCF）的方法是：

$$经营性现金流量 = 销售收入 - 付现成本 - 税收 \qquad (6\text{-}3)$$
$$= 1\,500 - 700 - 42$$
$$= 758（美元）$$

该方法称为自上而下法，因为是从利润表的顶端开始，逐渐向下依次减去成本、税收以及其他费用。

在这种方法中，未考虑折旧。为什么？因为折旧并不是一项现金流出。尽管折旧是一项会计概念，但它并不是一项现金流量。折旧会对现金流量的计算产生影响吗？是的，但这种影响不是直接的。在当前情况下，折旧可以抵减应税所得。而应税所得的降低会导致税款的减少，从而导致现金流量增加。

## 6.3.2 自下而上法

由于我们不考虑诸如利息支出等融资成本，所以在计算项目的 OCF 时，我们可以运用以下方法计算净利润：

$$项目净利润 = 税前利润 - 税收$$
$$= 200 - 42$$
$$= 158（美元）$$

接下来，再将折旧加回，得到：

$$经营性现金流量 = 净利润 + 折旧 \qquad (6\text{-}4)$$
$$= 158 + 600$$
$$= 758（美元）$$

我们将净利润进一步分解成其构成，就可以得到更为完整的经营性现金流量表达式：

$$经营性现金流量 = (销售收入 - 付现成本 - 折旧)(1 - t_c) + 折旧 \qquad (6\text{-}4')$$
$$= (1\,500 - 700 - 600) \times (1 - 0.21) + 600 = 758（美元）$$

不管是式（6-4）还是式（6-4'），运用的都是自下而上法。在这里，从会计的最底端（净利润）开始，然后加回非现金支出，如折旧。不过一定要记住，这种将经营性现金流量定义为净利润加折旧的做法，只有在计算净利润时未扣减利息费用的情形下才是正确的。

我们能不能依靠直觉来解释为什么我们应该将折旧加回？会计学教科书往往用大量的篇幅来解释自下而上法背后所隐藏的直观判断，因此我们不想在财务学教科书里重复他们的工作。但是，我们试着用两句话来解释看看。正如上面所提到的，折旧使利润减少时，并没有现金流出。因此，根据利润计算现金流量时，就应该将折旧加回。

## 6.3.3 税盾法

税盾法实际上是自上而下法的一个变种，如式（6-3）所示。式（6-3）在计算经营性现金流量时，有一项是税收，由式（6-2）计算得到。如果我们将计算所得税的式（6-2）代入式（6-3）中，那么可得：

$$经营性现金流量 = 销售收入 - 付现成本 - (销售收入 - 付现成本 - 折旧) \times t_c$$

该式可简化为：

$$经营性现金流量 = (销售收入 - 付现成本) \times (1 - t_c) + 折旧 \times t_c \qquad (6\text{-}5)$$

式中，$t_c$ 是公司税率。假定 $t_c = 21\%$，那么经营性现金流量就等于：

$$经营性现金流量 = （1\ 500 - 700）\times 0.79 + 600 \times 0.21$$
$$= 632 + 126$$
$$= 758（美元）$$

这与我们之前计算的结果是完全一致的。

税盾法将经营性现金流量视为由两部分构成。第一部分就是在没有折旧支出的情况下公司现金流量的多少。在本例中，这部分现金流量为 632 美元。

经营性现金流量的第二部分为折旧乘以税率，这就是所谓的**折旧税盾**（depreciation tax shield）。我们知道折旧是一个非付现项目，折旧的唯一作用是通过减少税收来影响现金流量，这个对我们是有利的。在目前 21% 的税率下，每 1 美元的折旧可以带来 21 美分的税收减少。因此，在我们的例子中，600 美元的折旧可以带来 $600 \times 0.21 = 126$（美元）的税盾。

读者们常常会认为税盾法与自下而上法是相互矛盾的。因为在式（6-4）中，加回的是全部折旧额；而在式（6-5）中，加回的仅仅是折旧税盾。其实，这两个等式是完全一致的，而最显而易见的方法就是比较式（6-4'）和式（6-5）。式（6-4'）右边的第 1 项减去了折旧额，而在式（6-5）中，并未进行相应的增减。所以，我们在式（6-4'）的末尾加回全部的折旧额 [ 它的等价表达式（6-4）也一样处理 ]，就是因为之前已经减掉了折旧额。

### 6.3.4 结论

现在，我们可以看出每一种方法得到的现金流量都是一致的，你可能会问为什么人们不能全部采用某一种方法。一个原因是不同的方法可以应用在不同的情况下。哪种方法容易使用，我们就采用哪种方法。

## 6.4 折现现金流量分析的一些典型特例

现在让我们来看看折现现金流量分析法的三个常见典型特例。第一种涉及成本节约的投资，第二种涉及竞价投标，第三种关注不同生命周期的设备投资。

尽管还有很多其他的特殊情况，但这三种相对最普遍。同时这三种情况也阐释了现金流量分析法和折现现金流量估值法的不同应用场景。

### 6.4.1 成本节约的投资

公司经常要考虑如何让现有的设备运转得更有效率。问题在于节省下来的费用是否足够弥补必需的资本支出。

打个比方，假设我们想要对现有生产过程中的一部分进行自动化。必需的设备购买和安装费一共 80 000 美元。自动化后的生产过程每年能够节约劳动力和材料支出达 22 000 美元。为了计算方便，假设该自动化设备有 5 年的生命周期，采用直线折旧法，期末残值为 0。而 5 年后它的市场价值仍有 20 000 美元。在税率为 21%、折现率为 10% 的情况下，我们是否应该进行自动化升级呢？

让我们从相关现金流量入手。资本支出相关的现金流量是很容易确认的。初始投资额为 80 000 美元。由于 5 年后账面价值将为 0，因此税后残值为 $20\ 000 \times （1-0.21）= 15\ 800$（美元）。这里没有营运资本产生，因此不需要担心净营运资本的变化。

经营性现金流量也需要考虑在内。购买新的设备对经营性现金流量有三方面的影响。

第一，每年节约支出 22 000 美元。换句话说，公司的营运收入增加 22 000 美元，因此，这是相关的项目增量营运收入。

第二，有额外的折旧抵免。在本例中，折旧为每年 80 000/5=16 000（美元）。因为这个项目的营运收入为 22 000 美元（年度税前成本节约），折旧抵免为 16 000 美元，因此将使公司的息税前利润（EBIT）增加 22 000 −

16 000 = 6 000（美元）。换句话说，6 000 美元为该项目的息税前利润。

第三，因为公司的息税前利润增加了，因此税费也相应地增加。增加的税费为 6 000 × 0.21 = 1 260（美元）。根据这个信息，我们可以用通常的方法计算经营性现金流量（见右表）。

因此，我们的税后经营性现金流量为 20 740 美元。

我们可以使用另一种方法计算经营性现金流量。这个方法实际上很简单。首先，节约的成本使公司增加了 22 000 美元的税前收入。公司需要为这部分收入缴税。税收的增加部分为 0.21 × 22 000 = 4 620（美元）。换句话说，税前节约的 22 000 美元在税后实际上节约了 22 000 ×（1 - 0.21）= 17 380（美元）。

| | （单位：美元） |
| --- | --- |
| EBIT | 6 000 |
| + 折旧 | 16 000 |
| − 税费 | 1 260 |
| 经营性现金流量 | 20 740 |

其次，虽然额外的折旧 16 000 美元并没有现金流出，但它确实让我们减少了支付 16 000 × 0.21 = 3 360（美元）的税收。这两项的总和为 17 380 + 3 360 = 20 740（美元），正如我们用上一种方法算出来的。注意到 3 360 美元是我们之前提到的折旧税盾，而在这里正好用上了这种税盾方法。

我们的分析到此可以结束了。根据我们的讨论，相关现金流量表如下表所示。

（单位：美元）

| | 年份 | | | | | |
| --- | --- | --- | --- | --- | --- | --- |
| | 0 | 1 | 2 | 3 | 4 | 5 |
| 经营性现金流量 | | 20 740 | 20 740 | 20 740 | 20 740 | 20 740 |
| 资本支出 | −80 000 | | | | | 15 800 |
| 总现金流量 | −80 000 | 20 740 | 20 740 | 20 740 | 20 740 | 36 540 |

在折现率为 10% 的情况下，很容易验证净现值为 8 431 美元，因此我们应该进行自动化升级。

## 例 6-6　买还是不买

我们在考虑是否购买价格为 200 000 美元的计算机存货管理系统。这个系统购买后将于 4 年内直线折旧至 0，在期末它的市场价值为 30 000 美元。该系统将为我们节约存货相关的费用为税前 60 000 美元。相关的税率为 21%。采用这种系统后存货管理将更有效率，可以减少存货，节省 45 000 美元的净营运资本。在折现率为 16% 的情况下，净现值应该为多少？这项投资的内部收益率是多少？

首先计算经营性现金流量。税后节约成本为每年 60 000 ×（1-0.21）= 47 400（美元）。折旧为每年 200 000/4 = 50 000（美元），因此折旧税盾为 50 000 × 0.21 = 10 500（美元）。经营性现金流量为每年 47 400 + 10 500 = 57 900（美元）。

该系统的初始投资额为 200 000 美元。税后残值为 30 000 ×（1-0.21）= 23 700（美元）。最后，也是比较微妙的部分，就是净营运资本的初始投资额为 45 000 美元的现金流入，因为该系统节省了营运资本。此外，我们需要在项目生命周期的期末将节省的营运资本重新计算进来。这个逻辑很简单，当该系统在运作时，可以有 45 000 美元用于其他地方。

我们可以计算出如下现金流量表来结束我们的分析。

（单位：美元）

| | 年份 | | | | |
| --- | --- | --- | --- | --- | --- |
| | 0 | 1 | 2 | 3 | 4 |
| 经营性现金流量 | | 57 900 | 57 900 | 57 900 | 57 900 |
| 净营运资本的变化 | 45 000 | | | | −45 000 |
| 资本支出 | −200 000 | | | | 23 700 |
| 总现金流量 | −155 000 | 57 900 | 57 900 | 57 900 | 36 600 |

在 16% 的折现率下，净现值为 −4 749 美元，内部收益率为 14.36%，因此这项投资并不吸引人，应该拒绝。

### 6.4.2 设定投标价格

我们通常使用净现值法来评估新的项目，而净现值法同样也可以用来对一个竞标项目出价。在这种情况下，报价最低的人中标。

有个关于竞标过程的古老笑话：出价最低的竞标人其实是犯最大错误的那个人。这被称为赢家诅咒。换句话说，如果你中标，那么你的出价可能是偏低的，因此你是中标不赚钱。在本节中，我们来看看如何设定投标价格来避免赢家诅咒。这个方法也适用于产品或者服务的定价。

正如其他资本预算项目一样，我们需要特别小心地将所有相关现金流量都考虑进来。例如，行业分析师估计微软公司的 Xbox 360 游戏机在组装前的材料成本为 470 美元，其他的适配器、线缆和遥控器需要额外增加材料支出 55 美元。微软公司将该游戏机的零售价格定在 399 美元。很明显，每卖出一台 Xbox 360，微软公司要亏不少钱。为什么制造企业会将一个产品低于成本价格销售呢？一位微软公司的发言人说，这是因为他们认为伴随着 Xbox 360 出售的游戏软件，可以使得 Xbox 360 游戏机项目实际上是赢利的。

为了解释如何设定投标价格，设想我们要批量采购一些卡车装卸台，用于卡车的个性化改装后再进行销售。一个本地分销商已经预定在未来 4 年里每年购买 5 辆这种特殊定制的卡车，一共 20 辆。

我们需要决定每辆卡车的出价。我们的目标是计算出能够赢利的最低价格。这将最大化我们竞标成功的可能性，同时避免赢家诅咒。

假设我们需要花费 15 000 美元购买一个卡车装卸平台。我们需要租用的场地每年花费 36 000 美元。改装每辆卡车的人工费和材料费大约为 7 000 美元。每年的成本合计为 $36\ 000 + 5 \times (15\ 000 + 7\ 000) = 146\ 000$（美元）。

我们还需要投资 150 000 美元购买改装设备。该设备将采用直线折旧法且在 4 年内残值为 0。4 年后该设备的市场价值为 25 000 美元。我们还需要投资 50 000 美元购买存货和其他营运资本项目。相关的税率为 21%。如果要获得 20% 的投资收益率，竞标价格应为多少？

我们从考虑资本支出和净营运资本的投资开始进行分析。今天我们需要支付 150 000 美元来购买新设备。税后残值为 $25\ 000 \times (1-0.21) = 19\ 750$（美元）。此外，我们还需要投资 50 000 美元的营运资本。在 4 年后我们将收回这笔投资。

在知道销售价格之前，我们还不能决定经营性现金流量。目前为止，我们可以获得如下的现金流量表。

（单位：美元）

| | 年份 | | | | |
| --- | --- | --- | --- | --- | --- |
| | 0 | 1 | 2 | 3 | 4 |
| 经营性现金流量 | | +OCF | +OCF | +OCF | +OCF |
| 净营运资本的变化 | −50 000 | | | | 50 000 |
| 资本支出 | −150 000 | | | | 19 750 |
| 总现金流量 | −200 000 | +OCF | +OCF | +OCF | +OCF+69 750 |

把这个表记下来，同时注意主要的观察点应该是，最低可能价格是能够让我们在 20% 的折现率下获得为 0 的净现值的那个价格。在这个价格下，我们能够正好赢利 20%。

根据上述观察点，我们首先需要决定使净现值为 0 的经营性现金流量。我们通过算出最后一年非经营性现金流量 69 750 美元的现值，然后从 200 000 美元的初始投资额中扣除该项：

$$200\ 000 - 69\ 750/1.20^4 = 200\ 000 - 33\ 637 = 166\ 363（美元）$$

完成上述计算，我们的现金流量表如下：

（单位：美元）

| | 年份 | | | | |
| --- | --- | --- | --- | --- | --- |
| | 0 | 1 | 2 | 3 | 4 |
| 总现金流量 | −166 363 | +OCF | +OCF | +OCF | +OCF |

正如上述现金流量表所示，经营性现金流量变成了计算未知的普通年金。该 4 年期年金系数为 20%，PVIFA

（0.2，4）为2.588 73，因此有：

$$NPV = 0 = -166\ 363 + OCF \times 2.588\ 73$$

计算可得：

$$OCF = 166\ 363/2.588\ 73 = 64\ 264（美元）$$

因此每年的经营性现金流量应该为64 264美元。

还没有结束，最后我们需要算出使经营性现金流量为64 264美元的销售价格。最简单的方法是可将经营性现金流量看成净利润加上折旧（间接法）。

这里的折旧额为150 000/4 = 37 500（美元），我们可以计算净利润应该为：

$$经营性现金流量 = 净利润 + 折旧$$
$$64\ 264 = 净利润 + 37\ 500$$
$$净利润 = 26\ 764（美元）$$

到此，我们回到利润表进行计算。如果净利润为26 764美元，那么利润表应该如下表所示。

（单位：美元）

| | |
|---|---|
| 销售额 | ? |
| 成本 | 146 000 |
| 折旧 | 37 500 |
| 税费（21%） | ? |
| 净利润 | 26 764 |

我们可以解得销售额为：

$$净利润 = （销售额 - 成本 - 折旧）\times（1-T）$$
$$26\ 764 = （销售额 - 146\ 000 - 37\ 500）\times（1-0.21）$$
$$销售额 = 26\ 764/0.79 + 146\ 000 + 37\ 500$$
$$= 217\ 379（美元）$$

因此，销售额每年应该为217 379美元。该竞标合同要求每年5辆卡车，所以每辆的售价应为217 379/5 = 43 476（美元）。我们将其四舍五入一下，得到的竞标价格应该为每辆卡车43 500美元。在这个价格下，如果签订该合同，将获得每年20%的收益。

### 6.4.3 不同生命周期的投资：约当年均成本法

假设公司必须在两种不同生命周期的机器设备中做出选择。两种机器设备的功能是一样的，但它们具有不同的经营成本和生命周期。简单地运用NPV法则意味着，我们应该选择成本具有较小现值的机器设备。然而，这种判断标准会造成错误的结果。因为对于成本较低的机器设备，其重置的时间可能早于另一种机器设备。

我们先来考虑一个例子。Downtown体育俱乐部要在两种网球投掷器之间进行选择。设备A比设备B便宜，但其使用寿命较短。两种设备的税后现金流量如下表所示。

（单位：美元）

| 设备 | 年份 | | | | |
|---|---|---|---|---|---|
| | 0 | 1 | 2 | 3 | 4 |
| A | 500 | 120 | 120 | 120 | |
| B | 600 | 100 | 100 | 100 | 100 |

设备A价值500美元，能使用3年，3年中每年年末须支付120美元的维修费。设备B价值600美元，能使用4年，4年中每年年末须支付100美元的维修费。假定两台设备每年的收入都相同，因此在分析中忽略不计。注意上表中所有数字都表示流出量。

为了使决策有根据，我们从计算两种设备成本的现值开始，假设折现率为10%。

$$设备 A：798.42（美元）= 500 + \frac{120}{1.1} + \frac{120}{(1.1)^2} + \frac{120}{(1.1)^3}$$

$$设备 B：916.99（美元）= 600 + \frac{100}{1.1} + \frac{100}{(1.1)^2} + \frac{100}{(1.1)^3} + \frac{100}{(1.1)^4}$$

设备 B 具有较高的流出量现值。一种天真的办法是选择设备 A，因为它具有较低的流出量。然而，设备 B 有较长的使用周期，因而可能实际年均成本更低。

当比较这样的两种设备时，应如何对使用周期的差别做适当的调整呢？最简单的方法就是使用**约当年均成本法**来分析每一种设备。这种方法以年为基础来比较成本。

先前的方程显示支付（500，120，120，120）等同于一次性支付 798.42 美元。我们现在希望能使一次性支付 798.42 美元和一笔 3 年期的年金相等。运用前面几章讨论过的技术，我们有：

$$798.42 = C \times \text{PVIFA}（0.10，3）$$

PVIFA（0.10，3）是按 10% 的利率贴现 1 美元在 3 年内每年的年金。$C$ 是未知的，即使支付总额的现值等于 798.42 美元的每年需支付的年金。由于 PVIFA（0.10,3）等于 2.486 9，$C$ 等于 321.05（=798.42/2.486 9）美元，因此，支付流（500，120，120，120）相当于 3 年内每年年末支付 321.05 美元的年金。我们把 321.05 美元叫作设备 A 的"约当年均成本"。

这种方法可以用下表来表示。

（单位：美元）

| 设备 A | 年份 | | | |
|---|---|---|---|---|
| | 0 | 1 | 2 | 3 |
| 设备 A 的现金流量 | 500 | 120 | 120 | 120 |
| 设备 A 的约当年均成本 | | 321.05 | 321.05 | 321.05 |

对于 Downtown 体育俱乐部来讲，现金流量（500，120，120，120）同现金流量（0，321.05，321.05，321.05）并没有本质的区别。或者，我们可以说，购买该项设备在财务意义上同一个年租金为 321.05 美元的设备租赁是相同的。

现在再来看设备 B。我们可以从下面的等式中计算它的约当年均成本

$$916.99 = C \times \text{PVIFA}（0.10，4）$$

PVIFA（0.10，4）等于 3.169 9，计算得出 $C$ 等于 916.93/3.169 9，即 289.28 美元。

类似于设备 A，我们可以得到设备 B 的相同表格。

（单位：美元）

| 设备 B | 年份 | | | | |
|---|---|---|---|---|---|
| | 0 | 1 | 2 | 3 | 4 |
| 设备 B 的现金流量 | 600 | 100 | 100 | 100 | 100 |
| 设备 B 的约当年均成本 | | 289.28 | 289.28 | 289.28 | 289.28 |

把设备 A 和设备 B 放在一起比较时，我们就可以很轻松地得到答案。你愿意每年付 321.05 美元还是 289.28 美元？这时，问题已经变得很简单了。一个理性人将选择低成本。因此，设备 B 将是最优选择。

约当年均成本法只有在预期两种设备都可以无限期替换的情况下才适用。如果设备无法替换，分析方法就不一样了。假设唯一一家生产网球投掷器的企业破产，而且没有新的企业愿意进入这个领域。在这种情况下，在第 4 年设备 B 将继续使用并产生收益而设备 A 则无法使用了。在这种情况下，可以采用 NPV 法则对互斥的投资方案从收入和成本上进行分析。

## 6.5　通货膨胀与资本预算

作为本章的结尾，来看看通货膨胀对资本预算的影响。通货膨胀（或者通货紧缩）会影响资本预算中的现金

流量和折现率。我们从考虑利率与通货膨胀的关系开始探讨通货膨胀。

## 6.5.1 利率与通货膨胀

假定银行1年期存款利率为10%。这意味着某人在今天存入1 000美元，一年后将得到1 100（=10 000 × 1.10）美元。虽然10%看起来好像是不错的收益率，但只有充分考虑过通货膨胀率后才能下定论。

假设该年通货膨胀率为6%，并且它对所有商品有相同的影响。例如，餐馆目前一个汉堡包要卖1.00美元，到了年末同样一个汉堡包要卖1.06美元。你可以用你的1 000美元在今天买1 000个汉堡包，也可以把钱全部存入银行，在一年后买1 038（=1 100/1.06）个汉堡包。因此，如果你把钱贷给银行，你只能增加3.8个百分点的汉堡包消费。

由于所有商品的价格都上升了6%，存款只能使你对任一商品或商品组合的消费增加3.8个百分点。所以，3.8%是你的储蓄账户在对通货膨胀进行调整后"实际"所赚取的。经济学家将这3.8%叫作"实际利率"，将10%叫作"名义利率"或简单地称为"利率"。以上讨论如图6-1所示。

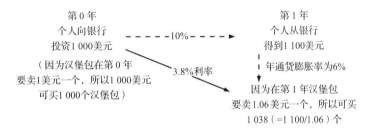

以汉堡包为例，第1年可买1 038个汉堡包，第0年可买1 000个汉堡包，实际利率 = 1 038/1 000 −1 = 3.8%

图6-1　实际利率的计算

在上面的例子中，用了特定的名义利率和通货膨胀率。一般地，实际利率和名义利率之间的关系可以用公式表示如下：

$$1 + 名义利率 = (1 + 实际利率) \times (1 + 通货膨胀率)$$

整理后可得：

$$实际利率 = \frac{1 + 名义利率}{1 + 通货膨胀率} - 1 \tag{6-6}$$

从此公式可计算出，例子中的实际利率为3.8%（= 1.10/1.06−1）。

上面的公式可得到精确的实际利率，以下是一个近似计算公式：

$$实际利率 \approx 名义利率 - 通货膨胀率 \tag{6-7}$$

符号"≈"表示公式是近似的。用后面这个公式来计算例子中的实际利率可得：

$$4\% = 10\% - 6\%$$

读者们必须注意，虽然式（6-7）看起来比式（6-6）更直观，但式（6-7）只是一种近似。这种近似对较低的利率和通货膨胀率而言是比较准确的。在我们的例子中，近似计算和精确计算两者之差仅为0.2（=4%−3.8%）个百分点。但是，当通货膨胀率较高时，近似程度变得很差。

### 例6-7　实际利率和名义利率

假设一个并不出名的君主国Gerberovia目前的名义利率为300%，通货膨胀率为280%。根据式（6-7），实际利率为：

$$300\% - 280\% = 20\%（近似的公式）$$

然而，根据式（6-6），实际利率为：

$$\frac{1+300\%}{1+280\%}-1=5.26\%$$

你如何知道第 2 个公式就是正确的公式？我们再考虑一下刚才汉堡包的例子。你在一年之前存入 Gerberovia 银行 1 000 美元，今天这个账户将价值 4 000 [= 1 000×（1 + 300%）] 美元。同时，一年前汉堡包的价格为 1 美元，而今天它的价格为 3.8（=1 + 280%）美元。因此，你现在仅仅可以买 1 052.6（=4 000/3.8）个汉堡包。其中包含的实际利率就是 5.26%。

### 6.5.2 现金流量与通货膨胀

上面的分析定义了两种利率：名义利率和实际利率。它们之间存在如式（6-6）所示的关系。资本预算不仅需要现金流量数据，也需要利率数据。和利率一样，现金流量既可以名义的形式，也可以实际的形式表示。

**名义现金流量**（nominal cash flow）是指实际收到或支出的美元，**实际现金流量**（real cash flow）是指该现金流量的实际购买力。和大多数定义一样，我们最好用例子来解释。

#### 例 6-8　名义和实际现金流量

Burrows 出版商已购得著名的浪漫主义小说家 Barbara Musk 下一本书的版权。虽然书还没有开始写，但一定会在 4 年内出版。现在，软皮封面的浪漫小说售价为 10 美元。出版社认为这 4 年中每年的通货膨胀率为 6%。由于浪漫小说大受欢迎，出版社估计这 4 年中浪漫小说的价格增长速度将比每年的通货膨胀率多 2%。出版社不想定价过高，因而计划 4 年后以 13.60 [=（1.08）$^4$×10] 美元出售小说。公司预计能售出 100 000 本。

4 年后，数目为 1 360 000（=13.60×100 000）美元的期望现金流量是一种**名义现金流量**。这是因为公司期望那时会收到 1 360 000 美元。换句话说，名义现金流量反映了未来实际收到的美元。

4 年后，1 360 000 美元的购买力为：

$$\frac{1\,360\,000}{(1.06)^4}=1\,077\,247$$

1 077 247 美元是**实际现金流量**，因为它是以第 0 期购买力的形式表示的。如果用汉堡包的例子来说明，4 年后收到的 1 360 000 美元将只能买 1 077 247 个汉堡包，因为在此期间每个汉堡包的价格已经从 1 美元上升到 1.26 [= 1×（1.06）$^4$] 美元。

#### 例 6-9　折旧

EOBII 出版商是 Burrows 出版商的一个竞争对手，最近用 2 000 000 美元购买了一套印刷设备。该设备将以直线折旧法在 5 年内提取折旧。这意味着每年的折旧费为 400 000（=2 000 000/5）美元。这 400 000 美元是名义量还是实际量呢？

折旧是一种名义量，因为在以后 4 年内，都是按照 400 000 美元计算税前实际扣除额的。如果对折旧进行了购买力调整，它才是实际量。因此，316 837 [=400 000/（1.06）$^4$] 美元是以实际量表示的第 4 年的折旧。

### 6.5.3 折现：名义还是实际

我们前面的讨论说明了利率可以以名义或实际的形式来表示。同样，现金流量也可以以名义或实际的形式来表示。既然有这些选择的可能，我们进行资本预算时应该如何来表示利率和现金流量呢？

财务工作者正确地强调了在现金流量和折现率之间保持一致性的必要性。

"名义"现金流量应以"名义"利率折现。

"实际"现金流量应以"实际"利率折现。

只要保持一致，上述每一种方法都是正确的。为了降低计算时的出错概率，我们建议在实际运算中选择最简单的方法计算。这种思想将在下面的两个例子中体现。

必须重点强调，诸如利率、折现率和收益率这类的财务比率几乎总是以名义的形式来呈现。为了提醒读者，我们将在本书的后续相关讨论中用大写字母 $R$ 代表名义利率，用小写字母 $r$ 代表实际利率。

### 例 6-10 名义折现或实际折现

Shields 电力公司预测某一项目有如下名义现金流量。

（单位：美元）

| | 年份 | | |
| --- | --- | --- | --- |
| | 0 | 1 | 2 |
| 现金流量 | −1 000 | 600 | 650 |

名义利率为 14%，通货膨胀率预计为 5%，此项目价值如何？

（1）**使用名义量**。计算 NPV，得：

$$-1000+\frac{600}{1.14}+\frac{650}{(1.14)^2}=26.47（美元）$$

项目应被接受。

（2）**使用实际量**。实际现金流量如下表。

（单位：美元）

| | 年份 | | |
| --- | --- | --- | --- |
| | 0 | 1 | 2 |
| 现金流量 | −1 000 | 571.43 $=\frac{600}{1.05}$ | 589.57 $=\frac{650}{(1.05)^2}$ |

根据式（6-6），实际利率为 8.571 43%（=1.14/1.05−1）。

计算 NPV，得：

$$-1000+\frac{571.43}{1.085\,714\,3}+\frac{589.57}{(1.085\,714\,3)^2}=26.47（美元）$$

在以名义量和实际量表示现金流量时，NPV 都是相同的。两种不同的方法计算出的 NPV 肯定是一致的。

既然两种方法会产生相同的结果，那么我们应该选择哪一种方法呢？使用更简单的那种，因为越简单，可能产生的计算错误就越少。在 Shields 电力公司的案例中我们开始使用的是名义现金流量，可见用名义量计算更简单。

### 例 6-11 名义或实际 NPV

Altshuler 有限公司利用如下数据进行某个项目的资本预算。

（单位：美元）

| | 年份 | | |
| --- | --- | --- | --- |
| | 0 | 1 | 2 |
| 资本支出 | 1 210 | | |
| 收入（以实际形式表示） | | 1 900 | 2 000 |
| 现金费用（以实际形式表示） | | 950 | 1 000 |
| 折旧（直线法） | | 605 | 605 |

总裁大卫·阿尔苏勒预计通货膨胀率在未来两年为每年 10%。另外，他认为项目的现金流量应以 15.5% 的

名义利率贴现。他的公司的所得税税率为21%。

大卫·阿尔苏勒先生以名义形式预测了所有的现金流量。因此，他形成了如下表格。

（单位：美元）

| | 年份 | | |
| --- | --- | --- | --- |
| | 0 | 1 | 2 |
| 资本支出 | −1 210 | | |
| 收入 | | 2 090 (=1 900×1.10) | 2 420 [=2 000×(1.10)²] |
| − 费用 | | −1 045 (=950×1.10) | −1 210 [=1 000×(1.10)²] |
| − 折旧 | | −605 (=1 210/2) | −605 |
| 应税利润 | | 440 | 605 |
| − 所得税（21%） | | −92 | −127 |
| 税后利润 | | 348 | 478 |
| + 折旧 | | 605 | 605 |
| 现金流量 | | 953 | 1 083 |

$$NPV = -1\,210 + \frac{953}{1.155} + \frac{1\,083}{(1.155)^2} = 427 \text{（美元）}$$

大卫·阿尔苏勒的财务总监斯图特·威斯更喜欢用实际形式进行计算。他先计算出实际利率为5% (=1.155/1.10−1)。然后，他做成以实际量表示的如下表格。

（单位：美元）

| | 年份 | | |
| --- | --- | --- | --- |
| | 0 | 1 | 2 |
| 资本支出 | −1 210 | | |
| 收入 | | 1 900 | 2 000 |
| − 费用 | | −950 | −1 000 |
| − 折旧 | | −550 (=605/1.10) | −500 [=605/(1.10)²] |
| 应税利润 | | 400 | 500 |
| − 所得税（21%） | | −84 | −105 |
| 税后利润 | | 316 | 395 |
| + 折旧 | | 550 | 500 |
| 现金流量 | | 866 | 895 |

$$NPV = -1\,210 + \frac{866}{1.05} + \frac{895}{(1.05)^2} = 427 \text{（美元）}$$

为了向大卫·阿尔苏勒先生解释他的计算过程，斯图特·威斯指出：

（1）资本支出是在第0年（现在）发生的，它的名义值和实际值相同。

（2）由于每年的折旧605美元是名义量，故按通货膨胀率10%对之进行贴现就可以转换为实际量。

大卫·阿尔苏勒和斯图特·威斯得到相同的NPV值并非偶然，两种方法一定会得到相同的NPV。

# 本章小结

本章探讨了许多资本预算的实际运用问题。

1. 资本预算应建立在增量的基础上。这意味着沉没成本应忽略不计，而机会成本和副效应应加以考虑。

2. 在Baldwin公司的例子中，我们通过以下两个步骤

来计算NPV。

a. 求出每一期的净现金流量。

b. 利用上面求出的现金流量计算NPV。

3. 折现现金流量法可以运用在资本预算的很多领域。

在本章中我们在成本节约、竞价投标和不同生命周期设备中运用了该方法。

4. 经营性现金流量可以通过不同的方法计算得到。我们展示了三种不同的方法：自上而下法、自下而上法和税盾法。三种方法得到的结果是一致的。

5. 通货膨胀必须进行一致的处理。一种方法是以名义形式表示现金流量和折现率。另一种方法是以实际形式表示现金流量和折现率。由于两种方法对 NPV 的计算结果是相同的，因此可选择相对简单的一种。哪一种更简单一般取决于资本预算问题的类型。

# 思考与练习

1. **计算项目净现值** Chauhan 餐厅正在考虑购买一款售价为 8 600 美元的蛋奶酥制造机。这种蛋奶酥制造机的经济寿命为 5 年，将采用直线法进行全额折旧。这台机器每年将生产 1 100 个蛋奶酥，每个蛋奶酥的制作成本为 2.15 美元，售价为 5.95 美元。折现率为 14%，税率为 21%。公司是否应该购买该蛋奶酥制造机？

2. **净现值与折旧红利** Esfandairi 公司正在考虑一个新的 3 年期扩建项目，该项目需要 218 万美元的初始固定资产投资。假设该固定资产符合 100% 折旧红利的条件。该项目预计年销售额为 164.5 万美元，成本为 61 万美元。必要报酬率为 12%。如果税率为 21%，项目第一年的净现金流量是多少？第二年呢？第三年呢？净现值是多少？

3. **计算残值** 出于税务目的，对一个 4 年期项目中使用的资产采取 5 年加速折旧成本法进行折旧。该资产的收购成本为 570 万美元，在项目结束时将以 180 万美元的价格出售。如果税率为 21%，该资产的税后残值是多少？

4. **净现值与折旧红利** 田中机械厂正在考虑一个为期 4 年的项目以提高其生产效率。即以 44.5 万美元的价格购买一台新的压床，预计每年可节省 16 万美元的税前成本，在项目结束时该压床仍有 4 万美元的残值。投资该项目还要求对备件库存进行 2 万美元的初始投资，并在后续年份每年投入 2 800 美元的库存费用。如果田中机械厂的税率为 22%，折现率为 9%，假设该固定资产符合 100% 折旧红利的条件值，那么该项目净现值是多少？

5. **净现值与折旧红利** Eggz 公司正在考虑购买新设备，以便该公司收集零散的鸡毛并出售。该设备将花费 525 000 美元，并有资格获得 100% 的折旧红利。5 年后项目结束时，这些设备的售价为 35 000 美元。年销售额为 348 000 美元，年固定成本为 56 000 美元，变动成本是销售额的 35%。该项目需要在 NWC 投资 40 000 美元，并在项目结束时返还。税率为 22%，折现率为 9%。该项目的净现值是多少？

6. **现金流量估计** 飞利浦集团正在运营一个小项目。该项目预计本财年的实际净现金流量为 295 000 美元。由于是正在进行的项目，因此预计未来的竞争将会永久地对其实际净现金流入带来每年 3.5% 的侵蚀。该公司的折现率为 4%。所有现金流量都将在年底获得。该公司的运营带来的现金流量现值是多少？

7. **计算项目净现值** 你已被聘为 Pristine Urban-Tech Zither 公司（PUTZ）的顾问，该公司是一家优质古筝制造商。古筝的市场正在迅速增长。3 年前，该公司以 190 万美元的价格购买了一些土地，以期将其用作有毒废料倾倒场，但最近又雇用了另一家公司来处理所有有毒废料。根据最近的一项评估，该公司认为，在税后的基础上，它可以以 220 万美元的税后价格出售该土地。4 年后，这片土地可以以 240 万美元的税后价格出售。该公司还聘请了一家营销公司分析古筝市场，费用为 27.5 万美元。营销报告摘录如下：

　　"未来 4 年，古筝产业将快速发展。凭借 PUTZ 的品牌知名度，我们认为该公司在未来 4 年每年将分别销售 5 200 台、5 900 台、6 500 台和 4 800 台。同样，利用 PUTZ 的知名度，我们觉得每支古筝可以赚取 435 美元。因为古筝似乎是一种时尚，我们觉得在 4 年期结束时销售应该停止。"

　　PUTZ 认为该项目的固定成本为每年 37.5 万美元，可变成本占销售额的 20%。生产所需的设备将耗资 285 万美元，并将根据 3 年加速折旧成本法（MACRS）进行折旧。在项目结束时，这些设备可以报废 40.5 万美元。立即需要 15 万美元的净营运资金。PUTZ 的税率为 22%，项目的必要报酬率为 13%。该项目的净现值是多少？

8. **项目估值** Aria Acoustics 公司（AAI）预计一个新的八度声音仿真模拟器的单位产品销售量如下。

| 年 | 单位产品销售量 |
| --- | --- |
| 1 | 71 000 |
| 2 | 84 000 |
| 3 | 103 000 |
| 4 | 95 000 |
| 5 | 64 000 |

该模拟器的生产将需要 230 万美元的净营运资金来启动，而后每年需要的额外的净营运资金为下一年预计销售额的 15%。每年的总固定成本为 290 万美元，变动生产成本为每台 285 美元，每台模拟器的定价为 410 美元。开始生产所需的设备安装成本为 1 480 万美元。因为该模拟器是为专业歌手设计的，所以这种设备被认为是工业产品，因此可用 7 年加速折旧成本法（MACRS）进行折旧。5 年后，这种设备的售价约为购置成本的 20%。税率为 21%，项目的必要报酬率为 18%。根据这些初步项目估算，项目的净现值是多少？内部收益率是多少？

# 第 7 章

# 风险分析、实物期权和资本预算

即使是在最好的档期，电影票房依然可能不尽如人意。2019 年夏天，由大牌明星詹姆斯·麦卡沃伊和詹妮弗·劳伦斯主演的电影《黑凤凰》，打着"凤凰升天"的标语开始上映，但电影票房却惨不忍睹。观众批评这部电影简直就是"无脑、机械的无稽之谈"，并称它为"极其乏味、缺少智慧、故事简单粗暴、情感造作的烂尾剧"。

数据表明，《黑凤凰》这部电影损失惊人。在扣除电影制作、发行和市场营销等方面的费用后，投资方二十世纪影业及其合作伙伴预计损失 1.2 亿美元。事实上，每 10 部电影有大约 4 部是亏损的，虽然视频点播和销售 DVD 能够减少一点损失。2020 年，受新冠疫情的影响，多数电影颗粒无收。有统计数据表明，到 2020 年 5 月，全球的电影票房已经缩减了超过 100 亿美元。当然，也有表现不错的电影，同样是 2020 年，卢卡斯影业出品的电影《星球大战：天行者崛起》以 2.75 亿美元的投入斩获了超过 10 亿美元的全球票房收入。卢卡斯影业运气不错，该电影在 2019 年年底开始上映，因此，躲过了很多城市的新冠疫情封城。

显然，二十世纪影业一开始并不希望因为《黑凤凰》亏损 1.2 亿美元，但它实实在在地发生了。正如这部失败的影片投资告诉我们的，项目投资并不总是如公司所愿。本章将分析为什么会出现这种情况，以及公司如何分析和避免这种现象的产生。

## 7.1 敏感性分析、场景分析和盈亏平衡分析

本书的一个重要观点是，NPV 法是一种较好的资本预算技术。事实上，由于 NPV 法使用现金流量而非利润，计算所有的现金流量并采用适用的折现率进行折现，因此很难发现 NPV 法有任何内在的理论缺陷。

只要 NPV 法分析预测项目的预期现金流量而不是最乐观的现金流量，并且风险越高的现金流量折现率就越大，那么 NPV 法就考虑了项目的风险。然而，当我们与业界人士沟通时，我们经常听到"安全错觉"一词。他们指出资本预算规划经常令人印象深刻，在计算中甚至可以精确到每年几千美元甚至每月几美元，机会成本和副作用得到妥善的处理，沉没成本也被妥善地规避了。当看到现金流量表最后一栏很大的正净现值时，人们就会急于批准立项。但结果是，实际的现金流量往往与预计的现金流量不相符，公司的投资项目也以失败告终。

### 7.1.1 敏感性分析和场景分析

公司怎样才能充分利用净现值技术的潜力呢？一种方法是**敏感性分析**（sensitivity analysis），它被用来检测某一特定 NPV 计算对特定假设条件变化的敏感度。这种方法也被称为 what-if 分析和 bop（最好的、乐观的和悲观的）分析。

以如下的例子作为参考。Solar Electronic 公司（SEC）最近开发了以太阳能为动力的喷气式发动机技术，并

且想要进行大规模生产。初始（第1年[○]）投资为15亿美元，在未来5年内进行生产与销售。初步的现金流量如表7-1所示。SEC是否应该投资该项目？按15%的折现率计算，NPV为：

$$NPV = -1\,500 + \sum_{t=1}^{5}\frac{900}{(1.15)^t}$$

$$= -1\,500 + 900 \times PVIFA(0.15，5)$$

$$= 1\,518（百万美元）$$

表7-1　SEC案例的现金流量预测　　　　　　　　　　（单位：百万美元）

| | 第1年 | 第2～6年 |
|---|---|---|
| 收入 | | 6 000 |
| 变动成本 | | 3 000 |
| 固定成本 | | 1 940 |
| 折旧 | | 300 |
| 税前利润 | | 760 |
| 税收（$t_c = 0.21$） | | 160 |
| 净利润 | | 600 |
| 现金流量 | | 900 |
| 初始投资额 | 1 500 | |

注：假设①用直线折旧法在第2～6年计提投资总额；②公司适用的所得税税率为21%；③公司初始投资额无任何税收减免优惠。

因为NPV为正，所以依据财务理论SEC应该接受该项目。然而，这些就是投资决策的全部内容吗？在正式投资之前，我们应该反思该项目与收入和成本有关的潜在假设。

### 1. 收入

我们假设市场营销部门预测每年的销售收入为：

| 喷气式发动机每年的销售量 | = | 市场份额 | × | 喷气式发动机每年的市场容量 |
|---|---|---|---|---|
| 3 000 | = | 0.30 | × | 10 000 |

| 每年的销售收入 | = | 喷气式发动机的销售量 | × | 销售单价 |
|---|---|---|---|---|
| 6 000 | = | 3 000 | × | 2 |

由此可见，喷气式发动机的总收入预测取决于3个假设：

（1）市场份额；

（2）喷气式发动机的市场容量；

（3）每台喷气式发动机的销售单价。

### 2. 成本

财务分析师通常把成本划分为两大类：变动成本和固定成本。**变动成本**（variable cost）随着产量的变动而变动，当产量为0时变动成本也为0。直接人工和原材料成本通常都属于变动成本。一般来说，变动成本与产量是成比例的。典型的变动成本是每一单位产品固定不变的成本。例如，直接人工成本是变动成本。若每单位产量需要10美元的直接人工成本，那么100单位的产品则需要1 000美元的直接人工成本。

**固定成本**（fixed cost）与某一特定时期的产品或服务数量无关。固定成本常常用单位时间的成本衡量，如每月的租金或年薪。自然而然地，固定成本并非永远固定不变，只是在某一特定时期内是固定的。

工程部估计喷气式发动机的单位变动成本为100万美元，年固定成本为19.40亿美元，则成本分解为：

[○] 财务通常习惯将"今天"定为第0年。然而，在本例中我们用第1年作为今天，因为在本章后面提到的另一决策中会出现更早的年份。我们将那次决策的始点作为第0年。

$$
\begin{array}{ccccc}
变动成本 & = & 单位变动成本 & \times & 喷气式发动机的销售量 \\
3\ 000 & = & 1 & \times & 3\ 000
\end{array}
$$

$$
\begin{array}{ccccc}
税前总成本 & = & 变动成本 & + & 固定成本 \\
4\ 940 & = & 3\ 000 & + & 1\ 940
\end{array}
$$

对市场容量、市场份额、销售单价、单位变动成本、固定成本以及初始投资额的估计如表7-2所示。这些数据是SEC对市场规模、市场份额等不同变量的正常估计。为便于比较，公司的财务分析师同时提供了不同变量在乐观和悲观状态下的估计值。

标准的敏感性分析是假定其他变量处于正常估计值，计算某一变量在3种不同状态下可能估计出的NPV。这一过程如表7-3所示。例如，表7-3右上角94.63亿美元的NPV，是在市场容量为乐观估计值，即市场容量为每年20 000架，其他变量则处于正常估计状态时计算得出的。值得注意的是表7-3中间栏的数据均为15.18亿美元，这是由于在计算NPV时，所有变量都使用了正常状态的估计值。

表7-3这样的表格有多种用途。首先，从总体上来说，该表可以表明NPV分析是否值得信赖，换句话说，减少了前面所说的"安全错觉"。有可能出现这种情况：在每个变量处于正常估计状态时，NPV为正值；然而，当每个变量处于悲观估计状态时，NPV出现惊人的负值；而在每个变量处于乐观估计状态时，NPV则为惊人的正值。这意味着在所有变量的正常估计中，即使出现一个错误，那也将大大改变NPV。这提醒人们对NPV法保持警惕。在这种情况下，保守型的经理或许会放弃NPV这一分析工具。值得庆幸的是，太阳能喷气式发动机并不属于此类，因为除了三个数据外，其余的NPV值均为正数。查看了表7-3的经理很有可能认为NPV法适用于分析太阳能喷气式发动机的项目。

**表7-2　SEC对太阳能喷气式发动机的不同变量的估计**

（单位：百万美元）

| | 悲观估计 | 正常估计 | 乐观估计 |
|---|---|---|---|
| 市场容量/架·年$^{-1}$ | 5 000 | 10 000 | 20 000 |
| 市场份额/% | 20 | 30 | 50 |
| 销售单价 | 1.9 | 2 | 2.2 |
| 变动成本（每架飞机） | 1.2 | 1 | 0.8 |
| 固定成本（每年） | 2 000 | 1 940 | 1 740 |
| 投资 | 1 900 | 1 500 | 1 000 |

**表7-3　对太阳能喷气式发动机在第1期的NPV所做的敏感性分析**

（单位：百万美元）

| | 悲观估计 | 正常估计 | 乐观估计 |
|---|---|---|---|
| 市场容量（每年） | -2 454 [①] | 1 518 | 9 463 |
| 市场份额 | -1 130 [①] | 1 518 | 6 815 |
| 销售单价 | 724 | 1 518 | 3 107 |
| 变动成本（每架飞机） | -71 | 1 518 | 3 106 |
| 固定成本（每年） | 1 359 | 1 518 | 2 048 |
| 投资 | 1 175 | 1 518 | 1 948 |

敏感性分析假定一个变量变动而其他变量维持在原来的状态，即其他变量为正常估计值。例如，-2 454的NPV是在市场容量为悲观估计值5 000时出现的，而此时表7-2中的其他变量处于正常估计状态

① 我们假设公司的其他部门是赢利的，这意味着在喷气式发动机项目上的亏损可由公司其他部门的利润来抵销。这样，在本项目上的亏损就给公司带来节税效应。

其次，敏感性分析可以指出在哪些方面需要收集更多的信息。例如，在太阳能喷气式发动机的项目中，投资额估计出现误差这一问题并不严重，因为即使是在最悲观的状态下，仍有11.75亿美元的正NPV。而市场份额在最悲观估计下，会导致11.30亿美元的负NPV；市场容量在最悲观估计下，也会产生24.54亿美元的负NPV。由于在本项目中，收入的错误估计比成本的错误估计对NPV值是正是负影响更大，因此在分析过程中必须就影响收入的变量收集更多的信息。

因为这些优点，敏感性分析被广泛运用于实践中。Graham和Harvey[⊖]的报告指出，在392家样本企业中，超过50%的企业在资本预算估计中运用了敏感性分析。这个比例相对于提出只有75%的样本企业采用NPV分析法来说，就显得相当大了。

不过，敏感性分析也存在着若干不足。例如，敏感性分析可能会更容易造成经理提出的"安全错觉"。假定

⊖ See Figure 2 of John Graham and Campbell Harvey, "The Theory and Practice of Corporate Finance: Evidence from the Field," *Journal of Financial Economics* (May/June 2001).

项目的所有悲观估计都将产生正的 NPV，那么经理就会误认为该项目无论怎样都不会亏损。事实上，过分乐观估计悲观状态值的情形也会存在。为避免这种情形出现，有些公司并没有主观地对悲观估计和乐观估计进行预测，而是把各个变量的悲观估计简单地设定为正常估计状态的某个百分比，如低于正常状态 20%。然而，这种试图改进敏感性分析有效性的方法并不灵验。因为用同一固定百分比的偏离来确定所有变量的悲观状态忽略了一个事实，即某些变量比其他变量更易于预测，所有变量偏离正常状态的幅度并不等同。

另外，敏感性分析只是孤立地处理每个变量的变化，而实际上不同变量的变化很有可能是相互关联的。例如，无效的管理导致成本失控，公司的变动成本、固定成本和总投资这三个变量很有可能同时超过预期的正常估计状态。如果市场不接受太阳能喷气式发动机，那么市场份额和销售单价将会同时下跌。

经理通常采用场景分析来消除这一敏感性分析所存在问题的影响。场景分析是一种变异的敏感性分析。简单地说，这种方法考察一些可能出现的不同场景，每种场景综合了各种变量的影响。举例来说，考虑一些空难事故的影响。这些空难事故将减少飞行总量，从而抑制新飞机发动机的需求增加。而且，即使太阳能飞机与空难事故无关，公众仍将反对任何有争议的技术引进和技术革新。由此，SEC 的市场份额就有可能下滑。空难场景下的现金流量计算如表 7-4 所示。根据表中的计算值，此时的 NPV 是：

$$-2\ 719 = -1\ 500 - 364 \times \text{PVIFA}(0.15, 5)$$

类似这样的一系列场景分析比标准的敏感性分析更能反映与项目有关的事项。

遗憾的是，现实中即使是最悲观的场景在预测时也可能依然过于乐观了。两个最近发生的案例证实了这种担忧，一个关于柏林勃兰登堡机场，另一个关于波音 737 MAX。

勃兰登堡机场于 1996 年开始规划，计划 2006 年建成投入使用，机场投资预算 28.6 亿欧元（约合 31 亿美元）。但是由于一些始料未及的事情导致工程直到 2006 年才开工，并宣布机场将于 2011 年年底开始运营。但在 2011 年开业前的验收检查中发现，机场的灯无法熄灭、自动扶梯过短和房间编号错误等诸多问题，更糟糕的是消防系统不能工作。

表 7-4 空难场景下的现金流量预测

（单位：百万美元）

| | 第 1 年 | 第 2～6 年 |
|---|---|---|
| 收入 | | 2 800 |
| 变动成本 | | 1 400 |
| 固定成本 | | 1 940 |
| 折旧 | | 300 |
| 税前利润 | | -840 |
| 税收（$t_c = 0.21$）[1] | | -176 |
| 净利润 | | -664 |
| 现金流量 | | -364 |
| 初始投资额 | -1 500 | |

注：该表基于假设市场容量为 7 000（正常状态的 70%），市场份额为 20%（正常状态的 2/3）。其他变量的正常状态估计见表 7-2。

[1] 亏损可由公司其他部门的利润来抵销形成节税效应。

几经推迟，机场最终定于 2012 年春天举行盛大的开业典礼，航班机票开始出售，机场航站楼的火车站开始运营。但计划再次落空，所有售出的机票被退票。而为了维持铁路每周一班的最低运营，这次延迟还导致了建设成本的额外增加。

开业日期一推再推，先是 2014 年，然后是 2016 年。但到了 2016 年，检查发现机场只有 57% 可用率，而且消防系统依然不能工作。在遭到 6 次开业计划被取消之后，机场官方决定不再提前预设机场的开业时间。最终，在启动规划的 24 年之后，勃兰登堡机场终于在 2020 年 12 月 31 日正式开张运营。但新的问题又出现了，由于新冠疫情的出现，航班大幅度缩减，因此机场一直处于亏损的状态。尽管还没有最终决算，但据报道，勃兰登堡机场的投资成本高达 103 亿欧元（约合 112 亿美元），是原来预算的 3.5 倍。

另一个例子是波音 737 MAX，在它投入商业运营的 5 个月内就遭遇了两次空难，此时，由 387 架飞机组成的机队每周为 59 家航空公司飞行 8 600 航次。由于空难事故，民航管理局要求该机型在全球停飞。2019 年第二季度，波音公司公告，为了补偿航空公司停飞该飞机带来的损失，补偿航空公司 49 亿美元。美国西南航空公司——一家以全波音机队闻名于世的航空公司，在 2019 年第二季度发布报告称，由于停飞波音 737 MAX 导致损失 1.75 亿美元。因此，有人建议美国西南航空公司应该学习其他航空公司引进空客飞机使其飞机编队多样化，如果美国西南航空公司真的这么做，那可是波音公司的机会成本啊！由于这两个事件，在民航圈就有人编了一个段子嘲笑这两家公司："等到 2020 年勃兰登堡机场开业时，第一架降落在该机场的飞机一定是波音 737 MAX。"

### 7.1.2 盈亏平衡分析

敏感性分析和场景分析说明分析不确定性的方法很多。下面我们介绍另一种分析方法——盈亏平衡分析。顾名思义，这种方法是确定公司盈亏平衡时所需达到的销售量，是敏感性分析方法的有效补充，这是因为它同样向我们揭示了错误预测的严重性。我们分别计算会计利润和净现值的盈亏平衡点。

#### 1. 会计利润

在4种不同预测的销售量下，净利润如下表所示，更为详细的成本和收入如表7-5所示。

| 销售量 | 净利润／百万美元 |
| --- | --- |
| 0 | −1 770 |
| 1 000 | −980 |
| 3 000 | 600 |
| 10 000 | 6 130 |

**表 7-5　不同销售量假设下的成本和收入（销售量除外）**　　　　（单位：百万美元）

| 第 1 年 | | | | | 第 2～6 年 | | | | |
| --- | --- | --- | --- | --- | --- | --- | --- | --- | --- |
| 初始投资额 | 年销售量 | 收入 | 变动成本 | 固定成本 | 折旧 | 税收① ($t_c$ =0.21 ) | 净利润 | 经营性现金流量 | NPV |
| 1 500 | 0 | 0 | 0 | −1 940 | −300 | −470 | −1 770 | −1 470 | −6 426 |
| 1 500 | 1 000 | 2 000 | −1 000 | −1 940 | −300 | −260 | −980 | −680 | −3 778 |
| 1 500 | 3 000 | 6 000 | −3 000 | −1 940 | −300 | 160 | 600 | 900 | 1 518 |
| 1 500 | 10 000 | 20 000 | −10 000 | −1 940 | −300 | 1 630 | 6 130 | 6 430 | 20 056 |

① 第1、2行出现亏损，公司其他的利润可用于抵销此项目的亏损，因而有节税效应。

图 7-1 列明了不同销售量假设下的收入、成本和利润。收入曲线和成本曲线交点的喷气式发动机销售量是

2 240 台，这就是盈亏平衡时所需达到的销售量。换言之，在盈亏平衡点，项目既不赢利也不亏损。一旦喷气式发动机每年的销售量超过 2 240 台，项目就有利润。

盈亏平衡点的计算很简单。喷气式发动机的销售单价是 200 万美元，每台的变动成本是 100 万美元⊖，那么每台喷气式发动机的价差是：

销售单价 − 单位变动成本 = 2 − 1 = 1（百万美元）

税前价差又被称为**边际贡献**（contribution margin），即税前每多销售一台发动机对税后利润所起的贡献。（边际贡献也可以基于税后。）

固定成本是 19.40 亿美元，折旧是 3 亿美元，两者的税后成本是：

固定成本 + 折旧 = 1 940 + 300 = 2 240（百万美元）

这就是说，无论实现多少销售量，公司每年的固定成本都是 22.40 亿美元。由于每台发动机的边际贡献是 100 万美元，所以销售量只有达到以下水平时才能补偿公司的成本：

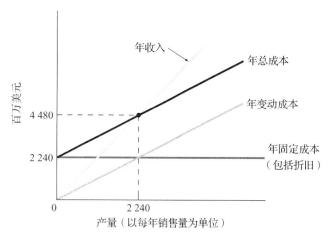

图 7-1　运用会计数据计算盈亏平衡点

注：息税前每台发动机的边际贡献为 100 万美元。企业如果每年销售 2 240 台发动机，则恰好抵销支付在固定成本上的 22.40 亿美元。因此，盈亏平衡点出现在每年销售 2 240 台发动机的地方。

⊖ 尽管前面部分已讨论了销售单价和变动成本的悲观和乐观估计，但盈亏平衡分析只能在这些变量的正常估计（又称最好估计或初始估计）状态下分析。

## 会计利润的盈亏平衡点

$$\frac{固定成本 + 折旧}{销售单价 - 单位变动成本} = \frac{2\,240}{1} = 2\,240（台）$$

因此，2 240 台发动机就是产生会计利润所需的盈亏平衡点销售量。

聪明的读者可能会问，为什么在估计盈亏平衡下的会计利润时没有考虑税收因素。这是由于企业如果税前利润为 0，税后利润也是 0，即如果没有税前利润就无须交税。因此，无论税前还是税后，盈亏平衡所要达到的销售台数是相同的。

### 2. 财务盈亏平衡点

正如我们在本书中一再强调的，与净利润相比，我们更关注的是现值。因此，我们应该计算基于现金流量现值的盈亏平衡点。给定折现率为 15%，在不同水平的年销售量下，太阳能喷气式发动机的净现值如下表所示。

| 年销售量 | NPV/ 百万美元 |
| --- | --- |
| 0 | −6 426 |
| 1 000 | −3 778 |
| 3 000 | 1 518 |
| 10 000 | 20 056 |

上述 NPV 值与表 7-5 最后一栏相等。

图 7-2 把收入和成本的净现值与产量（销量）联系起来。图 7-2 与图 7-1 至少存在两点不同。第一，图 7-2 中纵坐标上标注的数额都比图 7-1 中的相应数额大，因为图 7-2 显示的是未来 5 年收入和成本的净现值。第二，会计利润盈亏平衡点为每年销售 2 240 台发动机，而 NPV 盈亏平衡点为每年销售 2 427 台发动机，这是更重要的不同点。

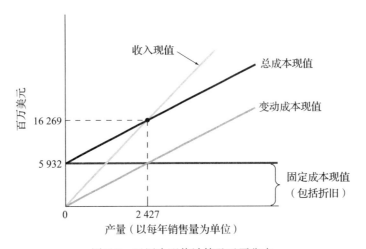

图 7-2 运用净现值计算盈亏平衡点

注：收入和成本的净现值均基于税后标准计算。从图中可以发现，基于现值的盈亏平衡销售收入大于会计盈亏平衡销售收入，因为会计盈亏平衡的销售收入没有考虑初始投资的机会成本。

净现值盈亏平衡点可以直接计算。SEC 最初投资了 15 亿美元，这项初始投资额可用适当的年金系数折算为 5 年的约当年均成本（EAC）：

$$EAC = \frac{初始投资额}{（折现率为 15\% 的 5 年期年金系数）}$$

$$= \frac{初始投资额}{PVIFA（0.15, 5）}$$

$$= \frac{1\,500}{3.352\,2}$$

$$= 447.5\,(\text{百万美元})$$

值得注意的是，4.475 亿美元的 EAC 大于每年 3 亿美元的折旧。这是因为 EAC 的计算是在 15 亿美元的投资报酬率为 15% 的假设上进行的。无论产量多少，税后成本为：

| 1 917.1 | = | 447.5 | + | 1 940 | × | 0.79 | − | 300 | × | 0.21 |
|---|---|---|---|---|---|---|---|---|---|---|
| | = | EAC | + | 固定成本 | × | $(1-t_c)$ | − | 折旧 | × | $t_c$ |

也就是说，除了初始投资额的约当年均成本 4.475 亿美元，公司每年还须支付固定成本，同时享受折旧的节税效应。折旧的节税效应为负值，这是因为它抵销了等式中的成本。由于每增加一台发动机对税后利润的边际贡献是 79 万美元，因此抵销上述成本所需要的销售量是：

**财务盈亏平衡点**

$$\frac{\text{EAC} + \text{固定成本} \times (1-t_c) - \text{折旧} \times t_c}{(\text{销售单价} - \text{单位变动成本}) \times (1-t_c)} = \frac{1\,917.1}{0.79} = 2\,426.68\,(\text{台})$$

2 427 台发动机是财务盈亏平衡点所需的销售量。

为什么会计盈亏平衡点与财务盈亏平衡点不相等呢？我们用会计利润计算盈亏平衡点时，剔除了 3 亿美元的折旧。所以，只要每年销售 2 240 台太阳能喷气式发动机，SEC 就获得了足够的收入来补偿折旧和其他费用。不过，在这种销售水平下，SEC 无法补偿 15 亿美元初始投资额的机会成本。假设 15 亿美元投资于其他项目可获取 15% 的投资报酬率，那么在生产期间每年摊销的投资成本应是 4.475 亿美元，而不是 3 亿美元。折旧降低了抵销初始投资额所需的真实成本。因此，如果 SEC 只实现会计盈亏平衡点的销售量，实际上公司还是亏本。其原因在于忽略了初始投资额的机会成本。

盈亏平衡点分析重要吗？非常重要，因为所有企业的高管都担心项目亏损。无论是从会计角度还是净现值角度，盈亏平衡点分析都试图求得盈亏平衡点时所需的销售量。

## 7.2 蒙特卡罗模拟

敏感性分析和场景分析都试图回答这样一个问题："如果这样，将会怎样？"然而，即便这两种方法在现实生活中很常用，它们还是存在自身的局限性。敏感性分析只允许每次变动一个变量，而在现实生活中很多变量可能在同一时间一起变化。场景分析则是设定特殊场景，如通货膨胀、政府管制或竞争者数量的改变。虽然这种方法经常对研究有一定帮助，但它不能涵盖所有变动的来源。事实上，就算在一种经济场景下，项目也可能会出现很多种变化。

**蒙特卡罗模拟**（Monte Carlo simulation）是对现实世界的不确定性建立模型的进一步尝试。"蒙特卡罗模拟"这个名字和欧洲著名的纸牌游戏有关，因为在用蒙特卡罗模拟分析项目时，它采用的分析方法就和一个人在赌博时可能采用的分析方法一样。假设一个热衷于扑克牌 21 点的玩家拿到的前两张牌总和已 16，他会犹豫该不该拿第三张牌。此刻，采用正式的数学模型很可能太过复杂。尽管他可以在赌场中玩数千把 21 点游戏，但他还是时而拿第三张牌，时而不拿。他可以通过比较这两种策略的得与失，来决定哪一种更好。当然，在真实的牌局中进行这种操作可能会输掉一大笔钱，而用计算机模拟两种策略的结果要便宜一些。这就是为什么资本预算中要使用蒙特卡罗模拟。

例如，Backyard Barbeques 公司（BBI）是一家木炭和煤气烤肉架的制造企业，正在为一种以高压氢为燃料的新型烤肉架规划蓝图。财务总监 Margarita Tsoutsoura 对一些简单的资本预算技术感到失望，希望能用蒙特卡罗模拟法对这种新型烤肉架进行分析。专攻蒙特卡罗模拟法的顾问 Lester Mauney 提出这种方法的五个基本步骤。

### 7.2.1 步骤 1：构建基本模型

Lester Mauney 将现金流量分成三部分：年均收入、年均成本、初始投资额。一年的收入可以视为：

整个行业烤肉架的销售量 × BBI 高压氢烤肉架的市场份额（%）× 高压氢烤肉架的单位价格　　　　（7-1）

一年的成本可以视为：

制造的固定成本 + 制造的变动成本 + 市场推广成本 + 销售成本

初始投资额可以视为：

申报专利成本 + 试销成本 + 生产设备成本

### 7.2.2　步骤 2：确定模型中每个变量的分布

这是非常困难的一步。从收入开始，将其按式（7-1）的分法分成三部分。这位顾问首先模拟出整个市场的容量，即整个行业烤肉架的销售量。行业信息提供商 Outdoor Food（OF）报告，去年整个美国各种不同烤肉架的销售量为 1 000 万个，并预计下一年的销售量将达到 1 050 万个。Lester 利用 OF 的预测以及自己的直觉，对下一年整个行业烤肉架的销售量做了以下分布预测。

| 概率 /% | 20 | 60 | 20 |
| --- | --- | --- | --- |
| 下一年美国整个行业销售量 / 百万个 | 10 | 10.5 | 11 |

如此密集的分布反映了烤肉架市场的发展是缓慢而稳健的。概率分布如图 7-3a 所示。

Lester 发现 BBI 高压氢烤肉架的市场份额估计起来更困难。但不管如何，在经过一系列分析之后，他设定下一年市场份额的概率分布如下表所示。

（%）

| 概率 | 10 | 20 | 30 | 25 | 10 | 5 |
| --- | --- | --- | --- | --- | --- | --- |
| 下一年 BBI 高压氢烤肉架的市场份额 | 1 | 2 | 3 | 4 | 5 | 8 |

尽管 Lester 假定行业销售量为对称分布，但是对于一个项目的市场份额，他认为偏斜分布会更为合理。他还认为这种烤肉架大受欢迎的概率往往很低，如图 7-3b 所示。

这个预测是建立在整个行业的销售量与该项目的市场份额无关的假设之上的，即这两个变量是相互独立的。Lester 解释说经济的繁荣虽然能使行业烤肉架的销售量提高，但是此项目所占的市场份额却和经济条件无关。

接下来，Lester 必须构建烤肉架单价的分布。据财务总监 Margarita 透露，从其他竞争对手的定价来看，未来每个烤肉架的价格将为 200 美元。然而，Lester 认为价格应与烤肉架的整个市场容量息息相关。如同其他行业一样，当市场需求量大的时候，可以定高一点的价格。

经过一番定价模型的筛选，Lester 将价格模型定为：

下一年高压氢烤肉架的单价 = 190 + 1 × 行业总销售量（百万个）±3　　　　（7-2）

式（7-2）中单价以行业总销售量而定，并且通过"±3 美元"的浮动来模拟随机变量，即 50% 的概率出现 +3 美元，50% 的概率出现 −3 美元。例如，当行业销售量达到 1 100 万时，每个烤肉架的价格将为以下两种之一：

190 + 11 + 3 = 204（美元）（50% 的概率）

190 + 11 − 3 = 198（美元）（50% 的概率）

高压氢烤肉架价格与整个行业销售量的关系如图 7-3c 所示。

目前为止，顾问已经建立了收入的三大因素在下一年中的概率分布。另外利用 Outdoor Food 以及其他机构的相关预测，Lester 预测后年整个行业销售量的增长率如下表所示。

（%）

| 概率 | 20 | 60 | 20 |
| --- | --- | --- | --- |
| 后年行业销售量的增长率 | 1 | 3 | 5 |

已知行业销售量下一年的分布以及后年该变量的增长率，我们就可以计算出后年行业销售量的概率分布。依此类推，我们可以得到再后一年的分布。Lester 用同样的方法计算出收入中另外两个变量在后两年的概率分布情况。

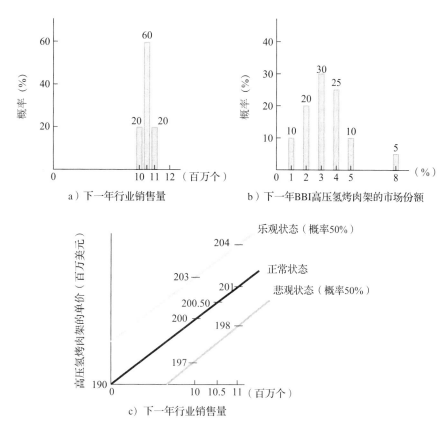

图 7-3　行业销售量、BBI 高压氢烤肉架的市场份额以及高压氢烤肉架价格的概率分布

注：3 个变量每一次取值均由计算机模拟生成。此外，烤肉架的单价取决于整个行业的销售量。

以上的讨论阐述了如何对收入的三大因素进行模拟。通过类似的方法，步骤 2 也完成了对成本以及投资这两大因素的模拟。特别要关注的是变量之间的相互作用，因为无效的管理层很有可能使得不同的成本同步上升。了解了这些，我们直接进入下一步骤。

### 7.2.3　步骤 3：通过计算机抽取一个结果

在我们的模型中，下一年的收入由三个部分组成。假设通过计算机随机抽取样本，即整个行业的销售量为 1 000 万个，BBI 高压氢烤肉架的市场份额为 2%，且价格的随机变动量为 +3 美元。那么，下一年高压氢烤肉架的价格将为：

$$190 + 10 + 3 = 203（美元）$$

由此可得，下一年 BBI 高压氢烤肉架的收入为：

$$10 \times 0.02 \times 203 = 40.6（百万美元）$$

当然，到目前为止，我们并没有算出所有结果。我们必须模拟出未来每一年的收入及成本，最后还要对初始投资额进行模拟。如此一来，通过对模型中每个变量的模拟，我们可以得到未来每一年的现金流量。

这一具体结果发生的可能性有多少呢？我们可以通过已知的每个变量的概率得出这个答案。整个行业的销售量为 1 000 万个的概率为 20%，市场份额为 2% 的概率为 20%，以及随机价格变动 +3 美元的概率为 50%。我们可以得到上述结果的概率应为：

$$0.02 = 0.20 \times 0.20 \times 0.50 \tag{7-3}$$

另外，对于未来几年的收入、成本和初始投资额来说，出现同一结果的概率会比这更低。

在这一步骤中，我们生成的每年现金流量只是所有结果中简单的一种。我们最终感兴趣的是每年各种结果产生的现金流量的分布。通过计算机无数次的随机抽样，我们可以得到这一分布，这正是下一步骤我们所要做的。

### 7.2.4 步骤4：重复上述过程

通过之前三个步骤，我们已经得到了一个结果，然而蒙特卡罗模拟的核心是通过大量重复操作来实现的。依据特定的条件，计算机会随机生成成千上万个结果，即生成未来每年现金流量的分布。这个分布是蒙特卡罗模拟法得到的基本结果。

如图7-4所示，通过重复抽样，我们可以模拟出新型高压氢烤肉架未来第3年可以给企业带来的现金流量。同样，我们也可以得到未来每一年的现金流量分布。接下来，我们进入最后一个步骤。

### 7.2.5 步骤5：计算NPV

如图7-4所示的现金流量分布，我们可以得到未来第3年的预期现金流量。通过同样的方式，我们可以得到未来每一年的现金流量，根据适当的比率对该项目的现金流量进行折现，得到项目的NPV。

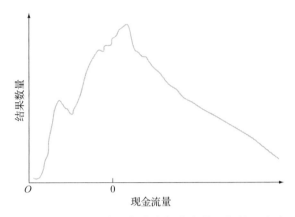

图7-4　BBI新型高压氢烤肉架未来第3年的现金流量分布图

注：在蒙特卡罗模拟中，通过对一个具体模型各个变量进行重复抽样，生成统计分布。

蒙特卡罗模拟常常被认为是优于敏感性分析与场景分析的方法。蒙特卡罗模拟明确地指出了变量间的相互作用。所以至少从理论上来说，这种方法提供了一个更为完整的分析。而且作为附带产物，这种方法通过建立一个精确的模型强化了预测者对项目的理解。

蒙特卡罗模拟法早在1940年就被提出了，由此你可能认为这种方法已被大多数企业运用。然而令人惊讶的是，事实并非如此。根据我们的经验，执行者往往怀疑这种方法很复杂。模拟各个变量的分布以及变量间的相互作用并非易事。另外，计算机输出的结果常常缺乏经济直觉。因此，虽然蒙特卡罗模拟在现实中确实有所运用，[⊖]但它并不能成为"未来主流"。事实上，Graham和Harvey[⊜]指出，在他们的样本企业中，只有15%的企业运用这种资本预算模拟。

## 7.3　实物期权

第5章我们强调指出，相对于其他评价指标，在评价资本预算项目时，NPV法是最优的。在应用NPV法时，我们应考虑到，由于市场环境和信息的变化，项目未来可能会选择拓展或放弃选项。然而传统的NPV分析通常忽略了在现实生活中，公司在项目启动后可能会采取调整措施。这种后续的调整我们称之为**实物期权**（real options）。我们如果没有考虑项目的实物期权，那么NPV法实际上低估了项目的真实价值。

### 7.3.1　拓展期权

企业家Ebonya最近得知了一种可以使水在100华氏度[⊜]而不是32华氏度时结冰的化学方法。

在所有可以运用这项技术的项目中，Ebonya最喜欢冰雕旅馆这个主意。Ebonya估计在初始投资额为1 200万美元的情况下，一家冰雕旅馆每年可以带来的现金流量为200万美元。考虑到这个投资项目的风险，她认为20%为适用的折现率。假设为永续现金流量，此项目的NPV为：

$$-12 + 2 / 0.20 = -2（百万美元）$$

⊖　制药行业率先运用这种方法。See Nancy A. Nichols, "Scientific Management at Merck: An Interview with CFO Judy Lewent," *Harvard Business Review* (January/February 1994).

⊜　See Figure 2 of Graham and Harvey, op. cit.

⊜　1华氏度 =1 摄氏度 ×1.8+32。

大多数企业家看到这个负的 NPV，一定会选择放弃这项投资，但 Ebonya 不是这类人。她解释说，NPV 分析法遗漏了价值的隐性来源。Ebonya 虽然非常肯定初始投资额为 1 200 万美元，但是每年的经营性现金流量是不一定的。当估计每年的现金流量为 200 万美元时，实际上反映了 Ebonya 认为每年的现金流量有 50% 的概率为 300 万美元，有 50% 的概率为 100 万美元。

NPV 计算出两种预测结果：

$$乐观预测：-12 + 3/0.20 = 3（百万美元）$$
$$悲观预测：-12 + 1/0.20 = -7（百万美元）$$

从表面上来看，这种新的预测并不能支持 Ebonya 进行决策。因为此项目两种预测的平均 NPV 为：

$$50\% \times 3 + 50\% \times (-7) = -2（百万美元）$$

这正是先前估计的结果。

然而，如果乐观预测是对的话，Ebonya 会选择拓展业务。如果 Ebonya 认为大约有 10 个地区会支持这种冰雕旅馆，那么投资的真正净现值将是：

$$50\% \times 10 \times 3 + 50\% \times (-7) = 11.5（百万美元）$$

图 7-5 显示了 Ebonya 的决策，即所谓决策树。这个图形可以使抽象的概念通俗易懂。如果试点成功的话，企业家会选择拓展业务。例如，想想开饭店的创业者，他们中的大多数最终都失败了，这些人并非大部分都过度乐观。他们就算意识到可能失败，也仍会义无反顾地去做。其原因在于哪怕只有一点点的机会成为下一个麦当劳或汉堡王，为什么不试一试呢！

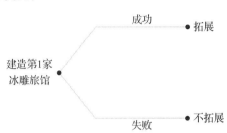

图 7-5　冰雕旅馆的决策树

## 7.3.2　放弃期权

管理者也有放弃现有项目的期权。放弃看似是胆怯的行为，却常常保住了企业大量的资金。因此，放弃期权可以增加项目潜在的价值。冰雕旅馆的例子可以同时说明拓展期权和放弃期权。我们来看如果 Ebonya 认为每年的现金流量有 50% 的概率是 600 万美元，有 50% 的概率是 -200 万美元，那么 NPV 计算的两种预测结果是：

$$乐观预测：-12 + 6/0.20 = 18（百万美元）$$
$$悲观预测：-12 - 2/0.20 = -22（百万美元）$$

得到此项目的 NPV 为：

$$50\% \times 18 + 50\% \times (-22) = -2（百万美元） \tag{7-4}$$

另外，假设 Ebonya 只想要拥有一家冰雕旅馆，此时不存在拓展期权问题。因为 NPV 在式（7-4）中为负，貌似 Ebonya 不适合建造这种旅馆。

然而，当我们考虑放弃期权时，问题就发生了变化。第 1 年，Ebonya 了解到哪种预测会变为现实。如果现金流量是乐观预测下的结果，那么 Ebonya 会让项目继续生存。反之，如果是悲观预测下的结果的话，她将放弃这家旅馆。假设 Ebonya 确切地知道未来可能发生的概率，那么该项目的 NPV 为：

$$50\% \times 18 + 50\% \times [-12 - (2/1.20)] = 2.17（百万美元）$$

正因为 Ebonya 试验的项目现金流量在第 1 年为 -200 万美元，所以她选择放弃该项目，不用在未来的几年中重复忍受这种结果。此时的 NPV 为正，Ebonya 接受该项目。

这个例子显然是理想化的。在现实生活中，并不像冰雕旅馆那样一年就可以放弃那么简单，有些项目可能在很多年之后才选择放弃，并且残值会随项目的放弃而产生。在冰雕旅馆的例子中，我们假设不存在残值。无论如何，放弃期权在现实生活中是普遍的现象。

例如，我们考虑制作电影的行业。如图 7-6 所示，电影制作是从剧本开始的。这个剧本可能是购买别人的或是自己创作的。一份完美的剧本可能要花去电影工作室上万美元，是推动电影制作的重要因素。但是，大量的剧本中可能超过 80% 的剧本最终要被放弃。为什么工作室要放弃委托别人写的剧本呢？因为工作室事先只知道一些剧本会有前景，但并不知道是哪些剧本。因此，工作室大量撒网，从其中选出一些好的。另外，工作室必须无情地砍掉不好的剧本。因为相对于制作不好的电影的巨额亏损来说，收集剧本的花费显得微不足道。

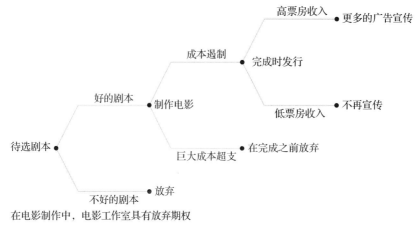

图 7-6 电影行业中的放弃期权

一些幸运的剧本会进入制作阶段，这时的预算可能是好几百万美元。在这一制作阶段中，令人畏惧的短语就是"陷入困境"，造成成本超支。但是此时工作室同样要果断地放弃剧本。超支越严重，制作越有可能被中途放弃。令人感兴趣的是，放弃行为的发生往往是因为巨大的费用支出，而不是惧怕电影没有观众。直到电影最终发行，只有很少的信息可以用来给电影制作打分。

发行电影必定伴随着必要的广告宣传，平均费用约 4 000 万美元。然而，对于全球性的电影，广告预算可能会超过 3 亿美元。如果票房大卖，广告宣传会继续进行。但如果几周票房都不尽如人意，那么宣传活动就会停止。

制作电影是风险最大的行业之一。如果电影能一鸣惊人，那么工作室可以在一周内获得数百万美元的收入。然而，万一电影失败，工作室会一无所获。放弃期权包括放弃已花费的成本，否则就很有可能导致破产。

为说明一些这样的观点，我们来看欧洲迪士尼的案例。欧洲迪士尼创建于 1987 年，1992 年其公园在巴黎郊区开园。迪士尼的管理层认为欧洲人会在新公园玩得尽兴，但是问题很快就出现了：很多游客抱怨票价太高；而在一个习惯吃肉配红酒的国度，迪士尼却不供应酒精类饮料；另外，法国本土的保安则抱怨迪士尼的着装规定太过苛刻，等等。

几年的运营之后，公园开始在它的饭店中供应葡萄酒、降低票价并做了其他方面的调整。换句话说，管理层行使期权，重新改造其产品的形式。公园开始赢利。接着，公司通过增加"第二扇门"来拓展期权。这是另外一种形式的公园，叫作迪士尼影城，它紧靠欧洲迪士尼。第二扇门的原计划是鼓励游客延长逗留的时间，然而新公园失败了。究其原因包括昂贵的票价、景点的设置基于好莱坞而不是欧洲本土制作的电影、欧洲员工罢工运动以及夏季的高温。

2003 年夏天，欧洲迪士尼再次面临破产。高管探讨了一系列五花八门的期权方案，包括让公司破产（放弃期权）以及将公园的名字迪士尼换掉等。2005 年，公司最终同意接受法国政府的帮助进行重组。虽然该公司赚取了几年的利润，但在 2017 年，迪士尼宣布了其子公司 10 亿欧元（约合 12.5 亿美元）的救助计划，其债务是收益的 15 倍。

Jay Rasulo 是迪士尼主题公园的见证者，恰当归纳了管理期权的整体观点。他说，一件可以肯定的事情是我们不可能一开始就是 100% 正确的。每创建一座公园，就意味着我们将增添新的内容。

2020 年，大量的制药企业行使了放弃期权。大多数制药企业都试图研发新冠疫苗，其中只有少数制药企业能研发成功并推向市场，其余的大部分企业都没有成功。平均而言，一种新药从研发到面市的花费是 26 亿美元，这是一笔不菲的支出。主要原因是尽管有成百上千种的治疗方案被立项研发，但其中只有12%能走到临床试验并决定其是否能最终上市，而其余的连临床试验的机会都没有。肿瘤新药的研发更残酷，97%的研发都无法最终走向市场。

### 7.3.3 择机期权

人们经常会发现一些城里的土地闲置多年，尽管这些土地不停地转手买卖。为什么人们要花钱购买这些不会带来经营收入的土地呢？当然，这不能从NPV分析法中找到答案。然而，这种悖论可以轻易地通过实物期权来解释。

假设土地最佳的利用是作为办公大楼。大楼总的建筑成本估计为100万美元。目前扣除所有费用，每年永续的净租金估计为9万美元，折现率为10%。那么，这座大楼可以带来的NPV将为：

$$-1\,000\,000 + (90\,000/0.10) = -100\,000 \text{（美元）}$$

因为该NPV为负，人们目前可能不会想要建造大楼。然而，假设联邦政府正在为该区域规划各种城市新建项目。如果新项目投建的话，办公楼租金将会提高。在这种情况下，土地所有者就有可能建造办公大楼；反之，如果办公楼租金不变，甚至下降，那么土地所有者则不会盖房。

我们说土地所有者拥有择机期权。虽然他现在不想盖房，但在租金充分上涨时他就会选择盖房。这种择机期权可以解释为什么闲置土地常常有价值。这里的费用是指为持有闲置土地而产生的费用，如税收。但在租金充分上涨后，办公大楼的价值会抵销这种费用。当然，闲置土地的价值是由未来兴建新项目的可能性以及租金一定程度的提高所决定的。图7-7就说明了这种择机期权。

矿业的经营也是一种择机期权。假定你拥有一座铜矿山，而每吨铜矿的成本高于销售所能获得的收入。你不假思索就会做出目前不开采铜矿的决定。因为存在财产税、保险费和安全设施所需的所有权成本，所以你可能希望将矿山出售。然而，你不会草率行动。未来铜的价格可能会上涨，使你获利。从这种可能性来讲，现在你就可以物色到能为铜矿山掏钱的人。

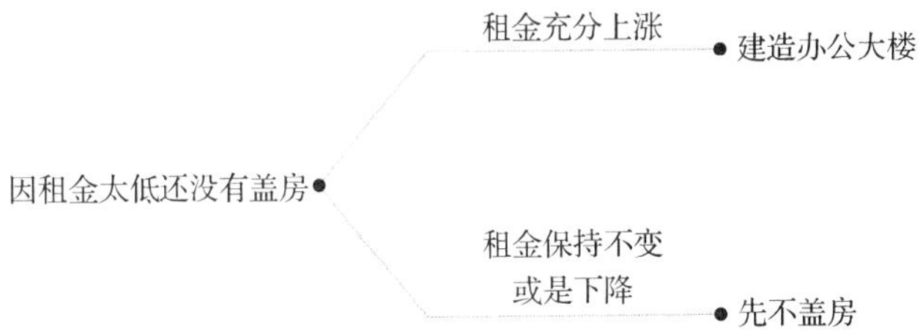

图 7-7 闲置土地的决策树

## 7.4 决策树

在上一节我们看到，管理者会基于新的信息调整他们的决策。例如，一个项目可能因为前期测试很有前景，就决定进一步拓展；反之，当测试结果不好时，就决定放弃该项目。正如我们先前所说的，这种管理者的选择权被称为实物期权。同时我们可以把某个项目视为一系列实物期权的组合，这会导致我们不再采用之前所用的净现值法。

在本章中，我们讨论过SEC的太阳能喷气式发动机项目，现金流量情况如表7-1所示。在那个例子中，SEC计划第1年投资15亿美元，并期望在接下来的5年中每年获得9亿美元。计算得出NPV为15.18亿美元，所以企业可能希望开展这个项目。

为更详细地解释决策树，我们回到项目最开始的年份，即第0年。那时，SEC的决策相当复杂。当时，工程部开发了太阳能喷气式发动机技术，但并未进行市场试测。市场部门建议SEC可以生产一些这种发动机，对其进行市场测试。企划部估计这一初步阶段大约需要1年，费用需要1亿美元，包括进行产品展示、市场推广以及操作指导等活动。此外，部门认为这次市场测试成功的概率为75%。在测试完毕后，SEC确定要大规模生产，必要的投资为15亿美元。

市场测试会给我们的分析带来另一个麻烦。我们先前的例子是在假设市场测试成功的基础上进行的。我们如何分析第一阶段市场测试后，是否继续推进该项目呢？这时就需要决策树法帮助分析。

我们返回第一阶段，如图7-8所示，SEC面临两个抉择。第一，是否对太阳能喷气式发动机进行试验和开发？第二，如果测试成功，是否根据市场测试结果进行大规模生产投资？这时的一个重点是，决策树对这两个问题的回答是以逆序的方式来进行的。所以首先考虑对于测试的结果成功与否，我们该怎样做。

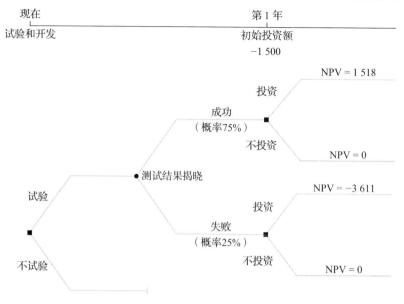

图 7-8　SEC 的决策树（单位：百万美元）

注：方块表示决策点，圆点表示信息接收点。SEC 必须做出两个抉择。①是否对太阳能喷气式发动机进行试验和开发？②是否进行大规模生产投资？通过决策树，决策按逆向进行。

**假设试验成功（概率 75%）。**表 7-1 显示大规模的生产需要成本 15 亿美元，并且在未来 5 年中每年产生现金流量 9 亿美元，产生的 NPV 为：

$$NPV = -1\,500 + \sum_{t=1}^{5} \frac{900}{(1.15)^t}$$
$$= -1\,500 + 900 \times PVIFA(0.15, 5)$$
$$= 1\,518（百万美元）$$

因为净现值为正，所以成功的市场测试使得公司会进行大规模生产。（注意，计算 NPV 的时点是第 1 年，即从投入 15 亿美元的时点开始计算。稍后，我们将该 NPV 值折现到第 0 年，即决定市场测试的时候。）

**假设试验失败（概率 25%）。**SEC 所投入的 15 亿美元将使得项目的净现值为 −36.11 亿美元。这个计算是以第 1 年为基准的。（为简略起见，我们不再提供计算这一结果的原始数据。）因为 NPV 在这里是负的，试验不成功，所以 SEC 不会进行大规模生产。

**市场测试的决策。**现在，我们知道了如何根据测试的结果做出决策。让我们将这些结果向前移动 1 年。也就是说，我们需要了解在第一阶段中，SEC 是否要投资 1 亿美元进行市场测试。

在时点为 1 时，收益的期望值为：

$$收益的期望值 =（成功的概率 × 成功后的收益额）+（失败的概率 × 失败后的损失额）$$
$$= 0.75 \times 1\,518 + 0.25 \times 0$$
$$= 1\,139（百万美元）$$

把收益的期望值折现到期初为：

$$NPV = -100 + 1\,139/1.15$$
$$= 890（百万美元）$$

因为 NPV 为正，所以企业应当进行太阳能喷气式发动机的市场测试。

**注意事项：**我们对市场测试和投资决策同时使用 15% 的折现率。在现实中，市场测试阶段有可能要求采用更高的折现率，因为市场测试的风险高于投资决策。

回顾：正如上面所提到的，图7-8为整个分析过程。从图中可以看到，SEC面临以下两个抉择：

（1）是否对太阳能喷气式发动机进行试验和开发？

（2）是否根据市场测试结果进行大规模生产投资？

利用决策树，我们先回答第2个问题，随后解决第1个问题。

如书中所表述的那样，决策树是解决SEC问题的最好途径。但是，我们将在后面章节中介绍一种更成熟的期权估值方法。这种方法最初在有组织的期权交易所中被用来评估金融期权，当然它也可以被用来评估实物期权。

# 本章小结

本章探讨了资本预算在实际中的应用。

1. 尽管在理论上NPV是最好的资本预算分析方法，但NPV由于在实践中给经理提供了"安全错觉"而受到指责。敏感性分析提供了不同假设下的NPV，从而使经理更好地察觉项目的风险。然而，敏感性分析只在同一时间修正一个变量，而在现实中很多变量很有可能是联合变动的。场景分析考虑不同场景下（如战争爆发或油价飞涨）项目的表现。最后，为了帮助经理了解项目亏损前错误预测的危害性，我们介绍了盈亏平衡分析法。盈亏平衡分析法是计算出项目盈亏平衡时所应实现的销售量。尽管盈亏平衡分析法通常采用会计利润进行分析，但我们建议用净现值更为恰当。

2. 蒙特卡罗模拟是从企业的现金流量模型开始，基于不同变量间的相互作用以及每个单独变量随时间的变化而变化的概率预测。随机抽样产生每一时期现金流量的分布，并对净现值进行估算。

3. 我们分析了资本预算中的隐含期权，包括拓展期权、放弃期权以及择机期权。

4. 决策树是对隐含实物期权的项目进行评估的方法。

# 思考与练习

1. **敏感性分析、盈亏平衡分析和场景分析** 我们正在评估一项花费845 000美元的项目，期限为8年，无残值。计提折旧采用直线折旧法，折旧期限为8年，期末残值为0。假设每年的销售量为51 000件，每件的价格为53美元，变动成本为每件27美元，固定成本为每年950 000美元。税率为22%，并且我们要求这个项目的投资收益率为10%。

   a. 计算会计盈亏平衡点。

   b. 计算基本情况下的现金流量和净现值。此外，净现值对销售额变化的敏感性如何？如果销售额每年减少500件，你的答案做何变化？

   c. 经营现金流量对可变成本变化的敏感性如何？如果可变成本减少了1美元，你的答案做何变化？

   d. 如果有关价格、销售量、变动成本和固定成本的预测精度都在±10%之内，请分别计算最乐观和最悲观场景下的NPV。

2. **决策树** Ang电子有限公司研发出一种新的无线网状网络技术。如果现在立马大规模推向市场并取得成功，则该项目的NPV预计为2 900万美元；如果

市场推广不成功，则该项目的NPV为920万美元。现在直接进行市场推广，预计有50%成功的概率。公司还可以采取另外一种策略，就是先花费210万美元对产品进行市场测试，通过市场测试改善产品，一年后再大规模市场推广，则其成功率预计可提高到80%。项目适用的折现率为11%，请问公司是否应该先开展市场测试？

3. **财务盈亏平衡点** Martinez公司购买一台全新的机器用来生产它的High Flight品牌系列鞋。机器采用直线折旧法计提折旧，折旧期限为5年，无残值。机器成本为480 000美元。这种鞋子每双的售价为71美元，变动成本为28美元，机器每年的固定成本为295 000美元。假设所得税税率为21%，适用的折现率为8%。那么企业要实现多少销售才能财务盈亏平衡？

4. **项目分析** McGilla Golf公司决定出售新系列高尔夫球杆。球杆每根售价815美元，变动成本为365美元。公司花费150 000美元进行市场调研，并估计在7年中每年销售55 000根。市场调研还估计在

高价位球杆上公司将少销售 10 000 根。高价位球杆售价 1 345 美元,变动成本为 730 美元。公司也将增加 12 000 根低价球杆的销售。低价球杆的售价为 445 美元,变动成本为 210 美元。每年的固定成本为 9 300 000 美元。公司研发新球杆的花费为 1 000 000 美元。所需的厂房和设备将耗资 39 200 000 美元,并采用直线折旧法计提折旧。新球杆将扩大净营运资本 1 850 000 美元,在项目结束时收回。公司所得税税率为 25%,资本成本为 10%。估计投资回收期、NPV 和 IRR。

5. **盈亏平衡点分析** 你的好朋友跑来告诉你有一个一定会成功的赚快钱的项目,能够帮你还清助学贷款。他的主意是售卖印有 "I get" 字样的 T 恤。"你知道为什么吗?"他说,"你看到那些保险杠贴纸和 T 恤上写着的 'got milk' 或者 'got surf' 字样了吗?我们的 T 恤上写着 'I get',有趣极了!我们要做的只是花 8 900 美元买一个二手孔板印刷机,就可以开始做自己的生意了。"假设没有固定成本,并且在第 1 期就将 8 900 美元计提折旧。税率是 21%。

a. 如果每件 T 恤的成本为 3.75 美元,售价为 16 美元,那么会计盈亏平衡点应为多少?

b. 现在假设 1 年过去了,你卖出了 5 000 件 T 恤。Dairy Farmers of America 公司拥有 "got milk" 的商标权,要求你支付 25 000 美元才能继续使用这一标语。你预计这种 T 恤的流行还将持续 3 年,而你的折现率为 12%。现在你这个项目的财务盈亏平衡点应该是多少?

# 第 8 章

# 利率和债券估值

通常情况下，当你做投资时，你期望未来能收到的钱比你当前投出去的钱要多。但在 2019 年和 2020 年，对很多债券投资者来讲，并不是这样的情形。2020 年 5 月，英国政府发行了 37.5 亿英镑的 3 年期债券，收益率为 −0.003%。2019 年 8 月，德国政府发行了 30 年期的债券，收益率为 −0.11%，投资者购买了 8.24 亿欧元的债券，到 2050 年却只能收到 7.95 亿欧元。事实上，在那段时间，总共有 15 万亿美元的债券是以负利率发行的。而且，负利率不仅仅限于政府债券，那段时间超过 1 万亿美元的公司债券是以负利率发行的。例如，德国工业巨头西门子发行了 15 亿欧元的 2 年期债券，收益率为 −0.315%。

本章将向读者介绍债券。我们首先运用第 4 章介绍的方法对债券进行估值。然后我们讨论债券的特征以及债券是如何交易的。一个要点是：债券的价值在很大程度上取决于利率。因此，我们会在本章的最后一节探讨利率的市场行为。

## 8.1 债券和债券估值

公司（以及政府）常常通过发行或是售卖债务证券（也就是债券）来借入资金。本节将介绍公司债券的诸多特征。我们接下来会讨论与一只债券有关的现金流量，以及债券是如何运用折现现金流量的方法进行估值的。

### 8.1.1 债券特征和价格

债券通常是一种在某一期间只还利息的贷款，即借款人每期只偿还利息，而本金只有在借款到期日才会进行清偿。公司债券是一种由公司发行的用于筹集资金的债务索取凭证。公司债券的求偿权优先于股票，因为公司必须向债券持有人支付完利息后才能向股票持有人支付股利。基于这个原因，公司债券和其他形式的债务的求偿权被认为是优先的，而股票的求偿权是次要的。

举个例子，假设 Beck 公司准备借入 1 000 美元，期限为 30 年。可比公司普通债券的利率为 12%。因此，在这 30 年中，Beck 公司每年要偿还的利息额为 0.12 × 1 000 = 120（美元）。在第 30 年年底，Beck 公司将会清偿 1 000 美元。正如例子所示，债券是一种非常简单的融资安排。但实际上，与债券相关的专业术语十分丰富。

在上述例子中，120 美元的定期利息被称为债券的**票息**（coupon）。由于票息是固定的且每年支付，因此这种类型的债券有时也被称为**平息债券**。而在借款期末被清偿的数额被称为债券的**票面值**（face value）或**面值**（par value）。正如在上面的例子中，公司债券的面值通常为 1 000 美元，以面值出售的债券被称为**平价债券**。历史上，美国公司债券的面值为 1 000 美元，但最近常见的面值为 2 000 美元。政府债券的面值通常要大得多。每年的票息除以面值被称为债券的**票面利率**（coupon rate）。由于 120/1 000=12%，因此 Beck 公司债券的票面利率为 12%。

距离清偿面值的年份数被称为债券的**到期日**（maturity）。公司债券在初始发行时所设定的到期日通常为 30 年，但这也会发生变化。一旦债券发行，距到期日的年数就会随着时间的流逝而降低。

### 8.1.2 债券价值和收益率

随着时间流逝，市场上的利率会发生变化。由于与某一只债券有关的现金流量将保持不变，因此债券的价值会发生浮动。当利率上升时，债券中仍未清偿的现金流量的现值将会降低，债券将变得不像原来那么值钱。当利率下降时，债券则会更有价值。

为了确定债券在特定时点的价值，我们需要知道距到期日的期数、面值、票息以及拥有类似特征的债券的市场利率。市场上对于一只债券所要求的利率被称为债券的**到期收益率**（yield to maturity，YTM），有时也被简称为债券的收益率。给定这些信息后，我们可以计算出现金流量的现值，并将其作为债券当前市场价值的估计值。

假定 Xanth 公司曾准备发行一只到期期限为 10 年的债券。Xanth 公司债券的年利息为 80 美元，意味着该债券在未来 10 年每年支付的利息都为 80 美元。而且，在 10 年后，Xanth 公司将要向债券的持有人支付 1 000 美元。债券的现金流量如图 8-1 所示，这些现金流量包括了年金的部分（票息）以及期末一笔支付的部分（到期日所支付的面值）。

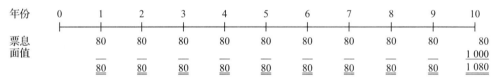

图 8-1　Xanth 公司债券的现金流量

注：Xanth 公司债券的年利息为 80 美元，票面金额为 1 000 美元，到期期限为 10 年。

假设可比债券的市场收益率为 8%，那么这只债券该以怎样的价格售出？我们要估计这只债券的市场价值，就要分别计算出这两部分的现值，同时将结果相加。首先，当利率为 8% 时，10 年后支付的 1 000 美元的现值为：

$$现值 = 1\,000/1.08^{10} = 1\,000/2.158\,9 = 463.19（美元）$$

其次，这只债券在 10 年的时间内每年会支付 80 美元。这份现金流量的现值为：

$$年金现值 = 80 \times (1-1/1.08^{10})/0.08$$
$$= 80 \times (1-1/2.158\,9)/0.08$$
$$= 80 \times 6.710\,1$$
$$= 536.81（美元）$$

我们将以上两部分的价值相加可以得到债券的价值：

$$债券的总价值 = 463.19 + 536.81=1\,000（美元）$$

这只债券恰好以其面值出售并不是一个巧合。假设市场未来的利率是 8%，考虑一笔期间只支付利息的贷款，那么这只债券的利率应该是多少？由于每年的利息是 80 美元，所以只有当这只债券以 1 000 美元出售时，其利率才会恰好是 8%。

为了阐释当利率改变时会发生什么，假定已经过去 1 年。Xanth 公司债券离到期日还有 9 年的时间。如果市场利率已经上升至 10%，那么该债券的价值又会变为多少？要得到这个结果，我们将重复之前进行的现值计算，只是现在要用 9 年代替原先的 10 年，而且用 10% 的利率代替原先的 8%。首先，9 年后支付的 1 000 美元按照利率 10% 折现的现值为：

$$现值 = 1\,000/1.10^9 = 1\,000/2.357\,9 = 424.10（美元）$$

其次，在剩下的 9 年时间中，债券每年所支付的仍为 80 美元。而在 10% 的利率下，这份年金的现值等于：

$$年金现值 = 80 \times（1-1/1.10^9）/0.10$$
$$= 80 \times（1-1/2.357\,9）/0.10$$
$$= 80 \times 5.759\,0$$
$$= 460.72（美元）$$

我们现在将两部分的价值相加得出债券的总价值：

$$债券的总价值 = 424.10 + 460.72 = 884.82（美元）$$

因此，该债券应售出的价格约为 885 美元。说得更直白一点，对于这只票面利率为 8% 的债券，只有将其价格定为 885 美元，才可实现 10% 的市场收益率。

Xanth 公司债券现在出售的价格低于其面值 1 000 美元，为什么？因为市场利率为 10%。假设有一笔只支付利息的借款 1 000 美元，这只债券仅按 8% 的票面利率进行支付。由于债券所支付的利率低于市场上的利率，那么投资者愿意出的钱就会比所承诺清偿的金额 1 000 美元要稍微少一点儿。由于债券是按照低于面值的价值售出的，因而它被称为**折价债券**。

使利率达到 10% 的唯一方法就是将价格降到 1 000 美元以下，这样购买者实际上可以从中获得"内置"的价差收益。以 Xanth 公司债券为例，885 美元的价格比其面值低了 115 美元。因此对于购买该债券并持有的投资者来说，他可以在每年获得 80 美元的利息收入，且可以在债券到期日获得 115 美元的收益。这份收益可以补偿借款人承受低于市场利率的票面利率而遭受的损失。

另外一种理解为什么该债券要低于面值 115 美元的方法是，基于目前的市场状况，注意新发行的面值债券的利息为 100 美元，而原先债券每月支付的 80 美元利息可以看作比这份新发行债券的利息要低 20 美元。而且，这只债券只有当其年利息为 100 美元时价值才是 1 000 美元。从另一个角度来说，购买并持有 Xanth 公司债券的投资者在接下来的 9 年中每年放弃的利息额为 20 美元。当利率为 10% 时，这份年金的现值为：

$$年金现值 = 20 \times（1-1/1.10^9）/0.10$$
$$= 20 \times 5.759$$
$$= 115.18（美元）$$

这就是折价的数额。

如果利率降低 2 个百分点，而非上升 2 个百分点，那么 Xanth 公司债券又会以怎样的价格卖出？正如你可能猜出的，这只债券将会以高于 1 000 美元的价格卖出。这样的债券被称为**溢价卖出**或**溢价债券**。

这个例子与折价债券正好相反。Xanth 公司债券现在是一只票面利率为 8% 的债券，而当下的市场利率仅为 6%。投资者因而愿意额外支付一定的价格来获得这部分增加的票息。在这个例子中，相关的折现率为 6%，而距到期日还有 9 年。1 000 美元面值的现值为：

$$现值 = 1\,000/1.06^9 = 1\,000/1.689\,5 = 591.89（美元）$$

票面利息现金流量的现值为：

$$年金现值 = 80 \times（1-1/1.06^9）/0.06$$
$$= 80 \times（1-1/1.689\,5）/0.06$$
$$= 80 \times 6.801\,7$$
$$= 544.14（美元）$$

我们将两部分的价值相加得出债券的总价值：

$$债券的总价值 = 591.89 + 544.14 = 1\,136.03（美元）$$

因此，债券的总价值超出面值的部分为 136 美元。如果注意到票息在当前的市场条件下偏高 20 美元，我们就可以由此计算出该部分超出的价值。当利率为 6% 时，9 年中每年 20 美元的现值为：

$$年金现值 = 20 \times（1-1/1.06^9）/0.06$$

$$= 20 \times 6.801\ 7$$
$$= 136.03\ (美元)$$

这和我们刚才计算的结果一致。

基于上述例子，我们现在可以写出债券价值的通用表达式。如果一只债券拥有在到期日时支付的面值 $F$、每期支付的利息 $C$、距到期日的时间 $T$ 以及每期收益率 $r$，那么它的价值等于：

$$债券价值 = C \times [1-1/(1+r)^T]/r + F/(1+r)^T$$
$$债券价值 = \quad 票息的现值 \quad + 面值的现值 \qquad\qquad (8\text{-}1)$$

### 例 8-1 半年期票息

实际上，美国所发行的债券通常一年支付两次利息。因此，如果一只普通债券拥有 14% 的票面利率，那么该债券的持有者每年收到的利息总额为 140 美元，但这份 140 美元的利息将会以每份 70 美元分两次支付来实现。

假设债券的到期收益率为 16%。债券的收益率都是以年利率（APR）来表示的，而所示的利率等于每期实际利率乘以期数。如果收益率表示为 16% 且每半年支付一次利息，那么实际的收益率就为每 6 个月 8%。如果债券在 7 年后到期，那么债券的价格会是多少？这只债券的实际年收益率为多少？

基于之前的讨论，我们知道这只债券将会折价售出。由于它的票面利率为每 6 个月 7%，而市场所要求的收益率为每 6 个月 8%，因此，如果我们的解答高于 1 000 美元，那么我们一定是算错了。

为了得到确切的价格，我们首先要计算在 7 年后偿付的 1 000 美元的现值。如果把每 6 个月看作 1 期，那么 7 年就可以看作 14 期。每期的折现率为 8%，那么价值为：

$$现值 = 1\ 000/1.08^{14} = 1\ 000/2.937\ 2 = 340.46\ (美元)$$

利息可以看作 14 期、每期支付额为 70 美元的年金。在 8% 的折现率下，这样的年金的现值为：

$$年金现值 = 70 \times (1-1/1.08^{14})/0.08$$
$$= 70 \times (1-0.340\ 5)/0.08$$
$$= 70 \times 8.244\ 2$$
$$= 577.10\ (美元)$$

总的现值就是债券的价格：

$$债券的总价值 = 340.46 + 577.10 = 917.56\ (美元)$$

为了计算出这只债券的实际年收益率，注意到每 6 个月 8% 的利率等同于：

$$实际年收益率 = (1+0.08)^2 - 1 = 16.64\%$$

因此，实际年收益率为 16.64%。

正如我们已经在本节中所阐释的那样，债券价格和利率变动的方向总是相反的。当利率上升时，债券价格就会下降，与其他任何现值的变动方向一样。同样，当利率下降时，债券价格就会上升。即使借款人确定能够全部清偿不违约，投资债券仍然存在风险。我们接下来就对此进行讨论。

### 8.1.3 利率风险

对于债券持有者来说，市场利率波动所带来的风险被称为**利率风险**。一只债券所包含利率风险的大小取决于其价格对于利率变动的敏感程度。这种敏感程度取决于两个因素：距到期日的时间以及票面利率。我们接下来马上将会看到，在评估一只债券时，你应该时刻将以下几条记在脑中：

（1）在其他条件都相同的情况下，距到期日的时间越长，利率风险越大；

（2）在其他条件都相同的情况下，票面利率越低，利率风险越大。

我们将在图 8-2 中阐释这两点中的第 1 点。如图 8-2 所示，我们计算了在不同利率条件下，票面利率为 10% 的 1 年期债券和 30 年期债券的价格变动情况。我们注意到 30 年期的债券价格曲线要更为陡峭。这种陡峭程度告诉我们，利率中相对较小的变动都将导致债券价值的大幅变动。相比之下，1 年期债券的价格对于利率变动较不敏感。

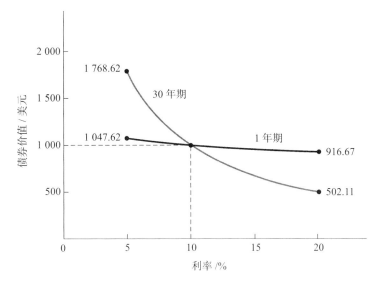

（单位：美元）

| 利率 | 到期期限 | |
| --- | --- | --- |
| | 1 年 | 30 年 |
| 5% | 1 047.62 | 1 768.62 |
| 10% | 1 000.00 | 1 000.00 |
| 15% | 956.52 | 671.70 |
| 20% | 916.67 | 502.11 |

图 8-2 利率风险和到期期限

从直观上说，短期债券拥有较小的利率敏感度是由于 1 000 美元的面值能更早收回。举例来说，如果该面值的金额能在 1 年内收回，那么利率上微小的波动就不会大幅影响这部分金额的现值。但是，一旦按 30 年进行复利计息，那么即使是利率中极小的变动，也可以对现值产生显著的影响。因此，对于长期债券来说，面值的现值波动的幅度更大。

关于利率风险需要了解的另一件事情就是，与金融和经济领域的其他许多事情一样，它是以递减的速率增长的。举例来说，10 年期债券所包含的利率风险要远高于 1 年期债券，然而 30 年期债券所包含的利率风险只略高于 10 年期债券。

较低票息的债券所包含的利率风险较高的原因也基本相同。正如我们之前所讨论的，一只债券的价值依赖于其利息和面值的现值。如果两只债券的票面利率不同而到期期限相同，那么较低票息债券的价值就更加依赖于到期日那天可收回的票面金额。因此，当利率变动时，其价值波动的幅度会更大。从另一个角度理解，更高票息的债券在其存续期内的早期所产生的现金流量更多，因此其价值对于折现率的变动较不敏感。

一般来说，债券的存续期限超过 30 年是不常见的，尽管也存在例外的情况。20 世纪 90 年代，迪士尼公司发行了"睡美人"债券，存续期限为 100 年。类似地，南方贝尔、可口可乐以及荷兰银行业巨头 ABN AMRO 都发行过存续期限为 100 年的债券。近年来由于低利率导致了更多的超长期限的债券发行。例如，2017 年 7 月，日本通信公司软银发行了 45 亿美元的永续债券。大学也成了发行超长期限债券的主体，2019 年，罗格斯大学发行了 3.3 亿美元的 100 年期债券，弗吉尼亚大学也在同时期发行了 100 年期债券。2020 年 9 月，奥地利政府发行了 20 亿欧元（约合 23 亿美元）的 100 年期债券，这笔债券发行时的到期收益率仅仅只有 0.88%。请同学们记住这件事，我们后续讨论利率期限结构的时候会再回过头来探讨这个话题。

我们可以运用 100 年期的南方贝尔债券阐释利率风险的影响。下表提供了这只债券的一些基本信息，以及它在 1995 年 12 月 31 日、2009 年 3 月 6 日和 2020 年 8 月 21 日的价格。

| 到期日 | 票面利率 | 1995 年 12 月 31 日价格 | 2009 年 3 月 6 日价格 | 1995—2009 年价格变化 | 2020 年 8 月 21 日价格 | 2009—2020 年价格变化 |
|---|---|---|---|---|---|---|
| 2095 | 7.00% | 1 000 | 803.43 | −19.66% | 1 529.36 | +90.35% |

从表中可以发现，首先，1995 年 12 月 31 日—2009 年 3 月 6 日利率显著地下降。（为什么？）债券价格先是下降了 19.66%，然后又上涨了 90.35%。

### 8.1.4 求解到期收益率：更多的试错

在大多数情况下，我们会知道一只债券的价格、票面利率和到期日，但不会知道它的到期收益率。举例来说，假定我们对一只票面利率为 8% 的 6 年期债券感兴趣，一名经纪人将其价格标为 955.14 美元。那么这只债券的收益率为多少呢？

我们已经发现，一只债券的价格可以写作其年金与本金现值的加总。已知票面利息为 80 美元，到期期限为 6 年，面值为 1 000 美元，我们可将其价格表示为：

$$955.14 = 80 \times [1-1/(1+r)^6]/r + 1\ 000/(1+r)^6$$

式中，$r$ 是未知的折现率，也就是到期收益率。我们有一个方程，同时有一个未知数，但如果不使用财务计算器或者电子数据表格就无法计算出 $r$。在此我们将采用试错法。

通过运用我们所知的关于市场价格和收益率之间关系的知识，我们可以加快试错的进程。在本例中，债券的票面利息为 80 美元，同时折价出售。因此，我们可以知道到期收益率高于 8%。如果我们按照 10% 计算，其价格为：

$$债券价值 = 80 \times (1-1/1.1^6)/0.1+1\ 000/1.1^6$$
$$= 80 \times 4.355\ 3 + 1\ 000/1.771\ 6$$
$$= 912.89（美元）$$

在 10% 的利息下，计算出的价值低于实际价格。因此，10% 过高了。真实的收益率应该处于 8% ~ 10%。在这个时候，要运用"插入法"找出正确答案。接下来你可能想要尝试 9%，如果这么做的话，你将会发现这实际上就是该债券的到期收益率。

一只债券的到期收益率不应当与其**现价利息率**（current yield）混淆。现价利息率是将一只债券的年利息与其价格简单相除。在这个例子中，债券的年利息为 80 美元，价格为 955.14 美元。给定这些数字后，我们可以计算出现价利息率为 80/955.14 = 8.38%，低于到期收益率 9%。现价利息率过低的原因是它只考虑了收益中利息的那部分，而未曾考虑到从价格的折扣中所能获得的隐含价差收益。对于溢价债券来说，反之亦然，也就是说现价利息率会较高，因为它忽略了隐含价差损失。

关于债券估值的讨论总结于表 8-1。后面所示的电子表格展示了如何更简单地计算价格和收益率。

表 8-1 债券估值小结

**I. 计算债券的价值**

债券价值 = $C \times [1-1/(1+r)^T]/r+F/(1+r)^T$

式中，$C$ 为每期支付的利息；$r$ 为每期的折现率；$T$ 为期数；$F$ 为债券面值。

**II. 计算债券的收益率**

已知债券的价值、利息、距到期日的时间和面值，我们只能通过试错法计算出隐含的折现率，也就是到期收益率。要进行试错法，就要试着将不同折现率代入计算式，直到计算出的债券价值等于给定价值（或是借助电子表格来计算）。要时刻记住提高利率会降低债券价值

## | 电子表格应用 | 如何使用电子表格计算债券价格和收益率

大部分电子表格都有可供计算债券价值和收益率的复杂程序，对于这些程序的很多细节我们没有进行讨论。然而，正如下面的两张电子表格所示，使用简单的电子表格计算价格和收益率是十分容易的。

| | A | B | C | D | E | F | G | H |
|---|---|---|---|---|---|---|---|---|
| 1 | | | | | | | | |
| 2 | | | 利用电子表格计算债券价值 | | | | | |
| 3 | | | | | | | | |
| 4 | 假设我们有一张22年期的债券，票面利率为8%，到期收益率为9%，每半年付息一次，那么该债券目前的价值是多少？ | | | | | | | |
| 5 | | | | | | | | |
| 6 | | | | | | | | |
| 7 | 结算日 | 2020年1月1日 | | | | | | |
| 8 | 到期日 | 2042年1月1日 | | | | | | |
| 9 | 票面年利率 | 0.08 | | | | | | |
| 10 | 到期收益率 | 0.09 | | | | | | |
| 11 | 面值（面值的%） | 100 | | | | | | |
| 12 | 每年付息次数 | 2 | | | | | | |
| 13 | 债券价格（面值的%） | 90.49 | | | | | | |
| 14 | | | | | | | | |
| 15 | B13中使用的计算公式是：PRICE（B7，B8，B9，B10，B11，B12）；注意面值和债券价格是以面值的百分比来表示的 | | | | | | | |
| 16 | | | | | | | | |

| | A | B | C | D | E | F | G | H |
|---|---|---|---|---|---|---|---|---|
| 1 | | | | | | | | |
| 2 | | | 利用电子表格计算到期收益率 | | | | | |
| 3 | | | | | | | | |
| 4 | 假设我们有一张22年期的债券，票面利率为8%，目前的市场价格是960.17美元，每半年付息一次，那么该债券目前的到期收益率是多少？ | | | | | | | |
| 5 | | | | | | | | |
| 6 | | | | | | | | |
| 7 | 结算日 | 2020年1月1日 | | | | | | |
| 8 | 到期日 | 2042年1月1日 | | | | | | |
| 9 | 票面年利率 | 0.08 | | | | | | |
| 10 | 债券价格（面值的%） | 96.017 | | | | | | |
| 11 | 面值（面值的%） | 100 | | | | | | |
| 12 | 每年付息次数 | 2 | | | | | | |
| 13 | 到期收益率 | 0.084 | | | | | | |
| 14 | | | | | | | | |
| 15 | B13中使用的计算公式是：YIELD（B7，B8，B9，B10，B11，B12）；注意面值和债券价格是以面值的百分比来表示的 | | | | | | | |
| 16 | | | | | | | | |
| 17 | | | | | | | | |

在电子表格中，我们注意到需要输入两部分数据：结算日和到期日。结算日是你实际上为债券付款的日期，到期日是该债券到期偿付的时间。在大多数例子中，我们并没有明确知道这些日期，因此需要自己设置它们。在本例中，我们的债券距到期日有22年的期限，因此选择2020年1月1日作为结算日，选择2042年1月1日作为到期日。任何两个间隔22年的时间点都可以作为这两个日期，我们选取的这两个日期更容易计算。最后，我们还需要以年为单位输入票面利率和到期收益率，并且明确地提供每年支付的利息额。

### 例 8-2 现价利息率

一只债券的报价为 1 080.42 美元。其面值为 1 000 美元，半年期利息为 30 美元，到期期限为 5 年。其现价利息率是多少？其到期收益率又是多少？哪个值比较大？为什么？

注意到这只债券每半年支付一次 30 美元的利息，因此年支付额为 60 美元。现价利息率为 60/1 080.42 = 5.55%。为了计算出到期收益率，重新看看例 8-1。现在在本例中，债券每 6 个月支付 30 美元的利息，同时有着每期 6 个月的 10 个期间。因此，我们需要运用下式计算出 $r$：

$$1\ 080.42 = 30 \times [1-1/(1+r)^{10}]/r + 1\ 000/(1+r)^{10}$$

经过一些试错后，我们发现 $r$ 等于 2.1%。但具有迷惑性的一点是，这个 2.1% 是每 6 个月的收益率。我们要将这个数字乘以 2 得到到期收益率，因此到期收益率应为 4.2%，略低于现价利息率。为什么到期收益率小于现价利息率呢？其原因在于现价利息率忽略了溢价债券在当前时点与到期日之间的隐含价差损失。

### 例 8-3 债券收益率

有两只债券，这两只债券除票面利息以及相应的价格不同外，其他条件都相同。两只债券的到期期限都是 12 年。第 1 只债券的票面利率为 10%，售价为 935.08 美元。第 2 只债券的票面利率为 12%，你认为其售价应为多少？

因为两只债券十分类似，我们假定它们会按照相同的收益率进行定价。我们首先需要计算 10% 的债券的到期收益率。如前所示，由于该债券折价发行，我们已知到期收益率应高于 10%。该债券的到期期限较长，为 12 年。我们已知长期债券的价格对于利率的变动更为敏感，因此收益率应该十分接近 10%。经过少数试错后，我们发现收益率实际上为 11%：

$$债券价值 = 100 \times (1-1/1.11^{12})/0.11 + 1\ 000/1.11^{12}$$
$$= 100 \times 6.492\ 4 + 1\ 000/3.498\ 5$$
$$= 649.24 + 285.84$$
$$= 935.08（美元）$$

在 11% 的收益率下，由于第 2 只债券的利息为 120 美元，因此它将会溢价卖出，其价值为：

$$债券价值 = 120 \times (1-1/1.11^{12})/0.11 + 1\ 000/1.11^{12}$$
$$= 120 \times 6.492\ 4 + 1\ 000/3.498\ 5$$
$$= 779.08 + 285.84$$
$$= 1\ 064.92（美元）$$

## 8.1.5 零息债券

对于一只不支付任何利息的债券，其售价应远低于票面价值。这样的债券被称为**零息债券**（zero coupon bonds）。<sup>⊖</sup>

### 例 8-4 在年复利情况下零息债券的到期收益率

假定 Geneva 电力有限公司发行了一只面值为 1 000 美元的 8 年期零息债券。如果该债券的价格为 627 美元，那么其到期收益率为多少？假设复利计算以年为单位。

到期收益率 $y$ 可以根据下列等式计算出来：

$$\frac{1000}{(1+y)^8} = 627（美元）$$

解方程可得 $y=6\%$，因此到期收益率为 6%。

---

⊖ 一只以很低的票面利率（相对于不支付任何利息）发行的债券被称为原始发行折价债券。

本例中的收益率为实际年收益率。但是，即使零息债券没有任何利息支付，但在实务中该债券的计算总是以半年为一期，与平息债券的计算相一致。我们将会在下个例子中阐释这一点。

**例 8-5　在真实世界半年复利的情况下零息债券的到期收益率**

假定 Eight-Inch Nails（EIN）公司发行了一只面值为 1 000 美元的 5 年期零息债券，其初始价格为 508.35 美元。请问在半年复利的情况下，其到期收益率为多少？

这个到期收益率可以表示为：

$$\frac{1000}{(1+y)^{10}}=508.35 \text{（美元）}$$

分母中的指数为 10，因为 5 年中包含了 10 个半年为一期的期间。收益率 $y$ 等于 7%。由于 7% 是以每 6 个月间隔所对应的数值表示的，因此到期收益率如以年为单位表示应为 14%。

## 8.2　政府债券和公司债券

第 8.1 节探讨了债券估值的基本原则，但没有过多地讨论政府与公司债券的区别。在本节中，我们将探讨二者之间存在的区别。

### 8.2.1　政府债券

世界上最大的借款人（比第一名多很多）就是美国人最爱的家庭成员——山姆大叔（即美国政府）。到 2020 年中期，美国政府的总债务大约为 26.7 万亿美元，也就是人均 80 000 美元（而且这个数字还在增长）。政府准备借入借款期限 1 年以上的债时，会向公众出售号称国库票据或者国债的东西（在现实中，这种情况每个月都会发生）。现在，发行在外的国库票据和国债的初始到期期限为 2～30 年。

尽管大多数美国政府债券仅为普通平息债券，还有两件很重要的事需要注意。首先，美国国债与其他债券本质上的不同在于它是没有违约风险的，因为（我们希望）国库总是有充足的财力能够按时支付债务。其次，国债免征州所得税（虽然不免联邦所得税）。换句话说，你从一只国库票据或国债获得的利息仅征联邦所得税。

州政府和地方政府同样通过发行票据或债券借入资金，发行的债券被称为市政票据和债券，或简称为"minus"。与国债不同，市政债券的违约风险分为不同的等级。最耐人寻味的一件事是，市政债券的利息是免征联邦所得税的（尽管并非一定免征州所得税），这使得它们对于那些高收入、高税率的投资者来说特别具有吸引力。正是由于这样巨大的税负减免，市政债券的收益率远低于征税债券的收益率。

**例 8-6　税后收益率对比**

假设一只长期市政债券以面值销售，其票面利率为 4.21%；而长期国债以面值出售的票面利率为 6.07%。<sup>⊖</sup>进一步假定投资者所处的税率等级为 24%。如果忽略违约风险的差别，投资者会更乐于投资国债还是市政债券？

为了回答这个问题，我们需要比较两类债券的税后收益率。忽略州及当地税收，市政债券的收益率在税前和税后都为 4.21%；而国债在税前的收益率为 6.07%，一旦我们考虑到 24% 的税收，收益率就变为 0.060 7×（1-0.24）=0.046 1，或是 4.61%。即使是这样，国债的收益率仍然略高一些。

**例 8-7　应税债券与市政债券**

假定应税债券现价利息率为 8%，同期拥有相同风险及到期期限的市政债券的收益率为 6%。请问对于一名税率为 35% 的投资者来说，哪只债券更具有吸引力？请问盈亏平衡点的税率为多少？你如何理解该项税率？

---

⊖　市政债券的资本利得是需要征税的，这会在某种程度上使分析变得更为复杂。于是，我们为了避免资本利得使问题变得更复杂，统一将该债券设定为以面值出售。

对于一名税率为 35% 的投资者而言，一只应税债券在税后的收益率为 $8 \times (1-0.35) = 5.2\%$，因此市政债券具有更大的吸引力。盈亏平衡点的税率就是在该点税率下，应税债券与免税债券对于投资者来说是无差别的。如果令 $t^*$ 代表盈亏平衡点的税率，我们可以解下式中的税率来得出：

$$0.08 \times (1-t^*) = 0.06$$
$$1-t^* = 0.06/0.08 = 0.75$$
$$t^* = 0.25$$

因此，一名税率为 25% 的投资者在税后将会从两只债券中都获得 6% 的收益率。

### 8.2.2　公司债券

我们之前已经指出，尽管美国国债不存在违约风险，但市政债券仍面临违约的可能性。公司债券同样面临这种违约的可能性。这种可能性造成了债券的**期望收益率**与**承诺收益率**之间的差距。

为了理解这两个概念，首先假设有一只 1 年期的公司债券，面值为 1 000 美元，年利息为 80 美元。进一步假定固定收益证券分析师认为这只债券的违约概率达 10%，并且在违约的情况下，每名债券持有者可以获得 800 美元。（债券持有者在公司违约后可能会收到些许补偿。这是因为清算或重组所得会首先流向债权人，而股东只有在债权人获得完全的清偿后才能受偿。）由于该债券完全清偿的概率为 90%，而债券违约的概率为 10%，因此该债券在到期日的预期受偿数额为：

$$0.9 \times 1\ 080 + 0.1 \times 800 = 1\ 052 \text{（美元）}$$

假定相似风险的债券的折现率为 9%，那么债券的价值就变为：

$$\frac{1\ 052}{1.09} = 965.14 \text{（美元）}$$

那么债券的期望收益率是多少呢？期望收益率当然是 9%，因为 9% 是上一个等式中的折现率。换句话说，今天一项 965.14 美元的投资在到期日将提供 1 052 美元的支付额，也就隐含了其期望收益率为 9%。

承诺收益率是多少呢？公司承诺将在 1 年后支付 1 080 美元，因为利息额为 80 美元。由于债券的价格为 965.14 美元，因此承诺的收益率可以由下式算出：

$$965.14 = \frac{1\ 080}{1+y} \tag{8-2}$$

式中，承诺收益率 $y$ 等于 11.9%。为什么承诺收益率会高于期望收益率呢？因为承诺收益率假设债券持有人确定能够收到 1 080 美元。换句话说，承诺收益率忽略了违约风险。相反，期望收益率的计算过程将违约概率考虑在内。如果是一只无风险证券，结果又会如何呢？期望收益率和承诺收益率将会相等，因为根据定义，无风险债券的违约概率为 0。

现在一只公司债券的承诺收益率如式（8-2）所计算的，就简单地等同于上个部分中计算所得的到期收益率。不管是公司债券还是政府债券，都可以计算承诺收益率。而我们所需的只是票面利率、面值以及到期期限。我们不需要知道任何关于违约概率的信息。计算公司债券的承诺收益率就与计算政府债券的到期收益率一样简单。实际上，这两个计算过程完全相同。但是，公司债券的承诺收益率也可等同于到期收益率，这在某种程度上还是会误导投资者。我们所说的 11.9% 的承诺收益率隐含的假设是，只有当债券不违约时，债券持有者才会拥有 11.9% 的收益率。承诺收益率并不会告诉我们债券持有者所预期的收益。

例如，先锋中长期国库券基金（TB 基金）是一只由中长期政府债券组成的共同基金。2020 年 8 月，其收益率为 0.27%。先锋高收益公司债券基金（HY 基金）由违约概率很高的中长期公司债券组成，同期的收益率为 4.00%。HY 基金的收益率为 TB 基金的 14.8（=4.00/0.27）倍。这是否意味着 HY 基金投资者预期可获得的收益是 TB 基金投资者预期可获得的收益的 14.8 倍呢？答案当然是否定的。上面所述的收益率为承诺收益率，并没有考虑任何违约的风险。

一名专业的分析师可能很容易发现这一点。由于存在高违约率,因此 HY 基金的期望收益率实际上要低于 TB 基金的期望收益率。但是,我们却很难知道这一点。计算一只公司债券的期望收益率是十分困难的,因为这必须以知晓违约概率为前提。而且如果这个数字能够计算出来,将是十分有意义的。因为如其名所示,它可以告诉我们债券持有者实际上预期能收到的回报是多少。

### 例 8-8 政府债券和公司债券的收益率

一只无违约风险的 2 年期政府债券和 2 年期公司债券都支付 7% 的利息,但是政府债券以面值出售(也就是 1 000 美元),而公司债券则以 982.16 美元出售。请问这两只债券的收益率分别是多少?为什么二者在收益率上存在差别?这些收益率就是承诺收益率吗?假设利息是以年为单位支付的。

两只债券每年都支付 70 美元的利息。政府债券的收益率可以由下式算出:

$$1000 = \frac{70}{1+y} + \frac{1070}{(1+y)^2}$$

政府债券的收益率 $y$ 为 7%。

公司债券的收益率可由下式算出:

$$982.16 = \frac{70}{1+y} + \frac{1070}{(1+y)^2}$$

公司债券的收益率 $y$ 等于 8%。

政府债券的收益率之所以低于公司债券的收益率,是因为公司债券存在违约风险,而政府债券则不存在违约风险。

对于两类债券来说,我们所计算的都是承诺收益率,因为利息都为承诺支付的利息。如果存在违约的情况,那么这些利息就不会全额支付。尽管如此,公司债券的承诺收益率仍高于期望收益率,因为公司存在一定的违约概率。

我们前面关于公司债券的讨论在很大程度上依赖于违约风险的概念,违约概率的估计已经超过了本章的学习范围。不过,一种简单的方法可以定性地分析一只债券的违约风险。

## 8.2.3 债券评级

公司常常会支付一定的费用来为公司的债务进行评级。债券评级的两家领头企业分别是穆迪公司和标准普尔公司。债券评级就是评估发行公司的信用度。穆迪公司和标准普尔公司所采用的信用度定义基于公司有多大的可能性违约及违约后债权人所受到的保护。

很重要的一点是,债券评级仅仅关注违约的概率。之前讨论利率风险时,我们将它定义为利率变动所带来的债券价值变动的风险。债券评级并未考虑这个因素,这将导致评级很高的债券也可能具有很大的波动性。

债券评级取决于公司提供的以及其他渠道所获取的信息。评级的等级以及相关的信息如下表所示。

| | 投资等级的债券评级 | | | | 低等级、投机性或垃圾债券评级 | | | | | |
|---|---|---|---|---|---|---|---|---|---|---|
| | 高等级 | | 中等级 | | 低等级 | | 极低等级 | | | |
| 标准普尔 | AAA | AA | A | BBB | BB | B | CCC | CC | C | D |
| 穆迪 | Aaa | Aa | A | Baa | Ba | B | Caa | Ca | C | |

| 穆迪 | 标准普尔 | |
|---|---|---|
| Aaa | AAA | 评级为 Aaa 或是 AAA 的债券拥有最高评级,其支付利息和偿付本金的能力特别强 |
| Aa | AA | 评级为 Aa 或是 AA 的债券支付利息与偿付本金的能力非常强,处于这个等级的债券与最高评级债券共同构成了高等级债券类别 |
| A | A | 评级为 A 的债券支付利息与偿付本金的能力较强,相比于高等级债券而言,处于这一等级的债券更容易受到环境或经济状况的负面影响 |

（续）

| | 投资等级的债券评级 | | | | 低等级、投机性或垃圾债券评级 | | | | | |
|---|---|---|---|---|---|---|---|---|---|---|
| | 高等级 | | 中等级 | | 低等级 | | 极低等级 | | | |
| 标准普尔 | AAA | AA | A | BBB | BB | B | CCC | CC | C | D |
| 穆迪 | Aaa | Aa | A | Baa | Ba | B | Caa | Ca | C | |
| Baa | BBB | 评级为 Baa 或是 BBB 的债券拥有足够的能力可以支付利息和偿付本金。尽管该类债券通常的保护性条款足够充分，但相比于评级较高的债券类别而言，较差的经济状况以及环境的变化更容易导致其支付利息与偿付本金的能力变弱。这些债券处于中间等级 | | | | | | | | | |
| Ba；B<br>Caa<br>Ca<br>C | BB；B<br>CCC<br>CC<br>C | 根据债券支付利息与偿付本金的能力，而且综合考虑契约的条款，处于本评级类别的债券通常被认为主要是投机性的债券。BB 或是 Ba 意味着相应债券的投机性最弱，而 Ca、CC 以及 C 的评级对应的则是投机性最强的债券。尽管此类债券可能会有一些保护性条款，但这些都不足以弥补不利情况下产生的高不确定性以及所需承担的主要风险。穆迪评级中的 C 级通常都会发生违约 | | | | | | | | | |
| | D | 评级为 D 级的债券发生了违约，同时利息的支付或是本金的偿付都将变成欠款 | | | | | | | | | |

注：有时穆迪和标准普尔会对这些评级进行一些调整。标准普尔评级运用加号和减号：A + 是评级为 A 的债券中偿债能力最强的，A- 则是偿债能力最弱的。穆迪评级运用 1、2、3 来进行标记，其中 1 所表示的债券是偿债能力最强的。穆迪评级没有评级为 D 的债券。

公司债券所能评上的最高等级为 AAA 或 Aaa。这样的债券被认为是质量最好的和风险最低的。例如，2020 年 8 月，微软公司和强生公司是市场上唯一的两家总部在美国的被评为 AAA 的非金融公司。而 AA 或者 Aa 等级表明债券质量良好，是更为常见的评级水平。

很大一部分的公司债券信誉等级较低，或者被称为"垃圾债券"。如果对这些低等级公司债券进行评级，它们都将被主要的评级机构列入投资级债券以下。投资级债券都是评级至少达到 BBB（标准普尔）或是 Baa（穆迪）的债券。

评级机构的意见并非总是一致的。一些债券被称为"交叉债券"或"5B 债券"。其原因在于它们在一家评级机构被评为 BBB 级（或是 Baa 级），又被另一家评级机构评为 BB 级（或 Ba 级），也就意味着"评级分歧"。

当债券发行方公司的财务实力有所增强或者减弱时，债券的信用评级会进行相应的调整。例如，2020 年 2 月，标准普尔将番茄酱制造商卡夫亨氏的信用级别从 BBB- 下调到 BB+，从而把它从投资级债券下调到垃圾债券行列。从投资级债券下调到垃圾债券通常被称为"堕落天使"。标准普尔出于对卡夫亨氏不断下降的盈利能力和现金流量的产生能力感到担忧而下调其信用等级。值得注意的是，这是在美国新冠疫情封锁之前发生的事。到 2020 年 5 月，美国市场当年就有 24 家"堕落天使"，而全球市场则高达 111 家。

信用评级是非常重要的。因为违约的情况真的会发生。如图 8-3 所示，显示了债券评级的违约率。例如，评级为 CCC/C 的公司在 1 年内违约的概率约 30%，9 年内违约的概率约 50%。相反地，评级为 AAA 和 AA 的公司在 20 年内违约的概率大约只有 1% ~ 2%。从图 8-3 中可以看出，BB 级债券 10 年后的违约概率是投资级债券 BBB 的两倍多，这就是被评为投资级债券如此重要的原因。

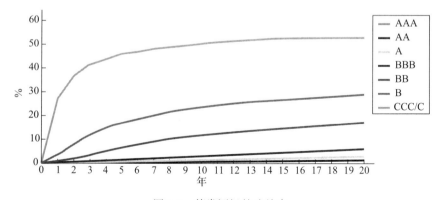

图 8-3 债券评级的违约率

资料来源：2019 Annual Global Corporate Default and Rating Transition Study, S&P Global Ratings.

当我们用信用等级评估风险的时候，有一点是很重要的，那就是我们必须认识到，这是评价公司特定债券的风险而不是公司总体的风险。同一家公司同时发行不同支付等级和不同期限的债券在美国是十分普遍的现象。优先级债券会先于次级债券支付，因此，优先级债券的违约风险比较低，通常其收益率会比较低，评级会比较高。而对于同样优先级的债券，期限短的债券享有更高的优先级，这是因为，美国公司将会优先偿付期限短的债务。

## 8.3 债券市场

每天都有巨量的债券被买卖。你可能会对债券通常情况下在一天中的交易数量要超过股票交易量的很多倍感到惊讶（这里的交易量简单地表示为换手的货币数额）。在这里我们要先问一个财务领域的小问题：世界上最大的证券市场在哪儿？绝大多数人肯定会猜是纽约证券交易所（NYSE）。事实上，如果从交易量来看，世界上最大的证券市场是美国国债市场。

### 8.3.1 债券如何被买入和卖出

债券的大部分交易都是在场外完成的，也被称为OTC（over the counter），意味着没有特定的场所进行买卖交易。相反，全美（甚至全世界）的债券交易者通过这个无处不在的市场来进行交易，形形色色的交易者都是通过电子平台的方式相互联结的。

债券市场如此庞大，一方面的原因是债券发行的数量远远超过了股票发行的数量。而这又源于两个方面的因素：首先，一般来说，一家公司发行在外的股票只有一只。尽管也有一些例外的情况，但是一家大公司可以很容易地发行一打或更多的票据或是债券。不仅如此，联邦政府、州政府以及地方政府债券发行的数额也都十分巨大。举例来说，即使是一个小城市，也可以拥有种类众多的票据和债券，相应的借款往往用于路政建设、下水道建设以及学校等项目。你可以好好想想在全美会有多少个这样的城市，然后你就能逐渐看清债券市场的全貌了。

债券市场几乎完全是场外交易市场（OTC），因此它在历史上几乎没有或者说根本没有透明度可言。如果一个金融市场的价格和交易量都可以很容易地得知，那么这样的金融市场就是透明的。例如，在纽约证券交易所，投资者可以看到每一笔交易的价格和数量。相反，在债券市场，要得到这样的信息往往是不可能的。交易在双方私下的谈判中完成，并且几乎或是根本不存在关于这些交易的统一报告。

尽管债券交易的总数远远超过股票交易，但在特定的某一天，往往只有一小部分发行在外的债券实际进行了交易。这个特征与债券市场缺乏透明度的特征相联系起来看，就意味着要得到某只债券在特定日的价格是非常困难的，甚至是不可能的，特别是对于一些较小的公司或是市政债券来说更是如此。因此，通常都会用多种信息来源估计其价格。

### 8.3.2 债券价格报告

2002年，公司债券市场的透明度开始显著改善。在新的规则下，公司债券的交易商被要求通过全美券商公会债券报价与交易系统（Trade Reporting and Compliance Engine，TRACE）报告交易信息。

TRACE债券报价可以在finra-markets.morningstar.com/Bond Center/Default.jsp网站上查询到。我们进入该网站键入"Cisco"，找到思科（Cisco）这家电信巨头公司发行的债券。我们找到该公司有20种债券对外发行。

| Issuer Name | Symbol | Callable | Sub-Product Type | Coupon | Maturity | Ratings Moody's® | S&P | Last Sale Price | Yield |
|---|---|---|---|---|---|---|---|---|---|
| CISCO SYS INC | CSCO.GD | Yes | Corporate Bond | 5.900 | 02/15/2039 | A1 | AA- | 154.354 | 2.278 |
| CISCO SYS INC | CSCO.GG | Yes | Corporate Bond | 5.500 | 01/15/2040 | A1 | AA- | 149.968 | 2.293 |
| CISCO SYS INC | CSCO4100888 | Yes | Corporate Bond | 2.900 | 03/04/2021 | A1 | AA- | 101.320 | 0.394 |
| CISCO SYS INC | CSCO4101281 | Yes | Corporate Bond | 3.625 | 03/04/2024 | A1 | AA- | 111.190 | 0.421 |
| CISCO SYS INC | CSCO4257979 | Yes | Corporate Bond | 3.000 | 06/15/2022 | A1 | AA- | 105.112 | 0.159 |
| CISCO SYS INC | CSCO4257977 | Yes | Corporate Bond | 3.500 | 06/15/2025 | A1 | AA- | 114.694 | 0.409 |
| CISCO SYS INC | CSCO4337807 | Yes | Corporate Bond | 2.200 | 02/28/2021 | A1 | AA- | 101.030 | 0.161 |
| CISCO SYS INC | CSCO4337700 | Yes | Corporate Bond | 2.600 | 02/28/2023 | A1 | AA- | 105.699 | 0.315 |
| CISCO SYS INC | CSCO4337813 | No | Corporate Bond | 2.950 | 02/28/2026 | A1 | AA- | 112.998 | 0.550 |

资料来源：FINRA reported TRACE prices, August 24, 2020.

如果你进入该网站，点击某只特定的债券，你将会得到许多关于该债券的信息，包括信用评级、初始发行信息以及交易信息等。

正如图 8-4 所示，金融业监管机构（FINRA）每天从 TRACE 上获得交易最为活跃的债券的数据快照。数字中所包含的信息在很大程度上可以自圆其说。我们注意到当天诺贝尔能源（Nobel Energy）债券的价格下跌了0.294%。看到这儿，你认为这只债券的到期收益率会发生什么变化呢？图 8-4 只列示了交易最活跃的投资级债券，你也可以在该网站上查询到交易最活跃的高收益债券和可转债的信息。

**最活跃的投资级债券**

| Issuer Name | Symbol | Coupon | Maturity | Moody's®/S&P | High | Low | Last | Change | Yield% |
|---|---|---|---|---|---|---|---|---|---|
| T-MOBILE USA INC | DTEGF4973664 | 3.500% | 04/15/2025 | Baa3/BBB– | 110.65400 | 11 0.48536 | 110.52438 | 0.038382 | 1.123563 |
| LILLY ELI & CO | LLY5033675 | 2.500% | 09/15/2060 | /A+ | 99.08400 | 97.34300 | 99.02200 | 1.136000 | |
| NOBLE ENERGY INC | NBL4529193 | 4.950% | 08/15/2047 | Baa3/BBB– | 134.13900 | 133.22100 | 133.59300 | –0.294000 | 3.083999 |
| BA T CAPCORP | BTI4772648 | 2.764% | 08/15/2022 | Baa2/ | 104.02600 | 103.89600 | 103.91800 | –0.016000 | 0.673166 |
| PACIFIC GAS & ELEC CO | PCG5002762 | 3.300% | 08/01/2040 | Baa3/BBB– | 94.69900 | 93.59900 | 93.78100 | –1.622000 | 3.745012 |
| INTERCONTINENTAL EXCHANGE INC | ICE5031638 | 1.850% | 09/15/2032 | A3/BBB+ | 100.71100 | 100.34900 | 100.71100 | 0.366000 | 1.734055 |
| LILLY ELI & CO | LLY4980390 | 2.250% | 05/15/2050 | WR/A+ | 98.31000 | 97.53200 | 97.70006 | –0.083943 | 2.357977 |
| NORTHROP GRUMMAN CORP | NOC4969026 | 5.150% | 05/01/2040 | Baa2/BBB | 138.88000 | 138.1 6924 | 138.1 6924 | 0.371240 | 2.608102 |
| APPLE INC | AAPL4336433 | 4.650% | 02/23/2046 | Aa1/AA+ | 138.59300 | 137.65000 | 138.41400 | 0.386000 | 2.559854 |
| TJX COS INC NEW | TJX4972595 | 4.500% | 04/15/2050 | A2/A | 131.09000 | 129.71 500 | 131.09000 | 1.165000 | 2.910003 |

图 8-4　TRACE 债券报价示例

资料来源：FINRA reported TRACE prices, August 24, 2020.

正如我们之前所说的，美国国债市场是世界上最大的证券市场。就债券市场总体来说，它是一个场外交易市场，所以透明度有限。尽管如此，与债券的总体相比，国债的交易数量，特别是最近发行的国债是非常大的。而且，市场每一天都会报告有代表性的国债的成交价。

图 8-5 展示了每天在网站 wsj.com 上公布的国债名单的一部分。查询 2028 年 8 月 15 日当天的条目，从左往右读，我们依次可以得到债券的到期日为 2028 年 8 月 15 日，票面利率为 2.875%。

接下来两部分的信息是买入价和卖出价。一般来说，在任何的场外交易或是交易商市场，买入价表明一名交易商愿意为一只证券而支付的价格，而卖出价则是一名交易商愿意以何种价格卖出该证券。这两个价格的差异被称为买卖价差，表明交易商所获得的利润。

国债都是按照面值的百分比报价的。2028 年 8 月 15 日到期的债券的买入价为 118.116。也就是说，对于面值为 1 000 美元的该债券，买入价为 1 181.16 美元。而卖出价表示为 118.126，代表了卖出价为 1 181.26 美元。

下一个数字是当天的卖出价与前一天的变动情况，用面值的百分比表示。因此，这只债券的卖出价下跌了0.03%，或者说下跌了 0.03 美元。最后一个报告的数字是到期收益率，也是基于卖出价的。注意到这是一只折价债券，因为其卖出价远高于面值。理所当然，其到期收益率要低于票面利率（2.875%）。

所列示的最后一个债券是到期日为 2050 年 8 月 15 日的债券，通常被称为"领头羊"债券。这种债券的收益率就是常在晚间新闻所报道的那个数字。因此，举例来说，当你听到长期利率上升时，实际所隐含的意思就是该债券的到期收益率上升了（而价格下跌了）。从 2001 年开始，美联储宣布不再发行 30 年期债券，使得 10 年期票据变成到期日最长的债券。尽管如此，2006 年，30 年期债券又重新回归人们的视线，夺回了"领头羊"的位置。

如果你仔细观察图 8-5 中诸多债券的收益率，你会发现它们随着到期期限的不同而不同。我们将在下一节讨论为什么会这样及其含义。政府债券（也称主权债券）由于发行国不同，其收益率也各不相同。在这里我们展示了一些国家的 10 年期国债。国债的收益率受到违约风险和汇率风险的影响（我们将在后面讨论）。

| 到期日 | 票面利率 | 买入价 | 卖出价 | 变动情况 | 到期收益率 |
|---|---|---|---|---|---|
| 7/1 5/2021 | 2.625 | 102.062 | 102.066 | −0.002 | 0.134 |
| 2/28/2022 | 1.125 | 101.146 | 101.152 | −0.004 | 0.15 |
| 1/15/2023 | 1.5 | 103.056 | 103.062 | −0.016 | 0.159 |
| 8/15/2024 | 2.375 | 108.162 | 108.166 | −0.022 | 0.219 |
| 9/30/2025 | 3 | 113.214 | 113.22 | −0.042 | 0.293 |
| 7/31/2026 | 1.875 | 108.262 | 108.266 | −0.03 | 0.368 |
| 1/31/2027 | 1.5 | 106.282 | 106.286 | −0.002 | 0.412 |
| 8/15/2028 | 2.875 | 118.116 | 118.126 | −0.03 | 0.517 |
| 2/15/2029 | 5.25 | 139.054 | 139.064 | −0.03 | 0.515 |
| 5/15/2030 | 0.625 | 99.316 | 100.006 | −0.72 | 0.623 |
| 8/15/2030 | 0.625 | 99.246 | 99.256 | −0.046 | 0.645 |
| 2/15/2031 | 5.375 | 148.094 | 148.104 | −0.086 | 0.606 |
| 2/1 5/2036 | 4.5 | 153.074 | 153.094 | −0.062 | 0.824 |
| 5/15/2038 | 4.5 | 158.102 | 158.122 | −0.082 | 0.922 |
| 11/15/2039 | 4.375 | 158.036 | 158.056 | −0.068 | 1.031 |
| 8/15/2040 | 1.125 | 99.266 | 99.286 | −0.016 | 1.131 |
| 11/15/2041 | 3.125 | 137.004 | 137.024 | −0.032 | 1.151 |
| 8/15/2042 | 2.75 | 129 304 | 130.004 | −0.718 | 1.193 |
| 5/15/2043 | 2.875 | 132.136 | 132.156 | −0.01 | 1.231 |
| 5/15/2044 | 3.375 | 143.092 | 143.112 | −0.008 | 1.256 |
| 8/15/2045 | 2.875 | 133.186 | 133.206 | −0.006 | 1.294 |
| 11/15/2046 | 2.875 | 134.234 | 134.254 | 0.02 | 1.304 |
| 2/15/2047 | 3 | 137.286 | 137.306 | 0.016 | 1.301 |
| 5/15/2049 | 2.875 | 136.314 | 137.014 | 0.018 | 1.321 |
| 8/15/2050 | 1.375 | 100.202 | 100.222 | 0.02 | 1.347 |

图 8-5 《华尔街日报》：美国国债报价

资料来源：www.wsj.com，August 24，2020.

**部分 10 年期政府债券的收益率**

| | 收益率 / % |
|---|---|
| 美国 | 0.65 |
| 英国 | 0.21 |
| 日本 | 0.02 |
| 德国 | −0.49 |
| 澳大利亚 | 0.85 |
| 希腊 | 1.07 |
| 西班牙 | 0.32 |
| 印度 | 6.14 |
| 巴西 | 7.14 |

资料来源：www.bloomberg.com，August 24，2020.

## 例 8-9 美国国债报价

找出图 8-5 中到期日为 2026 年 7 月的国债品种。请问其票面利率是多少？买入价是多少？前一天的卖出价又是多少？

其票面利率为 1.875 或面值的 1.875%，买入价为 108.262 或面值的 108.262%。其卖出价为 108.266，与前日相比下降了 0.03 个百分点，也就意味着前一天的卖出价为 108.266 + 0.03 = 108.296。

### 8.3.3 债券报价的注解

如果你在两个利息支付日之间买入一只债券，那么你所支付的价格总是高于你看到的报价。其原因在于在债券市场上，通用惯例是在报价时扣除应计利息的部分，也就意味着应计利息已经从所报价格中扣除了。这个报价被称为**净价**（clean price）。你实际支付的价格包含应计利息。这个价格被称为**全价**（dirty price）或发票价格。

举例说明是理解这种情况最简单的方法。假设你买入了一只年利息率为 12% 的债券，每半年支付一次利息。你实际上为这只债券支付了 1 080 美元，因此这 1 080 美元就是全价或发票价格。在你买入债券的当天，下一次利息将在 4 个月之后支付，也就是说你正处在两个利息支付日的中间。而下一次利息支付额为 60 美元。

一只债券的应计利息可以通过计算距上一次发放利息日的时间得出，在本例中这个时间为 2 个月。除以两个利息支付日间的总时长 6 个月，再乘以下一次发放的利息额 60 美元，因此本例中的应计利息就为 $2 \div 6 \times 60 = 20$（美元）。债券的报价（如净价）就将为 1 080−20 = 1 060（美元）。⊖

## 8.4 通货膨胀与利率

到现在为止，我们在本章中并没有考虑通货膨胀对利率的影响。但实际上，我们在第 6.5 节中曾讨论过它们之间的关系。我们在介绍一些新概念之前要简要回顾一下之前的讨论。

### 8.4.1 实际利率与名义利率

假定 1 年期利率为 15.5%，因此任何在今天存入银行 100 美元的投资者都会在下一年获得 115.50 美元。进一步假设一个比萨在今天的价格为 5 美元，也就是说 100 美元可以买到 20 个比萨。最后，假定通货膨胀率为 5%，也就是说在下一年比萨的价格将变为 5.25 美元。请问如果你在今天存入 100 美元，那么在下一年你能买到多少个比萨？很明显，你可以买到 $115.50 \div 5.25 = 22$（个）。这比 20 个比萨要多，意味着购买力有 10% 的增加。经济学家称之为当名义利率为 15.5% 时，实际利率仅为 10%。

名义利率与实际利率的区别是非常重要的，值得再次重复：

一项投资的名义利率就是你所拥有的美元数额的百分比变化。一项投资的实际利率就是你用你所拥有的美元数额能够购买的东西数量的百分比变化。换句话说，实际利率就是你的购买力变化的百分比。

我们可以将名义利率、实际利率与通货膨胀率之间的关系归纳为以下等式：

$$1+R = (1+r) \times (1+h)$$

式中，$R$ 是名义利率；$r$ 是实际利率；$h$ 是通货膨胀率。

在前例中，名义利率为 15.50%，通货膨胀率为 5%。请问实际利率是多少？我们可以通过代入以上数字求得：

$$1 + 0.155\ 0 = (1+r) \times (1 + 0.05)$$
$$1+r = 1.155\ 0/1.05 = 1.10$$
$$r = 10\%$$

所求得的实际利率如前所述。

我们也可以将等式略加变换，得到以下形式：

---

⊖ 国债和公司债券应计利息的计算方法略有不同。这种不同包括应计利息期间的计算。在上例中，我们的处理方法所隐含的假设是每个月的时间长短都是相同的（如每月 30 天，全年共 360 天），这与公司债券的报价方法一致。相反，对于国债来说，用于计算的则是实际的天数。

$$1+R = ( 1+r ) \times ( 1+h ) \tag{8-3}$$
$$R = r + h + r \times h$$

这个式子清楚地表明了名义利率实际有三个组成部分：第一部分是投资的实际利率 $r$；第二部分是对初始投资额由于通货膨胀所造成的价值下跌的补偿；第三部分是对投资所赚取的绝对美元数额由于通货膨胀所造成的价值下跌的补偿。

第三部分的数值通常很小，所以常被省略。名义利率因而近似等于实际利率加上通货膨胀率：

$$R \approx r + h \tag{8-4}$$

**例 8-10 名义利率与实际利率**

如果投资者要求得到 10% 的实际投资收益率，而通货膨胀率为 8%，那么近似的名义利率应为多少？精确的名义利率又为多少？

首先，名义利率近似等于实际利率与通货膨胀率二者之和，即 10%+8%=18%。从式（8-3）中，我们得到：

$$1+R = ( 1+r ) \times ( 1+h ) = 1.10 \times 1.08 = 1.188\ 0$$

因此，精确的名义利率十分接近 19%。

需要重点提出的是财务上所说的比率如利息率、折现率以及收益率，大部分都是以名义形式表示的。为了时刻提醒你这一点，我们在之后关于这些比率的讨论中将用符号 $R$，而不是 $r$ 来表示。

## 8.4.2 通货膨胀风险和通货膨胀联结债券

假设有一只 20 年期的国债，票面利率为 8%。如果其面值或是本金金额为 1 000 美元，那么该债券的持有者将在未来 20 年中每年收到 80 美元，而且在第 20 年年末将收到 1 000 美元。由于美国政府从未违约，因此债券持有人一定能收到这些已承诺的支付额。因此，投资者也可将它看作无风险债券。

但实际上该债券是否真的不存在任何风险？这取决于你对风险的定义。假设根本不存在通货膨胀的可能性，也就是说比萨的价格总是 5 美元。我们就可以确定在到期日，1 080 美元（=1 000 美元的本金以及 80 美元的利息）可以购买的比萨数量为 1 080÷5 = 216（个）。而在另一种情况下，假设未来 20 年有 50% 的概率不会发生通货膨胀，而另有 50% 的概率会有 10% 的年通货膨胀率。在 10% 的年通货膨胀率下，20 年后一个比萨的价格将为 $5 \times 1.10^{20} = 33.64$（美元）。那么在到期日，1 080 美元的支付额所能购买的比萨数量仅为 1 080÷33.64 = 32.1（个），而不是我们之前假设没有通货膨胀时所计算的 216 个。这种不确定的通货膨胀率使得投资者面临**通货膨胀风险**（inflation risk）。尽管他已经知道将会在到期日获得 1 080 美元，但他不确定他所能购买的比萨数量会是 216 个还是 32.1 个。

接下来我们要探讨的是名义数量和实际数量的问题。在到期日支付额的**名义价值**是 1 080 美元，因为这是投资者将会收到的实际现金金额。假设通货膨胀率为 10%，那么这份支付额的实际价值仅为 1 080÷$1.10^{20}$ = 160.54（美元）。实际价值度量的是支付额的购买力。由于债券持有者真正关心的是他们所获得的债券支付额的购买力，因此他们最终所关注的是实际价值，而不是名义价值。通货膨胀会侵蚀支付额的实际价值，表明通货膨胀风险值得关注，特别是在高通货膨胀率或通货膨胀率多变的情况下。

是否存在能够规避通货膨胀风险的债券呢？实际上，答案是肯定的。美国政府发行了通货膨胀保护国债（TIPS），它所承诺的支付额都为实际数额，而不是名义数额。其他许多国家同样发行了通货膨胀联结债券。假设一只特定的通货膨胀联结债券将于两年后到期，其面值为 1 000 美元，票面利率为 2%，并且其面值与利息均为实际数额。假定利息按年支付，那么债券持有者将会收到的实际支付额如右表所示。

（单位：美元）

| 第 1 年年末 | 第 2 年年末 |
| --- | --- |
| 20 | 1 020 |

因此，发行人承诺的支付额为实际数额。

如果以名义数额表示，债券持有者将会收到的数额为多少呢？假定在第 1 年通货膨胀率为 3%，而第 2 年通货膨胀率为 5%。那么债券持有者所收到的名义支付额如右表所示。⊖

（单位：美元）

| 第 1 年年末 | 第 2 年年末 |
| --- | --- |
| $20 \times 1.03 = 20.60$ | $1\,020 \times 1.03 \times 1.05 = 1\,103.13$ |

债券持有者购买该债券时，知道以实际数额形式表示的支付额，但他只有得知每一期所公布的通货膨胀率后，才能知道以名义数额形式表示的支付额。由于 TIPS 和其他类型的通货膨胀联结债券承诺的支付额是实际数额，所以我们可以认为这些债券规避了通货膨胀风险。

通货膨胀联结债券是以实际收益率报价的。举例来说，假定某只债券的交易价格为 971.50 美元。那么收益率 $y$ 可以通过求解下列方程来求出：

$$971.5 = \frac{20}{1+y} + \frac{1020}{(1+y)^2}$$

在本例中，所求出的 $y$ 为 3.5%。因此，我们认为该债券的实际收益率为 3.5%。

常规国债的收益率与 TIPS 的收益率之间是否存在关系呢？2020 年 8 月，20 年期 TIPS 的实际收益率约为 -0.52%，而 20 年期国债的（名义）收益率约为 1.08%。近似来看，投资者可以认为这两个数字之间 1.6% [=1.08-（-0.52）] 的差异表明，市场预期在未来 20 年内将会有 1.6% 的年通货膨胀率。⊜

### 8.4.3 费雪效应

假定存在这样一个世界，在这个世界中不存在通货膨胀率，而且名义利率为 2%。假定美联储的一个举动或外汇汇率的一个变动意外地触发了 5% 的通货膨胀率，你认为名义利率会发生什么变化？你可能首先会想到利率将上升，因为如果利率仍维持在 2% 的水平，那么实际利率将会变为负值。2% 的利率意味着，今天存入的 100 美元的银行存款将会在年底变为 102 美元。但是如果一个汉堡包在今天的价格为 1 美元，而在明年的价格为 1.05 美元，那么 102 美元在明年将只能购买 97（=102/1.05）个汉堡包。今天所投资的初始的 100 美元在今天能够购买 100 个汉堡包，因此购买力实际上降低了。

那么利率会上升多少呢？知名经济学家欧文·费雪（Irving Fisher）在许多年前曾预测，名义利率应该上升到刚好能使得实际利率为 2% 的水平。我们运用式（8-4）计算出新的名义利率为：

$$2\%+5\% \approx 7.0\%$$

费雪的想法就是，投资者并不笨。他们知道通货膨胀降低了购买力，因而他们将会在借出资金时要求名义利率有所增加。费雪的假说一般被称为**费雪效应**（Fisher effect），可以阐述如下：

通货膨胀率的上升导致名义利率上升到这样一种水平，也就是使得实际利率可以不受通货膨胀率影响的水平。换句话说，实际利率不会因为通货膨胀率而波动。

尽管费雪的论证是合理的，但需要着重指出的是，名义利率会上升到 7.0% 的推测仅仅是一种假说。在真实世界中，它可能是对的，也可能是错的。例如，如果投资者是愚蠢的，即使存在通货膨胀，名义利率也可能会保持在 2% 的水平。退一步说，即使投资者能够理解通货膨胀的影响，名义利率也可能不会一路上升到 7.0%。也就是说，一些未知的外力可能导致这种上升不能达到预期的水平。

在实证上如何检验费雪效应呢？虽然精准的实证检验已经超出了本章的范围，但我们在图 8-6 中给出了一些提示。这幅图描绘了两条曲线，其中一条展示了在过去 60 年中美国国库券的收益率，而另一条则展示了同期的通货膨胀率。很显然，这两条曲线的变动趋势是一致的。利率和通货膨胀率都从 20 世纪 50 年代开始上升，

---

⊖ 这个例子经过了简化处理。实际支付额的计算通常较为复杂，并且在不同国家之间有所不同。举例来说，TIPS 实际上半年支付一次利息，对通货膨胀的调整也会滞后一期。

⊜ 正如之前提到的，常规国债会受到通货膨胀风险的影响，而 TIPS 则不受此影响。两类债券的风险不相同，因此这种方法只能被看作通货膨胀率的一个初步估计。

一直到 20 世纪 80 年代，然后在其后的几十年呈现下跌的趋势。因此，虽然要定义二者间更为准确的关系还需要做许多计量上的工作，但这张图初步表明通货膨胀率是名义利率的一个重要决定因子。

图 8-6　1 个月期美国国库券的收益率与通货膨胀率之间的关系

注：该图描绘了 1 个月期美国国库券的收益率与通货膨胀率。这两个序列呈现出一致的运动趋势，表明通货膨胀率是短期利率的一个重要决定因子。

## 8.5　债券收益率的决定因子

我们现在要讨论债券收益率的决定因子了。正如我们将要看到的那样，任何特定债券的收益率实际上都是多个因素的综合反应。

### 8.5.1　利率期限结构

一般来说，在任何时点短期和长期利率都是不同的。有时短期利率高一些，有时低一些。图 8-7 描绘了两百多年来短期利率和长期利率的变化。短期利率与长期利率之间的差异由 0 到几个百分点之间不等，并且有正有负。

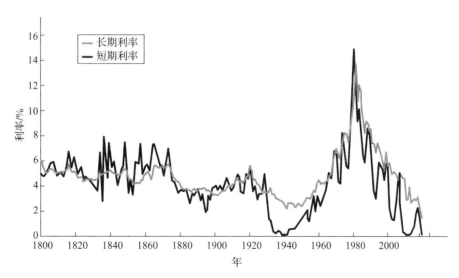

图 8-7　1800—2020 年美国利率

资料来源：Jeremy J. Siegel, *Stocks for the Long Run*, 5th ed.（New York: McGraw-Hill, 2014），updated by the authors.

短期利率与长期利率之间的关系被称为**利率期限结构**（term structure of interest rate）。更确切地说，利率期限结构告诉我们任一到期期限的无风险、纯折现债券的名义利率。从本质上说，这种利率是"纯"利率，因为不包含违约风险，而且未来支付只涉及期末的单笔全额支付。换句话说，期限结构告诉我们不同时间长度下金钱的纯时间价值。

当长期利率高于短期利率时，我们说期限结构向上倾斜；而当短期利率更高时，我们就称期限结构向下倾斜。期限结构也可以呈驼峰状，当出现这种情况时，通常是由于在较长的到期期限内利率先上升后下降。期限结构最常见的形状是向上倾斜的，特别是在现在。然而，当2019年3月10年期美国国债的收益率低于3个月美国国库票据的收益率时，这种情形出现了部分逆转。

到底是什么决定了期限结构的形状呢？这里主要有三个基本因素。前两个是我们在前一部分所讨论的实际利率和通货膨胀率。实际利率是指投资者对于放弃资金使用所有权所要求的补偿。在调整了通货膨胀的影响之后，你可以将它视作货币的纯时间价值。

实际利率是许多因素的综合函数。比如，我们现在来想一想预期的经济增长。高预期经济增长有可能会使实际利率上升，而低预期增长则有可能使它下降。实际利率可能会因到期期限的不同而不同，这是由于其他因素所导致的经济增长预期不同。比如，对于短期债券来说，实际利率可能较低，而对于长期债券来说则较高。这是因为与长期相比，市场在短期内对经济增长的预期较低。但是，实际利率对于期限结构的形状其实仅有微小的影响。

相反，未来的通货膨胀因素会非常强劲地影响期限结构的形状。投资者考虑到借出不同期限长短的资金时，会意识到未来发生的通货膨胀将侵蚀所回报的货币价值。因此，投资者通过要求更高的名义利率对这部分损失求得补偿，而这额外的补偿就被称作**通货膨胀溢价**（inflation premium）。

如果投资者认为通货膨胀率在未来将会更高，长期名义利率将会高于短期利率，那么向上倾斜的期限结构将会反映出在通货膨胀率上的预期增长。同样，向下倾斜的期限结构在很大程度上反映出对于未来通货膨胀率将会下降的预期。

与期限结构有关的第三个组成部分，同时也是最后一个组成部分是利率风险。正如我们在本章中早先讨论过的，与短期债券相比，长期债券在利率上升时遭受损失的风险更大。投资者意识到这类风险，因此要求得到额外的补偿，这种补偿通过要求更高的利率来体现。这份额外的补偿被称作**利率风险溢价**（interest rate risk premium）。距到期日的时间越长，利率风险越大，因此利率风险溢价会随着到期期限的增加而增加。但是正如我们之前讨论过的，利率风险的增加速率呈现下降的趋势，因此利率风险溢价也将呈现同样的变动趋势。<sup>⊖</sup>

将这三部分放在一起，我们看到期限结构反映出实际利率、通货膨胀溢价以及利率风险溢价三者的综合影响。图8-8展示了它们是如何相互影响以形成向上倾斜（见图8-8a）或向下倾斜的期限结构（见图8-8b）的。

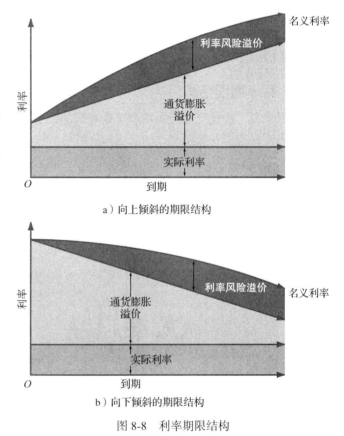

a）向上倾斜的期限结构

b）向下倾斜的期限结构

图8-8　利率期限结构

---

⊖ 在过去，利率风险溢价被称为流动性溢价。现今，所谓的流动性溢价已经有了一个完全不同的解释，也就是我们会在下一小节中所探讨的。利率风险溢价有时也被称为到期期限风险溢价。我们在这里所用的术语与现代关于期限结构的观点是一致的。

如图 8-8 上半部分所示，要注意预期通货膨胀率是如何逐步增加的。同时，利率风险溢价上升的速率呈下降的趋势，因此其综合而成的效果就必然是一个向上倾斜的期限结构。如图 8-8b 所示，通货膨胀率预期在未来会有所下降，而这种下降足以抵消利率风险溢价，同时产生向下倾斜的期限结构。注意到如果通货膨胀率的预期下跌仅仅是很小的数值，那么在利率风险溢价的作用下，我们仍有可能得到向上倾斜的期限结构。

我们在绘制图 8-8 时假定实际利率保持不变。但是如前所述，预期未来的实际利率将会大于或小于当前的实际利率。同时，为简化起见，我们运用直线来表示预期未来通货膨胀率的上升或者下降，但是它并不一定得是这样的形状。举例来说，它可能先上升后下降，从而形成一条双峰曲线。

### 8.5.2　债券收益率和收益率曲线：融会贯通

回到图 8-5，回忆一下国债收益率随着到期期限的不同而不同。除了图 8-5 所示的国债价格与收益率外，《华尔街日报》还提供不同到期期限下国债收益率的绘制图。所绘制的图形被称为**国债收益率曲线**（treasury yield curve，或仅称为收益率曲线）。图 8-9 展示了 2020 年 8 月的收益率曲线。请注意，美国国债网站上既有名义利率的收益率曲线，也有实际利率的收益率曲线。

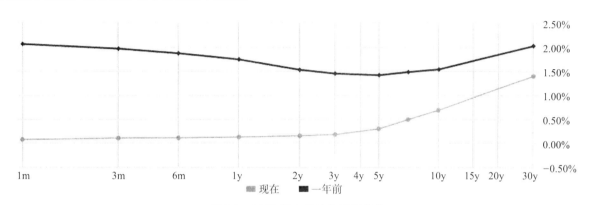

图 8-9　2020 年 8 月的收益率曲线

资料来源：www.wsj.com. August 25, 2020.

现在你可能在很大程度上会猜想，收益率曲线的形状是利率期限结构的一种映射。实际上，国债收益率曲线以及利率期限结构几乎可说是同一事物，唯一的区别只在于期限结构基于纯折现债券，而收益率曲线基于普通债券的收益率。因此，国债收益率同样依赖于期限结构的三个决定因子：实际利率、预期未来通货膨胀率以及利率风险溢价。

国债有三个需要重点指出的重要特征：它们是无违约风险的、应税的，而且具有很高的流动性。这些对于大多数债券都不适用，因此考虑公司或是市政部门发行的债券时，我们需要考虑一些其他的影响因素。

首先，我们考虑违约的可能性，一般被称为信用风险。投资者意识到除了国债，发行者可能会也可能不会对所承诺的债券收益进行全额支付，因此他们会对此风险要求一个更高的收益率作为补偿。这种额外的补偿被称为**违约风险溢价**（default risk premium）。正如本章之前提到的，我们已经看到债券是如何基于其信用风险评级的。而当你开始考察不同信用评级下的债券时，你将会发现低评级的债券拥有更高的收益率。

我们在本章中也曾提到过，一只债券的收益率是通过假定所有的支付都会如期进行来计算的。因此，它实际上是一种承诺收益率，但有可能等于也可能不等于你所得到的收益。特别是在发行者违约后，你的实际收益率将会更低，而且有很大的可能性会低很多。对于垃圾债券而言，这个事实就显得尤为重要。由于市场营销策略的精明，这类债券有了个更好听的名号，现在被称为高收益债券。但你现在意识到，这些债券的收益率实际上只是承诺收益率而已。

其次，回忆一下我们之前所讨论的，市政债券是如何免征多数税收的，并因此与应税债券相比收益率更低。投资者对应税债券要求一个额外收益率作为不利的税收政策的补偿。这份额外的补偿就是**应税溢价**（taxability premium）。

最后，债券流动性的程度是不同的。正如我们之前所讨论的那样，债券的发行方数量庞大，而且其中大多数的交易都是不定期的。因此，如果你希望能迅速地卖出，你可能无法获得较迟卖出的高价。相比于流动性弱的债券，投资者更偏好流动性强的债券，因此他们对于**流动性溢价**（liquidity premium）的要求高于刚才我们讨论过的所有溢价种类。因此，当其他所有的条件相同时，流动性较弱的债券会比流动性较强的债券拥有更高的收益率。

### 8.5.3 结论

如果将之前所有的讨论综合起来，我们会发现债券的收益率反映出不少于 6 个因素的综合作用。首先是实际利率，而在实际利率之上的就是 5 种溢价，分别代表对于预期的未来通货膨胀率、利率风险、违约风险、缴税以及流动性缺乏的补偿。因此，要决定一只债券的合适的收益率，就要对这些因素逐个进行谨慎的分析。

## 本章小结

在本章中，我们讨论了债券、债券收益率以及利率。我们发现：

1. 计算债券价格以及债券收益率其实就是应用基本的现金流量折现法则。

2. 债券价格与利率反向运动，这可能导致债券投资者的潜在收益或是潜在损失。

3. 债券的评级基于其违约风险。有些债券（国债）不存在违约风险，而所谓的垃圾债券违约风险则相当高。

4. 几乎所有的债券交易都在场外进行（OTC），在大多数情况下几乎或完全不存在市场透明度。因此，对于某些债券来说，债券价格及规模的信息很难获得。

5. 债券收益率与利率是 6 个不同因素的反映：实际利率以及投资者因通货膨胀、利率风险、违约风险、税款缴纳以及流动性缺乏所获得的 5 种溢价。

作为结尾，我们注意到不管是对于政府还是各种类型的公司，债券都是一种重要的融资途径。债券价格与收益率是一项值得研究的课题，本章只涉及了最重要的概念和观点。

## 思考与练习

1. **债券估值** Microhard 已经发行了带有以下特征的一只债券：

   面值：1 000 美元

   到期期限：18 年

   息票率：7%

   半年支付一次息票

   在下列到期收益率下，该债券的价格是多少？

   a. 7%

   b. 9%

   c. 5%

2. **债券收益率** 一家日本公司拥有一只发行在外的债券，面值 100 000 日元，价格为其面值的 96.318%。该债券的票面利率为 3.4%，按年支付，到期期限为 16 年。请问该债券的到期收益率为多少？

3. **计算实际收益率** 如果短期国库券当前的息票率为 4.6%，通货膨胀率为 1.9%，那么其实际利率大概为多少？准确值应该为多少？

4. **名义和实际收益率** 一项投资项目预计在未来 1 年提供高达 11.7% 的收益率，但是艾伦认为该项目的实际总收益率只有 9%。请问艾伦认为未来 1 年的通货膨胀率应为多少？

5. **债券收益率** 威廉姆斯软件公司有一只发行在外的息票债券，到期期限为 18 年，票面利率为 6.4%。这些债券每半年支付一次利息，目前售价为面值的 106.32%。请问债券现价利息率是多少？到期收益率是多少？实际利率是多少？

# 第 9 章

# 股 票 估 值

2020 年 8 月 26 日股市收盘时，美国移动通信公司 Verizon 普通股的每股股价为 59.46 美元，工业巨头杜邦公司的股价收于 56.91 美元，而宠物用品公司 Chewy 的股价则收于 58.28 美元。这三家公司的股价差不多，因此，你可能会认为他们给股东支付的股利也差不多。但事实上你错了。Verizon 公司的年度股利达到每股 2.46 美元，杜邦公司为每股 1.20 美元，而 Chewy 公司则不支付任何股利。

正如你在本章中会看到的一样，公司当前的股利是决定公司股票价值的重要因素之一。但从 Chewy 公司的股利发放情况看，你能显而易见地发现股利并不是故事的全部。本章所要探讨的问题包括股利、股票估值以及它们之间的联系。

第 8 章介绍了债券和债券的估值，本章转向公司外部融资的另外一种重要工具——普通股。我们首先描述与股票相关的现金流量，然后构建一个著名的股票估值模型——股利增长模型。接着，我们会指出，股票定价通常也会采用市场比较法。我们也会证明，第 5 和第 6 章介绍的折现现金流量法不仅适用于项目估值，也适用于整个公司和股票的估值。本章最后将会讨论股票是如何交易的，以及股票价格和其他重要的信息是如何在财经媒体上报告的。

## 9.1 普通股的现值

### 9.1.1 股利和资本利得

在本节中，我们的目标是对普通股进行估值。在前面的章节中，我们学过一项金融资产的价格是由它未来现金流量的现值决定的的。一只股票会带来两种形式的现金流量：第一，大多数股票定期支付的股利；第二，股票持有者出售股票时得到的收入。这样，为了给普通股定价，我们需要回答一个令人感兴趣的问题：股票的价格是等于：

（1）下期股利的现值和股票售价的现值之和；还是

（2）将来所有股利的现值？

这是一道学生们都偏爱的多项选择题，因为（1）和（2）都是正确的。

为了证明两个选项是相同的，我们首先从讨论这样的情形开始：假设有一名投资者将要购买股票，并持有一年。换句话说，她拥有为期一年的持有期。而且，今天她愿意为该股票支付的价格为 $P_0$。因此，她计算如下：

$$P_0 = \frac{D_1}{1+R} + \frac{P_1}{1+R}$$

（9-1）

式中，$D_1$是年底预期支付的股利；$P_1$是年底预期的价格；$P_0$是该普通股的现值；分母部分的$R$是股票的近似折现率，表示投资者愿意投资该股票所要求的预期回报率（或者简单地说，必要收益率）。

上面的公式看起来似乎很容易，但是$P_1$从哪里来呢？$P_1$不是凭空得到的，而是另一个投资者在第1年年底购买该股票所支付的价格。这个购买者通过以下公式决定股票价格：

$$P_1 = \frac{D_2}{1+R} + \frac{P_2}{1+R} \tag{9-2}$$

把式（9-2）得到的$P_1$代入式（9-1），则有：

$$\begin{aligned} P_0 &= \frac{1}{1+R}\left[D_1 + \left(\frac{D_2 + P_2}{1+R}\right)\right] \\ &= \frac{D_1}{1+R} + \frac{D_2}{(1+R)^2} + \frac{P_2}{(1+R)^2} \end{aligned} \tag{9-3}$$

我们可以对式（9-3）提出同一问题，即$P_2$从何而来？$P_2$是另一个投资者在第2年年底为了获得股票第3年的股利和售价购买该股票所支付的价格。这个过程可以被无限次地延续下去，⊖最后，我们可得到：

$$P_0 = \frac{D_1}{1+R} + \frac{D_2}{(1+R)^2} + \frac{D_3}{(1+R)^3} + \cdots = \sum_{t=1}^{\infty} \frac{D_t}{(1+R)^t} \tag{9-4}$$

因此，对于投资者来说，公司普通股价格就等于未来所有预期股利的现值。

这是一个非常有用的结果。一种反对采用现值方法分析股票的普遍观点是：投资者目光太短浅不会关心长期的股利。这些反对者认为：投资者通常不能以超过自身的时间标准来分析这个问题。这样，在一个短期投资者占多数的市场中价格只能反映近期的股利水平。但是，我们的分析结果显示：即使投资者的投资期限较短，长期的股利折现模型仍成立。虽然投资者想尽早卖出股票以得到现金，但他必须找到另一个愿意购买股票的投资者。而第2个投资者支付的价格则取决于他购买后的股票股利。

### 9.1.2 不同类型股票的定价

前面的讨论说明了公司的价值是未来股利的现值，那么在实际中又如何运用这种方法呢？式（9-4）代表了一个非常普遍的模型，无论公司未来预期的股利是增长、变动还是固定，该模型都是适用的。如果公司的股利呈现以下一些基本特征：① 零增长；② 固定增长；③ 变动增长，这个模型还可以简化。这些例子都在图9-1中进行了说明。

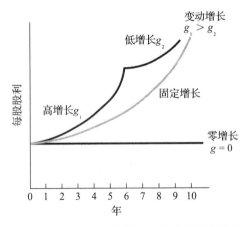

图9-1 零增长、固定增长和变动增长的模型

注：股利增长模型如下。

零增长：$P_0 = \dfrac{D}{R}$；

固定增长：$P_0 = \dfrac{D}{R-g}$；

变动增长：$P_0 = \sum_{t=1}^{T} \dfrac{D(1+g_1)^t}{(1+R)^t} + \dfrac{\dfrac{D_{T+1}}{R-g_2}}{(1+R)^T}$。

#### 1. 情形1（零增长）

如果股利是固定的，股票的价格可由下式决定：

$$P_0 = \frac{D_1}{1+R} + \frac{D_2}{(1+R)^2} + \cdots = \frac{D}{R}$$

这里假设$D_1 = D_2 = \cdots = D$，这其实就是第4章所得的永续年金公式的一个应用。

---

⊖ 这个过程使我们联想到关于宇宙起源的一位物理学家的讲座，他受到了来自听众中一名年长绅士的相左意见的攻击。该名与会者认为，宇宙是被一只巨型海龟的背所支撑的。而当这名物理学家问到海龟又是靠什么支撑时，这名绅士说是另一只海龟。我们可以预见到物理学家还会继续反驳，这名绅士说道："别费劲了，年轻人。每一只海龟的下面都有另一只海龟。"

## 2.情形 2（固定增长）

如果股利以 $g$ 的速率增长，那么年末股利如下表所示。

| 年末股利 | 1 | 2 | 3 | 4 | ... |
|---|---|---|---|---|---|
| | $D_1$ | $D_1(1+g)$ | $D_1(1+g)^2$ | $D_1(1+g)^3$ | ... |

注：$D_1$ 是第 1 期期末的股利。

### 例 9-1　预测股利

Hampshire 产品公司将在一年以后每股支付 4 美元股利。财务分析家相信在以后可预见的将来，股利将每年增长 6%。那么在以后的第 1 个 5 年内，股利是多少？

（单位：美元）

| 年末股利 | 1 | 2 | 3 | 4 | 5 |
|---|---|---|---|---|---|
| | 4.00 | $4 \times (1.06) = 4.2400$ | $4 \times (1.06)^2 = 4.4944$ | $4 \times (1.06)^3 = 4.7641$ | $4 \times (1.06)^4 = 5.0499$ |

股利增长率固定的普通股的价格为：

$$P_0 = \frac{D_1}{1+R} + \frac{D_1(1+g)}{(1+R)^2} + \frac{D_1(1+g)^2}{(1+R)^3} + \frac{D_1(1+g)^3}{(1+R)^4} + \cdots = \frac{D_1}{R-g}$$

式中，$g$ 是增长率；$D_1$ 是第 1 年年底的股利。我们在第 4 章中已分析了这是一个增长年金的现值公式。

### 例 9-2　股票估值

假设一个投资者正考虑购买 Uath Mining 公司的股票。该股票一年后将支付每股 3 美元股利，而且预计在可预见的将来，股利以每年 10% 的比率增长（$g = 10\%$），基于他对该公司风险的评估，认为该股票的必要收益率应为 15%（我们也把 $R$ 作为股票的折现率），那么该公司每股股票的价格应是多少？

利用情形 2 股利增长率固定的模型，我们估计股票的价格应为 60 美元：

$$\frac{3}{0.15 - 0.10} = 60（美元）$$

今天的价格 $P_0$ 非常依赖于 $g$。如果 $g$ 估计为 12.5%，那么股票的价格变为：

$$\frac{3}{0.15 - 0.125} = 120（美元）$$

当 $g$ 增长 25%（从 10% 增加到 12.5%）时，股票的价格翻了一番（从 60 美元到 120 美元）。因为 $P_0$ 严重依赖于 $g$，所以在运用股利增长股利模型时，我们必须保留一份理性的怀疑态度。

而且，当折现率 $R$ 等于增长率 $g$ 时，我们注意到 $P_0$ 为无穷大。因为股票的价格不可能无穷大，因而当 $g$ 等于或是大于 $R$ 时，所得到的估计都是错误的。我们将在下面对这些内容做更详细的论述。

也许这种对于股利按固定增长率增长的假设让你觉得奇怪，为什么股利会以一个固定的速率增长呢？原因其实是对于许多公司来说，在股利上维持固定增长是一个很明确的目标。例如，2020 年，宝洁公司将其股利提高了 6%，达到了每股 3.16 美元。这个增长是非常引人注目的，因为它已经是该公司第 64 次连续性的股利增长了。股利增长的论题属于股利政策的范畴，因而我们将会在以后章节中进一步地讨论。

你也许会疑惑当增长率 $g$ 大于折现率 $R$ 时，股利增长模型会变成什么样。看起来我们似乎会得到负的股价，因为 $R-g$ 会小于 0，但这其实是错的。

相反地，当固定增长率超过折现率时，股票价格会接近无穷大。为什么呢？当增长率大于折现率时，股利的现值不断增大。当增长率等于折现率时，情况也相同。在这两种情况下，我们不能简单地用简化的计算公式替代无穷多项的折现值之和（其实，该级数是不收敛的），因此除非增长率小于折现率，不然我们从股利增长模型中得到的答案是没有意义的。

### 3. 情形 3（变动增长）

在这个情形下，代数公式会比较复杂，因此我们以例子来说明。

**例 9-3 两阶段增长**

假设 Elixir 药品公司由于推出新型的药膏产品，预期将实现快速增长。1 年后，其每股股票的股利将为 1.15 美元，并且以后的 4 年内股利将以每年 15% 的比率增长（$g_1$=15%）。在那之后，年增长率（$g_2$）将为 10%，假设必要收益率为 15%，那么该公司股票的现值是多少？

图 9-2 描绘了股利的增长状况。需要分两步来折现这些股利：首先，计算每年股利增长 15% 时股票的现值，也就是要计算前 5 年股利的现值；其次，计算从第 6 年开始股利的现值。

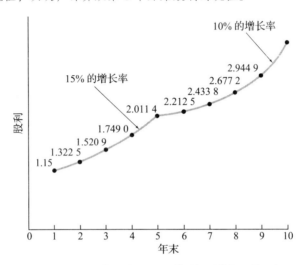

图 9-2　Elixir 药品公司的股利增长（单位：美元）

**（1）前 5 年的股利的现值。** 第 1 ～ 5 年股利的现值如下表所示。

| 将来年份 | 增长率（$g_1$） | 预计股利 / 美元 | 现值 / 美元 |
|---|---|---|---|
| 1 | 0.15 | 1.150 0 | 1 |
| 2 | 0.15 | 1.322 5 | 1 |
| 3 | 0.15 | 1.520 9 | 1 |
| 4 | 0.15 | 1.749 0 | 1 |
| 5 | 0.15 | 2.011 4 | 1 |
| 1 ～ 5 年 | | 股利的现值 = 5 美元 | |

在一般情况下，这一步可使用之前章节的增长年金公式。但是，在这个例子中必须注意股利增长率 15% 等于折现率。也正是因为 $g$ 等于 $R$，在这个例子中增长年金公式就不能用（计算公式的分母将为 0）。

**（2）从第 6 年年末起的股利的现值。** 我们运用第 4 章中提到的递延永续年金以及递延年金的方法。第 6 年年末开始的股利如下表所示。

| | 6 | 7 | 8 | 9 | … |
|---|---|---|---|---|---|
| 年末股利 | $D_5(1+g_2)$ | $D_5(1+g_2)^2$ | $D_5(1+g_2)^3$ | $D_5(1+g_2)^4$ | … |
| | 2.011 4 × 1.10 | 2.011 4 × (1.10)² | 2.011 4 × (1.10)³ | 2.011 4 × (1.10)⁴ | … |
| | = 2.212 5 | = 2.433 8 | = 2.677 2 | = 2.944 9 | |

正如第 4 章所述，增长年金公式得出的是第 1 笔支付前一年的现值。因为支付从第 6 年年末开始，所以，

公式得出的结果是第 5 年年末的现值。

因此，第 5 年年末的价格为：

$$P_5 = \frac{D_6}{R - g_2} = \frac{2.2125}{0.15 - 0.10}$$

$$= 44.25 （美元）$$

而 $P_5$ 在今天的现值为：

$$\frac{P_5}{(1+R)^5} = \frac{44.25}{(1.15)^5} = 22 （美元）$$

所有股利折现到今天的现值就是 27（=22+5）美元。

## 9.2 股利折现模型中的参数估计

公司价值是其增长率 $g$ 和折现率 $R$ 的函数，那么我们如何估计这些参数呢?

### 9.2.1 $g$ 从何而来

在前面的分析中，我们假设股利增长率为 $g$。现在我们来估计这个增长率。如果公司没有**净投资**，我们就一般认为公司下年度的盈利与本年度是相等的。这个观点有一定的合理性，因为净投资等于总投资减去折旧，也就是总投资等于折旧，净投资将等于 0；在总投资等于折旧时，由于公司生产线保持原有的物理状态，所以盈利并不增长。

只有当一些盈余没有作为股利支付给投资者时，即部分盈余留存时，净投资才可能是正的。[⊖] 于是，我们就可以导出下面的公式：

$$明年的盈利 = 今年的盈利 + 今年的留存收益 \times 留存收益的回报率 \qquad (9\text{-}5)$$

盈利的增长是**留存收益**和**留存收益回报率**的函数。

现在，我们分别在式（9-5）两边除以"今年的盈利"，得到：

$$\frac{明年的盈利}{今年的盈利} = \frac{今年的盈利}{今年的盈利} + \frac{今年的留存收益}{今年的盈利} \times 留存收益的回报率 \qquad (9\text{-}6)$$

式（9-6）左边可简化为"1+ 盈利的增长率"，写为 $1+g$；留存收益和盈利之比称为**留存比率**（retention ratio）。这样，我们就可以将上式写为：

$$1+g = 1+ 留存比率 \times 留存收益的回报率 \qquad (9\text{-}7)$$

对财务分析家来说，因为未来投资项目的详细情况并不是公开信息，所以预测现在的留存收益的预期回报率是困难的。但是，通常假定当年选择的项目的回报率与其他年度的投资项目一样。这里，我们用历史**权益收益率**（return on equity，ROE）来估计现在的留存收益的预期回报率。无论如何，ROE 是公司全部权益资本的回报率，也是公司以往所有投资项目回报的总和。

从式（9-7），我们可以简单地估计增长率：

**公司的增长率公式**

$$g = 留存比率 \times 留存收益的回报率（ROE） \qquad (9\text{-}8)$$

在股利支付率保持不变的前提假设下，盈余增长 $g$ 的估计与股利增长率的估计其实是一样的。[⊜]

#### 例 9-4 利润增长

Pagemaster 公司刚刚发布的公告，其盈利达到 200 万美元。公司计划在以后年份中都将保留 40% 的盈利作

---

⊖ 我们在此忽略了新股的发行和现有股票的回购，股利折现模型在这两种情况下都有效。这些可能性我们将在以下各章考虑。

⊜ 在第 3 章我们同样讨论了 $g$ 的计算方法。

为留存收益，即留存比率就是 40%。我们可以认为另外 60% 的部分将以股利的形式发放。股利在盈利中所占的比率通常称为**股利支付率**（payout ratio），因此 Pagemaster 公司的股利支付率就是 60%。ROE 的历史数值为 0.16，预期将来也保持不变。那么公司明年的盈利增长将会是多少？

我们先在不参照式（9-8）的情况下进行计算，其后再运用该式进行检验。

**（1）不参照式（9-8）下的计算**。公司将保留 800 000（＝2 000 000×40%）美元，假设历史的 ROE 是未来回报率的近似估计，那么盈利上预期的增长就为：

$$800\ 000 \times 0.16 = 128\ 000（美元）$$

盈利增长的百分比是：

$$\frac{盈利的增长}{全部盈利} = \frac{128\ 000}{2\ 000\ 000} = 0.064$$

也就是说，未来一年的盈利将为 2 128 000（＝2 000 000×1.064）美元。

**（2）采用式（9-8）检验**。我们运用公式 $g =$ 留存比率 ×ROE，会得到：

$$g = 0.4 \times 0.16 = 0.064$$

由于 Pagemaster 公司的股利在其盈利中所占的比率（也就是其股利支付率）在未来将保持不变，因此 0.064 既是盈利增长率，也是股利增长率。

### 9.2.2 R 从何而来

到目前为止，我们一直把必要收益率或折现率 R 看成给定的。从理论上讲，必要收益率应等于具有相同风险的公司的资产收益率。在第 13 章中我们将讨论如何估计 R。现在我们来看看对于必要收益率来说，股利增长模型隐含着什么。早些时候，我们用下面的方法计算股票价格 $P_0$：

$$P_0 = D_1/(R-g)$$

将这个式子整理并求解 R，我们可得：

$$R-g = D_1/P_0$$
$$R = D_1/P_0+g \tag{9-9}$$

式（9-9）告诉我们，总的收益率 R 由两个部分组成，第一部分 $D_1/P_0$ 叫**股利收益率**（dividend yield），等于预期现金股利除以当前的股价，从概念上与债券的现价利息率相类似。

总收益率的第二部分是预期增长率 g。我们将会很容易地证明，股利增长率同样也是股票价格的增长率。因此，该增长率可以被诠释为**资本利得收益率**（capital gains yield），即投资价值的增长率。

为了阐明必要收益率的组成部分，我们假定某只股票的价格为 20 美元每股。下一次的股利预期将是每股 1 美元，你认为股利大概以每年 10% 的速度增长。如果以上的计算公式是正确的，那么该股票的报价应该是多少？

股利增长模型计算总收益率的公式如下：

$$R = 股利收益率 + 资本利得收益率$$
$$R = \quad D_1/P_0 \quad + \quad\quad g$$

在本例中，计算出的总收益率就将为：

$$R = 1/20 + 10\% = 5\% + 10\% = 15\%$$

因此，该股票有一个 15% 的期望收益率。

我们可以通过使用 15% 为期望收益率来计算 1 年后的价格 $P_1$ 来验证这个答案。由于 1 年后预期将收到的股利数额为 1 美元，而预期股利增长率为 10%，那么两年后预期将收到的股利数额 $D_2$ 就为 1.1 美元。根据股利增长模型，1 年后的股价将为：

$$P_1 = D_2/(R-g) = 1.10/(0.15-0.10) = 1.10/0.05 = 22（美元）$$

请注意，这里的 22 美元等于 20 美元 ×1.1，因此股票的价格与预期相同，增长了 10%。也就是说，资本利得收益率为 10%，也就等于股利的增长率。

投资者总的期望收益率等于多少？如果今天你以 20 美元的价格购买了该股票，那么在年底你将得到 1 美元的股利，同时你将获得 2（=22-20）美元的资本利得。你的股利收益率因此就等于 1/20=5%，资本利得收益率等于 2/20=10%，因此你的总期望收益率就等于 5%+10%=15%，与我们之前所计算的结果一致。

让我们从实际例子中得到对这个公式更真切的感受。根据《2020 年价值线投资报告》预测，宝洁公司的股利将会在未来 5 年左右的时间里以 6.5% 的速率增长，而其在过去 5 年和 10 年中的历史增长率均为 4%。2020年，预计其后一年的股利将为 3.20 美元，而同一时间的股价约为每股 138.39 美元。请问投资者所要求的宝洁公司的期望收益率为多少？此时，股利收益率为 2.3%（=3.20/138.39），而资本利得收益率为 6.5%，因此宝洁公司股票的必要收益率就为 8.8%。

### 例 9-5 计算必要收益率

正如例 9-4 所示，如果 Pagemaster 企业有 1 000 000 股在外流通的股份，股票售价为 10 美元。那么公司股票应得的回报率是多少？

股利支付率是股利与盈利的比率。因为 Pagemaster 公司的留存比率为 40%，则股利支付率为 60%（=1－留存比率）。还记得 Pagemaster 公司报告的盈利为 2 000 000 美元，增长率为 0.064。

公司一年后的盈利为 2 128 000（=2 000 000×1.064）美元，股利为 12 768 000（=0.60×2 128 000）美元，每股股利为 1.28（=1 276 800/1 000 000）美元。给定 g=0.064，我们可从式（9-9）得出 R：

$$0.192 = \frac{1.28}{10.00} + 0.064$$

## 9.2.3 理性批判

必须强调的一点是，我们的方法仅仅是估计 g 而不是精确地得出 g。早先已经提到过，我们对 g 的估计都建立在一系列的假设之上。例如，我们假设未来留存收益的再投资收益率与历史的权益收益率 ROE 是相同的，我们还假设未来的留存比率等于过去的留存比率，如果这些假设是错误的，那么我们对 g 的估计也将是错误的。

不幸的是，我们对 R 的估计高度依赖于 g。例如，如果 g 估计为 0，则 R 等于 12.8%（=1.28/10.00）；如果 g 估计为 12%，则 R 等于 24.8%（=1.28/10.00 + 12%）。因此，我们应该对 R 的估计持有一种合理的怀疑态度。

基于上述原因，一些财务经济学家普遍认为，估计某一证券的 R 将导致非常大的误差以至于不具有实际意义。因此他们建议计算整个行业的平均 R，这个 R 可用于该行业内某一股票股利的折现。

对于单只股票，在估计 R 时尤其要注意两种极端的情况。首先，对于目前不支付股利的公司，这种公司股票的价格高于 0 是因为投资者相信公司在未来可能发放股利或者可能被其他公司收购。但是，当公司从不支付股利变为发放金额为正的股利时，隐含的增长率就将无穷大。因此应用公式就要格外小心，这一点，我们将在本章的下一节中再次强调。

其次，我们前面已经提到，当 g=R 时，股票价格无穷大。由于在现实的世界中，股票的价格不可能无穷大，因此，如果某证券分析师估计某一特定公司的永续增长率 g 等于或高于 R，那他一定是搞错了。在大多数情况下，如果证券分析师估计公司在未来的几年内 g 较高，这是完全有可能的，但是，公司不可能永远维持一种超常的增长状态，这名分析师可能错误地将 g 的短期估计值作为永续增长率代入计算公式。

## 9.2.4 股利和利润，应折现哪一项

正如上面所提到的，本章我们用了增长年金公式对股票进行定价。在运用的过程中，我们折现股利而不是利润。这种做法是合理的，因为投资者是根据他们从股票中得到的收益来选择股票的。投资者只能从股票中获得两种收益：股利和最终的售价，而后者也取决于投资者未来预期获得的股利。

如果对利润而不是股利折现，则股票的价格通常会被高估。正如我们所见到的，公司只有一部分的盈利作为股利支付给股东，而其余部分则被公司保留以便在未来产生更多的新股利。在我们的模型中，留存收益等于公司的投资额。因此折现利润而非股利会忽视投资问题，即公司为了产生未来的盈利和股利需要现在进行再投资。

### 9.2.5 无股利公司

读者经常问这样一个问题：如果股利折现模型是正确的，那么无股利公司的股价为什么不为 0？这是一个很好的问题，涉及公司的目标问题。拥有许多增长机会的公司经常会面临着一个两难境地：公司可以现在支付股利，也可以不支付股利而用于再投资以便在将来产生更多的股利。⊖这是一个痛苦的抉择，推迟股利也许是一种最佳的策略，但是一些投资者并不欢迎这种策略。

许多公司选择不支付股利，而它们的股票价位却在攀升。例如大部分的网络公司，像亚马逊、Alphabet、Twitter 和 Meta⊜等公司就都不支付股利，这是因为理性的投资者相信他们在将来的某个时候会得到股利或是其他一些类似的收益。哪怕公司被并购，他们也会得到相应现金或是股份。

当然，对这种不支付股利的公司实际运用股利折现模型是困难的。很明显，永续增长模型也是不可行的。虽然在理论上采用变动增长模型是可行的，但是估计第 1 期股利的支付日期、该日期后股利的增长率和最终被收购的价格都是困难的，因此在实际运用中采用变动增长模型也非常困难。

实证数据显示高增长的公司倾向于支付较低股利，该结果与上述分析是一致的。例如，eBay 成立于 1998 年，它在以后的许多年里快速增长。虽然在 2019 年之前它已经是一个几十亿美元的公司（无论从销售额还是从股东的市值来计算），但是公司在该年度才支付了第 1 笔股利，那么为什么发展这么久才支付股利呢？因为它需要很多 NPV 为正的增长机会，诸如并购融资。

## 9.3 市场类比法

到目前为止，我们使用股利折现模型来对股票进行估值。在实务中人们也常常使用市场类比法。市场类比法和房地产中使用的方法相类似。假如你邻居的房子售价 25 万美元，其面积和装修都跟你的房子差不多，那么你的房子大概也价值 25 万美元。在股票市场里，可比的股票被定义为拥有**相似乘数**的股票。为了展示如何使用市场类比法，我们来看看也许是最常见的比率乘数，**股票的价格与每股盈利的比率**（price-to-earnings，PE），或者简称市盈率。

### 9.3.1 市盈率

顾名思义，一只股票的市盈率就是这只股票的价格与其每股盈利（EPS）之比。例如，Sun Aerodynamic Systems（SAS）公司的股票每股价格为 27 美元，而去年其每股盈利为 4.5 美元，其市盈率为 6（=27/4.5）。

我们通常假设相似的公司拥有相似的市盈率。例如，假设所有公开上市的特色零售公司平均市盈率为 12，而其中一家公司的盈利为 1 000 万美元。如果这家公司被认为与同行业内其他公司相类似的话，那么可以估计该公司的价值约为 1.2 亿美元（=12×1 000 万美元）。

通过市盈率法进行估值看起来比通过股利折现模型要简单一些，因为股利折现模型需要对年发放股利进行估计。但这是否意味着市盈率法就比较好呢？这取决于类比公司的相似度。

2020 年 8 月 28 日，《华尔街日报》报道了 Alphabet 公司的市盈率为 37。在同一天，IBM 公司的市盈率为 15，惠普公司为 11，苹果公司为 38，微软公司则为 40。为什么同一行业中的不同公司，其市盈率不相同呢？不同的市盈率是否意味着苹果公司的股票价值被高估了，而惠普公司的股票价值被低估了？有没有对此的合理解释？

---

⊖ 第 3 种选择是发行股票使公司有足够的现金用于支付股利和投资。这种情况将在以后的章节中讲解。

⊜ 曾用名：Facebook。

式（9-1）和式（9-4）所表示的股利折现模型告诉我们，一家公司的市盈率和其未来投资项目的价值有关系。考虑如下例子，两家公司的每股盈利都为 1 美元，但是一家公司有许多有价值的增长机会，而另一家则根本没有增长机会。有增长机会的公司的股票可以在较高的价位上出售，因为投资者既购买了现有的 1 美元收入也购买了将来的增长机会。

假设有增长机会的公司的股票售价为 16 美元，而另一家公司的售价为 8 美元，每股 1 美元的盈利都出现在两家公司市盈率公式的分母上。因此，有增长机会的公司的市盈率为 16，而没有增长机会的公司的市盈率为 8。

这种解释与现实世界似乎相当吻合。电子和其他高科技股票经常以较高的市盈率出售，因为投资者认为这些公司将有较高的增长率。事实上，一些高科技公司虽然尚未赢利，但股票却以高价出售，因此这些公司的市盈率就是无穷大。相反，铁路、公共事业和钢铁公司却经常以较低的市盈率出售，因为它们的增长潜力较差。表 9-1 为 2020 年一些著名的公司与标准普尔 500 指数的市盈率，可以发现，不同行业的市盈率差异很大。

表 9-1　2020 年部分公司的市盈率

| 公司 | 行业 | 市盈率 |
| --- | --- | --- |
| 丘博 | 保险 | 26 |
| 百事可乐 | 饮料 | 29 |
| 通用汽车 | 汽车 | 28 |
| 高盛 | 金融服务 | 16 |
| 惠而浦 | 家用电器 | 14 |
| Meta | 科技 | 36 |
| 标准普尔 500 指数平均值 | n/a | 30 |

另外至少有两个因素可以解释市盈率问题。第 1 个是折现率 $R$。$R$ 出现在股利折现模型 [ 见式（9-1）] 的分母中，因此市盈率与公司的折现率负相关。我们已经说明折现率与股票的风险或股价的变动幅度正相关，因此市盈率与股票的风险负相关。为了说明这是一个合理的结果，让我们分析两家公司——A 公司和 B 公司。股票市场预期两家公司每年都会有每股 1 美元的盈利。但是，A 公司的盈利比较确定而 B 公司的盈利变化无常，前者不存在风险，因此理智的投资者更愿意选择 A 公司付出更高的价格。由于 A 公司的股票售价更高，而两者 EPS 是一样的，那么 A 公司的市盈率肯定要比 B 公司高。

第 2 个附加的因素是公司选择的会计方法。例如，让我们考虑两家相似的公司——C 公司和 D 公司。C 公司用 LIFO 方法，公布的每股盈利为 2 美元；D 公司采用相对不保守的 FIFO 方法，公布的每股盈利为 3 美元。市场知道这两家公司其实是一样的，因此股票的售价都是每股 18 美元。所以，C 公司的市盈率为 9（=18/2），而 D 公司的市盈率为 6（=18/3）。会计政策相对保守的公司，其市盈率就更高。

作为总结，我们已经论述了股票的市盈率是如下 3 个因素的函数。

（1）**增长机会**。拥有强劲增长机会的公司具有较高的市盈率。

（2）**风险**。低风险股票具有高市盈率。

（3）**会计方法**。采用保守会计方法的公司具有较高的市盈率。

在现实世界中，这些因素哪个更重要呢？财务学家一致认为增长机会对市盈率的影响最大。例如，与公共事业部门相比，高科技公司一般来说都有更高的市盈率，因为公共事业部门的增长机会较少，即使公共事业部门的风险较低。而且即使是在行业内，增长机会的差异所导致的市盈率上的差异也是最大的。

尽管像市盈率一类的比率乘数可以用来给股票估值，但有些地方还是需要注意。相同行业里的公司可能因为拥有不同的投资机会、风险水平和会计处理方法而拥有不同的市盈率。计算行业平均市盈率的方法不能在所有行业中都直接对所有公司进行计算。平均比率乘数的计算只能够在同一行业中的那些具有相同特征的公司中进行。

有几种计算市盈率的方法，这些方法的不同之处在于分母选取的不同。假设有一家公司的股票今天的价格为 20 美元，公司刚刚公布了上一年的每股盈利为 2 美元，而分析师一致认为这家公司明年的每股盈利将达到 2.5 美元。有些机构用现在的股票价格除以前 12 个月的每股盈利来得到市盈率。在这个例子中，其最近 12 个月的每股盈利为 2 美元，因此市盈率将为 10（=20/2）。另一些机构采用预期盈利，也就是用未来一年的预期每股盈利来计算市盈率比率。本例中的预期市盈率为 8（=20/2.5）。回到前面的例子，微软公司最近 12 个月的每股盈利为 5.76 美元，这是微软公司市盈率高的部分原因。公司预计未来 12 个月的每股盈利为 7.34 美元，如果这样，其市盈率就等于 31，尽管还是很高，但已经比较合理。

哪种方法更准确一些呢？没有绝对正确的选择。一方面，投资者应该折现未来的现金流量，而不是过去的现金流量来对股票进行估值，这暗含了使用预期盈利计算市盈率可能更有意义。另一方面，过去盈利是已经实际发生的，而预期盈利则不过是预测。因此，虽然我们不能说在一个特定的情况下哪一种市盈率的计算方法更加合适，但我们还是要注意特定的某个市盈率是如何计算出来的。

我们经常也会对于如何对还没有支付股利且还没有赢利的新公司进行估值感兴趣。这样的新公司的盈利是负值。我们应该怎么做呢？一种方法是使用市销率。正如名字所示，该比率是每股股价和每股销售额之比。使用这个比率和使用市盈率是类似的，只不过每股盈利换成了每股销售额。正如市盈率一样，市销率也随着公司年龄和产业不同而不同。通常这个比率范围在 0.8 ~ 2.0，但是对于年轻、高成长性的公司来说这个比率会较大。市销率的一个缺点是它没有考虑企业负债的规模。两家规模接近、其他条件相同的公司，负债高的公司，其市销率应该低于负债率低的公司，因为负债率高的公司，其销售收入将会有更高的比例用于支付债权人的利息而无法支付给股东股利。

### 9.3.2 企业价值比率

市盈率是仅限于权益的比率。也就是说，分子是每单位股票的价格而分母是每单位股票的盈利。另外，实务中人们不仅使用权益比率，也使用同时涉及负债和权益的比率。也许最常见的是企业价值（EV）与息税折旧摊销前利润（EBITDA）的比率。企业价值指的是公司权益的市场价值加上负债的市场价值减去现金。回顾一下，EBITDA 指的是利息、税收、折旧和摊销未扣除前的盈利。

例如，Illinois Food Products 公司权益价值为 8 亿美元，负债价值为 3 亿美元，拥有现金 1 亿美元。那么这家公司的企业价值为 10（=8+3-1）亿美元。进一步假设公司有以下利润表。

（单位：百万美元）

| | |
|---|---:|
| 收入 | 700 |
| － 销货成本 | -500 |
| 息税折旧摊销前收益（EBITDA） | 200 |
| － 折旧与摊销 | -100 |
| － 利息 | -24 |
| 税前收入 | 76 |
| － 税（税率 21%） | -16 |
| 税后利润 | 60 |

EV 与 EBITDA 的比率为 5（=10/2）。注意利润表中 EBITDA 之后的所有项目都与这个比率的计算无关。

正如市盈率一样，相似的公司也拥有相似的企业价值比率（EV/EBITDA）。例如，假设一个行业里的平均 EV/EBITDA 为 6，QRT 公司为该行业里的一家 EBITDA 为 5 000 万美元的公司。可以认为该公司与同行业里其他公司相类似，那么它的企业价值大概为 3（=6×5 000 万）亿美元。现在假设 QRT 公司拥有 0.75 亿美元的负债和 0.25 亿美元的现金。给定我们计算出来的 QRT 企业价值，那么该公司的股票将价值 2.5（=3-0.75 + 0.25）亿美元。

对于企业价值比率有下列若干问题。

（1）EV/EBITDA 是否比市盈率更有优势？答案是肯定的。财务杠杆，也就是负债权益比会导致同一行业的公司产生差异。正如你将在第 16 章中学到的，杠杆比率将增加权益的风险，影响折现率 $R$。因此，尽管同一行业中的公司其他方面都是可比的，但如果它们的杠杆比率不同，它们的市盈率就会不一样。而企业价值包括了负债和权益，因此杠杆比率对 EV/EBITDA 的影响要小很多。○

（2）为什么在分母中使用 EBITDA？一个比率的分子和分母的选取应该是对应的。正如市盈率的分子是每

---

○ 然而，杠杆比率也会对 EV/EBITDA 产生一定的影响。正如我们在第 16 章中提到的，负债能创造一个"税盾"，增加企业价值。而负债并不对 EBITDA 产生影响，因此比率将随着负债的提高而提高。

股价格，所以分母也应该为每股盈利。也就是每股盈利在计算前已经减去了利息。相反地，由于 EV 包含了负债和权益，因此分母理应不受利息支付的影响。之所以使用的是 EBITDA，是由于使用利息被扣除之前的盈利将避免这一点发生。

（3）为什么分母忽略了折旧和摊销？很多实务工作者会解释为由于折旧和摊销不属于现金流量，因此计算盈利必须在折旧和摊销被扣除之前。换句话说，折旧和摊销不过反映了前一笔支出的沉没成本。这个理由并不十分受到认同。另一些人指出，在持续经营中，计提折旧的资产需重置。因为折旧费反映了未来重置的成本，所以在计算利润时应考虑这些费用。

（4）在其他的价值比率中还选取了什么作为分母？从业者还会使用息税前利润（EBIT）、息税摊销前利润（EBITA）和自由现金流量。

（5）为什么要减去现金？很多公司会持有超量的现金以备不时之需。例如，微软公司在 2020 年年底持有 1 370 亿美元的现金和短期投资。这比很多分析师认为的最佳现金持有量要大得多。企业价值比率应该反映的是经营性资产的盈利能力，因此现金应当在计算该比率前被扣除。然而，所有现金都应该被扣除的观点也是需要讨论的。一些持有的现金是为了业务的运营，这部分现金应当被考虑在内。

如果公司的 EBITDA 很小甚至是负数，你可以用销售收入代替 EBITDA 作为分母来计算企业价值比率。在上面的 IFPC 公司的例子中，EV 与销售收入的比率是 1.43（=1 000/700）。如果 QRT 公司的销售收入为 2.1 亿美元，并且 IFPC 公司是其可比公司，那么，QRT 公司的企业价值估计为 3（=1.43×2.1）亿美元。然后我们对 QRT 公司的 0.75 亿美元的负债和 0.25 亿美元的现金进行调整计算得出其股票的价值为 2.5（=3−0.75+0.25）亿美元。我们注意到企业价值比率与前面介绍的市销率类似，然而，企业价值比率考虑了企业的负债，这是这个方法的相对优势。

## 9.4 使用自由现金流量对股票估值

在第 5 章和第 6 章中，我们通过将项目的现金流量折现，来对公司的项目进行评估。现金流量是通过直接法进行计算的，首先估计的是收入和支出。在本章中到目前为止，我们将股利进行折现来对一只股票进行估值。类似于第 5 章和第 6 章对于项目的估值方法，我们也可以对一家公司的自由现金流量进行折现来对整个企业进行估值。

我们考虑这样一个例子，假设 Global Harmonic Control Systems（GHCS）公司在未来一年内的营业收入预计将为 5 亿美元，并且在之后的两年将以 10% 的速度增长，再之后的两年则以 8% 的速度增长，后面则以每年 6% 的速度增长。包括折旧在内的支出为收入的 60%；投资净额，包括了净营运资本和减去折旧后的资本支出，为收入的 10%。所有的支出都是收入的百分比形式，自由现金流量也是如此。GHCS 公司是纯权益公司，发行在外的股票数量为 1 200 万股。对于该公司的风险来说，16% 的折现率是合适的。

前 5 年的一些财务数字如下表所示（保留小数点后两位）。

（单位：百万美元）

| | 年 | | | | |
|---|---|---|---|---|---|
| | 1 | 2 | 3 | 4 | 5 |
| 收入 | 500.00 | 550.00 | 605.00 | 653.40 | 705.67 |
| − 费用 | 300.00 | 330.00 | 363.00 | 392.04 | 423.40 |
| 税前利润 | 200.00 | 220.00 | 242.00 | 261.36 | 282.27 |
| − 税（税率 21%） | 42.00 | 46.20 | 50.82 | 54.89 | 59.28 |
| 税后利润 | 158.00 | 173.80 | 191.18 | 206.47 | 222.99 |
| − 净投资 | 50.00 | 55.00 | 60.50 | 65.34 | 70.57 |
| 自由现金流量 | 108.00 | 118.80 | 130.68 | 141.13 | 152.43 |

第 5 年后自由现金流量的增长率为 6%，因此第 6 年的净现金流量预计将为 161.57（=152.43×1.06）亿美元。

使用永续增长年金公式，我们可以算出在第 5 年时，之后所有现金流量的现值为 1 615.71 [=161.57/（0.16−0.06）] 亿美元。

这一现值在今天的价值为：

$$16.157\ 1 \times 1/(1.16)^5 = 7.692\ 6\ （亿美元）$$

前 5 年的现金流量折现后为：

$$\frac{1.08}{1.16} + \frac{1.188}{(1.16)^2} + \frac{1.306\ 8}{(1.16)^3} + \frac{1.411\ 3}{(1.16)^4} + \frac{1.524\ 3}{(1.16)^5} = 4.156\ 3\ （亿美元）$$

加上前一笔现值，今天企业的总价值为 11.848 9（=4.156 3 + 7.692 6）亿美元。除以发行在外的股份数，可以得到每股价格为 98.74（=11.848 9 亿美元 /1 200 万）美元。

上述的计算假设第 5 年之后现金流量变为永续增长年金的形式。但是，我们前面也指出了股票的估值也使用比率乘数。有些投资者可能会使用比率乘数来计算 GHCS 公司 5 年后的现金流量现值，而不是使用永续增长年金公式。例如，假设 GHCS 公司同行业的可比公司的市盈率为 7。

由于第 5 年的税后利润为 2.229 9 亿美元，当市盈率为 7 时，该公司第 5 年的价值将被估算为 15.609 3（=2.229 9 × 7）亿美元。

那么该公司今天的价值为：

$$\frac{1.08}{1.16} + \frac{1.188}{(1.16)^2} + \frac{1.306\ 8}{(1.16)^3} + \frac{1.411\ 3}{(1.16)^4} + \frac{1.524\ 3}{(1.16)^5} + \frac{15.609\ 3}{(1.16)^5} = 11.588\ 2\ （亿美元）$$

除以发行在外的 1 200 万股股票，GHCS 公司的每股价格应为 96.57（=11.588 2 亿美元 /1 200 万）美元。

现在我们有两个对于 GHCS 公司股票价格的估计值。不同的估计值表示了对于第 5 年后现金流量现值的不同估计方法。使用永续增长年金的方法计算得到的股票价格为 98.74 美元，而使用市盈率方法计算得到的股票价格为 96.57 美元。没有哪一种是最好的方法。如果可比公司和 GHCS 公司是完全相同的，那么市盈率法可能是最佳的。不幸的是，公司不可能完全相同。另外，如果我们对于第 5 年后的现金流量以及增长率十分确定的话，永续增长年金法可能是最佳的。在实务中两种方法都在被使用。

从直觉上来看，股利折现模型、市场类比法和自由现金流量模型互相都是一致的，都可以用来对股票价格进行估值。在实务中，当公司持续稳定地支付股利时，股利折现模型是最有用的；当公司面临类似的投资机会时，市场类比法是较为有效的；而自由现金流量模型对于有外部融资需求且不支付股利的公司是适用的。

## 9.5　股票市场

股票市场包括**一级市场**（primary market）和**二级市场**（secondary market）。在一级市场或是新发行市场，股票首先进入市场，而后销售给投资者；在二级市场，已有的股票在投资者之间进行买卖。在一级市场，公司销售证券以筹集资金。我们将在下一章中详细讨论这个流程，本节主要关注二级市场的行为。我们还将讨论股票在金融出版物中如何报价。

### 9.5.1　做市商和经纪人

大多数证券交易都有做市商和经纪人的参与，因此理解这两个词的含义就非常重要了。**做市商**（dealer）持有一项存货，然后准备在任何时点进行买卖。相反，**经纪人**（broker）只负责将买者和卖者撮合在一起，但自己并不持有存货。因此，当我们提到二手车做市商和房地产经纪人时，我们就会意识到二手车做市商拥有存货，而房地产经纪人却没有。

在证券市场，一名做市商时刻准备从那些愿意卖出的投资者手中购买证券，并向那些愿意买入的投资者卖出证券。做市商愿意支付的价格就被称为**买方报价**，而做市商所愿意卖出的价格就被称为**卖方报价**。买价和卖价之间的差异就被称为**买卖价差**，这也是做市商利润的基本来源。

做市商存在于经济的所有领域当中，而不仅仅是股票市场。例如，你所在城市的当地大学书店可能同时有一级市场和二级市场的课本做市商。如果你买一本新书，那这就是一级市场交易；如果你买的是一本二手书，这就是二级市场交易，而你支付的就是书店提出的卖方报价。如果你将书回售给书店，那么你接受的就是书店提供的买方报价，这通常是卖方报价的一半。书店的买卖价差就是这两个价格之差。

相反，一名证券经纪人在投资者间撮合交易，将这些愿意买入证券和愿意卖出证券的人相互匹配。证券经纪人的与众不同之处就在于他们自己并不买卖证券，他们的工作就是促成他人交易。

## 9.5.2 纽约证券交易所的组织形式

纽约证券交易所（NYSE）通常被称为主板，几年前刚庆祝建立 200 周年。从 20 世纪初至今，它一直坐落于华尔街上。从绝对交易金额和上市股票的总价值来看，它都是世界上最大的股票交易市场。

### 1. 会员

NYSE 的交易所**会员**（member）有 1 366 名。在 2006 年以前，交易所会员在交易所拥有席位，而且这些交易所会员同时也是所有者。鉴于此，以及一些其他的原因，席位变得非常有价值并且被频繁买卖。一个席位的价格曾在 2005 年达到创纪录的 400 万美元。

2006 年，当 NYSE 成为上市公司后，这些都改变了。自然而然地，其股票就在 NYSE 上市。现在不再有购买席位的行为了，取而代之的是交易所会员必须购买交易执照，其数量被限制为 1 366 份。2020 年，购买一份执照需要每年支付高达 5 万美元的费用。拥有执照可以使你拥有在交易所大厅买卖证券的权利。不同的会员在交易所中扮演的角色不同。

2007 年 4 月 4 日，NYSE 在并购了欧洲证券交易所（Euronext）之后规模更大了。NYSE 成立了 NYSE Euronext。该交易所总部位于荷兰的阿姆斯特丹，在比利时、法国、葡萄牙和英国都设有分支机构。由于此并购，NYSE Euronext 成为世界上第一个"国际交易所"。之后在 2008 年它又并购了美国证券交易所（American Stock Exchange）。再之后，2013 年 11 月，它又与洲际交易所（the Intercontinental Exchange，ICE）合并。ICE 成立于 2000 年 5 月，一开始是一个商品交易所，它的快速增长让 NYSE 最终花了 82 亿美元才将其收入囊中。当我们介绍 NYSE 如何运行的时候，我们首先要记住，它拥有控制权的其他交易所，例如 NYSE Euronext 和 ICE，其运行机制可能不同。NYSE 采用电子交易和人工面对面交易混合运行机制，这使它成为世界上独一无二的交易所。

就电子交易而言，买单和卖单都是通过电子交易系统被传送到交易所的。订单通过计算机自动进行匹配，一旦匹配完成就自动成交，无须人工干预。大部分 NYSE 的交易都是这样完成的。对于那些不是通过电子系统传输的订单，NYSE 则依靠交易执照持有人。一共有三种不同的执照持有人，分别是**指定做市商**（designated market makers，DMM）、**场内经纪人**（floor brokers）和**流动性提供商**（supplemental liquidity providers，SLP）。

DMM 通常被称作"特定做市商"。通常每一只 NYSE 的股票都会分配一名指定做市商。作为一名做市商，他主要负责维护买卖双方的交易，持续报出和更新买卖价格。通过这样做，确保了一只股票总是有买方或者卖方，从而为市场提供了流动性。

场内经纪人为顾客完成交易，尽量获得最佳的交易价格。场内经纪人通常受雇于大型经纪公司，例如美林（美国银行的资产管理部）。NYSE 交易的非电子交易取决于指定做市商和场内经纪人的合作。我们将很快讨论这种互动合作的流程。

流动性提供商则是一些投资公司，它们保证指定给它们的股票积极地参与交易。它们的职责是为股票交易提供单方面的市场（买方或者卖方）。它们使用自己的账户进行交易（它们自己的钱），因此它们不代表客户。它们可以通过交易获得一些回扣，这也会促使它们更主动地进行交易。NYSE 的目标是尽可能多地提供流动性，从而使普通投资者能够很容易地基于现价买卖股票。不像指定做市商或者场内经纪人，流动性提供商不在交易所大厅里工作。

近些年来，场内经纪人在交易所大厅的重要性有所降低，因为有效的交易平台 Pillar 系统（Pillar system），通过这个系统可以使指令通过电子的方式直接传送给特定做市商。NYSE 还引入了 Arca 系统，这是一个电子交易平台，在其上进行的股票交易平均时间低于 1 秒钟。该电子交易平台现在在 NYSE 所有的交易中占有很大的比例，在规模较小的交易指令中应用更为广泛。

最后，NYSE 中数目较少的是**场内交易者**（floor trader），他们为自己的账户独立完成交易。场内交易者试图从暂时性的股价波动中获取利润。在最近的几十年里，场内交易者的数量大为减少，这意味着在交易所场内要从短期交易中获利已经越来越困难了。

### 2. 运作机制

我们已经对 NYSE 的组织形式有了一些基本的概念，现在我们转向交易实际上是如何进行的问题上来。从根本上说，NYSE 的业务就是吸引并完成指令流。**指令流**（order flow）是指客户下达买卖股票的指令流。NYSE 的客户包括上百万的散户投资者和数以千计的机构投资者，他们都会下达关于买卖在 NYSE 上市股票的指令。NYSE 在吸引指令流方面相当成功，目前，在单个交易日中有超过 10 亿股的股票换手已经是稀松平常的事情了。

### 3. 场内活动

你可能已经在电视上看过 NYSE 交易大厅的镜头，又或者你可能已经参观过 NYSE 并从参观者长廊中看到交易所场内活动的情景。不管是哪种方法，你都会看到一个大房间，约有一个篮球场那么大。这个大房间就被称为"big room"。你一般不会看到一些其他较小的房间，其中一间被称为"garage"，因为它在之前曾被用作交易场地。

在交易所大厅分布着许多站点，每个都排成一个"8"字形。这些站点由许多柜台组成，每个柜台的上方和侧面都有许多屏幕终端。人们通常在柜台后和柜台前相对固定的位置进行操作。

其他人在交易所大厅中来回匆匆走动，频繁地接听交易所墙上的电话。总而言之，你可能会由此想到蚁群中的工蚁。你可能很自然地问："这些人到底在下面做些什么（而且为什么这么多人都穿着如此滑稽的外套呢）？"

让我们先来快速浏览一下这里所进行的事情。以 8 字形排列的每个柜台都是指定做市商的柜台。这些指定做市商通常站在柜台前监督和管理所指定的股票的交易活动。指定做市商的文职人员在柜台后操作。从连接许多电话线的交易所墙边移动到交易所大厅内，然后再次返回的这群人是场内经纪人，他们收到客户由电话传达的指令，然后走到特定做市商的岗位前执行这项指令，而后再返回确认指令的执行情况，并接收新的客户指令。

为了更好地理解 NYSE 交易大厅的活动，想象你就是一名场内经纪人。你的电话接线员刚刚提交给你一项指令，就是要为你所在的经纪公司的一名客户售出 20 000 股沃尔玛公司的股票。这名客户希望能够尽快地以最优价格卖出股票。你这时立即走到（用跑的话将违反交易规则）指定做市商的柜台，在那里卖出沃尔玛公司的股票。

在你走到指定做市商的柜台时，你查看屏幕终端以获得最新的市场报价信息。屏幕显示，最新一笔交易的执行价格为 140.1 美元，而那名指定做市商的买方报价为每股 140 美元。你可以马上以 140 美元的价格与指定做市商成交。如果仅仅如此，那经纪人的工作就太容易了。

其实，作为客户的代理人，你有义务获得最优报价。你的工作就是执行指令，而你的工作的好坏则取决于是否提供了令人满意的指令以执行服务。因此，你环顾四周寻找是否恰好有沃尔玛公司股票的潜在购买者的经纪人。很幸运的是，你很快在指定做市商的柜台找到了另一个经纪人想买入 20 000 股，指定做市商给出的卖出价是每股 140.1 美元。你们双方都同意以 140.05 美元的价格执行买卖指令。这个价格就是指定做市商买价和卖价的平均值，而且与之前的报价相比，你们都为客户多挣了 $0.05 \times 20\ 000 = 1\ 000$（美元）。

对于任何一只交易非常活跃的股票，可能会有很多的买者和卖者围在指定做市商的柜台旁边，大多数的交易都直接发生在经纪人之间，这被称为"群内交易"。在这种情形下，指定做市商的职责就是维护指令，并且保证所有的买卖双方都能以公平的价格成交。换句话说，指定做市商实质上充当了裁判的角色。

然而更常发生的情况是，特定做市商的柜台旁没有拥堵的人群。回到我们所举的沃尔玛公司的例子，假设你不能很快地找到另一名要买入 20 000 股沃尔玛公司股票的经纪人，而且假设你所收到的指令是即时卖出指令，此时，你别无选择，你只能以每股 140 美元把股票卖给指定做市商，在此情形下，尽快卖出是优先考虑的事情，而指定做市商就为即时指令的执行提供了必要的流动性。

最后，我们还注意到在交易所场内的许多人都穿着不同颜色的外套。外套的颜色代表不同的工种或职位，职员、接单员、参观者、交易所官员以及诸如此类的人都穿着特定的颜色的外套以区别他们的身份。而且在繁忙的交易日，场面会变得些许混乱，穿着便宜的外套也能给他们光鲜昂贵的衣着起到一定的保护作用。

### 9.5.3　指令的类型

上面所举的沃尔玛公司股票的例子展示了在 NYSE 交易所里交易是如何进行的。我们现在想要讨论以下问题：一个投资者能够进行什么类型的交易？在沃尔玛公司股票的例子中，我们说客户提出了这样一个卖出 20 000 股沃尔玛公司股票的指令——"尽快地以最优价格卖出股票"。这样的一个指令被称为**市价委托**（market order），因此股票将在当前市价或者接近当前市价时被卖出。另一名投资者可能想要以同样的方式买入 10 000 股比如苹果公司的股票。这样的指令就是市价委托买入指令。

这样的交易指令是不是客户唯一能够使用的呢？并非如此。假设有一位投资者想要买入沃尔玛公司的股票，但是却不愿意在每股 140 美元的时候买入。他将会发出一个**限价委托**（limit order）的购买指令，在每股 135 美元的时候买入。这意味着该客户要求他的场内经纪人只在 135 美元或者更低价格时买入。由于客户要求如此，因此他不会在任何高于 135 美元的价位买入股票。相反地，假设有另一名客户希望不在 140 美元这么低价格的时候卖出沃尔玛公司的股票。因此他可以发出限价委托指令，要求在 155 美元或者更高的价位才卖出股票。

还有一种交易指令叫**止损委托**（stop order）。假设有一位沃尔玛公司股票的持有者，虽然当前对于该公司的运营前景是乐观的，但是他担心股价下跌的可能性。因此他可以使用止损委托在每股 130 美元时卖出股票。这里该订单将作为一个市价委托，其触发价格为 130 美元。这意味着如果沃尔玛公司的股票有一单成交于 130 美元，那么经纪人将尽快地以接近 130 美元的价格卖出股票。这是否意味着股票就一定能够以 130 美元的价格卖出呢？不幸的是这并不可能实现。在快速下跌的情况下，一只股票如果成交于 130 美元，那么下一单的成交价格将远远低于 130 美元，因此该客户的卖出价也将低于 130 美元。相反地，一位客户也可以发出买入的止损委托，比如在 140 美元的时候买入该公司股票，这样经纪商将在股票价格上升到 140 美元的时候买入股票。

还有一件事情值得一提。对于限价委托和止损委托订单，可以指定其为**当日委托订单**（day order），也就是当上述两种订单在当天没有被执行的话，那么将被自动取消。相反地，一个**人工取消委托订单**（good-til-canceled order）则会一直有效直到客户主动将其取消。[注]

### 9.5.4　纳斯达克市场组织

从总交易规模的绝对值来看，美国第二大股票市场就是纳斯达克（NASDAQ），这个看来有些古怪的名字来源于全美证券做市商自动报价系统的缩写，但是 NASDAQ 现在已经具有了一些特定的含义。

1971 年市场建立的时候，NASDAQ 其实是证券做市商的一个计算机网络，用以为遍布世界各地的计算机终端提供实时的证券报价。NASDAQ 的做市商为 NASDAQ 上市的股票扮演做市的角色。他们为指定的股票分别提供买方报价和卖方报价。对每个报价，他们同时还提供可交易的股票数量。

与 NYSE 的指定做市商类似，NASDAQ 做市商需要依赖库存股票来做市。也就是说，做市商运用他们的存量股票作为缓冲工具吸收不平衡的买卖指令。与 NYSE 的指定做市商不同的是，NASDAQ 会为交易活跃的股票指定多个做市商。因此，NYSE 和 NASDAQ 存在两个主要差异：

（1）NASDAQ 是纯粹的计算机网络系统，没有用以交易的实体场地；

（2）NASDAQ 的每一只股票有多个做市商，而非单一指定做市商。

依照惯例，当证券市场大部分交易是通过做市商来完成证券买卖时，我们就称这个市场为柜台市场或**场外交易市场**（OTC）。因此，NASDAQ 通常被看作场外交易市场。但是，NASDAQ 极力塑造一个不同的形象，NASDAQ 的官员希望在提到 NASDAQ 时不要用到场外交易市场这个称呼。但是，古法难改，许多人仍然

---

⊖　更多关于指令类型的讨论请见：Bradford Jordan, Thomas Miller, and Steve Dolvin, *Fundamentals of Investments*, 9th ed. (New York: McGraw-Hill, 2021).

将 NASDAQ 看作场外交易市场。

NASDAQ 网络系统提供 3 种不同等级的信息通道。第一级是为客户提供及时准确的报价信息。这些价格在网络上可以免费获得。第二级允许使用者看到所有 NASDAQ 做市商的报价。特别需要指出的是，可以看到做市商**最佳报价**（inside quotes）指的是在 NASDAQ 系统中列出证券的最高买价和最低卖价。第二级信息通道在网上通过支付小额的费用就可以获得。第三级通道只供做市商使用。这一级别允许 NASDAQ 做市商进入系统并且修改其报价信息。

NASDAQ 实际上是由三个独立的市场组成的：纳斯达克全球精选市场、纳斯达克全球市场和纳斯达克资本市场。纳斯达克全球精选市场是为 NASDAQ 中规模较大且交易较活跃的证券准备的市场，在该市场上市的公司约有 1 200 家（截至 2020 年），包括世界上一些知名公司，如微软和英特尔。在纳斯达克全球市场上市的公司相对来说规模较小，约有 1 450 家公司在此上市；规模最小的那些公司在纳斯达克资本市场上市，目前大约有 550 家公司。当然，随着纳斯达克资本市场上的公司日趋成熟，它们可能会转移到纳斯达克全球市场或纳斯达克全球精选市场中。

### 电子通信网络信息平台

在 20 世纪 90 年代末一次重要的发展浪潮中，NASDAQ 系统向所谓的**电子通信网络信息平台**（electronic communications networks，ECN）开放。ECN 是允许投资者之间直接进行交易的网站，投资者下达买入或卖出指令给 ECN，而后 ECN 又会将该指令传到 NASDAQ，同时这些价格信息也会与 NASDAQ 做市商的买方报价和卖方报价一起显示。ECN 使 NASDAQ 能够让散户投资者（而不仅仅是做市商）下达指令。因此，ECN 提高了流动性和竞争性。

## 9.5.5 股票市场信息发布

近些年来，股票报价和相关信息已经由传统的印刷媒介——《华尔街日报》转向多种类型的网站中。雅虎财经（finance.yahoo.com）就是个很好的例子，我们可以在那里查询思科股票的报价，该公司在 NASDAQ 上市。下图就是我们所查询到的信息的一部分。

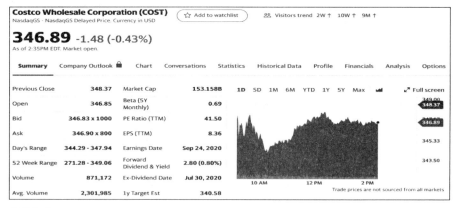

资料来源：finance.yahoo.com, August 31, 2020.

这些信息中的大部分都是不言自明的。最近一次交易的成交价格为 346.89 美元。所报告的股价变动是与前一天的收盘价的比较，开盘价就是当天第一笔交易的价格。我们可以看到买方报价和卖方报价分别是 346.83 美元和 346.90 美元。后面紧跟的是市场的"深度"，分别就是以买方报价卖出和卖方报价提供的股票的数目。接下来我们可以看到该股票一天之内价格的变化幅度，然后是该股票在过去 52 周中价格的变化幅度，其后跟随的是当天的成交量，最后是最近 3 个月平均日交易量。

我们接着看第二列，第一行是总市值，它等于发行在外的股份数乘以每股股价。PE 表示市盈率，这个我们在本章的前面已经介绍过了。市盈率和每股收益（EPS）后面括号里的 TTM 是依据最近 12 个月的业绩计算出来的。接下来是未来4个季度预计的股利以及股利收益率，请注意股利收益率是用预计的股利除以前一天的收盘价，也就是2.80/348.37=0.008，即0.8%。"1y Target Est"是基于跟踪该股票的证券分析师预测的明年的平均预估股价。

## 本章小结

本章涵盖了股票以及股票估值的基本概念。主要知识点包括：

1. 股票价格可以通过折现公司股利计算而得。我们谈到了3种情形：
   a. 股利零增长模型；
   b. 股利固定增长模型；
   c. 股利变动增长模型。

2. 在股利折现模型中，我们需要估计股利增长率。有效估计增长率的方法就是：

   $g$ = 留存比率 × 留存收益的回报率（ROE）

   只要公司保持其股利支付率不变，$g$ 就可以表示公司的股利增长率以及盈利增长率。

3. 从会计的角度来说，我们都知道盈利被分为两个部分：股利和留存收益。大多数公司持续地留存利润以便未来能够发放更多股利。我们不应该折现利润来获得每股价格，因为有部分盈利被用于再投资了。只有股利被分配到股东手中，也只有股利可以加以折现以估算股票价格。

4. 有些分析师通过比率乘数（比如市盈率等）对股票进行估值。然而我们要特别注意的是比率乘数只能够用于相似的公司。

5. 我们指出公司的市盈率是以下三个因素的函数：
   a. 公司每股所包含的有价值的成长机会；
   b. 股票的风险；
   c. 公司所采取的会计政策。

6. 作为股利折现模型和市场类比法的替代，我们还可以对公司自由现金流量进行折现来估值。

7. 美国两大股票市场分别为纽约证券交易所（NYSE）和纳斯达克（NASDAQ）。我们讨论了这两个市场的组织及运营，还介绍了股票价格的信息是如何报告的。

## 思考与练习

1. **股票价值** IM 公司的下一次股息支付为 1.87 美元/股。该股息预计将以 4.3% 的增长率永久增长。如果该股票当前价格为 37 美元/股，请问必要收益率为多少？

2. **股票估值** 假设你知道一家公司的一只股票当前的价格为 78 美元/股，必要收益率为 10.9%，而且你知道总回报在资本利得和股息收入之间平均分配。如果该公司的政策是保持股息支付的固定增长率，请问该公司当前每股的股息为多少？

3. **优先股股票估值** Ayden 公司有一部分发行在外的优先股股份，每年支付每股 3.80 美元的股息直到永远。如果该优先股当前价格为 93 美元/股，那么投资者要求的必要收益率应为多少？

4. **不固定的股息支付** Premier 公司的股息支付政策比较奇怪。该公司刚刚支付了 3.75 美元/股的股息，又宣布将在未来 5 年每年增加 5 美元/股的股息支付，之后就不再支付股息。如果你要求 11% 的收益率，你今天应该用什么价格购买该公司股票？

5. **计算股息** Matterhorn 公司的股票当前价格为每股 49 美元。市场要求该公司的股票收益率为 11%。如果该公司维持 3.5% 的股息支付增长率，那么该公司股票未来最近一次的每股股息支付应为多少？

6. **计算股息** Sorenson 公司计划在未来两年年底各支付相等的股息，而之后支付的股息每年增长 3.2% 直到永远。当前股票价格为 75 美元/股。如果必要收益率为 11%，请问下一年的股息支付应该是多少？

7. **股票估值和市盈率** Meadow Dew 公司目前的每股收益为 4.05 美元，该公司的基准市盈率为 21%。预计每股收益将以每年 4.9% 的速度增长。
   a. 你估计目前的股价应该是多少？
   b. 一年后的目标股价应该是多少？
   c. 如果公司不支付股息，那么明年公司股票隐含的收益率是多少？使用 PE 估值法计算得出的隐含收益率，给你什么启示？

# PART

# 3

第 3 篇

# 风　险

# 第10章

# 从市场历史得到的经验

2020 年的春天，与新冠疫情相关的出行限制引起市场崩盘，你可能会惊讶地发现，2020 年对投资者来说是不同寻常的一年。随着 2020 年标准普尔 500 指数上涨大约 18%、纳斯达克综合指数上涨大约 43%，股票市场的整体表现还是非常好的。例如，比特币数字公司（Bit Digital）的投资者肯定会为从公司股票获得的 3 688% 的收益感到高兴，生物科技公司 Novavax 的投资者会为公司股票 2 889% 的收益率欢欣鼓舞。当然，并不是所有股票都在那一年出现价值增加。Occidental Petroleum 的股票价格在那一年下降了 58%，邮轮公司 Carnival Corp. 的股票价格下跌了 57%。

这些事例显示在 2020 年期间巨大的潜在盈利伴随着巨大亏损的风险，那么作为股票市场投资者，在进行投资时应当做怎样的预期呢？在这一章中，我们将研究 80 多年的市场历史以求得答案。

## 10.1 收益

### 10.1.1 美元收益

假设 Video Concept Company 有几千股发行在外的股票并且你是一个股东。进一步假设你在年初购买了一些该公司的股票，现在是年末了，你想搞清楚你的这项投资到底表现如何。你从一项股票投资获得的收益就像你从债券或者其他投资一样，有两种形式。

作为 Viedeo Concept Company 股票的所有者，你是公司的部分所有者。如果公司赢利，那么它通常会把部分利润分给它的股东。因此，作为股票的所有者，你在这一年可以收到一些被称为**股利**的现金。这些现金是你收益的**收入部分**。除了股利，你收益的其他部分是该项投资的**资本利得**；当它小于 0 的时候，它被叫作**资本损失**（负的资本利得）。你的总收益就是股利收入和资本利得或资本损失之和。

假设我们正在考虑如图 10-1 所示的项目现金流量，年初以每股 37 美元的价格购买 100 股股票，那时候你的投资总额是：

$$C_0 = 37 \times 100 = 3\,700\,（美元）$$

假设该股票在那一年支付了每股 1.85 美元的股利。因此，你在那一年收到的收入是：

$$股利收入 = 1.85 \times 100 = 185\,（美元）$$

假设股票年末的市场价格是每股 40.33 美元。因为股票的价格增加，所以你的资本利得是：

$$资本利得 = (40.33 - 37) \times 100 = 333\,（美元）$$

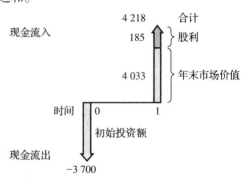

图 10-1 美元收益（单位：美元）

资本利得就像股利，是股东为了保持他们对 Viedeo Concept Company 的投资所要求收益的一部分。当然，如果 Viedeo Concept Company 股票的价格下降，跌到比如说每股 34.78 美元，你将会记录这个资本损失：

$$资本损失 = (34.78 - 37) \times 100 = -222 （美元）$$

投资的总收益是股利收入和投资的资本利得或者资本损失之和：

$$总收益 = 股利收入 + 资本利得 （损失）$$

在我们的例子中，总收益是：

$$总收益 = 185 + 333 = 518 （美元）$$

注意，如果你在年末卖出股票，你的现金总量将是初始投资额加上总收益。在前面的例子中，你将有：

$$卖出股票情况的总现金 = 初始投资额 + 总收益 = 3\ 700 + 518 = 4\ 218 （美元）$$

作为一个验证，注意到这和卖出股票的收益加上股利是完全相同的：

$$卖出股票的收益 + 股利 = 40.33 \times 100 + 185 = 4\ 033 + 185 = 4\ 218 （美元）$$

但是假设你持有你的 Viedeo Concept Company 股票，没有在年末卖出。你还应该考虑资本利得作为你收益的一部分吗？这是否违背了我们之前说的只有现金才要紧的现值法则？

对第 1 个问题的回答是一个非常确定的"是"，而对第 2 个问题的回答是一个同样非常确定的"不是"。和股利一样，多少资本利得都是收益的一部分，因此你应该把它算作总收益的一部分。你决定持有股票不卖出，实现收益或者损失并不能改变如果你愿意你就可以得到股票的现金价值这么一个事实。毕竟你总是可以在年末卖出股票并且立刻买回来。年末你将拥有的现金总量是 518 美元收益加上 3 700 美元的初始投资额。当你买回 100 股股票时，你将不会失去这个收益。实际上，如果你没有卖出股票，你也还是这个样子（当然，假设卖出股票没有税收方面的影响，也没有任何经纪佣金）。

## 10.1.2　百分比收益

以百分比的形式来总结有关收益的信息会比以美元来得更方便，因为百分比适用于任何投资数量。我们想要回答的问题是：我们从每 1 美元投资量获得的收益有多少？为了得到这一信息，假设 $t$ 代表我们考虑的那一年，$P_t$ 是年初股票价格，$D_{t+1}$ 是股票在那一年支付的股利。考虑如图 10-2 所示的现金流量。

在我们的例子中，年初股票价格为 37 美元，当年派发的股利为 1.85 美元/股。因此，百分比收益（股息收益率）为：

$$股息收益率 = D_{t+1}/P_t = 1.85/37 = 0.05 = 5\%$$

**资本利得**（capital gain）（或者损失）是股票价格的变化除以初始价格。假定 $P_{t+1}$ 是年末的股票价格，我们可以计算资本利得如下：

$$资本利得 = (P_{t+1} - P_t)/P_t = (40.33 - 37)/37$$
$$= 3.33/37 = 0.09 = 9\%$$

这两个结果放在一起，我们会发现投资 Viedeo Concept Company 股票在这一年的总收益率，我们用 $R_{t+1}$ 来表示：

$$R_{t+1} = \frac{D_{t+1}}{P_t} + \frac{P_{t+1} - P_t}{P_t} = 5\% + 9\% = 14\%$$

从现在开始，我们提到收益都会用百分比的形式表示。

举一个更具体的例子，微软的股票在 2020 年年初的价格为每股 157.70 美元。2020 年微软支付了 2.09 美元/股的股利，并且 2020 年年末的股票价格为每股 221.68 美元。微软股票在当年的收益是多少？练习一下，看你是否同意答案为 41.90%。当然了，负的收益也会出现。比如，还是在

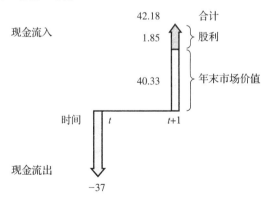

$$百分比收益 = \frac{年末支付的股利 + 市场价值在本期的变化}{起初市场价值}$$

$$1 + 百分比收益 = \frac{年末支付的股利 + 期末的市场价值}{起初市场价值}$$

图 10-2　百分比收益（单位：美元）

2020 年，Chevron 年末的股票价格为每股 85.33 美元，已经支付了 5.16 美元 / 股的股利，年初的股票价格为每股 120.51 美元。验证一下当年的损失是否为 24.91%。

### 例 10-1　计算收益

假设某只股票年初的价格是每股 25 美元，年末的价格是每股 35 美元。该股票在那一年期间支付了每股 2 美元的股利。它在那一年的股利收益率、资本利得收益率和总收益率各是多少？我们可以想象如图 10-3 所示的现金流量。

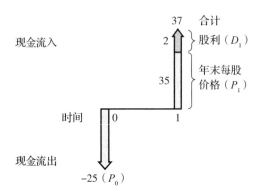

图 10-3　现金流量——一个投资的例子（单位：美元）

$$R_1 = \frac{D_1}{P_0} + \frac{P_1 - P_0}{P_0} = \frac{2}{25} + \frac{35 - 25}{25} = \frac{12}{25} = 8\% + 40\% = 48\%$$

因此，股票的股利收益率、资本利得收益率和总收益率各是 8%、40% 和 48%。

假设你投资了 5 000 美元。你将会收到投资于该股票的收益是 5 000×0.48 = 2 400（美元）。如果你知道股票的总收益，不需要知道你要买多少股就可以确定你从这 5 000 美元的投资中赚多少钱，你只需要用总收益。

作为一名投资者，你应该关心投资的总收益。因此，当你解读只报告资本利得或只报告股利收入的图表时，应该保持小心谨慎。例如，非常流行的标准普尔 500 指数就是一个资本利得指数，因为它只反映指数内所包含的公司的股票价格变化，而不反映股利的收益。（一个反映标准普尔 500 公司股票总收益的单独指标确实存在，并且常用于研究，例如在本书中的计算和图表中均使用这一指标，但是大众媒体在报道时通常不会使用这种指标。）媒体所报道的标准普尔 500 指数的收益可能非常有误导性，因为这一指数所包含的公司是美国经济中每年股利支付最多的公司。如果你真的投资这些公司股票一年，你能赚取的总收益会比报道的指数收益要高得多。如果一个基金经理夸耀自己去年的业绩超越了标准普尔 500 指数，那么你应该持怀疑态度，因为这个基金经理可能是在将自己管理的基金总收益率与标准普尔去除股利计算的收益率相比较。

## 10.2　持有期收益

Roger Ibbotson 和 Rex Sinquefield 有一组关于美国资本市场收益率的著名研究[一]。他们提供了 5 种重要类别的金融工具的历年总收益率。这个收益率可以理解为持有如下投资组合所能赚取的收益。

（1）**大公司普通股**。这个普通股的组合是以标准普尔 500 指数为基础的，标准普尔 500 指数包含了美国 500 家市值最大的公司。

（2）**小公司普通股**。这一组合由在纽约证券交易所交易的股票，按其市值排序处于最后 20% 的股票组成。

（3）**长期公司债券**。这是一个由到期期限为 20 年的优质公司债券构成的组合。

[一] Ibbotson, Roger G., and Rex A. Sinquefield. 1982. *Stocks, Bonds, Bills, and Inflation [SBBI]*. Charlottesville. VA: Financial Analysis Research Foundation.

（4）**长期美国政府债券**。这是一个由到期期限为 20 年的美国政府债券构成的组合。

（5）**美国国库券**。这是一个由到期期限为 1 个月的美国国库券构成的组合。

在计算以上组合的收益时都没有考虑税收或交易费用。除了计算这些金融工具的历年收益，还计算了消费者价格指数（consumer price index，CPI）的历年变化。这是度量通货膨胀的基本指标。因此，我们可以通过扣除每年的通货膨胀来计算每年的实际收益。

在仔细观察各种不同组合的收益之前，我们用图示的方式展示了 1926—2020 年这 95 年间美国资本市场上的收益和风险。图 10-4 显示了 1926 年年初投资的 1 美元的增长情况。注意纵轴已经过对数化处理，因此相同距离表示相同的百分比变动幅度。该图显示，如果 1 美元投资于大公司普通股并且所有收到的股利都进行再投资，那么到了 2020 年年末这一投资的价值就会增长到 10 944.66 美元。小公司股票组合的增长是最大的。如果在 1926 年投资 1 美元于小公司股票，那么这一投资的价值到了 2020 年年末就增长到 41 977.83 美元。但是，如果你仔细观察图 10-4，你可以看到小公司股票收益的变动程度很大，特别是在这一时间段的初期。相对于 1 美元投资于小公司股票，1 美元投资于长期政府债券的收益非常平稳。图 10-5 ～图 10-8 用从横轴开始的竖线画出大公司股票、小公司股票、长期债券和国库券以及通货膨胀各自的历年百分比收益率。

图 10-4 提供了 1926—2020 年 1 美元投资的增长情况。换句话说，它表明了如果这 1 美元留在股票市场，并且每年都把前一年的股利再投资购买更多的股票，该投资的价值会是多少。设 $R_t$ 表示第 $t$ 年的收益率，你将在 $T$ 年年末得到的价值是 1 加上这些年份每年收益率之和的连乘：

$$价值 = (1 + R_1) \times (1 + R_2) \times \cdots \times (1 + R_t) \times \cdots \times (1 + R_T)$$

例如，在过去的 3 年间，收益分别为 11%、-5% 和 9%，期初 1 美元投资在第 3 年年底将会价值：

$$(1 + R_1) \times (1 + R_2) \times (1 + R_3) = (1 + 0.11) \times (1 - 0.05) \times (1 + 0.09) = 1.11 \times 0.95 \times 1.09 = 1.15（美元）$$

注意 0.15 或 15% 是指总收益。这包括了把第 1 年股利进行再投资于股票市场两年时间和把第 2 年股利再投资 1 年时间的收益。15% 被称为**持有期收益**（holding period return）。表 10-1 给出了这些选取的投资组合在 1926—2020 年的各年收益。根据这一张表，你可以确定任何组合年份的持有期收益。

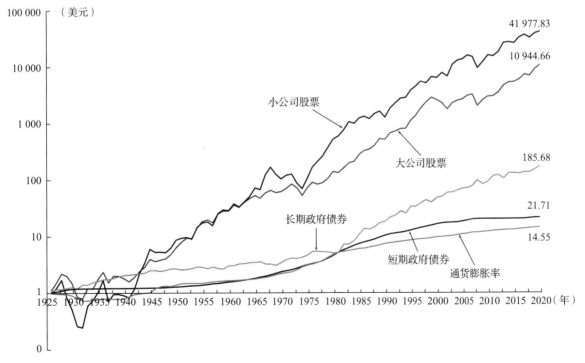

图 10-4 美国资本市场各种投资的财富指数（1925 年年末 = 1 美元）

资料来源：2021 SBBI Yearbook. Duff & Phelps.

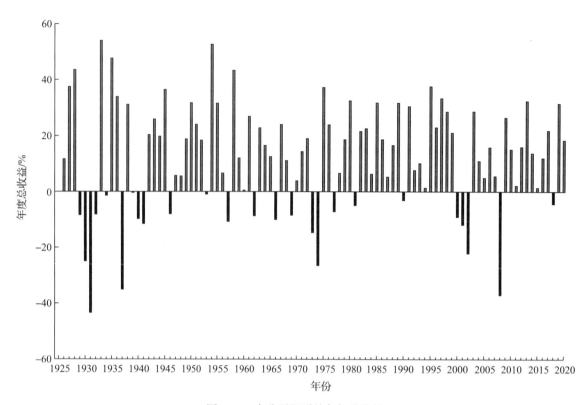

图 10-5 大公司股票的各年总收益

资料来源: 2021 SBBI Yearbook. Duff & Phelps.

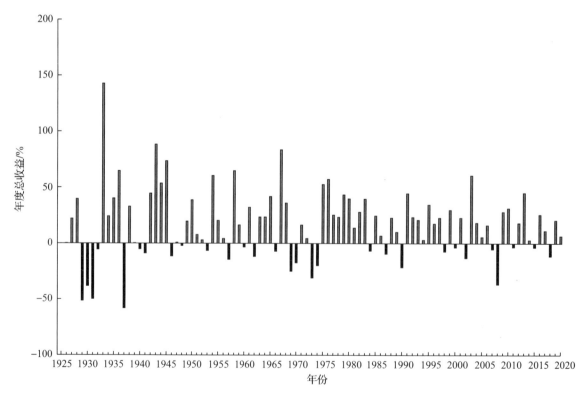

图 10-6 小公司股票的各年总收益

资料来源: 2021 SBBI Yearbook. Duff & Phelps.

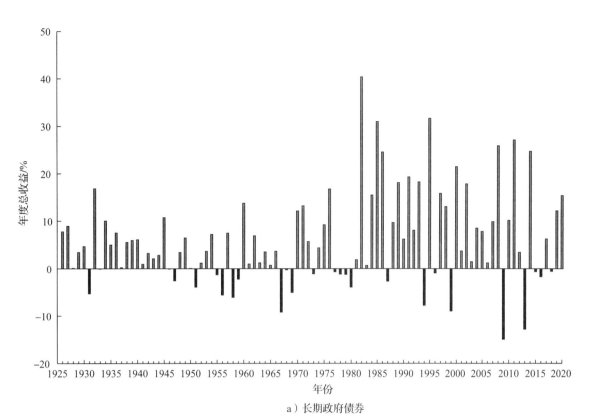

a）长期政府债券

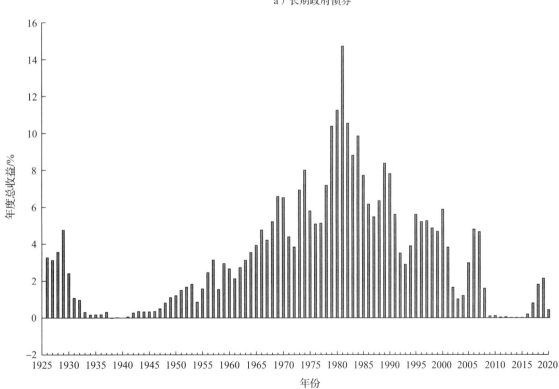

b）美国国库券

图 10-7　长期政府债券和美国国库券的各年总收益

资料来源：2021 SBBI Yearbook. Duff & Phelps.

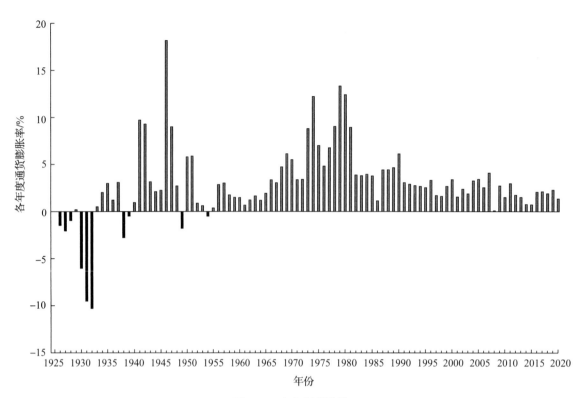

图 10-8　各年通货膨胀

资料来源：2021 SBBI Yearbook. Duff & Phelps.

表 10-1　1926—2020 年的各年总收益

| 年份 | 大公司股票 /% | 长期政府债券 /% | 国库券 /% | 消费者物价指数 /% |
|---|---|---|---|---|
| 1926 | 11.62 | 7.77 | 3.27 | −1.49 |
| 1927 | 37.49 | 8.93 | 3.12 | −2.08 |
| 1928 | 43.61 | 0.10 | 3.56 | −0.97 |
| 1929 | −8.42 | 3.42 | 4.75 | 0.20 |
| 1930 | −24.90 | 4.66 | 2.41 | −6.03 |
| 1931 | −43.34 | −5.31 | 1.07 | −9.52 |
| 1932 | −8.19 | 16.84 | 0.96 | −10.30 |
| 1933 | 53.99 | −0.07 | 0.30 | 0.51 |
| 1934 | −1.44 | 10.03 | 0.16 | 2.03 |
| 1935 | 47.67 | 4.98 | 0.17 | 2.99 |
| 1936 | 33.92 | 7.52 | 0.18 | 1.21 |
| 1937 | −35.03 | 0.23 | 0.31 | 3.10 |
| 1938 | 31.12 | 5.53 | −0.02 | −2.78 |
| 1939 | −0.41 | 5.94 | 0.02 | −0.48 |
| 1940 | −9.78 | 6.09 | 0.00 | 0.96 |
| 1941 | −11.59 | 0.93 | 0.06 | 9.72 |
| 1942 | 20.34 | 3.22 | 0.27 | 9.29 |
| 1943 | 25.90 | 2.08 | 0.35 | 3.16 |
| 1944 | 19.75 | 2.81 | 0.33 | 2.11 |
| 1945 | 36.44 | 10.73 | 0.33 | 2.25 |
| 1946 | −8.07 | −0.10 | 0.35 | 18.16 |
| 1947 | 5.71 | −2.62 | 0.50 | 9.01 |

（续）

| 年份 | 大公司股票 /% | 长期政府债券 /% | 国库券 /% | 消费者物价指数 /% |
|------|------|------|------|------|
| 1948 | 5.50 | 3.40 | 0.81 | 2.71 |
| 1949 | 18.79 | 6.45 | 1.10 | −1.80 |
| 1950 | 31.71 | 0.06 | 1.20 | 5.79 |
| 1951 | 24.02 | −3.93 | 1.49 | 5.87 |
| 1952 | 18.37 | 1.16 | 1.66 | 0.88 |
| 1953 | −0.99 | 3.64 | 1.82 | 0.62 |
| 1954 | 52.62 | 7.19 | 0.86 | −0.50 |
| 1955 | 31.56 | −1.29 | 1.57 | 0.37 |
| 1956 | 6.56 | −5.59 | 2.46 | 2.86 |
| 1957 | −10.78 | 7.46 | 3.14 | 3.02 |
| 1958 | 43.36 | −6.09 | 1.54 | 1.76 |
| 1959 | 11.96 | −2.26 | 2.95 | 1.50 |
| 1960 | 0.47 | 13.78 | 2.66 | 1.48 |
| 1961 | 26.89 | 0.97 | 2.13 | 0.67 |
| 1962 | −8.73 | 6.89 | 2.73 | 1.22 |
| 1963 | 22.80 | 1.21 | 3.12 | 1.65 |
| 1964 | 16.48 | 3.51 | 3.54 | 1.19 |
| 1965 | 12.45 | 0.71 | 3.93 | 1.92 |
| 1966 | −10.06 | 3.65 | 4.76 | 3.35 |
| 1967 | 23.98 | −9.18 | 4.21 | 3.04 |
| 1968 | 11.06 | −0.26 | 5.21 | 4.72 |
| 1969 | −8.50 | −5.07 | 6.58 | 6.11 |
| 1970 | 3.86 | 12.11 | 6.52 | 5.49 |
| 1971 | 14.30 | 13.23 | 4.39 | 3.36 |
| 1972 | 19.00 | 5.69 | 3.84 | 3.41 |
| 1973 | −14.69 | −1.11 | 6.93 | 8.80 |
| 1974 | −26.47 | 4.35 | 8.00 | 12.20 |
| 1975 | 37.23 | 9.20 | 5.80 | 7.01 |
| 1976 | 23.93 | 16.75 | 5.08 | 4.81 |
| 1977 | −7.16 | −0.69 | 5.12 | 6.77 |
| 1978 | 6.57 | −1.18 | 7.18 | 9.03 |
| 1979 | 18.61 | −1.23 | 10.38 | 13.31 |
| 1980 | 32.50 | −3.95 | 11.24 | 12.40 |
| 1981 | −4.92 | 1.86 | 14.71 | 8.94 |
| 1982 | 21.55 | 40.36 | 10.54 | 3.87 |
| 1983 | 22.56 | 0.65 | 8.80 | 3.80 |
| 1984 | 6.27 | 15.48 | 9.85 | 3.95 |
| 1985 | 31.73 | 30.97 | 7.72 | 3.77 |
| 1986 | 18.67 | 24.53 | 6.16 | 1.13 |
| 1987 | 5.25 | −2.71 | 5.47 | 4.41 |
| 1988 | 16.61 | 9.67 | 6.35 | 4.42 |
| 1989 | 31.69 | 18.11 | 8.37 | 4.65 |
| 1990 | −3.10 | 6.18 | 7.81 | 6.11 |
| 1991 | 30.47 | 19.30 | 5.60 | 3.06 |
| 1992 | 7.62 | 8.05 | 3.51 | 2.90 |

（续）

| 年份 | 大公司股票 /% | 长期政府债券 /% | 国库券 /% | 消费者物价指数 /% |
|---|---|---|---|---|
| 1993 | 10.08 | 18.24 | 2.90 | 2.75 |
| 1994 | 1.32 | −7.77 | 3.90 | 2.67 |
| 1995 | 37.58 | 31.67 | 5.60 | 2.54 |
| 1996 | 22.96 | −0.93 | 5.21 | 3.32 |
| 1997 | 33.36 | 15.85 | 5.26 | 1.70 |
| 1998 | 28.58 | 13.06 | 4.86 | 1.61 |
| 1999 | 21.04 | −8.96 | 4.68 | 2.68 |
| 2000 | −9.10 | 21.48 | 5.89 | 3.39 |
| 2001 | −11.89 | 3.70 | 3.83 | 1.55 |
| 2002 | −22.10 | 17.84 | 1.65 | 2.38 |
| 2003 | 28.68 | 1.45 | 1.02 | 1.88 |
| 2004 | 10.88 | 8.51 | 1.20 | 3.26 |
| 2005 | 4.91 | 7.81 | 2.98 | 3.42 |
| 2006 | 15.79 | 1.19 | 4.80 | 2.54 |
| 2007 | 5.49 | 9.88 | 4.66 | 4.08 |
| 2008 | −37.00 | 25.87 | 1.60 | 0.09 |
| 2009 | 26.46 | −14.90 | 0.10 | 2.72 |
| 2010 | 15.06 | 10.14 | 0.12 | 1.50 |
| 2011 | 2.11 | 27.10 | 0.04 | 2.96 |
| 2012 | 16.00 | 3.43 | 0.06 | 1.74 |
| 2013 | 32.39 | −12.78 | 0.02 | 1.51 |
| 2014 | 13.69 | 24.71 | 0.02 | 0.76 |
| 2015 | 1.38 | −0.65 | 0.02 | 0.73 |
| 2016 | 11.96 | −1.75 | 0.20 | 2.07 |
| 2017 | 21.83 | 6.24 | 0.80 | 2.11 |
| 2018 | −4.38 | −0.57 | 1.81 | 1.91 |
| 2019 | 31.49 | 12.16 | 2.14 | 2.29 |
| 2020 | 18.40 | 15.40 | 0.44 | 1.36 |

资料来源：2021 SBBI Yearbook. Duff & Phelps.

## 10.3 收益的统计量

美国资本市场的历史过于复杂，不经过整理难于理解。为了使用历史数据，你首先必须找到一些用来描述它的可以处理的方法，将具体的数据高度浓缩为一些简单的语句。

这里要引出两个总结历史的重要数字。第一个也是最自然的数字是我们用来最好地描述过去股票市场每年收益的某个单一指标。换句话说，投资者在1926—2020年的任何一个特定年份可以实现的收益的最好估计值是什么？这就是**算术平均收益**。

图10-9是根据表10-1绘制的各年股票市场收益的柱状图。这个图又被称作**数字的频数（或频率）分布**（frequency distribution）。图的高度代表了样本观测值位于横轴区域的数量。

根据如图10-9所示的频数分布，我们可以计算分布的**平均数**（average）或**均值**（mean）。为了计算分布的平均数，我们把所有的数值加起来除以总数（$T$）。本例中的 $T$ 是95，因为我们有95年的数据。$R$ 上方的一条横线表示均值，公式是计算平均数的一般公式：

$$均值 = \overline{R} = \frac{R_1 + R_2 + \cdots + R_T}{T}$$

1926—2020 年的大公司股票年收益率的均值是 12.2%。

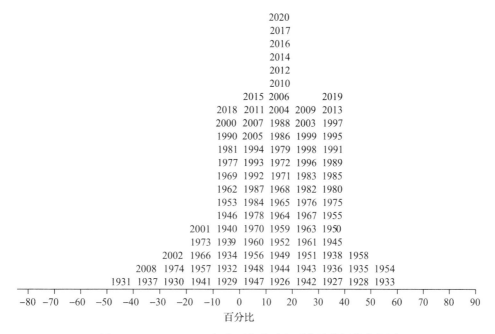

图 10-9　1926—2020 年美国大公司股票收益的频数分布图

资料来源：2021 SBBI Yearbook. Duff & Phelps.

#### 例 10-2　计算平均收益率

假设 1926—1929 年普通股的年收益分别是 0.137 0、0.358 0、0.451 4 和 −0.088 8。这 4 年的平均收益是：

$$\overline{R} = \frac{0.137\,0 + 0.358\,0 + 0.451\,4 - 0.088\,8}{4} = 0.214\,4，即\ 21.44\%$$

## 10.4　股票的平均收益和无风险收益

现在我们已经计算了美国股票市场的平均收益，似乎将它与其他证券的收益进行比较是合理的。最明显的就是和美国政府债券市场的低波动收益的对比。这些收益不受我们在股票市场看到的大部分波动的影响。

实际上无风险的国库券收益与风险极大的普通股收益之间的比较很有趣。风险收益与无风险收益之间的差异通常被称作"风险资产的超额收益"。当然，超额收益在某一特定年份可能是正的或者负的。

表 10-2 显示了 1926—2020 年的平均股票收益、平均债券收益、平均国库券收益和平均通货膨胀率。大公司普通股相对于国库券在整个期间的平均超额收益是 8.9%（=12.2%−3.3%）。普通股的平均超额收益被称作历史股权风险溢价，因为这是承担风险的额外收益。

对股票市场数据最重要的一个发现是，这一长期股票收益超过无风险收益。投资者会得到高于仅投资于国库券可能得到的收益的一个额外的收益，或者说超额的收益作为对这一时期投资于股票市场的回报。

为什么有这么一个回报呢？这是否意味着不要投资于国库券，或者说那些过去投资于国库券而没有投资于股票市场的人需要学习财务的课程？对这些问题的全面回答是现代理财学的核心。但是，部分答案可以在各类不同投资的可变性中找到。国库券的收益比普通股的收益高的现象持续了很多年。而且，我们注意到投资于普通股的收益经常出现负数，但投资于短期国库券的收益仅出现过一次负值，即 1938 年短期国库券的收益率为 −0.02%。因此，我们现在把注意力转到度量收益的可变性和对风险的初步讨论。

表 10-2　美国证券市场 1926—2020 年各种投资的年总收益

| 项目 | 算术平均 /% | 标准差 /% | 分布 /% |
|---|---|---|---|
| 小公司股票 | 16.2 | 31.3 | |
| 大公司股票 | 12.2 | 19.7 | |
| 长期公司债券 | 6.5 | 8.5 | |
| 长期政府债券 | 6.1 | 9.8 | |
| 中期政府债券 | 5.3 | 5.6 | |
| 美国政府国库券 | 3.3 | 3.1 | |
| 通货膨胀 | 2.9 | 4.0 | |

注：1933 年小公司股票的总收益为 142.9%。

资料来源：2021 SBBI Yearbook. Duff & Phelps.

## 10.5　风险的统计量

我们用来描述收益分布的第二个数字是一个度量收益风险的指标。现在对风险尚无统一的定义。考虑普通股收益的风险的一种方法是基于图 10-9 的频率分布的分散程度。一个分布的离散或延伸程度度量了某一特定的收益可能偏离平均收益多少。如果分布非常分散，那么将会出现的收益就非常不确定。相比之下，一个收益相互之间都在几个百分点的范围内的分布是很密集的，并且收益也没有那么不确定。我们将要讨论的风险度量指标是方差和标准差。

### 10.5.1　方差

**方差**（variance）和它的平方根**标准差**（standard deviation）是度量变动程度或离散程度的最常用的指标。我们用 Var 或 $\sigma^2$ 表示方差，用 SD 或 $\sigma$ 表示标准差，$\sigma$ 是希腊字母"西格玛"。

**例 10-3　波动率**

假设普通股的收益分别是 0.137 0、0.358 0、0.451 4、−0.088 8。正如我们在例 10-2 中所计算的，平均收益为 0.214 4。这个样本的方差计算如下：

$$Var = \frac{(R_1 - \bar{R})^2 + (R_2 - \bar{R})^2 + (R_3 - \bar{R})^2 + \cdots + (R_4 - \bar{R})^2}{T-1}$$

$$0.058\,2=\frac{(\,0.137\,0-0.214\,4\,)^2+(\,0.358\,0-0.214\,4\,)^2+(\,0.451\,4-0.214\,4\,)^2+(-0.088\,8-0.214\,4\,)^2}{4-1}$$

$$SD=\sqrt{0.058\,2}=0.241\,2\,，即\,24.12\%$$

例 10-3 的这个公式告诉我们怎么做：用 $T$ 个收益（$R_1,R_2,\cdots,R_T$）各自减去平均收益（$\bar{R}$），将结果进行平方，把它们都加起来。最后，这个总数必须除以收益的个数减去 1，即（$T-1$）。标准差一直是方差的平方根。

把 1926—2020 年这 95 年间的股票收益套用到这个公式，得到的大公司股票的标准差是 19.7%。标准差是度量样本离散程度的标准化统计指标，它是我们最常使用的度量指标。对正态分布的讨论有助于理解标准差。

标准差广泛用于报道共同基金。比如，Fidelity Magellan Fund 是一家大型共同基金。它有多不稳定？为了回答这个问题，我们登录 www.morningstar.com，输入股票代码 FMAGX，点击"Risk"链接，如下图所示。

**Risk & Volatility Measures** ⓘ

| Trailing | Fund | Category | Index |
| --- | --- | --- | --- |
| Alpha | 2.77 | 5.26 | 7.24 |
| Beta | 0.95 | 1.02 | 1.04 |
| R² | 93.75 | 92.02 | 95.44 |
| Sharpe Ratio | 0.85 | 0.95 | 1.07 |
| Standard Deviation | 18.50 | 20.11 | 19.92 |

资料来源：www.morningstar.com, January 27, 2021.

Fidelity Magellan Fund 在过去 3 年的收益的标准差是 18.50%。当你认为一般股票的标准差是 50% 时，这看起来是一个比较低的数字。但是，Fidelity Magellan Fund 是一个相对来说比较分散的组合，因此这是一个多元化力量的例证，是我们后面要进一步讨论的主题。而且在 Volatility Measures 部分，你将会看到夏普比率。**夏普比率**（Sharpe ratio）是根据资产的风险溢价除以标准差计算得到的。正因为如此，它是一个衡量收益与所承担的风险（用标准差来度量）的比率的指标。Fidelity Magellan Fund 的"贝塔"是 0.95。我们将在下一章中更多地讨论这个数字。

### 例 10-4 夏普比率

夏普比率是一段时期内股权的平均风险溢价除以标准差计算得到的。1926—2020 年，大公司股票的平均风险溢价（相对于国库券）是 8.9%，而标准差是 19.7%。这个样本的夏普比率是：

$$夏普比率 = 0.089/0.197 = 0.452$$

夏普比率有时候也被称作回报－风险比率，回报是平均超额收益而风险是标准差。

### 10.5.2 正态分布和它对标准差的含义

一个从**正态分布**（normal distribution）提取的足够大的样本看起来像图 10-10 所示的钟形曲线。正如你看到的一样，这个分布以平均数为中心是对称的，没有偏斜，并且比如图 10-9 所示的收益的实际分布更光滑。当然，如果我们能够观察股票市场收益 1 000 年，我们可能可以把图 10-9 中大量的不平之处补上，得到一条更平滑的曲线。

在经典的统计学中，正态分布扮演着一个核心的角色，而标准差是用来表示正态分布离散程度的一般方法。对于一个正态分布，收益高于或者低于平均值一定数量的概率只取决于标准差。例如，收益高于或者低于平均值一个标准差的概率大约为 68% 或 2/3，收益高于或者低于平均值两个标准差的概率大约是 95%。

我们发现 1926—2020 年这一期间股票收益的标准差 19.7%，现在可以按照下面的方式来理解：如果股票收益大致呈正态分布，年收益落在平均值（12.2%）一个标准差（19.7%）范围内的概率约为 2/3。也就是说，大约有 2/3 的年收益将落在 −7.5% ∼ 31.9%。注意 −7.5% = 12.2% − 19.7%，而且 31.9% = 12.2% + 19.7%。任意一年的收益落在平均值两个标准差范围内的概率大概是 95%。也就是说，将近 95% 的年收益会落在 −27.2% ∼ 51.6%。

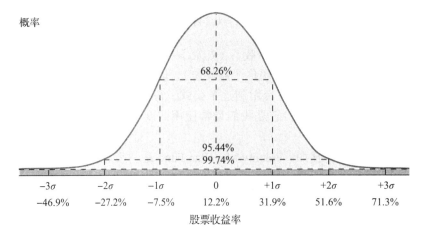

图 10-10　正态分布

注：在正态分布情况下，收益率围绕其平均数左右一个标准差这一区域内波动的概率是 68.26%。在本例中，年收益率位于 −7.5% ∼ 31.9% 的概率是 68.26%。

在正态分布情况下，收益率围绕其平均数左右两个标准差这一区域内波动的概率是 95.44%。在本例中，年收益率位于 −27.2% ∼ 51.6% 的概率是 95.44%。

在正态分布情况下，收益率围绕其平均数左右三个标准差这一区域内波动的概率是 99.74%。在本例中，年收益率位于 −46.9% ∼ 71.3% 的概率是 99.74%。

## 10.6　更多关于平均收益的内容

目前我们在这一章中已经仔细地了解了简单平均收益。但是，还有计算平均收益的另外一种方法。平均收益可以用两种不同方法计算的事实导致了一些混淆，因此我们在这一节的目标是解释这两种方法，并且解释在什么情况下哪一种方法是最合适的。

### 10.6.1　算术平均和几何平均

我们可以从一个简单的例子开始。假设你花 100 美元买了某一特定股票。不幸的是，你持有它的第 1 年它下降到了 50 美元，你持有的第 2 年它上升回到 100 美元，使得你回到了开始的地方（没有任何股利支付过）。

你从这项投资中得到的平均收益是多少？常识使得你认为平均收益刚好等于 0，因为你一开始有 100 美元，结束的时候也是 100 美元。但是如果逐年计算收益，我们发现你在第 1 年损失了 50%（你损失了一半的钱），第 2 年你赚了 100%（你的钱翻倍了）。你在这两年的平均收益因此是 (−50% + 100%)/2 = 25%。

究竟哪个是正确的，0 或者 25%？答案是两个都正确，它们回答了不同的问题。0 被称作**几何平均收益**（geometric average return），25% 是**算术平均收益**（arithmetic average return）。几何平均收益回答的问题是"你在某一个特定期间的平均每年的复合收益是多少"，算术平均收益回答的问题是"你在某一个特定期间的平均年份的收益是多少"。

注意，我们在之前章节中计算平均收益都是用算术平均，因此我们已经知道如何计算它们了。我们现在需要做的是：①学会如何计算几何平均；②学会在什么情况下哪一个平均是更有意义的。

### 10.6.2　计算几何平均收益

首先，为了说明我们是如何计算几何收益的，假设某一特定投资在过去 4 年的年收益分别是 10%、12%、3%

和 −9%。这 4 年的几何平均收益是（$1.10 \times 1.12 \times 1.03 \times 0.91$）$^{1/4}-1=0.036\,6$，即 3.66%。相比之下，我们已经计算的算术平均收益是（$0.10+0.12+0.03-0.09$）/4 = 0.040，即 4.0%。

一般来说，如果我们有 $T$ 年的收益，这 $T$ 年的几何平均收益用这个公式计算是：

$$几何平均收益 = [\,(1+R_1) \times (1+R_2) \times \cdots \times (1+R_T)\,]^{1/T}-1$$

这个公式告诉我们下面 4 个步骤是必需的：

（1）$T$ 个年收益 $R_1$，$R_2$，…，$R_T$ 每个（把它们都转换成数值型后）都加上 1。

（2）把第（1）步得到的所有数字都乘到一起。

（3）把第（2）步得到的结果开 $T$ 次方。

（4）最后，把第（3）步得到的结果减去 1，就是几何平均收益。

### 例 10-5　计算几何平均收益

用下面给的数字计算标准普尔 500 大市值股票在 5 年期间的几何平均收益。

首先，把百分比收益转换成数值型收益加 1，然后计算乘积，如右表所示。

注意，如果我们之前从 1 美元开始，那么数字 1.529 1 是我们的投资在 5 年后的价值。几何平均收益是：

$$几何平均收益 = 1.529\,1^{1/5} - 1 = 0.088\,7，即 8.87\%$$

因此，这个例子的几何平均收益大约是 8.87%。这是小窍门：如果你用的是财务计算器，你可以输入 −1 美元作为现值，1.529 1 美元作为终值，5 作为期间数，然后求解未知的比率。你可以得到和我们之前一样的结果。

| 标准普尔 500 收益率 /% | 乘积 |
|---|---|
| 13.75 | 1.137 5 |
| 35.70 | × 1.357 0 |
| 45.08 | × 1.450 8 |
| −8.80 | × 0.912 0 |
| −25.13 | × 0.748 7 |
| | 1.529 1 |

目前，你可能已经注意到了在我们的这些例子中几何平均收益似乎比较小。事实证明这总是正确的（只要在收益并不都相同的情况下，两个平均收益将是一样的）。为了说明这一点，表 10-3 除了给出几何平均收益外，还一并给出了表 10-2 的算术平均收益率和标准差。

表 10-3　1926—2020 年的几何平均收益、算术平均收益和标准差

| 数列 | 几何平均收益 /% | 算术平均收益 /% | 标准差 /% |
|---|---|---|---|
| 小公司股票 | 11.9 | 16.2 | 31.3 |
| 大公司股票 | 10.3 | 12.2 | 19.7 |
| 长期公司债券 | 6.2 | 6.5 | 8.5 |
| 长期政府债券 | 5.7 | 6.1 | 9.8 |
| 中期政府债券 | 5.1 | 5.3 | 5.6 |
| 美国国库券 | 3.3 | 3.3 | 3.1 |
| 通货膨胀 | 2.9 | 2.9 | 4.0 |

资料来源：2021 SBBI Yearbook. Duff & Phelps.

正如表 10-3 所示的那样，几何平均收益都是比较小的，但是程度上的差别相当大，原因在于投资不稳定时差别会比较大。实际上，有这么一个有用的近似。假设所有的数字都用数值型（相对于百分比）来表示，几何平均收益大概等于算术平均收益减去方差的一半，比如大公司股票的算术平均收益是 12.2%，而且标准差是 0.197，意味着方差是 0.038 8。因此，近似的几何平均收益就是 0.122−0.038 8/2=0.103，即 10.3%，这和实际值非常接近。

### 例 10-6　更多的几何平均收益

回顾一下图 10-4，我们在那里给出了 1 美元投资在 95 年后的价值。用大公司股票的投资验证表 10-3 的几何平均收益。

在图 10-4 中，大公司的投资在 95 年后增长为 10 944.66 美元。几何平均收益因此是：

$$几何平均收益 = 10\,944.66^{1/95} - 1 = 0.103，即 10.3\%$$

这个 10.3% 就是表 10-3 给出的价值。为了练习，请你用相同的方法验证表 10-3 的一些其他数字。

### 10.6.3　算术平均收益还是几何平均收益

当我们观察历史收益的时候，几何平均收益和算术平均收益的差别并不难理解。换句话来说，几何平均告诉你，在按年进行复利的情况下你平均每年实际赚多少。算术平均告诉你，在一个有代表性的年份赚多少，并且这是分布的真实的平均值的无偏估计。几何平均对于描述实际的历史投资经验非常有用。算术平均在你未来进行估计的时候有用。[⊖]

## 10.7　美国股权风险溢价：历史和国际的视角

目前，我们在本章中研究了美国在 1926—2020 年的这段时间。正如我们讨论的那样，美国股票市场的历史风险溢价非常可观。当然，任何时候我们采用过去来预测未来，都有过去不能代表未来的危险。也许美国投资者在这段时间非常幸运，赚取了巨大的收益。美国更早一些年份的数据是可以获得的，但是那些数据的质量是不相同的。尽管如此，研究人员已经追踪收益至 1802 年，在 1926 年之前那个阶段的美国股权风险溢价要更小。采用从 1802 年开始的美国收益数据，历史股权风险溢价是 5.4%[⊜]。

此外，我们并没有考虑其他主要国家和地区。实际上，可交易股票超过一半的价值并不在美国。从表 10-4 中我们可以看到，虽然 2019 年全世界股票市场的价值大约 69 万亿美元，但只有大约 44% 是在美国。多亏了 Dimson、Marsh 和 Staunton，早些时期以及其他国家和地区的数据现在都有了，这可以帮助我们更仔细地研究股权风险溢价。表 10-5 和图 10-11 显示了全世界 17 个国家 1900—2010 年这段时间的股票市场历史风险溢价。从数字上来看，美国的历史股权风险溢价是 7.2%（不同于我们早些时候的估计，因为考虑的是不同时间段），排在第七的位置。全世界总的股权风险溢价是 6.9%。美国投资者显然表现不错，但相对于其他国家来说并非特别好。根据夏普比率，表现最好的国家是美国、澳大利亚、南非和法国，表现最差的是比利时、挪威和丹麦。德国、日本和意大利的案例很有趣，因为它们这段时间（尽管有第一次世界大战和第二次世界大战）的股票收益最高，但风险也是最高的。

表 10-4　世界范围内股票市场规模（2019 年）

| 主要国家 / 地区 | 股市值 / 万亿美元 | 百分比 /% |
| --- | --- | --- |
| 美国 | 30.44 | 44.3 |
| 欧洲 | 7.3 | 10.6 |
| 中国内地 | 9.3 | 13.5 |
| 日本 | 5.0 | 7.3 |
| 中国香港 | 3.2 | 4.7 |
| 沙特阿拉伯 | 2.0 | 2.9 |
| 印度 | 1.6 | 2.3 |
| 全球 | 68.7 | 85.6 |

资料来源：https://data.worldbank.org/indicator/CM.MKT.LCAP.C, April 22, 2021.

---

⊖ 关于估计一个投资在未来某一个特定时间段的收益的另外一种考虑方法是，从你们的统计课堂回想起来的算数平均是一个样本均值。正因为这样，它提供了一个分布的真实的平均值的无偏估计。为了使用算术平均去估计未来收益，我们必须确定历史收益是采用和未来预测期间相同的时间间隔来度量的。比如，我们可以用年收益来估计下一年的收益。如果使用两年持有期收益，算术平均就是一个可以用来预测未来两年收益的好基础。我们也必须充满信心：过去的收益分布和未来的收益分布是一样的。

⊜ Siegel, Jeremy J. 2008. *Stocks for the Long Run*, 4th ed. New York: McGraw-Hill.

表 10-5　17 个国家 1900—2010 年年化股权风险溢价和夏普比率

| 国家 | 历史平均风险溢价 / %<br>（1） | 标准差 / %<br>（2） | 夏普比率<br>（1）/（2） |
|---|---|---|---|
| 澳大利亚 | 8.3 | 17.6 | 0.47 |
| 比利时 | 5.5 | 24.7 | 0.22 |
| 加拿大 | 5.6 | 17.2 | 0.33 |
| 丹麦 | 4.6 | 20.5 | 0.22 |
| 法国 | 8.7 | 24.5 | 0.36 |
| 德国[①] | 9.8 | 31.8 | 0.31 |
| 爱尔兰 | 5.3 | 21.5 | 0.25 |
| 意大利 | 9.8 | 32.0 | 0.31 |
| 日本 | 9.0 | 27.7 | 0.32 |
| 荷兰 | 6.5 | 22.8 | 0.29 |
| 挪威 | 5.9 | 26.5 | 0.22 |
| 南非 | 8.3 | 22.1 | 0.38 |
| 西班牙 | 5.4 | 21.9 | 0.25 |
| 瑞典 | 6.6 | 22.1 | 0.30 |
| 瑞士 | 5.1 | 18.9 | 0.27 |
| 英国 | 6.0 | 19.9 | 0.30 |
| 美国 | 7.2 | 19.8 | 0.36 |
| 均值 | 6.9 | 23.0 | 0.30 |

① 德国缺少 1922—1923 年的数据。

资料来源：Dimson, Elroy, Paul Marsh, and Michael Staunton.2011.Credit Suisse Global Investment Returns Sourcebook. Credit Suisse Research Institute. The Dimson-Marsh-Staunton data set is distributed by Morningstar, Inc.

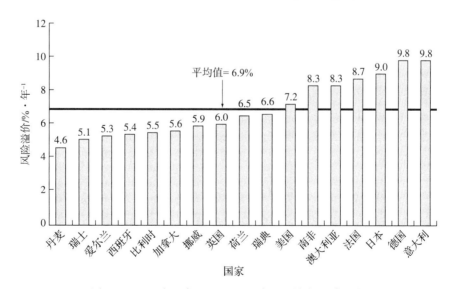

图 10-11　17 个国家 1900—2010 年股票市场风险溢价

资料来源：Dimson, Elroy, Paul Marsh, and Michael Staunton. 2007. "The Worldwide Equity Premium: A Smaller Puzzle." In *Handbook of the Equity Risk Premium*, edited by Rajnish Mehra. 467-514. Elsevier.

　　所以对于美国未来的股权风险溢价的估计值是多少？很不幸，没人可以确切知道投资者的未来期望什么。如果历史可以作为参照，根据 1900—2010 年的估计值，预期的美国股权风险溢价是 7.2%。我们也应该注意到全世界在这个相同时期的平均股权风险溢价是 6.9%。另外，更近的时期（1926—2020 年）表明了美国股权风险溢价更高的估计值，追溯到 1802 年的更早时期表明更低的估计值。

标准差（SE）解决了我们对 7.2% 的历史股权风险溢价有多少信心的问题。SE 是历史风险溢价的标准差，根据下面的公式计算：

$$SE = SD(\bar{R}) = \frac{SD(R)}{\sqrt{观测值的数量}}$$

如果假设收益分布是正态的而且每年收益是相互独立的，我们知道有 95.4% 的概率真实的平均值会落在历史平均值的两个标准差范围内。

更具体一些来说，真实的股权风险溢价的 95.4% 的置信区间是历史平均收益 ±（2× 标准差）。正如我们在 1900—2010 年看到的，美国股票的历史股权风险溢价是 7.2%，标准差是 19.8%。因此，95.4% 的可能的真实的股权风险溢价应该在 3.44% ～ 10.96%。

$$7.2 \pm 2 \times \left(\frac{19.8}{\sqrt{111}}\right) = 7.2 \pm 2 \times \left(\frac{19.8}{10.5}\right) = 7.2 \pm 3.76$$

换句话说，我们可以有 95.4% 的信心相信从历史数据估计出来的美国股权风险溢价在 3.44% ～ 10.96%。

伊沃·韦尔奇（Ivo Welch）采用了一个稍微有点儿不同的方法，他询问了 226 位金融经济学家对于未来美国股权风险溢价的判断，这些回复的中位数是 7%。[⊖]

我们对根据过去的美国股权风险溢价得到的 7% 估计值感到满意，但是如果我们有足够的理由相信过去对未来没有代表性，那么那些对于未来的美国股权风险溢价更高或者更低的估计值可能是合理的。[⊜] 说到底，对未来股权风险溢价的任何估计都会涉及一些对未来风险环境和对未来投资者风险厌恶程度的假设。

## 10.8  2008 年：金融危机的一年

2008 年作为美国历史上股票投资最差的一年而被载入史册。有多差？跟踪 500 家美国最大的公司，被广泛关注的标准普尔 500 指数在那一年下降了 37%。指数里面的 500 只股票中的 485 只在那一年价格下跌了。

1926—2008 年，仅 1931 年的收益低于 2008 年（−43% 对比 −37%）。更糟糕的是，2009 年 1 月继续下挫，进一步下跌了 8.43%。从 2007 年 11 月一直到 2009 年 1 月，标准普尔 500 指数总共损失了 45% 的价值。

图 10-12 显示了标准普尔 500 指数的逐月表现在 2008 年下降了。正如显示的那样，12 个月中的 8 个月的收益都是负的。大部分的下跌出现在秋季，仅仅 10 月，投资者就损失了 17%。小规模股票没有表现得更好，它们全年也下跌了 37%（10 月下跌 21%），是 1937 年损失 58% 以来的最差表现。

正如图 10-12 表明的那样，股票价格在年末非常不稳定，比从历史上看一般意义上的真正的不稳定有过之而无不及。奇怪的是，标准普尔指数 126 天上涨，126 天下跌（要记得周末和节假日休市）。当然，下跌的那些日子平均要糟糕得多。

股票价格下跌是一个全球现象，许多世界主要的市场下跌得比标准普尔指数更厉害。比如，中国、印度和俄罗斯都经历过超过 50% 的下跌。冰岛那一年股票价格下降 90%。冰岛交易所在 10 月 9 日暂时停止交易，当交易在 10 月 14 日恢复时，股票价格单日创纪录地下跌了 76%。

有没有哪些类型的股票在 2008 年表现好？答案是"有的"，因为随着股票价格的下降，债券尤其是美国国库券的价值增加。实际上，长期国债上涨了 20%，短期国债上涨了 13%。高品质的长期公司债券表现没有那么好，

---

⊖ 比如：Welch, Ivo. 2000. " Views of Financial Economists on the Euqity Premium and on Professional Controversies." *Journal of Business*, 73，no. 501-37. Pratt Shannon P. and Roger J. Grabowski .2010. "*Cost of Capital：Applications and Examples.*" John Wiley. 这些作者在回顾了各种证据后得出了股权风险溢价在 3.5% ～ 6% 的结论。

⊜ Elroy Dimson, Paul Marsh, and Mike Staunton.2007. " The Worldwide Equity Premium：A Samller Puzzle." from *Handbook of the Quity Risk Premium*, edited by Rajnish Mehra, 467-514. Amsterdam. 作者主张未来股权风险溢价的一个比较合适的估计值大约为 5%，很大程度上是因为不会重复出现的因素正面地影响了全世界的历史收益。但是，也可以说 2008—2009 年的全球金融危机是对提高股权风险溢价历史水平的股票市场的一个负面冲击。

但还是可以把收益维持在 9% 左右。考虑到用 CPI 度量的通货膨胀非常接近 0，这些收益特别引人注目。

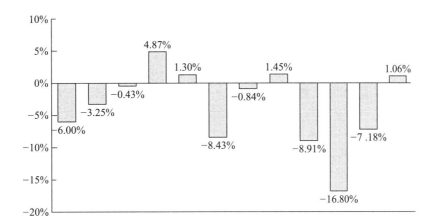

图 10-12　2008 年标准普尔 500 指数月收益

当然了，股票价格的波动可以是两个方向的。标准普尔指数在从 2009 年 3 月一直到 2011 年 2 月大约 700 天的时间内价值翻倍了。这个爬升是自 1936 年以来以最快的速度翻倍，当时标准普尔仅用 500 天就实现了翻倍。所以，投资者可以从最近这么非常混乱的资本市场历史中得到什么教训？首先，最显然的是股票有很大的风险！但是还有第 2 个同样重要的教训。根据混合的比例，一个分散在股票债券中的组合可能会在 2008 年遭受损失，但是损失会比全部是股票的组合要小得多。换句话说，多元化是有用的，这一点我们将会在下一章中仔细研究。

2020 年也是股价大幅波动的一年。正如我们在本章开头提到的，总的来说，2020 年对投资者来说是一个好年头，但由于新冠疫情导致的出行限制，使得这变成了一段漫长的旅程。2020 年 2 月 19 日，标准普尔 500 指数收于历史最高水平，之后开始下跌，3 月中旬下跌幅度极大。3 月 6 日至 3 月 23 日，标准普尔 500 指数下跌近 25%。截至 3 月 23 日，标准普尔 500 指数与 2 月 19 日收盘时相比下跌了 34%。随着投资者开始更好地理解新冠疫情对经济的影响，股市开始反弹，8 月 18 日，标准普尔 500 指数已恢复至原有高位。到 2020 年年底，标准普尔 500 指数与 3 月的低点相比已经上涨了 67%。在新冠疫情前期，标准普尔 500 指数的波动性极高，当年在股市表现最糟糕的 10 天中，有 8 天处于 2 月 27 日至 4 月 1 日，而当年股市表现最好的 10 天均处于 3 月 2 日至 4 月 8 日。

## 本章小结

1. 本章展示了若干不同资产类别的收益。一般结论是，股票在 20 世纪的大部分时候表现得比债券更好，尽管股票也显示出了更多风险。

2. 本章的统计指标是接下来 3 章内容的必要组成部分。特别地，标准差和方差度量单个资产或者证券组合收益的变异性。在下一章中，如果投资者的组合只包含一个资产，我们将会主张标准差和方差是度量那个资产风险的合适指标。

## 思考与练习

1. **计算收益率**　假设一只股票的初始价格是每股 74 美元，在这一年中支付了每股 1.65 美元的股利，而且期末价格是每股 83 美元。计算一下以百分比形式表示的总收益是多少。

2. **计算回报**　第 1 题中的股利收益率是多少？资本利得收益率是多少？

3. **计算收益**　假设期末价格是每股 61 美元，重新计算第 1 ～ 2 题。

4. **计算收益**　假设你一年前以 1 010 美元的价格购买了票面利息 6% 的债券，债券今天的价格是

1 025 美元。

    a. 假定面值是 1 000 美元，过去一年你在这项投资上的总收益是多少？

    b. 过去一年你在这项投资上的名义收益率是多少？

    c. 如果去年的通货膨胀率是 3%，你在这项投资上的实际收益率是多少？

5. **名义收益率对比实际收益率** 计算大公司股票 1926—2020 年的算术平均收益率。

    a. 名义收益率是多少？

    b. 实际收益率是多少？

6. **债券收益率** 长期政府债券的历史实际收益率是多少？长期公司债券是多少？

7. **计算收益率和波动率** 用以下数据计算 X 和 Y 的平均收益率、方差和标准差。

| 年 | 收益率（%） | |
| --- | --- | --- |
| | X | Y |
| 1 | 13 | 27 |
| 2 | 26 | 36 |
| 3 | 7 | 11 |
| 4 | -5 | -29 |
| 5 | 11 | 16 |

8. **风险溢价** 参考表 10-1 中 1973—1978 年的数据。

    a. 分别计算大公司股票组合和国库券组合在这段时间的算术平均收益率。

    b. 分别计算大公司股票组合和国库券组合在这段时间的标准差。

    c. 计算大公司股票组合相对于国库券组合每年观察到的风险溢价。这段时间的算术平均风险溢价是多少？这段时间风险溢价的标准差是多少？

9. **计算收益率和变异性** 你已经观测到 Pine Computers 的股票在过去 5 年的收益是：8%、-12%、14%、21% 和 16%。

    a. 公司股票在这段时间的算术平均收益是多少？

    b. 公司股票收益在这段时间的方差是多少？标准差是多少？

10. **计算实际收益率和风险溢价** 假设第 9 题中这段时间的平均通货膨胀率是 3.1%，并且这段时间国库券的平均收益率为 3.9%。

    a. 公司股票的平均实际收益率是多少？

    b. 公司股票的平均名义风险溢价是多少？

11. **计算实际收益率** 根据第 10 题的信息，这段时间的平均实际无风险收益率是多少？平均实际风险溢价是多少？

12. **持有期收益率** 一只股票在过去 5 年的收益率分别是 12.79%、9.21%、14.68%、21.83% 和 -10.34%。这只股票的持有期收益率是多少？

13. **计算收益率** 你一年前以 286.40 美元的价格购买了一份零息债券。现在的市场利率是 6.1%。如果当你最初购买的时候，债券的到期时间是 21 年，你在过去一年的收益率是多少？假设为半年期复利。

14. **计算收益率** 你去年以每股 91.86 美元的价格购买了一份票息率为 3.1% 的优先股。你的股票现在的市场价格是 95.63 美元，你过去 1 年的收益率是多少？

15. **计算收益率** 你 3 个月前以每股 74.83 美元的价格购买了一只股票。该股票没有支付股利。当前的股票价格是每股 82.65 美元。你这项投资的 APR 是多少？EAR 是多少？

16. **计算实际收益率** 参考表 10-1，国库券组合 1926—1932 年的平均实际收益率是多少？

17. **收益率分布** 参考表 10-2，你认为长期公司债券的收益率 68% 的可能会落在哪个范围？如果是 95% 的可能呢？

18. **收益率分布** 参考表 10-2，你认为大公司股票的收益率 68% 的可能会落在哪个范围？如果是 95% 的可能呢？

19. **计算收益率和变异性** 你发现某一只股票在近 5 年中的 4 年的收益率分别是 18%、-23%、16% 和 9%。如果该股票在这段时间的平均收益率是 10.5%，缺少的那年的收益率是多少？股票收益率的标准差是多少？

20. **算术平均和几何平均** 一只股票在过去 6 年的收益率分别是 6%、29%、13%、-3%、22%、-17%。这只股票的算术平均收益率和几何平均收益率分别是多少？

21. **算术平均和几何平均** 某只股票在年末的股票价格和股利如下表所示。

| 年 | 价格 / 美元 | 股利 / 美元 |
| --- | --- | --- |
| 1 | 73.20 | — |
| 2 | 81.27 | 1.05 |
| 3 | 90.37 | 1.15 |
| 4 | 86.18 | 1.26 |
| 5 | 95.68 | 1.39 |
| 6 | 112.32 | 1.53 |

这只股票的算术平均收益率和几何平均收益率分别是多少？

22. **计算收益率** 参考表 10-1 中的 1973—1980 年的数据。

a. 计算国库券在这段时间的算术平均收益率和平均通货膨胀率（消费品价格指数）。

b. 计算这段时间国库券收益率和通货膨胀率的标准差。

c. 计算每年的实际收益率。国库券的平均实际收益率是多少？

d. 许多人认为国库券是无风险的，就国库券潜在的风险而言，这些计算结果告诉你什么？

23. **计算投资收益率** 你一年前以每份 1 008.50 美元的价格购买了 Cobalt Co. 票面利率为 6.4% 的债券。这些债券按年支付利息，现在在算起 6 年之后到期。假设当债券的必要收益率为 4.25% 的时候你决定卖掉这个债券。如果去年的通货膨胀率是 2.7%，你该项投资的实际总收益率是多少？

24. **使用收益率分布** 假设长期政府债券收益率呈正态分布。根据历史数据，某一年你在这些债券上的收益率小于 −3.7% 的可能性大概是多少？95% 的情况下你将看到收益率落在哪个区间？

25. **使用收益率分布** 假设持有小公司投资组合的收益率呈正态分布。你的钱一年后翻倍的大约概率是多少？增至 3 倍的概率是多少？

26. **分布** 在前面一个问题中，收益小于 −100% 的概率是多少？（思考）收益分布的含义是什么？

27. **使用概率分布** 假设大公司股票的收益服从正态分布。根据历史记录，使用 Excel 的 NORMDIST 函数来确定你在任何给定年份投资普通股亏本的概率。

28. **使用概率分布** 假设长期公司债券和国库券的收益呈正态分布。根据历史记录，使用 Excel 的 NORMDIST 函数来回答下列问题。

a. 长期公司债券收益在任意年份大于 10% 的概率是多少？小于 0 的概率是多少？

b. 国库券收益率在任意年份大于 10% 的概率是多少？小于 0 的概率是多少？

c. 长期公司债券 1979 年的收益率是 −4.18%。这么低的收益率未来再次出现的可能性是多大？国库券同年的收益率是 10.38%，这么高的国库券收益率未来再次出现的可能性是多大？

# 小案例

## 一份在东方海岸游艇的工作（一）

你最近刚从学校毕业，找工作的时候你来到了东方海岸游艇公司。你觉得该公司从事的是一个再合适不过的海上业务，因此你接受了这份工作。工作的第一天，当你还在填写雇用文件时，财务部的丹过来告诉你公司的 401（k）计划。

401（k）计划是许多公司提供的一份退休计划。这种计划通过储蓄延迟纳税，这意味着存入这个计划的任何一笔钱都可以从你目前的税前收入中扣除，因此你的这些钱无须现在纳税。比如，假设你年薪 50 000 美元。如果你存 3 000 美元到这个 401（k）计划，你要付税的将是 47 000 美元的收入，而且当你投资 401（k）计划时，该计划所取得的任何资本利得或者收入是不用纳税的，但是当你退休领取这笔钱的时候你需要纳税。在正常情况下，这个计划对公司相应地也有 5% 的要求。这意味着公司将按你工资的 5% 相应地往这个账户存入资金，但为了得到公司相应的

这部分，你也必须按最大比例缴费。

公司采用 Bledsoe Financial Services 作为 401（k）计划的管理者。以下是提供给员工的投资选择。

**公司股票。** 401（k）计划的一个选择是 East Coast Yachts 的股票。目前公司是私人所有，但是当你面试的时候，公司拥有者 Larissa Warren 告诉你公司在未来 3～4 年内会上市。那时公司股票的价格每年会由董事会来决定。

**Bledsoe 标准普尔 500 指数基金。** 这个共同基金追踪的是标准普尔 500 指数。股票在基金的投资比例完全和标准普尔 500 指数的一样。指数基金是根据它所跟随的指数购买资产的，因此基金经理不需要研究股票以及做投资决策。这样的结果就是基金的支出通常比较低。该基金的管理费是 0.15%。

**Bledsoe 小盘股基金。** 这一基金主要投资于小盘股票，因此该基金的收益率波动性比较大。这个基金

也可以把资产的 10% 投资于美国以外的公司。该基金的管理费是 1.70%。

**Bledsoe 大公司股票基金**。这一基金主要投资于美国公司的大盘股。该基金由 Evan Bledsoe 负责管理，并且在过去 8 年中的 6 年跑赢大盘。该基金的管理费是 1.50%。

**Bledsoe 债券基金**。这一基金主要投资于美国公司发行的长期公司债券。该基金的投资对象限制在投资等级的债券。该基金的管理费是 1.40%。

**Bledsoe 货币市场基金**。这一基金主要投资于信用质量好的短期债券，包括国库券。因此该货币市场基金的收益率会略高于国库券收益率。由于投资的信用质量和它的投资期限，收益率为负的可能性微乎其微。该基金的管理费是 0.60%。

1. 相对公司股票而言，共同基金具有什么优势？

2. 假设你投资了你工资的 5% 并且收到了公司配套的所有 5% 收益。你从这一匹配中取得的实际年收益率是多少？对这一匹配计划你能得出什么结论？

3. 假设你决定至少应该把你的部分资金投资于美国公司的大盘股。相对于 Bledsoe 标准普尔 500 指数基金，选择 Bledsoe 大公司股票基金

有哪些优点与缺点？

4. Bledsoe 小盘股基金的收益率在共同基金提供的所有 401（k）计划中波动是最大的。为什么你还会想着去投资于这样一个基金？当你检查基金的费用时，你会注意到这个基金的管理费是最高的。这会影响你投资于这个基金的决定吗？

5. 夏普比率经常用来度量风险调整后的表现。夏普比率是通过用一个资产的风险溢价除以它的标准差计算得到的。各个基金在过去 10 年的标准差和收益率如下表所示。计算每个基金的夏普比率。假定公司股票的期望收益率和标准差分别是 16% 和 58%，计算公司股票的夏普比率。这些资产的夏普比率适用吗？何时使用夏普比率？（假设无风险收益是 3.2%。）

| | 10 年收益率 /% | 标准差 /% |
|---|---|---|
| Bledsoe 标准普尔 500 指数基金 | 11.04 | 18.45 |
| Bledsoe 小盘股基金 | 16.14 | 29.18 |
| Bledsoe 大公司股票基金 | 12.15 | 24.43 |
| Bledsoe 债券基金 | 6.93 | 9.96 |

6. 你将如何选择你的投资组合？为什么？仔细解释你的想法。

# 第 11 章

# 收益、风险和资本资产定价模型

普通股的收益率可能变化很大，一个重要因素是公司经营所在的行业。比如，根据纽约大学教授 Aswath Damodaran 最近的估计，包括可口可乐和百事可乐在内的软饮料行业的平均期望收益率为 8.26%；达美航空和西南航空等航空运输公司的平均期望收益率为 9.38%；纽柯和美国钢铁等钢铁公司的平均期望收益率为 10.34%。

这些估计值引出了一些明显的问题。首先，为什么这些行业的期望收益率差别这么大，这些具体的数字是如何计算出来的？而且，钢铁行业股票提供的收益率比较高是否意味着投资者应该更喜欢这些公司而不是其他公司，比如航空公司？正如在这一章我们将会看到的，对这些问题的回答得到了诺贝尔奖，构成了我们现在对风险和收益的理解。

## 11.1 单个证券

在本章的第一节，我们将考察和讨论单个证券的特征，特别是以下 3 个特征。

（1）**期望收益**。它是指一个持有一种股票的投资者期望在下一个时期所能获得的收益。当然，这仅仅是一种期望，实际收益可能比较高或比较低。因此，单个证券的期望收益可以以过去一段时间从这一证券所获得的平均收益来表示。此外，其他获得期望收益的方法还有：仔细分析相应上市公司的前景确定，或采用计算机模型模拟，抑或根据专门的或内幕的信息确定。

（2）**方差和标准差**。评价证券收益变动的方法有很多，其中最为常用的是方差。方差是一种证券的收益与其平均收益的离差平方的平均数。标准差是方差的平方根。

（3）**协方差和相关系数**。各种证券的收益之间相互关联。协方差是一个度量两种证券收益之间相互关系的统计指标。此外，这种相互关系也可以用两种证券收益之间的相关系数来反映。协方差和相关系数是理解贝塔系数的基础。

## 11.2 期望收益、方差和协方差

### 11.2.1 期望收益和方差

假设财务分析人员坚信宏观经济将出现 4 种状况：萧条、衰退、正常及繁荣，每种状态出现的可能性相同。Supertech 公司的期望收益状况与宏观经济状况基本一致，而 Slowpoke 公司的期望收益状况并非如此。两家公司的收益预测如下表所示。

| 经济状况 | Supertech 公司 $R_{Super}$ | Slowpoke 公司 $R_{Slow}$ |
|---|---|---|
| 萧条 | −20% | 5% |
| 衰退 | 10% | 20% |
| 正常 | 30% | −12% |
| 繁荣 | 50% | 9% |

方差的计算可分为 4 个步骤。此外，如果要计算标准差，需要增加一个步骤。计算结果如表 11-1 所示。

**表 11-1　计算方差和标准差**

| （1）<br>经济状况 | （2）<br>收益率 | （3）<br>收益率的离差 | （4）<br>离差平方和 |
|---|---|---|---|
| Supertech 公司 | | 期望收益 $R_{Super} - E(R_{Super}) = 0.175$ | |
| | $R_{Super}$ | | $[R_{Super} - E(R_{Super})]^2$ |
| 萧条 | −0.20 | −0.375 | 0.140 625 |
| | | $(=-0.20-0.175)$ | $[=(-0.375)^2]$ |
| 衰退 | 0.10 | −0.075 | 0.005 625 |
| 正常 | 0.30 | 0.125 | 0.015 625 |
| 繁荣 | 0.50 | 0.325 | 0.105 625 |
| Slowpoke 公司 | | 期望收益 $R_{Slow} - E(R_{Slow}) = 0.055$ | |
| | $R_{Slow}$ | | $[R_{Slow} - E(R_{Slow})]^2$ |
| 萧条 | 0.05 | −0.005 | 0.000 025 |
| | | $(=0.05-0.055)$ | $[=(-0.005)^2]$ |
| 衰退 | 0.20 | 0.145 | 0.021 025 |
| 正常 | −0.12 | −0.175 | 0.030 625 |
| 繁荣 | 0.09 | 0.035 | 0.001 225 |

计算步骤如下。

（1）计算期望收益率。

Supertech 公司：

$$E(R_{Super}) = \frac{-0.20+0.10+0.30+0.50}{4} = 0.175 = 17.5\%$$

Slowpoke 公司：

$$E(R_{Slow}) = \frac{0.05+0.20-0.12+0.09}{4} = 0.055 = 5.5\%$$

（2）分别计算每家公司的可能收益率与其期望收益率的离差，详见表 11-1 第 3 栏。

（3）我们所计算的离差反映了收益的变动性。但有些离差是正数，有些是负数，因此很难使用这种形式的这些离差。

为了使离差更有意义，我们求出各个离差的平方。现在所有的数字都是正值，这意味着它们的和也是正的。表 11-1 的最后一栏给出了离差的平方。

（4）对每家公司计算离差平方的平均数，即方差。⊖

---

⊖ 在本例中，4 种状态导致了发生概率相同的 4 种结果。期望收益率等于 4 种可能结果的概率加权平均。对于 Supertech 公司来说：

$$0.25 \times (-0.20) + 0.25 \times 0.10 + 0.25 \times 0.30 + 0.25 \times 0.50 = 0.175 = 17.5\%$$

因为 4 种可能结果的概率相同，我们可以简单地把 4 个可能结果相加后除以 4。如果结果的概率不完全相同，这种简便算法就行不通。

方差也需要类似的计算。我们对离差的平方求加权平均。对于 Supertech 公司来说：

$$0.25 \times 0.140 625 + 0.25 \times 0.005 625 + 0.25 \times 0.015 625 + 0.25 \times 0.105 625 = 0.066 875$$

这和把所有可能的离差平方加起来再除以 4 的结果是一样的。

如果我们使用历史数据（就像第 10 章那样），分母总是历史观测值数量减去 1。

Supertech 公司：

$$\frac{0.140\,625+0.005\,625+0.015\,625+0.105\,625}{4}=0.066\,875$$

Slowpoke 公司：

$$\frac{0.000\,025+0.021\,025+0.030\,625+0.001\,225}{4}=0.013\,225$$

因此 Supertech 公司的方差是 0.066 875，Slowpoke 公司的方差是 0.013 225。

（5）计算每个公司股票收益的标准差。

Supertech 公司：

$$\sqrt{0.066\,875}=0.258\,6=25.86\%$$

Slowpoke 公司：

$$\sqrt{0.013\,225}=0.115\,0=11.50\%$$

从数学上来说，方差的公式可以表示为：

$$\mathrm{Var}(R)=\sigma^2=\sum[R-\mathrm{E}(R)]^2 \qquad\qquad (11\text{-}1)$$

式中，$R$ 是证券的实际收益率；$\mathrm{E}(R)$ 是证券的期望收益率。

计算方差的 4 个步骤清楚地表明为什么方差能够度量样本的收益率的变动性或离散程度。对于每个观测值，我们将实际收益率与期望收益率的离差进行平方，然后求离差平方的平均值。平方使得这些离差都为正数，倘若我们使用的是实际值和期望值的离差，然后把它们加总，我们将会得到 0，因为高于平均数的收益率将会抵消低于平均数的收益率。

由于方差还是表示成平方的形式，因此难以解释其含义。标准差的理解就简单得多，见第 10.5 节。标准差是方差的平方根。标准差的一般公式是：

$$\mathrm{SD}(R)=\sigma=\sqrt{\mathrm{Var}(R)}$$

## 11.2.2 协方差和相关系数

方差和标准差度量的是单个股票收益的变动性。现在，我们希望度量一只股票的收益率与另外一只股票的收益率之间的关系，因此引入**协方差**（covariance）和**相关系数**（correlation）。

协方差和相关系数度量的是两个随机变量是如何相关的。我们将通过扩展 Supertech 公司和 Slowpoke 公司的例子来解释这些术语。

**例 11-1 计算协方差和相关系数**

我们已经确定了 Supertech 公司和 Slowpoke 公司的期望收益率和标准差（Supertech 公司和 Slowpoke 公司的期望收益率分别是 0.175 和 0.055，标准差分别是 0.258 6 和 0.115 0）。此外，我们计算了每家公司可能的收益率与期望收益率之间的离差。根据这些数据，我们可以分两步计算协方差，而计算相关系数要再加一步。

（1）对于每一种经济状况，将两家公司可能的收益率与其期望收益率之间的离差相乘。Supertech 公司在萧条状况下的收益率是 $-0.20$，与其期望收益率的离差是 $-0.375$（$=-0.20-0.175$）。Slowpoke 公司在萧条状况下的收益率是 0.05，与其期望收益率的离差是 $-0.005$（$=0.05-0.055$）。两个离差相乘得到 0.001 875 [$=(-0.375)\times(-0.005)$]。实际计算在表 11-2 的最后一列。这个过程可以用数学公式表示为：

$$[R_{\mathrm{Super}}-\mathrm{E}(R_{\mathrm{Super}})]\times[R_{\mathrm{Slow}}-\mathrm{E}(R_{\mathrm{Slow}})] \qquad\qquad (11\text{-}2)$$

式中，$R_{\mathrm{Super}}$ 是 Supertech 公司的股票在某种经济状况下的收益率；$\mathrm{E}(R_{\mathrm{Super}})$ 是 Supertech 公司股票的期望收益率；$R_{\mathrm{Slow}}$ 是 Slowpoke 公司的股票在某种经济状况下的收益率；$\mathrm{E}(R_{\mathrm{Slow}})$ 是 Slowpoke 公司股票的期望收益率。

表 11-2　计算协方差和相关系数

| 经济状况 | 收益率<br>$R_{Super}$ | 收益率的离差<br>$[R_{Super} - E(R_{Super})]$ | 收益率<br>$R_{Slow}$ | 收益率的离差<br>$[R_{Slow} - E(R_{Slow})]$ | 两个离差的乘积<br>$[R_{Super} - E(R_{Super})][R_{Slow} - E(R_{Slow})]$ |
|---|---|---|---|---|---|
| | | （期望收益率=0.175） | | （期望收益率=0.055） | |
| 萧条 | −0.20 | −0.375 | 0.05 | −0.005 | 0.001 875 |
| | | （=−0.20−0.175） | | （=0.05−0.055） | [=−0.375 ×（−0.005）] |
| 衰退 | 0.10 | −0.075 | 0.20 | 0.145 | −0.010 875 |
| | | | | | （=−0.075×0.145） |
| 正常 | 0.30 | 0.125 | −0.12 | −0.175 | −0.021 875 |
| | | | | | [=0.125 ×（−0.175）] |
| 繁荣 | 0.50 | 0.325 | 0.09 | 0.035 | 0.011 375 |
| | | | | | （= 0.325 × 0.035） |
| | | | | | −0.019 5 |

（2）计算最后一列 4 个状态的平均值。这个平均值是协方差，即[⊖]

$$\sigma_{Super,\,Slow} = Cov(R_{Super}, R_{Slow}) = \frac{-0.019\ 5}{4} = -0.004\ 875$$

请注意，我们要么用 $Cov(R_{Super}, R_{Slow})$，要么用 $\sigma_{Super,\,Slow}$ 来表示 Supertech 公司和 Slowpoke 公司之间的协方差。式（11-2）可以直观地揭示协方差的含义。假设当 Slowpoke 公司的实际收益率高于其期望收益率时，Supertech 公司的实际收益率一般高于其期望收益率；同时，当 Slowpoke 公司的实际收益率低于其期望收益率时，Supertech 公司的实际收益率一般低于其期望收益率。这意味着两家公司的收益率正相关。注意式（11-2）中的这一项，当两个收益率都大于平均值的时候为正数；另外，当两个收益率都小于平均值的时候也是正数。两个收益率的正相关会使得协方差为正。

相反地，假设当 Slowpoke 公司的实际收益率低于其期望收益率时，Supertech 公司的实际收益率一般高于其期望收益率；同时，当 Slowpoke 公司的实际收益率高于其期望收益率时，Supertech 公司的实际收益率一般低于其期望收益率。这意味着两家公司的收益率负相关。注意式（11-2）中的这一项，当一个收益率大于平均值而另一个收益率小于平均值的时候都为负数。两个收益率的负相关使得协方差为负。

最后，假设两个收益率之间无任何关系。在这种情况下，知道 Supertech 公司的收益率是高于还是低于期望收益率并不能告诉我们任何有关 Slowpoke 公司的收益率。那么在协方差的公式中没有加总的离差也就没有正负的倾向。平均起来，正负离差相互抵消，协方差为 0。

当然，即使两个收益率相互没有关系，实际上协方差公式也不会恰好等于 0。这是因为样本的误差；单单随机性就会使得计算结果或者为正，或者为负。但对于足够多的历史数据，如果两个收益率不相关，则应该认为这个协方差接近 0。

协方差公式似乎捕捉到了我们需要的东西。如果两个收益率相互之间正相关，它们就会有正的协方差。如果它们之间负相关，协方差就是负值。最后非常重要的是，如果它们不相关，协方差应该是 0。

协方差的数学公式可以写为：

$$\sigma_{Super,\,Slow} = Cov(R_{Super}, R_{Slow}) = \sum \{[R_{Super} - E(R_{Super})] \times [R_{Slow} - E(R_{Slow})]\}$$

式中，$E(R_{Super})$ 和 $E(R_{Slow})$ 是两只股票的期望收益率；$R_{Super}$ 和 $R_{Slow}$ 是实际收益率。两个变量的先后顺序并不重要。也就是说，Super 和 Slow 的协方差等于 Slow 和 Super 的协方差。这可以更正式地表示为：

$$Cov(R_A, R_B) = Cov(R_B, R_A)，或者 \sigma_{AB} = \sigma_{BA}$$

我们计算的协方差是 −0.004 875，这样的负数意味着当其中一只股票的实际收益率高于其期望收益率时，另一只股票的实际收益率很可能低于其期望收益率；反之亦然。但是，我们很难解释协方差数值的大小。如同

---

⊖　对于方差，我们除以 $N$（本例中是 4），因为 4 种状态导致了 4 种概率相同的可能结果。

方差一样，协方差也是离差的平方。在我们能够正确解决这一问题之前，不做任何解释。

解决这个问题的办法就是计算相关系数。

（3）为了计算相关系数，把协方差除以两家公司股票收益率的标准差，根据本例的数据有：

$$\rho_{\text{Super, Slow}} = \text{Corr}\,(R_{\text{Super}}, R_{\text{Slow}}) = \frac{\text{Cov}(R_{\text{Super}}, R_{\text{Slow}})}{\sigma_{\text{Super}}\sigma_{\text{Slow}}} = \frac{-0.004\,875}{0.258\,6 \times 0.115\,0} = -0.163\,9 \qquad (11\text{-}3)$$

式中，$\sigma_{\text{Super}}$ 和 $\sigma_{\text{Slow}}$ 分别是 Supertech 公司和 Slowpoke 公司的标准差。注意我们用 $\text{Corr}(R_{\text{Super}}, R_{\text{Slow}})$ 或者 $\rho_{\text{Super, Slow}}$ 表示 Supertech 公司和 Slowpoke 公司的相关系数。与协方差一样，两个变量的先后顺序不重要，即 A 与 B 的相关系数等于 B 与 A 的相关系数。更正式一点，$\text{Corr}(R_A, R_B) = \text{Corr}(R_B, R_A)$ 或者 $\rho_{AB} = \rho_{BA}$。

因为标准差总是正值，所以两个变量相关系数的符号和两个变量协方差的符号是一样的。如果相关系数为正，我们说两个变量之间正相关；如果相关系数为负，我们说两个变量之间负相关；如果相关系数为 0，我们说两个变量之间不相关。而且，我们可以证明相关系数总是界于 +1 和 −1 之间。因为协方差通过除以两者的标准差标准化了。

我们可以比较不同的两对证券的相关系数。例如，通用汽车（General Motor）和福特（Ford）公司的相关系数大大高于通用汽车和 IBM 的相关系数。因此，我们可以说，第一对证券收益之间的相互关联程度大大高于第二对证券。

图 11-1 展示了比较 A 和 B 两种资产收益率之间相关程度的三种基准情形。它们分别表示两种资产收益率之间的相关系数等于 +1、−1 和 0，分别意味着完全正相关、完全负相关和完全不相关。图中的曲线分别表示两种证券随着时间变化各自的收益率。

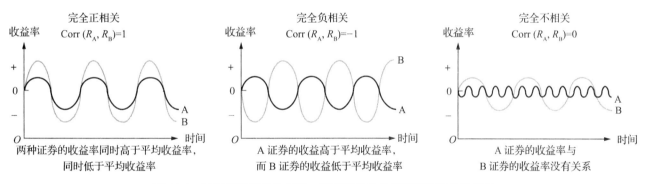

图 11-1　不同相关系数的例子：两种资产收益率随时间变化的图示

## 11.3　投资组合的收益和风险

设想一个投资者已经估计出每个证券的期望收益率、标准差和这些证券之间的相关系数，那么投资者应该如何选择证券构成最佳的**投资组合**（portfolio）呢？显然，投资者喜好选择一个具有高期望收益率、低标准差的投资组合。为此，需要考虑如下两个问题。

（1）单个证券的期望收益率与由这些证券构成的投资组合的期望收益率之间的相互关系。

（2）单个证券的标准差、这些证券之间的相关系数与由这些证券构成的投资组合的标准差之间的相互关系。

为了分析上述两个关系，我们仍将使用 Supertech 公司和 Slowpoke 公司这个例子。有关计算如下所示。

### 11.3.1　组合的期望收益率

计算投资组合的期望收益率的公式：

组合的期望收益率仅仅是构成组合的各个证券的期望收益率的加权平均。

**Supertech 公司（A）和 Slowpoke 公司（B）的有关计算数据**

| 项目 | 符号 | 数值 |
|---|---|---|
| Supertech 公司的期望收益率 | E（$R_{\text{Super}}$） | 0.175＝17.5% |
| Slowpoke 公司的期望收益率 | E（$R_{\text{Slow}}$） | 0.055＝5.5% |
| Supertech 公司的方差 | $\sigma^2_{\text{Super}}$ | 0.066 875 |
| Slowpoke 公司的方差 | $\sigma^2_{\text{Slow}}$ | 0.013 225 |
| Supertech 公司的标准差 | $\sigma_{\text{Super}}$ | 0.258 6＝25.86% |
| Slowpoke 公司的标准差 | $\sigma_{\text{Slow}}$ | 0.115 0＝11.50% |
| Supertech 公司和 Slowpoke 公司的协方差 | $\sigma_{\text{Super, Slow}}$ | −0.004 875 |
| Supertech 公司和 Slowpoke 公司的相关系数 | $\rho_{\text{Super, Slow}}$ | −0.163 9 |

**例 11-2　组合的期望收益率**

考虑 Supertech 和 Slowpoke 两家公司。从前面的计算，我们发现这两个证券的期望收益率分别是 17.5% 和 5.5%。

两个证券构成的投资组合的期望收益率的计算公式可以写作：

$$E（R_P）= X_{\text{Super}}（17.5\%）+ X_{\text{Slow}}（5.5\%）$$

式中，$X_{\text{Super}}$ 是 Supertech 公司的股票在投资组合中的比例；$X_{\text{Slow}}$ 是 Slowpoke 公司的股票在投资组合中的比例。假如投资者有 100 美元，其中 60 美元投资于 Supertech 公司，40 美元投资于 Slowpoke 公司，则这一投资组合的期望收益率是：

$$E（R_P）= 0.6 \times 17.5\% + 0.4 \times 5.5\% = 12.7\%$$

在数学上我们可以写作：

$$E（R_P）= X_A E（R_A）+ X_B E（R_B）\tag{11-4}$$

$X_A$ 和 $X_B$ 分别是投资在资产 A 和资产 B 上的比例（因为投资者只能投资在两个证券上，因此 $X_A + X_B$ 等于 1 或 100%）。E（$R_A$）和 E（$R_B$）是两个证券的期望收益率。

现在让我们考虑两只股票，每只股票的期望收益率都是 10%。无论这两只股票的持有比例如何，由它们构成的投资组合的期望收益率必定等于 10%。这个结果在这个时候可能是显而易见的，但它以后会变得重要。这一结果意味着你不会因为投资于某只股票数量的多少而减少或损害组合的期望收益率。相反地，组合的期望收益率仅仅是构成组合的各个证券的期望收益率的加权平均。

## 11.3.2　组合的方差和标准差

### 1. 方差

由 A 和 B 两个证券构成的投资组合的方差是：

$$\sigma^2_P = X^2_A \sigma^2_A + 2 X_A X_B \sigma_{A,B} + X^2_B \sigma^2_B \tag{11-5}$$

注意到投资组合方差的计算公式由 3 项构成：第 1 项是证券 A 的方差（$\sigma^2_A$）；第 2 项是证券 A 和证券 B 的协方差（$\sigma_{A,B}$）；第 3 项是证券 B 的方差（$\sigma^2_B$）。（正如本章之前所说的，$\sigma_{A,B} = \sigma_{B,A}$。也就是说，当我们表示两个证券的协方差时，与变量的先后顺序无关。）

上述公式表明了非常重要的一点：投资组合的方差取决于组合中单个证券的方差和两个证券之间的协方差。证券的方差度量证券收益的变动程度。协方差度量两个证券收益之间的相互关系。在证券方差给定的情况下，两个证券收益呈现正相关或协方差为正会增加整个组合的方差；两个证券收益呈现负相关或协方差为负会降低整个组合的方差。这一重要的结果似乎是符合常识的。如果在你所持有的两个证券中，一个证券的收益上升，另一个证券的收益下降，或者反过来一个下降而另一个上升，这两个证券的收益就相互抵销了。那么，你就实现了理财学所提出的"对冲"，你的投资组合的整体风险就低。但是如果你所持有的两个证券的收益同时上升或者同时下降，你根本就无法对冲，因此你的投资组合的整体风险就高。

Supertech 和 Slowpoke 这两家公司的方差公式是：

$$\sigma_P^2 = X_{Super}^2 \sigma_{Super}^2 + 2X_{Super}X_{Slow}\sigma_{Super,Slow} + X_{Slow}^2 \sigma_{Slow}^2 \tag{11-5'}$$

先前的假设是，拥有 100 美元的个人投资 60 美元于 Supertech 公司，投资 40 美元于 Slowpoke 公司，$X_{Super} = 0.6$，$X_{Slow} = 0.4$。根据这个假设以及之前计算得到的相关数据，这一投资组合的方差是：

$$0.023\,851 = 0.36 \times 0.066\,875 + 2 \times [\,0.6 \times 0.4 \times (-0.004\,875)\,] + 0.16 \times 0.013\,225 \tag{11-5''}$$

### 2. 矩阵方法

此外，式（11-5'）可以表示为如下矩阵形式。

|  | Supertech 公司 | Slowpoke 公司 |
|---|---|---|
| Supertech 公司 | $X_{Super}^2 \sigma_{Super}^2$<br>$0.024\,075 = 0.36 \times 0.066\,875$ | $X_{Super}X_{Slow}\sigma_{Super,Slow}$<br>$-0.001\,17 = 0.6 \times 0.4 \times (-0.004\,875)$ |
| Slowpoke 公司 | $X_{Super}X_{Slow}\sigma_{Super,Slow}$<br>$-0.001\,17 = 0.6 \times 0.4 \times (-0.004\,875)$ | $X_{Slow}^2 \sigma_{Slow}^2$<br>$0.002\,116 = 0.16 \times 0.013\,225$ |

在上述矩阵中有 4 栏，我们可以把其中的项相加得到式（11-5'）。左上方的那项是 Supertech 公司的方差，右下方角落的那项是 Slowpoke 公司的方差，另外两项是协方差，这两个格是一样的，说明了为什么式（11-5'）中的协方差要乘以 2。

这时学生经常会发现矩阵法比式（11-5''）更令人迷惑不解，但是矩阵法却比较容易推广到多证券投资，这是我们稍后在本章中要做的工作。

### 3. 投资组合的标准差

根据式（11-5''），我们可以计算投资组合的标准差，即

$$\sigma_P = \sqrt{\sigma_P^2} = \sqrt{0.023\,851} \\ = 0.154\,4 = 15.44\% \tag{11-6}$$

投资组合标准差的含义与单个证券标准差的含义相同。该投资组合的期望收益率是 12.7%。投资组合 −2.74%（=12.7%−15.44%）的实际收益率低于其期望收益率 1 个标准差，投资组合 +28.14%（=12.7% + 15.44%）的实际收益率高于其期望收益率 1 个标准差。如果组合的实际收益率满足正态分布，那么组合实际收益率出现在（−2.74%）～（+28.14%）的概率约为 68%。<sup>⊖</sup>

### 4. 投资组合多元化的效应

比较投资组合的标准差和单个证券的标准差具有一定的指导意义。单个证券标准差的加权平均是：

$$单个证券标准差的加权平均 = X_{super}\sigma_{super} + X_{slow}\sigma_{slow} \tag{11-7}$$

$$0.201\,2 = 0.6 \times 0.258\,6 + 0.4 \times 0.115$$

本章最重要的结果之一就是式（11-6）与式（11-7）之间的差异。本例中组合的标准差小于组合中单个证券标准差的加权平均。

我们曾经指出，组合的期望收益率等于组合中单个证券期望收益率的加权平均。由此对于组合的标准差，我们得到了一个不同于组合的期望收益率的结果。

一般认为，组合的标准差小于组合中单个证券标准差的加权平均，是多元化效应。例如，Supertech 公司与 Slowpoke 公司这两只股票的收益率略微有点负相关（$\rho_{AB} = -0.163\,9$）。当 Slowpoke 公司股票的收益率超过其平均收益率时，Supertech 公司股票的收益率可能略低于其平均收益率；同样，当 Supertech 公司股票的收益率超过其平均收益率时，Slowpoke 公司股票的收益率可能略低于其平均收益率。因此，由这两个证券构成的组合的标

---

⊖ 实际上，本例在前面已经假设了 Supertech 公司和 Slowpoke 公司的具有 4 种等可能的收益率，所以两者的收益率均不属于正态分布。因此，根据正态分布计算本例的概率会出现微小的差异。

准差就小于这两个证券标准差的加权平均。

我们的例子讨论的是证券负相关。显然，如果两个证券的收益率之间正相关，组合多元化所产生的好处就小。那么，当两个证券的正相关系数达到什么程度时，组合多元化所产生的利益将消失呢？

要回答这一问题，我们必须把式（11-5'）改写成为相关系数的形式而不是协方差。协方差可以写作：⊖

$$\sigma_{\text{Super, Slow}} = \rho_{\text{Super, Slow}} \sigma_{\text{Super}} \sigma_{\text{Slow}} \tag{11-8}$$

这个公式表明：协方差实际上仅仅是两个证券的相关系数与它们各自的标准差的乘积。换而言之，协方差包含了：①两个证券收益的相关系数和；②以标准差度量的两个证券各自收益的变动性。

由本章例子我们知道这两只股票收益的相关系数是 $\rho_{\text{AB}} = -0.163\ 9$。根据式（11-5"）的方差，Supertech 与 Slowpoke 两家公司的标准差分别是 $\sigma_{\text{A}} = 0.258\ 6$ 和 $\sigma_{\text{B}} = 0.115$。因此，投资组合的方差可以写作：

$$\sigma_P^2 = X_{\text{Super}}^2 \sigma_{\text{Super}}^2 + 2X_{\text{Super}} X_{\text{Slow}} \rho_{\text{Super,Slow}} \sigma_{\text{Super}} \sigma_{\text{Slow}} + X_{\text{Slow}}^2 \sigma_{\text{Slow}}^2 \tag{11-9}$$

$$0.023\ 851 = 0.36 \times 0.066\ 875 + 2 \times [0.6 \times 0.4 \times (-0.163\ 9) \times 0.258\ 6 \times 0.115] + 0.16 \times 0.013\ 225$$

现在右边的中间项写成相关系数 $\rho$ 的形式，而不是协方差。

假设 $\rho_{\text{Super, Slow}} = 1$，即相关系数的最大值，同时假设例子中的其他参数不变，则组合的方差是：

$$\sigma_P^2 = 0.36 \times 0.066\ 875 + 2 \times (0.6 \times 0.4 \times 1 \times 0.258\ 6 \times 0.115) + 0.16 \times 0.013\ 225$$

$$= 0.040\ 466$$

标准差是：

$$\sigma_P = \sqrt{0.040\ 466} = 0.201\ 2 = 20.12\% \tag{11-9'}$$

值得注意的是式（11-9'）和式（11-7）的结果相等。也就是说，当 $\rho = 1$ 时，投资组合收益率的标准差正好等于组合中单个证券标准差的加权平均。由式（11-9）可见，当相关系数小于 1 时，组合的方差和标准差都会随之下降。因此结论是：

只要 $\rho < 1$，两个证券投资组合的标准差就小于这两种证券各自的标准差的加权平均。

换而言之，只要两个证券收益率没有完全相关（只要 $\rho < 1$），组合多元化的效应就会发生作用。因此 Supertech 和 Slowpoke 这两家公司的例子不适用了。我们用一个负相关的例子来说明多元化效应，也可以用一个正相关的例子来说明，只要不是完全正相关。

### 5. 扩展到多种资产

我们可以把上述理解扩展到多个证券的情形。也就是说，只要多个证券两两之间的相关系数小于 1，多个证券投资组合的标准差就小于组合中各个证券标准差的加权平均。

现在考虑表 11-3，它列示了标准普尔 500 指数和其中某些股票 5 年的标准差。值得注意的是，表 11-3 中所有证券各自的标准差都大于标准普尔 500 指数的标准差。虽然有时可能出现指数中个别证券的标准差小于指数的标准差，但是一般地说，指数中单个证券的标准差都大于由这些证券构成的指数的标准差。

表 11-3 2015—2020 年标准普尔 500 指数及其指数中的某些股票

| 资产 | 标准差 /% |
| --- | --- |
| 标准普尔 500 | 15.12 |
| 强生 | 16.06 |
| 微软 | 18.92 |
| Meta | 27.77 |
| 亚马逊 | 29.17 |
| 美国银行 | 30.66 |
| 达美航空 | 34.53 |
| 波音 | 37.16 |
| 特斯拉 | 63.96 |

注：只要组合中两两证券之间的相关系数小于 1，指数的标准差一定小于指数中单个证券标准差的加权平均。

---

⊖ 如同协方差，相关系数与两个变量之间的先后顺序没有关系，即 $\rho_{\text{AB}} = \rho_{\text{BA}}$。

## 11.4 两种资产组合的有效集

图 11-2 描绘了 Supertech 公司和 Slowpoke 公司这两个证券组合的期望收益率和标准差。图中有一点标注 Supertech 公司，另一点标注 Slowpoke 公司。每一点代表一个证券的期望收益率和标准差。由图可见，Supertech 公司的期望收益率和标准差都比较大。

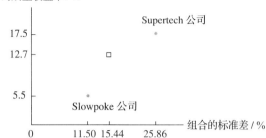

图 11-2　Supertech 公司证券、Slowpoke 公司证券以及 60% Supertech 公司证券与 40% Slowpoke 公司证券构成的组合的期望收益率和标准差

图 11-2 中的小方格或者"□"表示 60% 投资于 Supertech 公司股票和 40% 投资于 Slowpoke 公司股票的投资组合的期望收益率和标准差。你会记起来我们之前已经计算过这一投资组合的期望收益率和标准差。

选择 60% 投资于 Supertech 公司股票而 40% 投资于 Slowpoke 公司股票只是我们能够创造出的无限多个投资组合中的一个。图 11-3 中的曲线描绘了这一无限多个投资组合所形成的集合。

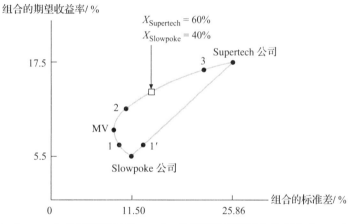

图 11-3　Supertech 公司股票与 Slowpoke 公司股票投资组合的集合（$\rho = -0.163\,9$）

注：组合 1 由 10% Supertech 公司股票和 90% Slowpoke 公司股票构成（$\rho = -0.163\,9$）。

组合 2 由 50% Supertech 公司股票和 50% Slowpoke 公司股票构成（$\rho = -0.163\,9$）。

组合 3 由 90% Supertech 公司股票和 10% Slowpoke 公司股票构成（$\rho = -0.163\,9$）。

组合 1′ 由 10% Supertech 公司股票和 90% Slowpoke 公司股票构成（$\rho = +1$）。

组合 MV 称为最小方差组合，即该组合的方差最小。依定义，该组合同时具有最小的标准差。

考虑组合 1。这是一个 10% 投资于 Supertech 公司股票、90% 投资于 Slowpoke 公司股票的组合。因为这一组合中投资于 Slowpoke 公司股票的比例很高，所以它在曲线中的位置接近 Slowpoke 公司股票这一点。组合 2 在曲线上的位置高一点，因为它是一个 50% 投资于 Supertech 公司股票、50% 投资于 Slowpoke 公司股票的组合。组合 3 在图上距离 Supertech 公司股票这一点近，因为它是一个 90% 投资于 Supertech 公司股票、10% 投资于 Slowpoke 公司股票的组合。

关于图 11-3，有几点需要特别指出。

（1）只要组合中的证券两两相关系数小于1，组合多元化效应就存在。Supertech 公司与 Slowpoke 公司的两个证券的相关系数是 -0.163 9。所产生的组合多元化通过比较图 11-3 中的直线、Supertech 公司的点和 Slowpoke 公司的点显示。直线代表着在两个证券的相关系数等于1的情况下各种可能的组合。该图显示了多元化效应，因为曲线总是位于直线的左边。让我们先考察组合 1'。这代表的是一个 10% 投资于 Supertech 公司股票、90% 投资于 Slowpoke 公司股票，且 Supertech 公司与 Slowpoke 公司之间的相关系数恰好为1的组合。我们认为：在 $\rho = 1$ 的情况下不存在组合多元化效应。但是组合的多元化效应体现在曲线上，因为组合 1 和组合 1' 具有相同的期望收益率，但是组合 1 的标准差小于组合 1' 的标准差。（为了减少混乱，组合 2' 和组合 3' 已从图中略去。）

虽然图 11-3 同时展示出曲线和直线，但是它们却不会同时存在。要么 $\rho = -0.163 9$ 和曲线存在，要么 $\rho = 1$ 和直线存在。换言之，虽然一个投资者可以在 $\rho = -0.163 9$ 的曲线上选择不同的点或组合，但是他不能在曲线上的点和直线上的点之间做选择。

（2）点 MV 代表最小方差组合。这是一个方差最低的组合。根据定义，这个组合的标准差也必须是最小的。（"最小方差组合"是文献中的标准术语，我们也将使用这一专业术语。可能"最小标准差组合"更好一些，因为图 11-3 的横轴中用的是标准差而不是方差。）

（3）考虑投资于由 Supertech 公司股票与 Slowpoke 公司股票所构成的组合的投资者面临的是一个由图 11-3 中的曲线所表示的**机会集**（opportunity set）或**可行集**（feasible set）。也就是说，投资者可以通过选择这两个证券的混合比例，达到曲线上的任意一点。投资者不能达到曲线上方的任意一点，因为他不能提高某些证券的收益率，降低某些证券的标准差，或降低两个证券之间的相关系数。投资者也不能达到曲线下方的任意一点，因为他不能降低某些证券的收益率，提高某些证券的标准差，或提高两个证券之间的相关系数。（当然了，即使投资者能这么做，他也不会想达到曲线下方的点或组合。）

如果投资者愿意承担风险，他也许会选择组合 3（实际上，他甚至可以选择将所有的资金投资于 Supertech 公司股票）。如果投资者比较不愿意承担风险，他也许会选择组合 2。如果投资者想要尽可能规避风险，他将选择组合 MV，这是具有最小方差或标准差的组合。

（4）注意到 Slowpoke 公司的股票与 MV 之间是一段向后弯曲的曲线。这意味着在可行集的某一部分，当组合的期望收益率上升的时候标准差会下降。学生经常会问："为什么提高风险较高的资产（Supertech 公司股票）的投资比例，会导致组合风险下降呢？"

这一令人惊奇的发现是因为组合的多元化效应。这两个证券的收益负相关，当一个证券的收益上升时，另一个证券的收益却下降；反之亦然。对于一个仅仅由 Slowpoke 公司股票构成的组合，少量增加投资于 Supertech 公司股票实际上起到对冲的作用。组合风险的下降使曲线向后弯曲。事实上，向后弯曲经常出现在 $\rho \leqslant 0$ 的情况。当 $\rho > 0$ 的时候，可能出现向后弯曲，也可能不出现。当然，向后弯曲的仅仅是曲线的某一个部分。当投资者继续提高 Supertech 公司股票在组合中的投资比例时，Supertech 公司股票较高的标准差最终导致组合整体的标准差上升。

（5）没有投资者愿意持有一个期望收益率低于最小方差组合期望收益率的组合。例如，没有投资者愿意选择组合 1。对比最小方差组合，这个投资组合的期望收益率比最小方差组合低，但是标准差比最小方差组合高。因此，我们说最小方差组合优于类似组合 1 的组合。虽然从 Slowpoke 公司至 Supertech 公司的整段曲线被称为可行集，但是投资者只考虑从最小方差组合至 Supertech 公司这段曲线。因此，从最小方差组合至 Supertech 公司的这段曲线被称为**有效集**（efficient set）或**有效边界**（efficient frontier）。

图 11-3 表示的是 $\rho = -0.163 9$ 时的机会集。有必要考察一下图 11-4，它显示了不同相关系数下的不同曲线。如图 11-4 所示，相关系数越低，曲线越弯曲。这说明当 $\rho$ 下降的时候，多元化效应是增加的。最大弯曲程度出现在 $\rho = -1$ 的极限情况，这是完全负相关的。尽管 $\rho = -1$ 这种极端情况似乎会引起学生强烈的兴趣，但它没有什么实际价值。大多数证券之间存在正相关。非常高的负相关不经常出现。<sup>⊖</sup>

———————————

⊖ 主要的例外是衍生证券。例如，一只股票与这只股票的看跌期权之间的相关系数常常具有高度的负相关。我们将在后面的章节中讨论看跌期权。

值得注意的是，一对证券之间只存在一个相关系数。我们之前提到 Slowpoke 公司和 Supertech 公司的相关系数是 -0.163 9，图 11-4 中只有代表这个相关系数的那条曲线才是正确的，其他曲线应该被认为都是假设的。

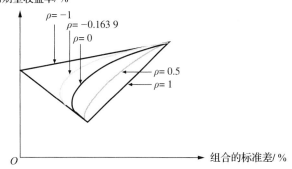

图 11-4 持有 Supertech 公司股票与 Slowpoke 公司股票投资组合的机会集

注：组合的期望收益率和标准差之间的关系可以表示为一些曲线，这些曲线随相关系数的变化而变化。相关系数越小，曲线的弯曲度越大。

我们考察图 11-4 并不仅仅出于对知识的好奇心。相反，在现实工作中我们可以很容易地计算出各种有效集。正如前面提到的，虽然主观设想的数值可以用于计算期望收益率、标准差和相关系数这些统计量，但它们也可以通过历史数据取得。一旦这些统计量确定，运用某些软件就可以得出一个有效集。但是，在一个有效集内选择哪个组合，完全取决于你个人的偏好。计算机软件不提供这种偏好的组合。

有效集可以由两个本身为投资组合的单个资产产生。例如，如图 11-5 所示的两个组合，一个是各种美国股票的组合，另一个是各种外国股票的组合。期望收益率、标准差和相关系数是根据最近几年的数据计算的，在分析中没有任何主观的设想。美国股票组合的标准差为 0.151，略低于外国股票组合的 0.166，风险较小。但是美国股票组合结合小部分的外国股票实际上降低了风险，这正符合我们看到的曲线向后弯曲这一特征。换而言之，将两个不同的组合结合在一起所产生的多元化效应超过了由于引入一部分风险较高的股票组合所产生的风险。最小方差组合是将 60% 的资金投资于美国股票组合，而将 40% 的资金投资于外国股票组合。超过这点继续增加投资于外国股票组合的比例会增加整个组合的风险。图 11-5 中向后弯曲的曲线所包含的重要信息没有被美国基金管理者忽视。美国退休基金和共同基金的管理者在最近几年竭力寻找海外投资机会。

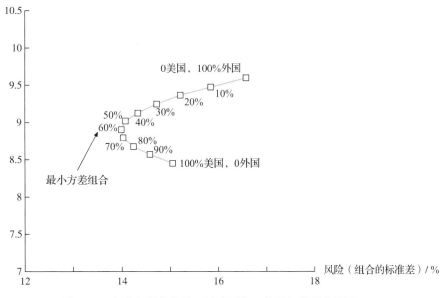

图 11-5 全球股票的收益 - 风险平衡：美国与外国的股票

## 11.5 多种资产组合的有效集

之前的讨论涉及两个证券。我们发现了一条简单的曲线，它能概括出各种可能的组合。因为投资者一般持有两个以上的证券，所以我们必须看一看持有两个以上证券时候的曲线。图 11-6 中的阴影部分表示多种资产组合的机会集或可行集。以 100 个证券为总体，图 11-6 中的点 1 可能表示的是 40 个证券的组合；点 2 可能表示的是 80 个证券的组合；点 3 可能表示另外 80 个证券的组合，或者是相同的 80 个证券但投资比例不同，抑或是其他可能产生的组合。显然，组合实际上是无穷无尽的，但是所有可能的证券或组合都只能落在一个有限的区域内。换言之，任何人都不可能选择一个期望收益率超过给定的阴影区域的组合。此外，任何人也不可能选择一个标准差低于给定阴影区域的组合。也许更令人惊奇的是，任何人都不可能选择一个期望收益率低于那条曲线的组合。也就是说，资本市场实际上阻止了有自我毁灭倾向的投资者遭受确定无疑的损失。⊖

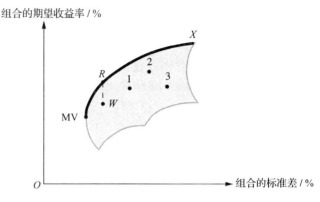

图 11-6　由多个证券构成的投资组合的可行集

图 11-6 不同于此前的图。当只涉及两个证券时，所有的组合都位于一条曲线上。当涉及多个证券时，所有的组合覆盖的是一整个区域。但是需要注意到投资者只会选择该区域上方从 MV 到 X 这一上方边界的某个地方。这一上边界，也就是图 11-6 中较粗的曲线，被称为 "有效集"。任何一个位于从 MV 到 X 的曲线下方的点，其标准差都相等但期望收益率都小于对应在有效集上的点。考虑图中的点 R 和正好位于其下方的点 W。如果点 W 的风险水平正是你希望的，为了一个更高的期望收益率，你应该选择点 R。

最后分析时，图 11-6 与图 11-3 非常类似。图 11-3 的有效集是从 MV 到 Supertech 公司，包括了 Supertech 公司和 Slowpoke 公司这两只股票的各种组合。图 11-6 的有效集是从 MV 到 X，包括多个证券的各种组合。图 11-6 有一整个阴影区域而图 11-3 没有，这个区别并不重要。无论如何，投资者都不会选择图 11-6 中有效集下方的点。

之前我们提到在现实工作中很容易绘制两个证券组合的有效集。当证券个数增加的时候，这一工作变得困难了，因为观测的数量增加了。用主观分析的方法估计比如 100 个或 500 个证券的期望收益率和标准差，工作量就十分巨大，而估计其相关系数的工作量则更加巨大。100 个证券两两计算相关系数，就会有大约 5 000 个相关系数。

虽然许多计算有效集的数学方法在 20 世纪 50 年代就已经被推导出，⊜但是当时昂贵的计算机使用费限制了这些计算方法的应用。这些费用在近几年来大大降低，许多软件可以对中等规模投资组合的有效集进行计算。据说这类软件卖得很火，因此我们的讨论对于实践来说十分重要。

## 多种资产组合的方差和标准差

前面我们已经讨论过两种资产组合的方差和标准差的计算公式。因为我们在图 11-6 中考虑了一个多种资产的组合，所以我们有必要计算一下多种资产组合的方差和标准差的公式。它可以被视为两种资产组合的方差和标准差计算公式的扩展。

要推导这一公式，我们仍然应用矩阵法，正如我们在讨论两种资产组合的方差和标准差的计算公式时使用的。表 11-4 展示了这一矩阵。假设有 $N$ 种资产，我们在横向写下数字 $1 \sim N$，在纵向写下数字 $1 \sim N$，这样就形成一个 $N \times N = N^2$ 个格子的矩阵。

---

⊖　当然，某些愚蠢的人要丢弃其金钱可以那样做。例如，他可以经常毫无目的地进行交易，造成交易费用超过组合的正期望收益。

⊜　经典文献是哈里·马科维茨撰写的《组合选择》（*Portfolio Selection*）一书（New York：John Wily & Sons，1959）。马科维茨因为他对现代组合理论的杰出贡献而荣获 1990 年诺贝尔经济学奖。

表 11-4 投资组合方差的矩阵计算表

| 股票 | 1 | 2 | 3 | ... | N |
|---|---|---|---|---|---|
| 1 | $X_1^2\sigma_1^2$ | $X_1X_2\mathrm{Cov}(R_1, R_2)$ | $X_1X_3\mathrm{Cov}(R_1, R_3)$ | | $X_1X_N\mathrm{Cov}(R_1, R_N)$ |
| 2 | $X_2X_1\mathrm{Cov}(R_2, R_1)$ | $X_2^2\sigma_2^2$ | $X_2X_3\mathrm{Cov}(R_2, R_3)$ | | $X_2X_N\mathrm{Cov}(R_2, R_N)$ |
| 3 | $X_3X_1\mathrm{Cov}(R_3, R_1)$ | $X_3X_2\mathrm{Cov}(R_3, R_2)$ | $X_3^2\sigma_3^2$ | | $X_3X_N\mathrm{Cov}(R_3, R_N)$ |
| ⋮ | ⋮ | ⋮ | ⋮ | | ⋮ |
| N | $X_NX_1\mathrm{Cov}(R_N, R_1)$ | $X_NX_2\mathrm{Cov}(R_N, R_2)$ | $X_NX_3\mathrm{Cov}(R_N, R_3)$ | | $X_N^2\sigma_N^2$ |

注：表中所有项之和是投资组合的方差。$\sigma_i$ 是股票 $i$ 的标准差。$\mathrm{Cov}(R_i, R_j)$ 是股票 $i$ 和股票 $j$ 之间的协方差。主对角线上的项是单个证券标准差的表达式，不在主对角线上的项是两个证券间的协方差的表达式。

比如我们考虑第 2 行第 3 列，即 $X_2X_3\mathrm{Cov}(R_2, R_3)$。$X_2$ 和 $X_3$ 分别为组合中第 2 种资产和第 3 种资产的投资比例。比如，如果一个持有价值 1 000 美元的组合的投资者投资 100 美元于第 2 种资产，那么 $X_2 = 10\%$（=100/1 000）。$\mathrm{Cov}(R_2, R_3)$ 是第 2 种资产的收益与第 3 种资产收益的协方差。接下来注意到第 3 行第 2 列，即 $X_3X_2\mathrm{Cov}(R_3, R_2)$。因为 $\mathrm{Cov}(R_2, R_3) = \mathrm{Cov}(R_3, R_2)$，所以二者的值是相同的。第 2 个证券与第 3 个证券构成一对股票，实际上每一对股票都在表中出现两次，一次出现在表的左下方，另一次出现在表的右上方。

现在我们来考虑矩阵对角线上的值。对角线上第 1 行的值是 $X_1^2\sigma_1^2$，这里 $\sigma_1^2$ 是第 1 种资产收益的方差。

由此可见，矩阵对角线上的各项是每个证券收益的方差，而非对角线上的各项，它们是证券收益之间的协方差。表 11-5 列示了对角线上和非对角线上的项数与矩阵规模之间的关系。对角线上的项数（组合中各个证券收益的方差的个数）总是等于组合中证券的个数。非对角线上的项数（协方差的个数）的增长大大超过对角线上的项数。一个由 100 个证券构成的投资组合有 9 900 个协方差项。因此可以说：

多个证券的组合收益率的方差更多取决于证券之间的协方差而不是单个证券的方差。

表 11-5 组合中方差与协方差的项数与构成组合的证券个数之间的关系

| 构成组合的证券个数 | 组合收益方差的总项数 | 组合中各个证券方差的项数 | 组合中各对证券的协方差的项数 |
|---|---|---|---|
| 1 | 1 | 1 | 0 |
| 2 | 4 | 2 | 2 |
| 3 | 9 | 3 | 6 |
| 10 | 100 | 10 | 90 |
| 100 | 10 000 | 100 | 9 900 |
| ⋮ | ⋮ | ⋮ | ⋮ |
| N | $N^2$ | N | $N^2 - N$ |

注：在大的资产组合中，两个证券的协方差涉及的项数远远大于单个证券的方差涉及的项数。

## 11.6 多元化

目前，我们在本章中已经研究了单种资产的风险和收益如何影响组合的风险和收益。我们也涉及多元化这种影响的一个方面。举个例子，包含美国 30 只知名股票的道琼斯工业平均指数（DJIA）在 2020 年上涨了 6.9%。当年，个股涨幅最大的是苹果（上涨了 82%）、微软（上涨了 43%）和耐克（上涨了 41%），而个股下跌幅度最大的是波音（下跌了 34%）、沃博联（下跌了 29%）和雪佛龙（下跌了 26%）。这些个股的变化因其多元化不同而不同。这个例子表明多元化是好的，我们现在想要检验为什么它是好的以及它到底有多好。

### 11.6.1 新闻中预期到的和未预期到的组成部分

通过关注 Flyers 公司的股票，我们开始对多元化的讨论。例如，什么决定了这只股票在下个月的收益率？

任何股票的收益率都由两部分组成。首先，股票的正常收益率或者叫期望收益率是市场上的投资者预测或者期望得到的那部分收益率。它取决于股东所有关于这只股票的信息，并且它用到了我们对什么将在下一个月影响股票的所有理解。

第二部分是股票的不确定收益率或者叫风险收益率，这部分来自在年内披露的未在预期内的信息。虽然这类信息的列表是无穷无尽的，但是这里列示了一些例子：

（1）有关 Flyers 公司研究的新闻。

（2）政府发布的国民生产总值数据。

（3）最近军备控制会谈的结果。

（4）Flyers 公司的销售数据高于预期的新闻。

（5）利率突然下降。

（6）Flyers 公司的创始人和总裁的意外退休。

Flyers 公司的股票在下一年的收益率可以写作：

$$R = E(R) + U$$

式中，$R$ 是那年的实际收益率；$E(R)$ 是期望收益率；$U$ 是未预期到的部分。这说明实际收益率 $R$ 与期望收益率 $E(R)$ 不同，因为在这一年中发生了意料之外的事。在任何给定的年份，未预期到的收益率都将是正的或负的，但随着时间的推移，$U$ 的平均值将为 0。这意味着，平均而言，实际收益率等于期望收益率。

## 11.6.2　风险：系统性和非系统性

收益率未预期到的部分，即意外导致的那部分，是任何投资的真正风险。毕竟如果得到了我们所预期到的，那就没有风险或者不确定性了。

各种来源的风险是有重要区别的。看一下我们之前的新闻故事举例，有些针对 Flyers 公司，有些更一般化。这些新闻哪一个对 Flyers 公司特别重要？

关于利率和国民生产总值的公告显然对几乎所有公司都重要，有关 Flyers 公司总裁的新闻、它的研究、它的销售或者一家竞争公司的事情对 Flyers 公司特别有意义。我们将把这两大类型的公告和由此导致的风险分为两个部分：系统性的部分叫作**系统性风险**（systematic risk），剩余部分我们称为公司**特有**或者**非系统性风险**（unsystematic risk）。下面的定义描述了差别：

（1）**系统性风险**是或多或少影响着大量资产的风险。

（2）**非系统性风险**是特别影响某一个资产或者某一类别资产的风险。

总体经济状况比如国民生产总值、利率或者通货膨胀率的不确定性是系统性风险。这些状况在某些程度上影响着几乎所有的股票。未预期到的或者意外的通货膨胀上涨影响工资、公司购买各种用品的成本、公司拥有资产的价值和公司销售产品的价格。所有公司都容易受到这些影响的力量是系统性风险的本质。2020 年春季的"新冠疫情冲击"是这种风险在近期一个特别生动的例子。

相比之下，一家公司宣布小规模的石油罢工可能会影响该公司或其他几家公司，但它不太可能对世界石油市场产生影响。为了强调此类信息是非系统性的并且仅影响某些特定公司，我们有时将其称为异质性风险。

这使得我们可以把 Flyers 公司的股票收益率的风险分解成两部分：系统性的和非系统性的。照惯例，我们采用希腊字母 $\varepsilon$ 来代表非系统性风险，写作：

$$\begin{aligned} R &= E(R) + U \\ &= E(R) + m + \varepsilon \end{aligned} \tag{11-10}$$

在这里我们用字母 $m$ 代表系统性风险。有时候系统性风险指的是市场风险，它强调的事实是 $m$ 在某种程度上影响市场上所有资产。$E(R)$ 是 Flyers 公司股票的期望收益率。

对于我们把总风险 $U$ 分解成两个组成部分 $m$ 和 $\varepsilon$ 的这个方法很重要的一点是，$\varepsilon$ 和大多数其他公司的特有风险是不相关的，因为它是这个公司特有的。比如，Flyers 公司股票的非系统性风险 $\varepsilon_F$ 和通用电气股票的非系

统性风险 $\varepsilon_{GE}$ 是不相关的。Flyers 公司股票因为它的研究团队的某个发现或者是没能发现什么而出现的上涨或者下跌，这种风险很可能和任何影响通用电气股票的特有不确定性无关。这意味着 Flyers 公司股票和通用电气股票的非系统性风险相互之间是没有关联的，或者说是不相关的。

### 11.6.3 多元化的本质

当我们把 Flyers 公司股票和另外一只股票一起放在一个投资组合里面时会发生什么？因为两只股票的非系统性风险是不相关的，所以 $\varepsilon$ 对于一只股票可能是正的，对于另一只股票可能是负的。既然 $\varepsilon$ 可以相互抵消，那么组合的非系统性风险将会低于两个证券中任何一个的非系统性风险。换句话说，我们看到多元化的起点了。而且，如果把第 3 个证券加入我们的组合，组合的非系统性风险将会低于两资产组合的非系统性风险。当我们加入第 4 个、第 5 个或者第 6 个证券时，这种效果将会继续。实际上，假定我们能够把无限多数量的证券放在一起，组合的非系统性将会消失。

现在让我们考虑一下当增加第 2 个证券的时候系统性风险会发生什么变化。如果第 2 个证券的收益率也可以用式（11-10）来表示，那么组合的系统性风险就不会降低。假设通货膨胀比原先预期的更高，或者国民生产总值比预期的更低。两只股票的收益率很可能都会下降，这意味着组合的收益率下降。对于 3 个证券、4 个证券或者更多的证券，我们都将得到相同的结果。实际上，假设组合里面有无穷多的证券，经济状况的坏消息将对所有证券的收益率都产生负面影响，这意味着对组合收益率的影响是负的。和非系统性风险不一样，系统性风险不可以被分散掉。

这一见解可以用图 11-7 来说明。这个把组合的标准差和组合里面证券数量联系起来的图显示单个证券的标准差更高。我们通常把标准差当作组合的总风险，或者仅仅是组合的风险。增加第 2 个证券减少标准差或者说风险，再增加第 3 个证券也还会减少标准差，以此类推。组合的总风险会随着多元化程度的提高而平稳地降低。

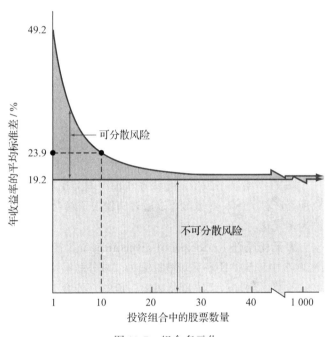

图 11-7 组合多元化

### 11.6.4 多元化的影响：市场历史的另一个教训

为了说明投资组合规模和投资组合风险之间的关系，表 11-6 显示了从纽约证券交易所股票中随机选择的包含不同数量股票的等权重投资组合的典型年平均标准差。

表 11-6 投资组合年收益率的标准差

| 投资组合中的股票数量 | 投资组合年收益率的平均标准差 /% | 投资组合标准差与单只股票标准差的比值 |
| --- | --- | --- |
| 1 | 49.24 | 1.00 |
| 2 | 37.36 | 0.76 |
| 4 | 29.69 | 0.60 |
| 6 | 26.64 | 0.54 |
| 8 | 24.98 | 0.51 |
| 10 | 23.93 | 0.49 |
| 20 | 21.68 | 0.44 |
| 30 | 20.87 | 0.42 |

（续）

| 投资组合中的股票数量 | 投资组合年收益率的平均标准差 /% | 投资组合标准差与单只股票标准差的比值 |
|---|---|---|
| 40 | 20.46 | 0.42 |
| 50 | 20.20 | 0.41 |
| 100 | 19.69 | 0.40 |
| 200 | 19.42 | 0.39 |
| 300 | 19.34 | 0.39 |
| 400 | 19.29 | 0.39 |
| 500 | 19.27 | 0.39 |
| 1 000 | 19.21 | 0.39 |

资料来源：Table 1 in M. Statman, " How Many Stocks Make a Diversified Portfolio? " *Journal of Financial and Quantitative Analysis* 22 (1987.09): 353–63. They were derived from E. J. Elton and M. J. Gruber, " Risk Reduction and Portfolio Size: An Analytical Solution," *Journal of Business* 50 (1977.10): 415–37.

在表 11-6 的第 2 列中，我们看到包含一只股票的"投资组合"的标准差约为 49%。这意味着，如果你随机选择纽约证券交易所的一只股票并将所有资金投入其中，那么你的收益率的标准差通常会高达每年 49%。如果你随机选择两只股票并在每只股票上投资一半资金，那么你的收益率的标准差平均约为 37%，依次类推。

表 11-6 中需要注意的重要一点是，标准差随着股票数量的增加而下降。当我们有 100 只随机选择的股票时，投资组合收益的标准差已经下降了大约 30 个百分点，从大约 49% 下降到大约 20%。对于 500 只股票，标准差为 19.27%，与我们在前一章中看到的大型公司股票投资组合的 19.7% 的标准差相似。之所以存在微小差异，是因为所使用的投资组合股票和时间段并不相同。

图 11-7 绘制了投资组合收益率标准差与投资组合中的股票数量的关系。该图说明了两个关键点，首先，与个别资产相关的一些风险可以通过构建投资组合来消除。其次，跨资产分散投资（从而形成投资组合）的过程被称为多元化。

**多元化原则**（principle of diversification）告诉我们的第一点是，将投资分散到许多资产上会消除一些风险。图 11-7 中较深的阴影区域被标记为"可分散风险"，是可以通过多元化来消除的部分。请注意，随着增加越来越多的股票，增加股票在降低风险方面的好处会下降。一些投资者错误地认为，他们必须持有数百只股票的投资组合才能获得多元化的好处。实际上，当我们持有 10 只股票时，大部分的分散效应已经实现；当我们持有的股票数量达到 30 只左右时，几乎没有好处了。

第二点同样重要。存在一个最低限度的风险，它是不能通过多元化来消除的。这个最低限度的风险在图 11-7 中被标记为"不可分散风险"。综上所述，这两点是资本市场历史上的另一个重要教训：多元化降低了风险，但仅在一定程度上降低风险。换句话说，有些风险是可以分散的，有些则不能。

前面所讨论的隐含的假定是：所有股票的系统性风险水平都是相同的。虽然所有证券基本上都有系统性风险，但某些证券的这类风险会比较多。系统性风险的数量是通过贝塔（beta）来度量的，这是一个我们将会在第 11.8 节中解释的概念。但是我们必须首先考虑无风险借贷的影响。

## 11.7　无风险借贷

图 11-6 假设所有处于有效集内的证券都是有风险的。从另一个角度考虑，投资者可以将有风险的投资和无风险的投资（比如美国国债）结合起来，以下举例说明。

### 例 11-3　无风险贷款和组合风险

Mara Faccio 考虑投资 Merville Enterprises 普通股（即 Merville 股票）。此外 Mara 可以按照无风险利率进行借入或贷出，有关参数如下。

| | Merville 股票 | 无风险资产 |
|---|---|---|
| 期望收益率 | 14% | 10% |
| 标准差 | 0.20 | 0 |

假设 Mara 的投资总额为 1 000 美元，其中 350 美元投资于风险资产（Merville 股票），650 美元投资于无风险资产。她的总投资的期望收益率是两种资产收益率的加权平均：

$$E(R_P) = (0.35 \times 0.14) + (0.65 \times 0.10)$$
$$= 11.4\%$$

因为组合的期望收益率是风险资产的期望收益率与无风险收益率的加权平均，所以计算方法与两种风险资产的组合收益率相同。换句话说，式（11-4）适用于此。

使用式（11-5），组合方差的计算公式可以写作：

$$X_{\text{Merville}}^2\sigma_{\text{Merville}}^2 + 2X_{\text{Merville}}X_{\text{无风险}}\sigma_{\text{Merville, 无风险}} + X_{\text{无风险}}^2\sigma_{\text{无风险}}^2$$

但是根据定义，无风险资产的收益率不会波动，因此 $\sigma_{\text{Merville, 无风险}}$ 和 $\sigma_{\text{无风险}}^2$ 都等于 0，上面的式子可以简化为：

$$\sigma_P^2 = X_{\text{Merville}}^2\sigma_{\text{Merville}}^2 \qquad (11\text{-}11)$$
$$= (0.35)^2 \times (0.20)^2$$
$$= 0.004\ 9$$

这个投资组合的标准差是：

$$\sigma_P = X_{\text{Merville}}, \sigma_{\text{Merville}} \qquad (11\text{-}12)$$
$$= 0.35 \times 0.20$$
$$= 0.07$$

由一种风险资产和一种无风险资产构成的投资组合的收益率和风险的关系如图 11-8 所示。Mara 在上述两种资产中的投资比例被表示在一条由无风险收益率和纯粹投资于 Merville Enterprises 形成的直线上。注意，它和两种风险资产的情况不同，机会集是直的而不是弯曲的。

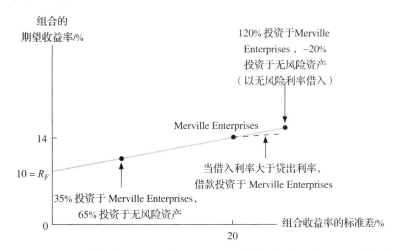

图 11-8　由风险资产和无风险资产构成的组合的期望收益率和风险的关系

从另一种角度看，假设 Mara 以无风险利率借入 200 美元，加上自己的 1 000 美元，她投资于 Merville Enterprises 的总额是 1 200 美元。她的期望收益率是：

$$E(R_P) = 1.20 \times 0.14 + (-0.2 \times 0.10) = 14.8\%$$

通过借入自有投资额的 20%，她的总投资是她自有投资额 1 000 美元的 120%。应该注意到，14.8% 的组合收益率大于 Merville Enterprises 14% 的期望收益率。这是因为她的借入利率只有 10%，投资的股票（风险资产）的期望收益率大于 10%。

标准差是：

$$\sigma_P = 1.20 \times 0.2 = 0.24$$

标准差 0.24 大于投资于 Merville Enterperises 的标准差 0.2，因为借款增加了投资的变异性。这一投资组合如图 11-8 所示。

至此我们已经假设 Mara 可以按她借出的利率借入。⊖现在让我们考虑借入利率高于借出利率的情况。图 11-8 中的虚线所示就是在这种情况下的机会集。图中虚线低于实线是因为较高的借入利率降低了投资的期望收益率。

## 最优投资组合

前面涉及的是一个风险资产和一个无风险资产组成的投资组合。在现实中，投资者很有可能将一个无风险资产与一个风险资产组合结合起来，如图 11-9 所示。

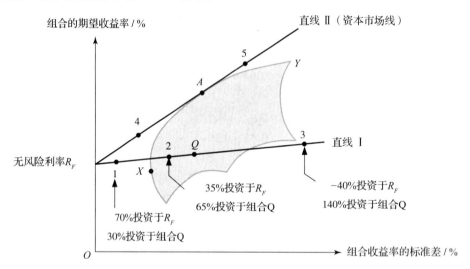

图 11-9 风险资产和无风险资产构成的投资组合的期望收益率和标准差之间的关系

注：投资组合 Q 的 30% 投资于 AT&T、45% 投资于 GM 和 25% 投资于 IBM。

考虑代表若干证券的一种组合的 Q 点。Q 点位于风险资产的可行集的内部。让我们假设 Q 点是由 30% 投资于 AT&T、45% 投资于 GM 和 25% 投资于 IBM 股票组成的一个组合。将这一投资组合 Q 与一个无风险资产结合在一起的投资者将能达到 $R_F \sim Q$ 的直线上的各点。我们将这条直线称为直线 I。例如，位于直线 I 上的点 1 表示 70% 投资于无风险资产而 30% 投资于组合 Q 代表的股票。拥有 100 美元的投资者将投资 70 美元于无风险资产，投资 30 美元于组合 Q。当然这还可以表述为：70 美元投资于无风险资产，9（=0.3×30）美元投资于 AT&T，13.5（=0.45×30）美元投资于 GM，7.5（=0.25×30）美元投资于 IBM。直线 I 上的点 2 也代表了一个无风险资产和组合 Q 的组合，其中更多（65%）投资于组合 Q。

点 3 是通过借钱投资于组合 Q 而获得的。例如，某一个只有 100 美元的投资者可以通过向银行或经纪人借款 40 美元，投资 140 美元于组合 Q。这可以表述为借款 40 美元并且自己拿出 100 美元投资 42（=0.3×140）美元于 AT&T，63（=0.45×140）美元于 GM，35（=0.25×140）美元于 IBM。

这些投资组合可以概括如下表所示。

---

⊖ 令人惊奇的是，这看来是一个合理的近似，因为大量的投资者能够从股票经纪人那里借钱购买股票，这被称为"保证金交易"。在这种情况下，借入的利率非常接近无风险利率，特别是对那些大投资者。我们将在以后的章节中再讨论这一问题。

（单位：美元）

| | 点 Q | 点 1（贷出 70 美元） | 点 3 |
|---|---|---|---|
| AT&T | 30 | 9.00 | 42 |
| GM | 45 | 13.50 | 63 |
| IBM | 25 | 7.50 | 35 |
| 无风险投资 | 0 | 70.00 | −40 |
| 总投资 | 100 | 100 | 100 |

尽管投资者可以获得直线 I 上的任何一点，但是直线 I 上不存在最优的点或投资组合。要说明这一问题，考虑直线 II，一条从 $R_F$ 出发经过 A 的直线。点 A 表示由一些风险证券构成的组合。直线 II 表示由无风险资产和风险资产组合 A 共同构成的各种组合。超过 A 的点是通过以无风险利率借入资金，更多投资于风险资产 A 来实现的。

正如所绘制的那样，直线 II 和风险资产的有效集相切。无论投资者能够获得直线 I 上的哪一点，他都能在直线 II 上找到标准差相同但期望收益率更高的一点。事实上因为直线 II 与风险资产有效集相切，所以它给投资者提供了最优的投资机会。换句话说，直线 II 可以看作所有资产（包括无风险资产和风险资产）组合的有效集。一个具有相当风险规避能力的投资者可能会选择 $R_F$ 和 A 之间的某一点，比如点 4。对风险规避程度比较小的投资者可能选择离 A 较近的点，甚至 A 以外的点，比如点 5 表示投资者通过借钱来增加在组合 A 上的投资。

图 11-9 说明了一个要点：如果能以无风险利率借贷，任何投资者在组合中持有的风险资产总是 A。无论投资者风险承受程度如何，他既不会选择风险资产有效集（曲线 XAY）上的其他点，也不会选择可行区域内部的任何点。确切地说，如果投资者对风险规避程度高，他将选择无风险资产和风险资产构成的组合；如果投资者对风险规避程度低，他将选择以无风险利率借钱，增加点 A 的投资。

这一结果确立了金融经济学家所说的**分离原理**（separation principle）。也就是说，投资者的投资决策包括两个不相关的决策。

（1）在估计各种证券的期望收益率和方差以及各对证券收益之间的协方差之后，投资者可以计算如图 11-9 中的曲线 XAY 所表示的风险资产的有效集。然后投资者就要确定 A 点，它是无风险资产收益率与有效集（曲线 XAY）的切点。A 点表示投资者所要持有的风险资产组合。投资者只要通过他对收益、方差和协方差的估计就能确定该点。这一步骤不需要考虑投资者个人的特征，比如投资者的风险规避程度。

（2）现在，投资者必须决定他是如何把他的风险资产组合（A 点）与无风险资产结合在一起的。他可以将部分资金投资于无风险资产，部分资金投资于风险资产。在这种情况下，投资者会在从 $R_F$ 到 A 点的直线上选择某一点。或者他可以以无风险利率借钱，加上他自有的资金，增加对 A 点这个投资组合的投资总额。在这种情况下，投资者可以选择在直线 II 上除 A 点以外的点。投资者在无风险资产的投资，也就是他在直线上选择的位置，这是由投资者个人的内在特征（如风险承受的能力）所决定的。

## 11.8 市场均衡

### 11.8.1 市场均衡组合的定义

以上分析只涉及一个投资者。他对各种证券的期望收益率和方差以及各对证券收益率之间的协方差的估计只是他一个人的，其他投资者对上述变量显然有不同的估计。但是这些估计可能不会差别太大，因为所有投资者的各种估计都是根据过去价格的变动和其他公开信息等相同数据做出的。

金融经济学家通常想象一个所有投资者对期望收益率、方差和协方差都有相同的估计的世界。虽然这确实是不可能的，但这可以认为是对一个所有投资者都能获得相似信息的世界的简化假设。这一假设被称为**同质预期**（homogeneous expectations）。⊖

---

⊖ 它是指所有的投资者对收益率、方差和协方差都具有"相同的信念"，而不是说所有投资者对风险的规避程度相同。

如果所有投资者具有同质预期，图 11-9 对所有投资者来说都是相同的。也就是说，所有投资者都将描绘出相同的风险资产有效集，因为他们所用的信息是相同的。曲线 *XAY* 表示这一风险资产有效集。因为相同的无风险利率适用于每个投资者，所以所有投资者都把 *A* 点作为他们要持有的风险资产组合。

*A* 点具有十分重要的意义，因为所有投资者都将购买该点所代表的风险资产。风险规避程度高的投资者可以把 *A* 点与无风险资产投资结合起来，例如选择点 4。风险规避程度低的投资者可以通过借钱达到点 5。这是一个非常重要的结论，因此我们重新叙述：

在一个具有同质预期的世界中，所有投资者都会持有 *A* 点代表的风险资产组合。

如果所有投资者选择相同的风险资产组合，就有可能确定这一投资组合到底是什么。常识告诉我们：这个组合就是目前所有证券按照市场价值加权的组合，被称为**市场组合**（market portfolio）。

在实践中，经济学家使用一个广泛基础指数（比如标准普尔 500 指数）代表市场组合。当然在实践中，并非所有投资者都持有相同的组合。但是我们知道许多投资者持有多元化的组合，特别是当组合包含了共同基金和养老基金时。广泛基础指数很好地代表了许多投资者非常多元化的组合。

### 11.8.2　当投资者持有市场组合时，风险的定义

我们在本章前面指出，股票的风险或标准差可以分为系统性风险和非系统性风险。在大型投资组合中，非系统性风险可以分散，但系统性风险不能分散。因此，持有市场投资组合的多元化投资者必定担心投资组合中每一种证券的系统性风险，而不是非系统性风险。有没有办法可以衡量证券的系统性风险呢？事实证明，从多元化投资者的角度来看，贝塔系数是衡量单个证券风险的最佳指标，以下我们举例说明。

**例 11-4　贝塔系数**

考虑如下 Jelco 公司的股票和证券市场可能的收益率。

| 状态 | 经济类型 | 证券市场收益率 /% | Jelco 公司股票收益率 /% |
|---|---|---|---|
| I | 牛市 | 15 | 25 |
| II | 牛市 | 15 | 15 |
| III | 熊市 | -5 | -5 |
| IV | 熊市 | -5 | -15 |

虽然证券市场的收益率只有两种可能结果：15% 和 -5%，但是 Jelco 公司股票的收益率有 4 种可能结果。考虑一个证券在市场收益率一定的情况下的收益率是有帮助的。假设每种状态出现的概率相同，我们就有：

| 经济类型 | 证券市场期望收益率 /% | Jelco 公司股票期望收益率 /% |
|---|---|---|
| 牛市 | 15% | 20% = 25% × 0.50 + 15% × 0.50 |
| 熊市 | -5% | -10% = (-5%) × 0.50 + (-15%) × 0.50 |

Jelco 公司对市场变动做出反应，因为在牛市的时候，Jelco 公司股票期望收益率大于其在熊市时的期望收益率。我们现在确切地计算 Jelco 公司股票对市场变动的反应有多大。牛市时的市场收益率 20%[=15%-(-5%)] 超过熊市时的市场收益率，但是 Jelco 公司股票在牛市时的期望收益率，超过其在熊市时的期望收益率 30%[=20%-(-10%)]。因此 Jelco 公司股票的反映系数是 1.5（=30%/20%）。

这个关系如图 11-10 所示。Jelco 公司股票和市场在每个状态下的收益率都标示为 4 个点。此外，我们还标示了证券在每一种可能的市场收益下的期望收益率，用 × 表示。这两个我们分别用 × 表示的点由一条称作**特征线**（characteristic line）的直线连接。这条线的斜率是 1.5，这是在上一段计算出来的。这就是 Jelco 公司股票的贝塔系数。

图 11-10 直观地诠释了贝塔系数，告诉我们 Jelco 公司股票收益率把市场收益率放大了 1.5 倍。如果市场走势好，那么 Jelco 公司股票的预期走势将更好；如果市场走势差，那么 Jelco 公司股票的预期走势将更差。现在

想象一个持有接近于市场组合的投资者正在考虑将 Jelco 公司股票纳入他的投资组合中。因为 Jelco 公司股票的"放大因子"是 1.5，所以这位投资者将视 Jelco 公司股票为大大增加其投资组合风险的股票（我们很快会说明证券市场一般证券的贝塔系数为 1）。Jelco 公司股票给一个大型、多元化的投资组合带来的风险超过一般的股票，因为 Jelco 公司对市场波动的反应更大。

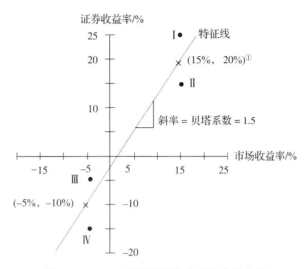

图 11-10 Jelco 公司股票和市场组合的表现

注：用"×"标示的两点代表 Jelco 公司股票对应市场组合每一种可能结果的期望收益率。期望收益率和市场收益率正相关。因为斜率是 1.5，所以我们说 Jelco 公司股票的贝塔系数是 1.5。贝塔系数衡量了该证券对市场变动的反应程度。
① (15%，20%) 指的是市场收益率 15%、证券收益率 20% 的点。

我们可以通过考察负贝塔系数的证券进一步加深了解。我们必须将这些证券当作对冲手段或保险策略。当市场走势差时，这类证券预期的走势好；反之亦然。正因如此，增加贝塔系数为负值的股票到一个大型、多元化的投资组合中实际上降低了组合的风险。[⊖]

表 11-7 是一些股票贝塔系数的估计值。正如我们所看到的，有些证券市场的反应程度比另一些高。例如，埃克森美孚的贝塔系数为 1.30，这意味着市场每变动 1%，埃克森美孚股票的期望收益率会朝同方向变动 1.30%。反过来，辉瑞的贝塔系数仅为 0.73。这表明市场每变动 1%，辉瑞股票的期望收益率将朝同方向变动 0.73%。[⊖]

我们可以把对贝塔系数的讨论总结如下：

贝塔系数是度量一种证券对于市场组合变动的反应程度的指标。

**表 11-7 一些股票贝塔系数的估计值**

| 股票 | 贝塔系数 |
| --- | --- |
| 爱迪生联合电气 | 0.29 |
| 强生 | 0.69 |
| 辉瑞 | 0.73 |
| 3M 公司 | 0.96 |
| Alphabet | 1.04 |
| 西南航空 | 1.07 |
| 安海斯 - 布希 | 1.14 |
| 埃克森美孚 | 1.30 |
| 花旗 | 1.77 |

注：贝塔系数定义为 $\mathrm{Cov}(R_i, R_M)/\mathrm{Var}(R_M)$，其中 $\mathrm{Cov}(R_i, R_M)$ 是股票收益率 $R_i$ 和市场收益率 $R_M$ 的协方差；$\mathrm{Var}(R_M)$ 是市场收益率的方差。
资料来源：finance.yahoo.com，09/02/2020.

### 11.8.3 贝塔系数的计算公式

到目前为止，我们的讨论强调的是贝塔系数的直观含义。贝塔系数的实际定义是：

$$\beta_i = \frac{\mathrm{Cov}(R_i, R_M)}{\sigma^2(R_M)} \tag{11-13}$$

---

⊖ 但遗憾的是，实证结果表明没有贝塔系数为负值的股票。
⊖ 我们在表 11-7 中使用标准普尔 500 指数作为市场组合的代表。

式中，$Cov(R_i, R_M)$ 是第 $i$ 种资产的收益率与市场组合收益率之间的协方差；$\sigma^2(R_M)$ 是市场组合收益率的方差。

一个有用的特性是当以各种证券的市场价值相对于市场组合的市场价值的比例为权数加权时，所有证券的平均贝塔系数等于 1，即

$$\sum_{i=1}^{N} X_i \beta_i = 1 \tag{11-14}$$

式中，$X_i$ 是证券 $i$ 的市场价值占市场组合的市场价值的比例；$N$ 是市场上证券的数量。

只要你仔细想想，式（11-14）是十分直观易懂的。如果你将所有的证券按照它们的市场价值进行加权，这一结果的组合就是整个市场。根据定义，市场组合的贝塔系数等于 1。也就是说，证券市场每变动 1%，整个市场必须变动 1%。

### 11.8.4　一个小测验

我们曾经将这些问题作为过去"公司理财"课程的考题。

（1）哪一类投资者理性地将一个证券收益的方差（或标准差）看作度量证券风险的合理指标？

（2）哪一类投资者理性地将一种证券的贝塔系数看作度量证券风险的合理指标？

一个令人满意的答案可能是这样的：

一个风险规避型理性投资者将他持有组合的收益的方差（或标准差）看作度量他的投资组合风险的合理指标。如果出于某些原因，投资者仅可以持有一种证券，那么这种证券收益的方差就成为其组合收益的方差。因此，证券收益的方差是度量证券风险的合理指标。这种非多元化投资者的例子包括初创公司的创始人和家族企业的所有者，他们必须对一家公司进行大量投资。同样的情况还包括大型上市公司的经理有时根据合同，有义务拥有他们工作的公司的大部分股票。

如果投资者持有一个多元化的组合，他仍然把他持有的投资组合的收益的方差看作度量其投资组合风险的合理指标。但是他已经不再对每一种证券收益的方差感兴趣。确切地说，他感兴趣的是一种证券对组合的方差的贡献。贝塔系数是一个证券对投资组合的方差贡献度最好的衡量方式。因此对于多元化投资的投资者，贝塔系数是对单个证券风险的合适度量。

贝塔系数衡量了证券的系统性风险，多元化投资的投资者对每个证券的系统性风险都很关注。然而他们会忽视单个证券的非系统性风险，因为非系统性风险在大的投资组合中被分散了。

## 11.9　风险与期望收益率之间的关系（资本资产定价模型）

毫无疑问，一种资产的期望收益率与其风险之间应该是正相关的。也就是说，只有当风险资产的期望收益率可以弥补其风险时，投资者才会持有这种风险资产。本节首先从整体上估计股票市场的期望收益率，然后估计单个证券的期望收益率。

### 11.9.1　市场的期望收益率

经济学家通常认为市场的期望收益率可以表述如下：

$$E(R_M) = R_F + 风险溢价$$

用文字表述，市场的期望收益率是无风险收益率加上市场组合固有风险所需的某些补偿。注意公式指的是市场的期望收益率，不是某年或某月的实际收益率。因为股票有风险，某一时期市场的实际收益率当然可能低于无风险收益率 $R_F$，甚至出现负值。

因为投资者要求对风险给予补偿，所以风险溢价大概是正值。但正值具体是多少呢？一般认为对未来风险溢价的最佳估计值是过去风险溢价的平均值。正如第 10 章提到的，Dimson、Marsh 和 Staunton 发现 1900—2010 年美国普通股高于无风险收益率（比如 1 年期国库券）的超额年收益率是 7.2%。我们把 7.2% 称作过去的美国股

权风险溢价。世界范围过去的股权风险溢价是 6.9%。综合考虑一些因素，我们发现 7% 是对未来美国股权风险溢价的一个合理但不是绝对的估计。

如果无风险收益率是 1%，市场的期望收益率就是：

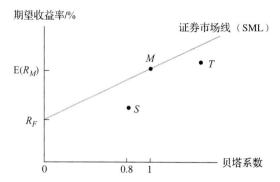

图 11-11　单个证券的期望收益率与其贝塔系数之间的关系

注：证券市场线（SML）是对资本资产定价模型（CAPM）的图形化描述。贝塔系数等于 0 的股票的期望收益率等于无风险利率。贝塔系数等于 1 的股票的期望收益率等于市场利率。

$$1\% + 7\% = 8\%$$

当然了，未来的股权风险溢价可能高于或者低于过去的股权风险溢价。如果未来的风险高于或者低于过去的风险，或者现在的个人风险规避程度高于或者低于过去的，那么这有可能是正确的。

### 11.9.2　单个证券的期望收益

既然我们已经估计了市场整体的期望收益率，单个证券的期望收益率是多少呢？我们已经论证了单个证券的贝塔系数是度量一个大型、多元化组合中单个证券风险的合理指标。因为大多数投资者也都是多元化的，证券的期望收益率应该与贝塔系数正相关。这点可以通过图 11-11 得到说明。

事实上经济学家能够比较准确地描述期望收益率和贝塔系数之间的关系。他们断定在某些合理的条件下，期望收益率与贝塔系数之间的关系用如下模型来表述：[⊖]

**资本资产定价模型**

$$E(R) \quad = \quad R_F \quad + \quad \beta \quad \times [E(R_M) - R_F] \qquad (11\text{-}15)$$

某种证券的期望收益率 = 无风险资产收益率 + 证券的贝塔系数 × 风险溢价

这一个公式被称为**资本资产定价模型**（capital asset pricing model，CAPM），表明证券的期望收益率与该证券的贝塔系数线性相关。因为从长期来看，市场的平均收益率高于平均的无风险收益率，$E(R_M) - R_F$ 大概是正的。因此 CAMP 中证券的期望收益率与该种证券的贝塔系数正相关。现在，为了说明这一模型，我们假定一些特殊情况。

（1）假设 $\beta = 0$，在这种情况下，$E(R) = R_F$，因为贝塔系数为 0 的证券没有相关风险，所以它的期望收益率应该等于无风险收益率。

（2）假设 $\beta = 1$，式（11-15）简化为 $E(R) = E(R_M)$，即证券的期望收益率等于市场的期望收益率。这是合理的，因为市场组合的贝塔系数是 1。

式（11-15）可以用图 11-11 中向上倾斜的直线来表示。注意当贝塔系数为 1 时，直线从 $R_F$ 升至 $E(R_M)$。这条线通常被称为**证券市场线**（security market line，SML）。

正如任何直线一样，证券市场线有斜率和截距。无风险收益率 $R_F$ 是截距。因为证券的贝塔系数是横轴，所以 $E(R_M) - R_F$ 是斜率。只要证券市场的期望收益率大于无风险收益率，证券市场线就将是一条向上倾斜的直线。因为市场组合是风险资产，理论显示其期望收益率在无风险收益率之上，这一结果和前一章的实证研究结果是一致的。

### 例 11-5

Aardvark Enterprises 股票的贝塔系数是 1.5，Zebra Enterprises 股票的贝塔系数是 0.7。无风险收益率假定是 3%，市场的期望收益率与无风险收益率之差假定是 8.0%。因此，上述两种股票的期望收益率是：

$$E(R_{\text{Aardvark}}) = 3\% + 1.5 \times 8.0\% = 15\%$$

$$E(R_{\text{Zebra}}) = 3\% + 0.7 \times 8.0\% = 8.6\%$$

---

　⊖　这一模型最早是由 John Lintner 和 William F. Sharpe 分别独立提出的。

应该提一下关于资本资产定价模型的另外三点。

（1）**线性**。向上倾斜的曲线后面的直觉是清楚的。贝塔系数是度量风险的合理指标，贝塔系数较大的证券的期望收益率应该高于贝塔系数较小的证券的期望收益率。但是式（11-15）和图 11-11 所说明的不只是一条向上倾斜的曲线：证券的期望收益率与贝塔系数之间的关系对应的是一条直线。

说明图 11-11 中的线是一条直线并不困难。要明白这一点，考虑贝塔系数为 0.8 的证券 S。这一证券由图中证券市场线下的一点表示。任何投资者都可以通过购买一个 20% 为无风险资产、80% 为贝塔系数为 1 的某种证券的投资组合，复制与证券 S 完全相同的贝塔系数。但是，这个自制的投资组合本身位于证券市场线上。换句话说，这个投资组合优于证券 S，因为该组合的贝塔系数与证券 S 的贝塔系数相等，但其期望收益率较高。

现在我们考虑贝塔系数大于 1 的证券 T，这种证券也位于证券市场线下方。任何投资者都可以通过借钱投资于一种贝塔系数大于 1 的证券，从而复制与证券 T 完全相同的贝塔系数。这个投资组合也必须在证券市场线上，因此优于证券 T。

因为没人愿意持有证券 S 或证券 T，所以这两只股票的价格将会下降。这样的价格调整会提高这两只股票的期望收益率。这种价格调整将持续进行，直至这两种证券都位于证券市场线上。上述例子考虑了两种定价偏高的股票与直线型的证券市场线。位于证券市场线上方的证券是定价偏低的证券，它们的价格必须上升，直至它们的期望收益率位于证券市场线上。如果证券市场线本身是一条曲线，许多股票的定价将出现误差。在均衡状态下，只有当证券的价格改变，以至于证券市场线成为一条直线时，人们才会持有证券。换句话说，证券市场线的线性特征也就实现了。

（2）**投资组合和证券**。我们对资本资产定价模型的讨论考虑的是单个证券。图 11-11 中的关系和式（11-15）对投资组合也成立吗？

是的。为了明白这一点，考虑一个等额投资于例 11-5 的两种证券 Aardvark 和 Zebra 的投资组合。这个投资组合的期望收益率是：

$$E(R_P) = 0.5 \times 15.0\% + 0.5 \times 8.6\% = 11.80\%$$

这个组合的贝塔系数显然是两种证券贝塔系数的加权平均。因此，我们得到：

$$\beta_P = 0.5 \times 1.5 + 0.5 \times 0.7 = 1.1$$

根据资本资产定价模型，这个投资组合的期望收益率是：

$$E(R_P) = 3\% + 1.1 \times 8\% = 11.8\%$$

因为使用每项资产的加权平均收益率之和计算出的投资组合的期望收益率与使用 CAPM 计算出的投资组合的期望收益率相同，所以 CAPM 对投资组合和单个证券都成立。

（3）**可能产生的混淆**。学生经常会将图 11-11 中的证券市场线与图 11-9 中的直线 II 相互混淆。事实上这两条线很不一样。直线 II 描绘的是由风险资产和无风险资产构成投资组合的有效边界。线上的每一点代表的是一个完整的投资组合。A 点是一个完全由风险资产构成的投资组合。线上的其他各点分别代表由 A 点的证券组合与无风险资产共同构成的投资组合。图 11-9 的纵轴和横轴分别是组合的期望收益率和标准差。单个证券不在图 11-9 的直线 II 上。

图 11-11 的证券市场线把期望收益率与贝塔系数之间联系起来。图 11-11 和图 11-9 至少在如下两个方面有区别：首先，图 11-11 横轴表示的是贝塔系数，而图 11-9 横轴表示的是标准差；其次，图 11-11 中的证券市场线无论对于单个证券或证券组和都适用，而图 11-9 中的直线 II 只适用于有效组合。

前面我们已经指明，在同质预期的假设下，图 11-9 中的 A 点是市场组合。在这种情况下，我们称直线 II 为**资本市场线**（capital market line，CML）。

## 本章小结

本章阐述了现代投资组合理论的基础原理，要点如下。

1. 这一章向我们展示了如何计算单个证券的期望收益率和方差，两个证券收益之间的协方差和相关系数。有了这些统计量，两种证券 A 和 B 的投资组合的期望收益率和方差可以写成：

$$E(R_P) = X_A E(R_A) + X_B E(R_B)$$

$$\sigma_P^2 = X_A^2 \sigma_A^2 + 2X_A X_B \sigma_{AB} + X_B^2 \sigma_B^2$$

2. $X$ 表示某种证券在投资组合中的比例。通过改变 $X$，我们可以找出投资组合的有效集。我们将两种资产投资组合的有效集画成一条曲线，曲线的弯曲程度反映了投资组合多元化的效应：两种证券收益之间的相关系数越低，曲线越弯曲。多个资产的有效集的形状大体相同。

3. 正如两种证券的方差公式是根据 $2 \times 2$ 矩阵计算的一样，$N$ 种证券的方差公式是根据 $N \times N$ 矩阵的方法计算的。我们指出了当资产数量很多时，矩阵中协方差的个数远远多于方差的个数。事实上，方差项在一个大型的投资组合中可以通过有效的分散而消除，但协方差项则不行。因此多元化的投资组合只能消除单个证券的部分风险，而不是全部风险。

4. 风险资产组合的有效集可以与无风险借贷相结合。在这种情况下，理性投资者总会选择持有图 11-9 中 $A$ 点所示的风险证券的组合。然后他可以通过无风险借贷取得直线 II 上任意想得到的一点。

5. 一种证券对一个大型的、很多元化的投资组合的风险的贡献跟这种证券收益与市场收益的协方差成比例。这种贡献经过标准化被称为贝塔系数。证券的贝塔系数也可以理解为该种证券的收益对市场收益变动的反应程度。

6. 资本资产定价模型（CAPM）被陈述为：

$$E(R) = R_F + \beta [E(R_M) - R_F]$$

换句话说，证券的期望收益率和证券的贝塔系数正相关。

# 思考与练习

1. **可分散与不可分散风险**　一般地说，为什么有些风险是可分散的？为什么有些风险是不可分散的？由此能断定投资者可以控制的是投资组合的非系统性风险的水平，而不是系统性风险的水平吗？

2. **系统性与非系统性风险**　把下面的事件分为系统性风险和非系统性风险。每种情况下的区别都很清楚吗？

   a. 短期利率意外上升。

   b. 银行提高了公司偿还短期贷款的利率。

   c. 油价意外下跌。

   d. 一艘油轮破裂，发生大量原油泄漏。

   e. 制造商在一个价值几百万美元的产品责任诉讼中败诉。

   f. 最高法院的决定显著扩大了生产商对产品使用者受伤害的责任。

3. **期望组合收益率**　如果一个组合对每种资产都进行投资，组合的期望收益率可能比组合中每种资产的收益率高吗？可能比组合中每种资产的收益率低吗？如果你对这一个或者两个问题的回答是"是"，举例说明你的回答。

4. **多元化　判断对错**：决定多元化组合的期望收益率最重要的特性是组合中单个资产的方差。解释你的回答。

5. **组合风险**　如果一个组合对每种资产都进行投资，组合的标准差可能比组合中每种资产的标准差小吗？组合的贝塔系数呢？

6. **贝塔系数和资本资产定价模型**　风险资产的贝塔系数有可能为 0 吗？解释一下。根据资本资产定价模型，这种资产的期望收益率是多少？风险资产的贝塔系数可能为负吗？资本资产定价模型对这种资产期望收益率的预测是什么？为什么？

7. **协方差**　简要解释为什么一种证券与很多元化的组合中其他证券的协方差比该证券的方差更适合度量证券的风险。

8. **贝塔系数**　考虑一个投资经理如下的话，"Midwest Co. 的股票在过去 3 年的大多数时间都在 12 美元附近交易。既然 Midwest 显示了非常小的价格变动，说明该股票的贝塔系数低。另外，Tennessee Instruments 的交易价格高的时候达到 150 美元，低的时候像现在的 75 美元。既然 Tennessee Instruments 的股票显示了非常大的价格变动，说明该股票的贝塔系数非常高"。你同意这个分析吗？解释原因。

9. **风险**　经纪人建议你不要投资于原油工业的股票，因为它们的标准差高。对于风险规避型投资者，比如你自己，经纪人的建议合理吗？为什么？

10. **证券选择**　以下陈述是对还是错？风险证券的期

望收益率不能低于无风险利率，因为均衡状态下，没有风险厌恶型投资者愿意持有该资产。请解释。

11. **决定组合的权重** 对于一个有 145 股股票、每股卖 47 美元的股票 A 和 200 股股票、每股卖 21 美元的股票 B 的投资组合，它的组合权重是多少？

12. **组合的期望收益率** 假设你拥有一个 4 450 美元投资于股票 A、9 680 美元投资于股票 B 的投资组合。如果这些股票的期望收益分别是 8% 和 11%，组合的期望收益率是多少？

13. **组合的期望收益率** 假设你拥有一个 15% 投资于股票 X、35% 投资于股票 Y 和 50% 投资于股票 Z 的投资组合。这 3 只股票的期望收益率分别是 9%、15% 和 12%。这个组合的期望收益率是多少？

14. **组合的期望收益率** 假设你投资 10 000 美元于一个股票组合。你的选择有期望收益率为 12.4% 的股票 X 和期望收益率为 10.1% 的股票 Y。如果你的目标是创造一个期望收益率为 10.85% 的组合，你对股票 X 的投资是多少，对股票 Y 的投资是多少？

15. **计算收益和标准差** 根据如下信息，计算两只股票的期望收益率和标准差。

| 经济状况 | 状况发生的概率 | 状况发生的收益率 | |
| --- | --- | --- | --- |
| | | 股票 A | 股票 B |
| 衰退 | 0.15 | 0.04 | -0.17 |
| 正常 | 0.55 | 0.09 | 0.12 |
| 繁荣 | 0.30 | 0.17 | 0.27 |

16. **计算期望收益率和标准差** 根据如下信息，计算期望收益率和标准差。

| 经济状况 | 状况发生的概率 | 状况发生的收益率 |
| --- | --- | --- |
| 衰退 | 0.15 | -0.184 |
| 萧条 | 0.30 | 0.029 |
| 正常 | 0.45 | 0.173 |
| 繁荣 | 0.10 | 0.372 |

17. **计算期望收益率** 一个组合 45% 投资于股票 G、40% 投资于股票 J、15% 投资于股票 K。这些股票的期望收益率分别是 11%、9% 和 15%。该组合的期望收益率是多少？你是怎么理解你的答案的？

18. **计算期望收益率和方差** 考虑如下信息。

| 经济状况 | 状况发生的概率 | 状况发生的收益率 | | |
| --- | --- | --- | --- | --- |
| | | 股票 A | 股票 B | 股票 C |
| 繁荣 | 0.75 | 0.07 | 0.18 | 0.27 |
| 萧条 | 0.25 | 0.12 | -0.08 | -0.21 |

a. 一个平均投资于这 3 只股票的组合的期望收益率是多少？

b. 各投资 20% 于股票 A 和股票 B、60% 于股票 C 的组合的方差是多少？

19. **计算期望收益率和标准差** 考虑如下信息。

| 经济状况 | 状况发生的概率 | 状况发生的收益率 | | |
| --- | --- | --- | --- | --- |
| | | 股票 A | 股票 B | 股票 C |
| 繁荣 | 0.15 | 0.35 | 0.40 | 0.28 |
| 良好 | 0.45 | 0.16 | 0.17 | 0.09 |
| 不佳 | 0.30 | -0.01 | -0.03 | 0.01 |
| 萧条 | 0.10 | -0.10 | -0.12 | -0.09 |

a. 假设你的组合各 30% 投资于股票 A 和股票 C、40% 投资于股票 B。这个组合的期望收益率是多少？

b. 这个组合的方差是多少？标准差是多少？

20. **计算组合的贝塔系数** 假设你有一个 15% 投资于股票 Q、20% 投资于股票 R、30% 投资于股票 S，还有 35% 投资于股票 T 的股票组合。这 4 只股票的贝塔系数分别是 0.79、1.23、1.13 和 1.36。这个组合的贝塔系数是多少？

21. **计算组合的贝塔系数** 假设你有一个股票组合均等地投资于无风险资产和两只股票。如果其中的一只股票的贝塔系数是 1.34，并且整个组合和市场的风险水平一样，那么组合中另外一只股票的贝塔系数是多少？

22. **运用 CAPM** 一只股票的贝塔系数是 1.15，市场的期望收益率是 11.3%，而且无风险利率是 3.6%。这只股票的期望收益率必须是多少？

23. **运用 CAPM** 一只股票的期望收益率是 11.4%，无风险利率是 3.9%，而且市场风险溢价是 6.8%。这只股票的贝塔系数必须是多少？

24. **运用 CAPM** 一只股票的期望收益率是 11.85%，它的贝塔系数是 1.08，而且无风险利率是 3.9%。市场的期望收益率必须是多少？

25. **运用 CAPM** 一只股票的期望收益率是 10.45%，它的贝塔系数是 0.85，而且市场的期望收益率是 11.8%。无风险利率必须是多少？

26. **运用 CAPM** 一只股票的贝塔系数是 1.19，它的期望收益率是 12.4%，无风险资产目前的收益率是 2.7%。

a. 均等投资于两个资产的组合的期望收益率是多少？

b. 如果两个资产组合的贝塔系数是 0.92，组合的投资比重是多少？

c. 如果两个资产组合的期望收益率是10%，它的贝塔系数是多少？

d. 如果两个资产组合的贝塔系数是2.38，组合的投资比重是多少？你是如何理解本例中两个资产的比重的？

27. **运用 SML** 资产 W 的期望收益率是8.8%，它的贝塔系数是0.85。如果无风险利率是2.6%，完成下面资产 W 和无风险资产的表格。通过画图揭示组合的期望收益率和组合的贝塔系数之间的关系。那样得到的直线的斜率是多少？

| 组合中资产 W 的<br>百分比 /% | 组合的期望<br>收益率 | 组合的贝塔系数 |
|---|---|---|
| 0 | | |
| 25 | | |
| 50 | | |
| 75 | | |
| 100 | | |
| 125 | | |
| 150 | | |

28. **风险回报比率** 股票 Y 的贝塔系数是1.20，它的期望收益率是11.5%。股票 Z 的贝塔系数是0.80，它的期望收益率是8.5%。如果无风险利率是3.2%，并且市场风险溢价是6.8%，这些股票是否被正确定价？

29. **组合收益率** 在之前的问题中，两只股票被正确定价的无风险利率会是多少？

30. **组合收益率** 运用第10章有关资本市场历史的信息，得出均等投资于大公司股票和长期政府债券的组合的收益。均等投资于小公司股票和国库券的组合的收益率是多少？

31. **CAPM** 运用 CAPM，证明两资产风险溢价的比例等于它们贝塔系数的比例。

32. **组合收益和离差** 考虑如下关于3只股票的信息。

| 经济<br>状况 | 状况发生的概率 | 状况发生的收益率 | | |
|---|---|---|---|---|
| | | 股票 A | 股票 B | 股票 C |
| 繁荣 | 0.25 | 0.13 | 0.29 | 0.60 |
| 正常 | 0.60 | 0.08 | 0.11 | 0.13 |
| 萧条 | 0.15 | 0.02 | -0.18 | -0.45 |

a. 如果你的组合各40%投资于股票 A 和股票 B、20%投资于股票 C，组合的期望收益率是多少？方差是多少？标准差是多少？

b. 如果国库券的期望收益率是3.70%，组合的预期风险溢价是多少？

c. 如果预期的通货膨胀率是3.30%，组合实际收益的近似值和准确值是多少？预期组合的实际风险溢价的近似值和准确值是多少？

33. **分析组合** 你想创造一个和市场一样的风险组合，并且你有1 000 000美元进行投资。根据这些信息，把下面表格的其他部分填满。

| 资产 | 投资额／美元 | 贝塔系数 |
|---|---|---|
| 股票 A | 195 000 | 0.80 |
| 股票 B | 365 000 | 1.09 |
| 股票 C | | 1.23 |
| 无风险资产 | | |

34. **分析组合** 你有1 000 000美元，要投资于一个包含股票 X、股票 Y 的组合。你的目标是创造一个期望收益率为12.1%的资产组合，如果股票 X 的期望收益率是10.28%、贝塔系数是1.20，股票 Y 的期望收益率是7.52%、贝塔系数是0.8，你会投资多少钱买股票 Y？如何理解你的回答？你的资产组合的贝塔系数是多少？

35. **协方差和相关系数** 根据下面的信息，计算下面每一个股票的期望收益率和标准差。假设每个状况发生的可能性是相同的。两个股票收益率的协方差和相关系数是多少？

| 经济状况 | 股票 A 的收益率 | 股票 B 的收益率 |
|---|---|---|
| 熊市 | 0.073 | -0.094 |
| 正常 | 0.134 | 0.142 |
| 牛市 | 0.062 | 0.321 |

36. **协方差和相关系数** 根据下面的信息，计算下面每一个股票的期望收益率和标准差。假设每个状况发生的可能性是相同的。两个股票收益的协方差和相关系数是多少？

| 经济<br>状况 | 经济状况发生的<br>概率 | 股票 A 的收益率 | 股票 B 的收益率 |
|---|---|---|---|
| 熊市 | 0.30 | -0.063 | 0.014 |
| 正常 | 0.55 | 0.109 | 0.081 |
| 牛市 | 0.15 | 0.293 | 0.104 |

37. **组合的标准差** 证券 F 每年的期望收益率是9%、标准差是43%。证券 G 每年的期望收益率是12%、标准差是76%。

a. 40%证券 F 和60%证券 G 构成的组合的期望收益率是多少？

b. 如果证券 F 和证券 G 的相关系数是0.25，那么 a 中描述的组合的标准差是多少？

38. **组合的标准差** 假设股票 A 和股票 B 的期望收益率和标准差分别是：

$E(R_A)=0.10$, $E(R_B)=0.12$, $\sigma_A=0.39$, $\sigma_B=0.72$

a. 当 A 收益和 B 收益之间的相关系数为 0.5 时，计算 40% 股票 A 和 60% 股票 B 组成的投资组合的期望收益率和标准差。

b. 当 A 收益和 B 收益之间的相关系数为 −0.5 时，计算 40% 股票 A 和 60% 股票 B 组成的投资组合的期望收益率和标准差。

c. A 收益和 B 收益的相关系数是如何影响投资组合的标准差的？

39. **相关系数和贝塔系数** 你有如下有关 3 个公司证券、市场组合和无风险资产的数据。

| 证券 | 期望收益率 | 标准差 | 相关系数[1] | 贝塔系数 |
|---|---|---|---|---|
| 公司 A | 0.10 | 0.38 | (i) | 0.09 |
| 公司 B | 0.14 | (ii) | 0.45 | 1.35 |
| 公司 C | 0.15 | 0.74 | 0.32 | (iii) |
| 市场组合 | 0.12 | 0.18 | (iv) | (v) |
| 无风险资产 | 0.04 | (vi) | (vii) | (viii) |

[1]和市场组合的相关系数。

a. 填写表中缺失的数值。

b. 公司 A 的股票是否根据资本资产定价模型被正确定价？公司 B 的股票呢？公司 C 呢？如果这些股票没有被正确定价，你对一个拥有相当多元化投资组合的投资者的投资建议是什么？

40. **CML** 市场组合的期望收益率是 11.3%、标准差是 18%、无风险利率是 4.5%。

a. 一个标准差为 14%、相当多元化的组合的期望收益率是多少？

b. 一个期望收益率为 19%、相当多元化的组合的标准差是多少？

41. **贝塔系数和 CAPM** 一个由无风险资产和市场组合构成的投资组合的期望收益率是 9%、标准差是 14%、无风险利率是 4.3%，且市场组合的期望收益率是 11.5%。假定资本资产定价模型有效。如果一个证券与市场组合的相关系数是 0.29、标准差是 55%，这个证券的期望收益率是多少？

42. **贝塔系数和 CAPM** 假设无风险利率是 3.9%，且市场组合的期望收益率是 11.4%、方差是 0.031 5。组合 Z 与市场组合的相关系数是 0.32，它的方差是 0.319 2。根据资本资产定价模型，组合 Z 的期望收益率是多少？

43. **系统性和非系统性风险** 考虑如下关于股票 I 和股票 II 的信息。

| 经济状况 | 状况发生的概率 | 状况发生的收益率 | |
|---|---|---|---|
| | | 股票 I | 股票 II |
| 衰退 | 0.15 | 0.05 | −0.21 |
| 正常 | 0.70 | 0.18 | 0.10 |
| 非理性繁荣 | 0.15 | 0.07 | 0.39 |

市场的风险溢价是 7%，无风险利率是 3.5%。哪只股票的系统性风险最大？哪只股票的非系统性风险最大？哪只股票的风险大一些？解释你的回答。

44. **SML** 假设你观察到如下情况。

| 证券 | 贝塔系数 | 期望收益率 /% |
|---|---|---|
| Pete Corp. | 1.25 | 10.8 |
| Repete Co. | 0.87 | 8.2 |

假设这些证券定价都正确。根据资本资产定价模型，市场的期望收益率是多少？无风险利率是多少？

45. **协方差和组合的标准差** 这些是市场上的 3 种证券，下表显示了它们可能的回报。

| 状态 | 出现可能 | 证券 1 的收益率 | 证券 2 的收益率 | 证券 3 的收益率 |
|---|---|---|---|---|
| 1 | 0.15 | 0.20 | 0.20 | 0.05 |
| 2 | 0.35 | 0.15 | 0.10 | 0.10 |
| 3 | 0.35 | 0.10 | 0.15 | 0.15 |
| 4 | 0.15 | 0.05 | 0.05 | 0.20 |

a. 每只证券的期望收益率和标准差是多少？

b. 每对证券之间的相关系数和协方差是多少？

c. 资金一半投资于证券 1、另一半投资于证券 2 的投资组合的期望收益率和标准差是多少？

d. 资金一半投资于证券 1、另一半投资于证券 3 的投资组合的期望收益率和标准差是多少？

e. 资金一半投资于证券 2、另一半投资于证券 3 的投资组合的期望收益率和标准差是多少？

f. 你在 a、c、d 和 e 的回答就多元化来说意味着什么？

46. **SML** 假设你观察到如下情况。

| 经济状况 | 状况发生的概率 | 状况发生的收益率 | |
|---|---|---|---|
| | | 股票 A | 股票 B |
| 萧条 | 0.15 | −0.08 | −0.10 |
| 正常 | 0.60 | 0.11 | 0.09 |
| 繁荣 | 0.25 | 0.30 | 0.27 |

a. 计算每只股票的期望收益率。

b. 假定资本资产定价模型有效，且股票 A 的贝塔系数比股票 B 的贝塔系数大 0.35，预期的市场风险溢价是多少？

47. **标准差和贝塔系数** 市场有两只股票，股票 A 和股票 B。股票 A 今天的价格是 68 美元 / 股。如果经济不景气，股票 A 明年的价格将会是 56 美元 / 股；如果经济正常，将会是 78 美元 / 股；如果经济持续发展，将会是 86 美元 / 股。经济不景气、正常、持续发展的可能性分别是 0.2、0.6 和 0.2。股票 A 不支付股利，和市场组合的相关系数是 0.65。股票 B 的期望收益率是 13%，标准差是 44%，和市场组合的相关系数是 0.20，和股票 A 的相关系数是 0.38。市场组合的标准差是 19%。假设资本资产定价模型有效。

a. 如果你是一个持有相当多元化的投资组合、风险规避型典型投资者，你更喜欢哪一只股票，为什么？

b. 一个 70% 股票 A、30% 股票 B 构成的投资组合的期望收益率和标准差是多少？

c. b 中投资组合的贝塔系数是多少？

48. **最小方差组合** 假设股票 A 和股票 B 的特征如下所示。

| 股票 | 期望收益率 /% | 标准差 /% |
| --- | --- | --- |
| A | 11 | 43 |
| B | 15 | 65 |

两只股票收益的协方差是 0.003。

a. 假设一个投资者持有仅仅由股票 A 和股票 B 构成的投资组合。求使得该组合的方差最小化的投资比重 $X_A$ 和 $X_B$。（**提示**：两个比重之和必须等于 1。）

b. 最小方差组合的期望收益率是多少？

c. 如果两只股票收益的协方差是 −0.05，最小方差组合的投资比重又是多少？

d. c 中的组合的方差是多少？

## 小案例

### 一份在东方海岸游艇的工作（二）

当丹提到莎拉·布朗（Bledsoe Financial Services 的代表）今天正在参观东方海岸游艇的时候，你正在和他讨论你的 401（k）计划。你决定应该去见一见莎拉，因此丹为你在当天晚些时候安排了一个时间。

当你和莎拉坐下来的时候，她讨论了公司 401 账户各种可能的投资选择。你向莎拉提到了你在接受新工作之前研究过东方海岸游艇。你对管理层领导公司的能力很有信心，对公司的分析使你相信公司发展得很快并且在未来会取得更大的市场份额。同时你也觉得你应该支持你的雇主。基于这些考虑，再加上你是个保守型投资者这个事实，你倾向于将你的 401（k）账户 100% 投资于东方海岸游艇。

假设无风险利率是 3.2%，Bledsoe 债券基金和大公司股票基金的相关系数是 0.15。注意，电子表格的绘图和求解功能可能会帮助你回答下面的问题。

1. 考虑到多元化的作用，莎拉应该如何应对你把你的 401（k）账户 100% 投资于东方海岸游艇的建议？

2. 莎拉对你将完全把你的 401 的（k）账户 100% 投资于东方海岸游艇的回答已经让你相信这可能不是最好的选择。因为你是个保守型投资者，

你告诉莎拉，100% 投资于债券基金可能是最好的。是这样的吗？

3. 根据 Bledsoe 大股票基金和 Bledsoe 债券基金的收益，描绘出可能组合的机会集。

4. 检查机会集后，你注意到你可以投资于一个与债券基金的标准差完全一样、由债券基金和大公司股票基金构成的组合，这个组合的期望收益率也比较高。这个组合的投资比重和期望收益率是多少？

5. 检查机会集，注意有一个组合的方差是最小的。这是最小方差组合。这个组合的投资比重、期望收益率和标准差是多少？为什么这个最小方差组合重要？

6. 夏普比率通常用来衡量调整风险后的表现。夏普比率是通过把资产的风险溢价除以它的标准差计算得到的。机会集上夏普比率最大的组合被称为夏普最优组合。夏普最优组合的投资比重、期望收益率和标准差是多少？这个组合的夏普比率比起债券基金和大股票基金的夏普比率怎么样？

# 第 12 章

# 看待风险与收益的另一种观点

2020 年年初，波音公司、挪威邮轮公司和腾讯公司都发布了重要公告。波音公司宣布其销售额比分析师的预期低了约 2%，每股收益比分析师的预期低了约 6%。挪威邮轮公司宣布其每股收益为 −0.99 美元，而分析师的预期为 −0.28 美元，上一年的每股收益为 0.83 美元。中国互联网巨头腾讯公司宣布其第一季度的收入和利润超过了分析师的预期。你可能会认为在这三个公告中，腾讯公司的公告是好消息，波音公司和挪威邮轮公司的公告是坏消息。但事实上，腾讯公司的股价下跌了约 5%，波音公司的股价上涨了约 6%，挪威邮轮公司的股价上涨了约 1.6%。

对这些公司来说，好消息似乎是坏消息（反之亦然）。那么好消息什么时候才是真正的好消息？这个答案对理解风险和收益是十分重要的。好消息是本章将会较详细地探讨这个问题。

## 12.1 系统性风险和贝塔系数

在前一章中，我们介绍了 CAPM。CAPM 告诉我们如果市场是均值 – 方差有效的，那么衡量系统性风险最好的方法是使用贝塔系数。CAPM 推导出一只股票的期望收益率和贝塔系数线性相关。在消除非系统性风险上，我们强调了分散化的重要性。

在本章中，我们将进一步研究贝塔系数是怎么来的以及它在资产定价中套利的重要性。

正如我们所学过的，任何一只股票的收益都可以这样来表示：

$$R = E(R) + U$$

式中，$R$ 是实际收益率；$E(R)$ 是期望收益率；$U$ 是收益中非预期到的部分。$U$ 是意想不到的部分，构成了风险。

股票的风险可以进一步被分为两个部分：系统性风险和非系统性风险。因此，可以写作：

$$R = E(R) + m + \varepsilon$$

式中，$m$ 是收益的系统性风险；$\varepsilon$ 是非系统性风险。

两个公司收益的非系统部分不相关并不意味着它们的系统部分也不相关。恰恰相反，因为两个公司都受到同一个市场风险的影响，所以单个公司的系统性风险及它们的总收益是相关的。

例如，一个有关通货膨胀的意外将会或多或少影响到几乎所有的公司。某只股票的收益对这一没有预期到的通货膨胀的变化有多敏感？如果一听到通货膨胀超出预期的消息，股价就趋于上涨，我们就说这只股票与通货膨胀正相关。如果当通货膨胀超出预期时股票价格下跌或者是当通货膨胀低于预期时股票价格上涨，它们就是负相关的。在股票收益和通货膨胀的意外不相关的不寻常情况下，通货膨胀对股票收益没有影响。

我们通过**贝塔系数**（beta coefficient）来捕捉类似通货膨胀的系统性风险对股票收益的影响。贝塔系数告诉我们股票收益对某一系统性风险的反应程度。在前一章中，贝塔系数度量市场组合的收益对某一特定风险因素的反应程度。我们用这种类型的反应系数推导了资本资产定价模型。因为我们现在考虑多种类型的系统性风险，所以现在的工作可以看作对前一章所讨论的问题进行一般化。

如果公司股票的收益与通货膨胀的风险正相关，那么它的通货膨胀贝塔系数为正。如果是公司股票的收益与通货膨胀的风险负相关，那么它的通货膨胀贝塔系数为负。如果公司股票的收益与通货膨胀的风险不相关，那么它的通货膨胀贝塔系数为0。

不难想象，有些股票的通货膨胀贝塔系数为正而其他一些股票的通货膨胀贝塔系数为负。拥有金矿的公司股票的通货膨胀贝塔系数可能是正数，因为未预期到的通货膨胀上升通常都和黄金价格的上涨有关。另外，面临激烈的外来竞争的汽车制造公司可能发现通货膨胀的上升意味着公司要支付更多的工资了，但是它又无法通过提高价格来支付增长的工资。这种因为公司费用增长超过收入增长的利润压缩将使其股票的通货膨胀贝塔系数为负。

一些几乎没有资产，像经纪人一样从竞争市场购入，然后在其他市场销售的公司可能相对来说不受通货膨胀的影响，因为这类公司的成本和收入会同步起伏。这类公司的股票收益的通货膨胀贝塔系数为0。

现在某种结构是有用的。假设我们已经确认三种我们想要集中的系统性风险。我们可能相信这三种系统性风险足以描述影响股票收益的三种系统性风险。三种可能的系统性风险是通货膨胀率、GNP（国民生产总值）和利率。因此，每只股票有与这三种系统性风险分别有关的贝塔系数：通货膨胀贝塔系数、GNP 贝塔系数和利率贝塔系数。我们可以用以下形式表示股票的收益：

$$R = E(R) + U = E(R) + m + \varepsilon = E(R) + \beta_I F_I + \beta_{GNP} F_{GNP} + \beta_r F_r + \varepsilon$$

式中，$\beta_i$ 是通货膨胀贝塔系数；$\beta_{GNP}$ 是 GNP 贝塔系数；$\beta_r$ 是利率贝塔系数；$F$ 是意外，可以是通货膨胀、GNP 或者利率。

我们将通过一个例子，看看意外和期望收益率是如何加总产生某一给定股票的总收益 $R$ 的。为了让大家对它更熟悉，我们假设收益是某一个年度而不是某一个月的。年初预测的通货膨胀率是5%，GNP 增长率是2% 并且利率预期不变。我们考虑的股票的贝塔系数如下：

$$\beta_I = 2$$
$$\beta_{GNP} = 1$$
$$\beta_r = -1.8$$

贝塔系数的大小描述了系统性风险对股票收益的影响有多大。贝塔系数为1说明股票收益与系统性风险因素按1：1的比例涨跌。在这个例子中，GNP 每上升1%，股票收益就上升1%，因为股票的 GNP 贝塔系数等于1。如果它的贝塔系数等于-2，那么当未预期到的 GNP 上涨1% 时，股票收益会下跌2%；当 GNP 意外下跌1% 时，股票收益会上涨2%。

这一年发生了下面的事情：通货膨胀率上涨7%、GNP 上涨1% 而且利率下跌2%。假设我们了解到一些公司在一些新的企业战略上很快取得成功的好消息，且这一未预期到的发展对收益的贡献是5%，换句话说：

$$\varepsilon = 5\%$$

让我们把所有的信息集合起来，看看股票在这一年度的收益是多少。

首先，我们必须确定哪些关于系统因素的新闻或者意外发生。根据我们的信息，可以知道：

$$预期通货膨胀率 = 5\%$$
$$GNP\ 的预期变动 = 2\%$$
$$利率的预期变动 = 0\%$$

这意味着市场已经充分考虑了这些变化，意外将是实际发生和这些预期的差异。

$$F_i = 通货膨胀意外部分 = 实际通货膨胀率 - 预期通货膨胀率 = 7\% - 5\% = 2\%$$

类似地：

$$F_{\text{GNP}} = \text{GNP 意外部分} = \text{实际 GNP} - \text{预期 GNP} = 1\% - 2\% = -1\%$$

还有：

$$F_r = \text{利率变动意外部分} = \text{实际利率变动} - \text{预期利率变动} = -2\% - 0 = -2\%$$

那么系统性风险对股票收益总影响是：

$$m = \text{系统性风险部分的收益率} = \beta_I F_I + \beta_{\text{GNP}} F_{\text{GNP}} + \beta_r F_r$$
$$= [2 \times 2\%] + [1 \times (-1\%)] + [(-1.8) \times (-2\%)] = 6.6\%$$

和非系统性风险的部分结合起来，股票所有风险部分的收益率是：

$$m + \varepsilon = 6.6\% + 5\% = 11.6\%$$

最后，如果股票该年度的期望收益率是 4%，所有三个部分的总收益率就是：

$$R = \text{E}(R) + m + \varepsilon = 4\% + 6.6\% + 5\% = 15.6\%$$

我们一直在研究的模型被称为**因素模型**（factor model），其中系统性风险来源被称为"因素"，记作 $F$。更正式地说，$K$ 因素模型是指每只股票的收益由以下因素产生的模型：

$$R = \text{E}(R) + \beta_1 F_1 + \beta_2 F_2 + \beta_3 F_3 + \cdots + \beta_K F_K + \varepsilon$$

式中，$\varepsilon$ 是某只股票特有的，与其他公司股票的 $\varepsilon$ 不相关。我们之前的例子是一个三因素模型，我们用通货膨胀率、GNP 和利率的变动作为系统性风险来源。到目前为止，研究人员尚不能确定一套确切的因素。就像其他很多问题一样，这可能是一个永远也得不到解决的问题。

在实践中，研究人员经常使用单因素模型。他们并不像先前我们在例子中那样使用各种各样的经济因素；相反地，他们使用股票市场指数，比如标准普尔 500 指数，甚至是包含更多只股票、具有更广泛基础的指数作为唯一的因素。使用单因素模型，我们可以把收益写作：

$$R = \text{E}(R) + \beta[R_{\text{S\&P500}} - \text{E}(R_{\text{S\&P500}})] + \varepsilon$$

式中仅仅只有一个因素（标准普尔 500 指数组合的收益），我们不必对贝塔系数加注下标。这种形式（略加修改）的因素模型被称为**市场模型**（market model）：

$$R = \text{E}(R) + \beta[R_M - \text{E}(R_M)] + \varepsilon$$

式中，$\text{E}(R_M)$ 是市场组合的期望收益率$^\ominus$；$\beta$ 是贝塔系数。

## 12.2　投资组合与因素模型

现在让我们看一看当每只股票都遵循单因素模型时，由这些股票构成的投资组合将出现什么状况。为了便于讨论，我们选取即将到来的一个月为期限来考察股票的收益。我们本可以用一天、一年或其他时间间隔。但是如果时间间隔表示了各种决定的期限，我们宁可这个时间间隔短而不是长，一个月是使用的合理期限。

我们将从 $N$ 只股票中构建投资组合，而且我们将应用单因素模型确定系统性风险。在 $N$ 只股票中，第 $i$ 只股票的收益是：

$$R_i = \text{E}(R_i) + \beta_i F + \varepsilon_i \tag{12-1}$$

式中，我们采用下标 $i$ 表示这些变量和第 $i$ 种股票相联系。注意，因素 $F$ 没有任何下标，这代表系统性风险的因素可以是 GNP 的意外，或者我们可以用市场模型让标准普尔 500 指数和我们预期之间的差别 $R_{\text{S\&P500}} - \text{E}(R_{\text{S\&P500}})$ 作为一个因素。无论在哪种情况下，这个因素对所有的股票都适用。

$\beta_i$ 有下标是因为这种因素以其独特的方式对第 $i$ 只股票产生影响。简单重述一下我们对因素模型的讨论：如果 $\beta_i$ 是 0，第 $i$ 种股票的收益是：

---

$\ominus$　市场模型也可以写作：

$$R = \alpha + \beta R_M + \varepsilon$$

这里截距 $\alpha$ 等于 $\text{E}(R_M) - \beta\text{E}(R_M)$。

$$R_i = E(R_i) + \varepsilon_i$$

总之，如果 $\beta_i$ 等于 0，第 $i$ 只股票的收益不受因素 $F$ 的影响；如果 $\beta_i$ 是正数，因素 $F$ 的正方向变动将增加第 $i$ 只股票的收益，负方向变动将降低它的收益；相反地，如果 $\beta_i$ 是负数，第 $i$ 只股票的收益与因素 $F$ 变动的方向相反。

图 12-1 表示在 $\beta_i > 0$ 的情况下，股票的超额收益 $[R_i - E(R_i)]$ 与不同贝塔系数值下的因素 $F$ 之间的关系。图 12-1 绘制的是式（12-1）的直线，假设没有非系统性风险，也就是说，$\varepsilon = 0$。设 $\beta_i > 0$，直线的斜率向上，表明股票的收益随 $F$ 的上升而上升。注意，如果 $F = 0$，直线是通过原点的 $Y$ 轴。

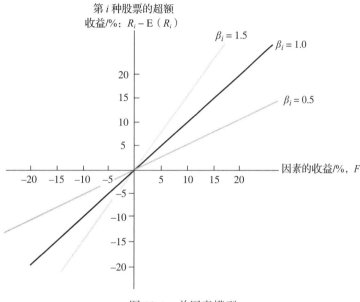

图 12-1　单因素模型

注：每条线代表不同的证券，每种证券有不同的 $\beta$。

现在我们开始讨论在每只股票的收益都可以表示为单因素模型的情况下，我们构建的投资组合的结果如何？设 $X_i$ 是第 $i$ 种证券在投资组合中的比例。例如，如果投资者拥有价值 100 美元的投资组合，其中 20 美元为通用汽车公司的股票，我们说 $X_{GM} = 20\%$。因为 $X_i$ 表示每只股票的价值在我们投资组合总价值中所占的比例，所以我们知道 $X_i$ 之和等于 100% 或 1，即

$$X_1 + X_2 + X_3 + \cdots + X_N = 1$$

我们知道投资组合的收益是组合中每种资产的收益的加权平均。用公式来表示，可以写作：

$$R_P = X_1 R_1 + X_2 R_2 + X_3 R_3 + \cdots + X_N R_N \tag{12-2}$$

从式（12-1）我们可以知道每种资产的收益依次都是由风险因素 $F$ 和非系统性风险 $\varepsilon_i$ 所决定的。因此，将式（12-1）代入式（12-2）我们可以得出：

$$R_P = X_1[E(R_1) + \beta_1 F + \varepsilon_1] + X_2[E(R_2) + \beta_2 F + \varepsilon_2] + X_3[E(R_3) + \beta_3 F + \varepsilon_3] + \cdots + X_N[E(R_N) + \beta_N F + \varepsilon_N] \tag{12-3}$$

（股票 1 的收益）　　　（股票 2 的收益）　　　（股票 3 的收益）　　　（股票 N 的收益）

式（12-3）告诉我们投资组合的收益取决于如下 3 个参数：

（1）每种证券的期望收益率（$E(R_i)$）；

（2）每种证券的贝塔系数与因素 $F$ 的乘积（$\beta_i F$）；

（3）每种证券的非系统性风险（$\varepsilon_i$）。

我们可把式（12-3）按 3 个参数表示成如下形式：

期望收益率的加权平均：

$$R_P = (X_1 E(R_1) + X_2 E(R_2) + X_3 E(R_3) + \cdots + X_N E(R_N))$$

贝塔系数的加权平均 $\times F$：

$$+ (X_1 \beta_1 + X_2 \beta_2 + X_3 \beta_3 + \cdots + X_N \beta_N) \times F$$

非系统性风险的加权平均：

$$+ (X_1 \varepsilon_1 + X_2 \varepsilon_2 + X_3 \varepsilon_3 + \cdots + X_N \varepsilon_N) \tag{12-4}$$

这个相当复杂的公式实际上很直观。公式中的第1行是组合中各种证券期望收益率的加权平均；第2行括号中的项是组合中各种证券贝塔系数的加权平均，然后把这个加权平均与因素 $F$ 相乘；第3行是组合中各种证券非系统性风险的加权平均。

那么式（12-4）中的不确定性在哪里呢？第1行没有不确定性，因为那里只有各种证券收益的期望值。第2行的不确定性仅仅反映在 $F$ 一项。也就是说，当我们知道 $F$ 的期望值等于0时，我们并不知道在某一特定时间内 $F$ 的具体值是多少。第3行的不确定性表现为每种证券的非系统性风险 $\varepsilon_i$。

## 投资组合与多元化

投资者一般都持有多元化的投资组合，我们想知道如果投资者持有的投资组合是一个大型或多元化的组合，式（12-4）会发生什么变化。⊖

人们发现有些不寻常的事情发生了：在大型投资组合中，式（12-4）中的第3行居然消失了。为了明白这一点，我们假设一个赌徒打算把1 000美元作为轮盘赌的赌注且每次都押红。他可以下注1 000次轮盘赌，每次1美元。尽管我们事先并不知道每次旋转的结果是红还是黑，但是我们可以确信大概有50%的时候押红会胜出。不考虑小费，我们可以预期投资者最后的收入正好就是他原来的1 000美元。

虽然我们关心的是股票，而不是轮盘赌，但原理是一样的。每种证券都有它的非系统性风险，某一种证券的意外与另一种证券的意外不相关。通过对每只股票的少量投资，我们可以把大型组合中的非系统性风险的加权平均降低到接近0。⊜

虽然在一个大型投资组合中，式（12-4）中的第3行完全消失了，但第1行和第2行没有变化。当投资组合的证券增加时，第1行依旧是投资组合中各种证券期望收益率的加权平均。因为第1行根本不存在任何不确定性，所以第1行不会因为组合的多元化而消失。第2行括号中的还是贝塔系数的加权平均，当增加组合中证券的个数时它们也不会消失。因为因素 $F$ 不受组合中所包含的证券个数的影响，所以第2行也不会消失。

第2行和第3行都反映了投资组合的不确定性，但为什么第3行会消失而第2行不会呢？关键在于第3行中有很多非系统性风险，这些非系统性风险之间相互独立。当投资组合中资产个数增加时，组合多元化效应变得越来越强，投资组合的风险越来越小，收益越来越确定。但是系统性风险因素 $F$ 影响所有的证券，因为它在第2行的括号外。我们不能通过投资于多种证券来规避这个因素，所以组合多元化在第2行没有起作用。

### 例 12-1　多元化和非系统性风险

上述原理可以通过以下例子得到进一步的解释。我们仍然使用单因素模型，但增加以下3个特定的假设。

（1）组合中所有的证券都具有相同的期望收益率——10%。这个假设意味着式（12-4）的第1行必须也等于10%，因为这行是组合中各种证券期望收益率的加权平均。

（2）组合中所有证券的贝塔系数都等于1。式（12-4）的第2行的括号项必须等于1，因为这些项是组合中各种证券的贝塔系数的加权平均。括号内的这些项要乘以 $F$，所以第2行的值就等于 $1 \times F = F$。

---

⊖　我们把大型投资组合想象成一个投资者无限增加证券数量的投资组合。在实务中，持有几十只股票就能达到有效的分散化或者多元化。

⊜　更准确地说，当等权投资组合中的证券数量接近无穷大时，加权平均的非系统性风险接近0。

（3）在这个例子中，我们关注的是单个投资者沃尔特的行为。沃尔特先生决定持有一个等权投资组合，即每种证券在他投资组合中的比例都等于 $1/N$。

我们可以将沃尔特先生的投资组合的收益表示为：

$$R_P = 10\% \ + \ F \ + \ \left( \frac{1}{N}\varepsilon_1 + \frac{1}{N}\varepsilon_2 + \frac{1}{N}\varepsilon_3 + \cdots + \frac{1}{N}\varepsilon_N \right) \tag{12-4$'$}$$

式（12-4）式（12-4）        式（12-4）
第 1 行    第 2 行        第 3 行

我们曾经指出，当 $N$ 增加并且趋向无穷大的时候，式（12-4）的第 3 行等于 0。⊖因此当组合中证券的数量非常大的时候，沃尔特的投资组合的收益是：

$$R_P = 10\% + F \tag{12-4$''$}$$

式（12-4$''$）显示了组合多元化的关键，第 3 行的非系统性风险消失了，而第 2 行的系统性风险仍然存在。

图 12-2 展示了上述结果。因素 $F$ 的变动程度表示的系统性风险通过多元化并没有减少。相反地，非系统性风险随着组合中证券数量的增加而减小，当组合中证券数量趋于无穷大时消失。我们的这个结果和前一章多元化的例子相似。在那一章中，我们说非多元化风险或系统性风险来源于组合中两两证券收益之间的协方差为正的情况。在这一章中，我们说系统性风险来源于一个共同因素 $F$。因为共同的因素导致协方差为正数，所以前后两章不同的观点实际上是相同的。

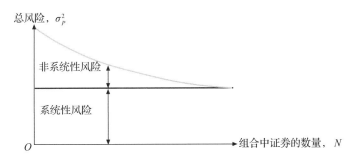

图 12-2  等权投资组合的多元化与组合的风险

注：总风险随着组合中证券数量的增加而下降。这种下降只出现在非系统性风险的部分。系统风险不受多元化的影响。

## 12.3  贝塔系数、套利与期望收益率

### 12.3.1  线性关系

我们已经多次指出证券的期望收益率可以补偿它的风险。前一章我们指出在同质预期和无风险借贷的假设下，市场的贝塔系数（证券收益与市场收益协方差的标准化）是衡量风险的恰当指标。使用这些假设的资本资产定价模型表明证券的期望收益率与它的贝塔系数线性正相关。我们将发现在本章的单因素模型的收益与风险之间有相似的关系。

我们开始注意到一个大型且足够多元化的投资组合的相关风险是系统性的，因为非系统性风险已经通过多元化分散。这意味着当一个足够多元化的股东考虑改变他对某一只特定股票的持有量时，他可以忽略这只股票

---

⊖ 我们这里的表述不够严谨。有兴趣的学生应注意到第 3 行的方差是：

$$\frac{1}{N^2}\sigma_\varepsilon^2 + \frac{1}{N^2}\sigma_\varepsilon^2 + \frac{1}{N^2}\sigma_\varepsilon^2 + \cdots + \frac{1}{N^2}\sigma_\varepsilon^2 = \frac{1}{N^2}N\sigma_\varepsilon^2$$

式中，$\sigma_\varepsilon^2$ 是每个 $\varepsilon$ 的方差。这个可以写成 $\sigma_\varepsilon^2 / N$，当 $N$ 趋于无穷大时，它趋向于 0。

的非系统性风险。

注意，我们没有声称股票像投资组合一样没有非系统性风险，也没有说股票的非系统性风险不影响该只股票的收益。股票确实存在非系统性风险，而且它们的实际收益确实取决于非系统性风险。但是因为非系统性风险在足够多元化的投资组合中消失，所以投资者在考虑是否把某一股票增加到其投资组合中时可以忽略这个非系统性风险。因此，如果股东忽略证券的非系统性风险，那么唯有证券的系统性风险与证券的期望收益率相关。

图 12-3 中的证券市场线反映了上述关系。图中的 P 点、C 点、A 点和 L 点都位于由无风险利率 10% 出发的直线上。代表 4 种资产的每一个点可以通过无风险资产与其他三个中的任何一个的组合来表示。因为 A 的贝塔系数是 2，P 的贝塔系数是 1，所以一个由 50% 的 A 和 50% 的无风险资产组成的投资组合的贝塔系数与资产 P 的贝塔系数相同。无风险资产的收益率等于 10%，A 的期望收益率等于 35%，所以组合的收益率为 22.5% [=（10% + 35%）/2]，和 P 的期望收益率是一样的。因为证券 P 的贝塔系数和期望收益率与资产 A 和无风险资产的组合相同，所以投资者对增加少量 P 资产和增加少量这种组合到他的投资组合没有特别的偏好。但是证券 P 的非系统性风险未必等于由证券 A 和无风险资产构成的组合的非系统性风险，因为大型投资组合的非系统性风险会通过多元化消除。

当然，证券市场线上潜在的投资组合的点是无穷无尽的。我们可以通过无风险资产与 C 资产或 L 资产，抑或两者来复制 P。我们可以通过按无风险利率借入资金并投资于 P 资产，从而复制 C 点、A 点或 L 点。证券市场线上无数这样尚未标明的点都可用来表示投资组合。

现在我们考虑证券 B。因为它的期望收益率低于证券市场线，所以没有投资者愿意持有它。相反，投资者更愿意持有证券 P，一个由证券 A 和无风险资产构成的组合，或者其他形式的组合。因此，证券 B 的价格太高。在一个竞争市场中，它的价格将会下降，促使其期望收益率回归到证券市场线上的均衡状态。试图发现相同风险证券有不同期望收益率的投资者被称作套利者。在这里的套利交易是卖空证券 B 和证券 P。套利利润将会是证券 B 和证券 P 的市场价格差。套利的思想和它在资产定价的重要性被称为**套利定价理论**（arbitrage pricing theory，APT）。

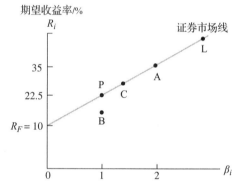

图 12-3　单因素模型中资产及其投资组合期望收益率与贝塔系数的图示

之前的讨论让我们可以用一个公式表示图 12-3 的证券市场线。我们知道在数学上一条直线可以用平面上的两点来描述。或许最简单的方法就是集中于无风险收益和资产 P，因为无风险收益的贝塔系数等于 0 而 P 的贝塔系数等于 1。

因为我们知道贝塔系数为 0 的资产的期望收益率是 $R_F$，P 资产的期望收益率等于 E（$R_P$），所以很容易就可得到：

$$E(R_P) = R_F + \beta[E(R_P) - R_F] \tag{12-5}$$

式（12-5）中，E（$R_P$）可以认为是证券市场线上任何证券或组合的期望收益率；$\beta$ 是该证券或组合的贝塔系数。

### 12.3.2　市场组合与单因素

在资本资产定价模型中，证券的贝塔系数度量证券收益对市场组合收益变动的反应程度。在单因素套利定价理论（APT）模型中，证券的贝塔系数度量证券收益对该因素的反应程度。我们现在把市场组合与单因素联系起来。

多元化的大型投资组合没有非系统性风险，单只股票的非系统性风险因为多元化被分散了。假设有足够的证券使得市场组合能够充分多元化，同时假设没有与市场份额不成比例的证券，那么这个投资组合就是充分多元化的，而且没有非系统性风险。<sup>○</sup>换句话说，市场组合与单因素是完全相关的，这意味着市场组合确实是一个

---

○ 这种假设在现实世界是合理的。比如，即使苹果公司的市场价值在 2020 年年末已经超 20 亿美元，但在标准普尔 500 指数的市场份额也只有约 7%。

可以按比例扩大或缩小的因素。只要缩放合适，我们可以将市场组合视为一个因素。

市场组合位于证券市场线上，就像每种证券或投资组合。当市场组合是一个因素时，那么依定义，市场组合的贝塔系数等于1。图12-4表示了这一点。（为了清晰起见，我们将图12-3中的各点删除，除此之外，两个图完全一样。）如果单因素是市场组合，那么式（12-5）变成：

$$E(R) = R_F + \beta [E(R_M) - R_F]$$

式中，$E(R_M)$是市场组合的期望收益率。这个公式表明：资产的期望收益率 $E(R)$ 与该资产的贝塔系数线性相关。这个公式与资本资产定价模型的公式完全一致。

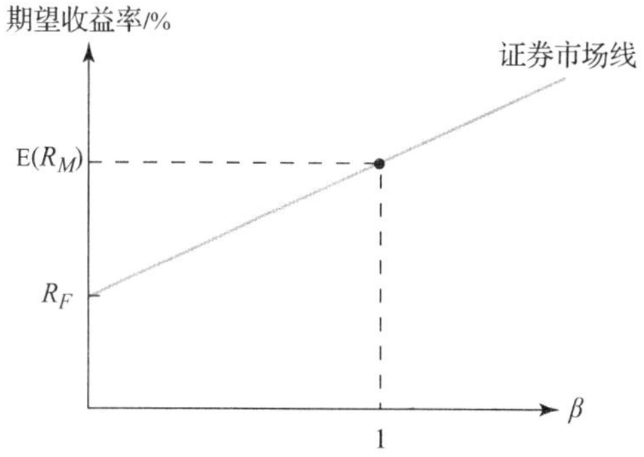

图12-4 单因素模型中市场组合的期望收益率与贝塔系数的图示

注：因子已经被测量，因此市场组合是一致的。市场组合的贝塔系数是1。

## 12.4 资本资产定价模型和套利定价理论

资本资产定价模型和套利定价模型是可供选用的收益与风险的模型，因此有必要从教学的角度和应用的角度探讨两种模型的区别。

### 12.4.1 教学方面的区别

我们发现从学生的角度看，资本资产定价模型至少有一个很明显的优点。它的推导必然要引导学生讨论"有效集"。这种首先从讨论两种风险资产的投资组合开始，然后过渡到多种风险资产情形，最后以把无风险资产加入多种风险资产情形为结尾的教学方法非常直观。但是以这种形式介绍套利定价模型并没有那么容易实现。

套利定价模型具有可以弥补其不足的优点。套利定价模型可以增加因素，直至任何一种证券的非系统性风险与其他证券的非系统性风险都不相关。根据这样的思路，我们可以容易地表明：当证券的数量不断增加时，非系统性风险将逐步下降（最终消失），但是系统性风险不会减少。资本资产定价模型也表明了这一结果，尽管直观感觉有点模糊不清，因为各个证券的非系统性风险可能相互关联。

### 12.4.2 应用方面的区别

套利定价模型的优点之一是它能够处理多个因素，但资本资产定价模型就忽略了它们。虽然本章的大量篇幅集中在单因素模型，但是多因素模型可能更能反映现实生活。也就是说，我们必须从市场范围和行业范围的许多因素中筛选，直到某种证券的非系统性风险与其他证券的非系统性风险不相关为止。根据套利定价的多因素模型，收益与风险的关系可以表示为：

$$E(R) = R_F + [E(R_1) - R_F]\beta_1 + [E(R_2) - R_F]\beta_2 + [E(R_3) - R_F]\beta_3 + \cdots + [E(R_K) - R_F]\beta_K \qquad (12\text{-}6)$$

式中，$\beta_1$是关于第1个因素的贝塔系数；$\beta_2$是关于第2个因素的贝塔系数，依此类推。如果第1个因素是GNP，那么$\beta_1$就是GNP的贝塔系数。$E(R_1)$是某种对应于第1个因素的贝塔系数等于1、对应于其他因素的贝塔系数等于0的证券或投资组合的期望收益率。因为市场补偿投资者所承受的风险，所以$[E(R_1) - R_F]$，在正常情况下是正数。[对$E(R_2)$，$E(R_3)$等的理解类似。]

这个公式表明证券的期望收益率与证券的贝塔系数有关。式（12-6）的表达简单明了。每个因素表示不能被分散的风险。对应于某种因素的贝塔系数越大，证券或组合所承受的风险就越高。在一个理性的世界中，证券的期望收益率应该补偿其所承受的风险。式（12-6）说明了某种证券的期望收益率等于无风险利率加上证券对所承受的各种风险的补偿的总和。

作为一个例子，我们考虑一个研究，风险因素是工业产品的月增长（IP）、预期通货膨胀率的变动（ΔEI）、未预期到的通货膨胀（UI）、未预期到的风险债券与无风险债券之间风险溢价的变动（URP）、未预期到的长期政

---

⊖ 实际上，$[E(R_i) - R_F]$在第$i$个因素表示某种套利的情况下可能是个负数。

府债券收益与短期政府债券收益差异的变动（UBR）。[一]研究期间为1958—1984年，实证研究的结果表明股票的月期望收益率（E（$R_S$））可以描述为：

$$E(R_S) = 0.004\ 1 + 0.013\ 6\beta_{IP} - 0.000\ 1\beta_{\Delta EI} - 0.000\ 6\beta_{UI} + 0.007\ 2\beta_{URP} - 0.005\ 2\beta_{UBR}$$

假设某一只特定股票的贝塔系数分别是：$\beta_{IP} = 1.1$、$\beta_{\Delta EI} = 2$、$\beta_{UI} = 3$、$\beta_{URP} = 0.1$ 和 $\beta_{UBR} = 1.6$。那么，该只股票的月期望收益率将会是：

$$E(R_S) = 0.004\ 1 + 0.013\ 6 \times 1.1 - 0.000\ 1 \times 2 - 0.000\ 6 \times 3 + 0.007\ 2 \times 0.1 - 0.005\ 2 \times 1.6$$
$$= 0.009\ 5$$

假设某一公司无负债，并且该公司的一个投资项目的风险与该公司的风险相同。这个0.009 5（即0.95%）可以用作投资项目的月折现率。[因为资本预算通常用的是年度数据，所以可以用有效年利率0.120将月折现率转换为年折现率，即（1.009 5）$^{12}$−1 = 0.12，即12%。]

因为许多因素出现在式（12-6）的右边，所以套利定价模型的公式有可能比资本资产定价模型更准确地度量期望收益率。但是正如我们前面提到的，我们不能简单地确定哪些是合适的因素。纳入上述研究中的因素既是出于常识也是便于分析的缘故，并非来自理论分析。

相比之下，资本资产定价模型的公式中使用市场指数来自前一章的理论。在前面的章节中我们曾提到标准普尔500指数很好地反映了股票市场的变动。Ibbotson 和 Sinquefield 对从1926—2020年的标准普尔500指数的研究结果表明，标准普尔500指数的年收益率平均高于无风险收益率8.9%，前一章根据资本资产定价模型很容易就可以计算出不同证券的期望收益率。[二]

## 12.5　资产定价的实证方法

### 12.5.1　实证模型

资本资产定价模型和套利定价模型绝不是实践中度量风险资产的收益仅有的模型与技术。资本资产定价模型和套利定价模型都是以风险为基础的模型。二者分别通过某个或某些系统性风险因素的贝塔系数来度量证券的风险，而且我们认为预期超额收益必须与贝塔系数成比例。尽管我们已经明白这在原理上是很有说服力的，且有坚实的理论基础，但还是存在可供选择的方法。

这些可供选择的方法大多数可以归为参数模型或**实证模型**（empirical models）。"实证"一词指的是这些方法较少涉及金融市场如何运作的理论，而较多涉及寻找市场历史数据中的规律和关系。在这些方法中，研究人员指定一些与所研究证券相关的参数和特征，然后直接检验数据中这些特征和期望收益率的关系。例如，大量研究是关于公司的期望收益率是否与该公司的规模有关，小公司的平均收益是否比大公司的高？研究人员还检验了各种各样的会计指标，比如价格与会计利润比，即它的市盈率（P/E）；最相关的公司股票的市场价值与公司账面价值之比，即市值与账面价值比（M/B）。这里可以这么认为，P/E低或者是M/B低的公司被低估了价值，在未来预计有比较高的收益。

为了使用实证方法确定期望收益率，我们希望估计如下公式：

$$E(R_i) = R_F + k_{P/E}(P/E)_i + k_{M/B}(M/B)_i + k_{size}(size)_i$$

式中，$E(R_i)$是第$i$个公司股票的期望收益率；$k_i$是根据股票市场数据估算的回归系数。注意这个公式与式（12-6）的形式相同，不过是用公司的特征代替贝塔系数，用$k_i$代替因素的超额收益。

这些参数方法在进行检验的时候效果似乎很好。实际上当比较用估计的参数预测股票收益和用贝塔系数预测股票收益时，诸如*P/E*和*M/B*这些参数似乎预测得好一些。对于这些结果有各种各样的解释，问题当然没有

---

〇 N. Chen, R. Roll, and S. Ross, "Economic Forces and the Stock Market", *The Journal of Business*（July 1986）.

〇 追溯到1900年，标准普尔500指数的年收益率平均高于无风险收益率7.2%。虽然很多研究人员认为市场组合的替代品很容易找到，但是 Richard Roll 在 "A Critique of Asset Pricing Theory's Tests," *Journal of Financial Economics*（March 1977）中认为缺乏普遍认可的对市场组合的替代严重削弱了该理论的应用。毕竟市场必须包括房地产、赛马和其他不在股票市场的资产。

得到解决。实证方法的批评者怀疑这就是所谓的"**数据挖掘**"。那些研究人员经常用的特定参数通常都会被选取，因为它们已经显示了与收益率是相关的。例如，有人要你解释美国某一个州在过去 40 年 SAT 考试成绩的变动。为了做这个研究，你在所有你能找到的数据当中搜索。经过很多搜索，你可能发现亚利桑那州考试成绩的变化与那里的长耳大野兔的总数有直接关系。我们知道任何诸如此类的关系纯属偶然，但是如果你搜索的时间足够长，而且选择足够多，你肯定会发现某些关系，即使这种关系实际上并不存在。这有点像盯着云朵看，过了一阵子你会发现那些云朵看起来像你想要的任何东西，小丑、熊或者别的什么，但你实际上正在做的是**数据挖掘**。

不用说，从事这方面工作的研究人员会为他们所做的工作辩护，说他们不是挖掘数据，并且已经十分谨慎地回避这些"陷阱"，他们的工作不是简单查看数据有什么关系。

当然，作为一个纯理论的问题，因为市场上任何人都可以轻易查出公司的市盈率，所以我们肯定不会期望发现市盈率低的公司因为它们被低估了就比市盈率高的公司表现得更好。在一个有效的市场中，这种度量低估的公开指标将迅速地被发现，不会持续太久。

也许对实证研究的成功比较好的解释是把基于风险的方法和实证的方法综合起来。有效市场的收益和风险是相关的，因此或许与收益相关的参数或特征也是度量风险较好的指标。例如，如果我们要找出市盈率低的公司比市盈率高的公司表现好的原因，而且这种情况甚至在具有相同贝塔系数的公司中也存在，那么我们至少有两种可能的解释。第一，我们可以直接抛弃以风险为基础的理论，因为它们是不正确的。此外我们还可以指出市场并不是有效的，买入市盈率低的股票为我们提供了一个赚取超过期望收益率的机会。第二，我们可以指出上述两种观点都是正确的。相比直接从数据中估算贝塔系数，市盈率确实是一个度量系统性风险（贝塔系数）更好的方法。

### 12.5.2　投资组合的风格

股票特征除了可以作为估计期望收益率的基础，还可以广泛地用于概括资金管理的风格。一个市盈率远高于市场平均水平的投资组合可能被称为高市盈率或**成长型股票组合**（growth stock portfolio）。类似地，一个平均市盈率低于市场平均水平的投资组合可能被称为低市盈率或**价值型组合**（value portfolio）。

为了评估投资组合管理者的业绩，我们通常将他们所管理的投资组合与一些基本指数的表现进行比较。购买了大型美国股票的管理者的组合收益可能会与标准普尔 500 指数的收益进行对比。在这种情况下，标准普尔 500 指数被认为是他们业绩衡量的**基准**（benchmark）。类似地，国际管理者可能会与国际股票的某些普通指数进行对比。在选择合适的基准时，注意确定所选的比较基准应该只包括该管理者作为目标的那些类型的，并且可以购买的股票。被告知不要购买标准普尔 500 指数股票的管理者将不认为和标准普尔 500 指数做比较是比较合理的。

越来越多的管理者不仅与某些指数进行比较，还与同行中类似的管理者进行比较。标榜自己是成长型基金的基金业绩可能与大量类似基金的表现对比。比如，基金在某一期间的业绩通常分为四组。最靠前 25% 的基金被认为是在第 1 个四分位数，接下来的 25% 是第 2 个四分位数，再接下来的 25% 是第 3 个四分位数，基金表现最差的 25% 在最后一个四分位数。如果我们检验的某一基金的业绩恰好位于第 2 个四分位数，我们就说该基金管理者属于第 2 个四分位数的基金管理者。

类似地，我们称购买具有低市值与账面价值比（M/B）的股票的基金为价值基金，我们将通过与类似的价值基金的样本比较来度量它的业绩。这些度量业绩的方法相对比较新，它具有积极性，旨在帮助我们提高确认和使用投资技巧的能力。

---

**|个人观点|** ⬛ **肯尼斯·弗伦奇和法玛 – 弗伦奇三因子模型**

诞生于 1993 年的法玛 – 弗伦奇（Fama–French）三因子模型，是一个受到罗斯（1976）的 APT 模型　　启发的实证模型。当我们发现这个模型时，其他研究者已经在对股票收益率的回归中发现了两种显著的样式：市值较小的小公司倾向于比大公司获得更高的收益率（Banz，1981）。价值型公司，一般来说被定义为高 B/M 的公司，倾向于比成长型公司获得更高的收益率（Fama and French，1992）。我们的目标是建立一个能够捕捉到这些样式的简单模型。

三因素模型预测了投资组合 $i$ 的超额期望收益率 $E(R_i) - R_F$，可以被 3 个因素所决定。

$$E(R_i) - R_F = \beta_i[E(R_M) - R_F] + s_i E(SMB) + h_i E(HML)$$

市场的超额收益率 $E(R_M) - R_F$，扮演了和它在资本资产定价模型中一样的角色。投资者得到的市场风险补偿等于市场风险，即 $\beta_i[E(R_M) - R_F]$。

第 2 个和第 3 个因子分别代表了规模效应和价值效应。规模因子 SMB（"小减大"）是计算市值小的股票组合的收益与市值大的股票组合的收益率的差异。价值因子 HML（"高减低"）是计算价值型股票组合的收益率和成长型股票的收益率之间的差异。因为市值较小的小公司倾向于比大公司获得更高的收益率，价值型公司倾向于比成长型公司获得更高的收益率，因此 SMB 和 HML 因子的期望值都为正，即三因素模型预测了投资组合的期望收益会在 SMB 项上以 $s_i$ 线性增长、在 HML 项上以 $h_i$ 线性增长。比如，一个由小型价值型股票组成的投资组合，在 SMB 和 HML 项上系数为正，因此模型预测这个组合有高的期望收益率。

你也可以用三因素模型自己回归一个组合的超额收益，使用 $R_M - R_F$、SMB 和 HML。

$$R_{it} - R_{Ft} = \alpha_i + \beta_i(R_{Mt} - R_{Ft}) + s_i SMB_t + h_i HML_t + \varepsilon_{it}$$

模型预测回归方程的截距 $\alpha_i$ 在时间序列中的回归值是 0。我在我的个人网页（www.dartmouth.edu/~kfrench）上提供了日度、月度、季度和年度的三因素回归数据。人们在预测时，通常使用月度数据，因为月度数据在两个问题上平衡得较好，一个问题是间隔过短会导致市场微观结构问题变得严重，另外一个问题是间隔过长会导致观测值的丢失。

三因素模型并不完美，但是它较好地解释了很大范围的资产组合收益率。然而，对 SMB 和 HML 的平均溢价是对风险和错误定价的补偿这个说法一直存在争议。（不论如何我认为它们都是风险和错误定价的结果。）幸运的是，这个问题的答案并不影响模型的应用。当我们为一个资产组合定价时，可以直接将 SMB 和 HML 理解为被动投资组合的收益。

资料来源：Kenneth R. French，他是达特茅斯学院塔克商学院罗斯家族金融学特聘教授，是证券价格行为和投资策略方面的专家。

# 本章小结

前一章讨论和推导资本资产定价模型。作为另一种可供选择的方法，本章讨论和推导套利定价理论（APT）。

1. 套利定价理论假设股票收益是根据因素模型来确定的。例如，我们可以将股票收益描述为：

$$R = E(R) + \beta_i F_i + \beta_{GNP} F_{GNP} + \beta_r F_r + \varepsilon$$

式中，$i$、GNP 和 $r$ 分别是通货膨胀、国民生产总值和利率。三个因素 $F_i$、$F_{GNP}$ 和 $F_r$ 分别是系统性风险，因为这些因素影响很多证券。$\varepsilon$ 是非系统性风险，因为它是每种证券特有的。

2. 为了方便讨论，我们时常用单因素模型来描述证券的收益，即

$$R = E(R) + \beta F + \varepsilon$$

3. 当增加投资组合中所包括的证券的数量时，各种证券的非系统性风险相互抵消。一个完全分散的投资组合没有非系统性风险，但是仍然有系统性风险。这一结果表明多元化可以消除证券的某些风险，但不是全部。

4. 正因如此，证券的期望收益率与它的系统性风险正相关。在单因素模型中，证券的系统性风险只不过是资本资产定价模型中的贝塔系数。因此资本资产定价模型的含义与单因素套利定价模型的含义相同。但是证券在多因素模型中有许多风险。证券的期望收益率与影响该证券的各种因素的贝塔系数正相关。

5. 反映收益和诸如 P/E 或者 M/B 之类的股票特征的实证或者参数模型可以根据数据直接估计，无须求助于任何理论。我们还用这些比率来衡量投资组合管理者的风格，建立评价的基准和样本。

# 思考与练习

1. **系统性和非系统性风险** 描述系统性风险和非系统性风险的差别。

2. **套利定价理论** 考虑如下说法：要使得套利定价理论有用，系统性风险的个数必须很少。你同意这个说法吗？为什么？

3. **套利定价理论** Ultra Bread 的财务总监 Maneet Gupta McClemore 决定使用套利定价理论模型来估计公司股票的期望收益率。她打算使用的风险因素是股票市场的风险溢价、通货膨胀率和小麦的价格。因为小麦是 Ultra Bread 所面临的最大成本，所以她觉得这对于 Ultra Bread 来说是一个重要的风险因素。她如何评价她选择的这些风险因素？有没有其他你可以建议的风险因素？

4. **系统性和非系统性风险** 你拥有 Lewis-Striden 药品公司的股票。假设你已经预计到下列事情最终将会发生：

a. 政府将宣布实际国民生产总值在过去的一个季度增长 1.2%。Lewis-Striden 的收益和实际国民生产总值正相关。

b. 政府将宣布通货膨胀在过去的一个季度增长 3.7%。Lewis-Striden 的收益和通货膨胀率负相关。

c. 利率将会上升 2.5%。Lewis-Striden 的收益和利率负相关。

d. 公司董事长将宣布他退休。退休将在声明发表的 6 个月之后生效。董事长非常受爱戴并被当作公司的一个资产。

e. 研究数据将最后证明试验药品的功效。功效测试的完成意味着药品将很快进入市场。

假设下列事件是实际发生的：

a. 政府宣布实际国民生产总值在过去的一个季度增长了 2.3%；

b. 政府宣布通货膨胀在过去的一个季度增长了 3.7%；

c. 利率上升 2.1%；

d. 公司董事长突然死于心脏病；

e. 功效测试的研究结果并没有预期的那么好。药品必须进行另外 6 个月的测试，而且功效必须再次上报美国食品药品监督管理局。

f. 实验室在另一种药品上有了突破；

g. 竞争者宣布开始销售和 Lewis-Striden 最畅销的药品正面竞争的药品。

讨论每件实际发生的事件对 Lewis-Striden 股票收益率的影响。哪些事件代表了系统性风险，哪些事件代表了非系统性风险？

5. **市场模型和套利定价理论** $k$ 因素模型和市场模型的区别是什么？

6. **套利定价理论** 和资本资产定价模型相比，套利定价理论模型并没有指出决定资产风险溢价的因素有哪些？我们该如何确定应该包含哪些因素？比如，一个指明的风险因素是公司规模。为什么这可能是套利定价理论模型中的一个重要因素？

7. **资本资产定价模型和套利定价理论模型** 单因素模型和资本资产定价模型之间的关系是什么？

8. **因素模型** 如何把投资组合的收益以单因素模型表示出来？

9. **数据挖掘** 数据挖掘是什么意思？为什么这可能夸大某些股票特征和收益之间的关系？

10. **因素选择** 以英国股票为基准衡量一个美国价值型股票管理者的业绩有什么不妥？

11. **因素模型** 研究人员测定，两因素模型适于确定股票收益。两个因素是国民生产总值的变化和利率。GNP 预计将增长 2.8%，利率为 2.6%。某股票国民生产总值变化的贝塔系数是 1.25，利率的贝塔系数是 -0.47。如果股票的期望收益率是 11.1%，国民生产总值的变化是 2.4%，利率是 2.7%，修正后的股票期望收益率是多少？

12. **因素模型** 假设一个三因素模型适于描述股票的收益。关于三因素的信息如下表所示。

| 因素 | $\beta$ | 期望值 | 实际值 |
|---|---|---|---|
| 国民生产总值 / 美元 | 0.000 061 5 | 22 432 | 23 187 |
| 通货膨胀 /% | -0.90 | 2.30 | 2.6 |
| 利率 /% | -0.32 | 2.80 | 3.1 |

a. 股票收益的系统性风险是什么？

b. 假设宣布有关公司未预期到的坏消息而导致股票价格下跌 1.25%。如果股票的期望收益率是 11.5%，那么股票的总收益率是多少？

13. **因素模型** 假设一个单因素模型适于描述股票的收益。目前股票的期望收益率是 12.2%。关于因素的信息如下表所示。

| 因素 | $\beta$ | 预期值/% | 实际值/% |
|---|---|---|---|
| 国民生产总值的增长 | 1.35 | 2.1 | 2.4 |
| 通货膨胀 | −0.87 | 3.3 | 3.6 |

a. 股票收益的系统性风险是什么?

b. 公司宣布它的市场份额出人意料地从12%增加到15%。投资者从过去的经验中知道市场份额每增长1%,股票收益增长0.75%。股票的非系统性风险是什么?

c. 股票的总收益是多少?

14. **多因素模型** 假设股票收益可以用下面的三因素模型解释:

$$R_i = R_F + \beta_1 F_1 + \beta_2 F_2 + \beta_3 F_3$$

假定没有公司特有风险,每只股票的信息如下表所示。

| | $\beta_1$ | $\beta_2$ | $\beta_3$ |
|---|---|---|---|
| 股票 A | 1.45 | 0.85 | 0.10 |
| 股票 B | 0.87 | 1.35 | −0.30 |
| 股票 C | 0.76 | −0.26 | 1.19 |

因素的风险溢价分别是5.3%、4.1%和5.9%。如果你建立一个20%投资于股票A、20%投资于股票B、其余投资于股票C的投资组合,你的投资组合收益的表达式是什么? 如果无风险利率是3.2%,你的组合的期望收益率是多少?

15. **多因素模型** 假设股票收益可以用两因素模型解释。所有股票的公司特有风险是独立的。两个多元化的投资组合的信息如下表所示。

| | $\beta_1$ | $\beta_2$ | E (R) /% |
|---|---|---|---|
| 组合 A | 0.85 | 1.15 | 16 |
| 组合 B | 1.45 | −0.25 | 12 |

如果无风险利率是4%,那么模型中各个股票的风险溢价是多少?

16. **市场模型** 市场上有如下3只股票。

| | E (R) /% | $\beta$ |
|---|---|---|
| 股票 A | 10.5 | 1.20 |
| 股票 B | 13.0 | 0.98 |
| 股票 C | 15.7 | 1.37 |
| 市场 | 14.2 | 1.00 |

假定市场模型是有效的。

a. 写出每只股票的市场模型公式;

b. 30%为股票A、45%为股票B和25%为股票C的组合的收益是多少?

c. 假设市场收益率是15%,收益没有非系统的意外。每只股票的收益是多少? 组合的收益是多少?

17. **组合风险** 你正在构造一个等权股票组合。许多股票第1个风险因素的贝塔系数是0.84,第2个风险因素的贝塔系数是1.69。所有股票的期望收益率都是11%。假设两因素模型可以描述这些股票的收益。

a. 如果你的组合有5只股票,写出组合收益的公式。

b. 如果你的组合中有非常多的股票,它们都有相同的期望收益率和贝塔系数,写出组合收益的公式。

18. **套利定价理论** 有两个股票市场,均受到相同的力量 $F$ 的驱使,期望收益率为0,标准差是10%。每个股市都有许多股票,因此你可以投资于很多股票。但是由于某些限制,因此你只能投资于两个股市中的一个。两个股市每只股票的期望收益率是10%。第1个市场股票 $i$ 的收益是由下面的关系决定的:

$$R_{1i} = 0.10 + 1.5F + \varepsilon_{1i}$$

式中,$\varepsilon_{1i}$ 是第1个市场股票 $i$ 的意外收益。这些意外按正态分布,期望值为0。第1个市场股票 $j$ 的收益是由下面的关系决定的:

$$R_{2j} = 0.10 + 0.5F + \varepsilon_{2j}$$

式中,$\varepsilon_{2j}$ 是第2个市场股票 $j$ 的意外收益。这些意外按正态分布,期望值为0。两只股票的 $\varepsilon_{2i}$ 和 $\varepsilon_{2j}$ 的标准差是20%。

a. 如果第1个市场两只股票意外收益的相关系数是0,且第2个市场两只股票意外收益的相关系数是0,风险规避型投资者会更喜欢投资哪一个市场?(**注意**:对于任何 $i$ 和 $j$,$\varepsilon_{1i}$ 和 $\varepsilon_{1j}$ 的相关系数是0。对于任何 $i$ 和 $j$,$\varepsilon_{2i}$ 和 $\varepsilon_{2j}$ 的相关系数是0。)

b. 如果 $\varepsilon_{1i}$ 和 $\varepsilon_{1j}$ 在第1个市场的相关系数是0.9,$\varepsilon_{2i}$ 和 $\varepsilon_{2j}$ 在第2个市场的相关系数是0,风险规避型投资者会更喜欢投资于哪个市场?

c. 如果 $\varepsilon_{1i}$ 和 $\varepsilon_{1j}$ 在第1个市场的相关系数是0,$\varepsilon_{2i}$ 和 $\varepsilon_{2j}$ 在第2个市场的相关系数是0.5,风险规避型投资者会更喜欢投资于哪个市场?

d. 大体上说,使风险规避型投资者同样愿意投资于两个市场中任何一个的、两个市场的扰动项的相关系数之间的关系是什么?

19. **套利定价理论** 假设下面的市场模型充分描述了风险资产收益产生的方式:

$$R_{it} = \alpha_i + \beta_i R_{Mt} + \varepsilon_{it}$$

式中，$R_{it}$ 是第 $i$ 个资产在时间 $t$ 的收益；$R_{Mt}$ 是一个以某种比例包括了所有资产的投资组合在时间 $t$ 的收益。$R_{Mt}$ 和 $\varepsilon_{it}$ 在统计上是独立的。

市场允许卖空（持有量为负）。你所拥有的信息如下表所示。

| 资产 | $\beta_i$ | E($R_i$) /% | Var ($\varepsilon_i$) |
|------|-----------|-------------|------------------------|
| A | 0.7 | 8.41 | 0.010 0 |
| B | 1.2 | 12.06 | 0.014 4 |
| C | 1.5 | 13.95 | 0.022 5 |

市场的方差是 0.012 1，且没有交易成本。

a. 计算每个资产收益的标准差。

b. 计算各种包含无数资产 A、B 和 C 的 3 个投资组合的收益的标准差。

c. 假定无风险利率是 3.3%，市场的期望收益率是 10.6%。理性投资者不会持有的资产是哪个？

d. 无套利机会出现的均衡状态是怎样的？为什么？

20. **套利定价理论** 假定单只股票的收益是由如下两因素模型产生的：

$$R_{it} = E(R_{it}) + \beta_{ij} F_{1t} + \beta_{i2} F_{2t}$$

式中，$R_{it}$ 是第 $i$ 个资产在时间 $t$ 的收益；$F_{1t}$ 和 $F_{2t}$ 是期望值为 0、方差为 0 的市场因素。

此外，假设有一个 4 种资产的资本市场。因为没有交易成本、卖空（持有量为负）是允许的，所以资本市场是完美的。4 种证券的特征如下表所示。

| 证券 | $\beta_1$ | $\beta_2$ | E($R_i$) /% |
|------|-----------|-----------|-------------|
| 1 | 1.0 | 1.50 | 20 |
| 2 | 0.5 | 2.00 | 20 |
| 3 | 1.0 | 0.50 | 10 |
| 4 | 1.5 | 0.75 | 10 |

a. 建立一个收益无论以任何方式都不取决于市场因素 $F_{1t}$、包括（持有量可为正也可为负）证券 1 和证券 2 的投资组合。（**提示**：这样的投资组合 $\beta_1 = 0$。）计算这个投资组合的期望收益率和 $\beta_2$。

b. 按 a 的步骤，建立一个收益不取决于市场因素 $F_{1t}$、包括证券 3 和证券 4 的投资组合。计算这个投资组合的期望收益率和 $\beta_2$。

c. 有一个无风险资产，期望收益率等于 5%，$\beta_1 = 0$，$\beta_2 = 0$。仔细描述一种投资者可以实现的可能的套利机会。

d. 这些套利机会的存在对资本市场的这些证券从短期和长期来看有什么作用？用图表示你的分析。

## 小案例

### 法玛-弗伦奇多因素模型和共同基金的收益

客户托马斯因为他投资的风险去找了一个投资经纪人田代。田代近来读了几篇有关风险因素可能影响资产收益的文章，她决定检查一下托马斯共同基金的持有量。托马斯目前投注于 Fidelity Magellan Fund（FMAGX）、Fidelity Low-Priced Stock Fund（FLPSX），还有 Baron Small Cap Fund（BSCFX）。

田代将分析尤金·法玛和肯尼斯·弗伦奇提出的著名的多因素模型，决定每个共同基金的风险。这是她打算使用的三因素模型的回归公式：

$$R_{it} - R_{Ft} = \alpha_i + \beta_1 (R_{Mt} - R_{Ft}) + \beta_2 (SMB_t) + \beta_3 (HML_t) + \varepsilon_t$$

式中，$R_{it}$ 是资产 $i$ 在时间 $t$ 的收益；$R_{Ft}$ 是在时间 $t$ 无风险收益；$R_{Mt}$ 是市场在时间 $t$ 的收益。因此法玛-弗伦奇回归的第 1 个风险因素是资本资产定价模型经常用的市场因素。

第 2 个风险因素 SMB 或者"大减小"是计算市值小的股票组合的收益与市值大的股票组合的收益的差异。这个因素是要反映所谓的小公司效应。类似地，第 3 个因素 HML 或者"高减低"是计算价值型股票组合的收益和成长型股票的收益之间的差异。市场价值和账面价值比较低的股票归为价值型股票，反之就是成长型股票。包含这个因素是因为历史上价值型股票的收益比较高。

在田代考虑的模型中，$\alpha$ 项特别有趣。它是回归方程的截距，更重要的，它还是资产所获得的超额收益。换句话说，如果 $\alpha$ 是正的，资产获得了一个高于根据其风险水平应该获得的收益；如果 $\alpha$ 是负的，资产获得了一个低于根据其风险水平应该获得的收益。这个指标叫作"詹森 $\alpha$"，在共同基金的评价中广泛使用。

1. 对于一个大公司股票的共同基金，你可以预期法玛－弗伦奇多因素模型中每个因素的贝塔系数是正的还是负的吗？

2. 法玛－弗伦奇的因素和无风险收益可以在弗伦奇的网站上找到：www.dartmouth.edu/~kfrench。下载月度因素，保存每个因素最近 60 个月的数据。每个共同基金的历史价格可以在各种网站上找到，包括 finance.yahoo.com。找到每个基金和法玛－弗伦奇因素同一时间的价格，计算每个月的收益。一定要包含股利。对于每个多因素回归公式使用法玛－弗伦奇的因素。回归估计很好地解释了每个股票基金收益的变化吗？

3. 你观测到的不同共同基金的贝塔系数是什么？试着对相同点和不同点做一下评论。

4. 如果市场是有效的，你期望 $\alpha$ 的值是多少？你的估计是否支持市场的有效性？

5. 考虑到它们的风险，哪个基金的表现最好？为什么？

# 第13章

# 风险、资本成本和估值

来自德国的巴斯夫（BASF）是一个跨国公司，在五大洲有超过 117 000 名员工。它的经营范围涉及诸多行业，包括农业、石油和天然气、化学制品和塑料制品。为了增加价值，巴斯夫制订了一项全面计划，包含了公司内部所有功能、挑战和鼓励所有员工以创业者的方式行事等内容。这个计划的主要财务组成部分是公司预期可以获得它的加权平均资本成本或者说 WACC 之外还能多出一部分。因此，WACC 到底是什么？

WACC 是公司需要赚到的，是可以让它所有的投资者包括股东、债权人和优先股股东都满意的最小收益。比如，2021 年巴斯夫认为它的资本成本是 9%，与 2020 年相同，但略低于 2019 年的 10%。我们在本章中将学习如何计算一个公司的资本成本，了解这对公司和它的投资者意味着什么。我们也将学习什么时候使用公司的资本成本，以及什么时候不要使用它，这点或许更重要。

## 13.1 权益资本成本

当企业有额外的现金，它可以选择两个做法中的一个：立即派发现金股利直接给它的投资者；或者把额外的钱投资给一个项目，用项目未来所产生的现金流量来分发股利。股东更喜欢哪一种？如果股东能自己将分得的股利再投资于一项和企业投资项目风险相同的金融资产（股票或债券），那么股东会倾向于期望收益率较高的其他选择。也就是说，只有当项目的期望收益率大于与风险水平相当的金融资产的期望收益率时，项目才应该进行，这可以用图 13-1 来说明。我们的讨论意味着一个非常简单的资本预算法则：

项目的折现率应等于同样风险水平的金融资产的期望收益率。

人们往往会忽视折现率并陷入常见的误区，认为项目的折现率主要取决于筹集资金的方式和来源。

折现率有各种各样的同义词。比如，折现率通常叫作项目的必要报酬率。这是个适当的名字，因为只有当项目产生的收益高于它所要求的收益时，项目才可以被接受。或者，项目的折现率可以说是它的资本成本。这个名字也是恰当的，因为项目必须赚到足以支付资本提供者的收益。本书将会采用折现率、必要报酬率和资本成本这三个同义的术语。

任何项目的折现率都应当反映项目的风险。在某些情况下，假定新项目和企业整体具有同样的风险是合理的，

只有当企业投资项目的期望收益率不小于与风险相当的金融资产的期望收益率时，股东才会选择前者

图 13-1　企业有额外的现金时的选择

例如企业正在考虑扩大其现有业务的规模。如果是这样，项目的折现率等于企业整体的资本成本。如果企业全部由权益构成，则项目的折现率等于企业的权益资本成本。

## 13.2 用资本资产定价模型估计权益资本成本

在本节中，我们将讨论如何计算权益资本成本，即股东投资企业的必要报酬率。对于企业 100% 进行股权融资的简单案例，我们假设项目与企业现有业务具有相似的风险，企业的权益资本成本也是项目的资本成本。在后面章节中，我们将讨论当企业涉及杠杆或项目风险与企业现有业务的风险不同时，如何计算项目的资本成本。

问题是股东并没有告诉企业他们的必要报酬率是多少，所以我们该怎么办？幸运的是，我们可以用资本资产定价模型（CAPM）来估计必要报酬率。

根据 CAPM，股票的期望收益率可以表示为：

$$R_S = R_F + \beta \times (R_M - R_F) \tag{13-1}$$

式中，$R_F$ 是无风险利率，$R_M - R_F$ 是市场组合的期望收益率与无风险利率之差。这个差通常叫作期望超额市场收益率或市场风险溢价。注意这里为了简化表示法，我们去掉了表达式里面表示期望收益率的横杠，但是记住我们在 CAPM 中总是考虑期望收益率。

式（13-1）的股票期望收益率基于用贝塔系数度量的股票风险。我们或者可以说这个期望收益率是建立在风险基础上的股票必要报酬率。类似地，这个期望收益率可以被看作公司股权的资本成本。

CAPM 有一个直观的解释。对于任何股票或其他风险投资，投资者要求其回报率等于无风险利率加上额外的风险补偿。我们可以将市场风险溢价 $R_M - R_F$ 视为风险的价格，因为它是投资者对一个"单位"市场风险所要求的高于无风险利率的回报。同时，$\beta$ 主要反映与特定股票或投资相关的市场风险的单位数量。因此，额外的风险补偿等于市场风险的单位数量乘以风险的价格。

尽管学界长期以来对在资本预算中使用 CAPM 一直有争论，但这种方法在实务中到底有多普遍？有研究发现，几乎 3/4 的美国公司在资本预算中使用 CAPM，[⊖]意味着业界已经在很大程度上采用这个方法。

现在我们已经有了估算企业权益资本成本的公式，为此需要知道以下 3 个变量：

- 无风险利率 $R_F$；
- 市场风险溢价 $R_M - R_F$；
- 企业贝塔系数 $\beta$。

### 例 13-1 权益资本成本

某大学教材出版商 Quatram 公司的贝塔系数为 1.3，100% 权益融资，即没有负债。Quatram 公司正在考虑几个能使其规模扩大一倍的资本预算项目，这些新项目与企业目前的项目类似，因此假设新项目的平均贝塔系数等于 Quatram 公司现有的贝塔系数。无风险利率是 5%，若市场风险溢价是 8.4%，这些新项目的折现率是多少？

Quatram 公司的权益资本成本 $R_s$ 估计如下：

$$R_s = 5\% + (8.4\% \times 1.3) = 5\% + 10.92\% = 15.92\%$$

本例题有两个重要假设：① 新项目的贝塔风险与企业风险相同；② 企业无债务融资。在此条件下，新项目的现金流量应按 15.92% 折现。

### 例 13-2 项目预算和贝塔 $\beta$

假设 Alpha Air Freight 是一个贝塔系数为 1.21 的无负债企业，市场风险溢价是 9.5%，无风险利率是 5%。我们可以通过式（13-1）来确定该企业普通股股票的期望收益率。我们发现期望收益率为：

---

$$5\% + (1.21 \times 9.5\%) = 16.495\%$$

这是股东对金融市场上一个 $\beta$ 为 1.21 的股票投资预期能够得到的收益率，因此它也是股东对 Alpha Air Freight 股票的期望收益率。

又假设 Alpha Air Freight 正在评价下面的非互斥项目。

| 项目 | 项目的 $\beta$ | 下一年的期望现金流量 / 美元 | 内部收益率（IRR）/% | 折现率为 16.495% 时的 NPV/ 美元 | 接受或拒绝 |
|---|---|---|---|---|---|
| A | 1.21 | 140 | 40 | 20.2 | 接受 |
| B | 1.21 | 120 | 20 | 3.0 | 接受 |
| C | 1.21 | 110 | 10 | −5.6 | 拒绝 |

以上各项目的初始投资额均为 100 美元。这些项目的风险水平和企业的总风险是一样的。由于权益资本成本为 16.495%，因此无负债企业的项目就按此折现率折现。项目 A 和 B 的 NPV 为正，而项目 C 的 NPV 为负。因此，只有项目 A 和 B 可以接受（见图 13-2）。

在上面两个例子中，无风险利率、市场风险溢价以及企业贝塔的数值是假定的。我们在实务中是如何估计这些参数的？接下来我们将会依次研究这些参数。

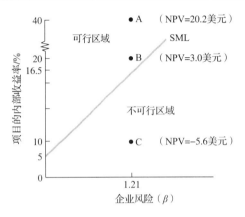

图 13-2 运用证券市场线估计风险项目经风险调整后的折现率

注：图中斜线反映了权益资本成本与企业 $\beta$ 之间的关系。一个无负债企业应选择内部收益率大于权益资本成本的项目，淘汰内部收益率小于权益资本成本项目（图中假设所有项目的风险与企业的现有风险相同）。

## 13.2.1 无风险利率

无风险利率 $R_F$ 是 CAPM 等式中的第一项。理想情况下，它应该和相同期限的无风险证券收益率相同。实践中，通常使用市场上可交易的安全证券的数据去尽可能实现这一理想。

没有哪个债券是完全没有违约风险的，美国国库券和国债基本上是最可能接近这个理想的。至少到目前为止，没有哪个美国国库券或者国债曾经发生过违约，也没有哪个国债被认为有最微小的未来违约风险。正因如此，国债通常被认为是无风险的。如果你想做跨国（非美国）估值，常见的做法是用当地货币表示的政府债券作为无风险利率。当然，有些政府债券实际上并不是无风险的。因此在这些情况下，近似值会不太准确。

为了估计无风险利率，首先，我们需要找到一种可交易的安全证券，其到期日与被估值的企业或项目大致匹配。例如，如果我们试图将 CAPM 应用于长期存在的美国企业或项目，将使用 20 年或 30 年期美国国债的收益率。其次，我们需要使用债券的当期收益率，而不是其历史平均收益率。CAPM 方程中的第一个 $R_F$ 代表投资者期望在未来获得的无风险回报率，相较于历史平均值，这种预期用当期收益率更好。

## 13.2.2 市场风险溢价

正如我们在第 10 章中提到的，市场风险溢价是投资者期望未来在市场投资组合上获得的超过无风险利率的收益。把市场风险溢价看作一个单一的量，代表市场组合的期望收益率和无风险利率之间的差异。在实践中，我们可以用历史数据或股利折现模型来估计市场风险溢价。

### 1. 方法 1：使用历史数据

在历史数据法下，我们使用市场投资组合收益率与无风险证券之间的历史平均差值来估计市场风险溢价。

为了估计历史平均的市场收益率，我们可以使用经由市值加权或由大企业构成的投资组合的年平均市场收益率。为什么选择市值加权或大企业的投资组合？因为我们需要能够衡量整个市场收益率的代理变量。市场由大企业主导，因此我们需要同样由大企业主导的投资组合的收益率。使用同等权重的投资组合是错误的，因为这样的投资组合相对于中小企业在市场上的真实权重而言会偏高。

我们还需要考虑是使用长时间序列还是短时间序列来计算历史平均值。长时间序列为我们提供了更多的数据，但短和更新的时间序列能够对未来预期做出更近似的预测。在实践中，我们通常使用标准普尔 500 指数（大型企业指数）中企业过去 50 年或更长时间的收益率。

归根结底，我们关心市场投资组合收益率与无风险证券之间的历史平均差异，因此需要计算同一历史时期的平均无风险利率。例如，如果使用过去 50 年的数据来计算市场收益，我们应该估计同一时期的平均无风险利率。

值得注意的是，当使用这种历史数据方法时，我们对 CAPM 方程中两个 $R_F$ 值的估计是不同的。第一个 $R_F$ 是未来的预期无风险利率，为此我们应当使用当期收益率。第二个 $R_F$ 是市场风险溢价的一部分，我们将其估计为期望收益率与无风险利率之间的差异。当使用历史数据估计市场风险溢价时，我们会用历史平均收益率估计第二个 $R_F$。

历史数据方法的具体应用，可以参考第 10 章，介绍了历史上市场收益率和无风险收益的数据。在该章末尾，我们提到 7% 是 1 年期国库券市场风险溢价的合理估计值。如果我们对一个长期项目或企业进行估值，大约 6% 的市场风险溢价是令人满意的（这是表 10-2 中大企业股票相对于长期政府债券的历史平均收益率的差值）。这些数字仅提供粗略参考。你自己对市场风险溢价的估计可能更高或更低，具体取决于选择使用多少历史数据以及所选择的无风险资产的期限。

### 2. 方法 2：使用股利折现模型（DDM）

我们也可以用股利折现模型来估计市场风险溢价。第 9 章指出一只股票的价格可以想象成等于所有预期未来股利的现值。此外，我们在该章还注意到如果公司的股利预计以一个固定比例 $g$ 增长，股票价格 $P_0$ 可以写作：

$$P_0 = D_1 / (R_S - g)$$

式中，$D_1$ 是下一年预期的每股股利；$R_S$ 是折现率或者股权成本；$g$ 是股利的固定年增长率。这个公式可以重新排列，得到：

$$R_S = D_1 / P_0 + g$$

换句话说，股票的年期望收益率是下一年的股利收益率加上股利年预期增长率的总和。

就像这个公式可以用来估计一只股票的期望收益率一样，它还可以用来估计市场整体的期望收益率。右边的第一项很容易估计，因为许多平面媒体和网络媒体为市场计算股利收益率。比如，2020 年年末，标准普尔 500 指数所有股票的平均股利收益率大概是 1.8%。我们会在估计中使用这个数字。

接下来，我们需要估计市场上所有公司每股股利的增长率。比如，假设 Value Line 投资调查的数字意味着 Value Line 工业成分指数的 5 年股利增长率大概是每年 6%。如果股利收益率是 1.8%，那么市场期望收益率是 1.8%+6%=7.8%。当然了，Value Line 只是预测的一个来源。更有可能的是，公司要么会依赖许多预测的共识，要么用自己主观的增长率估计值。

最后，我们需要减去无风险利率，以计算市场收益率中超出无风险利率的部分。与历史数据法不同，DDM 法是前瞻性的。我们使用的是与当前待估资产现金流量的期限相似的无风险利率，而不是历史平均无风险利率。因此，在 DDM 法下，我们可以使用同样的无风险利率 $R_F$ 用于 CAPM。如果我们评估的是一个长期投资项目，30 年期国债的当前收益率是 1.4%，市场风险溢价应当为 7.8%−1.4%=6.4%。

对于一家 $\beta$ 系数为 1.5 的公司来说，资本成本为：

$$1.4\%+6.4\% \times 1.5 = 11\%$$

但是，学界一直以来因为考虑到统计方面的客观性，更喜欢历史数据估计的市场风险溢价。相比而言，用股利折现模型估计未来股利增长率似乎更容易出现错误。但是，股利折现模型的支持者指出，长期收益率只能来自当前的股利收益率和未来的股利增长。任何认为长期股票收益率将会超过这两部分之和的人都在自欺欺人。[⊖]

---

⊖ 比如，见 Jay R. Ritter，"The Biggest Mistakes We Teach,"*Journal of Financial Research* 25，no.2（June 2002）：159-68；Eugene Fama and Kenneth French，"The Equity Premium",*Journal of Finance* 57，no.2（April 2002）：637-59；Ravi Jagannathan，E. R. McGrattan and Anna Scherbina，"The Declining U.S. Equity Premium," *Federal Reserve Bank of Minneapolis Quarterly Review* 24，no.4（Fall 2000）：3-19。

## 13.3 估计贝塔系数

上节我们假设公司的贝塔系数是已知的，但在实际工作中，贝塔系数是需要估计的。我们知道，证券的贝塔系数是证券收益率与市场组合收益率的标准协方差。对于证券 $i$，贝塔的计算公式为：

$$证券\ i\ 的贝塔系数 = \frac{\text{Cov}(R_i, R_M)}{\text{Var}(R_M)} = \frac{\sigma_{i,M}}{\sigma_M^2} \qquad (13\text{-}2)$$

即贝塔系数是证券收益率与市场收益率的协方差除以市场收益率的方差。有关协方差和方差的计算都已介绍过，因此贝塔系数的计算没有涉及新的内容。

为了估计贝塔系数，标准的做法是使用股票过去 5 年的月度收益率数据以及标准普尔 500 指数的月度收益率来代表市场投资组合的收益率。间隔长度和时间段的选择是灵活的。一些从业者会使用过去一两年的周收益率。如果我们正在考虑一只刚开始交易的股票，或者如果我们认为该股票的贝塔系数会随着时间的推移而变化，那么后一种方法可能是首选，因为最近的数据将更利于估计未来的贝塔系数。

一旦收集了数据，我们就可以通过两种方式估计贝塔系数。第一，我们可以直接计算股票收益率与市场收益率的协方差，然后除以市场收益率的方差。第二，我们可以通过回归市场投资组合的收益率来估计股票的贝塔系数。市场收益率的回归系数为我们提供了贝塔系数的估计值。

### 13.3.1 现实中的贝塔系数

知道现实中的公司如何得到贝塔系数是十分重要的。图 13-3 显示了现实中 4 个大公司的月收益率与标准普尔 500 指数之间的关系。使用标准回归方法，我们可以通过所有的贝塔点回归出一条直线。这条直线被称为证券的特征线。特征线的斜率是市场收益率的回归系数，它为我们提供了贝塔系数的估计值。尽管没有在图中标出来，我们仍然可以通过回归得到特征线的截距（通常被称为阿尔法 $\alpha$）。

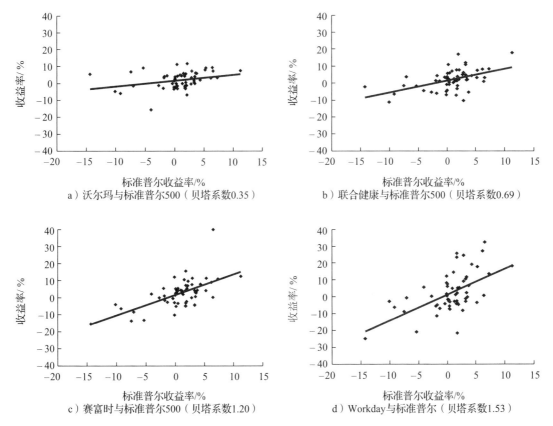

图 13-3 4 只股票 5 年（2016—2020 年）月收益率与标准普尔 500 指数 5 年月收益率的散点图

我们采用 5 年月收益率，尽管这样看起来有点武断，但实际工作确实是这样的。从事实践工作的人都知道，所用的观测值过少会影响贝塔系数的准确性。但反过来看，由于随着时间的推移，企业所从事的行业可能改变，若数据相隔时间太久也不合适。

我们知道由所有股票组成的指数的贝塔系数是 1。当然，任何一只股票的贝塔系数可能高于或低于 1。比如图 13-3 的 4 种证券中，有两个贝塔系数大于 1，两个贝塔系数小于 1。因为贝塔系数衡量在一个由大量的分散的证券所构成的投资组合中单个证券的风险，所以以上结论表明沃尔玛公司的风险相对较低，而 Workday 的风险相对较高。

### 13.3.2　贝塔系数的稳定性

一家企业的贝塔系数可能随着其业务战略的发展而变化，从而导致其收益率跟随市场发生变化。图 13-4 显示了微软连续 4 个 5 年的收益率与标准普尔 500 指数的收益率。如图所示，微软的贝塔系数在各期差别很大。微软的贝塔系数在第一阶段很高，在第二阶段下降到略高于 1 的水平，并在过去的 10 年中稳定在 0.88 左右。

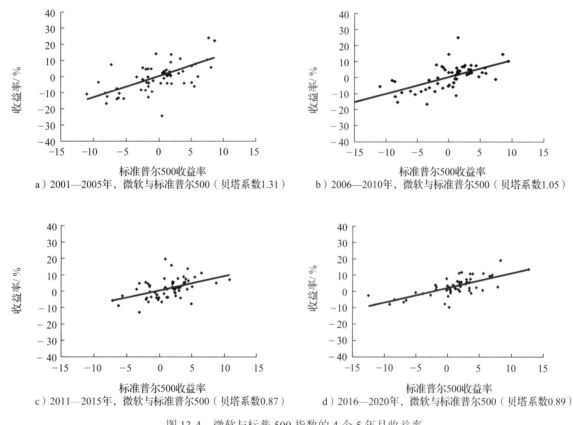

图 13-4　微软与标普 500 指数的 4 个 5 年月收益率

贝塔系数的一部分变动可能是随机的。然而，这并不是说，如果企业不改变行业，贝塔系数就永远不变。产品系列的变化、技术的变迁或者市场的变化都有可能影响贝塔系数，例如，解除对航空业的管制会使航空业的贝塔系数变大。另外，我们下节中还会看到，一家企业财务杠杆的提高（比如资本结构中的债务规模）也会使该企业的贝塔系数增大。

## 13.4　贝塔系数的影响因素

为什么有些企业的贝塔系数比其他企业高？股票的贝塔系数并非凭空而来，而是由企业的特征决定的。在这里，我们考虑两个因素，即收入的周期性和经营杠杆，这取决于企业的实际运营（资产负债表中的资产端）。

在下一节中，我们将展示两家运营相同的企业，由于资产负债表负债端债务金额的不同，其贝塔系数仍然可能不同。

### 13.4.1 收入的周期性

有些企业的收入具有明显的周期性。也就是说，这些企业在商业周期的扩张阶段经营得很好，而在商业周期的紧缩阶段则经营得很差。经验证据表明，高科技企业、零售企业和汽车企业随商业周期而波动，而公用事业、铁路、食品和航空类的企业则与商业周期关联不大。由于贝塔系数是证券收益率与市场收益率的标准协方差，所以周期性强的股票当然就有较高的贝塔系数。

需要指出的是，周期性不等于变动性。比如一个电影制片厂，因为其未来成功还是失败难以预测，所以收入的变动性大。但是，制片厂的收入取决于影片发行质量，而非商业周期，所以电影公司的周期性并不强。也就是说，股票的标准差大并不一定贝塔系数就高，这一点我们已经强调过。

### 13.4.2 经营杠杆

在第 7 章中我们将成本划分为固定成本和变动成本，并指出固定成本不随产量的变动而变动，而变动成本则随产量（或销量）的增加而增加。企业经常需要在固定成本和变动成本之间进行权衡取舍。例如，一家企业可以自己建造生产车间，这样会产生一大笔固定成本；也可以将生产外包给供应商，这样不会产生很高的固定成本，但是会有较高的变动成本。固定成本通常会放大销售周期性的影响力。不管销售额为多少，固定成本都需要进行支付，较容易使企业因此陷入亏损。而使用固定成本替换变动成本，企业增加的单位销售额边际成本较低，因此利润率就相对较高。

拥有高固定成本和低变动成本的企业通常被认为拥有高的经营杠杆；反之，拥有低固定成本和高变动成本的企业则被认为拥有低的经营杠杆。例如，在汽车制造商中，宝马公司每减少 1 美元的销售额就会损失 0.43 美元，这同样意味着该公司每增加 1 美元的销售额就会获得 0.43 美元的收益。相比之下，菲亚特克莱斯勒公司（Fiat Chrysler）的经营杠杆约为 18%，通用汽车公司的经营杠杆约为 20%，福特汽车公司的经营杠杆约为 25%。因此，我们预计与其他汽车公司相比，宝马公司的收益波动更大。企业收入的周期性对贝塔系数起决定性作用，而经营杠杆又将这种作用放大。也就是说，当生产过程中的固定成本替代了变动成本时，一个拥有给定销售周期性的企业的贝塔系数将会提高。

### 13.4.3 财务杠杆与贝塔系数

当人们谈论企业的贝塔系数时，通常指的是权益贝塔系数，它代表企业股票的贝塔系数。本书遵循这项规定。在本节中，我们将介绍资产贝塔系数的概念，并说明它与权益贝塔系数之间的关系。假设两家企业资产负债表的资产端相同，鉴于两家企业拥有相同的资产，它们也将具有相同的资产贝塔系数。资产贝塔系数衡量企业资产对市场投资组合价值变化的敏感程度。

假如保持企业资产不变，企业的权益贝塔系数将随着财务杠杆（资产负债表负债端的债务金额）的增加而增加。财务杠杆增加了企业的权益贝塔系数，因为债务在资本结构中的优先级高于权益。企业必须先向其债务持有人支付利息，然后才能向其股东支付股息。当现金流量紧张时，企业仍须支付利息，可以支付给股东的现金就会减少。当现金流量充裕时，利息支付保持不变，企业留给股东的现金增加。因此，财务杠杆放大了权益的收益波动，从而提高了权益贝塔系数。

请注意，财务杠杆和经营杠杆（我们在第 13.3 节中介绍过）是类似的概念。经营杠杆与企业生产经营的固定成本有关，而财务杠杆则反映了企业对债务融资的依赖程度。杠杆企业是指资本结构中有负债的企业，不论其销售情况如何都要支付利息。因此财务杠杆与企业固定的财务费用有关。经营杠杆和财务杠杆的增加都会增加企业的权益贝塔系数。

为了说明财务杠杆是如何影响企业的权益贝塔系数的，我们可以考虑一家在其资本结构里拥有一部分债务和一部分权益的企业。假定某人拥有企业全部的资产和负债，即拥有整个企业，那么他的这个由资产和负债共同构成的企业的组合贝塔系数是多少呢？

与任何其他组合一样，这个组合贝塔系数等于组合中每个单项的贝塔系数的加权平均。$B$ 代表企业债务部分的市场价值，$S$ 代表企业权益部分的市场价值，有以下公式：

$$\beta_{\text{组合}} = \beta_{\text{资产}} = \frac{S}{B+S} \times \beta_{\text{权益}} + \frac{B}{B+S} \times \beta_{\text{负债}} \qquad (13\text{-}3)$$

式中，$\beta_{\text{权益}}$ 是杠杆企业的权益贝塔系数。我们可以发现，式中用负债的贝塔系数乘以负债在资本结构中的百分比，即 $B/(B+S)$；同样，用权益的贝塔系数乘以权益在资本结构中的百分比。这个组合包括企业的负债和权益，所以组合贝塔系数就是资产贝塔系数。我们已经讲过，对于全部以权益融资的企业，资产贝塔系数可以看作普通股的贝塔。

在实际中，负债的贝塔很低，因为债务在企业资本结构中的优先级高于权益，所以债务的回报相对稳定，对市场投资组合的变化不太敏感。若假设负债的贝塔系数为 0，则：

$$\beta_{\text{资产}} = \frac{S}{B+S} \times \beta_{\text{权益}} \qquad (13\text{-}4)$$

对于杠杆企业，$S/(B+S)$ 一定小于 1，所以 $\beta_{\text{资产}} < \beta_{\text{权益}}$，将上式变形，有：

$$\beta_{\text{权益}} = \beta_{\text{资产}} \left(1 + \frac{B}{S}\right) \qquad (13\text{-}5)$$

如果企业是 100% 的股权融资，权益贝塔系数将等于资产贝塔系数。当负债-权益比增加时，权益贝塔系数一定大于资产贝塔系数（假设资产贝塔系数为正）。换句话说，一个有负债企业的权益贝塔系数总是大于其他全权益企业的权益贝塔系数。

回归分析应该估计哪一个贝塔系数，是资产贝塔系数还是权益贝塔系数？不管是如第 13.3 节所示还是在真实世界中，回归分析应当使用权益贝塔系数，因为这种分析是以股票收益率作为参数输入的。我们需要使用式（13-4）对权益贝塔系数进行变形，以获得资产贝塔系数（对于全权益公司来说两个贝塔系数是相同的）。

### 例 13-3　资产和权益贝塔系数

考虑一家名为 Rapid Cedars 的树苗栽培公司，公司目前是全权益的，其贝塔系数为 0.8。公司已经决定将资本结构改为负债-权益比为 1∶2。由于公司的行业不变，因此其资产的贝塔系数应保持不变，即 0.8。但是，在假设负债的贝塔系数为 0 的情况下，公司权益的贝塔系数将变成：

$$\beta_{\text{权益}} = \beta_{\text{资产}} \left(1 + \frac{B}{S}\right)$$

$$1.2 = 0.8 \times \left(1 + \frac{1}{2}\right)$$

如果公司的资本结构为 1∶1 的负债-权益比，那么权益的贝塔系数将等于：

$$1.6 = 0.8 \times (1 + 1)$$

但是，只要公司的行业不变，公司资产的贝塔系数将保持 0.8 不变。财务杠杆的效应体现为权益贝塔系数的增加。

## 13.4.4　考虑税收后的贝塔系数

在考虑税收的情况下，用债务融资会改变项目的价值，因为利息支付通常可以免税，从而减少所欠税款并增加项目整体的现金流量。我们将在后面的章节中更详细地介绍这个概念。 现在，我们为资产和权益贝塔系数之间的关系引入一个替代公式。在企业税收为 $T_C$ 的世界中，我们假设节税与负债具有相同的风险，资产、权益和负债的贝塔系数之间的关系可以表示为：

$$\beta_{\text{组合}}=\beta_{\text{资产}}=\frac{S}{B\times(1-T_C)+S}\times\beta_{\text{权益}}+\frac{B\times(1-T_C)}{B\times(1-T_C)+S}\times\beta_{\text{负债}}\qquad(13\text{-}6)$$

如果我们再次假设负债贝塔系数为零：

$$\beta_{\text{权益}}=\beta_{\text{资产}}\left[1+(1-T_C)\frac{B}{S}\right]\qquad(13\text{-}7)$$

在本书的大多数例子中，我们将使用式（13-6）和式（13-7）来描述考虑企业税收后权益和资产贝塔系数之间的关系。然而，读者应该知道，尽管在存在企业税收的世界中经营，本部分企业仍继续使用式（13-3）和式（13-4），这样做不一定是错的。如果企业假设节税的风险与资产的风险大致相同，则使用以上公式是正确的。

## 13.5 股利折现模型法

在第13.2节中，我们展示了如何使用CAPM法计算公司的资本成本。在所需要的参数中，有一项是对市场风险溢价的估计。一种方法是使用股利折现模型（DDM）法对市场整体的期望收益率进行预测，从而对风险溢价进行估计。我们现在使用DDM法直接对单一股票进行期望收益率的估计。

根据第13.2节中关于DDM法的讨论，我们可以得到以下公式：

$$R_S=\frac{D_1}{P_0}+g$$

式中，$P_0$是每股价格；$D_1$是下一年将获得的每股股利；$R_S$是折现率；$g$是每股股利的年预期增长率。公式告诉我们一只股票的折现率等于股利收益率（$=D_1/P$）加上股利的预期增长率。因此，为了在一只特定的股票上应用DDM法，我们必须同时估计股利收益率和预期增长率。

股利收益率相对来说更容易进行预测。证券分析师通常都会对很多只股票的下一年股利支付进行预测。或者我们也可以将下一年的股利支付定为前一年股利乘以$1+g$，其中$g$的估计使用我们下面将介绍的方法。公开交易的股票每股价格通常都可以从财经报纸或者网络上获得。

股利的预期增长率可以通过以下三种方式进行估计。首先，我们可以从过去的数据中获得该公司的历史股利增长率。对于一些公司来说，虽然这不是最完美的方法，但是这样的历史数据可以作为对未来增长率的估计值。其次，正如第9章所述，股利增长率可以用以下公式获得：

$$g=留存比率\times ROE$$

式中，留存比率是未分配利润和利润的比值；ROE是权益收益率。权益收益率是利润与公司权益的会计账面价值的比值。所有用来计算留存比率的变量都可以从公司的利润表和资产负债表中获得。再次，证券分析师通常都会对未来增长率进行预测。分析师预测的是未来5年利润的增长率，而DDM法需要的是股利的长期增长率。

第3种方法的一个例子如下，2020年年末，在finance.yahoo.com网站上公布的宝洁公司未来5年的年盈利增长率为7.7%。假设股利支付率也是恒定的，则说明股利的预期增长率也是7.7%。公司的股利收益率为3.06%，意味着宝洁公司的期望收益率，也就是权益资本成本为3.06%+7.7%=10.76%。

上述的讨论展示了如何使用DDM法估计公司的资本成本。这种方法和CAPM法相比哪种更准确呢？下一节我们将讨论这个问题。

### DDM 和 CAPM 的比较

无论是DDM还是CAPM，都是具有内部一致性的模型。虽然如此，学术界更青睐CAPM模型。另外最近一项调查[⊖]指出，有略少于3/4的公司使用CAPM对权益资本成本进行估计，而只有不到1/6的公司使用DDM

---

⊖ John R. Graham and Campbell R. Harvey, "How Do CFOs Make Capital Budgeting and Capital Structure Decisions?" *Journal of Applied Corporate Finance* 15,no.1(Spring 2002):8-23.

模型。为什么 CAPM 模型更受欢迎呢？CAPM 法有三个优点。第一，它明确地对风险进行了调整。第二，对于不分红或者股利增长很难估计的公司来说更为实用。第三，CAPM 法可用于估计与公司整体不同的项目或部门的折现率，我们将在下一节中讨论。而 DDM 法主要的优点在于其简单性。不幸的是，DDM 法只对稳定支付股利的公司有效，而对于完全不支付股利的公司则毫无用处。DDM 法的另一个缺点是它不能估计与公司整体不同的项目或部门的折现率。

虽然就我们所知还没有人对两种方法进行系统的比较，可以确定的是 DDM 法比 CAPM 法存在更多的估计误差。问题在于，无论我们使用以上三种方法中的哪一种，估计单一企业的股息增长率都容易出错。相反，CAPM 法中对贝塔系数的计算虽然也有明显的度量误差，但相对要小于 $g$。虽然我们对于 DDM 法的实际运用吹毛求疵，但其也带来了一些重要的灵感，同时可以对 CAPM 法的估计进行验证。

## 13.6　项目的资本成本

本章前面的几节都假设未来可能投资项目的风险和公司现有风险相一致。那么当项目的风险和公司不同时，我们如何估计该项目的折现率呢？答案是我们需要对每一个项目计算等同于其自身风险的折现率。例如，我们使用 CAPM 计算折现率。如果一个项目的贝塔系数与公司的贝塔系数不同，项目应按与其自身贝塔系数相适应的折现率折现。指出这一点是非常重要的，因为公司通常用公司折现率（如前所述，必要报酬率和资本成本这些通常是同一个意思）。除非公司所有项目都有相同的风险，否则用同一个折现率是不妥当的。

在本节中，我们将讨论如何计算特定项目的折现率，假设项目以 100% 的权益融资。如果公司计划使用部分债务融资，我们将需要进行进一步的调整，具体将在本章后面叙述。

### 例 13-4　项目风险

D. D. Ronnelley（DDR）公司是一家出版企业，正在考虑投资一个计算机软件方面的项目。由于计算机软件公司的贝塔系数较高，所以该企业认为，软件业务比其他方面的业务风险更大，应选择与软件公司风险相当的折现率来对项目进行折现。例如，用软件业上市公司的平均贝塔系数反映项目的风险。反之，如果 DDR 公司的所有项目都按同一个折现率折现，就会出现偏差，企业会因此接受过多的高风险项目（如软件业务）而拒绝过多的低风险项目（如图书杂志业务），如图 13-5 所示。

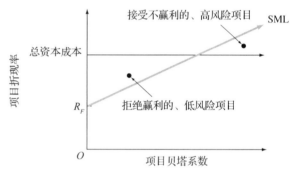

图 13-5　企业资本成本与证券市场线之间的关系

注：在资本预算中运用企业的资本成本可能会导致错误的决策。像 DDR 公司投资软件业这种高风险项目，应选择较高的折现率，若按企业的资本成本折现，就会过多接受高风险项目。低风险项目应选择较低的折现率，若按企业的资本成本折现，企业就会过多拒绝低风险项目。

### 13.6.1　可比法

DDR 公司的例子指出了我们对单一项目进行折现时，应当使用与该项目现金流量风险相匹配的折现率。为了估计特定项目的折现率，实务工作者通常使用如下所述的可比法。

（1）首先寻找一家或多家专门从事与所考虑项目类似的可比企业。理想的可比企业应当是一家纯粹的企业，即只专注于与当前考虑项目相似的业务。通常，不存在完美的可比企业，而会使用与项目同行业的企业。可比企业也必须公开交易，因为我们需要计算其权益贝塔系数。

（2）接下来，我们按照第 13.4 节中描述的方法，使用其股票收益数据计算每个可比企业的权益贝塔系数。

（3）如果可比企业有债务，其权益贝塔系数将太大，无法反映其项目风险。我们需要找出可比企业估计时间段内的负债 - 权益比。由于负债 - 权益比经常波动，因此通常使用近似值或平均值。有了可比企业的负债 - 权益比，我们可以应用式（13-5）或式（13-7）来计算可比企业的资产贝塔系数。我们假设可比企业的资产贝塔系数能够代表项目风险，如果使用不止一家可比企业，我们将采用可比企业资产贝塔系数的加权平均值。

（4）获得估计的资产贝塔系数后，我们可以应用式（13-1）来估计项目的资本成本。

请注意，如果正在考虑的项目是企业现有业务的拓展，这个过程会变得更简单。如果是这样，母公司可以作为自己项目的可比企业，母公司的折现率将是该项目的折现率。

### 13.6.2 选择可比企业

要了解可比法的实际效果，需要回到 DDR 公司的例子上来。这是一家正在考虑投资软件业的企业。由于 DDR 公司并非专门做软件的企业，所以对于该项目而言，企业自身不是合适的可比企业。为此，DDR 公司决定使用软件业的企业作为该项目的可比企业。

表 13-1 显示了软件业的可比企业列表（请记住，可比企业需要公开交易，以便 DDR 公司计算其权益贝塔系数）。该表还报告了衡量其权益贝塔系数时间段内每家可比企业的负债-权益比（$B/S$）。假设企业的税率为 21%，负债的贝塔系数为 0，DDR 公司通过对权益贝塔系数去杠杆化的方式来估计每家可比企业的资产贝塔系数。对 DDR 公司的分析使用式（13-7）。

**表 13-1 不同公司的权益和资产贝塔系数**

| | $\beta_S$ | $B/S$ | $\beta_A$ |
|---|---|---|---|
| Omnisoft | 1.42 | 0 | 1.42 |
| CrystalTech | 1.83 | 0.35 | 1.43 |
| Pinnacle Software | 1.62 | 0.29 | 1.32 |
| 平均值 | | | 1.39 |

假设 DDR 公司为其项目确定了一组合理的可比企业，将权益贝塔系数转换为资产贝塔系数，然后取资产贝塔系数的平均值，从而得出项目的资产贝塔系数为 1.39。假设无风险利率为 1%，市场风险溢价为 6%，DDR 公司可能估计项目的资本成本为：

$$0.01+1.39 \times 0.06=0.093\ 4 \text{ 或 } 9.34\%$$

到目前为止，我们已经考虑了单一项目的折现率。以上方法同样适用于部门折现率的估计。如果一家企业有多个部门，且每个部门在不同行业，那么每个部门使用相同的折现率是错误的，应当用可比法估计每个部门的折现率。

同样，我们可以使用可比法估计私人企业或最近上市的企业的折现率。这样的企业没有历史交易数据，无法计算其权益贝塔系数，但可以找到可比较的上市企业来估计其折现率。

## 13.7 固定收益证券的成本

在本节中，我们将考察债务和优先股的成本。我们首先来看债务成本。

### 13.7.1 债务成本

权益成本通常较难计算，不但要求进行大量数据的收集，而且结果通常误差较大。而债务成本的计算则相对较为容易。因为债券通常违约风险较低，其当前到期收益率可以作为投资者期望收益率的较好估计，同时也可以作为贷款成本。一家公司通常可以通过查询公开交易债券的收益率或者同商业投资银行从业者交流获得这些信息。

假设两年前，Ritter Manufacturing Corp.（RMC）发行了息票率为 7% 的 1 亿美元的债券。当时它以票面价格出售，而后两年由于利率的增长使得债券变为折价销售。债券的现价利息率为 8%。为了对扩张进行融资，RMC 考虑进行新一轮的债券融资。新的债务融资成本应该是多少？

新的债务成本应该约为 8%。由于旧债券的售价为 8%，则新债券不会低于 8% 进行销售。7% 已经是历史数字了，被称为债券的嵌入成本，已经和今天没有关系了。

相对地，如果一家公司是第一次发行债券，则投资银行家可以告诉公司经理未来债券收益率应该是多少。该收益率就是债务成本。抑或一家公司直接从商业银行进行贷款，同样地，贷款利率就是债务成本。

只有一个较复杂的情况需要讨论。到目前为止我们都没有讨论税收，这和现实是不相吻合的。

债务融资意味着公司需要支付利息。利息支出可以从收入中扣除并节省税款，从而降低了债务的税后成本。

2017 年的《减税和就业法案》对在某些情况下可以扣除的利息金额进行了限制。在本章中，我们将假设所有利息都可以扣除，并在后续章节中更详细地讨论这个问题。

考虑下面这个例子：有两家公司，一家叫作 Unlevered，另一家叫作 Levered，唯一的不同在于债务。Unlevered 公司没有债务，而 Levered 公司拥有 100 美元的债务，利息为 10%。

（单位：美元）

| Unlevered 公司 | | Levered 公司 | |
| --- | --- | --- | --- |
| 收入 | 180 | 收入 | 180 |
| 支出 | −70 | 支出 | −70 |
| 税前利润 | 110 | 息税前利润 | 110 |
| 应缴税款（21% 税率） | 23.1 | 利息（100 美元的 10%） | −10 |
| 税后利润 | 86.9 | 税前利润 | 100 |
| | | 应缴税款（21% 税率） | −21 |
| | | 税后利润 | 79 |

Levered 公司需要每年支付 10 美元的利息，所以它的税后利润仅比 Unlevered 公司少了 7.9（=86.9−79）美元。为什么呢？因为利息的支付是免税的。因此，Levered 公司的税前利润比 Unlevered 公司低了 10（=110−100）美元。但 Levered 公司比 Unlevered 公司少支付 2.1(=23.1−21) 美元的税。

税后利润所节约的 7.9 美元来自 Levered 公司借款 100 美元的 7.9%，因此债务的税后成本为 7.9%。债务的税后成本可以写成：

$$税后债务成本 = (1 - 税率) \times 贷款利率$$
$$7.9\% = (1 - 0.21) \times 10\%$$

为什么我们对债务成本进行税收调整，而不对权益成本进行调整呢？那是因为利息是可以免征税款的，而股利支付则不能免除征税。

### 13.7.2　优先股成本

**优先股**这个名字并不十分准确，因为优先股更类似于债券而不是普通股。优先股以永续年金的形式支付恒定股利。债券的利息支付和优先股的股利支付很类似，但是大部分债券都有有限的到期日。相反，普通股的股利支付通常不是恒定的。

优先股在偿债顺序上劣后于债务，优先于普通股。这意味着企业必须先向债务支付承诺的利息，然后向优先股支付股息，最后才向普通股支付股息。

假设 Polytech 公司的优先股每股价格为 17.16 美元，每年支付股利 1.50 美元。由于优先股以永续年金形式支付股利，因此我们使用永续年金公式进行计算，$PV = C/R_P$，其中 PV 是现值或者现价，$C$ 是每年获得的现金流量，$R_P$ 是收益率，或者说回报率。重新整理可得：

$$R_P = C/PV$$

对于本例，回报率为 8.7%（=1.50/17.16）。优先股成本就等于这个回报率。

为什么我们不像对债务成本进行税收调整一样对优先股成本进行调整呢？这是因为优先股的股利支付也不能免征征税。

### 13.8　加权平均资本成本

到目前为止，我们已经讨论了如何计算企业或项目的折现率，前提是企业或项目 100% 进行股权融资。在本节中，我们将介绍一个强大的工具——加权平均资本成本，它可用于计算以任何债务和权益融资的企业、部门或项目的折现率。我们之前的例子可以看作这个一般概念的特殊情况。

### 13.8.1 杠杆权益资本成本

在第 13.2 节中，我们展示了如何估算全权益企业的权益资本成本。在第 13.5 节中，我们展示了如何估算全权益融资项目的权益资本成本。在杠杆权益的情况下，即企业或项目的权益部分由债务融资而来，我们需要做进一步的调整来计算权益资本成本。因为权益劣后于债务，所以财务杠杆的增加会使得权益风险更大，从而提高了权益资本成本。

假定一家上市企业的负债－权益比保持不变，计算这家企业的杠杆权益资本成本很简单，因为它的权益贝塔系数已经反映了由于现有债务增加而增加的权益风险。因此，我们可以按照第 13.2 节和第 13.4 节中描述的方法来估计企业的权益贝塔系数，应用 CAPM 法估计企业的权益资本成本。

以 Costco 公司为例，我们使用 2016—2020 年的月收益率数据估计，得到权益贝塔系数为 0.69。在此期间，Costco 公司维持目标负债－权益比不变，并计划维持类似的资本结构。假设无风险利率为 1%，市场风险溢价为 6%，Costco 公司的权益资本成本为 0.01 + 0.69 × 0.06 = 0.051 4，即 5.14%。

一般来说，为了估计部分由债务融资而来的项目的权益资本成本，我们可以应用可比法来估计项目的资产贝塔系数。一旦我们有了项目的资产贝塔系数，就可以使用式（13-7）和项目的负债－权益比来计算项目的权益贝塔系数。将 CAPM 法应用于项目的权益贝塔系数后，就可以估算出项目的权益资本成本。

具体的应用需要回到第 13.6 节中的例题里。假设 DDR 公司计划使用 0.5 的负债－权益比为其新的软件项目融资。如前所述，该项目的资产贝塔系数为 1.34，企业税率为 21%，DDR 公司适用负债贝塔系数等于零的普遍假设。那么，该项目的权益贝塔系数为 $\beta_{资产} \times [\,1 + B\,(\,1 - T_C\,)\,/\,S\,] = 1.39 \times [\,1 + 0.5 \times (1 - 0.21)\,] = 1.94$。假设无风险利率为 1%，市场风险溢价为 6%，则该项目的权益成本为 0.01 + 1.94 × 0.06 = 0.126 4，即 12.64%。

### 13.8.2 债务和权益混合融资

假定某企业运用债务和权益融资来进行投资，企业按 $R_{B^P}$ 借入债务资本成本，按 $R_{S^P}$ 取得权益资本成本，其综合资本成本或平均资本成本是多少？我们可以计算项目的权益成本，如前所述的 $R_{S^P}$。考虑到债务的税收优惠，项目的债务成本是其预期的借款成本，$R_{B^P}$ 见本章第 13.7 节。如果利息是可以抵税的，税后债务资本成本为：

$$\text{WACC} = R_{B^P} \times (\,1 - t_C\,)$$

式中，$t_C$ 是公司的所得税税率。

如果一家企业计划使用债务和权益的混合方式为项目融资，其资本成本将是权益资本成本和税后债务资本成本的加权平均。[⊖]

$$平均资本成本 = \left(\frac{S_P}{S_P + B_P}\right) \times R_{S^P} + \left(\frac{B_P}{S_P + B_P}\right) \times R_{B^P} \times (1 - t_C) \qquad (13\text{-}8)$$

式中，权数分别是权益占总价值的比重：

$$\frac{S_P}{S_P + B_P}$$

以及负债占总价值的比重：

$$\frac{B_P}{S_P + B_P}$$

---

⊖ 为了简单起见，式（13-8）忽略了优先股融资。如果考虑优先股，那么方程将变形为：

$$\text{WACC} = \left(\frac{S}{S + B + P}\right) \times R_S + \left(\frac{B}{S + B + P}\right) \times R_B \times (1 - t_C) + \left(\frac{P}{S + B + P}\right) \times R_P$$

式中，$P$ 是企业资本结构里的优先股部分；$R_P$ 是优先股的融资成本。

显然，若企业无负债，即一个全权益企业，其平均资本成本就等于权益资本成本 $R_S$；若企业无权益，即一个全负债企业，其平均资本成本就等于税后债务资本成本 $R_{B^P} \times (1-t_C)$。

直观地说，WACC 法通过降低项目的折现率来解释债务的税收优势。如果没有税收优势，以债务融资的项目不得不将 $R_{B^P}$ 返还给投资者以补偿他们的投资。存在税收优势时，项目只需通过项目的现金流量将 $R_{B^P} \times (1-t_C)$ 返还给投资者，因为它将提供额外 $R_{B^P} \times t_C$ 的税收减免。

平均资本成本是权益资本成本和债务资本成本的加权平均，所以通常被称为**加权平均资本成本**（weighted average cost of capital，或 WACC），以后我们将使用这个术语。

WACC 中的权重是市场价值权重。市场价值权重比账面价值权重更合适，因为证券市场的价值更接近其出售所能得到的金额。在存在债务的情况下，通常使用其账面价值来近似估计债务的市场价值，因为这两个价值相近，除非债务可能发生违约。此外，运用目标市场权重是有用的。目标市场权重是指企业或项目寿命期内占主导地位的权重。

请注意，WACC 公式中的许多项都包含一个上标 $P$。$P$ 表示我们应当使用专属于该被评估项目的值。$R_{S^P}$ 和 $R_{B^P}$ 分别反映项目的权益和债务资本成本，这可能与企业的不同。同样，$\dfrac{S_P}{S_P+B_P}$ 和 $\dfrac{B_P}{S_P+B_P}$ 分别反映所考虑项目权益与债务的目标组合比率。

为了了解 WACC 法的实际效果，让我们回到例题中即 DDR 公司正在考虑一个新的软件投资项目。我们估计该软件项目的权益成本为 12.64%。假设 DDR 公司认为此类软件投资的负债 – 权益比 B/S = 0.5，代入式子得到 $\dfrac{S_P}{S_P+B_P} = 2/3, \dfrac{B_P}{S_P+B_P} = 1/3$。假设税前债务成本为 5%，企业税率为 21%，则项目的 WACC 为 $2/3 \times 0.126\,4 + 1/3 \times 0.05 \times (1-0.21) = 0.097\,48$，即 9.75%。

### 13.8.3 WACC 的应用

WACC 是一个强大的工具，因为它可以用来估计任何项目的折现率。该项目可能是企业正在考虑的特定项目，例如 DDR 公司的软件投资项目。它也可能是企业内的一个部门，因此我们可以使用 WACC 来估计部门的折现率。最后，项目可能是企业本身，因此 WACC 可用于估计合适的折现率，进而对整个企业估值。

在评估企业的特定项目时，通常会计算整个企业的 WACC，并将其作为企业范围的折现率。然而，正如我们所讨论的，这种做法只有在评估与企业整体风险相似的项目时才是正确的。此外，当企业以恒定的长期负债 – 权益比为目标时，使用企业范围内的 WACC 对单一项目进行估值才是合适的，这意味着项目将通过与企业整体相似的债务和权益组合进行融资。对于和整个企业融资结构不同的项目，我们应该计算一个项目特定的 WACC。我们只需要知道项目的权益资本成本和税后债务资本成本，以及该项目的债务和权益融资目标组合。

**例 13-5 加权平均资本成本**

某企业债务的市场价值是 4 000 万美元，股票的市场价值是 6 000 万美元。企业新借入的债务按 5% 计息，贝塔系数为 1.41，公司所得税税率是 21%（假定 SML 成立且市场的风险溢价是 9.5%，国库券利率是 1%），求该企业的 WACC。

要按式（13-8）计算 WACC，我们必须先知道：①税后债务资本成本 $R_B(1-t_C)$；②权益资本成本 $R_S$；③企业的债务和权益的比重。三者计算如下。

（1）由税前债务资本成本是 5% 可以推出税后资本成本是 3.95%[=5%×（1-0.21）]。

（2）按 CAPM 计算权益资本成本：

$$R_S = R_F + \beta \times (R_M - R_F) = 1\% + 1.41 \times 9.5\% = 14.40\%$$

（3）负债和权益的比重按二者的市场价值计算，因为企业的市场价值是 10 000 万美元，所以负债和权益的比重分别为 60% 和 40%。

权益资本成本 $R_S$ 是 14.40%，税后债务资本成本 $R_B$（$1-t_C$）是 3.95%。$B$ 等于 4 000 万美元，$S$ 等于 6 000 万美元，因此：

$$\text{WACC} = \left(\frac{S}{B+S}\right) \times R_S + \left(\frac{B}{B+S}\right) \times R_B \times (1-t_C) = \frac{60}{100} \times 14.40\% + \frac{40}{100} \times 3.95\% = 10.22\%$$

以上计算过程如下表所示。

| （1）融资方式 | （2）市场价值 / 美元 | （3）权重 | （4）资本成本（税后） | （5）加权资本成本 / % |
|---|---|---|---|---|
| 负债 | 40 000 000 | 0.40 | 5% ×（1−0.21）=3.95% | 1.58 |
| 权益 | 60 000 000 | 0.60 | 1%+1.41 × 9.5%=14.40% | 8.64 |
|  | 100 000 000 | 1.00 |  | 10.22 |

虽然 WACC 作为一种通用方法可以计算任何项目的折现率，但有时可以更简便。首先，如果项目仅通过权益融资，WACC 将等于项目的权益资本成本，这个在上一节中讨论过。其次，企业通常会选择与项目可比企业相似的债务和权益组合来为新项目融资。正如我们将在后面章节讨论的那样，很难知道一个项目的债务和权益融资的最佳组合，因此一些企业选择项目可比企业的负债 - 权益比，前提是其他企业已经选择了接近于最优的负债 - 权益比。如果是这样，该项目的权益和债务成本，以及权益和债务的权重将与可比企业相似，该项目的 WACC 也将与可比企业的 WACC 相同。

## 13.9　运用 WACC 进行估值

现在我们将要使用加权平均资本成本 WACC 对项目或者整个企业进行估值。WACC 代表投资者可以从具有相似风险和相似负债 - 权益比的投资中所获得的收益率。因此，在计算项目或企业的 NPV 时，WACC 是合适的折现率。如果企业在估值时使用 WACC 折现率产生负的 NPV，投资者最好投资于其他项目。

### 13.9.1　对有限期项目进行评估

当我们评估一个项目时，我们首先决定正确的折现率，然后使用折现现金流量计算该项目的净现值（NPV）。

假设某企业现行的和目标负债 - 权益比都是 0.6，债务资本成本是 5.15%，权益资本成本是 10%，公司所得税税率是 21%。请问这个企业的加权平均资本成本应该是多少？

我们首先要将负债 - 权益比转换成负债 - 价值比。$B/S$ 为 0.6 说明每 10 份权益对应 6 份负债，由于公司价值等于负债与权益之和，所以负债 - 价值比是 6/（6+10）=0.375，因此权益 - 价值比是 10/（6+10）=0.625。那么：

$$\text{WACC} = \left(\frac{S}{B+S}\right) \times R_S + \frac{B}{B+S} \times R_B \times (1-t_C)$$
$$= 0.625 \times 10\% + 0.375 \times 5.15\% \times 0.79$$
$$= 7.78\%$$

假设该公司正在考虑一个仓库改造项目，投资 6 000 万美元，预计将于 6 年内每年产生 1 200 万美元的额外现金流量。仓库的期限是有限的，预计在第 6 年之后将一文不值。如果我们假设该仓库改造项目与企业具有相同的风险，我们可以使用企业的 WACC 来评估该项目。

请注意，当我们假设不存在债务融资扣除利息时，WACC 估值中的预期现金流量应该是与项目相关的增量现金流量。由于使用了 WACC 作为项目的折现率，项目中债务融资部分的税收优惠已经被考虑，因此不需在现金流量估计中考虑节税作用，这会重复计算债务的税收优惠。根据 NPV 公式，按 WACC 对 6 年的期望现金流量进行折现，有：

$$\text{NPV} = -60 + \frac{12}{(1+\text{WACC})} + \frac{12}{(1+\text{WACC})^2} + \cdots + \frac{12}{(1+\text{WACC})^6}$$

$$=-60+12\times\dfrac{1-\left(\dfrac{1}{1.077\,8}\right)^{6}}{0.077\,8}$$

$$=-60+(12\times4.654\,5)$$

$$=-4.15(百万美元)$$

该企业是否应该投资仓库改造这一项目呢？按企业的 WACC 计算的项目 NPV 为负。这意味着按同样的风险等级，即企业的风险等级，在金融市场上可以找到更加有利可图的项目。答案很清楚，该项目不可行。

### 13.9.2　终值和 WACC

在我们之前的示例中，假设仓库改造项目的有限期限为 6 年。实际上，许多项目和企业的寿命是不确定的。我们可能只能预测一定年限内每个时期的现金流量。

假设我们想评估一家具有无限可能前景的企业，需要使用企业的加权平均资本成本作为折现率，然后通过预测企业的净现金流量（有时称为资产现金流量、可分配现金流量、自由现金流量或企业的总现金流量）来建立折现现金流模型，并且设定一个期限和相应的终值：

$$PV_0=\dfrac{CF_1}{1+WACC}+\dfrac{CF_2}{(1+WACC)^2}+\dfrac{CF_3}{(1+WACC)^3}+\cdots+\dfrac{CF_T+TV_T}{(1+WACC)^T}$$

这里的终值 TV<sup>⊖</sup>是使用下列方程计算得到的，即假设现金流无限期地以一个固定增长率增长：

$$TV_T=\dfrac{CF_{T+1}}{WACC-g_{CF}}=\dfrac{CF_T(1+g_{CF})}{WACC-g_{CF}}$$

式中，CF 是净现金流量，等于息税前利润（EBIT）减去税收、资本性支出和净经营性资本的增加值再加上折旧；<sup>⊜</sup>$g_{CF}$ 是现金流量的无限增长率；WACC 是加权平均资本成本。计算 CF 时，我们首先需要计算公司无债务融资时的公司税款。为此，我们用 EBIT 乘以公司税率（$T_C$）计算得出公司"未来的"税款，我们称之为调整后税款，并在之后的例子中用"税"来标记。这种调整是必要的，因为我们使用 WACC 作为折现率时已经考虑了债务融资时的税收优势，所以不应该重复计算这部分收益。

我们来看一家名为 Good Food 的公司，总部位于加利福尼亚州的巴斯托。这家公司是目前全球领先的食品零售服务公司，在全球 100 个国家和地区拥有大约 10 000 家餐厅。Good Food 公司为顾客提供富有营养的汉堡和薯条等食品。目前该公司发行在外的债务市场价值 40 亿美元，普通股市场价值 20 亿美元。税率为 20%。Good Food 公司估计其债务成本为 5%，权益成本为 10%。因此它的加权平均资本成本如下表所示。

| 财务成分 | 市场价值 | 权重 | 资本成本 | 加权平均 |
|---|---|---|---|---|
| 负债 | 40 亿美元 | 2/3 | 5%×(1−0.2)=4% | 2/3×4% |
| 权益 | <u>20 亿美元</u> | 1/3 | 10% | <u>1/3×10%</u> |
|  | 60 亿美元 |  |  | 6%=加权平均资本成本 |

Good Food 公司希望通过并购来发展，它委托的投资银行发现了潜在的并购标的：Happy Meals 公司。Happy Meals 公司目前是一家私有公司，没有可以公开交易的普通股，它经营的食品和 Good Food 公司相同，是 Good Food 公司在许多市场的直接竞争者。该公司在北美和欧洲经营着大约 4 000 家餐厅，它发行在外的债务市场价值为 13.188 亿美元，和面值相同，<sup>⊜</sup>同时发行有 12 500 万美元的股票。Happy Meals 公司是一家私有公司，

---

  ⊖  终值经常作为期限考虑。一般来说，我们选定的期限是现金流量能够以恒定增长率永续增长的时间点。虽然我们说**终值**，但并不代表该公司就不再存在，我们这样做只是为了估计过程的简化。

  ⊜  这里现金流量的定义和我们在第 6 章里计算投资的净现值中的定义相同。

  ⊜  有时候分析师指的是公司的净负债，即负债的市场价值减去超额现金。不论是 Good Food 公司还是 Happy Meals 公司，都没有超额现金。

在进行估值时没有可供参考的股票公开市场价格。Happy Meals 公司预计未来 5 年每年的 EBIT 将增长 10%，其中净经营性资本和资本性支出的增长预计占到 EBIT 的 24%，折旧预计占比 8%。5 年之后现金流量的永续增长率预计为 2%。

如果 Good Food 公司兼并了 Happy Meals 公司，分析师预测来自 Happy Meals 公司的净现金流量将如下表所示（四舍五入到一位小数）。

（单位：百万美元）

| 年份 | 1 | 2 | 3 | 4 | 5 |
|---|---|---|---|---|---|
| 息税前利润 | 150 | 165 | 181.5 | 199.7 | 219.6 |
| − 税（20%） | 30 | 33 | 36.3 | 39.9 | 43.9 |
| = 税后利润 | 120 | 132 | 145.2 | 159.8 | 175.7 |
| + 折旧 | 12 | 13.2 | 14.5 | 16 | 17.6 |
| − 资本支出 | 36 | 39.6 | 43.6 | 47.9 | 52.7 |
| − 净营运资本的增加 | 36 | 39.6 | 43.6 | 47.9 | 52.7 |
| = 净现金流量（CF） | 60 | 66 | 72.6 | 79.9 | 87.8 |

我们首先计算 Happy Meals 公司的终值：

$$TV_5 = \frac{87.8 \times 1.02}{0.06 - 0.02} = 2\ 240.1\ （百万美元）$$

接下来算出 Happy Meals 公司的现值：

$$PV_0 = \frac{60}{1.06} + \frac{66}{(1.06)^2} + \frac{72.6}{(1.06)^3} + \frac{79.9}{(1.06)^4} + \frac{87.8}{(1.06)^5} + \frac{2\ 240.1}{(1.06)^5} = 1\ 979.1\ （百万美元）$$

因此该公司的总价值为 1 979.1（百万美元）。

为了算出权益的价值，我们将负债的价值从总价值中扣除：1 979.1−1 318.8 = 660.3（百万美元）。通过将权益的价值除以发行在外的股票数目，我们可以计算出每股的价格为：660.3/12.5 = 52.8（美元）。只要 Happy Meals 公司的每股价格低于 52.8 美元，对于 Good Food 公司来说就是一笔划算的兼并。

在我们对 Happy Meals 公司进行估值的时候，很重要的一点是我们假设 Happy Meals 公司对于 Good Food 公司来说是单一业务公司。只有在 Happy Meals 公司的经营风险和 Good Food 公司相同并且负债 – 权益比保持不变时，我们的加权平均资本成本法才能够使用。

在上述的计算中，假设 5 年后永续增长。然而，我们在第 3 章和第 9 章中都提到公司作为一个整体，通常使用比率乘数进行估值。在公司估值中最常用的比率乘数是公司价值除以息税摊销折旧前利润（即 EV/EBITDA）。举例来说，Good Food 公司的分析师可能会使用 EV/EBITDA 比率乘数来计算 Happy Meals 公司的终值，而不是使用永续增长年金。比如在餐饮服务行业里相类似的公司，其 EV/EBITDA 乘数为 10，那么 Happy Meals 公司第 5 年的 EBITDA 将等于 EBIT+ 折旧或者 237.2（= 219.6+17.6）（百万美元）。使用 EV/EBITDA 乘数进行计算，则 Happy Meals 公司在第 5 年的价值预计为 2 372（百万美元）。使用 EV/EBITDA 乘数计算的现值为：

$$PV_0 = \frac{60}{1.06} + \frac{66}{(1.06)^2} + \frac{72.6}{(1.06)^3} + \frac{79.9}{(1.06)^4} + \frac{87.8}{(1.06)^5} + \frac{2\ 372}{(1.06)^5} = 2\ 077.7\ （百万美元）$$

因此，Happy Meals 公司的权益价值可以计算得到：

整个公司的现值扣除负债 = 2 077.7−1 318.8 = 758.9（百万美元）

一共有 1 250 万股股票发行在外，因此每股价格应为：

758.9/12.5 = 60.7（美元）

现在我们有对于 Happy Meals 公司每股价格的两个估计值。这两个不同的估计值反映了对于终值的两种不同处理方法。使用固定增长率折现现金流量方法计算终值，我们对于每股权益价格的估计值为 52.8 美元；而使用 EV/EBITDA 可比企业法，我们的估计值为 60.7 美元。正如在第 9 章中提到的，没有完美的估值方法。如果可比企业在任何一个方面都非常类似 Happy Meals 公司，那么 EV/EBITDA 方法可能是最好的，可惜企业并不是完全相同的。另外，如果我们对于终值的日期及现金流量后续的增长率特别肯定，那么固定增长率方法可能更适用。因此两种方法都可以被使用。

## 13.10 伊士曼公司的资本成本估计

在上一节中，我们举了两个例子说明资本成本的计算。现在我们来看一下，如何计算一个真实公司的资本成本。伊士曼公司是一家行业领先的国际化公司，生产诸如包装瓶的塑料原材料等。该公司成立于 1993 年，是其母公司伊士曼 – 柯达在剥离公司分部时成立的一家新公司。

### 1. 伊士曼公司的权益资本成本

我们计算伊士曼公司的资本成本的第一步是登录 www.reuters.com（代码：EMN）。2020 年 9 月，该公司权益的市场价值（即股票价格乘以发行的股票总数）为 105.09 亿美元。

为了计算伊士曼公司的权益资本成本，我们假设市场风险溢价为 6%。我们可以将伊士曼公司 5 年的月度股票收益率与市场收益率进行回归来计算伊士曼公司的权益贝塔系数。一个常见的捷径是上网查找公司的权益贝塔系数。[⊖] 路透给出的伊士曼公司的贝塔系数为 1.59。我们对无风险利率的估计使用的是当前短期国债利率 0.97%。

根据伊士曼公司的贝塔系数，利用 CAPM 计算其权益资本成本为：

$$R_S = 0.009\ 7 + 1.59 \times 0.06 = 0.105\ 1，即\ 10.51\%$$

### 2. 伊士曼公司的债务资本成本

伊士曼公司几乎所有的债务都是通过 9 次长期债券融资筹集的。为了计算债券资本的成本，我们需要结合 9 次债券计算其加权平均。我们登录 finra-markets.morningstar.com/BondCenter/ 网站取得该公司的债权报价。我们需要注意到，利用 1 天的报价找到所有 9 次发行的债券的到期收益率几乎是不可能的。在之前关于债券的讨论中我们知道，债券的流动性不如股票，但单个债券可能在许多天内都没有交易发生。登录 finra-markets.morningstar.com/BondCenter/ 网站或者 www.sec.gov 网站查找该公司债券的账面价值，我们可以得到最新的年报。该年报基本信息如下所示。

| 息票利率 /% | 到期日 | 账面价值（票面价值）/ 百万美元 | 价格（相对于票面价值）/% | 到期收益率 /% |
| --- | --- | --- | --- | --- |
| 3.50 | 2021 年 | 298 | 118.528 | 0.70 |
| 3.60 | 2022 年 | 742 | 104.642 | 0.82 |
| 7.25 | 2023 年 | 198 | 117.193 | 2.00 |
| 7.625 | 2024 年 | 43 | 121.650 | 2.07 |
| 3.80 | 2025 年 | 701 | 111.967 | 2.12 |
| 7.60 | 2027 年 | 195 | 123.062 | 2.23 |
| 4.50 | 2028 年 | 493 | 108.875 | 2.57 |
| 4.80 | 2042 年 | 493 | 121.522 | 3.38 |
| 4.65 | 2044 年 | 874 | 103.420 | 3.39 |

为了计算加权债务资本成本，我们将每单次发行债券的到期收益率乘以其所占全部债券的比例，然后全部相加得到其加权债务资本成本。我们在这里分别使用了账面价值和市场价值以作为对比。其计算值如下表所示。

| 息票利率 /% | 账面价值（票面价值）/ 百万美元 | 比重 /% | 市场价值 / 百万美元 | 比重 /% | 到期收益率 /% | 账面价值权重 /% | 市场价值权重 /% |
| --- | --- | --- | --- | --- | --- | --- | --- |
| 3.50 | 298 | 7.38 | 353.21 | 7.89 | 0.70 | 0.05 | 0.05 |

---

⊖ 财务网站上报告的公司权益贝塔系数可能会因为计算方法的不同而有所不同。例如，样本期的不同、选择周收益或月收益以及选择不同的市场投资组合。

（续）

| 息票利率 /% | 账面价值<br>（票面价值）/ 百万美元 | 比重 /% | 市场价值 /<br>百万美元 | 比重 /% | 到期收益率 /% | 账面价值权重<br>/% | 市场价值权重<br>/% |
|---|---|---|---|---|---|---|---|
| 3.60 | 742 | 18.38 | 776.44 | 17.34 | 0.82 | 0.15 | 0.14 |
| 7.25 | 198 | 4.90 | 232.04 | 5.18 | 2.00 | 0.10 | 0.10 |
| 7.625 | 43 | 1.07 | 52.31 | 1.17 | 2.07 | 0.02 | 0.02 |
| 3.80 | 701 | 17.36 | 784.89 | 17.53 | 2.12 | 0.37 | 0.37 |
| 7.60 | 195 | 4.83 | 239.97 | 5.36 | 2.23 | 0.11 | 0.12 |
| 4.50 | 493 | 12.21 | 536.75 | 11.98 | 2.57 | 0.31 | 0.31 |
| 4.80 | 493 | 12.21 | 599.10 | 13.38 | 3.38 | 0.41 | 0.45 |
| 4.65 | 874 | 21.65 | 903.89 | 20.18 | 3.39 | 0.73 | 0.68 |
| 总计 | 4 037 | 100.00 | 4 478.62 | 100.00 | | 2.26 | 2.26 |

如上表计算所示，伊士曼公司的账面价值计算的债务资本成本为2.26%，而根据市场价值计算的债务资本成本为2.26%。两者间没有差距，其原因是公司的债务账面价值和市场价值相似。这就是为什么公司在计算加权资本成本时使用债务的账面价值。但我们将要使用的是市场价值，因为市场价值反映了当前的价格。

### 3. 伊士曼的加权资本成本

我们现在已经有了计算伊士曼公司加权资本成本的各个基本部分。首先，我们需要计算资本结构中各个部分的比重。

根据账面价值，伊士曼公司的股权部分和债务部分分别为105.09亿美元和44.79亿美元，其总资产为149.87亿美元。所以，伊士曼公司的债务和权益比重分别为44.79亿美元 /149.87亿美元（即0.299）以及105.09亿美元 /149.87亿美元（即0.701）。假设公司税率为21%，则伊士曼公司的加权资本成本为：

$$WACC = 0.299 \times 2.26\% \times （1 - 0.21） + 0.701 \times 10.51\% = 7.90\%$$

## 13.11 发行成本和加权平均资本成本

到目前为止，我们在讨论加权平均资本成本时并没有将发行成本考虑进去。当我们为项目进行权益融资或者债务融资时，企业将会产生这些费用，通常称之为**发行成本**（flotation costs）。

有时候我们需要将企业的 WACC 进行相应的提高来反映发行成本。这并不是最好的方法，因为一项投资要求的收益率应该基于其自身的风险，而不是融资的来源，但这并不意味着就不考虑融资成本的问题了。这类成本是由于我们采纳了一个项目而产生的，因此它们也是相关的现金流量。我们将简要地介绍如何在项目分析中引入发行成本。

### 13.11.1 基本方法

我们从一个简单的例子开始。Spatt 公司是一个全权益公司，其权益成本为20%。公司的资本结构中100%都是权益，因此它的 WACC 就是它的权益成本。Spatt 公司正计划投资1亿美元扩展当前的生产规模。该计划的资金将全部通过发行股票获得。

通过与其投资银行的交流，Spatt 公司预计其发行成本将会是总融资额的10%。这意味着该公司通过融资获得的实际资金额度只会是发行股票总价值的90%。如果考虑发行成本，那么此次生产规模的扩张成本应该是多少？

Spatt 公司需要卖出足够多的股票来获得1亿美元的资金并支付融资成本。换句话说：

$$1 亿美元 = （1 - 0.1）\times 融资总额$$

$$融资总额 = 1 亿美元 /0.9 = 1.111 1 亿美元$$

Spatt 公司的发行成本因此将为1 111万美元，即此次扩张的实际成本包含发行成本将为11 111万美元。

如果 Spatt 公司同时使用债务融资和权益融资，那么计算将会复杂一些。假设 Spatt 公司的目标资本结构为 60% 的权益和 40% 的负债，此次权益融资的发行成本仍为 10%，而债务融资的融资成本则为 5%。

在前面的计算中，当债务和权益发行成本不同时，我们使用目标资本结构比例来计算加权平均资本成本。在这里，也采用一样的方法。我们通过将股票的发行成本 $f_S$ 乘以股票的资本结构占比（$S/V$）加上债务的融资成本 $f_B$ 乘以债务的资本结构占比（$B/V$），可得加权平均发行成本为：

$$f_O = (S/V) \times f_S + (B/V) \times f_B$$
$$= 60\% \times 0.1 + 40\% \times 0.05 = 8\% \tag{13-9}$$

因此，加权平均发行成本为 8%。这告诉我们当企业需要为新项目进行融资时，对于每 1 美元的投资，企业实际上需要融得 $1/(1-0.08)=1.087$（美元）。在我们的例子中，当忽略发行成本时，项目的成本为 1 亿美元。如果我们将发行成本考虑在内，那么实际成本将为 $100/(1-f_O)=100/0.92=108.7$（百万美元）。

当考虑发行成本时，我们要注意不要算错了加权比值。即使企业能够完全通过权益或者债务获得所有的资金，也应当使用目标资本结构比例。公司能够为特定的项目使用债务融资或者权益融资并不直接相关。如果一个公司的目标负债 – 权益比为 1，而为一个特定的项目进行全债务融资，那么它也需要进行额外的权益融资来保持其目标负债 – 权益比。因此，公司在计算发行成本时应当始终使用目标资本结构比例。

### 例 13-6　计算加权平均发行成本

Weinstein 公司的目标资本结构为 80% 的权益和 20% 的负债，权益的发行成本为 20%，负债的发行成本为 6%。如果 Weinstein 公司需要为一个新的生产设备融资 6 500 万美元，那么包括发行成本在内的实际成本应该是多少？

我们首先计算加权平均发行成本 $f_O$：

$$f_O = S/V \times f_S + B/V \times f_B = 80\% \times 20\% + 20\% \times 0.06 = 17.2\%$$

加权平均发行成本为 17.2%。不包含发行成本在内的项目成本为 6 500 万美元。如果考虑发行成本，则实际成本为 $6\,500/(1-f_O)=6\,500/0.828=7\,850$（万美元）。通过本例可以看出发行成本实际上也是一笔不小的费用。

## 13.11.2　发行成本和 NPV

我们来看看在进行 NPV 分析时如何将发行成本考虑在内。假设 Tripleday Printing 公司目前的负债 – 权益比为 100%。该公司考虑将在堪萨斯州建立新的印刷车间，花费 500 000 美元。该印刷车间将在未来永续提供每年 73 150 美元的现金流量。税率为 21%，这里有两种融资选择。

（1）发行价值 500 000 美元的股票。新的股票发行成本大概为总融资额的 10%，该公司新的权益必要报酬率为 20%。

（2）发行 30 年期的价值 500 000 美元的债券。新的债券发行成本将为 2%，该公司可以以 10% 的利率发行债券。

那么这个新印刷车间的 NPV 为多少？

首先，考虑到印刷业务是该公司的主营业务，我们将使用该公司的加权平均资本成本 WACC 来对新印刷车间估值：

$$WACC = S/V \times R_S + B/V \times R_B \times (1-t_C)$$
$$= 0.5 \times 20\% + 0.5 \times 10\% \times (1-0.21) = 13.95\%$$

由于现金流量为无限期的每年 73 150 美元，当利率为 13.95% 时，每年现金流量的现值为：

$$PV = \frac{73\,150}{0.139\,5} = 524\,373 \text{（美元）}$$

如果我们忽略发行成本，那么 NPV 为：

$$NPV = 524\ 373 - 500\ 000 = 24\ 373\ （美元）$$

当不考虑发行成本时，项目的净现值为正，因此应该实施该项目。

那么考虑到融资过程中的成本结果又是如何呢？企业进行融资必定会产生相关的发行费用。通过给定的条件，我们可以知道发行成本为债务融资 2%，权益融资 10%。由于 Tripleday Printing 公司使用等比例的债务和权益融资，那么其加权平均发行成本为：

$$f_O = S/V \times f_S + B/V \times f_B = 0.5 \times 10\% + 0.5 \times 2\% = 6\%$$

要记住的是，Tripleday Printing 公司是否能够全权益或者全负债进行融资并没有关系。由于该公司需要 500 000 美元进行新车间的投资，那么包含发行成本的实际成本则为 $500\ 000/（1-f_O） = 500\ 000/0.94 = 531\ 915$（美元）。由于现金流量的现值为 524 373 美元，因此该车间的净现值为 $524\ 373 - 531\ 915 = -7\ 542$（美元），这已经不是一个好的投资项目了。

### 13.11.3 内部权益和融资成本

我们关于发行成本的讨论到目前为止都隐含了公司为新的投资项目经常需要进行外部融资的假设。在实际中，大部分公司并不会发行新的股票进行融资。它们通常会使用充足的内部产生的现金流量来覆盖资本支出的权益部分，只有债务部分需要进行外部融资。

使用内部权益并不改变我们的计算方法。此时我们直接将权益的成本设为 0，因为并没有这类发行成本的产生。在 Tripleday Printing 公司的例子中，加权平均发行成本应为：

$$f_O = S/V \times f_S + B/V \times f_B = 0.5 \times 0 + 0.5 \times 2\% = 1\%$$

注意到权益融资来源于内部或者外部是有很大差别的，因为权益融资的发行成本相对来说较高。

## 本章小结

本章讨论的是资本成本用于衡量项目资本预算时的利率。公司的 WACC 应当仅用于估计和公司整体风险相同的项目。另外，资本成本取决于项目的风险，而不是公司的风险。恰当的资本预算能通过调整资本成本以控制风险。

1. 企业有了多余的现金可以发放股利或进行资本性支出。由于股东可以将分得的股利投资于有风险的金融资产，所以一个资本预算项目的期望收益率至少应与同等风险的金融资产的期望收益率相等。

2. 任何资产的期望收益率都取决于它的贝塔系数。因此，我们介绍了股票的贝塔系数的估计，有效的方法是对历史收益率做回归分析。

3. 如果项目的贝塔风险与企业的贝塔风险相等，对于无杠杆企业，项目的折现率等于：

$$R_F + \beta \times (R_M - R_F)$$

式中，$R_M$ 是市场组合的期望收益率，$R_F$ 是无风险利率。此式表明，项目的折现率等于证券期望收益率的 CAPM 估计值。

4. 资产贝塔系数衡量企业资产对市场投资组合价值变化的敏感性。在企业资产不变的情况下，企业的权益贝塔系数将随着其财务杠杆的增加而增加。

5. 如果项目的一部分存在债务融资，使用的折现率应当是 WACC。要计算 WACC，我们必须估计适用于该项目的权益资本成本和债务资本成本。

6. 如果一个项目的贝塔系数和所在公司的贝塔系数不同，折现率应该使用的是项目的贝塔系数。我们可以使用可比法来估计项目的贝塔系数。

7. 新的项目通常使用债务或者权益进行融资。发行的成本，通常被称为发行成本，在任何的净现值计算中都应该考虑进来。

## 思考与练习

1. **计算债务资本成本** Sunrise 公司正在试图确定公司的债务资本成本。公司有在外发行的 2 年到期的长期债券，该债券发行时以 96% 的折价发行。该债券每半年付息一次，并且有一个每年 5% 的嵌入成本。Sunrise 公司的税前债务资本成本为多少？如果公司税率为 21%，则公司的税后债务资本成本为多少？

2. **计算税收和加权资本成本** Brannan 制造公司的目标负债－权益比为 0.35，其公司的权益资本成本为 11%，债务资本成本为 6%，公司税率为 21%。计算 Brannan 公司的加权资本成本。

3. **计算加权资本成本** Kose 公司的目标负债－权益比为 0.5，其公司的加权资本成本为 10.4%，公司税率为 21%。

   a. 如果公司的权益资本成本为 14%，则公司税前债务资本成本为多少？

   b. 如果你知道公司的税后债务资本成本为 5.8%，则公司的权益资本成本为多少？

4. **计算发行成本** 假设你的公司需要为新的装配线融资 4 300 万美元。公司的目标负债－权益比为 0.75。权益的发行成本为 6%，但债务的发行成本只有 2%。你的老板决定使用债务融资，因为相对来说发行成本较低，所需要的融资额也就较小。

   a. 你认为选择全负债融资的原理是什么？

   b. 假设所有的权益都是从公司外部筹集的，请问公司的加权平均发行成本是多少？

   c. 考虑发行成本，建设新的装配线的实际成本应该是多少？本例中如果所有资金都通过负债的方式来筹集是否有差别？

5. **计算发行成本** Cookies'n Cream 公司最近为一个新的电视节目发行了新的证券进行融资。该项目成本为 4 500 万美元，公司为此次发行支付了 220 万美元的融资成本。权益融资的成本为 7%，债务融资的成本为 2%。如果该公司的权益和债务的融资比例和其资本结构比例相同，那么该公司的目标负债－权益比是多少？

6. **计算发行成本和净现值** Landman Corporation（LC）公司专门生产延时拍摄的摄影器材。它目前的目标负债－权益比为 0.60。该公司正在考虑是否建设新的生产设备，将花费 7 300 万美元。这个新的生产设备将永续产生每年 940 万美元的税后现金流量。所有的权益融资都来自外部。这里有 3 个融资选择。

   （1）**发行普通股**：普通股的发行成本为 6%。公司新的权益的必要报酬率为 13%。

   （2）**发行 20 年期债券**：债券的发行成本为 3%。如果公司以 7% 的年息票率发行债券，则价格为面值。

   （3）**使用应付账款进行融资**：由于这种方法依赖于公司日常业务产生的资金，因此没有发行成本。我们可以认为其成本等同于公司的 WACC。经理认为应付账款和长期负债的目标比值应为 0.15（假设税前和税后应付账款成本没有区别）。

   新设备的净现值为多少？假设 LC 公司税率为 21%。

# PART

# 4

## 第4篇

# 资本结构与股利政策

# 第14章

# 有效资本市场和行为挑战

纳斯达克股票市场在 20 世纪 90 年代后期几近疯狂，1996—1999 年每年分别获利约 23%、14%、35% 和 62%。当然，那壮观的趋势在 2000 年戛然而止，纳斯达克在 2000 年损失了将近 40% 的市值，接下来在 2001 年 又损失了 30%。ISDEX 是一个与互联网相关的股票指数，从 1996 年的 100 点上升到 2000 年 2 月的 1 100 点，获利大约 1 000%。然后到 2000 年 5 月前，它突然掉到 600 点。

当然，泡沫也存在于单个资产中。例如，很多投资者曾目睹特斯拉汽车的科技泡沫，2013 年 3 月 22 日到 2014 年 2 月 26 日，它的价值增长超过 590%。事实上，有分析指出特斯拉汽车可能被高估了 150%。特斯拉汽车的股票似乎失去了潜力，因为它在接下来的 4 年中仅上涨了约 39%。当然，特斯拉汽车的股票随后又大涨了一次。从 2019 年 10 月 4 日到 2020 年 9 月 14 日，该股票上涨了 811%。

然而，首次公开发行（IPO）市场上的泡沫可比科技泡沫明显得多。在 IPO 市场上，公司首次出售股票并获得高额初始收益并不少见。1999—2000 年，惊人的收益成为司空见惯的事。例如，弗吉尼亚州的 Linux 股票在上市首日猛涨 698%！在这期间，总共有 194 只股票在上市首日翻倍甚至不止翻倍。相比之下，在之前的 24 年间只有 39 只股票在上市首日翻倍。

纳斯达克在这段时间的表现，特别是网络股票的涨跌，被许多人描述为最大的市场泡沫之一。他们认为价格在投资者清醒前被夸大到了一个经济学上看来荒谬的水平，这也导致了后来泡沫的破灭，价格大幅下跌。围绕 20 世纪 90 年代后期的股票市场是否真的存在泡沫的辩论产生了许多争议。在本章中我们将讨论这些对立的想法，列出双方的证据，然后分析其对财务经理的意义。

## 14.1  融资决策能创造价值吗

本书前面的部分阐述了如何根据净现值准则评价投资项目。现实世界是一个充满竞争的世界，找到一个净现值为正的投资项目并不总是一件容易的事情。但是通过努力工作和好运，公司能找到一些吸引人的项目。例如，为了通过资本预算决策创造价值，公司很可能：

（1）找到对一个特定的产品或者服务的需求无法得到满足的情况；

（2）创造障碍，使得其他公司难以与之竞争；

（3）以比竞争对手更加低廉的成本生产产品或提供服务；

（4）成为开发某种新产品的首家公司。

接下来的 8 章涉及融资决策。典型的融资决策包括要出售多少债务和股权、出售债务和股权的种类是什么、什么时候出售。正如我们使用净现值准则评价资本预算的项目，我们现在要用相同的准则来评价融资决策。

尽管评价融资决策的程序与评价投资项目的程序是相同的，但结果是不一样的。公司正净现值的投资机会普遍比正净现值的融资机会多很多。事实上，我们稍后会说明一些合理的财务模型意味着有价值的融资机会根本就不存在。

虽然将在稍后对缺乏有利可图的融资机会做详细分析，不过现在是时候给出一些评论了。我们主张主要有 3 种方式能创造有价值的融资机会。

（1）**愚弄投资者**。假设公司可以通过发行股票或复合证券筹集资金，比如股票与认股权证相结合。假设 100 股公司股票的价值等于 50 个单位的复合证券的价值。如果投资者被误导，对复合证券过分乐观，或许这 50 单位的复合证券能卖出超过 100 股股票的价值。显然这种复合证券提供了一种有价值的融资机会，公司可以因为这个获得超过其公允价值的资金。

财务经理力图包装证券以获得最大的价值。愤世嫉俗者可能把这当作企图愚弄投资者的行为。

但是有效资本市场理论意味着投资者不能被轻易地愚弄。它宣称股票价格总是恰当的，这意味着市场总体上确实是非常精明的。在我们的例子当中，50 单位的复合证券将与 100 股股票以相同的价格出售，因此公司管理者不能通过愚弄投资者试图创造价值。相反，管理者必须采用其他方法创造价值。

（2）**降低成本或提高补贴**。我们稍后会在本书中说到，某些类型的融资决策会比其他类型的融资决策具有更高的税收优惠。很明显为了最小化税收而包装证券的公司可以提高公司的价值。此外，任何融资技术都涉及其他费用，例如，必须付钱给投资银行、律师和会计师。公司为减少这类费用而包装证券也可以提高公司的价值。

### 例 14-1 估计融资补贴

假设 Vermont Electronics 公司正考虑将它的工厂搬到劳动成本较低的墨西哥。公司希望能留在佛蒙特州，向州政府申请发行 200 万美元为期 5 年的免税工业债券。目前佛蒙特工业收入债券的票面利率是 5%。这一利率很有吸引力，因为 Vermont Electronic 公司正常的债务资本成本是 10%。公司每年将支付利息 100 000 美元（=200 万美元 ×5%），而不是支付 200 000 美元（=200 万美元 ×10%）。这个潜在的融资手段的净现值是多少？

如果申请得到批准，Vermont Electronic 公司获准发行工业收入债券，净现值（忽略公司税）是：

$$NPV = 2\,000\,000 - \left[ \frac{100\,000}{1.1} + \frac{100\,000}{(1.1)^2} + \frac{100\,000}{(1.1)^3} + \frac{100\,000}{(1.1)^4} + \frac{2\,100\,000}{(1.1)^5} \right]$$
$$= 2\,000\,000 - 1\,620\,921$$
$$= 379\,079（美元）$$

该交易的净现值为正。Vermont Electronic 公司获得补贴融资，补贴金的价值是 379 079 美元。注意，我们计算的利息和本金都是假设债务资本成本为 10%。请记住，反映现金流量风险的应当是折现率，而非借款利率。

（3）**创造一种新的证券**。近几十年金融创新不断涌现。例如，诺贝尔经济学奖获得者默顿·米勒（Merton Miller）在一个关于金融创新的演讲中反问道："在有记载的历史上，有哪一个 20 年能经历最近 20 年金融创新的哪怕 1/10？过去只发行标准债券和标准普通股股票的公司，现在发行零息债券、可调整利率票据、浮动利率票据、卖方选择权债券、信用升级债券、应收账款担保债券、可调整优先股、可转换的可调整优先股、股息竞标优先股、单点可调整股票、可转换可交易优先股、可调整可转换债券、零息可转换债务、普通股强制购买合约的债务——仅举几个例子而已！"[一]而且，金融创新在默顿讲话之后出现得甚至更快了。

尽管每种金融工具的优点各不相同，但一个共同的主题是，这些新的证券不能轻易通过现有证券的组合来复制。因此，之前不满意的投资者可能会为专门迎合他需要而设计的证券额外付钱。例如，卖方选择权债券使得购买者按固定价格将债券回售给公司。这个创新实际上建立了价格下限，减少投资者不利方面的风险。或许规避风险的投资者和不怎么了解债券市场的投资者会发现这一特征很诱人。

---

[一] Merton H. Miller, "Financial Innovation: The Last Twenty Years and the Next," *Journal of Financial and Quantitative Analysis* 21, no.4(December 1986):459-71.

公司从高价发行这些独特的证券中获利。但是我们有充分的理由相信，从长期来看创新者所能得到的价值是很小的，因为创新者通常不能获得某个想法的专利权或者版权。许多公司很快发行同类证券，结果迫使价格下降。

这个简要的介绍为本书接下来的几章奠定了一个基础。本章其余部分将分析有效市场假说。如果资本市场是有效的，公司管理者就不能通过愚弄投资者创造价值。这是十分重要的，因为公司必须通过其他或许更困难的方法创造价值。此外，本章还阐述了对完美有效市场假说的行为挑战。

## 14.2　有效资本市场的描述

有效资本市场是指一个股票价格完全反映了可得到信息的市场。为了说明有效资本市场是如何运作的，假设 F-stop Camera Corporation（FCC）试图开发自动对焦系统速度是现有水平两倍的照相机。FCC 相信这个研究的净现值是正的。

现在考虑 FCC 的股票。什么因素决定投资者以某一个特定的价格持有 FCC 股票？一个重要因素是 FCC 成为首家开发新型自动对焦系统的公司的可能性。在一个有效的资本市场上，如果这种可能性增大，我们预期 FCC 的股票价格上升。

假设 FCC 聘请了一位著名的工程师开发新型自动对焦系统。在一个有效的资本市场上，当这一信息公布的时候，FCC 的股票价格会发生什么变化？如果这位著名工程师得到的报酬完全反映了他对公司的贡献，FCC 的股票价格未必会变化。反之，假设聘请这位工程师是一个净现值为正的交易，股票价格在这种情况下会上升，因为公司支付给这位工程师的报酬低于他对公司的实际价值。

FCC 股票价格的上涨将在什么时候出现？假定聘任公告出现在周三早上的媒体报道。在一个有效的资本市场上，FCC 的股票价格将立刻根据这一新信息进行调整。投资者不能在周三下午买入股票，然后在周四获利。这将意味着股票市场花了一天时间完全认识 FCC 媒体报道的含义。有效市场假说预言，FCC 周三下午的股票价格就已经反映了包含在周三上午媒体报道的信息。

**有效市场假说**（efficient market hypothesis，EMH）对投资者和公司有许多含义。

（1）因为信息立刻反映在价格里，所以投资者应该只能预期获得正常的收益率。发布了才认识到的信息，并不能给投资者带来任何好处。价格在投资者进行交易前已经调整。

（2）公司应该期望从它们出售的证券中得到公允价值。公允表示公司发行证券所收到的价格是现值。因此，有效资本市场不存在愚弄投资者而获得的有价值的融资机会。

图 14-1 展示了股票价格几种可能的调整方向。实线表示股票价格在有效市场上采用的路线。在这种情况下，股票价格根据新的信息及时地进行调整，没有更进一步的变化。点线描绘了延迟反应。市场在这里用了 30 天才完全吸收信息。最后，虚线表明过度反应及随后向真正的价格修正。点线和虚线表示在非有效市场上股票价格可能采用的路线。如果股票价格要花好几天调整，适时买卖的投资者就可能获利。[一]

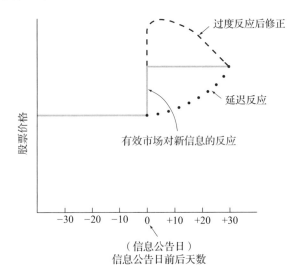

图 14-1　有效和无效市场价格对新信息的反应

注：有效市场反应：价格马上反映了所有新信息，后续没有上涨或下跌的趋势。

延迟反应：价格对新信息反应缓慢，过了 30 天才反映了所有新信息。

过度反应：价格对新信息过度调整，价格存在泡沫。

---

[一]　现在你应该理解下面的短故事。一个学生和她的财务学教授一起走过大厅，他们都看到了地上的 20 美元。当这名学生弯腰去捡起时，教授一脸失望，慢慢地摇着头，耐心地对学生说："别费心了，如果 20 美元真在那里，别人早就捡走了。"

这个故事的寓意反映了有效市场假说的逻辑：如果你认为你已经发现了股票价格的某种规律或选取赢家的简单手段，或许你什么也没发现。如果有如此简单的方法赚钱，别人早该发现。而且如果人们都试图挖掘信息的价值，他们的努力将会弄巧成拙，规律将会消失。

## 市场有效性的基础

图 14-1 表明了市场有效性的结果，但是使得市场有效的条件是什么？安德鲁·施莱弗（Andrei Shleifer）认为有 3 个条件，任何一个都可以导致市场有效：①理性，②独立的理性偏差，③套利<sup>⊖</sup>。下面我们讨论这些条件。

### 1. 理性

想象所有投资者都是理性的。当市场发布新信息时，所有投资者都会以理性的方式调整自己对股价的估计。在我们的例子中，投资者将使用 FCC 媒体报道中的信息，结合公司现有的信息，确定 FCC 新的投资项目的净现值。如果 FCC 媒体报道中的信息意味着该投资项目的净现值是 1 000 万美元，且有 200 万股的股票，投资者将计算出 FCC 的净现值是每股 5 美元。FCC 之前的价格假定是 40 美元，现在没有人会以这个价格进行交易。有兴趣卖出股票的会以至少 45（=40+5）美元的价格出售。有兴趣买入股票的投资者现在愿意支付 45 美元。换句话说，价值将上涨 5 美元。价格立即上涨是因为理性的投资者没有理由等到以新的价格进行交易。

当我们都知道我们的家人、朋友甚至我们自己似乎都有表现得没有那么理性的时候，要求所有投资者都表现得理性或许过于苛刻。但是如果下列情形成立，市场将仍然是有效的。

### 2. 独立的理性偏差

假设 FCC 媒体报道中的信息并不是那么清楚。可能卖出多少台新的照相机？以什么价格出售？每台照相机的成本是多少？其他照相机公司是否可以开发出竞争产品？开发可能要多长时间？如果这些或者其他什么问题不能轻易解决，我们将很难估计净现值。

有这么多问题未能得到解答，因此许多投资者不能清晰地思考。有些投资者会对新产品抱有幻想，希望并且非常确信销售预测大大高于理性的水平。他们愿意为新的股票支付过多的钱，而且如果需要出售股票（或许为现在的消费筹资），会在一个高的价格出售。如果这些投资者主导了市场，股价的上涨很可能超过市场有效性所预计的上涨。

然而由于抵触情绪，投资者也很容易悲观地对待新的信息。别忘了商业史学家告诉我们，投资者起先非常怀疑电话、复印机、汽车以及计算机的好处。当然他们也可能对新的照相机过于怀疑。如果投资者主要是这类的，股价的上涨就很可能低于市场有效性所预计的上涨。

但是假设非理性乐观的人和非理性悲观的人在数量上大体相当。股价上涨很可能和市场有效性预计的一致，即使大多数投资者都被归为非完全理性的。因此市场有效性并不要求理性的个人——只要相互抵消各种非理性。

然而，始终假设非理性会相互抵消是不现实的。有些时候，大部分投资者将被过度乐观笼罩，而有些时候将被过度悲观笼罩。即便如此，还有一个假设可以得到有效性。

### 3. 套利

想象世界上只有两种人：非理性的业余投资者以及理性的专业投资者。业余投资者受情感左右，有时非理性地认为股价被低估了，其他时候又认为恰恰相反。如果不同业余投资者的激情不能相互抵消，这些业余投资者自己就会把股价推动得高于或低于有效价格。

现在我们引进专业投资者。假定专业投资者系统地、理性地进行交易。他们彻底地研究公司，客观地评估迹象，冷静清晰地估计股票价格，随后采取相应行动。如果股票被低估，他们会买进；如果被高估，他们会卖出，而且他们会比业余投资者更有信心。虽然业余投资者可能只在小数额上冒险，但是知道股票低估的专业投资者可能会在大数额上冒险，而且他们为了获取利润愿意重新整合整个投资组合。如果他们发现通用汽车的股价被低估，他们可能卖出拥有的福特汽车股票去买通用汽车。套利是我们在这里马上想到的词，因为套利从同时买卖不同但相互替代的证券中获利。如果专业投资者套利控制着业余投资者的投机，那么市场依然是有效的。从事套利的人被称为套利者。套利者通常押注股票或其他资产的价格会下跌。如果套利者拥有相关资产，他可以将其出售。但如果他并未拥有呢？没问题，他可以进行所谓的**卖空**（short sale）。在中间商的帮助下，卖空者

---

⊖　Andrei Shleifer, *Inefficient Markets: An Introduction to Behavioral Finance* (Oxford: Oxford University Press, 2000).

借入资产将其出售，从而形成空头头寸。在未来，他买回来并归还即可。

如果卖空者买回资产所支付的价格低于最初出售资产时的价格，那么他就会获利。请注意，卖空者通过买回并返还空头头寸来"平仓"是非常重要的。事实上，正如华尔街所说的那样："卖掉不属于自己的东西的人，他必须把它们买回来，否则他会被送去监狱。"

## 14.3　有效市场的类型

在前面的讨论中，我们假定市场立刻对所有可得的信息做出反应。现实中某种信息对股票价格的影响可能比其他信息更快。为了处理不同的反应速度，研究人员将信息划分为不同的种类。最常见的分类方法有三种：过去价格的信息、公开可得到的信息以及所有的信息。下面分析三类信息对价格的作用。

### 14.3.1　弱型

设想某种交易策略建议在一只股票连涨 3 天后买入，连跌 3 天后卖出。这个交易策略使用的信息仅仅基于过去的价格。它没有使用任何如利润预测、兼并公告或货币供应量等其他信息。如果资本市场完全包含了过去价格的信息，人们就会认为资本市场是**弱型有效**的，或者说满足**弱型有效性**（weak form efficiency）。如果弱型有效性成立，前面说的交易策略将不能获取利润。

通常弱型有效性在数学上可以表示为：

$$P_t = P_{t-1} + 期望收益率 + 随机误差, \tag{14-1}$$

式（14-1）表明，证券今天的价格等于过去观测到的价格加上证券的期望收益率，再加上这段时间发生的随机误差。过去观测到的价格可以是昨天的价格、上周的价格或者上月的价格，取决于我们的样本区间。期望收益率是证券风险的函数，是由前几章风险和收益的模型确定的。随机误差是股票的新信息产生的，可能是正数也可能是负数，期望值等于零。任一时期的随机成分和过去任一时期的随机成分是不相关的。因此这一成分根据过去的价格是不可预测的。如果股票价格遵循式（14-1），我们就说股票价格遵循**随机游走**（random walk）。[⊖]

弱型有效性是我们期望市场表现的最弱形式的有效性，因为过去价格的信息是股票信息中最容易获取的一种。如果仅仅从股票价格变动中发现规律就可以赚取超常利润，每个人都可以做到，任何利润也将会在争夺中消失。

图 14-2 展示了这种竞争的作用。假设股票的价格正如波动曲线所示呈现出一种周期性。精明的投资者将在低点买入，迫使价格上涨。相反地，他们会在高点卖出，迫使价格下跌。周期性规律通过竞争将会得到消除，只剩下随机的波动。

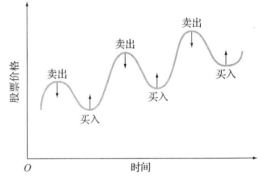

图 14-2　投资者行为趋势消除了股票价格变动的周期性

注：如果股票的价格遵从一定的周期模式，那么在有效的市场里这种模式将很快消失。如果投资者都在谷底买入，在波峰卖出，那么随机游走的模式就会出现。

### 14.3.2　半强型和强型

如果弱型有效性是有争议的，那么其他两种更强类型的有效性——半强型有效性和强型有效性引起的争议就更大了。如果价格反映（包含）了所有公开可得到的信息，包括公布的公司财务报表和历史价格信息，则市场是**半强型有效性**（semistrong form efficiency）的。如果价格反映了所有的信息，包括公开的和内幕的，则市场是**强型有效性**（strong form efficiency）的。

---

⊖　本书中的随机游走可以认为是弱型有效性的同义词。从技术上说，随机游走是一个限制性稍多的假说，因为它假定股票收益在所有时间段内具有相同的分布。

过去价格的信息集是公开可得到的信息集的子集。公开可得到的信息集依次又是所有信息集的子集，如图 14-3 所示。因此强型有效性包含着半强型有效性，半强型有效性包含着弱型有效性，反之则不同。半强型有效性和强型有效性的区别在于，半强型有效性不但要求在过去价格的信息方面是有效的，而且要求公开可得到的信息反映在价格上。

为了说明不同形式的市场有效性，想象一位总是在某种股票价格上升后卖出这一股票的投资者。一个仅仅是弱型有效而不是半强型有效的市场将使这种策略无法产生正的利润。根据弱型有效性，最近的价格上升并不意味着股票的价值被高估。

现在考虑一个公布盈利上升的公司。某一投资者在读到提供这一信息的新闻报道后可能考虑投资这只股票。但如果市场是半强型有效的，价格在新闻报道后应该立即上升。因此投资者最终支付更高的价格，消除所有获利机会。

图 14-3　三类不同信息集之间的关系

注：过去价格的信息集是所有公开可得到的信息的子集，当然也是所有信息的子集。如果今天的价格只反映了过去的价格，市场是弱型有效的。如果今天的价格反映了所有公开可得到的信息，那么市场是半强型有效的。如果今天的价格反映了所有的公开或私人信息，那么市场是强型有效的。半强型有效包含了弱型有效，强型有效包含了半强型有效。

在图谱的最外围是强型市场有效性。这一形式说明任何与股票价值有关，至少有一个投资者知道的信息，实际上已经完全反映在股票价格中。对强型有效性深信不疑的人将否认一个得知公司的采矿业务是否发现金矿的内幕者可以从这一消息中获利。强型市场有效性如此忠实的信徒可能会认为一旦内幕者试图利用他的信息进行交易，市场将认识到发生的事情，股价在他购买该公司的股票之前就会飙升。强型有效市场理论的信徒也可以认为，没有任何秘密的事情。一旦发现金矿，秘密就泄露出来了。

认为市场是弱型有效的一个原因是，找出股票价格的特点是很容易的。任何能运用计算机和懂点统计学的人都可以寻找到这些特点。这有效地说明了倘若存在这些特点，人们将发现并利用它们，从而导致它们消失。

半强型有效性意味着比弱型有效性更老练的投资者。投资者必须掌握经济学和统计学，并且对各种行业和公司的特征有深入了解。此外，掌握和使用这些技术需要天分、能力和时间。用经济学家的话来说，这种努力是昂贵的，有能力获得成功的少之又少。

至于强型有效性，这只是比半强型有效性更进一步。很难相信市场是如此有效，以致某些拥有有价值的内幕信息的人都不能借此获利。实证研究的证据基本不支持这种形式的市场有效性。

### 14.3.3　有效市场假说的一些常见误解

在财务学领域，没有任何一个概念像有效市场概念吸引了如此多的关注。在某种程度上，这是因为许多批评建立在对假说的误解的基础上。我们接下来列举三种误解。

#### 1. 投掷飞镖的效力

市场有效性概念第一次在金融刊物上公开发表并且引起争论时，经常可以用下面的引语来刻画："向金融版投掷飞镖的……将产生一个预期与专业证券分析师所管理的投资组合业绩一样好的投资组合。"⊖⊖这种说法基本上是真的，但不完全。

所有有效市场假说真正说的是，平均来说，管理者将不能获得超常或超额收益。超额收益是相对于某个基准期望收益率来定义的，比如根据第 11 章证券市场线（SML）确定的期望收益率。投资者还必须决定他所持有

---

⊖　Burton Malkiel, *A Random Walk Down Wall Street: The Time-Tested Strategy for Successful Investing* (New York: W. W. Norton & Company, 2019).

⊜　旧文章通常所指的参照基准是："投掷飞镖的猴子"。随着政府在证券行业的影响变大，参照基准通常重新表述为"投掷飞镖的国会代表"。

的投资组合的风险程度。此外，一个随机的飞镖投掷者最后可能所有的飞镖集中在一种或两种经营遗传工程的高风险股票上。你是否真的愿意将你所有的股票投资都放在这两种股票上？

无法理解这一点通常会导致对市场有效性的混淆。例如，有时错误地认为市场有效性意味着你做什么都没有关系，因为市场有效性将保护不在意的人。然而有人曾经评论："有效市场保护羊不被狼吃掉，但无法保护羊不被它们自己吃掉。"

有效性说的是当公司出售其股票时，它所得到的价格是个公平的价格，因为这个价格反映了特定可得到的信息下其股票的价值。投资者不必担心他们为一只低股利或其他特点的股票支付过多的钱，因为市场已经把这些信息考虑到价格里，但投资者还是不得不担心诸如所承受的风险和多元化的程度。

### 2. 价格波动

多数公众对有效性持怀疑态度，因为股票价格天天波动，但是每日价格的变动与有效性绝不矛盾。在有效市场上，股票通过改变价格对新的信息做出调整。每天都有大量的新信息进入股市。实际上，在一个不断变化的世界，缺少每日的价格变动可能暗示着无效。

### 3. 股东漠不关心

许多外行不相信如果仅仅流通在外股票的一部分在某一天换手，市场价格可以是有效的。但是，某日某一股票交易者的人数通常远小于密切注视这一股票的人数。因为只有当此人对股票价值的估价与市场价格的差别大到足以支付交易所需的佣金和其他交易费用的时候才会交易。此外，即使密切关注股票的交易者人数相对于现有的股东人数来说很少，但只要许多有兴趣的交易者使用公开可得到的信息，股票就可以有效地定价。也就是说，即使许多股东从不密切关注股票，更没有考虑近期进行交易，股票价格也可以反映可得到的信息。

## 14.4　证据

支持和反对有效市场假说的证据相当广泛，在本节中，我们将回顾弱型、半强型和强型有效性的研究。

### 14.4.1　弱型

弱型有效性意味着股票价格过去的变动和未来的变动是不相关的。第 11 章的结果为我们检验这个假说提供了可能。在那一章中我们讨论了两种不同股票的收益之间的相关系数这一概念。例如，福特汽车公司和通用汽车公司的收益之间的相关系数很可能相对比较高，因为两家公司同处一个行业。相反，通用汽车与欧洲某快餐连锁店这两家公司股票的收益之间的相关系数很可能很低。

财务经济学家经常谈到仅仅涉及一只股票的序列相关系数。这是某股票现在的收益和同样股票在随后期间的收益之间的相关系数。股票的序列相关系数为正，说明具有延续的趋势。也就是说，今天股票的收益率高于平均值，未来股票的收益率也可能高于平均值。类似地，今天股票的收益率低于平均值，未来股票的收益率也可能低于平均值。

股票收益率的序列相关系数为负，说明具有反转的趋势。也就是说，今天股票的收益率高于平均值，未来股票的收益率可能低于平均值。类似地，今天股票的收益率低于平均值，未来股票的收益率可能高于平均值。显著为正或显著为负的序列相关系数都是市场无效的标志。换句话说，今天的收益可以用于推断未来的收益。

股票的序列相关系数接近于 0，可以视为和弱型有效性相一致。因此，当下股票收益率高于平均值，接下来收益率很有可能高于平均值，也有可能低于平均值。相似地，当下股票收益率低于平均值，接下来收益率也有可能高于平均值或低于平均值。

表 14-1 的前 7 行列示了美国 7 个大公司股票日收益率变化的序列相关系数。这些系数表明了今天的收益与昨天的收益是否有关系。可以看出，5 个相关系数为负，意味着今天高于平均的收益率更可能导致明天低于平均的收益率。相反地，2 个相关系数为正，意味着今天高于平均的收益率更可能导致明天高于平均的收益率。

表 14-1 一些公司的序列相关系数

| 公司 | 2020 年序列相关系数 |
| --- | --- |
| 特斯拉 | 0.009 5 |
| 家乐氏 | 0.005 4 |
| 通用电气 | −0.008 7 |
| 斯马克 | −0.009 9 |
| 雅保 | −0.020 1 |
| 艾可菲 | −0.023 7 |
| 高乐氏 | −0.056 5 |

注：家乐氏的系数为 0.005 4，略大于 0，意味着今天有正的收益，未来有小部分仍可能获得正的收益。斯马克的系数为负，意味着今天有正的收益，未来有可能获得负的收益。然而，系数相较于估计误差和交易成本来说过于小，以至于普遍认为结果符合弱型有效市场假说。

因为相关系数理论上可以在 +1 和 −1 之间变动，所以报告的平均相关系数非常小。考虑到估计误差和交易费用，我们通常认为这些结果和弱型有效性是一致的。

当这些序列相关系数检验应用于大型历史数据样本时，就会出现不同的情况。研究人员发现了长期反转、短期反转以及中期动量效应。实证数据表明，在 1 ～ 3 年的时间范围内（长期），以及 1 ～ 4 周的时间范围内（短期）存在反转效应。例如，根据长期反转效应预测，过去 1 ～ 3 年跑赢大盘的股票在未来 1 ～ 3 年会跑输大盘。而在长期和短期之间，股票似乎表现出动量效应，即过去的表现持续存在而不是反转。

总之，反转和动量效应的证据表明历史收益可以预测未来收益，导致行为金融学的支持者认为市场不是弱型有效的。然而，对这一研究方向的怀疑者很快指出，这些结论可能源于对我们有限历史交易数据集的数据挖掘。这些模式可能只是巧合，未来可能不会复制相同的模式。他们还指出，相信股市动量效应的交易策略容易导致毁灭性的崩盘。

无论你是否相信基于大量历史数据样本的证据，我们都提醒你不要从单个价格序列的模式中得出结论。人们可能会看到实际上并不存在的价格变动规律。心理学家和统计学家的研究表明，多数人并不知道什么是随机性，考虑图 14-4。图 14-4a 采用随机数和式（14-1），由计算机绘制。然而我们已经发现，研究图表的人通常会从中看出规律。不同的人会看出不同的规律，并且预测未来价格不同的变动。但是根据我们的经验，所有的看图者对他们看出的规律都相当自信。

接下来我们考虑追踪盖普（Gap）公司股票价格实际变动的图 14-4b。这个图对于某些人来说，看起来肯定不是随机的，意味着弱型有效性不能成立。但是对模拟价格来说，它也具有视觉上极相近的类同。统计测试表明，它的确像一个完全随机的序列在变动。因此依我们看，声称从股票价格数据中看出某种规律的人很可能是错觉。

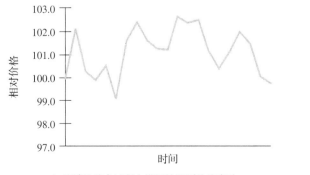
a）从随机游走过程中模拟的股票价格变动

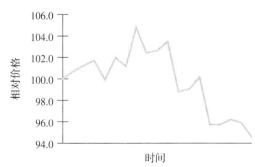
b）盖普公司的实际股票价格变动

图 14-4 模拟股票价格变动与实际股票价格变动

注：尽管通过随机游走过程产生的股票价格变动根据定义是随机的，但是人们经常看出一些规律。人们可能也会看出盖普公司股票价格变动的规律，但是盖普公司股票价格的规律和那些模拟的随机序列非常相似。

### 14.4.2　半强型

半强型有效市场假说意味着价格应该反映了所有公开可得到的信息。我们介绍两种检验这种形式的方法。

#### 1. 事件研究

某一股票某一天的超常收益（AR）可以用股票当天的实际收益（$R$），减去当天以诸如标准普尔成分指数的广泛基础指数衡量的市场收益（$R_m$）来计算。[⊖]

$$AR = R-R_m$$

下面的体系将帮助我们理解半强型的检验：

$$在时间（t-1）披露的信息 \longrightarrow AR_{t-1}$$
$$在时间（t）披露的信息 \longrightarrow AR_t$$
$$在时间（t+1）披露的信息 \longrightarrow AR_{t+1}$$

箭头表明某一时期的超常收益仅仅与该期披露的信息有关。

根据有效市场假说，股票在第 $t$ 时间的超常收益（$AR_t$）应该反映在同一时间 $t$ 披露的信息中。任何在 $t$ 之前披露的信息应该对这一期间的超常收益没有影响，因为其影响在之前就已经感觉到了。换句话说，有效市场应该已经把之前的信息反映在价格里了。因为股票今天的收益不可能取决于市场还不知道的信息，所以未来才知道的信息也不影响股票的收益。因为某一时间的信息只影响那一期的超常收益，这样箭头指向的就是所显示的方向。事件研究是分析箭头是否像所显示的那样，或者说信息披露是否影响另外一天收益的统计研究。

这些研究除了超常收益（AR）外，还提到累计超常收益（CAR）。举一个例子，一家公司公告在日期 −1、0 和 1 的超常收益分别是 1%、−3% 和 6%。在日期 −1、0 和 1 的累计超常收益（CAR）分别是 1%、−2%[=1%+（−3%）] 和 4%[=1%+（−3%）+6%]。

作为一个例子，考虑 Szewczyk、Tsetsekos 和 Zantout 关于股利停发的研究。[⊜]图 14-5 显示了宣布股利停发的样本公司的累计超常收益。因为股利停发通常被认为是一个坏消息，所以我们预期超常收益在公告日附近是负数。正如累计超常收益的下跌所显示的那样，公告日前一天（$t=-1$）和公告日（$t=0$）的超常收益是负的，[⊜]但是注意在公告后累计超常收益几乎没有变动。这意味着坏消息在公布当天已经全部反映在股票价格中，这一结果和市场有效性是一致的。

多年来，这种研究方法一直用于大量事件的研究。股利公告、盈利公告、兼并公告、投资支出公告、新股发行公告只是这一研究领域的一些例子。早期事件研究的检验一般支持市场是半强型有效性（因此也是弱型有效性）的观点。然而大量的最新研究提出了市场并没有立即反映所有相关信息的证据。一些人从这得出结论说市场不是有效的。另一些人认为鉴于这些研究中存在的统计上和研究方法上的问题，这个结论没有正当理由。我们在本章后续部分会进一步说明这个问题。

---

[⊖] 我们也用市场模型来衡量超常收益。在这个例子中，超常收益是：

$$AR = R - (\alpha+\beta R_m)$$

[⊜] Samuel H. Szewczyk, George. P. Tsetsekos, and  Zaher Z. Zantout, "Do Dividend Omissions Signal Future Earnings or Past Earnings?" *Journal of Investing* 6,no.1(Spring 1997):40-53.

[⊜] 机敏的读者可能想知道为什么 $t=-1$ 和 $t=0$ 的超常收益是负的。为了明白这个，首先要注意在学术研究中，公告日通常被认为是故事在《华尔街日报》出版的日期。然后考虑一个在周二中午通过媒体发布会宣布股利停发的公司，其周二股票应该下跌。公告将会刊登在周三的《华尔街日报》上，因为周二版的《华尔街日报》已经印好了。对这个公司来说，股票价格在《华尔街日报》公告的前一天就下跌了。

也可以想象另外一个在周二晚上 8 点通过媒体发布会宣布股利停发的公司，因为股市在那时已经关闭，周三股票价格才会下跌。因为《华尔街日报》将会在周三报道这个公告，所以股票价格会在《华尔街日报》公布的那天下跌。

公司可能在交易时间或者之后发布公告，股票价格因此会在相对于《华尔街日报》出版日期的 $t=-1$ 和 $t=0$ 下跌。

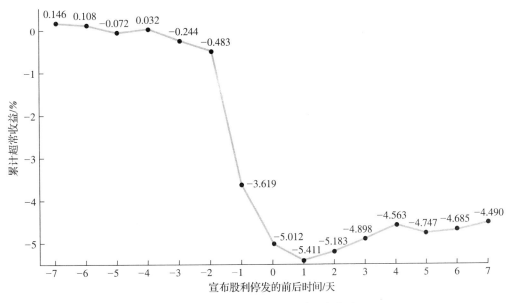

图 14-5 股利停发公司的累计超常收益

注：累计超常收益在股利停发公告之日的前一天和公告日下降。累计超常收益在公告日之后没有什么变动。这个规律和市场有效性
一致。

资料来源：From Exhibit 2 in Samuel H. Szewczyk, George P. Tsetsekos, and Zaher Z. Zantout, "Do Dividend Omissions Signal Future
Earnings or Past Earnings?" *Journal of Investing* (Spring 1997).

### 2. 共同基金的记录

如果市场是半强型有效性的，那么无论共同基金的经理根据哪些公开可得到的信息来选择股票，共同基金的平均收益与市场上整体投资者的平均收益都应该是相同的。于是我们可以通过比较积极管理的共同基金和指数基金的表现来检验市场有效性。积极管理的共同基金试图运用公开可得到的信息和一些分析技巧来取得优于市场表现的水平。指数基金则是被动管理并试图复制某个市场指数。先锋500（Vanguard 500）指数基金就是一个广为人知的复制标准普尔500指数的基金。图14-6给出了在1989—2018年表现击败了先锋500指数基金的托管基金的百分比。在30年间只有12年，超过半数的专业基金打败了先锋500指数基金。

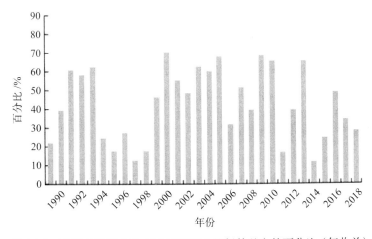

图 14-6 表现击败了先锋 500 指数基金的托管基金的百分比（年收益）

资料来源：Bradford D. Jordan, Thomas W. Miller, and Steven D. Dolvin, *Fundamentals of Investments*, 9th ed. (New York: McGraw-Hill,
2020).

某位教授告诉成功的股市投资者，他们未必聪明，只是幸运而已，也许没有什么能比这个更让成功的股市

投资者愤怒了。但是图 14-6 仅仅代表一个研究，实际上研究共同基金的论文有很多。绝大多数的证据是平均起来，共同基金并没有胜过广泛基础指数。

共同基金的经理大体上依靠的是公开可得到的信息，因此他们的业绩没有超过市场指数的发现是与半强型有效性和弱型有效性的假设一致的。

但这个证据并不是说共同基金对个人投资者是一种糟糕的投资。尽管这些投资基金没能获得比市场指数更好的收益，但是它们允许投资者购买多种股票组成的投资组合（通常所用的短语是"充分多元化的投资组合"），而且它们可能提供各种各样的服务，比如保管并记录所有的股票。

### 14.4.3 强型

即使是有效市场假说的最坚定的支持者，也不会因为发现市场没有达到强型有效性而感到奇怪。别忘了如果某个投资者拥有其他人所没有的信息，那么很可能他可以从中获利。

一些关于强型有效性的研究调查了内幕交易。公司内部人士通常能接触到得不到的信息。但是如果有效市场假说成立，他们就不能根据这些信息交易而获利。政府机构——美国证券交易委员会（SEC）要求公司内部人士披露他们可能从事的本公司股票的交易。通过检查这些交易记录，可以看出他们是否获得了超常收益。许多研究支持的观点是这些交易的获利是超常的，因此强型有效性似乎没有得到证据的支持。

## 14.5 行为理论对市场有效性的挑战

我们在第 14.2 节中介绍了施莱弗教授的三个条件，即理性、独立的理性偏差和套利任何一个都可以导致市场有效性。学术圈的许多人（包括施莱弗教授）认为，这三个条件在现实世界中很可能都是不成立的。这种观点基于所谓的行为金融。让我们分析一下每个条件的行为观点。

### 14.5.1 理性

人真的理性吗？并不总是。在大西洋城或是拉斯维加斯赌博的人，有时下的赌注很大。赌场会从中分成，因此赌博对赌徒来说意味着负的期望收益率。因为赌博有风险且期望收益率是负的，所以它不可能是一件理性的事情。而且当黑色已经连续几次出现后，赌徒常常会押轮盘上的黑色，认为这一概率还会继续。这种策略是错误的，因为轮盘没有记忆。

但是就金融而言，赌博当然只是一个小事件。我们也能看到金融市场的非理性吗？答案似乎是肯定的，以至于行为经济学家命名了一些常见的非理性投资行为。

#### 1. 过度自信

学术研究表明，在平均程度上人们是过度自信的。例如，当问及一个人的驾驶技术是否优于平均水平时，80% 的人都会回答"是"。过度自信是如何转化为投资行为的呢？研究者认为过度自信可能会导致投资者高估自己的选股能力，从而导致更多的交易行为。实证研究表明，交易最为频繁的投资者的投资表现显著不如交易最不频繁的投资者，而这主要和交易相关成本有关。

#### 2. 处置效应

研究表明，投资者偏向于卖出已经赚钱的股票（他们的赢家股票）而持有已经亏钱的股票（他们的输家股票）。卖掉赚钱的股票，持有亏钱的股票，这被称为**处置效应**。一个解释是卖掉输家股票会导致后悔。你认为这一笔交易是失败的，如果继续持有这个股票，你就不必向自己承认犯了错误，因为股票仍然在上涨。相反，卖掉赢家股票会让你骄傲，你会视这个投资是成功的。

处置效应是非理性的，因为你的财富取决于投资组合当前的市场价值，无论你是否出售（以实现你的收益或损失）。不幸的是，处置效应对投资者不利。首先，它会在税收上造成不良后果。你必须为赢家股票的资本收益纳税，而不能在输家股票那里获得税收减免。其次，对动量的研究表明，过去 6 个月表现良好的股票往往在未来 6 个月会保持良好表现，反之亦然。鉴于这种模式，投资者应该持有赢家股票而卖掉输家股票，这与处置效应行为完全相反。

### 3. 熟悉性与本土偏好

为什么大多数人支持家乡的足球队而不是千里之外的球队？心理学家告诉我们，人们通常受限于**熟悉性**，也就是我们喜欢我们所熟悉的事物。在生活的大部分领域，熟悉性都是相当无害的特性，但是它会导致投资上的不幸——多元化不足。例如，许多研究表明，人们在自己的祖国过度投资，降低了自身的国际多元化水平。此类投资者的态度类似于"我住在这个国家，我对这个国家很熟悉，所以我就要在这个国家投资"。此类对祖国证券市场的过度投资经常被称为**本土偏好**，甚至还有国内的本土偏好。研究表明，人们常常过度投资于总部在家乡的股票。其他研究表明，基于 401（k）计划，员工会购入过多所供职公司的股票。

### 4. 代表性（或过度反应）

这种特质可以用先前的赌博例子说明，赌徒认为出现多次黑色后还会出现黑色的看法是错误的，因为出现黑色的概率仍然是 50%。赌徒从最近不充分的数据中下结论，所以犯了**代表性**错误。例如，在 1995—1999 年的大牛市，许多投资者认为市场仍会继续上涨，忘记了熊市也是会发生的。

### 5. 保守性

正如代表性又被称为过度反应，保守性又被称为**反应不足**。人们经常反应不足，比如说在 Telegraph Company（后来被称为西联）的例子里。从这个公司在 1876 年发布的声明中可以看出，它对贝尔发明了电话毫不担忧：⊖

> 电话声称可以通过电线传播声音，但是我们发现声音十分微弱模糊，而且随着发送者和接收者间的电线越长，声音越弱……当一个人可以通过当地电报机构发送清晰的文字信息到任何一个美国大城市时，有谁愿意使用电话这种笨拙又不切实际的设备呢？

如果我们不注意，就会出现反应不足的情况。一天只有 24 小时，投资者可能缺乏处理每条新闻所需的时间或精力。研究表明，投资者对周五晚上、假期或热门体育赛事期间发布的确定性消息存在反应不足的情况，因为此时投资者可能不关注金融新闻。投资者对不太明显的消息也会反应不足，例如企业公开披露文件中脚注的信息。

反应不足会影响股票市场吗？许多研究表明，对于盈余公告包含的信息，价格常常调整得很缓慢。这些文献认为，投资者可以通过在高得惊人的盈余公告后买入这只股票，在低得惊人的盈余公告后卖出这只股票，从而获得收益。下一节会继续讨论这个问题。

### 6. 收益或损失后承担的风险

**赌场资金效应**（house money effect） 在赢利后人们如何调整承担的风险？许多研究表明，人们在获得收益后通常会承担更多风险。例如，在拉斯维加斯的赌场，赌徒在赢钱后更倾向于冒更大的险，因为他们不再是用自己原先的钱而是赌场资金下注。

**蛇咬效应和拒绝承认失败**（snakebite effect and get-evenitis） 在损失后人们如何调整承担的风险？证据有两个方面：一些研究表明发生损失后人们会降低风险水平，换句话说他们退缩了。这是相当好理解的，想象一下你的股票在 1987 年 10 月 19 日下跌了 22%，这是你从来不曾遇到过的跌幅。因此你可能会大幅度地减少持有的股票甚至退出股票市场，可谓是"一朝被蛇咬，十年怕井绳"。

但面对损失，这并不是唯一的反应方式。许多研究表明为了回本，人们会提高风险水平。换句话说，他们拒绝承认失败。

---

⊖ Prof. R. Levine, Electrical Engineering Department, Southern Methodist University, EETS8302 (NTU TC716-N) Digital Telephony, Fall 2001.

### 14.5.2　独立的理性偏差

前面提到的行为特质说明，投资者在大部分时候都是非理性的。理性偏差通常是随机的，因此可能在整个投资者群体相互抵消吗？恰恰相反，心理学家一直认为上面提到的非理性特质是相当普遍的，行为经济学家认为这些理性偏差不能相互抵消。

在上面提到的所有特质中，我们来讨论这两个：代表性和保守性。这个例子可以说明个人的理性偏差并不能相互抵消。人们对近期的信息有过度反应的倾向，一些研究者表明代表性会导致泡沫。人们看到市场的部分，比如说互联网股票，经历了一段很短的高收益增长，并推断这种情况会永远继续，使得这类股票有高 $P/E$ 和高 $P/B$。当这种增长不可避免地停止时，股价就只能下跌了。

其他研究表明，市场常常对新信息反应不足，这推断出保守性有时主导着市场。比如说，先前提到的价格对盈余公告中的信息调整缓慢。这个例子说明了投资者整体上对信息反应不足，因此一些投资者对新信息的反应迟钝并没有被另一些投资者的反应迅速所抵消。

### 14.5.3　套利

在先前的讨论中，行为经济学家认为投资者的理性偏差并不独立。然而在第14.2节中，我们提到职业投资者在知道证券被错误定价时，会购买定价偏低的股票同时卖出定价正确（甚至是定价过高）的替代证券。这种做法可能清除感情用事的业余投资者导致的错误定价。

这类交易可能会比看起来更有风险。假如专业投资者普遍相信麦当劳的股价被低估了，他们会买进麦当劳的股票，而卖出他们持有的比方说汉堡王和温迪快餐的股票。然而，如果业余投资者持有相反的头寸，股价只有在当业余投资者相对专业投资者的持有数量比较少的时候，才会调整到一个正确的水平。在一个有许多业余投资者的世界，一些专业投资者为了使价格一致，将不得不大量持有证券，甚至还可能大量参与卖空交易。大量买入一只股票的同时大量卖空其他股票的风险非常高，即使这两只股票处于同一行业。没有预期到的有关麦当劳的坏消息和没有预期到的有关其他两只股票的好消息，都会使得专业投资者遭受巨大损失。

而且，如果业余投资者今天对麦当劳错误定价，那么明天什么能阻止他们对麦当劳更进一步的错误定价？正如伟大的经济学家约翰·梅纳德·凯恩斯（John Maynard Keynes）曾说过的那样："市场保持非理性状态的时间可能比你保持不破产的时间要长。"[⊖]

这种未来错误定价的风险，即使在没有任何新消息的情况下，也可能使得专业投资者削减他们的套利头寸。举个例子，假设有一个相信网络股在 1998 年被高估了的精明专业投资者。如果他赌股价会下跌，他将在短期内蒙受亏损：价格一路涨到 2000 年 5 月。然而他最终将赚钱，因为股价后来下跌了。但是，短期风险可能减少套利策略的规模。

总之，这里提出的论点表明，第14.2节提到的有效资本市场假说的理论基础在现实中可能是不存在的。就是说，投资者可能是非理性的，不同投资者之间的非理性可能相互关联而不是相互抵消，套利策略可能涉及过高的风险，从而不能保证市场有效性。

## 14.6　经验证据对市场有效性的挑战

第14.4节介绍了一些支持市场有效性的实证研究。现在我们介绍一些挑战这个假设的证据（有效市场假说的支持者通常把这一类的结果称为**异常现象**）。

（1）**套利的局限**。1907 年荷兰皇家石油（Royal Dutch Petroleum）与壳牌（Shell Transport）合并，所有后来的现金流量按 60% 和 40% 的比例在这两家公司之间进行划分，但是两家公司股票继续公开交易。你可能推测荷兰皇家石油的市场价值将总是壳牌的 1.5（=60/40）倍。也就是说，如果荷兰皇家石油的股价被高估了，理性投资者会购买壳牌而不是荷兰皇家石油。如果荷兰皇家石油的股价被低估了，投资者将买入荷兰皇家石油的股票，

---

⊖　这句话经常被认为是凯恩斯说的，但没有证据表明他曾说过这句话。

而且套利者将更进一步，购买被低估的证券并且卖空被高估的证券。

然而图 14-7 显示，荷兰皇家石油和壳牌在 1962—2004 年很少按照这一比价（也就是 60/40）进行交易。为什么会出现这些偏差？正如前面的章节所述，行为金融表明套利存在一些局限。也就是说，购买低估资产并且出售高估资产并不保证获利。比价的偏离实际上可能在短期增加，这意味着套利者的损失。因此风险方面的考虑可能迫使套利者持有过少的头寸，不足以使股价回到比价。

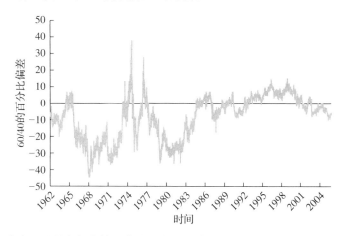

图 14-7　荷兰皇家石油的市场价值和壳牌的市场价值的比率相对比价的偏离（1962—2004 年）

注：显然套利无法把荷兰皇家石油的市场价值和壳牌的市场价值的比率保持在比价的水平。

资料来源：Stephen Ross, Randolph Westerfield, and Bradford Jordan, *Fundamentals of Corporate Finance*, 12th ed., Alternate ed. (New York: McGraw-Hill, 2021):752.

学术界已经记载了许多比价的偏离。Froot 和 Dabora 从对孪生公司 Unilever N. V. 和 Unilever PLC 的研究与对 SmithKline、Beecham 两类股票的研究中得出类似的结论。[一]Lamont 和 Thaler 从对 3Com 和它的子公司 Palm 公司的研究中得到类似的发现（更多关于 3Com 和 Palm 的信息参见例 14-2）。[二]其他学者发现封闭式共同基金的价格行为体现了这种比价偏差。

### 例 14-2　股票市场的投资者会加减法吗

2000 年 3 月 2 日，一个赢利的计算机网络产品和服务提供商 3Com 公司通过首次公开发行（IPO），向公众出售了它的一个子公司 5% 的股票。当时该子公司被称为 Palm 公司（现在是 PalmOne）。3Com 计划随后将剩余的 Palm 股票分发给 3Com 股东。根据这个计划，如果你拥有 1 股 3Com 的股票，你就会得到 1.5 股 Palm 的股票。因此在 3Com 通过 IPO 发售 Palm 的股票之后，投资者可以直接购买 Palm 的股票，或者通过购买 3Com 的股票并且等待一段时间，间接购买 Palm 的股票。

使这个事件有意思的事情发生在 Palm 上市后的几天。如果你拥有 1 股 3Com 的股票，你就有资格最终拥有 1.5 股 Palm 的股票。因此 3Com 股票价值应该至少是 Palm 股票价值的 1.5 倍。我们说至少，是因为 3Com 的其他部分也是赢利的。结果 3Com 股票价值本应该比 Palm 股票价值的 1.5 倍要高得多。但是你可能猜到了，事实并不是这样的。

在 Palm 上市的前一天，3Com 股票的售价为 104.13 美元。首日交易后，Palm 以每股 95.06 美元收盘。将 95.06 乘以 1.5 是 142.59 美元，这个价格是我们所预期的 3Com 的最低股价。但是 Palm 那天却以 95.06 美元的价格收盘，3Com 以 81.81 美元收盘，比按 Palm 股价显示的价格少了 60 多美元。事情变得更奇怪了。

[一]　Kenneth A. Froot and Emil M. Dabora, "How Are Stock Prices Affected by the Location of Trade?" *Journal of Financial Economics* 53, no.2 (August 1999):189-216.

[二]　Owen Lamont and Richard Thaler, "Can the Market Add and Subtract? Mispricing in Tech Stock Carve-Outs," *Journal of Political Economy* 111,no.2 (April 2003): 227-68.

当 Palm 以每股 95.06 美元的价格出售，3Com 股票 81.81 美元的价格意味着市场对 3Com 其他业务的估值是（每股）：81.81−142.59＝−60.78 美元。已知 3Com 当时已发行的股票数量，这意味着市场对 3Com 其他业务的估值大约是−220 亿美元。当然，股价不可能是负数。这就意味着 Palm 的股价相对 3Com 太高了。

为了从这种错误定价中获利，投资者将会购买 3Com 的股票，同时出售 Palm 的股票。这种交易很简单，不太用脑子就能做成。在一个功能完善的市场，套利交易者将迫使价格很快调整一致。发生了什么呢？

正如你在图 14-8 中看到的一样，市场对 3Com 和 Palm 股票的估价使得在 2000 年 3 月 2 日开始直到 2000 年 5 月 8 日大约两个月的时间，3Com 公司除 Palm 以外的业务的市场价值为负。因此定价的错误最终被市场力量纠正，但不是立即的，这和套利局限性的存在是一致的。

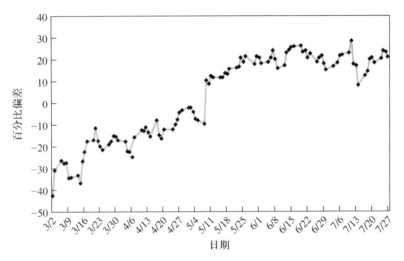

图 14-8　2000 年 3 月 2 日至 7 月 27 日 1 股 3Com 股票和 1.5 股 Palm 股票的百分比差异

（2）**盈利意外**。常识告诉我们，股价因为披露的盈利高于预期应该上升，反之应该下落。但是市场有效性意味着股价将会根据公告立即做出调整，而行为金融则预测了另外的情形。Kloasinski 和 Li 按**盈利意外**，也就是根据本季度的盈利与之前对本季度盈利的预测，这两者之间的差异对公司进行了排名。[⊖] 他们建立了一个由意外值特别高的公司组成的投资组合和一个由意外值特别低的公司组成的投资组合。图 14-9 显示了扣除市场组合收益后，购买这两种投资组合的收益。正如大家所看到的那样，股价根据盈利公告缓慢地调整，在接下来的 275 天，意外值为正的投资组合表现好于意外值为负的投资组合。其他许多研究者也得出了类似结果。

为什么价格缓慢地调整？行为金融认为投资者表现出保守性，因为他们对包含在公告里的信息做出了缓慢调整。

（3）**规模**。1981 年，两篇重要文章提供了证据，在 20 世纪的大部分时间里，美国市值小的股票收益大于市值大的股票收益。[⊜] 这项研究已经在不同的时间和不同的国家中重复过。例如，图 14-10 显示了 1926—2013 年美国股票 10 种按公司规模排序的投资组合的平均收益。可见，小盘股的平均收益比大盘股的平均收益高。尽管大部分表现上的差异仅仅是弥补小盘股的额外风险，研究者普遍认为并不是所有的差异都可以用风险来解释。另外，有证据显示大部分收益表现上的差异出现在 1 月。[⊜]

　⊖　Adam Kolasinski and Xu Li, " Can Rational Learning Explain Underreaction Anomalies? Evidence from Insider Trading after Earnings Announcements," University of Washington unpublished paper, 2011. 作者估计的预期收入模型季节性随机游走。

　⊜　Rolt Banz, " The Relationship between Return and Market Value of Common Stocks," *Journal of Financial Economics* (March 1981), and Mark Reinganum, " Misspecification of Capital Asset Pricing: Empirical Anomalies Based on Earnings' Yields and Market Values," *Journal of Financial Economics* 9,no.1(1981):19-46.

　⊜　第 1 次提到 "一月效应" 的论文是 Donald Keim, " Size-Related Anomalies and Stock Return Seasonality: Further Empirical Evidence," *Journal of Financial Economics* 12,no.1(June 1983):13-32.

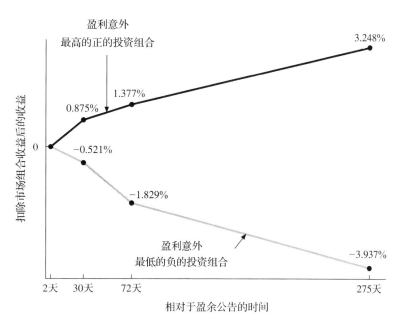

图 14-9　基于盈利意外的两种投资策略的收益

注：该图显示了买入意外值（当前季度的盈利与一年前同一季度的盈利的差异除以当前股价）特别高的股票的策略和买入意外值特别
　　低的策略在扣除市场组合收益之后的净收益。策略开始于盈余公告后两天，该图显示了对盈余信息的缓慢调整。

资料来源：Adapted from Table 1 of Adam Kolasinski and Xu Li, "Can Rational Learning Explain Underreaction Anomalies? Evidence from
　　Insider Trading after Earnings Announcements," University of Washington unpublished paper, 2011.

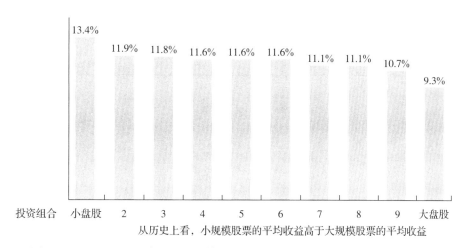

图 14-10　1926—2013 年按公司规模大小（市场资本化）排序的投资组合年收益

资料来源：Calculated from Index values provided in Table 7.3 of *Ibbotson SBBI® 2014 Classic Yearbook*, (Chicago: Morningstar, 2014).

（4）**价值股与成长股**。许多文章已经证实，账面价值市值比高或者是利润价格比高的股票（通常被称为**价值股**）的表现好于这些比率低的股票（通常被称为**成长股**）。例如，法玛和弗伦奇发现世界各地的账面价值市值比高的股票平均收益，大于账面价值市值比低的股票平均收益。[一]图 14-11 显示了不同国家和地区价值股和成长股之间的平均月收益率之间的差异。

因为收益差距是如此之大，而且这些个股比率非常简单就能获得，所以这些结果可能等同于不支持市场有效性的强有力证据。但是，许多文章指出超常收益是因为商业数据库的偏差或者是风险上的差异，并不是真正

---

[一] 见 Table I of Eugene F. Fama and Kenneth R. French, "Size, Value, and Momentum in International Stock Returns," *Journal of Financial Economics* 105, no. 3 (September 2012):457-72.

的非有效。⊖此外,与规模效应一样,近年来,价值效应似乎变得更弱甚至完全消失。因为该争论考虑了难以理解的统计学问题,所以我们对此不做深究。但是,应该说现在还没有足够的理由支持任何结论。就像金融学和经济学的其他许多题目一样,我们还需要进一步研究。

(5)崩溃和泡沫。1987 年 10 月 19 日的股市大崩溃令人极度费解。市场在几乎没有任何新消息发布的周末后,周一下跌 20% ~ 25%。这样程度的没有明显原因的下跌和有效市场理论是不一致的。因为 1929 年 10 月的大崩溃仍然是一个谜,所以能否尽快解释 1987 年的崩溃值得怀疑,更不用说 2008 年的经济危机(先前已在第 10 章中讨论过)了。一个著名历史学家最近的评论很贴切:当被问及在他看来 1789 年法国大革命的作用时,他的回答是现在给答案还为时过早。

也许这几次股市大崩溃和投机市场的**泡沫理论**(bubble theory)的证据是一致的。也就是说,有时证券价格会大大高于其真实价值。价格最终回落到原有的水平,给投资者造成大量损失。比如考虑 20 世纪 90 年代末互联网的股票行为。图 14-12 表明了网络股

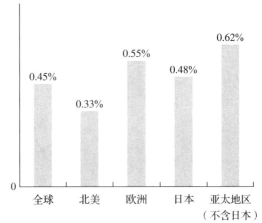

在不同国家和地区,价值股的市场表现均好于成长股

图 14-11　世界各地价值股(高 *B/P*)与成长股(低 *B/P*)之间平均月收益率间的差异

资料来源:Eugene F. Fama, and Kenneth R. French, "Size, Value, and Momentum in International Stock Returns," *Journal of Financial Economics* 105, no. 3 (September 2012):457-72, Table 1.

指数在 1996—2002 年的价值。在 2002 年回落到原有水平之前,从 1996 年 1 月到 2000 年 3 月的最高点,指数上涨了超过 10 倍。为了对比,该图也同时列出了标准普尔 500 指数的变动。当这一指数在同一时期涨跌时,价格变动的幅度相对网络股来说非常微弱。

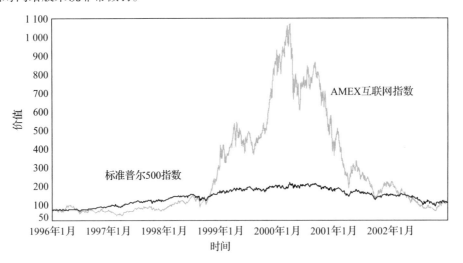

图 14-12　网络股指数的价值

注:网络股指数从 1996 年 1 月到 2000 年 3 月的最高点上涨了超过 10 倍,又在 2002 年跌回起点。

许多评论家把网络股的涨跌描述成泡沫。这样做对吗?然而,对于泡沫一词并没有一个准确的定义。一些学者认为图中价格波动与投资者的理性是一致的。他们说价格起初上涨是因为互联网看起来很快会赢得一大批

⊖　见 Eugene F. Fama and Kenneth R. French, "Multifactor Explanations of Asset Pricing Anomalies," *Journal of Finance* 51, no.1 (March 1996): 55-84; Hengjie Ai and Dana Kiku, "Growth to Value: Option Exercise and the Cross Section of Equity Returns," *Journal of Financial Economics* 107, no. 2 (February 2013):325-49.

国际商务。价格下跌是因为后来的证据表明这个过程并没有那么快发生。然而另外一些学者认为刚开始的乐观场景并不是事实。确切地说，价格的上涨仅仅是因为"非理性繁荣"。

## 14.7 关于二者差异的评论

应该说关于有效市场的争论到现在还没有结束。学术上的财务经济学家把自己分成了三个阵营，有些人倾向于市场有效性，有些人相信行为金融，还有一些人（或许是大多数人）中意于两者的结合。现在的情况和40年前市场有效性遭到挑战的时候当然是不同的。我们认为有证据表明在世界上绝大多数的资本市场中，证券价格反映了大量的信息。然而，有时行为的力量却很强大。这个问题上的争议一直是财务经济学方面的重大争议之一。

行为金融的支持者指出就像第14.5节所讨论的，市场有效性的三个理论基础在现实世界中似乎并不存在。此外，有太多的异常现象，它们中有许多都能在样本以外的检验中得到重复，因此他们不同意把这些异象仅仅当作偶然事件的说法。行为金融的评判者通常用以下三点来反驳。

（1）**抽屉问题**。学者向学术期刊提交论文，并由独立审稿人判断论文是否值得发表。如果论文被接受发表，将对该领域产生潜在的影响；如果论文被拒，则作者只能将论文藏于抽屉。常有研究提出，在保持学术质量的前提下，审稿人更可能接受结果出人意料或者有趣的文章。行为金融的评判者认为，因为市场有效性在金融领域已经被广泛接受，那么挑战市场有效性的论文将比支持市场有效性的论文更容易发表。因此，出版流程可能无意间支持了行为金融的研究。

（2）**风险**。第11章提到，投资者试图最大化承担单位风险所获得的期望收益率，然而风险并不总是易于衡量的。有效市场的支持者常提出如果创造出更多复杂的风险衡量方式，一些异象将会消失。例如，先前提到的价值型股票的高回报可以被它们自身的高风险所解释。

（3）**行为金融和市场价格**。行为金融的评判者经常提到，尽管数据支持一些异象，但异象是否支持行为金融并不明确，如先前提到的两个心理学法则——代表性和保守性。

代表性意味着过分重视小样本的结果，就像认为轮盘连续几次都转到黑色就会使得黑色比红色下一轮出现的可能更大的赌徒。金融经济学家认为代表性导致了股票收益的过度反应。我们前面提到金融泡沫很可能是对新闻的过度反应。20世纪90年代末，网络公司表现出短期巨大的收入增长，使得许多人相信这个增长将会无限期地持续下去。这时股价升得过高。当最终投资者意识到这种增长并不能维持时，价格暴跌。

保守性说明对于新的信息，人们调整信念的过程过于缓慢。一个由这种类型的投资者组成的市场将导致新的信息出现时，股票价格反应不足。关于盈利意外的例子可能可以说明这种反应不足。正的盈利意外公告时，价格缓慢上升；负的盈利意外公告有类似但相反的反应。

有效市场的信徒强调代表性和保守性对股票价格有相反的作用。他们会问哪个原则在特定的环境下应该占主导地位。换句话说，为什么投资者对网络股的信息过度反应而对盈利的信息反应不足？有效市场的支持者说除非行为学家可以令人满意地解答这两个问题，否则我们不应该放弃市场有效性而支持行为金融。 ⊖

显然，关于市场有效性的讨论尚无定论。我们展示了双方的论点和证据。但是，本书或任何一本教材都无法轻松解决这些不同观点所产生的争论。

## 14.8 对公司理财的意义

目前为止，本章研究了有效市场的理论论证和实证证据。现在我们将研究市场有效性是否与公司财务经理有关。答案是肯定的，接下来我们阐述市场有效性对财务经理的4个影响。

---

⊖ 见 Eugene F. Fama, "Market Efficiency, Long-Term Returns, and Behavioral Finance," *Journal of Financial Economics* 49,no.3(September 1998):283-306.

### 14.8.1 会计选择、融资选择和市场有效性

会计从业者在披露的实践中为公司提供了大量的回旋余地。例如对于存货的估值，公司可以选择"后进先出"（LIFO）或者"先进先出"（FIFO）的方法；对于基建项目，公司可以选择"完工百分比法"或者"完成合同法"；对于实物资产的计提折旧，公司可以选择"加速折旧"或"直线折旧"的方法。

公司无疑宁愿股票价格高而不愿股票价格低。管理者应该利用这些会计政策选择的回旋余地报告可能的最高利润吗？未必。也就是说，如果两个条件得到满足，会计政策选择应该不会影响股票价格。第一，年度财务报告应该提供足够的信息，使得财务分析师能测算不同会计方法下的盈利。尽管未必是全部，但是对于许多的会计选择来说看起来是这样的。第二，市场必须是半强型有效的。换句话说，市场在决定股票的市场价格时必须恰当地使用所有的会计信息。

当然，会计选择是否影响股票价格最终是实证研究的问题。许多学术文章已经提出了这个问题。Kaplan 和 Roll 发现从加速折旧法到直线折旧法的转变并不影响股票价格。[一]Kaplan 和 Roll 还研究了从会计上对投资税抵减的递延税款法到应付税款法的改变对股票价格的影响。[二]他们发现这一改变提高了会计盈利，但不影响股票价格。

研究还涉及其他几种会计处理方法。Hong、Kaplan 和 Mandelker 没有发现任何证据说明在并购的披露中，相对于购买法，股票市场会受到权益结合法下人为报告的高盈利的影响。[三]Biddle 和 Lindahl 发现改用后进先出的存货估值方法的公司出现股票价格上升。[四]这应该是在通货膨胀环境下预期的情况，因为后进先出法相对于先进先出法减少了税收。他们发现使用后进先出法降低的税收越多，股票价格上涨越大。

虽然上述研究表明，只要所有信息都是公开的，会计方法的变更就不会影响金融市场，但仍有相反的证据。Hirshleifer 和 Teoh 发现，披露的形式会影响股票的价格和收益，无论是体现在报表收益之中还是仅仅作为脚注披露。[五]Shue 和 Townsend 发现，监管部门自从要求企业公开披露高管股票期权的价值，而不是仅仅在脚注中披露授予的期权数量后，导致 CEO 的薪酬急剧下降。[六]

总而言之，关于市场能否看透会计欺诈仍然存在争议。这里进一步要说明的与会计欺诈有关。到目前为止，我们的讨论明确假定了"财务分析师可以用替代的会计方法测算盈利"。然而安然、世通、全球纵横（Global Crossing）和施乐（Xerox）等企业近几年都披露了虚假数字。财务分析师无法测试其他盈利数字，因为这些分析师并不清楚这些报告的数字是怎么得到的。因此，这些股票的价格一开始远高于真实价值就不足为奇了。是的，管理者可以通过这种方法提升股价——只要他愿意在被抓获之后服刑！

投资者还可以预期从有效市场中看到什么吗？考虑股票拆细和股票股利。今天 Amarillo Corporation 有 100 万股在外流通，同时报告了 1 000 万美元的盈利。为了提升股价，该公司财务总监林女士向董事会提议将股票按 1∶2 的比例分拆。也就是说，一个有 100 股的股东在分拆后将有 200 股该公司股票。这个财务总监相信每个投资者会在分拆后会感觉更富裕了，因为他们拥有了更多的股票。

然而这个想法和市场有效性是背道而驰的。理性的投资者知道他在分拆前后拥有的公司比例是一样的。例如，拥有 100 股股票的投资者在分拆前拥有 1/10 000（=100/1 000 000）股 Amarillo 的股票。他盈利的份额将是

---

[一] Robert S. Kaplan and Richard. Roll, " Investor Evaluation of Accounting Information: Some Empirical Evidence, " *Journal of Business* 45,no.2 (April 1972)225-57.

[二] 在 1987 年以前，美国税法准许公司在大多数的设备投资时享受 10% 的投资抵免。

[三] Harrison Hong, Robert S. Kaplan, and Gershon Mandelker, " Pooling vs. Purchase: The Effects of Accounting for Mergers on Stock Prices, " *Accounting Review* 53,no.1(January 1978):31-47. GAAP 不再允许合并中使用权益结合法。

[四] Gary C. Biddle and Frederick W. Lindahl, " Stock Price Reactions to LIFO Adoptions: The Association Between Excess Returns and LIFO Tax Savings," *Journal of Accounting Research* 20, no.2(Autumn 1982):551-88.

[五] David Hirshleifer and Siew Hong Teoh, " Limited Attention, Information Disclosure, and Financial Reporting," *Journal of Accounting and Economics* 36, no. 1–3 (2003): 337–86.

[六] Kelly Shue and Richard R. Townsend, " Growth through Rigidity: An Explanation for the Rise in CEO Pay," *Journal of Financial Economics* 123, no. 1 (2017): 1–21.

1 000 美元（=1 000 万美元/10 000）。虽然他在分拆后拥有 200 股股票，但是发行在外的股票有 200 万股。因此他将仍然持有公司 1/10 000 的股份。他的盈利份额还是 1 000 美元，因为股票拆细并没有影响整个公司的盈利。

### 14.8.2 时机选择决策

设想某个公司的经理正在考虑发行权益资本的日期。这种决策通常被称为**时机选择决策**（timing decision）。如果管理者相信他们的股票价格被高估了，他们很可能决定立即发行权益资本。此时他们为现有的股东创造了价值，因为他们出售的股票的价格超过其价值。反之，如果管理者相信本公司的股票被低估了，他们更可能等待，希望公司股票价格将来上升到其真实价值。

然而，一方面，如果市场是强型有效的，管理者就没有内幕信息，证券就能得到正确的定价。有效性意味着股票以其真实价值出售，因此时机选择决策变得不重要。另一方面，管理者可能比外部投资者拥有更多关于企业前景的信息。利用这些内幕信息，他们可能能够安排股权的发行时间，以使现有股东受益。图 14-13 显示了发行新股可能出现的 3 种股票价格调整。

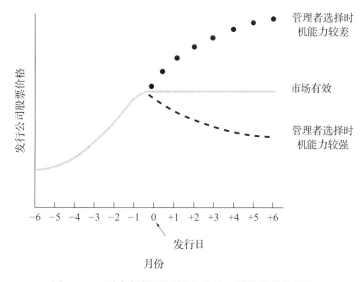

图 14-13　对发行新股可能出现的 3 种股票价格调整

注：研究发现股价上涨后股票更可能发行，但这并不能说明市场有效。相反，市场有效意味着股票发行后价格从平均上看既不上涨也不下跌（和股市指数相比）。

当然，市场有效性最终是一个实证研究的问题。令人惊奇的是，最近的研究对市场有效性提出了质疑。Ritter 提出证据表明，发行新股的公司上市 5 年的股票年收益比类似账面市值的非发行公司低 1.9%[⊖]。这一期间增发新股的股票年收益比可比较的非发行公司低 3.4%。公司第一次公开发行被称为首次公开发行（IPO），所有之后的发行叫作增发（SEO）。图 14-14 的上半部分显示了 IPO 公司和它们的控制组的平均年收益，下半部分显示了 SEO 公司和它们的控制组的平均年收益。

Ritter 文中的证据表明当公司股票被高估时，公司管理者增发新股。换句话说，管理者看起来成功地把握了市场。管理者对新股发行时机的选择比较不成功：新股上市后的收益和它们的控制组的收益比较接近。

公司管理层在公司股票被高估时增发新股，被认为与强型有效性市场假说相悖。鉴于管理者可能有我们无法知悉的内幕信息，市场不会成为强型有效性市场或许并不令人意外。但是否有证据能够支持半强型有效性市场假说呢？如果市场真的是半强型有效的，公司一宣布未来增发新股，价格应该立即下降。也就是说，理性投资者将意识到，新股的发行是因为公司管理层拥有公司股票被高估的特别信息。确实许多实证研究介绍了公告之日股价的下跌。然而图 14-14 表明了随后几年更大的股价下跌，这说明市场是半强型无效的。

---

⊖ https://site.warrington.ufl.edu/ritter/.

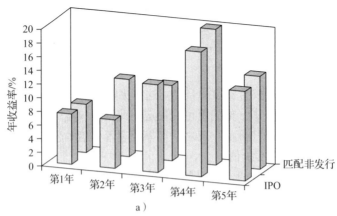

该图为 1970—2012 年，8 397 个 IPO 公司和它们匹配的非发行公司在发行后 5 年的原始平均收益。第 1 年的收益并不包括发行日的收益。平均而言，IPO 公司的表现不如它们的控制组，发行后的 5 年每年低 1.9%

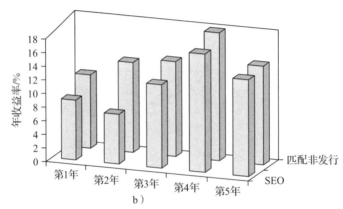

该图为 1970—2012 年，10 208 个 SEO 公司和它们匹配的非发行公司在发行后 5 年的原始平均收益。第 1 年的收益并不包括发行日的收益。SEO 公司的表现每年低 3.4%

图 14-14　IPO 公司和 SEO 公司发行后几年的收益

资料来源：Jay Ritter，https://site.warrington.ufl.edu/ritter/.

　　如果公司可以选择发行股票的时机，或许它们也可以选择回购股票的时机。当公司股票被低估时，公司愿意回购。Ikenberry、Lakonishok 和 Vermaelen 发现回购公司在收购后两年的股票收益高得很不寻常，表明选择时机是有效的。[⊖]

### 14.8.3　投机和有效市场

　　我们通常认为个人投资者和一些金融机构是金融市场的主要投机者，然而实业公司也进行投机。例如，许多公司都对利率下赌注。如果公司管理者相信利率很可能会上升，他们就有动机向银行借款，因为负债的现值随着利率的上升将下降，而且为了把利率在较长时期锁定在较低的水平，这些管理者将有动机借入长期负债而不是短期负债。这种想法可以变得更为复杂。假定长期利率已经比短期利率高。管理者可能认为这种差异反映了利率将会上升的市场看法。但是他预计了一个甚至比市场预计还要大的利率增长，就像向上倾斜的期限结构所隐含的一样。管理者将应该再一次借入长期负债而不是短期负债。

　　公司也会做外币投机。假定一个总部在美国的跨国公司的财务总监认为，欧元相对于美元将会下跌。她可

---

　　⊖　David Ikenberry, J. Lakonishok, and T. Vermaelen, "Market Underreaction to Open Market Share Repurchases," *Journal of Financial Economics* (October–November 1995).

能发行以欧元计价而不是以美元计价的债券，因为她预计国外的负债会下降。相反地，如果她相信国外货币相对于美元会升值，她会在国内发行债券。

我们或许超前了一些：期限结构和汇率的微妙不在这里，在其他章节中将会阐述。但大轮廓的问题是这样的：关于这类活动市场，有效性不得不说什么？答案是清楚的。如果金融市场是有效的，管理者应该不会浪费他们的时间试图预测利率和外币的走势。他们的预测很可能不比偶然性好多少，而且他们将使用宝贵的管理时间。这并不是说公司应该轻率地随机选择到期日或者负债的计价货币，公司必须慎重选择这些参数，但是选择应该基于其他的考虑，而不是试图战胜市场。例如，有一个为期5年的项目的公司可能决定发行5年的债务。公司可能发行以日元计价的债务，因为它预期大规模进军日本。

同样的考虑适用于收购。许多公司购买其他公司，是因为认为这些目标公司被低估了。很不幸，实证研究表明市场是如此有效，以至于这类投机活动无利可图。收购者支付的从来就不是当前的市场价格。为了吸引目标公司，大多数股东出售他们的股份，出价公司必须支付高于市场价格的溢价，但这并不是说不应该去收购公司。相反地，如果合并有利可图（协同作用），管理者应该考虑收购。改良的市场营销、生产的节约、替换无效的管理团队和税收上的减少都是典型的协同作用。这些协同作用和被收购公司被低估的概念是截然不同的。

最后需要提及的一点是，我们之前说到实证研究表明增发新股的公司选择时机以利用定价过高的股票。这是有意义的——管理者很可能比市场更了解他们自己的公司。管理者可能拥有关于自己公司的特别信息，但他们不太可能拥有利率、外币和其他公司的特别信息。这些市场上有太多的参与者，他们中的许多人把所有时间都用于预测。管理者通常把大部分努力花在管理他们的公司上，只把小部分时间用于研究金融市场。

### 14.8.4  市场价格的信息

前面的章节认为预测未来市场价格是很困难的。但是，当前的和过去的价格是知道的，并且非常有用。例如考虑 Becher 关于银行兼并的研究。[一]作者发现当并购一经公告，被并购银行的股票价格平均上升了大约23%。这并不令人吃惊，因为通常都是以高于当前股票价格的溢价购买公司的。然而同一研究表明，当同样的并购被公告时，并购银行的价格平均下跌了几乎5%。这是银行并购不能获利，而且可能损害并购公司的很有力的证据。这个结果的原因还不清楚，可能并购者真的为并购支付过多了。尽管如此，意义还是清楚的。一家银行在并购另一家银行前应该深思熟虑。

假设你是某公司的财务总监，该公司公布收购之后股票价格大幅下跌。这是市场在告诉你，这次并购对你的公司并不好。你应该认真考虑取消这个并购，即使在公告之前你认为并购是个好主意。

当然，并购只是公司活动的一类。管理者应该关注股票价格对任何公司公告的反应，不管是关于一个新的投资、清算、重组或者是其他活动。

这不是公司使用市场价格信息的唯一方式。假如你在一家公司的董事会中，这家公司的股票价格自从公司聘用了当前的首席执行官之后就开始急速下降，而且竞争者的股票价格在同一时期上升。尽管可能有一些情有可原的情况，但这可以被认为是这位首席执行官干得并不好的证据，或许他应该被解雇。如果这看起来太苛刻，请考虑 Warner、Watts 和 Wruck 发现管理层变动和之前的股票表现之间存在强烈的负相关。[二]图 14-15 表明在公司高管被迫离职的前3年，公司股票价格（相对于市场波动）平均下跌了40%。

如果管理者因为较差的股价表现而被解雇，那么或许他们应该因为较好的股价表现而得到奖励。Hall 和 Liebman 认为：

> 我们主要的实证发现是首席执行官的财富经常因为公司价值的改变而发生百万美元的改变。例如，如果公司股票的年收益率位于第30百分位的水平（大概是 −7.0%），那么首席执行官总报酬的中位数是100万美元；如果年收益率位于第70百分位的水平（大概是20.5%），则为500万美元。因此

---

[一] David A. Becher, "The Valuation Effects of Bank Mergers," *Journal of Corporate Finance* 6,no.2 (July 2000):189-214.

[二] Jerold B. Warner, Ross L. Watts, and Karen H. Wruck, " Stock Prices and Top Management Changes," *Journal of Financial Economics* 20 (January-March, 1988):461-92.

相对于低于平均的表现，有400万美元的差异用以补偿取得高于平均的表现。[⊖]

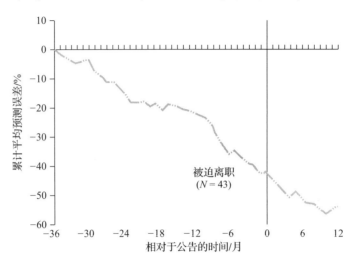

在公司高管被迫离职的前3年，公司股票价格（相对于市场波动）平均
下跌了40%

图 14-15 公司高管被迫离职前的股票表现

资料来源: Adapted from Figure 1 of Jerold B.Warner, Ross L. Watts, and Karen H. Wruck, " Stock Prices and Top Management Changes, " *Journal of Financial Economics* 20 (January-March 1988): 461-92.

即使市场不是有效的，市场价格也可能包含了大量信息。我们建议在公司决策中尽可能地使用这一信息。至少在考虑管理层的解雇和薪酬问题上，现实中的公司看起来似乎确实关注市场价格。

---

| 专栏 |

## 有效市场假说：总结

**没有说：**
- 价格是非外因引起的。
- 投资者是愚蠢的，他们太傻了而不能存在于市场上。
- 所有的股票有相同的期望收益率。
- 投资者应该掷飞镖来选股票。
- 股票价格没有向上的趋势。

**说了：**
- 价格反映了根本价值。
- 财务经理不能很好地选择股票和债券的销售时机。
- 管理者不能从外币投机中获利。
- 管理者不能通过创造性会计提升股票价格。

**三种形式：**

弱型：当前价格反映了过去价格；图表主义（技术分析）是无用的。

半强型：价格反映了所有公开信息；大多数财务分析是无用的。

强型：价格反映所有可知的信息；没人可以始终赚取较多的利润。

---

## 本章小结

1. 一个有效的资本市场处理投资者可得到的信息并把它反映到证券价格中。市场有效性有两个大致含义：第一，在任何时候，股票的超常收益取决于市场在当时所收到的信息或者新闻；第二，和市场使

⊖ Brian J. Hall and Jeffrey B. Liebman, " Are CEOs Really Paid Like Bureaucrats? " *Quarterly Journal of Economics* 113,no.3 (August 1998):653-91.

用相同的信息的投资者不能预期获得超常收益。换句话说，投机倒把的方法注定是要失败的。

2. 市场使用什么信息来决定价格呢？

　　a. 弱型有效性市场假说认为市场使用了历史价格，因而关于这些过去价格是有效的。这意味着根据过去股票价格的变动规律来选择股票并不会比随机选择股票好。

　　b. 半强型有效性认为市场定价使用了所有公开可得到的信息。

　　c. 强型有效性认为市场使用了任何人知道的信息，甚至内幕信息。

3. 行为金融说市场不是有效的。支持者认为：

　　a. 投资者不是理性的；

　　b. 不同投资者的理性偏差是类似的；

　　c. 套利代价很高，将不会消除无效性。

4. 行为学家指出了许多与有效市场概念相矛盾的市场异象，包括：

　　a. 过去的收益能够预测未来的收益；

　　b. 小规模股票比大规模股票表现好；

　　c. 价值股比成长股表现好；

　　d. 股票价格因盈利意外会做出缓慢调节。

5. 市场有效性对公司理财有4个意义：

　　a. 管理者不能通过创造性会计愚弄市场；

　　b. 公司不能成功选择发行股票和债券的时机；

　　c. 管理者不能对外币和其他工具进行投机并获利；

　　d. 管理者通过关注市场价格可以获得很多好处。

# 思考与练习

1. **公司价值**　公司做财务决策时应该遵循什么原则？公司如何能创造有价值的财务机会？

2. **有效市场假说**　定义三种形式的市场有效性。

3. **有效市场假说**　下面哪些关于有效市场假说的说法是正确的？

　　a. 它意味着完美的预测能力。

　　b. 它意味着价格反映所有可得到的信息。

　　c. 它意味着一个非理性的市场。

　　d. 它意味着价格不会波动。

　　e. 它导致投资者之间激烈竞争。

4. **市场有效性含义**　解释为什么有效市场的特点是投资于该市场的NPV为0。

5. **有效市场假说**　一个股市分析家能够通过比较过去10天和过去60天的平均股价来发现被错误定价的股票。如果这是真的，你从这个市场中了解到什么？

6. **半强型有效性**　如果一个市场是半强型有效的，它是否也是弱型有效的？请解释。

7. **有效市场假说**　对买卖股票试图"战胜市场"的投资者来说，有效市场假说的意义是什么？

8. **股票和赌博**　批判地评述下列观点：炒股票就像赌博。这种投机性投资除了人们从这种形式的赌博中得到的快乐，并没有任何社会价值。

9. **有效市场假说**　我们经常会在金融新闻中看到，几个著名的投资人和选股专家在过去20年从他们的投资中获得了大量回报。这些特定投资者的成功违

反了市场有效性吗？解释原因。

10. **有效市场假说**　对于下面每种情形，讨论在下面条件下交易公司股票的获利机会是否存在？①市场不是弱型有效的；②市场是弱型有效的，但不是半强型有效的；③市场是半强型有效，但不是强型有效的；④市场是强型有效的。

　　a. 股价在过去30天的每一天稳步上升。

　　b. 你从公司3天前披露的财务报表中发现公司存货和成本技术控制披露技巧的异象，这些披露技巧导致对公司真实流动性的不完整描述。

　　c. 你观察到公司高层在过去一周在市场上购买了大量该公司的股票。

**使用下面的信息回答接下来的两个问题。**

　　技术分析在投资实践中是有争议的。技术分析包括一系列的技术手段，所有都用来试图预测某一特定股票或者市场的走向。技术分析人员关注下面两个主要类别的信息：历史股价和投资者情绪。技术分析员认为这两个信息集提供了某一股票和市场总体的未来走向。

11. **技术分析**　技术分析师如何看待市场有效性？

12. **投资者情绪**　有时用来预测市场变动的技术分析工具是投资者情绪指数。美国个人投资者协会（American Association of Individual Investors，AAII）基于对其会员的问卷调查，发布了一个投资者情绪指数。你在下表中会找到投资在四周期间内上涨、下跌和不变的百分比。

| 周 | 上涨 | 下跌 | 不变 (%) |
|---|---|---|---|
| 1 | 37 | 25 | 38 |
| 2 | 52 | 14 | 34 |
| 3 | 29 | 35 | 36 |
| 4 | 43 | 26 | 31 |

投资者情绪指数想要捕捉什么？它对技术分析可能起到什么样的作用？

13. **专业投资者的表现** 20世纪90年代中期到末期，专业投资者的表现非常不好——90%的股票型共同基金的表现都不如被动管理的指数基金。这如何与市场有效性问题相关联？

14. **有效市场** 大约100年前，公司不编制年报。即使你持有某一公司的股票，你也不可能看到该公司的资产负债表和利润表。假定市场是半强型有效的，相比现在的情况，当时这对市场有效性意味着什么？

15. **有效市场假说** 航空技术研究公司Aerotech今天早上宣布它将聘用世界最负盛名且成果丰硕的空间研究人员。今天之前Aerotech的股价一直是100美元。假定在未来一周内没有得到其他信息，同时股市总体也没有变化。

a. 你认为Aerotech的股票将会发生什么变化？

b. 考虑下面的情形。

   i. 股价在公告日上涨至118美元。在接下来的几天，它涨至123美元，然后落回116美元。

   ii. 股价上涨至116美元，并且保持在那个水平。

   iii. 股票价格在未来一周渐渐攀升至116美元。哪些情形意味着市场有效性？哪些不是？为什么？

16. **有效市场假说** 当56岁的Gulf & Western Inc.创始人死于心脏病时，股价立即从18美元上涨至20.25美元，达到12.5%的涨幅。这是市场无效的证据，因为有效市场会预计到他的死亡并提前调整价格。假如没有收到其他信息，并且股市整体没有变动，这一关于市场有效性的论断是否正确？请解释。

17. **有效市场假说** 今天，有如下公告发布："今天早些时候，司法部门就Universal Product Care（UPC）的案件做出一项决定。UPC被发现在其招聘过程中存在歧视。在未来5年，UPC必须每年支付200万美元给一个代表UPC政策受害人的基金。"假定市场是有效的，投资者是否还应该在公告之后购买UPC的股票（因为这个诉讼将导致一个异常低的收益率）？请解释。

18. **有效市场假说** Newtech Corp.将采用一种能极大提高生产效率的新型芯片检测装置。你认为主工程师在该装置的信息发布之前购买公司股票是否能获利？读了《华尔街日报》上的这一公告，如果市场是有效的，你能从购买这只股票中获得超额收益吗？

19. **有效市场假说** TransTrust Corp.改变了它的存货记账方式。税收没有影响，但是本季度披露的利润比在旧的会计系统下增加了20%。在这份盈利报告中没有其他意外，并且会计处理公开披露过。如果市场是有效的，当市场获悉报告利润变高时，股价是否将更高？

20. **有效市场假说** Durkin Investing Agency在过去两年之内是国内最好的选股专家。在Durkin成名之前，Durkin的时事通信只有200个订阅者。那些人的表现一直优于市场，调整了风险和交易成本后获得了相当高的收益。现在Durkin的时事通信的订阅量已经暴涨至10 000。现在当Durkin Investment Agency推荐一只股票时，股价就会立即上升好几个百分点。订阅者目前只能获得正常的收益，因为价格在人们依据信息做出决策之前就上涨了。简要解释这个现象。Durkin选股的能力与市场有效性一致吗？

21. **有效市场假说** 你的经纪人说一个管理得好的公司比一个管理得差的公司更适合投资。作为佐证，你的经纪人引用了最近一个对8年前行业杂志罗列的国内最好的100家小规模制造商的研究。在后来8年，这100家公司并没有获得比正常市场更高的收益。你的经纪人接着说，如果这100家公司管理得好，它们应该获得高于平均的收益。如果市场是有效的话，你同意经纪人说的话吗？

22. **有效市场假说** 一位有名的经济学家刚刚在《华尔街日报》上宣布了他的发现：经济衰退已经结束了，经济将重新进入扩张阶段。假定市场是有效的。在读到这条消息之后，你是否可以通过投资股市获利？

23. **有效市场假说** 假定市场是半强型有效的。如果你的交易基于以下考虑，你是否可以获得超额收益？

a. 你的经纪人关于某只股票的盈利历史信息。

b. 关于合并某一公司的谣言。

c. 昨天关于新产品测试成功的公告。

24. **有效市场假说** 假设影响你公司净利润的某一特定宏观经济变量是序列正相关的，同时假定市场是有效的。你是否预期股票价格的变化也是序列相关的？请说明原因。

25. **有效市场假说** 有效市场假说意味着所有的共同基金应该获得同样的风险调整收益。因此我们可以随机挑选共同基金。这种说法对吗？请解释。

26. **有效市场假说** 假定市场是有效的。在某一个交易日，American Golf Inc. 宣布它损失了一份先前普遍认为已经确定的大额高尔夫项目合同。如果市场是有效的，没有其他信息，股价应该对该信息做出什么反应？

27. **有效市场假说** Prospectors Inc. 是一个公开交易的阿拉斯加黄金勘探公司。尽管公司勘探黄金经常失败，但是 Prospectors 偶尔发现储量丰富的矿石。如果市场是有效的，你将观察到 Prospectors 的累积超常收益的什么规律？

28. **市场有效性的证据** 有些人认为有效市场假说不能解释 1987 年的股市崩盘或是 20 世纪 90 年代末网络股过高的市盈率。对这两个现象，目前正在使用的其他解释是什么？

29. **累积超常收益** 达美、联航和美航分别在 7 月 18 日、2 月 12 日和 10 月 7 日宣布购买飞机。已知以下信息，将这些股票当成一组计算累积超常收益，画出结果并解释。所有股票的 $\beta$ 系数为 1，没有其他公告发布。

| 达美 | | | 联航 | | | 美航 | | |
|---|---|---|---|---|---|---|---|---|
| 日期 | 市场收益 | 公司收益 | 日期 | 市场收益 | 公司收益 | 日期 | 市场收益 | 公司收益 |
| 7/12 | −0.3 | −0.5 | 2/8 | −0.9 | −1.1 | 10/1 | 0.5 | 0.3 |
| 7/13 | 0.0 | 0.2 | 2/9 | −1.0 | −1.1 | 10/2 | 0.4 | 0.6 |
| 7/16 | 0.5 | 0.7 | 2/10 | 0.4 | 0.2 | 10/3 | 1.1 | 1.1 |
| 7/17 | −0.5 | −0.3 | 2/11 | 0.6 | 0.8 | 10/6 | 0.1 | −0.3 |
| 7/18 | −2.2 | 1.1 | 2/12 | −0.3 | −0.1 | 10/7 | −2.2 | −0.3 |
| 7/19 | −0.9 | −0.7 | 2/15 | 1.1 | 1.2 | 10/8 | 0.5 | 0.5 |
| 7/20 | −1.0 | −1.1 | 2/16 | 0.5 | 0.5 | 10/9 | −0.3 | −0.2 |
| 7/23 | 0.7 | 0.5 | 2/17 | −0.3 | −0.2 | 10/10 | 0.3 | 0.1 |
| 7/24 | 0.2 | 0.1 | 2/18 | 0.3 | 0.2 | 10/13 | 0.0 | −0.1 |

30. **累积超常收益** 下图显示了在 1950—1980 年，386 个石油开采公司宣布发现石油的累积超常收益。第 0 个月是公告月份。假设没有收到其他信息，并且股市整体没有变动。这个图和市场有效性是一致的吗？解释你的回答。

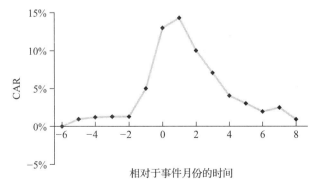

31. **累积超常收益** 下面几个图呈现了四种累积超常收益研究的结果，指出每个研究的结果是否支持、拒绝或者无法判断半强型有效性市场假说。图中的时间 0 是事件日。

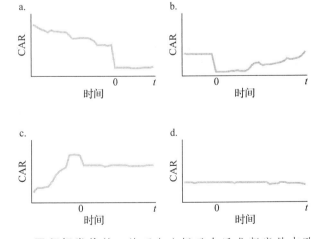

32. **累积超常收益** 某研究分析了在反垄断案件中败诉的公司的股价行为。所有初审败诉的公司都包括在图中，即便是那些后来上诉撤销原判的。事件在时间 0 是最初的上诉前的初审判决。假设除

了在初审透露的信息外没有其他信息发布。股票价格的贝塔系数都是1。这个图和市场有效性一致吗？解释你的回答。

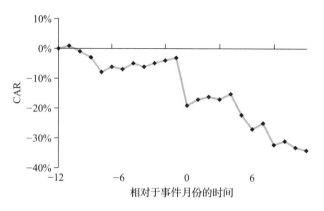

相对于事件月份的时间

## 小案例

### 东方海岸游艇的 401（k）账户

你已经在东方海岸游艇上了一个星期的班，并决定加入公司的 401（k）计划。即使在与你的 Bledsoe Financial Services 代表莎拉·布朗讨论过之后，你还是不确定应该选择哪个投资。回想一下你可用到的选择，包括东方海岸游艇的股票、Bledsoe 的标准普尔 500 指数基金、Bledsoe 的小公司股票基金、Bledsoe 的大公司股票基金、Bledsoe 的债券基金、Bledsoe 的货币市场基金。你决定应该投资于一个分散的组合：70% 投资于股票，25% 投资于债券，5% 投资于货币市场。同时，你决定把股票投资集中在大公司的股票，但是又不确定该选择标准普尔 500 指数基金还是大公司股票基金。

你仔细考虑，明白了两种基金之间的基本不同。一种是复制普遍跟踪的大规模指数——标准普尔 500 指数，并收取少量费用的纯粹的被动型基金。另一种是积极管理的，意图凭借组合管理者的技能做出相对某一指数来说更好的表现。后面一种的费用比较高。你只是不知道应该选择哪一种基金，因此你求助在公司财务部门工作的丹。

在讨论过你的想法之后，丹给你一些比较股票型共同基金和先锋 500 指数基金的信息。先锋 500 是世界上最大的股指共同基金。它复制的是标准普尔 500 指数，并且它的收益率与标准普尔 500 指数相差无几，费用却低很多。先锋 500 和 401（k）计划中的 Bledsoe 标准普尔 500 指数基金本质上是一样的，但它存在的时间长得多，因此你可以研究过去 20 多年的历史记录。下图通过显示过去 10 年表现好于先锋 500 的股票型共同基金总结了丹的意见。[一]因此，如从 1998 年到 2018 年，大约 50% 的股票型共同基金的表现优于先锋 500。丹建议你研究这个图，回答下面的问题：

1. 你能从这张共同基金投资者的图中得出什么结论？
2. 这张图是否与市场有效性一致？仔细解释。
3. 对你 401（k）账户股票投资的部分，你会做出什么样的投资决定？为什么？

[一] 注意这个图并不是假定的，它反映了先锋 500 指数基金相对于一个非常庞大、数量分散的股票型共同基金的实际表现。专项基金比如国际基金不包括在内。所有的收益扣除了管理费，但不包括销售费用（称为"佣金"）。结果积极管理的基金的表现就被夸大了。

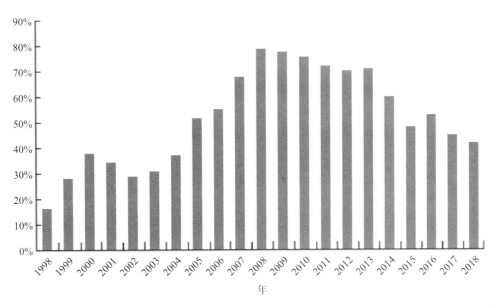

资料来源：Bradford Jordan, Thomas Miller, and Steven Dolvin, *Fundamentals of Investments*, 9th ed. (New York: McGraw-Hill, 2021).

# 第 15 章

# 长期融资：简介

当一家信用评级较低的公司发行债券时，该债券被称为高收益债券，或者"垃圾债券"。尽管垃圾债券的违约风险更大，但投资者也要求更高的收益率。2020 年，由于市场利率很低，因此投资者更希望通过购买高收益债券来提高收益。2020 年 8 月，总共有 529 亿美元的垃圾债券发行，创下了垃圾债券发行的第二高月度纪录，远高于 2019 年 8 月的 97 亿美元。而月度垃圾债券最高发行纪录出现在 2020 年 1 月，总共发行了高达 599 亿美元的垃圾债券。到 2020 年 9 月，当年已经发行了 3 390 亿美元的垃圾债券，比年度最高发行纪录仅仅少 50 亿美元。

## 15.1 普通股和优先股的特征

在本章中，我们学习股票和债券的一些特点。我们先从股票入手，包括普通股和优先股。在讨论普通股的特征时，我们主要关注股东权利和股利分配。对于优先股我们则解释"优先"是什么意思，同时讨论优先股到底应该被视为债务还是权益。

### 15.1.1 普通股的特征

**普通股**（common stock）对于不同人来说有不同的含义。它通常是指那些在股利支付和公司破产时不具任何特殊优先权的股票。

#### 1. 股东权利

股东推选董事，再由董事选聘公司高层人员。因此，股东通过选拔董事来行使对公司的控制权。通常来说，只有股东拥有这样的权利。

董事在每年股东大会上被选举出来。虽然可能会有例外（我们后面将会讨论），但一般来讲是"一股一票"（而不是一名股东一票）。公司民主因此有别于政治民主。在公司民主制度下，"黄金法则"⊖非常适用。

公司董事都要由出席年会且拥有多数股份的股东投票选举产生。不同公司的选举机制不完全相同。最重要的差别在于所采用的投票制度是累积投票制还是简单多数投票制。

为了解释这两种不同的投票制度，我们假设公司只有两名股东：史密斯拥有 20 股股票，琼斯拥有 80 股。两人都想成为董事会成员，而琼斯不希望史密斯加入董事会。我们假定公司需要选出 4 名董事。

**累积投票制**（cumulative voting）的作用在于允许小股东⊜的参与。如果采用累积投票制，应事先确定每位股东可以投出的选票总数。选票总数通常按股东拥有或控制的股票数乘以所要选举的董事人数计算而得。

---

⊖ 黄金法则：拥有财务大权的人制定规则。

⊜ 我们在这里所说的小股东，是指所持股份相对较少的股东。

根据累积投票制，每位股东可将他手中的选票同时投给一个或多个候选人。这样，在我们的例子中，得到票数最多的4位候选人就能成为新的董事。

史密斯能否如愿以偿呢？假如我们不考虑平局的情况，那么答案是肯定的。史密斯可取得20×4=80（份）选票，琼斯有权获得80×4=320（份）选票。如果史密斯将他的全部选票投给自己，他肯定能获取董事资格。因为对琼斯来讲，他的320份选票不能平均投给4位候选人，使每位候选人都获得80以上的选票。史密斯最差也是票数第4的候选人。

一般地，如果有 N 个董事候选人，那么你只要获得总股票数的 1/（N+1）再加上1就可以保证当选。在我们的例子中，1/（4+1）=20%，因此越多的可当选名额可以保证更容易获得一个董事席位。

如果采用**简单多数投票制**（straight voting），一次只选出一位董事。对每一名候选人，史密斯都只能投20票，而琼斯却能投80票，结果将是由琼斯推举的4名候选人组成董事会。能够保证获得一个董事名额的办法是获得超过总票数50%再多1票的选票。如果满足这个条件，那么你就能够决定董事会每一个席位的人选，就会出现"赢家通吃"的局面。

**例 15-1　购买选票**

JRJ 公司股票的每股价格为20美元，公司董事会选举采用累积投票制。发行在外的股份数一共有10 000股。如果公司将选出3名董事，请问你需要花费多少，才能够保证自己在董事会中获得一个席位？

这个问题可以转化为你需要拥有多少股票，才能够获得一个董事席位。答案是2 501股。因此你需要花费2 501×20=50 020（美元）。为什么是2 501股呢？这是因为当你获得2 501张选票后，剩余的7 499张选票在3个人中分摊，不能保证他们所有人都获得超过2 501张选票。例如，其中两人如果各获得2 502张选票的话，第3个人能够获得的选票为10 000-2 502-2 502-2 501=2 495。因此你是第3个当选的董事。

如上所示，简单多数投票制会"冻结"小股东的权利，这也是美国许多州强制采用累积投票制的原因。而在那些强制采用累积投票制的州，公司也已经制定出相应的策略，以便能将累积投票制的影响降至最低。

策略之一是错开选出董事会成员的时间，这允许部分董事席位在某一特定的时间段内选举产生。比如一次有两个董事席位要进行投票选举，那么你需要保证得票超过总票数的 1/（2+1）=33.3% 才能确保当选。错开选举策略通常多被叫作**分类**选举策略，因为不同的董事选举被分开在不同的时间段中进行。近年来，公司迫于控制权压力，很多都采取分类选举的办法。

总的来说，分类选举有两项基本作用。

（1）采用累积投票制时，分类机制将令小股东较难选出一名董事。

（2）由于分类机制下新董事的产生更加困难，因而就能削弱恶意并购的企图。

而且分类选举策略还带来一些好处。它为董事会的连续性提供了一种**"制度记忆"**，这种连续性保证了一些长期计划和项目执行。

### 2. 委托代理投票权

在股东年会中股东可以自己亲自投票，也可以将投票权转移给其他人。**委托代理投票权**（proxy voting）是指股东授权他人代理其行使投票表决权的一种法定权利。方便起见，大型上市股份公司相当一部分的表决权通常采用委托代理方式进行。

显而易见，公司管理者会试图争取尽可能多的委托表决权。但是，如果股东对公司的管理者不满，外部股东集团也会通过委托方式尽可能多地获取选票，然后选举出足够数量的董事以撤换公司当前的管理者。这就是所谓的"代理权之争"。

### 3. 股票种类

有些公司发行两类以上的普通股。不同类别的普通股具有不同的表决权。福特汽车（GM）公司的B类普通股属于非上市交易股（它只是作为利息和信托资产由福特家族持有），这类股票有40%的投票表决权，但是它所含的股份只占 GM 公司发行在外股票总数的 10% 左右。

还有很多其他不同的公司拥有不同的股票种类。例如，GM 公司有原始股票被称为"GM 经典"股票，以及另外两类普通股——E 系（GME）和 H 系（GMH）股票。这两类股票是用来对两次分别并购美国电子数据系统公司和休斯飞机公司融资而发行的。另一个例子是字母表（Alphabet）这家网络搜索公司。字母表公司有两类普通股——A 类股票和 B 类股票。其中，A 类股票由公众投资者持有，每股有 1 票投票权。B 类股票由公司内部人员持有，每股有 10 票投票权。然后，2014 年，字母表公司又对 B 类股票进一步细分，产生出完全不拥有投票权的 C 类股票。这样做的结果是字母表公司的创立者与管理者控制了公司。还有一个例子是 Palantir 工业公司在 2020 年上市时规定，无论公司三位创始人拥有多少股份，他们将永久拥有公司 49.99% 的投票权。

历史上纽约证券交易所不允许公司自己发行同股不同权的股票类别。但是，事情总是会有例外（比如福特汽车公司）。此外，很多不在纽约证券交易所公开上市的公司就有不同类型的股票。有限投票权的股票可以使管理者既融到需要的资金，同时又不丧失对公司的控制权。

不平等表决权的议题在美国备受争议，而"一股一票"的理念则拥有很多的追随者和很长的历史。有意思的是，不平等表决权的做法在世界范围内还是很流行的。

### 4. 其他权利

公司普通股的每股价值与股东拥有的一般权利直接相关。除了投票选举董事的权利外，股东一般还享有以下几项权利。

（1）按比例分享公司支付的股利的权利。

（2）公司破产清算时，在公司债务得以清偿后，股东有权按比例分享剩余资产。

（3）对那些需要在年会或特别会议上商议决定的重大事务如兼并，股东具有投票表决权。

另外，公司有时候会给股东**优先认购权**（preemptive right）。该权利让打算发行股票的公司必须先将股票卖给现有股东，然后才发行给普通公众。优先认购权的目的是给予股东保护自身在公司中的所有权比例的机会。

### 5. 股利

公司依法拥有向股票持有人发放股利的权利。股利发放完全取决于董事会的决策。

股利具有下列特点。

（1）除非公司董事会已经宣布发放股利，否则股利发放不会成为公司的一项义务。公司对并未宣告发放的股利不存在所谓的"拖欠"问题，因此，公司就不会因为没有支付股利而被迫"破产"。股利额及股利发放与否都取决于董事会在对公司经营状况评判的基础上所做出的决策。

（2）股利是以公司税后的现金流量来支付的，股利支付不构成公司的费用，所以股利无法实现抵扣公司税收的目的。简言之，股利是利用公司的税后利润支付的。

（3）个体股东所得的股利被视为普通所得，应以全额征缴个人所得税。而对那些拥有其他公司股份的公司，却允许其股利所得额中的 50% 或者更高的比例可以免税。也就是说，这类公司只需为剩余的股利所得缴纳税款。⊖

## 15.1.2 优先股的特征

**优先股**（preferred stock）按照股票份额分发现金股利，不同于普通股，它在股利支付和公司破产清偿时的财产索取方面都具有优先权。"优先权"意味着只有在优先股股东获取股利后（当然是针对正在经营的公司而言），普通股股东才有资格分配股利。优先股一般没有到期日。

从法律和税务的角度来看，优先股归属公司的权益，但很重要的一点是优先股通常没有投票权。

---

⊖ 更具体地说，当获得股利的公司在另一家公司拥有少于 20% 的流通股时，适用 50% 的免征额。而当拥有超过 20% 且少于 65% 的流通股时，免征税比例提高到 65%。而当拥有的股权超过 65% 时，则可以 100% 免征股利所得税。

### 1. 票面价值

优先股具有票面清偿价值，通常是每股 100 美元。优先股的股利以每股多少美元的形式表述。譬如，通用汽车公司"5 美元优先"，可理解为优先股的股利收益率是票面价值的 5%。

### 2. 累积股利和非累积股利

优先股股利不同于债券利息。董事会有权决定不对优先股发放股利，而且董事会的决策可以同公司当前的净利润状况没有任何的联系。

优先股的应付股利既可以是"可累积"的，也可以是"非累积"的。如果优先股股利属于可累积的，而且某一年的股利没有发放，那么这些股利可以向前结转。通常，在普通股股东分配股利前，必须将（往年）已累积的优先股股利连同当年的股利一并支付给优先股股东。

未支付的优先股股利不属于公司债务，因此由普通股股东选举产生的董事会，就有可能会无限期地推延优先股股利的支付日期。但是，如果出现这种情况，那么普通股股东也必须放弃股利。尽管优先股股东不具备表决权，但是如果公司在一段时间内没有发放优先股股利，那么优先股股东就自动拥有投票权。例如在某一时间点，全美航空公司没有能够支付其 6 个季度前发行的优先股股利，那么该优先股股东便可以提名两个董事会席位来代表他们的利益。因为优先股股东无法对累积优先股股利收取利息，一些学者认为，公司会因此故意推迟支付优先股股利。对于全美航空来说，这就意味着要将董事会席位让给优先股股东。

### 3. 优先股实际上是债务吗

可以用一个案例证明优先股实际是变相的债务。优先股支付约定的股利就像债务支付利息。优先股通常伴随着信用评级，这看起来更像债券。有时候优先股可以转换成普通股。此外，优先股通常是可赎回的，意味着发行人可以以一定的价格全部或者部分赎回，也就是回购。在下节中我们将更多地讨论这个赎回特性。

虽然优先股通常没有到期日，但是很多发行的优先股都设有强制性的偿还基金。偿还基金要求公司每年都要收回一部分的优先股，因此也确定了一个到期日，最终所有的优先股都会被赎回。下一节会更多地讨论偿还基金。基于这些理由，优先股看起来更像债务。但是从税务的角度来看，优先股股利是被当成普通股股利来对待的。

20 世纪 90 年代，很多公司都开始发售看起来像优先股，但税务上当作债务来处理的证券。这些新的证券的缩写名称很有趣，比如 TOPrS（信托优先证券，trust-originated preferred securities，或者 toppers）、MIPS（月度收益优先证券，monthly income preferred securities）和 QUIPS（季度收益优先证券，quarterly income preferred securities）等。由于拥有不同的特性，这些证券工具在税务处理时可以被当作债务，因此其利息可以用来抵减税收。这些证券工具的分红按照个人的利息收入进行纳税。一直到 2003 年，利息和股利分红都是按照同样的税率进行征税的。当股利分红的税率降低时，这些证券工具并没有包含在内，因此个人从这些证券工具中获得的股利分配仍然要按照较高的税率进行支付。

## 15.2 公司长期负债

在本节中，我们讨论一些有关公司长期负债的基本术语和特性，之后的章节则讨论长期负债的其他问题。

公司发行的证券可以粗略分成权益性证券和债务性证券。债务表示一种偿还的义务，是借款行为带来的结果。当公司借入资金时，它们便承诺定期支付利息以及归还原始借款额（即所谓的本金）。贷款人或贷款公司被称为债权人或贷方。借款公司被称作债务人或借方。

从财务角度分析，负债与权益最主要的差别如下。

（1）负债不属公司的所有者权益，因此债权人通常没有表决权。

（2）公司对债务所支付的利息被视为一种费用，根据《减税与就业法案》，利息可以抵免高达 30% 的税额，而分给股东的股利是不能抵税的。

（3）未偿债务是公司的一项责任。如果公司不履行支付义务，那么债权人就可以依据相应的法律程序向公司索取资产，债权人的这种行为将会导致公司的"清算"或"重组"。因此，公司借债的代价就是会令公司存在"财务危机"的可能性，而使用权益资本是不会发生这种危机的。

### 15.2.1　负债还是权益

有时，要分清某一证券属于负债还是权益是相当困难的。比如，假定公司发行一种永续债券，其利息仅在公司赢利时才予以支付。这是否为真正意义上的负债很难说清楚，这是法律和语义学问题。法庭和税务机构拥有最终解释权。

公司非常善于营造混合性证券，这类证券看似权益却又被称作"负债"。显而易见，负债与权益的区别对公司的抵税目的是至关重要的。因为公司极力要创造一种实是权益的债务性证券的目的在于，它们希望在减轻公司破产成本的同时又能获取债务的抵税优势。

作为通行的做法，权益代表了所有权和剩余索取权。这说明股东通常要后于债权人获得偿付。正因此，持有股票和债券所带来的风险和收益是不同的。举一个简单的例子，拥有债券的最大的好处是收益是事先明确的，而拥有股票的潜在收益则是无上限的。

<table>
<tr><th colspan="3">权益与负债</th></tr>
<tr><th>特征</th><th>权益</th><th>负债</th></tr>
<tr><td>收入</td><td>股利</td><td>利息</td></tr>
<tr><td>税收地位</td><td>股利应纳个人所得税；目前，联邦政府对个人股利的最高边际税率为 23.8%，它不属经营费用</td><td>利息应纳个人所得税；它属于经营费用。因此在计算公司应纳税义务时，公司可以扣除利息费用</td></tr>
<tr><td>控制权</td><td>普通股和优先股通常具有表决权</td><td>通过债务契约行使控制权</td></tr>
<tr><td>违约</td><td>公司不会因为没有支付股利而破产</td><td>未偿还的债务是公司的一项责任。公司无力清偿债务将导致公司破产</td></tr>
</table>

注：就税收地位而言，公司更倾向于使用负债；但就违约方面来讲，公司则会喜欢采用权益。虽然权益和负债具有不同的控制权，但是两者并无优劣之分。

### 15.2.2　长期债务：基本原理

所有的长期债券都是由发行公司约定好按时支付利息，同时到期偿还本金的证券。除了这一点，还有一些特征让长期债券不同于其他证券，我们接下来将进行讨论。

长期债务工具的到期日是长期债务保持未偿还完的状态、还有未偿还余额的时间长度。债券可以是短期的（到期日为 1 年或者更短）或者长期的（到期日长于 1 年）。<sup>注</sup>短期债券又被叫作**流动债务**（unfunded debt）<sup>注</sup>。

典型的债务性证券被称为"**票据**""**信用债券**"或"**债券**"。严格地说，**债券**一般是有担保的，也就是发行人需提供某种财产抵押作为偿还债务的担保。然而，现实中，债券一般泛指担保债券和信用债券即无担保债券。我们将继续使用"债券"这个术语来表示长期债务工具。因此，票据和债券的唯一区别在于发行期限，期限少于 10 年的通常叫票据，多于 10 年的则叫债券。

长期债券既可以公开发行，又可以私募发行。私募债券是向少数特定贷款方直接发行而不是向公众。因为这是私密的交易，因此特定的条款由参与各方协商达成。我们这里主要讨论的是公开发行的债券。当然我们所讲的这些特征对于私募的长期债券来说也是正确的。

关于长期债券还有很多方面的特征，比如担保、赎回条款、偿债基金、评级和保护性条款。下面的表格举例说明了家得宝公司发行债券的这些特征。如果你对其中某些术语还不是很熟悉，没关系，我们将会马上讨论。

---

㊀ 在短期债券和长期债券的界定上，并不存在公认的标准，而且人们还常常提到中期债券，就是指到期期限长于 1 年，低于 3 ～ 5 年，甚至是 10 年的债券。

㊁ "基金"（funding）一词是财务领域的专业术语。它通常是指长期。因此，一家计划为其债务重组提供"基金"的公司可能正用长期债券替换了短期债券。

| 家得宝公司债券的特征 | | |
| --- | --- | --- |
| 术语 | | 解释 |
| 发行额 | 15 亿美元 | 该公司发行了价值 15 亿美元的债券 |
| 发行日期 | 2020/03/30 | 该债券在 2020/03/30 发行 |
| 到期日 | 2050/04/15 | 该债券在 2050/04/15 到期 |
| 票面价值 | 2 000 美元 | 债券的面额为 2 000 美元 |
| 年息票率 | 3.35% | 债券持有人每年每张债券将获得 67 美元的利息（面值的 3.35%） |
| 售价 | 98.858 | 每张债券售价为面值 2 000 美元的 98.858%，即 1977.16 美元 |
| 付息日 | 04/15、10/15 | 67/2=33.50 美元的息票将于这些日期偿付 |
| 担保 | 无 | 该债券没有担保物 |
| 偿债基金 | 无 | 该债券没有偿债基金 |
| 提前赎回条款 | 任何时候 | 该债券没有递延赎回条款 |
| 赎回价格 | 国债利率加上 0.30% | 该债券有确定的赎回价格 |
| 评级 | 穆迪 A2，标准普尔 A | 该债券的评级较高 |

这里的很多术语会在债券契约里详细解释，因此我们先讨论下面的内容。

### 15.2.3 债务契约

**债务契约**（indenture）是指债券发行公司同债权人之间事先就债券到期日、利率以及其他所有条款所达成的书面协议。它通常被认为是**信托契约**（deed of trust）。⊖通常，一个受托人（或许是银行）被公司指派代表债券持有人。这个信托公司必须：①保证债务契约的执行；②管理偿债基金；③在公司违约时代表产权持有人。

债务契约是法律文件，通常有好几百页的文字而且比较冗长。但这是很重要的文件，因为文件中包含了以下一些条款。

（1）债券的基本构成。

（2）债券担保物的描述。

（3）优先劣后级。

（4）还款安排。

（5）赎回条款。

（6）保护性条款的细则。

这些将在以后章节中详细介绍。

#### 1. 债券的构成

尽管历史上公司债券的面值（即票面价值）通常为 1 000 美元，但像家得宝公司那样发行面值为 2 000 美元的公司变得越来越普遍。当然也存在其他面值债券。例如，市政债券面值通常为 5 000 美元，而面值为 10 000 美元或者 100 000 美元的国债也经常在市面上看到。面值通常是标注在债券上的。所以，如果公司要借 1 000 万美元，每张债券面值为 2 000 美元，那么公司就得发售 5 000 张债券。债券的账面价值（也称初始会计价值）通常和它的面值一致，在实践中两者经常混用。

公司债券通常要等级备案。例如，契约中可能这样写道：

利息每半年支付一次，分别是每年的 1 月 1 日和 7 月 1 日。利息支付的对象是分别在每年 6 月 15 日和 12 月 15 日注册结束前登记在册的债券持有人。

这意味着公司将需要一家登记结算机构，从而记录每份债券的持有情况以及所有权变更情况。公司将会支付利息和偿付本金给记录在册的债券持有人。

---

⊖ 贷款协议或贷款合同通常用于私募债务以及中长期债务。

历史上，公司债券凭证上通常附有息票。息票是收取利息的凭证。为了获得利息支付，债券持有人必须将息票从债券凭证上撕下，并将其邮寄给公司债券的登记结算机构（代理支付人）。

相对地，公司债券也可以是**无记名**（bearer form）债券。这意味着债券证明书就是唯一的所有权证明，公司只向债券证明书的持有人支付利息。所有权没有再进行另外的登记，和记名债券一样，凭票即付的债券持有人将所附的"票面利息券"取下后邮寄给公司来获得利息。

无记名债券有两个缺点。第一，它们丢失或者被盗以后很难再找回。第二，由于公司没有登记债券持有人，因此如果有重要事项无法通知持有人。无记名债券曾经在美国很流行，但随着无记名债券的利息不能抵税的规定出台，无记名债券变得越来越少了。

### 2. 担保

债券往往根据其是否抵押或质押来进行分类，抵押或质押是为了保护债权人的权益。

**质押证券**通常是作为债务偿付担保的证券（如债券或股票）。例如，质押信托债券通常包括公司所持有股票的质押。但是，质押物一词通常也用于泛指为债务清偿提供担保的任何资产。

**抵押证券**通常是由借款方的实物资产来担保的。所包含的财产通常是实物资产，如土地与建筑等。记录抵押贷款的法律文件通常被称为抵押贷款信托契约或信托契约。

有时抵押贷款是针对某一特定财产的，如一列火车。更为常见的是**总抵押**（blanket mortgage），它将公司所拥有的全部实物资产同时抵押出去。⊖

无抵押债券通常被称为信用债券，信用债券没有特定的资产做保证。票据一般是指期限少于10年左右的信用债券。由于信用债没有特定的资产做保证，所以用于抵偿信用债的资产一般是偿还抵押债券和质押债券后剩余的资产。前面介绍的家得宝公司发行的债券就属于信用债券。

我们本章所用的术语仅限于美国的标准用法，在美国之外的国家，相同的术语可能有不同的含义。例如，英国政府发行的债券被称为国库券。

目前，美国金融和非金融企业公开发行的债券一般都是信用债券，但大部分的公共事业和铁路债券则是抵押债券。

### 3. 优先级

一般来说，**优先级**（seniority）是指债券的偿付地位高于其他债券，而债券往往被贴上次级或优先级的标签以区分出偿付的先后次序。有些债券属于次级债券，如次级信用债券。

在公司违约的情况下，次级债券的持有人必须给予其他债权人优先清偿的权利。通常，这意味着只有在其他债权人得到偿付的情况下，次级债权人才能获得补偿。但是，负债的清偿权不能次于权益。

### 4. 偿付

债券可以在到期时一次偿付。届时债券持有人将会收到债券的票面价值，也就是面值，债券价值的一部分也可能在到期日前已经偿付了。以某种形式提前清偿更为典型，而且通常采用偿债基金的形式。

**偿债基金**（sinking fund）是指由债券受托人管理，为了偿付债券而设立的一个账户。公司每年向受托人进行支付，而受托人则运用基金来清偿部分债务。受托人可以通过在市场上回购部分债券，或是偿还发行在外债券的一部分价值来完成。第二种方法将在下一节中进行讨论。

偿债基金的设置有很多类型，通常都会在债券契约中说清楚，具体有以下几种。

（1）有些偿债基金在债券发行10年后才开始进行偿付。

（2）有些偿债基金在整个债券持有期中每次偿付的金额都相同。

（3）有些高品质债券向偿债基金所制订的偿付计划并不能完全清偿全部债务，因此最后还需要进行一笔"放气式"支付。

---

⊖ 实物财产包括土地和其上的附着物，它并不包括现金和存货。

### 5. 赎回条款

**赎回条款**（call provision）允许公司在某个特定期间内以约定的价格买回或"赎回"部分债券。公司债券通常是可赎回的。

通常，赎回价格高于债券的面值。赎回价格与票面价值之间的差异就是**赎回溢价**（call premium）。赎回溢价的值将会随着时间而减少。我们可以将赎回溢价初始设定为等于年度利息支付额，然后假设其随着赎回日期逼近到期期限时逐渐减少至0。

赎回条款通常在债券持有期限的前几年中是不能执行的。这使得债券持有者在债券存续期的早期不必担心赎回条款的执行。例如，它可能不允许公司在债券发行的前10年内赎回其债券，这就是一份**延期赎回条款**（deferred call）。在禁止赎回的期间，债券被认为处于**赎回保护**（call protected）的状态。

就在近几年，一种新型的赎回条款——**保全赎回条款**（make-whole call）在公司债券市场变得非常常见。这种条款的特征使得债券持有人在公司赎回债券时能够获得与债券价值几乎相等的金额。因为债券持有人在债券赎回时不承担损失，因此他们的资产被"保全"了。

为了决定保全赎回条款的价格，我们以契约中所确定的折现率计算尚未偿付的利息与本金的现值。例如，在前面的家得宝债券中，折现率被定为"国债利率加0.30%"。这告诉我们要确定折现率。我们先确定拥有相同到期期限的美国国债利率，然后再加上0.30%，就可以得到我们需要的折现率。

需要注意的是，在保全赎回条款下，当利率较低时，赎回价格较高，反之亦然。为什么？同样需要注意到的是，家得宝公司的债券并不具备延期赎回的特征。这在保全赎回条款中也是非常常见的。难道投资者不太在意这个条款的缺失？

### 例 15-2 可赎回债券

赎回条款允许公司在约定好的时期内完全或者部分赎回发行的债券。常识告诉我们，这样的条款看起来是对公司有利而对投资者不利的。如果市场利率下降、债券价格上升，公司有权不以债券的真实价值而是低于真实价值的赎回价格来赎回这份债券，这个赎回权是有价值的。投资者当然知道这一点，因此在赎回条款中也会有所体现。

假设创业投资公司（VCC）有发行在外的每半年付息一次的30年期债券，息票利率是7%，面值为1 000美元。现在购买价格等于面值，然后考虑到未来利率的变动，假设到年底该债券的价格有相同的概率变为700美元或者1 300美元。

（1）VCC债券1年后的期望价格应该是多少？

　　答案：（0.5×700）+（0.5×1 300）=1 000（美元）

（2）当该债券可以1 000美元的价格赎回时，期望价格应该是多少？

　　答案：（0.5×700）+（0.5×1 000）=850（美元）

当债券可赎回时，它的期望价格会比不可赎回债券低。当实际价格将高于赎回价格时，公司就会选择赎回该债券。因此在其他条件都相同的情况下，投资人不会为可赎回债券支付和不可赎回债券相同的价格。

### 6. 保护性条款

**保护性条款**（protective covenants）是指契约或者贷款协议中对债务存续期限内的公司行为做出限定的部分。保护性条款分为两种：消极条款和积极条款。

**消极条款**是规定"不可以做什么"的条款类型。它限制或是禁止了公司可能采取的行为。例如，有些条款限制了公司支付股利的数量。

**积极条款**是规定"可以做什么"的条款类型。它对公司应当采取的一些行为或是公司必须遵守的条件提出了要求。例如，公司应该保证营运资本处于或高于某一特定的最低水平。

任何一份特定的契约都可能会有很多不同的积极条款和消极条款。

## 15.3　不同类型的债券

到目前为止我们考虑的都是普通类型的债券，接下来我们看看一些拥有不寻常特征的公司债券类型。

### 15.3.1　浮动利率债券

我们在本章中介绍过的传统债券的每月支付额是固定的，因为票面利率本身就设定为面值的固定百分比。相似地，本金，也就是面值也是固定的。但是对于**浮动利率债券**（floating-rate bonds，floaters），票面利率是可调整的。调整额取决于某个利率指数，如短期国债利率或 30 年期国债利率。

浮动利率债券的价值完全取决于如何调整利息支付额。在大多数情况下，票面利率根据基准利率相应滞后调整。比如，假定有一项票面利率的调整是在 6 月 1 日做出的，那么这种调整就可能基于过去 3 个月内国债利率的简单平均值，而且大多数浮动利率债券都有以下特征。

（1）债券持有者拥有特定的一段时间后，在利息支付时以面值回售债券的权利。这被称为**卖回条款**（put provision），我们将在接下的章节里面讨论这个问题。

（2）票面利率有上限和下限，也就是说票面利率受最大值和最小值的制约。在这种情况下，票面利率就被称为"**戴帽**"（capped），而上下限利率有时被称为**利率双限**（collar）。

一种特别有趣的浮动利率债券是**通货膨胀联结债券**（inflation-linked bond）。这种债券的票面利率将按照通货膨胀率进行调整（有时甚至连本金也按照通货膨胀率进行调整）。美国从 1997 年 1 月开始发行这种类型的国债。这种国债通常也被简称为"TIPS"，即通货膨胀保护国债。其他国家，例如加拿大、以色列和英国政府都发行过类似的国债。

### 15.3.2　其他类型的债券

很多债券还有很不同的特征，比如有种特征被称为**认股权证**。这类特征给债券购买人以约定好的价格购买公司股票的权利。当公司的股票上涨很快的时候，这样的权利是很有价值的（后面的章节将会更详细地讨论这一点）。由于这个特点，该债券往往以较低的息票利率发行。

有一种有趣的债券——**巨灾债券**（catastrophe bond）。2019 年 6 月，汉密尔顿保险集团发行了 6 000 万美元的巨灾债券，这种债券覆盖飓风和地震等自然灾害。一旦其中一种灾害发生，投资者将损失全部或者部分投资。

迄今为止最大的一笔巨灾债券是梅尔纳再保险公司（Merna Reinsurance）于 2007 年发行的"6 期系列"债券。"6 期系列债券"覆盖了公司由于对州立保险公司提供的再保险而可能面对的各种自然灾害，总额高达 12 亿美元。截至 2020 年，市场上巨灾债券的存量大约有 420 亿美元。

当然，"巨灾"具有宽泛的定义。2020 年，投资者投资的世界银行发行的 3.2 亿美元的巨灾债券由于全球新冠疫情的出现而损失了 1.325 亿美元的本金。那些投资于较低风险的、票面利率为 6.9% 的投资者，损失了 16.7% 的本金，而那些投资于较高风险的、票面利率为 11.5% 的投资者，则损失了全部的本金。这些投资者损失的本金将用于支援埃塞俄比亚、加纳、孟加拉国和柬埔寨等贫穷国家的抗疫。

2019 年，Conversation Capital 发行了犀牛影响债券（RIB）。发行该债券的目的是增加肯尼亚和南非的黑犀牛数量，其数量已经从 20 世纪 70 年代的 65 000 只下降到如今的 5 500 只。该债券持有者将依据"结果支付模型"计算其收益。也就是说，黑犀牛未来 5 年的数量将决定投资者的收益。一家独立的评估机构将评估黑犀牛的数量是否达到目标，而投资者的收益则取决于目标达成的情况。未来，我们可以根据该债券的成功程度，尝试发行更多的基于环境目标的债券。

新冠疫情流行期间，市场上出现了一种新型债券——新冠病毒债券（coronavirus bonds）。该债券的发行收入将用于与新冠病毒有关的抗疫工作。2020 年 2 月到 5 月，总共发行了超过 1 500 亿美元的该类债券。例如，美国银行发行了 10 亿美元的新冠病毒债券，用于支持相关的医疗产业。当然，什么是新冠病毒债券什么不是这中间存在灰色地带。辉瑞制药有限公司发行的 12.5 亿美元的债券被外部机构归类为新冠病毒债券，但辉瑞制药有限公司不认同这个叫法，更倾向于称其为可持续发展债券。

只要债券参与各方的想象力足够丰富，债券契约中就会出现各种奇奇怪怪的类型。遗憾的是，我们在这里只能介绍其中很小的一部分。因此，在本节结束之前，我们再介绍几种比较常见的类型。

**收益债券**（income bond）和传统债券很类似，唯一不同的是其利息支付取决于公司的盈利，而且只有在公司盈利充足的情况下才会兑现。这看起来很有吸引力，但是收益债券并不十分常见。

**可转换债券**（convertible bond）的持有人拥有可以在到期日之前的任何时间，选择将其转换成固定数量的股票的权利。这种类型的债券相对常见，但是近年来逐渐减少了。

**可回售债券**（put bond）赋予持有人拥有强制发行人以一定价格赎回债券的权利。比如，国际纸业公司发行在外的可回售债券使持有人可以在一定风险事件发生的情况下，要求公司以 100% 的面值赎回债券。类似的风险事件可能是公司债券在穆迪或者标准普尔等评级机构从投资级别降低为投机级别。这项可回售条款的性质就和买入期权合约恰好相反。

**反向可转换债券**（reverse convertible bond）是一个相对较新的玩法。一般涉及那种需支付较高利率，但在到期日公司可以选择按面值以现金或者以事先确定的一定数量的股票赎回的债券。例如，通用汽车公司的反向可转换债券的票面利率为 16%，在当今的利率环境下，这显然是非常高的。然而，如果在到期日通用汽车公司的股价显著下跌，债券持有者将只会收到一定数量的通用汽车公司的股票，其价值将显著低于面值。所以，尽管债券的利息收益很高，但本金的潜在可能损失将很容易"吃掉"利息的超额收益。

最怪异的（也是最残忍的）一种债券也许是**死亡债券**（death bond）。诸如 Stone Street Financial 公司发行的债券用于收购那些预期将在未来 10 年内死亡的个人手中的人寿保险单，债券的收益将来源于那些死亡者的人寿保险单的收益。因此，该债券的收益取决于这些人寿保险单持有人的寿命长度。投资该债券的一个主要风险是，如果医疗技术快速发展，提升了保险单持有者的期望寿命，那么，债券持有人的收益将降低。

**结构化票据**（structured notes）是指其收益基于股票、债券、大宗商品或者外汇的债券。一种典型的结构化票据是其收益基于股票市场指数。在到期日，如果股票市场指数下跌，那么债券持有人将只获得本金返还的收益。然而，如果股票市场指数上涨，其上涨收益的一定比例（比如 80%）将作为债券投资的收益返还给投资者。另一种类似的结构化票据是：如果股票市场指数上涨，收益将双倍返还给投资者；但如果股票市场指数下跌，本金将遭受损失。

一只债券可能同时具有很多独特的特征。下面列举两个很特殊的债券：一个是 CoCo 公司的债券，这是支付利息的；另一个是 NoNo 公司的债券，这是零息债券。这两种债券都是状态依存的可转换、可回售、可赎回的次级债券。这里，状态依存的可转换条款和一般意义上的可转换债券类似，但是"状态依存"的条件需要满足。比如"状态依存"条件要求在最近 30 天内的 20 天里，公司股票都以转换价格的 110% 交易。对这样的债券进行估值是一件较为复杂的事情，而且计算这类债券的到期收益率也是没有意义的。

### 15.3.3　SUKUK

最近几年，全球范围内对符合伊斯兰教教法或伊斯兰法律的资产的需求显著增加。这些资产，包括在信奉伊斯兰教地区的金融机构存款，从 2013 年的 1.3 万亿美元上升到 2019 年的 1.8 万亿美元。伊斯兰教教法与西方金融体系的一个主要的差异是，这些地区禁止收取利息。因此，根据我们上面关于债券的讨论，这意味着在伊斯兰教教法管辖的地区，禁止发行和交易传统意义上的债券。

为了符合伊斯兰教禁止支付利息的教法，该地区的人们创造了一种新型的伊斯兰债券，名字叫 SUKUK。对于 SUKUK，有许多可能的交易结构安排。比如，债务的部分所有权或者资产的部分所有权。对于资产的部分所有权，发行者需要签署一个有约束力的承诺，在到期日必须按照一定的价格回购资产。而在到期日之前，资产可以收取租金。尽管我们知道，传统的债券流动性相对较低，但多数的 SUKUK 持有人习惯买入并持有到到期日。因此，SUKUK 的二级市场交易极其不活跃。

## 15.4　银行贷款

除了发行债券，公司还可以直接向银行贷款。涉及银行贷款的两个重要概念是信贷额度和银团贷款。

### 1. 信贷额度

银行一般会向其公司客户提供一个**信贷额度**（lines of credit），用以给其公司客户设定授信的最高限。公司可以在限额范围内根据需要从银行借款。如果银行承诺的信贷额度构成法律义务，那么一般将其称为循环信贷额度。例如，有一个循环信贷额度为 7 500 万美元，期限为 3 年。这意味着公司可以在未来 3 年内的任何时间从银行贷款，总额不超过 7 500 万美元。对于循环信贷额度未使用部分常常会收取承诺费。假设承诺费率为 0.2%，而公司某一年从银行贷款了 2 500 万美元，那么除了支付 2 500 万美元的利息，公司还需支付剩余的 5 000 万美元产生的承诺费 0.2%×5 000 万美元 =100 000（美元）。

### 2. 银团贷款

对于像花旗银行这样的大型银行，其客户的贷款需求往往超出其供给能力。同时一些小型的区域性银行在满足现有客户的借贷需求后，手头一般还会有多余的资金。一般来讲，这些多余的资金又没有好项目可贷。结果，大型银行可以组织银团向公司或国家贷款，并把其中的一部分卖给银团中的其他银行，这就是**银团贷款**（syndicated loans）。在银团贷款中，每家银行都与借贷者签订单独的贷款协议。

银团一般由一家牵头行和若干参与行构成。顾名思义，牵头行起带头作用，负责发起贷款，并与借款人谈判协商具体条款。参与行一般不参与谈判。牵头行与参与行协商贷款份额的分配，通常，牵头行往往贷出的份额最大。银团内所有参与者都会获得相应贷款的利息与本金，但是牵头行会获得一笔前期费用以弥补其需要承担的责任。

一些银团贷款往往可以在二级市场上市交易。它常常有一定的信贷额度上限，在额度之内，公司可以自由选择使用与否。银团贷款一般被评为投资级。但是，杠杆银团贷款通常被评为投机级（即"垃圾"级）。

## 15.5　国际债券

**欧洲债券**（Eurobonds）是指在多个国家发行，但是由单一货币计价的债券，通常使用发行公司所在国的货币进行结算。比如，美国公司可能以美元发行在其他多个国家进行销售的债券。这样的债券已经成为很多国际公司和政府融资的重要方式。欧洲债券的发行通常不受发行公司或政府所在国的发行管制要求限制。伦敦金融市场是欧洲债券联合发行和交易的最主要场所，但是实际的交易却可能发生在全世界任何有需求的地方。欧洲债券早在 1999 年就已经出现了，早于欧元区的成立。由于名字的暗示，人们可能会认为欧洲债券就是由欧元进行计价的。为了进行区分，很多人都把欧洲债券叫作**国际债券**（international bonds）。

**外国债券**（foreign bond）不像欧洲债券，它是在单一国家发行同时由单一货币结算的债券。例如，一个加拿大公司可能在日本发行以日元结算的债券。当然，日本也会对这一类的外国债券与本国公司发行的债券区别对待，比如差异化的税收条例、发行数额的限制和更严格的披露法规等。

外国债券通常以发行所在国的特点来取昵称，比如扬基债券（美国）、武士债券（日本）、伦勃朗债券（荷兰）、公牛债券（英国）和点心债券（中国）。可能由于较严格的规定和披露要求，在过去的时间里外国债券市场并没有像欧洲债券市场一样发展迅猛。

## 15.6　融资方式

本章的前一节讨论了一些长期负债的制度细节。我们现在考虑一下长期负债和投资的关系。正如我们在前面章节中所学习的，公司都希望投资有正净现值的项目。那么这些公司如何为正净现值项目募集资金呢？首先，公司内部产生的现金流量可以用来进行投资。从会计上来看，这类现金流量等于净利润加上折旧减去股利发放。其次，公司也可以通过外部融资来投资，也就是发行股票和债券。

投资和融资的关系如图 15-1 所示。图的左半边展示了现金流量的两种去向：资本支出和净营运资本投资；右半边则展示了现金流量的两种来源：内部融资和外部融资。在图中，我们可以看到需要投入的现金流量超过了内部融资所能筹集的资金，因此我们需要发行股票或债券来弥补融资缺口。

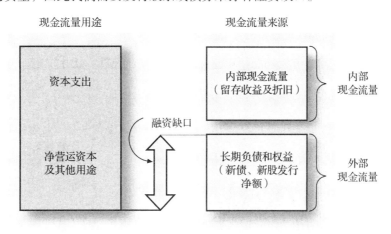

现金流量用途　　　　　　　　　现金流量来源

图 15-1　长期融资赤字

注：融资缺口是由长期融资用途与内部融资之间的差额产生的。

现实中，内部融资和外部融资是怎么构成的呢？我们来看图 15-2，它将 1975—2020 年美国公司的长期融资方式分为了内部融资、股权融资和债务融资。比如在 2015 年，美国公司的内部融资占总融资额的 94%，而债务融资则占总额的 37%，股权融资则大约是 -31%。注意到每一年的 3 种融资百分比加总应该为 100%。你可能对股权融资为负数感到疑惑，那是因为当年公司回购股票支付的金额比发行股票筹集的资金更多。

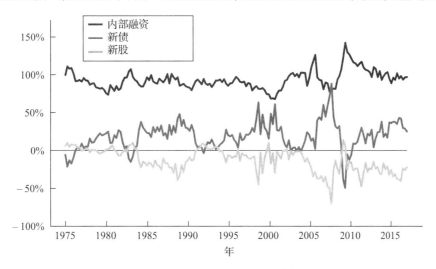

图 15-2　美国非金融公司的融资策略

资料来源：Board of Governors of the Federal Reserve System, "Flow of Funds Accounts of the United States," *Federal Reserve Statistical Release*, September 21, 2020, www.federalreserve.gov/releases/Z1/current/default.htm.

从图 15-2 中我们能清楚地看到长期融资方式的几个特点。第一，内部产生的现金流量是公司资金的主要来源。第二，内部融资占比随时间推移增加，2005—2020 年实际上超过了 100%。这意味着外部融资在这几年为负数。换句话说，这些公司回购的股票和债券多于它们发行的部分。第三，股票回购比债券回购要多得多。从 1994 年开始的大部分时间里股权融资额一直为负数；而债务融资则大部分时间为正数，除了 1975 年、1983 年和 2009 年。这也可以看作公司通过发行债券来回购股票。为什么相对于外部融资，公司偏好内部融资？相对于股权融资，公司偏好债务融资？我们将在后面章节介绍优序融资理论时解释这个现象。

## 15.7 资本结构的最新趋势

图 15-2 表明美国公司越来越倾向于发行债券赎回股票。这种融资方式带出这样一个问题：在这一时期里美国公司的资本结构发生了重大变化吗？有人也许认为答案是肯定的，因为发行债券赎回股票应该会增加杠杆水平。图 15-3 展示了 1975—2020 年总负债与权益账面价值之比。该比值在 2020 年实际上要低于 1975 年的情况。当你考虑留存收益时，这个问题就不难解释了。当净利润超过股利分红，留存收益就为正值，因此留存提高了权益的账面价值。

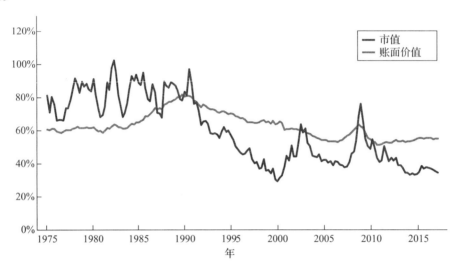

图 15-3　负债-权益比：1975—2020 年美国非金融公司总负债与权益账面价值/市场价值

资料来源：Board of Governors of the Federal Reserve System, "Flow of Funds Accounts of the United States," *Federal Reserve Statistical Release*, September 21, 2020, http://www.federalreserve.gov/releases/Z1/current/default.htm.

当然权益也可以用市场价值而不是账面价值来衡量。图 15-3 也展示了总负债与权益市值之比。同样地，2020 年的该比值也要低于 1975 年的，而该比值逐年的变化模式不同于负债-权益账面价值比的变化模式。负债-权益市值比 1999—2002 年增长得很快，在 2008 年也继续增长，反映了这一期间股票价格的下跌。相反地，负债-账面市值比则经历了 20 世纪 90 年代末期和 2008—2020 年的下跌，反映了股票价格的快速上涨。正如图 15-3 所示，当使用市值计算杠杆比率时，其会受到股市价格剧烈波动的影响。

### 哪一种好：是账面价值还是市场价值

一般而言，计算债务比率时，财务经济学家更倾向于使用市场价值。因为正如第 14 章所阐释的，市场价值更能反映当前所有的信息。但是，使用市场价值的观点并不意味着账面价值应该被忽略。

在我们与公司财务主管交流时获知，由于股票市场的波动性，他们更喜欢使用账面价值。一般认为，市场的内在波动造成了以市场价值为基础计算的负债比率的大幅波动。实际上，债券条款中对债务的限制也经常以账面价值而非市场价值表示。而且，诸如标准普尔和穆迪这样的公司也经常用账面价值表示的债务比率来测度信用价值。

关键是不管我们采用的是账面价值还是市场价值，近期美国非金融公司的负债-权益比大大低于 100%，这意味着与权益相比，公司一般使用更少的负债。

# 本章小结

长期融资的基本来源有长期负债、优先股和普通股。本章着重介绍各种融资方式的基本特征。

1. 我们强调，普通股股东享有：
   - 公司的剩余风险和收益；
   - 投票表决权；
   - 股利支出不能体现为费用支出，而且公司并不会因为不支付股利而被强制破产。

2. 长期负债涉及债务契约中规定的法律义务。负债的种类很多，但它们最基本的特征是都涉及必须偿付固定金额。对债务的利息支付被视作一项经营费用，可以抵免不超过《减税与就业法案》规定的上限的税额。

3. 优先股既具有负债的一些特征，也具有普通股的某些特点。与普通股持有人相比，优先股股东在公司破产清算及股利支付方面具有优先权。

4. 公司需要融通资金以满足自身的资本支出、营运资本和其他长期资金的使用需求。融通的资金中大部分来自公司内部产生的现金流量。

5. 在过去的很多年里，美国公司撤回大量的权益资本。这些权益资本的回购是通过举借新债来融资的。

# 思考与练习

1. **累积投票制** 你持股的一家上市公司正在举行董事会选举，以填补公司董事会的四个席位。该公司共有 27 300 股在外流通的股票。如果选举使用的是累积投票制，而你拥有 500 股股票，你还需要购买多少股股票才能确保拥有一个董事会席位？

2. **财务杠杆** Edgehill 公司拥有 355 000 份债券在流通。该债券面值为 1 000 美元，每半年支付利息，票面利率为 5.4%，到期期限为 27 年。该债券的当前到期收益率为 4.6%，同时这家公司还拥有在外流通的 1 100 万股股票，每股市场价格为 76 美元。请问该公司以市场价值计算的负债 – 权益比为多少？

3. **可赎回债券估值** New Business Ventures 公司拥有在外流通的可在一年内赎回的永久债券，该债券面值为 1 000 美元，票面利率为 9%。该债券按年支付利息。赎回溢价定为高于面值的 150 美元。未来一年内的利率有 60% 的可能性为 11%，40% 的可能性为 7%。如果当前的利率为 9%，请问该债券的当前市场价格为多少？

4. **可赎回债券估值** Williams 实业公司计划通过发行永久债券融资，该债券的面值为 1 000 美元，预计票面利率为 5.8%，按年支付。1 年期利率为 5.8%。下一年该利率有 35% 的可能性增长到 7%，65% 的可能性下降到 4%。

   a. 如果这些债券是不可赎回的，市场价格应该为多少？

   b. 如果该公司决定将发行的债券定为一年内可赎回，债权人购买以票面价值出售的债券将要求多少的票面利率？假设当利率下降时债券将被赎回，而赎回溢价等于年票息额。

   c. 提前赎回条款对于该公司的价值是多少？

# 第 16 章

# 资本结构：基本概念

2020 年 5 月，苹果公司通过发行债券的方式募集了 85 亿美元的资金。之所以采用发行债券的方式，部分原因是低廉的利率水平。以至于 2020 年 8 月苹果公司抵挡不住诱惑又再一次发行了 55 亿美元的债券。埃克森美孚也一头扎进了这个市场，于 2020 年 4 月发行了 95 亿美元的债券。2020 年，美国公司总共发行了超过 2.2 万亿美元的债券，创造了一个空前的发行纪录。

通过发行债券，公司确实成功地募集到了资本。但是，为什么它们选择发行债券而不是股票来进行融资呢？公司选择是债务融资还是股权融资的决策就是所谓的资本结构决策，而利息费用可抵税是影响资本结构决策的一个重要因素。本章将讨论资本结构的基本概念以及公司是如何进行资本结构决策的。

## 16.1 资本结构问题和馅饼理论

公司应如何选择负债 – 权益比？我们称资本结构问题的研究方法为"**馅饼模型**"（pie model）。如果你想知道为什么选择这个名称，就请参阅图 16-1。我们所称的"馅饼"为公司的筹资权之和，即负债和所有者权益。定义公司价值为负债和所有者权益之和。因此，公司价值 V 是：

$$V \equiv B+S \tag{16-1}$$

式中，B 为负债的市场价值；S 为所有者权益的市场价值。图 16-1 表示了在股票和债务之间划分的两种可能方式——40%∶60% 和 60%∶40%。如果公司管理层的目标是尽可能地使公司增值，那么公司应选择使馅饼——公司总价值尽可能大的负债 – 权益比。

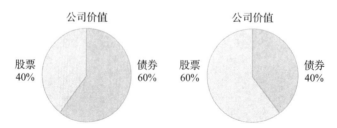

图 16-1　资本结构的两个馅饼模型

以上讨论回避了两个重要问题：

（1）为什么股东关注整个公司价值的最大化？

（2）使股东利益最大化的负债 – 权益比是多少？

让我们依次来研究这两个问题。

## 16.2 公司价值的最大化与股东财富价值的最大化

下面的例子说明了使公司价值最大化的资本结构是财务经理应当为股东选择的资本结构。

### 例16-1 负债和公司价值

假设 J. J. Sprint（JJS）公司的市场价值是 1 000 美元，目前公司没有负债，JJS 的 100 股股票，每股市价为 10 美元。类似 JJS 这样无任何债务的公司被称为**无杠杆**公司。进一步假设 JJS 计划借入 500 美元，作为每股 5 美元的额外现金股利支付给股东。债务发行之后，公司变为**有杠杆**的企业。公司的投资将不因这项交易而改变。在这项被提议的债务重整计划实施之后，公司的值将是多少？

根据定义，管理层认识到重新调整只会产生三种结果中的一种，重新调整后的公司价值：①高于初始 1 000 美元的公司价值；②等于 1 000 美元；③低于 1 000 美元。经与投资银行家商议之后，管理层相信无论出现哪种结果，重新调整都不会使公司价值的变化超过 250 美元。因此，管理层把 1 250 美元、1 000 美元和 750 美元视为公司价值的恰当范围。初始的资本结构和在新资本结构下的三种可能结果如下表所示。

（单位：美元）

| | 无债务（初始的资本结构） | 股利支付之后的债务与权益价值（三种可能） | | |
| --- | --- | --- | --- | --- |
| | | I | II | III |
| 债务 | 0 | 500 | 500 | 500 |
| 所有者权益 | 1 000 | 750 | 500 | 250 |
| 公司价值 | 1 000 | 1 250 | 1 000 | 750 |

请注意在三种可能情况下，权益的价值都低于 1 000 美元，这可以从两个方面来解释。首先，上表显示的是在额外现金股利支付之后的权益价值。由于现金的支付，股利代表了公司的部分清算值。因此，股利支付之后股东拥有的公司价值将减少。其次，当未来公司清算发生时，只有在债权人的债权全部结清之后，股东才能得到偿还。债务是公司的一种偿付责任，它减少了权益的价值。

当然，管理层意识到有无数种可能的结果。上述三种仅被视为具有代表性的结果。现在我们可计算这三种可能情况下股东的价值。

（单位：美元）

| | 重新调整后股东的盈利 | | |
| --- | --- | --- | --- |
| | I | II | III |
| 资本利得 | −250 | −500 | −750 |
| 股利 | 500 | 500 | 500 |
| 股东的净收益或净损失 | 250 | 0 | −250 |

没有人能预先确知会出现这三种结果中的哪一种。然而，假设管理者认为结果 I 的可能性最大，毫无疑问他们将重新调整公司的资本结构，因为股东可多赚 250 美元。也就是说，尽管股票价格跌落到 750 美元，下降了 250 美元，股东仍可获得 500 美元的股利，他们的净收益是 250（=−250+500）美元。同时也要注意到公司价值将提高 250（=1 250−1 000）美元。

换一种假设，设想管理者认为结果 III 最有可能发生。在这种情况下，预计股东将有 250 美元的净损失，管理者将不会调整公司的资本结构。更确切地说，股票价格跌落了 750 美元，仅为 250 美元。股东获得 500 美元的股利，他们的净损失是 −250（=−750+500）美元。同时也要注意到公司价值下降了 −250（=750−1 000）美元。

最后，假设管理者认为结果 II 最有可能发生。资本结构的调整将不影响股东的利益，因为在这种情况下，股东的净收益为 0。同时请注意，如果结果 II 发生，公司价值仍保持不变。

这个例子说明了为什么管理者会努力使公司价值最大化。换言之，它回答了第 16.1 节中的问题。在这个例子中，我们可以得到下面的智慧：

管理者应该选择他们所认为的可使公司价值最高的资本结构，因为该资本结构将对公司的股东最有利。<sup>⊖</sup>

很明显，JJS 公司如果预期结果 I 发生，就应该选择借入 500 美元。决定公司的资本结构最重要的就是判断未来会出现什么结果。注意这个例子未告知我们三种结果中的哪一种最有可能发生，因此它没有告知我们是否应在 JJS 公司的资本结构中加入债务。换言之，它没有回答第 16.1 节中的问题（2），这个问题将在下一个部分中讨论。

在这里，脑子转得快的学生也许会马上意识到有一个做"大馅饼"的简单方法。如果公司新增股东权益或者借入债务资本，然后用融通到的资金投资一个 NPV 等于零的项目，那么，公司将会有更多的资本和更高的价值。这是否意味着公司的管理层应该不断地通过融通资金来追求公司价值的增长？答案是否定的。因为这样的增长并没有使股东变得更好。当我们说管理层应该选择那个使公司价值最大化的资本结构时，我们是指在公司资产负债表左边总资产不变的情况下，通过优化负债－权益比使公司的总市值最大化。如果管理层融通更多资金，然后投资更多的资产来做大公司的规模，除非投资项目的 NPV 大于零，否则投资者并没有变得更好。

## 16.3 财务杠杆和公司价值：一个例子

### 16.3.1 财务杠杆和股东回报

前面部分说明了产生最高公司价值的资本结构即为使股东财富最大化的资本结构。在这一部分中，我们要确定最优的资本结构。首先说明资本结构对股东回报的影响，我们将使用一个详细的例子并鼓励学生仔细研究该例。只要理解了这个例子，我们即可着手准备确定最优资本结构。

Trans Am（TA）公司当前的资本结构中无任何债务。公司正在考虑发行债务以回购部分权益。公司目前计划的资本结构如表 16-1 所示。公司的资产是 8 000 美元。这个完全权益公司有 400 股的股票，意味着每股的市场价值为 20 美元。公司计划发行的债务是 4 000 美元，余下的 4 000 美元是权益，利息率为 10%。

表 16-1 Trans Am 公司的财务结构　　　　　　　　　　　　　　（金额单位：美元）

| | 当前 | 计划 |
|---|---|---|
| 资产 | 8 000 | 8 000 |
| 债务 | 0 | 4 000 |
| 权益（市场价值和账面价值） | 8 000 | 4 000 |
| 利息率 | 10% | 10% |
| 市场价值 / 股 | 20 | 20 |
| 流通在外的股票 | 400 | 200 |

注：计划的资本结构中有财务杠杆，而目前的结构是完全权益。

在当前的资本结构下（完全权益），经济状况对每股收益的影响如表 16-2 所示。首先考察中间列，其中预期收益为 1 200 美元。资产是 8 000 美元，资产收益率（ROA）为 15%（=1 200/8 000）。该完全权益公司的总资产等于所有者权益，权益收益率（ROE）也是 15%，每股收益是 3（=1 200/400）美元。在经济衰退和经济扩张时，同样可计算出每股收益分别为 1 美元和 5 美元。

表 16-2 Trans Am 公司的当前资本结构：无负债

| | 经济衰退 | 预期 | 经济扩张 |
|---|---|---|---|
| 总资产收益率（ROA，%） | 5 | 15 | 25 |
| 收益（盈利，美元） | 400 | 1 200 | 2 000 |

---

⊖ 在一个复杂的环境中，当该债务有极大的违约可能时，这个结论可能不一定成立。违约问题将在第 17 章中讨论。

（续）

| | 经济衰退 | 预期 | 经济扩张 |
|---|---|---|---|
| 权益收益率（ROE）= 收益 / 权益（%） | 5 | 15 | 25 |
| 每股收益（EPS，美元） | 1.00 | 3.00 | 5.00 |

财务杠杆的情况如表 16-3 所示。在表 16-2 和表 16-3 中，三种经济状况下的总资产收益率完全相同，因为该比率是基于息前利润计算的。由于此处的债务是 4 000 美元，利息为 400（=0.10×4 000）美元。因此表中间那列息后收益是 800（=1 200-400）美元。既然权益为 4 000 美元，权益收益率就是 20%（=800/4 000），每股收益是 4（=800/200）美元。在经济衰退和经济扩张时，相似的计算可得出每股收益分别为 0 和 8 美元。

**表 16-3　Trans Am 公司的计划资本结构：负债 =4 000 美元**

| | 经济衰退 | 预期 | 经济扩张 |
|---|---|---|---|
| 总资产收益率（ROA，%） | 5 | 15 | 25 |
| 息前收益（EBI，美元） | 400 | 1 200 | 2 000 |
| 利息（美元） | −400 | −400 | −400 |
| 息后收益（美元） | 0 | 800 | 1 600 |
| 权益收益率（ROE）= 息后收益 / 权益（%） | 0 | 20 | 40 |
| 每股收益（EPS，美元） | 0 | 4.00 | 8.00 |

表 16-2 和表 16-3 表明财务杠杆的影响取决于公司的息前收益。若息前收益为 1 200 美元，那么在计划的资本结构下权益收益率较高。若息前收益为 400 美元，当前资本结构下的权益收益率较高。

图 16-2 表述了这个观点。实线代表没有财务杠杆的情形。这条线从原点出发，表示如果息前收益（EBI）为 0，每股收益（EPS）等于 0。EPS 随着息前收益的增加而增加。

虚线表示债务为 4 000 美元的情形。此处，若 EBI 为 0，EPS 是负值。这是必然的结果，因为无论公司的盈利是多少，都必须支付 400 美元的利息。

现在考察这两条线的斜率，虚线（有债务的那条）的斜率比实线的大。这种情况之所以发生，是由于杠杆公司流通在外的股票数少于无杠杆公司。因此，对杠杆公司而言，其增加的收益分摊在较少的股票中，息前收益的任何增加量都会导致每股收益更大幅度的上升。

由于虚线的截距较低但斜率较高，因此两条线必然相交。盈亏平衡点位于息前收益为 800 美元处。假若息前收益为 800 美元，则两种情况下公司的每股收益都是 2 美元。鉴于 800 美元是盈亏平衡点，对杠杆公司而言，高于 800 美元的收益导致较大的每股收益；对无杠杆公司而言，低于 800 美元的收益导致较大的每股收益。

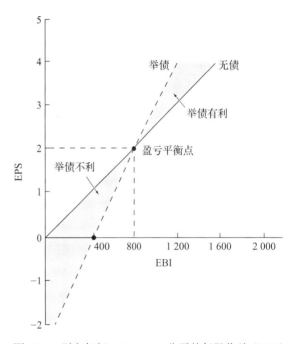

图 16-2　财务杠杆：Trans Am 公司的每股收益（EPS）和息前收益（EBI）

### 16.3.2　债务和权益之间的选择

表 16-2、表 16-3 和图 16-2 的重要性在于，它们显示了财务杠杆对每股收益的影响。学生应该仔细研究这些图表，直至明白图表中每个数值的计算。直到目前，我们还没有涉及关键之处。也就是说，我们还未说明哪一种资本结构对 Trans Am 公司而言更好。

至此，许多学生相信财务杠杆是有益的，因为有财务杠杆时的预期 EPS 为 4 美元，而无财务杠杆时的预期 EPS 仅为 3 美元。然而，财务杠杆也会招致风险。请注意在经济衰退期，无财务杠杆公司的 EPS 较高（1 美元对 0 美元），因此回避风险的投资者也许会偏爱完全权益的公司，而风险中立（或厌恶较小风险）的投资者也许会偏爱财务杠杆。假定在这样不明确的情况下，哪一种资本结构较好呢？

莫迪利亚尼（Modigliani）和米勒（Miller）（MM 或 M&M）提出一个具有说服力的论点，即公司无法通过改变其资本结构的比例来改变其流通在外证券的总价值。也就是说，在不同的资本结构下，公司的总价值总是相同的。换言之，对公司的股东而言，既没有任何较好的也没有任何较坏的资本结构。这个相当悲观的结论就是著名的 MM 命题 I。[⊖]

他们通过比较以下两个策略来说明这个理论。表 16-4 说明了这两种策略对 Trans Am 公司股东的影响，现在我们先看第 1 个策略。

表 16-4　Trans Am 公司的股东在计划的资本结构和自制杠杆的当前资本结构下的收益和成本　（单位：美元）

| | 经济衰退 | 预期 | 经济扩张 |
| --- | --- | --- | --- |
| **策略 A：买入杠杆公司的 100 股** | | | |
| 杠杆公司的 EPS（取自表 16-3 最后一行） | 0 | 4 | 8 |
| 每 100 股的收益 | 0 | 400 | 800 |
| 初始成本 =100 股 × 20 美元 / 股 =2 000 美元 | | | |
| **策略 B：自制杠杆** | | | |
| 当前无杠杆 Trans Am | 1 × 200= | 3 × 200= | 5 × 200= |
| 每 200 股的收益 | 200 | 600 | 1 000 |
| 2 000 美元的利息（利率为 10%） | −200 | −200 | −200 |
| 净收益 | 0 | 400 | 800 |
| 初始成本 =200 股 × 20 美元 / 股 −2 000 美元 =2 000 美元 | | | |
| 　　　股票成本　　　　　　借款额 | | | |

注：无论投资者买入杠杆公司还是无杠杆公司的股票，并以个人的账户借款，投资者的收入都相同，初始成本也相同。因此，公司在其资本结构中增加债务对投资者的收益既无帮助也无损害。

**策略 A：买入 100 股杠杆公司的股票。**

在表 16-4 的上半部分中，第 1 行表示在三种经济状况下计划杠杆性权益的 EPS，第 2 行表示在三种经济状况下个人买入 100 股股票可获得的收益，第 3 行表示这 100 股股票的初始成本为 2 000 美元。

现在我们考察第 2 个策略，它由两部分组成。

**策略 B：自制杠杆。**

（1）从某一银行或者可能的话从证券经纪商处借入 2 000 美元（如果贷款者是证券经纪机构，我们称之为保证金交易）。

（2）用所借入的加上你自己投资的 2 000 美元（总计 4 000 美元）买进当前无杠杆公司的股票 200 股，每股价格 20 美元。

表 16-4 的下半部分显示了在策略 B 下的收入，我们称策略 B 为自制杠杆策略。首先，观察中间列，数据表示无杠杆公司的 200 股股票预期可产生 600 美元的收益。假设以 10% 的利率借入 2 000 美元，利息支出是 200（=0.10 × 2 000）美元。因此，预期净收益为 400 美元。类似地，我们可以计算出在经济衰退或扩张时期的净收益分别为 0 和 800 美元。

现在，我们从年收益和初始成本的角度来比较这两个策略。表 16-4 中的上半部分表明在三种经济状况下，策略 A 产生的收益分别是 0、400 美元和 800 美元。表 16-4 中的下半部分表明在三种经济状态下，策略 B 产生

⊖　见 Franco Modigliani and Merton Miller, "The Cost of Capital, Corporation Finance and the Theory of Investment," *American Economic Review* 48, no.3 (June 1958): 261-97.

的净收益都与 A 相同。

表 16-4 中的上半部分还表明策略 A 所涉及的初始成本为 2 000 美元。类似地，下半部分表明策略 B 也有相同的净成本。

这显示了一个非常重要的结论：两种策略的成本和收入相同。因此，我们可以断言：Trans Am 公司的资本结构调整既无助于也无损于公司股东。换言之，如果投资者无法从公司的财务杠杆中获利，那么他也不能从自制杠杆中获利。

请注意，如表 16-1 所示，无杠杆公司的权益价值是 8 000 美元。由于杠杆公司的所有者权益是 4 000 美元，债务是 4 000 美元，所以杠杆公司的价值也是 8 000 美元。现在假设无论何种原因，杠杆公司的价值实际上高于无杠杆公司的价值。这里，策略 A 的成本将高于策略 B。在这种情况下，投资者将更乐意用自己的账户借款，并投资于无杠杆公司的股票。他每年可获得的净收益与投资于杠杆公司时的净收益相同，而成本将更小。这样的策略对投资者而言将不会是唯一的。若杠杆公司的价值较高，理性的投资者将不会投资于该公司。任何渴求得到杠杆公司股份的投资者，都可通过自己借款筹资购买无杠杆公司的股份，从而用较便宜的成本获得相同的投资回报收益。均衡的结果当然就是杠杆公司的价值下跌，无杠杆公司的价值上涨，直至它们的价值相等。在此刻，策略 A 和策略 B 对投资者而言没有区别。

这个例子说明了 MM 命题的基本结论，通常称之为"MM 命题 I"。我们陈述这个命题如下：

**MM 命题 I（无税）：杠杆公司的价值等同于无杠杆公司的价值。**

这也许是在所有的公司融资理论中最为重要的结论。事实上，它被视为现代财务管理的起点。在 MM 之前，人们认为财务杠杆对公司价值的影响复杂难解。莫迪利亚尼和米勒提出一个令人眩目的简单结论：如果杠杆公司的定价过高，理性投资者将只以个人账户借款来购买无杠杆公司的股票，通常把这种替代称为**自制杠杆**。只要投资者个人能以与公司相同的条件借入或贷出，他们就能靠自己来复制公司财务杠杆的影响。

Trans Am 公司的例子表明财务杠杆不影响公司价值。先前我们曾指出股东的财富与公司价值直接相关，该例表明了资本结构的变化不影响股东财富。

## 16.3.3 一个关键假设

MM 的结论取决于个人能以与公司相同的条件融资的假设。如果换另一种情形，即个人只能以更高的利率借入，任何人都可以毫不费力地指出公司能通过借款来增加公司价值。

借款成本相等这个假设是否合适？投资者个人若想要购买股票并借入资金，他们能通过与股票经纪人建立保证金账户来做到这一点。在这样的安排下，经纪人贷出购买价的一定比例给投资者个人。例如，个人可以用 6 000 美元的自有资金和从经纪人处借入的 4 000 美元购买 10 000 美元的股票。如果第 2 天股票的价值为 9 000 美元，那么个人账户上的净值或权益将是 5 000（=9 000−4 000）美元。[⊖]

经纪人担心股票价格的突然下跌将导致投资者个人账户上的净资产为负值，这意味着经纪人可能无法收回全部贷款。为预防这种可能，股票交易规则要求投资者个人在股票价格下跌时存入额外的现金（补充其保证金账户）。这是因为：①补充保证金账户的程序已实行了多年；②经纪人持有股票作为抵押，经纪人所承受的违约风险小[⊜]。特别是如果没有及时收到保证金，经纪人能卖出股票以还清其贷款。因此，经纪人通常索取低利息，许多利息率仅略高于无风险利率。

相反地，公司通常用非流动资产（如厂房和设备）作为借款的抵押。与贷款者的最初交涉和后续监督的成本以及出现财务危机时进行协调的成本是相当大的。因此，很难证明个人的借款利率必定会高于公司借款的利率。

---

⊖ 我们忽略了借款一日的利息支出。

⊜ 如果本书是在 1987 年 10 月 9 日前出版，当时股票价格下跌超过 20%，我们可能会使用短语"实际上无"风险而不是"小"。

## 16.4　莫迪利亚尼和米勒：命题 Ⅱ（无税）

### 16.4.1　股东的风险随着财务杠杆的增加而增加

在 Trans Am 公司的一次会议上，一位公司高管说："只要杠杆发生作用，不论是公司杠杆还是个人杠杆或许都无关紧要。财务杠杆对投资者有益。毕竟，投资者的期望收益率随着目前财务杠杆的增加而增加。"他接着指出，正如表 16-2 和表 16-3 所显示的，无杠杆的期望收益率为 15%，而有杠杆的期望权益收益率是 20%。

但另一位高管争辩说："并不一定是这样，尽管期望收益率随财务杠杆的增加而增加，但风险也会随之上升。"我们通过分析表 16-2 和表 16-3 可以发现这一点。随着息前收益在 400 美元和 2 000 美元之间变动，无杠杆公司股东的每股收益在 1 美元和 5 美元之间变动，杠杆公司股东的每股收益在 0 美元和 8 美元之间变动。杠杆公司 EPS 的变动范围更大，这表明其股东承担的风险较高。换言之，在公司好的时期，杠杆公司股东获得的收益高于无杠杆公司股东；在公司糟糕的时期，情况则相反。这两张表也表明了杠杆公司股东的权益收益率有较大的变化范围。上述关于风险的解释在此处也适用。

由图 16-2 也能得出相同的观点，代表杠杆公司那条线的斜率高于无杠杆企业线的斜率。这也意味着在公司经营得好时，杠杆公司股东的收益较大；而在公司经营得差时，杠杆公司股东的收益较差。这暗示了财务杠杆伴随着较大的风险。换言之，斜率表示权益收益率对公司绩效（息前收益）的敏感程度，直线的斜率可以衡量股东的风险。

### 16.4.2　命题 Ⅱ：股东的期望收益率随财务杠杆的增加而增加

鉴于杠杆权益有较大的风险，作为补偿，它应具有较高的期望收益率。在我们所举的例子中，市场对无杠杆权益仅要求 15% 的期望收益率，而对杠杆权益则要求 20% 的期望收益率。

基于这样的逻辑，我们可以得出 MM 命题 Ⅱ。在这个命题中，MM 认为权益的期望收益率与财务杠杆正相关，因为权益持有者的风险随财务杠杆的增加而增加。

为逐步阐明这一论点，回想在第 13 章中公司的加权平均资本成本 WACC 可写成：[一]

$$\text{WACC} = \frac{B}{B+S} \times R_B + \frac{S}{B+S} \times R_S \tag{16-2}$$

式中，$R_B$ 为利息率，也称债务资本成本；$R_S$ 为权益或股票的期望收益率，也称权益资本成本或权益的期望收益率；WACC 为企业的加权平均资本成本；$B$ 为债务的价值；$S$ 为股票的价值或权益的价值。

式（16-2）相当直观。它简单地表示出企业的加权平均资本成本，是其债务成本和权益成本之加权平均。涉及债务的权重是债务在资本结构中的比例，涉及权益的权重是权益在资本结构中的比例。由式（16-2）可计算出杠杆公司和无杠杆公司的 WACC，如表 16-5 所示。

MM 命题 Ⅰ 的一个推论是公司的 WACC 与资本结构无关且固定不变。[二]例如，表 16-5 表明不论有无财务杠杆，Trans Am 公司的 WACC 都是 15%。

现在我们定义 $R_0$ 为完全权益公司的资本成本。Trans Am 公司的 $R_0$ 计算如下：

$$R_0 = \frac{\text{无杠杆公司的预期收益}}{\text{无杠杆的权益}} = \frac{1\ 200}{8\ 000} = 15\%$$

从表 16-5 中可以看到，Trans Am 的 WACC 等于 $R_0$。事实上，在没有公司税收的经济世界中，WACC 必定总是等于 $R_0$。[三]

---

[一]　由于这里不考虑税收，所以债务的成本是 $R_B$，而非第 13 章中的 $R_B (1-t_C)$。
[二]　在没有税收的世界中该表述成立，但在有税收的世界中该表述不成立，这一点将在本章的后面部分说明（见图 16-6）。
[三]　我们再次强调这一说法在一个无税的世界里成立，但在有税的情况下则不成立，这将会在本章的后面部分提到（见图 16-6）。

表 16-5 Trans Am 公司资本成本的计算

$$\text{WACC} = \frac{B}{B+S} \times R_B + \frac{S}{B+S} \times R_S$$

无杠杆公司：$15\% = \frac{0}{8\,000} \times 10\%^{①} + \frac{8\,000}{8\,000} \times 15\%^{②}$

杠杆公司：$15\% = \frac{4\,000}{8\,000} \times 10\%^{①} + \frac{4\,000}{8\,000} \times 20\%^{③}$

① 10% 是利息率。

② 从表16-2的"预期"列，我们知道无杠杆公司的息前预期收益是 1 200 美元。从表16-1中，我们知道无杠杆公司的权益是 8 000 美元。因此，无杠杆公司的 $R_S$ 为：

$$\frac{预期收益}{权益} = \frac{1\,200}{8\,000} = 15\%$$

③ 从表16-3的"预期"列，我们知道杠杆公司的息后预期收益是 800 美元。从表16-1中，我们得到杠杆公司的权益是 4 000 美元。因此，杠杆公司的 $R_S$ 是：

$$\frac{息后的预期收益}{权益} = \frac{800}{4\,000} = 20\%$$

命题 Ⅱ 表述了就财务杠杆而言权益的期望收益率 $R_S$。设 WACC=$R_0$，重新调整式（16-2），可推导出下列确切关系：[⊖]

**MM 命题 Ⅱ（无税）**

$$R_S = R_0 + \frac{B}{S}(R_0 - R_B) \tag{16-3}$$

式（16-3）表明权益的期望收益率是公司负债 – 权益比的线性函数。考察式（16-3），我们发现如果 $R_0$ 超过债务利率 $R_B$，权益的成本将随负债 – 权益比 B/S 的增加而提高。一般地，$R_0$ 应超出 $R_B$。更确切地说，由于无杠杆权益也有风险，所以它应具有比无风险债务更高的期望收益率。请注意当 Trans Am 处于杠杆状态时，式（16-3）成立：

$$0.20 = 0.15 + \frac{4\,000}{4\,000} \times (0.15 - 0.10)$$

用图 16-3 表示式（16-3），正如你们所看到的，我们绘出在权益成本 $R_S$ 和负债 – 权益比 B/S 之间的关系，结果为一条直线。我们在式（16-3）中所见的及图 16-3 所说明的就是财务杠杆对权益成本的影响。随着公司提高负债 – 权益比，每一美元的权益（单位权益）用额外的负债来平衡，这就增加了权益的风险，从而提高了权益的期望收益率 $R_S$。

---

⊖ 这能从式（16-2）推导出。设 WACC=$R_0$：

$$\frac{B}{B+S} R_B + \frac{S}{B+S} R_S = R_0$$

等式两边都乘以 (B+S)/S，得到：

$$\frac{B}{S} R_B + R_S = \frac{B+S}{S} R_0$$

等式右边可写成：

$$\frac{B}{S} R_B + R_S = \frac{B}{S} R_0 + R_0$$

将 (B/S) $R_B$ 移到等式右边，重新调整后得到：

$$R_S = R_0 + \frac{B}{S}(R_0 - R_B)$$

图 16-3 也显示出财务杠杆不影响 WACC，这一点我们已在前面指出。让学生认识到完全权益公司的资本成本 $R_0$ 在图中用一个点来表示，而 WACC 则是整条直线，这一点很重要。

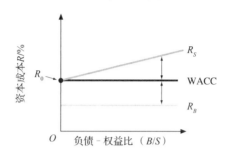

$$R_S = R_0 + (R_0 - R_B)B/S$$

式中，$R_S$ 是权益成本；$R_B$ 是负债成本；$R_0$ 是完全权益公司的资本成本；WACC 是公司的加权平均资本成本，在没有税收的世界里，杠杆公司的 WACC 等于 $R_0$；$R_0$ 是一个点，而 $R_S$、$R_B$ 和 WACC 是整条线；权益资本成本 $R_S$ 与公司的负债-权益比正相关。公司的加权平均资本成本 WACC 与负债-权益比无关

图 16-3 权益成本、债务成本和加权平均资本成本：没有公司税收的 MM 命题 II

### 例 16-2 MM 的命题 I 和命题 II

Luteran Motors（LM）是一家全权益公司，每年的永续性预期收益是 10 000 000 美元。公司将全部收益作为股利支付，因此这 10 000 000 美元也可视为股东的预期现金流量。流通在外的股票有 10 000 000 股，每股的预期年现金流量为 1 美元。该无杠杆公司的资本成本是 10%。此外，公司近期将投资 400 万美元兴建新工厂。预期工厂每年可产生额外现金流量 100 万美元。这些数据可描述如下：

（单位：百万美元）

| 当前公司 | | 新工厂 | |
|---|---|---|---|
| 现金流量： | 10 | 初始支出： | 4 |
| 流通在外的股票数： | 10 | 额外的现金流量： | 1 |

项目的净现值是：

$$-4 + \frac{1}{0.1} = 6 \text{（百万美元）}$$

假设该项目以与整个公司相同的折现率折现。在市场知晓该项目之前，公司市场价值的资产负债表是：

**Luteran Motors**
**资产负债表（完全权益）**

（单位：百万美元）

| 旧资产 | $\frac{10}{0.1} = 100$ | 权益 | 100 |
|---|---|---|---|
| | | | （10 000 000 股） |

由于每年的现金流量为 1 000 万美元，资本化率（折现率）是 10%，公司价值是 1 亿美元，因流通在外的股票有 1 000 万股，故每股可售 10 美元。

市场价值的资产负债表是财务分析的一个有用工具。鉴于学生通常在一开始会忽视它，我们建议这里应特别地研究。关键在于市场价值的资产负债表的格式与会计师使用的资产负债表相同，即资产都列示在左半部分，而负债和所有者权益则位于右半部分。此外，左右两部分必须相等。市场价值的资产负债表与会计师的资产负债表之间的区别在于数据。会计师从历史成本（初始购买价扣减折旧）的角度评价各项目，而财务人员则从市场价值的角度评价各项目。

公司将发行400万美元的权益或负债。我们依次考察股权和债务融资的影响。

**股权融资** 设想公司宣布在近期将增发400万美元的权益以建设一个新工厂。股票价格及公司价值将增加以反映工厂的正净现值。依据有效资本市场假说，这一增加是立刻发生的。也就是说，股价的上涨是在公告日，而不是在工厂的建设开始日或即将到来的股票增发日。市场价值的资产负债表变为：

### Luteran Motors
### 资产负债表
### （在发行权益筹建工厂的宣布日）

（单位：百万美元）

| 旧资产 | 100 | 权益 | 106 |
|---|---|---|---|
| 工厂的净现值 | $-4+\dfrac{1}{0.1}=6$ | | （10 000 000 股） |
| 总资产 | 106 | | |

请注意市场价值的资产负债表包括工厂的净现值。由于新股还未发行，所以流通在外的股票数仍为1 000万股。现在每股价格受到有关新工厂消息的影响而涨至10.6（=106/10）美元。

不久之后，400万美元的股票发行或上市流通。股票以每股10.6美元售出，共发行了377 358（=4 000 000/10.6）股。设想资金在用于兴建工厂前先暂时存入银行。市场价值的资产负债表变为：

### Luteran Motors
### 资产负债表
### （在股票发行日，工厂开始兴建之前）

（单位：百万美元）

| 旧资产 | 100 | 权益 | 110 |
|---|---|---|---|
| 工厂的净现值 | 6 | | （10 377 358 股） |
| 新股发行的收益（目前存在银行） | 4 | | |
| 总资产 | 110 | | |

由于已发行了377 358股新股，因此流通在外的股票数现在是10 377 358股，每股价格是10.6（=110 000 000/10 377 358）美元。请注意股价没有变化。这与有效资本市场假说相一致，因为股价的变动应当仅由新的信息引起。

当然，资金只是暂时存放在银行。新股发行之后不久，有400万美元付给工厂的承建商。为避免在折现时出现问题，我们假设立即建设工厂。资产负债表则变为：

### Luteran Motors
### 资产负债表
### （在工厂建成日）

（单位：百万美元）

| 旧资产 | 100 | 权益 | 110 |
|---|---|---|---|
| 工厂的现值 | 1/0.1= 10 | | （10 377 358 股） |
| 总资产 | 110 | | |

尽管总资产没有变化，但资产的构成发生了变化。银行账户已全部取空用于支付承建商。每年有来自工厂的100万美元现金流量的现值被作为价值1 000万美元的资产反映在表中。由于已经支付了400万美元的建设成本，这部分费用不再代表未来成本，因此它们不再减少工厂的价值。依据有效资本市场假说，每股价格仍为10.6美元。

来自公司的预期年现金流量是 1 100 万美元，其中的 1 000 万美元来源于旧资产，100 万美元来源于新资产。股东的期望收益率是：

$$R_S = \frac{11}{110} = 0.10$$

因为企业为完全权益，所以 $R_S = R_0 = 0.10$。

**债务融资** 另一种方案是设想公司宣布在不久的将来，为兴建新工厂将以利率 6% 借入 400 万美元。这意味着每年所支付的利息为 240 000（=4 000 000×6%）美元。作为对工厂的正净现值之回应，股价立即上涨。因此，我们有：

Luteran Motors

**资产负债表**

**（在发行债务筹建工厂的宣布日）**

（单位：百万美元）

| | | | |
|---|---|---|---|
| 旧资产 | 100 | 权益 | 106 |
| 工厂的净现值 | $-4 + \dfrac{1}{0.1} = 6$ | | （10 000 000 股） |
| 总资产 | 106 | | |

公司价值与采用股权融资时的情形相同，这是因为：①拟兴建同一工厂；②MM 证明了债务融资与股权融资的结果相同。

在某时点，公司发行 400 万美元的债务。如前所述，资金暂时存入银行。市场价值的资产负债表如下表所示。

Luteran Motors

**资产负债表**

**（在股票发行日，工厂开始兴建之前）**

（单位：百万美元）

| | | | |
|---|---|---|---|
| 旧资产 | 100 | 债务 | 4 |
| 工厂的净现值 | 6 | 权益 | 106 |
| 债务发行的收益（目前存于银行） | 4 | | （10 000 000 股） |
| 总资产 | 110 | 债务加权益 | 110 |

请注意债务出现在资产负债表的右半部分。股票价格仍为 10.6 美元，与我们对有效资本市场的讨论相一致。最后，承建商收到 400 万美元并建造工厂。市场价值的资产负债表如下表所示。

Luteran Motors

**资产负债表**

**（在工厂建成日）**

（单位：百万美元）

| | | | |
|---|---|---|---|
| 旧资产 | 100 | 债务 | 4 |
| 工厂的现值 | 10 | 权益 | 106 |
| | | | （10 000 000 股） |
| 总资产 | 110 | 债务加权益 | 110 |

此处仅有的变化是银行账户已尽数用于支付承建商。股东预期息后的年现金流量为：

$$\underset{\substack{\text{旧资产的} \\ \text{现金流量}}}{10\ 000\ 000} + \underset{\substack{\text{新资产的} \\ \text{现金流量}}}{1\ 000\ 000} - \underset{\substack{\text{利息：} \\ 4\ 000\ 000 \times 6\%}}{240\ 000} = 10\ 760\ 000\,(\text{美元})$$

股东期望获得的收益率为：

$$\frac{10\ 760\ 000}{106\ 000\ 000} \times 100\% = 10.15\%$$

杠杆股东（levered equity holder）的收益率（10.15%）高于无杠杆股东（unlevered equity holder）的收益率（10%）。这个结果是切合实际的，因为正如我们前面所讨论的，杠杆权益有较大的风险。事实上，10.15%的收益率应当正是 MM 命题 II 所预计的。把数值代入下式中可验证这个预测结果：

$$R_S = R_0 + \frac{B}{S} \times (R_0 - R_B)$$

我们得到：

$$10.15\% = 10\% + \frac{4\ 000\ 000}{106\ 000\ 000} \times (10\% - 6\%)$$

本例的用处在于两点。首先，我们要介绍市场价值的资产负债表这一概念，它在本书中的任何地方都将是一个有用的工具。在其他情形中，该方法可用于计算新发行股票的价格。其次，本例阐明了莫迪利亚尼和米勒命题的三个方面。

（1）本例与 MM 命题 I 相一致。因为无论是在股权融资抑或债务融资之后，公司价值均是 1.1 亿美元。

（2）学生通常对股票价格比公司价值更感兴趣。我们证明了无论是用债务融资还是股权融资，股票价格总是 10.6 美元。

（3）本例与 MM 命题 II 相一致。股东的期望收益率由 10% 上升到 10.15%，正如式（16-3）所示。这是由于杠杆股东所面临的风险高于无杠杆股东。

## 16.4.3 MM：一个说明

MM 的结论暗示了管理者无法通过重新包装公司的证券来改变公司价值。尽管这个观点在 20 世纪 50 年代最初发表时被视为革命性创建，但 MM 模型和套利证明自此之后得到了广泛的承认。[⊖]

MM 认为如果用债务替代权益，公司的总资本成本不会降低，即使债务显得比权益便宜。原因在于当公司增加债务时，剩余的权益变得较有风险。随着风险的增加，权益资本的成本也随之增加。剩余权益资本的成本增加与公司融资中更高比例的低成本债务相抵消。事实上，MM 证明了这两种作用恰好相互抵消，因此企业的价值和企业总资本成本均与财务杠杆无关。

MM 用一种食品做有趣的类比，他们以一位面临两种选择策略的奶牛场农场主为例。农场主有两种策略：一种策略是农场主卖出全脂奶；另一种策略是农场主对全脂奶进行提炼，然后卖出奶油和低脂奶。虽然农场主能以更高的价格卖出奶油，但只能以低价卖出低脂奶，这意味着净获利为 0。事实上，假想全脂奶策略的收益低于奶油 – 低脂奶策略的收益，套利者会买进全脂奶，自己完成提炼操作，然后再分别售出奶油和低脂奶。套利者之间的相互竞争将抬高全脂奶的价格，直至两种策略获得的收益相等。因此，农场主的奶品价值与奶品是否提炼分割后出售的方式无关。

在本章前面也使用了食品作为类比，我们曾把企业视为一块馅饼。MM 认为无论股东和债权人如何分配馅饼，馅饼的大小都不会改变。MM 指出资本结构是无关紧要的，公司负债率之所以是目前这个样子，完全是因为一种历史的偶然。理论暗示了公司的负债 – 权益比可以是任意一个数值，它们之所以是这个数，完全是由管理者异想天开、随心所欲地决定借入多少债务和发行多少股票的管理决策所造成的。

虽然学者总是沉湎于高深的理论，但学生可能更关心理论的实践意义。现实世界的管理者会遵循 MM 理论而漠视资本结构决策吗？不幸的是，就该理论而言，实际上在某些行业如银行业的所有公司，都选择高的负债 – 权益比。相反地，在其他行业如制药业的公司，则选择低的负债 – 权益比。事实上，几乎所有的行业都有该行

---

⊖ 米勒和莫迪利亚尼都分别获得过诺贝尔经济学奖，部分原因在于他们在资本结构方面的研究成果。

业的公司所墨守的负债–权益比。因此，公司选择其财务杠杆程度的方式并不显得轻率和随意。正因为如此，金融经济学家（包括 MM 两人）也承认现实世界中还有各种影响因素可能被该理论体系遗漏了。

正如前面所说的，MM 结论的成立有赖于个人与公司以相同的利率借贷这个假设。事实上，MM 结论背后隐含的一系列的假设中有些假设是不切实际的：①没有税收；②没有交易成本；③个人与公司以相同的利率借贷；④没有破产成本和其他代理成本；⑤不存在信息不对称；⑥有效资本市场。

下一节我们将讨论有关税收的问题。关于破产成本和其他代理成本，信息不对称等问题将在第 17 章中讨论。最后，MM 结论要求公司的债务和权益通过前面章节已经讨论过的所谓有效市场进行定价。否则，公司可以通过发行定价偏高的证券并买入定价偏低的证券来做大"馅饼"。对无税的 MM 主要结论可以归纳总结如下。

---

| 专栏 |　　　　　　　　　　　　　　**MM 无税命题**

**假设**

- 没有税收
- 没有交易成本
- 个人与公司以相同的利率借贷
- 没有破产成本和其他代理成本
- 不存在信息不对称
- 有效资本市场

**结果**

命题 I：$V_L = V_U$

命题 II：$R_S = R_0 + \dfrac{B}{S}(R_0 - R_B)$

**直观解释**

命题 I：个人可通过自制杠杆抵消公司杠杆的影响。

命题 II：权益资本成本随着杠杆的增加而增加，因为股东承担的风险随着杠杆的增加而增加。

---

| 个人观点 |　　　　　　　　　　　　　　**米勒教授的一席话**

要完全理解 MM 结论并不容易，默顿·米勒讲述了一个与此有关的故事。

"在去年 10 月，弗兰科·莫迪利亚尼被授予诺贝尔经济学奖之后（当然，只是在经济学的部分领域，因为这是一个在金融领域的研究成果），我极其深切地感受到要简洁地概括 MM 论文之贡献是多么困难！当时芝加哥当地电视台的电视摄影记者突然访问我。"他们说："我们知道几年前您曾与莫迪利亚尼共事，一起研究 MM 理论。我们希望您能向我们的电视观众简要地解释这个理论。"

"要多简要？"我问道。

"噢，给你 10 秒钟"。

"用 10 秒钟的时间解释一生的成果！用 10 秒钟的时间描述两篇逻辑推理严密的论文，每篇论文的页数不仅超过 30 页，而且每篇都有 60 个甚至更多的脚注！他们看到我脸上沮丧的表情，说道，'你不必详述，只要用简洁的、常识性的术语说明主要观点即可'。"

"第一篇论文或资本成本论文的主要观点至少在原则上简单得足以概述。它叙述了在经济学家眼中的一个理想世界中，存在完美的资本市场。所有市场参与者之间的信息完整且对称。公司发行的所有证券的总市值，由证券所依附的真实资产的盈利能力和风险来决定，并且不受融资发行证券时在债务工具和权益资本间混合分配方式的影响……"

"但这样的概述使用了太多简洁的术语和概念，比如完美的资本市场等，这些术语的含义对经济学家而言是足以理解了，但对普通人而言则几乎无法理解。因此，我考虑采用我们自己在原文中援引过的一个类比。"

我说："把一家公司，想象成一只盛着全脂奶的大桶。农场主可以卖出全脂奶，或者从全脂奶中分离出奶油，用相当高的价格卖出奶油。（此即为类比公司卖出低收益而高定价的债务性证券。）当然，农场主留下的可能是低脂含量的脱脂奶，其售价比全脂奶低得多。这与杠杆权益一致。MM 命题认为如果不存在分离成本（当然，也不存在政府乳品供给计划），奶油加脱脂奶的价格与全脂奶相同。"

"电视台人员商议后回来告诉我，这样的说明太冗长、太复杂而且太过学术性。"

"难道你不能说得更简单一些吗？"他们说。我想到了另一种方式。这段时期人们所提到的 MM 命题，强调了市场完备性的概念，也强调了证券作为"划分"公司收益的工具在其资本供给群体中的作用。

我说："设想一家公司，它就像一份至尊比萨，被分成 4 块。如果现在你将每块再切一半，即分成 8 份。MM 命题所讲述的就是你将拥有更多份比萨而比萨的总量不变。"

这些摄影记者私下商议后，其主管回来说："教授先生，我们从新闻中得知有两个 MM 命题，你能试试另一个吗？"

（米勒教授努力地试图解释第二个命题，尽管这显然更难解释清楚，他做了尝试后说：）

"他们再次私下交谈之后，关了灯，折叠起设备，感谢我为他们抽出时间，说以后会再来拜访。但我知道已无缘于开始一个新职业的机会，即在合适的 10 秒钟时间内为电视观众介绍一揽子的经济知识这样一个新的职业。某些人有此天分，而某些人则没有。"

## 16.5　税

### 16.5.1　基本观点

本章的前面部分指出了在没有税收的世界中，公司价值与债务无关。现在我们证明当存在公司所得税时，公司价值与其债务正相关。从如图 16-4 这样的馅饼图中，我们可以直观领会此基本观点。考察位于左边的完全权益公司，在这种情形下，股东和美国国税局（IRS）对公司价值都有索取权。完全权益公司的价值显然就是股东拥有的那部分"馅饼"，与税收相应的部分仅是成本而已。

右边饼图的杠杆公司有三类索取者：股东、债权人和税收。杠杆公司的价值是债务价值与权益价值之和。比较这两类资本结构图，财务经理应选择较高价值者。假设两个馅饼的总区域相同，⊖支付最少税收的资本结构价值最大。换言之，管理者会选择美国国税局最不喜欢的那类资本结构。

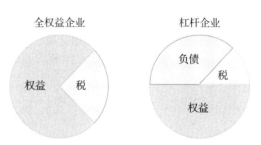

图 16-4　存在公司税的资本结构馅饼模型
注：与全权益的公司比，有负债的公司支付较少的公司所得税。因此，有负债的公司其负债价值加上权益价值大于全权益公司权益的价值。

我们这里假设所有的利息支出均可以抵税。事实上，2017 年颁布的《减税与就业法案》给利息抵税设置了上限。具体地说，2018—2021 年，净利息抵税的上限是公司 EBITDA 的 30%，2021 年以后，下降为 EBIT 的 30%。所谓的"净利息"是指利息支出减去利息收入（如果有的话）。而且，上限也不是简单按照 EBITDA 或者 EBIT 计算，而是需要做一些调整，但大多数情况下调整很微小。重要的是，当年不能抵扣的利息可以递延抵扣，因此，税收抵扣上限并不会导致抵扣丢失，仅仅只是抵扣延迟而已。

**例 16-3　税与现金流量**

Water Products（WP）公司的公司税率是 21%，每年的息税前利润是 1 000 000 美元。税后的全部收益都用于支付股利。

企业正考虑两类备选的资本结构。在计划 I 下，WP 的资本结构中没有债务；在计划 II 下，公司将有 4 000 000 美元的债务，债务成本 $R_B$ 为 10%。

WP 的 CFO 进行了以下计算。

---

⊖ 在前面提出的 MM 命题中，两个"馅饼"的大小应当相同。

（单位：美元）

| | 计划 I | 计划 II |
|---|---|---|
| 息税前利润（EBIT） | 1 000 000 | 1 000 000 |
| 利息（$R_BB$） | 0 | 400 000 |
| 税前收益 [EBT=（EBIT−$R_BB$）] | 1 000 000 | 600 000 |
| 税（$t_C$=0.21） | 210 000 | 126 000 |
| 税后收益 [EAT=（EBIT−$R_BB$）×（1−$t_C$）] | 790 000 | 474 000 |
| 股东和债权人的总现金流量 [EBIT×（1−$t_C$）+$t_CR_BB$] | 790 000 | 874 000 |

位于最末行的两个数值与我们的论题最为相关：股利在本例中等于税后收益即股东的现金流量，利息即债权人的现金流量。[⊖] 在表中，我们看到在计划 II 下公司的拥有者（股东和债权人）得到的现金流量较大。与计划 I 的差异为 84 000（=874 000−790 000）美元。这个差异的原因并不难领悟：美国国税局在计划 II 下取得的税收（126 000 美元）低于在计划 I 下取得的税收（210 000 美元）。此处的差异是 84 000（=210 000−126 000）美元。

出现这种差异的原因在于美国国税局对利息的处置不同于股东收益。[⊖] 利息全部免税，而息后的税前收益要以 21% 的税率纳税。

### 16.5.2 税盾的现值

上述的讨论说明了税收对债务的有利之处，或相应地对权益的不利之处，现在我们要评价有利之处。利息为：

$$\text{利息} = \underset{\text{利率}}{R_B} \times \underset{\text{借入额}}{B}$$

WP 的利息为 400 000（=10%×4 000 000）美元。所有利息都可免税，即无论 WP 在没有债务时的应税利润是多少，有债务时的应税利润少了 400 000 美元。

因本例中的公司税率为 0.21，公司税减少了 84 000（=0.21×400 000）美元。这个数字与前面所计算的公司税减少额完全相等。

代数上，公司税的减少额为：

$$\underset{\text{公司税率}}{t_C} \times \underset{\text{利息额}}{R_B \times B} \tag{16-4}$$

即无论公司在没有债务时每年要支付多少税收，有债务时所支付的税收将减少 $t_CR_BB$。通常称式（16-4）为债务的**税盾**（tax shield），请注意它是年金值。

既然公司期望处于有效的税盾中，我们可假设式（16-4）中的现金流量具有与债务利息相同的风险。因此，税盾的价值可通过将利息率 $R_B$ 作为折现率来确定。假设现金流量是永续性的，税盾的现值是：

$$\frac{t_CR_BB}{R_B} = t_CB$$

---

⊖ 读者也许会对采用"流向股东和债权人的总现金流量"这个做法感到疑惑。本章的例子中我们没有像第 2 章和第 6 章强调的那样在计算现金流量时调整折旧、资本支出和净营运资本。这是因为我们假设折旧额刚好等于资本支出，同时也假设净营运资本的增量为零。这些假设有其合理性，因为我们假设 WP 公司的这个项目的现金流量是永续的。

⊖ 注意在计划 I 下股东实际所得（790 000 美元）高于计划 II 下的实际所得（474 000 美元）。由于这意味着没有财务杠杆时股东的境况较好，学生常常为此而困惑。然而，记住计划 I 下的流通股数大于计划 II 下的。一个成熟的模型可以显示，有财务杠杆时每股收益较高。

### 16.5.3 杠杆公司的价值

我们仅计算了来自债务的税盾的现值，下一步要计算杠杆公司的价值。无杠杆公司每年的税后现金流量是

$$\text{EBIT} \times (1-t_C)$$

式中的 EBIT 是息前税前收益。无杠杆公司（即公司没有债务）的价值是 EBIT（$1-t_C$）的现值：

$$V_U = \frac{\text{EBIT} \times (1-t_C)}{R_0}$$

式中，$V_U$ 为无杠杆公司的现值；EBIT×（$1-t_C$）为公司税后企业的现金流量；$t_C$ 为公司税率；$R_0$ 为完全权益公司的资本成本。从公式中能看到 $R_0$ 现为税后现金流量的折现率。

如前面所说明的，财务杠杆通过税盾增加公司价值，永续债务的税盾为 $t_C B$。因此，我们只要将该税盾加到无杠杆公司的价值上，就可得到杠杆公司的价值。

该代数表达式可写为：[⊖]

**MM 命题 I（公司税）**

$$
\begin{aligned}
V_L &= \frac{\text{EBIT} \times (1-t_C)}{R_0} + \frac{t_C R_B B}{R_B} \\
&= V_U + t_C B
\end{aligned}
\tag{16-5}
$$

式（16-5）是有公司税时的 MM 命题 I。等式中的第 1 项是没有债务税盾时公司的现金流量。换言之，该项等于 $V_U$，即完全权益公司的价值。杠杆公司的价值是完全权益公司的价值加上 $t_C B$（税率乘以债务的价值）。$t_C B$ 是在现金流量为永续性情形时税盾的现值。[⊖]由于税盾随债务额的增大而增加，因此公司通过用债务替代权益来提高总现金流量及公司价值。

请注意在这个讨论中我们依然假设所有的利息都可以抵税。如果部分利息费用无法抵税，那么它可以递延抵税。这种延迟抵税将减少而不是消除债务税盾的价值，即债务融资的税收优势。

**例 16-4 有税的 MM 理论**

Divided Airlines（DA）目前是一家无杠杆公司，公司预期产生永续性息税前利润为 126.6 美元。公司税率是 21%，意味着税后收益为 100 美元，税后的全部收益用于支付股利。

公司正考虑重新调整资本结构，增加债务 200 美元，债务资本的成本是 10%。在同一行业中无杠杆公司的权益资本成本是 20%，DA 的新价值将是多少？

---

[⊖] 当假设负债水平保持不变时，该关系成立。如果假设负债 – 权益比不为常数，关系式将不同。对该观点较深的论述可见 J. A. Miles and J. R. Ezzel, "The Weighted Average Cost of Capital, Perfect Capital Markets and Project Life: A Clarification", *Journal of Financial and Quantitative Analysis* 15, no.3(September 1980): 719-30.

[⊖] 若我们假设债务有一定期限，用以下例子计算税盾现值。假定 Maxwell 公司有 100 万美元的债务，票面利率为 8%。若债务 2 年后到期，债务资本的成本 $R_B$ 是 10%。若公司税率是 21%，税盾现值是多少？债务在 2 年内分期等额摊销。

（单位：美元）

| 年限 | 贷款余款 | 利息 | 税盾 | 税盾现值 |
|---|---|---|---|---|
| 0 | 1 000 000 | | | |
| 1 | 500 000 | 80 000 | 0.21 × 80 000 | 15 272.73 |
| 2 | 0 | 40 000 | 0.21 × 40 000 | 6 942.15 |
| | | | | 22 214.88 |

税盾的现值是：

$$\text{PV} = \frac{0.21 \times 80\,000}{1.10} + \frac{0.21 \times 40\,000}{1.10^2} = 22\,214.88 \text{（美元）}$$

Maxwell 的公司价值比与其相对等的无杠杆公司的价值高 22 214.88 美元。

DA 的价值将等于：

$$V_L = \frac{\text{EBIT} \times (1 - t_C)}{R_0} + t_C B$$

$$= \frac{100}{0.20} + (0.21 \times 200)$$

$$= 500 + 42$$

$$= 542 \,(\text{美元})$$

杠杆公司的价值是 542 美元，高于无杠杆公司的价值（500 美元）。由于 $V_L=B+S$，杠杆权益的价值 $S$ 等于 542−200=342（美元）。DA 的价值与财务杠杆的函数关系如图 16-5 所示。

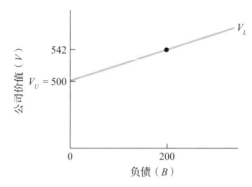

$$V_L = V_U + t_C B = 500 + (0.21 \times 200) = 542 \,(\text{美元})$$

图 16-5　财务杠杆对公司价值的影响：在 Divided Airlines 案例中含公司税的 MM

注：负债降低了股利税负，结果公司价值与负债额呈正相关。

### 16.5.4　考虑了公司税的期望收益率和财务杠杆

无税的 MM 命题 Ⅱ 假定权益的期望收益率与财务杠杆之间存在正相关关系。该结论产生的原因在于权益的风险随财务杠杆而增大。在存在公司税的世界中，结论同样成立。在有公司税的世界中，准确的公式为：⊖

---

⊖ 此关系可说明如下：假定处于有税收情形下的 MM 命题 Ⅰ，杠杆公司的市场价值资产负债表可写成：

| $V_U$= 无杠杆公司的价值 | $B$= 债务 |
|---|---|
| $t_C B$= 税盾现值 | $S$= 权益 |

无杠杆公司的价值仅是不含杠杆利益的资产价值。资产负债表表明了当增加债务 $B$ 时，公司价值增加了 $t_C B$。资产负债表中左半部分的期望现金流量可写为：

$$V_U R_0 + t_C B R_B \tag{a}$$

由于资产具有风险性，所以它们的期望收益率是 $R_0$。税盾具有与债务相同的风险，故其期望收益率是 $R_B$。

属于债权人和股东的期望现金合计为：

$$S R_S + B R_B \tag{b}$$

表达式（b）反映了这样一个事实，即股票获得 $R_S$ 的期望收益率，而债务获得 $R_B$ 的利息率。

由于在无增长永续性模型中，所有的现金流量作为股利支付，流入公司的现金流量等于股东获得的现金流量，因此式（a）和式（b）相等：

$$S R_S + B R_B = V_U R_0 + t_C B R_B \tag{c}$$

式（c）两边除以 $S$，并减去 $B R_S$，重新调整后得到

$$R_S = (V_U/S) \times R_0 - (1 - t_C) \times (B/S) R_B \tag{d}$$

由于杠杆公司的价值 $V_L$ 等于 $V_U + t_C B = B + S$，则 $V_U = S + (1 - t_C) \times B$。

因此，式（d）可写成：

$$R_S = [S + (1 - t_C) \times B]/S \times R_0 - (1 - t_C) \times (B/S) R_B \tag{e}$$

将含有 $(1 - t_C) \times (B/S)$ 的项合并后得到式（16-6）。

**MM 命题 II（公司税）**

$$R_S = R_0 + \frac{B}{S} \times (1 - t_C) \times (R_0 - R_B) \tag{16-6}$$

将该公式应用于 DA 公司，我们得到：

$$R_S = 0.246\,2 = 0.20 + \frac{200}{342} \times (1 - 0.21) \times (0.20 - 0.10)$$

该计算的图解见图 16-6。

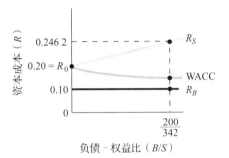

$$R_S = R_0 + (1 - t_C)(R_0 - R_B)\,B/S = 0.20 + \left(0.79 \times 0.10 \times \frac{200}{342}\right) = 0.246\,2$$

图 16-6　财务杠杆对债务资本成本和权益资本成本的影响

注：财务杠杆增加企业权益的风险，作为补偿，权益的成本随之提高。注意 $R_0$ 只是一个点，而 $R_S$、$R_B$ 和 WACC 是整条直线。

当 $R_0 > R_B$ 时，$R_S$ 随财务杠杆的增加而增加，在没有税收的情形下，可得到同样的结果。

正如本章前面所提到的，$R_0$ 应大于 $R_B$。换言之，由于权益（甚至无杠杆权益）是有风险的，因此与风险更小的债务相比较，它应具有更高的期望收益率。

我们用另一种方法确定杠杆权益的价值，从而核对前面的计算结果。杠杆权益价值的代数式是：

$$S = \frac{(\text{EBIT} - R_B B) \times (1 - t_C)}{R_S}$$

分子为杠杆权益的息税后预期现金流量，分母是权益现金流量的折现率。

对于 DA 公司，我们得到：

$$\frac{(126.6 - 0.10 \times 200) \times (1 - 0.21)}{0.246\,2} = 342 \text{（美元）}$$

这个结果与前面得到的相同。

### 16.5.5　加权平均资本成本 WACC 和公司税

在第 13 章中，我们将加权资本成本（含公司税）定义为（注意，$V_L = S + B$）：

$$\text{WACC} = \frac{B}{V_L} R_B (1 - t_C) + \frac{S}{V_L} R_S$$

注意公式中的债务资本成本 $R_B$ 的乘数因子是（$1 - t_C$），这是因为公司支付的利息具有抵税作用。但由于股利不能抵税，权益的成本 $R_S$ 的乘数因子不是该值。在没有税收时，财务杠杆不影响 WACC。图 16-3 也显示了该结论，这在前面已讨论过。尽管债务相对于权益而言具有税收优惠，但可以证明在有公司税的世界中，WACC 随财务杠杆的增加而降低。该结论可从图 16-6 中看出。

对 DA 公司而言，WACC 等于：

$$WACC = \frac{200}{542} \times 0.10 \times 0.79 + \frac{342}{542} \times 0.246\ 2$$
$$= 0.184\ 5$$

DA 公司依赖债务的作用，将 WACC 从 0.20（没有债务时）降低到 0.184 5。直观上这个结果令人激动，因为它表明了当公司降低其 WACC 时，公司价值将增大。用加权资本成本法，我们能确定 DA 的公司价值是 542 美元。

$$V_L = \frac{EBIT \times (1 - t_C)}{WACC} = \frac{100}{0.184\ 5}$$
$$= 542（美元）$$

### 16.5.6　考虑了公司税的股票价格和财务杠杆

至此，学生通常都会相信我们上面演算的一大堆令人眼花缭乱的数字，或者至少是屈从于数学演算而不敢提出质疑。然而，他们有时认为我们前面所提出的问题是不恰当的。他们会问："为什么我们要追求公司价值的最大化呢？如果管理者寻求股东的利益，为什么他们不直接追求股票价格最大化呢？"本节就来回答这个问题。

我们的回答有两部分：首先，本章的第一部分已指出使公司价值最大化的资本结构也就是最有利于股东利益的资本结构。

但是，那种一般性的解释并不总能让学生信服。第二个方法便是计算 DA 公司在债务置换股票之前和之后的股票价格，通过一组资产负债表来展示这一过程。该公司在完全权益结构下的市场价值资产负债表如下表所示。

Divided Airlines

| 资产负债表（完全权益公司） | | | （单位：美元） |
|---|---|---|---|
| 实物资产 | $\frac{126.6}{0.20} \times (1 - 0.21) = 500$ | 权益 | 500 |
| | | | （100 股） |

假设流通在外的股票有 100 股，每股价值 5（=500/100）美元。

下一步假设公司宣布近期将发行 200 美元的债务来回购 200 美元的股票。从前面的讨论中，我们可知公司价值将上升以反映债务的税盾。若假设资本市场上证券的定价是有效率的，那么公司价值立即提高。也就是说，价值的提高发生在宣布日，而不是在债务与权益的置换日。市场价值的资产负债表如下表所示。

Divided Airlines
资产负债表

| （债务发行的宣布日） | | | （单位：美元） |
|---|---|---|---|
| 实物资产 | 500 | 权益 | 542 |
| 税盾的现值 | $t_c B = 21\% \times 200 = \underline{42}$ | | （100 股） |
| 总资产 | 542 | | |

注意此时债务还未发行，因此资产负债表的右半部分只出现权益。现在每股价值为 542/100=5.42（美元），意味着股东已获利 42 美元。股东获利是由于他们是公司的所有者，公司由于改善了财务政策而使股东收益。

许多学生对于将税盾引入资产负债表中感到困惑。虽然实物资产是有形的，而税盾的微妙特性却让这些学生困扰。尽管如此，请牢记任何有价值的事物都是一种资产。税盾之所以有价值，原因在于它减少了未来税收流。税盾不能如实物资产那样可触摸到，这个事实是一个哲学范畴的问题而非财务上的考量。

在某时刻，公司启动债务与权益的置换。200 美元的债务发行用于回购股票。有多少股票被回购？由于目前每股的卖出价为 5.42 美元，公司回购的股票数是 200/5.42=36.90。那么，流通在外的股票数剩下 63.10 股。市场价值的资产负债表如下表所示。

Divided Airlines<br>资产负债表<br>（置换发生后）

（单位：美元）

| 实物资产 | 500 | 权益 | 342 |
| | | | （100−36.90＝63.10 股） |
| 税盾的现值 | 42 | 债务 | 200 |
| 总资产 | 542 | 债务加权益 | 542 |

置换后每股价值为 342/63.10＝5.42（美元），注意在置换日股票价格没有变化。正如我们上面所提到的，股票价值只在公告日发生变动。由于参与置换的股东每股所得与置换后的股票市价相等，因此他们并不介意是否置换股票。

该例的用意有两点。首先，它说明了公司价值由债务融资引起的增加会导致股票价值的上升。事实上，股东获得了全部的税盾（42 美元）。其次，我们想提供更多有关市场价值资产负债表的演示。

含公司税的 MM（命题）主要结论之总结列示在下面。

---

| 专栏 |　　　　　　　　　　　　　　　**MM 有税命题**

**假设**

- 公司税前利润按 $t_C$ 的税率课税
- 没有交易成本和破产成本
- 个人与公司以相同的利率借贷

**结果**

命题 I：$V_L = V_U + t_C B$

命题 II：$R_S = R_0 + \dfrac{B}{S}(1-t_C)(R_0 - R_B)$

**直观解释**

命题 I：由于利息可以抵税而股利只能税后支付，财务杠杆降低公司的税收支出。

命题 II：权益资本成本随着杠杆的增加而增加，因为股东承担的风险随着杠杆的增加而增加。

---

# 本章小结

1. 我们首先论证了使公司价值最大化的资本结构也同样会给股东提供最大利益。

2. 在不存在税收的世界中，著名的 MM 命题 I 证明了负债－权益比不影响公司价值。换言之，在那样的世界中公司的资本结构无关紧要。作者通过证明自制杠杆能抵消高或低的负债－权益比来得出他们的结论。这个结论的关键之处在于，假设个人能以与公司相同的利率借债。我们认为这个假设相当合理。

3. 在没有税收的世界中，MM 命题 II 表述如下：

$$R_S = R_0 + \frac{B}{S}(R_0 - R_B)$$

该等式暗示了权益的期望收益率（也称权益成本或权益的期望报酬率）与公司的财务杠杆正相关。这在直觉上是合理的，因为权益的风险随财务杠杆的增加而增加。图 16-3 中不同斜率的直线表明了这一点。

4. 虽然 MM 的上述研究成果相当雄辩有力，但它并未很好地解释在资本结构方面的实证研究结果。MM 暗示资本结构决策无关紧要，但在现实的世界中，该决策则显得重要。为获得其在现实世界的适用性，我们随后考虑公司税。

5. 在有公司税但无破产成本的世界中，公司价值是财务杠杆的增函数，公司价值的公式是：

$$V_L = V_U + t_C B$$

杠杆权益的期望收益率可表示为：

$$R_S = R_0 + (1-t_C) \times (R_0 - R_B) \times \frac{B}{S}$$

在此处，价值与财务杠杆正相关。这个结论暗示了公司应采用几乎全部由债务构成的资本结构。现实世界中的公司选择了适度的债务水平，因此我们在第 17 章中将考察对本章结论的修正。

## 思考与练习

1. **EBIT、税和杠杆** 藤田股份有限公司是一家无负债的公司，其总市值为 222 000 美元。在经济环境正常的情况下，息税前利润（EBIT）预计为 18 000 美元。在经济极力扩张的情况下，EBIT 可增加 25%。如果经济衰退，EBIT 则会降低 30%。公司正考虑发行 60 000 美元、利率为 7% 的债券。这些钱将用于回购股票。目前发行在外的股份数为 7 400 股。公司税率为 21%。

   a. 计算发行债务前，公司在三种经济环境下的每股收益（EPS），并且计算当经济扩张或衰退时，公司每股收益的变动百分比。

   b. 在假设公司已经进行了资本重组的情况下（即已发行了债务进行股票的回购）重新考虑 a 问题，可以得到什么样的答案？

2. **盈亏平衡点 EBIT 与杠杆** Dickson 股份有限公司正在比较两种不同的资本结构。计划 I 是发行 12 700 股股票和负债 100 050 美元。计划 II 是发行 9 800 股股票和负债 226 200 美元。负债的利率为 10%。

   a. 公司在全权益的情况下，将在外发行 15 000 股股票。假设公司的 EBIT 将为 70 000 美元，在不考虑税收的情况下，比较在全权益、计划 I 和计划 II 这三种情况下，公司的每股收益情况。哪一种情况最高？哪一种情况最低？

   b. 按 a 题的假设，与公司采用全权益的情况相比，这两种计划的盈亏平衡点 EBIT 分别是多少？是否其中一个大于另一个，为什么？

   c. 不考虑税收影响，在什么情况下，公司采用计划 I 的每股收益与采用计划 II 的每股收益一样？

   d. 在税率为 21% 的情况下，重新考虑问题 a、b、c。此时公司的盈亏平衡点 EBIT 是否与前面有所不同？为什么？

3. **MM** Sugar Skull 股份有限公司不使用债务，其加权平均资本成本为 7.9%。如果目前公司权益的市场价值为 1 560 万美元，在无税情况下，公司的 EBIT 应该是多少？

4. **MM 和税** Field 股份有限公司希望它的 EBIT 未来能够永远为每年 125 000 美元。该公司的贷款利率为 7%，并且当前该公司并无负债，权益成本为 12%。如果税率为 24%，该公司价值应为多少？如果该公司负债 205 000 美元，并且使用这笔资金回购股票，价值为多少？

# 第 17 章

# 资本结构：债务运用的限制

无论从哪个角度看，2020 年对实体零售商来讲都是一个艰难的年份。截至 2020 年 9 月，已经有 27 家大的实体零售商申请破产，它们的最后境遇也各不相同。例如，尼曼百货公司（Neiman Marcus）和彭尼百货（JCPenney）通过债务重组和合并获得重生，其他的像布克兄弟（Brooks Brothers）和幸运牛仔（Lucky Brand）被收购了，而斯坦因集市（Stein Mart）和阿特·范家具（Art Van Furniture）则破产清算。

这些案例告诉我们，财务杠杆要慎用，太高的杠杆会带来破产的风险。本章将讨论与破产有关的成本及公司如何避免破产的困境。

第 16 章探讨了"公司如何选择其负债 – 权益比"这个问题，首先介绍了 MM（无税）理论：在无税的世界里，有杠杆公司的价值与无杠杆公司的价值相同。换言之，负债 – 权益比的决策并不重要。

然后我们介绍了 MM（有税）理论：在考虑公司所得税的情况下，公司价值随着财务杠杆的提高而提高，这意味着公司应该尽可能地利用杠杆。但这个结果留给我们一个尚未回答的疑问："这是故事的全部内容吗？公司的财务总监真的应该把负债 – 权益比推高到接近百分之百吗？"。如果真是这样，现实中为什么我们看到的是公司一般会保持适度水平的债务？

本章将填补理论与现实之间的鸿沟。我们将说明尽管债务利息可以节税，但现实中公司保持适度负债是有原因的。我们将首先介绍破产成本这个概念。破产成本将随着负债的提升而增加，并最终抵消利息节税所带来的好处。

## 17.1 财务困境成本

### 是破产风险还是破产成本

正如第 16 章通篇所提及的，债务为公司带来了税收上的好处。然而，债务也给公司带来压力，因为利息和本金的支付是公司的法律义务。若公司未履行这些义务，则可能面临某类财务危机，最终的困局是**破产**，届时公司资产的所有权法定上由股东转移给债权人。债的偿付义务在根本上不同于股票。尽管股东偏好并期待股利，但他们不拥有与债权人的利息和本金的法定付现权相类似的法定分红权。

下面我们从一个虚构的简单破产案例入手，阐明破产成本或更具普遍性的财务困境成本，这些成本会抵销债务节税的优势。在以下例子中，我们暂时忽略所有税收，只关注举债的成本。

### 例 17-1 破产成本

Knight 公司计划经营时间为一年以上。公司预测来年的现金流量为 100 美元或 50 美元，两者发生的概率均为 50%。公司没有其他资产。以前发行的债务需要支付的利息和本金为 49 美元。Day 公司预期有相同的现金流量，但须支付的利息和本金共 60 美元。两家公司的现金流量列示如下。

（单位：美元）

| | Knight 公司 | | Day 公司 | |
|---|---|---|---|---|
| | 繁荣期（概率：50%） | 衰退期（概率：50%） | 繁荣期（概率：50%） | 衰退期（概率：50%） |
| 现金流量 | 100 | 50 | 100 | 50 |
| 债务利息和本金的支付 | 49 | 49 | 60 | 50 |
| 给股东的分配 | 51 | 1 | 40 | 0 |

对处于繁荣期和衰退期的 Knight 公司和 Day 公司而言，现金流量均超过所要支付的利息和本金。在这些情形下，债权人获得全额偿付，剩余的归股东所有。然而，在 4 种情形中，最有趣的是衰退期的 Day 公司。在这种情形下，债权人拥有 60 美元的债权，但公司仅有 50 美元的现金。由于我们假设公司无其他资产，故不可能完全满足债权人。如果公司破产，债权人将获得公司所有的现金，而股东将一无所有。重要的是，股东不必提供额外的 10（=60-50）美元，在美国及其他大多数国家，公司承担有限责任，这意味着债权人无法为额外的 10 美元起诉股东。[⊖]

我们来比较处于衰退期的两家公司。Knight 公司的债券持有人获得 50 美元中的 49 美元，而其股东则获得剩余的 1 美元。Day 公司的债券持有人获得 50 美元，股东获得 0 美元，同样也是 50 美元来分配。这里有很重要的一点，当 Day 公司破产而 Knight 公司没有破产时，两家公司的投资人都获得 50 美元。换句话说，破产并不影响公司的现金流量。有人曾说破产可能会影响公司价值或者现金流量，而我们的例子展示了是衰退而不是破产在影响公司的现金流量。

然而 Day 公司的例子不切合实际，原因在于它忽略了以下所要讨论的一个重要的现金流量。一组较实际的数据或许如下表所示。

| | Day 公司 | （单位：美元） |
|---|---|---|
| | 繁荣期（概率：50%） | 衰退期（概率：50%） |
| 利润 | 100 | 50 |
| 债务偿付 | 60 | 35 |
| 给股东的分配 | 40 | 0 |

为什么在衰退期债权人只获得 35 美元？如果现金流量仅为 50 美元，债权人将被告知他们得不到全部偿付。这些债权人很可能会聘请律师去交涉甚至起诉公司。同样地，公司也很有可能聘请律师为自己辩护。如果案件呈交破产法庭，将产生更多的成本费用。这些费用通常是在债权人受偿之前支付。在本例中，我们假设破产成本总计为 15（=50-35）美元。

让我们将考虑了破产成本的例子和没有考虑破产成本的例子进行比较。由于 Day 公司的负债水平更高，因此当 Day 公司面临破产可能性的时候，Knight 公司没有破产的风险。虽然如此，总的现金流量在不考虑破产成本的世界里，对于投资人来说是相同的。当我们引入破产成本后，面临破产风险的公司的现金流量就将因此而下降。在衰退期，Knight 公司的债券持有人同样获得 50 美元中的 49 美元，而其股东则获得 1 美元。Day 公司的债券持有人获得 35 美元，股东获得 0，总现金流量只有 35 美元。因此我们得出结论，破产的可能性对公司价值产生负面影响。然而，不是破产本身的风险降低了公司价值，而是与破产相关联的成本降低了公司价值。

我们用馅饼的例子来加以解释。在没有破产成本的世界中，债权人和股东分享整块馅饼。但在现实世界中，破产成本蚕食了部分馅饼，剩余给股东和债权人的部分较少。

---

⊖ 公司的有限责任被突破的情形存在，特别是有欺骗或虚报行为时。

## 17.2 财务困境成本的种类

以上例子说明了破产成本会降低公司价值。事实上，即使在法定禁止破产程序被终止时，我们仍可得出相同的一般性结论。因此，财务困境成本也许是较"破产成本"更合适的措辞。我们有必要对这些成本做更详细的描述。

### 17.2.1 财务困境的直接成本：清算或重组的法律成本和管理成本

如前面所提到的，在破产前和破产期间的所有阶段，自始至终都有律师的介入参与。费用通常是以每小时几百美元计，而且快速递增。曾有人开玩笑地评论说，破产之于律师就如同鲜血之于鲨鱼。此外，管理费用和会计费用实际上也应加入总账单中，而且若发生审判，不能忽略专家证人。每一方都可能聘请若干个这些证人来证实被提议判决的公正性。他们的费用毫无疑问能与律师或会计师的费用相匹敌（虽然就个人而言，我们对这些证人的态度是较友善的，因为他们通常是从理财教授中挑选出来的）。

在最近几年中，最引人关注的破产案之一也许是关于加利福尼亚州奥兰治县市政局的，而非某一公司。这桩破产案起源于该县金融投资组合中的巨额债券交易亏损，《洛杉矶时报》评论道：

> 奥兰治县市政局的纳税人损失了16.9亿美元，该县政府在一年前的今天陷入破产，如今他们为摆脱破产的困境正花费数以百万计的资金。
>
> 会计师全神贯注于会计分类账，每小时的报酬是325美元；律师日夜辛劳工作，每小时的报酬是385美元。来自一家全国最著名投资机构的理财顾问的工作报酬为一个月15万美元，就连站在影印机旁的职员，工资有时都超过3 000美元。
>
> 迄今为止，总花费已达2 900万美元，而且还远未结束。
>
> 为帮助奥兰治县从这桩全美最严重的市政破产案中摆脱出来，多方的介入就如同吞钱的机器，正以一个月240万美元的速度蚕食纳税人的资金，即每天11.5万美元。
>
> 而该县行政官员并不惊慌。
>
> 他们认为奥兰治县的破产是一次大规模的灾难，为帮助其幸免于难，需要花费相当大笔的纳税人现金。尽管他们拒绝支付数千美元的费用，如奢侈的晚餐费和大笔的旅馆账单，但他们很少质疑如天文数字般的以小时计的费用，并预告这些费用会攀至更高。
>
> 该县投资基金的参与者甚至一致同意筹建一个独立的5 000万美元基金，以支付与华尔街的诉讼战中的费用。<sup>⊖</sup>

当然，奥兰治县市政局摆脱破产困境的成本要低于底特律所花费的1.7亿美元。而对于私营企业来说，破产成本往往要远大于奥兰治县市政局或者底特律，比如安然公司和世通公司的破产成本分别约为10亿美元和6亿美元。而雷曼兄弟公司的破产成本则更高，该公司于2012年3月成立清算信托用以抛售资产和赔偿投资人。直接的破产成本是我们可以看见的，雷曼兄弟花费了大概22亿美元用于美国和欧洲地区律师、会计师、顾问和审查人员的花费。这个数目是很多大笔费用加总而成的。例如，一家律师事务所花费了20万美元用于商务宴请，43.9万美元用于电子化调查，11.5万美元用于本地交通，28.7万美元用于打印材料（一张纸10美分）。破产的其他费用可能要更高。有专家估计如果雷曼兄弟公司不是破产贱卖而是正常出售这些资产，它可以赚到大约750亿美元。

已有大量的学术研究度量财务困境的直接成本。虽然直接成本的绝对数较大，但实际上它们只占公司价值的小部分百分比。White、Altman和Weiss估计财务困境的直接成本大概是公司市值的3%。<sup>⊜</sup>在对20个铁路

---

⊖ Dexter Filkins, "The High Cost of Going Bankrupt," *Los Angeles Times*, December 6, 1995, www. latimes. com/archives/la-xpm-1995-12-06-mn-10861-story.html.

⊜ Michelle J. White, "Bankruptcy Costs and the New Bankruptcy Code," *Journal of Finance* 38, no. 2 (May 1983): 477–88; Edward I. Altman, "A Further Empirical Investigation of the Bankruptcy Cost Question," *Journal of Finance* 39, no. 4 (September 1984): 1067–89; and Lawrence A. Weiss, "Bankruptcy Resolution: Direct Costs and Violation of Priority of Claims," *Journal of Finance* 27, no. 2 (October 1990): 285–314.

破产案例的财务困境的直接成本的研究中，Waner 发现净财务困境成本平均是公司破产前 7 年市场价值的 1%，而且随着破产的发生，该比率会高一点（例如，是破产前 3 年公司市值的 2.5%）。[一]Lubben 估计了诉讼费用的平均成本，大概是破产企业总资产的 1.5%。[二]Bris、Welch 和 Zhu 发现破产成本相对于资产价值来说大概占到 2% ~ 10%。[三]

### 17.2.2 财务困境的间接成本

#### 经营受影响

破产阻碍了与客户和供应商的经营行为。由于客户担心服务受到影响及信用丧失，致使公司销售经常受损。例如在 2008 年，通用汽车和克莱斯勒公司都经历了严重的财务危机，很多人都认为这两家公司可能都将申请破产（后来果然如此）。关于这两家公司的坏消息不断地传出，消费者对于其产品的信心也在不断降低。有研究称 75% 的消费者将不会购买即将破产的公司的汽车。人们担心保修问题，在公司破产后将很难购买到配件。这种担心影响了两家公司产品的销售量，加剧了其财务危机。20 世纪 70 年代，克莱斯勒公司处于无力偿还的边缘也是这种情况。许多克莱斯勒公司的忠实客户转向其他制造商。另一个例子是当大西洋城的亚特兰蒂斯赌场在技术上破产后，赌客不再光顾。赌客是迷信的群体，许多赌客推论："如果赌场自身不能赢利，我怎么能指望在那儿赚到钱呢？"有一个极其令人震惊的故事发生在纽约市两家互不相关的、名称同为 Mitchells 的商店。当一家 Mitchells 宣告破产时，顾客便不再光顾这两家商店，最后另一家 Mitchells 也被迫宣布破产。

尽管明显存在这些成本，但要估算它们相当困难。Altman 评估财务困境的直接成本和间接成本通常高于公司价值的 20%。[四]Andrade 和 Kaplan 估算总困境成本为公司价值的 10% ~ 20%。[五]Bar-Or 估算健康公司的未来财务困境预计为其营运价值的 8% ~ 10%，低于 Altman 及 Andrade 和 Kaplan 的估算。[六]然而，与 Bar-Or 不同，这些学者评价的是已经处于困境中的公司的财务困境成本，而非健康公司的预期困境成本。

Culter 和 Summers 考察了引起广泛关注的德士古破产案的成本。[七]1984 年 1 月，鹏斯（Pennzoil）达成了一项被认为是捆绑式的协议，收购 3/7 的盖蒂石油（Getty）股份。但不到一周之后，德士古以更高的每股价格收购了盖蒂石油的全部股份，于是鹏斯起诉盖蒂石油违约。由于德士古在此之前已保证使盖蒂石油免于法律诉讼，于是德士古成为赔偿的责任方。

1985 年 11 月，得克萨斯州法院裁决支付 120 亿美元的赔偿金给鹏斯。尽管后来这一数目减少了，但这导致德士古申请破产。在诉讼期间，Cutler 和 Summers 认定了 9 项重要事件，他们发现在这些事件中德士古的市值（股价乘以发行在外的股票数）累积下跌了 41 亿美元，而鹏斯只上涨了 6.82 亿美元。因此鹏斯获得了德士古所损失的 1/6，两家公司的净损失将近 35 亿美元。

如何解释这一净损失呢？Cutler 和 Summers 提出这些损失很有可能是诉讼和随后的破产所致。他们认为直接破产成本只相当于这些成本的一小部分，估计德士古的税后法律费用将为 1.65 亿美元左右。鹏斯的法律成本

---

[一] Jerold B. Warner, "Bankruptcy Costs: Some Evidence," *Journal of Finance* 32, no.2 (May 1977): 337-47.

[二] Stephen J. Lubben, " The Direct Costs of Corporate Reorganization: An Empirical Examination of Professional Fees in Large Chapter 11 Cases," *American Bankruptcy Law Journal* 74 (Fall 2000): 509-22.

[三] Arturo Bris, Ivo Welch, and Ning Zhu, " The Costs of Bankruptcy: Chapter 7 Liquidation versus Chapter 11 Reorganization, " *Journal of Finance* 61, no.3 (June 2006): 1253-1303.

[四] Edward I. Altman, " A Further Empirical Investigation of Bankruptcy Cost Question," *Journal of Finance* 39, no. 4 (September 1984): 1067–89.

[五] Gregor Andrade and Steven N. Kaplan, " How Costly Is Financial (Not Economic) Distress? Evidence from Highly Leveraged Transactions That Became Distressed," *Journal of Finance* 53, no. 5 (October 1998): 1443–93.

[六] Yuval Bar-Or, " An Investigation of Expected Financial Distress Costs, " unpublished paper, Wharton School, University of Pennsylvania, 2000.

[七] David M. Cutler and Lawrence H. Summers, " The Costs of Conflict Resolution and Financial Distress: Evidence from the Texaco-Pennzoil Litigation," *RAND Journal of Economics* 19, no. 2 (Summer 1988): 157–22.

更难估计，因为鹏斯的首席律师乔·贾麦尔（Joe Jamail）声明他没有固定的报酬。但作者运用巧妙的统计分析方法，估计该律师的薪金大约为2亿美元，因此必须到别处寻找其他的大部分成本。

在这个案例中，财务困境的间接成本或许是损失惨重的原因所在。在诉讼之后，德士古的一份书面证词陈述说，公司的一些供应商正在要求支付现金。其他的供应商已暂停或取消了原油的发货。某些银行限制德士古使用外汇期货合同。书面证词强调这些限制正在削弱德士古的运营能力，导致其财务状况恶化。这些种类的间接成本能够解释在德士古市值的下跌与鹏斯市值的上升之间所出现的35亿美元之悬殊吗？遗憾的是，尽管间接成本很可能在此起作用，但的确没有方法可获得对这些成本的一个合适的定量估计。

破产风险也可能严重制约公司聘用和挽留高素质员工的能力。没有人喜欢登上一艘即将沉没的船，而那些在陷入麻烦的公司工作的员工也会考虑跳槽。具有一定前瞻性的员工将意识到，如果公司处于破产边缘，那么他自己未来的发展机会就会变得渺茫，被解雇的概率就会较高。因此，另一种财务困境的间接成本表现为劳动力成本的提升。尽管很难量化这些成本，但我们知道在劳动密集型的行业里这种成本更高（相对于机器，员工会考虑失业和发展机遇的问题）。使用瑞典详细的劳工数据，研究者发现那些最有效率和最熟练的员工往往是公司面临破产风险时第一批跳槽的人，这意味着那些技能密集型的企业要特别注意破产风险对公司劳动力成本的影响。<sup>⊖</sup>

### 17.2.3 代理成本

当公司拥有债务时，股东和债权人之间就产生了利益冲突。为此，这会诱使股东寻求利己的策略。在公司出现财务困境时，利益冲突扩大，给公司增加了代理成本。我们接下来会描述股东用于损害债权人的3种利己策略。这些策略会降低整个公司的市场价值，因此它们的代价高昂。

#### 1. 利己的投资策略1：冒高风险的动机

濒临破产的公司经常喜欢冒巨大的风险，因为它们知道自己正操纵着他人的财富。为理解这一点，假想有一家高负债公司，正考虑两个互相独立的项目：一个低风险、一个高风险。未来有两个等可能的结果：繁荣和衰退。公司正处于如此严重的困境之中，以致如果遭到衰退打击，选择其中一个项目将使公司濒临破产，而选择另一个项目公司实际上陷入破产。若选择低风险项目，整个公司的现金流量可表述如下。

| 选择低风险项目时整个公司的价值 | | | | | | （金额单位：美元） |
|---|---|---|---|---|---|---|
| | 概率 | 公司价值 | = | 股票 | + | 债券 |
| 衰退 | 0.5 | 100 | = | 0 | + | 100 |
| 繁荣 | 0.5 | 200 | = | 100 | + | 100 |

若出现衰退，公司价值将是100美元；而若出现繁荣，公司价值将是200美元。公司的预期价值为150（=0.5×100+0.5×200）美元。

公司已承诺付给债权人100美元。股东将获得总盈利与支付给债权人的金额之间的差额。换言之，债权人拥有对盈利的优先索取权，而股东拥有剩余索取权。

现在假设另一种情形，用高风险项目替换低风险项目，盈利概率如下。

| 选择高风险项目时整个公司的价值 | | | | | | （金额单位：美元） |
|---|---|---|---|---|---|---|
| | 概率 | 公司价值 | = | 股票 | + | 债券 |
| 衰退 | 0.5 | 50 | = | 0 | + | 50 |
| 繁荣 | 0.5 | 240 | = | 140 | + | 100 |

公司的预期价值是145（=0.5×50+0.5×240）美元，低于低风险项目时的公司预期价值。因此，若公司没有负债，将选择低风险项目。然而，要注意股票的预期价值在高风险项目时是70（=0.5×0+0.5×140）美元，

---

⊖ Ramin P. Baghai, Rui C. Silva, Viktor Thell, and Vikrant Vig, "Talent in Distressed Firms: Investigating the Labor Costs of Financial Distress," *Journal of Finance*, forthcoming 2020.

而在低风险项目时仅为 50（=0.5×0+0.5×100）美元。已知公司当前的财务杠杆状况，即使高风险项目有一个较低的 NPV，股东也将选择高风险项目。

关键在于相对于低风险项目而言，高风险项目在繁荣期使公司价值增加，在衰退期使公司价值减少。在繁荣期，股东获得公司价值的增加值，因为无论选择哪一个项目，债权人都获得全额偿付（得到 100 美元）。相反地，在衰退期，债权人损失了公司价值下跌的部分。因为在选择低风险项目时，债权人获得全额偿付；而选择高风险项目时，他们只获得 50 美元。总之在衰退期，无论选择低风险项目抑或高风险项目，股东都将一无所获。因此，金融经济学者认为股东凭借高风险项目的选择来剥夺债权人的价值。

一个或许不足凭信的故事说明了为什么这种策略有时被称为"赌复活"或者风险转移。在联邦快递（Federal Express）成立的前几年里，公司财政近于崩溃。创始人弗雷德里克·史密斯在绝望中取走公司资金 5 000 美元到拉斯维加斯，他在赌桌上赢得了足以使公司生存下来的资本。但假若他赌输了，当公司破产时，银行可能仅获得不足 5 000 美元的偿还。

### 2. 利己的投资策略 2：倾向于投资不足的动机

具有相当大破产可能性的公司的股东发现，新投资经常以牺牲股东利益为代价来补偿债权人。或许最简单的案例是一个濒临破产的房地产所有者，如果他自己拿出 10 万美元整修建筑物，建筑物的价值能增加 15 万美元。虽然该投资的净现值大于 0，但如果价值的增加并不能阻止破产，他将拒绝此投资。"为什么？"他问："我应该用自己的资金来增加一幢不久将被银行收回的建筑物的价值吗？"

我们用一个简单的例子使该论点正式化。考察表 17-1 中所描述的公司，该公司必须决定接受还是拒绝一个新项目。项目的成本是 1 000 美元。表中的前面两列是无项目时公司的现金流量，企业在繁荣时可收到现金流量 5 000 美元，在衰退时可收到现金流量 2 400 美元。由于企业必须支付本金与利息共 4 000 美元，在经济衰退的情况下，公司将会拖欠欠款。

表 17-1　举例说明投资不足的鼓励　　　　　　　　　　　　（单位：美元）

| | 无项目的公司 | | 有项目的公司 | |
|---|---|---|---|---|
| | 繁荣 | 衰退 | 繁荣 | 衰退 |
| 公司的现金流量 | 5 000 | 2 400 | 6 700 | 4 100 |
| 债权人的索取权 | 4 000 | 2 400 | 4 000 | 4 000 |
| 股东的索取权 | 1 000 | 0 | 2 700 | 100 |

注：项目有正的净现值（NPV），然而债权人获取大部分的价值。理性的管理者以股东利益为行为准则，将拒绝此项目。

相反，在表格中的接下来两列，公司将发行权益来投资新项目，在两种状态之下，均会带来 1 700 美元的现金流量。在繁荣期公司的现金流量为 6 700（=5 000+1 700）美元，在衰退期则为 4 100（=2 400+1 700）美元。因为在衰退期公司的现金流量高于债券持有人索取的 4 000 美元，因此破产可以被避免。由于 1 700 美元大大高于项目的成本 1 000 美元，因此其在任何可行的利率下，均有一个正的 NPV。显然，一个全权益公司将接受这个项目。

然而，此项目损害了杠杆公司股东的利益。为理解这一点，假设老股东愿意投资 1 000 美元，[⊖]无项目时股东利益的预期价值是 500（=0.5×1 000+0.5×0）美元，有项目的预期价值是 1 400（=0.5×2 700+0.5×100）美元。股东利益仅增加了 900（=1 400-500）美元，而成本是 1 000 美元。

为什么一个 NPV 为正的项目伤害了股东？关键在于股东贡献了 1 000 美元的全部投资，却要与债权人一起共同分享盈利。如果出现繁荣，股东获得全部收益。相反，在衰退期，债权人获得项目的大部分现金流量。

利己策略 1 的讨论颇似利己策略 2 的讨论。在两种情形下，杠杆公司的投资策略不同于无杠杆公司的投资策略。因此，财务杠杆导致投资政策扭曲。无杠杆公司总是选择净现值为正的项目，而杠杆公司可能偏离该政策。

---

⊖　若 1 000 美元是从新股东处筹集的，将获得相同的定性结论。然而，鉴于我们必须决定发行多少新股，计算变得困难得多。

### 3. 利己的投资策略 3：撇脂

另一个策略是在财务困境时期支付额外股利或其他分配，减少给债权人的剩余。这种策略有好几种叫法，包括**财产转移**和**撇脂**（milking the property，是一个源自房地产的术语）。策略 2 和策略 3 非常相似：在策略 2 中，公司选择不增加新权益。策略 3 则更进一步，因为此策略实际上通过股利收回权益。

一个著名的富有创造性的将财富从债权人转移到股东身上的例子是 1993 年万豪公司的分拆。在此次分拆中，万豪公司宣布将公司分拆成两家公司：万豪国际和万豪服务。根据分拆的预案，万豪公司现有的股东将同时拥有这两家公司的股权，但万豪公司的原债权人将仅拥有万豪服务的财产索取权。因此，万豪公司的债权人将失去对万豪国际财产的索取权。如今，这种财产转移手法通常会被债务契约中的保护性条款所禁止，这一点我们在下一节中还会谈到。

### 4. 利己策略总结

仅当有破产或财务困境的可能性时，上述扭曲策略（distortions）才发生。这些扭曲策略不应影响诸如由国家公用事业委员会保护的受管制公司，因为这些公司中少有遇到财务困境的。相比之下，风险行业如计算机中的小企业，则更可能经受财务困境，从而受到这种扭曲的影响。

由谁支付利己的投资策略的成本？我们认为最终由股东承担。理性的债权人知道当财务危机逼近时，他们不可能指望从股东那儿得到帮助。相反，股东很可能选择减少债券价值的投资策略。相应地，债权人通过要求提高债券的利息率来保护自己。由于股东必须支付这些高利率，因此他们最终要负担利己策略的成本。就面临这些扭曲策略的公司而言，它们难以获得债务且代价高昂。这些公司将拥有较低的财务杠杆比率。

股东和债权人之间的关系非常类似于 20 世纪 30 年代的慷慨赞助商埃罗尔·弗林与电影明星大卫·尼文之间的关系。据报道，尼文曾说过关于弗林，幸运的是你确切地知道你与他的关系处于什么状况。每当你需要他的帮助时，他总是让你失望。

## 17.3 能够降低债务成本吗

正如美国参议员喜欢说的口头禅："这里 10 亿，那里 10 亿，涓涓细流很快汇成滚滚洪流。"以上我们所提到的财务困境的每类成本都是相当大的，它们的总和完全能极大地影响债务筹资。因此，管理者具有降低这些成本的动机。我们现在开始讨论他们的一些方法。首先应指出以下方法尽管能最大限度地降低债务成本，但不能完全消除这些成本。

### 17.3.1 保护性条款

由于股东必须支付较高的利息率作为防止他们自身的利己策略的保证，因此他们经常与债权人订立协议以求降低利率。这些协议被称为**保护性条款**（protective Covenants），被并入作为股东和债权人之间贷款文件（或契约）的一部分。必须重视这些条款，因为一个不完整的条款会导致违约。保护性条款可分为两类：消极条款和积极条款。

**消极条款**（negative covenants）限制或阻止了公司可能采取的行动。这里有一些典型的消极条款：

（1）限制公司的股利支付额；

（2）公司不能将其任一部分资产抵押给其他债权人；

（3）公司不能兼并其他公司；

（4）未经债权人同意，公司不能出售或出租主要资产；

（5）公司不可发行其他长期债券。

**积极条款**（positive covenants）规定公司所同意采取的行动或必须遵守的条件。例如：

（1）公司同意将其营运资本维持在某一最低水平；

（2）公司必须定期提供财务报表给债权人。

所列的这些条款并不详尽，我们见过超出 30 个条款的贷款协议。

Smith 和 Warner 研究了负债的公开发行，发现有 91% 的债券契约包括限制发行其他债务的条款，23% 限制股利，39% 限制兼并，36% 限制出售资产。[⊖]

保护性条款会降低破产成本，最终提高公司价值。因此，股东很可能偏爱所有合理的条款。为理解这一点，考察三种股东用以降低破产成本的选择。

（1）不发行债务。受债务的税收优惠的影响，这是一个代价很高的避免冲突的方式。

（2）发行无限制性和保护性条款的债务。在这种情况下，债权人将要求高利息率以补偿债务的未受保护情形。

（3）在贷款合约中写入保护性和限制性条款。若条款清楚地写明，债权人可以受到保护而无须给股东强加巨额成本，他们将乐意接受较低的利息率。

因此，即使债券条款减少了灵活性，仍能增加公司价值。它们会是解决股东与债权人冲突的最低成本办法。表 17-2 列示了典型的债券条款及其应用。

**表 17-2　债券条款**

| 股东行为或公司形势 | 条款种类 | 条款的理由 |
| --- | --- | --- |
| 当公司接近财务危机时，股东可能要求公司进行高风险投资 | 财务报表信号<br>（1）营运资本需求<br>（2）利息额<br>（3）最小净值 | 股东在破产前丧失价值；破产时债权人的损失较股东（有限责任）大得多；投资的扭曲导致风险增大，债权人受损 |
| 股东试图转移公司资产给自己 | 资产处置的限制<br>（1）限制股利<br>（2）限制出售资产<br>（3）担保和抵押 | 这限制了股东转移资产给自己并承担投资 |
| 股东试图增加公司的风险 | 转换资产的限制 | 公司风险的增加有助于股东，因投资扭曲导致风险增加，而使债权人受损 |
| 股东可能试图发行同等条件或更具优先权的新债务 | 稀释<br>（1）限制租赁<br>（2）限制进一步的借款 | 这限制了对现有债权人权利的稀释 |

### 17.3.2　债务合并

破产成本高的一个原因在于不同的债权人（和他们的律师）相互竞争。这个问题可以通过债权人和股东间的适当安排得以缓和，如可能一个或至多几个债权人承担企业的全部借款。万一财务困境发生，在这种安排下谈判成本最小。此外，债权人还可购买股票。在这种方式下，股东和债权人就不会互相对抗，因为他们不再是独立的团体。这在日本似乎是一种解决办法，通常日本的大银行在其贷款的公司中持有相当大的股票头寸。[⊜]日本的负债 – 权益比远远高于美国。

## 17.4　税收和财务困境成本的综合影响

莫迪利亚尼和米勒认为在征收公司所得税时，公司价值随财务杠杆增加而增加。这意味着所有公司都应选择最大限度的债务，该理论并不能预见现实世界中公司的行为。其他学者提出破产成本和相关成本会减少杠杆公司的价值。

其他学者认为破产及其所带来的成本减少了负债企业的价值。图 17-1 显示了税收效应和困境成本的综合作

⊖　Clifford W. Smith Jr. and Jerold. B. Warner，"On Financial Contracting：An Analysis of Bond Covenants，"*Journal of Financial Economics* 7, no. 2 (June 1979): 117–61.

⊜　在美国，法律的限制可能禁止这种操作。

用。图 17-1a 中的斜线代表在无破产成本世界中的公司价值。"∩"形曲线代表含有这些成本的公司价值。当公司由完全权益结构移向少量债务（结构）时，"∩"形曲线也随之上升。这里，由于陷入困境的概率很小，因此财务困境成本的现值最小。然而，随着越来越多债务的添加，这些成本的现值以一个递增的比率上升。在某一点，额外债务额引致成本现值的增加等于税盾现值的增加。这是使公司价值最大化的债务水平，在图 17-1 中用 $B^*$ 表示，换言之，$B^*$ 是最优的债务额。在这一点之后，破产成本的增长快于税盾，意味着公司价值因财务杠杆的进一步增加而减少。

在图 17-1b 中，加权平均资本成本（WACC）随着负债的增加而下降。达到 $B^*$ 点后，加权平均资本成本开始上升。最优债务额带来最低的加权平均资本成本。

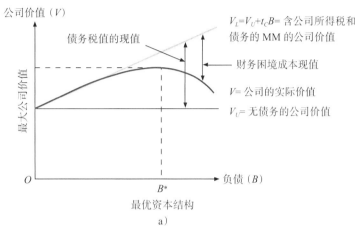

税盾增加杠杆公司的价值，财务困境成本降低杠杆公司的价值。两个
因素互相抵消，在 $B^*$ 点产生最优的债务额

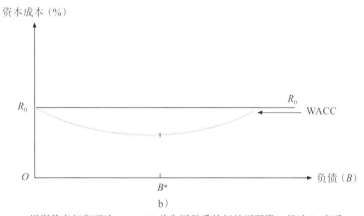

根据静态权衡理论，WACC 首先因税盾的好处而下降。超过 $B^*$ 点后，
其开始因财务困境成本而上升

图 17-1 最优的债务额和公司价值

最优的债务额也会受 2017 年颁布的《减税与就业法案》的影响。正如我们在本书的其他章节中所介绍的，由于该法案对利息抵税设置了上限，因此从 2018 年开始，一些企业的利息节税效应就会减弱，这意味着较低的最优债务额 $B^*$。

我们的讨论意味着公司在进行资本结构决策时，会权衡税盾的好处与财务困境成本。事实上，这种方法一般被称为资本结构的**权衡理论**或**静态权衡理论**。这意味着对于任何一个公司而言，都存在着一个最优的债务额。这一债务额就是公司的目标负债水平。但由于财务困境成本无法精确地衡量，因此并没有一个公式可以准确地计算某公司的最优资本结构。本章的最后部分提供一些在现实世界中选择负债 – 权益比的经验规则。这样的情形使人想起凯恩斯的一段引语。他有一段名言：尽管大多数历史学者会赞同，伊丽莎白女王一世较维多利亚女王而言是一个较好的统治者，但她也是一个更不快乐的女人，然而没有人能够用一个精确及严密的公式来表述。

## 重提馅饼理论

我们已经考虑了破产成本，现在我们回到之前章节所提到的馅饼理论。企业的现金流量流向 4 个不同的索取源：股东、债权人、政府（以税的方式）和破产过程中的律师（及其他）。代数上，应有：

$$CF= 支付给股东$$
$$+$$
$$支付给债权人$$
$$+$$
$$支付给政府$$
$$+$$
$$支付给律师（及其他）$$

这意味着公司价值 $V_T$ 等于下列 4 个成分的和。

$$V_T = S + B + G + L$$

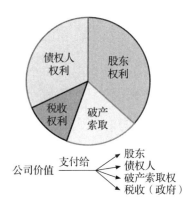

图 17-2　有现实要素的馅饼模型

式中，S 是股东的价值；B 是债权人的价值；G 是政府索取权（收税）的价值；L 是当企业处于财务困境的时候，律师或其他人所收到的现金流量的价值。这种关系如图 17-2 所示。

我们并未穷尽列举对公司现金流量的所有财务索取权。一个特别的例子是，阅读本书的每个人对通用汽车（GM）公司的现金流量都有一份经济权利。毕竟，如果你在一次事故中受伤，你可以起诉通用汽车公司，无论赢或输，通用汽车公司将耗费财力来处理此事。如果你认为这样的假设牵强且无关紧要，请问问你自己：通用汽车公司要获得该国家中的每一个男性、女性和小孩的承诺，即无论发生什么事他们绝不会起诉通用汽车公司，通用汽车公司愿意向他们支付多少？法律不准许这样的支付，但那并不意味着所有这些潜在权利没有价值。我们猜测这会达到数十亿美元。而且对通用汽车公司或其他任何公司而言，这份馅饼应该标注 **LS** 以表示"潜在诉讼"（potential lawsuits）。

图 17-2 说明了 MM 直觉的精髓之处：公司总价值 $V_T$ 由企业的现金流量决定，企业的资本结构仅仅是把 $V_T$ 切成小块，资本结构并不会影响企业的总价值 $V_T$。

然而，诸如股东和债权人一方的利益索取权与政府和潜在诉讼当事人另一方的利益索取权之间存在重要区别。第一组权利是**市场性索取权**（marketed claims），第二组是**非市场性索取权**（nonmarketed claims）。市场性索取权可以在金融市场上买卖，而非市场性索取权却不能。两者的这种区别是很重要的。公司发行股票时，股东向公司投入资金，从而得到在之后阶段收取股利的权利；同样，债权人向公司投入资金，从而得到在未来收取利息的权利。但是美国国税局并没有为收取税收的权力支付任何东西。同样，律师也没有为在未来向企业收取费用的权利支付任何东西。

当我们谈到公司价值时，我们一般仅指市场性索取权的价值 $V_M$，而不包括非市场性索取权的价值 $V_N$。我们已经表明资本结构并不影响企业总价值：$V_T = S + B + G + L = V_M + V_N$。但正如我们看到的，市场性索取权的价值 $V_M$ 通常会随资本结构的变化而变化。

根据馅饼理论，$V_M$ 的任何增加必定意味着 $V_N$ 的等量减少。我们曾指出，在一个有效市场中，公司将选择能使市场交易权 $V_M$ 价值最大化的资本结构。同样，我们可以把有效市场视为使得非市场性索取权价值最小化运作的市场。前面的例子存在税收和破产成本，但也包括其他所有诸如 LS 权利之类的不可交易权。

## 17.5 信号

在之前部分我们指出，企业在做有关资本结构的决策时，会权衡税盾收益与财务困境成本。这个思想可以通过图17-1体现出来。如图17-1所示，当负债水平较低时，税盾的边际收益大于财务困境成本的边际成本，对于高水平的负债则相反。当边际收益等于边际成本时，企业的资本结构是最优的。

让我们稍微扩展这一思想来考虑一个问题，即企业的盈利能力与负债水平的关系是什么？一个预期盈利较少的公司似乎会采用较低水平的负债。由于所有能用于抵扣税负的利息额至多等于企业的所有税前收益，因此在一个赢利较少的企业，这个利息额是很小的。而过多的负债将增加一个企业的预期财务困境成本。较为成功的企业则可能采用更多的负债，从而通过额外的利息来降低由较多的盈余所带来的税负。盈利能力较强的企业所负的债务是比较安全的，因此企业会发现额外负债所带来的破产风险的增加是细微的。换句话说，理性的企业在预计其盈利将增加时，会提高其负债水平（其伴随着利息的支付）。

投资者会对负债的增加做出什么反应呢？理性的投资者似乎会认为公司的负债水平越高，则价值越高。一个公司为了回购股票而发行债券后，这些理性的投资者可能会买入公司股票，从而提高该公司的股票价格。因此，我们说投资者把负债当成企业价值的一个信号。

现在我们来考虑管理层愚弄投资者的动机。假如某公司的负债水平是最优的，即负债所带来的边际税盾收益刚好等于负债所带来的边际财务困境成本。然而，如果公司的管理者希望提高公司目前的股价，这可能是因为他知道公司的许多股东最近想卖掉他们的股票。该管理者就可能想通过增加负债水平，使得投资者认为公司价值比实际的更大。如果这种策略成功的话，投资者将会推动股价的上涨。

这意味着公司可以通过承担一些额外的负债来愚弄投资者。现在让我们来问一个大的问题：是否这些额外的负债只有收益，没有成本？即是否所有的公司应尽可能地采用负债？答案幸运的是这些额外的负债也会带来成本。假设一家公司仅仅是为了愚弄公众发行了额外的负债，最终在某个时点，市场将知道公司并不值那么多钱。此时，股票的价格将下跌至之前未增加负债时的股票价格水平以下，因为现在公司的负债水平高于最优水平，即负债所带来的边际成本大于边际收益。假设股东计划马上出售其一半的股票，保留另一半，负债水平的上升尽管对马上要出手的股票有利，但最终会伤害后面的那些股票。

这有一个重要的观点：我们认为，在一个管理者不会试图去愚弄投资者的世界里，价值较高的公司会比价值较低的公司发行更多的债务。结果，甚至当管理者试图去愚弄投资者时，更有价值的公司依然想比价值较低的公司发行更多的债务。即当所有的公司都增加其负债水平来愚弄投资者时，额外负债的成本会阻止价值较小的公司比价值较大的公司发行更多的负债。因此，投资者依然会把负债水平当成公司价值的一个信号。换句话说，投资者会把借债公告作为公司价值的一个积极的信号。

前面讲的是关于负债信号效应的一个简单化的例子，你可能会争论说这过于简单。比如，可能有很多公司，该公司的某些股东会立刻卖掉其拥有的大部分股票，而另一些股东只会卖掉少量的股票。这里无法说明是否一个负债更多的公司价值更高，或仅仅是那些不耐烦的股东比例更多的公司价值更高，因为还可以提出其他反对意见。信号理论最好通过实证加以证实，幸运的是，实证结果似乎支持这个理论。

例如，考虑与**交换发行**（exchange offers）相关的证据，公司经常通过交换发行改变它们的负债水平，有两种类型。第1种类型允许股东把他们的股票换成债权，从而增加公司的负债水平。第2种类型允许债权人把他们的债权换成股票，从而降低公司的负债水平。图17-3显示了通过交换发行来改变负债与权益比例的公司股票价格走向。图中的实线表明，当公告一个会增加杠杆的交换发行要约时，当天该公司的股票价格就会发生实质性的上涨（那一天即图中的0时刻）。相反，图中的点线表明，当公告一个会降低杠杆的交换发行要约时，当天该公司的股票价格就会发生实质性的下跌。

市场从一个公司负债的增加推断它会变得更好，从而导致股票价格的上涨。相反，市场从一个公司负债的减少推断它会变得更差，从而导致股票价格的下跌。因此，我们说，当管理层改变公司的杠杆时，他们在传递某些信息。

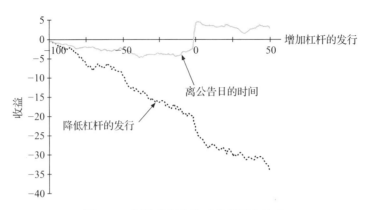

图 17-3  调换发行公告时的股票收益率

注：转换发行改变公司的负债-权益比。图中显示对提议增加财务杠杆的公司而言，股票价格上升。相反地，公司提议减少财务杠杆时股票价格下跌。

资料来源：K. Shah，"The Nature of Information Conveyed by Pure Capital Structure Changes,"*Journal of Financial Economics* 36, no.1（August 1994）: 89-126.

## 17.6  偷懒、在职消费与有害投资：一个关于权益代理成本的注释

前面介绍了静态权衡模型，模型中债务的增加使税盾和困境成本都增加。现在我们要扩展权衡模型，考虑一种重要的权益代理成本。一段亚当·斯密的著名引述包含了该权益成本的讨论：[⊖]

> 在这样的公司（股份公司）中，经理是他人财产而非自己财产的管理者，不可能指望他们会像私有合伙人那样经常警戒地看守自己的财富。如同一个富人的管家，他们易于把注意力放在小事上，而不考虑他们主人的荣誉，并且很容易从中为他们自己谋利。因此，在这样一个公司的事务管理中，玩忽职守和挥霍总能或多或少地盛行。

我们可以用现代词汇重述这段优美的散文。如果一个人是公司的所有者之一，他将比只是一个公司雇员时更努力地为公司工作。此外，如果一个人拥有公司的绝大部分股份，他将比只拥有公司一小部分股份时更卖力地工作。对于资本结构，这个观点有着重要的寓意，我们用以下例子说明。

### 例 17-2  代理成本

Pagell 女士是一家计算机维修公司的所有者，该公司价值 100 万美元，她目前完全拥有该公司。由于业务扩展的需要，她必须另外筹集 200 万美元，要么发行利率为 12% 的 200 万美元债务，要么发行 200 万美元的股票。这两种可选方式的现金流量如下表所示。

（单位：美元）

| | 发行债务 | | | | | 发行股票 | | | |
|---|---|---|---|---|---|---|---|---|---|
| 工作强度 | 现金流量 | 利息 | 权益的现金流量 | Pagell 女士的现金流量（100% 的权益） | 工作强度 | 现金流量 | 利息 | 权益的现金流量 | Pagell 女士的现金流量（$33\frac{1}{3}$% 的权益） |
| 每天 6 个小时 | 300 000 | 240 000 | 60 000 | 60 000 | 每天 6 个小时 | 300 000 | 0 | 300 000 | 100 000 |
| 每天 10 个小时 | 400 000 | 240 000 | 160 000 | 160 000 | 每天 10 个小时 | 400 000 | 0 | 400 000 | 133 333 |

与所有企业家相似，Pagell 女士可选择她的工作强度。在我们的例子中，她可以一天工作 6 个小时或 10 个小时。以债务发行方式，额外的工作量使她得到 100 000（=160 000-60 000）美元的额外收入。但我们假设以股

---

[⊖] Adam Smith, 1776. *The Wealth of Nations* 1776, Cannon edition (New York: Modern Library, 1937): 700, as quoted in Michael C. Jensen and William H. Meckling, "Theory of the Firm: Managerial Behavior, Agency Costs, and Ownership Structure," *Journal of Financial Economics* 3, no.4 (October 1976): 305–60.

票发行方式她只保留 1/3 的股权，此时，额外的工作量仅使她得到 33 333（=133 333-100 000）美元。作为一个普通人，如果她发行债务，她很可能更努力工作。换言之，如果发行权益，她更有逃避责任的动机。

此外，如果发行股票，她很可能获得更多的在职消费（一间大办公室、一辆公司轿车、更高的费用额度）。假如她只拥有 1/3 的股权，这些费用的 2/3 由其他股东支付。如果她是唯一的所有者，任何在职消费都会减少她的所有者权益。

最后，她更有可能采纳负净现值的资本预算项目。这看起来也许令人惊讶，一个多少拥有些权益的管理者竟会采纳负净现值的项目，因为在这种情形下股票价格无疑将会下跌。但管理薪金通常随公司规模而增加，这意味着管理者有动机在所有营利项目都已被采纳之后接受一些非营利项目。也就是说，当采纳一个非营利项目时，对一个只拥有少量所有者权益的管理者而言，在股票价值上的损失可能少于薪金的增加。事实上，这正是我们的观点，接受有害项目而导致的损失远大于偷懒或过度的在职消费而导致的损失。庞大的非营利项目弄垮整个公司，这即使再大的费用支出也未必能做到。

因此，当公司发行更多的权益时，企业家将很可能增加闲暇时间、与工作有关的在职消费和无益的投资。由于公司的管理者是股东的代理人，因此这三项被称为代理成本。[○]

这个例子相当适用于正考虑发行大量股票的小公司。因为在这种情形下，一个管理者兼所有者将极大地稀释其在总权益中的股份，工作强度可能大幅度降低或福利金可能大幅度增加。但该例可能较不适用于拥有众多股东的大公司。例如，设想在一家类似于 GE 那样无数次公开发行的大公司中，普通管理人员已经持有非常小比例的公司股份，此前很可能已经历过偷懒的诱惑，再进行股份稀释预计不可能会增加这种诱惑。

谁负担这些代理成本呢？是当前所有者 Pagell 女士还是新股东？如果新股东留意其投资，他们不会负担这些。他们知道 Pagell 女士可能工作时间更短，将只为股票支付低价。因此，代理成本损害的是所有者。但 Pagell 女士可以在一定程度上保护自己，正如同股东通过保护性条款降低破产成本，所有者也许会允许新股东的监控。然而，尽管恰当的报告和监督可能降低权益的代理成本，但是这些技术未必能消除它们。

普遍认为杠杆收购（LBO）可有效地降低上述权益成本。在杠杆收购中，收购方（通常是当前的管理团队）以高于当前市场的价格买下股份。换言之，公司私有化了：股票只掌握在少数人手中。由于管理者目前拥有公司的相当大部分股份，因此他们很可能比仅仅是雇员时会更努力地工作。[○]

### 17.6.1　涉及负债权益筹资的权益代理成本效应

前面对权益代理成本的讨论可视为是静态权衡模型的一个扩展。也就是说，我们在第 17.4 节中曾阐述了当用债务替代权益时，公司价值的变化是：①债务的税盾与②增加的财务困境成本（包括债务的代理成本）之间的差额。现在，公司价值的变化为：①债务的税盾，加上②减少的权益代理成本，减去③增加的财务困境成本（包括债务的代理成本）。在有权益代理成本的社会中，最优负债-权益比要高于没有这些成本的社会中的最优负债-权益比。但由于财务困境成本如此重要，因此权益成本并不意味着百分之百的债务筹资。

### 17.6.2　自由现金流量

任何喜欢读谋杀探案故事的读者都知道一个罪犯必定会有犯罪的动机和机会。上述的讨论是关于动机方面的。仅拥有少量所有者利益的管理者具有浪费行为的动机。例如，他们只负担诸如额外费用的一小部分成本，

---

○ 如前面讨论的，代理成本一般被定义为因股东债权人和管理者之间的冲突而产生的成本。

○ 我们知道一位教授通过问学生 3 个问题来向学生介绍杠杆收购：

　（1）你曾经拥有多少辆自己的小车？

　（2）你曾经租过多少辆小车？

　（3）你对多少辆自己拥有的小车照看得比租借的车子更仔细？

　　正如更小心照顾你自己的车子是人类的天性一样，当你拥有公司的更多份额时，更努力地工作也是人类的天性。

但获取所有的利益。

现在我们来讨论机会。如果公司有充足的现金流量，管理者可能虚报其费用开支。因此，我们可预期在有能力产生大量现金流量的公司中目睹到的浪费行为，甚过于仅能产生少量现金流量的公司。这个极其简单的观点，被称为**自由现金流量假说**（free cash flow hypothesis），<sup>○</sup>它被大量的实证研究所支持。例如，一篇常被引用的论文发现自由现金流量高的公司比自由现金流量低的公司更有可能进行**错误收购**（bad acquisitions）。<sup>○</sup>

这个假说对于资本结构有重要的含意。由于公司支付了股利，减少了自由现金流量，因此根据自由现金流量假说，股利的增加能减弱管理者寻求浪费行为的能力，从而有益于股东。而且，考虑到利息和本金的付出，债务同样也减少了公司的自由现金流量。事实上，若公司无法安排未来的债务偿付，将会发生破产。因此与股利相比，利息和本金应该会对管理者的自由开支方式产生更大的影响。与之相比，减少未来股利给管理者带来的问题较少，因为公司没有支付股利的法定义务。鉴于此，自由现金流量假说认为从权益到债务的转移将会提高公司价值。

总而言之，自由现金流量假说提供了公司发行债务的另一个理由。我们在前面讨论过权益的成本：新的权益稀释了拥有权益的管理者的所有权，增加了管理者浪费公司资源的动机。现在我们指出债务减少了自由现金流量，因为公司必须进行利息和本金的支付。自由现金流量假说暗示了债务会减少管理者浪费资源的机会。

## 17.7 优序融资理论

尽管权衡理论长期以来在公司理财领域占据了主导地位，**优序融资理论**（pecking-order theory）<sup>○</sup>也受到了关注。为理解这一理论体系的观点，我们将自己置于一家公司财务经理的职位上，该公司需要新的资本。管理者面临着发行债务或权益的选择。之前我们已从税收利益、困境成本和代理成本的角度评价了此选择。但是到目前为止，我们还忽略了一个考虑因素：时机的选择。

设想管理者这么说：

只有在股票被高估的情况下，才应该发行股票。如果公司股票的卖出现价为 50 美元，但我认为它实际值 60 美元，我将不会发行股票。如果发行股票的话，我实际上送给新股东一份礼物，因为他们只需要支付 50 美元就会获得价值 60 美元的股票。更重要的是，目前的股东会恼怒，因为公司虽获得 50 美元的现金，但给出价值 60 美元的股票。所以如果我确信公司的股票被低估了，将会发行债券。对于债券尤其是那些具有较小或没有违约风险的债券，很有可能予以正确定价。债券的价值主要是由众所周知的市场利率所决定的。

但是，假使公司股票的卖出现价为 70 美元的话，我愿意发行股票。假如我能使一些白痴用 70 美元购买实际价值仅为 60 美元的股票，就会为现有股东获取 10 美元。

现在尽管这一愤世嫉俗的观点可能令你震惊，但这似乎很符合实际。在美国采纳内部人交易和披露法律之前，据说有许多管理者在公司发行权益之前不切实际地吹嘘其公司的前景。而且即使在现今，管理者似乎更愿意在公司股票上涨之后发行权益。因此，在权益的发行上，时机的选择或许是一个重要的动机，甚至可能比权衡模型中的那些动机更为重要。毕竟，在前述例子中的公司凭借权益发行的合适时机，就可立即获得 10 美元。要减少 10 美元的代理成本和困境成本或许需要花费多年才能做到。

使本例行得通的关键在于不对称信息：管理者必须比一般投资者更了解其公司的前景。假如管理者对公司真实价值的估计不比一般投资者的估计更好，管理者对时机选择的任何尝试都将失败。这一不对称性假设似乎相当合理。管理者应该比外部人更了解其公司，因为管理者每天都在公司工作（要说明的一点是，可能有一些管

---

○ The seminal theoretical article is Michael C. Jensen, " The Agency Costs of Free Cash Flow, Corporate Finance and Takeovers," *American Economic Review* 76, no.2 (May 1986): 323–29.

○ Larry Lang, René Stulz, and Ralph A. Walkling, " Managerial Performance, Tobin's *Q* and the Gains from Successful Tender Offers," *Journal of Financial Economics* 24, no.1 (September 1989): 137–54.

○ 优序融资理论通常被归功于 Stewart C. Myers. "The Capital Structure Puzzle," *Journal of Finance* 39, no.3（July 1984）: 574-92.

理者长期对其公司过度乐观，无法给出正确的判断）。

本例的讨论尚未结束，我们必须考虑到投资者。设想一位投资者这样说：

> 我要谨慎投资，因为这牵涉到我辛辛苦苦赚来的钱。但即使我用全部的时间来研究股票，也不可能了解到管理者所知的。毕竟，我每天还要工作。因此我应密切注意管理者的行为。如果公司发行股票，公司很可能被事先高估了；如果公司发行债务，很可能是被低估了。

当同时考虑发行者和投资者时，我们发现一种纸牌游戏，每一方都试图瞒骗另一方。在这个纸牌游戏中，发行者有两个方案。第一个相当直接，是在股票被低估时发行债务而非权益。第二个较难以理解，是在公司被高估时也发行债务。毕竟，如果公司发行权益，投资者将推断出股票被高估了。在股票下跌至足以抵消权益发行的利益之前，他们将不予购买。事实上，只有被最大限度高估的公司具有发行权益的动机。假设一家被适度高估的公司发行权益，投资者将推断该公司处于被最大限度高估之中，这将导致股票的下跌超过本应有的幅度。因此，最终的结果是实际上没有公司会发行权益。[○]

基本上所有公司都应该发行债务这一结论显然是一个极端。它的极端如同：① MM 的结论，即在一个无税的世界中，公司不关心其资本结构；② MM 的结论，即在有税收而无财务困境成本的世界中，所有公司应该进行百分之百的债务筹资。也许我们在理财学中嗜好极端的模型！

然而，正如有人能通过使财务困境成本与公司所得税相结合来调和 MM 的结论，我们能协调纯优序融资理论的那些观点。纯粹的见解假定财务经理只考虑时机的选择。事实上，管理者也必须考虑税收、财务困境成本和代理成本。因此，公司也许会发行债务直至某一程度。如果超过这一程度可能导致财务困境时，公司可能会发行权益。

### 17.7.1 优序融资理论准则

之前部分讨论了有关权衡理论的一些基本思想。对于财务经理来说，这一理论的实践含义是什么呢？该理论提供了在现实世界中的两个法则。

#### 1. 法则 1：采用内部融资

为了便于解释，我们简单地将权益与无风险债务相比较。管理者不可能利用其对公司的额外了解来决定这类债务的价格是否被错误定价，因为无风险债务的价格仅由市场利率决定。但事实上，公司债务具有违约可能性。因此，正如管理者认为权益被高估时倾向于发行证券，管理者认为权益被高估时也有发行债务的倾向。

何时管理者会认为其债务被高估了呢？其情形很可能与他们认为权益被高估时相同。例如，假如公众认为公司的前景美好，但管理者看到今后的困境，管理者将会把债务以及权益看作被高估了。换言之，公众或许认为债务几乎是无风险的，但管理者却察觉到很大的违约可能。

因此，当投资者给债务发行定价时，所持的怀疑态度很可能与给权益发行定价时相同。管理者要摆脱这个"框框"，办法就是从留存收益中筹措项目资金。如果你能够避免首先求助于投资者，就不需要担忧投资者的怀疑态度。因此，优序融资理论的第 1 条法则为：采用内部融资。

#### 2. 法则 2：先发行稳健的证券

尽管投资者担心对债务和权益定价时会发生错误，但就权益证券而言，这样的担心将更加强烈。与权益相比，公司债务仍具有相对小的风险。这是因为假如避免了财务困境，投资者能获取固定的收益。因此，优序融资理论意味着如果需要外部融资的话，发行债务应该在发行权益之前。只有企业达到举债能力后才考虑发行权益。

当然，债务的类型有很多种。例如，由于可转债的风险大于直接债务，所以优序融资理论意味着公司发行直接债务应先于发行可转换债。因此，优序融资理论的第 2 条法则是：先发行稳健的证券。

---

○ 为便于简化，我们没有以严密的模型形式介绍结论，读者如需要更深的解释可查阅 Stewart. C. Myers. " The Capital Structure Puzzle," *Journal of Finance* 39, no. 3 (July 1984): 574–92.

### 17.7.2　推论

有许多与优序融资理论相关的推论，这些推论与权衡理论不相一致。

（1）**不存在财务杠杆的目标值**。根据权衡模型，公司会平衡债务的利益，如税盾与债务的成本、困境成本。当债务的边际利益等于债务的边际成本时，最优财务杠杆产生。

与权衡理论相比，优序融资理论没有暗示财务杠杆的目标值。相反地，公司根据各自的资金需求来选择财务比率。公司首先从留存收益中筹措项目资金。这可能降低资本结构中债务的比例，因为可赚钱项目由内部筹资，使权益的账面价值与市场价值都增加。额外的现金需求由债务获取，无疑会使债务水平提高。然而公司的负债水平可能会在某一点耗竭，让位于权益发行。因此，财务杠杆的总额根据可利用的项目随机来决定。公司不寻求负债 – 权益比的目标值。

（2）**盈利的公司使用较少的债务**。盈利的公司由内部产生现金，这意味着外部融资的需求较少。由于公司需要外部资本时首先依靠债务，因此盈利的公司依靠较少的债务。权衡模型无此含意。盈利较好的公司有较多的现金流量，产生较高的负债能力。这些公司会利用其负债能力来获取税盾和财务杠杆的其他好处。

（3）**公司偏好财务松弛**。优序融资理论的基础是公司以合理的成本获取融资的难易程度。假如管理者试图发行更多的股票，好怀疑的投资人会认为股票被高估了，导致股票价格的下跌。由于发行债务时，这种情况较少发生，所以管理者首先依靠债务融资。然而，公司在遭遇到潜在的财务困境成本之前，只能发行尽可能多的债务。

提前准备好现金不是更容易一些吗？这正是闲置财务资源所隐含的观点。公司知道在将来的不同时期，它们必须为有利可图的项目筹措资金，因此在当前就积累现金。那么当项目出现时，它们不会被迫求助于资本市场。然而，公司所需积累的现金额度是有限的。如同本章前面所提及的，过多的自由现金可能诱使管理者推行挥霍行为。

## 17.8　个人所得税

迄今为止，本章只考虑了公司所得税。由于利息可以抵税，而股利支付不能抵税，因此，我们认为公司有动机尽可能多地举债。但不仅只有公司需要缴纳所得税，个人所收到的利息与股息也会被课征个人所得税。我们在没有同时考虑公司所得税与个人所得税的情况下，是无法全面理解税收给资本结构所带来的效应的。

### 17.8.1　个人所得税的基本影响

首先，我们来观察一个有 1 美元税前收益的全权益公司。如果公司所得税税率是 $t_C$，则公司要支付税款 $t_C$ 美元，从而留下税后利润 $1-t_C$ 美元。假设公司把所有的税后利润全部作为股利发放给股东。如果与股利相关的个人所得税税率是 $t_S$，则股东要支付税款（$1-t_C$）$\times\, t_S$ 美元，从而在税后给他们留下（$1-t_C$）$\times$（$1-t_S$）美元。

另一种情况，假设一个公司全部依靠债务进行融资。在这里，由于在公司这一层次，利息有抵税的作用，因此 1 美元的盈余全部作为利息支付出去。如果利息的个人所得税税率是 $t_B$，则债券持有人要支付税款 $t_B$ 美元，从而在税后给他们留下 $1-t_B$ 美元。

### 17.8.2　个人所得税对资本结构的影响

为了探究个人所得税对资本结构的影响，让我们思考 3 个问题。

（1）在不考虑财务困境成本的情况下，如果个人水平上的股利与利息的税率一样，即 $t_S=t_B$，什么是公司的最优资本结构？

企业将选择可以给其投资者带来最多现金流量的资本结构，这等价于选择一个使所上缴的公司所得税与个人所得税之和最小的资本结构。

就如我们已经说过的那样，如果公司税前利润为 1 美元，缴税后股东收到（$1-t_C$）$\times$（$1-t_S$）美元，而债券

持有人可以收到 $1-t_B$ 美元。我们可以发现，在 $t_S=t_B$ 的情况下，债券持有人的收入大于股东。在这种情况下，公司将发行债券，而不是股票。从直觉上说，在支付给股东时，收入被双重收税，一次在公司层面，另一次在个人层面。相反，如果支付给债券持有人，仅仅在个人层面被收税。

注意，我们在之前的章节中假设没有个人所得税，其实就是利息和股利征收相同税率个人所得税的一种特例。在没有个人所得税的情况下，股东收到 $1-t_C$ 美元，而债券持有人收到 1 美元。因此，就如我们在之前章节中所说的那样，在一个没有个人所得税的世界中，公司应该发行债券。

（2）在什么样的条件下，公司对于发行权益还是发行债券无所谓呢？

如果股东和债券持有人收到的现金流量一样，公司对发行权益还是发行债券无所谓，即

$$（1-t_C）\times（1-t_S）=1-t_B \tag{17-1}$$

（3）在一个现实的世界中，公司会如何做？

尽管这显然是一个重要的问题，然而这个问题很难回答，可能太难而无法确切地回答。不过，让我们从最高的税率等级开始来思考这个问题。2018 年，公司的税率是 21%，对处于最高边际税率的投资者（债券持有人）而言，利息也要被收取 37% 的税费。而对处于最高边际税率的股东，股利的税率为 20%。

在这些比率的条件下，式（17-1）的左边为（1-0.21）×（1-0.2），等于 0.632。公式的右边为 1-0.37，等于 0.63。所以，当考虑个人所得税时，二者几乎无差异。

正如我们所看到的那样，当考虑个人所得税时，2017 年颁布的《减税与就业法案》已经显著地降低了债务利息节税的好处。2018 年之前，公司所得税率要高得多，这给通过举债在公司层面避税然后在个人层面以股利支付出去带来了较大的税收筹划空间。得益于该法案，从 2018 年开始，公司所得税率大幅度降低，这大大降低甚至消除了债务融资的税收利益驱动。

我们的讨论是基于投资者面临最高边际税率的假设。在现实当中，一些免税机构，比如养老基金和大多数的大学捐赠基金无须缴纳个人所得税。[⊖]个人投资者在其养老金缴纳期间用其退休储蓄账户购买的股票和债券也无须缴纳个人所得税。更一般地，我们预期个人投资者会在构建投资组合时尽可能地规避个人所得税。在极端情况下，如果我们假设没有个人所得税，即 $T_S=T_B=0$，式（17-1）的左边就等于 $1-T_C$，而右边则等于 1。换言之，如果投资者个人所得税税率接近零，只有公司所得税税率在起作用，那么公司将会发行债券。

## 17.9 公司如何确定资本结构

资本结构理论是金融领域中最雅致但最深奥难解的理论之一。财务经济学家应当（且必须）鼓励自己在该领域做出贡献。然而，理论的实际应用无法令人完全满意。可以认为我们在净现值方面的研究，已得到了评价项目的准确公式。与此相比，无论是在权衡理论还是优序融资理论下，资本结构的规则仍不明确。尚无准确的公式可用于评价最优负债-权益比。正因为如此，我们求助于来自现实世界的证据。

当制定资本结构政策时，以下的经验法则值得借鉴。

**（1）大多数非金融公司具有低负债-资产比。**现实世界中公司的负债率一般是多少？平均负债率从来不高于 100%。图 17-4 显示了 1991—2006 年 39 个国家和地区中企业的负债-总价值比。这个比值从最高的韩国超过 50% 到最低的澳大利亚低于 10%，而美国公司则排在倒数第四的位置。

这些负债率是高还是低呢？学术界一般把减少公司的税负当成公司负债的主要动机，我们可能想知道，现实世界中的公司是否发行足够多的负债来最大限度地减少税负？实证结果表明并非这样。例如，美国在 2019 年的公司所得税总额超过 2 300 亿美元，即公司明显并没有发行债务至税盾被完全利用的那个点。[⊜]明显存在着制约公司利用债务的因素，其可能就是我们在之前章节所讨论的财务困境成本。

---

⊖ 《减税与就业法案》对少量的规模庞大的私立大学捐赠基金的投资收益征收所得税。

⊜ 更深入的见解，见 John Graham，"How Big Are the Tax Benefits of Debt?" *Journal of Finance* 55, no. 5 (October 2000): 1901-41.

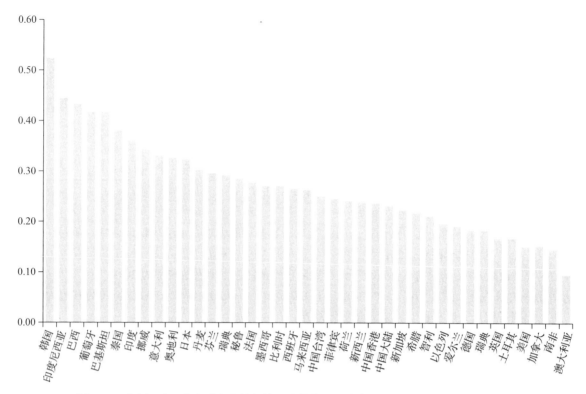

图 17-4 各国/地区非金融企业的负债－总价值（会计值）估计比率（1991—2006 年）

注：杠杆是基于企业负债的账面价值与市场价值之比。

资料来源：Joseph P. H. Fan, Sheridan Titman, and Garry Twite, "An International Comparison of Capital Structure and Debt Maturity Choices," *Journal of Financial and Quantitative Analysis* 47, no. 1 (February 2012): 23–56, Figure 1.

（2）**许多公司不负债**。在一项吸引眼球的研究中，Agrawal 和 Nagarajan 分析了纽约证券交易所 100 家无长期负债的公司。[⊖]他们发现这些公司避免任何种类的财务杠杆，其短期负债也很少。此外，这些公司所拥有的现金和可出售金融资产的程度大大高于其相对应的有杠杆公司。典型地，这些公司的管理者拥有很大比例的股份。更进一步地，家族企业选择不负债的占比高于有负债的占比。

因此，作者给出的解释是：全权益公司的管理层比类似杠杆公司的管理层其投资组合的集中度更高，因此全权益公司管理层不愿意再进行债务融资。因为更高的财务杠杆代表了更多的财务风险，这是完全权益公司的管理者所不愿接受的。

（3）**不同行业的资本结构存在差异**。行业之间在负债比率上一直保持着非常显著的差异。正如在表 17-3 中可以看出的，在有丰富未来投资机会的高增长行业中，如制药业和电子业，负债水平趋于很低。这是千真万确的，即使是在外部融资需求很大时也是如此。而那些在有形资产投资很大的行业，如建筑业，则更倾向于采用高负债。

表 17-3 部分美国行业的资本结构比率（中位数）

| 行业 | 负债－总资本比[①]/% | 负债－权益比/% | 公司数量 | SIC 代码 | 代表性企业 |
| --- | --- | --- | --- | --- | --- |
| 电力 | 45.9 | 85.4 | 13 | 491 | 美国南方电力公司 |
| 计算机设备 | 13.7 | 12.0 | 14 | 357 | 苹果、惠普 |
| 纸业 | 45.7 | 84.2 | 14 | 26 | 艾利丹尼森公司、国际纸业 |
| 石油炼化 | 41.1 | 69.8 | 10 | 291 | 雪佛龙、埃克森美孚 |
| 航空运输业 | 55.5 | 124.9 | 9 | 451 | 达美航空、西南航空 |

⊖ Anup Agrawal and Nandu Nagarajan, "Corporate Capital Structure, Agency Costs, and Ownership Control: The Case of All-Equity Firms," *Journal of Finance* 45, no. 4 (September 1990): 1325–31.

（续）

| 行业 | 负债-总资本比[①]/% | 负债-权益比/% | 公司数量 | SIC 代码 | 代表性企业 |
|---|---|---|---|---|---|
| 电信 | 37.5 | 59.9 | 9 | 484 | 美国电话电报公司、T-Mobile |
| 机动车辆设备 | 34.7 | 53.2 | 23 | 371 | 艾里逊变速箱公司、瑞立集团 |
| 织物服装 | 42 | 56.5 | 10 | 23 | 汉佰公司、安德玛 |
| 百货商店 | 23.5 | 30.7 | 11 | 53 | 好市多、达乐公司 |
| 餐馆 | 51.9 | 107.9 | 22 | 5 812 | 麦当劳、棒约翰 |
| 制药业 | 10.5 | 11.7 | 49 | 283 | 默克、辉瑞制药 |
| 钢铁业 | 20.6 | 31.4 | 6 | 331 | Insteel 工业、美国钢铁动力公司 |

① 负债是优先股和长期债务，包括一年内到期的长期债务的账面价值之和。权益是发行在外的股票的市场价值。总资本是指上述负债和权益价值之和。表中报告的数值是样本公司的中位数。

（4）**大部分的公司设定目标负债 – 权益比**。Graham 和 Harvey 调查了 392 个 CFO，询问他们的公司是否设定目标负债 – 权益比，其结果如图 17-5 所示。[⊖]就如我们可以看到的，大部分的公司设定了目标，尽管目标的精确性在不同的公司有所不同。只有 19% 的公司没有目标比率。论文其他部分的结果表明大公司比小公司更可能设定目标。这些 CFO 并没有确切说明他们所指的是灵活的还是精确的目标比率。然而，在这个研究的其他部分，被调查者表示，基本上他们不对公司股票价格变动导致的负债 – 权益比变化做出反向的再平衡调整，这表明目标比率具有一定的灵活性。

公司如何确定其目标负债 – 权益比呢？没有公式能确定一个适用于所有公司的负债 – 权益比。我们提出决定目标负债 – 权益比的三个重要影响因素。

- **税收** 就如我们所指出的那样，公司可以用于抵税的利息额至多只能达到 EBIT 的程度。因此，盈利能力较强的公司似乎会比盈利能力较弱的公司有更大的目标比率。[⊜]

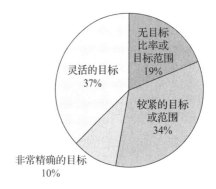

图 17-5 有关使用目标负债 – 权益比的调查结果

注：该图表明了有关 392 个 CFO 使用目标负债 – 权益比的调查结果。

资料来源：Figure 6 of John R.Graham and Campbell R.Harvey, " The Theory and Practice of Corporate Finance: Evidence from the Field," *Journal of Financial Economics* 60, no.2-3 (May 2001): 187-243.

- **资产的类型** 不管有没有进入正式的破产程序，财务困境的代价都是昂贵的。财务困境成本取决于公司所拥有的资产类型。例如，如果公司在土地、建筑物和其他有形资产上有大量的投资，其财务困境成本将小于大量投资于研究和开发上的公司。一般地，研究和开发的重售价值低于土地，因此其价值的大部分消失于财务困境中。因此，对有形资产有大投资的公司似乎比那些大量投资于研发的公司有更高的目标负债 – 权益比。

- **经营收入的不确定性** 有不确定经营收入的公司经历财务困境的可能性较高，即使其没有负债。因此，这些公司必须主要依靠权益来融资。例如，制药公司具有不确定的经营收入，因为没有人能预见今日的研究是否能产生新的、能获利的药品。因此，这些公司发行少量债务。相比之下，公用事业的经营收入一般很少有不确定性。相对于其他行业，公用事业使用大量的债务。

（5）**公司的资本结构随着时间推移会有很大变化**。虽然 Graham 和 Harvey 的研究中报告了大部分的公司都有目标资本结构，但是一篇论文研究发现，公司的资本结构随着时间的推移经常会变化很大，如图 17-6 所示的

⊖ John R.Graham and Campbell R.Harvey, " The Theory and Practice of Corporate Finance: Evidence from the Field,"*Journal of Financial Economics* 60, no. 2-3 (May 2001): 187-243.

⊜ 相比之下，优序融资理论认为盈利能力较强的公司应使用较少的负债，这是因为它们可以用留存收益进行对外投资。然而，最重要的一点是优序融资理论认为不存在目标比率。

通用汽车公司、IBM、伊士曼柯达公司 1926—2008 年的杠杆率。无论是账面杠杆率（负债的账面价值除以总资产）或者是市场杠杆率（负债的账面价值除以该值与权益市值的和），都被展示出来。忽略度量方法的影响，我们可以看到三家公司的杠杆率都有显著的变化。公司杠杆率随着时间推移发生巨大变化，说明了企业投资机会和融资需求的变化是决定资本结构的重要因素，也说明了暂时闲置的财务资源（财务松弛）对公司而言很重要（即当公司有值得投资的项目的时候，它们可以借债）。

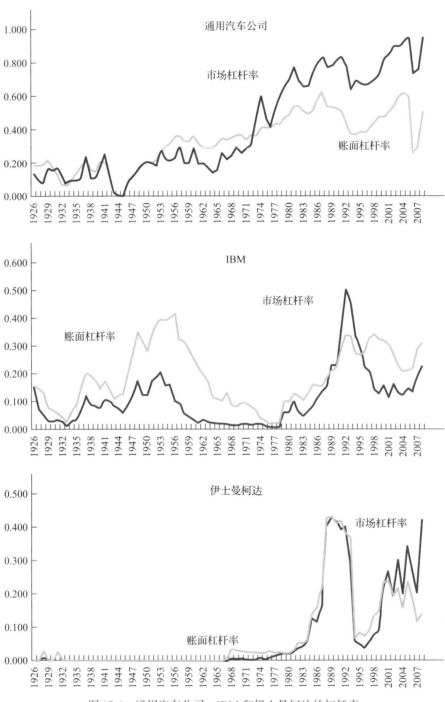

图 17-6　通用汽车公司、IBM 和伊士曼柯达的杠杆率

注：账面杠杆率 = 账面负债总额 / 总资产；市场杠杆率 = 账面负债总额 / （负债总额 + 普通股的市场价值）。

资料来源：Harry DeAngelo and Richard Roll, "How Stable Are Corporate Capital Structures?" *Journal of Finance* (February 2015).

最后要说明的一点是，由于没有公式的支持，因此前述的要点或许显得过于含糊而无法辅助财务决策的形成。现实中，许多公司仅仅简单地基于行业的平均值和一定程度的财务松弛度来制定公司的资本结构决策。或许某些人认为这是一种过于谨慎保守的方法，但它至少使公司的资本结构不至于太偏离行业公认的惯例。毕竟，行业中的现存公司都是经过激烈的市场竞争而存活下来的，因此至少应对它们的决策予以适当的关注。

# 本章小结

1. 在第16章中我们提到，根据理论，公司需要缴纳公司所得税时，应该采用百分之百债务的资本结构。由于在现实世界中，公司一般适度负债经营，所以该理论必定遗漏了影响资本结构的某些重要方面。在本章中我们指出财务困境成本导致公司限制其债务的发行。这些成本有两种类型：直接的和间接的。破产过程中的律师和会计师费用是直接成本的例子。我们提到间接成本的4个例子。
   - 经营业务能力的受损
   - 投资高风险项目的动机
   - 投资不足的动机
   - 在破产之前将资金分配给股东

2. 由于财务困境成本实质存在，而且股东最终承担了该成本，因此公司有动机来降低这些成本。保护性条款和债务合并是两种普遍使用的减少财务困境成本的方法。

3. 由于财务困境成本可以被减少但不能被消除，因此公司不会全部用债务融资。图17-1阐明了公司价值和债务之间的关系。在图中，公司选择使其价值最大化的负债－权益比。

4. 信号理论认为盈利能力较强的公司似乎会增加它们的负债，这是因为支付额外的利息可以抵减某些税前收益。理性的投资者会从一个较高的负债水平中推断该公司有较高的价值，即投资者把负债当成公司价值的一个信号。

5. 与拥有大部分权益的公司管理者相比，只拥有一小部分权益的管理者被认为会工作得较少，维持较多的无效支出与接受更多NPV为负的项目。由于发行新的权益会稀释管理者在公司中可分享的利润比例，当一个公司的成长是依靠发行新权益而不是新债务时，这种代理成本似乎会增加。

6. 优序融资理论暗示了管理者偏好内部融资胜于外部融资，如果需要外部融资，管理者倾向于选择最安全的证券，比如债务。公司可以积累闲置财务资源，以避免外部融资。

7. 迄今为止，我们都没有考虑个人所得税。如果股东分红的有效税率低于利息，那么公司层面负债所带来的有关税的优势就会被部分抵消掉。

8. 不同行业间的负债－权益比不同，我们列举了目标负债－权益比的3个决定因素。
   a. 税收。具有高应税收入的公司应比低应税收入的公司更依赖于债务融资。
   b. 资产的类型。拥有高比例无形资产如研究和开发的公司应该持有低负债；主要拥有有形资产的公司应该持有较高负债。
   c. 经营收入的不确定性。经营收入具有显著不确定性的公司应该主要依赖权益。

# 思考与练习

1. **非市场性索取权** King公司在外发行面值为430万美元的债务。公司如果完全用权益进行融资的话，其市场价值为1 790万美元。公司目前发行在外的股票数共有320 000股，价格为每股44美元。公司所得税率为21%。由于预期破产成本，导致公司价值下降多少？

2. **财务困境** Good Time公司是一个区域性的百货连锁商店，它准备继续营业1年。明年经济繁荣的可能性为60%，衰退的可能性为40%。它估计，在经济繁荣时，它可获取1.12亿美元的现金流量；在经济衰退时，它可获取0.43亿美元的现金流量。年末，公司必须支付债务0.65亿美元。目前，公司发行在外的债券市值为0.49亿美元。公司不用支付税款。
   a. 债券持有人在经济衰退的情况下，预期可以得到多少支付？
   b. 公司债券的承诺收益是多少？
   c. 公司债券的期望收益是多少？

## 第 18 章

# 杠杆企业的估值与资本预算

2020 年，得克萨斯州的奥斯汀市和俄克拉荷马州的塔尔萨市为了吸引特斯拉即将投建的智能电动卡车工厂的落户而展开激烈的竞争。为了吸引特斯拉落户奥斯汀市，奥斯汀市所在的得克萨斯州特拉维斯郡的行政长官承诺未来 10 年给特斯拉 1 470 万美元甚至更多的税收优惠，这可是在当地学区之前已经提供了 4 660 万美元优惠的基础上再追加的激励。对特斯拉来讲，这可不是头一回。2014 年，内华达州为了让特斯拉将其电池工厂落户该州提供了大约 14 亿美元的激励。

当某公司要新建一家大型工厂或者考虑工厂搬迁的时候，市政当局通常会提供诸如此类的一揽子优惠政策来吸引该公司，其他常用的优惠政策包括债务贴息、提供教育培训、修路和提供其他便利的基础设施。

通过债务贴息，或者州、市政当局为公司债务提供担保等政策，使得公司能够以比市场利率低得多的利率借款。如果公司借款利率低于公司正常的债务资本成本，那么公司如何评估这一优惠政策带来的财务收益？如何评估政府其他类型补贴的财务收益？本章将介绍如何使用调整净现值法和权益现金流量法去评估和回答以上问题。

## 18.1 调整净现值法

本章将介绍三种用来对杠杆企业进行估值的方法。我们将介绍调整净现值法、权益现金流量法和加权平均资本成本法。正如你所见，这三种方法我们在前面章节中也有所讨论了。这些方法的分析不仅适用于公司，也适用于项目。本章的目的主要是将其结合起来分析，并且展示这三种方法在逻辑上是一致的，可以得出相同的答案。但是在不同的情况下，一种方法可能会比另一种方法更容易实现。我们将给出使用这些方法的建议。让我们从调整净现值法开始。

调整净现值（adjusted present value，APV）法可用下面的式子描述：

$$APV = NPV + NPVF$$

即一个项目为杠杆企业创造的价值（APV）等于一个无杠杆企业的项目净现值（NPV）加上融资方式的连带效应（side effect）的净现值。这种效应一般包括以下四个方面的影响。

（1）**债务的节税效应**。在第 16 章中我们曾指出，一笔无限期债务的节税额是 $t_C B$，其中 $t_C$ 是公司所得税税率；$B$ 是负债的价值。第 16 章在考虑税收情况下的估值方法实际上就是 APV 法的应用。

（2）**新债券的发行成本**。我们将在第 20 章中讲到，企业公开发行公司债券，要有投资银行的参与，对于投资银行所付出的时间和努力，企业要给予补偿。这就是发行成本，它降低了项目的价值。

（3）**财务困境成本**。随着债务融资的增加，企业陷入财务困境，甚至陷入破产的可能性也增加。从前面章节的介绍我们已经知道，财务困境增加企业成本，从而降低其价值。

（4）**债务融资的利息补贴**。州或地方政府发行的债券的利息是免税的，因此免税债券的利率大大低于应税债券的利率。市政当局可以按较低的免税利率筹得资金，因此企业从市政当局借得的款项通常利率也较低。这种借款利率上的优惠会使项目或企业的价值增加。

尽管以上四个方面的影响都很重要，但其中债务的节税效应在实际中影响最大，因此以下举例中暂且撇开其余三个方面，仅考虑节税效应这一点。[⊖]

考虑 P. B. Singer 公司的一个投资项目，已知条件有：

现金流入：每年 500 000 美元，永续年金；

付现成本：每年 383 038 美元；

初始投资额：475 000 美元；

$t_C$=21%，$R_0$=20%，其中，$R_0$ 是全权益企业的项目资本成本。

如果该项目和该企业所需的资金全部采用权益融资，则项目的现金流量如右表所示。

在本例中，要特别注意区分现值与净现值之间的差异。计算项目的"现值"时不必扣减第 0 期的初始投资额，而在计算"净"现值时这一项须减掉。

若折现率为 20%，项目的现值是：

|  | （单位：美元） |
| --- | --- |
| 现金流入 | 500 000 |
| 付现成本 | −383 038 |
| 经营利润 | 116 962 |
| 所得税（税率 21%） | −24 562 |
| 无杠杆现金流（UCF） | 92 400 |

$$\frac{92\ 400}{0.20} = 462\ 000（美元）$$

项目的净现值（NPV），即项目为全权益企业创造的价值是：

$$462\ 000-475\ 000 = -13\ 000（美元）$$

由于 NPV 为负，所以对于全权益企业来说，这个项目应予淘汰。

现在我们假设企业在为该项目融资时借款 121 900 美元，其余 353 100（=475 000−121 900）美元来自权益。那么，有杠杆情况下项目的"净"现值，即我们所说的 APV，是：

$$APV = NPV + t_C B$$

$$12\ 599 = -13\ 000 + 0.21 \times 121\ 900$$

也就是说，运用杠杆融资的项目价值等于全权益融资的项目价值加上债务的税盾价值，因其为正，所以该项目可行。[⊜]

你也许会奇怪，为什么债务要选择这么精确的一个数额？实际上，我们这样确定债务数额是为了使债务对有杠杆项目的现值之比为 0.25。[⊜]

在本例中，负债是项目现值的一定比例，而不是初始投资额 475 000 美元的一定比例。这与现实中的目标负债–市场价值比一致。例如，商业银行向房地产商贷款时，其数额为项目市场价值的一个固定百分比，而不是项目初始投资额的固定百分比。

---

⊖ 第 18.6 节中的 Bicksler 公司例子同时考虑了发行成本和利息补贴。

⊜ 这个例子试图以戏剧化的手段来说明债务税盾收益的潜在重要性。现实中，公司还是有可能找到对于一个全权益公司而言 NPV 至少为 0 的项目的。

⊜ 因为项目的现值是 487 599（= 12 599+475 000）美元，这样，项目的负债–市场价值比为 0.25（= 121 900/487 599）。

这个负债水平也可以直接计算获得。由于：

$$有杠杆项目的现值 = 无杠杆项目的现值 + t_C B$$

$$V_{有债务} = 462\ 000 + 0.21 \times 0.25 \times V_{有债务}$$

将上式变形得：

$$V_{有债务}（1-0.21 \times 0.25）= 462\ 000（美元）$$

$$V_{有债务} = 487\ 599（美元）$$

因为债务是价值的 0.25，所以债务数额为 121 900（= 0.25 × 487 599）美元。

## 18.2 权益现金流量法

**权益现金流量**（flow to equity，FTE）法是估值的另一种方法，这种方法只对杠杆企业项目所产生的属于权益所有者的现金流量进行折现，折现率为权益资本成本 $R_S$。对于一项永续性的现金流入，计算公式为：

$$\frac{有杠杆企业项目的权益现金流量}{R_S}$$

权益现金流量法的计算分三个步骤进行。

### 18.2.1 第一步：计算有杠杆现金流量[⊖]

假设贷款利率是 10%，在我们的例子中，永续性的权益现金流量如右表所示。

| | （单位：美元） |
|---|---:|
| 现金流入 | 500 000 |
| 付现成本 | -383 038 |
| 利息（10%×121 900） | -12 190 |
| 息后利润 | 104 772 |
| 所得税（税率 0.21） | -22 002 |
| 有杠杆现金流量 | 82 770 |

另外也可以直接用无杠杆现金流量（UCF）计算有杠杆现金流量（LCF）。权益所有者的现金流量在无杠杆和有杠杆这两种情况下的差异关键在于税后的利息支付（本例中为无限期债务，不涉及本金偿还的问题）。用代数式表达如下：

$$UCF - LCF = (1-t_C) R_B B$$

表达式的右边就是税后的利息支付。由于无杠杆权益现金流量是 92 400 美元，税后利息支付额是 9 630（= $0.79 \times 0.10 \times 121\ 900$）美元，所以有杠杆权益现金流量是：

$$92\ 400 - 9\ 630 = 82\ 770（美元）$$

这个结果正好等于我们用前面一种方法计算得到的结果。

### 18.2.2 第二步：计算 $R_S$

接着要计算的是折现率 $R_S$。前面的章节给出了计算 $R_S$ 的公式：

$$R_S = R_0 + \frac{B}{S}(1-t_C)(R_0 - R_B)$$

我们已经假设无杠杆的权益折现率 $R_0$ 为 0.20，目标负债－市场价值比为 1/4，即目标负债－权益比为 1/3，所以在本例中，有：

$$R_S = 0.20 + \frac{1}{3} \times 0.79 \times (0.20 - 0.10) = 0.226\ 334$$

### 18.2.3 第三步：估值

有杠杆企业项目的权益现金流量的现值是：

$$\frac{LCF}{R_S} = \frac{82\ 770}{0.226\ 334} = 365\ 699（美元）$$

由于初始投资额是 475 000 美元，借款是 121 900 美元，所以企业必须自己投入 353 100（= 475 000-121 900）美元。项目的"净"现值就是其有杠杆权益现金流量的现值减去初始投资额中来自权益的部分。所以，NPV 等于：

$$365\ 699 - 353\ 100 = 12\ 599（美元）$$

这与我们用 APV 法计算所得的结果一致。

---

⊖ 为了简化起见，我们用术语"有杠杆现金流量"，完整地说，应是"有杠杆企业项目的权益现金流量"。同样地，"无杠杆现金流量"一词的完整表达应是"无杠杆企业项目的权益现金流量"。

## 18.3　加权平均资本成本法

评估项目的价值还有一种方法是**加权平均资本成本**（weighted average cost of capital，WACC）法，这种方法虽然已在之前章节中讨论过，但这里仍有必要重新回顾一下。之所以要用加权平均资本成本法，是因为杠杆企业项目既有债务融资又有权益融资，其融资成本是债务资本成本和权益资本成本的加权平均。权益资本成本是 $R_S$，在不考虑税收的情况下，债务资本成本就是贷款利率 $R_B$，若考虑税收，债务资本成本应是（$1-t_C$）$R_B$，即税后债务资本成本。

加权平均资本 WACC 的计算公式是：

$$\text{WACC} = \frac{S}{S+B} R_S + \frac{B}{S+B} R_B (1-t_C)$$

其中，权益的权重 $\frac{S}{S+B}$ 和负债的权重 $\frac{B}{S+B}$ 就是目标比率。目标比率一般要按市场价值而非会计价值（又称账面价值）来表示。这种方法是对项目无杠杆现金流量按加权平均资本成本 WACC 折现，项目的净现值的计算公式是：

$$\sum_{t=1}^{\infty} \frac{\text{UCF}_t}{(1+\text{WACC})^t} - 初始投资额$$

若项目是无限期的，其净现值是：

$$\frac{\text{UCF}}{\text{WACC}} - 初始投资额$$

前面已经说过，项目的目标负债 – 市场价值比是 1/4，公司所得税税率是 0.21，所以加权平均资本成本是：

$$\text{WACC} = \frac{3}{4} \times 0.226\,3 + \frac{1}{4} \times 0.10 \times 0.79 = 0.189\,5$$

我们又可看到，WACC 是 0.189 5，低于全权益企业的权益资本成本 0.20。这是因为在一般情况下，债务融资享有税收上的好处，从而降低了平均资本成本。

项目的 UCF 是 92 400 美元，因此项目的现值为：

$$\frac{92\,400}{0.189\,5} = 487\,599（美元）$$

而初始投资额是 475 000 美元，所以项目的 NPV 是：

$$487\,599 - 475\,000 = 12\,599（美元）$$

可见，在我们所举的这个例子中，三种方法均得出一致的结论。

## 18.4　APV 法、FTE 法和 WACC 法的比较

本章介绍了三种适用于杠杆企业的资本预算方法。调整净现值法先是在全权益情况下对项目进行估值，即在计算公式中，分子为全权益融资项目的税后现金流量（UCF），分母为全权益情况下的折现率，这一步与前面章节的计算完全相同。然后在这一结果上加上融资方式连带效应的净现值，融资方式连带效应的净现值应是节税效应、发行成本、财务困境成本和利息补贴四者之和。

权益现金流量法是指对有杠杆企业项目的税后现金流量中属于权益所有者的部分（LCF）进行折现。LCF 是扣除利息后的权益所有者的剩余现金流量，折现率是杠杆企业的权益资本成本。因为杠杆的提高导致权益所有者的风险增大（这在第 16 章中曾做过解释），所以杠杆企业的权益资本成本 $R_S$ 大于无杠杆企业的权益资本成本 $R_0$。

最后一种方法是加权平均资本成本法，在其计算公式中，分子是在假定全权益融资情况下项目的税后现金

流量，分母是权益资本成本和负债资本成本的加权平均（WACC）。债务的影响没有反映在分子上，而是体现在分母上，分母中债务资本成本是税后的，反映了负债的节税效应。

这三种方法都是为了解决同一个问题，即存在债务融资的情况下如何估值的问题。而且，正如前面例子所证明的，三种方法得出的估计值是一样的。但是，正如我们前面看到的，三种估值技术存在显著差异。正因为这样，学生就会问：“这到底怎么回事？为什么看起来差别这样大的三种方法能得出相同的答案？”我们认为回答这类问题的最好办法是强调以下两点。

（1）APV 与 WACC 的比较。在这三种方法中，APV 法和 WACC 法比较类似。毕竟，两种方法的分子均使用了无杠杆现金流量 UCF。但是，APV 法用全权益资本成本 $R_0$ 折现现金流量得到无杠杆项目的价值，然后加上负债的税盾现值，得到有杠杆情况下的项目价值；WACC 法则将 UCF 按 WACC 折现，而 WACC 低于 $R_0$。

因此，这两种方法都通过调整适用于无杠杆企业的基本 NPV 公式来反映财务杠杆所带来的税收利益。其中，APV 法直接进行调整，它把税盾的净现值作为单独的一项加上去；而 WACC 法的调整则比较微妙。这里采用的折现率比 $R_0$ 低。尽管本书没有提供证明，但这两种调整方法所得出的结果是一样的。

（2）**估值的主体**。FTE 法乍看起来与其他两种方法差异甚大。对 APV 法和 WACC 法，在最后一步均扣减初始投资额（本例中为 475 000 美元）；而在 FTE 法中，只扣除公司自己投资的部分（353 100 = 475 000−121 900）。这是因为 FTE 法中我们只评估流向权益所有者的那一部分的现金流量（LCF）的价值；相反，在 APV 法和 WACC 法中我们评估的是流向整个项目的现金流量（UCF）的价值。由于有杠杆现金流量（LCF）中已经扣减了利息支付，而 UCF 则不扣减利息支出，因此，相应地，在初始投资额中也应扣减债务融资的部分。这样，FTE 法同样可以得出与前面两种方法相同的结果。

## 应用指南

在我们所举的例子中，三种方法计算的净现值正好相等，从理论上说也应如此。[⊖]

但在实践中，特定的条件下总是有某一种方法更便于计算，有时候有些方法则根本就无法计算。首先，我们来看一下什么时候用 WACC 法和 FTE 法比较合适。

如果某项目的风险在其整个寿命期内保持不变，我们就可以假设 $R_0$ 保持不变（这种情况多数时候比较符合现实）。另外，如果负债－市场价值比在项目整个寿命期内也保持不变的话，则 $R_S$ 和 WACC 也将保持不变。在这种情况下，不论是 FTE 法还是 WACC 法都很容易计算。但如果负债－市场价值比逐年变化，则 $R_S$ 和 WACC 也会逐年变化。也就是说，FTE 法和 WACC 法中的分母要每年发生变动，这就使计算变得十分繁杂，误差也随之增大。所以，当负债－市场价值比随时间的推移而不断变动时，FTE 法和 WACC 法的计算就很困难。

APV 法的计算是以未来各期的负债绝对水平为基础的。当未来各期的负债绝对水平能准确地知道时，APV 法很容易计算；但当未来各期的负债绝对水平不确定时，这种方法就会出现问题。比如，在负债－市场价值比一定的情况下，负债绝对水平随项目价值的变化而变化，而未来一年中项目的价值是难以预测的，因此未来的负债绝对水平也难以预测。

因此我们提出以下建议：

*若企业的目标负债－市场价值比适用于项目的整个寿命期，用 WACC 法或 FTE 法。若项目寿命期内其负债绝对水平已知，用 APV 法。*

在很多情况下用 APV 法是比较好的。比如，在杠杆收购（LBO）中，企业开始有大量的负债，但数年后很快清偿，而早在安排杠杆收购时，企业就拟好了债务清偿的时间表，所以很容易预测未来年份的税收收益，便于计算 APV。而在这种情况下，由于负债－市场价值比不固定，所以 WACC 法和 FTE 法就难以运用。另外在

---

⊖ Ishik Inselbag and Howard Kaufold, "Two DCF Approaches for Valuing Companies under Alternative Financial Strategies (and How to Choose between Them)," *Journal of Applied Corporate Finance* 10, no.1 (Spring 1997): 144-22.

涉及利息补贴和发行成本的情况下，运用 APV 法处理会更容易。第 18.6 节中的 Bicksler 公司一例就是将 APV 法运用于利息补贴和发行成本问题。最后还要提到一点，在制定租赁还是购买的决策时，APV 法也比 FTE 法和 WACC 法要方便得多（后面的章节将介绍一个有关租赁或购买决策的完整处理过程）。

以上所举的都是特例，对一般的资本预算，要决定哪一种方法更合适，就得回答以下这个问题：管理者制定负债政策的目标是想使负债绝对水平保持不变，还是想使负债–权益比保持不变？尽管这只是一个经验性问题，没有人对此做过精确的调查研究，但我们认为管理者应当从建立最优的负债–权益比这一点上去考虑。如果一个项目比预期运行的要好，其价值和举债能力都将提高，一个精明的财务人员应善于利用增加债务的好处；反之，若项目的价值下跌，则企业应减少债务。当然，筹资活动要耗费一定的时间，企业不可能逐日或逐月调整负债水平，但从长期来看，这种调整是必需的。综上所述，当公司有一个明确的目标负债–市场价值比时，WACC 法和 FTE 法比 APV 法更适用的。

根据以上分析，在现实工作中的多数时候，我们建议采用 WACC 法或 FTE 法，而不是 APV 法。而且，我们在与一些业务经理的交流中还得知，WACC 法是迄今在实践中运用得最广泛的一种方法。实际工作人员似乎同意我们的观点，但我们认为，在诸如杠杆收购这类企业对其未来债务绝对水平有明确计划的情形下，APV 法非常有用。

---

**| 专栏 |** **有杠杆情况下的三种资本预算方法**

**（1）调整净现值法（APV）法**

$$\sum_{t=1}^{\infty} \frac{UCF_t}{(1+R_0)^t} + 融资方式的连带效应 - 初始投资额$$

式中，$UCF_t$ 为无杠杆企业项目第 $t$ 期流向权益所有者的现金流量；$R_0$ 为无杠杆企业项目的资本成本。

**（2）权益现金流量（FTE）法**

$$\sum_{t=1}^{\infty} \frac{LCF_t}{(1+R_S)^t} - （初始投资额 - 借入款项）$$

式中，$LCF_t$ 为杠杆企业项目第 $t$ 期属于权益所有者的现金流量；$R_S$ 为杠杆企业项目的资本成本。

**（3）加权平均资本成本（WACC）法**

$$\sum_{t=1}^{\infty} \frac{UCF_t}{(1+WACC)^t} - 初始投资额$$

式中，WACC 为加权平均资本成本。

**注意：**

（1）在 APV 法的计算公式中，中间一项的存在表明有杠杆项目的价值大于无杠杆项目的价值；在 WACC 法的计算公式中，由于 WACC<$R_0$，使有杠杆项目的价值大于无杠杆项目的价值。二者用不同的方法达到相同的结果。

（2）FTE 法中，用的是扣除利息后的现金流量（LCF），所以初始投资额中也应减去借入款项。

**应用指南：**

（1）若企业的目标负债–市场价值比适用于项目的整个寿命期，用 WACC 法或 FTE 法。

（2）若项目的负债水平在其整个寿命期内已知，用 APV 法。

---

## 18.5 折现率需要估算的估值

在本章的前面几节中，我们介绍了杠杆企业评价的三种基本方法——APV 法、FTE 法和 WACC 法，但是还有一个重要的细节被遗漏了。在第 18.1 ～ 18.3 节的例题中我们假设折现率给定。我们现在开始介绍在现实世界，如何针对三种不同的情况确定它们各自的折现率。本节的例题将第 9 ～ 13 章有关无杠杆项目折现率的确定和第 16 章财务杠杆对资本成本的影响结合起来了。

### 例 18-1 资本成本

某大型联合企业 WWE 准备进入小饰品行业，为此该项目计划按负债–市场价值比为 25%（即负债–权益比为 1/3）融资。目前小饰品行业有一家企业 AW，该公司的资本有 40% 来自负债，60% 来自权益，其权益的 $\beta$

系数为 1.5。AW 的借款利率为 12%，而 WWE 为其小饰品项目筹资时借款利率可望为 10%，公司的所得税税率均为 21%，市场风险溢价为 8.5%，无风险利率为 8%。那么，WWE 用于其小饰品业务投资项目的折现率应是多少呢？

我们在第 18.1～18.3 节中已经学过，公司进行资本预算可采用三种方法：APV 法、FTE 法或 WACC 法。与这三种方法相对应的折现率分别是 $R_0$、$R_S$、WACC。由于 AW 是 WWE 在小饰品业务方面唯一的竞争对手，所以我们可以根据 AW 的资本成本来计算 WWE 的小饰品业务投资项目 $R_0$、$R_S$ 和 WACC。计算分为以下四个步骤。

（1）确定 AW 的权益资本成本。首先，我们运用第 10 章的证券市场线（SML）来确定 AW 的权益资本成本，即

**AW 的权益资本成本：**

$$R_S = R_F + \beta \times [\mathrm{E}(R_M) - R_F]$$
$$20.75\% = 8\% + 1.5 \times 8.5\%$$

式中，$\mathrm{E}(R_M)$ 是市场组合的期望收益；$R_F$ 是无风险收益率。

（2）计算 AW 全权益融资时的资本成本。由于 AW 和 WWE 投资项目的目标负债 - 市场价值比不同，所以我们必须对以上数字做标准化处理，最简单的方法是：假设 AW 为全权益融资，计算其权益资本成本。这可以根据有税情况下的 MM 命题 II（见第 16 章）来确定，即

**AW 的全权益资本成本：**

$$R_S = R_0 + \frac{B}{S}(1 - t_C)(R_0 - R_B)$$
$$20.75\% = R_0 + \frac{0.4}{0.6} \times (1 - 0.21) \times (R_0 - 12\%)$$

解这个方程，可得 $R_0 = 0.177\,3$。显然，$R_0$ 小于 $R_S$，因为无杠杆企业的权益资本成本总是要低些。

实际工作中一般假定投资项目的经营风险与该行业现有企业的经营风险相当。若采用这一假设，我们可以认为在全权益融资情况下，WWE 的小饰品业务投资的折现率也是 0.177 3。[⊖] 如果 WWE 采用 APV 法就要用到这个折现率，因为 APV 法要求用无杠杆企业项目的资本 $R_0$ 来折现。

（3）确定 WWE 投资项目的 $R_S$。企业也可以采用 FTE 法，这时所用的有杠杆权益的折现率用下式计算。

**WWE 小饰品业务投资的权益资本成本：**

$$R_S = R_0 + \frac{B}{S}(1 - t_C)(R_0 - R_B)$$
$$19.77\% = 17.33\% + \frac{1}{3} \times (1 - 0.21) \times (17.73\% - 10\%)$$

我们注意到，WWE 小饰品业务投资的权益资本成本为 0.197 7，低于 AW 的权益资本成本 0.207 5，这是因为 AW 的负债 - 权益比更高一些（前面已经指出，我们假设二者的经营风险相当）。

（4）确定 WWE 投资项目的 WACC。最后，WWE 还可以采用 WACC 法，有关计算如下。

**WWE 小饰品业务投资的 WACC：**

$$\mathrm{WACC} = \frac{B}{S + B} R_B (1 - t_C) + \frac{S}{S + B} R_S$$
$$16.80\% = \frac{1}{4} \times 10\% \times (1 - 0.21) + \frac{3}{4} \times 19.77\%$$

---

⊖ 企业还可以假设作为一个新进入者，其投资项目的风险稍大于该行业现有企业的经营风险。这样，企业就应当将折现率定得比 0.177 3 要稍高一些。当然，这个调整的幅度没有公式可循。

上面这个例子告诉我们现实中如何确定三个不同的折现率：$R_0$、$R_S$ 和 WACC。这些折现率分别适用于 APV 法、FTE 法和 WACC 法。注意，由于我们可以根据公司股票的贝塔系数决定权益资本成本，所以我们首先确定 AW 公司的 $R_S$。正如前面章节所提到的，对于诸如 AW 这样的上市公司，贝塔系数可以容易获得。

## 18.6 APV 法举例

前面已经提到，公司一般会设定一个目标负债–权益比，因此，在资本预算中一般考虑使用 WACC 法和 FTE 法。APV 法在这里并不适用。但是，我们前面也说过，在存在发行成本和利息补贴的情况下，APV 法比 FTE 法和 WACC 法更适用。由于这种分析方法有一定的技巧，所以我们用整节的篇幅介绍一个例子。这个例子除了考虑债务的节税效应，还涉及发行成本和利息补贴。

### 例 18-2　APV 法

Bicksler 公司正在考虑一个投资额为 1 000 万美元的投资项目，项目生命周期为 5 年，按直线法提取折旧，每年折旧额为 200 万美元。每年现金收入减去现金支出为 3 500 000 美元。公司的所得税税率为 21%。无风险利率为 10%，全权益资本成本为 20%。

项目每年的现金流量预测如下表所示。

（单位：美元）

|  | 0 | 1 | 2 | 3 | 4 | 5 |
|---|---|---|---|---|---|---|
| 初始投资额 | −10 000 000 |  |  |  |  |  |
| 折旧税盾 |  | 0.21 × 2 000 000 =420 000 | 420 000 | 420 000 | 420 000 | 420 000 |
| 收入减支出 |  | （1−0.21）× 3 500 000 =2 765 000 | 2 765 000 | 2 765 000 | 2 765 000 | 2 765 000 |

我们知道，一个项目的 APV 等于其余全权益价值与融资方式的连带效应之和，这两部分分别计算如下。

### 全权益价值

假定项目融资全部来自权益，其价值为：

$$-10\ 000\ 000 + \frac{420\ 000}{0.10} \times \left[1 - \left(\frac{1}{1.10}\right)^5\right] + \frac{2\ 765\ 000}{0.20} \times \left[1 - \left(\frac{1}{1.20}\right)^5\right] = -138\ 827\ (美元)$$

初始投资额 + 折旧节税 +（现金流入 − 现金流出）的现值

这里计算采用了本书前面章节介绍过的方法。注意到我们假设折旧税盾是无风险的，因此采用无风险利率 10% 去折现。如果公司认为折旧税盾是有风险的，也可以用更高的折现率去折现以反映其风险性。⊖而现金收入和现金支出则按较高的利率 20% 来折现。

如果是全权益融资，这个项目就不可行，因为 NPV 为 −138 827 美元。而股票发行成本的存在只会使 NPV 更小，但债务融资则使项目的价值增大，有可能变为可行。下面讨论债务融资的影响。

### 债务融资的连带效应

Bicksler 公司能够得到一笔 5 年期的一次性偿还的贷款，这笔贷款在扣除发行成本后的余额是 7 500 000 美元，按无风险利率 10% 计息。发行成本是指股票或债券发行时，企业向印刷商、律师、投资银行及其他单位支付的费用。预计发行成本为总贷款额的 1%。我们知道债务融资会改变一个项目的 NPV，下面我们来看一下负债的影响。

### 发行成本

已知发行成本是总贷款的 1%，有：

---

⊖ 现实中，许多公司用经营现金流量的折现率去折现折旧税盾，因为这样做简单。但这样做往往忽略了一个现实，那就是折旧税盾的风险比经营现金流量的风险小多了。

$$(1-0.01) \times 总贷款额 = 0.99 \times 总贷款额 = 7\,500\,000（美元）$$

所以，总贷款额为：

$$\frac{7\,500\,000}{1-0.01} = \frac{7\,500\,000}{0.99} = 7\,575\,758（美元）$$

也就是说，发行成本是 75 758（= 1%×7 575 758）美元，为了检验计算正确与否，用 7 575 758 美元减去 75 758 美元，正好等于所取得的借款净额 7 500 000 美元。

发行成本当期支付，但在整个借款期内按直线法摊销抵税。与发行成本有关的现金流量如下表所示。

（单位：美元）

|  | 0 | 1 | 2 | 3 | 4 | 5 |
|---|---|---|---|---|---|---|
| 发行成本 | −75 758 | | | | | |
| 摊销额 | $\frac{75\,758}{5}$=15 152 | 15 152 | 15 152 | 15 152 | 15 152 | |
| 发行成本的税盾 | 0.21 × 15 152=3 182 | 3 182 | 3 182 | 3 182 | 3 182 | |

以上用加黑字体表示的是与发行成本有关的现金流量，按10%折现，税盾的净现值是：

$$3\,182 \times \text{PVIFA}（0.10，5）= 12\,062（美元）$$

因此，净发行成本等于：

$$-75\,758 + 12\,062 = -63\,696（美元）$$

那么，在考虑了债务发行成本而尚未考虑债务的好处时，该项目的净现值是：

$$-138\,827 - 63\,696 = -202\,523（美元）$$

### 节税效应

尽管中介机构拿走了发行成本，但利息还得根据贷款总额计算。由于借款总额为 7 575 758 美元，所以年利息为 757 576（= 7 575 758×0.10）美元。税后利息费用是 598 485[= 757 576×（1 − 0.21）]美元。由于贷款本金不是分期偿还，所以全部债务本金 7 575 758 美元都在第 5 期偿还。这些项目列示如下。

（单位：美元）

|  | 0 | 1 | 2 | 3 | 4 | 5 |
|---|---|---|---|---|---|---|
| 贷款总额 | 7 575 758 | | | | | |
| 利息支付 | | 10% × 7 575 758= 757 576 | 757 576 | 757 576 | 757 576 | 757 576 |
| 税后利息 | | (1 − 0.21) × 757 576= 598 485 | 598 485 | 598 485 | 598 485 | 598 485 |
| 本金偿还 | | | | | | 7 575 758 |

上表黑体数字表示有关的现金流量，包括：①所取得的借款；②每年的税后利息；③偿还的本金。需要注意的是，这里我们把借入的总额作为现金流入，因为发行成本在此之前已经扣减，即发行成本已经作为现金流量出计算过了。

在第 16 章中我们提到，融资决策可以用净现值来评价，一笔借款的净现值就是其三个方面现金流量的净现值。用式子表示为：

$$\text{NPV（借款）} = 借入款项 - 税后利息现值 - 本金偿还现值 \tag{18-1}$$

用于本例就是：

$$7\,575\,758 - \frac{598\,485}{0.10} \times \left[1-\left(\frac{1}{1.10}\right)^5\right] - \frac{7\,575\,758}{(1.10)^5} = 603\,080（美元） \tag{18-1'}$$

其 NPV（借款）为正，反映了利息的税盾效应。<sup>⊖</sup>

---

⊖ 在无税的情况下 NPV（借款）一定为 0，因为这时不存在利息的税盾好处，为了证明这一点，不妨做以下计算：

无税的情形：
$$0 = 7\,575\,758 - \frac{757\,576}{0.10} \times \left[1-\left(\frac{1}{1.10}\right)^5\right] - \frac{7\,575\,758}{(1.10)^5}$$

在这种融资情形下，该项目的调整净现值是：

$$APV=全权益价值-债务的发行成本+NPV（借款）\qquad（18-2）$$
$$400\ 557（美元）=-138\ 827\ -\ 63\ 696+603\ 080\qquad（18-2'）$$

前面我们已经知道，在全权益企业，这个项目不可行。但如果企业能够获得一笔 7 500 000 美元的净贷款，这个项目是可行的。

以上我们讨论的是借款利率等于市场利率 10% 的情况，这时只需要考虑负债的两项影响（发行成本和节税效应）。下面我们接着讨论存在第三项影响的借款情形。

**非市场利率融资**

有许多企业能享受政府的财政贴息。假设新泽西州政府认为 Bicksler 的项目有一定的社会效益，同意按 8% 的利率向企业发放贷款 7 500 000 美元，并由州政府承担全部发行成本。公司当然会放弃我们前面讨论的那一笔借款而选择这笔借款，这笔借款的现金流量如下表所示。

（单位：美元）

| | 0 | 1 | 2 | 3 | 4 | 5 |
|---|---|---|---|---|---|---|
| 贷款总额 | 7 500 000 | | | | | |
| 利息支付 | | 8% × 7 500 000= 600 000 | 600 000 | 600 000 | 600 000 | 600 000 |
| 税后利息 | | (1 - 0.21) × 600 000 = 474 000 | 474 000 | 474 000 | 474 000 | 474 000 |
| 本金偿还 | | | | | | 7 500 000 |

运用式（18-1）计算的 NPV（借款）是：

$$7\ 500\ 000-\frac{474\ 000}{0.10}\times\left[1-\left(\frac{1}{1.10}\right)^5\right]-\frac{7\ 500\ 000}{(1.10)^5}=1\ 046\ 257（美元）\qquad（18-1''）$$

为什么我们在式（18-1''）中按 10% 而不按贷款利率 8% 来折现呢？这是因为 10% 是公平利率或称市场利率，即 10% 是在不享受政府贴息的情况下贷款应负担的利率。享受政府贴息时项目的净现值较大，因为企业按低于市场利率的 8% 借入款项。式（18-1''）中 NPV（借款）的计算既反映了税的影响，又反映了非市场利率的影响。在享受政府贴息的情况下，项目的净现值为：

$$APV=全权益价值-债务发行成本+NPV（借款）\qquad（18-2）$$
$$907\ 430（美元）=-138\ 827\ -\ 0\ +1\ 046\ 257\qquad（18-2''）$$

从上例我们看到 APV 法是如何计算的，即先算出全权益企业项目的现值，然后加上融资方式的影响。这种方法有许多可取之处，因为只需要分别计算各部分的价值，然后加总即可。而且，如果项目的负债能够准确预计，负债的现值也就能够准确地计算。

## 18.7　贝塔系数与财务杠杆

之前的章节给出了反映无税情况下普通股股票的贝塔系数（$\beta$）和企业杠杆之间关系的公式。在不考虑税收的情况下：

$$\beta_{权益}=\beta_{资产}\left(1+\frac{负债}{权益}\right)\qquad（18-3）$$

但现实中，公司是要缴纳税收的，所以有必要考虑纳税情况下贝塔系数与杠杆的关系。如果我们假设债务税盾的风险与负债的风险一样，下面的公式就描述了无杠杆企业的 $\beta$ 与有杠杆企业权益的 $\beta$ 之间的关系。[⊖]

在考虑税收的情况下：

$$\beta_{权益} = \left[ 1 + \frac{(1-t_C) \, 负债}{权益} \right] \beta_{无杠杆企业} \tag{18-4}$$

当①公司的所得税税率为 $t_C$；②负债 $\beta$ 为 0 时，因为对有杠杆企业，$[1+（1-t_C）$ 负债 / 权益 ] 一定大于 1，所以 $\beta_{无杠杆企业} < \beta_{权益}$。正是由于有杠杆企业的权益 $\beta$ 一定大于无杠杆企业的 $\beta$，所以在有税的条件下的式（18-4）与无税条件下的式（18-3）十分相似。在这两种情况下，杠杆都起到增大风险的作用。

但这两个公式并不完全相等，杠杆所起的提高 $\beta$ 的作用在有税的条件下要小些。这是因为存在公司所得税时，杠杆会产生无风险的税盾效应，从而降低了整个企业的风险。

### 例 18-3　无杠杆公司的 $\beta$ 值

C. F. Lee 集团公司正在考虑一个规模扩张型项目。公司负债的市场价值为 100 000 000 美元，公司权益的市场价值是 200 000 000 美元，负债是无风险的，公司所得税税率是 21%。回归分析的结果表明企业权益的 $\beta$ 是 2，无风险利率为 10%，预期市场风险溢价为 8.5%。假设 C. F. Lee 是全权益公司，该项目的折现率是多少？

我们可以分两步来解答这一问题。

（1）确定全权益情况下的 $\beta$。

将式（18-4）变形，得：

**无杠杆企业的 $\beta$**

$$\frac{权益}{权益 + (1-t_C) \times 负债} \times \beta_{权益} = \beta_{无杠杆企业} \tag{18-5}$$

$$\frac{200\,000\,000}{200\,000\,000 + (1-0.21) \times 100\,000\,000} \times 2 = 1.43$$

---

[⊖] 这个结论只有在负债 $\beta$ 为 0 时才成立。首先，我们看以下公式：

$$V_U + t_C B = V_L = B + S \tag{a}$$

式中，$V_U$ 为无杠杆企业的价值；$V_L$ 为杠杆企业的价值；$B$ 为杠杆企业负债的价值；$S$ 为杠杆企业权益的价值。有杠杆企业的 $\beta$ 是负债 $\beta$ 和权益 $\beta$ 的加权平均：

$$\frac{B}{B+S} \times \beta_B + \frac{S}{B+S} \times \beta_S$$

式中，$\beta_B$ 和 $\beta_S$ 分别是有杠杆企业的负债 $\beta$ 和权益 $\beta$。由于 $V_L = B + S$，所以有：

$$= \frac{B}{V_L} \times \beta_B + \frac{S}{V_L} \times \beta_S \tag{b}$$

有杠杆企业的 $\beta$ 还可以表达成无杠杆企业的 $\beta$ 和税盾的 $\beta$ 的加权平均：

$$\frac{V_U}{V_U + t_C B} \times \beta_U + \frac{t_C B}{V_U + t_C B} \times \beta_B$$

式中，$\beta_U$ 是无杠杆企业的 $\beta$，这个式子是根据式（a）得来的。由于 $V_L = V_U + t_C B$，所以有：

$$\frac{V_U}{V_L} \times \beta_U + \frac{t_C B}{V_L} \times \beta_B \tag{c}$$

式（b）和式（c）都是有杠杆企业的 $\beta$，二者应相等，由式（a）得 $V_U = S + (1-t_C) \times B$，所以在 $\beta_B = 0$ 的前提下，可得到式（18-4）。

有杠杆企业的 $\beta$ 的一般公式（其中 $\beta_B$ 不为 0）是：

$$\beta_S = \beta_U + (1-t_C)(\beta_U - \beta_B)\frac{B}{S}$$

$$\beta_U = \frac{S}{B(1-t_C) + S} \beta_S + \frac{B(1-t_C)}{B(1-t_C) + S} \beta_B$$

（2）确定折现率。我们根据证券市场线（SML）计算：

**折现率**

$$R_S = R_F + \beta \times [E(R_M) - R_F]$$
$$22.19\% = 10\% + 1.43 \times 8.5\%$$

## 项目不是规模扩张型

上例中的项目若是规模扩张型，我们以本企业的权益 $\beta$ 来计算；如果项目不是规模扩张型，就应该先确定项目所属行业的权益 $\beta$。对该行业的每一个企业都根据式（18-5）计算无杠杆企业的权益 $\beta$，并求出这些 $\beta$ 的平均值，然后由 CAMP 确定项目的折现率。

### 例 18-4 多个无杠杆公司的 $\beta$ 值

J. Lowes 公司目前是生产订书钉的企业，正在考虑投资 100 万美元生产航空用的黏合剂。公司估计该项目每年将为公司带来永续的税后无杠杆现金流量 300 000 美元，公司融资的负债 - 市场价值比为 0.5，即负债 - 权益比为 1：1。

该行业目前的三个竞争者都是无杠杆的，它们的贝塔系数分别为 1.2、1.3 和 1.4。假设无风险利率为 5%，市场风险溢价为 9%，公司所得税税率为 21%。请问项目的净现值是多少？

我们可以通过五个步骤回答这个问题。

（1）计算该行业的平均无杠杆贝塔系数。该行业现有三个竞争者的平均无杠杆贝塔系数是：

$$\frac{1.2 + 1.3 + 1.4}{3} = 1.3$$

（2）计算 J. Lowes 公司新项目的有杠杆贝塔系数。假设新项目无杠杆贝塔系数与现有竞争者相同，利用式（18-4）有：

**有杠杆贝塔**

$$\beta_{权益} = \left[ 1 + \frac{(1 - t_C) \, 负债}{权益} \right] \beta_{无杠杆}$$

$$2.33 = \left( 1 + \frac{0.79 \times 1}{1} \right) \times 1.3$$

（3）计算有负债的情况下新项目的权益资本成本。我们可以利用证券市场线来计算：

**折现率**

$$R_S = R_F + \beta \times [E(R_M) - R_F]$$
$$0.259\,4 = 0.05 + 2.33 \times 0.09$$

（4）计算新项目的加权平均资本成本 WACC。计算加权平均资本成本 WACC 的公式是：

$$WACC = \frac{B}{V} R_B (1 - t_C) + \frac{S}{V} R_S$$

$$0.149\,5 = \frac{1}{2} \times 0.05 \times 0.79 + \frac{1}{2} \times 0.259\,4$$

（5）计算项目的净现值。因为现金流是永续的，所以项目的 NPV 等于：

$$\frac{UCF}{WACC} - 初始投资额$$

$$\frac{300\,000}{0.149\,5} - 1\,000\,000 = 1\,007\,159 (美元)$$

# 本章小结

本书在前面章节里讨论了如何计算全权益企业的项目净现值，然后又用两章的篇幅说明税收和破产成本会改变企业的融资决策，理性的公司应当善于运用债务。由于与负债有关的收益与成本的存在，有杠杆企业与无杠杆企业在资本预算决策上有所不同。本章讨论了有杠杆企业的三种资本预算方法：调整净现值（APV）法、权益现金流量（FTE）法和加权平均资本成本（WACC）法。

# 思考与练习

1. **APV** Knotts 公司是一个全权益公司，它正在考虑一个 132 万美元的投资，这个投资额将在 4 年内按直线折旧法进行折旧。该项目预期在这 4 年，每年可以产生税与折旧前利润 470 000 美元。该投资并不会增加公司的风险水平。公司可以从当地的银行获得一个 4 年期的、利率为 9.5% 的贷款来为该项目融资。所有的本金将在第 4 年年末一次性偿还。银行会索取债券发行成本 45 000 美元，这可以在 4 年内分期支付。如果公司全部依靠权益为该项目融资，那么该公司的资本成本将是 14%。公司税率为 25%。请使用调整净现值法来决定公司是否应该承担此项目。

2. **贷款的 NPV** Kendrick Enterprises 公司的 CFO 正在评估一个 10 年期的、利率为 5.8% 的贷款，其总额为 530 万美元。贷款的利息每年支付。发行费用为总贷款额的 2.5%，将在贷款的 10 期内分期等额偿还。公司税率是 21%，该贷款不会增加公司的财务风险。
   a. 计算在扣除发行费用后贷款的净现值。
   b. 计算在包括发行费用的情况下贷款的净现值。

3. **APV** Triad 公司与 Tobacco Road Construction 公司成立了一家合资企业，在美国北卡罗来纳州建一条可对行人收取通行费的道路。铺路设备的初始投资额是 1.45 亿美元。该设备的全部支出可在其 5 年的生命周期内按直线折旧法进行折旧。从第 1 年年末起 20 年内，预计每年所收取的通行费可以带来利息、税和折旧前利润 1 970 万美元。公司税率是 21%。在全权益的情况下，项目的必要报酬率是 13%。该企业债券的税前成本是 8.5%。为了鼓励对国家基础设施的建设，美国政府将为该项目提供补贴，为该项目提供 8 500 万美元的 15 年期、每年利率为 5% 的贷款。所有的本金将在第 15 年年末一次性支付。该项目的调整净现值是多少？

4. **WACC** 第一目标公司的股票收益率和市场组合的收益率之间的协方差是 0.048 7。市场组合收益率的标准差为 20%，预期市场风险溢价为 6.7%。该公司在外发行有价值 6 000 万美元的债券，到期收益率为 6.5%。同时该公司还有流通股 410 万股，每股价格为 32 美元。该公司的 CEO 认为公司当前的负债–权益比是最优的。公司税率为 21%，无风险利率为 3.1%。公司正在考虑购入价值为 5 600 万美元的额外设备。无杠杆情况下在未来 5 年期间，这些额外设备能够带来的现金流量为 1 790 万美元 / 年。购买该设备不会增加公司的财务风险。
   a. 请使用加权平均资本成本法决定该公司是否应该购买该设备。
   b. 假设该公司决定全部用债务来融资购买该设备，那么该计划的资本成本应该为多少？为什么？

# 第 19 章

# 股利政策和其他支付政策

2020 年 9 月 25 日，安全与航空航天制造商洛克希德·马丁公司因近期业绩表现良好宣布了令人振奋的股利分配方案来回报股东。根据该方案，洛克希德·马丁公司将：①提高其年度股利 8.3%，每股股利从 2.4 美分提高到 2.6 美分；②回购 13 亿美元的公司普通股。股东们十分兴奋，宣布当天公司股价上涨 3.2%。为什么股东们如此高兴？本章试图探讨这些分配计划及其对股东的影响。

## 19.1　股利的不同种类

股利（dividend）一般是指从利润中分配给股东的现金。如果分配的来源不是当期利润或累计的留存收益，则通常用**分配**（distribution）一词，而不用股利一词。人们普遍把利润的分配称作股利，而把资本的分配称作清算性股利。

最常见的股利形式是现金股利。上市公司通常一年发放四次**常规现金股利**（regular cash dividend）。有时，公司会同时发放常规现金股利和特殊现金股利。发放现金股利将减少公司资产负债表上的现金和留存收益——清算性股利除外（此时缴入股本将减少）。

另一种股利形式是以股票形式发放的股利，即**股票股利**（stock dividend）。股票股利对于企业来说，没有现金流出企业。因此它不是真正意义上的股利，而只是增加流通在外的股票数量，同时降低股票的每股价值。股票股利一般以比率的形式来表示。例如，对于 2% 的股票股利，股东现时持有的每 50 股股票将能得到 1 股新股。

当公司宣布**股票拆细**（stock split）时，同样会增加流通在外的股票数量。由于拆细后每股代表的现金流量相应减少，所以股票价格也将下降。例如，如果一家股价为 90 美元的公司管理者宣布按 1-3 股票拆细，则每 1 股旧股票能换取 3 股新股票，拆细后其股价将相应地下调至 30 美元左右。除非股票拆细比例很大，否则与股票股利非常相似。

现金股利的另外一种形式是**股票回购**（stock repurchase）。正如公司可以用现金发放股利，公司也可以用现金回购其股票。这些回购的股票由公司持有，通常称作库存股份。

## 19.2　发放现金股利的标准程序

发放股利的决策权掌握在公司董事会的手中。股利只发放给在某一天登记在册的股东。如果公司宣布发放股利，这就会成为公司一项不可撤销的负债。股利的多少既可以用每股支付的现金额（每股股利）表示，也可以用市价的百分比（股利收益率）表示，还可以用每股收益的百分比（股利支付率）表示。股利的发放机制用图 19-1 说明如下。

注：1. 股利宣布日：董事会宣布发放股利的日期。

2. 股权登记日：宣布的股利只分配给在这一天拥有公司股票的股东。

3. 除息日：在这一天，股票将不再含有股利，卖者仍可享受股利。根据 NYSE 规则，除息日通常在股权登记日的前两个交易日。

4. 股利支付日：股利支票邮寄给登记在册的股东的日期。

图 19-1 股利发放的程序

（1）**股利宣布日**：1 月 15 日为股利宣布日，董事会通过决议，定于 2 月 16 日向 1 月 30 日登记在册的所有股东每股发放 1 元的股利。

（2）**股权登记日**：公司在 1 月 30 日这一天编制一份确信会成为公司股东的所有投资者名单。"确信"一词是非常重要的，因为如果投资者的购入股票通知书是在 1 月 30 日以后公司才收到的，则投资者将无权获得本期股利。

（3）**除息日**：为确保股利支票邮寄给正确的股东，经纪公司和股票交易所设立除息日。除息日通常在股权登记日的前一个交易日，如果你在这一天之前买入股票，你将有权获得股利。如果你在这一天或这一天之后买入股票，则前任股东获得股利。此例中除息日是 1 月 29 日（星期四）。在除息日之前的股票交易都是含息的。

（4）**股利支付日**：在这一天（本例为 2 月 16 日），股利支票将邮寄给股东。

显然，除息日是十分重要的。因为在除息日之前买入股票的投资者将获得当期股利，而在除息日或除息日之后买入股票的投资者将不能获得当期股利。假设没有其他事件发生，股票价格在除息日会下跌。值得注意的是，股票价格下跌说明市场是有效的，而不是无效的，因为这证明了市场将股票价值与现金股利联系在一起。在既无税收又无交易成本的理想世界里，股票价格下跌额应等于股利额，本例如图 19-2 所示。

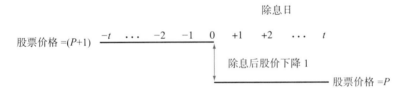

注：股票价格在除息日（时间 0）将下跌，其下跌金额正好等于股利额。如果股利为每股 1 美元，则除息日的股票价格等于 $P$。

除息日之前（-1）　　股票价格 = $(P+1)$

除息日（0）　　　　股票价格 = $P$

图 19-2 除息日前后的股票价格行为（1 美元现金股利，理想世界）

股票价格下跌的多少取决于税率。例如，在无资本所得税情况下，在除息日前一天，投资者面临两种选择：①立即买入股票，并为即将获得的股利缴纳税款；②第二天再买入股票，这样会丧失获取股利的权利。如果所有投资者都属于 20% 的税收等级，季度股利额为 1 美元，则股票价格在除息日将下跌 0.80 美元。如果股票价格在除息日的下跌额为 0.80 美元，则投资者在两种情况下获得的报酬相同。

为了说明除息日股票价格的下跌，我们来看看 TransDigm Group 在 2019 年 12 月发放大额股利的情况。其每股股利为 32.5 美元，每股股价约 600 美元，也就是说其股利约为股价的 5%。

TransDigm Group 股票的除息日为 2019 年 12 月 29 日，下图显示了 TransDigm Group 股票在那年 12 月的股票价格变化情况。

12 月 26 日 TransDigm Group 股票的收盘价为 597.78 美元，12 月 27 日开盘价为 568.00 美元，下跌了 29.78（= 597.78 - 568.00）美元。考虑到股利的所得税率为 20%，预期股价将下跌 26 美元，实际下跌金额高于预期下跌金额。本章随后将详细讨论股利和税收问题。

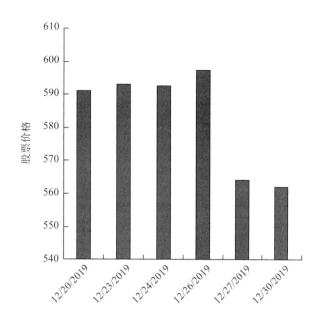

## 19.3　基准案例：股利无关论的解释

前面已论述公司的价值取决于其创造和分配自由现金流量的能力。我们特别指出，股票的价值等于未来预期股利的现值。这一观点依然有效。本节将讨论股利政策，我们将其定义为在给定自由现金流量水平下公司支付股利的时间。将本来分配给投资者的现金留存于公司的企业永远不会倒闭。因此，我们假设一家公司在其生命周期内将分配的现金全部发放给投资者，同时暂时假设公司只能以股利的形式发放现金（股票回购在后续章节中再讨论）。

股利政策争论的焦点是当现金流量没有变化时股利支付的时间并不重要。在没有税收和其他摩擦的世界里，股利政策对投资者来说是无关的。Bristol 公司案例可证明这一点。Bristol 公司是一家已开业 10 年的全权益公司。现任财务经理知道公司将在 1 年后解散。在时间 0，经理能够非常准确地预测现金流量。经理了解到公司将会马上收到一笔 10 000 美元的现金流量，此外在下一年度还会收到 10 000 美元的现金流量。除此之外，Bristol 公司没有其他现金流量项目。

### 19.3.1　现行股利政策：股利等于现金流量

现行股利政策是，每个时间点的股利（$D$）设定为 10 000 美元。对这些股利折现即可算出公司的价值。因此，公司的价值可表示为：

$$V_0 = D_0 + \frac{D_1}{1 + R_S}$$

式中，$D_0$ 和 $D_1$ 是支付的现金股利；$R_S$ 是折现率。首期股利由于是立即支付，因而无须折现。

假设 $R_S = 10\%$，则公司的价值为：

$$10\ 000 + \frac{10\ 000}{1.1} = 19\ 090.91（美元）$$

如果外发股票数量为 1 000 股，则每股的价值为

$$10 + \frac{10}{1.1} = 19.09（美元）$$

为简化起见，我们假设除息日与股利支付日为同一天。股利支付后，股票价格将立即下跌至 9.09

（=19.09-10）美元。Bristol 公司董事会的某些董事对现行股利政策有所不满，请你帮忙分析以下备选股利政策。

### 19.3.2　备选股利政策：首期股利大于现金流量

另外一种分配方案是公司立即按每股 11 美元、总额 11 000 美元发放股利。可用现金流量只有 10 000 美元，因此短缺的 1 000 美元必须通过其他途径来筹集。最简单的方法是在时间 0 发行 1 000 美元的股票。假设采取发行股票方式，并且新股东期望在时间 1 能获得足够的现金流量，使其在时间 0 的投资的报酬率达到 10%。新股东在时间 1 要求得到 1 100 美元的现金流量，这样留给老股东的只剩下 8 900 美元。老股东获得的股利如下。

（单位：美元）

|  | 时间 0 | 时间 1 |
| --- | --- | --- |
| 老股东的股利总额 | 11 000 | 8 900 |
| 每股股利 | 11 | 8.9 |

这样，每股股利的现值为：

$$11+\frac{8.9}{1.1}=19.09（美元）$$

学生经常认为这可启发他们确定新股的发行价格。由于新股东没有资格享受即期股利，他们将只愿意支付每股 8.09（= 8.9/1.1）美元的价格，因而总共需要发行 123.61（=1 000/8.09）股新股。

### 19.3.3　无差别股利政策

我们注意到在两种情况下股票价值是相等的。由此可得出令人惊讶的结论：只要可分配的现金流量一样，股利政策的变化不会影响股票的价值。然而，仔细思考后我们会发现这一结论相当合理。新股东在时间 0 付出一笔资金，然后在时间 1 以适当的报酬率收回。也就是说，他们在从事一项净现值为 0 的投资。

投资者对股利政策毫不在意隐含着两个重要前提。首先，投资者对股利和留存收益不在意，这里的留存收益仅指公司在今天计划留存在公司内部而不是作为股利分配出去的现金。公司最终必须发放所有的现金，所以留存收益相当于公司推迟股利发放。由于投资者不在意股利的发放时间，因此他们也就不在意是股利还是留存收益了。

其次，投资者对股利和资本利得不在意。资本利得是指股价的变化。当公司在完美市场发放股利时，股价将按股利数额下跌。因此，投资者承受资本损失（或者说负的资本利得）。其实投资者并没有损失，因为他收到了现金股利，可以弥补其资本损失。喜欢资本利得甚于股利的公司策略相当于公司推迟股利发放。同样，由于投资者不在意股利的发放时间，因此他们也就不在意是股利还是资本利得了。

### 19.3.4　自制股利

上例中为了说明投资者对股利政策毫不在意，使用了净现值方程式。另外一种更直观、更有吸引力的解释可避免使用现金流量折现数学公式。

假设个人投资者 X 希望在时间 0 和时间 1 都能取得每股 10 美元的股利。那么，当她得知公司管理层将采纳备选股利政策（在两个时间点的股利分别为 11 美元和 8.9 美元）时，她是否很失望呢？未必如此，因为她可以将在时间 0 收到的暂时不需要的 1 美元进行再投资，然后在时间 1 将获得 1.1 美元。这样，她在时间 0 能获得她期望的 10（=11-1）美元现金流量，在时间 1 同样能获得 10（=8.9+1.1）美元的现金流量。

与此相反，假设投资者 Z 更希望在时间 0 获得 11 美元现金流量，在时间 1 获得 8.9 美元现金流量，但是公司管理层决定在时间 0 和时间 1 均发放 10 美元股利。此时，他可以在时间 0 卖出股票从而得到所期望的现金流量，即在时间 0 卖出价值 1 美元的股票，这样在时间 0 的现金流量变为 11（=10+1）美元。由于在时间 0 卖出了 1 美元的股票，这将使时间 1 的股利减少 1.1 美元，从而使得时间 1 的净现金流量为 8.9（=10-1.1）美元。

以上解释了投资者是如何进行**自制股利**（homemade dividends）的。本例中，公司股利政策的影响被潜在的不满意股东通过自制股利予以抵消。我们用图 19-3 来阐释自制股利过程。图中 A 点表示公司在时间 0 和时间 1 的现金流量为每股 10 美元，该点同时也代表最初的股利政策。然而，如我们所知，公司也可选择在时间 0 发放每股 11 美元，在时间 1 发放每股 8.9 美元的股利政策，图中用 B 点表示。类似地，图中斜线上的任意一点代表公司或者通过发行新股，或者通过回购原有股票而实现的股利支付额。

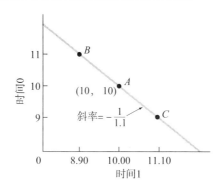

图 19-3　自制股利：时间 0 每股股利与时间 1 每股股利的权衡（单位：美元）

注：此图说明了：①经理如何改变股利政策；②个人投资者如何抵消公司的股利政策。

　　经理改变股利政策：图中 A 点，公司将所有的现金流量都发放给股东。公司可以通过发行新股以支付额外股利，从而达到图中 B 点；公司也可用其现金购回原有股票以达到图中 C 点。

　　个人投资者抵消公司的股利政策：假设公司采取图中 B 点的股利政策，在时间 0 发放 11 美元股利，在时间 1 发放 8.9 美元股利。投资者可将其中的 1 美元股利按 10% 的报酬率进行再投资，从而使其达到图中 A 点。假设公司采取图中 A 点的股利政策，投资者在时间 0 卖出 1 美元的股票，从而使其达到图中 B 点。总之，无论公司采取何种股利政策，投资者都可以抵消掉。

图 19-3 中的斜线不仅代表了公司经理的所有可能选择，也代表了股东的所有可能选择。例如，如果股东收到的股利分布为（11 美元，8.9 美元），他要么通过将其中部分股利再投资从而向图中右下部分移动，要么通过出售部分股票从而向图中左上部分移动。

图 19-3 揭示的规律可总结如下。

（1）通过改变股利政策，经理可以达到图中斜线上任意一点的股利支付额。

（2）在时间 0 要么将多余的股利再投资，要么出售部分股票，任何投资者均能得到图中斜线上任意一点的现金股利。

由于公司和投资者均能沿着图中斜线移动，因此与本模型中的股利政策是无关的。公司管理层做出的股利政策改变，投资者可通过股利再投资或出售部分股票而抵消其影响，最终达到斜线上他所期望的股利额。

### 19.3.5　小测试

你可通过以下两句话来测试你对股利政策的理解程度。

（1）股利是相关的。

（2）股利政策是无关的。

第一句话来自常识。很明显，如果其他时间的股利水平维持不变，投资者在某一时点必定更喜欢高股利。换句话来说，如果在某一时间的每股股利提高，而其他时间的每股股利保持不变，股票价格将上升。这可通过提高生产效率、增加节税额或强化产品营销之类的管理决策来实现。实际上，你可以回忆一下，我们在第 9 章中就阐述了公司权益的价值等于其未来所有股利的现值。

一旦我们意识到股利政策不可能在提高某一时间每股股利的同时，保持其他所有时间的每股股利不变，则第二句话就容易理解了。更确切地说，股利政策只是某一时间股利与另一时间股利的权衡。正如图 19-3 所示，只有当时间 1 的股利减少时，时间 0 的股利增加才有可能实现。因而，某一时间股利的减少并不会影响所有股利的现值。

### 19.3.6 股利政策与投资决策

上面的讨论表明通过发行新股来增加股利既无益于也无害于股东，同样，通过回购股票来减少股利对股东也无益无害。理解这一结论的关键是假设现金流量的总金额是固定的，并且我们不得改变可用的正净现值的项目。

那么，减少资本性支出以提高股利会怎样呢？前面几章曾述及公司应该接受所有的净现值大于 0 的项目，否则将会降低公司价值。因此，我们认为：

公司任何时候都不应放弃净现值大于 0 的项目，以提高股利或用于发放首次股利。

莫迪利亚尼和米勒二人间接地提到这一观点。他们在股利无关论中隐含的一个假设是："公司的投资决策事前已经确定，不会因股利政策的变化而改变。"[⊖]

## 19.4 股票回购

公司可能会用现金去回购自己的股票而代替发放现金股利。近年来，股票回购已成为公司向股东分配利润的一种重要形式。图 19-4 收集了美国大型企业在 2004—2020 年的股利、回购和净利润合计数。从图中可以看到，2008 年之前，回购金额都超过股利金额；2008 年和 2009 年，股利金额超过了回购金额，但 2009 年之后这一趋势又发生了逆转。从图中还可发现，回购和股利都存在"黏性"现象，2008 年公司净利润为负数，但股利和回购水平变化不大。更通俗地说，利润的波动幅度大于股利和回购的波动幅度。

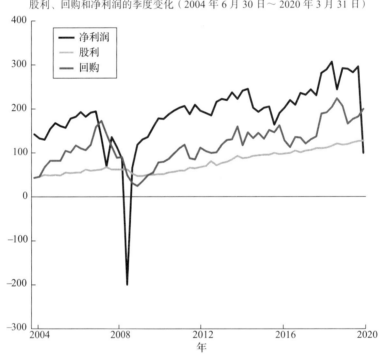

股利、回购和净利润的季度变化（2004 年 6 月 30 日～2020 年 3 月 31 日）

图 19-4 美国大型企业的股利、回购和净利润

资料来源：S&P Dow Jones Indices, S&P.

股票回购通常采用以下 3 种方法进行。第一，**公开市场回购**（open market purchase）。像普通投资者一样，公司按照公司股票当前市场价格购买自己的股票。在这种公开市场回购中，公司无须披露其购买身份，因此股票卖方根本无法判断其股票是回售给公司还是其他的投资者。

---

⊖ The original paper is Franco Modigliani and Merton H. Miller, " The Cost of Capital, Corporation Finance and the Theory of Investment, " *American Economic Review* 48, no. 3 (June 1958): 261–97.

第二，**要约回购**（tender offer）。在这种情况下，公司向所有股东宣布将以某一价格回购一定数量的股票。例如，假设 Arts and Crafts（A&C）公司流通在外的股票数为 100 万股，每股股价 50 美元，公司发出要约将以每股 60 美元的价格回购 30 万股。A&C 公司将回购价格定为高于 50 美元，是为了吸引股东卖出他们的股票。实际上，如果要约价格足够高，股东打算卖出的股票数量会多于 30 万股。极端情况下，所有流通在外的股票都接受要约，此时 A&C 公司将按 10∶3 的比例回购股票。另外，如果股东要约的股票数量不够，回购就会取消。要约回购也可以采用**荷兰式拍卖**（Dutch auction）的方式。此时，公司不设定固定的价格回购股票，而是采用拍卖的方式。公司先宣布在不同的价格总共愿意回购的股数，而后股东进行投标，说明愿意以某一特定价格出售的股票的数量，公司汇总所有股东提交的价格和数量，根据计划回购数量确定最低的回购价格。

第三，**目标回购**（targeted repurchase）。在这种情况下，公司向特定股东回购一定数量的股票。例如，国际生物公司在 4 月以 38 美元的价格购买了 P-R 公司约 10% 流通在外的股票，同时向美国证券交易委员会报告准备最终收购 P-R 公司。5 月，P-R 公司以 48 美元的价格回购了国际生物公司持有的公司股票，该价格高于同期市场价格，但这一要约不面向其他股东。

公司之所以采用目标回购的方式，可能是出于以下原因：向个别大股东回购股票的价格通常低于要约回购价格，法律费用也较低；另外，回购大股东的股票还可以避免对管理层不利的收购兼并。

现在，我们首先来考虑一个完美资本市场的理想世界中的股票回购例子，然后再考虑实际生活中股票回购的决定因素。

### 19.4.1　股利与回购：概念框架

假设电话工业公司拥有 300 000 美元（每股 3 美元）的剩余现金，目前正准备将这笔资金立即作为额外股利发放给股东。公司预计发放股利后，年度利润总额为 450 000 美元，即每股收益 4.5 美元（外发股票数量为 100 000 股）。同类公司的市盈率为 6，因此该公司发放股利后，其股票的市场价格为 27（=4.5×6）美元。有关数据参见表 19-1 的上半部分。由于每股股利为 3 美元，发放股利前，公司股票的市场价格应为 30 美元。

表 19-1　股利与回购　　　　　　　　　　　　　　　　　　　　　　　　　　　　　　（单位：美元）

| | 总额 | 每股 |
| --- | --- | --- |
| **额外股利** | | （外发股票 100 000 股） |
| 计划股利 | 300 000 | 3 |
| 发放股利后年度利润预测值 | 450 000 | 4.5 |
| 发放股利后的股票市场价值 | 2 700 000 | 27 |
| **回购** | | （外发股票 90 000 股） |
| 回购后年度利润预测值 | 450 000 | 5 |
| 回购后的股票市场价值 | 2 700 000 | 30 |

另外，公司也可利用剩余现金去回购自己的股票。假设回购价为 30 美元，公司回购 10 000 股，这样仍然发行在外的股票为 90 000 股。由于外发股票数量减少，因此每股收益将升至 5（=450 000/90 000）美元。无论是发放股利还是回购股票，公司面临的经营风险和财务风险相同。因此，市盈率仍为 6，回购后股票市场价格将达到 30（=5×6）美元。有关数据参见表 19-1 的下半部分。

如果不考虑佣金、税收和其他不完美因素，股东对是发放股利还是回购股票并不在意。在公司发放股利的情况下，每位股东将拥有每股价值 27 美元的股票并收到 3 美元的股利，总价值为 30 美元。这一结果与公司回购股票情况下股东出售股票收到的价款和持有的剩余股票的价值之和完全相等。

本例说明了在完美市场里，公司无所谓是发放股利还是回购股票。在回购股票的情况下，股票价格保持不变。而在发放股利的情况下，股票价格将下跌。然而，由于在发放股利的情况下，股东收到的现金股利正好可以弥补股价下跌的金额，因此他们并不在意。这一结论与 MM 提出的负债融资与股权融资无关、股利与资本利得无关的理论非常相似。

你可能经常在通俗财经杂志上看到出于每股收益（EPS）的提高，股票回购协议是有利的文章。上例中股票回购与股利相比，电话工业公司的 EPS 确实提高了：从 4.5 美元提高到 5 美元。这主要是因为股票回购后，股票数量减少了，EPS 公式中的分母小了。

然而，财经杂志常常过于强调股票回购协议中的 EPS 数字。根据我们刚刚讨论过的无关理论，EPS 的提高并没带来好处。表 19-1 表明，在完美资本市场，发放股利和回购股票两种策略下股东的总价值是完全相同的。

### 19.4.2　股利与回购：现实世界的考量

图 19-4 显示，相对于股利，股票回购增长较快。事实上，许多发放股利的公司同时也回购股票。这表明股票回购并不总是股利的替代，而是股利的补充。例如，近年来，美国工业企业中仅仅发放股利或仅仅回购股票的公司数与同时发放股利和回购股票的公司数几乎相当。为什么这些公司选择股票回购而不是发放股利呢？常见的理由有以下 5 个。

#### 1. 弹性

公司通常将股利视为对股东的承诺，轻易不愿意减少现有股利，而股票回购则不会看作类似的承诺。因此，当公司的现金流量长期稳定增长时，公司可能会提高其股利。相反，当公司现金流量的增长只是暂时的，公司通常会回购其股票。

#### 2. 管理层激励

作为整体报酬的一部分，管理层经常被授予一定的股票期权。我们再回到表 19-1 中的电话工业公司，其股票市场价格为 30 美元，公司正在考虑是发放股利还是回购股票。我们进一步假设，电话工业公司两年前授予其 CEO 泰勒 1 000 股股票期权，当时股票价格仅为 20 美元。也就是说，泰勒先生可以在期权授予日至到期日之间的任何时候，按 20 美元的价格购买 1 000 股股票，他行权的利得取决于股价超过 20 美元的多少。正如我们前面所知，发放股利后股票价格将下降到 27 美元，而回购时股票价格维持 30 美元不变。股票回购后股票价格与行权价格之差为 10（=30-20）美元，而发放股利后差额仅为 7（=27-20）美元，CEO 显然更喜欢股票回购。与发放股利相比，股票回购后的股票价格通常较高，因此回购股票时期权的价值更高。

#### 3. 对冲稀释

股票期权行权后将增加流通在外的股票数量，从而会稀释股票。为此，公司常常回购其股票以对冲稀释。尽管很难证明这是回购的有效理由。如表 19-1 所示，与股利相比，回购既不好，也不坏。该结论的前提为事前是否执行了股票期权。

#### 4. 价值低估

很多公司回购其股票是因为它们认为回购是最好的投资，当管理层认为股价暂时低估时尤其可能发生回购。

某些公司在股价低估时回购其股票，并不意味着公司管理层一定是正确的，这只有实证研究才能做出判断。到目前为止，研究结论不太一致。不过，宣布股票回购后股票市场的短期反应经常是积极的，因为这向市场传递了管理层认为公司比目前市场价格更有价值的信号。

#### 5. 税收

股利和股票回购的税收问题将在下一节中进行深入探讨，这里只强调一点：回购股票的税收要比股利更有利。

## 19.5　个人所得税、股利与股票回购

第 19.3 节阐述了在没有税收和其他摩擦因素下，如果可分配现金流量没有变化，股利分配的时间是无所谓的；第 19.4 节分析认为，在同样的完全市场下，股利和股票回购也是无关的。本节则分析税收对股利和股票回购的影响。为使讨论简化，我们将公司分成两种类型：没有充足现金支付股利的公司和拥有充足现金支付股利的公司。

### 19.5.1 没有充足现金支付股利的公司

没有充足现金并且业主只有一个人的公司是最简单的。如果这种公司决定发放 100 美元的股利，则必须筹集资金。为此，它可选择发行股票或债券。为简化起见，我们假设业主发行股票给自己，自己提供现金给公司。这一交易如图 19-5a 所示。如果没有税收，当发行股票时，100 美元现金流入企业，然后立即作为股利支付出去。这样，发放股利后业主既没有受益也没有受损。这一结果与 MM 一致。

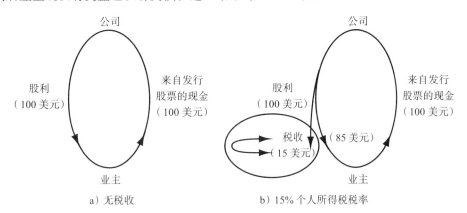

图 19-5 公司发行股票以发放股利

注：在没有税收的情况下，业主收到的 100 美元股利实际上是他在购买股票时交给企业的 100 美元。这一交易过程被称为"**漂洗**"（wash）。也就是说，它没有产生任何经济影响。在有税收的情况下，业主仍然收到 100 美元股利，但是他必须缴纳 15 美元税收给美国国税局（IRS）。因此，当企业发行股票来发放股利时，业主受损，美国国税局受益。

接下来，我们假设股利要按 15% 的个人所得税税率纳税。发行股票时，企业仍然能收到 100 美元现金，但是，100 美元股利却不能全部流回给业主。相反，由于股利要征税，业主仅能得到 85 美元税后净股利，因而业主损失了 15 美元。

尽管上述例子是人为构造和不真实的，但是在更为复杂的情形下也能得到类似的结论。因此，财务学者普遍认为，在有个人所得税的情况下公司不应通过发行股票来发放股利。

股票的直接发行成本会加剧这一影响。发行新股筹集资金时必须向投资银行支付费用。因而，企业发行新股筹集的净现金流入量必然小于其发行资本。由于降低股利可以减少新股的发行规模，因此有人赞同低股利政策。

当然，上述不要通过发行新股来发放股利的建议在现实世界里或许应做一定的修正。当一家公司多年来都有稳定、大额的现金流量时，通常会采取常规股利政策。如果某一年的现金流量突然剧减，是否应该发行新股来保持股利的连续性呢？按照前面的观点不应增发新股，但许多经理都出于现实理由而发行新股。这主要是由于股东偏爱稳定的股利政策。所以，经理虽然非常清楚税收的负面效应，但仍不得不发行新股以维持稳定的股利。

### 19.5.2 拥有充足现金支付股利的公司

以上讨论表明，在有个人所得税的情况下，最好不要通过发行新股来发放股利。那么，股利税收的不利效应是否意味着更为激进的股利政策：在有个人所得税的世界里，任何情况下永远不要发放股利？

对于拥有大量现金的公司来说，这一规则不太适用。为了证明这一点，假设一家公司在投资了所有净现值大于 0 的项目和预留了最低限度的现金余额后，仍有 100 万美元现金。

公司面临以下几种股利方案选择。

（1）**加大资本预算项目的投资**。由于所有净现值大于 0 的项目公司都已经投资了，如果再投资，则只能投资于净现值小于 0 的项目。这明显与公司理财的理念不符。尽管我们不赞同这一策略，但学者研究发现很多经理都选择投资净现值小于 0 的项目而不发放股利。[一]由于管理层的声誉、工资和津贴往往与公司规模大小有关，因此他们宁愿将现金留在公司。这虽然对管理层自身有利，但损害了股东利益。关于这一主题，我们在第 17 章 "自由现金流量"一节中已做过讨论。

（2）**收购其他公司**。为了避免发放股利，公司可能利用剩余现金去收购其他公司。这种策略的优点在于能获取盈利资产，然而，收购过程会花费巨额成本。此外，收购价必然会高于市场价，溢价 20%～80% 是常有的事。正因为此，许多研究者认为兼并对收购方来说并不总是有利可图的，即使公司是因正常的商业目的去收购。因此，公司如果仅仅为避免发放股利而去收购别人是很难成功的。

（3）**购买金融资产**。购买金融资产以代替股利发放的策略可用下面的例子来说明。

**例 19-1　股利和税收**

　　Regional 电力公司拥有 1 000 美元剩余现金。公司既可以将这些剩余现金保留在公司，并去投资收益率为 10% 的国库券，也可以以股利的形式发放给股东。股东同样可以投资国库券，并获得相同的收益率。假设公司所得税税率为 21%，个人所得税税率为 28%，但股利的最高税率为 15%。两种策略下 5 年后股东分别能得到多少现金？

　　如果现在发放股利，股东将收到 1 000×（1-0.15）=850（美元）税后现金。股东投资国库券的税后收益率为 7.2% [=10%×（1-0.28）]，因此他们在 5 年后收到的现金为（需要注意的是，本例中利息收入的个人所得税税率为 28%，而股利的个人所得税税率为 15%）：

$$850×（1.072）^5 = 1\,203.35（美元）$$

　　如果 Regional 电力公司保留现金并将其投资于国库券，其利息税后收益率为 0.079 [= 0.1×（1-0.21）]，5 年后公司将获得 1 000×（1.079）^5 = 1 462.54（美元）现金。如果这笔钱作为股利发放给股东，股东 5 年后得到的税后现金为：

$$1\,462.54×（1-0.15）= 1\,243.16（美元）$$

　　如果公司立即发放股利，股东将能得到更多的现金。

　　此例表明，当公司拥有剩余现金时，股利支付率取决于公司所得税税率和个人所得税税率的高低。如果个人所得税税率高于公司所得税税率，公司会倾向于降低股利支付率；如果个人所得税税率低于公司所得税税率，公司则倾向于将剩余现金作为股利发放给股东。

2020 年，美国个人所得税税率最高为 37%，公司所得税税率最高为 21%。许多投资者适用的税率都高于公司所得税税率，因此公司应有动机保留现金。

不过，税法的一个奇怪规定可能会带来一个有趣的现象。公司投资于其他公司股票而收到的股利，其中的 50% 可以免征所得税，[二]而个人投资者无法享受该优惠。这一税法规定可能会使公司将现金投资于其他公司股票较直接发放股利更为有利。

公司到底是投资购买金融资产还是发放股利，其决策相当复杂。这取决于公司所得税税率、投资者的边际税率以及股利税收优惠政策。在实际生活中，大多数公司偏爱投资金融性资产，很少公司会无限制地保留现金。因为根据美国《国内收入法》第 532 条规定，公司"不合理的累积盈余"是要受到处罚的。总之，购买金融资产、投资于净现值为负的项目、收购其他公司都不能阻止持有充足现金的公司发放股利。

（4）**回购股票**。上节中，我们认为在没有税收和交易成本的世界中，投资者对股票回购和发放股利是无所谓的。然而，在现行税法下，股东通常还是更偏爱股票回购。

---

[一]　见 Michael C. Jensen, " Agency Costs of Free Cash Flow, Corporate Finance, and Takeovers," *American Economic Review* 76, no.2 (May 1986)：323-29.

[二]　这一优惠适用于当公司投资于其他公司股票的比例小于 20% 时；当公司投资于其他公司股票的比例大于 20% 时，其收到的股利的 65% 可以免征所得税；当公司投资于其他公司股票的比例超过 65% 时，其收到的所有股利都可以免征所得税，但公司投资债券收到的利息不属于此项优惠之范畴。

例如，假设一个投资者每100股股票可以收到1美元股利，所得税税率为15%，则投资者收到的股利就要缴纳15美元的税收。如果回购100美元现有股票，卖出股票的股东只用缴纳较少的税收。这主要是因为只有出售股票的利得才须征税。如果股票的购买成本为60美元，卖出价为100美元，则出售利得仅为40美元，资本利得税额为6（=15%×40）美元，远低于发放股利税收的15美元。需要注意的是，即使在股票回购和股利的税率都为15%时，股票回购缴纳的税收仍低于股利所缴纳的税收。

在这里，问题的关键是收到股利的应税投资者必须缴税。而在股票回购时，同样的投资者可以选择不缴税，拥有潜在大额资本利得的投资者可以选择不出售股票，反之亦然。上述4种方案中，最好的应为股票回购。实际上，学术界一直在质疑为什么公司发放股利而不采取股票回购的方式。至少有两个可能的理由。第一，Grullon 和 Michaely 指出，美国证券交易委员会过去曾指控某些公司利用股票回购违法操纵股价。[⊖]不过，这些学者也指出1982年实施的SEC10b-18号规则提供了避免股价操纵指控的指引。该指引很容易遵守，因此公司现在已不必担心法律指控。实际上，Grullon 和 Michaely 相信近10年来股票回购案的大幅增加应是SEC10b-18号规则实施的结果。第二，如果公司回购自己股票的目的仅仅是逃避股利征税，很可能会招致美国国税局的惩罚。然而，这一威胁并没能阻止公司股票回购的增长。因此，这两个理由看起来仍无法完全说明公司为什么不进行股票回购。

### 19.5.3　个人所得税问题小结

本节认为考虑到个人所得税的影响，公司将倾向于减少股利的发放，它们可以加大资本性支出，回购股票，收购其他公司或购买金融资产。然而，出于财务上的考虑和法律上的限制，拥有大量现金流量的理性的公司在完成这些活动之后仍然留有足够的现金去发放股利。

很难解释公司为什么发放股利而不回购股票。回购股票节约的税收是显著的，害怕美国证券交易委员会或美国国税局的审查其实是夸大其词。在这个问题上，学术界有两种观点。一些学者认为公司只是放慢了利用回购好处的步伐，由于这一观念已深入人心，用股票回购取代股利的趋势必将继续。相反，另一些学者认为公司一直有很多理由支持发放股利。在下一节中，我们就来讨论发放股利的潜在好处。

## 19.6　偏好高股利政策的现实因素

前一节指出由于股利要按个人所得征税，因此财务经理想方设法地降低股利。在分析了增加资本支出项目、收购其他公司和囤积资金所面临的问题后，我们发现股票回购具有很多好处，例如节约税收。本节将讨论在股利需要缴纳个人所得税的情况下，为什么公司仍然要向其股东发放高额股利。

### 19.6.1　喜爱现期收入

有观点认为大多投资者都喜爱现期收入，典型的例子是退休人员和其他靠固定收入生活的人。这些投资者在股利提高时哄抬股价，在股利降低时打压股价。

这一观点在完美资本市场里并不成立，因为喜爱高额现期现金流量却持有低股利股票的投资者可以很容易地卖掉股票，从而取得其所需要的资金。因此，在无交易成本的市场里，现期股利高的股利政策并不有益于股东。

但是，现实生活中现期股利是有关的，因为出售低股利股票将产生佣金和其他交易费用，而投资高股利股票则不会产生这些直接现金费用。此外，出售股票要耗费股东的时间，这些都促使投资者去购买高股利的证券。

然而，正确地看待这一问题，必须记住共同基金之类的金融中介机构能够以极低的成本替个人投资者完成这些再包装交易。这些中介机构买进低股利的股票，然后通过一定的措施实现利得，再以较高的支付率发放给其投资者。

---

⊖ 见 Gustavo Grullon and Roni Michaely, "Dividends, Share Repurchases, and the Substitution Hypothesis," *Journal of Finance* 57, no.4 (August 2002):1649-84.

### 19.6.2　行为金融

出售无股利证券的交易成本并不能解释投资者为什么偏爱股利。还有其他原因解释高股利吗？第14章介绍的行为金融学说认为，行为金融对有效资本市场提出了重大挑战。同样，行为金融也为高股利提供了另一种解释。

这里，我们介绍一个心理学上十分重要的概念——**自我控制**。我们不可能为了弄清自我控制的概念而去完整地学习心理学，因此仅以减肥为例来加以说明。假设大学生马丁过完圣诞节后，体重比他希望的稍微增加了几磅。几乎每个人都认为节食和锻炼是减肥的两个手段，但马丁如何将其付诸实施呢（我们重点讨论锻炼，节食的原理完全相同）？其中一个方法（我们称为经济学家方法）是尽量做出理性决策。马丁每天都要权衡锻炼的收益与成本，或许大多数情况下他都会选择锻炼，因为减肥对他来说非常重要。然而，当他忙于应付考试时，他理性的决策是不锻炼，因为他没有时间。遇到社会活动时同样如此，当有聚会或其他社会活动时，马丁理性的决策也是不锻炼。

初看起来，这是合理的。问题是他每天都必须做出选择，而大多数时间里人们都缺乏自我控制。他可能会告诉自己，在某一天他没有时间去锻炼，实际上只是他开始发现锻炼太枯燥了，并不是真的没有时间。不久，借口不锻炼的天数越来越多，结果体重反而增加了。

还有其他方法吗？可以制定一套严格的规则。马丁决定不管怎样每周锻炼5天。这或许对每个人来说不是必须的最好方法，但毫无疑问大多数人依靠规则生活。Shefrin和Statman[一]描述了一些典型的规则。

- 每天至少慢跑两英里[二]。
- 每天摄取热量不超过1 200卡。
- 至少将工资的2%储蓄，用于孩子的大学教育，任何时候都不能从中取款。
- 永远不沾一滴酒。

这些与股利有什么关系呢？投资者也必须应对自我控制问题。假设一个退休者打算一年从其储蓄、社保金和养老金中拿出20 000美元消费。他既可以购买一年足以分配20 000美元的高股利收益率的股票，也可以购买不发放股利的股票，然后每年出售20 000美元的股票来消费。两种方法的财务结果看起来相同，不过第二种方法灵活得多。如果缺乏自我控制，他就可能股票卖得太多，留给以后年份的股票就比较少。比较好的解决办法或许是投资于发放股利的股票，并且严格遵守永远不消耗本金的原则。尽管行为学家并没有声称此方法对每个人都有效，但确实有很多人这样考虑，足以解释为什么股利虽然要征税，公司仍然发放股利。

行为金融学者也赞同增加股票回购吗？答案是否定的，因为投资者会卖掉公司回购的股票。正如前面所说，出售股票较为灵活，投资者可能一时卖出太多的股票，导致留给以后年份的股票比较少。因此，行为理论较好地解释了为什么在存在个人所得税的情况下公司依然发放股利。

### 19.6.3　代理成本

虽然股东、债权人和经营者为了共同的利益而组成公司，但其中的一方会通过牺牲他人的利益而获利。例如，股东和债权人之间经常出现利益冲突。债权人希望股东尽可能多地将现金留在公司里，这样当公司面临财务困境时，公司有足够的现金来偿还债权人。与此相反，股东喜欢将剩余的现金作为股利发放给自己。作为股东代表的经营者，发放股利仅仅是为了不让现金留给债权人。也就是说，股利使得债权人的财富转移给了股东。实证研究也证明了这一点，例如，DeAngelo和DeAngelo研究发现处于财务困境的公司却不愿意削减股利。[三]债权人当然知道股东有将资金从公司转移出去的倾向，为了保护自己，债权人常常在贷款协议中规定，只有当公

---

[一] Hersh M. Shefrin and Meir Statman, "Explaining Investor Preference for Cash Dividends," *Journal of Financial Economics* 13, no.2 (June 1984): 253-82.

[二] 1英里=1 609.344米。

[三] Harry DeAngelo and Linda DeAngelo, "Dividend Policy and Financial Distress: An Empirical Investigation of Troubled NYSE Firms," *Journal of Finance* 45, no.5 (December 1990): 1415-31.

司的利润、现金流量和营运资本超过预先约定的水平时才能发放股利。

尽管当股东与债权人发生利益冲突时，经营者会站在股东一方，但在其他情况下，经营者会牺牲股东的利益来追求自身效益最大化，例如前面章节中介绍的经营者可能会虚报费用、投资净现值为负的项目或者不努力工作。当公司拥有充足的自由现金流量时，经营者更容易追求自私利益目标。不过，当资金不是那么容易取得时，人们就无法浪费了。因此，有的学者建议董事会可把股利作为降低代理成本的手段。[一]将剩余现金流量以股利形式发放，可以减少经营者浪费企业资源的可能性。

以上主要讨论的是增加股利的理由，这些理由同样适用于股票回购。作为股东代表的经营者，通过股票回购可以像股利一样容易地不把现金留给债权人。作为股东代表的董事会，通过股票回购可以像股利一样容易地减少经营者挥霍的现金。因此，代理成本不是只支持股利而不支持股票回购，而是说，根据代理成本理论，公司要么提高股利，要么进行股票回购，但不应保留大量现金。

新冠疫情全球大流行引爆了发放股利而不是将现金留存公司可能存在的另一个潜在的代理问题。2020年4月，以肯德基、温迪、棒约翰为代表的大型连锁餐饮企业向政府寻求1 450亿美元救济基金以帮助它们渡过因新冠疫情而引发的关店潮。然而，这些餐饮企业近年来一直赢利丰厚，如果它们将这些利润不以发放股利或股票回购的形式分配出去而是留在公司以备不时之需，即使没有政府救助，这些企业依然有能力在新冠疫情期间发放工资和偿还贷款。一些激进专家因此宣称这些公司故意发放股利以便在危机时能够申请政府补助。

### 19.6.4 股利的信息内涵和股利信号

#### 1. 信息内涵

虽然还有很多股利问题研究者并不清楚，但有一点我们很确信：当公司宣布提高股利时，公司的股票价格通常会上涨；而当公司宣布降低股利时，公司的股票价格往往会下跌。例如，Asquith和Mullins估计，在宣布首次发放股利时股票价格大约上涨了3%，[二]Michaely、Thaler和Womack则发现宣布停发股利后股票价格大约下跌了7%。[三]

问题是我们如何解释这些实证结果。关于股利的观点有以下三种。

（1）如果未来盈利（或现金流量）保持不变，MM认为由于投资者可以自制股利，股利政策是无关的。

（2）由于税收的影响，当未来盈利（或现金流量）保持不变时，公司股票价格与现期股利负相关。

（3）由于股东偏爱当前收入，即使未来盈利（或现金流量）保持不变，公司股票价格也与现期股利正相关。

乍看起来，上述实证结果与观点（3）相一致而与观点（1）和（2）相矛盾。许多学者都同意这一点。但是，其他学者则批评说实证结果实际上与三个观点都是一致的。他们指出公司不愿意削减股利，因而只有当公司确信未来盈利和现金流量等将提高到足以保证股利以后不可能再减少到以前的水平时，才会增加股利。股利的增加是经理向市场传递公司前景良好的**信号**。

对美好前景的预期，而不仅仅是对现期收入的喜爱导致了股价上升。股票价格随着股利信号而上涨的现象被称作股利的**信息内涵效应**（information-content effect）。概括地说，当未来盈利（或现金流量）保持不变时，股票价格不会受到股利水平的影响或是受到股利水平的负面影响，不过，信息内涵效应意味着如果股利增加能够导致股东调高其对公司未来盈利（或现金流量）的预期，则股利增加股价会上升。

---

[一] Michael Rozeff, " How Companies Set Their Dividend Payout Ratios, " in *The Revolution in Corporate Finance*, eds. Joel M. Stern and Donald H. Chew (New York: Basil Blackwell, 1986). See also Robert S. Hansen, Raman Kumar, and Dilip K. Shome, " Dividend Policy and Corporate Monitoring: Evidence from the Regulated Electric Utility Industry, " *Financial Management* 23, no.1 (Spring 1994): 16-22.

[二] Paul Asquith and Donald Mullins, " The Impact of Initiating Dividend Payments on Shareholders' Wealth, " *Journal of Business* 56, no.1 (January 1983): 77-96.

[三] Roni Michaely, Richard Thaler, and Kent Womack, " Price Reactions to Dividend Initiations and Omissions: Overreaction or Drift? " *Journal of Finance* 50, no.2 (June 1995): 573-608.

### 2. 股利信号

上面我们分析认为，市场通过股利增加推断公司的利润和现金流量将增长，从而导致股价上涨。相反，市场通过股利减少推断公司的利润和现金流量将下降，从而导致股价下跌。这就提出了一个有趣的问题：即使管理层知道现金流量不会增长，他们能否通过提高股利让市场认为现金流量将会增长？

这一策略看起来不太诚实，学者认为管理层经常试图采取这种策略。学者从一个全权益公司的下列公式开始论证：

$$现金流量 = 资本支出 + 股利^{\ominus} \tag{19-1}$$

如果公司既不发行股票也不回购股票，式（19-1）肯定成立。也就是说，公司产生的现金流量肯定会用在公司业务上，如果没有发放股利，就肯定用于某些支出。不管是资本支出项目还是购买国库券，都属于支出。

假设目前正处于年度中间，投资者试图对全年的现金流量进行预测。这些投资者可以利用式（19-1）来估计现金流量。例如，公司宣布本期股利将是 5 000 万美元，市场认为公司的资本支出是 8 000 万美元，则市场估计现金流量为 13 000（=5 000+8 000）万美元。

现在我们假设公司宣布的股利是 7 000 万美元，市场可能会认为现金流量仍将维持 13 000 万美元，资本支出则降为 6 000（=13 000−7 000）万美元，此时，市场预期有价值的资本支出减少了，股利增加可能会引起股价下跌。另外一种可能是，市场可能会预期资本支出仍将维持在 8 000 万美元，现金流量则提高为 15 000（=7 000+8 000）万美元。此时，市场预期现金流量增加了，股利增加可能会引起股价上涨。通常，学者认为第二种假设更现实一些，因此股利增加后股价会上涨。

现在我们来讨论管理层欺骗公众的动机。如果管理层打算立即出售其个人持有的公司股票，他当然希望股价上涨了。此时，他就有可能提高股利，市场将提高对公司现金流量的预期，从而股价上涨。

如果这一策略具有足够的吸引力，有什么东西能够阻止管理层无限地提高股利吗？有的，因为提高股利也是有成本的。那就是，公司将放弃一些盈利项目。式（19-1）中的现金流量是一定的，提高的股利只能通过缩减资本支出来获得。市场在某一天会意识到，现金流量并没有增加，只不过缩减了发展前景良好的资本支出。当市场消化了这一信息后，股票价格将下跌到股利没有增加时候的水平之下。因此，如果你计划出售一半股票，继续持有另一半股票，股利的增加对你立即出售的股票有利，但对以后将出售的剩余部分股票则不利。所以，其他条件不变时，股利支付水平的决策取决于管理层出售个人股票的时间。

这是股利信号的一个简单例子，管理层按照自身利益最大化原则来制定股利政策。$^{\ominus}$管理层或许不打算立即出售其持有的股票，但他们知道很多普通投资者打算这样做。因此，出于股东利益考虑，管理层时时都要意识到权衡当前与未来的股票价格。这就是股利信号的实质。这还不足以让管理层按照公司价值最大化来制定股利政策，但是他必须考虑股利政策对当前股价的影响，即使当前股价并没有反映公司的真正价值。

## 19.7 客户效应：现实问题的解决？

前面两节指出，个人所得征税的存在使得投资者偏爱低股利股票，但是另外一些因素的存在又使得投资者喜爱高股利股票。财务业界希望能够很容易地确定到底哪类因素占主导。不幸的是，多年的研究都表明没人能够发现这两类因素中何者更重要。我们可能怀疑这两类因素能如此完美地相互抵消，这就太令人惊讶了。

一种被称作**客户效应**（clientele effect）的独特观点认为这两类因素可能最终会完全相互抵消。为说明这一

---

⊖ 式（19-1）中正确的表示应为现金流量而不是盈利，但从盈利的角度而不是现金流量的角度来讨论股利信号也不会有太大问题。——作者注

⊜ 信号模型的论文参见 Sudipto Bhattacharya, "Imperfect Information, Dividend Policy, and 'the Bird in the Hand' Fallacy," *Bell Journal of Economics* 10, no.1 (Spring 1979): 259-70; Sudipto Bhattacharya, "Nondissipative Signaling Structure and Dividend Policy," *Quarterly Journal of Economics* 95, no.1 (August 1980): 1-24; S. Ross, "The Determination of Financial Structure: The Incentive-Signalling Approach," *Bell Journal of Economics* 8, no.1 (Spring 1977): 23-40; and Merton H. Miller and Kevin Rock, "Dividend Policy under Asymmetric Information," *Journal of Finance* 40, no.4 (September 1985): 1031-51.

点，我们将投资者分成高税收等级和低税收等级两大类。处于高税收等级的个人投资者更偏爱低股利或无股利。低税收等级的投资者通常分为三类：一是低税收等级的个人投资者，如果喜爱现期收入，他们很可能希望发放一定的股利；二是保险基金，它们的股利收入和资本利得都无须纳税，由于无须纳税，因此如果它们偏爱现期收入也会希望发放股利；三是公司，它们至少有50%的股利收入可以免税，但资本利得一分也不能免，因此，即使公司对现期收入也无偏好，它们仍宁愿投资于高股利股票。

假设40%的投资者喜爱高股利，60%的投资者喜爱低股利，只有20%的公司发放高额股利，80%的公司发放低额股利。这样，高股利公司供应不足，因而其股价会上升；相反，低股利公司的股价会下跌。

然而，所有公司的股利政策不可能长期固定不变。本例中，我们预计有足够的低股利公司将提高股利支付率，从而有40%的公司发放高额股利，60%的公司发放低额股利。这一转化发生后，没有公司能够从改变股利政策中受益。一旦公司的股利支付率与股东的需求一致，则没有公司能够通过改变股利策略来影响其市场价值。

客户的形成过程如下表所示。

| 组别 | 股票 |
| --- | --- |
| 高税收等级个人投资者 | 零股利或低股利支付率的股票 |
| 低税收等级个人投资者 | 低股利或中等股利支付率的股票 |
| 免税的机构投资者 | 中等股利支付率的股票 |
| 公司 | 高股利支付率的股票 |

为了测试你是否理解客户效应，请思考以下问题："在许多投资者都喜欢高股利的情况下，公司可以通过提高股利支付率来使其股价上升。"以上说法是对还是错？

答：错。只要高股利的公司足以满足喜爱高股利的投资者的需求，公司就不能通过发放高股利来提高其股价。只有当客户的需求不能满足时，公司才有可能提高其股价。

我们关于客户效应的讨论是基于投资者的税收等级高低不等的事实。如果股东在乎税收，股票将吸引重视股利收益率的税收追随者。有证据证明这种观点吗？

在图19-6中，John Graham 和 Alok Kumar[一]将普通股按照它们的股利收益率（股利／股价）排名并分成五组，最低组包括20%最低股利收益率的股票，接下来的五分位数组包括20%次低股利收益率的股票，依此类推。每一组中都列出了低、中、高收入投资者的比重。从图中可以看出，相对于低收入投资者，高收入投资者将其资产投入低股利股票的比例要高，与此相反，同样相对于低收入投资者，高收入投资者将其资产投入高股利股票的比例要低。

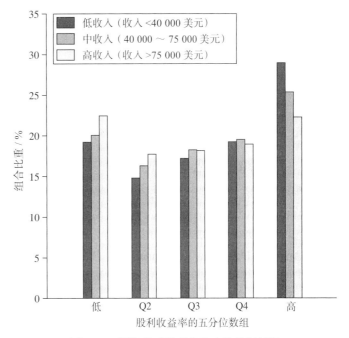

图19-6  投资者对股利收益率的偏好情况

注：所有的股票按照其股利收益率排名并按五分位数组分成五组。每一组中都列出了低、中、高收入投资者的比重。相对于低收入投资者，高收入投资者将其资产投入低股利股票的比例要高，而投入高股利股票的比例要低。

资料来源：Adapted from Figure 2 of John Graham and Alok Kumar,"Do Dividend Clienteles Exist? Evidence on Dividend Preferences of Retail Investors," *Journal of Finance* 61, no.3 (June 2006): 1305-36.

[一]  John R. Graham and Alok Kumar，"Do Dividend Clienteles Exist?Evidence on Dividend Preferences of Retail Investors，"*Journal of Finance*61, no.3（June 2006）: 1305-36.

## 19.8  我们了解的和不了解的股利政策

### 19.8.1  公司股利居高不下

前面论及，与资本利得相比，股利在税收上是不利的，因为股利在收到时就要缴纳股利所得税，而资本利得税可以递延到资本利得实现时才缴纳。然而，股利在美国经济中仍占有重要的分量。图 19-7 显示了美国公司在 1980—2019 年汇总的股利支付率。2019 年这一比率大约为 70%。

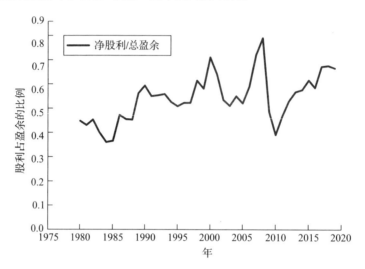

图 19-7　全美公司累计股利占累计盈余的比率（1980—2019 年）

资料来源：The Bureau of Economic Analysis, November2020.

有的人可能争辩说，股利可能主要是发放给了税收等级较低的个人投资者（目前现金股利的税率远低于普通收入），或者像养老金一样无须纳税的机构投资者，所以股利的税负实际上很小。

### 19.8.2  越来越少的公司发放股利

尽管股利占有重要的分量，法玛和弗伦奇（FF）指出，过去 10 年来，发放股利的公司比例呈下降趋势。[一]FF认为下降的主要原因是，近年来，各个交易所都有大量还未赢利的小公司上市，这些公司多半都不发放股利。图 19-8 显示，1980—2002 年，美国工业类公司中发放股利的公司比例大幅减少。

DeAngelo、DeAngelo 和 Skinner 论文中的图表数据也显示，2002—2013 年发放股利的公司的比例上升了，其中一个明显的解释是 2003 年 5 月颁布的法律将股利的最高税率削减到 15%。[二]

图 19-8 并不表明 1980—2015 年所有公司发放的股利都减少了。DeAngelo、DeAngelo 和 Skinner 指出近 10年来，小公司削减股利，但大公司实际上在增加股利。[三]这就导致股利日益集中，2020 年美国 25 家发放股利最高的公司，其股利占所有公司发放的股利之比超过 50%。[四]DeAngelo 和他的同事得出结论："工业类公司呈现出两极结构，少数高盈利公司贡献了大部分的利润和股利，而大部分公司对利润和股利的贡献都比较小。"

[一]　Eugene F. Fama and Kenneth R. French, "Disappearing Dividends: Changing Firm Characteristics or Lower Propensity to Pay?" *Journal of Financial Economics* 60, no.1 (April 2001): 3-43.

[二]　Harry DeAngelo, Linda DeAngelo, and Douglas J. Skinner, "Corporate Payout Policy," *Foundations and Trends in Finance*3, no.2-3 (2008): 95-287. Data updated by the authors.

[三]　Harry DeAngelo, Linda DeAngelo, and Douglas J. Skinner, "Are Dividends Disappearing? Dividend Concentration and the Consolidation of Earnings," *Journal of Financial Economics*72, no.3 (June 2004) : 425-56.

[四]　2020 年，标准普尔 500 公司中约有 80% 的公司发放了现金股利。

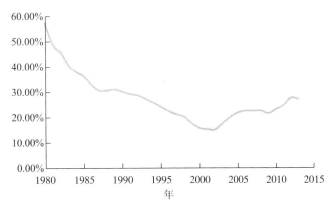

图 19-8　美国所有工业类上市公司发放股利的公司比例（1980—2015 年）

注：该图报告了美国工业公司在 1980—2015 年发放股利公司的比例。该比例在 1980—2002 年显著下降，随后几年有所反弹。

资料来源：Harry DeAngelo, Linda DeAngelo, and Douglas J. Skinner, "Corporate Payout Policy," *Foundations and Trends in Finance* 3, no.2-3 (2008): 95-287. Data updated by DeAngelo, DeAngelo, and Skinner.

### 19.8.3　股利平滑化

1956 年，Lintner 观察到两个重要的股利政策现象。[⊖]第一，现实生活中，公司通常设定一个长期的股利支付率目标。当公司的现金不足且拥有很多净现值为正的投资项目时，其可能设定较低的股利支付率；当公司的现金充足但净现值大于 0 的投资项目有限时，设定的股利支付率会较高。第二，公司经理知道利润变化中只有部分是永久的。由于经理需要一定的时间来评估利润增加的持久性，因而股利变化通常要滞后于利润变化一定的时间。

综合上述两点，Lintner 的发现认为，股利政策取决于两个参数：目标股利支付率 $t$ 和现期股利对目标值的调整系数 $s$。股利变化按照下列模型进行：

$$股利变化 \equiv D_1 - D_0 = s \cdot (t\text{EPS}_1 - D_0) \tag{19-2}$$

式中，$D_1$ 和 $D_0$ 分别代表下一年度和本年度的股利；$\text{EPS}_1$ 代表下一年度的每股收益。

$s=0$ 和 $s=1$ 是两个极端的情况。如果 $s=1$，实际股利变化就等于目标股利变化，此时，股利将全额调整。如果 $s=0$，则 $D_1 = D_0$，也就是说，根本没有任何股利变化。实际工作中，公司设定的调整系数 $s$ 位于 0 和 1 之间。

Lintner 模型意味着，当公司开始进入财务困境时，股利支付率会提高；当公司开始进入繁荣期时，股利支付率会下降。因此股利变化要小于利润变化，也就是说，公司尽量使股利平滑化。

### 例 19-2　股利平滑化

Culculator Graphics 公司（CGI）的目标股利支付率为 0.30，上一年每股收益为 10 美元。根据设定的目标，CGI 上一年每股发放了 3 美元股利。今年，每股收益突然增长到 20 美元，管理层认为这种增长趋势不太可能持久，所以不准备将股利提高到 6（=0.30×20）美元。公司的调整系数为 0.50，因此今年的股利增加额为：

$$0.5 \times （6-3） = 1.50（美元）$$

这就是说，股利增加额等于调整系数 0.5 乘以今年目标股利与上年股利之差。本例中的股利增加额为 1.50 美元，本年度股利应为 4.50（= 3+1.50）美元。

如果下一年的每股收益也保持在 20 美元，则下一年的股利增加额为：

$$0.5 \times （6-4.50） = 0.75（美元）$$

下一年的股利为 5.25（= 4.50+0.75）美元。这样，如果未来所有年份的每股收益都保持在 20 美元，每年的

⊖ John Lintner, "Distribution of Incomes of Corporations Among Dividends, Retained Earnings, and Taxes," *American Economic Review* 46, no.2 (May 1956): 97-113.

股利增长将越来越慢，不过，最终会达到每股股利 6 美元。

**发放股利的利弊**

| 利 | 弊 |
|---|---|
| （1）股利可以吸引那些喜爱稳定现金流量又不愿意承担出售股票所产生的交易成本的投资者 | （1）股利在发放时即征税，而资本利得直到出售时才征税 |
| （2）行为金融学认为缺乏自我控制的投资者购买高股利的股票，这样既可以满足其当期消费需求，又能确保不花掉本金 | （2）发放股利减少了公司的内部融资金额，迫使企业放弃净现值大于 0 的项目或转而寻求代价昂贵的外部权益融资 |
| （3）作为股东代表的管理层发放股利是为了不使债权持有人拿走现金 | （3）一旦股利政策确立了，股利的削减对股票价格会带来负面影响 |
| （4）作为股东代表的董事会通过发放股利可以减少管理层挥霍的现金 | |
| （5）管理层提高股利以传递其对公司未来现金流量的乐观预期 | |

### 19.8.4 关于股利的一些调查证据

一项研究调查了大量财务负责人关于股利政策的看法，其中一个问题是："以下因素是否会影响贵公司的股利决策？"调查结果如表 19-2 所示。

**表 19-2 股利决策的调查反馈**

| 政策描述 | 同意或强烈同意的比例 /% |
|---|---|
| （1）我们试图回避减少每股股利 | 93.8 |
| （2）我们试图每年保持股利的平滑 | 89.6 |
| （3）我们制订每股股利水平时会考虑最近季度的股利发放情况 | 88.2 |
| （4）我们不愿意进行未来可能会逆转的股利变化 | 77.9 |
| （5）我们注意到每股股利的变化或增长 | 66.7 |
| （6）我们认为外部资本融资的成本低于削减股利的成本 | 42.8 |
| （7）我们发放股利是为了吸引受到投资限制的保守投资者 | 41.7 |

注：调查源于一个问题，即"以下因素是否会影响贵公司的股利决策"？

资料来源：Adapted from Table 4 of Alon Brav, John R. Graham, Campbell R. Harvey, and Roni Michaely, "Payout Policy in the 21st Century," *Journal of Financial Economics* 77, no.3 (September 2005) :483-527.

表 19-2 显示，财务经理非常不愿意削减股利，而且，他们非常关注以前的股利情况并希望保持股利的相对稳定。相反，外部资本融资的成本和吸引具有信托责任的保守型投资者两项不太重要。

表 19-3 摘自同一项调查，但这是关于"以下因素在贵公司股利决策中的重要程度如何"问题的调查结果。根据表 19-2 中的反馈和前面的分析，我们不应惊奇，保持股利政策的一致性是最重要的决策因素。第 2 项重要因素也与前面的分析一致，财务经理在制定股利政策时十分关心盈利的稳定性和未来的盈利状况，他们也关注良好投资机会的可能性。调查者认为吸引机构投资者和个人投资者相对不太重要。

**表 19-3 股利决策的调查反馈**

| 政策描述 | 认为重要或非常重要的比例 /% | 政策描述 | 认为重要或非常重要的比例 /% |
|---|---|---|---|
| （1）与历史股利政策保持一致 | 84.1 | （5）良好投资机会的可能性 | 47.6 |
| （2）未来盈利的稳定性 | 71.9 | （6）吸引个人投资者购买我们的股票 | 44.5 |
| （3）盈利的可持续性变化 | 67.1 | （7）我们股东收到股利时缴纳个人所得税的情况 | 21.1 |
| （4）吸引机构投资者购买我们的股票 | 52.5 | （8）发行新股票的融资成本 | 9.3 |

注：调查源于一个问题，即"以下因素在贵公司股利决策中的重要程度如何"？

资料来源：Adapted from Table 5 of Alon Brav, John R. Graham, Campbell R. Harvey, and Roni Michaely, "Payout Policy in the 21st Century," *Journal of Financial Economics* 77, no.3 (September 2005): 483-527.

与我们在前面章节中讨论税收和发行成本得出的结论相反，调查中的财务经理认为股东缴纳的股利所得税不重要，甚至很少的经理认为权益发行成本是相关的。

## 19.9 融会贯通

我们在本章中讨论的大部分内容和几十年来的股利研究结果可以总结归纳为以下六点。[一]

（1）累计股利和股票回购的数额巨大，而且这些年来它们不管是在名义量还是实际量上都在稳步增长。

（2）现金股利和股票回购主要集中发生在数量相对较少的大型、成熟公司。

（3）管理层极度不愿削减股利，除非公司层面发生了问题。

（4）管理层会平滑股利，确保股利随着盈利的增长而缓慢增长。

（5）股价只对未预期的股利变化有所反应。

（6）股票回购的规模会随着非经常性盈利的变动而变动。

现在所面临的问题就是要将这六个部分整合成一个合理的逻辑框架图。总的来看，支付政策包括股票回购和现金股利，简单的生命周期理论可以解释第（1）点和第（2）点。核心的观点是非常直观的。首先，那些相对较年轻的公司可用的现金较少，因此一般不应分配现金，它们往往需要为那些净现值为正的项目留存现金（而且发行成本也会抑制公司进行外源融资）。

但是，只要公司存活下来并且逐步发展成熟，它就开始积累自由现金流量（你可以回忆一下，自由现金流量就是内部积累的现金流量减去所需投资到可盈利项目的资金）。大量的自由现金流量如果不进行分配，则可能会导致代理问题。管理层可能会变得热衷于追求建造自身的帝国，或是以非最大化股东利益的方式来浪费资金。因此，公司往往会迫于股东的压力进行现金发放，而不是囤积现金。而这与我们所观察的一致，我们预期拥有良好盈利记录的大公司会进行大额分配。

因此，生命周期理论认为，公司在过量现金留存的代理成本和潜在的未来外部融资成本之间进行权衡。公司在积累了足够的内部现金流量，可以满足当前及可预见的未来投资需求后，公司就应该开始进行股利分配。

一个更为复杂的问题关于分配的形式，是发放现金股利还是进行股票回购？税收学派赞成股票回购的论述是清晰而有力的一种观点。股票回购是一项更为灵活的方案（而且管理层往往会很看重财务灵活性），因此问题就变为：为什么公司仍然会选择发放现金股利？

如果我们准备回答这个问题，可以先思考另外一个问题：有什么是现金股利能做到而股票回购却做不到的？一个回答是当公司承诺从现在开始，并直到未来都发放现金股利的时候，它就向市场传递了两部分的信号。正如我们已经讨论过的，其中一个信号是公司预期是赢利的，从而有能力不仅在当期发放股利，而且还可以将这种发放行为持续下去。需要注意的是，公司是不能从试图愚弄市场的行为中得到任何好处的，因为公司一旦无法支付股利（或是只有依赖外源融资才可以支付股利），最终就会被市场所惩罚。因此，现金股利可以使公司将自己与盈利能力较弱的竞争对手区分开来。

第二个也是更为细微的一个信号让我们回归到自由现金流量的代理问题。通过承诺在现在直到未来都支付股利，公司就向外界传递了不会囤积现金（或至少是不会囤积太多现金）的信号，从而降低了代理成本，提升了股东财富。

这两部分信号传递理论与上述的第（3）～（5）点相一致，但仍然存在一个很明显的悖论。这与公司承诺实施这样一项政策，也就是将原本打算用于发放现金股利的所有资金都用于回购股票有何不同呢？因为这两种方式，最终都可以看作公司承诺向股东发放现金。

固定回购策略其实存在以下两个缺陷。第一个缺陷是核查。公司可以宣布进行公开市场回购，而后又不真正进行回购，通过妥善处理账本，到骗局被揭穿时又会经过一段时间。因此，对于股东来说，通过监督机制，也就是通过一些办法来切实知道回购实际上发生了是非常必要的。这样一种机制的建立其实不会很困难（可以像债券市场那样建立一个信托人），但它目前尚未建立起来。当然，要约收购几乎不需要核查，但是这样的要约收购往往伴随成本。现金股利的好处在于它不需要监管。公司必须每年剪下支票并邮寄给股东4次，年年如此。

---

[一] 这个总结列表部分提炼自 Harry DeAngelo and Linda DeAngelo，"Payout Policy Pedagogy：What Matters and Why，"*European Financial Management* 13，no.1（January 2007）：11-27 的总结部分。

| 专栏 | **合理的股利支付政策的特征**

- 随着时间的推移，发放所有的自由现金流量。
- 不通过削减正的净现值项目的开支来支付股利或回购股票。
- 只有当公司积累了大量的自由现金流量时，才开始进行股利发放。

- 设定当前的固定股利与长期目标支付率相一致。
- 设定的股利水平应低到足以避免未来成本高昂的外部筹资活动。
- 采用回购来分配暂时性的现金流量增长。

固定回购策略的第二个缺陷存在着更大的争议。假设管理层作为内部人，能比股东更好地判断公司的股价是过高还是过低（注意，在存在内部信息的情况下，这个观点和半强型市场有效性并不矛盾）。在这种情况下，固定回购合约强迫管理层即使在股票被高估的情况下，也必须回购股票。也就是说，这就强迫管理层接受了净现值为负的投资项目。

当然还需要更多关于现金股利和股票回购问题的研究，但从历史趋势来看，那些回购金额持续增长的公司比股利金额持续增长的公司更受青睐。总的公司支付额看起来相对稳定，但是回购在其间所占的比重越来越大，回购额总计在最近超过了股利总计额。

现金股利未受到太多关注的一个原因是强烈的历史遗留效应。1982年以前，关于股票回购的规定还很模糊，成为一个很重要的不利因素。1982年，美国证券交易委员会在经过多年的争论后，制定了一系列公司可以遵循的指导意见，才使得股票回购变得更有吸引力。

这种历史遗留效应的产生，归结于这些股利分配额在总计股利中占很大一部分的许多公司巨头在1982年前（或是在更早前）都支付股利。从某种程度上说，这些公司不愿意削减它们的股利发放，从而导致总计的股利金额巨大，但这仅仅是由于这些老牌公司的"**锁定**"效应。一旦锁定，这些原先进行股利发放的公司就占了总计股利额的大部分，而我们将会观察到的就是成熟公司开始发放股利的意愿大幅下降，以及随着时间的推移，股票回购相比于现金股利呈现出增长的趋势。我们确实看到了这两个趋势，但是微软公司的例子也清晰地表明，仅靠这种历史遗留效应还不足以解释所有公司的现金股利发放问题。

## 19.10 股票股利与股票拆细

另外一种股利形式是以股票的形式支付，被称作股票股利。股票股利不是真正的股利，因为它不是用现金支付的。股票股利的后果是增加了每位股东持有的股票数量。流通在外的股票数量增加了，因此每股股票的价值相应下降。

股票股利常用百分比表示，例如20%的股票股利是指股东每持有5股股票将收到1股新股，增加了20%。每位股东都额外收到20%的股票，流通在外的股票总数也将增加20%，因此每股股票的价值将下降20%。

除了股票拆细是用比率而不是百分比表示外，股票拆细和股票股利实际上是同一回事。当宣布股票拆细时，每股股票将拆细，新增一些股票。例如，在1-3的股票拆细中，每1股旧股票分拆成3股新股票。

### 19.10.1 股票股利和股票拆细的深入考察

股票股利和股票拆细实际上对公司和股东的影响相同：它们都增加了流通在外的股票数量，降低了每股股票的价值。它们的会计处理不完全相同，这取决于两方面：①分配方法是股票股利还是股票拆细；②如果是股票股利，股利规模的大小。

传统上，小于20%～25%的股票股利被称作**小额股票股利**，其会计处理后面再讨论。大于20%～25%的股票股利被称作**大额股票股利**，大额股票股利不常见。例如，2020年8月，特斯拉宣布发放400%的股票股利。除会计处理略有不同外，其效果与1-5的股票拆细相同。

### 1. 小额股票股利举例

Peterson 是一家专门从事疑难会计问题的咨询公司，其流通在外的股票数量为 10 000 股，每股市场价格为 66 美元，总市值达 660 000（=66×10 000）美元。公司宣布发放 10% 的股票股利，每个股东每持有 10 股就可另外再得到 1 股。因此，股利发放后，公司发行在外的股票为 11 000 股。

发放股票股利之前，Peterson 公司资产负债表上的权益部分如下。

（单位：美元）

| | |
|---|---|
| 普通股（面值 1 美元，流通在外 10 000 股） | 10 000 |
| 资本公积 | 200 000 |
| 留存收益 | 290 000 |
| 所有者权益总额 | 500 000 |

发放小额股票股利后，用于调整资产负债表的会计处理似乎较为武断。因为新增了 1 000 股，普通股账户增加 1 000（=1 000×1）美元，总额达到 11 000 美元。市场价格 66 美元高出面值 65 美元，因而资本公积账户增加 1 000×65=65 000（美元），总额达到 265 000 美元。

因为没有现金流入或流出，所以股票股利对所有者权益总额没有影响，留存收益则减少 66 000 美元，只剩 224 000 美元。发放股票股利之后，Peterson 公司资产负债表上的权益部分如下。

（单位：美元）

| | |
|---|---|
| 普通股（面值 1 美元，流通在外 11 000 股） | 11 000 |
| 资本公积 | 265 000 |
| 留存收益 | 224 000 |
| 所有者权益总额 | 500 000 |

### 2. 股票拆细举例

股票拆细从概念上来说与股票股利相似，但通常用比率表示。在 2-3 的股票拆细中，每个股东每拥有 2 股股票就可另外再得到 1 股股票，因此，2-3 的股票拆细相当于 50% 的股票股利。同样，没有现金流出，每位股东拥有的公司价值比例不会受到影响。

股票拆细的会计处理与股票股利略有不同，相对简单些。假设 Peterson 公司宣布进行 1-2 的股票拆细，则公司流通在外的股票数量将翻番到 20 000 股，每股股票面值将减半，只有 0.50 美元。股票拆细后，所有者权益如下。

（单位：美元）

| | |
|---|---|
| 普通股（面值 0.50 美元，流通在外 20 000 股） | 10 000 |
| 资本公积 | 200 000 |
| 留存收益 | 290 000 |
| 所有者权益总额 | 500 000 |

需要注意的是，股票拆细后，上表中三个项目右边的数字完全没有改变，只是每股股票面值和流通在外的股票数量有所变化。因为流通在外的股票数量翻番，每股股票面值减半。

### 3. 大额股票股利举例

上例中，如果 Peterson 公司宣布 100% 的股票股利，将新增 10 000 股，流通在外的股票数量达到 20 000 股。每股面值仍为 1 美元，普通股账户会增加 10 000 美元，总额达到 20 000 美元。留存收益账户则减少 10 000 美元，只剩 280 000 美元。结果如下。

（单位：美元）

| | |
|---|---|
| 普通股（面值 1 美元，流通在外 20 000 股） | 20 000 |
| 资本公积 | 200 000 |
| 留存收益 | 280 000 |
| 所有者权益总额 | 500 000 |

### 19.10.2　股票股利与股票拆细的价值

逻辑规律告诉我们，股票股利与股票拆细可能：①不改变公司的价值；②提高公司的价值；③降低公司的价值。然而，这一问题十分复杂，以致我们很难判定应该坚持以上哪一种关系。

#### 1. 基准案例

上述案例充分说明了股票股利和股票拆细既不改变任何股东的财富，也不改变公司整体的价值。上例中，权益的市场价值总额为 660 000 万美元，在发放小额股票股利的情况下，股票数量增至 11 000 股，则每股的价值为 660 000/11 000=60（美元）。

如果一位股东发放股利之前拥有 100 股、每股价值 66 美元的股票，发放股利之后则拥有 110 股、每股价值 60 美元的股票。在两种情况下，拥有股票的总价值均为 6 600 美元，所以股票股利没有实质性的经济影响。

实行股票拆细后，流通在外的股票数量为 20 000 股，每股价值降为 660 000/20 000=33（美元）。也就是说，股票数量翻番，股票价格减半。由此看来，股票股利和股票拆细都仅仅是纸上交易。

尽管这一结果是显而易见的，但常常有很多理由认为这些交易是有一定利益的。资深财务经理认为，现实世界是非常复杂的，因此实际工作中，股票股利或股票拆细决策不能轻易对待。

#### 2. 合理交易范围

股票股利和股票拆细赞成者常持的一个理由是，股票存在着合理的**交易范围**（trading range）。当股票价格高于这一水平时，投资者没有资金购买正常的交易单位 100 股，即一手。虽然证券可以进行零股交易（少于 100 股），但零股买卖的佣金较高。因此，公司将股票予以拆细以使股价维持在合理的交易范围内。

例如，2003 年年初，微软公司宣布实行 1-2 的股票拆细，这是微软公司自 1986 年上市以来的第 9 次股票拆细，其中 2 次是 2-3 的股票拆细、7 次是 1-2 的股票拆细。因此，如果 1986 年初始上市时持有 1 股微软股票，到 2003 年最近一次股票拆细后就变成了 288 股。与此相似，沃尔玛自 1970 年上市后，共实行了 9 次 1-2 的股票拆细；苹果公司自 1987 年上市后，共实行了 1 次 1-4、1 次 1-7 和 3 次 1-2 的股票拆细。在股票拆细的历史长河中最为有名的当属宝洁公司，它从 1920 年以来共实行了 2 次 1-5、1 次 1-1.5 和 8 次 1-2 的股票拆细。第 1 次股票拆细前购买的 1 股宝洁股票最后变成了 9 600 股。

尽管上述维持合理交易范围的观点较为流行，但其有效性受到了许多质疑。第二次世界大战后，共同基金、养老基金和其他机构稳定地增加了交易活动，目前在整个交易量中已占有相当比例（大约占纽约证券交易所交易量的 80%）。由于这些机构的买卖交易金额都非常大，因此个股的价格已很少受到关注。近年来，个人投资者的交易佣金也大幅下调，有些网上折扣经济公司现在甚至提供零佣金交易和零星股份交易。

此外，我们有时观察到股票价格非常高似乎也没有产生任何问题。我们来看看极端的例子，瑞士巧克力公司瑞士莲股票在 2020 年 11 月的价格大约为每股 82 500 瑞士法郎，即 91 800 美元，其一手的成本大约为 918 万美元，这是相当昂贵的。再来看看传奇投资人物巴菲特经营的伯克希尔 – 哈撒韦公司，其股票价格在 2020 年年末大约为每股 320 000 美元。

最后，有证据表明股票拆细实际上会降低公司股票的流动性。如果股票拆细能够提高流动性，实施 1-2 的股票拆细后，股票交易量应比翻番还要多，但是，可能由于有些投资者遵循简单行为法则，在拆细前后总是交易 100 股（或其他固定数量的股数），因此实际上并没有出现这种情况。如果股票拆细后投资者的股票交易量没有翻倍，那么股票拆细后流动性（按每天的交易金额来衡量）反而会降低。

### 19.10.3　反向拆细

**反向拆细**（reverse split）是一种较少采用的财务政策。例如，2020 年 9 月，超导技术公司实施了 10-1 的反向拆细；2020 年 8 月，TOP 船务公司宣布实施 25-1 的反向拆细。在 25-1 的反向拆细中，每个股东用 25 股旧股票换取 1 股新股票，与此同时，股票面值提高 25 倍。史上市值最大的反向拆细是银行巨头花旗银行于 2011 年 3 月宣布的 10-1 的反向拆细。反向拆细实施后，其流通在外的股票数量从 290 亿股降为 29 亿股。与股票股利和股票拆细相类似，反向拆细对公司没有实质性的影响。

在不完美的现实世界中，反向拆细的理由主要有三个。第一，反向拆细后，股东的交易成本下降。第二，当股价上升到合理的交易范围时，股票的流通性和市场性都会得以改善。第三，股票以低于某一水平的价格交易，说明投资者对公司的利润、现金流量、成长性和稳定性都不乐观，这严重影响了公司形象。不过，有些财务分析师认为反向拆细并不能立即改善公司形象。与股票拆细相类似，这些理由，特别是第三条，没有一个是特别令人信服的。

反向拆细还有另外两个理由。第一，交易所规定了每股最低交易价格的限制。反向拆细使股价上升，以达到这一最低价格。在2001—2002年的熊市期间，这种动机变得尤其重要。2001年，106家公司请求其股东同意反向拆细，2002年发生了111件反向拆细，2003年75件，而2004年上半年仅仅发生了14件。反向拆细是NASDAQ市场中因每股股票价格连续30天低于1美元而下市的公司最经常使用的借口。很多公司，特别是与互联网有关的科技公司，发现它们正处于下市的边缘时，会通过反向拆细而提升其股价。第二，有时候，公司在实施反向拆细的同时，会全面收购少于某一数量股票的股东股票。

例如，2020年9月，Westell公司实施了反向/正向拆细。该案中，公司首先进行1 000-1的反向拆细，然后，公司回购持有股份少于1股的股东的全部股票，这样淘汰了小股东，减少了股东人数。公司股东人数减少到300个以下，从而满足了下市标准，节约了大量管理费用。令人印象特别深刻的是，反向拆细后不久，公司又实施了1-1 000的股票拆细，使其股票恢复到原始成本。

# 本章小结

1. 股东可以有效地抵消公司的股利策略，因此在完美资本市场，股利政策是无关的。如果股东收到的股利多于他所期望的，可以将这部分多余现金再投资；相反，如果股东收到的股利少于他所期望的，他又可卖出多余的股票。这就是MM理论，与前面章节中介绍的自制杠杆的概念很相似。

2. 在完美资本市场中，股东对股利和股票回购无所谓偏好。

3. 在美国股利是要征税的，因此公司不应该通过发行股票来发放股利。

4. 同样因为税收原因，公司有动机削减股利。例如，它们可能增加资本支出，收购其他公司或购买金融资产。然而，出于财务方面的考虑和法律上的限制，持有大量现金的理性的公司会详细论证这些项目，将现金用于发放股利。

5. 在有个人所得税的世界里，用股票回购代替发放股利较好。

6. 不管怎样，即使存在个人所得税，以下关于股利的判断依然成立：
   a. 持有无股利股票的股东卖出股票用于当期消费时会产生交易成本。
   b. 行为金融认为缺乏自我控制的投资者可以通过购买高股利的股票，以便既遵守"不侵蚀本金"原则又满足当期消费需要。
   c. 作为股东代表的管理层可以通过发放股利而不让现金留给债权人，作为股东代表的董事会，通过股利可以减少经营者挥霍的现金。

7. 股利增加（或首次股利），股票市场反应为股价上升；股利减少，股价下跌。这说明发放股利具有信息内涵。

8. 高（低）股利公司是为了满足偏爱股利（资本利得）投资者的需求。由于客户效应的存在，很显然公司不能通过改变股利政策来创造价值。

# 思考与练习

1. **股利政策无关论** 股利是如此重要，但与此同时股利政策却与公司价值无关，这可能吗？

2. **股票回购** 股票回购对公司负债比率有何影响？它是剩余现金的另一用途吗？

3. **股利政策** 有时，人们建议公司应该采取剩余股利政策。剩余股利政策要求公司首先重视满足投资需要和保持理想的资产负债比率，而后以其剩余盈余来发放股利。你认为剩余股利政策的主要缺点是什么？

4. **股利大事记** 12 月 8 日（星期二），Hometown 电力公司董事会宣布，将在 1 月 16 日（星期二）发放给在 1 月 2 日（星期二）登记在册的股东 75 美分 / 股的股利。请问：除息日是哪一天？如果股东在这一天之前购买股票，买方和卖方谁会获得这些股利？

5. **其他股利** 就像一家英国公司允许其大股东免费使用火葬场一样，有些公司会发放"慈善股利"（dividend in kind，即以低于市价的价格向股东提供服务）。请问：共同基金是否应该投资于这种发放类似股利的股票？（说明：基金持有人并不会得到这种服务。）

6. **股利与股票价格** 如果提高股利会引起股价的（立即）上涨，那怎能认为股利政策无关呢？

7. **股利与股票价格** 上个月，Central Virginia 电力公司一家正在兴建的核电厂面临成本超支困境，之后公司宣布："由于投资项目的现金流短缺，公司将暂时延缓股利支付。"当这项宣告公布时，公司的股票价格从 28.50 美元下跌到 25 美元。对股票价格的如此变动，你是如何解释的？（也就是，你认为是什么因素引起了股票价格的变动？）

8. **股利再投资计划** DRK 公司最近提出了一项股利再投资计划（DRIP）。这项计划允许投资者自动地将现金股利再投资到 DRK 公司，以换取新的股份。DRK 公司的投资者随时可以把股利再投资于购买公司的额外股份。

   1 000 多家公司提出了 DRIP。大部分采取 DRIP 的公司都不需要支付经纪费或服务费。参与 DRIP 的话，可以按低于股票市价 10% 的折扣价购买 DRK 公司股票。

   DRK 公司的一位顾问估计，大约 75% 的 DRK 公司股东将参与这项计划。这略高于平均水平。

   请评价 DRK 公司的股利再投资计划。它会增加股东的财富吗？讨论其优点和缺点。

9. **股利政策** 就首次公开发行（IPO）普通股的公司而言，2020 年是相对不景气的一年，该年 IPO 筹资金额大约只有 617 亿美元。在这 163 家公司当中，只有少数公司发放了现金股利。你认为为什么大部分公司选择不发放现金股利呢？

10. **投资与股利** Phew Charitable Trust 公司的资本利得、股利收入和利息收入都不需要纳税。如果它的投资组合里有低股利和高增长股票，合理吗？如果它的投资组合里有市政债券，合理吗？请解释。

**使用下面的信息回答接下来的两个问题。**

历史上，美国税法规定，发放给投资者的股利收入按普通收入征税。这样，投资者的股利收入将以其边际税率（2002 年最高达 38.6%）进行纳税。资本利得按资本利得税率征税，这就使得对于大多数投资者来说，他们的资本利得税率是相同的，并且该税率常年波动。2002 年，资本利得税率达到了 20%。为了刺激经济，乔治·W. 布什总统主持召开了税法修正会，对税法进行了大修订，这包括对股利和资本利得的税率的修订。新的税收计划在 2003 年实施，对高税收等级的投资者，其股利和资本利得的税率均为 15%；对低税收等级的投资者，其股利和资本利得的税率为 5%；该税率一直持续到 2007 年，到 2008 年则下降为 0。

11. **除息 – 股票价格** 你认为税收政策变化是如何影响除息日股票价格的？

12. **股票回购** 你认为税收政策变化是如何影响股票回购相对于现金股利的吸引力的？

13. **股利和股票价值** 永续增长模型表明每股股票的价值是其预期股利的现值。如果该模型是有效的，你如何得出股利政策无关的结论？

14. **在手之鸟论** 在手之鸟论认为，今天的股利要比明天不确定的资本利得预期更安全。该理论常被用于支持高股利政策。请解释在手之鸟论的内在谬误。

15. **股利与收入偏好** 因为投资者总能够通过销售其部分股票来创造自制股利，所以投资者喜好现期收入并不足以解释其喜好现期高股利政策。该说法对吗？为什么？

16. **股利与追随者** 在过去几年里，Neotech 公司股票价格一直稳定上涨。哈德森持有该公司股票，并且预期该趋势会持续下去。哈德森正试图说服琼斯购买 Neotech 公司股票，但是她不愿意购买，原因是 Neotech 公司从来不发放股利。琼斯依靠稳定股利来维持其收入。

   a. 这两个投资者的投资偏好是什么？

   b. 哈德森该如何说服琼斯，使之相信购买 Neotech 公司股票符合其利益？

   c. 为什么哈德森不能说服琼斯？

17. **股利和税收** 假设你的阿姨处于高税收等级，想最小化其投资组合税负。她想通过买卖股票来最大化税后收益，并因此向你征求建议。你该给她什么建议？

18. **股利与资本利得** 如果1美元股利和1美元资本利得具有相同的市场价值，那么不同股利支付率的公司将吸引不同的投资追随者。投资追随者都是相似的，因此公司不能通过改变股利政策来增加价值。然而，实证研究表明，股利支付率与公司其他特征之间具有强的相关性。例如，高速成长的小公司在其上市初期的股利支付率几乎总是为0，所有盈利都再投资于经营业务。如果股利政策是无关的，请解释这一现象。

19. **股利无关** 尽管理论上认为股利政策是无关的，但实际上许多投资者偏好于高股利政策。因此，如果存在这种偏好，公司就可以通过提高股利支付率来提高股票价格。请解释该观点的谬误。

20. **股利和股票价格** 实证研究表明，公司首次股利发放（也就是，公司首次支付现金股利）宣告当天，股票价格将大幅上涨。据此，请问公司首次股利发放宣告具有什么信息内涵？

21. **股利和税** Gatto公司宣告了5.85美元/股的股利。假设资本利得不纳税，但股利须缴纳15%的税。美国国税局新规定要求股利在发放时就要扣税。Gatto的股票价格为78.35美元/股，而且即将除息。你认为除息日股票价格将是多少？

22. **股票股利** Vulcano国际公司的所有者权益账户如下所示。

| | （单位：美元） |
|---|---|
| 普通股（面值为1美元） | 20 000 |
| 资本公积 | 210 000 |
| 留存收益 | 587 300 |
| 所有者权益总和 | 817 300 |

a. 如果Vulcano的股票价格为42美元/股，而且宣告了10%的股票股利，应该分配多少股新股？所有者权益账户将如何变化？

b. 如果Vulcano宣告25%的股票股利，这些权益账户将如何变化？

23. **股票拆细** 对于第22题中的公司而言，请说明在下列情况下所有者权益账户将如何变动：

a. Vulcano公司宣告进行1-4的股票拆细。请问公司发行在外的股份数为多少股？公司每股的新面值是多少？

b. Vulcano公司宣告进行5-1的反向股票拆细。请问公司发行在外的股份数是多少？公司每股的新面值是多少？

24. **股票拆细与股票股利** Stockton矿业运营公司（SMO）目前发行在外的股份数为540 000股，每股股价为83美元。假定不存在市场不完美因素或是税收，请问在下列情形下公司股价将变为多少？

a. SMO进行3-5的股票拆细。

b. SMO发放15%的股票股利。

c. SMO发放42.5%的股票股利。

d. SMO进行7-4的反向股票拆细。

e. 计算a～d 4种情况下发行在外的股票数量。

25. **常规股利** Quinn公司以市场价值表示的资产负债表如下所示，其发行在外的股票为12 000股。

| 市场价值资产负债表 | | （单位：美元） | |
|---|---|---|---|
| 现金 | 49 300 | 权益 | 404 300 |
| 固定资产 | 355 000 | | |
| 合计 | 404 300 | 合计 | 404 300 |

公司已经宣告股利1.45美元/股。股票将在明天除息。不考虑任何税收的影响，今天的股票价格是多少？明天的价格将是多少？股利发放后，上面的资产负债表将如何变化？

26. **股票回购** 在第25题中，假设Quinn公司已经宣布要回购价值17 400美元的股票。该交易将对公司权益有何影响？将有多少股票发行在外？股票回购后每股价格将是多少？请解释：如果不考虑税收的影响，股票回购与现金股利实质上是一样的。

27. **股票股利** Murray制造公司的市值资产负债表如下所示。Murray宣告发放25%的股票股利，股票除息日为明天（股票股利的日期名称与现金股利相似）。公司发行在外的股份数为11 000股。请问除息日的价格将是多少？

| 市场价值资产负债表 | | （单位：美元） | |
|---|---|---|---|
| 现金 | 134 000 | 负债 | 116 000 |
| 固定资产 | 652 000 | 权益 | 670 000 |
| 合计 | 786 000 | 合计 | 786 000 |

28. **股票股利** 如下所示的拥有普通股账户的公司宣告发放15%的股票股利，每股股票的价格为64美元。股票股利的发放会对公司的所有者权益账户产生何种影响？

|  | （单位：美元） |
| --- | --- |
| 普通股（每股 1 美元） | 225 000 |
| 资本公积 | 535 000 |
| 留存收益 | 2 968 500 |
| 所有者权益合计 | 3 728 000 |

29. **股票拆细** 在第 28 题中，假定公司决定改为进行 1-4 的股票拆细。公司股票拆细后的新股每股的现金股利为 75 美分，这意味着相比于去年对股票拆细前的股票发放的现金股利而言，公司现金股利提高了 10%。这会对权益账户产生什么影响？去年的每股股利是多少？

30. **股利和股票价格** Mann 公司属于某一风险级别，其适用的折现率为 10%。公司当前有 235 000 股股票发行在外，每股价格 106 美元。公司正考虑在刚开始的财年年末宣告每股 8 美元股利。假设对股利不征税，请根据课本中所讨论的 MM 模型，回答下面的问题。

a. 如果宣告股利了，除息日股票的价格将是多少？

b. 如果年末没有宣告股利，年末股票的价格将是多少？

c. 如果 Mann 公司在年初新增 370 万美元投资，获得 167.5 万美元净利润，并且在年末发放了股利，公司必须发行多少新股来满足筹资需要？

d. 在现实生活中，运用 MM 模型对股票进行估值合适吗？请说明理由。

31. **自制股利** 假定你拥有 1 000 股 Avondale 公司的股票。一年后你将收到 3.45 美元／股的股利。两年后，Avondale 将发放 62 美元／股的清算股利。Avondale 股票的必要收益率是 15%。你的股票当前的价格是多少（不考虑税收的影响）？如果你偏好接下来的两年里每年股利都相等，解释你将怎样通过自制股利来达到该目的（**提示**：股利将采取年金形式）。

32. **自制股利** 在第 31 题中，假定你第 1 年只希望获得 1 500 美元的股利。你在两年内的自制股利将会是多少？

33. **股票回购** Erna 公司正在评估是发放额外股利还是股票回购，每种情况都将花费 53 500 美元。目前盈余是每股 1.79 美元，每股价格 64 美元。公司有 9 000 股发行在外的股票。在回答 a 和 b 时，不考虑税收和其他市场不完美因素。

a. 从对每股价格和股东财富的影响角度来评价这两个备选方案。

b. 两个备选方案对 Erna 公司的每股收益（EPS）和市盈率（P/E）分别有什么影响？

c. 在现实生活中，你将建议采取哪个方案？为什么？

34. **股利和公司价值** Progressive 公司的净利润为 165 000 美元，有 35 000 股股票发行在外，股利支付率为 100%，1 年后公司的预期价值为 2 100 000 美元，折现率为 12%，股利的税率为 0。

a. 假设现期股利还没有支付，公司的现期价值是多少？

b. 如果董事会遵循当前政策，公司股票除息日的价格是多少？

c. 在股利政策讨论会上，几个董事认为公司股利过低，会引起股价下跌，因而建议发行新股筹集资金，以发放每股 7.50 美元的股利。

i. 对低股利引起股价下跌的看法加以评论，并通过计算来支持你的观点。

ii. 如果采纳了这一建议，则应以什么价格发行多少新股？

35. **股利政策** Mahomes 公司的现期现金流量为 120 万美元，没有发放股利。公司未来现金流量的现值是 1 590 万美元。公司完全以权益融资，有 475 000 股股票发行在外。假设股利的税率为 0。

a. Mahomes 公司的股票价格是多少？

b. 假设 Mahomes 公司董事会宣告，计划将 50% 的现期现金流量以现金股利形式发放给股东，Jeff Miller 持有该公司股票 1 000 股，他将如何使自己满足零支付政策？

36. **股利平滑化** Sharpe 公司刚对每股股票支付了 2.30 美元的股利，其目标支付率为 40%。公司预期一年后每股收益为 6.95 美元。

a. 如果 Lintner 模型中定义的调整率为 0.3，一年后的股利是多少？

b. 如果 Lintner 模型中定义的调整率为 0.6，一年后的股利是多少？

c. 哪个调整方案更保守？请说明理由。

37. **期望收益率、股利和税** Gecko 公司和 Gordon 公司是两家经营风险相同的公司，但有着不同的股利政策。Gecko 公司不支付股利，而 Gordon 公司的期望股利收益率为 2.9%。假定资本利得税率为 0，而股利税率为 35%。Gecko 公司每年的期望盈利年增长率为 11%，而其股票价格预期也将以相同的增长率增长。如果两只股票税后期望收益率相同（由于所面对的风险相同），请问 Gordon 公司股票的税前必要收益率是多少？

38. **股利与税收** 如本书所述，在不存在市场不完美因素和税收影响的情况下，除息日股价预期下跌额应该等于股利支付额。一旦考虑税收影响，这又不一定成立了。考虑税收影响时除息日股价模型为：[一]

$$(P_0 - P_X)/D = (1-t_P)/(1-t_G)$$

式中，$P_0$ 是股票除息前的价格；$P_X$ 是除息日股价；$D$ 是每股股利；$t_P$ 是股利的边际个人所得税税率；$t_G$ 是资本利得的实际边际税率。

a. 如果 $t_P = t_G = 0$，请问股票除息后价格的下跌幅度是多少？

b. 如果 $t_P = 15\%$，而 $t_G = 0$，那么股价的下跌幅度是多少？

c. 如果 $t_P = 15\%$，而 $t_G = 30\%$，那么股价的下跌幅度是多少？

d. 假设集团公司是股票的唯一持有者。公司所获得的股利收入可以获得至少 50% 的税收免除，但它们获得的资本利得却不能获得相应的免除。如果公司的所得税与资本利得税税率均为 21%，请问这个模型预测的除息日股价将会是多少？

e. 本题说明现实世界中公司股利政策是如何考虑税收因素的？

39. **股利与再投资** National Business Machine（NBM）公司在纳税后还有 500 万美元的剩余现金。NBM 公司运用这笔资金有两个途径。其中之一是将现金投资于金融资产，产生的投资收益将在第 3 年年末作为特别股利发放。公司可以投资收益率为 2.5% 的国库券，或是 4.3% 的优先股。IRS 法规规定，投资于另一家公司股票所获得的股利中 50% 可以免税。另一个途径是现在就将现金以股利的形式发放。这将使得股东可以自己投资于具有相同收益率的国库券或是优先股。公司税率为 21%。假设投资者的个人所得税税率为 31%，适用于利息或是优先股股利。个人所获得的普通股股利对应的税率为 15%。请问现金应该是在今天发放还是在 3 年后发放？请问哪种方案给股东带来了更高的税后收益？

40. **股利与再投资** Carlson 制造公司在完成了当年资本支出后，尚有 1 000 美元剩余现金。该公司管理者必须决定是将现金投资于收益率为 3% 的短期国库券，还是将现金发放给股东让股东自己投资于短期国库券。

a. 如果公司所得税税率为 21%，那么能使投资者同等接受两种方案的个人所得税税率是多少？

b. a 的答案合理吗？请说明理由。

c. 假设唯一的投资选择是收益率为 6% 的优先股，50% 的优先股股利免纳税。那么使投资者不受 Carlson 公司股利政策影响的个人所得税税率是多少？

d. 这是低股利支付政策的有力论据吗？请说明理由。

## 小案例

### Electronic Timing 公司

Electronic Timing 公司（ETI）是电子工程师米勒和克拉于 15 年前创立的一家小公司。ETI 主要生产用于复杂混合信号设计技术的集成电路，目前已进入了频率发生器和硅计时装置（发出计时信号或时钟以校准电子系统）市场。其时钟产品最初用于 PC 视频图形装置，但市场随后扩展到主机板、PC 外围设备和其他数码消费电子产品（如数字电视机顶盒、游戏机等）。ETI 也设计和销售定制应用程序——面向工业客户的特制集成电路（ASIC）。ASIC 设计融合了模拟与数字，是一种混合信号技术。除米勒和克拉外，第三个股东皮特曼主要为公司提供资金，他们各拥有公司 100 万股份的 25%，其余股份则由公司现有员工持有。

最近，公司设计了一种新的计算机主板，这种主板生产起来既高效又低成本，公司希望它会成为很多

[一] Edwin Elton and Martin Gruber, " Marginal Stockholder Tax Rates and the Clientele Effect, " *Review of Economics and Statistics* 52,no.1 (February 1970):68-74.

个人计算机的标准配件。经过论证调查后，公司觉得生产新主板需要建造新厂房，所需资金太多。股东也不愿意再引进外部新股东。因此，ETI 决定将新主板设计出售给其他公司，估计可获得 3 000 万美元资金（税后）。

1. 米勒认为应将出售新设计所得额外资金发放一次特别股利。这一建议对公司股票价格和公司价值有何影响？

2. 克拉认为这笔钱应用于偿还债务以及扩大和改造现有生产能力。克拉的建议对公司会有什么影响？

3. 皮特曼则赞成股票回购，他认为股票回购可以提高公司的 $P/E$ 值、资产报酬率和净资产报酬率。他的看法正确吗？股票回购如何影响公司的价值？

4. 米勒、克拉和皮特曼讨论的另一个方案是开始向股东发放正常股利，你对该方案如何评价？

5. 计算股票价值的模型是股利增长或永续增长模型，假设股利支付率等于 $1-b$，这里的 $b$ 是指留存收益比例，下一年度股利应等于下年利润 $E_1$ 乘以 $(1-b)$，计算可持续增长率的常用公式是净资产报酬率乘以留存收益比例，将这些代入股利增长模型，我们可以得到如下等式来计算当前股票的价格。具体如下：

$$P_0 = \frac{E_t(1-b)}{R_S - \text{ROE} \times b}$$

根据该模型发放股利以及扩大和改造生产能力对公司分别有什么影响？

6. 企业是否发放股利是否取决于该企业的组织形式是公司制还是有限责任公司？

# PART

# 5

第 5 篇

# 长 期 融 资

第 20 章　资本筹集
第 21 章　租赁

# 第20章

# 资本筹集

2020 年 9 月 16 日，年度内最受期待的 IPO 案之——云计算公司 Snowflake 上市了。在摩根士丹利、高盛集团、摩根大通集团等投资银行的帮助下，公司以每股 120 美元的价格发行了 2 800 万股新股。公司股票在纽约证券交易所的开盘价达到每股 245 美元，对比初始价格涨幅高达 104%。之后，股价迅速攀升到每股 319 美元的高点，并以每股 253.93 美元的价格收盘。Snowflake 公司 IPO 发行的独特之处在于，公司售出的是投票权受限的 A 类股票。控制公司 98.5% 投票权的 B 类股票全部掌握在创始人及早期投资者手中。本章中，我们将考察类似 Snowflake 之类的公司向公众出售股票的流程、相关的成本，及投资银行在其中所扮演的角色。

事业无论大小，都有一个共同点：需要长期资本。本章介绍如何获取长期资本。我们特别关注了 IPO——这或许是公司的财务周期中最重要的一个环节。通过 IPO，一家公司就从私人公司转变为公众公司。对许多人来说，创设一家公司，做大它，并将之上市才算是一个完整的企业梦。

本章检视了在现实世界中是如何获取资本的。通常来说，融资的方法与企业所处的生命周期有关。初创企业通常通过风险资本筹资。当企业发展了，它们就可能会"上市"。一家企业的首次公开发行被称作 IPO，是 initial public offering 的缩写。后续的发行叫作 SEO（seasoned equity offerings），也就是增发。以企业生命周期为序，本章涵盖了风险资本、IPO、SEO 等内容。本章的最后是有关债务融资的内容。

## 20.1 早期融资与风险资本

一天，你和你的一位朋友想出了一种新型软件产品的伟大创意，它将帮助用户利用下一代的云网进行通信。满怀着创业的热情，你将产品命名为 Megacomm 并着手准备把它推向市场。

经过夜以继日的工作，你已经开发出产品的原型。虽然还不能真正地工作，但已经可以用来对外展示并介绍你们的想法。为了真正地开发出产品，你需要雇用一批程序员，购买计算机，租用办公室，等等。不幸的是，你们两个人都还只是 MBA 学生，身上的钱加起来还不够开一次比萨饼聚餐会，要初创一家公司那就差得太远了。你所要寻找的就是我们通常所说的 OPM，即别人的钱（other people's money）。

你的第一个想法或许是去找一家银行寻求贷款资金。但你可能会发现，一般情况下银行是不会有兴趣贷款给那些由毛头小伙子经营的、只有想法却没有资产的初创企业的。你也可以参加一档热门电视节目《创智赢家》（Shark Tank）来赢取投资，但能够通过这种渠道获得一点投资的人少之又少，多数人会到**风险资本**（venture capital，VC）市场寻找投资。

有一些潜在的投资人，人们把他们称作**天使投资人**（angel investors），或简称**天使**（angels）。他们可能是你的朋友或家人，他们对你的产品所处的行业知之甚少，也缺乏支持一家初创企业的经验。当然，还有一些天使是有丰富经验和知识的个人或团体，他们已经投资了一大批风险项目。

### 20.1.1 创业

创业者们开创新事业，这意味着他们将承担大部分的风险，也将获得丰厚的回报。微软公司的比尔·盖茨和苹果公司的史蒂夫·乔布斯是两位极其成功的创业者，是多数创业者都未能企及的高度，但他们事业的起点都是自家的车库。和其他传统职业不同，创业者没有明确的成功路径可循，不过辛勤的奋斗、掌握多样化的技能是非常重要的。

已经有许多学院开设了创业学的专业学位，与此同时还可以通过其他来源获得帮助。多数大城市都有创业中心，也有专注于创业企业的种子投资人团体。Y Combinator（简称 YC）是最知名的种子投资人团体之一。YC将创业者集中在一起，以一种"新兵训练营"的方式投资了一大批创业公司。网络效应和信息分享是成功的决定性要素，尤其是对处于这个阶段的企业来说更是如此。一些很有名的公司就是 YC 投资的，如全球民宿短租公寓预订平台爱彼迎（Airbnb）、免费网络文件同步工具多宝箱（Dropbox）和美国最大的外卖平台 DoorDash 等。

### 20.1.2 风险资本

"风险资本"尚无准确的定义，但它通常是指为那些新的、往往是高风险的项目筹集资金。所谓的天使，多是个人，他们利用自有资金进行投资，有专注于较小规模业务的倾向。风险资本公司是专业化机构，它们从不同的来源筹集资金并负责资金的投资。资金的主要来源包括个人、养老金、保险公司、大公司，甚至是大学的捐赠基金。广义上的**"私募股权"**（private equity）通常是指为非上市公司进行股权融资。该领域发展得很快。

风险资本家具有一些共同的特点，下面这 3 项尤其重要。[⊖]

（1）**VC 是一种金融媒介，它们从外部投资者那里获得资金。**典型的风险投资公司是有限合伙制企业。和一般的有限合伙制企业一样，有限合伙人和普通合伙人共同投资企业，并由后者负责做出投资决策。有限合伙人通常是一些机构投资者，如养老金、捐赠基金和公司。一些富有的个人和家族也经常会成为有限合伙人。

这一特点使得 VC 有别于天使资金，天使通常只运用自有资金进行投资。此外，有一些公司会设立内部风险资本分部以投资初创企业。但是 Metrick 和 Yasuda 指出由于这些分部的投资资金来自母公司，而非其他人的基金，因此尽管常常也被冠以风险投资的名字，但它们还算不上真正意义上的风险投资。

（2）**对于它们所投资的企业，VC 在监督、建议、监测方面扮演着积极的角色。**风险投资公司通常会加入被投资公司的董事会。风险投资公司的负责人通常都具有丰富的企业经验。与之相反，掌管初创企业的创业家可能很聪明，很有创造力，很了解他们的产品，但往往欠缺商业经验。

（3）**一般说来，VC 并不想永远地拥有它们的投资。**相反，它们会寻找退出策略，如将投资的企业推向上市（相关内容可参见本章的后续部分）或出售给其他公司。企业内部的风险投资不具备这一特点，它们通常会满足于通过内部风险投资分部永久性地持有这些投资。

就一项典型的风险投资来说，最后一个特点是非常重要的。一家公司必须有一个适当的规模以适应上市要求或便于出售。由于最初的投资规模通常都比较小，这就要求它要有巨大的发展潜力；许多业务并不具备这一点。例如，设想一下，一个人准备开设一家美食餐厅。如果老板是一个真正的美食家，他也并没有把餐厅扩展到其他地方的愿望，这样看来这家餐厅是不太可能做大到足以上市的规模。反过来，高科技领域的企业往往具有很大的发展潜力，许多 VC 公司也因此专注投资于这一领域。

对新公司而言，风险资本市场是重要的资金来源。图 20-1 展示了公司生命早期阶段的现金流量情况。初创时，公司的产品尚在开发，现金流量是负数。通常，该阶段的现金流出规模很大。产品推出阶段，在增长和扩张之前，现金流量仍将维持为负数。

风险资本家和风险资本公司意识到，很多甚至大部分的新风险投资项目是不会成功的，但偶尔会有那么一个项目会成功。这个成功项目带来的潜在利润是巨大的。为了控制风险，风险资本家通常会分阶段进行投资。

---

⊖ 有关这些特点，更为深入的讨论可参见 Andrew Metrick, and Ayako Yasuda, *Venture Capital and the Finance of Innovation*, 2nd ed. (Hoboken, New Jersey: John Wiley and Sons, 2011).

每个阶段投入的资金正好足够让企业达到下一个重要节点或计划阶段。

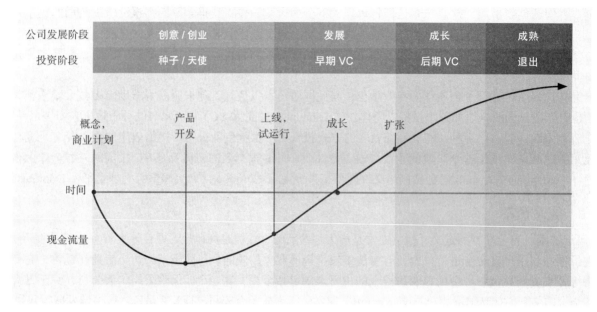

图 20-1 初创公司的现金流量

资料来源：*National Venture Capital Association Yearbook* 2020（Pitchbook Data, Inc.）.

### 20.1.3 融资阶段

风险资本公司通常会专注于一个或几个特定阶段的初创公司。有的专注于非常早期的"种子资金"或第一轮资金的融资。相应地，后续阶段的资金可能来自那些专门投资"**夹层融资**"的风险资本家。所谓的"夹层融资"指的是在第一轮融资之上的融资。

**种子轮**或**天使轮**是初始投资。这个阶段的公司可能已经具备了产品原型，但尚处在测试期。种子资金帮助公司调整产品适应市场需求并验证其可行性。产品定价也是这个阶段的关键目标之一。虽然种子轮的投资者可以直接以股权方式投入，但他们更常选择可转换证券或顾问股的方式。顾问股随时间推移分阶段授予，这会鼓励天使投资人持续地跟进。虽然有一些专注于种子轮投资的风险投资公司，但该轮次的主要资金来源是朋友和家人。如我们后面章节将讨论的，Kickstarter 等网络众筹平台也可提供备选渠道。

早期阶段的风险资本通常划分为 A 轮和 B 轮融资。种子轮之后就是 A 轮融资。A 轮融资通常需要满足人员工资、市场调研、产品定型之需。得到种子轮的融资并不能保证公司获得风险资本的进一步投资，只有不到 10% 的公司能推进到 A 轮融资。虽然各种方式都可采用，但这个轮次应用最广泛的是优先股。

B 轮融资通常服务于企业成长之需。企业产品已经在市场上立足，但需要融资以扩大产品线、增加市场份额。通常，B 轮融资的目标是要实现净利润。这也是第一个开始普遍采用普通股方式融资的阶段。

后续阶段的融资通常可以划分为 C 轮、D 轮融资等。很多公司并未走到这一步，B 轮融资也因此显得非常重要。C 轮融资的目的是抢占更大的市场份额，收购或开发更多产品。后续阶段的融资也可用于使企业达到被收购或上市的条件。那些计划在一年左右上市的企业通常会选择**过桥融资**。过桥融资一般用于支付 IPO 费用等，多由投资银行提供。

近年来，在后续成长阶段以**增长权益类**私募方式从风险资本处获取资本的现象变得越来越普遍。增长权益类私募为那些尚不计划被收购或上市的成熟企业提供资金，使得它们可以在更长的时间内保持私人企业的身份。虽不是必然，但多数的增长权益类私募与**独角兽公司**相关，这些私人公司估值超过 10 亿美元。表 20-1 按风险投资的阶段列示了过去 10 年间的交易数量。从中，你可以看到任一年度的天使轮融资都比增长权益类私募要多得多。

表 20-1　风险投资交易数

| 年份 | 天使轮/种子轮 | 早期 VC | 后期 VC | 增长权益类私募 |
|------|------|------|------|------|
| 2010 | 1 746 | 2 129 | 1 588 | 551 |
| 2011 | 2 618 | 2 453 | 1 751 | 643 |
| 2012 | 3 557 | 2 630 | 1 771 | 670 |
| 2013 | 4 668 | 2 852 | 1 893 | 695 |
| 2014 | 5 491 | 3 172 | 2 057 | 891 |
| 2015 | 5 783 | 3 250 | 2 040 | 1 001 |
| 2016 | 4 790 | 3 016 | 1 888 | 885 |
| 2017 | 4 956 | 3 384 | 2 052 | 1 021 |
| 2018 | 4 622 | 3 731 | 2 295 | 1 217 |
| 2019 | 4 760 | 3 882 | 2 717 | 1 217 |

资料来源：*National Venture Capital Association Yearbook* 2020（Pitchbook Data, Inc.）。

虽然你肯定会认为多数的风险投资都发生在公司发展的早期阶段，但正如表 20-2 所示，后期阶段的投资金额占比更大。这是因为那些大规模的、快速成长的企业要求的资金规模量巨大。

表 20-2　2019 年风险投资规模　　　　　　　　　　　　　　　（单位：10 亿美元）

| 天使轮与种子轮 | 9.6 |
|------|------|
| 早期 VC | 43.2 |
| 后期 VC | 80.7 |
| 增长权益类私募 | 66.4 |

资料来源：*National Venture Capital Association Yearbook* 2020（Pitchbook Data, Inc.）。

分期投资、分期设定目标的做法给公司创始人施加了很大的压力。通常，创始人工资并不高，公司在个人财富中占比很大。随着不同阶段融资的陆续到位，创始人的财富随之增长，成功的希望也不断增加。

除了提供资金，风险资本家通常也会积极参与公司的运营，与企业分享他们的经营经验和产业投资经验。这一点对于那些运营经验欠缺的创始人来说很重要。

## 20.1.4　风险资本实务

虽然风险资本的市场很大，但实际情况却是，能接触到风险资本投资的途径非常有限。风险资本公司会收到数量巨大的主动送上门来的投资项目，其中的大部分连读都没有读就被丢进了废纸篓。事实上，根据美国风险投资协会（NVCA）的估计，这些公司每收到 100 个提案后最终会投资的大约只有 1 个。风险资本家非常倚重由律师、会计师、银行家和其他风险资本家组成的网络来识别潜在的投资机会。结果就是，在获得进入风险资本市场时个人的联系非常重要；这更像是一个需要"介绍"的市场。

风险资本家有专业化的趋向，即仅投资于特定的行业。如果看一下表 20-3，你会发现多数风险资本家的第一阶段融资都投向了软件和医疗保健。

表 20-3　2019 年按行业部门划分的风险资本投资——第一轮　　　　　　（单位：百万美元）

| 行业 | 交易数量 | 筹资额 |
|------|------|------|
| 商业服务 | 317 | 1 097.7 |
| 消费品和娱乐 | 161 | 521.6 |
| 能源 | 31 | 54.0 |
| 保健设备 | 105 | 551.1 |
| 保健服务 | 205 | 538.3 |
| IT 硬件 | 70 | 205.8 |
| 媒体 | 110 | 239.9 |

（续）

| 行业 | 交易数量 | 筹资额 |
|---|---|---|
| 其他 | 820 | 2 608.1 |
| 制药和生物技术 | 208 | 2 893.3 |
| 软件 | 903 | 2 585.9 |

资料来源：*National Venture Capital Association Yearbook* 2020（Pitchbook Data，Inc.）.

有关风险资本的另一个简单的事实是，它很贵。在一个典型的案子中，风险资本家会要求获得不少于40%的公司股权。风险资本家通常会持有有投票权的优先股，并要求给予他们在公司出售或清算时各种各样的优先权。典型的风险资本家会要求在公司董事会中获得几个席位，还可能会安排一个或几个人进入公司高级管理层。

### 20.1.5 风险资本公司

风险投资基金的运作和共同基金很相似，都要从投资者那里汇集资金形成资金池，之后再由经理人为投资者进行投资。目前约有1 000家风险投资公司，2 000个风险投资基金。表20-4列示了2019年美国发起规模最大的部分基金。

表20-4　2019年美国十大新发起的风险投资基金　　　　　　　　　　（单位：百万美元）

| 投资人 | 基金名 | 基金规模 | 封闭日期 | 所处州 |
|---|---|---|---|---|
| TCV | TCV X | 3 200.0 | 2019-01-31 | 加利福尼亚州 |
| Andreessen Horowitz | Andreessen Horowitz LSV Ⅰ期 | 2 238.9 | 2019-07-17 | 加利福尼亚州 |
| NORWEST 风险投资公司 | NORWEST 风险投资公司 XV 期 | 2 000.0 | 2019-11-14 | 加利福尼亚州 |
| Founders 基金公司 | Founders 基金Ⅶ期 | 1 496.4 | 2019-11-20 | 加利福尼亚州 |
| Vivo 资本 | Vivo 资本基金 Ⅸ期 | 1 430.0 | 2019-10-30 | 加利福尼亚州 |
| Sapphire 风险资本 | Sapphire 风险基金 Ⅳ期 | 1 400.0 | 2019-12-18 | 加利福尼亚州 |
| Lightspeed 风险投资公司 | Lightspeed 风险投资公司精选Ⅲ期 | 1 361.8 | 2019-06-21 | 加利福尼亚州 |
| Bond 资本（旧金山） | Bond 资本基金 | 1 250.0 | 2019-05-01 | 加利福尼亚州 |
| Sequoia 资本 | Sequoia 资本美国成长基金Ⅷ期 | 998.5 | 2019-12-06 | 加利福尼亚州 |
| Andreessen Horowitz | Andreessen Horowitz 基金Ⅵ期 | 840.0 | 2019-07-17 | 加利福尼亚州 |

资料来源：*National Venture Capital Association Yearbook* 2020（Pitchbook Data，Inc.）.

规模较大的风险资本公司主要投资于初创公司的较后期阶段。举个例子，最大的风险资本公司之一——软银，在全球众创空间WeWork上投资了185亿美元。2020年年中，WeWork的估值仅有29亿美元，软银在该项目上损失惨重。

虽然风险资本投资到处都是，但若要寻找风险资本世界的中心，我们建议你直奔加利福尼亚州门罗公园的沙山路，位于著名的硅谷里的VC一条街。表20-5列示了美国各州的风险资本公司即管理的风险资本规模。从中可以看到，加利福尼亚州在2019年募集的风险投资基金规模最大，且远远拉开了和其他州的差距。

表20-5　2019年美国筹集风险资本规模最大的10个州　　　　　　　　（单位：百万美元）

| 州／直辖区 | 基金数量 | 筹资规模 |
|---|---|---|
| 加利福尼亚州 | 123 | 31 513.4 |
| 马萨诸塞州 | 28 | 7 515.5 |
| 纽约州 | 40 | 4 583.5 |
| 康涅狄格州 | 2 | 910.0 |
| 俄亥俄州 | 7 | 894.1 |
| 伊利诺伊州 | 10 | 721.1 |
| 华盛顿州 | 10 | 689.1 |
| 得克萨斯州 | 9 | 546.3 |

（续）

| 州/直辖区 | 基金数量 | 筹资规模 |
|---|---|---|
| 宾夕法尼亚州 | 4 | 417.0 |
| 哥伦比亚特区 | 2 | 365.0 |

资料来源：*National Venture Capital Association Yearbook* 2020（Pitchbook Data，Inc.）.

## 20.1.6 众筹

2012 年 4 月 5 日，《促进创业企业融资法》（简称《JOBS 法案》）正式通过立法。该法案的条款允许公司以众筹的方式筹资，即通过向众多的投资人筹集一笔规模不大的资金，典型的众筹是通过网络进行的。第一笔众筹是为英国摇滚乐队 Marillion 筹集美国巡演的经费。《JOBS 法案》允许以众筹的方式出售股权。最初，《JOBS 法案》允许公司在 12 个月的期限内出售至多 100 万美元的证券，后来这一限额提高到 5 000 万美元。

2016 年 5 月，CF 规则（也被称为《JOBS 法案》第三篇）开始生效，它让小投资者也可以摸到新众筹的门槛。之前，众筹市场只接受合格的投资者进入。就个人投资者来说，具体的要求是净资产超过 100 万美元，或过去三年中有两年的年收入超过 20 万美元。CF 规则允许收入或资产少于 10.7 万美元的投资者每年可以至少投资 2 200 美元，至多投资 5 350 美元。

按照 CF 规则发售证券，公司需向 SEC 提交文件。这也让公司可以将证券列入美国金融业监管局（FINRA）认可的一个众筹门户网站上。众筹门户网站已经实现专业化发展。如有的门户网站仅针对合格的投资者，有的则面向所有的投资者，有的仅服务于房地产投资者，等等。

## 20.1.7 首次代币发行

除了传统的发行债券和股票外，公司也可以通过出售**代币**（token）筹集资金。这些代币通常会保证持有人在未来享有公司一定服务的权力。举例而言，兴建铁路的公司可以发行一种代币，其持有人在铁路建成后可以抵作火车票之用。

代币通过数字货币平台发行，可以在平台上便利地实现交易，或通过特定的兑换交易转换为美元。这种流动性使得代币发行自 2015 年出现以来就成为一种受欢迎的筹资方式。目前，购买代币的既有消费者也有投资者，尽管有些人可能从来都不会用到代币所提供的服务。

代币在数字货币平台上的最初发行被称作**首次代币发行**（initial coin offerings），简称 ICO（听起来很像 IPO），有时也叫区块链众筹。现在有很多新创企业会选择通过 ICO 筹集资金，而非传统的风险资本渠道。最受欢迎的代币发行平台是 Ethereum，此外也还有一些竞争者。2019 年，共有 109 起的 ICO 对应 3.71 亿美元的筹资总规模，相比 2018 年的 1 253 起 ICO、78 亿美元的总规模有了明显的下降。

代币销售最受那些建立在区块链技术基础上的公司的欢迎。该技术是比特币及其他加密货币的核心。区块链是一个关于交易的带时间戳的分类账，它保存在由使用者构成的网络之中，没有集中控制。除了通过密码学使其变得不可篡改之外，区块链和传统的数据库很相似。包括金融业在内的很多行业，已经利用区块链技术更新了它们的记录存储的基础架构。

代币销售也可以被当作一种有效的营销工具。如果业务会受益于网络效应，其效果就会更加显著，因为代币的价格上升潜力会吸引到新的消费者。消费者的增加提升了服务的价值，而这反过来又推高了代币的价值。例如，Civic 公司在建设一个基于区块链技术的认证平台，它的代币用于从可信方购买身份验证服务。该公司于 2017 年 6 月通过 ICO 发行 CVC 代币的方式筹集了 3 300 万美元。2018 年 1 月，这些代币的总价值达到了 4.62 亿美元，之后代币市场出现了波动，2020 年，这批代币的总价值下降到了 4 000 万美元。

## 20.2 公开发行

如果公司希望吸引大批的投资者，那它将公开发行证券。公开发行需要遵守大量的管制规则，其中最重要的或许是 20 世纪 30 年代制定的几部法律法规。《1933 年证券法》是对跨州新证券发行的监管，《1934 年证券交易法》是对已发行证券的监管。证券交易委员会（Securities and Exchange Commission，SEC）负责监管这两部法律的执行。

证券发行的基本步骤具体如下。

（1）向公众发行任何证券，管理层首先要取得董事会的同意。

（2）公司要准备**注册登记书**（registration statement）并报送 SEC。该注册登记书囊括了大量的财务信息，包括财务沿革、现有经营业务的细节、融资计划以及未来的规划等。注册登记书动辄就超过 50 页。所有公开发行的证券都必须有这份文件，但如下两种情况可以例外：

a. 9 个月内到期的贷款；

b. 发行金额少于 500 万美元。

第 2 项例外也就是所说的**小规模发行豁免**。少于 500 万美元的发行受 **A 规则**（Regulation A）管制，它只要求一份简式声明书，而非上述的注册登记书。

（3）SEC 在**静候期**审阅注册登记书。在此期间，公司可能会对外分发一份初步**招股说明书**（prospectus）。由于这份初步招股说明书的封面以红色粗体字印刷，所以被称作"**红鲱鱼**"（red herring）。初步招股说明书里记载了注册登记书里的许多信息并被公司分发给潜在的投资者。在静候期期间，公司不能对外出售证券，但是可以做出一些口头的承诺。

除非 SEC 发出建议修改的**意见函**，否则注册登记书将在提交 20 日后生效。如果公司做出修改，那么为期 20 天的静候期将重新计算。

（4）注册登记书最初并不包含证券的发行价格。在注册登记书的生效日，才确定价格，并开始尽力销售。无论证券交割或销售确认哪一个在先，都必须附有最终的招股说明书。

（5）在静候期之间或之后，都会使用到**墓碑式**（tombstone）广告。图 20-2 是复制的一个样本。

This announcement is neither an offer to sell nor a solicitation of an offer to buy any of these securities. The offering is made only by the Prospectus.

New Issue

11,500,000 Shares

World Wrestling Federation Entertainment, Inc.

Class A Common Stock

Price $17.00 Per Share

Copies of the Prospectus may be obtained in any State in which this announcement is circulated from only such of the Underwriters, including the undersigned, as may lawfully offer these securities in such State.

U.S. Offering

9,200,000 Shares

This portion of the underwriting is being offered in the United States and Canada.

Bear, Stearns & Co., Inc.

Credit Suisse First Boston

Merrill Lynch & Co.

Wit Capital Corporation

| | | |
|---|---|---|
| Allen & Company Incorporated | Banc of America Securities LLC | Deutsche Banc Alex. Brown |
| Donaldson, Lufkin & Jenrette | A.G. Edwards & Sons, Inc. | Hambrecht & Quist  ING Barings |
| Prudential Securities | SG Cowen  Wasserstein Perella Securities, Inc. | Advest, Inc. |
| Axiom Capital Management, Inc. | Blackford Securities Corp. | J.C. Bradford & Co. |
| Joseph Charles & Assoc., Inc. | Chatsworth Securities LLC | Gabelli & Company, Inc. |
| Gaines, Berland, Inc.  Jefferies & Company, Inc. | Josephthal & Co., Inc. | Neuberger Berman, LLC |
| Raymond James & Associates, Inc. | | Sanders Morris Mundy |
| Tucker Anthony Cleary Gull | | Wachovia Securities, Inc. |

International Offering

2,300,000 Shares

This portion of the underwriting is being offered outside of the United States and Canada.

Bear, Stearns International Limited

Credit Suisse First Boston

Merrill Lynch International

图 20-2 墓碑式广告样本

墓碑式广告载有发行人名称"World Wrestling Federation"（也就是今天的 World Wrestling Entertainment）。它还提供了有关发行的一些信息，列出了与证券销售有关的投资银行（承销商）。在后面的部分中，我们将会介绍投资银行在证券销售中所扮演的角色。

按其在发行中所占的百分比，墓碑式广告上的投资银行被分为几个**等级**，同一等级的投资银行按字母顺序先后排列。等级分类往往被看作一种强弱次序。通常来说，等级越高的承销商，其名声越大。近年来，基于节约成本的考虑，印刷式的墓碑式广告的应用有下降的趋势。

### 20.2.1 直接上市

公司在股票上市过程中通常要借助承销商，但这也并非必须。如果公司选择这么做，那只要它满足证券交易的要求就可以采取**直接上市**（direct listing）的方式。直接上市，有时也被称作**直接公开发行**（direct public offering）或 DPO，它是指公司在没有推销、没有承销商协助的情况下，将其股票在交易所挂牌。大公司以往不常采用直接上市的方式，但近年来案例有所增加。例如，估值高达数十亿美元的软件平台公司 Palantir 就于 2020 年在纽约证券交易所直接上市。再往前，音乐流媒体服务商 Spotify 和企业软件公司 Slack 也是通过直接上市的方式成为公众公司的。再者，直接上市成本低廉得多，因为它无须支付承销费及其他相关费用。这些费用的金额可能很大，具体我们在后续章节中再详细讨论。

2020 年年末，SEC 对 DPO 的政策做出了重大调整。以前只有公司创始人、投资者及雇员所持的股票可供发行，而新政策允许公司发行新股，由此 SEC 间接地帮助公司更容易地绕开成本更为昂贵的传统承销程序。

### 20.2.2 特殊目的收购公司

特殊目的收购公司（SPAC），或称空白支票公司、空壳公司，近年来变得越来越常见。2020 年，有 250 起 SPAC IPO 的案子，而普通 IPO 案仅有 170 起。创设 SPAC 筹集资金的目的是在预定的时间框架内完成收购兼并提供资金。虽然机会可能尚未确定，但近期以 SPAC 方式上市的公司在 IPO 之前都有了意向的目标公司。例如，在 Diamond Eagle 实现 IPO 之后，Diamond Eagle Acquisition 收购了网络博彩公司 DraftKings。创设 Diamond Eagle 的目的就是要把 DraftKings 推上市。相比传统 IPO，SPAC 方式的主要优点是便宜、快。

2021 年上半年，SPAC 呈加速态势。截至三月初就超过了 200 起。仅在 3 月 2 日周一这一天就有 15 个 SPAC IPO 的案子。2 月的最后一周，有 50 个 SPAC 提交了初步的书面文件，换算为一年的话就是 2 600 个。

SPAC 会关联一个反向并购，但较少实施。在反向并购交易下，非上市公司收购上市公司，结果是并购后的企业成为上市公司。

### 20.2.3 双级股票 IPO

我们在其他章节中讨论过拥有不同投票权的"双级股票"。过去数年间，双级股票 IPO 越来越多。2020 年，42% 的科技股 IPO 案中就有超过一个等级的股票。如，2020 年 12 月 9 日 DoorDash 上市时，三名创始人保留了 75% 的投票权。其他还有一些保证创始人拥有大量投票权的 IPO，如爱彼迎（43%）和 Palantir（49.99%）。

推崇不同投票权做法的人认为这可以让企业的管理层着眼于未来，留出试验的空间并建立更强劲的业务。当然，也有人宣称这会削弱管理层对股东的受托责任。值得注意的是，这两种说法都有一定道理。

## 20.3 可供选择的发行方式

当公司决定发行新证券的时候，既可以公开发行也可以私募发行。如果是公开发行，就要求公司向 SEC 登记本次发行。如果发行对象少于 35 个投资者，那就可以当作私募发行处理。在这种情况下，就不需要注册登记书。⊖

---

⊖ 不过，法规严格限制了未注册登记证券的再出售。举个例子来说，购买者可能被要求持有这些证券至少 1 年（或更久）。1990 年，对那些超大型机构投资者的许多管制要求明显放松了。有关债券私募发行的内容见后续章节。

公开发行有两种方式：**普通现金发行**和**配股发行**。普通现金发行是出售给所有感兴趣的投资者，配股发行则是出售给现有股东。股票可以采取现金发行也可以采取配股发行，但几乎所有债券采用的都是现金发行。

公司第一次公开发行股票被称为**首次公开发行**（initial public offering，IPO）。所有首次公开发行都是现金发行，因为如果公司的现有股东愿意买下这些股票，那公司就没有必要公开出售它们了。**增发**（seasoned equity offering，SEO）是指先前发行过证券的公司再次发行新股。增发可以是现金发行，也可以是配股发行。

表 20-6 说明了这些新证券的发行方法，在下面的几节里还将继续讨论。

**表 20-6　新证券的发行方法**

| 方法 | 类型 | 定义 |
|---|---|---|
| 公开发行 | | |
| 传统议价现金发行 | 现金发行—包销 | 公司与投资银行就新股的承销与分配进行谈判并达成协议。承销商买入特定数量的股票再以更高的价格对外出售 |
| | 现金发行—代销 | 公司要求投资银行按双方协商的价格尽可能多地出售新股，但不保证究竟可以筹集到多少现金 |
| | 现金发行—荷兰式拍卖 | 公司要求投资银行拍卖股票，以确定在发行数量既定的情况下可以得到尽可能高的发行价格 |
| 优先认股权 | 配股—直接发行 | 公司直接向现有股东发行新股 |
| | 配股—余额包销 | 和配股直接发行一样，它也包含一份对现有股东的优先认股权安排。承销商担保发行的收入 |
| 非传统现金发行 | 现金发行—暂搁注册 | 符合要求的公司可以为其将在两年内发行的股票获得发行许可，并在其需要资金时再对外出售 |
| 私募发行 | 现金发行—竞价发行 | 公司采用公开拍卖，而非谈判的方式来选择如何给予承销合同 |
| | 直接私募 | 证券将被直接出售给买家，而按照目前的规定，买家必须至少持股两年 |

## 20.4　现金发行

如前所述，在**现金发行**（cash offer）中，股票被出售给有意向的投资者。如果现金发行是公开的，那么通常会涉及**投资银行**（investment bank）。投资银行是提供广泛的、多样化服务的金融中介。除了帮助销售证券，它们还协助并购及其他形式的公司重组，同时也为个人客户和机构客户提供经纪服务。你很可能听说过高盛集团和摩根士丹利这些华尔街的大型投资银行。

对发行人来说，投资银行提供以下几项服务：

- 设计证券发行方式；
- 新证券定价；
- 销售新证券。

证券发行的方式主要有 3 种。

（1）**包销**。在这种方式下，一家投资银行（或一组投资银行）以低于发行价的价格买入证券，同时承担无法卖出的风险。由于这种方式涉及风险，所以我们说在包销方式下投资银行是在**承销**证券。换句话说，当它们参与包销发行时，投资银行扮演的是**承销商**的角色。由于包销方式盛行，因此在本章中我们将交替使用**投资银行**和**承销商**这两个词。

为了使风险最小化，一批投资银行会联合起来组成承销团 [ **辛迪加**（syndicate）] 以共担风险并促进销售。在这样一个群体中，一个或多个管理者负责安排或共同安排整桩交易。有一个管理人会被指派为牵头人或主管理人，他将负责有关发行的方方面面的事情。辛迪加内的其他投资银行家主要是为把证券销售给他们的客户提供服务。

承销商的买入价和发行价之间的差额被称作**总价差**或**承销折扣**。这是承销商获得的最基本的报酬。有些时候，承销商还会以认股权或追加股票等方式获得非现金报酬。

包销实际上不过是一种买入－卖出的协议，买卖价差就是辛迪加的费用。发行人收到扣除价差后的全部收入，而所有的风险都转移给承销商。如果承销商无法按照协议发行价售出全部证券，那么就可能需要降低未售出部分的价格。不过，由于发行价格通常是在承销商已经调查清楚市场对本次发行的接受程度后才确定下来的，因此风险通常是很小的。这一点对增发来说更是如此，因为新发行证券可以按已发行证券的交易为基础定价。

由于发行价格通常是在销售前一刻才确定的，因此发行人也只有等到那个时刻才能知道发行的净收入。为了确定发行价格，承销商将拜会潜在的投资者，尤其是那些大型的机构买家，如共同基金。承销商和公司的管理层经常会在多个城市之间进行演说演示，推介股票，也就是我们所知的**路演**。潜在的买家会报出他们愿意支付的买价以及在特定价位上他们愿意认购的数量。这种征集买家及其需要的价格和数量的过程叫作**询价圈购**（bookbuilding）。正如我们将看到的，即使有了询价圈购的过程，承销商还是经常定错价格，或者看起来错了。

（2）**代销**。由于购买了全部的发行，因此承销商在包销业务中承担了风险。相反的是，由于不需要购买股票，所以承销商在代销方式下就可以避免这种风险。与包销方式不同，承销商在此扮演的仅仅是一个代理商的角色，从它们卖出去的股票中收取佣金。按照法律的规定，承销商必须按照商定的价格尽力推销。除此以外，承销商不会向发行人担保任何数目的发行收入。这种承销方式正在变得相对少见了。

（3）**荷兰式拍卖承销**。在荷兰式拍卖承销（Dutch auction underwriting）中，承销商对于要出售的股票并不设定固定的价格。它们会举行一场拍卖会，让投资者来报价。发行价格通过投标决定。荷兰式拍卖还有一个更为形象的名字叫作**统一价格拍卖**。在 IPO 市场，这算是一种相对较新的方法，应用也还不广泛，但在债券市场的应用却相当普遍。举例来说，这是美国财政部向公众销售国债、票据和国库券的唯一方式。

为了方便理解荷兰式拍卖或统一价格拍卖，让我们来设想一个简单的案例。假设 Rial 公司准备向公众出售 400 股股票。公司收到右表中的 5 份报价。

| 竞价者 | 数量 | 价格／美元 |
| --- | --- | --- |
| A | 100 股 | 16 |
| B | 100 股 | 14 |
| C | 100 股 | 12 |
| D | 200 股 | 12 |
| E | 200 股 | 10 |

那么，竞价者 A 愿意以每股 16 美元的价格认购 100 股，竞价者 B 愿意以每股 14 美元的价格认购 100 股，依此类推。Rail 公司通过这些报价来确定出售全部 400 股股票的最高价格。比如，在 14 美元／股的价位上，竞价者 A 和竞价者 B 将仅会购买 200 股，所以价格太高了。再继续往下看，只有当价格下降到每股 12 美元的时候全部的 400 股股票才会被卖掉，所以 12 美元就是 IPO 的发行价格。竞价者 A 到竞价者 D 将买到股票，而竞价者 E 则没有。

在我们的例子中还另有两个重要的地方。第一，所有的竞价成功者将统一按每股 12 美元的价格支付，即使是竞价者 A 和竞价者 B 也是一样，虽然他们的出价要高得多。所有的竞买成功者将支付同样的价格，这也就是为什么这种方法会被称为"统一价格拍卖"。这就为出价太高的竞价者提供了保护，实际上也鼓励了竞价者积极报价。

第二，我们注意到在每股 12 美元的价位上，实际上有 500 股投标，这超过了 Rail 公司想要出售的 400 股股票。因此，就必须进行某种分配。有多种不同的分配方法，但在 IPO 市场的分配方法很简单，就是计算出发行股票股数与有效投标股数的比，以我们的例子来说就是，400/500=0.8，然后按这个比率分配给竞价者。换句话说，竞价者 A 到竞价者 D 将按照每股 12 美元的价格购得他们认购数量 80% 的股票。

新股被出售给公众后的最初一段时间被称作**店头市场**时期。在此期间，承销辛迪加的成员一般不会以低于发行价的价格销售新股。

在绝大多数的发行中，如果市场价格跌破了发行价，会允许主承销商买进一些股份，从而在暂时回落的压力下**支撑**市场并**稳定**价格。假如证券在一段时间后（如 30 天）仍然没能售出，承销团的成员可以退出承销团，而后按照当时市场可以接受的任何价格卖出手里的证券。

许多的承销合同包含有**绿鞋条款**（Green Shoe provision），该条款赋予承销团成员按发行价格购买超额配售的股票的选择权。○设置绿鞋选择权的理由是为了满足过多的需求和超额的认购。绿鞋机制的有效期一般持续 30

---

○ 绿鞋公司（The Green Shoe Corp.）是第一家被允许运用该机制的公司，该制度也因此得名。

天，增发比例在 15% 左右。对承销团来说，绿鞋选择权是一种好处；而对发行人来说，它是一项成本。如果新发行证券的价格在 30 天内升到发行价之上，承销商就可以从发行人那里买入证券，然后立即转售给公众。

几乎所有的承销协议都包含了**锁定条款**。这类条款明确规定了内部人必须在 IPO 后多长时间才可以卖出他们的股票。典型的锁定期是 180 天。这样，内部人就将在 IPO 后至少 6 个月的时间内保持其在公司内的重大经济利益。锁定期的规定很重要，因为内部人持股数量超过社会公众持股数量的情况并不少见。锁定期一结束，内部人就有可能大量卖出股票，从而压低股票价格。

从发行开始到 IPO 后的 40 天里，SEC 要求公司及其承销商遵守"静默期"规则。这意味着所有与公众的沟通仅限于普通的声明和其他纯粹的事实。SEC 的逻辑是所有相关的信息必须都包含在招股说明书当中。这个规定带来的一个很重要的结果就是承销商的分析师被禁止为投资者提供投资建议。而一旦静默期结束，承销商一般就会发布研究报告，并通常会伴随一个"买入"级的投资建议。

未能遵守静默要求的公司的 IPO 可能会被推迟。比如，就在谷歌 IPO 之前，《花花公子》杂志上出现了一篇针对公司联合创始人谢尔盖·布林和拉里·佩奇的访谈。所幸的是，谷歌公司及时修改了它的招股说明书，否则 IPO 就将因此被推迟了。但在 2004 年 5 月，Salesforce.com 的 IPO 就被延迟了，原因就是一篇针对公司 CEO 马克·贝尼奥夫的报道出现在《纽约时报》上。Salesforce.com 最终在两个月后才上市。

### 20.4.1 投资银行

投资银行是证券发行的核心。它们提供咨询、推销证券（在调查完市场对发行的接纳程度后），承销发行所要筹集的资金。它们还承担发行价格确定日到证券出售期间市价下跌的风险。

---

**| 个人观点 |**          **罗伯特·S. 汉森谈承销的经济原理**

承销商起到 4 个方面的作用：鉴定、监督、推销和风险承担。

鉴定向投资者保证了发行价格是合理的。投资者很关心发行价格是否合理，是否高于其内在价值。通过减少投资者对于合理性的疑虑，鉴定作用会提高发行人的价值，也就更可能定出一个好价钱。

对公司管理层和业绩的监督可以增加价值，因为这强化了股东的一般性监督。承销商提供的是代表资本提供者和现有股东的集体监督。单个股东的监督是有限的，因为实施监督的成本由其独自承担，而好处却由全体所有者按比例分享。与之相反，在承销商监督的情况下，全体股东按比例承担成本，按比例分享收益。

承销商的尽职调查和所承担的法律责任是投资者的定心丸。不过，使得鉴定和监督作用更为可信的是承销商在充满竞争的市场上树立起来的声誉。事实证明，不注重声誉的行为无疑是杀鸡取卵。资本市场的参与者以拒绝聘用的方式来惩罚那些表现糟糕的投资

银行。参与者以差价的形式为鉴定和有效的监督支付"准租金"，准租金代表了"租用"声誉所支付的代价。

推销就是要发掘长期投资者，并劝说他们以发行价买入证券。如果对新股的需求是持平的，那就不需要推销了。大量证据表明，发行人和承销团为此耗费了巨资，诸如通过昂贵的路演来识别和提升投资者的兴趣。另一点是要避免承销团成员对同一客户的穷追不舍。牵头行还需要在发行完成后几周内为新股提供交易支持。

承销风险如同卖出看跌期权的风险。承销团同意按发行价格买入所有新发行的证券，之后再以发行价或市价中较低的价格卖出。因此，一旦发行开始了，承销团手里尚未卖出的股票就会暴露在市价跌破发行价的发行当中。由于典型的发行都是按快速售罄准备的，因此这个风险很小。

注：罗伯特·S. 汉森（Robert S. Hansen）是杜兰大学金融经济学 Francis Martin 讲席教授，他不幸在 2019 年去世。

---

投资银行的成功取决于其声誉。良好的声誉可以帮助投资银行留住老客户、吸引新客户。换句话说，财务经济学家认为每家投资银行都有一个"声誉资本"库。对这种声誉资本的一种衡量方式就是我们前面提到过的

投资银行间的排序，图 20-2 的墓碑式广告是一个例子。MBA 学生对这些排序很敏感，因为他们知道到一家顶级的公司工作要比到一家排名靠后的公司上班要神气得多。

投资银行高度重视排名，并视排名下跌为巨大的灾难。抢占排名的重要性或许比不上在路易十六的法庭上阿谀献媚。但在任何一个行业里，声誉都非常重要，行业里的任何一家公司都必须高度警惕地捍卫它们的声誉。

公司向承销商提供证券可以采用竞价方式，也可以采用议价方式。在**竞价方式**（competitive offer）下，发行人将证券出售给那些报价最高的承销商。在**议价方式**（negotiated offer）下，发行人与一家承销商合作。由于公司通常不会同时与许多家承销商谈判，因此议价方式就会缺少竞争。

尽管在其他商业领域内也经常出现竞价，但你或许会感到奇怪的是，在投资银行领域只有碰到最大规模的发行人时才会用到议价模式。投资银行家指出在确定发行价格和费用清单之前，他们都必须花费大量的时间和精力来了解发行人。除非是大承销案，否则承销商是不会在有把握拿到承销合同前耗费时间和精力的。

研究普遍显示议价方式的发行成本要高于竞价方式。但是，许多金融经济学家指出通过谈判，承销商会获得有关发行人的大量信息，而这些信息很可能会提高发行成功的可能性。

### 20.4.2 发行价

在首次公开发行中，牵头行碰到的最大的难题是正确制定发行价。发行价定得过高或过低，发行人都将面临一些潜在的成本。如果发行价定高了，发行有可能会失败并被撤回。如果发行价低于真实的市场价格，发行人的股东将承受机会成本损失。确定最佳发行价的过程叫作询价圈购。在询价圈购过程中，潜在的投资者会承诺在不同的价格认购特定数量的股票。

发行定价偏低，也即折价（underpricing），是相当普遍的。比如，里特检验了 1960—2020 年美国上市的 13 509 家公司。他发现在上市交易的第一天，IPO 证券的价格平均上涨了 17.2%（参见表 20-7）。这还不是年化的收益率！

表 20-7 发行数、平均首日收益率、平均 IPO 规模（1960—2020 年）

| 年份 | 发行数[①] | 平均首日收益率[②]/% | 总规模 / 百万美元 |
| --- | --- | --- | --- |
| 1960—1969 年 | 2 661 | 21.2 | 7 988 |
| 1970—1979 年 | 1 536 | 7.1 | 6 663 |
| 1980—1989 年 | 2 365 | 6.9 | 60 881 |
| 1990—1999 年 | 4 193 | 21.1 | 294 826 |
| 2000—2009 年 | 1 332 | 21.3 | 295 045 |
| 2010—2020 年 | 1 417 | 11.7 | 371 389 |
| 1960—2020 年 | 13 509 | 17.2 | 1 037 798 |

注：总收入数据来自 Securities Data Co.，剔除了配售的选择权，但包括国际配售（如果有的话）。未做通货膨胀调整。

① 发行数中剔除了发行价格低于 5 美元的、存托凭证（ADR）、代销、单位销售、A 规则发行（小规模，20 世纪 80 年代融资规模少于 150 万美元的）、不动产信托投资基金（REIT）、合伙制企业、封闭式基金。包括银行、储蓄与信贷协会（S&L）和非美国股市资料库（non-CRSP-listed）公司。

② 首日收益率是以首日收盘价相对发行价确定的收益的百分比数值。

资料来源：Professor Jay R. Ritter, University of Florida.

折价无疑让新股东在购入的股份上获得了更高的收益，而发行人的原股东则不能从折价中受益。对他们来说，发行新证券是有着间接成本的。比如，设想一下中国的线上零售商阿里巴巴在 2014 年 9 月的 IPO。该股票的 IPO 定价是每股 68 美元，上市第一天的最高价是 99.70 美元，收盘价是 93.89 美元，收益率大约是 38.1%。基于这些数字，阿里巴巴每股折价了大约 25.89 美元。由于阿里巴巴出售了 3.201 亿股股票，公司错失了 83（= 25.89 × 3.201）亿美元，这是一个新的纪录。先前的纪录是 2008 年 Visa 信用卡 IPO 时创下的 51 亿美元。

### 20.4.3 折价：一种可能的解释

对于折价，有多种可能的解释，但至今学界尚未就哪个解释是正确的达成一致意见。下面我们介绍两种广为人知的解释。第一种解释的起因是观测到一旦新发行的定价过低，发行通常会被**超额认购**。这意味着投资者没办法买到他们想认购的股份数，承销商将在投资者之间分配股票。由于没有足够多的股份，因此一般的投资者会发现在超额认购的情况下很难买到股票。虽然平均来说，首次公开发行会有一个正的初始收益率，但仍有相当部分的 IPO 的股价下跌了。因此，如果投资者针对所有的新股发行都提出申购，那么分到手的更多是价格往下掉的 IPO 股票。

设想一下这样一个有关两个投资者的故事。当公司的股票发行时，聪明女士能够精确知道公司值多少钱。平凡先生仅仅知道股价在 IPO 之后一个月内通常都会上升。带这些消息，平凡先生决定每次 IPO 都买 1 000 股。那么平凡先生能从所有这些 IPO 中赚取超额收益吗？

答案是不能，至少有一个原因是聪明女士。比方说，因为聪明女士知道 XYZ 公司的股票折价了，她会把她所有的钱全部投进这次的 IPO 中。发行被超额认购了，承销商将在聪明女士和平凡先生之间分配股票。假设他们按照各人的认购数比例分配，再假设聪明女士的认购数是平凡先生的两倍，那么平凡先生每得到一股股票的情况下她将得到两股。最终的结果是当新股折价发行时，平凡先生将买不到他想要的那么多的股票。

同样地，聪明女士知道 ABC 公司属于溢价发行，她就将避开这一 IPO 认购，平凡先生会满满当当地认购到 1 000 股股票。总而言之，当知情的投资者蜂拥而来买走折价发行的新股时，平凡先生只能得到少得多的股票，而那些精明的投资者避开的发行中他却能按全额买到新股。

这叫作**赢家的诅咒**（winner's curse），这也是为什么 IPO 会有这么高的平均收益。普通的投资者赢得头彩，得到分配给他的东西，那是因为那些更为知情的人避开了这些新股。为了对付赢家的诅咒来吸引更多的普通投资者，承销商就必须折价发行。[⊖]

或许一个更简单的解释是风险。虽然从平均来看，IPO 有着正的初始收益率，但还是有相当部分的 IPO 股票的价格下跌了。而价格下跌就会给承销商持有的股份带来损失。此外，那些溢价买了新股的投资者可能会很愤怒而去起诉承销商。而折价发行可以减少这两种情况的发生。

---

| 个人观点 |       **杰伊·里特论全球 IPO 折价**

所有的国家/地区总体上都存在 IPO 折价现象，不过折价的程度因国家/地区和时间的不同存在很大的差异。

总的来说，发达资本市场的折价幅度比新兴市场要温和得多。此外，随着一个国家/地区的资本市场变得更加成熟，发生极端折价的现象就会逐渐消失。当然也有例外。在日本，小公司就容易出现严重折价的情况。2015—2016 年，日本的首日平均收益率为 46.8%，但是融资规模在 2 000 万美元以上的 IPO 案中，该收益率在 10% 左右，而筹资规模较小的 IPO 则超过 100%。

在部分国家/地区，政府的监管政策直接导致了严重的折价，因为监管者限制了公司发行股票时的市盈率。中国大陆 IPO 拥有很高的平均初始收益率就归因于这样的监管政策。监管者要求发行价格不得超过 23 倍市盈率，因此初始收益率从 2009—2012 年的 35% 激升至 2014—2016 年的 375%。

下表列示了一些国家/地区过去一段时间的 IPO 首日收益率的数据（若商业数据库有不足，则以不同作者的研究数据为准）。

---

⊖ 这种解释最早由 Kevin Rock 提出，可参见"Why New Issue Are Underpriced," *Journal of Financial Economics* 15, no.12（January-February 1986）：187-212.

| 国家 / 地区 | 样本数 | 期间 | 平均初始收益率 /% | 国家 / 地区 | 样本数 | 期间 | 平均初始收益率 /% |
|---|---|---|---|---|---|---|---|
| 阿根廷 | 30 | 1991—2018 年 | 5.7 | 墨西哥 | 149 | 1987—2017 年 | 13.3 |
| 澳大利亚 | 2 069 | 1976—2018 年 | 19.8 | 摩洛哥 | 33 | 2000—2011 年 | 33.3 |
| 奥地利 | 106 | 1971—2018 年 | 6.2 | 荷兰 | 212 | 1982—2017 年 | 13.3 |
| 比利时 | 154 | 1984—2017 年 | 11.0 | 新西兰 | 269 | 1979—2018 年 | 15.9 |
| 巴西 | 303 | 1979—2018 年 | 30.3 | 尼日利亚 | 125 | 1989—2017 年 | 12.8 |
| 保加利亚 | 9 | 2004—2007 年 | 36.5 | 挪威 | 266 | 1984—2018 年 | 6.7 |
| 加拿大 | 758 | 1971—2017 年 | 6.4 | 巴基斯坦 | 80 | 2000—2013 年 | 22.1 |
| 智利 | 86 | 1982—2018 年 | 6.9 | 菲律宾 | 173 | 1987—2018 年 | 17.3 |
| 中国大陆 | 3 798 | 1990—2019 年 | 169.5 | 波兰 | 350 | 1991—2019 年 | 11.7 |
| 塞浦路斯 | 73 | 1997—2012 年 | 20.3 | 葡萄牙 | 33 | 1992—2017 年 | 11.5 |
| 丹麦 | 173 | 1984—2017 年 | 7.4 | 俄罗斯 | 64 | 1999—2013 年 | 3.3 |
| 埃及 | 74 | 1990—2017 年 | 9.4 | 沙特阿拉伯 | 80 | 2003—2011 年 | 239.8 |
| 芬兰 | 209 | 1971—2018 年 | 14.2 | 新加坡 | 687 | 1973—2017 年 | 25.8 |
| 法国 | 834 | 1983—2017 年 | 9.7 | 南非 | 342 | 1980—2018 年 | 17.2 |
| 德国 | 779 | 1978—2014 年 | 23.0 | 韩国 | 2 007 | 1980—2018 年 | 55.2 |
| 希腊 | 373 | 1976—2013 年 | 50.8 | 西班牙 | 199 | 1986—2018 年 | 9.2 |
| 中国香港 | 2 042 | 1980—2017 年 | 44.5 | 斯里兰卡 | 134 | 1987—2018 年 | 28.9 |
| 印度 | 3 145 | 1990—2017 年 | 85.2 | 瑞典 | 405 | 1980—2015 年 | 25.9 |
| 印度尼西亚 | 643 | 1990—2019 年 | 46.3 | 瑞士 | 164 | 1983—2018 年 | 25.2 |
| 伊朗 | 279 | 1991—2004 年 | 22.4 | 中国台湾 | 1 915 | 1980—2019 年 | 37.2 |
| 爱尔兰 | 38 | 1991—2013 年 | 21.6 | 泰国 | 697 | 1987—2018 年 | 40.0 |
| 以色列 | 348 | 1990—2006 年 | 13.8 | 突尼斯 | 38 | 2001—2014 年 | 21.7 |
| 意大利 | 413 | 1985—2018 年 | 13.1 | 土耳其 | 404 | 1990—2014 年 | 9.6 |
| 日本 | 3 756 | 1970—2019 年 | 46.8 | 阿联酋 | 24 | 2003—2010 年 | 270.1 |
| 约旦 | 53 | 1999—2008 年 | 149.0 | 英国 | 5 185 | 1959—2016 年 | 15.8 |
| 马来西亚 | 562 | 1980—2018 年 | 51.0 | 美国 | 13 509 | 1960—2020 年 | 17.2 |
| 毛里求斯 | 40 | 1989—2005 年 | 15.2 | 越南 | 167 | 2005—2017 年 | 33.3 |

## 20.4.4　折价的证据

图 20-3 较为全面地反映了折价现象的总体情况。图中逐月展示了经 SEC 注册的 IPO 的折价数据，[⊖]覆盖了 1960—2020 年的整个期间。图 20-4 展示的是同一期间的月度发行数量。

从图 20-3 中可见，折价情况可能会相当严重，有些月份甚至超过了 100%。在这样的月份中，平均而言 IPO 价值会翻一倍以上，有的时候也就几个小时就达到了。此外时间不同，折价幅度也不同，折价幅度很大的时期（发行旺季）之后紧跟着会出现一个折价幅度很小的时期（发行淡季）。例如，20 世纪 60 年代，IPO 平均折价率为 21.2%。到了 70 年代，折价率降到 7.1%，折价的金额也的确很小，甚至有相当一部分是负数。20 世纪 80 年代，IPO 的折价率在 6.9% 左右。1990—1999 年、2000—2009 年和 2010—2019 年 3 个 10 年的折价率分别是 21.1%、21.3% 和 11.7%。

图 20-4 显示了不同时期 IPO 的数量变动也相当大，而且折价程度和 IPO 数量都有明显的周期性。比对图 20-3 和图 20-4，我们会看到 IPO 数量增加多发生在严重抑价期之后的 6 个月。这或许是因为公司会在它们感觉到新股受到追捧的时候做出上市的决定。

---

⊖　本处讨论的资料源自 Roger G.Ibboston, Jody L.Sindelar, and Jay R.Ritter, "The Market's Problems with the Pricing of Initial Public Offerings," *Journal of Applied Corporate Finance*7, no.1 (Spring 1994): 66-74.

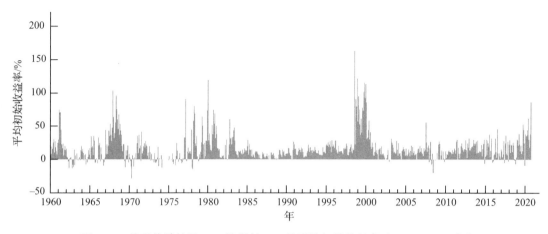

图 20-3 按月统计的经 SEC 注册的 IPO 的平均初始收益率（1960—2020 年）

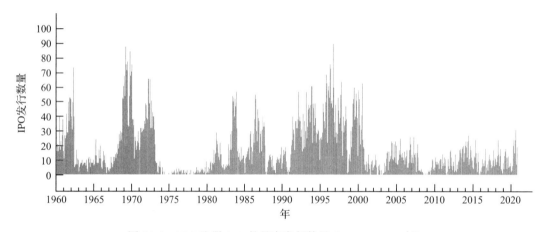

图 20-4 SEC 注册 IPO 的月度发行数量（1960—2020 年）

### 20.4.5 部分调整现象

当一家公司向 SEC 提交注册文件时，在流程的某个节点需要披露新发行股票的期望价格区间。这个区间被称作"文件价格区间"，或其他大意如此的叫法。最常见的文件价格区间是 10 ～ 12 美元，但也有很多例外。我们前面讨论过的 Snowflake 就是一个很好的例子。公司公布的初步价格区间是 75 ～ 85 美元，但最后的实际发行价格是 120 美元，挂牌交易的第一天股价就飙升。

在公司股票发售给投资者前夕，最终的 IPO 发行价格才确定下来。如表 20-8 的 A 栏显示的那样，该价格可能高于、处于或低于公司原先披露的价格区间。就 1980—2020 年这个时间段来看，有 49% 的 IPO 发行价格处于区间内，28% 高于该区间，23% 低于该区间。

表 20-8 IPO 折价与文件价格区间 （%）

| A: IPO 价格相对文件价格区间的百分比 | | | |
| --- | --- | --- | --- |
| | 低于 | 区间内 | 高于 |
| 1980—1989 年 | 30 | 57 | 13 |
| 1990—1998 年 | 27 | 49 | 24 |
| 1999—2000 年 | 18 | 38 | 44 |
| 2001—2020 年 | 33 | 45 | 22 |
| 1980—2020 年 | 28 | 49 | 23 |

（续）

| B: 相对文件价格区间的平均首日收益率 | | | |
|---|---|---|---|
| | 低于 | 区间内 | 高于 |
| 1980—1989 年 | 0 | 6 | 20 |
| 1990—1998 年 | 4 | 11 | 31 |
| 1999—2000 年 | 8 | 26 | 122 |
| 2001—2020 年 | 3 | 13 | 42 |
| 1980—2020 年 | 3 | 12 | 50 |

表 20-8 的 B 栏显示的内容有趣且非常清晰：当实际发行价格高于文件价格区间时，IPO 的折价情况要严重得多。以 1980—2020 年整个区间来看，该折价率达到了 50%，而定价低于文件价格区间的折价率平均仅有 3%。1999—2000 年这个时期的表现又很突出，在发行价格普遍高于文件价格区间的情况下平均折价率高达 122%。

这种现象被称作"部分调整"。叫这个名字是想说明这样一个事实：当公司在提高它们的发行价格时，它们只做了一部分，换句话说，就是没有调整到位。为什么会存在这种现象？答案尚未知晓。

## 20.5 新股发行公告和公司价值

如前面所说的，当公司需要更多资金的时候，它们可能以增发（SEO）的方式再回到权益市场。SEO 的基本程序和 IPO 相同。不过，在 SEO 公告发布的当天会发生一些很奇怪的现象。我们有理由认为长期融资是为投资于那些净现值为正的项目的。如果真的是这样，那么一旦公司发布新的股权融资公告，投资者可能认为公司的股票价格将要上涨。但如我们前面章节中所讲的，完全相反的事情发生了。公司发布新股发行公告会导致公司股价下跌。对这一奇怪结果的可能解释包括以下几点。

（1）**管理信息**。如果经理人拥有关于公司市场价值的信息优势，他们可能会知道什么时候公司的价值被高估了。如果确实如此，他们就会试图在市价超过内在价值的时候发行新股。这将有利于原有股东。但那些潜在的新股东也不是傻瓜，他们会从新股发行中推断出公司的估值过高了，因此在发行公告日股价就会被打压下来。

（2）**举债能力**。前面的章节中，我们讨论过一家公司会通过权衡税盾效益和财务困境成本来确定它的负债-权益比。如果经理人得到了发生财务困境的可能性提高的信息，那么公司将会倾向于股权融资而非债务融资。要是市场推断出这一逻辑链条，那么在新股发行公告日，股价也会下跌。

（3）**发行成本**。正如我们接下来要讨论的，发行证券会产生大量的成本。

无论是哪个原因，股价下跌都是新股发行的一项间接成本。在典型的工业企业中，这一跌幅在 3% 左右（公用事业公司幅度要小一些）；因此，对大公司来说，这是一笔非常巨大的金额。在下面讨论新股发行的成本中，我们将这种下跌称为**异常收益**。

举一些近期的例子，2020 年 5 月，互联网公司 Shopify 宣布了一次增发，股价在公告当日下跌了 3.6%。2020 年 9 月，北美最大的智能安防系统公司 ADT 披露了增发公告，公告当日股价下跌了 13.3%。

## 20.6 新股发行成本

公开发行新股不是免费的。这些成本可分为 6 类。

（1）价差，或承销折扣。价差，指的是发行人得到的价格与出售给公众的价格差。

（2）其他直接费用。发行人发生的承销商报酬之外的成本，包括申请费、法律费用和税收，所有这些费用都将在招股说明书中予以披露。

（3）间接费用。这些费用未在招股说明书中披露，包括管理层花费在新股发行上的时间成本。

（4）异常收益。在增发案中，增发公告时股价通常会下跌 3%。这种下跌对新股东提供了某种保护，以防止他们买入定价过高的股票。

（5）折价。对 IPO 来说，在发行日之后，股价通常会显著上升。由于新股是按照低于上市后的有效价格出售的，所以折价对公司来说是一项成本。

（6）绿鞋选择权。绿鞋选择权赋予承销商按照发行价买入追加股票的权利，以补偿超额配售。由于承销商只会在发行价低于上市后市价的情况下才会行权，所以绿鞋选择权对公司来说是一项成本。

研究显示，仅IPO直接费用的金额就会非常大，对小规模的发行（小于1 000万美元）来说更是如此。[⊖]举例来说，在一个小规模的发行中，总的直接费用将占到筹资总额的25.22%。这意味着如果企业卖出1 000万美元的股票，能到手的却只有750万美元；其他250万美元用于补偿承销价差和其他直接费用了。超过5亿美元的发行中，直接费用在5.5%左右。典型的承销商价差在5%～10%左右。研究显示，过半数IPO的价差正好就是7%，因此这也是最常见的价差。

大致上，我们可以看出这样4点。第一，除一般债券融资（我们将在后面介绍），存在显著的规模经济效应。发行规模越大，价差越小，而其他直接费用的占比下降速度更快，这说明这些费用绝大部分属于固定性费用。第二，债务融资的成本比股票融资的成本低得多。第三，IPO的成本在一定程度上要比SEO高一些。第四，一般债券的筹资成本比可转换债券低。

如前所述，对发行人来说IPO折价是一种额外的成本。通常，发行超过2亿美元股票的大公司的折价要低得多。不论发行规模大小，平均而言，发行的直接成本总额约为筹资总额的10%，而发行折价接近19%。

最后讨论一下债券发行，其发行的直接成本有两种常见的情形。第一，同样存在巨大的规模经济效应。第二，投资级证券的直接成本要低得多，普通债券更是如此。回想一下前面章节说过的，债券具有不同的信用评级。高信用评级的债券被称作投资级，低信用评级的债券则被称作非投资级或垃圾债券。规模小于1 000万美元的投资级普通债券发行成本预计在1.9%左右，垃圾债券的发行成本达到了5.27%。发行规模超过5亿美元的普通债券发行成本只要0.08%，而同等规模的垃圾债券则要2.63%。

### 案例研究：上市的成本

2020年1月，总部位于麻省的肿瘤医药企业Black Diamond Therapeutics公司（代码：BDTX）通过IPO上市了。公司以每股19美元的价格发行了10 586 316股股票。IPO的主承销商是摩根大通、投行Jefferies和Cowen公司，并有其他投资银行组成的辛迪加协助发行。尽管筹集的总资金达到2.011亿美元，但在扣完发行费用后，BDTX公司仅得到1.844亿美元。其中，最大的单笔费用是7%的承销商价差，这种价差在这个规模的发行中是很常见的。BDTX公司按照17.67美元的价格将所有1 059万股新股出售给承销商，而承销商转手就以每股19美元的价格出售给公众投资者。

但别急——还不止这些。BDTX公司支付了23 914美元的SEC注册费用，以及28 135美元的美国金融监管局备案费。公司还支付了12.5万美元的交易所上市费，130万美元的律师费，95万美元的审计费，4 000美元的过户代理费以进行股份交易清算及置备股东名录，15万美元的印刷和制版费，1万美元的蓝天费，还有98 951美元的杂费。

正如BDTX公司的费用清单显示的，IPO是一件昂贵的事业！最终算下来，BDTX公司的费用总计达到1 677万美元，其中1 408万美元进了承销商的腰包，269万美元支付给了其他群体。公司的发行费用率总计达到8.97%。在这个案子中，公司的股票价格在上市的第一天就翻了一倍以上并以每股39.48美元的价格收盘，这样算下来，间接成本要大得多。

## 20.7 配股权

当公司决定向公众增发股份时，现有股东的所有权比例很可能会被稀释。不过，要是公司章程里规定有优先认股权的话，公司就必须优先把新发行的股票出售给现有股东。这样就可以确保所有股东的持股比例不变。

---

[⊖] Inmoo Lee, Scott Lochhead, Jay Ritter, and Quanshui Zhao, "The Costs of Raising Capital," *Journal of Financial Research* 19 (Spring 1996), updated by the authors.

面向现有股东发行新的普通股被称为**配股**。这种情况下，每一位股东都会得到公司发行的可以在特定期间内、以一个特定的价格购买一定数量股票的**认股权**，超过了约定的期限，该认股权就失效了。举个例子，一家公司目前的股价是每股 30 美元，它允许现有股东在两个月的时间内以每股 10 美元的价格买入一定数量的股票。认股权的条款由**认股权证**等文件证明。这种认股权通常会在证券交易所或场外进行交易。发行认股权的做法在欧洲非常普遍，但在美国较少。

## 20.7.1 配股权发行机制

让我们通过 National Power 公司的例子来说明配股权发行的机制。National Power 现有流通在外的股票 100 万股，当前股价为每股 20 美元，即总市值为 2 000 万美元。公司计划通过配股筹集 500 万美元权益资本。

配股权发行的过程和现金发行不同。现有股东会得知他们所持有的每一股股票都会得到一份认股权。实践中，股东会将款项支付给认购代理商（通常是一家银行）并上交相应份数的认股权。National Power 公司的股东会有如下几种选择：① 全额认购；② 出售认股权；③ 什么都不做，任由认股权过期作废。

## 20.7.2 认购价格

National Power 公司必须先确定**认购价格**（subscription price），也就是现有股东认购 1 股股票的价格。一个理性的投资者只有在认购价格在到期日时低于股票市价的情况下才会认购配售的股票。比如，到期日的股票市价是每股 13 美元，而配股价是每股 15 美元，那么没有一个理性的投资者会实施认购。为什么要对价值 13 美元的东西付出 15 美元的代价呢？ National Power 公司选择每股 10 美元作为配股价格，这比每股 20 美元的市价要低得多。只要在到期日之前，股票市价不跌去一半，那么配股发行就会取得成功。

## 20.7.3 认购 1 股股票所需的认股权数

National Power 公司计划筹集 500 万美元的新股权资金。认购价格是每股 10 美元，那么它将发行 500 000 股新股。这个数值是筹资总额与认购价格的比：

$$新股股数 = \frac{筹资总额}{认购价格} = \frac{5\ 000\ 000}{10} = 500\ 000（股）$$

典型情况下，股东所持有的每一股股票都将获得一份认股权。National Power 公司将发出 100 万份认股权。为了确定每购买 1 股新股需要多少份认股权，我们可以将公司现有股数除以新股股数：

$$\frac{认购 1 股新股}{所需的认股权数} = \frac{“老”股数量}{“新”股数量} = \frac{1\ 000\ 000}{500\ 000} = 2（份）$$

因此，股东需要支付 10 美元加上 2 份认股权才能买到 1 股新股。如果所有的股东都这样做了，那么 National Power 公司将筹措到所需的 500 万美元资金。

假定 National Power 公司计划筹资 500 万美元，发行的新股股数、购买 1 股新股所需的认股权数随新股认购价格而变，如下所示。

| 认购价格/美元 | 新股股数 | 认购 1 股新股所需的认股权数 |
| --- | --- | --- |
| 20 | 250 000（=5 000 000/20） | 4（=1 000 000/250 000） |
| 10 | 500 000（=5 000 000/10） | 2（=1 000 000/500 000） |
| 5 | 1 000 000（=5 000 000/5） | 1（=1 000 000/1 000 000） |

可见，认购价格越低，发行的新股股数越多，而认购 1 股新股所需的认股权数则越少。

## 20.7.4 配股对股价的影响

显而易见，认股权是有价值的。在 National Power 公司的案例中，按每股 10 美元的价格买到市价 20 美元的股票是很赚的。

假设一个股东在 National Power 公司配股之前正好持有 2 股公司股票。表 20-9 描述了这一过程。最开始，National Power 公司的股票市价是每股 20 美元，因此该股东的持股总市值是 2 × 20 = 40（美元）。持有 2 股股票，他会得到 2 份认股权。National Power 公司的配股发行给予公司股东以每 2 份认股权加上 10 美元认购 1 股新股。行使认购权买入新股的股东的持股数将增加到 3 股。这种情况下，新的持股总市值是 40 + 10 = 50（美元）（40 美元的初始价值加上支付给公司的 10 美元）。由于股东现持有的股数是 3 股，因此股票的价格将下降到 50/3 = 16.67（美元）（四舍五入到两位小数点）。

表 20-9　个人股东持有 National Power 公司认股权的价值

| 股东的初始状态 | |
| --- | --- |
| 股数 | 2 |
| 市价 / 美元 | 20 |
| 持股价值 / 美元 | 40 |
| **发行条件** | |
| 认购价格 / 美元 | 10 |
| 分到的认股权数 | 2 |
| 认购 1 股新股所需的认股权数 | 2 |
| **股东在发行后的财富状况** | |
| 股数 | 3 |
| 市价 / 美元 | 16.67 |
| 持股市值 / 美元 | 50 |
| **认股权价值** | |
| 原来的股票价格 − 新的股票价格 / 美元 | 20−16.67=3.33 |
| （新的股票价格 − 认购价格）/ 认购一股新股需要的认股权数 / 美元 | （16.67−10）/2 = 3.33 |

原来每股 20 美元的价格与新的每股 16.67 美元之间的价格差说明老股票附有配股发行的认股权。前后的价格差也就等于 1 份认股权的价值，也就是 20−16.67 = 3.33（美元）。我们还可以用另外一种方法计算认股权的价值。配股使得个人股东用 10 美元买到了价值 16.67 美元的股票，赚到了 6.67 美元。但是考虑到这个股东需要 2 份认股权才能做成这笔交易，那么一个理性的投资者会愿意为 1 份认股权最高支付 3.33（= 6.67/2）美元。

正如我们前面学过股利除息日一样，这里也有一个**除权日**（ex-rights date）。在除权日之前买入股票的股东将会收到认股权。在除权日当天或之后买入的股东就不会收到了。在我们的例子当中，除权日之前的股票市价是每股 20 美元。除权日之后买入的股东持有的是不含权的股票，除权后的市价是每股 16.67 美元。

表 20-10 从 National Power 公司角度做了分析。如果所有的股东都行使了认股权，那么该公司外发的股票数量将增加到 150（= 100 + 50）万股，公司总市值将上升到 2 500（= 2 000 + 500）万美元。配股完成后，公司的股票价格将跌到每股 16.67（= 25 000 000/1 500 000）美元。

表 20-10　National Power 公司的配股

| 初始状态 | |
| --- | --- |
| 外发股票数 / 百万 | 1 |
| 每股市价 / 美元 | 20 |
| 公司总市值 / 百万美元 | 20 |
| **发行条件** | |
| 认购价格 / 美元 | 10 |
| 发行的认股权数 / 百万 | 1 |
| 认购 1 股新股所需的认股权数 | 2 |
| **发行后的状况** | |
| 外发股票数 / 百万 | 1.5 |
| 公司总市值 / 百万美元 | 25 |
| 每股市价 / 美元 | 16.67 |

未持有 National Power 公司股票的投资者也可以通过买入认股权的方式参与新股认购。外部投资者支付 $3.33 \times 2 = 6.67$（美元）（考虑前面的四舍五入）。如果该投资者按每股 10 美元的价格行权，那么总成本将是 $10 + 6.67 = 16.67$（美元）。作为回报，他将获得 1 股新股，价值 16.67 美元。

当然，投资者也可以直接按每股 16.67 美元的价格买入 National Power 公司的股票。在市场有效的情况下，通过行权认购新股和直接买入是没有差别的。

### 20.7.5 对股东的影响

股东可以选择卖出认股权也可以选择行权，不管怎么选择，都没有差别。为方便理解，假设一个投资者持有 2 股股票。她将获得 2 份认股权。她可以按每份 3.33 美元的价格卖掉这 2 份认股权，获得 $3.33 \times 2 = 6.67$（美元）的现金。由于每股股票现值 16.67 美元，她总的财富状况是：

| | | | |
|---|---|---|---|
| 股票 | $= 2 \times 16.67$ | $=$ | 33.33 |
| 出售认股权 | $= 2 \times 3.33$ | $=$ | 6.67 |
| 合计 | | $=$ | 40.00 |

另一种情况下，该股东选择行权，那么最终她将持有总价值 $16.67 \times 3 = 50$（美元）的 3 股股票。换句话说，她没有卖掉认股权而是继续持股并追加了 10 美元的投入，使得她的股票价值比之前的 40 美元多了 10 美元。因此，无论行权或卖掉认股权对她来说是没有分别的。

很显然，配股之后新的市价要比之前来得低。但正如我们前面看到的，股东并没有因此蒙受损失。这种股价下跌的效应和股票分割很相似，股票分割我们在第 19 章中做了介绍。认购价格越低，配股引起的价格下跌幅度就越大。但是由于股东会得到价值相当于价格跌幅的认股权，因此这对股东**不会**带来伤害。

还剩下最后一个问题。配股时，我们如何设定认购价格？如果仔细考虑这个问题，你会发现这其实是无关紧要的。只有当认购价格低于市价时，认股权才有价值；除这点外，你可以随意定价。原则上来说，只要不是零，想多低都可以。

### 20.7.6 承销协议

如果投资者放弃行权或者坏消息导致市价跌破认购价，那么就会认购不足。为了防止这种可能情况的发生，典型的配股都做了**余额包销**（standby underwriting）的安排。此时，承销商将做出包销承诺以发行价买下未发售出去部分的股票，但要扣减一定的费用。承销商实际上承担了风险，他们为此收取包销费用（standby fee）。

实践中，发行价格通常要比现行市价低好多，从而使配股发行失败的可能性相当之小。虽然会有一小部分（少于 10%）的股东放弃行权，但是其他股东将可以按发行价格购买未被认购的部分。这种**超额认购权**（oversubscription privilege）使得发行人不太需要转向寻求承销商的帮助。

## 20.8 配股权之谜

史密斯计算了 3 种发行方式的成本：承销发行、余额包销和纯粹认股权发行。[一]他的研究结果显示 3 种方式的总成本占融资总额的百分比分别为 6.17%、6.05% 和 2.45%，纯粹认股权发行的成本是最低的。

如果高管们是理性的话，那么他们应该选择最便宜的发行方式。如此一来，上述的实证数据就意味着纯粹认股权发行将占主导地位。奇怪的是，在美国几乎所有的新股发行都没有采用认股权。但反过来，在其他市场中，认股权发行都相当普遍。虽然到目前为止已经提出了如下几种解释，但财务学界还是将美国避而不用认股

---

[一] Clifford W. Smith, Jr., "Alternative Methods for Raising Capital: Rights versus Underwritten Offerings," *Journal of Financial Economics* 5, no.3 (December 1977): 237-307; Myron Slovin、Marie Sushka 和 Kam Wah Lai 对英国市场的研究也得出相类似的结论，可参见 "Alternative Flotation Methods, Adverse Selection, and Ownership Structure: Evidence from Seasoned Equity Issuance in the U.K.," *Journal of Financial Economics* 57, no.2 (August 2000): 157-90.

权筹资视为一种异象。

（1）通过承销努力和加强公众的信心，承销商的介入提高了发行价格。但史密斯在所研究的 52 起认股权发行和 344 起承销发行中未发现可证实该观点的证据。

（2）由于承销商将按照协议价格购买股票，这实际上是对发行提供了保险，因此，一旦没有办法把全部股票出售给公众，承销商将蒙受损失。但无论如何，潜在的经济损失都不会很大。多数情况下，发行价格是在发行前 24 小时内才敲定下来的，而在那时，承销商通常已经就发行市场做出仔细的评估了。

（3）承销商对发行价格的市场价值做出保证，这让投资者在购买股票的过程中更为放心。[一]这种信心来自承销商有一些接触公司的特殊渠道，在更深入了解发行人之后愿意通过制定合理价格的方式对它的声誉进行押注。

（4）其他的理由还包括：① 承销发行下，融资资金比认股权方式来得快；② 承销会使得股权的分布比认股权配售方式下更为广泛；③ 投资银行提供的顾问服务可能很有价值；④ 股东发现行使认股权很麻烦；⑤ 市价跌破发行价的风险很大。

前面是有关这一谜题的一些讨论，但没有一种解释具有充分的说服力。有关于这个问题，还有待进一步的研究。

## 20.9 稀释

有关股票发行还有一个会引发讨论的问题，就是**稀释**（dilution）。稀释意味着所有者权益的损失，包括如下几种情形。

（1）所有权比例的稀释。

（2）股价的稀释。

（3）账面价值的稀释。

（4）每股收益的稀释。

稀释就是不好的吗？虽然"稀释"这个词看起来是贬义的，但是我们将看到只有对股价的稀释才真的是坏事。

### 20.9.1 所有权比例稀释

只要向公众出售股票，就会出现上述的第一种稀释。举例来说，乔拥有 5 000 股 Merit Shoe 公司的股票。Merit Shoe 公司现有发行在外的股票 50 000 股，每股股票拥有一个投票权。乔因此控制了 10%（= 5 000/50 000）的投票权并会收到公司派发股利的 10%。

如果 Merit Shoe 公司通过普通现金发行向公众出售 50 000 股新股，乔在 Merit Shoe 公司的所有权比例将会被稀释。如果乔没有参与新股认购，那么他的所有权比例将下降到 5%（= 5 000/100 000）。注意，如果股权融资是用于为一项 NPV 大于零的项目筹资，乔持有的公司股票的价值将会上升。在这个例子当中，他在公司的所有权比例变小了。

而配股将会确保乔获得维持其 10% 公司股权的机会，原有股东避免所有权被稀释的情况在配股发行的情况下就可以避免。

### 20.9.2 股价稀释

为了说明股价稀释的问题，我们设想一家 Upper States Manufacturing（USM）公司，它的外发股份总数是 100 万股，每年公司盈利恒定为 100 万美元，也就是每股 1 美元。如果折现率是 0.20，那么每股股价将是 5（= 1/0.20）美元。股权的市场总价值是 500（= 5 × 100 万）万美元。基于简便目的，我们忽略税收因素的影响。

［一］ James Booth and R. Smith, "The Certification Role of the Investment Banker in New Issue Pricing," *Midland Corporate Finance Journal,* Spring 1986.

现在假设 USM 公司决定接受一个投资项目，需要投资 200 万美元，每年会产生 60 万美元的收益。那么，该项目的现值是：

$$-2\ 000\ 000 + 600\ 000/0.20 = 1\ 000\ 000（美元）$$

如果公司接受了该项目，那么公司年度收益将增加到 1 600 000 美元。一旦公司对外公告了该项目，那么公司贴现现金流将上升为：

$$1\ 600\ 000/0.20 - 2\ 000\ 000 = 6\ 000\ 000（美元）$$

由于公司的外发普通股数是 100 万股，那么股价将变成每股 6 美元。

当然，为此必须发行新股筹集所需的 200 万美元资金。公司需要按每股 6 美元的价格发行 333 333（= 2 000 000/6）股新股。我们也可以用另一种方法计算出每股 6 美元的股价：只要 200 万美元的投资投入后（也就是该项目取得了融资），公司的现值将变成 1 600 000/0.20 = 8 000 000（美元）。而每股股票的市价就将是 8 000 000/1 333 333 = 6（美元）。表 20-11 的前两栏说明的就是这个结果。

表 20-11　Upper States Manufacturing 公司：新股发行与稀释

| 项目 | 初始状态 | NPV > 0 的项目 | NPV < 0 的项目 | NPV = 0 的项目 |
|---|---|---|---|---|
| 外发股数 | 1 000 000 | 1 333 333 | 1 500 000 | 1 400 000 |
| 年度收益 / 美元 | 1 000 000 | 1 600 000 | 1 200 000 | 1 400 000 |
| 公告日的公司市场价值 / 美元 | 5 000 000 | 6 000 000 | 4 000 000 | 5 000 000 |
| 筹资后的公司市场价值 / 美元 | | 8 000 000 | 6 000 000 | 7 000 000 |
| 股价 / 美元 | 5 | 6 | 4 | 5 |
| 账面价值 / 美元 | 10 000 000 | 12 000 000 | 12 000 000 | 12 000 000 |
| 每股账面价值 / 美元 | 10 | 9 | 8 | 8.57 |

案例中的股价为什么会上升呢？这仅仅是因为投资项目的净现值是正的。设想一下，项目仍旧需要 200 万美元的投资，但每年只能产生 20 万美元的收益。那它的 NPV 就是负数，这会降低股票价格。相关的数字列示在表 20-11 的第 4 列当中。

股价稀释的规则相当简单。如果发行股票筹资所投资的项目的 NPV 为正，股价就上升；如果 NPV 为负，股价就下跌。这个结论与表 20-11 第 6 行的数字相印证。

在这个简单的例子中，我们假设股价总是能够反映公司的真实市场价值（包含新项目在内）。但现实并不总是如此。如果新股发行价格低于其市场价值，且该差价未能通过投资于 NPV 为正的项目得以弥补，那么原有股东将遭遇股价稀释。举一个极端的例子，我们设想 USM 公司在没有新投资机会的情况下，公司的市场价值为 500 万美元，有外发股票 100 万股，对应每股价值 5 美元。假设 USM 公司的 CEO 向自己发行了 100 000 股股票作为补偿金，但到头来她为公司提供的管理服务一文不值。这种情况下，公司的市场价值将仍旧是 500 万美元，但是股价将下调为 4.55[=5 000 000/(1 000 000+100 000)] 美元。

### 20.9.3　账面价值稀释

在这个例子当中，我们至今还没有谈到账面价值。现在，让我们假设公司初始的账面价值是 1 000 万美元，也就意味着每股账面价值是 10 美元。那为什么公司的账面价值会高于总值 500 万美元的市场价值呢？最大的可能是公司做得不好，或许是由于管理不善或许是因为行业前景黯淡。

作为基准，假设公司接受一项每年会带来 40 万美元的投资项目。该项目的 NPV 是：

$$-2\ 000\ 000 + 400\ 000/0.20 = 0$$

股价维持在每股 5 美元，而公司必须发行 400 000（= 2 000 000/5）股新股。因为项目的账面价值等于 200 万美元，所以公司的账面价值将增加到 1 200 万美元。在 400 000 股新股发行后，每股账面价值下降到 8.57（= 12 000 000/1 400 000）美元。表 20-11 最后一栏可以看到这些数字。

为什么每股账面价值会下降呢？这仅仅是因为每股 10 美元的账面价值高于每股 5 美元的市价。由于整个项目的 NPV 等于零，项目现金流量的市场价值就会等于它的账面价值或成本，也就是 200 万美元。考虑到企业和项目的账面 – 市值比分别等于 2 和 1，一旦企业接受了该投资项目，它的账面 – 市值比就会下降。由于股价维持在每股 5 美元，因此每股账面价值必然要下降。

对于每股账面价值下跌，经理人或许会感到失望。但这真的值得担心吗？不，因为股价仍旧维持在每股 5 美元，这意味着股东的财富没有受到影响。管理当局接受 NPV 为正的项目、拒绝 NPV 小于零的项目的投资原则仍然得到了遵守。对账面价值的影响很大程度上是不相关的。

诚然，我们只是检验了 NPV 等于零的项目。如果投资项目的 NPV 为正，那么每股账面价值将会高于 8.57 美元，因为这种情况下发行的新股数量较少。反过来，如果 NPV 小于零，那么带来的结果是每股账面价值将会更低。在表 20-11 当中，我们可以看到项目的 NPV 为正的情况下，每股账面价值为 9 美元；而 NPV 为负的情况下，每股账面价值只有 8 美元。但需要再说一次的是，账面价值的变化是不相关的。

### 20.9.4　每股收益稀释

每股收益（EPS）的升降与股价相关吗？不是必然的，这一点我们很容易通过例子看出它们的区别。再回到 USM 公司的例子，公司初始的 EPS 是 1 美元。和前面一样，我们假设公司接受了一项成本为 200 万美元的投资项目。但是，我们假设该项目只产生一次性的现金流量，今天起的 3 年之后获得一笔 5 184 000 美元的收入。该项目的净现值为：

$$-2\,000\,000 + \frac{5\,184\,000}{1.20^3} = 1\,000\,000 \text{（美元）}$$

公司的价值将上升到 6 000 000（= 5 000 000 + 1 000 000）美元，而每股价格也将随之上升到 6 美元。但是，第 1 年的每股收益将低于 1 美元。为什么？因为必须发行新股为新项目筹资，但第 1 年并不会产生收益。这里反映出来的具有普遍意义的规律是，一个具有长期收益成长性的项目，即使其 NPV 大于零，在一开始仍旧可能会降低公司的每股收益。这一点很重要，因为很多情况下管理层的薪酬是建立在 EPS 基础上的。建立在 EPS 基础上的管理人薪酬制度的一个疏忽是会促使企业放弃那些初期收益较低的项目，即使这些项目具有正的 NPV。但这对股东来说是不利的。再强调一次，从股东的角度来看，经理人应该接受那些 NPV 为正的项目而拒绝那些 NPV 为负的项目。和对每股账面的影响一样，对 EPS 的直接影响同样是不重要的。

### 20.9.5　结论

通过这个案例，我们分析了新股发行的稀释效应。我们检验了对所有权比例、股价、账面价值和每股收益的稀释。我们的结论是，对股东而言，只有发行新股对股价产生的影响是相关的。[○]对股东来说，对于其他变量的稀释是不相关的。

## 20.10　暂搁注册

为了简化证券发行程序，SEC 目前允许采用**暂搁注册**（shelf registration）。暂搁注册允许一家公司注册其预期将在未来两年内发行的证券。注册时，公司需提交注册登记总表。在为期两年的时间段内，公司将可以在其认为需要的时候卖出证券，而只需要提交一份简式的表格。比如，2020 年 6 月，加拿大巴拉德动力系统（Ballard Power）公司宣布通过暂搁注册发行不超过 7.50 亿美元的普通股、优先股、认股权证和债务。

不是所有的公司都可以采用暂搁注册方式，主要的要求如下。

（1）公司评级必须是**投资级**。

（2）过去 3 年中，公司没有发生债务违约情况。

（3）公司外发股票的市值必须超过 1.5 亿美元。

---

○　在配股发行中，我们应考虑发行前后股价的影响。

（4）过去3年中，公司不得有违反《1934年证券交易法》的情况发生。

暂搁注册机制允许公司在新股发行中可以采用**少量发行**的方法。公司注册发行，并聘用一家承销商作为销售代理。公司通过股票交易的方式在较长的时期内分次小批量卖出股票。运用这种发行方式的公司包括富国银行（Wells Fargo & Company）、太平洋天然气和电力公司（Pacific Gas and Electric）和南方公司（The Southern Company）。

但关于暂搁注册的相关规则还存在争议，主要如下。

（1）注册登记总表可能是在实际发行前多达两年的时间准备的，因此信息披露的及时性降低了。

（2）一些投资银行家提出暂搁注册向市场传达了未来股票发行的信息，这会造成市场供应过量，而打压股价。

## 20.11 长期债券发行

公开发行债券的程序和股票相同，也需要在SEC登记注册，也要有招股说明书等文件。但公开发行债券的注册登记书有别于普通股。发行债券时，注册登记书中需载有债务契约。

另一项重要的差别在于，有超过50%的债券是私募发行的。债券私募发行有两种基本形式：定期贷款和私募。

**定期贷款**（term loans）是直接商业贷款。这些贷款的到期日多在1～5年。大多数贷款在存续期间允许提前偿还。贷款人包括商业银行、保险公司和其他专业从事公司融资的贷款人。**私募**（private placement）的条款与定期贷款相似，但到期日更长。

长期债务的直接私募和公开发行债券的主要区别在于以下几点。

（1）长期直接贷款避免了向SEC注册登记的费用。

（2）直接私募通常具有更为严格的协议。

（3）一旦发生违约，定期贷款和私募会比较容易进行谈判。而在公开发行的情况下谈判的难度要大得多，因为这往往涉及数以百计的债券持有人。

（4）寿险公司和养老金在私募债券市场占据了统治地位。商业银行是定期贷款的主要参与者。

（5）私募市场发行债券的成本较低。

通常，定期贷款和私募的利率要比同等的公开发行高一些。这种差异反映了较高的利率与在不利情况下做出更具弹性的安排之间的权衡，同时也考虑了私募较低的筹资成本。

还有一点很重要，债务融资的筹资成本要比相类似的股权融资低得多。

## 本章小结

1. 风险资本是初创公司和私人企业普遍采用的融资渠道，它对高科技企业融资特别重要。世纪之交的互联网泡沫期间，风险资本融资达到了顶峰。

2. 一家企业的首次公开股权融资被称为IPO，也就是首次公开发行。IPO经常是折价的，也就是说股票上市后的价格通常会高于发行价。

3. 增发（SEO）是指已上市公司的新股发行。总体上看，一家公司发布SEO信息当日，股价会下跌。

4. 包销方式下，承销商将承担风险，因为它将买下整个发行。反过来，在代销方式下，承销商就避开了

这一风险，因为它不必买下股票。在大规模发行权当中，包销方式要比代销方式普遍得多。

5. 配股发行的成本要比一般现金发行低，也可以消除折价问题。但在美国，多数的股票发行都采用普通现金承销发行方式。

6. 股价的稀释会给股东带来伤害，但是所有权比例、账面价值、每股收益的稀释就其本身来看不会对股东利益产生影响。

7. 暂搁注册允许公司一次性登记注册其将在未来两年内发行的证券。

# 思考与练习

1. **负债与权益发行规模** 总的来说，债务发行比权益发行更为普遍，而且发行规模也大得多。为什么？

2. **负债与权益发行成本** 为什么销售权益的成本要比销售负债的成本大得多？

3. **债券评级与发行成本** 为什么非投资级债券的发行成本要比投资级债券高那么多？

4. **债券的折价发行** 为什么在债券发行中折价问题不重要？

   **使用下面的信息回答接下来的 3 个问题。**

   拼车公司 Zipcar 在 2011 年 4 月上市了。在投资银行高盛集团的帮助下，Zipcar 按每股 18 美元的价格卖出了 968 万股股份，筹资额达到 1.742 4 亿美元。上市第 1 天，股价从最高的 31.50 美元回调到每股 28 美元收盘。以收盘价看，Zipcar 每股明显折价了 10 美元左右，这意味着公司本可以多筹得 9 680 万美元。

5. **IPO 定价** IPO 折价率接近 56%，Zipcar 公司该对高盛集团制定的明显偏低的价格感到失望吗？

6. **IPO 定价** 在上一问题中，如果你知道公司成立不过 10 年，2010 年公司的营业收入不过 1.86 亿美元且尚未实现盈利，这会不会影响你的态度？此外，该公司的商业模式也尚未被证实是有效的。

7. **IPO 定价** 在上两个问题当中，如果你知道在新发行的 968 万股新股之外，公司还另有 3 000 万股股票发行在外。这 3 000 万股股票当中，4 家风险投资持有 1 410 万股，12 名董事和高管持有 1 550 万股。这会不会进一步影响你的判断？

8. **现金发行与配股权发行** Ren-Stimpy 国际公司计划通过发行大量的普通股筹集新的股权资金。Ren-Stimpy 公司是一家已上市公司，它计划在现金发行和向现有股东配股发行（非承销）这两种方案之间进行选择。Ren-Stimpy 公司的管理层希望实现销售成本最低，他们向你咨询。你将如何建议？为什么？

9. **IPO 折价** 1980 年，一个财务学的助理教授买入了 12 只 IPO 股票。他持有每一只股票大致 1 个月后卖出。他遵循的交易原则是申购每一只以包销方式发行的石油与天然气勘探公司。此期间一共有 22 次这样的发行，他每次的申购金额都在 1 000 美元左右。有 10 次，这位助理教授没能配售到股票。另外 12 次中有 5 次未能足额申购到。

   1980 年对石油与天然气勘探公司的股东来说是个很好的年份：上市的 22 家公司在上市后 1 个月股价平均高过初始发行日 80%。这位助理教授检查了他的交易记录，发现他投入的 8 400 美元资金已经上涨到 10 000 美元，只有大约 20% 的回报（忽略了交易手续费）。他的运气很差吗，或者他本就该比 IPO 市场上的一般投资做得差？请你对此做出解释。

10. **IPO 定价** 下面的资料是 Pest Investigation Control Corporation（PICC）IPO 招股说明书的封面和提要，公司将在明天上市，由 Erlanger 和 Ritter 两家投资银行包销。

    请回答如下问题：

    a. 假设除招股说明书的内容之外，你对 PICC 一无所知。利用你的财务学知识，请你预测明天的发行价格会是多少并简要说明理由。

    b. 假设你有几千美元可以投资。当你今晚下课回到家里时，你发现已经有好几个星期没有联系过的你的经纪人打过你的电话。她留下一条短信说 PICC 公司明天要上市了，如果你明早第一时间打电话给她，她可以帮你以发行价格拿到好几百股股票。请你讨论一下这个机会的价值。

---

招股说明书　　　　　　　　　　　　　　　　　　　　　　　　　　　　　PICC

**200 000 股**

**PEST INVESTIGATION CONTROL CORPORATION**

本处所指发行的 200 000 股股票均由 Pest Investigation Control Corporation（以下简称"PICC"）售出。本次发行之前，PICC 的股票并没有公开市场，也不能保证会创建出这样的市场。

这些证券并未得到 SEC 批准或不批准的意见，该委员会也没有审查本招股说明书的准确性和充分性。任何与此相反的陈述都是违法的。

| | 公开价格／美元 | 承销商折扣／美元 | 公司收入① /美元 |
|---|---|---|---|
| 每股价格 | 11.00 | 1.10 | 9.90 |
| 合计 | 2 200 000 | 220 000 | 1 980 000 |

① 未扣除约计 27 000 的费用。

这是一项 IPO。只有在移交给承销商、承销商承接，且他们的法律顾问及公司的法律顾问批准了特定的法律事务的前提下，预售的普通股才会发行。承销商保留撤出、修改发行及拒绝全部或部分发行的权力。

Erlanger 和 Ritter 投资银行

2022 年 7 月 13 日

招股说明书概要

公司： PICC，饲养并销售蟾蜍和树蛙作为生态安全昆虫防控机制
发行： 200 000 股普通股，无面值
挂牌： 公司将寻求在纳斯达克挂牌，并进行柜台交易
流通股数： 2022 年 6 月 30 日，公司普通股总数 400 000 股。发行后将增至 600 000 股
募集资金使用： 用于增加库存、应收款及补充营运资金，以及支付某些财务学教授的乡村俱乐部会员卡费用

财务信息节选

（以千美元为单位，每股数据除外）

| | 截至 6 月 30 日的会计年度 | | | | 2022 年 6 月 30 日 | |
|---|---|---|---|---|---|---|
| | 2020 年 | 2021 年 | 2022 年 | | 实际 | 发行后 |
| 收入 | 60.00 | 120.00 | 240.005 | 营运资本 | 8 | 1 961 |
| 净利润 | 3.80 | 15.90 | 36.10 | 总资产 | 511 | 2 464 |
| 每股收益 | 0.01 | 0.04 | 0.09 | 股东权益 | 423 | 2 376 |

11. **竞价发行与议价发行** 竞价发行与议价发行的比较优势各是什么？

12. **增发** 股价在增发公告宣告当日下跌的可能原因是什么？

13. **筹资** Megabucks Industries 公司计划通过大规模发行新股筹集新的股权资金。Megabucks Industries 是一家上市的贸易公司，它希望在承销式现金发行和向现有股东配股发行（非承销）之间进行选择。Megabucks Industries 公司的管理层希望实现现有股东的财富最大化，并就发行方式向你咨询。你的建议是什么？为什么？

14. **暂搁注册** 请你解释为什么暂搁注册被许多公司，而不是辛迪加所采用。

15. **IPO** 每一次的 IPO 都是特别的，但就经验来看，IPO 有什么基本规律？

16. **配股发行** Clifford 公司公告了总额为 2 500 万美

元的配股方案，所募集的资金将用于开办一份新的杂志 *Journal of Financial Excess*。该杂志将在作者缴付每页 5 000 美元的不可退回的审稿费后对稿件进行审稿。公司现行股价是每股 48 美元，外发股份总数为 270 万股。

a. 配股价最高会是多少？最低呢？

b. 如果认购价格定在每股 41 美元，公司需要发行多少股份？为了购买一股股票，需要多少份认股权？

c. 除权前价格是多少？每一份认股权价值多少钱？

d. 说明一个没有认购意愿（或资金）、在发行前持有 1 000 股的股东该怎么做才不会在这一过程中蒙受损失。

17. **计算发行费用** Meadows 公司需要筹集 7 500 万美元的资金以满足新市场的需要。公司将通过一

般现金发行筹集所需资金。如果发行价格定在每股 23 美元，承销商将收取 7% 的价差。若 SEC 的相关费用为 190 万美元，公司需要发行多少股新股？

18. **稀释** Metallica Heavy Metal Mining（MHMM）公司计划实现多元化经营。有关的一些财务信息列示如下。

| | |
|---|---|
| 股价 / 美元 | 75 |
| 股数 | 64 000 |
| 总资产 / 美元 | 9 400 000 |
| 总负债 / 美元 | 4 100 000 |
| 净收益 / 美元 | 980 000 |

MHMM 公司在考虑与该公司有着相同的市盈率（PE）的投资。项目投资成本是 150 万美元，公司将通过发行新股筹资。该项目的 ROE 与公司当前的 ROE 相同。该项目的每股账面价值、每股市值与 EPS 是多少？该项目的 NPV 是多少？这个过程会发生怎么样的稀释效应？

19. **配股** Bell Buckle Mfg 公司在考虑一项配股计划。公司确定的除权前的股价是每股 71 美元。而目前公司的股价是每股 76 美元，在外流通股数是 2 900 万股。配股将筹集 9 500 万美元的资金。计划中的发行价格是多少呢？

# 第 21 章

# 租　赁

你乘坐过通用电气（GE）航空所拥有的飞机吗？或许没有。作为 GE 公司一部分的 GE 资本航空服务（GECAS）拥有世界上最大的机群之一。事实上，GE 公司的这个分支（GECAS）在 2019 年拥有超过 380 亿美元的资产，合计产生超过 68 亿美元的利润，横跨 75 个国家，拥有超过 225 个客户。为何 GECAS 会拥有这么多的飞机呢？原来世界上超过 40% 的商业飞机是通过租赁运营的。但是为何 GECAS 只投身买入资产并直接对外租赁的业务呢？同样地，为何那些向 GECAS 求租的公司不去自行购买资产呢？这个章节将回答这些关于租赁的问题。

## 21.1　租赁类型

### 21.1.1　基础概念

**租赁**是指承租人和出租人之间的一项契约性协议。协议中规定承租人拥有使用租赁资产的权利，同时必须定期向资产的所有者——出租人支付租金。出租人可以是资产的制造商，也可以是独立的租赁公司。如果出租人是独立的租赁公司，它必须先向制造商购买有关设备，再把资产交付给承租人，这样，租赁才生效。

就承租人而言，使用一项资产是最重要的，而不是拥有它。借助一份租赁合同就可取得一项资产的使用权。然而使用者也可以通过购买方式来取得资产，故租赁和购买就会涉及一项资产使用权的不同融资安排。这可以用图 21-1 来说明。

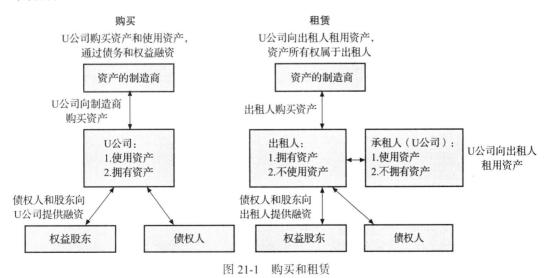

图 21-1　购买和租赁

图 21-1 中的具体事例通常发生在计算机行业。图中的 U 公司（即承租人），可能是一家医院，或一家律师事务所，抑或是任何一家需要使用计算机的公司。出租人则是一家独立的租赁公司，它可以向诸如 IBM 或苹果这样的计算机制造商购买计算机。这种类型的租赁被称为**直接租赁**（direct lease）。在图中，出租人通过发行债务和股权为采购融资。

当然，类似波音的制造商也可以直接出租其产品——飞机，尽管在图中我们没有这样列示。这种租赁业务被称为**销售租赁**（sales-type leasing）。在这种情况下，波音公司就与那些独立的飞机租赁公司在该业务范围内进行竞争。

### 21.1.2 经营性租赁

许多年前，与所租用的设备一起，承租人会得到一名设备操作人员，这样的租赁被称为**经营租赁**（operating lease）。尽管现在已很难对经营性租赁下一个精确的定义，但是，此类租赁具有若干重要的特点。

（1）经营性租赁通常无法通过租金收入得到完全的补偿。这意味着租赁条款下的租金收入不足以弥补出租人资产的全部成本。之所以会这样，是因为经营性租赁的期限通常要短于资产的经济寿命。因此，出租人必须对资产进行重新租赁或出售以期望补偿其剩余成本。

（2）经营性租赁通常要求出租人维护设备和对设备投保。

（3）经营性租赁的最有趣的特征或许在于"撤销"选择权。这项权利给予承租人可以在到期日之前撤销租赁的权利。如果撤销选择权被执行，承租人必须把设备还给出租人。"撤销"条款的价值取决于未来技术水平或经济条件是否使资产对于承租人的价值低于租赁合同所规定的未来租赁支付额的价值。

对于租赁业者而言，以上特征构成一项经营性租赁业务。然而，会计师在使用该术语时则略微有些不同，我们将在下一节中看到这个区别。

### 21.1.3 融资租赁

**融资租赁**（financial lease）恰好与经营租赁相反，这可以从以下融资租赁的重要特点看出。

（1）在融资租赁下，出租人不提供维修、维护等服务。

（2）融资租赁能够得到完全的补偿。

（3）承租人通常拥有在到期日续租的权利。

（4）一般地，融资租赁是不能被撤销的，也就是说，承租人必须支付全部租金或者面临破产风险。

由于以上特点，特别是第 2 项特点的存在，使得这种租赁业务实际是购买资产的一种替代融资方式。因而融资租赁的称谓是名副其实的。融资租赁的两种特殊形式分别是售后回租和杠杆租赁。

#### 1. 节税租赁

如果出租方为出于税收目的的租赁资产的所有者，这样的租赁被称为以税收为导向的**节税租赁**（tax-oriented leases）。这种租赁也被称为税收租赁或真实租赁。与此相反，有条件的销售协议租赁并不是真正的租赁，在这种情况下，承租人出于税收考虑是租赁资产所有者。有条件的销售协议租赁实际上只是担保贷款。我们在本章讨论的融资租赁都是税收租赁。

当承租人无法有效利用拥有资产所带来的税收抵免或折旧扣减时，节税租赁最明智。通过安排他人持有所有权，税收租赁将这些利益传递出去。承租人可以从中受益，因为出租人可以将部分税收优惠以较低租赁支付的形式返还给承租人。

#### 2. 售后回租

当一家公司向另一家公司出售一项属于自己的资产并立即将该资产租回时，一项**售后回租**（sale and leaseback）就形成了。在售后回租中将会发生两件事：

（1）承租人将从出售资产中获取现金；

（2）承租人定期支付租金，从而保留该项资产的使用权。

例如，2020 年 1 月，Bed Bath & Beyond 公司通过出售和回租公司拥有的房地产获得了 2.5 亿美元收益。卖给橡树街房地产资本有限责任公司的 210 万英尺$^{2}$[一]的空间包括该公司的总部、一个配送设施和该公司大约 1 500 家门店中未披露具体数量的一部分。股票价格在这一消息的影响下跳涨了 2%。

### 3. 杠杆租赁

一项**杠杆租赁**（leveraged lease）业务实际上是承租人、出租人和贷款人三方的协议安排。

（1）同其他租赁一样，承租人使用资产并且定期支付租金。

（2）同其他租赁一样，出租人购买资产，将其交付给承租人，并定期收取租金。然而，出租人出资金额不会超过该项资产购买价格的 40% ～ 50%。

（3）贷款人提供剩余的资金，并向出租人收取利息。因此，在图 21-1 中，如果有大部分融资由贷款人提供，则其右半部分的租赁就是杠杆租赁。

杠杆租赁中的贷款是典型的无追索权贷款。这意味着，一旦违约，出租人无义务向贷款人偿债。然而，贷款人仍可用两个方法来保护自己。

（1）贷款人对出租资产具有第一留置权。

（2）在出租人债务违约的情况下，承租人必须把租金直接支付给贷款出借人。

出租人只筹措部分资金便可得到租金和全部的由所有权带来的税收抵减利益。这些租金收入又被用于支付无追索权贷款的债务利息。承租人也同样受益，这是因为，在激烈竞争的市场中，出租人会因为节约了税收支出而向承租人收取较低的租金。

## 21.2　租赁会计

在 1976 年 11 月以前，公司可以通过租赁来使用资产，同时不在资产负债表中揭示该项资产或租赁合同。承租人只需在他们财务报表的脚注中揭示这类租赁业务的信息。因此，租赁带来了**表外融资**（off-balance financing）业务的发展。

1976 年 11 月，财务会计准则委员会（FASB）发布第 13 号财务会计准则公告《租赁会计》（FAS 13）。根据该公告，有些租赁业务被划分为资本租赁。对于一项资本租赁，租赁付款额的现值作为一项负债列示在资产负债表的右方；相同的价值作为一项资产列示在资产负债表的左方。

除了在脚注中，经营性租赁不在资产负债表中披露。究竟是什么构成了会计上的融资租赁或经营租赁，我们将在稍后讨论。

从 2019 年开始，公司被要求在其资产负债表上披露经营性租赁，这是一个重大变化。其含义是，大多数租赁现在都在资产负债表上报告，资产负债表的表外融资已基本消除（至少从租赁活动中）。

这种区别的会计含义可以在表 21-1 中说明。假设有家公司在若干年前由股东出资 10 万美元用于购买土地。现在该公司需要使用一台价值 10 万美元的卡车，这可以通过购买或租赁方式来获得。左边最上一栏是在资产负债表中的对购买方式的反映。（这里我们还假设购买卡车的钱由借款来筹集。）作为另外的选择，考虑公司不是购买而是通过租赁来取得该卡车。如果该项租赁业务被认定为经营性租赁，则在表 21-1 中的中间部分表示。可以看出，租赁资产——卡车的价值以及由此而承担的租赁责任（负债）不在资产负债表中反映。表 21-1 底部的资产负债表则反映了一项资本租赁业务。租用的卡车被视作资产，而租赁合同中的租赁付款额则被看成一项负债。

表 21-1　FAS 13 号公告下资产负债表的一个例子　　　　　　　　　　　　　　　（单位：美元）

| 资产负债表 | | | |
| --- | --- | --- | --- |
| A. 卡车通过借债方式购买（公司拥有该辆价值为 100 000 美元的卡车） | | | |
| 卡车 | 100 000 | 负债 | 100 000 |
| 土地 | 100 000 | 权益 | 100 000 |

[一]　1 英尺$^{2}$=0.092 903 米$^{2}$。

（续）

| 资产负债表 | | | |
|---|---|---|---|
| 资产总计 | 200 000 | 负债与权益总计 | 200 000 |
| **B. 经营性租赁（公司通过经营租赁使用卡车）** | | | |
| 卡车 | 0 | 负债 | 0 |
| 土地 | 100 000 | 权益 | 100 000 |
| 资产总计 | 100 000 | 负债与权益总计 | 100 000 |
| **C. 资本租赁（公司通过资本租赁使用卡车）** | | | |
| 资本租赁下的资产 | 100 000 | 资本租赁下的偿付额 | 100 000 |
| 土地 | 100 000 | 权益 | 100 000 |
| 资产总计 | 200 000 | 负债与权益总计 | 200 000 |

根据旧的（2019 年之前的）规则，如果公司使用经营性租赁，那么资产负债表就会像表 20-1 中的 B 部分那样，卡车和租赁债务都不会出现。在新的规则下，资产负债表将看起来更像表 20-1 中的 C 部分，卡车在那里被显示为资产，而租赁付款的价值被显示为负债。[⊖]

因为在 2019 年之前，公司有动力将租赁归类为经营性租赁。对于这一倾向，第 13 号公告也对融资租赁做了如下规定，只要符合以下 4 条标准中的任何一条，就必须视作资本租赁（融资租赁）。

（1）在租赁之初，租赁付款额的现值至少是该资产市场公允价值的 90% 或以上。

（2）在租赁期末，租赁资产的所有权被转移到承租人这一方。

（3）租赁期限为租赁资产估计经济使用寿命的 75% 或以上。

（4）承租人可以在租赁期满后以低于市场公允价值的价格购买被租用资产。这也被称为**优先购买权**。

这些规则使得那些类似购买方式的租赁业务被资本化了。例如，前两条标准使得那些在租赁期末可能购买租赁资产的租赁业务被资本化，而后两条标准则使得长期租赁业务被资本化。

一些公司绞尽脑汁地利用这些分类标准。假设一家公司需要去租用一台价值 20 万美元的卡车，并计划使用 15 年。一个聪明的财务经理可能会签一份租金现值为 17.8 万美元且租期为 10 年的租赁合同。这样就可以绕过标准 1 和标准 3。如果标准 2 和标准 4 也能规避，那么该项租赁就可视作经营租赁，也就不必在资产负债表上列示了。

如果租赁负债被披露但不在资产负债表上披露，这有什么关系呢？回想我们在第 20 章对行为金融学的讨论，投资者可能不太注意脚注中对负债的披露。2019 年的规则变化似乎认识到在披露文件的脚注中传达租赁负债信息与在资产负债表上直接披露相同信息的影响是不一样的。

## 21.3  税收、美国国税局和租赁

如果租赁业务能符合**美国国税局**（IRS）所规定的条件，那么，承租人能用租金支出来抵减应税所得。因为税盾效应对任何租赁业务的经济生存能力具有关键作用，因此租赁所涉及的利益各方在签署一项租赁合同之前，通常要取得美国国税局的意见。美国国税局的意见主要反映了以下几条准则。

（1）租赁期限必须少于 30 年。如果期限长于 30 年，则该租赁业务视同为条件性销售。

（2）租赁业务不应该以低于租赁资产的公允价格取得资产的优先购买权。具有优先购买权的租赁业务将使承租人获得资产的残余价值，这意味着一项权益性收入。

（3）租赁业务中的租赁付款额应该前后均匀，不应该在租赁期初租金高而在后期租金低。早期的大额租赁付款额表明该租赁是用来避税的，而非用于合理的商业目的。

（4）租赁付款额必须使出租者获得一个公平的市场回报。租赁带给出租人的利润增值潜力不能享有税收优

---

⊖ 在资本租赁的资产负债表中，我们做出了简化假设，即资本租赁的租金现值等于租用的卡车的成本。通常情况下，承租人必须报告租金现值流或租赁设备成本中较低的金额。

惠，即不能抵减税收。

（5）租赁生效期内，租赁合同中不应该有限制承租人发行债券或支付股利的内容和条款。

（6）续租权应当合理且反映资产的公允市场价值。给予承租人能优先与外部的其他出租公司接洽谈判的权利，通过这种方式，该要求可以被满足。

美国国税局之所以关注租赁合同，其原因在于大多数情况下，租赁业务的存在是以避税为目的的。为了更好地说明这个问题，我们假设有家公司计划购买价值 100 万美元的豪华汽车，其经济寿命为 5 年。假设采用直线折旧法，其每年的折旧费为 20 万美元。如果这个公司与出卖方签订一项租赁协议，即租赁期为 2 年，每年租金为 50 万美元，在第 2 年年末以 1 美元的价格优先购买汽车。这样通过直接购买汽车而取得的节税利益的现值要少于租赁方式所取得的税收优惠（即税收抵减额）。前高后低的租赁付款额也可以使公司大大受益，因为这可以看作加速折旧的一种形式。如果承租人与出租人各自适用的所得税税率不同，租赁就可能成为一种避税的手段。

## 21.4　租赁的现金流量

在本节中，我们将确认在评价一项租赁时所用的基本现金流量。假设生产电缆管道的 Xomox 公司正面临一项决定。该公司的业务在不断膨胀，而且最近 Xomox 公司又得到 Trans-Honduran 管道公司的 5 年供货订单。

IBMC 生产管道钻孔设备，该机器的价格为 10 000 美元。Xomox 公司则需要一台新设备，而 IBMC 公司的产品将在未来的 5 年内每年能为 Xomox 公司节约 6 000 美元的电力费用。此项费用节约额之所以能确定，是因为 Xomox 公司与州电力公用事业公司签有长期的供电协议。

Xomox 公司适用的所得税税率为 21%。为简单起见，管道钻孔设备假定采用 5 年的直线折旧法，在 5 年年末该设备无残值。

Friendly 租赁公司也提供相同类型的管道钻孔设备的租赁业务，租期也为 5 年，租金为 2 500 美元 / 年。在该租赁业务中，Xomox 要负责机器的维护维修费用、保险费用和营运开支。[⊖]

西蒙是一位最近被聘用的工商管理硕士（MBA），已着手计算租赁代替购买的增量现金流量。计算过程见表 21-2。该表列示了购买管道钻孔设备的直接现金流量以及在租赁合同下的现金流量。

表 21-2　Xomox 公司使用 IBMC 钻孔设备的现金流量：购买还是租赁　（单位：美元）

| | 第 0 年 | 第 1 年 | 第 2 年 | 第 3 年 | 第 4 年 | 第 5 年 |
|---|---|---|---|---|---|---|
| **购买** | | | | | | |
| 机器成本 | −10 000 | | | | | |
| 税后营运节约额 [4 740=6 000 ×（1−0.21）] | | 4 740 | 4 740 | 4 740 | 4 740 | 4 740 |
| 折旧抵税额[1] | | 420 | 420 | 420 | 420 | 420 |
| 合计 | −10 000 | 5 160 | 5160 | 5160 | 5160 | 5160 |
| **租赁** | | | | | | |
| 租赁付款额 | | −2 500 | −2 500 | −2 500 | −2 500 | −2 500 |
| 租金抵税额（525=2 500 × 0.21） | | 525 | 525 | 525 | 525 | 525 |
| 税后营运节约额 | | 4 740 | 4 740 | 4 740 | 4 740 | 4 740 |
| 合计 | | 2 765 | 2 765 | 2 765 | 2 765 | 2 765 |

注：折旧费用每年带来的抵税额是：税率 × 每年的折旧费 = 折旧抵税额，即 0.21×2 000 = 420（美元）。

[1] 折旧为直线法。因为折旧基数为 10 000 美元，则每年的折旧费 = 10 000/5 = 2 000（美元）。

为简化起见，西蒙又准备了表 21-3，该表是以租赁的现金流量直接扣减购买的现金流量而得到的。注意，只有租赁给 Xomox 公司带来的净利益才与决策相关。西蒙从他的分析中得到以下结论。

---

⊖　为了简化起见，我们假设租金在年末支付。而事实上，大多数租赁的租金都在年初支付。

表 21-3　Xomox 公司租赁代替购买产生的增量现金流量　　　　　　　　（单位：美元）

| "租赁"减去"购买" | 第 0 年 | 第 1 年 | 第 2 年 | 第 3 年 | 第 4 年 | 第 5 年 |
|---|---|---|---|---|---|---|
| 租赁 | | | | | | |
| 　租金支出 | | -2 500 | -2 500 | -2 500 | -2 500 | -2 500 |
| 　租金抵税额 | | 525 | 525 | 525 | 525 | 525 |
| 购买（扣除） | | | | | | |
| 　机器成本 | 10 000 | | | | | |
| 　折扣抵税额 | | -420 | -420 | -420 | -420 | -420 |
| 总计 | 10 000 | -2 395 | -2 395 | -2 395 | -2 395 | -2 395 |

注：最底行表示租赁相对购买的现金流量。若我们考虑购买相对租赁，则现金流量的符号正好相反。

（1）营运开支不会受租赁的直接影响。因为无论购买还是租赁，IBMC 的机器设备都能为 Xomox 公司带来 4 740 美元的税后营运开支的节约额。所以，在表 21-3 中没有列出该项现金流量。

（2）如果租用机器，Xomox 公司可以把用于购买机器的 1 万美元节约下来。该节约额在表中列为第 0 年的首期现金**流入**。

（3）如果租用该管道钻孔设备，Xomox 公司则不再拥有该设备，因此必须放弃折旧抵税收益。此抵税收益在表中为现金**流出**。

（4）如果 Xomox 公司选择租赁方案，它必须在 5 年里每年支付 2 500 美元。第 1 次支付在第 1 年年末。（这也是一项假设，因为第 1 期租赁付款额有可能是在期初支付的。）租金开支是可以抵税的，因此，能有 525（=0.21 × 2 500）美元的抵税收益。

净现金流量在表 21-3 中的最底行列示。这些数据代表**租赁**方案相对于购买方案的增量现金流量。我们这样表述现金流量是有点随意。倒过来，我们也可表述为**购买**方案相对于租赁方案的增量现金流量。这些增量现金流量如下表所示。

（单位：美元）

| | 第 0 年 | 第 1 年 | 第 2 年 | 第 3 年 | 第 4 年 | 第 5 年 |
|---|---|---|---|---|---|---|
| 购买方案相对于租赁方案的净现金流量 | -10 000 | 2 395 | 2 395 | 2 395 | 2 395 | 2 395 |

显然，这里的现金流量正好与表 21-3 最底行列示的现金流量符号相反。是要计算购买相对于租赁的现金流量，还是要计算租赁相对于购买的现金流量，主要取决于我们的目标。因此，学生们对从两个角度观察的方式都应熟悉。

既然有了现金流量，我们就可以通过对现金流量的适当折现来做决策了。然而，确定适用的折现率并非那么容易，在下一节里，我们要先对此进行了解，然后再回到 Xomox 公司的案例中来。在下一节中，我们将会介绍在"租赁还是购买"决策中，现金流量应该用**税后债务成本**折现。

### 关于税收的说明

西蒙假设 Xomox 公司可以使用折旧津贴和租赁付款的税收优惠。这种情况可能并不总是如此。如果 Xomox 公司亏损（或有亏损结转），它就不需要缴税，避税措施就没有价值，除非这些避税措施可以转移到其他主体上。正如我们前面提到的，这就是租赁可能是最为合理选择的情形。如果是这种情况，那么表 21-2 中的相关条目就必须改变，以反映零税率。

## 21.5　公司所得税下的折现和债务融资能力

对租赁的分析较为困难，并且在这方面一些实务工作者与财务学者都犯了一些概念上的错误。这些错误都涉及税收。我们希望能通过一个 1 年期贷款的最简单例子来避免这些错误。虽然这个例子与我们的"租赁还是购买"的讨论无关，但从这个例子归纳出的原理可直接应用于"租赁—购买"决策分析。

### 21.5.1 无风险现金流量的现值

考虑一家公司借出了一笔为期 1 年的 100 美元贷款。如果利率为 10%，则该公司在 1 年后将收回 110 美元，其中 10 美元是利息，其余的 100 美元是本金。21% 的公司所得税税率意味着 10 美元利息收入应缴纳的所得税为 2.1（＝0.21×10）美元。因此，该公司在这笔贷款投资的税后收回款项是 107.90（＝110−0.21）美元。

现在，倒过来考虑，一家公司借入一笔为期 1 年的 100 美元借款。如果利率仍为 10%，1 年后，该公司必须偿还 110 美元。然而，该公司的 10 美元利息支出可以抵税。该公司可以在所得税上少支付 2.10（＝0.21×10）美元，如果该公司没有借款的话，那么它就要多支付 2.10 美元的所得税。考虑到税收上的抵减，公司对这笔 100 美元借款的实际支出额为 107.90（＝110−2.10）美元。借出和借入的现金流量如表 21-4 所示。

表 21-4　在公司所得税下的借出、借入现金流量（利率 10%，所得税率 21%）

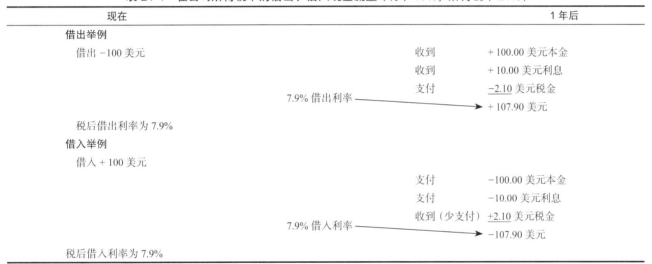

| 现在 | | 1 年后 |
| --- | --- | --- |
| 借出举例 | | |
| 借出 −100 美元 | 收到 | +100.00 美元本金 |
| | 收到 | +10.00 美元利息 |
| | 支付 | −2.10 美元税金 |
| 7.9% 借出利率 → | | +107.90 美元 |
| 税后借出利率为 7.9% | | |
| 借入举例 | | |
| 借入 +100 美元 | | |
| | 支付 | −100.00 美元本金 |
| | 支付 | −10.00 美元利息 |
| | 收到（少支付） | +2.10 美元税金 |
| 7.9% 借入利率 → | | −107.90 美元 |
| 税后借入利率为 7.9% | | |

注：一般原则为在存在公司所得税的现实世界里，无风险现金流量应该按税后利率折现。

以上部分揭示了一个非常重要的结论：公司不可能不关心它是今天收到 100 美元还是明年收到 107.90 美元。[⊖]如果它在今天收到 100 美元，它可以把这 100 美元贷出去，这样 1 年后的税后所得为 107.90 美元。反过来，如果今天它知道 1 年后可收到 107.90 美元，它可以现在借入 100 美元。1 年后对于这笔借款本金和利息的税后净支付为 107.90 美元，正好 1 年后该公司也可收到 107.90 美元的款项，从而可用于偿债。正因为以上说明的这种相互变换关系，我们说 1 年后收到 107.90 美元的现值是 100 美元。又因为 100 美元＝107.90 美元/1.079，所以无风险现金流量应该按税后利率 0.079[＝0.10×（1−0.21）] 来折现。

当然，以上的讨论只考虑到了一个具体的例子。由此而推出的普遍原则为：

在一个存在公司所得税的现实世界里，公司应按照税后无风险利率对无风险现金流量进行折现。

### 21.5.2 最优债务水平和无风险现金流量

这个简单的例子也能说明涉及最优债务水平的一个相关观点。假设有一家公司刚刚确定其目前资本结构中

---

⊖ 为简化起见，我们假设该公司收到了 100 美元或收到公司税后的 107.90 美元。由于 0.79 ＝ 1−0.21，所以税前现金流量分别为 126.58（＝100/0.79）美元和 136.58[＝107.90/（1−0.21）] 美元。

的债务水平处于最优水平。紧接着，公司得知它将在 1 年后从一项免税的政府彩票款中获得 107.90 美元的支付款。这笔"横财"是一笔资产，像任何资产一样，可以提高公司的最优债务水平。这项支付款将公司的最优债务水平提高了多少呢？

我们以上的分析表明公司的最优债务水平必定是比以前的水平高出 100 美元。这即是说，公司今天可以借入 100 美元，也许全部作为股利支付。那么 1 年后它要向银行支付 110 美元。公司可在税收上抵税 2.10（＝0.21×10）美元，因此它的净偿付额是 107.90 美元。今天 100 美元的负债在 1 年后正好可以用其所收到政府彩票款 107.90 美元来偿还。也就是说，这笔 1 年后的彩票收入能作为今天 100 美元借款的不可撤销担保。注意，我们不必完全知道彩票收入宣布前的最优债务水平。但我们可以说，无论宣布前的最优水平是多少，宣布后的最优债务水平比宣布前多出 100 美元。

当然，这只是一个例子。一般的原则是：[⊖]

在一个存在公司税的现实世界里，公司最优债务水平的增量取决于以税后无风险利率折现的未来有保证的税后现金流入。

相反地，假设另一家公司意外得知，1 年后它必须向政府支付一笔 107.90 美元的欠税款。很明显地，这笔额外的未来负债将对该公司的负债能力带来不利影响。依照上述的推理过程，该公司目前最优负债水平将正好降低 100（＝107.90/1.079）美元。

## 21.6 "租赁－购买"决策的 NPV 分析法

上节介绍了一个评估租赁价值的简单方法：把所有现金流量按照税后利率进行折现。从表 21-3 中的底行可以看出，Xomox 的租赁方案相对于购买方案的增量现金流量如下表所示。

（单位：美元）

| | 第 0 年 | 第 1 年 | 第 2 年 | 第 3 年 | 第 4 年 | 第 5 年 |
|---|---|---|---|---|---|---|
| 租赁方案相对于购买方案的净现金流量 | 10 000 | −2 395 | −2 395 | −2 395 | −2 395 | −2 395 |

我们假设 Xomox 可以按 6.329 114% 的利率进行借贷。如果公司所得税率是 21%，那么正确的折现率是 5%［＝6.329 114%×（1−0.21）］的税后利率。当用 5% 来计算租赁的净现金流量 NPV 时，我们可以得到：

$$NPV = 10\ 000 - 2\ 395 \times PVIFA\ (0.05,\ 5) = -369.10\ (美元) \tag{21-1}$$

租赁方案相对于购买方案的增量现金流量的 NPV（净现金流量）为负值，因此 Xomox 公司应当选择购买。我们在这里计算的净现值通常被称为租赁的**净优势**（net advantage to leasing, NAL）。调查表明，NAL 方法是现实世界中最流行的租赁分析手段。

式（21-1）是"租赁－购买"分析的正确方法。然而人们常为两件事所困扰。一是表 21-3 中的现金流量是否真的无风险？我们将在下面分析这个问题。二是这种方法似乎过于呆板，缺乏直观性。对于这个观点，我们稍后进行讨论。

### 折现率

我们在上例中是按税后无风险利率进行折现的，这就暗含了一个假设：在 Xomox 公司案例中的现金流量是无风险的。这个假设合适吗？

租赁付款额类似于承租人发行有担保债券时需定期支付的本息，因而租赁评价中所使用的折现率也应该近似于此类债务的利率。一般说来，该折现率应该略微高出上节中所使用的无风险利率。不同类型税盾效应（如折

---

⊖ 该原则仅适用无风险现金流量或有保证的现金流量。不幸的是，对于**有风险**的现金流量来说，关于最优负债增量的计算公式还不存在。

旧费用）的风险比租赁付款额稍高一些，原因有二：一是折旧所引起的税盾效应之价值取决于 Xomox 公司能否创造出足够的应税收入来利用它们；其二，公司所得税税率在将来可能发生变化，如美国 1986 年的减税、1993年的加税和 2018 年的再次减税一样。正是由于上述两个原因，公司应该合理调整用于折旧抵税效用的折现率，该折现率应高于用于计算租赁租金支付的折现率。在现实生活中的公司把折旧税盾效应和租赁付款额按同一折现率进行折现。这说明实际财务工作者认为二者的风险差别很小，可以忽略不计。因此，我们采纳现实生活中的惯例，将两种类型的现金流量按相同折现率折现。该折现率为承租人所发行有担保债券的税后利率。

对于这个观点，一些学生仍然质疑为什么我们使用债务的税后利率而不是使用加权平均资本成本来作为"租赁 – 购买"分析的折现率。事实上，假设项目（租赁而不是购买）完全由债务融资而来，债务的税后利率就相当于加权平均资本成本。

## 21.7 债务置换和租赁价值评估

### 21.7.1 债务置换基本原理

前面的分析可使读者明白如何以简单的方法计算出正确的结果。这显然对读者大有裨益。然而，其分析缺乏直观性。为弥补这一点，本节将介绍债务置换的问题，希望能使"租赁—购买"分析直观、明了。

一家公司购买机器设备时通常会发行债券来筹措所需的资金。这笔债务就成为公司的一项负债。若采用租赁方式，则承租人发生的负债等于全部未来租赁付款额的现值。正由于这样，我们说在租赁业务中，租赁置换了债务。表 21-5 中的资产负债表说明了租赁是如何影响负债的。

表 21-5 发生租赁时的债务置换 （单位：美元）

| 资产 | | 负债 | |
| --- | --- | --- | --- |
| **最初情形** | | | |
| 流动资产 | 50 000 | 债务 | 60 000 |
| 固定资产 | 50 000 | 所有者权益 | 40 000 |
| 总计 | 100 000 | 总计 | 100 000 |
| 租赁 | | | |
| **通过有担保借款购买的情形** | | | |
| 流动资产 | 50 000 | 债务 | 66 000 |
| 固定资产 | 50 000 | 所有者权益 | 44 000 |
| 机器设备 | 10 000 | 总计 | 110 000 |
| 总计 | 110 000 | | |
| **租赁的情形** | | | |
| 流动资产 | 50 000 | 租赁 | 10 000 |
| 固定资产 | 50 000 | 债务 | 56 000 |
| 机器设备 | 10 000 | 所有者权益 | 44 000 |
| 总计 | 110 000 | 总计 | 110 000 |

注：该例子说明了租赁的使用会减少公司其他普通债务的数量。尽管该例子能较好地说明这一观点，但它仍然不是计算债务置换的精确方法。

假设一家公司在初始时有 10 万美元的资产，其负债 – 权益比为 150%（假定为最优水平）。公司的负债为 6万美元，权益为 4 万美元。如同 Xomox 公司的例子，该公司必须使用一台价值 1 万美元的新机器。公司有以下两个方案。

（1）**该公司可以购买该设备**。如果它这样做，则需要进行担保贷款和发行股票来筹集资金。对公司整体而言，购买该设备所需资金中的负债 – 权益比保持和公司的原负债 – 权益比一致。

（2）**该公司可租赁设备并获得百分百的融资**。这就是说，未来租金付款额的现值为 1 万美元。

如果该公司通过发行新债务和新股票来筹措资金，那么其债务将上升 6 000 美元，权益则新增 4 000 美元。其最优负债 - 权益比仍保持在 150%。

相反地，让我们再来考察租赁方案。因为承租人把租赁付款额视作一项支付义务，故承租人应按照"偿债义务 - 权益比"（liability-to-equity ratio）来考虑，而不是"负债 - 权益比"（debt-to-equity ratio）来考虑。如上所提到的那样，租赁负债的现值是 1 万美元。如果该公司继续保持 150% 的"负债 - 权益比"，则当租赁发生时，公司其他债务必须减少 4 000 美元。因为存在债务回购，当用租赁方式取得 10 000 美元的资产时，其净负债只上升了 6 000（= 10 000−4 000）美元。<sup>○</sup>

**债务置换**（debt displacement）是一项隐藏的租赁成本。如果公司决定租赁，那么它就要减少对其他普通债务（非租赁负债）的使用。普通负债的抵税优势将消失殆尽，尤其对那些对利息费用所征税较低的情况下，更是如此。

### 21.7.2 Xomox 公司的最佳负债水平

以上部分说明了租赁有置换债务的作用。然而上面仅是介绍了该观点，这对说明计算债务置换的**精确**方法来说意义不大。下面，我们将介绍精确计算方法，即计算在 Xomox 公司案例中关于购买和租赁方案之间最优债务水平差异的方法。

从表 21-3 中的最后一行可知，**购买方案相对于租赁方案**的增量现金流量如下表所示。<sup>○</sup>

（单位：美元）

| | 第 0 年 | 第 1 年 | 第 2 年 | 第 3 年 | 第 4 年 | 第 5 年 |
|---|---|---|---|---|---|---|
| 购买方案相对租赁方案的增量现金流量 | −10 000 | 2 395 | 2 395 | 2 395 | 2 395 | 2 395 |

在第 0 年，由于公司知道了从第 1 年开始的确切的现金流量，这将导致第 0 年的最优债务水平也会上升。我们在第 21.5 节中关于折现和负债能力的内容，说明了计算债务水平的增加量可以按照税后利率对无风险现金流入进行折现。<sup>○</sup>所以，购买方案相对于租赁方案的债务水平增量为：

$$10\ 369.10（美元）= \frac{2\ 395}{1.05} + \frac{2\ 395}{1.05^2} + \frac{2\ 395}{1.05^3} + \frac{2\ 395}{1.05^4} + \frac{2\ 395}{1.05^5}$$

也就是说，无论租赁条件下的最优债务水平是多少，购买条件下的最优债务水平的数额都将比租赁条件下的最优债务水平多 10 369.10 美元。

我们也可按另一种方式表述该结果。假设有两个其他条件均相同的公司，其中一家公司购买了钻孔机器，而另一家公司只是租用了同样的设备。从表 21-3 中我们可知，购买机器的公司每年会比租赁设备的公司多支出 2 395 美元的税后现金流量。进一步假设同一家银行贷款给这两家公司。银行愿意提供给购买设备的公司更多的贷款，其原因就在于该公司每年会有更多的现金流量。既然购买机器的公司每年能多出 2 395 美元的现金流量，那么银行会相应地多借给该公司多少钱呢？答案是 10 369.10 美元，这正好是我们前面所计算的最优债务水平的增量值。

为了更好地说明这个问题，让我们一年一年地计算这个答案。选择购买方案的公司在第 0 年要比选择租赁方案的公司多借 10 369.10 美元，因此在第 1 年，选择购买的公司就为这笔额外借款支付 656.27（= 10 369.10 × 0.632 911 4）

---

○ 成长型企业在租赁时一般不会回购债务，而是在将来发行比在无租赁业务情况下少的公司债券。

○ 表 21-3 的底行数据表示租赁方案相对于购买方案的增量现金流量。正如前面所指出的，这里现金流量的符号正相反，因为这里的数据表示的是购买方案相对于租赁方案的现金流量。

○ 虽然我们只考虑无风险利率，但不意味着租赁例子的现金流量就是无风险的。正如我们所解释的那样，现实世界里习惯上采用承租人发行的有担保债务的税后利率进行折现。这里，我们沿用该惯例。

美元的利息。该项利息支出使公司抵减所得税 137.82（＝ 656.27×0.21）美元，实际税后现金流出在第 1 年为 518.45（＝ 656.27−137.82）美元。

从表 21-3 中我们可知，选择购买方案的公司在第 1 年会比选择租赁方案的公司多产生 2 395 美元的现金流量。选择购买方案的公司在第 1 年拥有额外的 2 395 美元现金流量，但同时也要支付借款的利息，因此在第 1 年，它若想保持与选择租赁方案公司的现金流量一致，需要偿还多少借款本金？答案是 1 876.55（＝ 2 395−578.45）美元。这样，在第 1 年，选择购买的公司只需偿还 1 876.55 美元的借款本金，就可得到与选择租赁的公司一样多的现金流量。在第 1 年年末，选择购买公司的借款本金还剩下 8 492.55（＝ 10 369.10−1 876.55）美元。至于第 2 ～ 5 年的本金偿还额可按表 21-6 所列示的那样去计算。在这 5 年中，未支付借款本金的余额逐年下降，到第 5 年年末则降至 0。这样一来，每年 2 395 美元的现金流量，即用购买代替租赁产生的额外现金流量，完全足够用于支付 10 369.10 美元的借款。

**表 21-6　Xomox 公司以购买代替租赁条件下的最优债务水平之增加额的计算表**　（单位：美元）

| | 第 0 年 | 第 1 年 | 第 2 年 | 第 3 年 | 第 4 年 | 第 5 年 |
|---|---|---|---|---|---|---|
| 对外负债余额 | 10 369.10 | 8 492.55① | 6 522.18 | 4 453.29 | 2 280.95 | 0 |
| 利息 | | 656.27 | 537.50 | 412.80 | 281.85 | 144.36 |
| 利息的抵减额 | | 137.82 | 112.88 | 86.69 | 59.19 | 30.32 |
| 税后利息费用 | | 518.45 | 424.63 | 326.11 | 222.66 | 114.05 |
| 采用购买方案的公司比采用租赁的公司多出的现金流量（见表 21-3） | | 2 395.00 | 2 395.00 | 2 395.00 | 2 395.00 | 2 395.00 |
| 债务本金的偿还额 | | 1 876.55② | 1 970.37 | 2 068.89 | 2 172.34 | 2 280.95 |

注：假设两家公司其他条件一样，但一家公司采用租赁方案，另一家采用购买方案。采用购买方案的公司可以比采用租赁方案的公司多向外借债 10 369.10 美元。这样，每年因用购买代替租赁而产生的 2 395 美元可用于在 5 年内偿还债务。
① 8 492.55（美元）＝10 369.10−1 876.55。
② 1 876.55（美元）＝2 395−518.45。

关于负债能力的分析有两点目的。第一，我们想要说明选择购买方案的额外负债能力。对此，我们刚刚已介绍过了。第二，我们想要确定租赁方案是否优于购买方案。对于该项决策原则可以很容易地从以上的分析中推理得到。如果公司租赁设备，且因此比购买设备少借 10 369.10 美元的债务，那么，该公司第 1 ～ 5 年的现金流量正好等于选择购买方案（含有额外负债）的现金流量。当比较租赁方案和含有负债的购买方案时，从第 1 年开始的现金流量可以忽略不计。然而，在第 0 年，两种方案间的现金流量则不同。这些差别具体如下。

（1）**在第 0 年，10 000 美元的购买成本在租赁方案下则不必支付**。在租赁方案下，这可视作一项现金流入。

（2）**在第 0 年，租赁方案下，公司比购买方案少借入 10 369.10 美元**。这可视作租赁方案下的现金流出。

因为公司在租赁方案下少借入 10 369.10 美元，却只节约 10 000 美元的设备购买成本，所以在第 0 年，租赁方案的现金流量要比购买方案的现金流量少 369.10（＝ 10 369.10−10 000）美元。又因为在以后年度里，租赁方案的现金流量与含负债购买方案的现金流量相同，所以公司应选择购买方案。

这个结果正好与我们在本章前面部分的分析结果相同，在前面的分析中我们使用的是把所有现金流量按税后利率折现的方法。当然，这不是巧合，因为最优债务水平的增量也是按税后利率折现的。下面总结了两种决策方法，其中的数字是按照租赁方案相对于购买方案进行计算的。所以，负 NPV 值就意味着购买方案被接受。

### 租赁方案相对于购买方案的两种计算 NPV 的方法

**方法 1**：把所有现金流量按税后利率进行折现：
$$-369.10（美元）= 10\,000 - 2\,395 \times PVIFA（0.05，5）$$

**方法 2**：比较设备购买价格与租赁方案下最优债务水平减少额：
$$-369.10（美元）= 10\,000 - 10\,369.10$$

购买价格　在租赁条件下的最优

债务水平的减少额

## 21.8 租赁值得吗：基本情形

前面我们站在可能的承租人——Xomox 公司的立场上分析了"租赁—购买"决策过程。现在，让我们看看出租者——Friendly 租赁公司是如何做决策的。该公司面临 3 项现金流量，这些在表 21-7 中列示出来：第一，Friendly 租赁公司在第 0 年要支付 10 000 美元的机器价款；第二，因为该项资产在 5 年内按直线法折旧，每年年末的折旧费用为 2 000（= 10 000/5）美元，故每年能抵减所得税 420（= 2 000 × 0.21）美元；第三，每年的租金收入为 2 500 美元，故税后租赁收款额为 1 975[= 2 500 ×（1−0.21）] 美元。

表 21-7　Friendly 租赁公司的现金流量　　　　　　　　　　　　　（单位：美元）

| | 第 0 年 | 第 1 年 | 第 2 年 | 第 3 年 | 第 4 年 | 第 5 年 |
|---|---|---|---|---|---|---|
| 购置机器的现金支出 | −10 000 | | | | | |
| 折旧抵税额（420 = 2 000 × 0.21）[①] | | 420 | 420 | 420 | 420 | 420 |
| 税后租金收入 [1 975 = 2 500 ×（1−0.21）] | | 1 975 | 1 975 | 1 975 | 1 975 | 1 975 |
| 总计 | −10 000 | 2 395 | 2 395 | 2 395 | 2 395 | 2 395 |

① 这些现金流量与承租人——Xomox 公司的现金流量正好相反（可参阅表 21-3 的最底行数据）。

现在可以看看表 21-7 中最底行所列示的 Friendly 租赁公司的总现金流量。我们将会发现一些饶有趣味的事情。与表 21-3 的底行做比较，Friendly 租赁公司的现金流量与 Xomox 公司的现金流量正好相反。这样会引起我们一些有趣的考虑："如果出租人的现金流量与承租人的现金流量正好相反，那么，双方每年加总的现金流量为零。所以，总的看来，对于这项租赁没有任何益处。又因为承租人的净现金流量 NPV 为 −369.10 美元，且出租人的 NPV 为 369.10 美元，故二者合并的净现金流量 NPV 也为 0（= −369.10 + 369.10）。对于出租人和承租人二者的 NPV 来说，似乎没有办法使得该 NPV 值同时为正值。又因为租赁有关各方中总有一方会遭受损失，所以租赁交易不值得进行。"

以上是关于租赁的最重要结论之一。尽管表 21-7 只涉及了一项具体的特殊租赁交易，但其原理却可以推广开来。只要租赁双方都适用相同的利率和税率且交易成本可以忽略不计，那么，租赁交易不可能使租赁的双方同时受益。然而，存在一项租赁费用支出，可使得双方计算出来的 NPV 值为 0。因此，就该项费用对 Xomox 公司和 Friendly 租赁公司来说，租赁与否都无关紧要。[⊖]

读者们也许会问："本书的观点似乎认为租赁是无益的。但是，现实生活中却确确实实存在着租赁交易，本书的观点也许是错误的。"尽管我们不承认这是错的（又有哪位作者会认为自己是错的呢？），但我们会坦率地承认这个观点还有不全面的地方。下一节就会介绍那些支持租赁的观点。

## 21.9 租赁的理由

关于租赁，有许多观点会谈到为什么公司应该租赁资产而不是购买它们。有人支持租赁，有人则对此不以为然。下面我们将会讨论支持租赁的理由，而那些不支持租赁的理由，我们也会部分谈及。

### 21.9.1 支持租赁的好理由

如果租赁是一项好的选择，那是因为以下的观点中有一项或几项是正确的。

（1）通过租赁可以减税。

（2）租赁合同可以减少某些不确定事项。

（3）对于购买一项资产且需要债务或权益融资的交易来说，其交易成本要比租赁该项资产更高。

---

⊖ 在本例中，租赁付款额的盈亏平衡点是 2 392.09 美元。出租人和承租人均可按如下方程式求解：

$$10\ 000 = 420 \times PVIFA（0.05,\ 5）+ L \times（1−0.21）\times PVIFA（0.05,\ 5）$$

在本例中，$L = 2\ 392.09$ 美元。

### 1. 税收优惠

对于长期租赁最重要的原因恐怕就是税收抵减了。如果有关公司所得税的法律被取消的话，长期租赁有可能会不复存在。租赁的税收优惠之所以存在是因为不同的公司适用的公司所得税税率不同。

如果资产使用者处于较低税率级别，那么，在购买条件下，他从折旧和利息费用所获得的抵税效应几乎很少。如果使用者采用租赁方式，那么出租人就将获得折旧和利息的抵税效应。在一个竞争性的市场上，出租人因为存在这种税盾效应而会收取较低的租金。所以，使用者会倾向于采用租赁方式，而非购买资产。

在我们上述的 Xomox 公司和 Friendly 租赁公司的案例中，对 Friendly 租赁公司来说，该项租赁的价值为369.10 美元，即

$$369.10（美元）= -10\ 000 + 2\ 395 \times PVIFA（0.05，5）$$

然而，对 Xomox 公司而言，该项租赁的价值正好相反，为 -369.10 美元。因为出租人的收益来自承租人的损失，故而这类租赁交易不会发生。

但是，如果 Xomox 公司不用支付税金，并且租赁付款额也从 2 500 美元降至 2 393 美元，在这种情况下，Friendly 租赁公司和 Xomox 公司就会得到该项租赁的正 NPV 值。Xomox 公司可按税率 $t_C = 0$ 照表 21-3 那样重新计算一次，就可以得到租赁业务的现金流量：

（单位：美元）

| | 第 0 年 | 第 1 年 | 第 2 年 | 第 3 年 | 第 4 年 | 第 5 年 |
|---|---|---|---|---|---|---|
| 机器购买成本 | 10 000 | | | | | |
| 租金 | | -2 393 | -2 393 | -2 393 | -2 393 | -2 393 |

对 Xomox 公司来说，该项租赁的价值为：

$$租赁价值 = 10\ 000 - 2\ 393 \times PVIFA（0.063\ 291\ 14，5）$$
$$= 9.43（美元）$$

值得注意的是，在这里的折现率就是利率 6.329 114%。之所以如此乃是由于税率为零。另外，税后租赁付款额仍为 2 393 美元，这也是由税率为零造成的。另外要注意，这里折旧也被省略了，这也是因为假设没有税收造成的。

当每年租金收入为 2 393 美元时，对于 Friendly 租赁公司来说，其现金流量如下：

（单位：美元）

| | 第 0 年 | 第 1 年 | 第 2 年 | 第 3 年 | 第 4 年 | 第 5 年 |
|---|---|---|---|---|---|---|
| 机器购买成本 | -10 000 | | | | | |
| 折旧税盾效应（420 = 2 000 × 0.21） | | 420 | 420 | 420 | 420 | 420 |
| 税后租金收入 [1 890.47=2 393 ×（1-0.21）] | | 1 890.47 | 1 890.47 | 1 890.47 | 1 890.47 | 1 890.47 |
| 总和 | | 2 310.47 | 2 310.47 | 2 310.47 | 2 310.47 | 2 310.47 |

对 Friendly 租赁公司而言，该项租赁的价值为：

$$租赁价值 = -10\ 000 + 2\ 310.47 \times PVIFA（0.05，5）= -10\ 000 + 10\ 003.13 = 3.13（美元）$$

由于两个公司处于不同的税率级别，承租人——Xomox 公司得到 9.43 美元的收益，而出租人——Friendly 租赁公司则获取了 3.13 美元。只要出租人和承租人所处的税率级别不同，二者均可获得收益，其原因在于出租人可以运用折旧费用和利息费用的税盾效应，然而承租人无法利用该税盾效应。这样，美国国税局会损失一些税收收入，而出租人由于能获取一定的税收优惠，因而会给予承租人较低的租金。

由于只要税率不同，租赁各方就都可获取收益，所以双方可以通过谈判来决定租金金额。在开始谈判之前，各方都需要了解各自的**保本点租金额**。保本点租金额是指当租赁一方认为是否参与该项租赁业务变得无差异时的租金金额。换句话说，保本点租金额也是租赁价值等于 0 时的租金价格。保本点租金额的计算在下面介绍。

#### 承租人的保本点租金额

我们现在来对 $L_{MAX}$ 求解，$L_{MAX}$ 表示承租人的租赁价值为 0 时的租金金额。当承租人的适用税率为 0 时，其

现金流量及 $L_{MAX}$ 为：

（单位：美元）

|  | 第 0 年 | 第 1 年 | 第 2 年 | 第 3 年 | 第 4 年 | 第 5 年 |
|---|---|---|---|---|---|---|
| 机器购买成本 | 10 000 |  |  |  |  |  |
| 租赁付款额 |  | $-L_{MAX}$ | $-L_{MAX}$ | $-L_{MAX}$ | $-L_{MAX}$ | $-L_{MAX}$ |

从上表可知：

$$租赁价值 = 10\ 000 - L_{MAX} \times PVIFA（0.063\ 291\ 14，5）$$

若租赁价值等于 0，则有：

$$L_{MAX} = 10\ 000 / PVIFA（0.063\ 291\ 14，5）= 2\ 395.26（美元）$$

完成上述计算后，出租人知道，承租人可接受的租金报价最高不超过 2 395.26 美元。

**出租人的保本点租金额**

我们现在来对 $L_{MIN}$ 求解，$L_{MIN}$ 表示出租人的租赁价值为 0。对出租人来说，用 $L_{MIN}$ 表示的现金流量，可以按下表计算。

（单位：美元）

|  | 第 0 年 | 第 1 年 | 第 2 年 | 第 3 年 | 第 4 年 | 第 5 年 |
|---|---|---|---|---|---|---|
| 机器购买成本 | −10 000 |  |  |  |  |  |
| 折旧税盾效应（420 = 2 000 × 0.21） |  | 420 | 420 | 420 | 420 | 420 |
| 税后租金收入（$t_C = 0.21$） |  | $L_{MIN} \times 0.79$ | $L_{MIN} \times 0.79$ | $L_{MIN} \times 0.79$ | $L_{MIN} \times 0.79$ | $L_{MIN} \times 0.79$ |

从上表可知：

$$租赁价值 = -10\ 000 + 420 \times PVIFA（0.05，5）+ L_{MIN} \times（0.79）\times PVIFA（0.05，5）$$

若租赁价值为 0，则有：

$$
\begin{aligned}
L_{MIN} &= \frac{10\ 000}{0.79 \times PVIFA（0.05，5）} - \frac{420}{0.79} \\
&= 2\ 923.73 - 531.65 \\
&= 2\ 392.08（美元）
\end{aligned}
$$

完成上述计算后，承租人知道，出租人的租金金额报价最低为 2 392.08 美元。

### 2. 不确定性的减少

我们已注意到承租人在租赁到期时并不拥有租赁资产的所有权。此刻的租赁资产价值被称为**残余价值**（residual value），出租人对该资产则有**公司求偿权**（firm claim）。而当签署租赁合同时，则存在着关于资产残余价值大小的不确定性。在租赁合同中，与残余价值相关的风险由出租人来承担。相反地，使用者在购买时承担该风险。

一般认为：有足够能力承担这一特殊风险的一方应当承担该风险。如果资产使用者并非风险厌恶型，则他将不会因为购买而遭受痛苦。相反，若使用者对风险高度厌恶，他应该去寻求能更好承担这一风险的第三方出租人。

后一种现象常出现于当使用者规模较小或公司刚刚创办时的情形。因为此时，公司的总风险较高而且其股东也不分散，只要能降低风险，公司总会尽力去做。而那些潜在的出租人，比如大型且公众持股的金融机构，有较大能力承担这一风险。与之相反，当使用者是一家蓝筹股公司时，不要预期会出现这种现象（租赁）。因为这类公司也有能力承担这一风险。

### 3. 交易成本

一般来说，转移一项资产所有权的成本要远远大于签署一份租赁合同的成本。为了更好地理解这个问题，我们可以考虑这样一项决定：一位洛杉矶商人将在纽约待两天以进行一项商务活动。显而易见，去住两天酒店远比购买一套公寓住两天后再卖掉更合算。

租赁也会产生代理成本。比如说，承租人会错误使用或过度使用资产，这是由于承租人对该项资产的残余价值并不关心。因此，这项成本会暗含于较高的租金之中，并由承租人负担。尽管出租人也可以通过监督来降低这些代理成本，但监督本身的成本也是高昂的。

当购买和重新出售的交易成本远高于租赁的代理成本和监督成本时，租赁显然是最有益处的，也是最可取的。

### 21.9.2　不支持租赁的理由

#### 1. 租赁和会计利润

租赁可以对公司的财务报表的外观产生重大影响。如果一个公司成功地将其租赁记录不记录在报表上，那么资产负债表（也许还有利润表）就会更好看一些。因此，基于会计的业绩衡量指标，比如资产收益率（ROA），会看起来更高。正如我们前面已经提到过的，租赁会计在 2019 年的变化使得不在账面上反映租赁变得更加困难。

#### 2. 一项百分之百的融资

有观点认为：租赁能提供 100% 的融资，而有担保的设备贷款则要求一笔首期支付款。然而，正如我们在前面所指出的那样：租赁有可能会挤掉公司的其他债务。我们前面的分析已说明租赁不允许使公司的最优债务水平高于使用借款来进行购买的情况。

#### 3. 其他原因

也有许多特殊原因说明了公司采用租赁的好处。一个著名的例子就是美国海军租用了一支油轮船队，原因在于避免向国会申请购买以及等待国会批准的麻烦。所以，租赁也可用于绕过由行政机构所制定的资本开支控制制度。据称，这种情况在医院里比较常见。同样，许多学区会租赁巴士和组合式教室，并且在它们无法获得批准发行债券以筹集资金时从运营预算中支付这些费用。

## 21.10　关于租赁的其他未被解决的问题

我们的分析已说明长期租赁的主要好处源于出租人和承租人处于不同的税率级别。支持租赁的其他理由则是较低的代理成本以及能降低风险等。然而有几个问题，我们还没有明确回答。

### 21.10.1　租赁的使用和债务的使用可以互补吗

Ang 和 Peterson 发现高负债的公司有频繁采用租赁方式的倾向。[⊖]这个结果不应该让人感到迷惑，具有高负债能力之特征的公司，也能从租赁中获益甚多。因此，对单个公司而言，即使租赁会置换债务（即租赁和债务之间是替代关系），但当我们考察许多公司时，高负债和高租赁也可以是正相关的。

### 21.10.2　为什么租赁可由制造商或第三方出租人提供

税收的相互抵消作用能解释为什么制造商和第三方租赁公司都可以提供租赁业务。

（1）对制造商直接提供租赁来说，折旧基数是制造商的成本。而对第三方租赁公司而言，折旧基数为租赁公司向制造商支付的销售价格。因为销售价格通常会高于制造商的成本，所以对第三方租赁公司而言，这是有利的。

（2）制造商向第三方出租人销售资产时，必须确认一项应税利润。而制造商直接提供租赁业务时，其对于某些设备款的利润则可以递延到以后年度确认。这将促使制造商直接提供租赁业务。

---

⊖　详见 James Ang and Pamela P. Peterson, "The Leasing Puzzle," *Journal of Finance* 39, no.4 (September 1984): 1055-65.

### 21.10.3　为什么一些资产常被租赁，而另一些资产则很少被租赁

某些资产似乎比其他资产更多地受到租用。学者 Smith 和 Wakeman 注意到了影响租赁的非税收激励因素。[⊖] 他们的分析表明资产和公司的某些特征在做"租赁—购买"决策中有重要性。以下是他们所提及的部分结论。

（1）资产的价值受使用效果和维修决策的影响越大，就越有可能去购买而非租用。他们认为：拥有资产会更好地促使公司降低维护成本，而租赁则没有那么有效的激励作用。

（2）价格歧视也是一个重要的因素。租赁能巧妙绕过那些限制产品最低价的法律法规，从而达到低价促销的目的。

## 本章小结

在美国，很大部分的设备是通过租赁方式使用的，而非通过购买方式。本章描述了关于租赁的制度安排，也介绍了如何在财务上评价租赁。

1. 租赁可以分为两种类型：融资租赁和经营租赁。融资租赁一般期限较长，完全摊销，如果不支付高额的终止费就不能取消。经营租赁通常期限较短，部分摊销，可以取消。

2. 当一家公司通过举债来购买资产时，那么在资产负债表上会分别披露资产和负债的增加。如果一项租赁能满足 FASB 所颁发的一系列标准中的任意一条，那么该项租赁必须资本化。这就意味着租赁的现值会被同时列示为一项资产和一项负债。如果一项租赁不能满足这一系列标准，那么该项租赁不能被视作资本租赁。尽管会计上的定义与实务中的定义略有不同，但人们仍将不能满足资本租赁标准的租赁业务统称为经营性租赁。从 2019 年开始，经营性租赁将在资产负债表上反映。

3. 公司经常出于税收目的而采用租赁方式。为了保护自身利益，美国国税局规定，只有满足其制定的一系列标准的财务安排，才可被视作资本租赁。

4. 无风险现金流量应该按税后无风险利率来折现。因为租赁付款额和折旧盾效应几乎是无风险的，所以在"租赁—购买"决策中的所有相关现金流量都应按近似税后利率的折现率进行折现。我们按照实务中的惯例，采用承租人有担保债务的税后利率作为折现率。

5. 为了进一步解释这个话题，使读者能一目了然，我们也介绍了另一种替代的方法。相对于租赁来说，购买可以提高企业的负债能力。债务能力的增加额可以按照如下计算：对购买的现金流量与租赁的现金流量之差额部分按税后利率进行折现。购买方案下负债能力的增加额可以与租赁方案在第 0 年的现金流出相比较。

6. 如果出租人与承租人处于同一税率级别，那么出租人的现金流量正好与承租人的现金流量相反。所以，出租人的租赁价值总和加上承租人的租赁价值总和，正好为 0。尽管这意味着租赁不会发生，然而实际生活中至少有以下 3 种好理由支持租赁。

　a. 出租人与承租人之间不同的税率级别。

　b. 风险向出租人转移。

　c. 降低交易成本。

## 思考与练习

1. **租赁与借贷购买**　租赁与借贷购买的重点区别在哪里？它们可以完全互相替代吗？

2. **租赁和税收**　税收是决定是否租赁的一个重要的考虑因素。哪种情形下更有可能选择租赁：一家高税率但盈利颇丰的公司，还是一家低税率但利润较低的公司？为什么？

3. **租赁与内部收益率（IRR）**　当我们观察 IRR 来衡量一个租赁决定的时候，会存在哪些潜在的问题呢？

4. **租赁**　请评价以下观点：

---

⊖　详见 Clifford W. Smith, Jr., and L. M. Wakeman, "Determinants of Corporate Leasing Policy," *Journal of Finance* 40, no.3 (July 1985): 895-908.

　　a. 租赁降低了风险，并可以减少企业的资金成本。

　　b. 租赁提供了百分之百的融资。

　　c. 如果取消租赁的税收优惠，租赁也将不复存在。

5. **IRS 准则**　讨论租赁是否可以减免缴纳所得税的 IRS 准则。针对每一种情况，给予设定准则的理由。

6. **售后租回**　为什么一家公司会选择售后回租交易？列出两个理由。

7. **租赁费用**　请解释在做租赁评估时，用税后借款利率作为折现率是比较适当的。

　　请根据下面的例子，回答问题 8 ～ 10。

2020 年 9 月，澳大利亚区域快运有限公司宣布，它已经租赁了 6 架波音 737-800 飞机，用于飞行悉尼—墨尔本航线。

8. **租赁与购买**　为什么澳大利亚区域快运有限公司没有去购买这些飞机，虽然其公司业务迫切需要飞机？

9. **租赁的原因**　为什么出租人愿意从波音公司购买飞机，然后把飞机租给澳大利亚区域快运有限公司？这与借钱给澳大利亚区域快运有限公司购买飞机有什么不同？

10. **租赁**　你认为飞机在租赁期结束后会怎样？

# PART

# 6

第6篇

# 期权、期货与公司理财

# 第22章

# 期权与公司理财

2020 年 12 月 2 日，手机公司 Verizon、消费食品公司 General Mills 和生物燃料公司 Renewable Energy 的收盘价分别是 61.36 美元、60.22 美元和 59.66 美元。每个公司各有一张在芝加哥期权交易所交易执行价格为 60 美元、到日期在 2021 年 4 月 21 日（140 天后到期）的看涨期权。你或许会以为这些期权的价格相似，但是它们并不相同。手机公司 Verizon 的期权价格为 2.97 美元，消费食品公司 General Mills 的期权价格为 3.50 美元，而生物燃料公司 Renewable Energy 的期权价格为 10.40 美元。为何这些股票价格类似、执行价格和到期日完全相同的期权价格如此不同？一个重要的原因是，这些股票的波动率是期权内资价值的重要决定因素，而这 3 只股票拥有非常不同的波动率水平。在本章中，我们将用获得诺贝尔经济学奖的布莱克－斯科尔斯期权定价模型更深入地探讨这个问题以及其他许多问题。

## 22.1 期权

**期权**（option）是一种赋予持有人在某给定日期或该日期之前的任何时间，以固定价格购进或售出一种资产之权利的合约。例如，一座建筑物的期权可以赋予购买者在 2026 年 1 月第 3 个星期三之前的那个星期六或那个星期六之前的任何时间，以 100 万美元的价格购买该建筑物的权利。期权是一种类型独特的金融合约，因为它赋予购买者的是做某事的权利而不是义务。购买者仅在执行期权有利时才会执行它，否则期权将被弃之不顾。

关于期权有一个专门的词汇表，以下是一些重要定义。

（1）**执行期权**。利用期权合约购进或售出标的资产的行为被称为执行期权。

（2）**敲定价格或执行价格**。持有人据以购进或售出标的资产的期权合约之固定价格被称为敲定价格或执行价格。

（3）**到期日**。期权到期的那一天被称为到期日。在那一天之后，期权失效。

（4）**美式期权和欧式期权**。美式期权可以在到期日或到期日之前的任何时间执行，而欧式期权则只能在到期日执行。

## 22.2 看涨期权

最普通的一类期权是**看涨期权**（call option）。看涨期权赋予持有人在一个特定时期以某一固定价格购进一种资产的权利。资产的种类并无限制，但在交易所交易里最常见的期权是股票和债券的期权。

例如，IBM 股票的看涨期权可以在芝加哥期权交易所购买。IBM 本身不发行（即出售）其普通股股票的看涨期权，反而那些个体投资者才是 IBM 普通股股票看涨期权的原始购买者和出售者。IBM 股票的一种代表性看涨期权赋予投资者在 9 月 19 日或该日之前的任何时间，以 100 美元的执行价格购进 100 股 IBM 股票的权利。

假如 IBM 普通股股票的价格在 9 月 19 日或该日之前将以某一概率超过 100 美元，这种看涨期权是有价值的期权。

## 看涨期权在到期日的价值

普通股股票的看涨期权合约在到期日的价值是多少呢？答案取决于标的股票在到期日的价值。

我们继续以 IBM 为例。假设股价在到期日是 130 美元，期权购买者⊖有权以 100 美元的执行价格购买标的股票。换言之，他有权行使看涨期权。有权以 100 美元去买价值 130 美元的东西当然是件很好的事情。在到期日，该权利的价值⊖等于 30（= 130-100）美元。

如果在期权到期日 IBM 股价更高的话，则看涨期权更有价值。如果 IBM 的股价在期权到期日是 150 美元，那么看涨期权将价值 50（= 150-100）美元。事实上，股价每上升 1 美元，看涨期权价值相应上涨 1 美元。

如果股价高于执行价格，则称看涨期权处于**实值状态**。当然，普通股股价也可能低于执行价格，此时则称看涨期权处于**虚值状态**，持有者将不会执行期权。如果股价在到期日是 90 美元，理性投资者就不会行权。谁会为市场价值 90 美元的股票支付 100 美元呢？由于期权的持有者没有义务行权，因此他可以选择放弃期权。结果，如果 IBM 的股价在期权到期日低于 100 美元，则期权的价值为 0。在这种情形下，看涨期权价值就不是 IBM 股价与 100 美元之差，即不是持有人有**义务**执行看涨期权时本该有的值。

看涨期权在到期日的收益如下表所示。

（单位：美元）

| | 到期日收益 | |
| --- | --- | --- |
| | 如果股价低于 100 美元 | 如果股价高于或等于 100 美元 |
| 看涨期权价值 | 0 | 股价 -100 |

图 22-1 描绘了对应 IBM 股票价值的看涨期权价值，被称为看涨期权的曲棍球棍图。若股价低于 100 美元，则该期权是虚值的，因而毫无价值。若股价高于 100 美元，则该期权是实值的，且股票价格每增长 1 美元，其价值也增长 1 美元。注意，看涨期权不可能有负的价值。它是一种**有限责任工具**，这意味着持有人可能遭受的全部损失是他购买期权时所支付的费用。

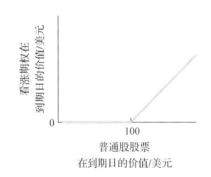

图 22-1 看涨期权的到期日价值

注：看涨期权赋予持有人在一个特定时期以某一固定价格购进一种资产的权利。若 IBM 的股价在期权到期日高于或等于 100 美元，则看涨期权价值 = 股价 -100 美元。若 IBM 的股价在期权到期日低于 100 美元，则看涨期权价值 = 0。

### 例 22-1 看涨期权的损益

假定乐观先生持有 TIX 普通股的 1 年期看涨期权。它是欧式看涨期权，可按每股 150 美元执行。假设到期日已经来临，则这个 TIX 看涨期权在到期日的价值如何？如果 TIX 公司的股价为每股 200 美元，乐观先生可以执行该期权以每股 150 美元的价格购进 TIX 股票，然后立即以每股 200 美元卖出。乐观先生将可赚 50（= 200-150）美元。因此，该看涨期权在到期日的价格是 50 美元。

然而，假设 TIX 公司在到期日的每股股价仅为 100 美元。如果乐观先生仍然持有该看涨期权，他将会放弃行权。在这种情况下，TIX 看涨期权在到期日的价值是 0。

---

⊖ 我们可交换使用"购买者""拥有者"和"持有人"这些词汇。

⊖ 这个例子假设看涨期权允许持有人以 100 美元购买 1 股股票。实际上，如果看涨期权允许持有者以每股 100 美元购买 100 股股票，那么利润将是 3 000 [ = （130-100）× 100 ] 美元。

## 22.3 看跌期权

**看跌期权**（put option）可被视为看涨期权的对立面。正如看涨期权赋予持有人以固定价格购买股票的权利那样，看跌期权赋予持有人以固定的执行价格出售股票的权利。

### 看跌期权在到期日的价值

由于看跌期权赋予持有人出售股份的权利，所以确定看跌期权价值正好与看涨期权相反。我们假设看跌期权的执行价格是50美元，并且到期日股价是40美元。看跌期权的持有者有权以超过价值的价格卖出股票，这显然有利可图，即他能以40美元的市场价格购买股票并随即以50美元的执行价售出，获得10美元利润。因此，看跌期权价值一定是10美元。

如果股价更低的话，利润会更高。如果股价只有30美元，则期权的价值是20（=50-30）美元。事实上，期权到期日股价每下降1美元，看跌期权价值上涨1美元。

然而，如果在期权到期时，股价是60美元或者任何高于50美元的价格，看跌期权的持有者就不会行权。毕竟公开市场股价是60美元，以50美元卖出不合算。实际上，理性的看跌期权所有者会放弃期权，即任由期权过期。

看跌期权在到期日的收益如下表所示。

（单位：美元）

| | 到期日收益 | |
| --- | --- | --- |
| | 若股价低于50美元 | 若股价高于或等于50美元 |
| 看跌期权价值 | 50- 股价 | 0 |

图22-2描绘了对应标的股票所有可能价值的看跌期权价值。图22-2与看涨期权的图22-1做比较将有所启发。每当股价高于执行价格时，看涨期权是有价值的；而每当股价低于执行价格时，看跌期权是有价值的。

#### 例22-2 看跌期权的损益

悲观女士相当肯定地感觉到，BMI股票目前每股160美元的价格将会下跌。于是，她购进看跌期权。她的看跌期权合约赋予她从今天起1年内以150美元的价格售出BMI股票的权利。若在到期日BMI股票的价格是200美元，她将因看跌期权合约毫无价值而撕毁它，即她将不愿按150美元的执行价格售出价值200美元的股票。

另外，若BMI公司在到期日的股价为100美元，她将会执行该期权，在这种情况下，她可以在市场上按每股100美元的价格购进BMI股票，转而以每股150美元的执行价格售出这些股票。她将获利50（=150-100）美元，因而看跌期权在到期日的价值是50美元。

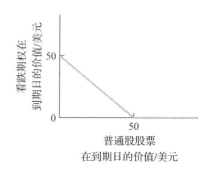

图22-2 看跌期权的到期日价值

注：看跌期权赋予持有人在一个特定时期以某一固定价格售出一种资产的权利。若股价高于或等于50美元，则看跌期权价值=0。若股价小于50美元，则看跌期权价值=50美元-股价。

## 22.4 售出期权

假如看涨期权持有人提出要求，售出（或签订）普通股股票看涨期权的投资者将履约售出股份。应注意，期权出售者有**义务**这样做。

若在到期日普通股的价格高于执行价格，持有人将执行看涨期权，而期权出售者必须按执行价格将股份卖给持有人。出售者将损失股票价格与执行价格的差价。假设股票价格是60美元，执行价格是50美元。得知执行已经临近，期权出售者在公开市场上以 60 美元的价格购进股票。他有义务按 50 美元的价格售出，因此他将损失 10（= 50-60）美元。与之相反，若在到期日，普通股股票的价格低于执行价格，则看涨期权将不被执行，而出售者的债务为 0。

如果股价高于执行价格，看涨期权的出售者就要蒙受损失。而他仅仅在股价低于执行价格时，才能避免亏损。为什么看涨期权的出售者愿意接受这种不利的处境呢？答案是对他们所承担的风险，期权购买者要向其支付一笔钱，即在期权交易发生日，期权卖者从买者处得到买者为得到此期权所支付的价格。

现在，让我们研究一下看跌期权的出售者。如果看跌期权持有人提出要求，出售普通股股票看跌期权的投资者将同意购进普通股股票。如果股票价格跌至执行价格之下，而持有人又将这些股票卖给出售者，出售者在这笔交易上将蒙受损失。例如，假设股票价格是 40 美元，执行价格是 50 美元。在这种情况下，看跌期权持有人将执行期权。换言之，他将以 50 美元的执行价格售出标的股票。这意味着看跌期权的出售者必须以 50 美元的执行价格买下这些标的股票。每股仅值 40 美元，因此这里的损失是 10（= 40-50）美元。

图 22-3 描绘了"售出看涨期权"和"售出看跌期权"两种情形。图 22-3a 表明当股票价格在到期日低于 50 美元时，看涨期权的出售者没有损失。然而，当股票价格在 50 美元之上时，每增加 1 美元都会使出售者损失 1 美元。图 22-3b 表明当股票价格在到期日高于 50 美元时，看跌期权的出售者没有损失。然而，股票价格在 50 美元之下时，每下降 1 美元都使出售者损失 1 美元。

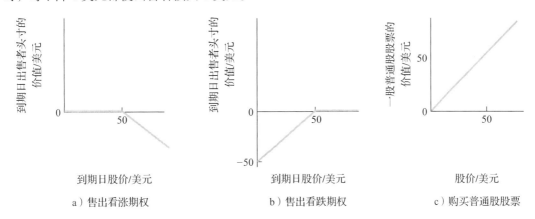

图 22-3　看涨期权和看跌期权出售者及普通股票购买者的盈利

花些时间比较一下图 22-3 与图 22-1、图 22-2 是有必要的。由于期权是一项零和博弈，所以卖出看涨期权的图（见图 22-3a）是买入看涨期权的图（见图 22-1）的镜像⊖，卖出看涨期权方的损失的就是买入看涨期权方的盈利。与之类似，卖出看跌期权的图（见图 22-3b）是买入看跌期权的图（见图 22-2）的镜像，卖出者的损失就是买入者的盈利。

该图也说明了在到期日直接购买普通股股票的价值。请注意，购买股票与购买执行价格为 0 的股票看涨期权是一样的。这一点也不奇怪。假如执行价格是 0，那么看涨期权持有人可以不花费任何代价购进股票，这和持有股票在本质上是一样的。

## 22.5　期权报价

既然我们已经了解了看涨和看跌期权的定义，就让我们来看看这些期权是如何报价的。表 22-1 显示了美国钢铁公司 2022 年 1 月到期的期权信息，信息来自 finance.yahoo.com。在当时，美国钢铁公司股票的售价为 15.57 美元。

---

⊖ 事实上，由于执行价格不同，两个图之间不是完全的镜像。图 22-1 的执行价格是 100 美元，而图 22-3 的执行价格是 50 美元。

表 22-1 美国钢铁公司的期权信息

| | 2022 年 1 月 21 日看涨期权 | | | | | | | | | |
|---|---|---|---|---|---|---|---|---|---|---|
| 合同名称 | 最后交易日期 | 执行价格 | 期权价格 | 买入价 | 卖出价 | 涨跌 | 涨跌百分比 | 交易量 | 持仓量 | 隐含波动率 |
| X220121C00003000 | 2020-12-02 1:29PM EST | 3.00 | 12.45 | 12.50 | 12.70 | +0.35 | +2.89% | 2 | 643 | 72.66% |
| X220121C00005000 | 2020-12-02 11:06AM EST | 5.00 | 10.72 | 10.75 | 10.95 | −0.03 | −0.28% | 3 | 1 322 | 78.32% |
| X220121C00008000 | 2020-12-02 1:36PM EST | 8.00 | 8.25 | 8.40 | 8.55 | +0.10 | +1.23% | 27 | 9 135 | 72.95% |
| X220121C00010000 | 2020-12-02 3:33PM EST | 10.00 | 6.95 | 7.00 | 7.15 | +0.30 | +4.51% | 70 | 6 642 | 69.29% |
| X220121C00012000 | 2020-12-02 3:52PM EST | 12.00 | 5.90 | 5.80 | 5.95 | +0.47 | +8.66% | 69 | 10 644 | 66.94% |
| X220121C00015000 | 2020-12-02 3:57PM EST | 15.00 | 4.44 | 4.35 | 4.55 | +0.38 | +9.36% | 119 | 12 875 | 65.19% |
| X220121C00017000 | 2020-12-02 3:55PM EST | 17.00 | 3.65 | 3.50 | 3.75 | +0.36 | +10.94% | 134 | 2 830 | 63.23% |
| X220121C00020000 | 2020-12-02 3:12PM EST | 20.00 | 2.70 | 2.63 | 2.75 | +0.30 | +12.50% | 60 | 8 322 | 61.69% |
| X220121C00022000 | 2020-12-02 3:56PM EST | 22.00 | 2.19 | 2.14 | 2.37 | +0.23 | +11.73% | 102 | 2 242 | 61.69% |
| X220121C00025000 | 2020-12-02 3:46PM EST | 25.00 | 1.65 | 1.65 | 1.70 | +0.21 | +14.58% | 84 | 6.187 | 60.57% |
| | 2022 年 1 月 21 日看跌期权 | | | | | | | | | |
| 合同名称 | 最后交易日期 | 执行价格 | 期权价格 | 买入价 | 卖出价 | 涨跌 | 涨跌百分比 | 交易量 | 持仓量 | 隐含波动率 |
| X220121P00003000 | 2020-12-02 12:16PM EST | 3.00 | 0.10 | 0.10 | 0.12 | −0.06 | −37.50% | 3 | 9 573 | 90.63% |
| X220121P00005000 | 2020-12-02 2:56PM EST | 5.00 | 0.32 | 0.28 | 0.36 | −0.08 | −20.00% | 5 902 | 84 786 | 81.25% |
| X220121P00008000 | 2020-12-02 12:16PM EST | 8.00 | 0.92 | 0.86 | 0.95 | +0.01 | +1.10% | 34 | 20 273 | 72.95% |
| X220121P00010000 | 2020-12-02 3:53PM EST | 10.00 | 1.50 | 1.50 | 1.55 | −0.03 | −1.96% | 53 | 7 754 | 69.78% |
| X220121P00012000 | 2020-12-02 2:42PM EST | 12.00 | 2.42 | 2.27 | 2.36 | +0.08 | +3.42% | 52 | 821 | 67.19% |
| X220121P00015000 | 2020-12-02 3:57PM EST | 15.00 | 3.80 | 3.75 | 3.90 | −0.04 | −1.04% | 48 | 917 | 64.31% |
| X220121P00017000 | 2020-12-01 10:40AM EST | 17.00 | 5.12 | 4.90 | 5.05 | +0.22 | +4.49% | 11 | 210 | 62.04% |
| X220121P00020000 | 2020-12-02 2:10PM EST | 20.00 | 7.25 | 6.90 | 7.20 | +0.02 | +0.28% | 201 | 2 039 | 60.67% |
| X220121P00022000 | 2020-12-02 12:10PM EST | 22.00 | 8.55 | 8.50 | 8.70 | −2.84 | −24.93% | 191 | 52 | 60.43% |
| X220121P00025000 | 2020-12-01 10:36AM EST | 25.00 | 10.95 | 10.90 | 11.20 | 0.00 | - | 2 | 1 029 | 59.72% |

表格的第 3 列是执行价格。上半部分为看涨期权的价格，下半部分为看跌期权的价格。表格包含唯一识别标的股票的合同名称、期权种类、到期日以及执行价格。然后，我们看到最近期的期权价格（Last）、买入价（Bid）和卖出价（Ask）及较前一日的涨跌（Change）。注意，期权价格是基于单个期权的，但实际交易是以标准化的合同为基础的，也就是每份合同代表买入（针对看涨期权）或卖出（针对看跌期权）100 手。因此，执行价格为 17 美元的看涨期权最后的交易价为每个期权 3.65 美元或每份合同 365 美元。交易量（Volumn）表明这一天交易的合约数，持仓量（Open Interest）即仍未平仓的合约数量。

## 22.6 期权组合

看跌期权和看涨期权可被视为更复杂的期权的基本构成元素。例如，图 22-4 描述了在购进股票看跌期权的同时购进股票所带来的损益图。

若股价高于执行价格，则看跌期权毫无价值，且组合的价值等于普通股股票的价值。若执行价格高于股价，则股价的下降正好被看跌期权价值的增加所抵消。

购买看跌期权的同时购买标的股票的策略被称为**保护性**看跌期权，如同为股票买了一项保险。这种股票随时可以以执行价格卖出，而不论市场中股票价格跌落得有多深。

注意，图 22-4 中购买看跌期权和购买标的股票的组合的图形与图 22-1 购买看涨期权的图形一样。为了说明这一点，我们研究一下图 22-5 的左图所示的购买看涨期权，除了执行价格是 50 美元，这张图与图 22-1 完全一样。现在让我们考虑以下策略：

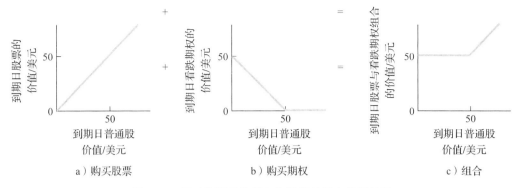

图 22-4 同时购买看跌期权与股票的组合的损益图

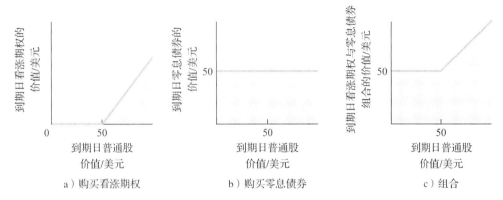

图 22-5 同时购买看涨期权和零息债券的组合的损益图

策略 A：购买一个看涨期权；

策略 B：购买一张与上述期权同时到期，面值是 50 美元的零息债券。

图 22-5 的左图展示了策略 A，那么策略 B 的形状是什么样的呢？就是图 22-5b，即无论到期时股价如何，购买零息债券一定能得到 50 美元。

那么**同时**购买策略 A 和策略 B 的图形又是什么样的呢？它看起来像图 22-5c。即无论股价发生什么变化，投资者都保证从债券中获得 50 美元。此外，当股价高于 50 美元时，股价每上涨 1 美元，股东就能从看涨期权那里获得 1 美元的收益。

图 22-5c 看起来与图 22-4c **完全**一样。无论标的股票的价格发生什么变化，投资者将从图 22-4 和图 22-5 中获得相同的收益。换言之，投资者从以下两者中获得相同的收益。

（1）购买看跌期权并购买标的股票。

（2）购买看涨期权并购买零息债券。

如果两项策略能为投资者带来相同的收益，那么其必有相同的成本。否则，所有的投资者将会选择低成本，而放弃高成本的策略。这带来很有意思的一条结论：

$$\underset{\text{策略 1 的成本}}{\underbrace{\underset{\text{价格}}{\text{标的股票}} + \underset{\text{价格}}{\text{看跌期权}}}} = \underset{\text{策略 2 的成本}}{\underbrace{\underset{\text{价格}}{\text{看涨期权}} + \underset{\text{的现值}}{\text{执行价格}}}} \qquad (22\text{-}1)$$

上述关系就是有名的**买卖期权平价**（put-call parity），它是最基础的期权关系之一。这表明存在两种购买保护性看跌期权的途径。你可以在购买看跌期权的同时买进标的股票，此时的成本包括标的股票价格和看跌期权价格。或者，你可以在购买看涨期权的同时买进零息债券，此时的成本包括看涨期权价格和执行价格的现值，即我们的例子中 50 美元的现值。

式（22-1）是非常精确的关系，它只有在看跌和看涨期权有相同的执行价格和到期日时才能成立。另外，零息债券的到期日也要和期权的到期日相一致。

为了看清买卖期权平价，我们变换一下公式有：

标的股票价格＝看涨期权价格－看跌期权价格＋执行价格的现值

这层关系表明，你可以通过买入看涨期权，卖出看跌期权，同时买入零息债券的方式来复制购买股票的策略（注意，由于看跌期权前面的符号是负号，所以是卖出而不是买入看跌期权）。这种策略被称作购买了**合成**股票。

我们可以进一步变换：

标的股票价格－看涨期权价格＝－看跌期权价格＋执行价格的现值

许多投资者喜欢在买进股票的同时卖出看涨期权。这是一种被称作**卖出看涨期权**的保守策略。买卖期权平价关系表明这项策略等同于在卖出看跌期权的同时买进零息债券。图 22-6 描绘了这种策略。你可以自己证明，覆盖看涨期权策略能通过在卖出看跌期权的同时买进零息债券的方式来进行复制。

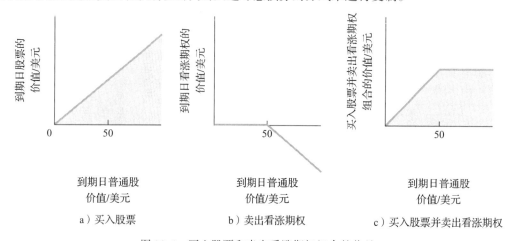

a）买入股票　　　　　　　　b）卖出看涨期权　　　　　　c）买入股票并卖出看涨期权

图 22-6　买入股票和卖出看涨期权组合的收益

当然，还有其他方式来重新组合买卖期权平价公式。其中，等号左边的策略均等同于等号右边的策略。买卖期权平价公式的美妙之处在于，展示出任何一个期权策略都可以通过两种不同的组合方式达到同样的效果。

为了检验你对买卖期权平价公式的理解，假定 Joseph-Belmont 公司的股票价格为 80 美元，一个 3 个月到期、执行价格为 85 美元的看涨期权的现价为 6 美元。每月的无风险利率为 0.5%。那么，相同执行价格和到期日的看跌期权价格为多少？

我们可以将买卖期权平价公式重排来解出看跌期权价格：

看跌期权价格＝－标的股票价格＋看涨期权价格＋执行价格的现值
$$= -80 + 6 + 85/1.005^3$$
$$= 9.74（美元）$$

从而求出该看跌期权价格为 9.74 美元。

### 例 22-3　合成一个短期国债

假设 Smolira 公司股票的市场价格为 110 美元，其一个执行价格为 110 美元 1 年期的看涨期权的市场价格为 15 美元。其同等条款的看跌期权的市场价格为 5 美元，根据这些条件，市场的无风险利率为多少？

为了回答这个问题，我们需要利用买卖期权平价关系来确定一个无风险、零息国债的价格：

标的股票价格＋看跌期权价格－看涨期权价格＝执行价格的现值

代入相关的数据，我们得到：

$$110+5-15=100（美元）$$

从中我们可以得出执行价格 110 美元的现值为 100 美元，因此，其隐含的 1 年期的无风险利率为 10%。

## 22.7 期权定价

在上一节，我们探讨了期权在到期日的价值。现在我们来确定期权在执行日之前的价值。[⊖]我们从考虑看涨期权价值的上限和下限开始。

### 22.7.1 看涨期权价值的界定

#### 1. 下限

考虑一种在到期日前为实值的美式期权。假设股票价格是 60 美元，而执行价格为 50 美元。在这种情况下，期权不能以低于 10 美元的价格售出。为了看清这一点，考虑一个期权以 9 美元的价格售出的简单策略。

（单位：美元）

| | | 交易 | |
|---|---|---|---|
| 今天 | （1） | 购买看涨期权 | −9 |
| 今天 | （2） | 执行看涨期权，即以执行价格购买标的股票 | −50 |
| 今天 | （3） | 以现行市价售出股票 | +60 |
| | | 套利利润 | +1 |

在这个交易中被描述的利润是**套利利润**。套利利润来自无风险且无成本的交易，它不可能在功能健全的正常金融市场上有规律地出现。因此，对这些期权的过度需求将很快迫使期权价格上升到至少 10（=60−50）美元。[⊖]

当然，期权价格可能在售出时高于 10 美元。由于股价在到期日前有可能升到 60 美元以上，因此投资者有理由支付高于 10 美元的价格。假设某个看涨期权的实际售价为 12 美元。在这种情况下，我们认为该期权的**内在价值**是 10 美元，即它至少值这些钱。剩下的 2（=12−10）美元被称为**时间价值**，它是投资者考虑到股票能在期权到期前上涨的可能性而愿意额外支付的金额。

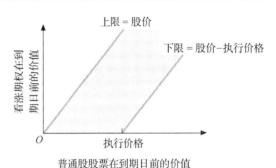

图 22-7 看涨期权价值的上限和下限

注：看涨期权的价值必须在画线区域内。

#### 2. 上限

期权价格也有上限吗？结论是肯定的，这个上限就是标的股票的价格。也就是说，购进普通股股票的期权价值不可能高于普通股股票本身的价值。看涨期权可以用于通过支付执行价格购进普通股股票。假如股票本来可以按较低的价格直接购买，那么采用这种方式购进股票就是愚蠢的。图 22-7 表示了看涨期权价值的上限和下限。

### 22.7.2 影响看涨期权价值的因素

上述讨论表明，看涨期权价值必须落在图 22-7 中阴影区域的某处。现在我们要更准确地确定它应在阴影区域的何处。影响看涨期权价值的因素可以分成两组。第 1 组包含了期权合约的特征，合约的两个基本特征是到期日和执行价格。第 2 组影响看涨期权价值的因素则涉及股票和市场的特性。

#### 1. 执行价格

执行价格的上升将降低看涨期权价值。假设价格为 60 美元的股票有两个看涨期权。第 1 个看涨期权的执行价格是 50 美元，第 2 个期权的执行价格是 40 美元。你愿意选哪一个呢？很明显，你会选择后者，因为其实值程度为 20（=60−40）美元。换句话说，执行价格为 40 美元的看涨期权卖得比其他条件相同但执行价格为 50 美元的看涨期权要贵。

---

⊖ 我们在本节中讨论的是美式期权，因为现实中是以它们进行交易的。在必要时，我们将指出对欧式期权情况会有什么不同。

⊜ 必须注意这个下限对美式期权是严格正确的，但对欧式期权却不是。

### 2. 到期日

美式期权的价值必定不低于期限较短的其他同类期权的价值。考虑两种美式期权：期限分别为9个月和6个月。显然，9月期看涨期权与6月期看涨期权有着相同的权利，但前者多出3个月可以执行期权的权利。因此，9月期期权的价值不可能低，而且一般而言会更高。<sup>⊖</sup>

### 3. 股票价格

在其他条件相同时，股票价格越高，看涨期权价值也越高。如果股票价格为80美元，则执行价格100美元的看涨期权价值不高。如果股价飙升到120美元，则看涨期权就会更有价值。

现在考虑图22-8，它表明了看涨期权价格与到期日前股票价格之间的关系。曲线指出看涨期权价格随着股票价格的增加而增加。这种关系不是由一条直线，而是由一条"凸的"曲线来表示的。也就是说，对于给定的股票价格增加值，看涨期权价格在股票价格高时的增加幅度比股票价格低时要大。

图22-8的曲线上有两个特殊点。

（1）**股票无价值**。如果标的股票无价值的话，看涨期权必然也无价值。即如果股票没有任何机会获得价值，那么也不值得为获得这样的股票支付执行价格。

（2）**股价比执行价格高得多**。在此情形下，看涨期权的所有者知道他会在期末行权，即他应把自己视为股票持有者，必须在到期日支付执行价格。

因此，在这种情况下的价值（即看涨期权价值）等于：

股价 − 执行价格的现值

曲线上的这两个特殊点在表22-2的底部有总结。

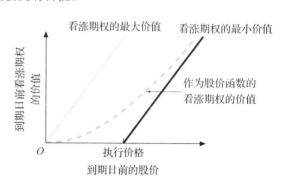

图22-8 作为股价函数的美式期权的价值

注：看涨期权的价格与股票价格是正相关的。此外，看涨期权价格在股票价格高时的增加幅度大于股票价格低时的增加幅度。

表 22-2 影响美式期权价值的因素

| 增加 | 看涨期权<sup>①</sup> | 看跌期权<sup>①</sup> |
| --- | --- | --- |
| 标的资产的价值（股票价格） | + | − |
| 执行价格 | − | + |
| 股票的波动性 | + | + |
| 利率 | + | − |
| 距到期日的时间 | + | + |

除了前述，我们介绍下述美式期权的4种关系：

（1）看涨期权的价格决不能高于股价（上限）

（2）看涨期权的价格既不能小于零，也不能小于股价与执行价格之差（下限）

（3）如果股价等于零，那么看涨期权毫无价值

（4）当股价远远高于执行价格时，看涨期权的价格趋向等于股价与执行价格的现值之差

① 符号（+，−）指出变量对期权价值的影响。例如，对股票波动性所标示的两个+表示波动性的增大将使看涨期权价值和看跌期权价值增加。

### 4. 关键因素：标的资产价值的波动性

标的资产的价值波动越大，看涨期权越有价值。考虑如下的例子：假定在看涨期权即将到期之前股票价格

---

⊖ 对于欧式看涨期权这个关系不一定成立。考虑一家公司，它拥有另外两种等同的欧式看涨期权，一种在5月底到期，另一种在若干月后到期。再假定6月初有"大量"股利被支付。若第1种看涨期权在5月底执行，其持有人将收到标的股票。假若他不售出股票，此后不久他将收到大笔股利。然而，第2种看涨期权的持有人将在股利支付之后通过执行期权收到股票。因为市场知道这种看涨期权的持有人将失去股利，所以第2种看涨期权价值可能小于第1种的价值。

将为 100 美元的概率是 0.5，将为 80 美元的概率也是 0.5。那么，执行价格为 110 美元时看涨期权价值是多少？显然，它是毫无价值的，因为不论哪一种情况发生，该股票的价格都会低于执行价格。

现在让我们来看当股票波动较大时将会怎样。假定我们对最佳情况追加 20 美元，而对最坏情况抽走 20 美元。这时该股票有一半的机会价值 60 美元，另有一半的机会价值 120 美元。我们已将股票收益分成两种情况，但显然该股票的期望价值保持不变：

$$（0.5 \times 80）+（0.5 \times 100）= 90 =（0.5 \times 60）+（0.5 \times 120）$$

注意，现在看涨期权有价值是因为有一半的机会股票价格是 120 美元，即比执行价格 110 美元多 10 美元。这说明了极为重要的一点，持有标的资产的期权与持有标的资产有着根本的区别。若市场上的投资者是风险厌恶型，股票波动性的增加将使它的市场价值减少。然而，看涨期权的持有人将从概率分布的右侧获得盈利。结果，标的股票波动性的增大使看涨期权的市场价值增加。

这个结果也可从图 22-9 中看到。考虑两种股票 A 和 B，二者的收益均服从正态分布。对每种证券，该图说明了在到期日各种股票价格的概率。[一]正如从图中看到的，股票 B 比股票 A 波动性大。这意味着股票 B 既有较大的异常高收益概率，也有较大的异常低收益概率。我们假设这两种证券的期权有相同的执行价格。对期权持有人而言，远低于股票 B 平均水平的收益并不比仅适度低于股票 A 平均水平的收益差多少。在每种情形下，期权都以虚值告终。然而，对期权持有人来说，远高于股票 B 平均水平的收益却好过仅适度高于股票 A 平均水平的收益。因为看涨期权在到期日的价格是股票价格与执行价格之差，所以 B 的看涨期权的到期价值在这种情况下较高。

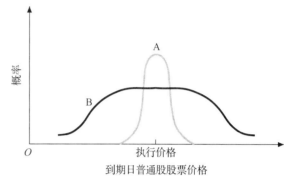

图 22-9 有相同的执行价格的证券 A 和 B 在到期日的普通股价格分布

注：因股票 B 的价格波动较大，故股票 B 的看涨期权比股票 A 的看涨期权更有价值。在到期日实值充分的看涨期权比实值微小的看涨期权更有价值。然而，在到期日虚值大的看涨期权价值是 0，这与仅有微小虚值的看涨期权在到期日的价值是一样的。

### 5. 利率

看涨期权的价格也是利率水平的函数。看涨期权的购买者仅在执行期权时才支付执行价格，假如他们真要执行的话。延迟支付能力在利率高时有较大价值，而在利率低时则价值较小，因而看涨期权价值与利率正相关。

### 22.7.3 对影响看跌期权价值之因素的简要讨论

假如对影响看涨期权价值之因素的讨论扩大到看跌期权，我们可以很容易地研究这些因素对看跌期权的作用。表 22-2 汇总了 5 个既影响美式看涨期权价值，也影响美式看跌期权价格的因素。其中 3 个因素对看跌期权的影响与它们对看涨期权的影响正相反。

（1）当股票以低于执行价格的价格售出时看跌期权是实值的，因此看跌期权的市场价随着股价的增加而减少。

（2）根据上款（1）给出的理由，具有高执行价格的看跌期权的市场价值"高于"具有低执行价格的其他等值的看跌期权价值。

（3）高利率"反向"影响看跌期权价值。如果执行价格的现值被高利率所削减，则在未来某时以固定执行价格售出股票的能力变得价值更低。

其他两个因素对看跌期权的作用与它们对看涨期权的作用相同。

（4）具有较长到期日的美式看跌期权的市场价值比到期日较近的其他等值看跌期权的市场价值高。[二]正如它

---

[一] 此图假设，对每一种证券，执行价格都等于股票预期价格。采用这个假设只是为了便于讨论，无须说明看涨期权价值与标的股票波动性之间的关系。

[二] 尽管这个结果在美式看跌期权的情形下必定成立，但对欧式看跌期权却未必成立。

对看涨期权的作用一样，较长的到期时限赋予看跌期权持有人较大的灵活性。

（5）标的股票波动性的增加使看跌期权价值增加，其机理与看涨期权相似。在到期日有充分实值的看跌期权比仅有微小实值的看跌期权更有价值。然而，在到期日虚值大的看跌期权价值是 0，与仅有微小虚值的看跌期权价值是完全一样的。

## 22.8 期权定价公式

我们已经定性地解释了看涨期权是五个变量的函数。这些变量是：

（1）标的资产的现行价格，对股票期权而言是普通股股票的价格。

（2）执行价格。

（3）距到期日的时间。

（4）标的资产的波动性。

（5）无风险利率。

现在是以精确的期权估值模型来代替定性模型的时候了，我们选用的是布莱克-斯科尔斯期权定价模型，你可将数值代入布莱克-斯科尔斯模型求得期权价值。

布莱克-斯科尔斯模型由一个令人印象深刻的公式来表示。虽然学生很乐意了解它，但要在本书中对该公式进行推导是不可能的。不过，对这一成就略做鉴赏并进行直观的了解是适当的。

在本书的前些章里，我们讲述了如何利用净现值公式贴现资本预算项目。我们还用这种方法评估过股票和债券。学生有时会问，为何这个 NPV 公式不能用于评估看涨和看跌期权？这个问题提得好，因为评估期权的最早尝试就是利用 NPV 的。不幸的是，谁也无法确定出一个适用的折现率，因此这种尝试一直没有成功。期权一般要比其标的股票的风险大，但无人确切地知道究竟大多少。

布莱克和斯科尔斯攻克了这个难题，他们指出借钱购买股票的策略的风险等于看涨期权的风险。那么，若股票价格已知，我们就能将看涨期权的价格确定为能使其收益与借款购买股票所获得的收益一样的价值。

我们考虑一个用看涨期权与股票的组合消除所有风险的简单例子，通过它来说明布莱克-斯科尔斯方法的直观背景。因为我们让股票的未来价格取仅有的"两个值"之一，所以这个例子能说明问题。我们称此例为**二叉树期权模型**。消除了股票价格取其他值的可能性，因此我们能够精确地复制看涨期权。

### 22.8.1 二叉树期权模型

考虑下面这样一个例子。假定股票的市场价格是 50 美元，而在年末将是 60 美元或 40 美元。再假定有一个以此股票为标的的看涨期权，期限是 1 年，执行价格为 50 美元。投资者可以按 10% 的利率借款。我们的目标是决定看涨期权价值。

为了正确评估期权价值，我们需要研究下述两个策略。第一，买进看涨期权；第二，买进 0.5 股股票的同时借入 18.18 美元，借入 18.18 美元是为了年末支付的本金与利息之和是 20 (= 18.18 × 1.10) 美元。

下面你将看到，第 2 个策略产生的现金流量完全等于买一个看涨期权获得的现金流量（稍后将说明我们是如何得到购买的股票和借款数量的）。由于现金流量的匹配，我们说我们正用第二个策略复制看涨期权。

年末的未来盈利表述如下。

（单位：美元）

| 初始交易 | 未来盈利 | | | |
|---|---|---|---|---|
| | 若股票价格是 60 | | | 若股票价格是 40 |
| 1. 购进看涨期权 | 60−50 | = | 10 | 0 |
| 2. 购进 0.5 股股票 | $\frac{1}{2} \times 60$ | = | 30 | $\frac{1}{2} \times 40 = 20$ |
| 以 10% 的利率借入 18.18 | −18.18 × 1.10 | = | −20 | −20 |
| 策略 2 的合计 | | | 10 | 0 |

注意，"购进看涨期权"策略的未来损益结构是可以被"购进股票"与"借钱"策略所复制的。即在这两种策略下，如果股价上升，投资者都将获得 10 美元，而股价下降，投资者都一无所获。就交易者而言，这两个策略是相同的。

如果这两种策略在年末一直有相同的现金流量，那么其初始成本是什么关系呢？这两种策略势必也有相同的初始成本，否则就存在套利的可能性。我们能很容易地计算购进股票同时借款这一策略的成本：

$$
\begin{array}{llr}
购进 0.5 股股票 & \dfrac{1}{2} \times 50 = & 25.00 \\[2mm]
借入 18.18 & & \underline{-18.18} \\[2mm]
& & 6.82
\end{array}
$$

因为在到期日看涨期权与策略 2 的收益相同，所以它必须按 6.82 美元定价。这是看涨期权在不存在套利利润的市场上的价值。在前面的例子中存在的两个问题尚未解释。

### 1. 决定 Delta

我们如何得知在复制策略中应买 0.5 股股票呢？实际上，答案比看起来要容易。看涨期权的价格在年末是 10 美元或者 0，而股价是 60 美元或者 40 美元。因此，看涨期权价格在下一期有潜在的 10（= 10−0）美元的涨落，而股价有潜在的 20（= 60−40）美元的涨落。我们可以用下面这个比率来表示：

$$
\text{Delta} = \frac{看涨期权的涨落}{股价的涨落} = \frac{10-0}{60-40} = \frac{1}{2}
$$

这一比率被称作看涨期权的 **Delta**。用语言表述是，股价 1 美元的涨落会带来看涨期权 0.5 美元的涨落。因为我们试图用股票复制看涨期权，所以看起来买 0.5 股代替 1 个看涨期权是可行的。换言之，买 0.5 股股票的风险与买 1 个看涨期权的风险是相同的。

### 2. 决定借贷量

我们如何知道应该借多少钱呢？买 0.5 股的股票到期末会价值 30 美元或者 20 美元，比看涨期权的 10 美元和 0 分别多 20 美元。为了通过购买股票复制看涨期权，我们也应该借到足够多的钱以便能归还恰好 20 美元的本息。借款额是 20 美元的现值，即 18.18（= 20/1.1）美元。

既然已经知道如何决定 Delta 和借款额，我们就可以把看涨期权价值写成：

$$
看涨期权价值 = 股价 \times \text{Delta} - 借款额 \tag{22-2}
$$

$$
6.82 = 50 \times \frac{1}{2} - 18.18
$$

我们将发现这种直观感觉对解释布莱克 – 斯科尔斯模型很有用。

### 3. 风险中性评估

在结束这个简单的例子之前，我们应当对一些明显的特征做评论。我们发现即便不知道股价上升或下降的可能性，也能知道期权的价值！如果乐观派认为股价上升的可能性很高，而悲观派认为很低，他们也能达成相同的期权价格。这是为什么呢？答案是当前 50 美元的股价已经平衡了乐观派和悲观派的观点。期权反映了平衡是因为它的价值依存于股价。

对此的洞察为我们提供了评估看涨期权的另一种方法。如果我们不需要二叉树概率就可以评估看涨期权价值，也许选用任意概率仍能获得正确的答案。假定选择使股票收益率等于无风险利率 10% 的概率组，我们知道，股价上涨时的股票收益率为 20%（= 60/50−1），股价下跌时的股票收益率为 −20%（= 40/50−1）。我们能解得为了达到股票期望收益率 10% 的股价上涨概率。

$$
10\% = 上涨概率 \times 20\% + （1- 上涨概率）\times （-20\%）
$$

解上述方程可得上涨概率等于 3/4，下跌概率等于 1/4。把结果用于看涨期权，能得到看涨期权价值等于：

$$看涨期权价值 = \frac{\frac{3}{4} \times 10 + \frac{1}{4} \times 0}{1.10} = 6.82（美元）$$

其与前述复制方法的结果一样。

为什么我们选择能使期望收益率等于10%的概率呢？我们用的是投资者是**风险中性**的特殊例子。这种情形发生在任何资产的期望收益率（包括股票和看涨期权）等于无风险利率之时。换言之，此种情形发生在无论资产的风险如何，投资者都不对超出无风险收益之外的部分提出附加补偿的情况下。

如果假定股票的期望收益率大于无风险利率又会发生什么呢？看涨期权价值仍然是6.82美元，但是计算将比较困难。如果我们假定股票的期望收益率等于11%，那么我们就得计算看涨期权的期望收益率。尽管看涨期权的期望收益率肯定比11%高，但是需要很大的努力才能精确算出。我们认为不值得为此花费时间，因此我们（包括大多数其他财务学家）假定风险是中性的。

总之，上述内容允许我们用两种方式评估看涨期权价值：

（1）确定复制一个看涨期权策略的成本。该策略涉及通过部分借款投资部分股票；

（2）在假定风险中性的条件下，计算上涨和下跌的概率。使用这些概率并结合无风险收益率，折现看涨期权在到期日的收益。

### 22.8.2　布莱克－斯科尔斯模型

上述例子说明了复制策略。不幸的是，像这样的策略在现实世界中不会在整一年的时间范围内奏效，因为在下一年有远多于两种可能的股票价格。然而，可能价格的数目会随着时间期限的缩短而减少。事实上，仅有两种可能的股票价格这一假设对于下一个无限短的瞬间看来是相当有道理的。⊖

我们的看法是，布莱克和斯科尔斯的基本见解就是缩短时间期限。他们指出，股票和借款的特定组合的确可以复制无限小时间水平上的看涨期权。因为股票价格将在第一时刻变动，所以另一个股票和借款的组合对于复制经历第二时刻的看涨期权是必需的，随后依此类推。通过依时刻对该组合进行调整，它们可以连续地复制看涨期权。通过此公式就可以：① 确定任何时刻的复制组合；② 评估基于这个复制策略的期权价值。对此，只要说明动态策略使其能够在现实世界中对期权进行估值就足够了，正如我们说明用二叉树模型对期权进行估值那样。

这是布莱克－斯科尔斯模型的基本直观背景。对其公式的实际推导远远超出本书的范围，因此我们直接给出公式本身。该公式是：

**布莱克－斯科尔斯模型**

$$C = S\mathrm{N}(d_1) - Ee^{-Rt}\mathrm{N}(d_2)$$

其中

$$d_1 = [\ln(S/E) + (R + \sigma^2/2)t] / \sqrt{\sigma^2 t}$$

$$d_2 = d_1 - \sqrt{\sigma^2 t}$$

这个求看涨期权价格 $C$ 的公式是金融学中最复杂的公式之一。然而，它仅包含5个参数。

（1）$S$ = 现行股价。

（2）$E$ = 看涨期权的执行价格。

（3）$R$ = 年无风险收益率，连续复利计算。

（4）$\sigma^2$ = 股票的连续收益之方差（每年）。

（5）$t$ = 至到期日的时间（单位：年）。

此外，还有一个统计概念：

$\mathrm{N}(d)$ = 标准正态分布随机变量将小于或等于 $d$ 的累积概率

我们用一个例子来说明这个公式，但不讨论它的代数表述。

⊖ 这个假设的完整处理可以在约翰·赫尔教授的《期权、期货与其他衍生品》中找到（Upper Saddle River, N.J.：Prentice Hall. 2017）。中文版已由机械工业出版社出版。

**例 22-4　布莱克－斯科尔斯**

考虑 PEC 公司。4 月 19 日，PEC 公司 4 月到期、执行价格为 49 美元的看涨期权的收盘价是 4 美元。股票本身按 50 美元出售。4 月 19 日，该期权还有 199 天才到期（到期日是 11 月 4 日）。无风险年利率按连续复利计算为 7%。上述信息直接决定了 3 个变量的值：

（1）股票价格 $S$ 是 50 美元；

（2）执行价格 $E$ 是 49 美元；

（3）无风险利率 $R$ 是 0.07。

此外，距到期日的时间 $t$ 可以很快算出：公式要求 $t$ 以年为单位来表示。

（4）我们将 199 天的时间段以年为单位表示成 $t = 199/365$。

在现实世界中，期权交易者会确切地知道 $S$ 和 $E$。交易者一般将美国国债视作无风险，所以从 www.bloomberg.com 或类似的报纸上可以获得现行价格以求得无风险收益率。交易者还可确切地知道（或能算出）距到期日的天数。距到期日还有几分之几年，即 $t$ 可以很快算出。问题是确定股票收益的方差。公式需要购买日 4 月 19 日与到期日之间交易上的方差。不幸的是，这涉及未来情势，所以方差的精确值无法得到。交易者常常是通过以往的历史数据来估计方差，就像我们在前一章里计算方差那样。此外，某些交易者利用直觉来调整他们的估计。例如，若对即将来临的事件的预期正在使股票的波动性增大，交易者可能将他对方差的估计值调高来反映这一点。（这个问题在 2008 年经济衰退期以及之后非常严重，其后果是股票市场极具风险，因此利用经济衰退前的历史数据得到的方差估计值显得太小。）

上述讨论只是提出方差估计的困难，并不打算给出解答。为了我们的例题，我们假设交易者已经给出了一个方差估计值。

（5）PEC 公司的方差已经估计为每年 0.09。

利用上述 5 个参数，我们分三个步骤计算 PEC 公司期权的布莱克－斯科尔斯值。

**步骤 1：计算 $d_1$ 和 $d_2$。** 我们可以将参数值直接（尽管烦琐）代入基本公式来确定这两个值。我们有：

$$d_1 = \left[\ln\left(\frac{S}{E}\right) + \left(R + \frac{1}{2}\sigma^2\right)t\right] \bigg/ \sqrt{\sigma^2 t}$$

$$= \left[\ln\left(\frac{50}{49}\right) + \left(0.07 + \frac{1}{2} \times 0.09\right) \times \frac{199}{365}\right] \bigg/ \sqrt{0.09 \times \frac{199}{365}}$$

$$= [0.020\,2 + 0.062\,7]/0.221\,5 = 0.374\,2$$

$$d_2 = d_1 - \sqrt{\sigma^2 t}$$

$$= 0.152\,7$$

**步骤 2：计算 N（$d_1$）和 N（$d_2$）。** 值 N（$d_1$）和 N（$d_2$）可以通过考察图 22-10 了解清楚。该图表示期望值是 0 和标准差是 1 的正态分布。它常被称为**标准正态分布（standardized normal distribution）**。在前面的一章里我们曾提到，从这个分布抽取的某值将介于 $-1$ 和 $+1$ 之间（在距其均值一个标准差之内）的概率是 68.26%。

现在让我们问一个不同的问题。从标准正态分布抽取的数值将**小于**一个特定值的概率是多少？抽取的数值将小于 0 的概率显然是 50%，因为正态分布是对称的。利用统计术语，我们将它说成 0 的**累积概率**是 50%。统计学家则说 N（0）= 50%。结果有：

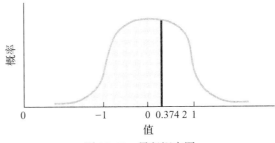

**图 22-10　累积概率图**

注：阴影的面积表示累积概率。因为来自标准正态分布的抽取值小于 0.374 2 的概率是 0.645 9，故我们说 N(0.374 2) = 0.645 9，即 0.374 2 的累积概率是 0.645 9。

$$N(d_1) = N(0.374\ 2) = 0.645\ 9$$
$$N(d_2) = N(0.152\ 7) = 0.560\ 7$$

第 1 个值表明，来自标准正态分布的抽取值有 64.59% 的概率将小于 0.374 2。第 2 个值表明，来自标准正态分布的抽取值有 56.07% 的概率将小于 0.152 7。更一般地，$N(d)$ 表示从标准正态分布抽取的某值将小于 $d$ 的概率的记法。换言之，$N(d)$ 是 $d$ 的累积概率。注意，我们的例子中 $d_1$ 和 $d_2$ 都只略大于 0，所以 $N(d_1)$ 和 $N(d_2)$ 也都只略大于 0.50。

计算 $N(d_1)$ 和 $N(d_2)$ 最容易的方法是用 EXCEL 的 NORMSDIST 函数。在我们的例子中，$N(0.374\ 2)$ 和 $N(0.152\ 7)$ 分别等于 0.645 9 和 0.560 7。

我们可以利用表 22-3 来确定累积概率。考虑 $d = 0.37$，这可由表内纵向上的 0.3 和横向上的 0.07 得到。表内对应 0.37 的数值是 0.144 3，但这个值不是 0.37 的累积概率。你必须先做调整才能确定累积概率，即

$$N(0.37) = 0.50 + 0.144\ 3 = 0.644\ 3$$
$$N(-0.37) = 0.50 - 0.144\ 3 = 0.355\ 7$$

**表 22-3 标准正态分布函数的累积概率**

| $d$ | 0.00 | 0.01 | 0.02 | 0.03 | 0.04 | 0.05 | 0.06 | 0.07 | 0.08 | 0.09 |
|---|---|---|---|---|---|---|---|---|---|---|
| 0.0 | 0.000 0 | 0.004 0 | 0.008 0 | 0.012 0 | 0.016 0 | 0.019 9 | 0.023 9 | 0.027 9 | 0.031 9 | 0.035 9 |
| 0.1 | 0.039 8 | 0.043 8 | 0.047 8 | 0.051 7 | 0.055 7 | 0.059 6 | 0.063 6 | 0.067 5 | 0.071 4 | 0.075 4 |
| 0.2 | 0.079 3 | 0.083 2 | 0.087 1 | 0.091 0 | 0.094 8 | 0.098 7 | 0.102 6 | 0.106 4 | 0.110 3 | 0.114 1 |
| 0.3 | 0.117 9 | 0.121 7 | 0.125 5 | 0.129 3 | 0.133 1 | 0.136 8 | 0.140 6 | 0.144 3 | 0.148 0 | 0.151 7 |
| 0.4 | 0.155 4 | 0.159 1 | 0.162 8 | 0.166 4 | 0.170 0 | 0.173 6 | 0.177 2 | 0.180 8 | 0.184 4 | 0.187 9 |
| 0.5 | 0.191 5 | 0.195 0 | 0.198 5 | 0.201 9 | 0.205 4 | 0.208 8 | 0.212 3 | 0.215 7 | 0.219 0 | 0.222 4 |
| 0.6 | 0.225 8 | 0.229 1 | 0.232 4 | 0.235 7 | 0.238 9 | 0.242 2 | 0.245 4 | 0.248 6 | 0.251 7 | 0.254 9 |
| 0.7 | 0.258 0 | 0.261 2 | 0.264 2 | 0.267 3 | 0.270 4 | 0.273 4 | 0.276 4 | 0.279 4 | 0.282 3 | 0.285 2 |
| 0.8 | 0.288 1 | 0.291 0 | 0.293 9 | 0.296 7 | 0.299 5 | 0.302 3 | 0.305 1 | 0.307 8 | 0.310 6 | 0.313 3 |
| 0.9 | 0.315 9 | 0.318 6 | 0.321 2 | 0.323 8 | 0.326 4 | 0.328 9 | 0.331 5 | 0.334 0 | 0.336 5 | 0.338 9 |
| 1.0 | 0.341 3 | 0.343 8 | 0.346 1 | 0.348 5 | 0.350 8 | 0.353 1 | 0.355 4 | 0.357 7 | 0.359 9 | 0.362 1 |
| 1.1 | 0.364 3 | 0.366 5 | 0.368 6 | 0.370 8 | 0.372 9 | 0.374 9 | 0.377 0 | 0.379 0 | 0.381 0 | 0.383 0 |
| 1.2 | 0.384 9 | 0.386 9 | 0.388 8 | 0.390 7 | 0.392 5 | 0.394 4 | 0.396 2 | 0.398 0 | 0.399 7 | 0.401 5 |
| 1.3 | 0.403 2 | 0.404 9 | 0.406 6 | 0.408 2 | 0.409 9 | 0.411 5 | 0.413 1 | 0.414 7 | 0.416 2 | 0.417 7 |
| 1.4 | 0.419 2 | 0.420 7 | 0.422 2 | 0.423 6 | 0.425 1 | 0.426 5 | 0.427 9 | 0.429 2 | 0.430 6 | 0.431 9 |
| 1.5 | 0.433 2 | 0.434 5 | 0.435 7 | 0.437 0 | 0.438 2 | 0.439 4 | 0.440 6 | 0.441 8 | 0.442 9 | 0.444 1 |
| 1.6 | 0.445 2 | 0.446 3 | 0.447 4 | 0.448 4 | 0.449 5 | 0.450 5 | 0.451 5 | 0.452 5 | 0.453 5 | 0.454 5 |
| 1.7 | 0.455 4 | 0.456 4 | 0.457 3 | 0.458 2 | 0.459 1 | 0.459 9 | 0.460 8 | 0.461 6 | 0.462 5 | 0.463 3 |
| 1.8 | 0.464 1 | 0.464 9 | 0.465 6 | 0.466 4 | 0.467 1 | 0.467 8 | 0.468 6 | 0.469 3 | 0.469 9 | 0.470 6 |
| 1.9 | 0.471 3 | 0.471 9 | 0.472 6 | 0.473 2 | 0.473 8 | 0.474 4 | 0.475 0 | 0.475 6 | 0.476 1 | 0.476 7 |
| 2.0 | 0.477 2 | 0.477 8 | 0.478 3 | 0.478 8 | 0.479 3 | 0.479 8 | 0.480 3 | 0.480 8 | 0.481 2 | 0.481 7 |
| 2.1 | 0.482 1 | 0.482 6 | 0.483 0 | 0.483 4 | 0.483 8 | 0.484 2 | 0.484 6 | 0.485 0 | 0.485 4 | 0.485 7 |
| 2.2 | 0.486 1 | 0.486 4 | 0.486 8 | 0.487 1 | 0.487 5 | 0.487 8 | 0.488 1 | 0.488 4 | 0.488 7 | 0.489 0 |
| 2.3 | 0.489 3 | 0.489 6 | 0.489 8 | 0.490 1 | 0.490 4 | 0.490 6 | 0.490 9 | 0.491 1 | 0.491 3 | 0.491 6 |
| 2.4 | 0.491 8 | 0.492 0 | 0.492 2 | 0.492 5 | 0.492 7 | 0.492 9 | 0.493 1 | 0.493 2 | 0.493 4 | 0.493 6 |
| 2.5 | 0.493 8 | 0.494 0 | 0.494 1 | 0.494 3 | 0.494 5 | 0.494 6 | 0.494 8 | 0.494 9 | 0.495 1 | 0.495 2 |
| 2.6 | 0.495 3 | 0.495 5 | 0.495 6 | 0.495 7 | 0.495 9 | 0.496 0 | 0.496 1 | 0.496 2 | 0.496 3 | 0.496 4 |
| 2.7 | 0.496 5 | 0.496 6 | 0.496 7 | 0.496 8 | 0.496 9 | 0.497 0 | 0.497 1 | 0.497 2 | 0.497 3 | 0.497 4 |
| 2.8 | 0.497 4 | 0.497 5 | 0.497 6 | 0.497 7 | 0.497 7 | 0.497 8 | 0.497 9 | 0.497 9 | 0.498 0 | 0.498 1 |
| 2.9 | 0.498 1 | 0.498 2 | 0.498 2 | 0.498 3 | 0.498 4 | 0.498 4 | 0.498 5 | 0.498 5 | 0.498 6 | 0.498 6 |
| 3.0 | 0.498 7 | 0.498 7 | 0.498 7 | 0.498 8 | 0.498 8 | 0.498 9 | 0.498 9 | 0.498 9 | 0.499 0 | 0.499 0 |

注：$N(d)$ 代表标准正态分布曲线下的面积。假定 $d_1 = 0.24$，则此表隐含着累积概率 0.500 0 + 0.094 8 = 0.594 8。若 $d_1$ 等于 0.245 2，我们必须通过在 $N(0.25)$ 和 $N(0.24)$ 之间插值来估计累积概率。

不幸的是，我们的表只运用两位有效数字，而我们的值 0.374 2 有 4 位有效数字。因此，我们必须通过插值法求 N（0.374 2）。因为 N（0.37）= 0.644 3 和 N（0.38）= 0.648 0，所以这两值之差是 0.003 7（=0.648 0−0.644 7）。又因为 0.374 2 处在 0.37 与 0.38 之间线段的 42% 的位置上，所以做如下插值：[⊖]

$$N(0.374\ 2) = 0.644\ 3 + 0.42 \times 0.003\ 7 = 0.645\ 9$$

**步骤 3：计算 $C$。** 我们有：

$$
\begin{aligned}
C &= S \times [\mathrm{N}(d_1)] - E e^{-Rt} \times [\mathrm{N}(d_2)] \\
&= 50 \times [\mathrm{N}(d_1)] - 49 \times [e^{-0.07 \times (199/365)}] \times \mathrm{N}(d_2) \\
&= (50 \times 0.645\ 9) - (49 \times 0.962\ 6 \times 0.560\ 7) \\
&= 32.295 - 26.445 \\
&= 5.85 \text{（美元）}
\end{aligned}
$$

估计价格 5.85 美元大于实际价格 4 美元，这意味着看涨期权的市场定价偏低。相信布莱克－斯科尔斯模型的交易者将会购买看涨期权。当然，布莱克－斯科尔斯模型难免有误。也许模型估计值与市场价格之间的差别反映出模型中方差的估计值有误。

上例着重于使用布莱克－斯科尔斯公式计算。这个公式背后有什么含义？其含义就是遵循二叉树例子中购买股票和借款的策略。布莱克－斯科尔斯公式的第 1 行是：

$$C = S \times [\mathrm{N}(d_1)] - E e^{-Rt} \times [\mathrm{N}(d_2)]$$

完全等同于二叉树例子中的式（22-2）：

看涨期权价值 = 股价 ×Delta− 借款额

可以证明布莱克－斯科尔斯公式中的 N（$d_1$）就是 Delta。N（$d_1$）在前例中等于 0.645 9。此外，$Ee^{-Rt} \times$ [N($d_2$)] 是投资者为了复制看涨期权需要的借款额。在前面的例子中，该值为 26.45（=49×0.962 6×0.560 7）美元。该模型表明我们能通过两种方式来复制前例中的看涨期权。

（1）购进 0.645 9 股的股票。

（2）借入 26.45 美元。

说布莱克－斯科尔斯公式是对金融学最重要的贡献之一，是毫不夸张的。给定若干参数，它使任何人都能计算期权的价值。该公式的吸引力在于有 4 个参数是可测定的：股票现行价格 $S$、执行价格 $E$、利率 $r$ 和距到期日的时间 $t$。只有一个参数必须估计：收益的方差 $\sigma^2$。

为了看看这个公式多么具有吸引力，请留意一下哪些参数是不必要的。首先，投资者的风险厌恶不影响价值。不管有无承担风险的意愿，任何人都可应用该公式。其次，它不以股票的期望收益率为依据！对股票的期望收益率有不同评估的投资者都能接受它的看涨期权价格。正如在二叉树模型的例子中那样，这是因为看涨期权取决于股票价格，而该价格已经使投资者相背离的看法达到平衡。

## 22.9 视为期权的股票和债券

在本章上述材料对公开交易的期权进行了描述、说明和估值。这些材料对金融专业的学生是十分重要的，因为许多交易都在列举的这些期权中出现。学习期权对攻读公司理财的学生则另有一番意义，在本节中我们会进行阐述。

你可能听过关于一位老绅士惊讶地发现原来自己一辈子都在说废话的幽默故事。对于公司理财专业的学生和期权，情况也是这样的。虽然期权在本章首次被正式定义，但本书前面讨论的许多公司政策实际上都含有期权的特征。尽管以期权的术语重写全部公司理财内容超出了本章的范围，但本章的余下部分将探讨在以下 3 个问题中隐含的期权。

（1）把股票和债券视为期权。

---

⊖ 这种方法被称为线性插值法。它只是若干可能的插值法中的一种。

（2）把资本结构决策视为期权。

（3）把资本预算决策视为期权。

我们先通过一个简单的例子来说明股票和债券中隐含的期权。

**例22-5 视为期权的股票和债券**

Popov 公司已获得在明年南极洲奥运会上的特许权。因为该公司的委托人住在南极洲，也因为该大陆没有其他特许业务，所以比赛结束后他们的企业将解散。该公司已发行债券来为这次商业冒险融资。在明年归还全部债务时，应付的利息和本金将是800美元。该公司明年的现金流量预测如下：

（单位：美元）

| | Popov 公司的现金流量预测 | | | |
|---|---|---|---|---|
| | 运动会非常成功 | 运动会中等成功 | 运动会中等失败 | 运动会彻底失败 |
| 还本付息前的现金流量 | 1 000 | 850 | 700 | 550 |
| 利息和本金 | −800 | −800 | −700 | −550 |
| 持股人的现金流入量 | 200 | 50 | 0 | 0 |

如表所示，现金流量预测有4种等可能的情况。前两种情况中不论出现哪一种，债权人都能得到全额偿还，超额的现金流量则流向持股人。然而，后两种情况中的任何一种情况发生，债权人将收到公司的全部现金流量，而不会给持股人留下什么。

这个例子与我们在资本结构那一章中讨论的破产例子相似。我们的新见解是，普通股股票与公司之间的关系可以用期权来表达。由于凭直觉更容易些，我们首先考虑看涨期权，然后再处理看跌期权的情形。

## 22.9.1 按照看涨期权看待公司

### 1. 持股人

现在我们指出股票可以被看作公司的看涨期权。为说明这一点，图22-11给出了作为公司现金流量之函数的持股人现金流入量。当公司的现金流量小于800美元时，持股人无任何收益，所有的现金流量都流向债权人。然而，在公司收入超过800美元的每一美元上，持股人都赚得一美元。该图看起来正像我们在本章前面考虑过的看涨期权的图形。

但是，使股票成为看涨期权的标的资产是什么呢？标的资产就是公司本身。也就是说，我们可将"持股人"视为拥有公司的人。然而，持股人拥有执行价格为800美元的关于该公司的看涨期权。

当公司的现金流量大于800美元时，持股人将选择执行这个期权。换言之，他们将从债权人手中以800美元买下该公司。他们的净现金流量是公司的现金流量与他们的800美元付款之

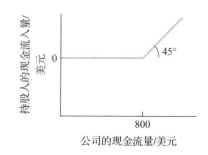

**图 22-11 Popov 公司持股人的现金流入量作为公司现金流量的函数**

注：持股人能被看作对公司持有看涨期权。如果公司的现金流量超过800美元，持股人将为了获得公司而支付800美元。如果公司的现金流量少于800美元，持股人就不会行权。他们将放弃公司，什么也不要。

差。若非常成功，这个差就是200（=1 000−800）美元，而若只是中等成功的话，则是50（=850−800）美元。

一旦公司的现金流量小于800美元，持股人将不会执行他们的期权，而是像任何看涨期权的持有人那样离开该公司。这时债权人收到公司全部的现金流量。

这种看待企业的观点是很新颖的，许多同学在初次接触时都会感到困惑。但是，我们仍鼓励同学们按这种观点审视企业，直到习惯成自然。

### 2. 债权人

债权人又怎么样呢？前述的现金流量预测表明当公司产生的现金少于800美元时，债权人将得到公司全部

的现金流量。一旦公司所得超过 800 美元，债权人收到的仅为 800 美元，即他们只有得到利息和本金的权利。图 22-12 画出了这种情形。

相对于我们关于持股人拥有公司的看涨期权这种观点，债权人的财务状况由什么构成呢？债权人的财务状况可以被描述为两种权利。

（1）他们拥有该公司。

（2）他们按 800 美元的执行价格售出了关于该公司的看涨期权。

正如我们在前面提到的，当现金流量少于 800 美元时，持股人离开该公司。在这种情况下债权人保留了所有权。然而，当现金流量大于 800 美元时，持股人执行他们的期权。他们花 800 美元将股本从债权人那里买走。

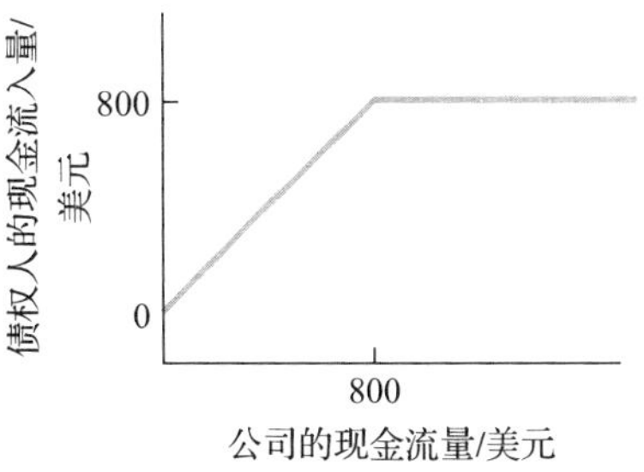

图 22-12　Popov 公司债权人的现金流入量作为公司现金流量的函数

注：债权人可被视作拥有公司但向股东卖出看涨期权。如果现金流量超过 800 美元，期权就会被执行。债权人会放弃公司而获得 800 美元。如果现金流量小于 800 美元，看涨期权就会过期。此时，债权人接受来自企业的现金流量。

## 22.9.2　按照看跌期权看待公司

上述分析根据看涨期权表述了持股人和债权人的财务状况。现在我们可以来表述根据看跌期权时的情形。

### 1. 持股人

持股人的地位可以被表达成 3 种权利。

（1）他们拥有公司。

（2）他们欠债权人的利息和本金共计 800 美元。

若债务是无风险的，则这两种权利能完全描述持股人的情形。然而，因为有违约的可能性，所以我们还指出第 3 种权利。

（3）持股人拥有执行价格为 800 美元的关于该公司的看跌期权。债权人是看跌期权的出售者。

现在考虑两种可能性。

（1）**现金流量少于 800 美元**。因为该看跌期权的执行价格为 800 美元，所以它是实值的。持股人将该公司"推向"，即出售给债权人。正常情况下，看跌期权的持有人在资产售出时得到执行价格。然而，持股人已经欠了债权人 800 美元。当股本交付给债权人时，800 美元债务被注销，并无货币转手。因为持股人以放弃股本来换取债务注销，所以当现金流量少于 800 美元时，持股人最终一无所获。

（2）**现金流量大于 800 美元**。这时由于看跌期权是虚值的，所以持股人不执行期权。持股人保留公司的所有权，但连本带利支付给债权人 800 美元。

### 2. 债权人

债权人的地位可由以下两种权利来描述。

（1）债权人拥有 800 美元债权。

（2）他们以 800 美元的执行价格将该公司的看跌期权出售给持股人。

现在考虑两种可能性。

（1）**现金流量少于 800 美元**。如上面所提到的，在这种情况下持股人将执行看跌期权。这意味着债权人有义务支付给公司 800 美元。由于公司欠他们 800 美元，所以双方的义务相互抵消。在这种情况下，债权人最终直接获得该公司。

（2）**现金流量大于 800 美元**。这时持股人不执行看跌期权。债权人仅收到应付给他们的 800 美元。以这种方式表达债权人的交易头寸是有启发性的。持有无违约风险债券的债权人拥有 800 美元债权。因此，我们可以无风险债券和看跌期权来表示风险债券：

$$风险债券价值 = 无违约风险债券价值 - 看跌期权价值$$

即风险债券价值等于无违约风险债券价值减去以 800 美元的价格售出公司的持股人看跌期权价值。

### 22.9.3 对上述两种看法的解析

在上面我们已论证持股人和债权人既可以用看涨期权，也可以用看跌期权来看待。表 22-4 总结了这两种观点。

**表 22-4 以看涨和看跌期权看 Popov 公司的持股人和债权人地位**

| 持股人 | 债权人 |
| --- | --- |
| **以看涨期权看待时的状况** | |
| 持股人拥有执行价格为 800 美元的公司看涨期权 | 1. 债权人拥有公司 |
| | 2. 债权人向持股人出售看涨期权 |
| **以看跌期权看待时的状况** | |
| 1. 持股人拥有公司 | 1. 债权人拥有利息和本金为 800 美元的债权 |
| 2. 持股人欠债权人 800 美元的利息和本金 | 2. 债权人向持股人出售看跌期权 |
| 3. 持股人拥有执行价格为 800 美元的公司看跌期权 | |

我们从经验中发现，对同学们而言把公司看作看跌期权比看作看涨期权要困难。因此，如果能有一种方法说明两种观点是相同的，则会对理解有所帮助。幸运的是，我们有买卖期权平价。在前述章节中，我们在式（22-1）中列示了买卖期权平价，现重复如下：

$$标的股票价格 + 看跌期权价格 = 看涨期权价格 + 执行价格的现值$$

利用本节的结果，式（22-1）可改写为：

$$
\begin{aligned}
公司看涨期权价值 &= 公司价值 + 公司看跌期权价值 - 无违约债券价值 \\
以看涨期权看待的持股人状况 &= 以看跌期权看待的持股人状况
\end{aligned}
\qquad (22\text{-}3)
$$

从式（22-1）到式（22-3）包含了几个步骤。首先，在本节中我们将公司而不是股票当作标的资产（为了与一般惯例相符，我们用价值表述企业，用价格表示股票）。其次，现在的执行价格是 800 美元，即公司债务的本金和利息。在无风险利率下取这个数量的现值以产生无违约债券价值。最后，在式（22-2）中重新安排式（22-3）中诸项的顺序。

注意，式（22-3）的左边如表 22-4 所示是以看涨期权看待的持股人状况，而式（22-3）的右边是以看跌期权看待的持股人状况。买卖期权平价表明，以看涨期权看待的持股人状况等同于以看跌期权看待的持股人状况。

现在，我们来重新安排式（22-3）中诸项的顺序，使之成为：

$$
\begin{aligned}
公司价值 - 公司看涨期权价值 &= 无违约债券价值 - 公司看跌期权价值 \\
以看涨期权看待的债权人状况 &= 以看跌期权看待的债权人状况
\end{aligned}
\qquad (22\text{-}4)
$$

式（22-4）的左边如表 22-4 所示是以看涨期权看待的债权人状况，等式左边的减号表示债权人正在**承兑**一个看涨期权，而式（22-4）的右边是以看跌期权看待的债权人状况。买卖期权平价表明，以看涨期权看待的债权人状况等同于以看跌期权看待的债权人状况。

### 22.9.4 关于贷款担保的说明

在上述 Popov 公司的例子中，债权人承担了违约风险。当然，债权人一般要求一个足以补偿其所承担风险的利率。当公司陷入财务困境之时，它们不能再以中等水平的利率吸引新债务。因此，公司陷入财务困境时常向政府寻求贷款担保。我们的构架可用于理解这些担保。

若公司对有担保的贷款违约，则政府必须补足差额。换言之，政府担保使风险债券转化为无风险债券。这个担保的价值是多少呢？

回想一下，根据期权定价，有：

$$无违约债券价值 = 风险债券价值 + 看跌期权价值$$

这个方程说明政府将承担一项与看跌期权价值等值的责任。

我们的分析与政治家及公司发言人的分析不同。一般他们会说，担保并未花费纳税人的钱，因为担保使公司能够吸引债务从而保持偿付能力。然而，应该指出的是，虽然偿还也许有极大的可能性，但绝对不是必然的。在担保做出之时，政府的责任就有一个成本现值。说政府担保对政府而言没有任何花费，就好比说微软股票的看跌期权因该股票价格很可能上涨而没有价值一样。

实际上，美国政府在贷款担保上一直有好运气。在2008年经济危机之前，它的两项最大的担保是1971年对洛克希德公司和1980年对克莱斯勒公司做出的。这两家公司都几乎现金告罄且拖欠贷款。在这两个例子中，美国政府都以同意提供新贷款担保赶来挽救。在这些担保下，假如洛克希德公司和克莱斯勒公司拖欠新贷款，贷款人可以得到他们向美国政府索要的全部资金。以贷款人的观点看，这些贷款就像国债一样没有风险。这些担保使洛克希德公司和克莱斯勒公司能够借到大笔的现金渡过难关。正如已看到的结果那样，两家公司都没有违约。

贷款担保的受益者是谁呢？

（1）若现有风险债券被担保，所有收益应归现有债权人。持股人则因公司的有限责任免除了他们在破产时的任何义务而不能受益。

（2）若新债务正被发行和担保，新债权人不受益。反而，在竞争市场上由于债务的低风险，他们必须接受低利率。持股人此时则因能以低利率发行债务而获利。此外，某些收益将归旧债权人，因为公司的价值比不发行债务时高。因此，若股东想从贷款担保得到全部收益，他们必须在担保做出之前重新谈判或付清现有债券。这种事情在克莱斯勒公司的案例中曾经发生。

## 22.10 期权和公司选择：一些实证应用

在本节中，我们要在两个关键领域探讨期权的应用：资本预算及兼并。我们从兼并着手看到了十分惊人的结果。然后，我们会揭示净现值法对于资产负债率较高的公司而言是非常关键的。

### 22.10.1 合并和多元化

在本书中，我们还将讨论兼并和收购，并提到多元化经营常作为两家公司合并的理由。多元化是进行合并的好理由吗？它看上去似乎如此。毕竟，在先前的章节中，我们花了很多时间解释为什么多元化对于要消除自己投资组合中非系统性风险的投资者而言是非常有价值的。

为了研究这个问题，让我们来看两家公司——晴天运动装公司（SDA）和雨天运动装公司（RDA）。由于显而易见的原因，SDA在晴天有着很高的现金流量，而RDA在雨天有着很高的现金流量。受到天气因素的制约，两家公司的现金流量都有风险。如果这两家公司合并，合并后的公司将有一个更为稳定的现金流量。或者换句话说，合并将摆脱一些季节变化，而且实际在应用中也不容易破产。

注意这两家公司的运营有很大的不同，所以建议的合并只是单纯的"财务"合并。这意味着，除风险降低带来的收益以外，不存在"协同效应"或其他创造价值的可能性。这里是一些合并前的信息。

| | SDA | RDA |
|---|---|---|
| 资产的市场价值 / 百万美元 | 30 | 10 |
| 企业零息债券面值 / 百万美元 | 12 | 4 |
| 债务期限 / 年 | 3 | 3 |
| 资产回报标准差 /% | 50 | 60 |

连续复利计算的无风险利率为5%。鉴于此，我们可以将每家公司的股票看作一个看涨期权，并用布莱克－斯科尔斯模型计算出下列数值来确定权益的价值（计算并验证下列数值是否正确作为练习）。

| | SDA | RDA |
|---|---|---|
| 股权的市场价值 / 百万美元 | 20.424 | 7.001 |
| 债务的市场价值 / 百万美元 | 9.576 | 2.999 |

如果你确实检查了上述数据，你会发现如果用表22-3的数据会得到略有不同答案（我们用一个试算平衡表）。注意，我们在资产负债表中计算公司负债的市值。

合并后公司的资产是合并前两家公司价值的加总（3 000万美元 + 1 000万美元 = 4 000万美元），因为没有任何价值被创造出来或者损失掉。同样地，债务的总面值现在为1 600万美元。但是，我们将认为合并后的公司资产回报的标准差是40%。由于多元化的效果，这一数值低于任意一家公司的收益标准差。

那么这次的并购带来什么样的影响呢？为了弄个明白这个问题，我们计算并购后股权的价值。根据我们的讨论，以下是有关的资料。

| | 合并后的公司 |
| --- | --- |
| 资产的市场价值 / 百万美元 | 40 |
| 企业零息债券面值 / 百万美元 | 16 |
| 债务期限 / 年 | 3 |
| 资产回报标准差 /% | 40 |

我们再次计算股权和债务的价值。

| | 合并后的公司 |
| --- | --- |
| 股权的市场价值 / 百万美元 | 26.646 |
| 债务的市场价值 / 百万美元 | 13.354 |

我们注意到，这次合并是个糟糕的主意，至少对于股东而言是这样的。在合并前，两个独立的公司股价加总共计2 042.4 + 700.1 = 2 742.5（万美元），相比之下，合并后只有2 664.6万美元。所以，此合并蒸发了2 742.5-2 664.6 = 77.9（万美元），或者说权益里少了近80万美元。

那么80万美元的股本到哪里去了？它去了债券持有人那里。其债券价值合并前为957.6 + 299.9 = 1 257.5（万美元），合并后为1 335.4万美元，涨幅正是77.9万美元。因此，这次并购既不创造价值也不损失价值，但它将价值由股东转向债券持有人。

我们的例子表明并解释了为什么单纯的财务合并并不是一个好主意，同时也表明多元化存在的意义，即它可降低公司资产回报的波动性。风险的降低使债券持有人受益，因其违约的可能性减小，这有时被称为"**双保险**"效应。从本质上而言，双方公司通过合并为对方的债券进行担保，债券风险降低且升值。如果债券增值，但资产价值并未增加，则股权价值必定减少。单纯的财务合并对债券持有人是好事，对股东却不尽然。

用另一种方式看，因为股票是一种看涨期权，所以特定资产收益变动方差的降低必定降低其价值。本例中纯财务合并造成的价值减少有一个很有趣的解释。合并使得违约（和破产）的可能性大大减小。从债券持有人的角度看，这显然是一件好事，但为什么从股东的角度来看是一件坏事呢？答案很简单，对于股东而言，破产的权利是一个有价值的期权。纯财务合并降低了这一期权的价值。

## 22.10.2  期权和资本预算

我们现在考虑关于资本预算的两个问题。我们想证明的是，对一个有负债的公司，其股东可能更喜欢较低净现值而不是较高净现值的项目。然后，我们想证明他们甚至可能会倾向于净现值为负的项目而不是净现值为正的项目。

一如既往，我们先用一个例子来说明这几点。以下是一家公司的基本背景资料。

| | |
| --- | --- |
| 资产的市场价值 / 百万美元 | 20 |
| 企业零息债券面值 / 百万美元 | 40 |
| 债务期限 / 年 | 5 |
| 资产回报标准差 /% | 50 |

无风险利率为4%。因为已经练习过好几次，所以我们可以计算出股权和债务的价值。

| | |
|---|---|
| 股权的市场价值 / 百万美元 | 5.744 |
| 债务的市场价值 / 百万美元 | 14.256 |

这家公司的负债率相当高：以市值计价的负债与股本比率为 14.256/5.744 = 2.48，或记作 248%。这个数值很高，但并非闻所未闻。同时还要注意，该期权为虚值期权；作为一个结果，Delta 值是 0.547。

该公司有两个相互独立的投资项目正在审议之中。各个项目对公司市值和资产回报标准差的影响如下。

| | 项目 A | 项目 B |
|---|---|---|
| NPV/ 美元 | 4 | 2 |
| 公司资产的市值（20 + NPV）/ 美元 | 24 | 22 |
| 资产回报标准差 /% | 40 | 60 |

哪个项目更好一些？显然项目 A 有较高的净现值，但目前为止你担心的是公司资产回报标准差的变动。一个项目使之减少，另一个项目使之增加。要想知道股东偏好哪一个，我们必须通过我们现在已经熟练的计算来达到目的。

| | 项目 A | 项目 B |
|---|---|---|
| 股权的市场价值 / 百万美元 | 5.965 | 8.751 |
| 债务的市场价值 / 百万美元 | 18.035 | 13.249 |

两个项目存在戏剧性的差异。项目 A 既有利于股东也有利于债券持有人，但大多数利益流进了债券持有人的腰包。项目 B 使股票市值有了巨大的提升，而且减少了债务的市值。股东显然喜欢项目 B。

我们的分析意味着什么？基本上，我们已经发现了两件事。第一，当股票有一个 Delta 明显小于 1.0 时，任何创造的价值将单方面流向债券持有人。第二，股东有强烈的愿望增加公司资产回报的波动性。更具体地说，股东对于增加波动性的项目而非减少波动性的项目有强烈的偏好，即使这意味着较低的净现值。

让我们看最后一个例子。这里是另一组不同的数值。

| | |
|---|---|
| 资产的市场价值 / 百万美元 | 20 |
| 企业零息债券面值 / 百万美元 | 100 |
| 债务期限 / 年 | 5 |
| 资产回报标准差 /% | 50 |

无风险利率为 4%。因此，股权和债务的价值如下所示。

| | |
|---|---|
| 股权的市场价值 / 百万美元 | 2.012 |
| 债务的市场价值 / 百万美元 | 17.988 |

注意与前例不同的是，债券的面值现在为 1 亿美元，所以期权是深度虚值的。Delta 只有 0.24，所以大多数增加的价值将直接流向债券持有人。

公司有一个投资项目正在审议中，该项目当下就必须决定，否则将永远失去机会。该项目既影响市值也影响公司资产回报标准差，如下。

| | |
|---|---|
| 项目 NPV/ 百万美元 | −1 |
| 公司资产的市值（20 + NPV）/ 百万美元 | 19 |
| 资产回报标准差 /% | 70 |

该项目有负的净现值，但它增加了公司资产回报标准差。如果公司采纳该项目，结果如下。

| | |
|---|---|
| 股权的市场价值 / 百万美元 | 4.834 |
| 债务的市场价值 / 百万美元 | 14.166 |

这个项目使公司股票的市值增加了两倍以上。我们再次得出公司股东有强烈的意愿增加波动性，尤其是当期权远在价外时。其原因在于股东没什么好输的，因为可以采取破产的手段。作为结果，他们偏好获胜概率很小的风险投资，即使该投资有着负的净现值。这有点像用你的最后一美元赌在一张彩票上。这并不是一个好的

投资，但也没有很多其他的选择。这个例子说明了我们在前一章中讨论的股东和债权人之间的利益冲突。股东是看涨期权的持有者，因此他们有动机去承担高风险，并为"复活"而赌博。这种行为会损害债权人的利益。债权人他们已经卖出了看涨期权，因而他们偏好较小的波动性。

## 22.11 项目投资和期权

让我们快速复习一下本书前面陈述的关于资本预算的材料。我们首先考虑了一些项目，在第0年对项目的未来现金流量做了预测。对每一个未来时期的预期现金流量按适当的风险折现率进行折现，给出NPV计算。对于独立的项目，正的净现值意指接受，而负的净现值则意味着拒绝。

这种方法通过折现率处理风险。然后，我们考虑了决策树，即一种以较复杂的方式处理风险的方法。我们指出，公司将对项目在整个寿命期上做出投资和经营决策。假设未来决策是理想的，我们在今天评价项目。然而，我们还不知道这些决策是什么，因为许多信息有待发现。公司延后其投资和经营决策直至信息披露的能力是一种期权。现在我们通过一个例子来说明这种期权。

**例 22-6 期权和资本预算**

Exoff 石油公司正在考虑购买阿拉斯加偏远地区的一处油田。出售者已列示财产价值为 10 000 美元，并且急于立即售出。初始钻探成本是 500 000 美元。公司预期在数十年内每年可以采油 10 000 桶。由于最后日期是在那么遥远的未来且如此地难以估计，故公司将出自石油的现金流量视为永续年金。以每桶50美元的油价和46美元的采油成本计算，公司预期每桶的净利为4美元。因为认为油价以通货膨胀率上涨，所以假定每桶的现金流量将保持在4美元。适当的实际折现率是10%。简单起见，我们不考虑税收因素。Exoff 公司应该购买这项财产吗？对于 Exoff 公司，油田的NPV是：

$$-110\ 000\ （美元）= -10\ 000 - 500\ 000 + （4 \times 10\ 000）/0.10$$

按照这个分析，Exoff 公司不应该购买油田。

虽然这种方法利用了本书或其他教科书的资本预算技术，但它实际上对这里的情形不适用。为看清这一点，看看 Exoff 公司顾问 Kirtley Thornton 的分析。他认为石油价格有望以通货膨胀率上涨。不过，他指出明年对于石油价格是相当危险的一年。一方面，欧佩克（OPEC）正在考虑一个在未来许多年的实际期限内将油价提高到每桶65美元的长期协议。另一方面，国家汽车局（National Motors）最近指出以油沙与水的混合物作为燃料的汽车正在检测中。Kirtley 认为，若这项开发被证明是成功的，则在许多年的实际期限内石油将被定价为35美元。关于这两方面进展的全部信息将在整一年后披露。

若油价提高至每桶65美元，则项目的NPV将是：

$$1\ 390\ 000\ （美元）= -10\ 000 - 500\ 000 + （65 - 46） \times 10\ 000/0.10$$

然而，万一油价跌至每桶35美元，油田的NPV甚至将比它今天的负净现值还小。

Kirtley 先生向 Exoff 公司董事会提出两个劝告。他认为：

（1）应该购买该土地；

（2）对钻探与否的决策应该推迟到有关欧佩克新协议和国家汽车局新汽车的信息发布之后。

Kirtley 先生通过先假设土地已被买下来解释他给董事会的劝告。他认为在这个假设下对钻探与否的决策应该推迟。然后，他对自己关于土地原先已经被买下的假设展开调查。这种在假定了第1个决策（购买土地）已做出之后检查第2个决策（钻探与否）的方法，也应用于较早时我们对决策树的描述。现在让我们来看看 Kirtley 的分析。

**假定该土地已经被买下。** 若该土地已被买下，应该立即开始钻探吗？假如立即开始钻探，那么NPV是 -110 000 美元。而将钻探与否的决策推迟到披露新信息的一年后，就能做出最适宜的选择。若油价降至每桶35美元，则 Exoff 公司不应该钻探。公司不如回避该项目，这时除了购买土地的 10 000 美元外，它没有任何损失。若油价涨至65美元，则钻探应立即开始。

Kirtley 先生指出，通过推延，若油价上涨，公司将只投资 500 000 美元钻探成本。通过推延策略，公司将在油价下跌的情况下节省 500 000 美元。他的结论是，一旦买下土地，钻探与否的决策就应推迟进行。$^{\ominus}$

**应该先将土地买下来吗？** 现在我们知道，假如已经买下该土地，那么将钻探与否的决策推迟到信息被披露时是最适宜的。假设我们知道这个关于钻探的最佳决策，那么是否应该先将土地买下来呢？即使不知道油价上涨的准确概率，Kirtley 先生仍然确信应该买下该土地。油价为 65 美元时项目的 NPV 是 1 390 000 美元，而土地成本仅为 10 000 美元。他相信油价上涨是可能的，尽管并不是很有希望。即使这样，他认为潜在的高收益率显然值得冒风险。

这个例子提出了一种方法，它类似于上一章中的太阳能设备公司决策树分析。本章的目的是在期权的框架内讨论这种决策类型。当 Exoff 公司购买土地时，它实际上是在购买期权。也就是说，一旦土地被买了下来，公司就拥有以执行价格 500 000 美元购买一片有储量油田的期权。正如分析结论所说，一般不应该立即执行看涨期权。$^{\ominus}$在这种情况下，公司将推迟到关于未来油价的相关信息被披露时才执行。

本节指出经典资本预算中一个严重的缺陷：净现值计算法忽略了现实中的公司所具有的灵活性。在我们的例子中，标准预算技术产生了对土地购买的一个负的 NPV。然而，通过给予公司期权以根据新的信息改变其投资政策，我们可以容易地证明购买土地是合理的。

我们鼓励读者寻找隐匿在项目中的期权。因为期权是有利可图的，所以当资本预算计算忽视了灵活性时，管理人员就可能错失好项目。

## 本章小结

本章介绍期权。

1. 最为人熟知的期权是看跌期权和看涨期权。这些期权赋予持有人以给定的执行价格出售或购买普通股股票的权利。美式期权可以在到期日之前的任何时间或在到期日执行。欧式期权只能在到期日执行。

2. 我们证明购买股票和购买看跌期权的策略等价于购买看涨期权和购买零息债券的策略。据此，我们可以得到买卖期权平价关系式：

股票价值＋看跌期权价值

＝看涨期权价值＋执行价格的现值

3. 期权的价值取决于 5 个因素。

- 标的资产的价格。

- 执行价格。

- 到期日。

- 标的资产的波动性。

- 无风险债券的利率。

布莱克－斯科尔斯模型可以由这 5 个因素确定期权的内在价格。

4. 公司理财理论的许多内容可以由期权来体现。在本章中我们指出：

a. 普通股股票可以表述成对公司的看涨期权。

b. 持股人通过增大其公司的风险来增加他们持有的看涨期权价值。

c. 实际项目隐含增加其价值的期权。

---

$\ominus$ 事实上，这里面有三项独立的效果。第一，公司避免了万一推迟决策带来的低油价的钻探成本，这就是 Kirtley 先生讨论的效果。第二，当决策推迟时，500 000 美元的现值会更小，即便钻探最终实施。第三，推迟使得公司损失一年的现金流量。

前两个论点支持推迟决策，第三个论点支持马上钻探。在本例中，第一个论点的权重大大高于后两个。因此，Kirtley 先生在陈述中省略了后两个论点。

$\ominus$ 事实上，不支付股利的看涨期权永远不应当在到期前行权。然而，如果标的股票支付股利的话，则最好在除息日前行权。这种方法同样可以推论至实物资产。

如果钻探立即开始的话，公司就可获得一现金流量，这类似于在到期前执行股票看涨期权以便获得股利一样。不过，在本例中，股利效果远不及等待的收益。

## 思考与练习

1. **期权**　什么是看涨期权、看跌期权？在什么情况下，你可能想买其中的一种？哪一种有更大的潜在利润？为什么？

2. **期权**　分别为这些投资者完成下列句子：
   a. 买入看涨期权的投资者。
   b. 买入看跌期权的投资者。
   c. 卖出看涨期权的投资者。
   d. 卖出看跌期权的投资者。
   
   "看（涨／跌）期权的（买方／卖方）（支付／收取）现金作为以固定价格在固定期限内（购买／出售）特定资产的（权利／义务）。"

3. **美式期权和欧式期权**　美式期权和欧式期权的区别是什么？

4. **内在价值**　看涨期权的内在价值是什么？看跌期权呢？我们如何解释这一价值？

5. **期权定价**　你注意到 Patel 公司的股票为 50 美元／股。执行价格为 35 美元的期权售价为 10 美元。有什么不对吗？请描述如果期权的行权到期日为今天，你将如何利用这个错误定价来套利。

6. **期权和股票风险**　如果股票的风险增加，该股票看涨期权的价格会发生怎样的变动？看跌期权的价格呢？为什么？

7. **期权风险**　对或错：股票的非系统性风险与股票的市值之所以无关，是因为它可以通过分散化投资而被消除，因此它与股票的看涨期权也无关。请解释。

8. **期权定价**　假设某股票目前的售价为每股 30 美元。如果看跌期权和看涨期权的执行价格均为 30 美元，你认为哪一种期权卖得更贵，看涨期权还是看跌期权？请解释。

9. **期权价格和利率**　假设国债利率突然出人意料地上升，其他条件都不变，对看涨期权价值有什么影响？对看跌期权价值呢？

10. **或有负债**　当你进行学生贷款时，在通常情况下人们认为该笔贷款是由美国政府做担保的，这意味着政府将在你违约时履行还款责任。这只是许多美国政府担保贷款中的一例。这种担保并不体现在政府支出计算或官方赤字中。为什么？它们应该被体现出来吗？

11. **期权和到期日**　延长期权到期时间对期权的价值有什么影响？请解释。

12. **期权和股票价格波动**　股票收益波动性的增大对期权价值有什么影响？请解释。

13. **保险作为一种期权**　保单被认为类似于一种期权。从投保人的角度来看，保单是什么样的期权？为什么？

14. **股票作为一种看涨期权**　有人说一个有负债公司的股东可以被看作持有对公司资产的看涨期权。请解释这是什么意思。

15. **期权估值及净现值**　你是 Titan 工业公司的 CEO，并且刚刚被授予了大量的员工股票期权。该公司有两个相互独立的项目。第 1 个项目有很大的净现值，并且会减少公司的总体风险。第 2 个项目有很小的净现值，并且会增加公司的总体风险。你已经决定采纳第 1 个项目。你想起了你的员工股票期权，这将怎样影响你的决定？

16. **买卖期权平价**　你发现看涨期权和看跌期权具有相同的执行价格和期限。你认为这两种期权的价格孰高孰低？证明你的答案，并提供直观的解释。

17. **买卖期权平价**　看涨期权和看跌期权具有相同的执行价格和期限。如果其价格相同，哪一个在价格内？证明你的答案，并提供直观的解释。

18. **买卖期权平价**　买卖期权平价告诉我们，股票、看涨期权、看跌期权、国债四者中任何三者组合在一起可以等同于剩下的第四者。如何用看涨期权、看跌期权和国债合成股票？

19. **二叉树期权定价模型**　国债收益率目前为 3.4%。Nina 制造公司的股票售价为每股 67 美元，且一年后股票价值没有可能少于每股 60 美元。
   a. 执行价格为 55 美元时看涨期权价值多少？其内在价值是多少？
   b. 执行价格为 45 美元时看涨期权价值多少？其内在价值是多少？
   c. 执行价格为 55 美元时看跌期权价值多少？其内在价值是多少？

20. **了解期权报价**　用下述期权报价信息回答问题。该股目前的售价为 85 美元。
   a. 看涨期权在价内吗？一份 RWJ 公司看涨期权的内在价值是多少？
   b. 看跌期权在价内吗？一份 RWJ 公司看跌期权的内在价值是多少？
   c. 哪两种期权明显错误定价了？错误定价的期权

价格最低应该设在多少？请解释每一种情况下　　你将如何套利。

| 期权与 NY 收盘价 | 到期时间 | 执行价格 | 看涨期权 | | 看跌期权 | |
|---|---|---|---|---|---|---|
| | | | 交易量 | 收盘价 | 交易量 | 收盘价 |
| RWJ | | | | | | |
| | 3 月 | 80 | 230 | 2.80 | 160 | 0.80 |
| | 4 月 | 80 | 170 | 6.00 | 127 | 1.40 |
| | 7 月 | 80 | 139 | 8.05 | 43 | 3.90 |
| | 10 月 | 80 | 60 | 10.20 | 11 | 3.65 |

21. **计算损益** 用下述期权报价信息回答问题。该股　　目前的售价为 40 美元。

| 期权与 NY 收盘价 | 到期时间 | 执行价格 | 看涨期权 | | 看跌期权 | |
|---|---|---|---|---|---|---|
| | | | 交易量 | 收盘价 | 交易量 | 收盘价 |
| Macrosoft | | | | | | |
| | 2 月 | 38 | 85 | 2.35 | 37 | 0.24 |
| | 3 月 | 38 | 61 | 3.15 | 22 | 0.93 |
| | 5 月 | 38 | 22 | 4.87 | 11 | 2.44 |
| | 8 月 | 38 | 3 | 6.15 | 3 | 3.56 |

a. 假设你购买了 10 份 2 月到期、执行价格为 38 的看涨期权合同。佣金忽略不计，你愿意出多少钱？

b. 在 a 中，假设 Macrosoft 股票在到期当日的售价为 43 美元。你投资的期权价值多少？如果期末股票价格为 39 美元呢？请加以解释。

c. 假设你购买了 10 份 8 月到期、执行价格为 38 美元的看跌期权合同。你的最大收益是多少？如果到期日 Macrosoft 股票的售价是每股 32 美元，你投资的期权价值多少？你的净收益是多少？

d. 在 c 中，假设你卖出 10 份 8 月到期、执行价格为 38 美元的看跌期权合同。如果到期日 Macrosoft 股票的售价为 34 美元，你的净收益或净损失为多少？若售价为 41 美元呢？盈亏平衡的价格，即盈利为零时股票的价格是多少？

22. **二叉树期权定价模型** Chive 公司股价到年底将会是 57 美元或 84 美元。看涨期权 1 年后到期。国债利率为 4%。

a. 假设目前 Chive 公司股价是 65 美元。如果执行价格为每股 50 美元，看涨期权价值为多少？

b. 假设 a 中的执行价格是 60 美元，看涨期权价值为多少？

23. **二叉树期权定价模型** Cilantro 公司股价到年底将会是 60 美元或 80 美元。看涨期权一年后到期。国债利率为 6%。

a. 假设目前 Cilantro 公司股价是 70 美元。如果执行价格为每股 50 美元，看涨期权价值为多少？

b. 假设 a 中的执行价格是 55 美元，看涨期权价值为多少？

24. **买卖期权平价** 某股目前的价格为每股 73 美元。3 月后到期，执行价格为 70 美元的看涨期权售价为 5.27 美元。如果无风险利率是年息 2.6%，连续复利计算，具有相同执行价格的看跌期权是什么价格？

25. **买卖期权平价** 看跌期权在 6 个月内到期，执行价格为 45 美元，售价为 4.84 美元。该股目前的售价为 43 美元，无风险利率为每年 3.5%，连续复利计算。具有相同执行价格的看涨期权是什么价格？

26. **买卖期权平价** 看跌期权和看涨期权的执行价格为 65 美元且 3 个月到期，售价分别为 5.27 美元和 1.04 美元。如果无风险利率是 3.1%，连续复利计算，当前的股票价格是多少？

27. **买卖期权平价** 看跌期权和看涨期权的执行价格为 50 美元且 4 个月到期，售价分别为 5.99 美元和 8.64 美元。如果该股目前的售价为 52.27 美元，连续复利计算条件下的年利率是多少？

28. **布莱克 - 斯科尔斯** 具有以下特征的看涨期权和看跌期权是什么价格？

股票价格 = 58 美元

执行价格 = 60 美元

无风险利率 = 2.7% 年利率，连续复利计算

期限 = 4 个月

标准差 = 47%/ 年

29. **布莱克 – 斯科尔斯** 具有以下特征的看涨期权和看跌期权是什么价格？

股票价格 = 58 美元

执行价格 = 55 美元

无风险利率 = 4% 年利率，连续复利计算

期限 = 5 个月

标准差 = 53%/ 年

30. **Delta** 具有以下特征的看涨期权和看跌期权 Delta 是多少？

股票价格 = 74 美元

执行价格 = 70 美元

无风险利率 = 4.3% 年利率，连续复利计算

期限 = 9 个月

标准差 = 46%/ 年

31. **布莱克 – 斯科尔斯和资产价值** 你在佛罗里达州的 Key West 拥有一块地，目前闲置。相似的地段最近卖了 135 万美元。在过去的 5 年中，该地区土地价格的增长率达到了平均每年 7%，每年的标准差为 5%。最近有买家和你接洽，想要一个在未来 12 个月内以 160 万美元购买此地的期权。连续复利计算的无风险利率为 5%。你愿意以何种价钱卖给他这个期权？

32. **布莱克 – 斯科尔斯和资产价值** 在先前的问题中，假设你想将出售土地给对方的看跌期权期限设置为一年。假定所有条件不变，描述今天的交易状况。今天的交易价格为多少？

33. **期权的时间价值** 特定股票期权的信息如下：

股票价格 = 64 美元

执行价格 = 60 美元

无风险利率 = 2% 年利率，连续复利计算

期限 = 6 个月

标准差 = 57%/ 年

a. 看涨期权的内在价值是多少？看跌期权呢？

b. 看涨期权的时间价值是多少？看跌期权呢？

c. 看涨期权和看跌期权中哪一个有较高的时间价值？在一般条件下，该结论均成立吗？

34. **风险中性定价** 某股目前的售价为 84 美元。一年后该股的价格至少增加或减少 18%。该股的看涨期权执行价格为 80 美元且一年后到期。如果无风险利率是 8%，连续复利计算，风险中性的看涨期权价值为多少？

35. **风险中性定价** 在先前的问题中，假设无风险利率只有 5%，风险中性的看涨期权价值又为多少？在风险中性的条件下，股票价格上升和股票价格下跌的概率会发生什么变化？

36. **布莱克 – 斯科尔斯** 看涨期权 6 个月后到期。标的股票的价格是每股 75 美元，股票的回报标准差为 20%。无风险利率为 4%，连续复利计算。如果执行价格为 0，看涨期权的价格为多少？

37. **布莱克 – 斯科尔斯** 看涨期权的执行价格为 70 美元，6 个月内到期。目前的股票价格是 73 美元，无风险利率为每年 5%，连续复利计算。如果股票的标准差为 0，看涨期权的价格为多少？

38. **布莱克 – 斯科尔斯** 某股目前的售价为 47 美元。1 年后到期的看涨期权执行价格为 50 美元。无风险利率为 12%，连续复利计算，股票回报的标准差无限大。看涨期权的价格是多少？

39. **股票作为一种期权** Sunburn Sunscreen 公司发行了一期 1 年后到期、面值为 1 万美元的零息债券。目前该公司资产的市值为 10 900 美元。该公司的资产回报标准差为 31%，年无风险利率为 6%，连续复利计算。基于布莱克 – 斯科尔斯模型，公司权益及负债的市值为多少？

40. **股票作为一种期权和净现值** 假设上一个问题中的那家公司正在考虑两种独立的投资。项目 A 的净现值为 2 400 美元，项目 B 的净现值为 2 800 美元。若采用项目 A，该公司的年资产回报标准差将增加至 49%。如果采用项目 B，该标准差将下降到每年 26%。

a. 如果采用项目 A，该公司的股票及债券价值分别是多少？如果采用项目 B 呢？

b. 股东偏好哪一个项目？用净现值法的话，你会改变答案吗？

c. 假设股东与债券持有人实际上是同一批投资者，这会影响你的 b 项答案吗？

d. 这个问题说明了股东具有怎样的偏好？

41. **股票作为一种期权** Frostbite Thermalwear 公司发行了一期 1 年后到期、面值为 20 000 美元的零息债券。公司资产的市值为 23 100 美元。该公司的年资产回报标准差为 38%，年无风险利率为 6%，连续复利计算。基于布莱克 – 斯科尔斯模型，公司权益及负债的市值为多少？连续复利计算条件

下，公司的债务成本为多少？

42. **兼并和股票作为一种期权** 假设先前问题中的 Sunburn Sunscreen 和 Frostbite Thermalwear 公司已决定合并。这两家公司的销售存在季节性，合并后公司的总资产收益率将有一个 21% 左右的标准差。

    a. 两家公司的股票价值加总是多少？债券呢？

    b. 新公司的股票价值为多少？债券呢？

    c. 股东损益是多少？债券持有人呢？

    d. 股东价值发生了什么变化？

43. **股票作为一种期权和净现值** 一家公司发行了一期 5 年后到期、面值为 1 650 万美元的零息债券。目前该公司资产的市值为 1 510 万美元。该公司的年资产回报标准差为 41%，年无风险利率为 6%，连续复利计算。

    a. 当前公司股票的市值为多少？

    b. 当前公司债券的市值为多少？

    c. 连续复利计算条件下，公司的债务成本为多少？

    d. 该公司有一个新项目。该项目的净现值为 220 万美元。如果该公司采纳项目，会对股票市值产生什么影响？假设波动率不变。

    e. 假设该公司承接新项目，并且不借用任何额外资金，连续复利计算条件下，新的债务成本是多少？这里发生了什么状况？

44. **二叉树期权定价模型** Ken 有意购买东南航空公司不分红的普通股欧式看涨期权，执行价格为 55 美元，期限为 1 年。目前，东南航空公司的股票售价为每股 57 美元。Ken 知道 1 年后东南航空公司的股票交易价格将为 67 美元 / 股或 46 美元 / 股。Ken 能以无风险有效利率 2.5% 借入或贷出资金。

    a. 看涨期权今日的价格是多少？

    b. 如果目前没有根据该股票创设的期权，有没有办法创设一种和刚才描述的看涨期权具有相同的收益条件的合成看涨期权？如果有的话，你会如何操作？

    c. 合成看涨期权的费用是多少？它大于、小于还是等于购买实际看涨期权的费用？结论说得通吗？

45. **二叉树期权定价模型** Rob 希望买一个 BioLabs 公司的欧洲看跌期权。该公司的股票为不分红的普通股，执行价格为 60 美元，期限为 6 个月。BioLabs 公司的普通股股票目前价格为 57 美元，

Rob 预期股票价格将在 6 个月内上升到 67 美元或下跌至 48 美元。Rob 可以以无风险利率 5% 借或贷。

    a. 今日看跌期权的售价为多少？

    b. 如果没有该期权在市场上交易，有没有办法创设一种和刚才描述的看跌期权具有相同的收益条件的合成看跌期权？如果有的话，你会如何操作？

    c. 合成看跌期权的费用是多少？它大于、小于还是等于购买实际看涨期权的费用？结论说得通吗？

46. **二叉树期权定价模型** Maverisk 制造公司必须在 3 个月后购买黄金用于生产。其管理层估计，如果黄金价格超过 1 940 美元 / 盎司，公司将倒闭。目前黄金的价格是 1 820 美元 / 盎司。该公司的首席财政官认为黄金的价格将在未来 3 个月内上升到 2 035 美元 / 盎司或下降至 1 670 美元 / 盎司。管理层希望能消除公司破产的风险。Maverisk 制造公司可以以无风险利率 6.5% 进行借贷。

    a. 该公司应该购买黄金看涨期权还是看跌期权？为避免破产，公司希望该期权有什么样的执行价格和期限呢？

    b. 这样的期权在公开市场的售价为多少？

    c. 如果没有黄金期权在市场上交易，有没有办法合成一种和刚才描述的期权具有相同的损益情况的期权？如果有的话，你会如何操作？

    d. 合成期权的费用是多少？它大于、小于还是等于购买实际期权的费用？结论说得通吗？

47. **布莱克－斯科尔斯和领子期权成本** 一个投资者持有领子期权，是指他买入资产，买入价外看跌期权，同时卖出价外看涨期权。两个期权的到期日相同。假设 Marie 欲购买 Riggs 公司不分红的普通股的领子期权，期限为 6 个月。她希望看跌期权的执行价格为 55 美元，以及看涨期权的执行价格为 80 美元。当前 Riggs 公司的股票价格为 68 美元 / 股。Marie 可以连续复利计算条件下的无风险利率 7% 借贷，每年的股票回报标准差为 50%。利用布莱克－斯科尔斯模型计算 Marie 想购买的领子期权的成本。领子期权起了什么作用？

48. **债务估值和到期期限** Zoso 公司发行了一个 2 年期、面值为 50 000 美元的零息债券。目前该公司的总资产为 34 600 美元，资产回报标准差是 60%。

a. 假设无风险利率为5%，连续复利计算。具有相同面值和期限的无风险债券价值多少？

b. 债券持有人愿意支付什么价钱购买执行价格等于债券面值的公司资产看跌期权？

c. 利用 a 和 b 中得到的答案计算该公司债券的价值。连续复利计算条件下，公司的债券收益率为多少？

d. 从 Zoso 公司资产价值的角度以及债务必须两年内还清的事实来看，这家公司将无力偿还其债务。管理层已和债券持有人接触，并提出一项计划，即该公司将偿还相同面值的债务，但还款将在5年后完成。根据拟议的计划，该公司的债务价值多少？连续复利计算条件下的债券收益为多少？解释为什么会出现这种情况。

49. **债务估值和资产方差** Marshall 公司发行了5年期、面值为75 000美元的零息债券。目前公司的资产价值为71 000美元，年资产回报标准差是34%。无风险利率为7%，连续复利计算。

a. 与当前债券具有相同面值和期限的无风险债券价值多少？

b. 执行价格等于债券面值的公司资产看跌期权价值多少？

c. 利用 a 和 b 中得到的答案计算该公司债券的价值。连续复利计算条件下，公司的债券收益率为多少？

d. 假设该公司能够进行重组，使其资产回报标准差上升至43%。公司的债券价值会发生什么变化？连续复利计算条件下，新的债券收益率是多少？解释 c 和 d 中的答案。

e. 如果该公司进行资产重组会对债券持有人产生什么影响？对股东呢？这其中的代理人问题是如何产生的？

50. **二叉树期权定价和公司价值评估** Strudler 房地产公司是一家同时用股权和债权融资的建筑公司，正开发一个新项目。如果这一项目成功，公司市值将在1年内达到1.98亿美元。但是，如果该项目失败，该公司将只值1.20亿美元。目前 Strudler 房地产公司的市值是1.63亿美元，这个数字包含了对新项目前景的预计。Strudler 房地产公司发行的零息债券还有1年到期，面值为1.50亿美元。1年期的国债收益率为7%。Strudler 房地产公司不分红。

a. 使用二叉树期权定价模型来计算目前 Strudler

房地产公司的债务和股权价值。

b. 假设 Strudler 房地产公司有50万股普通股在流通。每股价格为多少？

c. 比较 Strudler 房地产公司债券的市场价值以及相同数额1年后到期的无风险债券的现值。该公司的债券价值大于、小于还是等于无风险债券？这个结论说得通吗？哪些因素可能导致两者价值不同？

d. 假设 Strudler 房地产公司的管理层决定以一个风险更大的项目取代前述项目。到年底，该公司的资产市值将增加至2.17亿美元或减少至1.05亿美元。令人惊讶的是，管理层得出结论认为，如果用这个风险项目取代先前风险较低的项目，目前公司的市值仍将维持在1.63亿美元。使用二叉树期权定价模型计算采取新项目后该公司的债券和股权价值。债券持有人更喜欢哪一个项目？

51. **布莱克－斯科尔斯和股利** 除了本章讨论的5个因素，股利也影响着期权的价格。带股利分配的布莱克－斯科尔斯期权定价模型如下：

$$C = S \times e^{-dt} \times N(d_1) - E \times e^{-Rt} \times N(d_2)$$
$$d_1 = [ln(S/E) + (R - d + \sigma^2/2) \times t]/(\sigma \times \sqrt{t})$$
$$d_2 = d_1 - \sigma \times \sqrt{t}$$

所有的变量都和不带股利的布莱克－斯科尔斯模型一样，除了变量 d 是连续复利计算条件下股票的股利收益率。

a. 你认为股利将会对看涨期权的价格产生什么影响？请解释。

b. 某股目前的售价为每股94美元，即每股收益的年标准差为50%，无风险利率为4%，连续复利计算。执行价格为90美元，年派息率为2%的6个月期看涨期权价格是什么？

52. **买卖期权平价和股利** 当公司支付股票股利时，买卖期权平价发生了变化。股利的存在使买卖期权平价计算公式调整为：

$$S \times e^{-dt} - P = E \times e^{-Rt} + C$$

其中 d 是连续复利计算条件下股票的股利收益率。

a. 你认为股利将会对看跌期权的价格产生什么影响？请解释。

b. 根据上题，与其中看涨期权具有相同执行价格和期限的看跌期权是什么价格？

53. **看跌期权的 Delta** 在本章中，我们注意到看跌期权的 Delta 是 $N(d_1)-1$。这与 $-N(-d_1)$ 相同吗？（提示：相同，但为什么？）

54. **布莱克-斯科尔斯看跌期权定价模型** 利用布莱克-斯科尔斯看涨期权定价模型、买卖期权平价以及上题证明布莱克-斯科尔斯看跌期权定价模型可以写作：

$$P = E \times e^{-Rt} \times N(-d_2) - S \times N(-d_1)$$

55. **布莱克-斯科尔斯** 某股目前的售价为 50 美元。

该股不支付股利。年无风险利率为 12%，连续复利计算，股票回报标准差为 60%。该股票的欧式看涨期权执行价格为 100 美元，无到期日，即它是永久性的。基于布莱克-斯科尔斯，看涨期权价值为多少？你意识到这里存在一个悖论吗？如何解决这个悖论？

56. **Delta** 你购买一个看涨期权同时以相同的行权价和期限卖出一个看跌期权。该投资组合的 Delta 是什么？为什么？

# 小案例

## Clissold 公司期权

你目前为 Clissold 公司工作。该公司 5 年前上市，主营全球范围内照明设备和特种产品的设计、生产和销售。由于最近发生的事件，公司的董事长 Mal Clissold 比较担心公司的风险，所以他询问你的意见。

在你与 Mal 的讨论中，你解释道，CAPM 提出公司股票的市场风险是其期望收益率的决定性因素。尽管 Mal 同意这一点，但他认为他的投资组合只包含 Clissold 公司股票和期权，所以他关心的是公司股票的全部风险或标准差。此外，尽管他已计算出公司股票在过去 5 年中的标准差，他仍想知道未来股票波动性的估计值。

Mal 说你可以通过计算公司股票期权合约的隐含标准差，来找到股票未来波动性的估计值。当你研究影响期权价格的各种因素时，你发现除股票标准差之外的所有因素都可以在市场中直接观察到。你也可以观察到期权价格。Mal 说，因为你可以观察到除标准差之外的所有期权因素，所以你可以通过布莱克-斯科尔斯模型解出隐含标准差。

为帮助你找出该公司股票的隐含标准差，Mal 提供了 6 个月内到期的 4 个看涨期权的价格。无风险利率为 4%，目前的股票价格是 53 美元。

（单位：美元）

| 执行价格 | 期权价格 |
| --- | --- |
| 50 | 12.78 |

（续）

| 执行价格 | 期权价格 |
| --- | --- |
| 55 | 10.14 |
| 60 | 7.99 |
| 65 | 5.81 |

1. 你预计该股票有多少个不同的波动率？

2. 不幸的是，解出隐含标准差并不像 Mal 建议的那么简单。事实上，即使我们知道了布莱克-斯科尔斯模型的所有其他变量，也没有办法直接解出股票的标准差。Mal 仍希望你估计出隐含的股票标准差。要做到这一点，必须建立一个电子表格，使用 Excel 的 Solver 函数计算出每个期权的隐含波动率。

3. 所有这些期权的隐含波动率相同吗？（提示：不同。）什么可能导致这些期权存在不同的波动率？

4. 在你提出股票价格波动对期权的重要性之后，你的老板提到他听说过 VIX。VIX 是什么，它代表什么？你可能需要到芝加哥期权交易所的网站 www.cboe.com 上找出答案。

5. 登录芝加哥期权交易所的网站，找找 VIX 的期权报价。VIX 期权的隐含波动率代表了什么？

# 第 23 章

# 期权与公司理财：推广与应用

2020 年，当新冠疫情封城事件发生时，股市出现了跳水。我们已经讨论了市场的快速反弹，但不太为人所知的是，市场反弹对于高管手中那些在年初获得的员工股票期权的价值的影响。例如，Pelton 公司股票一路上涨，它授予总裁 William Lynch 的期权到 10 月获利超 6 400 万美元。在同一时期，它授予 Dick 体育用品首席执行官 Edward Stark 的期权获利约 600 万美元。本章将探讨员工股票期权和资本预算中的期权。

## 23.1 高管股票期权

### 23.1.1 为何是期权

高管的薪酬通常由基本薪金加上下列某些或全部元素来构成：

（1）长期报酬；

（2）年度奖金；

（3）退休金；

（4）期权。

期权，对于许多高管来说往往是整个薪酬中占比最大的部分，尽管近年来限制性股票单位的应用有所增长。

在本节中，我们将讨论如何用布莱克 – 斯科尔斯模型来估计高管股票期权的市场价值。为估计期权价值，我们需要知道它的执行价格。由于下面即将讨论的税收原因，因此高管股票期权的执行价格几乎总是等于高管被授予期权当日的股票的市场价。我们还将解释为什么高管被授予的期权的价格可能会低于其市场价值。

授予高管股票期权的公司数量将会增加，以替代基本薪酬的增长。使用期权的部分理由如下。

（1）期权将使高管与持股人分享利益。通过将高管的利益与之挂钩，高管将会为股东的利益做出更好的决策。

（2）使用期权可以减少高管的基本薪酬，这将消除高管和其他雇员之间巨大的薪金差别所招致的道德压力。

（3）期权将高管的报酬置于风险之中，而不是让报酬与公司的业绩无关。

（4）期权可以给雇员带来节税的效果。根据现行税法，若付给高管的是购买公司股票的期权且这些期权是"平价的"，则它们不会被看作应税收入的一部分。仅在最终被执行时，期权才应计税。

### 例 23-1　星巴克公司的期权

股票期权的授予并不局限于最高级别的高管。创办于西雅图，获得巨大成功的星巴克咖啡连锁公司，已将股票期权推向低层雇员。引用其创办者霍华德·舒尔茨的话就是："尽管我们是一家未上市的公司，但我们也要将股票期权授予从高层经理到门卫的每一个雇员，即与他们的基本薪酬成比例的股票期权。那样，他们就能通过努力工作帮助星巴克公司每年获得更大的成功，若某一天星巴克公司上市，他们的期权最终将值一大笔钱。"当星巴克公司最终上市时，雇员的确从他们的股票期权中获得了回报。

### 23.1.2 评估高管薪酬

总薪酬构成的复杂性常常使得此项工作很困难。期权的经济价值取决于标的股票价格的波动性、期权授予的确切期限等因素。

为了估计高管持有期权的经济价值，我们将使用第 22 章的布莱克－斯科尔斯期权定价公式。当然，我们不知道这些特定计划的许多特征，所以我们期望的最好结果是得到粗略的估计。诸如要求高管持有期权达到一定的期限，执行之前设定冻结期等简单的问题都可能显著降低标准期权的价值。同样重要的是，假如股票支付股利，布莱克－斯科尔斯公式就必须修正。直观上，支付股利股票的看涨期权价值低于不支付股利股票的看涨期权价值。这是因为在其他条件相同的情况下，股利会使股票价格下降。

假设公司计算期权的公平市场价值。为便于说明，我们假设期权是实值的，每股期权都价值 25 美元。再假设 CEO 持有 100 万股总值为 2 500 万美元的这种期权。这是该期权在金融市场交易的金额，也是交易者与投资者愿意支付的金额。[一]若公司很大，将此值看成向 CEO 授予期权的成本是合理的。当然，作为回报，公司期望 CEO 以至少高于此金额的价值提高股东的价值。正如我们已经看到的，或许期权的主要目的是使管理层的利益与公司股东的利益联系起来。但是，2 500 万美元不一定能公平地衡量期权对 CEO 的价值。

从员工的角度来看，股票期权往往有一个隐藏的成本。为了说明，假设 ABC 公司的 CEO 拥有 100 万股期权，执行价格为每股 30 美元，ABC 股票的现行价格是每股 50 美元。若在今天执行期权，它们将价值 2 000 万美元（低于市场价值的估计）。此外，假设 CEO 拥有 500 万美元公司股票和 500 万美元其他资产。CEO 显然拥有极其多样化的个人组合。按照现代投资组合理论的标准，以一种股票和它的期权方式拥有个人财富的 25/30，即约 83% 未必有风险。

尽管按大多数标准看 CEO 是富有的，但股票价值的显著变动将对 CEO 的经济状况产生巨大的影响。若股价从每股 50 美元跌至每股 30 美元，则 100 万股期权的现行执行价值就从 2 000 万美元减少到 0。若期权距到期日时间较长，这个价值将不会全部损失。撇开这个事实不谈，我们仍然说 CEO 的净值会有相当惊人的锐减，从大约 3 000 万美元减到 800 万美元（500 万美元其他资产加上现在价值为 300 万美元的股票）。但这就是给予 CEO 期权和股票持有权的目的，即要使 CEO 与公司共命运。这就是公司要求高管持有期权（至少在冻结期）且不能直接出售变现的缘故。

这意味着当期权占高管净资产的绝大部分，且公司迫使高管无法使资产多样化时，职位的总价值对于该高管而言低于公平市场价值。作为纯粹的理财问题，一位高管也许更喜欢拥有 500 万美元的现金，而不是 2 000 万美元的期权。如此，高管至少还能使他的个人资产组合多样化。

**限制性股票单位**（restricted stock unit，RSU）是一种日益增长的员工薪酬形式，它是授予员工的股票。之所以称其为限制性股票单位，是因为它受制于一个时间表。该时间表可以基于就业年限，也可以基于业绩目标来制定。限制性股票单位通常也受到公司可以施加的其他转让或销售限制的制约。只有在授予员工之后，这些股票才有投票权和分红权。限制性股票单位的杠杆作用比股票期权小，并且它几乎总是有价值的，即使股票价格急剧下降。

高管股票期权和限制性股票单位的一个缺点是，它们都激励高管在计划行权或出售股票的前后，专注于暂时最大化股票价格。这种关注可能以牺牲长期股东价值最大化为代价。也许是为了回应这种批评，董事会越来越普遍地将股票期权和限制性股票单位与业绩授予条款联系在一起，而不是传统的时间授予条款。[二]根据业绩

---

[一] 我们在本例中忽略认股权证的稀释效应，详见第 24 章对认股权证稀释的讨论。

[二] J. Carr Bettis, John Bizjak, and Jeffrey Coles, "Performance- Vesting Provisions in Executive Compensation," *Journal of Accounting and Economics* 66, no.1: 194-221.

授予条款，期权或限制性股票单位是否授予（可以行权或出售）取决于公司是否达到各种会计业绩目标，如每股收益或资产回报率。这些业绩授予条款提供了另一种方式，以激励管理者根据各种指标而不是特定日期的股价来提高公司业绩。由于这些授予条款限制了高管行权或出售股票的能力，因而是高管可能将其股权薪酬低于市场价值的另一个原因。

## 23.2 评估创始企业

拉尔夫·西蒙斯与典型的 MBA 学生不同。从少年时代起，他就立志要开一家卖养殖的鳄鱼肉的餐厅。他之所以上商学院是因为他认识到，尽管他熟知 101 种烹饪鳄鱼肉的方法，但仍不具备经营一家餐厅的商业能力。他对于有助于实现其梦想的研究生课程十分用心。

在用心学习课程的同时，他为自己的餐厅制订了一项被称为"鳄鱼口味"的商业计划。他考虑了营销、融资、与未来员工的相处，甚至花大量的时间设计餐厅布局。与课上教授给他的建议不同，他设计了一家鳄鱼造型的餐厅，该餐厅的前门就是鳄鱼嘴。当然，如果没有资金注入的话，他的商业计划也不能完成。经过深思熟虑，拉尔夫·西蒙斯提出了如表 23-1 所示的项目。

表 23-1 为鳄鱼肉餐厅所做的财务规划 （单位：美元）

| | 第 1 年 | 第 2 年 | 第 3 年 | 第 4 年 | 所有未来的年份 |
|---|---|---|---|---|---|
| （1）销售 | 300 000 | 600 000 | 900 000 | 1 000 000 | 1 000 000 |
| （2）经营活动产生的现金流量 | −100 000 | −50 000 | +75 000 | +250 000 | +250 000 |
| （3）营运资本的增加 | 50 000 | 20 000 | 10 000 | 10 000 | 0 |
| （4）净现金流量：（2）−（3） | −150 000 | −70 000 | 65 000 | 240 000 | 250 000 |
| 第 1～4 年净现金流量的现值（折现率为 20%） | | | −20 255 | | |
| 终值的现值 | | $\left[\dfrac{250\,000}{0.20} \times \dfrac{1}{(1.20)^4}\right]$ | +602 816 | | |
| 餐厅的现值 | | | 582 561 | | |
| − 修建成本 | | | −700 000 | | |
| 餐厅的净现值 | | | −117 439 | | |

该表始于销售，从第 1 年的 300 000 美元直到每年稳定的 1 000 000 美元。下一行显示的是经营活动产生的现金流量，我们省略了从（1）到（2）的中间计算过程。减去运营资本后，就得到（4）的净现金流量。净现金流量最初是负值，这在创始企业中很普遍，但它们在第 3 年后变成正值。然而，该表的其他部分呈现了不幸的事实。假设折现率是 20%，则餐厅现金流量的现值等于 582 561 美元。不幸的是修建成本更高，为 700 000 美元，这意味着 −117 439 美元的净现值。

这样的规划意味着拉尔夫一生的梦想可能化为乌有。他不能期望筹到开餐厅所需要的资金，即使能筹到资金，这个餐厅无论如何也会破产。拉尔夫再三复查了数字，希望能找出数字错误或发现把节约成本的项目省略掉了。事实上，拉尔夫的预测还是过于慷慨了，因为 20% 的折现率和永续的建筑都是乐观的估计。

直到拉尔夫学到了公司战略，他才发现这项风险投资中的隐含价值。在课上，老师反复强调了公司利用新机会优势的重要性。尽管，起先拉尔夫没有注意到其中的联系，但最终他还是意识到了战略对"鳄鱼口味"的意义。他的财务规划是基于预期数值的，有 50% 的可能性人们对鳄鱼肉的喜爱超乎他的想象，如果这样，实际的现金流量也将超出规划。另外也有 50% 的可能性鳄鱼肉并不受欢迎，那么实际的现金流量也会达不到预期水平。

如果餐厅经营得不好，那么几年内就可能倒闭，毕竟拉尔夫不能让它一直亏下去。但是如果餐厅经营业绩不错，拉尔夫就可以扩张。如果鳄鱼肉在一个地区受喜爱，那么它可能在其他地区也同样受欢迎。由此，他注意到了两个期权，在不利条件下的放弃期权和在有利条件下的扩张期权。尽管这两个期权都可以根据前面章节的原则进行评估，但在这个例子中，我们着重扩张期权。

拉尔夫推断，尽管他个人喜欢鳄鱼肉，但是肯定有一些地区的民众抵触食用鳄鱼肉，这会使他的"鳄鱼口味"惨遭厄运。 因此，他准备只迎合那些鳄鱼肉已经受到欢迎的地区人民的口味。他预测，如果第1家餐厅成功的话，他将能迅速扩张，但市场最多只能再容纳30家餐厅。

拉尔夫相信扩张将发生在4年后，他需要3年的时间经营第1家餐厅：① 使其经营顺畅；② 积累足够的信息来评估餐厅的价值。如果第1家餐厅很成功，他将需要用1年的时间获得外部资金，所以他准备从第4年开始增设另外30家餐厅。

拉尔夫把扩张期权因素包含在内，使用布莱克－斯科尔斯模型重新评估了他的计划。从表23-1中我们可以看到，每一家餐厅的成本是700 000美元，因此30家餐厅的总成本是21 000 000（＝30×700 000）美元。根据表23-1可以知道，30家餐厅的现金流量现值是17 476 830（＝30×582 561）美元。然而，由于扩张发生在第4年，所以这样的现值计算提供第4年的价值。假设折现率是20%，折现到今天的现值是8 428 255[＝17 476 830/（1.20）⁴]美元。拉尔夫把潜在的餐厅事业视为一项期权，期权的执行价格是21 000 000美元，标的资产价值是8 428 255美元。由于餐厅价值低于执行价格，所以此期权当前处于虚值状态。当然，拉尔夫希望在4年后该期权能变成实值。

拉尔夫使用布莱克－斯科尔斯模型需要3个参数：连续复利$R$、到期时间$t$、标的资产标准差$\sigma$。拉尔夫用4年期零息债券的收益率来估计利率，该收益率等于3.5%，到期时间是4年。估计标准差有点麻烦，因为没有鳄鱼肉餐厅的历史数据。拉尔夫发现上市餐厅的年平均标准差是0.35，由于"鳄鱼口味"是一家新餐厅，所以他推断风险应当更大些。另外，他注意到在过去几年这些上市餐厅的标准差是0.45，因为他的餐厅还很年轻，所以拉尔夫使用的标准差为0.5。

现在有足够的数据评估拉尔夫的风险投资了。根据布莱克－斯科尔斯模型，此项投资的价值是1 454 269美元，如表23-2所示。当然，拉尔夫必须开了第1家餐厅才能利用这一期权，因此看涨期权价值减去创始餐厅的净现值等于1 336 830（＝1 454 269−117 439）美元。由于该值为正且很大，所以拉尔夫决定开始他的"鳄鱼口味"梦想。他清醒地认识到餐厅失败的概率大于50%。不过，扩张期权是如此重要，使得他的餐厅事业变得有价值。而且，如果他需要外部资金的话，也能吸引必要的投资者。

**表23-2 用期权评估一家初创公司（鳄鱼肉餐厅）**

**背景情况**

1. 单一餐厅的价值为负数，如表23-1中按照净现值的方法计算的净现值为 −117 439美元。因此，如果没有扩张的可能，那么就没有必要为餐厅筹集资金

2. 如果第1家餐厅经营成功，拉尔夫计划在未来的4年内增设30家餐厅。这将产生下列情况：

　a. 30家餐厅的成本为21 000 000（＝30×700 000）美元

　b. 未来现金流量折现到第4年的现值为17 476 830（＝30×582 561）美元

　c. 这些现金流量折现到今天的现值为8 428 255[17 476 830/（1.20）⁴]美元

在此，我们假设项目的现金流量的年折现率为20%

因此，该企业本质上可看作看涨期权，其执行价格为21 000 000美元，而且标的资产价值8 428 255美元

3. 拉尔夫·西蒙斯估计鳄鱼肉餐厅股票的年回报率的标准差为0.5

布莱克－斯科尔斯模型的参数为：

$$S（股价）= 8\ 428\ 255\ 美元$$
$$E（执行价格）= 21\ 000\ 000\ 美元$$
$$t（距到期日的期限）= 4\ 年$$
$$\sigma（标准差）= 0.50$$
$$R（连续复利）= 3.5\%$$

按照布莱克－斯科尔斯模型的计算：

$$C = SN(d_1) - Ee^{-Rt}N(d_2)$$
$$d_1 = [\ln(S/E) + (R + \frac{1}{2}\sigma^2)t]/\sqrt{\sigma^2 t}$$
$$d_2 = d_1 - \sqrt{\sigma^2 t}$$
$$d_1 = \left[\ln\frac{8\ 428\ 255}{21\ 000\ 000} + \left(0.35 + \frac{1}{2}\times 0.50^2\right)\times 4\right]\bigg/\sqrt{(0.50)^2 \times 4} = -0.272\ 93$$

（续）

| 背景情况 |
| :-- |
| $d_2 = -0.272\,93 - \sqrt{(0.50)^2 \times 4} = -1.272\,93$ |
| $N(d_1) = N(-0.272\,93) = 0.392\,5$ |
| $N(d_2) = N(-1.272\,93) = 0.101\,5$ |
| $C = 8\,428\,255 \times 0.392\,5 - 21\,000\,000 \times e^{-0.035 \times 4} \times 0.101\,5 = 1\,454\,269（美元）$ |
| 包含第 1 家餐厅成本在内的企业价值 = 1 454 269 - 117 439 = 1 336 830（美元） |

上面的表述从表面上看有些矛盾。如果拉尔夫拉拢投资者投资一家没有扩张可能的餐厅，他可能就不能吸引到资金。毕竟，如表 23-1 所示，净现值等于 -117 439 美元。然而，如果拉尔夫想做大，他就可能吸引到所需的所有资金。事实上，这一点儿都不矛盾。通过计划把事业做大，拉尔夫向投资者提供扩张期权而不是义务。

这个例子可能看起来很牵强，但涉及期权的经营情况非常普遍，非常值得理解。隐含期权处于经营的核心。对于几乎每一个经营主意来说都有两种结果：一方面可能失败，失败了管理者可能以成本最少的方式关闭；另一方面经营可能欣欣向荣，此时管理者会努力扩张。因此，几乎每一项经营都包含放弃和扩张的期权。尽管业界从业人员通常都是资本预算中净现值法的坚定支持者，但有些人认为，如果不考虑期权，该方法就是不完善的。我们承认，他们的说法可能没有错。如果几乎所有的项目都有隐含期权的话，那么只有我们勾勒出的方法才是合适的。忽视期权很可能导致严重的低估。

## 23.3 再述二叉树模型

在本章的前几节中，我们研究了高管薪酬、创业决策中的期权应用。在这两种情形下，我们都使用了布莱克－斯科尔斯模型来估值期权。尽管布莱克－斯科尔斯模型很有名，但它并不是期权定价的唯一方法。如前几章所述，二叉树是一个替代模型，在某些情况下甚至是一种更优的评估模型。本章余下的部分探讨二叉树模型的两项应用。

### 取暖用油的例子

#### 1. 双时点的例子

考虑取暖用油分销商埃琳娜·西敏茨，她的业务是以批发价购进取暖用油，然后以稍高的价格卖给个人。她的收入大多来自冬季的销售，今天是 9 月 1 日，取暖用油的价格是每加仑⊖2 .00 美元。当然，这样的价格是不固定的。事实上，油价在 9 月 1 日～12 月 1 日会不断变动，在这段时间顾客将大量地采购取暖用油。让我们简化一下情形，假设埃琳娜认为油价在 12 月 1 日是 2.74 美元或者 1.46 美元。图 23-1 描绘出这种油价的可能变动。潜在油价变动代表了很大的不确定性，因为埃琳娜不知道哪个价格才是真正的价格。然而，这种油价波动不会转化为风险，因为埃琳娜可以把油价变动转移给她的顾客，即如果油价是 2.74 美元，她可以向顾客收取更高的费用。

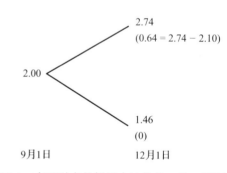

图 23-1　在双时点的例子中油价从 9 月 1 日到 12 月 1 日的变动（单位：美元）

注：油价在 12 月 1 日是 2.74 美元或者 1.46 美元。由于 9 月 1 日的油价是 2.00 美元，所以 $u = 1.37$ （= 2.74/2.00 ），$d = 0.73$ （= 1.46/2.00 ）。埃琳娜将在油价上升中损失 0.64 美元（或者是 CECO 每加仑的收益），在油价下跌中损失 0 美元。

当然，埃琳娜可以通过把风险转移给客户来避险。她的客户之所以接受风险，可能是因为他们的力量太小，无法通过与埃琳娜谈判获得更好的条件。但 CECO 作为该地区的一家大型电力公共事业公司就不同了，CECO 可能在 12 月 1 日以每加仑 2.10 美元的价格从埃琳娜处购买 600 万加仑的油。

---

⊖　1 英加仑 =4.546 09 分米³，1 美加仑 =3.785 41 分米³。

尽管这笔交易涉及的数额很大，但是埃琳娜和 CECO 都清楚埃琳娜会在这笔交易上有损失。如果油价升到每加仑 2.74 美元，CECO 会很高兴地从埃琳娜处仅以 2.10 美元买进 600 万加仑油，这很明显对埃琳娜是个损失。然而，如果油价跌到每加仑 1.46 美元，CECO 就不会从埃琳娜处买油。因为 CECO 可以从市场上以 1.46 美元的价格买油，为什么要从埃琳娜那儿以 2.10 美元的价格买呢？换句话说，CECO 拥有对油价的看涨期权。为了补偿埃琳娜的风险损失，双方协定 CECO 向埃琳娜支付 1 000 000 美元作为以 2.10 美元购买 600 万加仑油的权利的价格。

这笔交易公平吗？虽然小分销商可能认为这笔交易"痛彻心扉"，但我们可以使用上一章中的二叉树模型做一番定量评价。在上一章中，我们指出期权问题可以通过假设风险中性而很容易处理。在此方法下，我们首先注意到油价从 9 月 1 日到 12 月 1 日上涨 37%（=2.74/2.00-1）或者下跌 27%（=1.46/2.00-1）。我们可以把这两个数字当作取暖用油的可能收益，此外，我们引入 $u$ 和 $d$。我们定义 $u = 1 + 0.37 = 1.37$，$d = 1-0.27 = 0.73$。⊖使用上一章的方法，我们按下面两个步骤评估该合同。

（1）**第 1 步：确定风险中性下的概率。**我们假设本例中油价期望收益率上升的可能性等于无风险利率。假设年利率等于 8%，这意味着 3 个月的利率是 2%，我们可通过求解下面的方程式得到油价上涨的概率：⊜

$$2\% = 上涨概率 \times 0.37 + (1 - 上涨概率) \times (-0.27)$$

求解等式可得上涨概率大约等于 45%，这同时意味着下跌概率等于 55%。换言之，如果价格上涨的概率等于 45%，则取暖用油预期的季度收益率等于 2%。与我们在上一章中所讲的一致，这是风险中性下的概率。即在风险中性下，任何资产的期望收益率等于无风险利率。由于无须向风险中性的个人支付风险承担补偿，所以无人能要求超过无风险利率的期望收益率。

（2）**第 2 步：评估合同。**如果 12 月 1 日油价上涨到 2.74 美元，CECO 将从埃琳娜处以每加仑 2.10 美元的价格购油。此时，由于埃琳娜从市场上以 2.74 美元买油，却以 2.10 美元的价格卖给 CECO，所以埃琳娜每加仑将损失 0.64 美元。这 0.64 美元的损失显示在图 23-1 的括号中。相反，如果市场的油价跌到每加仑 1.46 美元，CECO 将不会从埃琳娜处买油，即 CECO 不会在市场上油价是 1.46 美元时向埃琳娜以 2.10 美元买油。因此，我们说当油价跌到 1.46 美元时，埃琳娜既不获利也不亏损。油价是 1.46 美元时埃琳娜的损失为 0，见图 23-1 的括号中的数字。此外，如前所述，埃琳娜先前获得 1 000 000 美元。

在这些数值下，该合同对埃琳娜的价值能通过下面的式子计算：

$$[0.45 \times (2.10-2.74) \times 6\ 000\ 000 + 0.55 \times 0]/1.02 + 1\ 000\ 000 = -694\ 118（美元）$$

$$\underbrace{\qquad\qquad\qquad\qquad\qquad\qquad\qquad}_{期权的价值}$$

（23-1）

和上一章一样，我们使用风险中性定价评估期权。每加仑的现金流量 -0.64（= 2.10-2.74）美元和 0 分别乘以风险中性概率。由于现金流量发生在 12 月 1 日，所以式（23-1）的第 1 项要除以 1.02。1 000 000 美元不用折现，因为埃琳娜是今天 9 月 1 日收到这笔钱的。由于此合同的现值是负值，所以埃琳娜会拒绝该合同。

如前所述，埃琳娜卖给 CECO 一个看涨期权。式（23-1）的第 1 项等于 -1 694 118 美元可被视为看涨期权价值。由于是从埃琳娜的角度看，所以该期权价值是负数。因此，该期权对 CECO 来说价值 + 1 694 118 美元。按每加仑计算，该期权对 CECO 的价值是：

$$[0.45 \times (2.74-2.10) + 0.55 \times 0]/1.02 = 0.282（美元）$$

（23-2）

式（23-2）显示 CECO 会在油价上升时每加仑获利 0.64（= 2.74-2.10）美元，这是因为 CECO 能按合同以 2.10 美元的价格购买价值 2.74 美元的取暖用油。相反，在油价下跌时，该合同对 CECO 一文不值，这是因为 CECO 不会在公开市场油价是 1.46 美元时支付 2.10 美元买油。使用风险中性定价，该公式告诉我们 1 加仑取暖用油的看涨期权价值是 0.282 美元。

---

⊖ 之后你将看到，此处的 $u$ 和 $d$ 与取暖用油年收益的标准差 0.63 是一致的。

⊜ 为了简单起见，我们忽略了储藏成本和便利收益。

### 2. 三时点的例子

尽管上个例子把握住了真实世界中的某些方面，但它还是有一点不足。它假设取暖用油在 12 月 1 日仅能有两种价格。这肯定不能令人信服，因为油价在现实中可能是任何价格。虽然这点缺陷看起来微不足道，但是仍需要修正，所需要做的是在本例中加入更多的时点。

例如，图 23-2 显示了取暖用油价格在两个 1.5 个月中的变动情形。<sup>○</sup>如图 23-2 所示，油价在 10 月 15 日是 2.50 美元或者 1.60 美元。我们把 2.50 美元的价格称为**上升状态**，把 1.60 美元的价格称为**下降状态**。因此，在这两种状态下，取暖用油的收益是 25%（=2.50/2-1）或者 -20%（= 1.60/2-1）。

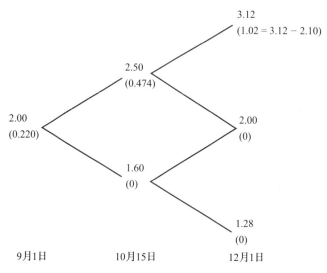

图 23-2　取暖用油价格在三时点模型中的变动（单位：美元）

注：该图显示了当 u = 1.25、d = 0.80 时，三个时点的每一仓取暖用油价格。12 月 1 日，取暖用油有三个可能的价格。对于这三个价格中的每一个，我们计算了执行价格为 2.10 美元的 1 加仑取暖用油的看涨期权在 12 月 1 日的价格。这些数字显示在括号中，由二叉树模型所决定的前期期权价格也显示在括号中。

我们假设在 10 月 15 日～ 12 月 1 日有相同的变动率。即假定 10 月 15 日的油价是 2.50 美元，12 月 1 日的油价将分别可能是 3.12<sup>○</sup>（= 2.50 × 1.25）美元或 2.00（= 2.50 × 0.80）美元。与之类似，如果 10 月 15 日的油价是 1.60 美元，12 月 1 日的价格将分别是 2.00（= 1.60 × 1.25）美元或 1.28（= 1.60 × 0.80）美元。这样固定的变动率是能令人信服的，因为影响取暖用油（或者大多数商品或者资产）的信息更新率可能每个月都是相同的。

注意，12 月 1 日有 3 个可能的价格，但在 10 月 15 日仅有两个可能的价格。同时，两条路径都在 12 月 1 日使得价格为 2 美元。在 12 月 1 日达到 2 美元前，油价在 10 月 15 日可能上升为 2.50 美元或者下降为 1.60。换言之，这个模型是对称的，上升之后的下降与下降之后的上升都在 12 月 1 日达到相同的价格。

我们如何评估三时点的例子中 CECO 期权的价值呢？我们将用与双时点的例子相同的程序，不过由于时段增加一期，步骤也相应增加一个。

（1）**第 1 步：确定风险中性下的概率**。与双时点的例子一样，我们需要求解期望收益率等于无风险利率时油价上涨的概率。不过，在本例中时间区段是 1.5 个月。假定年利率是 8%，这意味着 1.5 个月的利率是 1%，<sup>⊜</sup>我们可以按以下公式解得油价上涨的概率：

$$1\% = 上涨概率 \times 0.25 + （1 - 上涨概率） \times （-0.20）$$

求得油价上涨的概率等于 47%，这同时意味着油价下跌的概率等于 53%。换言之，如果油价上涨的概率是 47%，则取暖用油在 1.5 个月的时间内的期望收益率是 1%。这些概率是在风险中性下获得的。

---

○ 我们之后会说明图 23-2 中的价格变动与图 23-1 中的价格变动是一致的，虽然看起来并不明显。
○ 计算结果为 3.125，为简化后面的计算，取近似值 3.12。——译者注
⊜ 简单起见，我们忽略了复利。

值得注意的是，47% 和 53% 的概率对于从 9 月 1 日至 10 月 15 日以及 10 月 15 日至 12 月 1 日都是适用的。在这两个区间内油价上涨时的收益都是 25%，下跌时的收益都是 -20%，因此上一等式势必对于两个区间都适用。

（2）第 2 步：**评估 10 月 15 日的期权价值**。如图 23-2 所示，如果油价在 12 月 1 日上涨到 3.12 美元，则当天对 CECO 来说期权价值是每加仑 1.02 美元，即 CECO 可以以 2.10 美元的价格从埃琳娜处购油，而不必以 3.12 美元的价格从公开市场买油。但是如果每加仑油价下跌到 2 美元或者 1.28 美元，期权将一文不值。这是因为执行价格 2.10 美元既高于 2 美元也高于 1.28 美元，从而使期权处于虚值状态。

使用 12 月 1 日这些暗含的期权价格，我们能够计算 10 月 15 日的看涨期权价值。如果 10 月 15 日每加仑油价是 2.50 美元，图 23-2 显示 12 月 1 日的看涨期权价值可能是 1.02 美元或者 0。若 10 月 15 日每加仑油价是 2.50 美元，则此时 1 加仑油的期权价值是：

$$（0.47 \times 1.02 + 0.53 \times 0）/1.01 = 0.474（美元）$$

此处，我们使用的是在双时点的例子中曾使用过的风险中性定价方法。0.474 美元显示在图 23-2 的括号中。

我们也要评估 10 月 15 日油价等于 1.60 美元时的期权价值，不过此时的期权价值明显等于 0，计算如下：

$$（0.47 \times 0 + 0.53 \times 0）/1.01 = 0$$

再看一下图 23-2，这就更加明显。我们从图中看到，如果油价在 10 月 15 日是 1.60 美元，则在 12 月 1 日，看涨期权一定处于虚值状态。因此，如果油价在 10 月 15 日是 1.60 美元，那么看涨期权价值一定是 0。

（3）第 3 步：**评估 9 月 1 日的期权价值**。在上一步中，我们看到当 10 月 15 日油价分别是 2.50 美元或者 1.60 美元时，看涨期权价值分别是 0.474 美元和 0 美元。使用这些数值，我们能计算出 9 月 1 日的看涨期权价值是：

$$（0.47 \times 0.474 + 0.53 \times 0）/1.01 = 0.22（美元）$$

值得注意的是，该计算与上一步完全相同，也与双时点的例子相同。换言之，无须考虑时段的数目，它们都可以应用相同的方法。下面我们还会看到可以用相同的方法将时段扩展到多期，从而更趋向现实。

上面的计算得出了 1 加仑取暖用油对 CECO 的期权价值。现在，我们可以计算该合同对埃琳娜的价值。

$$-0.22 \times 6\,000\,000 + 1\,000\,000 = -320\,000（美元）$$

即埃琳娜放弃了每加仑 0.22 美元的期权共计 6 000 000 加仑，作为补偿，她收到 1 000 000 美元。总体上，她损失了 320 000 美元。当然，该合同对 CECO 来说恰好相反，获利达 320 000 美元。

### 3. 扩展到多时点

我们已经用双时点和三时点的例子研究过 CECO 和埃琳娜之间的合同，三时点的例子由于加入了更多的价格变动会更实际。但是，为什么在三时点面前止步不前呢？ 4 时点、5 时点、50 时点、500 时点，越多会越接近现实。 值得注意的是，随着时点的增加，我们只是缩短了时段的区间，但没有增加 3 个月（9 月 1 日到 12 月 1 日）的整体时间。

例如，设想一下这 3 个月被分为 90 个时段。由于 3 个月有 90 天，所以每个时段大约有 1 天的时间。二叉树模型中假设的两种结果在 1 天的区间内要比 1.5 个月的区间更有信服力，更不用说 3 个月了。当然，如果我们能把时段缩短到 1 小时或 1 分钟的话，就更现实了。

如何调整二叉树模型使之适合时段数的增加？我们可以证明存在两个公式，将 $u$、$d$ 和标的资产的标准差联系起来：[一]

$$u = e^{\sigma/\sqrt{n}} \text{ 和 } d = 1/u$$

其中，$\sigma$ 是标的资产（本例中是取暖用油）年收益的标准差；$n$ 是一年中的区间数。

当讨论取暖用油的例子时，我们假定取暖用油年收益的标准差是 0.63（或 63%）。一年有 4 个季度，

---

[一] 公式推导参见约翰·赫尔教授的《期权、期货与其他衍生品》（Upper Saddle River，N.J.：Prentice Hall. 2017）。

$u = e^{0.63/\sqrt{4}} = 1.37$，$d = 1/1.37 = 0.73$，如图 23-1 两时点的例子。在图 23-2 的三时点例子中，每一个区间长 1.5 个月，$u = e^{0.63/\sqrt{8}} = 1.25$，$d = 1/1.25 = 0.80$。因此，如果能够估计标的资产收益的标准差，则可以在实际中应用二叉树模型。

我们前面讲过，1 加仑取暖用油的看涨期权价值在两时点模型与三时点模型中分别估值为 0.282 美元和 0.220 美元。看涨期权价值在时间保持 3 个月（9 月 1 日到 12 月 1 日）固定的情况下，随着时点数的增加应如何变化呢？我们在表 23-3 中按不同的时间区间计算了看涨期权价值。⊖由于短期间内的两个数值会比较长时间内的两个数值更有信服力，所以随着时点的增加，估值结果越趋于现实。因此，看涨期权价值在时段是 99 个或无限时比仅有一两个时段更现实。

不过，我们可以从表中观察到一个十分有趣的现象，即尽管看涨期权会随着时段的增加而变化，但是会很快发生收敛现象。时段数是 4 时的看涨期权价值与时段是 99 时已经相差无几。因此，只有小数额的时段才适用于二叉树模型。3 个月内有 6 个时段，意味着每个时段为两周。当然假设取暖用油在两周内只有两个价格是不切实际的。矛盾的是，这种不现实的假设产生了一个现实的看涨期权价格。

如果时段不断增加，即时段的长度趋于 0 会发生什么？数学上可证明其结果将和布莱克 – 斯科尔斯模型一样。布莱克 – 斯科尔斯模型计算的值也显示在表 23-3 中。由此，我们可认为布莱克 – 斯科尔斯模型是评估取暖用油期权的最好方法。该模型也很容易应用。我们借助计算器就可以用布莱克 – 斯科尔斯模型评估期权价值，但是我们必须使用计算机程序才能计算二叉树模型。然而，如表 23-3 所示，二叉树模型计算的期权价值即便在很少的时段下也大体和布莱克 – 斯科尔斯模型的结果相似。尽管布莱克 – 斯科尔斯模型可以节省时间，但是却不会从根本上影响期权价值的估价。

布莱克 – 斯科尔斯模型在这一点上看似优于二叉树模型。谁不想节省时间同时得到更为准确的价值？正如我们所见，在很多情形下，二叉树模型优于布莱克 – 斯科尔斯模型，其中一种情形将在下面介绍。

**表 23-3　1 加仑取暖用油的看涨期权价值**

| 时段数① | 看涨期权价值 / 美元 |
|---|---|
| 1 | 0.282 |
| 2 | 0.220 |
| 3 | 0.244 |
| 4 | 0.226 |
| 6 | 0.223 |
| 10 | 0.229 |
| 20 | 0.228 |
| 30 | 0.228 |
| 40 | 0.227 |
| 50 | 0.227 |
| 99 | 0.226 |
| 布莱克 – 斯科尔斯无限 | 0.226 |

注：在这个例子中，根据二叉树模型计算的看涨期权价值随着时段的增加而变动。但是，看涨期权价值很快向布莱克 – 斯科尔斯模型收敛。因此，二叉树模型即便在很少的时段下也是对布莱克 – 斯科尔斯模型很好的接近。

① 时段数一直等于时点数减 1。

## 23.4　停业决策和重新开业决策

某些最早和最重要的特殊期权的例子出现于自然资源和采矿业。

### 23.4.1　评估金矿

1882 年，Woe Is Me（WOE）金矿建立于美国西部一条富含黄金的矿脉上。到 30 年后的 1912 年，该矿已基本采空，但根据黄金价格的高低，偶尔也会再开采。目前该矿不进行黄金的生产性开采，但它的股票依然在交易所以代号 WOE 交易。WOE 没有债务，有 2 000 万公开发行股，市场价值（股价乘以发行在外股数）过亿美元。WOE 拥有金矿周围约 160 公顷土地和在那儿采金的 100 年政府租约。然而，这片在沙漠中的土地仅具有几千美元的市场价值。WOE 持有现金、证券和其他价值约 3 000 万美元的资产。一家资产 3 000 万美元的公司和一座不产生任何现金流量的停业金矿为何会具有上亿美元的市场价值？

⊖　在讨论中我们既使用了"时段"，也使用了"时点"。为了使术语一致，记住时段数一直等于时点数减 1。例如，如果一个模型有两个时点，则它就只有一个时段。

答案就在于 WOE 以金矿的形式隐含着期权。假定当前的黄金价格约为每盎司 1 300 美元，金矿提取和加工的成本约为每盎司 1 400 美元。毫无疑问，金矿会被关闭。提取每盎司黄金要花费 1 400 美元，而能够售得的只有 1 300 美元，每盎司损失 100 美元。推测起来，若黄金价格上涨，该矿可能开业。开业的费用是 2 000 万美元，而当它开业了，产量是每年 50 000 盎司。地质学家认为，该矿的黄金蕴藏量基本上是无限的，而 WOE 又有下一个 100 年的开采权。根据其租约条款，WOE 不能储存黄金，而且每年必须将它当年开采的黄金全部售出。若关闭该矿，而后将设备关闭且采取有效的环境保护措施，这要花费 1 000 万美元。我们将该矿开业所需的 2 000 万美元称为入账费或投资，而称关闭它所需的 1 000 万美元为停业成本或放弃成本。（单纯维持该矿开业却不经营是无法避免放弃成本的。）

从财务角度看，WOE 确实是伪装成公司和矿山的黄金价格的一揽子期权。基本的期权是黄金价格的看涨期权，其执行价格是提取成本 1 400 美元。每当它被执行时有 2 000 万美元的执行费（开业成本），而放弃时有 1 000 万美元的停业成本，因此这种期权是复杂的。它也因事实上没有最后到期日而变得复杂。

## 23.4.2 停业决策和开业决策

在试图计算出隐含于 WOE 或任何实际期权问题中（就此事而言）的精确期权价值之前，先看一看仅应用常识我们能说点什么，这样做是有益的。首先，该矿只应该在黄金价格充分高于每盎司 1 400 美元的提取成本时开业。因为开业要花费 2 000 万美元，所以在黄金价格只是稍稍高于 1 400 美元时金矿不应当开业。在黄金价格为 1 401 美元（比如说）时该矿不能开业，因为每盎司 1 美元的利润仅转换成每年 50 000（= 50 000 × 1）美元。这个值甚至不能弥补 2 000 万美元的开业成本。不过，更有意思的是，假如价格提高到每盎司 1 450 美元，该矿可能也不会开业，即使每盎司 50 美元的利润（每年 2 500 万美元）以任何合理的折现率都能付清 2 000 万美元。如同所有的期权问题那样，波动性（在本例中是黄金的波动性）在其中起着重要的作用。因为黄金价格是反复无常的，所以为使该矿值得开工，必须等价格涨到充分高于每盎司 1 400 美元。假如该矿据以开工的价格与每盎司 1 400 美元的提取成本太接近，比如每盎司 1 450 美元，那么每当价格在 1 450 美元之上时我们都会让该矿开业。而当黄金价格每盎司下跌 50 美元（或仅 3%）到 1 400 美元时，我们终将发现自己在亏损经营或面对停业决策。

据估计，黄金收益的波动率是每年大约 25%。这意味着年度的黄金价格标准差变动是 1 300 美元的 25%，即每年 325 美元。如果黄金价格真的以这个量值随机变动的话，那么据以开业的 1 405 美元的临界值太低了。类似的推理适用于停业决策。假如金矿开业，那么只要黄金价格高于每盎司 1 400 美元的提取成本，我们显然将继续开业，因为我们在开采的每盎司黄金上有利润。但是，我们也不会因为黄金价格降至每盎司 1 400 美元之下就让金矿停业。我们将容忍一时发生的损失，以把握住黄金价格升至 1 400 美元以上的可能性，并避免必须支付 1 000 万美元的放弃成本，结果不得不为重新开业再支付一笔 2 000 万美元的费用。

总之，假如金矿目前处于停业状态，那么每当黄金价格升到充分高于每盎司 1 400 美元的提取成本时，它将以 2 000 万美元的成本开业。假如金矿目前处于开业状态，那么每当黄金价格降至足够低于每盎司 1 400 美元的提取成本时，它将以 1 000 万美元的成本停业。我们的问题是要先求出两个据以决定让停业金矿开业和让开业金矿停业的临界价格。我们将这两个价格分别称为开业价和停业价，它们满足：

$$开业价 > 1\,400\ 美元 / 盎司 > 停业价$$

换言之，当黄金价格期权充分处于实值状态时，我们让金矿开业；而当这项期权充分处于虚值状态时，我们将它关闭。

我们知道，黄金价格的波动越大，开业价和停业价偏离每盎司 1 400 美元越远。我们还知道，金矿的开业成本越高，开业价也越高；而金矿的放弃成本越高，停业价则越低。饶有趣味的是，我们还期望在放弃成本增加时开业价会提高。毕竟，如果放弃金矿的费用较大，WOE 在决定金矿开业时就必须有认定黄金价格将高于提取价格的较大保证。否则，当价格跌至每盎司 1 400 美元之下时，WOE 可能很快就面临在放弃和亏损经营之间做出昂贵抉择的问题。类似地，金矿开业成本的提高将使 WOE 更不愿关闭开业中的金矿，结果停业价更低。

上述论证使我们能将 WOE 的定价问题简化为两个步骤。首先，我们必须确定临界价格，即开业价和停业价。其次，在给出这两个临界值后，我们必须确定黄金期权的价值。该期权在金价升至高于开业价时按 2 000 万美元执行，而当金价低于停业价时以 1 000 万美元停止。

当金矿处于开业中，即当期权被执行时，年度现金流量等于黄金价格与每盎司 1 400 美元的提取成本之差乘以 50 000 盎司。当金矿被关闭时，它不产生现金流量。

右图说明了在每一个时点可采用的决策。

我们如何确定开业价和停业价这两个临界值，然后确定金矿的价值？利用我们目前已经开发的工具有可能获得优良的近似。

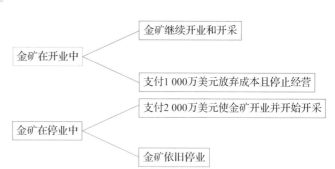

### 23.4.3　评估简单金矿

为了确定开业价和停业价，应该进行如下的步骤。

**步骤 1**：求无风险利率和波动率。我们将利用 3.4% 的半年期利率和黄金每年 25% 的波动率。

**步骤 2**：建立二叉树模型并填写黄金价格。假设我们按 6 个月间隔设定 3 步。若年波动率是 25%，$u = e^{0.25\sqrt{2}}$，大约等于 1.19。另一个参数 $d$ 等于 0.84（=1/1.19）。图 23-3 说明了这棵树。从每盎司 1 300 美元的现行价格开始，第 1 步若上涨 19% 将使 6 个月后取得 1 551 美元的价格，而第 1 步若下跌 16% 则使价格变成 1 089 美元。后续的每步价格皆比其分支的起点价格上涨 19% 或下跌 16%。对 100 年租赁期，即 200 个 6 月步幅，此树延长。

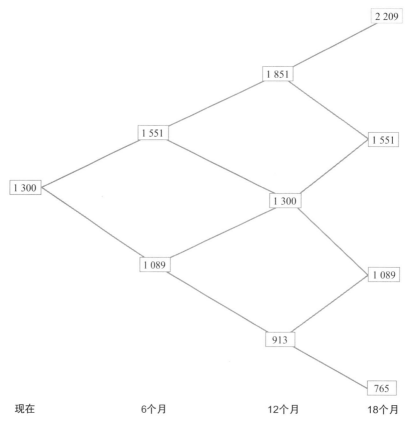

图 23-3　黄金价格的二叉树模型（单位：美元）

注：二叉树模型的各步间隔 6 个月，对于每一步，$u = 1.19$，$d = 0.84$。

使用前一部分的分析，我们现在计算每一步的风险调整概率。假定半年利率是 3.4%，我们有：

$$3.4\% = 上涨概率 \times 0.19 + (1 - 上涨概率) \times (-0.16)$$

解得上涨概率等于 0.55，意味着下跌概率为 0.45。这两个概率对任一 6 个月的时段都是相同的。换言之，如果上涨概率是 0.55 的话，金矿的期望收益率等于 3.4%。这些概率是在风险中性假设下获得的。换句话说，如果投资者是风险中性的，他们将对等于无风险利率的收益率很满意，因为他们不关注黄金的增量风险。

　　**步骤 3**：现在我们打开计算机并令它模拟通过该树的（比方说）5 000 种可能轨迹。在每个节点上，计算机挑选价格向"上"运动的概率为 0.55，相应地挑选价格向"下"运动的概率为 0.45。一个典型的轨迹可能是由价格在下一个 100 年间每 6 个月的上涨或下跌来描述的，且排成下面的样子：

$$上，上，下，上，下，下，\cdots，下$$

其中，第 1 个"上"表明在第 1 个 6 月期价格从 1 300 美元涨至 1 551 美元；第 2 个"上"表明在该年的下半年价格又从 1 551 美元涨至 1 851 美元，等等，并在 100 年的最末一个半年以价格下跌告终。

　　利用 5 000 种这样的轨迹，我们将有一个关于黄金价格运动的全部未来可能结果的良好样本。

　　**步骤 4**：接着我们考虑选取临界价格，即开业价和停业价。对开业价，我们令可能结果为：

$$开业价 = 1 500 美元，或 1 600 美元，\cdots，或 2 900 美元$$

共 15 个值。而对停业价，我们令可能结果为：

$$停业价 = 1 300 美元，或 1 200 美元，\cdots，或 400 美元$$

共 10 个值。

　　我们选取这些结果是因为它们看起来是合理的，且每次增加 100 美元似乎也符合实际。不过，为精确起见，我们应当让临界值在我们通过树移动且较接近 100 年年末时变动。据推测，假使我们决定在租约还剩一年时让金矿开业，在即将来到的这一年，黄金价格应当至少高到足以弥补 2 000 万美元的开业成本。由于我们每年开采 50 000 盎司黄金，所以在第 99 年只有黄金价格至少比提取成本高出 400 美元，即为 1 800 美元时，我们才会让金矿开业。

　　尽管这一点将在租赁结束时变得重要，但使用固定的临界价格也不见得会对历经 100 年的价格有太大的影响，所以我们将坚持对固定临界价格的近似。

　　**步骤 5**：我们对开业价和停业价的每对选择计算金矿的价值。若开业价 = 2 200 美元，而停业价 = 1 100 美元，我们用计算机记录每当金矿停业而黄金价格涨至 2 200 美元时让它开业的现金流量，及每当金矿开业而黄金价格跌至 1 100 美元时让它停业的现金流量。对步骤 4 模拟的 5 000 个轨迹中的每一个我们都这样做。

　　对图 23-4 描绘的路径：

$$上，上，下，上，上，下，下，下，下$$

从图中我们可以看到，价格在 2.5 年的时候达到顶峰 2 209 美元，在接下来的 4 个 6 月期中又跌到 1 089 美元。如果开业价是 2 200 美元，而停业价是 1 100 美元，金矿将在价格达到 2 209 美元时开业，需要成本 2 000 万美元。公司能在那时以 2 209 美元的价格卖出 25 000 盎司黄金，获取 2 022.5 [=25 000 × （2 209−1 400）] 万美元的现金流量。当 6 个月后价格跌到 1 851 美元时，公司卖出另外 25 000 盎司黄金，获得 11.275[= 2 500 × （1 851−1 400）] 百万美元的现金流量。价格接着下跌，1 年后达到 1 300 美元。此时，公司经历现金流出，因为生产成本是 1 400 美元。接着价格跌到 1 089 美元，低于停业价 1 100 美元，所以金矿将以 1 000 万美元的价格关闭。当然，金价在接下来的时间仍将波动，导致未来金矿的开业和停业。

　　该路径仅仅是一种可能性。在任何 5 000 条路径模拟中，它可能或者不可能发生。计算机所模拟的 5 000 条路径中的任何一条，我们都有开业价 2 200 美元、停业价 1 100 美元的半年现金流量。我们按 3.4% 的折现率计算每条现金流量的现值，归纳这些现金流量就可以获得每条路径的金矿现值。

　　然后我们把 5 000 条模拟路径的金矿现值平均。该数值是遵循金矿在黄金价格达到 2 200 美元时开业，而在降到 1 100 美元时停业这一方针所得出的金矿期望价值。

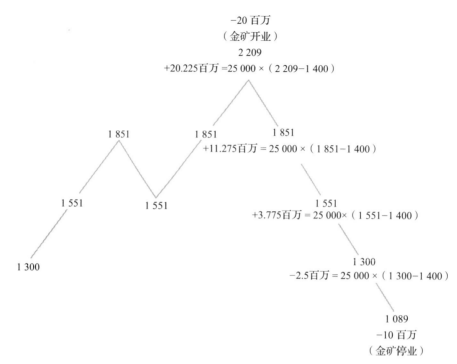

图 23-4 黄金价格可能的走势（单位：美元）

注：想象这是黄金价格的 5 000 条模拟路径中的一条。因为开业价 = 2 200 美元，停业价 = 1 100 美元，所以当价格达到 2 209 美元时金矿开业，当价格达到 1 089 美元时金矿停业。

**步骤 6**：最后一步是对步骤 5 就开业价和停业价的可能选择范围得出的已贴现现金流量期望值进行比较，并从中挑选最大值。该值是金矿期望价值的最优估计值。对应于该值的开业价和停业价则是我们对停业金矿开业和开业金矿停业临界点的最优估计。

步骤 4 曾提到有 15 种不同的开业价和 10 种不同的停业价，这意味着 150（=15×10）种不同的组合。表 23-4 显示了其中最优的 20 对组合的现值。该表显示最优组合是开业价 = 2 900 美元，停业价 = 1 200 美元，现值 = 66.29 亿美元。这一数值代表了 5 000 种模拟的平均现值。次优组合是开业价 = 2 200 美元，停业价 = 1 300 美元，现值 = 65.57 亿美元。第 3 个组合的现值更低一些，以此类推。

表 23-4 评估 WOE 金矿的 20 种最优开业价和停业价组合 （单位：美元）

| 开业价 | 停业价 | 金矿的估值 | 开业价 | 停业价 | 金矿的估值 |
| --- | --- | --- | --- | --- | --- |
| 2 900 | 1 200 | 6 629 000 000 | 2 600 | 600 | 6 038 000 000 |
| 2 200 | 1 300 | 6 557 000 000 | 3 000 | 500 | 6 033 000 000 |
| 2 000 | 1 000 | 6 428 000 000 | 1 900 | 1 400 | 5 958 000 000 |
| 2 000 | 1 200 | 6 288 000 000 | 2 100 | 700 | 5 939 000 000 |
| 1 800 | 1 400 | 6 168 000 000 | 2 300 | 500 | 5 934 000 000 |
| 2 900 | 500 | 6 140 000 000 | 2 200 | 1 400 | 5 928 000 000 |
| 2 800 | 500 | 6 103 000 000 | 1 800 | 800 | 5 895 000 000 |
| 2 900 | 900 | 6 055 000 000 | 2 300 | 600 | 5 892 000 000 |
| 3 000 | 1 100 | 6 054 000 000 | 2 400 | 1 100 | 5 862 000 000 |
| 2 600 | 900 | 6 050 000 000 | 1 900 | 500 | 5 855 000 000 |

注：在我们的模拟中，WOE 只要当金价高于开业价时就开矿，当金价低于停业价时就关矿。

当然，我们估计的金矿价值是最优组合的现值 66.29 亿美元。如果市场的假设与我们相同的话，WOE 的市场价值也应当是这个数值。值得注意的是，在期权框架下公司有更高的价值。但是，如前所述，如果按常规的现金流量折现方法计算，WOE 一文不值。这是因为最初金价是 1 300 美元，低于开采价格 1 400 美元。

　　这个例子就概念术语或者执行术语来说并不简单，但是我们相信多花些时间掌握这个例子是很值得的。这是因为该例反映了现实生活中公司财务部门的情况。

　　而且，这个例子说明了二叉树方法的优点。仅需计算每一模拟的现金流量，折现这些现金流量，然后再平均。由于布莱克-斯科尔斯模型不能通过修正来进行模拟，所以该模型不能用于这种问题。此外，在其他一些情况下二叉树模型也优于布莱克-斯科尔斯模型。例如，大家都知道布莱克-斯科尔斯模型不能很好地处理到期日前有股利支付的期权定价问题。布莱克-斯科尔斯模型也不适合解决美式期权问题。与之相反，二叉树模型可以很好地处理上述两个问题。

　　所以，任一公司理财学的学生都将从精通这两个模型中获利。在合适的情况下要尽可能用布莱克-斯科尔斯模型，这是该模型的简单性使然。不过，在布莱克-斯科尔斯模型束手无策的复杂情况下，二叉树模型大有用武之地。

## 本章小结

　　商业活动中普遍存在的实物期权并没有被净现值分析所捕捉到。第 7 章通过决策树对实物期权定价。有前面章节对期权的介绍，我们现在就可以用布莱克-斯科尔斯模型和二叉树模型对实物期权定价了。

　　本章扩充了最重要的财务理论之一——期权定价理论的直观知识。我们叙述了 4 种不同类型的特定期权：

　　（1）高管股票期权与薪酬；

　　（2）创始公司中隐含的期权；

　　（3）简单商业合同中的期权；

　　（4）项目停止和重新开始的期权。

　　我们力求给出从数学的观点看似简单易懂的描述。我们将第 22 章的期权定价二叉树法引申至很多领域。因为在时段很短的情况下，时段期末的双价格假设更有信服力，所以这一调整使我们更接近现实世界。

## 思考与练习

1. **雇员股票期权**　如果对公司来说期权的成本大于高管所能获得的价值，为什么公司还要授予高管期权？为什么不直接给予高管现金并平分中间的差额？这不是会让公司和高管都变得更好吗？

2. **实物期权**　许多商业活动中存在的两种期权是什么？

3. **项目分析**　为什么一项严格的 NPV 分析典型地低估了一家公司或一个项目的价值？

4. **实物期权**　公共事业公司常常面临建设以煤、油或者两者为燃料的新工厂的决策。如果煤和油的价格都高度波动，建设一家以煤或油为燃料的工厂的决策价值是多少？如果煤价和油价的相关系数上升，这项期权的定价会发生什么变化？

5. **实物期权**　你的公司在郊外有块空地，延迟开发这块地有什么优势？

6. **实物期权**　星球矿业公司买了一座金矿，但是目前的提炼成本太高，金矿无法获利。该公司拥有哪一种期权？

7. **实物期权**　你正在和一个同事讨论实物期权。在讨论中，你的同事说："实物期权的分析毫无意义，因为它说风险更大的项目的实物期权价值比更安全的项目的实物期权价值更大。"你怎样回应他的话？

8. **实物期权与资本预算**　你的公司目前运用的是传统的资本预算技术，包括净现值法。在听了实物期权分析方法的运用后，你的上司决定用实物期权分析代替净现值法。你如何评价这个决定？

9. **作为期权的保险**　不论是公司购买的还是个人购买的保险，本质上就是一项期权。一份保险单是一项什么期权？

10. **实物期权**　如果一家公司面临其他竞争者，你如何分析实物期权的变化？

11. **雇员股票期权**　Cheryl Levin 是 Mountainbrook Trading 公司的首席执行官。董事会刚刚授予了

Cheryl 先生 35 000 股目前交易价为 50 美元的公司股票实值看涨欧式期权。该公司股票不分红。期权将在 5 年内到期，股票回报率的标准差为 53%。目前 5 年内到期的国库券的连续复利回报率为 6%。

a. 利用布莱克 – 斯科尔斯模型评估期权的价值。

b. 你是 Cheryl 先生的财务顾问。他必须在前面提到的股票期权和马上能得到的 750 000 美元奖金之间做出选择。如果他是风险中性的，你将推荐哪一种？

c. 如果 Cheryl 先生是风险规避的且在期权到期前他不能卖掉期权，你对问题 b 的回答将会发生什么变化？

12. **雇员股票期权** Jared Lazarus 刚刚被任命为 BluBell Fitness Centers 公司的首席执行官。除了 350 000 美元的年薪，他的 3 年期合同规定，他的薪酬包括 25 000 股 3 年内到期的公司股票实值看涨期权。目前的股价为 53 美元，公司股票回报率的标准差为 57%。该公司不支付股利。3 年内到期的国库券的连续复利回报率为 5%。假设 Lazarus 先生的薪水在年末支付，这些现金流量用 7% 的折现率折现。用布莱克 – 斯科尔斯模型为股票期权定价，确定合同签订日的薪酬计划的总价值。

13. **二叉树模型** Gaswoks 公司即将在 3 个月内以每加仑 1.85 美元的价格销售最多 500 万加仑的汽油。目前汽油的批发价为每加仑 1.63 美元，标准差为 61%。如果无风险利率为 6%，期权的价值为多少？

14. **实物期权** J&R 建筑公司是一家国际性综合公司，拥有一个房地产部门。该事业部有权下一年在 Sacramento 市区的一块地上建设一栋商业建筑。这栋建筑将花费 6 000 万美元。由于目前对市区商业地产的需求较小，这样一栋建筑价值 5 350 万美元。如果需求上升，1 年后该建筑将价值 6 550 万美元。如果需求下降，1 年后该建筑将只值 5 020 万美元。该公司能够以 4.8% 的有效年利率借贷资金。一家当地的房地产行业竞争者提议支付 180 万美元，以取得在那块地上建造一栋商业建筑的权利。该公司是否应该接受这个提议？运用二叉树模型对该实物期权进行估值。

15. **实物期权** Jet Black 公司是一家国际性综合公司，拥有一个石油部门，目前正在一场拍卖中参与竞标一年后在一块广阔的土地上钻探原油的权利。

目前市场上原油的价格是每桶 40 美元，并且那块地被认为储藏有 750 000 桶石油。如果石油被勘探出来，将需要 6 000 万美元来提取。一年内到期的国库券的连续复利回报率是 4%，原油价格的标准差是 50%。利用布莱克 – 斯科尔斯模型计算该公司在拍卖中愿意出的最高价。

16. **实物期权** Sardano and Sons 是一家大型公共持股公司，正在考虑租用一个仓库。该公司的一个部门主营制造钢材，这个仓库是该区域唯一符合公司运用需求的设施。目前钢铁的价格是每吨 650 美元。如果未来 6 个月钢材价格下降，该公司将采购 1 750 吨钢材，生产 175 000 吨钢棒。每条钢棒的生产成本是 7 美元，该公司计划以每条 15 美元的价格出售。生产和出售只需要几天时间。如果钢材价格上涨或保持不变，采纳该项目将不能赢利，该公司也将闲置这个仓库而不生产钢棒。6 个月内到期的国库券的连续复利回报率是 4.5%，钢材回报率的标准差是 38%。利用布莱克 – 斯科尔斯模型计算该公司愿意为租赁仓库支付的最高价。

17. **实物期权** Wet for the Summer 公司生产游泳池的过滤设备。该公司正在考虑是否采用一项新技术生产过滤设备。1 年后该公司将知道新技术是否被市场接受。如果对新设备的需求量大，1 年后的现金流量净现值将达到 1 940 万美元。相反，如果需求量小，1 年后的现金流量净现值将为 1 010 万美元。在上述假设下，该项目的净现值是 1 410 万美元，无风险利率是 6%。假设 1 年后如果对新技术的需求量小，该公司可以以 1 190 万美元的价格出售该技术。放弃期权的价值是多少？

18. **二叉树模型** 有一份两个月后到期的股票美式看跌期权。当前股价为 76 美元，股票回报率的标准差是 60%。期权的执行价格为 80 美元，无风险利率为每年 5%。以 1 个月为时间间隔，目前的看跌期权价值是多少？（**提示：** 如果期权可以提前执行，你如何计算期权价值？什么时候你将提前执行期权？）

19. **实物期权** 你正在讨论购买一份标的物为一栋商业建筑、执行价格为 5 700 万美元的期权。该建筑目前的价格为 5 500 万美元。该期权允许你在半年或 1 年后购买该建筑。半年后，累计应付租金 90 万美元将支付给建筑所有者。如果你在半年后执行期权，你将收到这些租金；否则，租金将支付给目前的建筑所有者。第2次的累计应付租金90万美元也将采用同样的支付方式。建筑价值的标准差为30%，无风险利率是每年6%。以半年为间隔期，该期权当前的价值是多少？（**提示**：如果半年后你不执行期权，该建筑物的价值将减少，减少量等于累计应付租金额。）

# 小案例

## Exotic Cuisines 公司的雇员股票期权

作为刚毕业的 MBA，你在 Exotic Cuisines 公司谋得一个管理职位。该公司是一家去年刚上市的餐饮连锁店，主营外国主食。你担心的一个问题是，公司的经营风险很大。但是，经过勤奋的调查，你发现一个对餐饮业的普遍误解。大家普遍认为，90% 的新餐馆将在 3 年内倒闭。但是，最近的证据表明，3 年内的失败率接近 60%。所以，这是一个有风险的行业，但风险并没有你最初想象的那么大。

在你面试的过程中被提到的一项福利是雇员股票期权。签订雇用合同后，你收到了 10 000 股执行价格为 40 美元的公司股票期权。与大多数股票期权一样，你的期权有 3 年的授予期和 10 年的到期时间。这意味着你在 3 年内不能执行期权，而且如果在期权被授予前离开，你将失去期权。3 年后，你可以在到期前随时行权。因此，这些雇员股票期权在前 3 年是欧式期权（而且有权被收回），此后是美式期权。当然，你不能卖出这些期权，也不能签订任何形式的对冲合约。如果在期权被授予后离开，你必须在 90 天内执行期权。

Exotic Cuisines 公司股票目前的交易价格是 27.15 美元，相比去年的发行价稍有上升。目前该公司股票的期权没有在市场上交易。由于该公司的股票才上市一年，因此你勉强用历史数据估计公司股票回报率的标准差。但是，你估计餐饮公司股票回报率的标准差平均为 55%。由于 Exotic Cuisines 公司是一家较新的餐饮连锁店，在计算中你使用 60% 的标准差。

这家公司还很年轻，你预计在不久的将来所有盈利都将再投资。因此，你预计至少未来 10 年公司不会支付股利。3 年期国库券的收益率是 3.8%，10 年期国库券的收益率是 4.4%。

1. 你尝试为期权估值。你的最低估值是多少？你的最高估值是多少？

2. 假设 3 年后公司股票的交易价格为 60 美元。那时候你应该保留期权还是立即执行期权？做出决定的关键因素是什么？

3. 像大部分雇员股票期权一样，你的期权是不能转让或交易的。这是否对期权的价值产生了显著影响？为什么？

4. 你认为为什么雇员股票期权常常有一定的授予条款？为什么尽管期权已经被授予了，但是你离开公司后必须尽快执行？

5. 一个有争议的做法是对雇员股票期权重新定价。一家公司的股票价格下滑，致使雇员股票期权成为虚值期权，会出现什么情况？在这种情况下，许多公司会对期权重新定价。这意味着公司保持期权的其他条款规定不变，但是降低了执行价格。支持者认为，由于股价下滑，期权到期时几乎不可能成为实值期权，因此期权失去了激励效果。反对者认为，重新定价事实上是对失败的奖励。你如何评价这些意见？重新定价的可能性如何对雇员股票期权被授予时的价值产生影响？

6. 正如我们所看到的，公司股价的波动主要源于系统性或整个市场范围内的风险。这些风险超出了公司和雇员的控制范围。这对雇员股票期权有什么意义？根据你的回答，你能否对传统的雇员股票期权计划提出一些改进措施？

# 第 24 章

# 认股权证和可转换债券

2020 年 11 月，德国汉莎航空公司宣布发行了价值 6 亿欧元（约合 7.27 亿美元）、票面利率 2%、2025 年到期的新债券。由于该债券发行时的价格接近面值，因而其到期收益率可能看起来低得令人吃惊，尤其考虑到该债券的 CCC+ 次级债信用评级。那么德国汉莎航空公司究竟是如何能够以如此之低的承诺收益率发行债券的呢？

答案是这些债券可以以 12.96 欧元的价格转换成该公司的普通股。债券发行时德国汉莎航空公司的股票价格为 9.25 欧元，因而这个转换在起始时并无利润可言。但是该转换在未来股价上涨后会展示出丰厚的利润。所以，在本质上，这些可转换债券是低息债券加上附带的公司股票看涨期权。

我们如何衡量这种将债券和看涨期权结合在一起的金融工具的价值呢？本章将探讨这一问题和其他相关问题。

## 24.1 认股权证

认股权证是一种使其持有人（即投资者）有权利但无义务在指定的时期内以确定的价格直接向发行公司购买普通股的证券。每一份认股权证将会详细说明权证持有人可以购买的股票份数、执行价格以及到期日。

从以上对认股权证的介绍中可以清楚地看出，认股权证与看涨期权类似。在芝加哥期权交易所上市的认股权证和看涨期权在合约特征上的差异也并不显著。一个主要差异是认股权证有相对较长的到期日，[一]甚至有些认股权证是永久性的，即它们根本没有到期期限。

认股权证也被称为**准权益股票**，这是考虑到它们通常与定向发行的公司债券一起发行。[二]在大多数情况下，认股权证在发行时是附在债券之上的。债券合同中的贷款协议都会注明认股权证能否与债券分离交易，也就是说，认股权证能否单独出售和流通。在一般情况下，认股权证可以在发行后立即与债券分离而单独进行出售和流通。

例如，美国电动卡车公司洛兹敦汽车（RIDE）于 2019 年 3 月 19 日发行了认股权证。持有 1 股股票的股东会获得 0.333 份权证。每份权证持有人有权以执行价格 11.50 美元购买 1 股股票。认股权证 5 年后到期。2020 年 12 月 2 日，洛兹敦汽车股票的收盘价为 22.08 美元，认股权证的价格为 9.22 美元。

洛兹敦汽车认股权证价值与其股票价格的关系，非常类似于前面章节中介绍的看涨期权与其股票价格的关系。图 24-1 就是对洛兹敦汽车认股权证价值的描述。从图中可以知道，认股权证的价值下限在洛兹敦汽车股票价格低于 11.50 美元时为 0（其持有人不会行使该权证的认股权利）。如果洛兹敦汽车普通股股价上升至 11.50 美元以上，其认股权证的价值下限将是股票价格减去 11.50 美元。认股权证的价值上限即洛兹敦汽车股票价格。对于一份认股

---

[一] 认股权证是受股票分割和红利支付保护的，这一点也与看涨期权相同。

[二] 认股权证当然也可以随公开发行的公司债和新增普通股一起发行。

权证就可认购一份普通股来说，其认股权证价格决不能超过其标的物——普通股的价格。

洛兹敦汽车认股权证的价格在 2020 年 12 月 2 日高于其价值下限。认股权证价格超过其价值下限的高度主要取决于以下因素。

（1）洛兹敦汽车股票收益的波动率。

（2）到期期限。

（3）无风险利率。

（4）洛兹敦汽车股票价格。

（5）执行价格。

看涨期权价值也具有相同的决定因素。

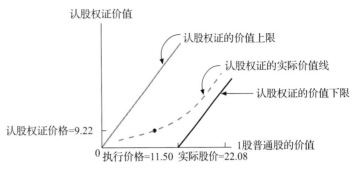

图 24-1　2020 年 12 月 2 日的洛兹敦汽车认股权证（单位：美元）

## 24.2　认股权证与看涨期权的差异

从认股权证持有者的角度来看，认股权证与以普通股为标的物的看涨期权非常相似。认股权证赋予其持有者按确定的价格购买普通股的权利，这一点与看涨期权一致。认股权证通常也有到期日，尽管在大多情况下其到期期限比看涨期权长。然而，从公司的角度来看，认股权证却与以普通股为标的物的看涨期权有着很大的不同。

两者之间最重要的区别在于看涨期权由个人发行，而认股权证由公司发行。当认股权证被执行时，其初始发行公司必须按认股权证所规定的股份数量增发新股。随着每一次认股权证被执行，其外发股份数量也相应增加。

假设 Endrun 公司发行一份认股权证，允许权证持有者以 25 美元的价格购买一份普通股，再进一步假设该权证被执行。那么，Endrun 公司必须增发一份新的股票证书给权证持有人。在这场交易中，该公司将从持有人手中收到 25 美元。

与之相反的是，当一份看涨期权被执行时，对于公司的外发股份来说，其股数无任何变化。我们这里假设伊格女士持有一份 Endrun 公司普通股看涨期权。该看涨期权允许伊格女士拥有按 25 美元的价格购买一份 Endrun 公司普通股的权利。伊格女士若选择执行这份看涨期权，再假设这份看涨期权的空方（卖方）是斯威夫特先生，那么斯威夫特先生就必须按 25 美元的执行价格向伊格女士出售一份 Endrun 公司普通股。如果斯威夫特先生手上没有这份股票，那么他就必须到股票市场购买一份该股票。看涨期权可以被视作买卖双方（空方与多方）就 Endrun 公司普通股的价值所进行的一场赌局。当看涨期权被执行时，一位投资者赚得利润，其交易对手则遭受损失。而对 Endrun 公司来说，其发行在外的股份总数保持不变，也没有任何新的资金注入公司。

**例 24-1　认股权证和公司价值**

为了更好地理解认股权证是如何影响公司价值的，我们假设有两个投资者——古德先生和洛克菲勒女士。他们一起购买了 6 盎司白金。在购买白金时，古德先生和洛克菲勒女士各自负担了一半的成本。我们假设 6 盎司白金价值 3 000 美元，也就是说，他们各自承担了 1 500 美元。然后他们两人以出资额为股份，成立了一家名为 GR 的公司。该公司共有两份股票证书，古德先生和洛克菲勒女士各自拥有一份。每份股票代表对白金一半的要求权。对于 GR 公司来说，这 6 盎司白金是其唯一的资产。

**发行看涨期权的情况**　假设古德先生后来决定以其在 GR 公司所拥有的股份作为标的物发行一份看涨期权，并将这份期权卖给了菲斯克太太。这份看涨期权在合约中规定，菲斯克太太有权在下一年度内以 1 800 美元的价格购买古德先生的股份。如果白金的市场价格已升到超过每盎司 600 美元，那么 GR 公司的价值也相应地超过 3 600 美元，每份股票的价值则高于 1 800 美元。如果菲斯克太太决定执行她的这份期权合约，那么古德先生必须将他在 GR 公司的股份以执行价格卖给菲斯克太太，且只能收到 1 800 美元（尽管其股份价值已高于 1 800 美元）。

公司会因这份看涨期权的执行而受到怎样的影响呢？ GR 公司的股份数量仍然与以前一样，即还是两份股票证书。只不过现在这两份股票证书中的一份由洛克菲勒女士拥有，另一份为菲斯克太太所持有。如果白金的市场价格继续升至每盎司 700 美元，那么每份股票价值 2 100（＝4 200/2）美元。如果菲斯克太太在该价位上执行她的期权，她就可以获利 300 美元。

**发行认股权证的情况** 如果发行认股权证来替代看涨期权的话，将会发生另一种变化。我们假设古德先生这时没有向菲斯克太太出售看涨期权，而是与洛克菲勒女士开了一场股东会议。他们投票同意 GR 公司发行一份认股权证，并将该认股权证出售给菲斯克太太。认股权证赋予菲斯克太太以 1 800 美元的执行价格购买一份 GR 公司股票的权利。$^{\ominus}$如果菲斯克太太决定执行这份认股权证，那么 GR 公司将会增发一份新的股票证书给菲斯克太太，并按执行价格向菲斯克太太收取 1 800 美元。

从菲斯克太太的角度来看，看涨期权与认股权证似乎没有什么区别。认股权证的执行价格与看涨期权的执行价格都是 1 800 美元。当每盎司白金的市场价格超过 600 美元时，对菲斯克太太来说，执行期权是有利可图的。然而，我们将说明在发行认股权证的条件下，由于股份的"稀释作用"，菲斯克太太获取的收益会减少。

GR 公司必须也要考虑稀释作用。假定白金的市场价格升至每盎司 700 美元，且菲斯克太太执行了她的认股权证，将会导致以下两件事发生：

（1）菲斯克太太向公司支付 1 800 美元；

（2）公司再发行一份股票证书给菲斯克太太。这样，每份股票证书代表对公司的白金资产只有 1/3 的要求权。

因为菲斯克太太向公司支付了 1 800 美元，所以公司价值也会相应增加。现在的公司价值为：

$$新的公司价值 = 白金资产的价值 + 菲斯克太太对公司的出资额$$
$$= 4\ 200 + 1\ 800$$
$$= 6\ 000（美元）$$

因为菲斯克太太对公司资产只有 1/3 的要求权，所以她的股票价值也就相应地为 2 000（= 6 000/3）美元。通过执行认股权证，菲斯克太太获取的收益为 2 000 美元 −1 800 美元 = 200 美元。上述计算过程如表 24-1 所示。

**表 24-1　看涨期权与认股权证对 GR 公司价值的影响（效应）** （单位：美元）

| 公司价值 | 每股白金价格 | |
| --- | --- | --- |
| | 700 | 600 |
| **没有认股权证：** | | |
| 　古德先生的股份价值 | 2 100 | 1 800 |
| 　洛克菲勒女士的股份价值 | 2 100 | 1 800 |
| 　公司价值 | 4 200 | 3 600 |
| **发行期权：** | | |
| 　古德先生的权益价值 | 0 | 1 800 |
| 　洛克菲勒女士的权益价值 | 2 100 | 1 800 |
| 　菲斯克太太的权益价值 | 2 100 | 0 |
| 　公司价值 | 4 200 | 3 600 |
| **发行认股权证：** | | |
| 　古德先生的股份价值 | 2 000 | 1 800 |
| 　洛克菲勒女士的股份价值 | 2 000 | 1 800 |
| 　菲斯克太太的股份价值 | 2 000 | 0 |
| 　公司价值 | 6 000 | 3 600 |

注：如果白金价格为每盎司 700 美元，则公司价值等于 6 盎司白金的价值加上菲斯克太太向公司交纳的 1 800 美元，故公司价值为 4 200 +1 800 = 6 000（美元）。

**稀释效应** 为什么菲斯克太太在发行认股权证的条件下只能获取 200 美元的收益，而在发行看涨期权的条

---

$\ominus$ 出售认股权证将会为公司带来现金流入。这里我们假设现金流入会立即作为现金股利发放给古德先生和洛克菲勒女士，从而又流出公司。这样做是为了简化分析，因为这种假设将使有认股权证的公司价值与无认股权证的公司价值一样。

件下却能获利 300 美元呢？正如我们在前面章节中所讨论的，关键是股价的稀释效应。GR 公司以低于市场价值的价格发行了另一股股份，导致了股价的下跌。在发行看涨期权的条件下，菲斯克太太按执行价格向古德先生支付 1 800 美元，并得到古德先生在 GR 公司所持有的股份（股份总数未变）。这就是说，菲斯克太太收到的股票价值 2 100（＝1/2×4 200）美元。她的收益是 300（＝2 100－1 800）美元。我们将这一收益表示为：

$$\frac{4\ 200}{2} - 1\ 800 = 300\ （美元）\tag{24-1}$$

我们再来看看发行认股权证的情况。菲斯克太太向 GR 公司支付了 1 800 美元的现金，并且得到了一份 GR 公司的新增股份。此时公司的外部流通股份为 3 份，而菲斯克太太则拥有其中之一。因为 1 800 美元的现金流入仍留在 GR 公司内，所以菲斯克太太的股票价值为 2 000[＝（4 200＋1 800）/3] 美元，她的收益则为 200（＝2 000－1 800）美元。我们将这一收益表示为：

$$\frac{4\ 200 + 1\ 800}{2 + 1} - 1\ 800 = 200\ （美元）\tag{24-2}$$

认股权证也会影响会计数据。认股权证和可转换债券（在下节中将会讨论）会引起公司股份数量的增加。这样一来，公司的净利润将面对更多的股份总数，从而会使得每股收益（EPS）降低。因此，对于那些发行了较多数量认股权证和可转换债券的公司而言，还必须报告基本每股收益和**完全摊薄**的每股收益。

## 公司如何损害权证持有人的利益

假设古德先生和洛克菲勒女士所拥有的 GR 公司发行给菲斯克太太的认股权证处于实值状态并即将到期。如果古德先生和洛克菲勒女士想要损害菲斯克太太的利益，可以通过给他们自己发放大额股利的方式。发放股利的资金可以通过卖掉公司的白金资产来获得。这样会造成公司的价值下降，从而认股权证的价值也相应减少。

## 24.3 认股权证定价与布莱克－斯科尔斯模型

我们现在希望把执行看涨期权和执行认股权证而获取的收益以更一般的公式表达出来。从看涨期权获取的收益为：

$$\frac{公司扣除债务后的净价值}{N} - 执行价格\tag{24-3}$$

式（24-3）可从式（24-1）中归纳得到。我们把**公司扣除债务后的净价值**定义为公司的总价值减去债务价值。在我们的例子中，GR 公司的总价值为 4 200 美元且没有负债。"$N$"表示在外发行的股份数量。

从认股权证获取的收益为：

$$\frac{公司扣除债务后的净价值 + 执行价格 \times N_w}{N + N_w} - 执行价格\tag{24-4}$$

式（24-4）可从式（24-2）中归纳得到。左边算式项的分子表示认股权证被执行后公司的净价值。它由认股权证被执行前公司的净价值和认股权证被执行后公司所得到的现金加总而成。所得现金金额等于执行价格乘以认股权证数。认股权证份数由"$N_w$"表示（在我们的分析中，已假定所有处于实值的认股权证都会被执行）。要注意在我们的例子中 $N_w=1$，分母 $N+N_w$ 表示认股权证被执行后公司的外发股份数。左边分子除以分母的比值就是认股权证执行后一份股票的价值。重整式（24-4），得到：⊖

⊖ 若要推出式（24-5），可以先把"执行价格"从式（24-4）中提出来。这样，可以得到：

$$\frac{公司扣除债务后的净价值}{N + N_w} - \frac{N}{N + N_w} \times 执行价格$$

再经过分项整理，就可以得到式（24-5）。

$$\frac{N}{N + N_w} \times \frac{\text{公司扣除债务后的净价值}}{N} - \text{执行价格} \qquad (24\text{-}5)$$

式（24-5）将认股权证获取的收益与看涨期权获取的收益联系在一起了。式（24-5）括号里的算术项就是式（24-3）。因此，执行认股权证所获得的收益只占执行无认股权证公司股票看涨期权所获得的收益的一个特定比例。该特定比例为 $N/(N + N_w)$，实际上就是认股权证执行前公司股份数与认股权证执行后公司股份数的比率。这一比率必定小于 1。这就是执行认股权证所获取的收益总是少于执行看涨期权所获取的收益的主要原因。注意，在我们的例子中，该比率为 $N/(N + N_w) = \dfrac{2}{3}$。这就解释了为什么菲斯克太太执行看涨期权可获利 300 美元而执行认股权证却只能获利 200 美元。

上述结论表明，布莱克 – 斯科尔斯模型必须经过调整才能应用于对认股权证的估值。当一份看涨期权发行并出售给菲斯克太太时，我们知道其执行价格为 1 800 美元，且到期期限是 1 年。尽管在我们的假设中不存在股票市价、股价波动率，也不存在无风险利率，但我们能够很容易地按照现实情况提供这些数据。也就是说，我们可以应用布莱克 – 斯科尔斯模型来对菲斯克太太持有的看涨期权进行价值评估。

假定明天 GR 公司就会向菲斯克太太发行认股权证。我们已了解该认股权证的发行量、权证到期日、执行价格。再用到前面认股权证的发行收入立即作为股利发放这一假设，我们就能够应用布莱克 – 斯科尔斯模型来对认股权证进行估值了。其过程如下：

（1）利用布莱克 – 斯科尔斯模型计算与该认股权证条件相同（即到期日、执行价格等条件）的看涨期权价值；

（2）将该看涨期权价值乘以比率 $N/(N + N_w)$，就得到了认股权证的价值。如前所述，在本例中这一比率为 2/3。

## 24.4 可转换债券

**可转换债券**（convertible bond）与附有认股权证的债券较为类似。二者之间最重要的区别在于附有认股权证的债券可以与认股权证剥离流通，而可转换债券则不能。可转换债券允许其持有人在债券到期日之前的任一时间（包括到期日）里将可转换债券转换为一定数量的股票。

### 例 24-2 可转换债券

我们再来看德国汉莎航空公司的可转换债券。德国汉莎航空公司通过发行在 2025 年到期、息票利率为 2% 的可转换次级公司信用债券融资 6 亿欧元。每张债券面值为 10 万欧元，在到期之前的任意时刻均可转换为 7 716.049 股德国汉莎航空公司的普通股。每份债券可以换取的股票份数被称为**转换比率**（conversion ratio）。该例中的转换比率为 7 716.049。

债券交易者也常常会提到债券的**转换价格**（conversion price）这一术语。这一价格可以用债券的票面价值除以转换比率计算得到。每份德国汉莎航空公司债券的面值为 10 万欧元，则转换价格为 12.96（=100 000/7 716.049）欧元。如果选择转换，德国汉莎航空公司债券持有者将放弃面值为 10 万欧元的债券，而获得 7 716.049 份德国汉莎航空公司普通股作为回报。这相当于其持有者以每股 12.96 欧元的价格购得德国汉莎航空公司普通股股票。

在德国汉莎航空公司发行该可转换债券时，其普通股市价为每股 9.25 欧元。12.96 欧元的转换价格比实际普通股股价高出了 40%。这 40% 被称为**转换溢价**（conversion premium）。它反映了一个事实，德国汉莎航空公司可转换债券中所包含的转换期权处于虚值状态，立即转换是无利可图的。这种转换溢价是比较典型的。

在股票拆细和股票股利发放时，可转换债券往往都会受到保护。假如德国汉莎航空公司将它原来的每一股普通股股票拆分为两股股票，转换比率也将从 7 716.049 升至 15 432.098。

转换比率、转换价格和转换溢价是实务中常常听到的术语。因此，学生应该熟悉和掌握这些概念。然而，转换价格和转换溢价本身暗含了一个假设，即债券是以面值出售的。如果债券是以其他价格出售的，这两个术语就是无意义的。与之相反的是，无论债券价格是多少，转换比率总能有一个合理的内涵和解释。

以海上钻井公司 Transocean 的可转换债券发行作为例子来说明这些观点。该债券于 2007 年上市，2037 年到期，转换比率为 5.931。这意味着，转换价格为 1 000/5.931 = 168.61（美元）。2020 年 12 月，Transocean 的股票售价约为 2 美元，所以这里存在着 8 330% 的转换溢价。注意 2007 年发行可转换债券时的转换溢价要低得多。

## 24.5 可转换债券的价值评估

可转换债券的价值可以分为以下 3 个部分：纯粹债券价值、转换价值和期权价值。下面将分别讨论这 3 个组成部分。

### 24.5.1 纯粹债券价值

纯粹债券价值是指可转换债券如不具备可转换的特征，仅仅当作债券持有在市场上能销售的价值。它取决于利率的一般水平和违约风险程度。德国汉莎航空公司发行的可转换债券信用评级为 CCC+，而 CCC+ 债券是按每半年 4.6% 的收益率定价的。德国汉莎航空公司可转换债券每半年的息票为 1 000 欧元，本金为 10 万欧元，期限为 5 年。德国汉莎航空公司可转换债券的纯粹债券价值可以通过把每半年 1 000 欧元息票和 10 万本金按 4.6% 的折现率折现求得：

$$纯债价值 = 1\ 000 \times PVIFA(0.046, 10) + \frac{100\ 000}{1.046^{10}}$$
$$= 7\ 873.96 + 63\ 779.80$$
$$= 71\ 653.76（欧元）$$

纯粹债券价值是可转换债券的最低限价。也就是说，德国汉莎航空公司的可转换债券的价格是不能低于其纯粹债券价值的。

图 24-2 描述了纯粹债券价值和股价的关系。在图 24-2 中我们暗含了一个假设：可转换债券无违约风险。在该情况下，纯粹债券价值不依赖于股价，故用一条直线表示。

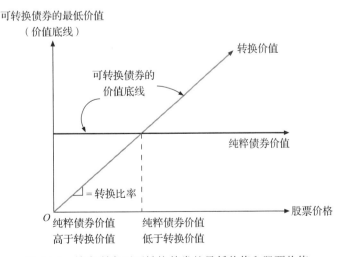

图 24-2 给定利率下可转换债券的最低价值和股票价值

注：如图所示，可转换债券的最低价值，或者说价值底线取决于纯粹债券价值和转换价值二者孰高。

### 24.5.2 转换价值

可转换债券的价值也取决于转换价值。**转换价值**（conversion value）是指如果可转换债券能以当前市价立即转换为普通股所取得的价值。转换价值典型的计算方法是，将每份债券所能转换的普通股股票份数乘以普通股的当前价格。

德国汉莎航空公司的可转换债券刚发行时，每张可转换债券可以转换成 7 716.049 股德国汉莎航空公司的普通股。因此其转换价值为 7 716.049×9.25=71 373.45（欧元）。套利行为保证了可转换债券不会以低于其转换价值的价格卖出。如果德国汉莎航空公司的可转换债券价格低于 71 373.45 欧元，投资者就会买进可转换债券，并立即转换成普通股卖掉。卖出股票所得的金额减去可转换债券的转换价值就是套利所得的利润。

因此，可转换债券拥有两个价值底线：纯粹债券价值和转换价值。转换价值是由公司的标的普通股价值所决定的，可从图 24-2 中看出。随着普通股价值的涨落，转换价值也相应涨落。若德国汉莎航空公司的普通股涨了 1 欧元，那么其可转换债券的转换价值将相应上涨 7 716.049 欧元。

### 24.5.3 期权价值

可转换债券的价值通常会高于纯粹债券价值和转换价值。[⊖]之所以会发生这种情况，是因为可转换债券持有者不必立即转换。相反，持有者通过等待可以在将来利用纯粹债券价值与转换价值二者孰高来选择对自己有利的策略。这份通过等待而得到的选择权（期权）也有价值，它导致可转换债券的价值高于纯粹债券价值和转换价值。

当公司普通股价值比较低的时候，可转换债券的价值主要显著地受到其纯粹债券价值的影响。然而，当公司普通股价值比较高的时候，可转换债券的价值主要由其转换价值决定。如图 24-3 所示。

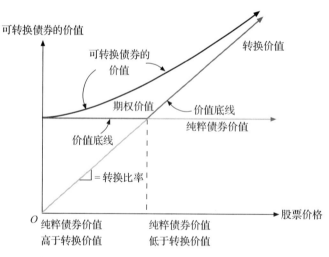

图 24-3　给定利率下可转换债券的价值与股票价值

注：如图所示，可转换债券的价值是价值底线和期权价值的总和。

图 24-3 说明，可转换债券的价值等于其纯粹债券价值和转换价值二者之间最大值与其期权价值之和：

$$可转换债券的价值 = MAX（纯粹债券价值，转换价值）+ 期权价值$$

#### 例 24-3　转换

假设 Moulton 公司有 1 000 股普通股和 100 份债券。每份债券在到期日的面值为 1 000 美元。这些债券均为贴现债券，不付息。在到期时每份债券能够转换为 10 股新发行的普通股。

---

⊖ 最常见的例外是"转换"能向投资者提供一份股利，并且该股利数额远远大于"转换"前的利息收入。此时的最优策略也是尽快转换，此时可转换债券的市场价格正好与转换价值持平。其他的例外情况将在公司违约或债券持有者被强迫转换时发生。

对于 Moulton 公司可转换债券的持有者来说，在什么情况下将这些可转换债券换成该公司的普通股才是有利的呢？

如果这些可转换债券的持有者将其换成普通股，他们将会收到 1 000（=10×100）股普通股股票。再加上公司原来就有的 1 000 股普通股股票，故公司发行在外的普通股股数达到 2 000 股。因此，可转换债券的持有者现在成了公司的股东，并拥有 Moulton 公司 50% 的普通股股份，即拥有公司价值（$V$）的一半。如果可转换债券的持有者选择不转换的话，他们将会收到 100 000 美元的现金。对 Moulton 公司可转换债券的持有者来说，该如何决策是显而易见的。只要转换后的这部分普通股价值高于 100 000 美元，他们就应该将债券换成普通股。或者说，只要公司价值（$V$）高于 200 000 美元，可转换债券持有者就应该将债券换成普通股。反之，可转换债券持有者选择不转换会更合算。下表说明了这种决策。

| **Moulton 公司可转换债券持有者和股东的收益** | | | （单位：美元） |
|---|---|---|---|
| | （1） | （2） | （3） |
| | $V \leqslant 100\ 000$ | $100\ 000 < V \leqslant 200\ 000$ | $V > 200\ 000$ |
| 策略 | 不转换 | 不转换 | 转换 |
| 可转换债券持有者 | $V$ | 100 000 | 0.5V |
| 股东 | 0 | $V-100\ 000$ | 0.5V |

## 24.6　有效市场中认股权证和可转换债券的发行

发行可转换债券的原因在实务界是件令人困惑的事情，恐怕在公司财务中也没有其他领域会像可转换债券这样有争议。为了不使读者感到迷惑，我们在这里列举一些已形成定论的学术观点。我们首先会比较可转换债券和纯粹债券的异同点，接着比较可转换债券和普通股的关系。对于每一项比较，我们都会讨论在何种情形下发行可转换债券对公司有利，而在何种情形下发行可转换债券只会把公司弄得更糟。我们将证明，在没有税收、不存在摩擦的有效市场中，企业发行认股权证和可转换债券并不会变好或变差。

### 24.6.1　可转换债券与纯粹债券

在其他条件相同的情况下，可转换债券的息票利率会比纯粹债券低。例如，若纯粹债券的利率为 10%，那么可转换债券的利率可能只有 9%。投资者之所以会接受可转换债券的较低利率，是因为他们可能会从债券转成股票的过程中获取潜在收益。

假如一家公司在认真分析了可转换债券和纯粹债券后，还是决定发行可转换债券。这项决策在什么时候能使公司受益，何时又会损害公司的利益呢？我们考虑以下两种情形。

#### 1. 情形（1）股价在可转换债券发行后上涨幅度较大

公司一般都喜欢看到本公司的股票价格上涨。然而，在股价上涨的情形下，公司若在以前发行的是纯粹债券而非可转换债券，那么公司会受益更多。虽然公司发行可转换债券所支付的利息要少于纯粹债券，但是公司必须以低于市场的价格向可转换债券持有者出售所转换的股票。

#### 2. 情形（2）股价在可转换债券发行后下跌或者上涨得不够多

公司一般不愿意看到本公司股价下跌。然而，在股价下跌的情形下，公司若在以前发行的是可转换债券而非纯粹债券，这可是件值得高兴的事情。因为可转换债券持有者不会选择转换成普通股而是继续当作债券持有，而可转换债券的利率又较低。由于没有转换成普通股，因此我们只需比较利率就可以了。

#### 3. 小结

与纯粹债券相比，若公司决定发行可转换债券，在其发行后的时期里该公司股票表现出色反而对公司是不利的。若公司股票的表现不佳，则发行可转换债券是有利于公司的。在一个有效的证券市场中，股价是随机游走的，谁也不能预测股价。因此，我们无法推论可转换债券是优于还是劣于纯粹债券。

### 24.6.2 可转换债券与普通股

再设想一家公司在仔细考虑了可转换债券和普通股之后，还是决定发行可转换债券。这项决策何时能使公司受益，何时又会使公司变得更糟？这里我们仍旧考虑两种情形。

#### 1. 情形（1）股价在可转换债券发行后上涨幅度较大

在这种情形下，公司以前发行的若是可转换债券而非股票的话，公司将受益匪浅。我们可以用德国汉莎航空公司的案例来更好地说明这个问题。公司若发行股票，其发行价只能定为每股 9.25 欧元。相反地，若发行可转换债券，公司将在债券持有者将其换成普通股后每股获得更多的实际资金。

#### 2. 情形（2）股价在可转换债券发行后下跌或者上涨得不够多

没有公司愿意看到本公司的股票价格下跌。然而，在该情形下，公司以前发行的若是股票而非可转换债券的话，这倒是件好事。公司之所以能从发行普通股中受益，是因为发行价要高于发行后的市场价。也就是说，公司能收到比其随后股票价值要多的现金。值得注意的是，股价下跌不会对可转换价值造成很大的影响，因为此时可转换债券作为一种纯粹债券已锁定了价值底线。

#### 3. 小结

与普通股相比，若公司股票在可转换债券发行后的市场表现出色，则发行可转换债券对公司有利。相反，若公司股票在随后的市场表现糟糕，那么发行可转换债券对公司是不利的。在有效的证券市场上，没人能预测未来的股价走势。因此，我们没法说明发行可转换债券是优于还是劣于普通股。以上分析具体如表 24-2 所示。

**表 24-2　对可转换债券有利和不利的情形**

| | 如果公司在随后的表现糟糕 | 如果公司在随后的表现出色 |
| --- | --- | --- |
| 可转换债券（CB）<br>比较： | 因为股价低廉，故 CB 不会被转换 | 因为股价较高，故 CB 会被转换 |
| 　与纯粹债券比较 | 因为息票利率较低，故 CB 提供了较便宜的融资 | 因为 CB 被转换，造成现有股份稀释，故 CB 的融资成本较高 |
| 　与普通股比较 | 因为公司本可以按较高的价格发行普通股，故 CB 提供了较昂贵的融资 | 因为当 CB 被转换时，公司实际上是按较高的价格发行了普通股，故 CB 提供了较便宜的融资 |

莫迪利亚尼－米勒（MM）指出，如果不考虑税收和其他摩擦成本，公司价值与其筹资方式（即是发行股票还是发行债券）无关。MM 理论是一个普遍性定理。该定理在这里可修正为，无论是发行可转换债券还是其他融资工具，对公司价值来说均无影响。为简化起见，我们在此省略 MM 定理在可转换债券领域的详细证明。上述结论与 MM 定理完全一致。现在我们转而讨论实务中关于可转换债券的观点。

### 24.6.3 "免费午餐"的故事

经过上面的讨论，我们知道发行可转换债券较发行其他融资工具来说，谈不上好，也谈不上坏。不幸的是，许多公司财务主管都陷入了一种观点，即发行可转换债券实际上比其他融资工具要好。这是一种"免费午餐"型解释，我们对此持批评态度。

#### 例 24-4　可转换债券总是更优吗

RW 公司的股价为 20 美元。假设该公司能以 10% 的利率发行次级信用债券，也能以 6% 的利率发行可转换债券且转换价值为 800 美元。转换价值也意味着持有者可以将一份可转换债券换成 40（= 800/20）股普通股。

相信"免费午餐"理论的公司财务总监主张应该发行可转换债券，因为这是一种比次级债券和普通股更便宜的融资方式。该财务总监指出如果公司表现不好且股票价格难以超过 20 美元，那么可转换债券的持有者就不愿意将债券换成股票。在这种情况下，公司利用附送无价值的认股权证能够以低于市场利率的水平进行债务融资。相反，如果公司表现出色且股价涨至 25 美元或以上，可转换债券持有者会将其换成股票。相应地，公司要发行 40 股普通股股票与之交换，并收到面值为 1 000 美元的债券，即转换价格为 25 美元 / 股。这相当于公司以

25 美元的价格发行普通股。发行可转换债券时的股价是 20 美元，意味着当时公司若要进行普通股融资，其发行价最多为 20 美元，故 25 美元的转换价格比当初的 20 美元股价高出 20%。这也使得权益资本成本降低。因此，这位财务总监高兴地指出，无论公司的表现是出色还是糟糕，可转换债券都是最便宜的融资方式。

尽管该观点看上去显得相当合理，但其中有较大的缺陷。这位财务总监只比较了股价下跌时可转换债券和纯粹债券的优劣（而未比较股价上涨时可转换债券与纯粹债券的优劣）。同样地，该财务总监只比较了股价上涨时可转换债券与普通股的优劣（而未考虑股价下跌时可转换债券与普通股的优劣）。显而易见，这是一种不合理的混合比较，而我们在表 24-2 中的分析才是合理的。因为我们在将可转换债券与每一种融资工具进行比较时，都分别考虑了股价上涨和下跌这两种情形。在一个股价随机上下波动的证券市场里，不能说可转换债券就优于其他融资工具。

### 24.6.4 "昂贵午餐"的故事

如果从与那位财务总监相反的观点出发，我们可以这样进行比较：① 当股价上升时，比较可转换债券和纯粹债券的优劣；② 当股价下跌时，比较可转换债券和普通股的优劣。

从表 24-2 中我们可以看出，在随后股价上涨的情况下，可转换债券的筹资成本要高于纯粹债券的筹资成本。公司有义务以低于市场价格的水平向可转换债券持有者出售股票，这样就抵消了可转换债券的较低利率带来的好处。

从表 24-2 中我们也可以看出，在随后股价下跌的情况下，可转换债券融资方式比权益（股票）融资方式昂贵。如果当初公司发行股票，那么其发行价格会比现在的股价要高。因此，昂贵午餐的故事说明，可转换债券融资方式比其他融资方式要差一些。当然，免费午餐和昂贵午餐的观点我们都不赞同。

### 24.6.5 一种折中观点

在一个有效的资本市场中，没有免费的午餐，也没有昂贵的午餐。比起其他融资工具来说，可转换债券不便宜，但也不昂贵。可转换债券实际上是纯粹债券和可以购买普通股的看涨期权的组合。可转换债券的市场价值和纯粹债券价值的差价部分，就是投资者为这份内嵌看涨期权所支付的价格。在一个有效市场中，这是一个合理的价格。

一般来说，如果公司表现出色，发行可转换债券会比发行纯粹债券要差，但会优于发行普通股。相反地，如果公司表现糟糕，发行可转换债券会比发行纯粹债券要好，但比不上发行普通股。

## 24.7 为什么发行认股权证和可转换债券

从以往的研究中可以知道，发行可转换债券的公司与其他公司有着以下不同之处。
（1）对于发行可转换债券的公司，其债券信用评级要低于其他公司。[⊖]
（2）对于高成长和高财务杠杆的小公司来说，它们更倾向于发行可转换债券。[⊜]
（3）可转换债券一般都是次级债券，而且是无担保的。

使用可转换债券这一融资工具的公司自身就会表现出这样做的原因和线索。这里有一些还算说得通的解释。注意，在有效市场中，所有的这些解释都没有用了。在不完全有效市场中，公司发行某种证券比其他证券会更有利。

### 24.7.1 与现金流量相配比

如果融资成本较高（即它对公司的成本超过了其公允的市场价值），那么公司在发行证券时就要考虑将其现

---

⊖ Eugene F. Brigham, "An Analysis of Convertible Debentures: Theory and Some Empirical Evidence," *Journal of Finance* 21, no.1(1966): 35-54.

⊜ Wayne H. Mikkelson, "Convertible Calls and Security Returns," *Journal of Financial Economics* 9, no.3 (September 1981): 237-64.

金流量与公司未来经营所产生的现金流量匹配起来，不至于产生支付危机，这样做在情理之中。对于那些年轻的希望和风险并存的快速成长型公司来说，它们宁愿发行可转换债券或附有认股权证的债券。这样，在公司初创期，负担的利息成本较低，当公司发展得很成功了，可转换债券或认股权证就会被转换。虽然这会导致昂贵的股权稀释效应，但此时公司已经能承受这种稀释带来的冲击了。

### 24.7.2　风险协同效应

赞成可转换债券和附有认股权证的债券的另外一个理由是，当很难准确评估发行公司的风险时，这两种融资工具是有用的。设想你正在对一家刚创建不久的公司所开发的一种新产品进行评估。该产品属于一种生物基因产品，能提高北方气候下玉米的产量，但也可能有致癌的副作用。对于这种类型的产品，很难准确地评估其价值。因而，该公司的风险很难确定，它可能风险很高，也可能风险很低。如果你能肯定该公司的风险较高，那么你就会按较高的收益率对该公司的债券定价，比如说将收益率设为15%。反之，如果你能确定该公司的风险较低，那么你就会按较低的收益率对该公司的债券定价，比如说将收益率设为10%。

可转换债券和附有认股权证的债券对风险评估所产生的误差有一定程度的免疫作用。这是因为可转换债券和附有认股权证的债券均含有两部分价值，纯粹债券价值和以公司股票为标的物的看涨期权价值。如果该公司被证实是低风险公司，那么纯粹债券部分的价值就会比较高，而看涨期权部分的价值则较低。相反，如果公司被证实是高风险公司，那么其纯粹债券部分的价值较低，而看涨期权部分的价值较高。以上分析如表24-3所示。

风险对可转换债券和附有认股权证的债券不同组成部分的价值会有不同的影响，并且这些不同的影响还会相互抵消。尽管这样，市场和购买者还是要对公司的增长潜力进行合理评估，从而确定这些证券的价值。但这种努力是否会大大少于纯粹债券评估所需付出的努力，这点还不能肯定。

**表24-3　可转换债券的收益率**

| | 公司风险 | |
|---|---|---|
| | 低 | 高 |
| 纯粹债券收益率 | 10% | 15% |
| 可转换债券收益率 | 6% | 7% |

注：纯粹债券收益率反映了违约风险，可转换债券收益率则对违约风险不敏感。

### 24.7.3　代理成本

与筹集资金有关的代理问题，可以由可转换债券来解决。在前面的章节中我们曾说明，纯粹债券可以看作无风险债券减去以公司资产为标的物的看跌期权。这会促使债权人做出举措让公司进行低风险的经营活动。相反，普通股股东则有让公司接受高风险项目的动机。具有负NPV的高风险项目会把财富从债权人手中转移到股东手中。如果这些矛盾不能解决，那么公司可能就会放弃有利可图的投资机会。然而，因为可转换债券具有权益的成分，所以发行可转换债券来代替纯粹债券，财富转移发生情况就会减少。[⊖]也就是说，可转换债券可以降低代理成本。在现实世界里，与之相关的另一个迹象是可转换债券的债券契约中限制性条款要比纯粹债券少得多。实证研究的证据似乎证实了这一点。

### 24.7.4　后门权益证券

一种广为接受的可转换债券理论将可转换债券视作**后门权益证券**。[⊜]其基本逻辑是，由于较高的财务风险成本，因此刚刚创立不久、高成长的小型公司通常很难以合理的条件发行债券。但是，如果股价很低，企业主又不愿意发行股票来融资。

Lewis、Ragolski和Seward检验了可转换债券的风险转换和后门权益证券理论，结果发现两种理论都找到了

---

⊖ Amir Barnea, Robert A. Haugen, and Lemma Senbet, *Agency Problems and Financial Contracting*, Prentice Hall Foundations of Science Series (New York: Prentice Hall, 1985), Chapter VI.

⊜ Jeremy C. Stein, "Convertible Bonds as Backdoor Equity Financing," *Journal of Financial Economics* 32, no.1(1992): 3-21. See also Craig M. Lewis, Richard J. Rogalski, and James K. Seward, "Understanding the Design of Convertible Debt," *The Journal of Applied Corporate Finance* 11, no.1 (Spring 1998): 45-53.

支持证据[一]。

## 24.8　转换策略

到现在为止，我们忽略了可转换债券的一个特征。公司经常会对债券有赎回权。对于赎回可转换债券的典型安排比较简单。当债券被赎回时，持有人有 30 天时间对以下两项决定进行选择：

（1）将债券按照转换比率换成普通股。

（2）放弃债券，收取公司按赎回价格支付的现金。

债券持有人应该怎样做呢？显而易见，如果债券的转换价值高于赎回价格，转换当然要比被赎回强；但如果转换价值低于赎回价格，那么债券被赎回要强于将债券换成普通股。如果转换价值高于赎回价格，则赎回权被称为"强制转换"（force conversion）。

财务经理应当怎样做呢？赎回债券从总体上不会改变公司的价值。然而，一个最优的赎回策略能够使股东受益，当然，这要以牺牲债权人的利益为代价。正如我们常提及如何切分大小固定的蛋糕那样，最优的赎回策略就简化为做那些债权人最不希望你做的事。

债券持有者都喜欢公司能在债券的市场价值低于赎回价格时赎回债券。这样，股东就给予债券持有者额外的价值。相反，如果债券价值升至赎回价格之上，债券持有者则不希望公司赎回债券，因为此时债券持有者愿意持有这一有升值潜力的资产。

因此，只有一项策略可以使股东价值最大化并使债券持有者价值最小化。该项策略就是：

*当债券价值等于其赎回价格时赎回该债券。*

令人困惑的是，当转换价值等于赎回价格时，公司并不总是赎回可转换债券。Ingersoll 研究了 1968—1975 年 124 家公司的赎回策略。[二]他发现在大多数情况下，公司宁愿等到转换价值已高出赎回价格许多时才会赎回债券。一半的公司会在债券的转换价值高出赎回价格 44% 时赎回债券。这显然不符合上述最优策略，为什么？

一个原因是如果公司试图执行上述最优赎回策略，会发现该策略本身可能并不是真正最优的。债券持有者有 30 天的时间来决定是把债券换为普通股，还是按赎回价格换回现金。在这 30 天里，股价可能下跌，导致转换价值低于赎回价格。如果是这样，可转换债券将是"虚值的"，此时赎回可转换债券相当于送钱。公司虽然防止了股权稀释，但却失去了价值更高的现金。由于存在这种可能性，现实世界中的公司通常会等到转换价值高出赎回价格很多时再行使赎回权利。[三]这是合理的。

---

[一] Craig M. Lewis, Richard J. Rogalski, and James K. Seward, " Is Convertible Debt a Substitute for Straight Debt for Common Equity? " *Financial Management* 28, no.3 (Autumn 1999): 5-27.

[二] Jonathan Ingersoll, "An Examination of Corporate Call Policies on Convertible Securities," *Journal of Finance* 32, no.2 (May 1977): 463-78. 也可参见 Milton Harris and Artur Raviv, "A Sequential Signalling Model of Convertible Debt Policy," *Journal of Finance* 40, no.5 (December 1985):1263-81. Harris 和 Raviv 描述了与 Ingersoll 的结果相一致的信号均衡。他们认为，得到有利消息的经理将会推迟赎回以避免股价下跌。

[三] 参见 Paul Asquith, "Convertible Bonds Are Not Called Late," *Journal of Finance* 50, no.4(September 1995): 1275-89. 另外，当宣布赎回时，股票市场通常反应消极，参见：A K. Singh, A R. Cowan, and N Nayar, "Underwritten Calls of Convertible Bonds," *Journal of Financial Economics* 29, no.1 (March 1991): 173-96; Michale A. Mazzeo and William T. Moore, "Liquidity Costs and Stock Price Response to Convertible Security Calls," *Journal of Business* 65, no.3(July 1992): 353-69.

Ederington、Caton 和 Campbell 测试了多种关于什么时候赎回可转换债券最优的理论。他们发现了支持 30 天"安全边界"理论的证据。他们还发现价内赎回可转换债券在股利大于利息时不太容易发生。参见 Louis H. Ederington, Gary L. Caton, and Cynthia J. Campbell, "To Call or Not to Call Convertible Debt," *Financial Management* 26, no.1(Spring 1997): 22-31.

## 本章小结

1. 认股权证赋予其持有者在确定的期间内以确定的执行价格购买一定数量普通股的权利。典型的认股权证往往附在定向发行债券中一起发行。两者可以分开并单独交易。

2. 可转换债券是纯粹债券和看涨期权的结合。其持有者可以将债券转换成普通股。

3. 可转换债券和认股权证与看涨期权比较类似，但是其中仍有一些重要的区别。

   （1）认股权证和可转换债券由公司签发，看涨期权则在个人投资者之间交易。

   a. 认股权证通常私募发行并附在债券中。在大多数情况下，认股权证可以在发行后立即与债券分离。在一些情况下，认股权证也随优先股、普通股甚至经理激励补偿计划发行。

   b. 可转换债券通常能够转换成普通股。

   c. 看涨期权在个人投资者之间单独买卖。

   （2）认股权证和看涨期权在执行时会收到现金。认股权证的持有者付给公司现金，并收到公司的新股票。看涨期权的持有者则付给空方（卖方）现金以换取一定数量的股票。当可转换债券的持有者实施转换时，债券就会变成股权。因此，附有认股权证的债券和可转换债券对公司的现金流量以及资本结构有不同的影响。

   （3）认股权证和可转换债券会引起现有股东的股权稀释。当认股权证被执行或者可转换债券被转成普通股时，公司必须增发普通股。现有股东所占的股份比例将会下降。看涨期权被执行时，则不会增发新股票。

4. 针对发行可转换债券及附有认股权证的债券有许多观点，既有合理的，也有不合理的。一种对这类债券的合理解释涉及风险。发行可转换债券和附有认股权证的债券的公司往往是高风险公司。贷款人可以采取以下措施来保护其利益：

   （1）要求高收益。

   （2）少借或拒不借钱给那些风险不能被评估的公司。

   （3）对其债券会设定严格的限制条件。

   另一种保护风险的有用方法是发行带认股权证的债券。它给予贷款人从风险中获益的机会，并减少了债权人和股东在风险方面的冲突。

5. 常常令财务学者困惑的难题是，可转换债券通常含有赎回条款。公司通常在转换价值大大高于赎回价格时，才会行使赎回权利。如果从股东立场看，最优的赎回策略应该是在转换价值等于赎回价格时行使。

## 思考与练习

1. **认股权证及期权** 认股权证和可交易的看涨期权最主要的区别是什么？

2. **认股权证** 解释下列对认股权证价格的限制。

   a. 如果股价低于认股权证的执行价格，认股权证价格的下限为0。

   b. 如果股价高于认股权证的执行价格，认股权证价格的下限为股票价格与执行价格之间的差价。

   c. 认股权证价格的上限为当前股票的价格。

3. **可转换债券和股票波动性** 假设你正在评估一只可转换债券。如果股价的市场波动性增加，将怎样影响此债券的价格呢？

4. **可转换债券的价值** 如果利率上升，可转换债券的价格会发生什么变化？

5. **股权稀释** 什么是股权稀释，为什么认股权证行权时股权稀释会发生？

6. **认股权证及可转换债券** 因为所需的息票利率较低，所以发行附有认股权证或转换条件的债券成本较低。上述说法哪里错了？

7. **认股权证及可转换债券** 公司为什么发行可转换债券及附有认股权证的债券？

8. **可转换债券** 为什么可转换债券到期前不愿自动转换为股票？

9. **可转换债券** 什么时候一家公司应该对可转换债券进行强制转换？为什么？

10. **认股权证估值** 6个月到期的一份认股权证赋予其持有人以执行价格每股31美元购买10股发行公司普通股的权利。如果目前股票的市场价格是15美元每股，认股权证是否变得毫无价值？

# 第 25 章

# 衍生品和套期保值风险

自然灾害是财产和意外保险公司面临的一大风险。例如，2011 年日本海啸估计带来 3 600 亿美元的损失，而 2005 年美国卡特里娜飓风带来大约 1 250 亿美元的损失。那么，保险公司以及再保险公司是如何处理这些风险的？一种方式是发行巨灾债券（cat）。巨灾债券发行方像其他债券发行方一样支付票息，但是当巨灾条件被触发以后，债券发行方将无须支付余下的票息和本金。2020 年，保险公司发行了大约 142 亿美元的巨灾债券和其他保险型证券，使巨灾债券的市场规模增加到约 453 亿美元。2020 年，巨灾债券的损失约有 1.88 亿美元，其中约有 1.32 亿美元的损失是由于新冠疫情引起的，这让我们对巨灾债券触发条件的广泛范围有了一定的了解。在这一章中，我们将会看到诸如远期、期权和互换等用来应对风险的复杂金融工具。

## 25.1 衍生品、套期保值和风险

**衍生品**这一名称的意义显而易见。衍生品是一种金融工具，其盈利与价值来源于或取决于某些其他事项。我们常将衍生品所依附的物品说成原品或标的。在第 22 章中我们曾研究过期权的功用，而期权就是一种衍生品。股票期权的价值取决于其标的股票。实际上，期权是相当复杂的衍生品实例。绝大部分的衍生品都比看涨期权简单。远期合约、期货合约或所谓的互换合约是最常见的衍生品。我们将对这些衍生品较为详细地逐一加以研究。

公司为什么要运用衍生品？答案是衍生品是改变公司风险敞口的工具。有人曾经说过，衍生品对于理财如同手术刀对于外科手术一般重要。通过运用衍生品，公司可以去除一部分不想要的风险敞口，甚至可以将风险敞口转换成不同的形式。理财的一个核心论点是风险有害。在关于风险与收益的几章里，我们指出仅当预期收益能够补偿风险时，投资个体才会选择风险证券。类似地，仅在项目的收益能够补偿其高风险时，公司才会接受高风险的项目。毫不奇怪，公司通常总是寻求减少其风险的方法。我们把公司运用衍生品减少它们的风险敞口称为**套期保值**（hedging）。套期保值方法通过在金融市场的一种或多种交易来补偿公司的风险，如项目风险。

衍生品也可用于改变甚至增加公司的风险敞口。当这种情况发生时，公司是在某些作为衍生品标的的经济变量上进行**投机**（speculating）。假如公司购买了一种在利率上升时将提高价值的衍生品，而公司本身并没有有关利率变动的抵消性风险敞口，那么公司就是在利率将上升且衍生品头寸将赢利这种结果上进行投机。利用衍生品来诠释关于利率或某个其他经济变量是升还是降的看法是和套期保值对立的，它使风险增大。假如你对经济形势的看法最终是正确的，那么根据你的看法进行投机并利用衍生品获利未必有什么错。但是，投机者应当牢记，这是一把双刃剑：当据以确定衍生品头寸的看法最终被证明不正确时，结果可能代价极大。有效市场理论表明了预测市场的变动十分困难。大多数关于衍生品的惨痛教训都不是将其用作套期保值和抵消风险的工具而造成的，而是由投机所引起的。

### 公司是否应该始终把风险对冲掉

假设一家航空公司的现金流量取决于航油的价格，而明年航油的价格可能跌，也可能涨。航油是该航空公司的投入，如果明年航油价格下跌，该航空公司的现金流量将增加。反之，如果明年航油价格上涨，则该航空公司的现金流量将减少。假设该航空公司可以通过交易航油期货来对冲航油价格波动带来的风险。通过套期保值，该航空公司可以消除现金流量的所有风险，从而赚取明年预期中的现金流量。该航空公司是否应该进行套期保值？

学生们经常惊讶地发现，公司对冲掉现金流量的所有风险有可能不是最优的，尽管它们可以以很低的成本做到这一点。首先，如果市场是完美有效的，投资者没有面临摩擦和交易成本，公司就没有必要进行套期保值。如果市场是完美有效的，公司总是可以以公平的价格从新投资者那里融资，因此低现金流量并不会限制公司投资正 NPV 项目的能力。如果投资者不喜欢公司现金流量的风险，他们可以自己对冲该风险。

诚然，要求航空公司的股东自己对冲航油价格的风险是不现实的。在现实世界中，公司可能比个人投资者更老练。公司可能拥有对冲风险的更多信息，交易成本也更低。

其次，即使在现实世界中，也存在令人信服的理由说明公司应该选择与风险共存而不是把风险完全对冲掉。回到航空公司的例子，大部分航空公司在航油成本很低时想要扩大运营。如果航油成本很高，航空公司运营就会损失，大部分航空公司就会限制投资甚至收缩。在没有对冲的情况下，航空公司投资的现金流量需求自然就与其收入的现金流量相匹配。

出于这个原因，大多数航空公司选择只对冲一部分航油价格风险敞口以防止破产。如果航空公司对冲所有风险，它们的现金流量将总是保持在中位数水平。如果航油价格下跌，它们手中就没有足够的现金来支撑积极的投资。

当然，并非所有的航空公司都遵循相同的策略。虽然大多数成熟的航空公司在航油成本上升时倾向于收缩，但像美国西南航空这样的明星公司则选择了逆势扩张的策略。因此，美国西南航空在 21 世纪初选择积极套期保值就可以理解了，因为在高油价时期，其逆势扩张策略需要更多的投资。

这一关键洞见是 Froot、Scharfstein 和 Stein 在他们的最优套期保值模型中提出的。[⊖]他们建议公司只对冲坏的冲击，对冲力度以经济不景气时公司需要的现金流量为限。如果公司现金流量已经跟投资和其他现金流量的需要相匹配，那么对冲所有现金流量风险反而会使情况变糟。

## 25.2 远期合约

我们从远期合约开始讨论，它被广泛用于套期保值。可能你一生都在和远期合约打交道，而你却浑然不知。设想你在 2 月 1 日走进鞋店要购买最新款的顶级跑鞋——活力飞人。收银员告诉你这款跑鞋目前已经售罄，但他要你留下电话号码，说将为你再发订单。他告诉你鞋的价钱是 200 美元。假如你在 2 月 1 日同意接到通知时支付 200 美元购买该鞋，你就是和收银员签订了一份**远期合约**（forward contract），即你同意在鞋店通知你时付款提鞋。由于你同意在以后的某日买鞋，故你在 2 月 1 日购买了一份远期合约。按商业用语，提鞋时你是在接受交割，而该鞋则被称为**可交割工具**（deliverable instrument）。

代表鞋店与你打交道的收银员是在出售一份远期合约。鞋店同意鞋到货即按预先确定的 200 美元价格收款并将鞋交给你。将鞋交给你的行为被称为**进行交割**（making delivery）。表 25-1 说明了这个购鞋过程。注意，协议发生在 2 月 1 日，价格和销售条件是在那时确定的。在这种情况下，销售将发生在该鞋到货之时；在其他情况下，则是给出确切的销售日。然而，在 2 月 1 日并无现金转手，现金转手只在鞋到货之时发生。

---

⊖ Kenneth A. Froot, D Scharfstein and Jeremy C. Stein, " Risk Management: Coordinating Corporate Investment and Financing Policies, " *Journal of Finance* 48 no.5(1993): 1629-58.

表 25-1　对以远期合约购鞋的说明

| 2月1日 | 鞋到货日 |
|---|---|
| **购买方** | |
| 购鞋者同意： | 购鞋者： |
| 　1. 支付 200 美元的购买价格 | 　1. 按 200 美元购买价格支付 |
| 　2. 在鞋到货时提鞋 | 　2. 收到鞋 |
| **销售方** | |
| 售鞋者同意： | 售鞋者： |
| 　1. 在鞋到货时交出鞋 | 　1. 交出鞋 |
| 　2. 在鞋到货时接受 200 美元付款 | 　2. 收到 200 美元付款 |

注：现金不在 2 月 1 日转手，而是在鞋到货时转手。

虽然在开始阅读本章之前远期合约也许对你来说异乎寻常，但你会看到其实它们相当普通。你在个人生活中的许多安排可能就涉及远期合约。类似地，远期合约贯穿商业活动的始终。每当公司订购不能立即送达的商品时，远期合约就会发生。有时（特别当少量订货时）用口头协议就可以了，在其他时候（特别当订购量较大时）书面协议是必要的。

注意，远期合约不是期权，买卖双方都有义务按合约条款执行。相反，期权的购买者可选择是否执行期权。

我们应当对远期合约和**现货交易**（cash transaction，即购买时立即进行钱货交换的交易）做比较。假如鞋店的鞋架上有那双跑鞋，你对该跑鞋的购买就是现货交易。

## 25.3　期货合约

远期合约的一个变种发生在金融交易所。在交易所交易的这类合约通常被称为**期货合约**（future contract）。美国和其他地区都有不少期货交易所，而且有更多的期货交易所即将成立。芝加哥商业交易所集团（CME Group）是其中最大的一家。它由老的芝加哥商业交易所（CME）和芝加哥期货交易所（CBT）合并而来。然而，CME 和 CBT 的交易平台仍然是分开的。纽约商品交易所（NYM）现在也属于 CMEGroup。另一家值得注意的交易所是伦敦国际金融期货和期权交易所（LIFFE）。

表 25-2 给出了部分《华尔街日报》上列出的特定期货合约。纵观表中的玉米合约，注意这些合约在 CBT 交易，每一笔合约要求交付 5 000 蒲式耳⊖玉米，而价格显示为每蒲式耳多少美分。第 1 栏给出了合约到期的月份。

如 3 月到期的燕麦合约，该排的第 1 个数字是开盘价（每蒲式耳 295.00 美分），第 2 个数字是当日最高价（301.75），第 3 个数字为当日最低价（295.00）。**结算价**是第 4 个数字（300.75），它实质上为当日收盘价。逐日盯市采用的就是该数字。下一列的涨跌是自上一个交易时段以来结算价的变动（4.25 美分）。最后为**持仓量**（3 710），即该日终了时仍未平仓的合约数量。

想知道期货交易能够达到多大规模，请看在 CBT 中的国债合约（在利率标题的下方）。其中一项合约是中期国债，面值达 10 万美元。两个到期月（还有更多的到期月份，但没有显示出来）总的未平仓合约数量约为 3 186 722 份，面值高达 3 187 亿美元！

尽管我们正在讨论期货合约，但还是让我们先按远期合约进行分析吧。假定在某个周四你签了一份价格为 4.07 美元的 9 月小麦远期合约。根据我们对远期合约的讨论，这意味着你同意在未来 9 月的规定日期按每蒲式耳 4.07 美元转让商定数额的小麦。

期货合约和远期合约多少有点不同。首先，销售者可以选择交割月份（即 9 月）的任何一天交割小麦。这使销售者有了从远期合约得不到的余地。当销售者决定交割时，他先通知交易结算所，然后结算所通知购买 9 月

⊖　1 美式蒲式耳 =35.238 千克，1 英式蒲式耳 =36.368 千克。

**表 25-2 期货合约报价表（2020 年 12 月 4 日，星期二）**
摘自《华尔街日报》

# Futures Contracts

## Metal & Petroleum Futures

| | Open | High hi lo | Low | Settle | Chg | Open interest |
|---|---|---|---|---|---|---|
| **Copper-High (CMX)**-25,000 lbs.; $ per lb. | | | | | | |
| Dec | 3.4800 | 3.5055 ▲ | 3.4580 | 3.4790 | 0.0040 | 4,633 |
| March'21 | 3.4935 | 3.5230 ▲ | 3.4695 | 3.4905 | 0.0015 | 167,647 |
| **Gold (CMX)**-100 troy oz.; $ per troy oz. | | | | | | |
| Dec | 1829.20 | 1842.00 | 1825.30 | 1836.80 | 11.10 | 15,718 |
| Jan'21 | 1830.50 | 1844.00 | 1824.00 | 1838.40 | 10.80 | 2,428 |
| Feb | 1833.90 | 1847.40 | 1826.70 | 1841.10 | 10.90 | 396,152 |
| April | 1837.00 | 1850.70 | 1830.50 | 1844.70 | 10.80 | 69,763 |
| June | 1839.50 | 1852.90 | 1832.90 | 1847.10 | 10.80 | 31,294 |
| Aug | 1843.60 | 1854.40 | 1836.10 | 1849.00 | 10.60 | 8,469 |
| **Palladium (NYM)**- 50 troy oz.; $ per troy oz. | | | | | | |
| Dec | 2360.00 | 2360.00 | 2225.10 | 2302.10 | -95.30 | 102 |
| March'21 | 2417.60 | 2431.60 | 2228.00 | 2317.90 | -90.30 | 9,561 |
| **Platinum (NYM)**-50 troy oz.; $ per troy oz. | | | | | | |
| Dec | ... | ... | ... | 1037.00 | 26.60 | 1 |
| Jan'21 | 1020.20 | 1042.10 | 1005.00 | 1038.60 | 26.50 | 48,031 |
| **Silver (CMX)**-5,000 troy oz.; $ per troy oz. | | | | | | |
| Dec | 24.100 | 24.340 | 23.935 | 24.087 | 0.062 | 3,337 |
| March'21 | 24.220 | 24.420 | 23.850 | 24.137 | 0.057 | 127,183 |
| **Crude Oil, Light Sweet (NYM)**-1,000 bbls.; $ per bbl. | | | | | | |
| Jan | 44.99 | 45.84 | 44.66 | 45.64 | .36 | 377,052 |
| Feb | 45.14 | 45.98 | 44.84 | 45.73 | .35 | 205,147 |
| March | 45.24 | 46.07 | 44.98 | 45.91 | .34 | 192,213 |
| April | 45.42 | 46.13 | 45.07 | 45.96 | .32 | 97,163 |
| June | 45.46 | 46.08 | | 45.93 | .29 | 214,184 |
| Dec | 44.86 | 45.18 | 44.46 | 45.00 | .01 | 282,937 |
| **NY Harbor ULSD (NYM)**-42,000 gal.; $ per gal. | | | | | | |
| Jan | 1.3612 | 1.3984 | 1.3541 | 1.3933 | .0271 | 110,717 |
| Feb | 1.3721 | 1.4049 | 1.3633 | 1.3999 | .0246 | 49,764 |
| **Gasoline-NY RBOB (NYM)**-42,000 gal.; $ per gal. | | | | | | |
| Jan | 1.2376 | 1.2664 | 1.2239 | 1.2617 | .0218 | 125,665 |
| Feb | 1.2447 | 1.2749 | 1.2357 | 1.2705 | .0191 | 46,848 |
| **Natural Gas (NYM)**-10,000 MMBtu.; $ per MMBtu. | | | | | | |
| Jan | 2.760 | 2.768 | 2.484 | 2.507 | -.273 | 298,896 |
| Feb | 2.756 | 2.769 | 2.486 | 2.515 | -.263 | 96,590 |
| March | 2.706 | 2.711 | 2.441 | 2.476 | -.247 | 195,204 |
| April | 2.637 | 2.644 | 2.393 | 2.434 | -.223 | 86,784 |
| May | 2.636 | 2.649 | 2.405 | 2.449 | -.210 | 54,769 |
| Oct | 2.761 | 2.792 | 2.560 | 2.614 | -.184 | 92,144 |

## Agriculture Futures

| | Open | High hi lo | Low | Settle | Chg | Open interest |
|---|---|---|---|---|---|---|
| **Corn (CBT)**-5,000 bu.; cents per bu. | | | | | | |
| Dec | 419.25 | 423.25 | 417.75 | 422.50 | 3.50 | 6,680 |
| March'21 | 424.00 | 427.50 | 422.00 | 426.50 | 2.75 | 900,392 |
| **Oats (CBT)**-5,000 bu.; cents per bu. | | | | | | |
| Dec | ... | ... | ... | 303.75 | 9.25 | 44 |
| March'21 | 295.00 | 301.75 | 295.00 | 300.75 | 4.25 | 3,710 |
| **Soybeans (CBT)**-5,000 bu.; cents per bu. | | | | | | |
| Jan | 1154.25 | 1170.75 | 1152.00 | 1168.25 | 15.25 | 297,028 |
| March | 1156.00 | 1172.50 | 1154.00 | 1170.25 | 15.50 | 261,969 |
| **Soybean Meal (CBT)**-100 tons; $ per ton. | | | | | | |
| Dec | 389.80 | 394.00 | 389.40 | 392.80 | 3.30 | 2,204 |
| Jan'21 | 385.60 | 391.00 | 384.70 | 390.00 | 4.40 | 125,693 |
| **Soybean Oil (CBT)**-60,000 lbs.; cents per lb. | | | | | | |
| Dec | 37.81 | 38.72 | 37.81 | 38.68 | 1.21 | 1,218 |
| Jan'21 | 37.09 | 37.80 | 36.88 | 37.73 | .81 | 142,999 |
| **Rough Rice (CBT)**-2,000 cwt.; $ per cwt. | | | | | | |
| Jan | 12.41 | 12.42 | 12.31 | 12.33 | -.13 | 8,267 |
| March | 12.61 | 12.61 | 12.50 | 12.52 | -.12 | 810 |
| **Wheat (CBT)**-5,000 bu.; cents per bu. | | | | | | |
| Dec | 573.50 | 576.00 | 568.00 | 571.75 | -6.25 | 161 |
| March'21 | 588.50 | 591.00 | 579.75 | 584.50 | -4.00 | 196,463 |
| **Wheat (KC)**-5,000 bu.; cents per bu. | | | | | | |
| Dec | ... | ... | ... | 545.00 | -5.50 | 78 |
| March'21 | 553.50 | 556.25 | 544.75 | 549.75 | -4.00 | 123,486 |
| **Cattle-Feeder (CME)**-50,000 lbs.; cents per lb. | | | | | | |
| Jan | 141.725 | 142.000 | 139.225 | 139.800 | -2.000 | 19,379 |
| March | 140.925 | 141.100 | 138.600 | 139.325 | -1.650 | 10,095 |
| **Cattle-Live (CME)**-40,000 lbs.; cents per lb. | | | | | | |
| Dec | 110.600 | 110.600 | 108.950 | 109.600 | -1.100 | 19,012 |
| Feb'21 | 113.750 | 113.750 | 111.675 | 112.575 | -1.350 | 112,256 |
| **Hogs-Lean (CME)**-40,000 lbs.; cents per lb. | | | | | | |
| Dec | 66.425 | 66.450 | 65.850 | 66.025 | -.325 | 16,568 |
| Feb'21 | 67.875 | 68.050 | 66.725 | 66.925 | -.950 | 84,333 |
| **Lumber (CME)**-110,000 bd. ft.; $ per 1,000 bd. ft. | | | | | | |
| Jan | 657.50 | 663.40 | 653.60 | 660.00 | 11.00 | 1,846 |
| March | 626.90 | 638.50 | 626.00 | 636.00 | 16.00 | 735 |
| **Milk (CME)**-200,000 lbs.; cents per lb. | | | | | | |
| Dec | 15.14 | 15.50 | 15.14 | 15.45 | .26 | 4,864 |
| Jan'21 | 15.60 | 16.06 | 15.50 | 15.98 | .34 | 3,509 |
| **Cocoa (ICE-US)**-10 metric tons; $ per ton. | | | | | | |
| Dec | 2,897 | 2,897 | 2,897 | 2,897 | -10 | 80 |
| March'21 | 2,648 | 2,726 | 2,630 | 2,651 | 13 | 95,344 |

## Coffee / Sugar / Cotton / Orange Juice

| | Open | High hi lo | Low | Settle | Chg | Open interest |
|---|---|---|---|---|---|---|
| **Coffee (ICE-US)**-37,500 lbs.; cents per lb. | | | | | | |
| Dec | 117.65 | 117.65 | 117.65 | 117.65 | .80 | 136 |
| March'21 | 119.65 | 121.00 | 118.60 | 120.05 | .95 | 116,177 |
| **Sugar-World (ICE-US)**-112,000 lbs.; cents per lb. | | | | | | |
| March | 14.62 | 14.89 | 14.58 | 14.71 | .11 | 413,003 |
| May | 14.03 | 14.19 | 13.94 | 14.04 | .07 | 223,217 |
| **Sugar-Domestic (ICE-US)**-112,000 lbs.; cents per lb. | | | | | | |
| Jan | 28.50 | 28.50 | 28.50 | 28.50 | ... | 1,610 |
| March | 28.51 | 28.51 | 28.51 | 28.51 | -.38 | 3,359 |
| **Cotton (ICE-US)**-50,000 lbs.; cents per lb. | | | | | | |
| Dec | 69.85 | 69.85 | 69.25 | 69.42 | -.57 | 64 |
| March'21 | 71.60 | 71.98 | 71.07 | 71.11 | -.49 | 133,285 |
| **Orange Juice (ICE-US)**-15,000 lbs.; cents per lb. | | | | | | |
| Jan | 125.85 | 127.50 | 125.30 | 126.80 | 1.15 | 6,289 |
| March | 127.40 | 128.20 | 126.55 | 127.95 | 1.20 | 3,942 |

## Interest Rate Futures

| | Open | High hi lo | Low | Settle | Chg | Open interest |
|---|---|---|---|---|---|---|
| **Ultra Treasury Bonds (CBT)**-$100,000; pts 32nds of 100% | | | | | | |
| Dec | ... | ... | ... | 213-290 | 1-19.0 | 30,469 |
| March'21 | 211-050 | 212-180 | 210-210 | 212-060 | 1-19.0 | 1,003,784 |
| **Treasury Bonds (CBT)**-$100,000; pts 32nds of 100% | | | | | | |
| Dec | ... | ... | ... | 171-290 | 22.0 | 51,139 |
| March'21 | 172-140 | 173-040 | 172-050 | 172-280 | 23.0 | 1,109,512 |
| **Treasury Notes (CBT)**-$100,000; pts 32nds of 100% | | | | | | |
| Dec | 137-305 | 138-065 | 137-275 | 138-025 | 7.5 | 79,375 |
| March'21 | 137-165 | 137-260 | 137-140 | 137-210 | 7.5 | 3,107,347 |
| **5 Yr. Treasury Notes (CBT)**-$100,000; pts 32nds of 100% | | | | | | |
| Dec | 125-150 | 125-185 | 125-140 | 125-167 | 2.7 | 81,914 |
| March'21 | 125-242 | 125-282 | 125-230 | 125-262 | 3.2 | 3,043,284 |
| **2 Yr. Treasury Notes (CBT)**-$200,000; pts 32nds of 100% | | | | | | |
| Dec | 110-126 | 110-133 | 110-126 | 110-132 | .7 | 40,276 |
| March'21 | 110-122 | 110-130 | 110-126 | 110-127 | .6 | 1,805,095 |
| **30 Day Federal Funds (CBT)**-$5,000,000; 100 - daily avg. | | | | | | |
| Dec | 99.9125 | 99.9150 | 99.9125 | 99.9125 | ... | 120,495 |
| Jan'21 | 99.9200 | 99.9200 | 99.9150 | 99.9150 | ... | 150,645 |
| **10 Yr. Del. Int. Rate Swaps (CBT)**-$100,000; pts 32nds of 100% | | | | | | |
| Dec | ... | ... | ... | 100-235 | 8.0 | 157,513 |
| **Eurodollar (CME)**-$1,000,000; pts of 100% | | | | | | |
| Dec | 99.7575 | 99.7625 | 99.7525 | 99.7625 | .0050 | 1,103,367 |
| March'21 | 99.7900 | 99.8050 | 99.7900 | 99.8000 | .0050 | 1,133,884 |
| June | 99.8000 | 99.8100 | 99.7950 | 99.8050 | .0050 | 847,506 |
| Dec | 99.7500 | 99.7550 | 99.7450 | 99.7500 | .0050 | 824,964 |

## Currency Futures

| | Open | High hi lo | Low | Settle | Chg | Open interest |
|---|---|---|---|---|---|---|
| **Japanese Yen (CME)**-¥12,500,000; $ per 100¥ | | | | | | |
| Dec | .9578 | .9647 | .9567 | .9620 | .0054 | 181,520 |
| March'21 | .9589 | .9661 | .9582 | .9634 | .0054 | 3,971 |
| **Canadian Dollar (CME)**-CAD 100,000; $ per CAD | | | | | | |
| Dec | .7742 | .7781 ▲ | .7727 | .7779 | .0041 | 136,425 |
| March'21 | .7746 | .7784 ▲ | .7731 | .7782 | .0041 | 7,640 |
| **British Pound (CME)**-£62,500; $ per £ | | | | | | |
| Dec | 1.3374 | 1.3502 ▲ | 1.3353 | 1.3450 | .0091 | 144,781 |
| March'21 | 1.3382 | 1.3512 ▲ | 1.3366 | 1.3461 | .0091 | 5,864 |
| **Swiss Franc (CME)**-CHF 125,000; $ per CHF | | | | | | |
| Dec | 1.1179 | 1.1249 ▲ | 1.1171 | 1.1221 | .0058 | 51,043 |
| March'21 | 1.1215 | 1.1282 ▲ | 1.1206 | 1.1255 | .0058 | 1,165 |
| **Australian Dollar (CME)**-AUD 100,000; $ per AUD | | | | | | |
| Dec | .7414 | .7451 ▲ | .7399 | .7448 | .0046 | 129,494 |
| March'21 | .7419 | .7456 ▲ | .7405 | .7453 | .0045 | 2,845 |
| **Mexican Peso (CME)**-MXN 500,000; $ per MXN | | | | | | |
| Dec | .05001 | .05030 | .04988 | .05020 | .00032 | 145,745 |
| March'21 | .04957 | .04984 | .04943 | .04974 | .00032 | 3,882 |
| **Euro (CME)**-€125,000; $ per € | | | | | | |
| Dec | 1.2116 | 1.2177 ▲ | 1.2103 | 1.2145 | .0043 | 622,031 |
| March'21 | 1.2146 | 1.2205 ▲ | 1.2132 | 1.2174 | .0042 | 29,764 |

## Index Futures

| | Open | High hi lo | Low | Settle | Chg | Open interest |
|---|---|---|---|---|---|---|
| **Mini DJ Industrial Average (CBT)**-$5 x index | | | | | | |
| Dec | 29886 | 30092 | 29755 | 29932 | 64 | 88,990 |
| March'21 | 29782 | 29990 | 29659 | 29830 | 62 | 7,438 |
| **S&P 500 Index (CME)**-$250 x index | | | | | | |
| Dec | 3668.40 | 3673.40 ▲ | 3658.30 | 3664.60 | -2.70 | 32,600 |
| March'21 | ... | ... | ... | 3656.80 | -2.70 | 26 |
| **Mini S&P 500 (CME)**-$50 x index | | | | | | |
| Dec | 3671.00 | 3682.00 ▲ | 3655.25 | 3664.50 | -2.75 | 2,494,833 |
| March'21 | 3663.25 | 3674.00 ▲ | 3647.50 | 3656.75 | -2.75 | 133,159 |
| **Mini S&P Midcap 400 (CME)**-$100 x index | | | | | | |
| Dec | 2194.20 | 2216.20 | 2183.40 | 2202.70 | 12.20 | 53,476 |
| March'21 | 2191.00 | 2210.00 | 2186.70 | 2198.90 | 11.60 | 2 |
| **Mini Nasdaq 100 (CME)**-$20 x index | | | | | | |
| Dec | 12472.00 | 12540.25 ▲ | 12444.00 | 12462.25 | 8.00 | 238,420 |
| March'21 | 12474.50 | 12535.00 ▲ | 12443.00 | 12459.50 | 8.25 | 6,117 |
| **Mini Russell 2000 (CME)**-$50 x index | | | | | | |
| Dec | 1842.30 | 1860.80 | 1830.30 | 1847.20 | 9.70 | 550,108 |
| **Mini Russell 1000 (CME)**-$50 x index | | | | | | |
| Dec | 2046.30 | 2070.60 ▲ | 2057.50 | 2060.80 | 1.30 | 9,047 |
| **U.S. Dollar Index (ICE-US)**-$1,000 x index | | | | | | |
| Dec | 91.07 | 91.10 ▼ | 90.51 | 90.72 | -.40 | 35,676 |
| March'21 | 91.03 | 91.03 ▼ | 90.44 | 90.65 | -.41 | 1,773 |

Source: FactSet

资料来源：*The Wall Street Journal*, December 4, 2020, www. wsj.com.

小麦合约的某个人，告诉他必须做好在随后几天内接受交割的准备。虽然每家交易所是以不同的方式来选择购买者的，但选择购买者一般按随机的方式进行。由于任何时候都有如此之多的购买者，因此由结算所选择来提货的购买者几乎可以肯定不是向现在交货的销售者购买了这些期货合约。

其次，期货合约在交易所内交易，而远期合约一般在交易所外交易。因此，期货合约一般会有流动性良好的市场。购买者可以通过出售期货头寸来平仓，而销售者则可通过购买期货头寸来平仓。期货合约的购买者假如随后不将其合约出售，就必须进行交割。

最后，也是最重要的一点，期货合约的价格是**逐日盯市**（marked to the market）的，假定在星期五收盘时价格跌至4.05美元。由于所有购买者在当日每蒲式耳损失2美分，所以在24小时内他们中的每个人都必须每蒲式耳拨给其经纪人2美分，这些经纪人随后将收入划给结算所。由于所有销售者在当日每蒲式耳赢利2美分，所以他们中的每个人都从其经纪人处每蒲式耳收到2美分，这些经纪人随后从结算所获得补偿。因为每个销售者都有一个购买者，所以结算所必定每天收支平衡。

现在假定在下个星期一收盘时价格涨至4.12美元。每个购买者每蒲式耳收到0.07（=4.12-4.05）美元，而每个销售者则必须为每蒲式耳付出7美分。最后，假定在星期一某个销售者通知他的经纪人自己打算交割。⊖交割价格将是4.12美元，即星期一的收盘价。

显然期货合约包含许多现金流量。然而，当尘埃落定之后，对于购买者，净价格必定等于当初的购买价格，也就是说，按星期四的收盘价4.07美元购买而在星期一被要求进行交割的人，在星期五每蒲式耳要付出2美分，在星期一则每蒲式耳收到7美分且按4.12美元进行交割。每蒲式耳的净现金流出量是 −4.07（=−0.02 + 0.07−4.12）美元，等于他在星期四的签约价格（我们的分析忽略货币的时间价值）。相反，按星期四的收盘价4.07美元出售且在下星期一通知他的经纪人进行交割的人，在星期五每蒲式耳收到2美分，在星期一支付7美分并以4.12美元进行交割。每蒲式耳的净现金流入量是4.07（=0.02 − 0.07+4.12）美元，等于他在星期四的签约价格。

| 专栏 | 关于期货合约逐日盯市例子的说明 |

购买者和销售者原先以星期四的收盘价进行交易。交割按星期一的收盘价进行。

| | 星期四<br>9月19日 | 星期五<br>9月20日 | 星期一<br>9月23日 | 交割（销售者在星期一通知） |
|---|---|---|---|---|
| 收盘价 | 4.07 美元 | 4.05 美元 | 4.12 美元 | |
| 购买者 | 购买者以每蒲式耳4.07美元的收盘价购进期货合约 | 购买者必须在一个营业日内按每蒲式耳2美分支付给结算所 | 购买者在一个营业日内每蒲式耳从结算所收到7美分 | 购买者在两个营业日内为每蒲式耳支付4.12美元且收到小麦 |
| | 购买者每蒲式耳 −4.07（=−0.02 + 0.07−4.12）美元的净支出与假定他购进每蒲式耳4.07美元的远期合约时是一样的 | | | |
| 销售者 | 销售者以每蒲式耳4.07美元的收盘价售出期货合约 | 销售者在一个营业日内每蒲式耳从结算所收到2美分 | 销售者在一个营业日内按每蒲式耳7美分支付给结算所 | 销售者在两个营业日内每蒲式耳收到4.12美元且交出小麦 |
| | 销售者每蒲式耳4.07（=0.02−0.07 + 4.12）美元的净收入与假定他售出每蒲式耳4.07美元的远期合约时是一样的 | | | |

注：为简便起见，我们假设购买者与销售者既同时开始交易，也在交割过程中相遇。实际上这在现实生活中极不可能发生，因为结算所是以随机的方式分配购买者去进行交割的。

这些细节在专栏中已给出。为简便起见，我们假定最初在星期四收盘时交易的购买者和销售者在交割过程中相遇。⊜本例的要点是，如果购买者也是按每蒲式耳4.07美元的价格购买远期合约，那么他的净支出与上述购买期货合约的净支出是一样的，都是每蒲式耳4.07美元。同样，如果销售者也是按每蒲式耳4.07美元的价格销售远期合约，那么他的净收入与上述销售期货合约的净收入是一样的，都是每蒲式耳4.07美元。唯一的区别是

⊖ 他将在两天后的星期三交割。

⊜ 正如前面所指出的，这实际上极不可能在现实生活中出现。

现金流量的时间记录。远期合约的购买者知道他将在到期日做 4.07 美元的一次性支付。他不必担心期内的任何其他现金流量。相反，虽然对期货合约的购买者而言现金流量的净值也将是 4.07 美元，但是现金流量的形式事先并不知道。

期货合约逐日盯市这种规定产生了两种相关的影响。第一种影响与净现值差异有关。例如，购进后价格立即大幅下跌对期货合约的购买者意味着马上支付一大笔现金。虽然 4.07 美元的净流出量仍然和远期合约相同，但对期货合约的购买者而言现金流出量的现值较大。当然，若购进之后价格上涨，对期货合约的购买者来说现金流出量的现值就较小。⊖尽管这种影响在某些理论环境中可能较大，但在实际生活中的重要性似乎相当有限。⊜

第二种影响是，公司必须有足够的流动性以应付到期之前突发的现金流出量。这种附加风险可能使期货合约缺乏吸引力。

学生常问："为何现实中商品交易所的经理要用这些怪异的逐日盯市规定来毁掉那些极好的合约呢？"实际上，理由是相当充分的。想一想表 25-1 那个与鞋店有关的远期合约。假定公众很快就对那些跑鞋失去兴趣，那么在该鞋店通知购买者时，其他鞋店可能已将该跑鞋的价格降至 175 美元。由于远期合约的定价是 200 美元，因此这会促使购买者不对该远期合约进行交割。反之，假如该跑鞋变成走俏品而卖到 225 美元，鞋店可能根本就不通知购买者。

正如所指出的那样，远期合约有相当大的缺陷。无论可交割工具的价格上涨还是下跌，总会刺激某一方违约。现实中已经发生过许多违约的案例。一个著名的案例涉及可口可乐公司。可口可乐公司在 20 世纪初开业时，签订了以永远不变的价格供应其装瓶商和经销商可乐糖浆的协议。自然，假如可口可乐公司遵守该协议，后来的通货膨胀将会使它损失巨大。最后经过艰苦的法律努力，可口可乐公司与其装瓶商在合约中加进了**通货膨胀调整条款**。另一个著名的案例涉及西屋电气公司。该公司承诺以固定价格为某些公用事业公司提供铀。20 世纪 70 年代，铀的价格猛涨，使西屋电气公司每次发货都赔钱。西屋电气公司不再履行协议。公用事业公司将西屋电气公司告上法庭，但通过法庭所挽回的金额离西屋电气公司拖欠这些公司的金额还差很远。

逐日盯市的规定使期货合约违约的可能性最小化。假如价格上涨，销售者会产生不履行期货合约的动机。然而，在支付保证金给结算所之后，期货合约的销售者没有理由违约。假如价格下跌，我们也可对购买者做同样的推论。由于标的资产的价值变动每天都得到确认，因此损失就不会累积，违约的动机也减少了。

由于违约问题，因此远期合约双方一般是那些相识且能互相信任的个人和机构。但正如 W. C. Fields 所说："相信每个人，但要切牌。"律师们制定了行文严密的远期合约，甚至是朋友之间的合约，并赚取了可观的费用。逐日盯市制度的实质是，它能防止在那些最可能出现违约的场合，即在互不相识的投资者之中发生的违约事件。几十年前关于期货合约的教科书通常都有这样的陈述："在商品交易所不曾发生过重大违约事件。"但在 20 世纪 70 年代亨特兄弟公司撕毁白银合约事件之后出版的教科书中，没有一本敢这样断言。不过，期货合约极低的违约率确实令人敬佩。

## 25.4 套期保值

既然我们已明确了期货合约如何交易，现在我们来谈谈套期保值。套期保值有多头套期保值和空头套期保值两种类型。我们先讨论空头套期保值。

### 例 25-1 利用期货进行套期保值

6 月，美国中西部的一位农场主伯纳德·阿贝曼预期在 9 月底能够收获 50 000 蒲式耳小麦。他有两种选择。（1）以其预期收获签订期货合约。6 月 1 日，9 月小麦合约在芝加哥期货交易所正以每蒲式耳 3.75 美元的价

---

⊖ 对于期货合约的销售者，方向是相反的。然而，远期合约与期货合约现金流量的净现值可能不同这个一般观点对于销售者也是成立的。

⊜ 参见 John C. Cox, Jonathan E. Ingersoll, and Stephen A. Ross, "The Relationship between Forward and Future Prices," *Journal of Financial Economics* (1981)。

格交易。他进行了下列交易。

| 交易日 | 交易量 | 每蒲式耳价格 |
| --- | --- | --- |
| 6月1日 | 签订10份9月期货合约 | 3.75美元 |

他注意到到芝加哥指定交割地点的运输成本是每蒲式耳30美分。因而，他得到的每蒲式耳的净价是3.45（＝3.75−0.30）美元。

（2）不签订期货合约。相反，伯纳德先生可以在没有期货合约的情况下收获小麦。无人知晓9月小麦的现金价格是多少，因此这时的风险是相当大的。假如价格上涨，他将获利；反之，假如价格下跌，他将遭受损失。

我们称策略（2）为非套期保值状况，因为该策略不打算利用期货市场来减少风险。与之相反，策略（1）包含着套期保值。也就是说，期货市场头寸将抵消实际商品头寸的风险。

虽然套期保值也许看来对你相当实用，但应该说并非所有人都做套期保值。伯纳德先生至少可能基于两个理由而拒绝套期保值。

首先，他可能根本就不懂套期保值。我们发现，并非每个从事商业的人都理解套期保值的概念。许多经理告诉我们，他们不想利用期货市场为他们的存货套期保值，因为风险太大。但是，我们不同意这种观点。在这些市场出现大的价格波动时，套期保值实际上会减少持有存货的个体所承担的风险。

其次，伯纳德先生可能持有特殊见解或得到一些特定信息，认定商品价格即将上涨，假如他预期9月小麦的现货价格将大大超过3.75美元，他将价格锁定为3.75美元就是不明智的。

最后，如果小麦价格上涨，伯纳德先生可能想激进地投资于新的农场运营，而如果小麦价格下跌，他则想收缩规模。如果不套期保值的话，他的现金流量将自然地与投资目标先匹配。遵循本章前面描述的Froot、Scharfstein和Stein模型的思想，伯纳德先生决定不把现金流量的所有风险都对冲掉。

策略（1）的套期保值被称为**空头套期保值**（short hedge），因为伯纳德先生通过售出期货合约来减少他的风险。空头套期保值在商业中很普通。无论某人是预期收到存货还是正持有存货，都会发生这种交易。伯纳德先生正在期待小麦收成。一位豆粕和大豆油的加工商可能持有大量已付款的未加工大豆。然而，豆粕和大豆油所能得到的价格是未知的，因为无人知晓当豆粕和大豆油加工出来时市场价格会是多少。该加工商可以签订豆粕和大豆油的期货合约来锁定销售价格。抵押银行家可能在将抵押契据成批出售给金融机构之前慢慢聚集抵押契据。在抵押契据库存期间，利率的变动影响着抵押契据的价格。抵押银行家可能出售国债的期货合约，以抵消这种利率风险。

### 例25-2 更多关于套期保值

Moon Chemical公司在4月1日同意将来向美国政府出售石油化工产品。交割日与价格都已确定。石油是生产过程的基本原料，因此Moon Chemical公司必须拥有大量的石油。公司可按以下两种方式之一得到石油。

（1）按公司的需要购买石油。这是非套期保值状况，因为公司在4月1日不知道未来应按什么价格为石油付款。石油是价格相当易变的商品，所以Moon Chemical公司将承担极大的风险。承担这种风险的主要原因是，对美国政府的销售价格已经被固定下来。因此，Moon Chemical公司无法将增加的成本转嫁给客户。

（2）购买期货合约。<sup>⊖</sup>公司可以购买到期月份与其必须库存的日期对应的合约。该期货合约锁定Moon Chemical公司的购买价格。由于每个月份都有到期的原油期货合约，因此选择一个正确的期货合约并不困难。其他许多商品的期货合约每年仅有5个，常常只能买到与生产月份相差一个月到期的期货合约。

如前所述，由于无法将增加的任何成本转嫁给客户，因此Moon Chemical公司对石油价格波动风险的套期保值有兴趣。换一种情况，假定Moon Chemical公司不以固定合约向美国政府销售石油化工产品，并设想其石油化工产品是以当时通行的价格销售给私人企业。因为石油是石油化工产品的主要成分，所以石油化工产品的价格应当直接随石油价格变动。由于增加的成本有可能转嫁客户，因此在这种情形下，Moon Chemical公司可

---

⊖ 或者，公司也可以在4月1日购买石油并储存它。这将消除价格变动的风险，因为公司的石油成本将由即期购买来固定。然而，在4月1日报盘的期货合约与4月1日现金价格之差小于库存成本的一般情况下，这种策略不如策略（2）。

能不想做套期保值。该公司反倒可能选择策略（1），即在需要的时候购买石油。假如从4月1日到9月1日石油的价格上涨了，Moon Chemical 公司自然会发现其投入变得相当昂贵。然而，在竞争市场上其收入同样也可能增加。

策略（2）被称为**多头套期保值**（long hedge），因为公司购进期货合约以降低风险。换言之，公司在期货市场上选取多头。一般地，当公司承担固定销售价格时，它将实行多头套期保值。一类情形包括与客户的书面合约，就如 Moon Chemical 公司与美国政府的合约那样。另外的情形是，公司可能发现它不能容易地将成本转嫁给客户，或它不想将这些成本转嫁出去。例如，20世纪70年代后期，一群学生在宾夕法尼亚大学附近开了一家名叫"你要何种牛肉"的小型肉类市场。⊖你也许记得那是在消费价格，尤其是食品价格多变的时期。由于知道同学们特别具有预算意识，因此业主们保证保持食品价格不变，不考虑价格的涨跌。而他们的确是通过购买各种农产品的期货合约来做到这一点的。

## 25.5 利率期货合约

在本节中我们考虑利率期货合约。由于长期国债期货合约极为普遍，因此我们将以它为例进行讨论。我们先为长期国债和长期国债远期合约定价，然后揭示期货合约和远期合约的区别。下面给出套期保值的例子。

### 25.5.1 长期国债定价

正如本书前面所说的，长期国债在其期限内每半年支付一次利息。此外，债券的面值在到期日支付。考虑3月1日发行、期限20年、附有8%息票的债券。第一次支付应在6个月后，即9月1日发生。该债券的价值可确定如下：

**长期国债定价**

$$P_{\text{TB}} = \frac{40}{1+R_1} + \frac{40}{(1+R_2)^2} + \frac{40}{(1+R_3)^3} + \cdots + \frac{40}{(1+R_{39})^{39}} + \frac{1\,040}{(1+R_{40})^{40}} \tag{25-1}$$

因为8%息票债券一年支付80美元利息，所以半年利息是40美元。本金和最后半年的利息都在到期日付清。正如我们在上一章中提到的，长期国债的价格 $P_{\text{TB}}$ 是通过以适当的即期利率贴现债券的每次支付来确定的。因为支付以半年为间隔，所以每个即期利率都是按半年期表示的。想象一个水平的期限结构，所有期限的有效年收益率都是8%。因为每个即期利率 $R$ 都按半年期来表示，所以每个即期利率都是 $\sqrt{1.08} - 1 = 3.92\%$。由于每6个月出现一次息票支付，故在整个20年期间有40个即期利率。

### 25.5.2 远期合约定价

现在，设想一个3月1日的远期合约，你同意在6个月后（即9月1日）购进新的20年期的8%息票长期国债。如同持有典型的远期合约那样，你将在9月1日，而不是3月1日付款购买该债券。3月1日发行的长期国债和你在3月1日购进的远期合约的现金流量由图25-1给出。长期国债的现金流量正好比远期合约的现金流量早6个月开始。你在3月1日（日期0）以现金购进该国债，9月1日（日期1）出现第一次利息支付。第40期出现与1 000美元面值一起付清的最后一次利息支付。远期合约迫使你在9月1日（日期1）支付 $P_{\text{FORW.CONT.}}$，即远期合约的价格。你在那时收到新国债。你收到的来自该债券的第一次利息支付出现在下一年的3月1日（日期2）。与1 000美元面值一起，最后一次利息支付出现在第41期。

---

⊖ 通常，本书中的怪异名称是为了提示你它是杜撰出来的。然而，此处这个名称是真实的。

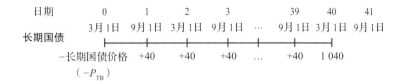

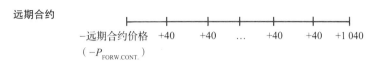

图25-1　长期国债和长期国债远期合约的现金流量（单位：美元）

给定40个即期利率，式（25-1）表明如何为长期国债定价。那么，怎样为长期国债的远期合约定价呢？正如我们在本书前面看到的，净现值分析可以用于为债券定价。现在我们要说明净现值分析也可以用来为远期合约定价。给定图25-1中远期合约的现金流量，远期合约的价格必须满足下列方程：

$$\frac{P_{\text{FORW.CONT.}}}{1+R_1} = \frac{40}{(1+R_2)^2} + \frac{40}{(1+R_3)^3} + \frac{40}{(1+R_4)^4} + \cdots + \frac{40}{(1+R_{40})^{40}} + \frac{1\,040}{(1+R_{41})^{41}} \tag{25-2}$$

式（25-2）的右边将来自该交割工具（9月1日发行的长期国债）的所有现金流量贴现到日期0（3月1日）的现值。因为第一个现金流量出现于日期2（下一年的3月1日），所以它用$1/(1+R_2)^2$贴现。最后一个现金流量1 040美元出现在日期41，所以它用$1/(1+R_{41})^{41}$贴现。式（25-2）的左边表示远期合约在日期0的成本。因为实际支出发生在日期1，所以它用$1/(1+R_1)$贴现。

学生们常问："当实际上是在9月1日做远期合约支付时，为什么我们要将所有流量贴现为日期0的现值？"答案是，我们将应用于所有资本预算问题的相同技巧应用于式（25-2）：我们想使每笔现金都用今天（日期0）的美元来表示。假定知道市场上的即期利率，交易者用式（25-2）给远期合约定价应该不会比用式（25-1）给长期国债定价更麻烦。

远期合约与标的债券本身相似。若在3月2日利率期限结构意外上移，则前一天发行的长期国债价值会下降。这一点可从式（25-1）中看到。每一次即期利率的上升都会使每次息票支付的现值减少。这样，债券价值必定减少。反之，利率期限结构下移则使债券价值增加。

同样的关系对远期合约也成立，这可由式（25-2）的以下变形看到：

$$P_{\text{FORW.CONT.}} = \frac{40 \times (1+R_1)}{(1+R_2)^2} + \frac{40(1+R_1)}{(1+R_3)^3} + \frac{40(1+R_1)}{(1+R_4)^4} + \cdots +$$
$$\frac{40 \times (1+R_1)}{(1+R_{40})^{40}} + \frac{1\,040 \times (1+R_1)}{(1+R_{41})^{41}} \tag{25-3}$$

我们是通过在式（25-2）的左右两边各乘以（$1+R_1$），将式（25-2）变为式（25-3）的。若在3月2日利率期限结构意外上移，式（25-3）右边第1项的值会减少。[注]也就是说，$R_1$和$R_2$将增加相同的数量。然而，$R_2$是作为平方后的项$1/(1+R_2)^2$加入的，所以由$R_2$引起的增加值比由$R_1$引起的要大。随着我们沿式子向右移动，任何一个即期利率$R_i$的增加都比$R_1$的增加有更大的作用。此处$R_i$是以$i$次幂$1/(1+R_i)^i$加入方程的。因此，只要所有利率期限结构在3月2日均上移相同的数量，远期合约的价值在该日必然减少。反之，只要所有利率期限结构在3月2日均下移相同的数量，远期合约的价值必定增加。

---

　○　我们假设每个即期利率变动相同的数量。例如，假定在3月1日有$R_1=5\%$、$R_2=5.4\%$和$R_3=5.8\%$。假定在3月2日所有利率增加0.5%，$R_1$变为5.5%（=5%+0.5%），$R_2$变为5.9%，$R_3$变为6.3%。

### 25.5.3 期货合约

以上讨论涉及的是美国长期国债的远期合约，即以美国长期国债为可交割工具的远期合约。那么长期国债期货合约的情况又如何呢？⊖我们早些时候提到过，远期合约与期货合约是十分相似的，尽管它们有些区别。首先，期货合约一般在交易所交易，而远期合约不在交易所交易。在我们这个例子中，长期国债期货合约是在芝加哥期货交易所交易的。其次，期货合约一般允许销售者有一个交割期，而远期合约一般要求在特定的某日交割。长期国债期货合约的销售者可以选择在交割月内的任何一个营业日进行交割。⊖再次，期货合约受逐日盯市惯例的约束，而远期合约则不受此限制。国库券期货合约的交易者必须遵从这个惯例。最后，对于期货合约，通常有一个使合约快速平仓的流动市场。也就是说，购买者可以在任何时间售出他的期货合约，而销售者可以在任何时候购回他的期货合约。与此相反，因为远期市场一般相当缺乏流动性，所以交易者不易将他们的合约头寸平仓。国债期货合约的普遍性使它产生了高于其他期货合约的流动性，这种期货合约的头寸可以被轻易地平仓。

上述讨论并非打算穷尽国债远期合约与长期国债期货合约之间的相异点，反倒是想说明这两种合约都具有的基本特性。尽管有差异，但我们仍应将这两种工具视为同一种类的变种，而不是不同的种类。因此，远期合约的精确定价公式式（25-3）对于期货合约应当是一个不错的近似。

### 25.5.4 利率期货的套期保值

既然已经了解了基本的制度细节，现在我们准备举例说明如何利用长期国债的期货合约或远期合约进行套期保值。由于长期国债的期货合约极为普遍，而其远期合约交易则是偶尔为之，所以我们采用期货合约的例子。

**例25-3 利率套期保值**

特蕾西拥有一家按揭贷款公司。3月1日，她承诺于5月1日向各类住房所有人提供总额为100万美元的贷款。该贷款是带有12%息票（当时抵押贷款的通行利率）的20年期按揭贷款，因而该按揭贷款是按平价贷出的。虽然住房所有人不使用这种术语，但我们可以说，她在购买按揭贷款的远期合约。也就是说，她在3月1日同意于5月1日支付100万美元给她的借款人，以交换今后20年内他们每月归还的本金和利息。

正如许多按揭贷款公司那样，她不打算从自己的口袋里支出这100万美元。相反，她打算将这些按揭贷款出售给保险公司。因而，实际上保险公司将贷出这些资金，并在今后20年期间收到本金和利息。特蕾西目前尚未想好联系哪家保险公司。她计划在今后60天将这些按揭贷款出售给它们中的一家或几家。她设定4月30日为这种销售的截止日期，因为借款人希望在下一天得到资金。

假定特蕾西在4月15日将按揭贷款出售给艾克米保险公司。对这些债券，艾克米公司将按什么价格支付？

你可能认为该保险公司显然将支付100万美元购买这些贷款。然而，假设在4月15日前利率升至12%以上，则该保险公司将按一个折扣购买这些按揭贷款。例如，该保险公司只同意支付94万美元购买该按揭贷款。由于按揭贷款公司同意贷给借款人100万美元，所以该公司必须从自己的口袋里掏出附加的6（＝100-94）万美元来填补缺口。

相反，假设在4月15日前利率降至12%以下。在这种情况下，按揭贷款将以一个溢价售出。假如保险公司按105万美元购买该按揭贷款，按揭贷款公司将挣得5（＝105-100）万美元的意外利润。

因为特蕾西不能预测利率，所以这种风险是她希望避免的。表25-3是对这种风险的汇总。

看到利率风险，学生这时会问："按揭贷款者如何避免这笔贷款的风险敞口呢？"特蕾西想将按揭贷款出售给保险公司，以便能够得到两笔费用。第一笔是保险公司在4月15日，即贷款售出日付给按揭贷款公司的贷款发放费。此费用在某些地区的行业标准是贷款价值的1%，即1（＝1%×100）万美元。此外，特蕾西将充当保险

---

⊖ 债券期货合约也被称为**利率期货合约**。

⊖ 交割在销售者通知结算所打算交割之后两天进行。

公司的收款代理人。由于这项服务，她每月将收到该贷款未偿余额的一小部分。例如，若每月支付给她贷款的 0.03%，她在第 1 个月将收到 300（＝0.03%×100 万）美元。随着贷款未偿余额的减少，她将收到的款额也变少。

**表 25-3 利率变动对按揭贷款者特蕾西的影响**

| | 4 月 15 日的按揭贷款利率 | |
| --- | --- | --- |
| | 12% 以上 | 12% 以下 |
| 对艾克米保险公司的销售价格 | 低于 100 万美元（我们假定为 94 万美元） | 高于 100 万美元（我们假定为 105 万美元） |
| 对按揭贷款者的影响 | 她因必须贷给借款人 100 万美元而遭受损失 | 她因只需贷给借款人 100 万美元而获利 |
| 损失或获利额 | 损失 6（＝100-94）万美元 | 获利 5（＝105-100）万美元 |

注：3 月 1 日与借款人签订贷款协议，利率为 12%。4 月 15 日将按揭贷款出售给艾克米保险公司。

虽然特蕾西将在贷款上挣到合算的费用，但她承担着利率风险。若利率在 3 月 1 日之后上升，她将损失一笔钱；而若利率在 3 月 1 日之后下降，她将获利。为了对冲这种风险，她在 3 月 1 日签订了 6 月长期国债期货合约。和做按揭贷款一样，长期国债期货合约在利率上升时贬值。由于她签了合约，当这些合约贬值时她能从中挣到钱。因此，随着利率的上升，她在按揭贷款上承受的损失就被她在期货市场上获得的收益所抵消。反之，长期国债期货合约在利率下降时升值。由于她签了合约，当利率下降时她在合约上要遭受损失。随着利率的下降，她在按揭贷款上获得的收益就被她在期货市场上遭受的损失所抵消。

这笔套期保值的细节由表 25-4 给出。中间列标明"现货市场"，因为按揭贷款市场上的买卖是在交易所外进行的。右边的列显示了在期货市场上的对冲交易。考虑第 2 行，按揭贷款者在 3 月 1 日签订远期合约。她同时也签下长期国债期货合约。因为每份合约上的可交割工具是 10 万美元的国债，所以共签了 10 份，总计 100（＝10×10）万美元，等于按揭贷款的价值。特蕾西更愿意签订 5 月长期国债期货合约。这样，国债就能在提供贷款的同一个月内根据期货合约被交割。由于没有 5 月长期国债期货合约，因此特蕾西通过 6 月合约来实现最接近的匹配。

**表 25-4 对按揭贷款者特蕾西的套期保值策略的说明**

| | 现货市场 | 期货市场 |
| --- | --- | --- |
| 3 月 1 日 | 按揭贷款者签订利率为 12%、总额为 100 万美元的 20 年期远期合约。贷款资金在 5 月 1 日发放，在 3 月 1 日没有现金转手 | 按揭贷款者签订 10 份 6 月长期国债期货合约 |
| 4 月 15 日 | 贷款被出售给艾克米保险公司。按揭贷款者将在 5 月 1 日这个贷款发放日从艾克米公司得到销售价格 | 按揭贷款者购回所有期货合约 |
| 若利率上升 | 贷款以低于 100 万美元的价格售出。按揭贷款者因收到的款额低于她必须提供给借款人的 100 万美元而遭受损失 | 每份期货合约以低于销售价的价格购回，因而产生利润。按揭贷款者在期货市场上的收益抵消了她在现货市场上的损失 |
| 若利率下降 | 贷款以高于 100 万美元的价格售出。按揭贷款者因收到的款额高于她必须提供给借款人的 100 万美元而获得利润 | 每份期货合约以高于销售价的价格购回，结果招致损失。按揭贷款者在期货市场上的损失抵消了她在现货市场上的收益 |

假如持有 6 月合约直到期满，该合约将要求按揭贷款者在 6 月交割国债。现货市场的利率风险在贷款售出时终止。此时期货市场上的利率风险必须消除。因此，特蕾西一将贷款出售给艾克米保险公司就立即将她的期货合约头寸平仓。

正如我们所示，通过在期货市场上的对冲交易，风险显然减少了。然而，风险被完全消除了吗？仅当现货市场上的损失恰好被期货市场上的收益抵消时，风险才完全被消除反之亦然。但这是不可能发生的，因为按揭贷款和长期国债不是等同的工具。第一，按揭贷款的到期日可能和长期国债的到期日不一致。第二，长期国债和按揭贷款有不同的支付现金流量。长期国债的本金只在到期日支付，而按揭贷款的本金则是每月支付。因为按揭贷款连续支付本金，所以这种工具的实际期限比有相同到期日的长期国债要短些。[⊖]第三，按揭贷款有违约

---

⊖ 或者，我们可以说按揭贷款久期比相同期限的长期国债短。久期的准确定义在本章后面给出。

风险，而长期国债则没有。甚至当无风险资产的利率期限结构维持不变时，适用于含违约风险的工具的利率期限结构也可能改变。第四，按揭贷款可以较早付清，从而有比长期国债短的期望到期期限。

因为按揭贷款和长期国债不是等同的工具，所以利率对它们的影响是不一样的。假如长期国债的波动性小于按揭贷款，财务顾问可能建议特蕾西签订10份以上的期货合约。反之，假如这些债券更具波动性，财务顾问可能断言少于10份期货合约是必要的。期货对按揭贷款的最优比例将尽可能大地降低风险。然而，由于按揭贷款和长期国债的价格运动不是完全相关的，所以特蕾西的套期保值策略不可能消除所有的风险。

上述策略被称为**空头套期保值**，因为特蕾西为了减少风险而售出期货合约。虽然它所涉及的是利率期货合约，但这种空头套期保值与农产品及金属期货合约的空头套期保值是相似的。在本章开头我们论证过，个人和公司实行空头套期保值以抵消存货价格的波动。一旦特蕾西为放款给借款人而签订期货合约，这些按揭贷款实际上就成为她的存货。她签订期货合约来抵消其存货的价格波动。

现在我们来考虑按揭贷款者进行多头套期保值的一个例子。

### 例 25-4　短期与长期的套期保值

玛格丽特是另一位按揭贷款者。她的公司面临着与特蕾西的公司相似的问题。然而，她通过利用一种与特蕾西截然相反的策略，即**预先承诺**（advance commitments）的方式，来解决这些问题。也就是说，她在与借款人签约之前承诺向金融机构交割贷款。3月1日，她的公司同意出售按揭贷款给诺州保险公司。协议指明她必须在5月1日前交付面值100万美元的12%息票按揭贷款给诺州保险公司。诺州保险公司将按面值购买按揭贷款，这意味着该公司将在5月1日支付给玛格丽特100万美元。3月1日，玛格丽特未和任何借款人签约。在接下来的两个月里，她将物色那些需要始于5月1日的按揭贷款的个人。

和特蕾西一样，利率变动对玛格丽特也有影响。若利率在她和借款人签约之前下降，借款人将要求12%息票贷款有一个溢价。也就是说，借款人在5月1日将收到高于面值的贷款。<sup>⊖</sup>因为玛格丽特从保险公司收到的只是面值，所以她必须补足差额。

相反，若利率上升，12%附息贷款将按一个折价签约。也就是说，借款人在5月1日将收到低于面值的贷款。因为玛格丽特从保险公司收到的是面值，所以差额是她的纯利润。

表 25-5 提供了所有细节。和特蕾西一样，玛格丽特看到了令人忧心的风险。因此，她以期货市场上的交易来抵消预先承诺的影响。由于当利率下降时，她在现货市场上会有损失，所以她购买期货合约以减少风险。当利率下降时，她的期货合约将升值。在期货市场上的收益将抵消在现货市场上的损失。反之，当利率上升时，她在现货市场上将获利。她的期货合约因利率上升而减少的价值将抵消她在现货市场中的收益。

**表 25-5　对按揭贷款者玛格丽特的预先承诺的说明**

| | 现货市场 | 期货市场 |
|---|---|---|
| 3月1日 | 按揭贷款者签订远期合约（预先承诺）向诺州保险公司交割100万美元的按揭贷款。该保险公司将于5月1日支付给玛格丽特贷款面值。借款人将于5月1日从按揭贷款者那里得到他们的资金。按揭贷款是20年期的12%息票贷款 | 按揭贷款者购买10份6月长期国债期货合约 |
| 4月15日 | 按揭贷款者与借款人签订20年期的12%息票按揭贷款。她保证借款人将于5月1日收到资金 | 按揭贷款者售出所有的期货合约 |
| 若利率上升 | 按揭贷款者按折价向借款人发放按揭贷款。按揭贷款者因从保险公司收到面值而获利 | 期货合约以低于购买价格的价格售出，因而招致损失。按揭贷款者在期货市场上的损失抵消了她在现货市场上的盈利 |
| 若利率下降 | 贷款按溢价向借款人发放。按揭贷款者因只从保险公司收到面值而遭受损失 | 期货合约以高于购买价格的价格售出，因而产生利润。按揭贷款者在期货市场上的盈利抵消了她在现货市场上的损失 |

我们称这种策略为**多头套期保值**，因为玛格丽特通过购买期货合约来抵消她在现货市场上的风险。虽然涉

---

⊖ 另一种选择是，采用低于12%的息票利率，使按揭贷款仍然保持面值。然而，由于保险公司只想购买利率为12%的按揭贷款，所以这种做法行不通。

及的是利率期货合约，但这种多头套期保值和农产品及金属期货市场上的多头套期保值是相似的。在本章开头我们论证过，个人和公司在其产成品按固定价格售出时实行多头套期保值。一旦玛格丽特对诺州保险公司做出预先承诺，她就固定了她的销售价格。她购买期货合约来抵消其原材料（即按揭贷款）的价格波动。

## 25.6 久期套期保值

本章最后一节涉及利率变动风险。我们现在要以更精确的方式揭示这种风险。特别地，我们想指出久期的概念是利率风险的基本决定因素。我们从考虑利率变动对债券价格的影响开始。

### 25.6.1 零息债券的情形

想象一个在所有期限上利率都是 10% 的世界。1 年期纯贴现债券在到期日支付 110 美元。5 年期纯贴现债券在到期日支付 161.05 美元。这两种债券在今天都价值 100 美元，如下所示: [注]

**1 年期纯贴现债券的价值**

$$100=\frac{110}{1.10}$$

**5 年期纯贴现债券的价值**

$$100=\frac{161.05}{(1.10)^5}$$

当利率变动时，哪一种债券的变动较大？为找到答案，我们计算当利率分别为 8% 和 12% 时这些债券的价值。结果列示于表 25-6。正如所见，5 年期债券比 1 年期债券有更大的价值波动。也就是说，当利率为 10% 时，两种债券都价值 100 美元；当利率为 8% 时，5 年期债券的价值大于 1 年期债券的价值；而当利率为 12% 时，5 年期债券的价值小于 1 年期债券的价值。我们断言 5 年期债券具有较大的价值波动性。在本章前面章节的论述中曾提到过这一点，它是不难理解的。分母中含利率的项 $1+R$，对于 5 年期债券取 5 次方，而对于 1 年期债券则只取 1 次方。因此，对 5 年期债券而言利率变动的作用被放大了。一般原则是:

长期纯贴现债券的价格变动百分率大于短期纯贴现债券的价格变动百分率。

**表 25-6 作为利率之函数的纯贴现债券的价值** （单位：美元）

| 利率 /% | 1 年期纯贴现债券 | 5 年期纯贴现债券 |
|---|---|---|
| 8 | $101.85=\dfrac{110}{1.08}$ | $109.61=\dfrac{161.05}{(1.08)^5}$ |
| 10 | $100.00=\dfrac{110}{1.10}$ | $100.00=\dfrac{161.05}{(1.10)^5}$ |
| 12 | $98.21=\dfrac{110}{1.12}$ | $91.38=\dfrac{161.05}{(1.12)^5}$ |

注: 对于给定的利率变动，5 年期纯贴现债券比 1 年期纯贴现债券在价值上的波动更大。

### 25.6.2 具有相同到期日但息票不同的两种债券的情形

前述例子涉及的是具有不同到期日的纯贴现债券。现在我们想看看不同息票对价格的影响。为了去除不同到期日的影响，我们来考虑两种具有相同到期日但息票不同的债券。

---

[注] 我们本来可以选择在到期日支付 100 美元的债券。其价值将是 90.91（= 100/1.10）美元和 62.09[= 100/（1.10）$^5$]美元。然而，假如二者有相同的起始价格，我们要进行比较会容易一些。

考虑一种 5 年期 10% 息票债券和一种 5 年期 1% 息票债券。当利率为 10% 时，两种债券定价分别为：

### 5 年期 10% 息票债券的价值

$$100（美元）= \frac{10}{1.10} + \frac{10}{(1.10)^2} + \frac{10}{(1.10)^3} + \frac{10}{(1.10)^4} + \frac{110}{(1.10)^5}$$

### 5 年期 1% 息票债券的价值

$$65.88（美元）= \frac{1}{1.10} + \frac{1}{(1.10)^2} + \frac{1}{(1.10)^3} + \frac{1}{(1.10)^4} + \frac{101}{(1.10)^5}$$

当利率变动时，哪一种债券的价格百分比变动较大？[一]为找出答案，我们计算当利率分别为 8% 和 12% 时这些债券的价值。其结果由表 25-7 给出。正如我们所预期的那样，10% 息票债券总是以高于 1% 息票债券的价格出售。仍如我们所预期的那样，每种债券在利率为 8% 时的价值都高于它在利率为 12% 时的价值。

表 25-7　对应不同利率的息票债券价值 （单位：美元）

| 利率 /% | 5 年期 10% 息票债券 |
| --- | --- |
| 8 | $107.99 = \frac{10}{1.08} + \frac{10}{(1.08)^2} + \frac{10}{(1.08)^3} + \frac{10}{(1.08)^4} + \frac{110}{(1.08)^5}$ |
| 10 | $100.00 = \frac{10}{1.10} + \frac{10}{(1.10)^2} + \frac{10}{(1.10)^3} + \frac{10}{(1.10)^4} + \frac{110}{(1.10)^5}$ |
| 12 | $92.79 = \frac{10}{1.12} + \frac{10}{(1.12)^2} + \frac{10}{(1.12)^3} + \frac{10}{(1.12)^4} + \frac{110}{(1.12)^5}$ |

| 利率 /% | 5 年期 1% 息票债券 |
| --- | --- |
| 8 | $72.05 = \frac{1}{1.08} + \frac{1}{(1.08)^2} + \frac{1}{(1.08)^3} + \frac{1}{(1.08)^4} + \frac{101}{(1.08)^5}$ |
| 10 | $65.88 = \frac{1}{1.10} + \frac{1}{(1.10)^2} + \frac{1}{(1.10)^3} + \frac{1}{(1.10)^4} + \frac{101}{(1.10)^5}$ |
| 12 | $60.35 = \frac{1}{1.12} + \frac{1}{(1.12)^2} + \frac{1}{(1.12)^3} + \frac{1}{(1.12)^4} + \frac{101}{(1.12)^5}$ |

我们对两种债券计算当利率从 10% 变为 8% 和从 10% 变为 12% 时的价格变动百分率。这些价格变动百分率如下表所示。

| | 10% 息票债券 | 1% 息票债券 |
| --- | --- | --- |
| 利率从 10% 变为 8% | $7.99\% = \frac{107.99}{100} - 1$ | $9.37\% = \frac{72.05}{65.88} - 1$ |
| 利率从 10% 变为 12% | $-7.21\% = \frac{92.79}{100} - 1$ | $-8.39\% = \frac{60.35}{65.88} - 1$ |

正如我们所看到的，当利率下降时，1% 息票债券的价格增长百分率大于 10% 息票债券的价格增长百分率。类似地，当利率上升时，1% 息票债券的价格减少百分率也大于 10% 息票债券的价格减少百分率。因此，我们说 1% 息票债券的价格变动百分率大于 5 年期 10% 息票债券的价格变动百分率。

### 25.6.3 久期

当然，问题在于"为什么"。这只有在我们揭示了久期（duration）的概念之后才能回答。我们从说明任何债券实际上都是纯贴现债券的组合开始。例如，5 年期 10% 息票债券是由 5 种纯贴现债券组成的。

（1）在第 1 年年末支付 10 美元的纯贴现债券。

---

[一] 这些债券最初是有不同价格的，因而我们关心的是价格变动百分率，而不是绝对价格变动。

（2）在第 2 年年末支付 10 美元的纯贴现债券。

（3）在第 3 年年末支付 10 美元的纯贴现债券。

（4）在第 4 年年末支付 10 美元的纯贴现债券。

（5）在第 5 年年末支付 110 美元的纯贴现债券。

类似地，5 年期 1% 息票债券也由 5 种纯贴现债券组成。因为纯贴现债券的价格变动是由其期限决定的，所以我们想确定组成 5 年期息票债券的 5 种纯贴现债券的平均期限。这将我们引向久期的概念。

我们分 3 步来计算平均期限。对 10% 息票债券，具体步骤如下。

（1）**计算每次支付的现值**。我们将它写成如下表所示。

（单位：美元）

| 年 | 支付 | 按 10% 贴现的支付的现值 |
| --- | --- | --- |
| 1 | 10 | 9.091 |
| 2 | 10 | 8.264 |
| 3 | 10 | 7.513 |
| 4 | 10 | 6.830 |
| 5 | 110 | 68.301 |
| | | 100.00 |

注：由于四舍五入原因，支付的现值相加为 100 美元。

（2）**以相对项来表示每次支付的现值**。我们计算单次支付现值的相对值，即支付的现值与债券价值之比。债券价值是 100 美元。如下表所示。

（单位：美元）

| 年 | 支付 | 支付的现值 | 相对值 $=\dfrac{\text{支付的现值}}{\text{债券价值}}$ |
| --- | --- | --- | --- |
| 1 | 10 | 9.091 | 9.091/100 = 0.090 91 |
| 2 | 10 | 8.264 | 0.082 64 |
| 3 | 10 | 7.513 | 0.075 13 |
| 4 | 10 | 6.830 | 0.068 30 |
| 5 | 110 | 68.301 | 0.683 01 |
| | | 100.00 | 1.0 |

注：由于四舍五入原因，支付的现值相加为 100 美元，相对值相加为 1。

大部分相对值 68.301% 出现在第 5 年，因为那时将归还本金。

（3）**按每次支付的相对值对每次支付的期限做加权平均**。我们有：

4.169 9 年 = 1 年 × 0.090 91 + 2 年 × 0.082 64 + 3 年 × 0.075 13 + 4 年 × 0.068 30 + 5 年 × 0.683 01

计算平均期限的方法有很多。我们以支付的现值对每个支付期限加权平均来算出它。我们发现该债券的**有效期限**是 4.169 9 年。**久期**是有效期限的常用词。注意，久期是以时间为单位来表示的。⊖

---

⊖ 计算久期的数学公式是：

$$久期 = \frac{PV(C_1)1 + PV(C_2)2 + \cdots + PV(C_T)T}{PV}$$

和

$$PV = PV(C_1) + PV(C_2) + \cdots + PV(C_T)$$

$$PV(C_T) = \frac{C_T}{(1+R)^T}$$

其中，$C_T$ 是在时间 $T$ 收到的现金，$R$ 是现行贴现率。

还要注意，在上述的数值例子中我们是按 10% 的利率贴现每一次支付的。这样做是因为我们想计算债券在利率变动出现之前的久期。在利率变动至 8% 或 10%（比方说）时，我们的所有三个步骤都将反映新利率。换言之，债券的久期是现行利率的函数。

因为 5 年期 10% 息票债券有 4.169 9 年的久期，所以它的价格变动百分率应当与久期为 4.169 9 年的那些零息债券相同。[注]我们还可以得出 5 年期 1% 息票债券有 4.874 0 年的久期。因为 1% 息票债券比 10% 息票债券有更长的久期，所以 1% 息票债券应该会有更大的价格波动。这正是我们在前面得到的结论。一般地，我们说：

具有长久期的债券的价格变动百分率大于具有短久期的债券的价格变动百分率。

最后一个问题：为什么二者的期限都是 5 年，但 1% 债券还是比 10% 债券有较长的久期？正如前面提及的，久期是按债券的每个现金流量之现值加权的现金流量平均期限。1% 息票债券在前 4 年中每年仅收到 1 美元，因此，用于久期公式中的第 1 ~ 4 年的权数将很小。相反，10% 息票债券在前 4 年中每年收到 10 美元，用于久期公式中的第 1 ~ 4 年的权数将较大。

### 25.6.4 负债与资产匹配

我们在本章前面论证过，公司可以通过期货交易来对冲风险。因为某些公司遭受利率风险，所以我们指出它们会怎样利用利率期货合约来套期保值。公司也可以通过负债与资产的匹配来对冲利率风险。这种套期保值能力从我们对久期的讨论中可以看到。

**例 25-5　运用久期**

纽约物理银行有下列市值资产负债表。

**纽约物理银行**

**市值资产负债表**

| | 市值 / 百万美元 | 久期 |
|---|---|---|
| **资产** | | |
| 隔夜拆借 | 35 | 0 |
| 应收账款抵押贷款 | 500 | 3 个月 |
| 存货抵押贷款 | 275 | 6 个月 |
| 产业贷款 | 40 | 2 年 |
| 按揭贷款 | 150 | 14.8 年 |
| | 1 000 | |
| **负债与所有者权益** | | |
| 支票与储蓄账户 | 400 | 0 |
| 大额存单 | 300 | 1 年 |
| 长期融资 | 200 | 10 年 |
| 权益 | 100 | |
| | 1 000 | |

该银行有 10 亿美元资产和 9 亿美元负债。它的权益是二者之差 1（=10-9）亿美元。资产负债表提供了每一个单项的市值和久期。隔夜拆借和支票与储蓄账户的久期都等于 0。这是因为这些工具支付的利率立即按经济中的变动利率做出调整。

该银行的经理认为，今后几个月利率可能剧烈变动。由于他们不知道这种变动的方向，因此担心银行易受利率变动的打击。为确定套期保值策略，他们聘请了 James Charest 为顾问。

Charest 先生首先计算了资产的久期和负债的久期。[注]

---

⊖　实际上，这个关系仅在平坦利率曲线一次变动的情况下才精确成立，其中即期利率的变动对所有不同的期限都是一样的。

⊜　注意，一组项目的久期是单个项目的久期按每个项目的市值加权的平均值。这是一个大大增加久期实用性的简化步骤。

## 资产的久期

$$2.56 （年）= 0 \times \frac{35}{1\,000} + \frac{1}{4} \times \frac{500}{1\,000} + \frac{1}{2} \times \frac{275}{1\,000} + 2 \times \frac{40}{1\,000} + 14.8 \times \frac{150}{1\,000} \tag{25-4}$$

## 负债的久期

$$2.56（年）= 0 \times \frac{400}{900} + 1 \times \frac{300}{900} + 10 \times \frac{200}{900} \tag{25-5}$$

资产的久期（2.56 年）等于负债的久期。因此，Charest 先生认为公司对利率风险有免疫力。

为保险起见，该银行又聘请了另一位顾问 Gail Ellert。Gail 认为将久期简单地匹配是不正确的，因为资产总额是 10 亿美元，而负债总额仅为 9 亿美元。假如资产和负债有相同的久期，那么 1 美元资产的价格变动应当等于 1 美元负债的价格变动。然而，由于这家银行的资产大于负债，因此资产的总价格变动将大于负债的总价格变动。只有当负债的久期比资产的久期长时，该银行才具有对利率风险的免疫力。Gail 声称，若要使该银行**具有免疫力**（immunized），即对利率风险免疫，以下关系式必须成立：

$$资产的久期 \times 资产的市值 = 负债的久期 \times 负债的市值 \tag{25-6}$$

她说，银行不应该简单地让负债的久期与资产的久期相等。相反地，银行应该利用式（25-6）使负债的久期与资产的久期相匹配。她提出了实现这种匹配的两种方式。

**（1）不改变资产的久期，增加负债的久期。** Gail 认为负债的久期可以增加到：

$$资产的久期 \times \frac{资产的市值}{负债的市值} = 2.56 \times \frac{1\,000}{900} = 2.84（年）$$

于是式（25-6）成为：

$$2.56 \times 1 = 2.84 \times 0.9$$

**（2）不改变负债的久期，减少资产的久期。** 作为另一个选择，Gail 指出，资产的久期可以减少为：

$$负债的久期 \times \frac{负债的市值}{资产的市值} = 2.56 \times \frac{900}{1\,000} = 2.30（年）$$

于是式（25-6）成为：

$$2.30 \times 1 = 2.56 \times 0.9$$

虽然我们同意 Gail 的分析，但目前银行资产和负债的不相配程度无论如何都算是小的。现实中的金融机构，尤其是储蓄与贷款机构，出现过久期严重不匹配的案例。储蓄与贷款机构常将其资产的大部分投资于按揭贷款。这些按揭贷款的久期显然都在 10 年以上。可用于发放按揭贷款的大量资金是通过短期信用（特别是储蓄账户）来融资的。正如我们提到过的，这类工具的久期相当短。在这种情况下，储蓄机构面临着大量的利率风险，因为利率的任何增加都会大大削减按揭贷款的价值。由于利率上升只是轻微地降低负债的价值，因而公司的权益将会减少。当 20 世纪六七十年代大部分时期利率上升时，许多储蓄与贷款机构发现其权益的市值趋近于 0。

久期及相关联的风险免疫策略在其他金融领域也是有用的。例如，许多公司设立养老基金以履行对退休者的义务。假如养老基金的资产被投资于债券和其他固定收益证券，资产的久期是可以计算的。类似地，公司看待对退休者的义务如同看待对负债的利息支付。这些负债的久期也是可以计算的。养老基金的经理一般会选择养老金资产，以使资产的久期与负债的久期相匹配。照此办理，养老基金的净值将不受利率变动的影响。

今天收取保险费的人寿保险公司有法定义务在未来提供死亡抚恤金。精算学将这些未来抚恤金视为固定收益证券本利支付的相似物。这些期望抚恤金的久期是可以计算的。保险公司经常投资那些久期能和未来死亡抚恤金的久期相匹配的债券。

租赁公司的业务是相当简单的。公司发行债务以购买资产，然后将它们出租。如同债务一样，租约支付有一个久期。租赁公司经常进行结构化筹资，使得负债的久期能与租约的久期相匹配。假如公司不这样做，其权益的市值可能被利率的快速变动所消除。

## 25.7 互换合约

互换合约（swaps）是远期合约和期货合约的近亲兄弟。互换合约是指两个对手之间在不同时间交换现金流量的协议。互换所能采用的形式有极大的灵活性，但三种基本形式是**利率互换**（interest-rate swaps）、**货币互换**（currency swaps）和**信用违约互换**（credit default swaps）。当按一种货币收取的利率与按另一种货币收取的利率交换时，这三种形式通常结合运用。

### 25.7.1 利率互换

和其他衍生品一样，互换合约是公司可以用来轻易改变其风险敞口和资产负债表的工具。<sup>⊖</sup>考虑一家公司，其账面上已借入并承担了偿还一笔10年期贷款的义务，本金1亿美元，年息票利率9%。忽略提前赎回的可能，公司预期10年内每年必须支付900万美元的利息，第10年年末还要加上1亿美元的最后一笔大额付款。然而，我们假定公司对其账面上有这样大的一笔固定债务感到不自在。也许公司正处在收入变动的周期性经营中，且可能无可置疑地跌入无力偿还债务的境地。

再假定公司在为客户购买其产品提供融资中获得大量的收益，一般地，制造商可以通过租赁或信用补助来为其客户购买其产品融资。通常这些贷款的期限相对较短，且其利率高于现行短期利率。当公司的成本相对固定时，公司的收益随利率变动而波动。

公司真正偏好的是浮动利率贷款，而不是固定利率贷款。这样当利率上升时，公司在贷款上的支出较多，但它将在其产品融资方面获得较多收益。利率互换在这种情况下是理想的手段。

当然，公司也可以径直进入资本市场，以浮动利率借入1亿美元，然后利用这笔资金归还其未清偿的固定利率贷款。尽管有这种可能，但这种做法一般相当昂贵，它要求签订新贷款合约并购回现有贷款。进行利率互换的内在优点是它简便易行。

该公司可以签订一份将固定利率债务交换为浮动利率债务的互换协议，每年不论当时的现行利率是多少，该公司都同意按该利率支付利息，来换取由另一方支付公司固定利息。

浮动利率约定的一个参考点被称为LIBOR。LIBOR代表伦敦银行间同业拆借利率，它是大多数国际银行在伦敦市场上对美元名义贷款互相收取的利率。LIBOR通常用作浮动利率约定的参考利率。根据借款人的信用等级，利率可以在LIBOR至LIBOR加一个（或更多）百分点的范围内变动。

若假设我们的公司有被要求支付LIBOR加50个基点的利率的信用评级，则在互换中该公司用它的9%固定利率债务去交换利率为现行LIBOR加50个基点的债务（不论到时LIBOR是多少）。表25-8显示了这种互换的现金流量将如何变动。在表中，我们已假定LIBOR从8%开始，在4年中上升至11%，然后降至7%。正如该表所表明的，公司在第1年将支付8.5%×10 000 = 850（万美元），第2年是950万美元，第3年是1 050万美元，第4年是1 150万美元。此后利率急剧下降至7%，使得年支付减至750万美元。作为回报，公司每年收到900万美元的固定支付。实际上，互换双方的现金流量会采用净额结算，而非金额交换。例如，在第1年，由于该公司支付浮动利息，收入固定利息（用于支付给贷款人），因此它应支付850万美元，对方（支付固定利息）应支付900万美元。经过轧差，该公司将得到50万美元的支付。因为公司必须付给贷款人900万美元，但它可以从互换中得到50万美元的净支付，所以它实际支付的利息为850万美元。那么，在每一年里，公司真正支付的利息成本仅是LIBOR加50个基点。

还应注意，整个交易在进行中没有任何改变原始贷款条款的必要。事实上，通过互换，公司已找到愿意以支付固定利率债务来换取该公司支付浮动利率债务的对方。

我们应该注意到，2020年10月，在芝加哥商业交易所交易的利率互换中，LIBOR本身已经被换成了抵押隔夜融资利率（SOFR）。SOFR是基于国债回购市场的利率。在该市场上，融资者以其债权资产为抵押品来进行

---

⊖ 根据现行的会计准则，大多数衍生品一般不出现在公司的资产负债表上，因为它们没有历史成本（即交易者在最初的交易日应支付的数额）。

隔夜融资。2012 年发生的 LIBOR 丑闻，迫使监管机构和市场参与者寻找不容易被操纵的利率作为参照利率。现在，你可以看到基于这两种参照利率的浮动利率工具。

表 25-8　固定利率对浮动利率的互换：现金流量　　　　（单位：百万美元）

| 年 | 息票 | | | | | | | | | |
|---|---|---|---|---|---|---|---|---|---|---|
| | 1 | 2 | 3 | 4 | 5 | 6 | 7 | 8 | 9 | 10 |
| A. 互换 | | | | | | | | | | |
| 固定债务 | 9 | 9 | 9 | 9 | 9 | 9 | 9 | 9 | 9 | 9 |
| LIBOR 浮动 | -8.5 | -9.5 | -10.5 | -11.5 | -7.5 | -7.5 | -7.5 | -7.5 | -7.5 | -7.5 |
| B. 原始贷款 | | | | | | | | | | |
| 固定债务 | -9 | -9 | -9 | -9 | -9 | -9 | -9 | -9 | -9 | 109 |
| 净效果 | -8.5 | -9.5 | 10.5 | 11.5 | 7.5 | 7.5 | 7.5 | 7.5 | 7.5 | -107.5 |

### 25.7.2　货币互换

FX 代表外汇，故货币互换有时被称为 FX 互换。货币互换是以按一种货币支付现金流量的债务交换按另一种货币支付现金流量的债务。

货币互换是作为对国际贸易风险套期保值的一种天然工具而产生的。例如，假定一家美国公司在德国市场上销售种类繁多的系列产品。该公司可以指望每年从德国获得欧元收入。稍后我们将研究国际金融问题，眼下我们只关注该公司因汇率变动而可能遭遇极大风险的情况。

假如公司在美国生产它的产品，再将它们出口到德国，那么公司必须支付美元给它的雇员与供应商。同时，它将获得一些欧元收入。美元和欧元之间的汇率是随时变动的。当欧元升值时，在德国的收入会值更多的美元；而当欧元贬值时，收入的美元数额则下降。假定公司指望每年在德国售出 1 亿欧元的货物。若汇率为 2 欧元兑换 1 美元，公司将收到 5 000 万美元。但是，若汇率升至 3 欧元兑换 1 美元，公司将只能收到相当于 1 亿欧元的 3 333.3 万美元。公司自然要保护自己免受这种汇率波动的影响。

为此，公司可以签订货币互换合约。我们将对这种互换合约可能有的确切条款有更多的了解，但眼下我们可以假设该互换合约是含有每年以 1 亿欧元交换 5 000 万美元的固定条款的 5 年期合约。现在，不论在今后 5 年时间内欧元和美元之间的汇率发生什么变动，只要公司每年从它的产品销售中收入 1 亿欧元，它都能将其转换成 5 000 万美元。

### 25.7.3　信用违约互换

信用违约互换（CDS）与应对债权违约导致的价值损失保险类似。与其他互换一样，CDS 的参与者被称为对手，一份 CDS 总是有 2 个对手。在典型的 CDS 中，对手 1 定期支付款项给对手 2。作为交换，对手 2 同意在违约发生时支付特定面值的债券。对手 1 被称为购买保护者，对手 2 被称为出售保护者。定期支付的款项被称为 CDS 价差（spread）。

假设美津浓株式会社想向联合太平洋银行借入 2 亿美元，并愿意支付 LIBOR 加 50 个基点的利率。联合太平洋银行对此很感兴趣，但没有理由向一家公司发放如此多的贷款从而承担如此大的信用风险。联合太平洋银行可以同意该贷款，并支付 40 个基点的价格购买保护。中部保险公司同意作为联合太平洋银行的对手方，并在美津浓株式会社违约的情况下支付贷款的面值。作为交换，中部保险公司在一定期限内（比如说 5 年）每年收入 80 万美元。

在这个简单的例子中，CDS 的条款是明确而简洁的。在现实中，并没有有组织的交易所，也没有现成的模板。每个对手都会尽力谈成最好的协议。

#### 互换定价

我们还没解决互换市场如何定价的问题，无论是利率互换、货币互换还是信用违约互换。在固定利率换浮动利率的例子以及在货币互换中，我们介绍了一些术语。我们不想讨论过多的细节，只会强调最重要的要点。

　　与远期合约和期货合约一样，互换合约实际上也是零和交易。也就是说，市场确定的价格是公平的，在交易达成的时刻，交易双方都没有明显的盈亏。在货币互换中，互换汇率取决于市场对互换期间汇率预期的某种平均数。在利率互换中，考虑了对手的信用状况后，互换利率的确定对双方也是公平的。只要我们知道如何为远期合约定价，我们就可以对互换进行公平定价。在利率互换的例子中，该公司用9%的固定利率来交换LIBOR加50个基点的浮动利率，本金都是1亿美元。这实际上等价于在互换有限期内的一系列远期合约。签订互换合约后，该公司在第1年的处境跟它签订一份远期合约是一样的，该合约让买方可以用900万美元（1亿美元的9%）换取在1亿美元上按LIBOR加50个基点的利息。同样，货币互换也可以看作一系列远期合约。在信用违约互换中，互换定价取决于市场对特定债券在特定时期内违约概率的预期。

### 25.7.4　奇异衍生品

　　迄今为止，我们已经介绍了衍生品市场上最基本的部分：互换、期权、远期和期货。**奇异衍生品**（exotics）是这些工具的复杂混合物，它经常产生使购买者惊奇的结果。

　　奇异衍生品较为有趣的形式之一被称为**反向浮动利率债券**。在我们的利率互换中，浮动支付是随着LIBOR波动的。反向浮动利率与某个利率（如LIBOR）反向波动。例如，反向浮动利率债券可能支付一个20%减LIBOR的利率。若LIBOR是9%，则反向浮动利率债券支付11%；而若LIBOR升至12%，则对反向浮动利率债券的支付将降至8%。显然，反向浮动利率债券的购买者在利率下降时能靠它获利。

　　浮动利率债券和反向浮动利率债券都有超级的版本，分别被称为**超级浮动利率债券**和**超级反向浮动利率债券**，它们随着利率变动有大于一比一的波动。作为超级反向浮动利率债券的例子，考虑一种支付利率为30%减两倍LIBOR的债券。当LIBOR利率为10%时，该反向债券支付：

$$30\% - 2 \times 10\% = 30\% - 20\% = 10\%$$

而当LIBOR下降3%至7%时，反向债券的收益从10%升至16%，提高了6%：

$$30\% - 2 \times 7\% = 30\% - 14\% = 16\%$$

　　有时将衍生品和期权相结合以限制利率的影响。这些工具中最重要的有所谓的**利率上限**和**利率下限**。利率上限得名于它对利率上升设定了上限，即顶部。相反，利率下限则提供底线，低于它的利率影响将被消除。

　　为了说明这些影响，考虑一家借入短期贷款且担心利率可能上升的公司。以LIBOR为参考利率，该公司可能购买利率7%的利率上限。假设LIBOR高于7%，该利率上限在某个本金数额上按LIBOR与7%的差支付给公司利息。而只要LIBOR低于7%，利率上限持有人就得不到支付。

　　通过购买利率上限，公司使自己确信，即使当利率升至7%以上，它也不必支付高于7%的利率。假定利率升至9%。虽然公司借了短期贷款且支付9%的利率，但利率的影响会被以9%与上限7%之差向公司支付利率的利率上限所抵消。对任何一个高于7%的LIBOR，公司收到LIBOR与7%之差。而作为结果，它以7%的利率上限限制住了融资成本。

　　另外，考虑进行发放短期贷款业务且担心利率可能下降（从而收入也可能下降）的金融公司。该公司可以购买利率下限来预防这种下降带来的影响。假如利率下限的极限是7%，那么每当LIBOR低于7%时，利率下限支付7%与LIBOR之差，而当LIBOR高于7%时则不予支付。因此，当利率下降至（比方说）5%，以致公司从其放款活动中收到5%利率时，利率下限将支付给公司利率7%与5%之差，即额外的2%。通过购买利率下限，公司使自己确信，它从利率下限和放款活动的组合中能得到不低于7%的利率。

　　我们仅仅描绘了衍生品领域可用工具的一些皮毛。衍生品是设计来满足市场需要的，而唯一的约束是人们的想象力。再也没有比衍生品市场更应该郑重地警告"买者自慎"的其他场合了，这一点对奇异衍生品尤其正确。如果说互换合约是衍生品市场的基础工具的话，那么利率上限和利率下限就是奇异衍生品的基础工具。正如我们已经看到的，它们作为套期保值工具有着明显的价值。但是，人们过于关注真正的奇异衍生品了，其中有些衍生品似乎更多地是以更直接的交易留下的副产品出现的。我们不想对这些做哪怕略为详尽的考察，只要说明一点就足够了，即这些工具中有一些是如此易变和不可预测，以至于市场参与者送给它们"奇异废品"的雅号。

## 25.8 衍生品的实际运用情况

因为衍生品通常不在财务报表中出现，所以在与（比如说）银行负债对比时，要找出公司运用衍生品的情况是比较困难的。我们关于公司运用衍生品的许多知识来自学术调查。大多数调查报告显示，大型上市公司运用衍生品的情况差异很大。大型公司远比小型公司更可能运用衍生品。表 25-9 显示，运用衍生品的公司最常采用的是外汇和利率衍生品。

**表 25-9　衍生品运用情况的调查结果**　　　　　　　　　　　　　　　　　　　（%）

| 使用衍生品的公司比例 | | | |
|---|---|---|---|
| 2010 年 | | 71 | |
| 2009 年 | | 79 | |
| **通常运用哪种类型的资产衍生品** | | | |
| | 2010 年 | | 2009 年 |
| 利率 | 65 | | 68 |
| 货币 | 62 | | 58 |
| 信用 | 13 | | 13 |
| 能源 | 19 | | 13 |
| 商品 | 23 | | 22 |
| 权益 | 13 | | 9 |

| **预计对于衍生品的使用有变化吗** | | | |
|---|---|---|---|
| | 2010 年 | | 2009 年 |
| | 增加 | 减少 | 增加 | 减少 |
| 利率 | 19 | 15 | 13 | 20 |
| 货币 | 20 | 8 | 31 | 6 |
| 信用 | 4 | 4 | 2 | 13 |
| 能源 | 11 | 7 | 5 | 9 |
| 商品 | 16 | 6 | 12 | 10 |
| 权益 | 6 | 7 | 7 | 6 |

| **你倾向于使用综合风险管理策略，还是采用对冲交易，或仅对冲特定的货币敞口** | |
|---|---|
| 2010 年 | 2009 年 |
| 对冲总体风险 | 31.8 | 21.1 |
| 对冲交易 | 34.1 | 47.4 |
| 对冲特定的货币敞口 | 34.1 | 31.6 |

资料来源：Adapted from *Treasury & Risk* (March 2010 and March 2011).

主要观点是，衍生品在减少公司现金流量的波动性，进而减少与财务困境有关的变动成本方面可能大有裨益。因此，大公司比小公司更常运用衍生品的这种情形多少有点令人费解，因为大公司多半比小公司有更小的现金流量波动性。还有一些调查报告称，当公司想要对标的资产未来价格进行投机而不只是想要进行套期保值时，它们偶尔也会运用衍生品。

然而，大多数证据还是和理论相吻合的，即衍生品最经常被那些财务困境成本高且进入资本市场受限的公司所使用。

为了让你对衍生品市场的增长有了解，图 25-2 显示了外汇、利率和信用衍生品的名义本金。1999 年，未平仓衍生品的名义价值约为 72 万亿美元。2014 年达到了 710 万亿美元的高点。2020 年年中，名义价值降到 607 万亿美元。信用衍生品的增长和下降比较有趣，在 2008 年金融危机前后有一个快速的增长，之后下降，最近几年又有所上升。

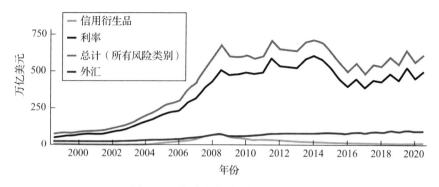

图 25-2 按种类划分的场外衍生品

资料来源：国际清算银行（BIS）场外衍生品统计，表 D5-1。

# 本章小结

1. 公司进行套期保值以减少风险。本章阐述了若干套期保值策略。Froot、Scharfstein 和 Stein 模型解释了为何有些公司选择与风险共存而不是对冲所有风险。

2. 远期合约是双方在某个未来日期销售货品以换取现金的协议。价格在签约时确定，但现金在交割日换手。远期合约一般不在有组织的交易所交易。

3. 期货合约也是关于未来交割的协议。它具有某些优点，如具有远期合约所没有的流动性。期货合约的特质之一是逐日盯市惯例。若期货合约标的资产的价格在某特定日下跌，则每个合约购买者（多头）必须付款给结算所，而每个合约销售者（空头）从结算所得到付款。若价格上涨，则一切相反。逐日盯市惯例有效地控制了期货合约的违约风险。

4. 我们将套期保值分为两类：空头套期保值和多头套期保值。售出期货合约以减少风险的个人或公司是在进行空头套期保值。空头套期保值一般适用于存货持有人。购入期货合约以减少价格风险的个人或公司是在进行多头套期保值。持有以固定价格销售最终产品合约的公司通常采用多头套期保值来控制成本。

5. 利率期货合约以债券作为可交割工具。因长期国债期货合约的普遍性，我们对之加以研究。我们指出，用于为长期国债本身定价的净现值分析方法，同样可以用来对长期国债期货合约进行定价。

6. 许多公司面临利率风险。它们可以利用利率期货合约来对冲这种风险。如同对其他商品那样，空头套期保值包括卖出期货合约。承诺购买按揭贷款或其他债券的公司可能进行空头套期保值。多头套期保值包括购买期货合约。同意以固定价格销售按揭贷款支持债券或其他债券的公司可能进行多头套期保值。

7. 久期度量债券的所有现金流量的平均期限。久期长的债券具有较高的价格易变性。公司常常试图使其资产的久期和负债的久期相匹配。

8. 互换合约是在时间上交换现金流量的协议。第 1 种主要类型是利率互换，即将一种形式的利息支付（如固定支付）换成另一种形式的利息支付（如随 LIBOR 浮动的利息支付）的协议。第 2 种主要类型是货币互换，即敲定一段时间内以一种货币支付来交换另一种货币支付的协议。

# 思考与练习

1. **套期保值策略** 如果一家公司准备卖出木材期货合约作为一个套期保值策略，那么该公司应该在木材价格上具备什么样的风险敞口？

2. **套期保值策略** 如果一家公司准备认购猪腩期权合约作为套期保值策略，那么该公司应该在猪腩价格上具备什么样的风险敞口？

3. **远期和期货** 怎样区别远期合约和期货合约？为什么你认为期货合约更为常见？在什么情况下你更喜欢使用远期合约而非期货合约？请做出解释。

4. **对商品的套期保值** 沸点原油公司是一家位于得州的大型石油生产商，希望能对冲石油价格下跌而带来的风险，因为这是该公司的主要收入来源。该公司应该怎样做呢？为什么它不可能完全对冲油价波动带来的风险？至少列出两个理由。

5. **风险来源** 一家公司生产一种能源密集型产品并利用天然气作为能源，而其竞争对手主要是利用石油。为什么这家公司既面临天然气价格波动的风险，也面临石油价格波动的风险？

6. **对商品的套期保值** 如果一个纺织品制造商要抵御棉花价格波动的不利因素，它可以购买棉花期货合约或棉花期权合约。采用这两种办法的利弊分别是什么？

7. **期权** 为何对债券的看跌期权实质上等同于对利率的看涨期权？

8. **对利率的套期保值** 一家公司发行了大量的1年期债券。当到期时，该公司将根据市场利率发行新的债券。目前的利率条件比较有吸引力，而且该公司担心明年的利率会上涨。在这种情况下，该公司可以采用哪些套期保值策略呢？

9. **互换合约** 为什么互换合约实际上是一系列的远期合约？假设一家公司与交易商签订了互换协议，请描述双方所面临的违约风险。

10. **互换合约** 假设一家公司与交易商进行一笔固定换浮动的利率互换合约交易。请描述互换合约交易中现金是如何流入流出的。

11. **交易和经济风险敞口** 交易和经济风险敞口的区别是什么？哪一种更容易对冲？为什么？

12. **对汇率的套期保值** 如果一家美国公司出口货物到日本，它应该如何利用期货合约来对冲日元的汇率风险？它应该买进还是卖出日元期货合约？在期货合约中设定汇率的方式是否重要？

13. **套期保值策略** 对于下列情况，描述可能采取的以期货合约进行套期保值的策略。

    a. 一家公用能源提供商担心成本上升。

    b. 一家糖果制造商担心成本上升。

    c. 一个种植玉米的农民担心今年的收成将达到全

国范围内创纪录的高水平。

    d. 一家胶片制造商担心成本上升。

    e. 一家天然气生产商认为今年市场上将出现超额供给。

    f. 一家银行所有的收入均源于长期、固定利率的按揭贷款。

    g. 一只股票共同基金投资于大型绩优蓝筹股，而且担心股票市场下跌。

    h. 一家瑞士军刀的美国进口商将在6个月内以瑞士法郎支付其订单。

    i. 一家建筑设备的美国出口商已同意出售一些起重机给德国的一家建筑公司。3个月后该美国公司将收到对方支付的欧元。

14. **互换合约** 2020年9月，联合利华与摩根大通集团签订了一份5亿美元的10年期互换合约，这是第一单使用SOFR作为参照利率的互换合约。该利率互换有效地将5亿美元的固定利率债务转换成以SOFR为参照利率的浮动利率债务。联合利华为何使用互换合约？换句话说，既然发行固定利率债券加上互换的净效应实际上是创造了浮动利率债券，那它为何不直接发行浮动利率债券？

15. **套期保值策略** 威廉·圣地亚哥有意进军进出口业务。在最近一次访问其财务顾问时，他说：“如果我们玩游戏的方法正确的话，这将是世界上最安全的业务。通过在外汇期货市场上将我们所有的交易进行套期保值，我们可以排除所有的风险。”你同意圣地亚哥先生对套期保值的评论吗？为什么？

16. **套期保值策略** 凯文·野村是一名日本学生，计划在美国待1年。他预计8个月后抵达美国。他担心在未来的8个月内日元对美元贬值，所以希望买入外汇期货以对冲这一风险。野村先生应该怎样进行套期保值呢？假定日元对美元汇率表述为日元／美元。

# 小案例

## 威廉姆森按揭贷款公司

珍妮弗·威廉姆森最近获得了工商管理硕士学位，并决定从事按揭经纪业务。不是为别人工作，而是她决定开一家自己的公司。她的堂兄杰里向她咨询自己的在建住宅如何进行按揭贷款。房子将在3个月

内完工，那时他将需要按揭。杰里需要500 000美元、固定利率、按月偿付的25年期住房按揭贷款。

珍妮弗已答应3个月后以目前的市场利率5.5%把钱借给杰里。因为珍妮弗刚刚踏入这个行业，她手上

没有 500 000 美元可用于贷款，所以她向 MC 保险公司的总裁卡贝尔咨询是否能在 3 个月后购买她手上的按揭贷款。卡贝尔同意 3 个月后购买该按揭贷款，但他不愿意在目前确定购买价格。相反，他以书面形式同意以 3 个月后的市场利率购入该按揭贷款。目前市场上有可供 3 个月后交割的长期国债期货合约，每份国债期货合约代表面值 100 000 美元的国债。

 1. 杰里的每月按揭还款为多少？

 2. 珍妮弗在这个交易中面临的最大风险是什么？

 3. 珍妮弗怎样才能对冲这个风险？

4. 假设在未来 3 个月中市场利率上升到 6.2%。

 a. 卡贝尔最多愿意付多少钱购入按揭贷款？

 b. 长期国债期货合约的价值会发生什么变化？期货合约多头还是空头的价值会增长？

5. 假设在未来 3 个月中市场利率下降到 4.6%。

 a. 卡贝尔最多愿意付多少钱购入按揭贷款？

 b. 国债期货合约的价值会发生什么变化？期货合约多头还是空头的价值会增长？

6. 珍妮弗在使用长期国债期货合约对冲利率风险时会面临哪些潜在风险？

# PART
# 7

第 7 篇

# 短 期 财 务

# 第 26 章

# 短期财务与计划

在 2020 年新冠疫情封锁的初期，汽车经销商提供了前所未有的折扣，例如 90 天的付款期和长达 7 年的零利率贷款。2020 年 5 月，汽车销售量比上一年下降了 30%，但这比 4 月同比下降 50% 的销售量有所改善。经销商提供的折扣起到了作用，一位丰田经销商称其车行只有 200 辆汽车，低于正常水平的 550 辆。

在整个行业范围内，全美各地的汽车库存都在下降。例如，据估计，福特 F-150 和雪佛兰 Silverado 等大型皮卡的库存只有 44 天的销售量。因为汽车工厂停工，所以随着时间的流逝，每天的销售库存都在下降。虽然在正常情况下，这可能只是一个小问题。

到目前为止，我们介绍了长期财务决策，比如资本预算、股利政策和资本结构。本章开始讨论短期财务管理，短期财务管理主要分析影响流动资产和流动负债的决策。

**净营运资本**这个术语通常与短期财务决策的制定有关。如前所述，净营运资本是流动资产与流动负债之差。短期财务管理通常被称为**营运资本管理**，这些意思相同。

短期财务管理并无公认的定义，短期与长期财务管理最为重要的差别在于现金流量的时间。短期财务决策一般涉及 1 年以内的现金流入和流出，例如，当公司订购原材料，支付现金，预期 1 年之内卖出产成品收回现金时，便需要短期财务管理；相反，当公司购买一种专门的机器，以便未来 5 年可以降低经营成本时，就涉及长期财务管理。

哪些类型的问题属于一般性的短期财务管理呢？此处列举一些：

（1）手头（或银行）应保持多少现金以备付款？

（2）公司应借入多少短期贷款？

（3）对客户的商业信用是否应予放宽？

本章将介绍短期财务决策的基本内容。我们首先讨论公司的短期经营活动，然后了解短期财务政策，最后概括短期财务规划的基本原理，并介绍短期融资的工具。

## 26.1　跟踪现金与净营运资本

现金与净营运资本是逐年变化的，在本节中，我们将考察现金和净营运资本的组成。第 2 章和第 3 章已经讨论了这个问题的许多方面，由于这些讨论与短期财务决策有关，因此我们对其进行简要回顾，目的在于说明公司的短期经营活动及其对现金和净营运资本的影响。

我们从流动资产开始，大家还记得**流动资产**是指现金和预期能在 1 年之内转换成现金的其他资产。流动资产按其会计**流动性**，以公允价格转换成现金的难易程度及所需时间的大小为序列显示于资产负债表上。资产负债表流动资产部分的 4 个重要科目是现金与现金等价物、有价证券、应收账款和存货。

与在流动资产上的投资相似，公司利用了多种被称为**流动负债**的短期债务。流动负债是一项预期在 1 年（或长于 1 年的一个经营周期）内就需要支付现金的义务。流动负债的 3 个主要项目是：应付账款、应计费用（包括应付薪酬和应付税金）以及应付票据。

因为要考察现金的变化，所以我们先以资产负债表上的其他项目来定义现金。这样，我们离开现金账户本身，研究公司的经营决策与财务决策是如何对现金产生影响的。资产负债表的基本等式可表示如下：

$$净营运资本 + 固定资产 = 长期负债 + 所有者权益 \tag{26-1}$$

净营运资本等于现金加上其他流动资产（即非现金流动资产），减去流动负债，即：

$$净营运资本 = 现金 + 其他流动资产 - 流动负债 \tag{26-2}$$

将式（26-2）代入式（26-1），稍做变形，可以得到现金：

$$现金 = 长期负债 + 所有者权益 + 流动负债 - 非现金流动资产 - 固定资产 \tag{26-3}$$

该式说明，一般意义上，有些活动自然会使现金增加，而有些活动自然会使现金减少。我们对每项活动举了一个例子，这些活动及其范例列示如下。

## 26.1.1 增加现金的活动

增加长期负债（举借长期借款）

增加权益（出售部分股票）

增加流动负债（取得一笔 90 天的贷款）

减少非现金流动资产（出售部分存货取得现金）

减少固定资产（出售部分财产）

## 26.1.2 减少现金的活动

减少长期负债（偿还长期借款）

减少权益（回购部分股票）

减少流动负债（归还一笔 90 天的贷款）

增加非现金流动资产（用现金购买部分存货）

增加固定资产（购买部分财产）

请注意以上列示的两类活动正好相反。比如，发行一笔长期债券会增加现金（至少在把筹到的资金花掉之前），而偿还一笔长期债券则会减少现金。

增加现金的活动被称为**资金来源**，减少现金的活动被称为**资金运用**，回头再看上述列示，可以发现，资金来源往往涉及负债（或权益）账户的增加或资产账户的减少。这很容易理解，因为增加负债或权益意味着通过借款或出售公司股权筹集资金，而减少资产意味着出售或清算资产，这些都会导致现金流入。

资金运用正好相反，资金运用涉及款项归还导致的负债或权益减少以及物品购置导致的资产增加。这些活动都要求花费现金。

### 例 26-1 资金来源与运用

现在快速检验一下你对资金来源与运用的理解：如果应付账款增加 100 美元，这是资金来源还是资金运用？如果应收账款增加 100 美元呢？

应付账款是公司欠供货商的款项，属于短期负债。如果应付账款增加 100 美元，说明公司借入资金，这是资金来源。应收账款是客户欠公司的款项，应收账款增加 100 美元，说明公司借款出去，这是资金运用。

## 26.2 经营周期与现金周期

短期财务管理主要关注公司短期的经营活动和财务活动。一个典型制造业公司的短期经营活动包括以下一系列事件和决策。

| 事件 | 决策 |
|---|---|
| 1. 购买原材料 | 1. 订购多少存货 |
| 2. 支付购货款 | 2. 借款还是减少现金余额 |
| 3. 生产产品 | 3. 选择什么样的生产技术 |
| 4. 销售产品 | 4. 是否扩大对某客户的商业信用 |
| 5. 收取现金 | 5. 如何收款 |

这些活动导致现金流入与流出模式是既不同步又不确定的。现金流量不同步是因为，比如，原材料货款的支付与产品销售的现金回收并不在同一时间发生。现金流量不确定是因为未来的销售额与成本无法确切地预计。

### 26.2.1 经营周期与现金周期定义

先看一个简单的例子。假设第 0 天，我们赊购了价值 1 000 美元的存货，货款 30 天之后支付。又过了 30 天，客户以 1 400 美元购买了价值 1 000 美元的存货，45 天后才实际付款。这些事件按时间顺序概括如下。

| 天 | 活动 | 对现金的影响 / 美元 |
|---|---|---|
| 0 | 取得存货 | 无 |
| 30 | 支付购货款 | −1 000 |
| 60 | 赊销存货 | 无 |
| 105 | 收取销货款 | +1 400 |

#### 1. 经营周期

在本例中，需要注意几个问题。首先，从取得存货到收取现金的整个过程花了 105 天，这叫作**经营周期**（operating cycle）。

可见，经营周期是取得存货、进行销售和收取货款所花费时间的长度。经营周期由两个部分构成：第一部分是取得和销售存货所花的时间，本例中为 60 天，叫作**库存周期**（inventory period）；第二部分是收取货款所花的时间，本例中为 45 天，叫作**应收账款周期**（accounts receivable period）。

显然，根据这样的定义，经营周期是存货周期与应收账款周期之和：

$$经营周期 = 库存周期 + 应收账款周期 \qquad (26-4)$$
$$105 \ 天 = 60 \ 天 + 45 \ 天$$

经营周期描述了一个产品是如何在流动资产账户中进行转移的。产品始于存货，被销售时变成应收账款，最后在货款收取时转变为现金。值得一提的是，该资产的每一步转移，都变得更加接近现金。

#### 2. 现金周期

第二个要注意的问题是现金流量与发生的其他事件并非同步。例如，我们在购买存货 30 天内并未实际支付货款，这段 30 天的时间被称为**应付账款周期**（accounts payable period）。然后，我们于第 30 天付出现金，到第 105 天收取货款，不管怎样，我们得安排 75（=105−30）天的 1 000 美元融资。这段 75 天的时间叫作**现金周期**（cash cycle）。

因此现金周期是收到销货款现金之前的天数，从实际支付购买存货的款项之日开始计算。根据这样的定义，现金周期是经营周期与应付账款周期之差：

$$现金周期 = 经营周期 - 应付账款周期 \qquad (26-5)$$
$$75 \ 天 = 105 \ 天 - 30 \ 天$$

图 26-1 的现金流量时间线描绘了一家典型制造业公司的短期经营活动和现金流量。**现金流量时间线**（cash flow time line）用图的形式呈现了经营周期与现金周期。在图 26-1 中，现金流入与现金流出之间的缺口提示了短期融资管理的需求，这与经营周期和应付账款周期的长度有关。

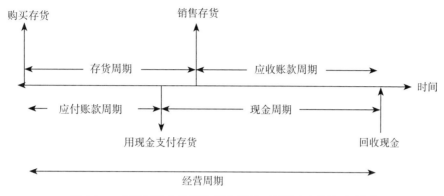

图 26-1　典型制造业公司的现金流量时间线和短期经营活动

注：经营周期是指存货到达直至现金回收的这段时间。（有时经营周期被定义为不包括订货至存货到达这段时间。）现金周期始于原材料货款付现，结束于应收账款收现。

公司可以通过借款、持有现金或有价证券形式的流动性储备来填补短期现金流入与现金流出之间的缺口。此外，改变存货周期、应收账款周期和应付账款周期也可以缩短该缺口。我们将在接下来的小节中讨论这些管理决策。

### 26.2.2　经营周期与公司组织图

在进一步详细考察经营周期和现金周期之前，有必要先来了解参与公司流动资产和流动负债管理的人员。如表 26-1 所示，在一家大型公司里，有许多不同的财务和非财务方面的经理参与短期财务管理工作。从表中可以看到，信用销售至少涉及三类不同的人员：信用经理、市场营销经理和财务控制经理，其中只有两类人员对财务副总裁负责（市场营销职能通常与市场副总裁有关）。因此，存在相互冲突的可能性，当不同的经理仅关注自己所负责的全局中的一小部分工作时尤其如此。比如，市场部想要争取一个新的客户，便希望寻求更为宽松的信用政策以增强吸引力，但这样做会增加公司的应收账款投资及坏账风险，冲突可能由此产生。

表 26-1　参与处理短期财务问题的经理

| 经理头衔 | 与短期财务管理有关的职责 | 影响到的资产或负债 |
| --- | --- | --- |
| 资金经理 | 现金回收，现金集中，现金支出；短期投资；短期借款；银企关系 | 现金，市场化证券，短期借款 |
| 信用经理 | 管理和控制应收账款；信用政策决策 | 应收账款 |
| 市场营销经理 | 信用政策决策 | 应收账款 |
| 采购经理 | 采购和供应决策；谈判支付条款 | 存货，应付账款 |
| 产品经理 | 制定生产计划表以及原材料需求 | 存货，应付账款 |
| 应付款项经理 | 制定付款政策以及是否提供折扣 | 应付账款 |
| 财务控制经理 | 现金流量的会计信息；核对应付账款账户、应收账款账户的支付 | 应收账款，应付账款 |

### 26.2.3　计算经营周期与现金周期

在前面的例子里，构成不同周期的时间长度很清晰。假如能得到的只是财务报表信息，我们就得多做一点儿工作了，下面对相关计算进行阐述。

首先，我们需要确定诸如此类的问题：销售存货平均花费多长时间、收取货款平均花费多长时间。相关资产负债表信息收集如下。

（单位：千美元）

| 项目 | 期初 | 期末 | 平均 |
|---|---|---|---|
| 存货 | 2 000 | 3 000 | 2 500 |
| 应收账款 | 1 600 | 2 000 | 1 800 |
| 应付账款 | 750 | 1 000 | 875 |

从最近的利润表中收集的数字如下。

（单位：千美元）

| | |
|---|---|
| 销售净额 | 11 500 |
| 产品销售成本 | 8 200 |

现在计算财务比率，部分比率在第 3 章中做过详细讨论，此处只是按需要对其进行定义和运用。

### 1. 经营周期

首先，计算存货周期。公司花费 820 万美元购买存货（产品销售成本），平均存货为 250 万美元，因此，存货在这一年周转了 820/250 次：<sup>⊖</sup>

$$存货周转率 = \frac{产品销售成本}{平均存货}$$

$$= \frac{820}{250} = 3.28（次）$$

大致而言，这个数字说明公司在这一年购买和出售存货 3.28 次，这意味着平均持有存货的时间为：

$$存货周期 = \frac{365 \ 天}{存货周转率}$$

$$= \frac{365}{3.28} = 111.3（天）$$

即存货周期为 111 天，换言之，存货在出售之前在公司里平均留置了 111 天。<sup>⊜</sup>

同理，平均应收账款为 180 万美元，销售额为 1 150 万美元，假设所有的销售均为赊销，应收账款周转率为：<sup>⊜</sup>

$$应收账款周转率 = \frac{赊销额}{平均应收账款}$$

$$= \frac{1 \ 150}{180} = 6.4（次）$$

如果一年中应收账款周转 6.4 次，那么应收账款周期为：

$$应收账款周期 = \frac{365 \ 天}{应收账款周转率}$$

$$= \frac{365}{6.4} = 57.1（天）$$

应收账款周期又叫作**应收账款周转天数**或**平均收账期**，无论叫什么，这个指标说明公司客户平均 57 天付款。

---

⊖ 请注意这里计算存货周转率用的是平均存货，而非第 3 章所用的期末存货。这两种方法在实际工作中都会使用，为了练习使用平均数字，本章自始至终都坚持用这种方法计算财务比率。

⊜ 这个指标与第 3 章所讨论的存货周转天数在概念上等同。

⊜ 如果不是 100% 的销售均为赊销，就需要其他信息，比如当年的赊销额。关于这个指标的讨论见第 3 章。

经营周期是存货周期与应收账款周期之和：

$$经营周期 = 存货周期 + 应收账款周期$$
$$= 111 + 57 = 168（天）$$

说明公司从取得存货到完成销售并收回货款的平均时间为 168 天。

### 2. 现金周期

现在计算应付账款周期，根据前述信息，平均应付账款为 87.5 万美元，产品销售成本为 820 万美元，应付账款周转率为：

$$应付账款周转率 = \frac{产品销售成本}{平均应付账款}$$
$$= \frac{820}{87.5} = 9.4（次）$$

应付账款周期为：

$$应付账款周期 = \frac{365 天}{应付账款周转率}$$
$$= \frac{365}{9.4} = 38.9（天）$$

所以公司支付货款的时间平均为 39 天。

最后，现金周期是经营周期与应付账款周期之差：

$$现金周期 = 经营周期 - 应付账款周期$$
$$= 168 - 39 = 129（天）$$

即公司从支付购货款到收回销货款的时间平均为 129 天。

### 例 26-2　经营周期与现金周期

Slowpay 公司的有关信息如下。

（单位：美元）

| 项目 | 期初 | 期末 |
| --- | --- | --- |
| 存货 | 5 000 | 7 000 |
| 应收账款 | 1 600 | 2 400 |
| 应付账款 | 2 700 | 4 800 |

在刚刚过去的这一年，信用销售为 50 000 美元，产品销售成本为 30 000 美元，Slowpay 公司花费多久收取货款？商品出售之前在公司留置多久？其支付货款又是多久？

首先计算 3 个周转率指标：

$$存货周转率 = 30\,000/6\,000 = 5（次）$$
$$应收账款周转率 = 50\,000/2\,000 = 25（次）$$
$$应付账款周转率 = 30\,000/3\,750 = 8（次）$$

由此计算各个周期：

$$存货周期 = 365/5 = 73（天）$$
$$应收账款周期 = 365/25 = 14.6（天）$$
$$应付账款周期 = 365/8 = 45.6（天）$$

可见，Slowpay 公司完成销售后 14.6 天收取货款，存货留置的时间大约为 73 天，购货后大约 46 天进行支付。经营周期是存货周期与应收账款周期之和：73＋14.6＝87.6（天），现金周期是经营周期与应付账款周期之差：87.6－45.6＝42（天）。

### 26.2.4 解释现金周期

上述例子说明现金周期取决于存货周期、应收账款周期和应付账款周期。如果存货周期与应收账款周期较长，则现金周期延长；如果公司能够延迟付款，延长应付账款周期，则现金周期缩短。

多数公司的现金周期为正，因而需要为存货和应收账款提供资金。现金周期越长，所需资金越多。并且，现金周期的变化通常被作为一项早期预警指标进行监测，现金周期变长可能提示公司在销售存货或收取货款方面遭遇麻烦。这样的问题可能至少部分地被应付账款周期的延长所掩盖，所以对现金周期和应付账款周期两者都要进行监测。

现金周期与盈利能力之间的联系显而易见，我们可以回想一下，盈利性和成长性的基本决定因素之一是总资产周转率，即销售额 / 总资产。在第 3 章中我们可以看到，总资产周转率越高，资产和权益的会计收益率 ROA 和 ROE 越高。这样，若其他情况相同，现金周期越短，公司在存货和应收账款上的投资越少，总资产就越低，总周转率就越高。

### 26.2.5 审视经营周期与现金周期

2020 年，Hackett 集团公布了一份它对不同行业营运资本的调查。这项调查的结果发现了现金周期和经营周期在不同行业中存在显著差异。下表显示了 4 个不同的行业以及每个行业的现金周期和经营周期的中位数。其中，食品和主食零售行业的现金周期和经营周期最短。

（单位：天）

| 行业 | 应收账款周期 | 存货周期 | 经营周期 | 应付账款周期 | 现金周期 |
|---|---|---|---|---|---|
| 航天和国防行业 | 64 | 74 | 138 | 48 | 90 |
| 饮料行业 | 37 | 71 | 108 | 79 | 29 |
| 食品和主食零售行业 | 5 | 38 | 43 | 29 | 14 |
| 住宅建筑行业 | 4 | 345 | 349 | 19 | 330 |

资料来源：2020 年营运资本调查，Hackett 集团。

航天和国防行业与饮料行业的存货周期相似，但饮料行业的应收账款周期要短得多，经营周期也较短。饮料行业有一个较长的应付账款周期，导致现金周期为 29 天，远短于航天和国防行业的 90 天。住宅建筑行业与其他行业有很大不同。由于施工时间和完成销售所需的时间，其存货周期几乎满一年。因此，该行业的现金周期也接近一年。

经营周期和现金周期不仅因行业而异，甚至同一行业内的不同公司也可能存在差异。下面选择了一些耐用消费品公司，其周期不尽相同。虽然下表显示每家公司都有相似的存货周期，但 Sleep Number 公司的应收账款周期只有 4 天，应付账款周期却为 84 天，导致现金周期为 -26 天。较长的应收账款周期和较短的应付账款周期导致 Tempur Sealy 公司的现金周期为 46 天。

（单位：天）

| 公司 | 应收账款周期 | 存货周期 | 经营周期 | 应付账款周期 | 现金周期 |
|---|---|---|---|---|---|
| Sleep Number | 4 | 54 | 58 | 84 | -26 |
| Whirlpool | 39 | 54 | 93 | 100 | -7 |
| Tempur Sealy | 44 | 56 | 100 | 54 | 46 |

当研究经营周期和现金周期时，要知道每个周期实际上都是一个财务比率。与任何财务比率一样，它们会受到公司和行业特征的影响，因此要小心解释。在观察 Whirlpool 公司和 Tempur Sealy 公司时，我们注意到这两家公司的应收账款周期较长。这是坏事吗？未必。它们与 Sleep Number 公司的商业模式不同，因此，在应收账款周期方面实际上并不具有可比性。

## 26.3　短期财务政策的若干方面

公司采用的短期财务政策至少由两个要素构成。

（1）**公司在流动资产上的投资规模**。这通常是通过与公司总营业收入水平相比较来衡量的。弹性的和适应型短期财务政策保持流动资产与销售额的较高比率，而紧缩的短期财务政策维持流动资产与销售额的较低比率。

（2）**流动资产的融资**。这可以用短期负债与长期负债的比例来衡量。紧缩的短期财务政策意味着短期负债相对于长期负债的比例较高，而弹性的融资政策意味着较少量的短期负债和较大量的长期负债。

### 26.3.1　公司在流动资产上的投资规模

弹性的短期财务政策包括：

（1）持有大量的现金余额和短期证券；

（2）大规模的存货投资；

（3）放宽信用条件，从而持有高水平的应收账款。

紧缩的短期财务政策包括：

（1）保持低水平的现金余额，不投资于短期证券；

（2）小规模的存货投资；

（3）不允许赊销，没有应收账款。

确定短期资产投资的最优标准需要识别不同短期财务政策的不同成本水平。其目的就是平衡紧缩的政策与弹性的政策各自的成本，以达到最佳的平衡。

弹性的短期财务政策的流动资产持有水平最高，紧缩的政策则最低。由于弹性的短期财务政策在现金、短期证券、存货和应收账款等项目上的投资水平较高，因此需要更高的现金流出，这种政策成本高。但是，弹性的政策未来的现金流入最高。通过给客户提供宽松的信用政策，销售得到刺激。手头（"架上"）存有大量存货，可以为客户提供快速交货服务，从而增加销售。<sup>⊖</sup>此外，在弹性的政策下，公司为客户提供快速交货服务和宽松的信用条件，很可能可以提高要价。弹性的政策因存货短缺导致停产的可能性也较小。<sup>⊖</sup>

流动资产管理可以被认为是在随投资水平上升而上升的成本和随投资水平上升而下降的成本之间进行权衡的问题。随流动资产投资水平上升而上升的成本叫**持有成本**（carrying costs），随流动资产投资水平上升而下降的成本叫**短缺成本**（shortage costs）。

持有成本一般来说有两类：第一类是持有流动资产的机会成本，因为与其他资产相比，流动资产的回报率低；第二类是为维持该资产经济价值而花费的成本，存货的仓储成本就属于此类。

若流动资产投资水平低，就可能发生短缺成本。如果一家公司现金枯竭，就会被迫出售有价证券。若现金枯竭又无法轻易地出售有价证券，就可能需要借款或拖欠付款（这种状态一般被称为现金短缺）。如果一家公司没有存货（存货短缺）或不能向客户提供信用，它将失去客户。

短缺成本有两种。

（1）**交易或指令成本**。指令成本是指为了取得更多现金而下的指令的成本（经纪成本），或者为了获得更多存货而下的订单的成本（生产准备成本）。

（2）**与安全储备有关的成本**。这些成本包括脱销、丧失客户商誉以及中断生产计划的成本。

图 26-2 展示了持有成本和短缺成本的基本特性。流动资产投资总成本由持有成本和短缺成本的总和决定。总成本曲线的最低点（CA*）反映了流动资产的最优水平。一般而言，这条曲线在最优点处相当平坦，我们即使可以，也很难找到短缺成本和持有成本间精确的最优平衡，通常选择在最优点附近即可。

---

⊖　对某些产成品存货来说就是这样。

⊖　这里指的是原材料存货，而非产成品存货。

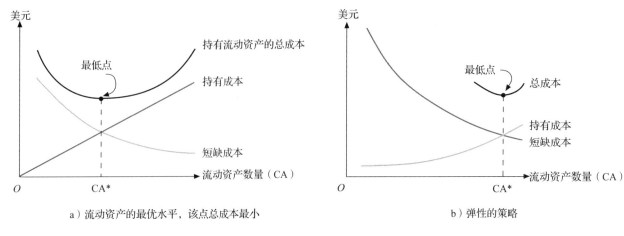

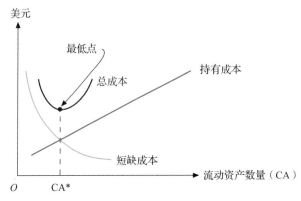

c）紧缩的策略

图 26-2　持有成本和短缺成本

注：持有成本随着流动资产投资水平的上升而上升，它包括计划成本和为维持资产经济价值所花费的成本。短缺成本随着流动资产投资水平的上升而下降，它包括交易成本和流动资产短缺（如现金不足）成本。

如果持有成本低或短缺成本高，最优政策要求持有大量流动资产。换言之，这时最优政策就是弹性的政策，如图 26-2b 所示。

如果持有成本高或短缺成本低，最优政策就是紧缩的政策，即最优政策要求持有适量的流动资产，如图 26-2c 所示。

| 专栏 | **公司速动资产持有量的决定因素** |

| 持有高水平速动资产的公司 | 持有低水平速动资产的公司 |
| --- | --- |
| 有着高增长机会 | 有着低增长机会 |
| 有着高风险的投资 | 有着低风险的投资 |
| 小公司 | 大公司 |
| 低信用的公司 | 高信用的公司 |

公司持有更多的速动资产（现金和有价证券），以保证当与正 NPV 的投资机会相比现金流量低时它们能继续进行投资。可方便进入资本市场融资的公司将持有较少的速动资产。

资料来源：Tim Opler, Lee Pinkowitz, René Stulz, and Rohan Williamson, "The Determinants and Implications of Corporate Cash Holdings," *Journal of Financial Economics* 52, no.1(April 1999):3-46.

Opler、Pinkowitz、Stultz 与 Williamson 等人检验了上市公司持有现金与有价证券的决定因素。[○]他们发现证

---

[○]　Tim Opler, Lee Pinkowitz, René Stulz, and Rohan Williamson, "The Determinants and Implications of Corporate Cash Holdings," *Journal of Financial Economics* 52, no.1(April 1999):3-46.

据表明公司遵循如前所述的静态权衡模型。他们的研究只集中于流动资产（现金和有价证券），因此持有成本就是持有流动资产的机会成本，短缺成本就是当有好的投资机会却缺乏现金进行投资的风险。

## 26.3.2 可供选择的流动资产融资政策

在前一节中我们研究了流动资产的投资水平。现在我们假定流动资产投资水平是最优的，转而讨论流动负债水平的确定。

### 1. 理想模型

在理想的经济条件下，短期资产总是可以用短期负债来筹措资金，长期资产可以用长期负债和所有者权益来筹措资金。在这种情况下，净营运资本总为0。

想象一个关于谷物仓储商的简单例子：谷物仓储商在谷物收获后，收购、存储谷物并在1年之内出售。在收割期之后，他们保持高库存，而临近下一个收割期时，库存水平很低。

期限短于1年的银行贷款可用于收购谷物，这些贷款随着谷物的销售而偿还。

这种情况反映在图26-3中。假定长期资产随时间的推移而增长，而流动资产在收割期的期末增加，并在1年中逐渐降低。短期资产在下一个收割期前正好下降至0。这些资产以短期负债来筹措资金，而长期资产以长期负债和所有者权益来筹措资金。净营运资本，即流动资产减流动负债，总是为0。

### 2. 流动资产融资的不同策略

在现实世界里，销售水平的长期上升趋势会导致某些公司对流动资产的永久性投资，因此我们不能指望流动资产会下降至0。可以认为一家成长型的公司对流动资产和长期资产都有永久性的需求。总资产需求随时间推移会表现出：①一种长期的增长趋势；②围绕这种趋势的季节性变动；③不可预测的逐日、逐月波动。图26-4刻画了这些特点（我们没有画出总资产需求的不可预测的逐日、逐月波动）。

现在，我们讨论如何为这些资产需求筹措资金。首先来看即使在季节性高峰期长期资金来源也超过总资产需求的策略（图26-5中的策略F），当总资产需求从波峰下降时，公司有过多的现金，这些现金可投资于有价证券。由于这种方法意味着一直存在短期现金剩余和大量的净营运资本投资，因而被认为是一种弹性的策略。

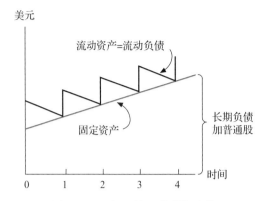

图26-3 理想经济里的融资政策

注：在理想世界里，净营运资本总是为0，因为可以用流动负债来筹措流动资产。

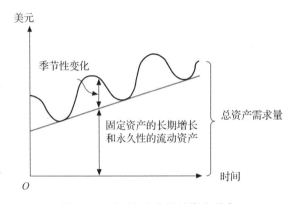

图26-4 随时间变化的总资产需求

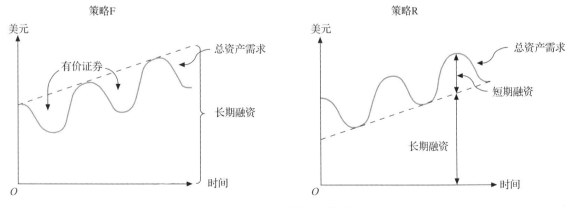

图26-5 备选的资产融资策略

注：策略F总会有短期现金剩余，并且存在大量的现金和短期证券投资。策略R对资产的长期需求使用长期融资，对季节性变化使用短期融资。

当长期资金来源不能满足总资产的需求时，公司就必须借入短期贷款以弥补资金不足。这种紧缩的策略在图 26-5 上表示为策略 R。

### 26.3.3 哪个最优

短期借款多少才算是最适量的呢？没有确定的答案。要进行适当的分析必须考虑如下多种因素。

（1）**现金储备**。弹性的融资策略意味着过剩的现金和很少的短期借款。这种策略降低了公司陷入财务困境的可能性，公司无须过多担心如何偿还接二连三的短期欠款。然而，投资于现金和有价证券至多也只能算是零净现值投资。

（2）**期限匹配**。大部分公司以短期银行贷款为存货筹集资金，以长期融资为固定资产筹集资金，试图避免用短期融资为长期资产筹资。那种期限不匹配会迫使公司不得不频繁地融资，且存在固有的风险，因为短期利率比长期利率更容易波动。

（3）**期限结构**。在正常情况下，短期利率低于长期利率，这意味着依赖于长期借款比依赖于短期借款的平均成本要高。

## 26.4 现金预算

**现金预算**是短期财务计划的基本工具。现金预算使财务经理能够识别短期资金的需求（和机会），告诉财务经理短期内需要多少借款。这是一种在现金流量时间线上识别现金流量缺口的方法，思路很简单：把估计的现金收入与支出记录下来。我们以 Fun Toys 公司为例来说明现金预算过程。

### 例 26-3 现金回收

Fun Toys 公司的全部现金流入来自玩具的销售。Fun Toys 公司的现金预算过程以下一年各季度的销售预测为起点。

| | 第 1 季度 | 第 2 季度 | 第 3 季度 | 第 4 季度 |
|---|---|---|---|---|
| 销售额 / 百万美元 | 100 | 200 | 150 | 100 |

Fun Toys 公司的财年始于 7 月 1 日。公司的销售具有季节性，由于圣诞节销售高峰，因此通常第 2 季度的销售额很高。但 Fun Toys 公司以赊销方式将货物卖给百货商店，赊销并不立即产生现金，现金来自此后的应收账款回收。Fun Toys 公司的应收账款周期为 90 天，销售额在下一季度 100% 收回。即

$$应收账款回收 = 上季销售额$$

这种关系意味着：

$$上季期末应收账款额 = 上季销售额 \qquad (26\text{-}6)$$

我们假定前一财年第 4 季度的销售额为 1 亿美元。由式（26-6）可知，前一财年第 4 季度末应收账款为 1 亿美元，本财年第 1 季度应收账款现金回收为 1 亿美元。

本财年第 1 季度 1 亿美元的销售额加到应收账款中，但 1 亿美元的现金回收款又从应收账款中扣除。因此，Fun Toys 公司在第 1 季度结束时有 1 亿美元的应收账款。基本关系如下：

$$期末应收账款 = 期初应收账款 + 销售额 - 应收账款回收$$

表 26-2 反映了 Fun Toys 公司接下来 4 个季度的现金回收情况。虽然这里应收账款回收是现金的唯一来源，但并非总是这样。现金的其他来源可能还有资产销售、投资收益和长期融资。

表 26-2　现金来源　　　　　（单位：百万美元）

| | 第 1 季度 | 第 2 季度 | 第 3 季度 | 第 4 季度 |
|---|---|---|---|---|
| 销售额 | 100 | 200 | 150 | 100 |
| 现金回收 | −100 | −100 | −200 | −150 |
| 期初应收账款 | 100 | 100 | 200 | 150 |
| 期末应收账款 | 100 | 200 | 150 | 100 |

### 26.4.1 现金流出

接下来我们来看现金支出。如表 26-3 所示，它们可分为 4 个基本类别。

（1）**应付账款支付**。这是对诸如原材料之类的商品或服务所支付的款项，一般发生在购买之后。购买数量根据销售预测而定，在 Fun Toys 公司的例子中，我们假定：

$$应付账款支付 = 上季度采购额$$

$$采购额 = 1/2 下季度预计销售额$$

（2）**工资、税金和其他费用**。该类包括所有其他需要实际支付的经营成本。比如，折旧经常被认为是一种正常的经营成本，但它不要求现金流出。

（3）**资本性支出**。这是为购买长期资产而支付的现金。Fun Toys 公司计划在第 4 季度有一大笔的资本性支出。

（4）**长期融资**。该类包括对未清偿长期债务的还本付息以及给股东的股利支付。

预测的总现金流出如表 26-3 中的最后一行所示。

表 26-3　现金支出　（单位：百万美元）

| | 第 1 季度 | 第 2 季度 | 第 3 季度 | 第 4 季度 |
|---|---|---|---|---|
| 销售额 | 100 | 200 | 150 | 100 |
| 采购额 | 100 | 75 | 50 | 50 |
| 现金运用 | | | | |
| 　应付账款支付 | 50 | 100 | 75 | 50 |
| 　工资、税金和其他费用 | 20 | 40 | 30 | 20 |
| 　资本性支出 | 0 | 0 | 0 | 100 |
| 　长期融资：利息和股利 | 10 | 10 | 10 | 10 |
| 现金运用总计 | 80 | 150 | 115 | 180 |

### 26.4.2 现金余额

净现金余额如表 26-4 所示。预计第 2 季度有较大的净现金流出。这个较大的流出不是由盈利能力不足造成的，而是由销售的延期收现引起的。这导致了第 2 季度有 3 000 万美元的累计现金短缺。

表 26-4　净现金余额　（单位：百万美元）

| | 第 1 季度 | 第 2 季度 | 第 3 季度 | 第 4 季度 |
|---|---|---|---|---|
| 总现金收入 | 100 | 100 | 200 | 150 |
| 总现金支出 | 80 | 150 | 115 | 180 |
| 　净现金流量 | 20 | −50 | 85 | −30 |
| 累计超额现金余额 | 20 | −30 | 55 | 25 |
| 最小现金余额需求 | 5 | 5 | 5 | 5 |
| 累计超额（赤字）融资需求 | 15 | −35 | 50 | 20 |

为了方便交易进行，预防未预期偶发事件以及保持它在商业银行里的补偿性存款余额，Fun Toys 公司设立了 500 万美元的最低经营现金余额。这意味着 Fun Toys 公司在第 2 季度有 3 500 万美元的现金短缺。

## 26.5　短期融资计划

Fun Toys 公司存在短期融资问题，它在第 2 季度不能以内部资源来满足预期的现金流出。Fun Toys 公司的融资选择包括：①信用贷款；②担保贷款；③其他来源。

### 26.5.1 信用贷款

为临时性的现金不足筹措资金最常用的方法就是银行短期信用贷款。利用短期银行贷款的公司通常要求银行授予非承诺或承诺式的**信贷额度**。**非承诺式**信贷额度是不通过正式文书就可以在事先规定的限额内借款的非正式安排，设置的贷款利率一般等于银行优惠贷款利率加上一个额外的百分比。

**承诺式**信贷额度是一种具有法律效力的正式协议，通常需要由公司向银行支付承诺费（通常该费用近似等于每年总承诺金额的 0.25%）。对于大公司而言，利率一般与伦敦银行间同业拆借利率（LIBOR）或银行获取资金的成本挂钩，而不是与优惠利率挂钩。中小型公司通常被要求在银行保持补偿性余额。

**补偿性余额**（compensating balances）是指公司在银行以低息或无息账户持有的存款。最低补偿性余额一般占贷款额度使用额的 2% ～ 5%。公司在银行里保持不计息的这些资金，增加了银行从信贷额度中赚到的实际利息。举个例子，如果某公司借 100 000 美元贷款，而必须持有 5 000 美元的补偿性余额，那么该公司实际上只收到 95 000 美元。10% 的名义年利率意味着一年支付利息 10 000（=100 000×10%）美元，实际年利率是 10.53%（=10 000÷95 000）。

### 26.5.2　担保贷款

银行和其他财务公司经常要求为贷款提供担保。短期贷款的担保通常包括应收账款和存货。

在**应收账款融资**（account receivable financing）中，应收账款可以**出借**也可以**保理**。采用应收账款出借的方式，贷款方不仅对应收账款具有置留权，而且对借款方也有追索权。应收账款保理涉及应收账款的出售。购买人，也叫**保理人**，必须对应收账款进行收账，保理人承担坏账的全部违约风险。

顾名思义，**存货贷款**（inventory loan）以存货作为抵押品。存货贷款一般有以下几种类型。

（1）**整体存货置留**。整体存货置留将借款方所有存货的置留权赋予贷款方。

（2）**信托收据**。在这种安排下，借款方以接受贷款方信托的名义持有存货。载明贷款的文件叫信托收据，存货出售的收入立即送交贷款方。

（3）**现场仓储融资**。在现场仓储融资中，公共仓储公司为贷款人监管存货。

**订单融资**（purchase order financing，简称 PO 融资）是中小型公司常用的一种保理形式。典型的情形是，一家小企业拿到客户的一个订单，但缺乏足够的资金支付给供应商来生产产品。通过 PO 融资，保理人向供应商支付款项，待销售完成时，公司收到货款，即可向保理人还款。订单保理的利率一般在前 30 天为 3.4%，随后每 10 天为 1.25%，年利率超过 40%。

### 26.5.3　其他来源

公司还可以利用多种其他短期资金来源。其中最重要的是发行**商业票据**（commercial paper）和**银行承兑汇票**（banker's acceptance）融资。商业票据是由高信用等级的大公司发行的短期票据。这些票据一般期限短，最长 270 天（超过这个期限，公司要向美国证券交易委员会登记备案）。由于公司直接发行这些票据，同时通常有专门的银行信贷额度来支持这些票据发行，所以利率通常明显低于银行向公司直接贷款时收取的优惠利率。

银行承兑汇票是由银行承诺支付一笔款项的协议。这种承诺一般在售货方将账单或汇票送至顾客时发生，这时顾客银行承兑汇票并且在汇票上记上"承兑"字样，这种承兑构成银行的一项义务。通过这种方式从供应商处购买货物的公司能有效地安排银行支付其未清偿账单。当然，银行会向客户收取一定的费用。

当公司有大量采购订单时使用订单融资。履行订单融资可能会出现问题，因为发票通常在 60 ～ 90 天后付款。订单融资允许公司预先向供应商付款。金融公司本质上是发放一笔贷款，贷款的抵押品是采购订单本身。这种结构导致订单融资的贷款要求与传统贷款的要求不同。

最近，一种新的信贷形式出现了，即先买后付（buy now, pay later，BNPL）。在 BNPL 交易中，一家公司从供应商处采购材料。BNPL 财务公司对供应商的付款相对较快，通常在同一天。而订单采购公司则在 90 天左右的时间内付清货款，一般没有利息。

# 本章小结

1. 本章介绍了短期财务管理。短期财务管理涉及期限较短的资产和负债。我们跟踪公司的财务报表，考察短期的资金来源与资金运用，研究在公司短期营业活动和现金周转过程中流动资产和流动负债是如何产生的。从会计的角度看，短期财务管理涉及净营运资本。

2. 短期现金流量的管理旨在使成本最小化。两类主要成本是持有成本（因对诸如现金之类的短期资产过度投资而产生的利息及相关成本）和短缺成本（短期资产不敷用的成本）。短期财务管理和融资计划的目标在于找到两种成本的最佳平衡。

3. 在理想的经济条件下公司能精确地预测现金的短期运用和来源，从而将净营运资本保持为 0。在现实的世界里，净营运资本为公司满足不间断的债务支付提供缓冲。财务经理需要维持每种流动资产的最优水平。

4. 财务经理可以利用现金预算计算短期资金需求。现金预算告诉财务经理短期之内需要借入多少资金或者能够借出多少资金。公司有许多可以取得资金的渠道来满足短期资金需求，其中包括信用贷款和担保贷款。

# 思考与练习

1. **经营周期** 经营周期长的公司具有哪些特征？

2. **现金周期** 现金周期长的公司具有哪些特征？

3. **来源与运用** 对于 Holly 公司刚刚结束的年度，你得到如下信息：
   a. 分配 200 美元的股利；
   b. 应付账款增加 500 美元；
   c. 购买固定资产 900 美元；
   d. 存货增加 625 美元；
   e. 长期债务减少 1 200 美元；
   　指出以上各项是资金来源还是资金运用，并说明它们对公司现金余额的影响。

4. **流动资产成本** Grohl 制造公司最近安装了一个实时（just-in-time，JIT）存货系统，说明这个系统可能给公司的持有成本、短缺成本与经营周期产生什么影响？

5. **经营周期与现金周期** 一家公司的现金周期有没有可能比它的经营周期长？说明原因。

6. **短缺成本** 什么是短缺成本？请加以说明。

7. **净营运资本的原因** 在理想的经济条件下，净营运资本等于 0，为什么在现实情况下净营运资本可能是正的？

   **利用以下信息回答问题 8 ～ 12。**
   　BlueSky 航空公司上月公告称，其应付账款周期将由 30 天延长到 45 天，原因在于公司想要"控制成本和优化现金流量"，应付账款周期的延长将适用于公司的全部 4 000 个供应商。

8. **经营周期与现金周期** 这个付款政策的改变会对

BlueSky 航空公司的经营周期产生什么影响？对其现金周期呢？

9. **经营周期与现金周期** 这个公告对 BlueSky 航空公司的供应商有何影响？

10. **公司伦理** 大公司单边延长其应付账款周期是否符合伦理？特别是当对方是小型供应商的时候。

11. **应付账款周期** 为什么不是所有的公司都通过延长应付账款周期来缩短现金周期？

12. **应付账款周期** BlueSky 航空公司出于"控制成本和优化现金流量"的目的延长应付账款周期，实际上其在现金上获得的好处是什么？

13. **现金等式** Coris 公司的账面净资产为 14 735 美元，长期债务为 8 300 美元，扣除现金后的净营运资本为 2 850 美元，固定资产为 18 440 美元，流动负债为 2 325 美元，该公司有多少现金？流动资产是多少？

14. **计算周期** 以下是 Newk 公司的财务报表信息。

（单位：美元）

| 项目 | 期初 | 期末 |
|---|---|---|
| 存货 | 12 435 | 15 615 |
| 应收账款 | 6 120 | 6 287 |
| 应付账款 | 7 930 | 9 140 |
| 销售净额 | 143 187 | |
| 产品销售成本 | 79 218 | |

　计算经营周期和现金周期，并解释你的计算结果。

15. **现金预算** 以下是 Nashville 公司 2022 年第 2 季

度预算中的一些重要数字。

（单位：美元）

| | 4月 | 5月 | 6月 |
|---|---|---|---|
| 赊销 | 357 400 | 342 500 | 402 600 |
| 赊购 | 125 100 | 157 300 | 195 500 |
| 现金支付 | | | |
| 工资及税费 | 51 200 | 64 700 | 77 300 |
| 利息 | 12 400 | 12 400 | 12 400 |
| 购买设备 | 84 500 | 131 000 | 0 |

公司预计5%的赊销将无法收回，35%会在一个月内收回，剩余的60%将于次月收回，赊购金额会在购买后的下个月支付货款。

2022年3月，赊销额为245 300美元，赊购额为149 300美元，请利用这些信息完成以下现金预算表。

| | 4月 | 5月 | 6月 |
|---|---|---|---|
| 期初现金余额 | 125 000 | | |
| 现金回收 | | | |
| 　赊销的现金回收 | | | |
| 　可用现金小计 | | | |
| 现金支付 | | | |
| 　购买 | | | |
| 　工资及税费 | | | |
| 　利息 | | | |
| 　购买设备 | | | |
| 　现金支付小计 | | | |
| 期末现金余额 | | | |

## 小案例

### Keafer制造公司的营运资本管理

你最近受雇于Keafer制造公司，在它的资金部工作。Keafer制造公司是一家为不同的顾客生产纸盒的高度定制化的小公司，公司的所有者Adam Keafer主要在销售和生产部门工作。最近，公司基本上把所有的应收账款放一堆，应付账款放一堆，一个兼职记账员定期来处理这些账款。这个系统杂乱无章，在财务方面有待改进，这就是招聘你进来要做的工作。

公司最近现金余额为210 000美元，打算第3季度花390 000美元购买新机器，新机器得用现金购买，因为这样能够享受折扣。Adam想让现金最低余额保持在135 000美元以备不时之需，Keafer公司所有对顾客的销售和向供应商的采购都以赊销方式进行，并且没有任何折扣。

在刚刚过去的一年中，该公司每个季度的销售额如下。

（单位：美元）

| | 第1季度 | 第2季度 | 第3季度 | 第4季度 |
|---|---|---|---|---|
| 销售总额 | 1 102 000 | 1 141 000 | 1 125 000 | 1 063 000 |

经过研究以及与顾客谈话，你预计下年度每个季度的销售额会增加8%，接下去一年的第1季度也会按8%的速度增长。你计算出Keafer制造公司目前应收账款周期为57天，应收账款余额为675 000美元，不过，应收账款余额的10%来自一家刚刚进

入破产程序的公司，这部分账款有可能再也收不回来了。

你还计算出，Keafer制造公司每个季度的订货金额通常是下个季度预计销售总额的50%，平均应付账款周期为53天，工资、税及其他成本大约占销售总额的25%，每个季度为长期负债支付185 000美元的利息费用。最后，公司通过一家当地银行满足了短期资金需求，每个季度为所有短期借款支付1.2%的利息，同时保留了一个货币市场账户，每个季度所有短期存款的利率为0.5%。

Adam请你根据公司当前的政策准备一份现金预算表和短期财务计划，还要求你针对一些变化编制另外的计划。

1. 利用已有数字完成现金预算表和短期财务计划。
2. 假设Keafer公司将最低现金余额改为90 000美元，请重新编制现金预算表和短期财务计划。
3. 假设销售额按照11%和5%的增长率增长，目标现金余额为135 000美元，请重新编制现金预算表和短期财务计划。
4. 假设公司保持135 000美元的目标现金余额，当销售增长率为多少时，短期资金需求为0？要回答这个问题，你需要建立一个电子表格，使用"规划求解"功能。

第 27 章

# 现金管理

媒体披露公司的现金头寸，一般都是因为公司持有的现金过少。然而，2020 年年中，许多公司的情况并非如此。6 月，非金融公司的现金持有量达 2.1 万亿美元，创下纪录。这比 2019 年同期增加了 30%。现金余额最大的是美国电话电报公司（AT&T）和达美航空公司（Delta），两家公司都超过了 150 亿美元。当然，金融公司持有的现金余额可以更高。例如，高盛集团（Goldman Sachs）同期持有约 1 530 亿美元现金。为什么这些公司持有如此巨额的现金？我们将通过本章的现金管理的学习来找到答案。

现金管理的基本目标是在维持公司高效、有效经营的同时，尽可能地使现金投资维持在最低水平。这一目标通常被简化为"早收晚支"。相应地，我们将讨论加速收账和管理付款的方法。

此外，公司还必须将暂时性闲置资金投资在短期有价证券上，就像我们在很多场合中讲过的那样，这些证券可以在金融市场上进行买卖。总的来说，短期有价证券具有极低的违约风险，并且多数具有高度市场化的特点。这些所谓的货币资本市场证券有很多不同的种类，我们将介绍其中最为重要的几种。

## 27.1 持有现金的目的

约翰·梅纳德·凯恩斯在他的经典著作《就业、利息和货币通论》（*The General Theory of Employment, Interest, and Money*）一书中提出 3 种流动性持有动机：投机动机、预防动机和交易动机。接下来我们将一一讨论。

### 27.1.1 投机动机和预防动机

**投机动机**（speculative motive）是指为了能够利用额外的投资机会，比如可能出现的廉价收购、具有吸引力的利率、有利的汇率波动（对国际公司来说）以及其他可能出现的有利可图的投资而持有现金的需要。

对多数公司而言，保留借款能力和有价证券可用于满足投机动机。因此，可能存在因为投机动机而需要流动性，但却不一定为了投机动机而持有现金本身。可以这样想：如果你有一张信用额度非常高的信用卡，那么你可能不需要现金就可以抓住任何不寻常的交易机会获益了。

在一个较小的范围内，这一点对于预防动机也是正确的。**预防动机**（precautionary motive）是指作为财务储备以便应付安全供给的需要。同样，公司可能会为了预防动机而需要流动性。然而，因为货币市场工具价值确定，而且像国库券这样的工具流动性非常高，因此实际上并不需要为了预防目的而持有大量的现金。

### 27.1.2 交易动机

满足**交易动机**（transaction motive）需要持有现金，即持有现金以备付账。与交易相关的现金需求来自企业的日常收支活动。现金的支付包括支付工资、偿还债务、缴纳税款和派发股利。

而现金的收入则源于企业经营过程中的销售收入、资产的出售和新的融资活动等。现金的流入（收款）和现金的流出（付款）并不是完全同步的，因此必须持有一定水平的现金作为缓冲。

随着电汇及其他高速"无纸化"付款方式的持续发展，即便是交易对现金的需求都有可能完全消失。然而即便如此，仍然存在着对流动性的需求以及对流动性进行有效管理的需要。

### 27.1.3　补偿性余额

补偿性余额是持有现金的另一个原因。就像我们在上一章中所讨论过的，企业在商业银行中保持现金余额的目的是偿付银行向企业提供的服务。银行对提供信用额度所要求的最低补偿性余额，可能为公司持有的现金水平设定了一个下限。

### 27.1.4　持有现金的成本

当企业持有的现金超过所需的最低金额时，就会产生机会成本。超额现金（以现钞或银行存款形式存在）的机会成本为次优运用途径下可赚取的利息收入，比如投资在有价证券上。

既然持有现金有机会成本，那么为什么企业仍要持有超出补偿性余额所要求的现金呢？答案在于，必须维持一个现金余额，以提供交易所需的流动性——付账。如果企业维持的现金余额过低，那么现金可能会不够用。如果这种情况发生，公司可能就必须在短期内筹集现金，比如销售有价证券或借款。

销售有价证券和借款这类活动涉及不同的成本。就像我们讨论过的，持有现金隐含着机会成本。为确定适当的现金余额，企业必须权衡持有现金的收益和成本。我们将在下一节中对这一问题进行更为详细的讨论。

### 27.1.5　现金管理与流动性管理

在转换主题之前，我们应该注意到，区分真正的现金管理和更为一般化的问题——流动资产管理是十分重要的。这是因为在实务中**现金**一词有两种不同的含义，从而导致了混淆。首先，按其字面含义，它代表手上真正拥有的现金。然而，财务经理经常使用现金一词来代表企业持有的现金及有价证券，而有价证券有时也被称为**现金等价物**或者**近似现金**。比如，在本章开篇对不同企业现金的讨论中，现金实际上所指的是它们的现金和现金等价物的合计数。

流动性管理与现金管理之间的差别非常直观。流动性管理关注企业应持有的流动性资产的最优数量，这是我们在之前的章节中讨论过的企业流动资产管理政策的一个特别的方面。现金管理与现金收支的最优化操作密切相关，这是本章重点关注的问题。

总的来说，企业需要权衡为满足交易需求而持有现金的收益，与避免破产而持有低投资回报的现金的机会成本之间的关系。明智的现金管理政策是，一方面手上持有足够的现金，满足日常经营的需要；另一方面将部分超额现金投资于有价证券来满足预防目的。其他的超额现金应被投资于企业的经营活动或分配给投资者。⊖

## 27.2　理解浮差

毫无疑问，你的账簿上记录的资金金额和银行认为你拥有的资金金额可能有较大差距。原因在于，你开具出去的支票，有些尚未被提交至银行进行支付。同样的事情也发生在企业中。企业的账簿上显示的现金余额被称为**账面现金余额**或**分类账余额**，银行账户上显示的余额被称为**可用现金余额**或**收得余额**。可用现金余额与账面现金余额的差额被称为**浮差**（float），它代表在结算过程中支票（通过银行系统）发挥的净效用。

---

⊖ 有一些证据表明，公司治理对公司现金持有具有一定的影响。Jarrad Harford、Sattar A. Mansi 和 William F. Maxwell 在 "Corporate Governance and Firm Cash Holdings in the U.S," [*Journal of Financial Economics* 87, no. 3（March 2008）：535–55] 一文中发现，公司治理较差的公司拥有较少的现金储备。过多的现金加之薄弱的公司治理会导致更多的资本支出和更多的收购发生。

## 27.2.1 支付浮差

企业开具支票就会产生**现金支付浮差**，引起企业账面现金余额立即减少，但却不影响它的可用现金余额。例如，假设通用电气（GM）公司当前银行存款余额为 100 000 美元。6 月 8 日，公司购买了一批原材料，并支付了一张 100 000 美元的支票，公司账簿上（分类账上）的现金余额立即减少了 100 000 美元。

然而，直到供货方将该支票存入其开户银行，且供货方银行向 GM 公司开户银行提示付款时，比如 6 月 14 日，GM 公司开户银行才会知道 GM 公司曾开具过一张 100 000 美元的支票。在支票兑付之前，公司的可用现金余额都会比公司账面现金余额高 100 000 美元。换句话说，6 月 8 日之前，GM 公司的浮差为 0：

$$浮差 = 公司的可用现金余额 - 公司的账面现金余额 = 100\ 000 - 100\ 000 = 0$$

6 月 8～14 日 GM 公司的现金状况：

$$现金支付浮差 = 公司的可用现金余额 - 公司的账面现金余额 = 100\ 000 - 0 = 100\ 000（美元）$$

在支票尚未结算这段时间，GM 公司的银行存款余额为 100 000 美元。GM 公司可以利用处于支票结算期间的这些现金来获取收益，例如可用现金余额可暂时投资于有价证券，从而赚取一些收益。稍后我们将回到这个问题上来。

## 27.2.2 回收浮差和净浮差

企业收到支票就产生了**现金回收浮差**，引起企业账面现金余额立即增加，却不影响企业可用现金余额。例如，假设 GM 公司在 10 月 8 日收到客户的一张 100 000 美元的支票。同前例，假设 GM 公司的银行存款余额为 100 000 美元，并且公司的浮差为 0。GM 公司存入该支票时，公司的账面现金余额从 100 000 美元增加到 200 000 美元。然而，直到 GM 公司开户银行向客户方银行提示支票付款并收到 100 000 美元时，比如 10 月 14 日，这笔款项才真正归 GM 公司所有。在此期间，GM 公司的现金状况反映为 100 000 美元的现金回收浮差。我们可以对上述事件进行概括：

10 月 8 日前 GM 公司的现金状况：

$$浮差 = 公司的可用现金余额 - 公司的账面现金余额 = 100\ 000 - 100\ 000 = 0$$

10 月 8～14 日 GM 公司的现金状况：

$$现金回收浮差 = 公司的可用现金余额 - 公司的账面现金余额 = 100\ 000 - 200\ 000 = -100\ 000（美元）$$

一般地，企业的付款活动会形成现金支付浮差，收款活动则会形成现金回收浮差。其净效用，也就是总现金支付浮差与总现金回收浮差之和，被称为净浮差。任一时间点上的净浮差其实就是企业可用现金余额和账面现金余额之间的差额。如果净浮差为正，说明企业的现金支付浮差大于其现金回收浮差，并且其可用现金余额大于账面现金余额。如果企业可用现金余额小于账面现金余额，那么企业就会拥有净现金回收浮差（净浮差为负）。

较之账面现金余额，企业应更关注净浮差和可用现金余额。如果企业的财务经理知道开出去的支票要等几天后才会结算，那么他就可以在银行中保留比不知道的情况下更低的余额，这可能会产生一大笔收益。

以沃尔玛为例。沃尔玛的日均销售额约为 15 亿美元。如果沃尔玛的现金回收速度加快一天，沃尔玛就能获得 15 亿美元的闲置资金用于投资。保守估计日利率为 0.01% 的话，沃尔玛**每天**就能获得大约 15 万美元的利息收入。

#### 例 27-1 维持浮差

假设你的银行存款余额有 5 000 美元。有一天，你开具了一张 1 000 美元的支票支付购书款项，并存入 2 000 美元的支票。此时你的现金支付浮差、现金回收浮差、净浮差分别是多少？

在你开具了 1 000 美元的支票后，你的账面现金余额显示还有 4 000 美元，但是在支票结算之前，你的银行存款账户的余额将仍然显示为 5 000 美元。这个 1 000 美元的差额就是现金支付浮差。

在你存入 2 000 美元的支票后，你的账面现金余额显示为 6 000 美元。但是在支票结算前，你的可用现金余额却不会增加。这会产生 -2 000 美元的现金回收浮差。

你的净浮差就是现金支付浮差与现金回收浮差之和，也就是 -1 000 美元。

总体来看，你的账面现金余额显示为 6 000 美元。银行存款余额为 7 000 美元，但是你的可用现金余额只有 5 000 美元，因为你存入的支票还未完成结算。你的可用现金余额与账面现金余额之间的差额就是净浮差（-1 000 美元），这对你来说是不利的。如果你又开具了一张 5 500 美元的支票，你可能就没有足够的资金完成支付，从而发生透支。这也是财务经理更关心可用现金余额而非账面现金余额的原因。

### 27.2.3 浮差管理

浮差管理包括对现金回收和现金支付的控制。对现金回收控制的目标在于加速收款，缩短从客户付款到获得可用现金之间需要的时间。而对现金支付控制的目标在于控制付款，从而最小化企业的付款成本。

收款和付款的时间可以分成三个部分：邮程时间、处理延误和到账延误。

（1）**邮程时间**是指支票处于邮政系统中的时间，是收款和付款过程的一部分。

（2）**处理延误**是指支票收款人处理这笔付款并存入银行所需的时间。

（3）**到账延误**是指通过银行系统进行支票结算所需的时间。

加速收款涉及缩短其中的一个或几个组成部分，而延缓支付则需要延长其中的一个或几个组成部分。接下来，我们将讲述管理收款时间及付款时间的一些程序。在此之前，首先，我们需要讨论浮差是怎么进行计算的。

#### 1. 浮差计算

浮差的大小既取决于所涉及的金额，也取决于所延误的时间。假设你每个月向另一个州寄出一张 500 美元的支票。邮寄到目的地需要花费 5 天的时间（邮程时间），对方收到后需要 1 天的时间提交给银行（处理延误），对方的银行又持有这张跨州支票 3 天时间（到账延误）。总延误就是：5+1+3=9（天）。

在这种情况下，你的日均支付浮差是多少呢？有两种等价的方法可以求出答案。第 1 种方法，你拥有 500 美元的浮差，持续了 9 天时间，所以总浮差是：9×500=4 500（美元）。假设一个月有 30 天，那么日均浮差就是 4 500÷30=150（美元）。

第 2 种方法，你的支付浮差是 500 美元，一共有 9 天，月内其余 21 天内浮差为 0（再次假设一个月有 30 天）。这样，你的日均浮差为：

日均浮差=（9×500+21×0）/30=9/30×500+21/30×0=4 500/30=150（美元）

这意味着，你的日均账面现金余额比可用现金余额少 150 美元，代表了 150 美元的日均现金支付浮差。

当涉及多笔付款或收款时，情况会稍微复杂一些。为了说明这一点，假设 Concepts 有限公司每月有如下两笔收入。

| 金额/美元 | | 延误天数/天 | | 总浮差/美元 |
|---|---|---|---|---|
| 项目 1：5 000 000 | × | 9 | = | 45 000 000 |
| 项目 2：3 000 000 | × | 5 | = | 15 000 000 |
| 总计：8 000 000 | | | | 60 000 000 |

月内日均浮差等于：

$$日均浮差 = \frac{总浮差}{总天数} = \frac{60\,000\,000}{30} = 2\,000\,000（美元） \tag{27-1}$$

所以，公司平均每天有 2 000 000 美元的未收款项不能使用。

计算日均浮差的另一种方法是确定日均收入并将其乘以平均延误天数。

$$日均收入 = \frac{总收入}{总天数} = \frac{8\,000\,000}{30} = 266\,666.67（美元）$$

在 8 000 000 美元的总收入中，有 5 000 000 美元，也就是说全部的 5/8，被延误 9 天，其余的 3/8 则被延误了 5 天。由此可计算加权平均延误天数：

$$加权平均延误天数 = (5/8) \times 9 + (3/8) \times 5$$
$$= 5.625 + 1.875 = 7.50（天）$$

所以：
$$日均浮差 = 日均收入 \times 加权平均延误天数 \qquad (27\text{-}2)$$
$$= 266\ 666.67 \times 7.50 = 2\ 000\ 000（美元）$$

### 2. 一些细节

在计算浮差的过程中，区分回收浮差和支付浮差之间的差异是很重要的。我们定义**浮差**为企业可用现金余额和账面现金余额之间的差额。在付款时，企业的账面现金余额会随着支票的寄出而减少，所以邮程时间是现金支付浮差的重要组成部分。然而，收款时，企业的账面现金余额直到支票真正收到才会增加，所以邮程时间并非现金回收浮差的组成部分。

这并不意味着邮程时间对收款不重要。重点是，计算现金回收浮差时，不需要将邮程时间考虑在内。但正如我们即将讨论到的，在计算总收款时间时，邮程时间是一个关键的组成部分。

同样地，当我们讨论到账延误时，支票的结算时间并不重要。关键是，我们需要等待多久，银行才会让我们使用该笔资金。实际上，银行有一个到账时间表，可以根据存入时间及其他因素，决定持有支票的时间长度。此外，到账延误也可能是银行与客户之间的一个协商问题。同样地，对于开具出去的支票，关键的是我方账户支付的日期，而不是对方到账的日期。

### 3. 浮差的成本

回收浮差的基本成本就是不能对其加以利用的机会成本。至少，如果企业可以将现金用于投资，就能获得利息收入。

假设 Lambo 公司日均收入为 1 000 美元，加权平均延误天数为 3 天。因此，日均浮差为：$3 \times 1\ 000 = 3\ 000$（美元）。这意味着，在任意一天中，公司就有 3 000 美元闲置而不能赚取利息。假设 Lambo 公司可以完全消除浮差，那么收益将会是多少？如果消除浮差的成本为 2 000 美元，这一举措的净现值（NPV）是多少？

图 27-1 说明了 Lambo 公司的情况。假设 Lambo 公司一开始浮差为 0。第 1 天，Lambo 公司收到并存入一张 1 000 美元的支票。3 天后，也就是在第 4 天，这笔资金才可以使用。第 1 天结束时，公司的账面现金余额比可用现金余额多 1 000 美元，所以浮差为 1 000 美元。第 2 天，公司收到并存入另外一张支票。这笔钱会在 3 天后，也就是第 5 天收到。第 2 天结束时，公司有两张未到款支票，公司账面现金余额显示为 2 000 美元，然而，银行账户上的可用现金余额仍然为 0，所以此时的浮差为 2 000 美元。同样的事情在第 3 天再次发生，总浮差上升到 3 000 美元。

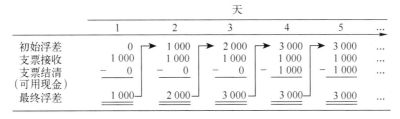

图 27-1　浮差的构成（单位：美元）

第 4 天，Lambo 公司再次收到并存入一张 1 000 美元的支票。但是，公司第 1 天存入的 1 000 美元支票也已到款。公司账面现金余额的变化和银行可用现金余额的变化是完全一样的，都是 +1 000 美元，所以，浮差保持不变，仍为 3 000 美元。同样的事情发生在第 4 天及以后的每一天。因此，浮差始终保持 3 000 美元。⊖

图 27-2 列示了如果在未来第 $t$ 天浮差被完全消除的情况。浮差消除后，公司日均收入仍为 1 000 美元。浮

---

⊖ 这种永久性浮差有时也被称为**稳定浮差**（steady-state float）。

差被消除了，公司可在当天收到资金，公司每日回收现金金额也都相同，为 1 000 美元。正如图 27-2 所列示的，唯一的变化发生在第 $t$ 天。在这一天，Lambo 公司像往常一样，收到 3 天前的销售收入 1 000 美元。浮差已被消除，因此这一天也能够收到两天前以及一天前的销售收入，也就是这一天将额外收到 3 000 美元现金。所以，在第 $t$ 天，总收款将从 1 000 美元变为 4 000 美元。

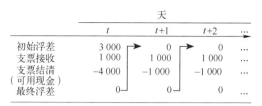

图 27-2　消除浮差的影响（单位：美元）

我们看到，在第 $t$ 天 Lambo 公司消除浮差后收到了额外的 3 000 美元现金。在接下来的每一天，Lambo 公司还如浮差消除前一样，每天收到 1 000 美元现金。所以，消除浮差对公司现金流量唯一的影响就是消除当天多收到的 3 000 美元。其余的现金流量都没有受到影响，所以可以说，Lambo 公司相较于之前多了 3 000 美元。

换句话说，消除浮差的现值就等于总浮差。Lambo 公司可以把这笔钱作为股利分配出去，投入到生息资产中，或者用于其他用途。如果消除浮差的成本为 2 000 美元，那么消除浮差的净现值就是 3 000 美元 –2 000 美元 =1 000 美元。所以 Lambo 公司应该这样做。

### 例 27-2　降低浮差 I

假设 Lambo 公司不消除浮差，而是可以将延误天数减少至 1 天。Lambo 公司愿意为此付出的最高代价是多少？

如果 Lambo 公司可以将延误天数从 3 天减少至 1 天，那么总浮差就会从 3 000 美元减少至 1 000 美元。根据之前的讨论，可以立刻发现，这样做的现值等于减少的 2 000 美元浮差。因此，Lambo 公司最多愿意支付 2 000 美元。

### 例 27-3　降低浮差 II

回顾例 27-2。假设有一家大银行愿意提供降低浮差的服务，费用为每年 175 美元，年末付款。相关的贴现率为 8%。Lambo 公司应该接受这家银行的服务吗？这项投资的净现值为多少？你将如何解释这个贴现率？Lambo 公司每年愿意为此支付的最高金额是多少？

对 Lambo 公司来说，这项投资的现值仍为 2 000 美元。为了降低浮差，每年年末公司将固定向银行支付 175 美元，这一成本可视为永续成本，其现值为 175÷0.08＝2 187.50（美元），净现值为 2 000–2 187.50＝–187.50（美元）。因此，这不是一项有利可图的投资。

如果忽略透支的可能性，那么这里的贴现率就相当于短期借款的成本。因为每存入一张支票，Lambo 公司都可以向银行借 1 000 美元，3 天后再归还。Lambo 公司应该支付的成本就是利息。

Lambo 公司愿意支付的最高金额，就是使净现值为 0 时的金额。这发生在 2 000 美元的收益与成本的现值相等时，也就是当 2 000＝$C$/0.08（$C$ 为年成本）时，解得：$C$（年成本）=0.08×2 000＝160（美元）。

#### 4. 道德和法律问题

财务经理应该考虑的是银行已收到款项后的可用现金余额，而不是企业的账面现金余额（反映了已经存入但尚未收到现金的支票）。如果财务经理不这样做，那么他就可能利用未收到的资金作为短期投资的资金来源。大部分银行对动用未收到的资金，都要收取一定罚款。然而，银行可能没有足够的会计和监控程序来充分发现动用未收到资金的行为。这就产生了企业的道德和法律问题。

### 27.2.4　电子数据交换和 Check 21：浮差的终结？

在实践中运用越来越广泛的**电子数据交换**（electronic data interchange，EDI）是指所有类型组织之间的直接的电子信息交换。**财务电子数据交换**（financial EDI，FEDI）是电子数据交换的一个重要的应用形式，财务电子数据交换是指利用电子技术交换组织之间的所有财务和资金信息，从而消除了纸质发票、支票、邮寄及处理等。

比如，FEDI 系统可以每月自动从公司的账户里扣除款项用于支付公司的各种账单，公司也可以通过电子自动转账支付职工薪酬。一般来说，EDI 可以使卖方直接通过电子系统发送账单给买方，从而避免邮寄。同时，买方也可以使用电子系统授权银行进行支付，接下来，银行再将资金转入卖方在其开户银行的账户上。结果就是，从开始到完成一项商业交易所需的时间大大缩短了，我们能想到的浮差也都被降低，甚至被消除了。随着 FEDI 的广泛应用，浮差管理的重点将集中于计算机信息交换和资金转拨相关的问题上。

EDI（以及 FEDI）的缺点之一在于建立系统比较昂贵和复杂。然而，随着互联网的发展，一种新形式的 EDI 出现了：互联网电子商务。比如，互联网巨头思科（Cisco Systems）公司每天都会在网上收到来自世界各地的分销商成百上千万美元的订单。公司还通过广域网把关键的供应商和客户连接起来，所谓广域网是指公司内部业务网络拓展出来的商业网络。然而，由于存在安全问题和缺乏标准化，因此互联网电子商务和广域网并不能立刻降低对 EDI 的需求。事实上，这个补充性的系统在未来也很可能会被结合起来使用。

2004 年 10 月 29 日，被广泛称为 Check 21 的《21 世纪支票结算法案》（Check Clearing for the 21st Century Act）开始生效。在此之前，法律要求收到支票的银行必须在支付前将支票原件寄送到客户的开户银行。Check 21 则允许银行向客户的开户银行发送电子版的支票并可立刻得到款项。之前，美国州际支票往来的结算或许需要 3 天时间，但在 Check 21 生效后，只需要 1 天的时间就可以完成结算，而且经常可以在签发当日完成。因此 Check 21 可以确保浮差的减少。

## 27.3 现金回收及集中

从我们之前的讨论中可以知道，现金回收即收账延误会给企业带来损失。因此，在其他条件不变的情况下，企业会采用一些程序加速收账，从而缩短收账时间。此外，即使是在收到现金后，企业还需要将现金集中起来，以便使现金能够得到最佳利用。接下来我们会讨论一些常见的现金回收和集中的方法。

### 27.3.1 收账时间的组成

根据前面的讨论，我们可以将现金回收过程分为如下图所示的三个基本组成部分：邮程时间、处理延误、到账延误。

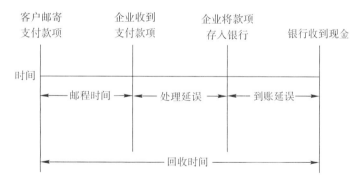

花费在现金回收过程中每一部分上的时间，取决于企业客户和银行的地理位置以及企业回收现金的效率。

### 27.3.2 现金回收

企业如何向客户收账，很大程度上取决于公司的业务性质。最简单的例子是连锁餐厅这类业务。大多数客户都会用现金、支票、信用卡或 app 支付，在销售时付款（这种方式被称为**柜台托收**），所以不存在邮程延误问题。一般地，这些资金会被存入当地银行，因而企业会有多种方式（稍后将讨论）获得资金。

当一家公司收到的部分或者全部付款都是通过邮寄的支票时，收账时间的三个组成部分就都变成相关的了。公司可能会选择将所有支票邮寄到同一地点；或者更为常见的做法是，公司可能会有一些不同的邮政收账地点，以缩短邮寄时间。公司可以选择自己收账，也可以聘用外部专门从事收账的公司来完成这一工作。后面我们会更为详细地探讨这些问题。

还有一些其他的收款方法。越来越常见的一种是预先授权支付安排。在此安排下，付款金额和付款日期都事先确定好，等到了约定的日期，该笔付款的款项就会自动从客户的银行账户转到公司的银行账户，这种方法可显著减少甚至消除收账延误。拥有线上终端的公司也采用同样的方法，交易一发生，资金就会立刻转到公司的账户里。

### 27.3.3　锁箱法

当公司将收到邮寄形式的付款时，必须决定支票要寄往何处以及如何收集支票并存入银行。仔细选择接收地的数目和位置可以大大减少收账时间。许多公司使用被称为**锁箱**（lockboxes）的邮政专用信箱，以解决支付问题，加速收账。

图 27-3 对锁箱服务系统进行了说明。收账过程的第一步是客户将支票邮至邮政专用信箱而非直接邮至企业。专用信箱由一家当地银行进行维护。实际上，一家大公司在全国各地设置的专用信箱常常超过 20 个。

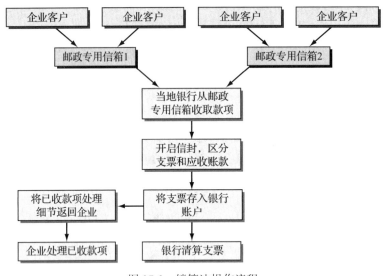

图 27-3　锁箱法操作流程

注：企业客户将款项汇至邮政专用信箱而非汇至企业，引起现金流动。银行一天内多次开启邮政锁箱收取款项，并将客户付款支票存入企业银行账户。

在典型的锁箱系统中，当地银行每天都将几次开启专用信箱收取支票。银行将这些支票直接存入企业账户，（以某种计算机可采用的形式）记录具体操作过程并报送企业。

由于支票的接收点为邻近的邮局而不是企业总部，因此锁箱服务系统缩短了支票的邮程时间。由于锁箱服务缩短了企业实际用于处理应收款项并将支票存入银行所需的时间，因而也缩短了企业处理支票的时间。较之企业以其总部为支票的接收点并自己到银行存储和结算支票，银行专用信箱能帮助企业更快地完成其收入的处理、存储和结算工作。

一些企业已经开始使用**电子锁箱**作为传统锁箱的替代。在电子锁箱中，客户使用电话或互联网来处理他们的账户（比如他们在某家银行的信用卡账户）、查阅账单，并授权支付。显然，电子锁箱系统比传统支付方法要好上太多，至少从出票人角度来看是如此。这种系统会越来越流行。

### 27.3.4　现金集中

就像之前讨论过的，企业通常会有多个现金收账点，现金回收可能发生在很多不同的银行和银行账户上。因此，企业需要将现金转移至其主要账户上，这一过程被称为**现金集中**（cash concentration）。通过定期地集中现金，减少需要跟踪的账户数目，企业大大简化了其现金管理。并且，通过集中一笔较大的可用现金资金，企业或许可以通过协商或其他方法取得一个更好的短期投资利率。

在建立现金集中系统时，企业通常会使用一家或一家以上的集中银行。集中银行将从各地方银行收到的资金集中到一起。集中系统常与锁箱系统结合使用。图 27-4 对现金如何集中及现金集中系统的运作进行了说明。如图 27-4 所示，现金回收及集中过程的关键部分就是将资金转到集中银行。要完成这项划转，有几种可选方式。成本最低的方式是**存款转移支票**（depository transfer check，DTC），这是一种预先印制好，不需要签字，并且仅能用于同一公司特定账户间资金转移的支票。钱款在一两天后就可以使用。而**自动结算中心**（automated clearing house，ACH）转移的基本是纸质支票的电子版。在某些情况下，这种方式可能费用较高，但却可以保证资金隔天就能使用。成本最高的方式是**电汇**，它能够提供当日生效的服务。企业选择何种方式，取决于付款的次数和金额的大小。比如，典型的一笔 ACH 转移的资金可能为 200 美元，而典型的电汇转移资金则是数百万美元。拥有很多收款点而且金额相当小的公司，将会选择较便宜的方式。而收到的付款笔数较少、金额却相当大的公司，可能会选择较昂贵的方式。

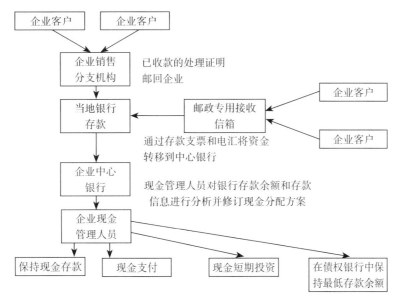

图 27-4　现金管理系统中的锁箱法和集中银行法

### 27.3.5　加速收账：示例

决定是否采用锁箱与集中银行结合的银行现金管理服务，取决于企业客户所在的位置以及美国邮政系统的速度。假设位于费城的大西洋公司考虑设立锁箱系统，公司目前的收账延误为 8 天。

大西洋公司在美国西南部（新墨西哥州、亚利桑那州和加利福尼亚州）开展业务。公司考虑将在洛杉矶设立邮政专用信箱，并委托太平洋银行进行管理。太平洋银行已经分析了大西洋公司的现金收集系统，并认为公司收账时间可以缩短两天。特别是，太平洋银行还针对建议设立的锁箱系统提供了以下的信息：

邮程时间缩短 = 1.0 天

结算票据时间缩短 = 0.5 天

公司处理时间缩短 = 0.5 天

合计 = 2.0 天

此外：

短期国库券日利率 = 0.025%

平均每天到达锁箱的付款笔数 = 2 000

平均付款款额 = 600 美元

公司目前收账业务的现金流量如下面的现金流量时间表所示：

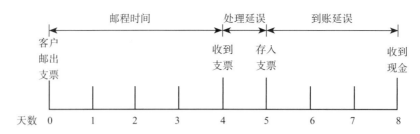

采用锁箱收款运作的现金流量表如下所示：

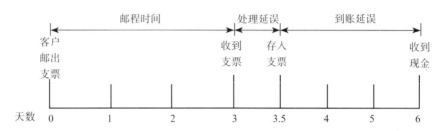

太平洋银行同意以处理每张支票收费 0.25 美元来实施锁箱系统，大西洋公司应该接受吗？

首先，我们需要确定该系统能够带来的收益。平均每天来自西南部地区的收款为 1 200 000（=2 000×600）美元。锁箱系统可将收款时间缩短两天，从而为企业增加 2 400 000（=1 200 000×2）美元的银行余额。换句话说，锁箱服务将支票的处理时间、邮程时间和结算时间缩短了两天，从而为企业释放出了 2 400 000 美元可用现金资金。从之前的讨论中可知，2 400 000 美元就是这一方案的现值。

为了计算净现值，我们还需要确定成本的现值。这里有几种不同的方法。第一种，公司每天收到 2 000 张支票，每张收取 0.25 美元服务费，每天的成本就是 500 美元，并且这一成本将持续发生。在 0.025% 的日利率下，成本的现值为 500/0.000 25=2 000 000（美元）。因此，净现值 =2 400 000－2 000 000=400 000（美元），说明这一系统是可取的。

按照另外一种方法，大西洋公司可以将 2 400 000 美元以 0.025% 的日利率进行投资，并实现日收益 2 400 000×0.000 25＝600（美元）。使用这一系统的每日成本为 500（美元），所以显然公司可以实现 100 美元的每日净收益。这一永续净收益的现值为 100/0.000 25=400 000（美元），和前述计算结果一致。

最后，也是最简单的方法：如果系统投入使用，每笔 600 美元的支票的收账期都会被缩短两天。600 美元在 2 天内的利息收益为 2×600×0.000 25＝0.30（美元），而每一张支票的成本为 0.25 美元。因此，每一张支票大西洋公司赚取 0.05（=0.30－0.25）美元。在每天收到 2 000 张支票的条件下，利润就是 0.05×2 000=100（美元），与前述计算结果一致。

### 例 27-4　加速收账

在大西洋公司决定是否采用锁箱服务的例子中，假设太平洋银行除了每张支票收取的 0.25 美元服务费外，还要求收取固定费用 20 000 美元（按年支付）。对大西洋公司来说，采用这一系统是否仍然是个好主意？

为回答这一问题，我们需要计算固定费用的现值。日利率为 0.025%，因此，年利率为 $1.000\ 25^{365}-1=$ 9.553%。这样，每年年底固定支付的 20 000 美元的现值 =20 000/0.095 53=209 358(美元)。从前述计算结果可知，未考虑固定费用时的净现值为 400 000 美元，那么考虑上固定费用的净现值 = 400 000－209 358=190 642（美元）。所以这仍然是个好主意。

## 27.4　现金支付管理

从企业的角度来看，现金支付浮差是企业所希望的，所以管理支付浮差的目标就是尽可能地延缓支付。为实现这一目标，企业可能会形成一些策略，以增加邮程浮差、处理浮差以及到账浮差。除此之外，企业还制定了一些程序，使为付款而持有的现金最小化。我们在本节中将讨论其中最为常见的一些方法。

## 27.4.1 增加支付浮差

我们已经知道，对支付的延缓可来自邮件寄送、支票处理以及资金收取。通过开出地理位置上较远的银行的支票，就可以增加支付浮差。例如，一家位于纽约的供应商收到的付款可能是从洛杉矶的银行开出的支票。这将增加支票通过银行系统进行结算的时间。从位于远处的邮局寄出支票也是一种延缓支付的方法。

使支付浮差最大化的策略在道德和经济上都备受争议。首先，就像我们将在下一章中要讨论的，付款条件通常都是对提早付款给予相当大的折扣。该折扣通常比"浮差游戏"中节省下的还要多。在这种情况下，如果收款者对付款日期的认定是根据收到的日期，而非邮戳日期，那么，延长邮程时间将不会带来任何好处。

除此之外，供应商不太可能被延缓支付的企图所蒙蔽。与供应商之间的恶劣关系导致的负面影响的代价可能很高。大体而言，利用邮程时间或者供应商故意延迟支付，甚至在账单到期时也不支付，都是不道德的商业行为。

## 27.4.2 控制支付

我们已经知道，最大化支付浮差或许是不道德的商业行为。然而，企业还是希望涉及支付的现金能够尽可能的少。因此，企业已经发展出一些有效管理现金支付过程的制度。这些制度的一般理念就是持有不超过最低额度保证支付的银行存款。接下来，我们将介绍一些能够达成这一目标的方法。

### 1.零余额账户

通过**零余额账户**（zero-balance accounts）制度，企业联合其银行，保持一个主账户和一组子账户。当支票开出，子账户需要付款时，相应的资金就会从主账户转入。图 27-5 对这一系统如何运作进行了说明。在这种情况下，企业拥有两个支付账户，一个用于向供应商付款，一个用于支付工资。如图 27-5 所示，如果企业不使用零余额账户，那么企业的每个账户就都必须满足安全库存现金的要求，以备不时之需。如果企业使用零余额账户，那么只要在主账户中保留安全库存现金量，并在需要时将资金转到另外两个子账户上即可。关键在于，在零余额账户制度下，作为缓冲的现金总额较少，因而可以释放出资金用于其他用途。

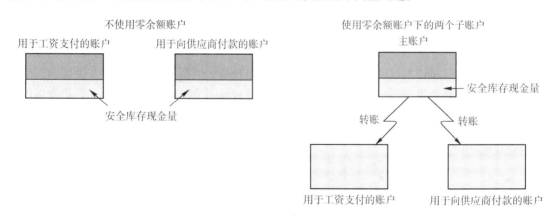

图 27-5　零余额账户

注：如果企业不使用零余额账户，那么企业的每个账户就必须满足安全库存现金量的要求，以备不时之需。如果企业使用零余额账户，那么只要在主账户中保留有安全库存现金量即可。在需要的时候，资金可以转移到子账户上。

### 2.受控的支付账户

在**受控的支付账户**（controlled disbursement accounts）下，几乎所有必须在一天中支付的款项，都在上午就知道了。银行通知企业总付款额，企业再将所需资金转入（通常通过电汇）。

## 27.5　闲置资金的投资

如果企业有暂时性的现金剩余，就可以投资在短期有价证券上。我们已经提过多次，短期金融资产市场被称作**货币市场**。在货币市场中交易的短期金融资产的到期期限不超过 1 年。

多数大企业都通过银行和代理商进行交易，以管理自己的短期金融资产。一些大企业和许多小企业都利用货币市场共同基金，这些基金将进行短期金融资产投资并收取管理费用，管理费用作为基金管理人员提供专业化和多样化服务的报酬。

在众多货币市场共同基金中，有些专门是针对企业客户的。另外，银行也提供在每个工作日结束时将企业账上可利用的多余资金转出，替企业进行投资的服务。

### 27.5.1　暂时性现金剩余

出于多种原因，企业会有暂时性现金剩余。其中两个最重要的原因是公司的季节性和周期性活动的筹资以及对计划性的或可能的支出的筹资。

#### 1. 季节性和周期性活动

有些企业的现金流量拥有可预期的模式，在一年内的某段时间里企业出现现金顺差，而在剩余的时间里企业则出现现金逆差。例如，高尔夫零售商店 Golf Galaxy 受高尔夫季节的影响，形成了季节性现金流量模式。

这样的一家企业就可以在出现现金顺差时购入有价证券，并在出现现金逆差时售出有价证券。当然，银行借款也是一种短期融资方法。图 27-6 对使用银行借款和有价证券来满足暂时性融资需求的方法进行了说明。在这种情况下，企业沿袭的就是之前章节讨论的折中的营运资本政策。

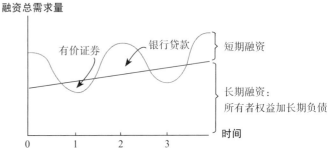

图 27-6　季节性现金需要

注：时点 1：存在剩余现金流量。季节性投资的现金需要量较低，剩余的现金流量投资于短期有价证券。

时点 2：存在负现金流量。季节性投资的现金需要量较高，财务赤字通过出售有价证券和银行贷款等融资方式来弥补。

#### 2. 计划性的或可能的支出

企业通常会在有价证券上积累暂时性投资，以便向厂房建设项目、股利分派和其他大规模支出提供资金。这样，企业在需要资金前就可以发行债券和股票，将发行所得投资于短期有价证券，并在需要为支出筹资时售出这些有价证券。另外，企业也有面临大笔现金支出的可能性，最明显的例子是企业大额诉讼败诉的可能。企业可能会积累现金剩余，以应对这类突发事件。

### 27.5.2　短期证券的特征

假定企业有一些暂时性的闲置资金，企业就可以将它们投资在不同的短期有价证券上。这些短期有价证券的主要特征体现在其到期日、违约风险、市场流动性和税收上。

#### 1. 到期日

从第 8 章可知，在给定的利率水平变化范围内，到期日较长的证券的价格变化比到期日较短的证券的价格变化要显著得多。这样一来，投资于长期有价证券的企业比投资于短期有价证券的企业要承受更高的风险。

这种风险通常被称作**利率风险**。因此，多数企业只限于投资到期日小于 90 天的有价证券，从而避免利率波动带来价值损失的风险。当然，期限较短的有价证券的期望收益率通常低于期限较长的有价证券的期望收益率。

#### 2. 违约风险

**违约风险**是指无法按期、如数（或无法全数）收回本息的可能性。在第 8 章中，我们已经观察到不同的金融报告机构，如穆迪投资者服务公司、标准普尔公司等，都汇编并出版了不同公司和其他公开持有的证券的评级分类报告，这些评级分类都与违约风险有关。当然，有些证券的违约风险是可以忽略不计的，比如美国短期国库券。考虑到企业投资闲置资金的目的，企业应尽量避免投资于违约风险大的有价证券。

### 3. 市场流动性

**市场流动性**是指资产变现的难易程度，有时，市场流动性就是指变现性。有些货币市场的投资工具市场流动性较高。在所有的证券中，美国短期国库券是最具市场流动性的，它可以以极低的成本迅速地交易。

### 4. 税收

对货币市场的证券，只要不是政府（联邦政府或者州政府）发行的，那么从中赚取的利息就必须在地方、州和联邦层次上纳税。美国财政部的债券（比如国库券）可免除州税，但是其他政府债券则不能。市政债券可免除联邦税，但必须缴纳州税。

## 27.5.3 货币市场证券的不同种类

货币市场证券一般都是短期的，并且具有较强的流动性和较低的违约风险。这些证券通常包括由美国政府发行的证券（如国库券），或是由国内外银行发行的证券（如定期存单），以及由企业发行的证券（如商业票据）。货币市场证券种类繁多，在这里我们只列举其中最为常见的几种。

国库券是由美国政府发行的，到期期限为30天、90天或180天的债券。它每周一次通过拍卖出售。

短期免税证券是指由州、市政府以及地方政府的住宅机构和城市重建机构发行的短期证券。由于这些都是市政证券，所以均可享受免征联邦所得税的待遇。例如，RAN、BAN和TAN分别是预期收入票据、预期债券票据和预期税收票据。换句话说，它们代表市政当局针对预期现金收入而借入的短期借款。

与国库券相比，短期免税证券的违约风险较大，市场流动性也较差。由于短期免税证券的利息收入可享受免征联邦所得税的待遇，因此，短期免税证券的税前收益比起同一面值和期限的国库券等证券的收益要低一些。而且，企业在投资免税证券时，也面临一些限制。

商业票据是指由金融公司、银行和企业发行的短期证券。典型的商业票据是无担保票据，到期期限从短短几周到270天不等。

商业票据并没有活跃的二级市场，因此，其市场流动性较低。但是，签发商业票据的企业通常会在票据到期前直接回购票据。商业票据的违约风险取决于票据发行者的财务实力。穆迪投资服务公司和标准普尔公司定期公布商业票据的质量评级。这些评级与第8章中提到的债券评级很相似。

定期存单（CD）是商业银行的短期借款。它们的金额通常都非常大——超过100 000美元。3个月、6个月、9个月和12个月的定期存单都具有活跃的市场。

回购协议（repos）是指银行或证券商在附带回购协议的情况下，销售政府证券（如国库券）的一种方式。通常，投资者向证券商购买政府证券，并同时达成在以后的某一日期，以某一更高的价格回售这些证券的协议。通常回购协议的期限很短，从隔夜到几天。

获得普通股或优先股股利的公司股东有50%（或以上）的股利是免税的 [ 从2017年《减税和就业法案》之前的70%（或以上）下降至50%（或以上）]。这项税收减免政策为企业将闲置现金投资于优先股创造了强大的动力，因为优先股提供了相对较高的股利收益率。问题是，普通优先股的股利固定，因此其价格波动可能超过我们对短期投资的期望。货币市场优先股（也被称为拍卖利率优先股）的特点是具有浮动股利。由于股利将经常被重新设定（通常是每49天重置一次），所以这种优先股会比普通优先股具有更低的价格波动性，从而成为一种流行的短期投资工具。

## 本章小结

本章探讨了企业应如何进行现金及流动性管理。

1. 企业持有现金的目的在于满足交易需要，并满足支

付银行提供的各种服务的最低存款余额需要。

2. 企业可用现金余额与账面现金余额之差为企业的

净浮差。浮差反映了一些支票尚未被结算的客观事实。企业的财务管理者应针对企业已收到的现金进行管理，而不能只盯着企业的账面现金余额。否则，在银行不知情的情况下动用银行存款将带来道德和法律问题。

3. 企业可以充分利用各种方法加速收账并延缓支付。

加速收账的方法有锁箱法、集中银行法和电汇等。

4. 由于企业季节性和周期性活动的需要，因此为满足企业计划性支出以及企业不可预期的备用资金的需要，企业必须暂时性保持现金顺差。货币资本市场为这些闲置资金的投资提供了各种可运用的途径。

# 思考与练习

1. **现金管理** 一家企业应该持有大量的现金吗？为何股东关注企业累积的大量的现金？

2. **现金管理** 当企业持有过多现金的时候，可以采取哪些措施？当企业现金过少时，可以采取哪些措施？

3. **代理问题** 股东和企业债权人可能就企业应持有多少现金余额达成一致吗？

4. **现金管理和流动性管理** 现金管理和流动性管理的不同之处有哪些？

5. **短期投资** 为何持有大量闲置资金的公司倾向于投资股利支付同短期利率挂钩的优先股？

6. **现金支付浮差和现金回收浮差** 公司倾向于净现金支付浮差还是净现金回收浮差？为什么？

7. **浮差** 假设公司的账面现金余额为 2 000 000 美元，但是 ATM 机上显示公司的现金余额为 2 500 000 美元，这是什么情况？如果这种状况是持续的，将出现什么道德问题？

8. **短期投资** 为了满足一个企业的现金管理计划，对于下列给定的每一种短期有价证券，列举出一个其各自潜在的不足之处。
   a. 美国短期国库券
   b. 普通优先股
   c. 大额可转让存单
   d. 商业票据
   e. 收入预期票据
   f. 回购协议

9. **代理问题** 有人说大量的现金持有将可能加重代理问题（第1章中曾经讨论过），更一般地说是损害股东利益最大化的动机。对于这个问题，你如何解决？

10. **闲置资金的利用** 对于企业闲置资金的一种处理方法是加快支付供应商的货款，说一下这种方法的优势和劣势。

11. **闲置资金的利用** 另一种减少企业闲置资金的办法是支付企业的未清偿债务，说一下这种方法的优势和劣势。

12. **浮差** 一种不道德的做法是这样的（警告：请勿模仿），假设在你的账户里已经没钱了，同时本地的杂货店老板为了向你提供作为顾客的便利，同意为你兑现一张支票，所以，你兑现了一张 200 美元的支票。但是，如果你不做任何事情，你交给杂货店老板的支票将被银行拒付。为了防止这种情况的出现，第 2 天，你到杂货店去兑现了另外一张 200 美元的支票，你把这 200 美元现金存入银行。如此重复同样的程序，在这种情况下你可以保证没有一张支票被拒付。最终，有一天天上掉了馅饼（或许是从你的父母那里得到的现金），你可以偿还所有未偿付债务。

为了让问题更加有趣，我们假设没有一张支票被拒付。假设这是真的，并且不违反任何法律（当然，我们的假设是违反开空头支票的法律的），在这个过程里中存在任何有违道德的行为吗？如果有，为何？在实践中，谁遭受了损失？

13. **计算净浮差** 一家公司在日常经营中，平均每天要向它的供应商开具总计 19 500 美元的支票。通常，支票的结算需要 4 天时间。与此同时，公司每天都会从它的客户处收到以支票形式进行的支付，平均每天 24 600 美元，并且收到的支票在 2 天后成为公司的可用资金。
   a. 计算公司的现金支付浮差、现金回收浮差以及净浮差。
   b. 当收到的支票成为公司可用资金的时间从 2 天缩短为 1 天时，a 问题中的答案将怎样变化？

14. **运用加权平均延误天数** 一家邮购公司每天会处理 5 800 张支票，其中，60% 的支票是金额为 49 美元的，40% 的支票是金额为 84 美元的。金额 49 美元的支票平均延误 2 天，而金额 84 美元的支票平均延误 3 天，假设 1 个月有 30 天。

a. 公司日均回收浮差是多少？为什么？

b. 公司加权平均延误天数是多少？运用计算结果求出日均浮差。

c. 公司为消除这一浮差会愿意付出多少钱？

d. 假设年利率为7%，计算浮差带来的日均成本。

e. 假设可以将加权平均延误浮差减少1.5天，公司为此愿意支付多少钱？

15. **净现值与浮差减少** No More Books 公司与 Floyd 银行签订了一项协议，协议约定由银行负责管理公司每天 3 400 000 美元的收账，而公司则需在其账户上保持 320 000 美元的补偿性余额。现在，No More Books 公司正在考虑取消这项协议并将其东部地区的经营进行分割，以便另外两家银行可以帮助它进行管理。银行A和银行B将分别负责公司每天 1 700 000 美元的收账，而公司则需在每家银行的账户上保持 175 000 美元的补偿性余额。在公司对东部地区进行分割后，财务管理上预期可使收账期缩短一天。公司是否应该采用新系统？公司每年将净省下多少钱？（假设短期国债利率为年 2.5%。）

# 小案例

## 里士满公司的现金管理

里士满公司是在 20 年前由其总裁丹尼尔·里士满设立的。里士满公司最早是一家邮购公司，近些年借助其网站，它发展迅速。由于里士满公司的顾客广泛而分散，于是该公司近期引入了位于旧金山、圣路易斯、亚特兰大和波士顿的锁箱系统和集中银行系统。

公司的会计人员 Steve Denni 已经检验过公司当前的收账系统。每一个锁箱平均每天处理的金额为 185 000 美元。公司现在的机制是将集中银行每天收到的现金投资在短期有价证券上。每两周投资账户被平仓一次，接下来资金将通过电汇转入里士满公司位于达拉斯的总部以发放职工薪水。公司的短期投资每天的投资收益率为 0.068%，电汇的费用为公司汇出金额的 0.20%。

位于达拉斯的 Third National 银行建议 Steve 为里士满公司设置一个集中银行系统。Third National 银行将每天通过自动结算中心（ACH）来代替电汇结算锁箱中的支票。ACH 中的资金将有一天不能使用。一旦资金结算完成，该资金将被自动存入一个短期投资账户中，该账户的日投资收益率为 0.075%。ACH 的每次服务将花费 200 美元。丹尼尔向 Steve 询问哪个系统更适合公司，而 Steve 询问了作为其助手的你。你需要回答下列几个问题：

1. 目前锁箱系统可以为里士满公司提供多少的现金流量用来满足公司的薪酬支付？

2. 根据 Third National 银行所提的建议，公司是否应该接受该集中银行系统？

3. 当 ACH 的费用为多少时，两种系统没有区别？

# 第28章

# 信用和存货管理

存货管理对每一个企业来说都很重要，导致存货短缺的因素有很多。例如，当 Popeyes Louisiana Kitchen 推出一种新的鸡肉三明治来与竞争对手 Chick-fil-A 竞争时，这种三明治非常受欢迎，以至于在两周内库存就已售罄。公司花了两个月的时间才重新上市这种三明治。然而，存货堆积也会造成问题。2020 年，新冠疫情的出现导致许多酒吧在圣帕特里克节和 NCAA 篮球比赛之前关闭，这通常是酒吧最繁忙的两个时刻。结果，超过 1 000 万加仑的啤酒不得不被销毁，过期啤酒的最终成本预计将超过 10 亿美元。而随着餐厅的关闭，在处理多余的肉类、蔬菜、牛奶和其他产品的过程中，又给其他行业带来了问题。在本章中，我们将讨论公司如何达到最佳存货水平。

## 28.1 信用和应收账款

当一家公司销售商品和提供服务时，它可以要求对方在交货日或在交货日之前支付现金；它也可以授予客户信用，允许延期支付。接下来我们将讨论当企业对其客户授信时所涉及的问题。授信就是对客户的一种投资——一种与销售商品或提供服务相关的投资。

公司为何要授信？并非所有公司都这么做，但是这在实务中十分常见。很明显的原因在于提供信用是刺激销售的一种方式。与授信相关的成本并不小：第一，客户有可能不会付款；第二，公司需要承担持有应收账款的成本。因此，信用决策涉及在增加销售带来的收益和授信成本之间的权衡。

从会计的视角来看，在授信时就产生了应收账款。这样的应收账款包括对其他公司的授信（称作**商业信用**）和授予消费者的信用（称作**消费信用**）。美国工业企业约 1/6 的资产是以应收账款的形式存在的，因此，应收账款显然代表了财务资源的一种主要投资。

### 28.1.1 信用政策的要素

如果一家公司决定授信给它的客户，那么它必须建立授信和收账的程序。尤其是，公司必须掌握信用政策的以下要素。

（1）**销售条件**（terms of sale）。销售条件确立了公司如何计划，如何销售商品和提供服务。一个基本的决策就是公司将要求对方支付现金还是授信。如果一家公司授信给一个客户，销售条件会明确（或隐含地）说明信用期、现金折扣和折扣期限以及信用工具的类型。

（2）**信用分析**（credit analysis）。授信时，公司需确定应该花费多大的努力来分辨哪些顾客会付款，哪些不会。公司运用一些方法和程序来确定客户不付款的概率，综合起来，这些就称作信用分析。

（3）**收账政策**（collection policy）。授信后，公司面临和收账有关的潜在问题，因此必须建立收账政策。

在接下来的几节中，我们将讨论信用政策的这些要素，它们共同形成了授信决策。

### 28.1.2 来自授信的现金流量

在前面的章节中，我们将应收账款周期称作收回一笔销售收入所需的时间。这段时间会有若干事情发生。这些事情是和授信相关的现金流量，可以用现金流量图来说明。

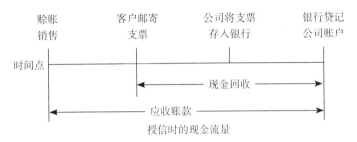

正如我们的时间线所示，当一家公司授信时，典型的一系列事件如下：①赊销发生；②客户给公司邮寄支票；③公司将支票存入银行；④支票的金额被计入公司的账户。

基于我们前面一章所讨论的，显然，影响收账时间的因素之一是浮差。因此，缩短应收账款周期的一个方式是加速支票的邮寄、处理和结算。由于我们已经在其他地方介绍过这个话题，因此接下来不再赘述和浮差有关的问题，而是集中讨论应收账款周期的主要决定因素：信用政策。

### 28.1.3 在应收账款上的投资

对任意一家公司来说，在应收账款上的投资取决于赊销金额和平均收账期。例如，如果一家公司的平均收账期（ACP）为 30 天，那么任何时候都有 30 天的销售款未收回。如果每天的赊销额为 1 000 美元，那么公司的应收账款平均等于 30 × 1 000 = 3 000（美元）。

正如我们的例子所示，公司的应收账款通常就等于它的日销售额乘以平均收账期：

$$应收账款 = 日均销售额 \times ACP \tag{28-1}$$

因此，一家公司在应收账款上的投资取决于影响赊销和收款的因素。

我们已经在很多章节了解了平均收账期，包括第 3 章和第 26 章。回忆一下，我们交替地使用了应收账款周转天数、应收账款周期和平均收账期来代表公司收回销售货款所花的时间长度。

## 28.2 销售条件

正如前面所述，销售条件由 3 个不同的要素组成：

（1）授信的期间（信用期间）；

（2）现金折扣和折扣期间；

（3）信用工具的类型。

在一个指定的行业中，销售条件通常颇为标准，但是这些条件在不同行业会有很大的差异。在很多情况下，销售条件都非常传统，甚至可以追溯到几个世纪以前。类似于目前商业信用惯例的有序商业信用系统，可以很容易追溯到中世纪的欧洲，几乎可以肯定它们在此前的很长时间就存在了。

### 28.2.1 基本形式

理解销售条件的一个最简单的方法就是考察一个例子。像"2/10，净 60"是很常见的，意思是客户自发票日（稍后会做讨论）起有 60 天来支付全款，然而如果在 10 天内支付，将会获得 2% 的现金折扣。

假设一个买主下了一张 1 000 美元的订单，销售条件是"2/10，净 60"。该买主可以选择在 10 天内支付

1 000 × (1−0.02)= 980（美元），或者在 60 天内支付全额 1 000 美元。如果这个条件规定的仅仅为"净 30"，那么客户从发票日起的 30 天内需要付清全部货款 1 000 美元，并且没有提前付款的折扣。

一般而言，信用条件可以按以下方式来解释：

（从发票价格中扣除这个折扣）/（如果你在这些天内支付）

（否则，在这些天内支付发票金额全款）

因此，"5/10，净 45"意味着如果在 10 天内付款，你可以获得全款 5% 的折扣，否则你需要在 45 天内付清全款。

### 28.2.2 信用期间

**信用期间**（credit period）是授信的基本时间长度。各行业的信用期间有很大差别，但总是在 30 ～ 120 天。如果提供的是现金折扣，那么信用期间具备两个要素：净信用期间和现金折扣期间。

净信用期间是客户必须付款的时间长度。现金折扣期间是可以获得现金折扣的时间。在"2/10，净 30"的信用条件下，净信用期间是 30 天，现金折扣期间是 10 天。

#### 1. 发票日

发票日是信用期间的开始。**发票**（invoice）是商品运至买主的书面凭证。对于单个项目，按照惯例，发票日期常常是发货日期或者开票日期，而非买主收到商品或账单的日期。

还存在很多其他的安排。例如，销售条件可能是收到商品（receipt of goods，ROG）。在这种情况下，信用期间从客户收到订购商品时算起。这可能在客户处于较远位置的时候使用。

在 EOM 记期法下，假设某一特定月份的销售都发生在该月月末。这对于买主全月多次采购，但是卖主一个月只寄一次账单是很有用的。

"2/10，EOM"说明买主在当月 10 日前付款将获得 2% 的折扣，否则应该付全款。容易混淆的是，月末有时是指当月的 25 日。MOM 代表月中，是另一种变形。

季节性记期有时被用来鼓励季节性产品在淡季的销售。主要在夏季销售的商品（例如防晒油）可以以"2/10，净 30"为信用条件，在 1 月发货。然而，发票日期可能是 5 月 1 日，以至于信用期间实际上是从那时开始。这种做法鼓励买主提前订货。

#### 2. 信用期间的长度

很多因素影响信用期间的长度。最重要的两个因素是买主的存货周期和经营周期。在其他都相等的情况下，这些越短，信用期间将越短。

就像我们在第 26 章中讨论的那样，经营周期包含两个要素：存货周期和应收账款周期。买主的存货周期是买主取得存货（从我们这里）、处理存货、销售存货的时间。买主的应收账款周期是指卖出存货之后，买主收回销售货款的时间。注意，我们提供的信用期间是买主的应付账款周期。

通过授信，我们为买主的经营周期的一部分提供资金融通，因此，缩短了买主的现金周期（见图 26-1）。如果我们的信用期间超过了买主的存货周期，那么我们不仅为买主的存货购置提供融资，还为买主的部分应收账款提供融资。

此外，如果我们的信用期间超过了买主的经营周期，那么我们除了为客户立即采购和销售我们的商品提供融资外，实际上还为其他方面提供了融资。原因是，买主在将商品转售出去之后，实际上还从我们这里获得了一笔借款。因此，买主的经营周期长度一般被当作合理的信用期间的上限。

还有很多其他因素影响信用期间。其中很多也影响客户的营业周期，因此，这些也是相关问题。其中最重要的有以下几个方面。

（1）**易腐烂程度和担保价值**。易腐烂的货物相对周转较快，担保价值也相对较低。这些商品的信用期间因此更短。例如，食品批发商销售新鲜的水果和农产品，可能需要"净 7 天"，而珠宝可能以"5/30，净 4 个月"来销售。

（2）**客户需求**。已经建立良好市场的产品通常周转较快。新产品或流动较慢的产品通常信用期间较长，以吸引买主。并且，就像我们看到的，卖主可能选择给淡季（消费者需求很低的时候）的销售提供更长的信用期间。

（3）**成本、获利能力和标准化**。相对便宜的商品一般信用期间更短。相对标准化的商品和原材料也是如此。这些都倾向于拥有较低的利润和较高的周转率，都将缩短信用期间。然而也有例外，例如汽车经销商一般在收到汽车时付款。

（4）**信用风险**。买主的信用风险越大，信用期间可能就越短（假设信用已经授予）。

（5）**账款规模**。账款较小，信用期间可能更短，因为需要花费更多去管理小额账款，并且客户也不太重要。

（6）**竞争**。当销售者处于高度竞争的市场中时，可能会提供更长的信用期间，以此作为吸引客户的一个方式。

（7）**客户类型**。同一个卖主可能会给不同的买主提供不同的信用条件。例如，食品批发商可能会同时给杂货店、面包店和餐厅供货。每一个客户群体可能会有不同的信用条件。更一般来讲，卖主的客户通常包括批发商和零售商，他们常常对这两种客户提出不同的条件。

### 28.2.3　现金折扣

正如我们看到的，**现金折扣**（cash discount）通常是销售条件的一部分。在美国，现金采购提供折扣的做法可以追溯到内战时期，现在已经非常盛行。提供现金折扣的原因之一是它能加速收账。这同时可能会造成授信金额减少的后果，公司应在加速收账与增加折扣成本之间进行权衡。

注意，如果提供了现金折扣，信用在折扣期间实质上就是免费的。买主仅在折扣期满后为信用买单。在"2/10，净30"的信用条件下，一个理性的买主要么充分利用免费的信用，在10天内付款；要么放弃折扣，在30天内付款，以充分利用这笔资金。放弃这笔折扣，买主能有效地获得20（=30-10）天的信用。

通过授予客户信用，公司能对客户开价更高，这是现金折扣存在的另一个原因。在这种意义上，现金折扣是向授予的客户信用收费的一种便利手段。

#### 1. 信用成本

在我们的例子中，折扣看起来似乎很小。例如，在"2/10，净30"的信用条件下，更早付款仅能获得2%的折扣。这真的会强烈促使客户提前付款吗？答案是肯定的，因为隐含的利率很高。

为了弄明白现金折扣为什么重要，我们将计算买主不提前付款的成本。为了这么做，我们就要求出买主实际上为这笔商业信用支付的利率。假设订单为1 000美元。买主可以在10天内付980美元，或者再过20天后支付1 000美元。显然，实际上等于买主借款980美元，借了20天，并且买主为这笔"借款"支付了20美元的利息。利率是多少？

这个利息就是我们在第4章中讨论的普通折现利息，借款980美元，利息为20美元，利率是20/980=2.040 8%。这相当低，但是请记住，这是每20天的利率。一年当中，这样的期间有365/20=18.25（个）；因此，如果没有接受折扣，买主所支付的实际年利率（EAR）是：

$$EAR = 1.020\ 408^{18.25} - 1 = 44.6\%$$

从买主的角度来看，这是一项非常昂贵的融资来源。

既然这里的利率这么高，卖主就不可能从提前付款中获益。如果忽视买主违约的可能性，几乎可以肯定客户放弃折扣是对卖主有利的。

#### 2. 贸易折扣

对于提前付款的买主，卖主通常会在发票上提供现金折扣，而**贸易折扣**则是根据客户购买时看到的清单价格提供的。现金折扣和贸易折扣在呈现给客户的方式和会计核算上都有所不同，但它们对所需支付金额和时间的实际影响是相似的，这两者都是对客户在特定日期前付款所给予的奖励。当"2/10，EOM"信用条件运用于贸易折扣时，表示如果在第10日前支付账单就能获得2%的折扣，但是账单会被视作10日到期，此后就过期了。因此，信用期间和折扣期间实际上是一样的，在到期日前付款无奖励。

### 3. 现金折扣和 ACP

授予现金折扣可以鼓励客户提前付款，这将缩短应收账款周期，在其他情况不变时，会减少公司在应收账款上的投资。

假设一家公司目前的条件是"净30"，平均收账期（ACP）为30天。如果该公司提供"2/10，净30"的条件，那么或许50%（占采购量）的客户会在10天内付款。剩下的客户平均仍需30天付款，那么新的 ACP 是多长？如果公司的年销售额是1 500万美元（折扣前），在应收账款上的投资会是怎样的？

如果一半的客户在第10天付款，另一半在第30天付款，那么新的平均收账期将会是：

$$新的\ ACP = 0.5 \times 10 + 0.5 \times 30 = 20（天）$$

因此，ACP 由30天降为20天。平均日销售收入为1 500万/365 = 41 095.89（美元/天）。应收账款因此减少了41 095.89 × 10 = 410 959（美元）。

## 28.2.4　信用工具

**信用工具**（credit instrument）是债务的基本凭证。大多数的商业信用都记录在**往来账户**上。这意味着发票是唯一正式的信用工具。发票随同货物送至客户，客户在发票上签字以证明他已收到货物。其后，公司与其客户各自在会计账簿上对这笔交易进行记录。

有时，公司会要求客户签发**本票**。这是一种基本的借条，可能在订单交易金额较大、没有现金折扣或公司预计收账会有困难的时候，公司会提出如此要求。本票并不常见，但可以消除双方日后在是否存在有关债务问题上的争议。

使用本票的一个问题是，本票在发货之后才签发。如果想在发货之前就得到客户的信用承诺，则可签发一份**商业汇票**。典型的情况是由销售方签发一份商业汇票，要求客户在指定日期前支付特定数额的款项。然后，商业汇票和装货发票一道被送至客户方的银行。

如果这张汇票要求立即付款，则叫作**即期汇票**。如果不需立即支付，那么就叫**远期汇票**。一旦汇票被出示并且买主接受了它，则意味买主承诺在未来付款，那么就称之为**商业承兑汇票**，它会被送回卖主公司。然后，卖主可以保留这张承兑汇票或者将它卖给其他人，如果银行接受了该汇票，意味着银行将保证付款，那么该汇票就成了**银行承兑汇票**。这种安排在国际贸易中很常见，银行承兑汇票在货币市场上的交易也很活跃。

对公司也可使用有条件的销售合同作为信用工具。在该合同下，公司在客户付清款项之前保留对货物法律上的所有权。有条件的销售合同通常采用分期付款的形式，并附有利息成本。

## 28.3　分析信用政策

在这一节中，我们进一步考察影响授信决策的因素。只有在授信决策产生的 NPV 为正时才是合理的。因此，我们需要考察授信决策的 NPV。

## 28.3.1　信用政策的影响

在评价信用政策时，需要考虑5个基本因素。

（1）**收入效应**。如果公司授信，那么当某些客户利用授信延期付款时，公司的收入就推迟了。然而，公司也许可以通过授信索取更高的价格并且可能可以提高销售量。因此，总收入也会因此提高。

（2）**成本效应**。尽管授信可能会推迟公司的收入，但还是会立即发生销售成本。无论是现金销售还是赊销，公司都必须取得或者生产该商品（并为此付款）。

（3）**债务成本**。当公司授信时，它必须为产生的应收账款筹资。因此，公司的短期借款成本是影响授信决

策的因素之一。<sup>⊖</sup>

（4）**不付款的可能性**。如果公司授信，有一定比例的赊购者将不会付款；如果公司是现金销售，那么这将不会发生。

（5）**现金折扣**。作为公司信用条件的一部分，当它提供现金折扣时，一些客户可能会选择提早付款，以充分利用该折扣。

### 28.3.2 评价一个拟议的信用政策

为了说明如何分析信用政策，我们从一个简单的例子入手。Locust Software 公司是开发计算机程序的几家成功公司之一，已成立两年。当前，Locust Software 公司只有现金销售形式。

Locust Software 公司正在评价一个由一些重要客户提出来的要求：将现行政策改为"净一个月（30 天）"。为了分析这一提议，我们首先定义如下：

$P$ 为单位价格；

$v$ 为单位成本；

$Q$ 为当前的月销售量；

$Q'$ 为新政策下的销售量；

$R$ 为每月的必要报酬率。

我们暂时忽略折扣和违约的可能性。同时，我们也不考虑税，因为它不影响我们的结论。

#### 1. 变更政策的 NPV

为了说明变更政策的 NPV，假设我们已知 Locust Software 公司的资料如下：

$$P=49 \text{ 美元；} v=20 \text{ 美元；} Q=100；Q'=110$$

如果必要报酬率 $R$ 为每月 2%，Locust 是否应该进行这项变更？

目前，Locust Software 公司的月销售收入为 $P \times Q = 4\,900$（美元）。每月的变动成本是 $v \times Q = 2\,000$（美元），因此每月来自这项活动的现金流量是：

$$\text{旧政策下的现金流量} = (P-v)\,Q \tag{28-2}$$
$$= (49-20) \times 100$$
$$= 2\,900 \text{（美元）}$$

这不是 Locust Software 公司的总现金流量，但这是我们需要考察的金额，因为不管是否做出变更，固定成本和有关现金流量的其他因素都相同。

如果销售条件变更为"净 30 天"，那么销售量将会提高至 $Q'=110$。月销售收入将提高至 $P \times Q'$，成本将会是 $v \times Q'$。因此，新政策下的月现金流量将会是：

$$\text{新政策下的现金流量} = (P-v)\,Q' \tag{28-3}$$
$$= (49-20) \times 110$$
$$= 3\,190 \text{（美元）}$$

追溯到第 6 章，我们知道相关增量现金流量反映了新旧现金流量的差异：

$$\text{增量现金流量} = (P-v)(Q'-Q) = (49-20) \times (110-100) = 290 \text{（美元）}$$

这说明变更政策每月的收益等于单位毛利即 29（$=P-v$）美元，乘以销售增量即 10（$=Q'-Q$）。因此，未来增量现金流量的现值为：

$$PV = [\,(P-v)(Q'-Q)\,]/R \tag{28-4}$$

对于 Locust Software 公司，可计算现值为：

---

<sup>⊖</sup> 短期债务成本并不一定是应收账款的必要报酬率，尽管通常假设它是。一般来说，某项投资的必要报酬率取决于投资风险，而不是融资渠道。买主的短期债务成本较接近于正确的报酬率。我们将坚持这一隐含假设，即买主和卖主有着相同的短期债务成本。在任何情况下，信用决策的期间都比较短，因此贴现率的误差相当小，对我们估计的 NPV 影响不大。

$$PV = ( 29 \times 10 ) / 0.02 = 14\ 500（美元）$$

注意，我们将月现金流量看成永续年金，因为每个月永远都会实现相同的收益。

既然我们知道变更收益，那么成本是多少？有两个因素需要考虑。第一，销售量会从 $Q$ 上升为 $Q'$，因此 Locust Software 公司将不得不多生产 $Q'-Q$ 个单位，其成本是 $v \times (Q'-Q) = 20 \times (110-100) = 200（美元）$。第二，在现行政策下，本该在当月收回的销售收入 $P \times Q = 4\ 900（美元）$ 将无法收回。在新的信用政策下，当月产生的销售收入直到 30 天后才会收回。变更成本是两个部分之和：

$$变更成本 = PQ + v(Q'-Q) \tag{28-5}$$

对于 Locust Software 公司，成本将会是 $4\ 900 + 200 = 5\ 100（美元）$。

综合起来，我们看到变更的 NPV 为：

$$NPV = -[PQ + v(Q'-Q)] + [(P-v) \times (Q'-Q)] / R \tag{28-6}$$

对于 Locust Software 公司，变更成本是 5 100 美元。我们先前看到的收益永远都是每月 290 美元。在月报酬率为 2% 的情况下，NPV 为：

$$NPV = -5\ 100 + ( 290 / 0.02 ) = -5\ 100 + 14\ 500 = 9\ 400（美元）$$

因此，这个变更是非常有利可图的。

### 例 28-1　我们宁可抗争也不变更

假设一家公司正在考虑一项变更，将所有现金销售变为"净 30"，但是销售量预期不变。变更的 NPV 是多少？并解释。

本例中，$(Q'-Q)$ 为 0，因此，NPV 就是 $-PQ$。这说明变更的效果就只是永远推迟一个月收账，这样做没有任何收益。

### 2. 盈亏平衡点的应用

根据目前为止我们的讨论，Locust Software 公司的关键变量是 $Q'-Q$，即增加的销售单位。销售量预计增加 10 个单位只是一个估计值，因此，会有些许预测风险。在这种情况下，自然要知道增加多少个销售单位才能达到盈亏平衡。

此前，变更的 NPV 被定义为：

$$NPV = -[PQ + v(Q'-Q)] + [(P-v)(Q'-Q)] / R$$

将 NPV 设为 0，计算出 $(Q'-Q)$。我们就能明确地计算盈亏平衡点了：

$$NPV = 0 = -[PQ + v(Q'-Q)] + [(P-v)(Q'-Q)] / R \tag{28-7}$$
$$(Q'-Q) = PQ / [(P-v) / R - v]$$

对于 Locust Software 公司，盈亏平衡点的销售增量为：

$$Q'-Q = 4\ 900 / [( 29 / 0.02 ) - 20] = 3.43（单位）$$

这告诉我们，只要 Locust Software 公司有信心每月能至少多卖出 3.43 单位，该变更就是个好主意。

## 28.4　最优信用政策

到目前为止，我们已经探讨了如何计算信用政策变更的净现值。但我们还未讨论最优信用额度，或者说是最优信用政策。原则上，当销售收入增加带来的现金流量边际增量，恰好等于应收账款的增加带来的成本增加额时，就出现了最优信用额度。

### 28.4.1　总信用成本曲线

在授予或不授予信用之间进行权衡并不困难，但是准确的量化却很困难。因此，我们只能描述一个最优信用政策。

首先，和授信相关的成本有 3 种形式。

（1）应收账款的必要报酬率。

（2）坏账损失。

（3）信用管理和收账成本。

我们已经讨论过第（1）项和第（2）项。第（3）项成本，即信用管理成本，包括与信用部门的运作有关的费用。不授信的公司没有这样的部门，也没有这项费用。这 3 项成本都会随信用政策的放松而增加。

如果一家公司的信用政策非常苛刻，那么所有的相关成本都会很低。在这种情况下，公司将会出现信用"短缺"，因此会有一项机会成本。这个机会成本就是拒绝授信所损失的赊销带来的潜在额外利润。这种损失的利润包括两个来源：销售数量的增加（$Q'-Q$），（潜在的）更高的价格。由于信用政策放宽了，因此机会成本也下降了。

在某一特定政策条件下的持有成本和机会成本之和，被称作**总信用成本曲线**（total credit cost curve）。我们已经在图 28-1 中画了这样一条曲线。图 28-1 中有一点使得总信用成本最小，这一点所对应的就是最优信用额度，相当于在应收账款上的最优投资额。

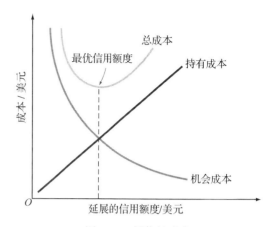

图 28-1 授信的成本

注：持有成本就是授信时所导致的现金流量，它们与延展的信用额度有关。机会成本就是拒绝授信所导致的销售额的损失。授信后，这些成本就会降低。

如果企业授予的信用超过这个最小值，来自新客户的额外净现金流量将不能弥补应收账款投资的持有成本；如果应收账款的水平低于这个金额，那么公司就放弃了有价值的投资机会。

一般来说，授信的成本和收益取决于特定公司和行业的特征。例如，假设其他条件不变，拥有：①过剩的生产能力；②较低的变动营业成本；③重复性的客户的公司将比其他公司授信更多。看看你是否能解释这些特点分别是怎样导致更宽松的信用政策的。

### 28.4.2　安排信用职能

授信的公司会产生信用部门的运作费用。实务中，公司常常选择将所有或者部分信用职能转交给保理人、保险公司或者某个附属财务公司。第 26 章讨论了保理，即公司出售其应收账款的一种安排。根据具体安排，保理人对信用的审核、授信和收账负有全部责任。小公司可能会发现，这种安排会比运营一个信用部门的成本更低。

管理内部信用业务的公司自己承担违约风险。还有一种选择是向保险公司购买信用保险。保险公司对每一个账户预先提供一个赔偿金额上限。正如你或许会预期的那样，信用评级较高的公司得到的保险限额较高。这种类型的保险对出口商特别重要，某些特定类型的出口商还能够得到政府的保险。

大公司经常通过其**附属财务公司**（captive finance company）来授信，这种公司通常是全资子公司，专门为母公司行使信贷功能。福特汽车信贷（Ford Motor Credit，FMC）就是一个著名的例子。福特汽车把汽车销售给经销商，经销商再将其卖给客户。FMC 为经销商的汽车存货提供融资，同时为购置汽车的客户提供融资。

为什么选择单独成立一家公司来行使信贷功能呢？有很多原因，但是最主要的一个原因是将公司产品的生产和融资过程与公司的管理、融资和报告区分开来。例如用它的应收账款作为抵押，财务子公司就可以以自己的名义借款，且子公司信用评级通常都比母公司好。此时，公司总体的债务成本可能比生产和筹资业务混合在一起的债务成本更低。

## 28.5　信用分析

到现在为止，我们关注的是信用条件的确定。一旦公司决定授信给它的客户，它必须建立一个指南，以确定谁能赊购，谁不能赊购。**信用分析**就是决定是否对某个客户授信的过程。它通常涉及两个步骤：收集相关信息和确定信用度。

信用分析非常重要，因为损失应收账款的可能性很大。公司在它们的资产负债表中报告它们预期无法收回的应收账款。2020 年年末，IBM 报告了 3.54 亿美元可能无法收回的应收账款，而微软则报告了 6.1 亿美元的坏账准备。

### 28.5.1 应该在何时授信

试想一家公司正在决定是否对某家客户进行授信。这一决策是很复杂的。注意结果取决于倘若不授信将会出现的后果。客户会支付现金吗？还是根本就不会买了呢？为了避免陷于这种情况或其他困难，我们将用一个简单的例子来说明关键的地方。

#### 1. 一次性销售

我们先来考虑最简单的情况。某个新客户以单价 $P$ 赊购 1 单位商品。如果信用被拒绝，客户将不会购买。

此外，我们假设，如果授信，那么 1 个月内，客户要么付清货款，要么违约。第 2 种情况发生的概率为 $\pi$。在这个例子中，概率（$\pi$）可以理解为新客户不付款的百分比。我们的业务不会有回头客，因此，严格来说这是一种一次性销售。最后，应收账款的必要报酬率为每月 $R$，单位变动成本是 $v$。

这里的分析是很简单的。如果公司拒绝授信，那么增量现金流量为 0；如果授信，那么它将在本月花费 $v$（变动成本），预期在下月收回（$1-\pi$）$P$。授信的 NPV 为：

$$NPV = -v + (1-\pi)P/(1+R) \tag{28-8}$$

例如，对于 Locust Software 公司来说：

$$NPV = -20 + (1-\pi) \times 49/1.02$$

假设违约率为 20%，计算结果就是：

$$NPV = -20 + 0.8 \times 49/1.02 = 18.43（美元）$$

所以，应该授信。请注意这里我们是除以（$1+R$），而不是 $R$，因为现在我们假设这是一笔一次性交易。

我们的例子说明了一个很重要的问题，在对新客户授信时，公司承担的风险等于变动成本（$v$）。公司期望得到全款（$P$）。那么，对于新客户来说，尽管违约率很高，还是可能对其授信。例如，只要令 NPV 等于 0，求解 $\pi$，就能得到盈亏平衡点的概率：

$$NPV = 0 = -20 + (1-\pi) \times 49/1.02$$
$$1-\pi = 20/49 \times 1.02$$
$$\pi = 0.584 \text{ 或 } 58.4\%$$

只要有 41.6%（$=1-0.584$）或更大的机会就会收回货款，Locust Software 公司就应该授信。这就解释了为什么高利润的公司倾向于拥有宽松的信用条件。

该百分比（58.4%）是公司针对新客户可接受的最大违约率。如果进行现金支付的老客户希望变为赊购，那么分析就会变得不一样了，最大的可接受违约率将会更低。

最重要的不同在于，如果授信给老客户，我们承担的风险为总销售价格（$P$），因为这是在不授信的情况下我们能够收到的。如果授信给新客户，我们承担的风险仅为变动成本。

#### 2. 重复性业务

第二个需要记住的非常重要的因素是重复性业务的可能性。我们可以通过拓展一次性销售的例子来说明这个问题。我们做一个重要的假设：一个新客户只要第一次不违约，那么他将永远成为我们的客户，并且永远不会违约。

如果公司授信，那么它在本月花费了 $v$。下个月，如果客户违约，公司将什么也得不到；如果客户如期付款，公司就会收到 $P$。如果客户付款，那么客户将再赊购 1 个单位，公司又要花费 $v$。因此，本月净现金流入为（$P-v$）。在随后的每个月中，当客户付清前一个月的订单款项，又下一个新的订单时，就出现同样的（$P-v$）。

我们的讨论说明，在 1 个月中，公司将有 $\pi$ 的概率没有付款。然而，公司有（$1-\pi$）的可能性得到一个永久的新客户。每个月，新客户的价值将永远等于 $(P-v)$ 的现值：

$$PV = (P-v) / R$$

因此，授信的 NPV 为：

$$NPV = -v + (1-\pi)(P-v) / R \qquad (28-9)$$

对于 Locust Software 公司，这就是：

$$NPV = -20 + (1-\pi) \times (49-20) / 0.02$$
$$= -20 + (1-\pi) \times 1\ 450$$

即使违约率为 90%，NPV 为：

$$NPV = -20 + 0.10 \times 1\ 450 = 125（美元）$$

除非在本质上违约已经是肯定了的，否则 Locust Software 公司就应该授信。原因是只要花费 20 美元的成本就能发现谁是好客户及谁不是。然而，好客户价值 1 450 美元，因此 Locust Software 公司愿意承受一部分违约的风险。

这个重复性业务的例子可能夸大了可接受的违约概率，但它的确说明了信用分析的最佳方式通常就是几乎对每个客户都授信。它同样说明，重复性业务的可能性是一个关键的考虑因素。在这些例子中，重要的是要控制最初提供给每个客户的信用额度，以限制可能的损失。信用额度会随时间的推移而增加。通常，预测未来某个客户是否会付款的最好方法就是看他过去有没有付过款。

## 28.5.2 信用信息

某家公司想要得到客户的信用信息，会有很多渠道。评估信用的信息来源一般包括以下 4 个方面。

（1）**财务报表**。公司可以要求客户提供财务报表，比如资产负债表或利润表。基于第 3 章讨论的财务比率的一些最低标准和经验法则，它可以作为授予或拒绝信用的依据。

（2）**客户与其他公司间付款历史的信用报告**。众多机构组织出售企业信用能力和信用历史的信息。其中，最著名的也是最大的这类公司是邓白氏咨询公司（Dun & Bradstreet），它向订阅者提供单个公司的信用报告。益百利（Experian）是另外一家著名的信用报告公司，从它那里可以取得很多公司的评级和信息，其中包括非常小的公司。Equifax、Transunion 和益百利是消费者信用信息的主要提供者。

（3）**银行**。当商业客户向银行要求获得关于其他公司的信用信息时，银行一般会提供一些帮助。

（4）**客户与本公司间的付款历史**。获得客户不付款的概率的最直接的方式就是检查该客户是否已经付清了以前的债务（以及偿还速度）。

## 28.5.3 信用评价和评分

并没有一个像魔术一样的方程来评估客户不付款的概率。通常来说，传统**信用 5C 分析**（five Cs of credit）就是评估的基本要素。

（1）**品德**（character）：客户履行信用义务的意愿。

（2）**能力**（capacity）：客户以经营现金流量来偿还债务的能力。

（3）**资本**（capital）：客户拥有的财务储备。

（4）**担保**（collateral）：抵押资产，以防违约的情况。

（5）**条件**（conditions）：客户所处产业的一般经济状况。

**信用评分**（credit scoring）是基于所收集的信息计算某个客户的量化评级的过程，随后根据这个结果授信或拒绝授信。例如，公司可能会利用可获得的所有客户信息，为该客户 5C 的每一项做出在 1（非常差）到 10（非常好）的范围内的评分。通过将这些数据加总计算可得出信用评分。根据经验，公司可能选择仅仅对信用评分在某个值（比如说 30）以上的客户授信。

像信用卡发行商这样的公司，已经开发了信用评分的统计模型。通常，为了发现不同客户群体与其违约历史之间的关系，需要研究他们在法律意义上与违约有关联的、可观察的特点。根据这些结果，就可能得到有关某个客户是否会付款的最佳预测变量，然后再根据这些变量计算信用评分。

由于这类模型确认了哪些客户值得和哪些客户不值得授信，因此它们成为政府监管的主要对象就不足为奇了。尤其是，在信用决策中能够利用到的背景和人口统计学信息的种类是非常有限的。

## 28.6 收账政策

收账政策是信用政策的最后一个要素。收账政策涉及应收账款的监控，以发现问题并获得逾期账款的支付。

### 28.6.1 监控应收账款

为了追踪客户的付款，大部分公司会监控未偿还的账款。首先，通常公司会随时追踪平均收账期（ACP）。如果某家公司属于季节性经营，全年的 ACP 可能会有波动。但是，我们所要关心的是未预期到的 ACP 的增加。这要么是因为客户普遍都花了更长的时间去付款，要么是某些应收账款严重逾期了。

**账龄分析表**（aging schedule）是监控应收账款的第二个基本工具。为编制账龄分析表，信用部门需要根据账龄对账户进行分类。[⊖]假设某家公司的应收账款为 100 000 美元。其中一些账户只欠了几天，但是其他的则欠了很久。下面就是一个账龄分析的例子。

**账龄分析表**

| 账龄 / 天 | 数目 / 美元 | 占应收账款总额百分比 / % |
| --- | --- | --- |
| 0 ～ 10 | 50 000 | 50 |
| 11 ～ 60 | 25 000 | 25 |
| 61 ～ 80 | 20 000 | 20 |
| 超过 80 | 5 000 | 5 |
| 合计 | 100 000 | 100 |

如果该公司的信用期间为 60 天，那么 25% 的账款已经过期了。这是否严重，取决于公司的收账和客户的性质。通常超过特定账龄以后，账款几乎就收不回来了。在这种情况下，对账龄的监控就非常重要。

进行季节性销售的公司会发现账龄分析表中的百分比在 1 年之中会发生变动。例如，如果本月的销售收入非常高，那么应收账款的总额会急剧增加。这意味着，从应收账款的百分比的角度来看，较久的应收账款比率变小了，并且显得没那么重要。有些公司已经改良了账龄分析表，以便知道它该如何随着销售收入的高峰和低谷而变动。

### 28.6.2 收账行动

针对账款逾期的客户，公司通常采用如下步骤进行处理：
（1）寄发拖欠信函，通知客户其应付账款逾期的状态；
（2）给客户打电话；
（3）雇用一家代理收账机构；
（4）针对客户采取法律手段。

有时，在客户付清拖欠款项之前，公司会拒绝向客户授予额外的信用。这可能会让一贯表现良好的客户感到不满，引发信用部门和销售部门之间的潜在利益冲突。

在可能最坏的情况下，客户将申请破产。当这种情况发生时，授信公司就不过是一个无担保债权人。公司可以等待，或者转售其应收账款。例如，零售商彭尼百货在 2020 年申请破产时，欠下了超过 50 亿美元的债务，其中包括欠大型供应商的债务。它欠供应商的两笔最大的债务分别是欠耐克的 3 200 万美元和欠 Alfred Dunner 的 1 420 万美元。

---

⊖ 账龄分析表在企业运营的其他方面也会用到，如存货追踪。

## 28.7 存货管理

像应收账款一样，存货对于许多公司来说是一项庞大的投资。对于典型的制造公司，存货一般会超过资产的15%。对于零售商，存货可能超过资产的25%。从第26章的讨论中我们知道，某家公司的经营周期由存货周期和应收账款周期组成。这就是为什么要在同一章中讨论信用和存货政策。除此之外，信用政策和存货政策都影响销售收入，这两者必须保持协调，以确保取得存货、销售存货并回收货款的整个过程顺利进行。例如，要改变存货政策以刺激销售，就必须同时准备好充足的存货。

### 28.7.1 财务经理和存货政策

尽管典型的公司在存货上的投资规模很大，公司的财务经理对存货管理却通常没有绝对的控制权。相反，其他职能领域，例如采购、生产和市场营销，一般会分享有关存货的决策权。存货管理本身已经成为一个越来越重要的专业领域，而在决策中，财务经理一般只提供需要的数据。因此，我们只考察有关存货和存货政策的一些基础知识。

### 28.7.2 存货的类型

对于制造商而言，存货一般被划分为三类。第一类是**原材料**。公司将其作为生产的起点。原材料可能是一些很基础的东西，像钢铁制造商的铁矿石，或者像计算机制造商的磁盘驱动器。第二类存货是**半成品**，顾名思义，就是未完工的产品。这部分存货所占的比例主要是由生产过程所需的时间长度来决定的。第三类也是最后一类存货是**产成品**，即待售或待运的产品。

关于存货的类型，有三点要注意的。首先，不同类型的名称可能会有一点误导，因为一家公司的原材料可能会成为其他公司的产成品。例如，回到前面钢铁制造商的例子，铁矿石可能会是一种原材料，而钢铁是产成品。汽车车体板制造商以钢铁为原材料，将车体板作为产成品，而汽车装配厂将车体板作为原材料，将汽车作为产成品。

其次，不同类型的存货的流动性可能会有很大的不同，像大宗商品那样的或相对标准化的原材料，可以很容易转化为现金。另外，半成品的流动性相对较弱，其处理价值差不多等于残值。通常，产成品的流动性取决于产品的性质。

最后，产成品和其他类型的存货之间一个非常重要的区别在于，如果一种存货的需求变成另一种存货的需求的一部分，我们就把它称为**引致需求**或**依赖性需求**，因为公司对这类存货的需求取决于对产成品的需求。相反，公司对产成品的需求并非源自对其他存货的需求，因此，它们有时被认为是**独立的**。

### 28.7.3 存货成本

就像第26章所讨论的，与流动资产有关的成本有两种基本类型，尤其是存货。第一种是**持有成本**。在这里，持有成本代表与持有存货相关的所有直接成本和机会成本，包括：

（1）仓储和追踪成本；
（2）保险和税费；
（3）过时、毁损和盗窃损失；
（4）投入资金的机会成本。

这些成本的总和可能很大，每年大约是存货价值的20%～40%。

和存货相关的另一种成本是**短缺成本**。手上持有的存货不足，就会产生相关的短缺成本。短缺成本的两个组成部分为再订货成本以及与安全库存相关的成本。基于公司的不同经营性质，再订货成本或者订购成本要么是向供应商下订单的成本，要么是开始生产的准备成本。与安全库存相关的成本就是机会损失，例如损失的销售收入以及由于存货不足丧失的对客户的信誉。

在存货管理中存在一个基本的权衡，因为持有成本随存货水平而增加，但是缺货成本或者再订货成本随存货水平下降。因此，存货管理的基本目标是使得这两种成本之和最小。我们将在下一节中讨论如何达到这一目标。

## 28.8 存货管理技术

就像我们前面所讲到的，存货管理的目标通常可表述为成本最小化。我们会在这节中讨论从相对简单到非常复杂的三种技术。

### 28.8.1 ABC 法

ABC 法是存货管理的一个简单方法，其基本理念是将存货划分为三（或更多）组。基本的原理是，从数量上讲很小一部分的存货可能在价值上代表的是很大一部分。例如，使用相当昂贵、高科技的零件和一些相对便宜的基础材料来生产产品的制造商就可能面临这样的情况。

图 28-2 说明了 A、B、C 三组存货之间的比较，按照每一组的存货价值占存货总价值的百分比，以及每一组的存货数量占存货总数量的百分比来列示。如图 28-2 所示，A 组的存货数量只占存货总数量的 10%，但是它代表的价值却超过了存货总价值的一半。因此，A 组存货应该被密切监控，而且其存货应该保持在相对较低的水平。另外，像螺母和螺栓这样的基本存货项目同样也存在；但是，因为这些虽然重要却不昂贵，就应该大批订购持有。这些就是 C 组存货。B 组介于这两者之间。

### 28.8.2 经济订购量模型

经济订购量（economic order quantity，EOQ）模型是用来准确地确定最优存货水平的一个著名的方法。其基本的理念展示在图 28-3 中，图中画出了在不同的存货水平（横轴）下，与持有存货相关的各种成本（纵轴）的关系。如图所示，随着存货水平的上升，存货持有成本上升，再订货成本下降。基于我们在第 26 章中以及本章中对总信用成本曲线的讨论，总信用成本的总体形状看起来就非常熟悉了。根据 EOQ 模型，我们将试着求出使总成本最小的点，即 $Q^*$。

在接下来的讨论中需要记住很重要的一点，即存货本身的实际成本并不包括在内。原因是某年企业需要的存货总额取决于销售量。我们这里分析的是在任何特定时间，公司应该持有多少存货。更确切地说，我们试图确定企业再订货时的订单规模应该是多大。

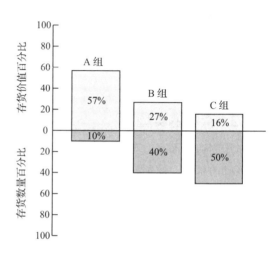

图 28-2 ABC 存货分析

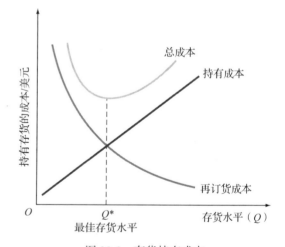

图 28-3 存货持有成本

注：当公司持有的存货数量最小时，再订货成本最大。当公司手头上的存货数量最大时，持有成本最大。总成本是持有成本和再订货成本之和。

#### 1. 存货耗尽

为了得出 EOQ，我们假设公司的存货按照一个稳定的速度销售出去，直到为 0。在那一点，公司再订货，又使存货数量返回到最优水平。例如，假设 Eyssell 公司的某种特定存货在今天开始时是 3 600 件。该存货的年销售量为 46 800 件，即每周约为 900 件。如果 Eyssell 公司每周销售 900 件存货，那么 4 周后，所有存货都将销售出去，Eyssell 公司将再订货（或生产）另一批 3 600 件，并从头再来。这种销售和再订货的过程产生了一个锯齿状的存货持有图形，展示在图 28-4 中。如图所示，Eyssell 公司总是从 3 600 件存货开始，一直到 0 为止。那么，平均起来，存货数量是 3 600 件的一半，也就是 1 800 件。

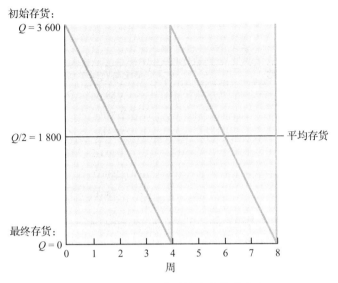

图 28-4　Eyssell 公司持有存货的成本

注：Eyssell 公司的存货数量从 3 600 件开始。在第 4 周结束时，存货数量下降为 0，此期间的平均存货数量 s 是 Q/2 = 3 600/2 = 1 800。

### 2. 持有成本

如图 28-3 所示，一般假设持有成本与存货水平直接成比例。假设 $Q$ 为 Eyssell 公司每次的订货数量，我们也可以将其称为再订货量。那么平均存货数量就正好是 $Q/2$，或者 1 800 件。如果我们令 CC 为每年的单位持有成本，Eyssell 公司的持有成本总额为：

$$持有成本总额 = 平均存货数量 × 单位持有成本$$
$$= (Q/2)\,CC \tag{28-10}$$

在 Eyssell 公司的例子中，如果每年的单位持有成本为 0.75 美元，总的持有成本就是平均存货数量 1 800 乘以 0.75 美元，即每年 1 350 美元。

### 3. 补货成本

到目前为止，我们仅仅关注再订货成本。实际上，我们假设公司实际上永远不会用光存货，因此，和安全库存相关的成本不重要。我们在后面还会回到这个问题上来。

再订货成本通常被假设为固定的。换句话说，我们每下一个订单的成本都是固定的（记住，存货本身的成本在这里没有被考虑）。假设我们令 $T$ 为公司每年的销售总量。如果每次公司订购 $Q$ 件，那么它将需要订货 $T/Q$ 次。对于 Eyssell 公司，年销售量为 46 800，订单数量是 3 600。因此，Eyssell 公司每年共订货 46 800/3 600 = 13（次）。如果每份订单的固定成本是 $F$，这一年总的再订货成本将是：

$$总的再订货成本 = 每份订单的固定成本 × 订单份数$$
$$= F(T/Q) \tag{28-11}$$

对于 Eyssell 公司来说，订单成本将会是每份 50 美元，因此 13 份订单总的再订货成本将是每年 50 × 13 = 650（美元）。

### 4. 总成本

和持有存货有关的总成本是持有成本和再订货成本之和。

$$总成本 = 持有成本 + 再订货成本$$
$$= (Q/2)\,CC + F(T/Q) \tag{28-12}$$

我们的目标是找出当成本最小时，再订货数量 Q 的值是多少。为得出这个值，我们可以计算在不同 Q 值下的总成本。对于 Eyssell 公司来说，我们知道每年的单位持有成本（CC）为 0.75 美元，每份订单的固定成本（F）是 50 美元，总销售量为 46 800 件。使用这些数据，就可以得到了一些可能的总成本（可验算其中的一些，作为练习）。

（金额单位：美元）

| 订购数量（Q） | 持有成本（Q / 2 × CC） | + | 再订货成本（F × T / Q） | = | 总成本 |
|---|---|---|---|---|---|
| 500 | 187.5 | | 4 680.4 | | 4 867.50 |
| 1 000 | 375.0 | | 2 340.0 | | 2 715.00 |
| 1 500 | 562.5 | | 1 560.0 | | 2 122.50 |
| 2 000 | 750.0 | | 1 170.0 | | 1 920.00 |
| 2 500 | 937.5 | | 936.0 | | 1 873.50 |
| 3 000 | 1 125.0 | | 780.0 | | 1 905.00 |
| 3 500 | 1 312.5 | | 668.6 | | 1 981.10 |

观察这些数据，我们看到总成本从将近 5 000 美元下降至低于 1 900 美元。使成本最小化的数量大约为 2 500 件。为了求出成本最小化时的数量，我们回头看看图 28-3。我们注意到最小值点刚好发生在两条线交叉的地方。在这一点上，持有成本和再订货成本相等。对于我们这里所假设的特定类型的成本而言，这种情形永远是正确的。因此，我们可以发现最小值点恰好使得这些成本相等，从而可以求出 $Q^*$。

$$持有成本 = 再订货成本$$
$$(Q^*/2)\,CC = F\,(T/Q^*) \tag{28-13}$$

经过整理，我们得到：

$$Q^{*2} = \frac{2T \times F}{CC} \tag{28-14}$$

为了求出 $Q^*$，两边同时求平方根：

$$Q^* = \sqrt{\frac{2T \times F}{CC}} \tag{28-15}$$

这个使总存货成本最小的再订货数量就叫作**经济订购量**（economic order quantity，EOQ）。而对于 Eyssell 公司而言，EOQ 为：

$$Q^* = \sqrt{\frac{2T \times F}{CC}}$$
$$= \sqrt{\frac{(2 \times 46\,800) \times 50}{0.75}}$$
$$= \sqrt{6\,240\,000}$$
$$= 2\,498(件)$$

因此，对于 Eyssell 公司而言，经济订购量为 2 498 件。在这一水平上，再订货成本和持有成本都是 936.75 美元。

### 例 28-2　持有成本

Thiewes 制鞋公司每期期初的存货是 100 双步行鞋。每一期的存货都在将用完时再订货。如果每双鞋每年的持有成本是 3 美元，那么步行鞋的总持有成本是多少？

存货总是从第 100 双开始，直至 0，因此平均存货数量为 50 双。每双的年单位成本为 3 美元，持有成本一共是 150 美元。

### 例 28-3 再订货成本

在例 28-2 中，假设 Thiewes 每年销售 600 双鞋。那么，Thiewes 每年将订购几次？假设每次的再订货成本是 20 美元，总的再订货成本是多少？

Thiewes 每单订购 100 双。每年共销售 600 双，那么，Thiewes 每年将再订购 6 次，或者每两个月一次。再订货成本就是 6 单 ×20 美元 / 单 =120 美元。

### 例 28-4 EOQ

根据前面两个例子，为使成本最小，Thiewes 每次的订购数量应是多少？ Thiewes 多久订购一次？总的持有成本以及再订货成本是多少？总成本呢？

我们知道这一年订购鞋子的数量（$T$）总共是 600 双。每个订单的再订货成本（$F$）为 20 美元，持有成本（CC）是 3 美元。我们可以计算 EOQ 如下：

$$
\begin{aligned}
\text{EOQ} &= \sqrt{\frac{2T \times F}{\text{CC}}} \\
&= \sqrt{\frac{(2 \times 600) \times 20}{3}} \\
&= \sqrt{8\ 000} \\
&= 89.44 (\text{件})
\end{aligned}
$$

Thiewes 每年卖 600 双，因此它将再订购 600/89.44＝6.71（次）。总的再订货成本将会是 20× 6.71＝134.16（美元）。平均存货数量是 89.44/2＝44.72（双）。持有成本将会是 3×44.72＝134.16（美元），和再订货成本一样。因此，总成本是 268.33 美元。

### 28.8.3 EOQ 模型的拓展

到现在为止，我们都假设公司会使存货用完至 0，然后再订购。在现实中，公司将希望在存货到达 0 之前就再订购。第一，如果手头上总是至少有一些存货，公司就可以把因缺货而丧失销售收入和客户的风险降至最低。第二，当一家公司再订购时，在存货到达之前需要等待一些时间。因此，为结束关于 EOQ 的讨论，我们考虑了两个拓展的例子：安全库存和再订货点。

#### 1. 安全库存

**安全库存**是指公司手头上的最低存货水平。只要存货水平降至安全库存水平，就要再订。图 28-5a 说明了如何将安全库存纳入 EOQ 模型中。请注意在模型中增加了安全库存就意味着公司不能让存货全部用完。此外，这里的情况和前面关于 EOQ 的讨论是一样的。

#### 2. 再订货点

为了将运货时间考虑在内，公司将在存货到达某一关键水平之前就要再订货。**再订货点**（recorder point）就是公司真正下存货订单的时点。图 28-5b 展示了这个点。如图所示，再订货点出现在预测存货将到达 0 的前几天（或前几周、前几个月）。

公司保持安全库存的原因之一，是为了将不确定的运货时间考虑在内。因此，在图 28-5c 中，我们可以将有关再订货点和安全库存的讨论结合起来。结果就是通用的 EOQ 模型。在此模型中，公司在预期需求之前订购，并维持一个安全库存。

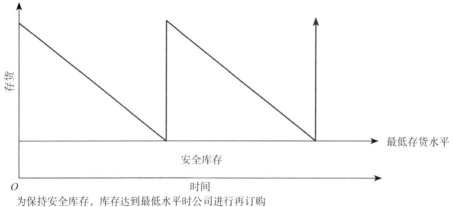

为保持安全库存，库存达到最低水平时公司进行再订购

a）安全库存

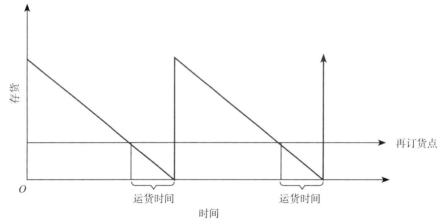

由于存在生产和运货时间，所以存货达到再订货点时公司进行再订货

b）再订货点

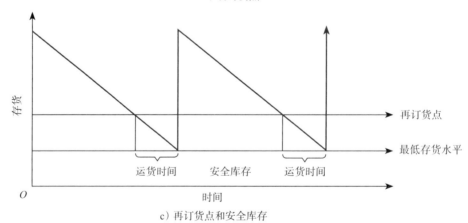

c）再订货点和安全库存

图 28-5　安全库存与再订货点

注：借助安全库存和再订货点，公司可应对突发事件。

### 28.8.4　引致需求存货管理

第三种存货管理技术被用来管理引致需求存货。就像我们前面所讨论的，对某些存货需求来自或依赖于对其他存货的需要。汽车制造商就是一个很好的例子，对其产成品的需求取决于消费者需求、营销力度以及能决定预计销售量的其他因素。对轮胎、电池、前灯以及其他类似的零部件存货的需求，完全取决于计划的汽车数量。物料需求计划和准时制存货管理是管理引致需求存货的两个方法。

### 1. 物料需求计划

生产和存货专家已经为引致需求存货的订购和（或）生产安排开发了信息系统。这些都叫作**物料需求计划**（materials requirements planning，MRP）。MRP 背后最基本的理念是，一旦确定了产成品的存货水平，就可以确定半成品应达到多少的水平才能满足产成品的需要。这样一来，我们就可以计算出所应持有的原材料的数量。这种从产成品存货倒推的方法来源于半成品与原材料存货之间的相互依存性。对于需要很多零部件才能完成的复杂产品而言，MRP 尤其重要。

### 2. 准时制存货管理

**准时制存货**（just-in-time inventory，JIT）是管理依赖性存货的一种现代方法。JIT 的目标是使这些存货数量最小化，进而使周转率最大化。这种方法源自日本，是日本制造业哲学的重要部分。顾名思义，JIT 的基本目标是手里只保留足够的存货，以满足立即生产的需要。

JIT 系统的结果就是频繁地再订货和再储备。要使这种系统有效运转并避免存货短缺，需要供应商之间的高度合作。日本制造商通常有一个相对较小、紧密联系的供应商群体，它们之间会密切配合，实现所需要的协作。这些供应商是大型制造商（例如丰田）的产业群的一部分，或者称**经连会**。每个大型制造商都倾向于拥有自己的经连会。这样也有助于供应商分布在附近，这种情形在日本非常普遍。

**看板**是 JIT 存货系统中不可缺少的一部分，并且 JIT 系统有时被称为**看板系统**。看板（kanban）的字面含义是"卡片"或"标志"。但是，从广义上讲，看板对供应商来说是发送更多存货的信号。例如，一个看板实际上可能是附在一个零件箱上的卡片。当工人拉开这个箱子时，卡片就脱落，并传送回供应商手中，然后供应商再换一箱来补充。

JIT 存货系统是大型生产计划过程中的一个重要部分。有关它的详细讨论势必会将我们的注意力从财务转到生产和运营管理上来，因此，我们就只讲到这里。

## 本章小结

本章介绍了信用政策和存货政策的基础知识。我们讨论的最主要的问题包括以下这些方面。

1. 信用政策要素。我们讨论了销售条件、信用分析和收账政策，还讲述了与赊销情况有关的信用期间、现金折扣、折扣期间以及信用工具。

2. 信用政策分析。我们阐述了源自授信决策的现金流量，以及如何用 NPV 模型分析信用决策。授信的 NPV 取决于 5 个因素：收入效应、成本效应、债务成本、不付款的可能性和现金折扣。

3. 最优信用政策。公司所提供的最优信用额度取决于公司经营所处的竞争环境。该环境将决定和授信有关的持有成本以及因拒绝授信而损失销售收入的机会成本。最优信用政策将使这两个成本之和最小化。

4. 信用分析。我们考察对特定客户授信的决策。我们

看到有两个需要考虑的重要因素：成本与售价之比以及重复性业务的可能性。

5. 收账政策。收账政策决定了应收账款账龄的监控方法和逾期账款的处理方法。我们讲述了如何编制账龄分析表，以及公司收回逾期账款时可能采用的步骤。

6. 存货类型。我们讲述了不同类型的存货以及它们在流动性和需求上的不同。

7. 存货成本。两种基本的存货成本是持有成本和再订货成本，我们讨论了如何在这两种成本之间进行权衡以进行存货管理。

8. 存货管理技术。我们讲述了存货管理中的 ABC 法和 EOQ 模型方法。我们也简要提到了物料需求计划（MRP）和准时制存货（JIT）管理。

## 思考与练习

1. **应收账款金额** Caccamisse 公司的年销售额为 2 900 万美元,平均收账期是 34 天。公司在资产负债表中列示的对应收账款的平均投资是多少? 1 年为 365 天。

2. **ACP 和应收账款周转率** Benton 公司的平均收账期是 24 天。它在应收账款上的日均投资是 49 300 美元。每年的赊销额是多少? 应收账款周转率是多少? 1 年为 365 天。

3. **评价信用政策** Red Hawk 公司正在考虑改变它的完全现金销售政策。新的销售条件是"净 1 个月"。根据下列信息,确定 Red Hawk 公司是否应该改变信用政策,并讲述应收账款是如何增加的。每个月的必要报酬率是 0.95%。

| | 现行政策 | 新政策 |
|---|---|---|
| 单位价格 / 美元 | 485 | 485 |
| 单位成本 / 美元 | 365 | 365 |
| 每月销售单位 | 920 | 975 |

4. **评价信用政策** Harrington 公司正在考虑改变它的完全现金销售政策。新的条件是"净 1 期"。根据下列信息,决定 Harrington 公司是否应该改变政策。每期的必要报酬率是 2.3%。

| | 现行政策 | 新政策 |
|---|---|---|
| 单位价格 / 美元 | 83 | 86 |
| 单位成本 / 美元 | 47 | 47 |
| 每月销售单位 | 2 960 | 3 045 |

5. **信用加价** 按照新的信用政策,第 4 题中的盈亏平衡销售单价是多少? 假设新的信用政策下的销售量是 3 310 件,且其他数据保持不变。

# PART

# 8

# 第29章

# 兼并、收购与剥离

2020 年 6 月，欧洲食品配送服务公司 Just Eat Takeaway 决定以 73 亿美元的价格收购 Grubhub 公司，该收购使得 Just Eat Takeaway 快速进入美国食品配送市场。2020 年 1 月，Visa 宣布以 53 亿美元收购 Plaid。由于 Plaid 的客户能够与超过 11 000 家金融机构和 2 600 家金融科技开发商共享银行账户，因此，此次收购为 Visa 在金融科技市场的发展带来的效果立竿见影。

对于像 Just Eat Takeaway 和 Visa 这样的公司而言，该如何评估一个收购决策的好坏？本章将深入探讨公司应当进行以及不应当进行一项收购的原因，二者同样重要。

## 29.1 收购的基本形式

收购可以采用以下 3 种基本形式：①吸收合并或新设合并；②收购股票；③收购资产。

### 29.1.1 吸收合并或新设合并

**吸收合并**（merger）是指一家企业被另一家企业吸收。兼并企业保持其名称和身份，并且收购被兼并企业的全部资产和负债。吸收合并后的目标企业不再作为一个独立经营实体而存在。

**新设合并**（consolidation）除了会产生一个全新的企业之外，其他方面都与吸收合并相同。在一项新设合并中，兼并企业和被兼并企业终止各自的法人形式，共同组织一家新的企业。

#### 例 29-1 吸收合并的基础

假设 A 企业以吸收合并方式兼并 B 企业，且 B 企业的股东以 2 股本企业的股票交换 1 股 A 企业的股票。从法律的角度看，A 企业股东并未受到兼并的直接影响，但是 B 企业的股票是要终止存在的。而在新设合并这种方式下，A、B 两家企业的股东可能都要把各自的股票转换为新设企业（如 C 企业）的股票。

因为吸收合并与新设合并之间的区别不是本章讨论的重点，所以在以下的章节中将二者统称为兼并。关于吸收合并和新设合并，有两个要点需要注意。

（1）兼并在法律上有明确规定，相应的兼并成本会比其他方式下的收购成本小。在兼并中没有必要将每一项单独资产的所有权由目标企业过户到兼并企业。

（2）兼并的实施必须得到双方股东的批准<sup>⊖</sup>，通常需要得到 2/3 以上股东的赞成票。另外，目标企业的股东享有**评价权**，也就是说，他们可以要求兼并企业以公允价值购买持有的股票。如此一来，兼并企业和被兼并企

---

⊖ 公司兼并必须符合各国法律。实际上所有国家都规定只有双方公司的股东都投票赞成时才能进行兼并。

业中持反对票的股东经常难以就公允价值达成一致意见，从而导致昂贵的诉讼程序。

## 29.1.2 收购股票

收购的另一种方式是用现金、股票或其他证券购买目标企业具有表决权的股票。收购开始时通常是一家企业管理层向另一家企业管理层私下发出要约。不过有时该要约直接发向目标企业的股东，即通过要约实现收购。**要约收购**（tender offer）就是由一家企业直接向目标企业的股东发出购买其股票的公开要约。收购要约可以通过报纸、广告等公告方式进行通知，有时也会用到普通邮寄方式，不过由于邮寄需要知道在册股东的姓名和地址，而这些资料通常无法得到，所以这种方式较难被采用。

选择收购股票方式或是兼并方式所要考虑的因素有以下几个方面。

（1）收购股票无须召开股东大会，也无须投票。如果目标企业股东不愿意接受该要约，他们有权拒绝而且不出售股票。

（2）在收购股票方式下，采用要约收购可以绕过管理层和董事会，直接与目标企业的股东打交道。

（3）由于目标企业的管理层通常会积极地抵制收购的发生，故而收购常常选择避开他们。目标企业管理层的抵制往往造成收购成本高于兼并成本。

（4）在要约收购中，经常有一小部分股东坚持不出让股票，故而目标企业往往无法被完全吸收。

（5）若要求完全的吸收则需通过兼并方式，有许多股票收购后来都以兼并告终。

## 29.1.3 收购资产

一家企业可以通过购买另一家企业的全部资产实现收购目标。出售方企业的股东必须进行正式投票表决。这种收购方式可以避免在收购股票方式下由少数股东带来的潜在问题。但由于这种方式要求进行资产的过户，因此其可能带来高昂的过户成本。

## 29.1.4 并购的分类

财务分析师通常将并购分为以下 3 种类型。

（1）**横向并购**。在横向并购方式下，并购企业与被并购企业同处于一个行业。例如，本章开篇提过的 Just Eat Takeaway 收购 Grubhub 就属于横向并购。

（2）**纵向并购**。在纵向并购方式下，各企业处于产品生产过程中的不同阶段。Visa 收购 Plaid 就属于纵向并购。纵向并购的另一个例子是 Salesforce 于 2020 年收购 Vlocity。Vlocity 能够提供直接搭建在 Salesforce 平台上的云服务和移动软件。

（3）**跨界并购**。在跨界并购方式下，并购企业和被并购企业之间的业务互不相干。跨界并购在高科技领域非常流行。例如，字母表公司在 2003—2020 年年初收购了超过 238 家公司，谷歌重整后成为字母表公司最大的子公司。或许你很熟悉谷歌的安卓手机操作系统，但是你可能并不知道谷歌在 2005 年收购了安卓。

## 29.1.5 关于接管

**接管**是一个笼统且不精确的术语，是指一家企业由一个股东集团控制转为由另一个股东集团控制。[一]欲接管其他企业的企业被称之为**投标者**（bidder）。投标者发出要约，用现金或证券换取另一家企业的股票或资产。如果该要约被接受，**目标企业**（target firm）将会放弃对其股票或资产的控制权，将控制权转移给投标者以换取相应的报酬（如投标者的股票、债务或现金）。[二]

例如，当投标企业收购目标企业时，后者的经营控制权就转移给前者重新选举产生的董事会。这是通过收

---

[一] 控制权常被定义为在董事会中拥有大多数的投票表决权。

[二] 关于收购过程以及谈判和竞标环节的详细讨论，见：Audra L.Boone and J.Harold Mulherin, "How Are Firms Sold?" *Journal of Finance* 62, no.2 (April 2007): 847-75.

购实现的接管。

接管可以通过收购、争夺委托投票权和私有化等方式实现。所以接管涵盖的活动范围比收购更大，如图29-1所示。

如果接管是通过**收购**实现的，则这些收购方式包括吸收合并或新设合并、收购股票和收购资产。在前两种情况下收购企业会购买目标企业具有表决权的股票。

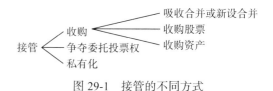

图 29-1  接管的不同方式

接管还可以通过**争夺委托投票权**来实现，即一个股东集团欲通过投票选举新的董事会而在董事会中获得通过大多数席位。委托投票权的持有人有权在股东大会上就所有事情进行投票。在该方式下，其他股东的委托投票权往往被一小群图谋夺权的股东所取得。

在**私有化**的方式下，上市公司的所有股权都被一小群投资者买去，这些投资者通常包括当前管理层的成员和一些外部投资者。交易完成后，该公司的股票就不能继续在股票交易市场上挂牌交易，因而也就不能再在公开市场上被买卖了。

## 29.2  协同效应

在上一节中，我们讨论了收购的基本形式。这一节我们研究为什么公司会被收购。虽然上一节指出兼并与收购有不同的定义，但由于两者间的不同在我们接下来的讨论中并不重要，所以在以下章节中，除非另做说明，否则我们对两者不做区分，统一用并购来表示。

具体而言，该节主要围绕以下4个问题进行阐述。

（1）进行并购有合理的理由吗？有——概括来说就是**协同效应**（synergy）。

假设 A 企业准备并购 B 企业。A 企业的单独价值是 $V_A$，B 企业的单独价值是 $V_B$。对于上市公司而言，可以合理地认为 $V_A$ 与 $V_B$ 分别等于 A 企业和 B 企业在外流通股票的市场价值。联合企业 AB 的价值 $V_{AB}$ 与 A、B 两家企业单一价值之和的差额即并购产生的协同效应：

$$协同效应 = V_{AB} - (V_A + V_B)$$

概括来说，若并购后联合企业的价值大于并购前并购企业与被并购企业的价值之和，则产生了协同效应。

（2）协同效应这一神奇的力量从何而来？

增长的现金流量产生价值。将 $\Delta CF_t$ 定义为 $t$ 时联合企业产生的现金流量与原两家单一企业产生的现金流量的差额。从有关资本预算的章节中我们知道净增现金流量可以写成：

$$\Delta CF_t = \Delta 收入_t - \Delta 成本_t - \Delta 税负_t - \Delta 资本需求_t$$

式中，$\Delta 收入_t$ 是并购净增收入；$\Delta 成本_t$ 是并购净增成本；$\Delta 税负_t$ 是净增税负；$\Delta 资本需求_t$ 是新投资要求的净增运营资本和净固定资产。

对净增现金流量进行分类之后，我们将并购协同效应的来源分为4种基本类型：收入上升、成本下降、税负减少和资本成本的降低[○]。我们将在下一节中逐一阐述这4种基本类型。

另外，还有一些促使并购的动机不会带来以上所述价值的增加。这些并购的"坏"理由将在第29.4节中说明。

（3）这种协同效应利得如何分享？

通常并购公司支付一定的溢价给被并购的公司，或者叫目标公司。例如，目标公司的股票价格为50美元，并购者可能需要支付每股60美元，其中10美元或者20%作为溢价。在这个例子中10美元就是目标公司的利

---

○ 为证明并购的正确性，企业通常会罗列出诸多理由。在并购的过程中，双方董事会通常会签订一份**并购协议**。Sirius 和 XM Radio 之间的并购协议就是一个典型。该协议列举了股东能够从并购中获得的经济好处，这包括：①全面节约运营成本，包括综合行政管理成本，销售和营销成本，客户获取成本，研发成本，产品开发、制造和库存成本，以及项目基础设施运营成本；②节省包括舰队卫星和地面基础设施等资本成本支出，从而带来长期股东价值的增加；③增加对拥有大量替代性媒体的大型国家广告商的吸引力；④节省广告销售费用；⑤提高经营杠杆，加速获得自由现金流量。

得。假设这次并购的协同效应为 30 美元，并购公司或是投标人的利得为 20（=30-10）美元。如果该协同效应不足溢价 10 美元，则投标人将会亏损。我们将在第 29.6 节中具体介绍相关损益的处理方法。

（4）除了协同效应外，还存在其他并购动因吗？是的。

正如前面我们所说，协同效应是股东获得报酬的来源。但管理者对潜在的并购存有不同看法。即使并购的协同效应低于并购溢价，并购公司的管理者仍可能从中获利。例如，并购后的联合企业的收入往往大于并购前投标人企业的收入。通过并购，并购公司变大，因而并购方管理者可以因为规模得到更高的报酬，以及更多的威望与权利。相反，目标公司的管理者在并购后可能会失去工作。所以即使他们的目标股东能从并购中获得溢价收益，其管理层也会反对被接管。这个问题将在第 29.9 节中具体阐述。

## 29.3 并购协同效应的来源

这一节中，我们讨论协同效应的来源。[一]

### 29.3.1 收入上升

进行并购的一个重要原因在于联合企业可能会比两家单一企业产生更多的收入。增加的收入可能来自营销利得、战略收益、市场力量和交叉销售。

#### 1. 营销利得

经常会听到以下观点，即通过改进营销策略，并购可以产生更多的经营收入。可改进的方面如下：

（1）无效的媒介节目和广告投入。

（2）薄弱的分销网络。

（3）不平衡的产品结构。

#### 2. 战略收益

一些并购会得到**战略**上的益处。在这一点上，战略益处更像一种选择权而不是一次标准的投资机会。设想一家缝纫机公司并购一家计算机公司，如果依靠技术创新可以制造出计算机驱动的缝纫机，那么联合企业在未来的市场上一定会占据不错的位置。

迈克尔·波特（Michael Porter）在描述企业进入新行业以获得机会的过程时用了**滩头堡**一词。[二]他认为，可以利用滩头堡，通过无形的相互关系，培育新的机会。他举了宝洁公司最初收购 Charmin Paper 公司的例子，将后者比为滩头堡，这个滩头堡使宝洁公司得以开发出一系列高度关联的纸产品—— 一次性的婴儿纸尿布、纸巾、女性卫生用品和浴室纸巾。

#### 3. 市场和垄断力量

并购也可能是为了减少竞争。如果是这样，价格将会上升，企业由此获得垄断利润。但旨在减少竞争的并购于社会无益，可能会受到美国司法部（U.S. Department of Justice）或联邦贸易委员会（Federal Trade Commission）的质询。

#### 4. 交叉销售

并购后的企业可能能够向现有客户销售额外的产品或提供额外的服务。产品的向上销售或捆绑销售是增加收入的策略。例如，2013 年美国银行（Bank of America）与美林证券（Merrill Lynch）合并后，美林证券的经纪商就向其投资客户交叉销售银行服务。

---

[一] Matthew Rhodes-Kropf and David T. Robinson, "The Market for Mergers and the Boundaries of the Firm," *Journal of Finance* 63, no.3(June 2008):1169-1211. 这篇文章论证了谁收购谁的问题。与传统观点相反，文章的作者们认为市场价值较高的公司并不倾向于收购市场价值较低的公司。相反，他们的研究表明，公司倾向于同与自己实力相当的公司联合。

[二] Michael Porter, *Competitive Advantage*（New York：Free Press，1998）.

### 29.3.2 成本下降

联合企业可能会比两家单一企业更有效率。降低成本常常被列为并购的首要理由。下面，我们讨论企业可以通过并购提高经营效率的方式。

#### 1. 规模经济

如果产量升高的同时产品的平均成本降低，我们就称之为规模经济。图29-2描述了一般企业单位成本与规模的关系。可以看到，平均成本先下降后上升，换句话说规模经济效益出现在企业慢慢成长到最佳规模点的过程中。随后会出现规模不经济现象。

虽然我们并不清楚规模经济的确切性质，但很明显横向并购可以获得规模经济效益。**分摊制造费用**这一术语经常与规模经济效益相联系，指的是分摊如公司总部、最高管理层和公司计算机中心等核心部门的费用。

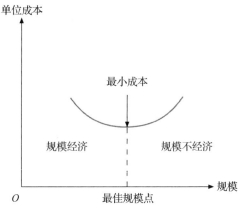

图 29-2　规模经济效益与企业最佳规模点

#### 2. 纵向一体化的经济效益

正如从横向并购中获取经营效益一样，从纵向并购中也可以获取经营效益。纵向并购的主要目的在于使那些联系密切的经营活动的协作更加容易。这很可能就是大多数木材产品加工厂拥有自己的大型锯机和拖曳设备的原因。而杜邦公司与 Conoco 的并购案也是因为杜邦公司需要稳定的石油供给以制造塑料和其他化学品。纵向一体化的经济效益也能够用来解释为什么大多数的航空公司都拥有飞机，而一些航空公司甚至购买旅馆和汽车租赁公司。

#### 3. 技术转让

纵向一体化的另一个原因是技术转让。一个汽车制造商如果认为电子企业的某项特殊技术能够改进汽车的性能，那么他是很有可能并购一家先进的电子企业的。谷歌与安卓的并购案就是一个典型例子。

#### 4. 资源互补

一些企业并购其他企业是为了更好地利用现有资源。设想一下滑雪器材商场可能会并购一家网球器材商场，其目的在于夏季、冬季都实现平稳的销售，并且更好地利用商场资源。

#### 5. 淘汰无效率的管理层

假设管理层发生一些变动，有许多企业的价值就可得到提高。一些管理者热衷于在职消费和面子工程，以至于使企业被接管。例如，杠杆收购 RJR Nabisco 主要是为了制止其执行总裁 Ross Johnson 的挥霍滥用行径。在一些情况下现任经理不了解市场条件的变化、技术的革新，使得他们也很难废止那些已沿用若干年的经营战略。虽然董事会明知应该更换管理层，但却往往无法独立完成管理层的更换。此时就可能需要并购来完成这种必要的更换。

Michael C. Jensen 在论述无效率管理时举了石油行业的例子。[一] 20世纪70年代晚期，该行业发生了重要变化：未来油价的预期下调，勘探和采掘成本升高，还有真实利率的上扬，这些变化都要求压缩勘探和开采规模。然而，许多石油企业的经理都无意缩小企业勘探规模。例如，Mesa Petroleum 的 T. Boone Pickens 计划购买 Unocal、Phillips 和 Getty 这三家石油公司，以节约管理成本。虽然他最终未能实现并购，但他的努力促使现任管理层减少勘探和开采的费用，相关企业的股东包括他自己也因此获得巨额利得。

并购还可被视为高级管理层人才市场的一部分。Michael C. Jensen 和 Richard Ruback 使用"公司控制权市场"一词，以描述各管理层团队相互竞争以获取管理公司活动的权力。[二]

　⊖　Michael C.Jensen, "Agency Costs of Free Cash Flow, Corporate Finance and Takeovers,"*American Economic Review* 76, no.2(May 1986):323-29.

　⊜　Michael C. Jensen and Richard. S. Ruback, "The Market for Corporate Control：The Scientific Evidence," *Journal of Financial Economics* 11, no. 1-4(April 1983):5-50.

### 29.3.3 税收利得

获得税收利得可能成为某些并购发生的重要动因。由并购产生的税收利得大致分为以下几个方面:

(1)利用其他公司的盈利弥补另一家公司的亏损。

(2)利用未被充分利用的举债能力。

(3)利用剩余资金。

#### 1. 经营净损失

如果一家企业同时拥有一个盈利部门和一个亏损部门,那么它的税收将会很低,因为亏损可以将收益抵消。然而假设两个部门来自两家相互独立的企业,那么盈利企业就无法利用亏损企业的亏损来抵消自己的收益。因此,在这种情况下,并购可以起到降低税收的作用。

表 29-1 列示了 A、B 两家企业各自的税前收益、所得税和税后收益。A 企业在情形 1 下可以赚 200 美元,在情形 2 下要产生亏损,在情形 1 下 A 企业要纳税,在情形 2 下并无税收折扣。相反,B 企业在情形 2 下盈利,在情形 1 下亏损,B 企业只在情形 2 下支付所得税。从表中可以看到,不论是处于哪种情形,两家独立企业总共纳税都为 42 美元。但是,如果 A 和 B 进行并购,则联合企业不论在情形 1 下还是在情形 2 下都只需要缴纳 21 美元的所得税。

表 29-1 企业 A、B 并购的税收效应　　　　　　　　　　　　　　　　　　　　（单位: 美元）

| | 并购前 | | | | 并购后 | |
| --- | --- | --- | --- | --- | --- | --- |
| | A 企业 | | B 企业 | | AB 企业 | |
| | 情形 1 | 情形 2 | 情形 1 | 情形 2 | 情形 1 | 情形 2 |
| 应税收入 | 200 | −100 | −100 | 200 | 100 | 100 |
| 税收 | 42 | 0 | 0 | 42 | 21 | 21 |
| 净收入 | 158 | −100 | −100 | 158 | 79 | 79 |

注: A、B 企业在并购发生前都不能将损失抵税,并购的发生允许 A 企业的损失与 B 企业的税收利益相抵;反之亦然。

这个例子说明了企业利用潜在的纳税亏损来获得税收利益。这些纳税亏损等同于**经营净损失**(net operating losses,NOL)。并购有时候将盈利和亏损部门绑到一起,但是这个例子必须满足以下两个条件。

(1)联邦税法允许时盈时亏的企业通过向后结转的方式平衡其各年税负。会计政策很复杂,但通常而言,A 企业在以前年度的获利可以向后结转 20 年。这样,意在利用尚未使用的税盾效应的并购必须抵消企业通过后转所获得的税收节余。⊖

(2)美国国税局可能不允许主要目的在于避税的并购。这一点反映在《美国国内税收法案》中。

#### 2. 举债能力

并购常常能够帮助企业提高负债水平或税收收益。在第一种情形下,目标企业负债少,并购企业将部分负债分摊给目标企业。在第二种情形下,目标企业与并购企业都存在最优负债水平。并购使风险降低,并产生更高的举债能力和更多税收收益。我们对这两种情形逐一介绍。

(1)情形 1:未使用的举债能力。在第 17 章中,我们认为每个企业都有一定的举债能力。一定的举债能力是有利的,因为负债越多税收效益也就越多。更规范地说,每个企业的负债水平在边际税收收益等于边际财务困境成本时达到最优。企业的举债能力由多种因素决定,其中最重要的一个因素是企业的风险水平。例如,像公用事业公司或超市这样的低风险企业,其负债–权益比通常比科技企业要高。

一些企业的负债水平低于最优负债点,可能是因为其管理者是风险规避者,或者管理者不了解如何合理地评估企业的举债能力。企业负债过于低是一件坏事吗?答案是肯定的。如我们所说,最优负债水平出现在边际税收收益等于边际财务困境成本的时刻。过低的负债反而会减少企业价值。

---

⊖ 美国的《1986 年税法修正案》认为:如果公司股票在 3 年期间里换手率达到 50%,那么公司向后结转净经营损失(和其他的所得税款项)的能力是受到限制的。

那些低负债或没有负债的公司往往是并购的理想目标，并购企业在并购完成后能够提高其负债水平，创造更多的税收收益。

（2）情形2：提高举债能力。在第11章中，我们讨论了现代投资组合理论。两只来自不同行业，但风险或者说标准差相同的股票，其投资组合的风险会低于任意的单只股票的投资风险。换句话说，两只股票的投资组合会产生单一股票所不存在的多元化效应。<sup>⊖</sup>

现在，让我们从投资股票的讨论转换到两家企业的并购。因为联合企业的风险低于两家单一企业的风险之和，所以银行愿意借给联合企业的钱会多于原先愿意借给两家企业的钱之和。换言之，并购后企业的风险降低，企业的举债能力提高。

例如，假设在并购前，每个企业各自有能力借到100美元，那么在并购后的联合企业有能力借到250美元。企业整体的举债能力提高了50美元。

负债可以产生抵税作用。如果负债在并购后提高，那么税收反而会下降。因为支付的利息在并购后提高了，联合企业支付的税收会低于并购前两家单一企业支付税收的总和。也就是说，通过并购，提高的举债能力可以减少税收。

概括来说，当目标企业杠杆水平低时，并购企业可以将部分负债分摊给目标企业，从而产生税收效益。不仅如此，当目标企业和并购企业开始都存在最优负债水平时，并购可以使二者总体的举债能力进一步提高。也就是说，并购使风险降低，从而提高举债能力，并因此提高了税收效益。

### 3. 剩余资金

税法对剩余资金的使用也有规定。设想一家拥有自由现金流量的企业，所谓**自由现金流量**，即该企业在支付完所有税金并投资完所有净现值为正的项目后，仍然有剩余现金流量。在这种情况下，企业除了可用自由现金流量购买有价证券之外，还可以支付股利或是回购股票。

在前面对股利政策的讨论中我们已经知道股利增加将使一些投资者缴纳更多的所得税，而股票回购的税金会相对更低。<sup>⊜</sup>当然，如果股票回购的唯一目的在于避开本应由股东支付的税金，那么这种做法就是违规的。

除以上用途外，企业还可以运用剩余资金进行并购活动。在这种情况下，并购企业的股东既避免了因发放股利而缴纳税款，也无须为被并购企业免除的股利纳税。<sup>⊜</sup>

## 29.3.4 降低资本成本

在本章前面的篇幅里，我们提到过规模经济效益，并购可以降低经营成本。事实上，并购还可以降低资本成本。会计师一般会把资本归为两类：固定资本和运营资本。

当两家企业并购时，管理层会发现出现了很多冗余资源。例如，两家企业原先都有各自的总部，并购后被并购方的执行主管可以搬到并购方的总部大楼中，从而使另一总部可以用于出售。并购也可能导致厂房和设备的冗余。若同一行业的两家企业并购，则可以合并二者的研发部门，将一些冗余的研发设备出售。运营资本同样如此。存货销售比率和现金销售比率往往会因企业规模的扩大而降低。并购实现了规模经济效益，从而促使了运营成本的下降。

---

| 个人观点 | 迈克尔·C.詹森关于并购问题的评述

经济分析和证据都表明：近20年来，在协助企业适应竞争更加激烈的环境方面，并购、杠杆收购和

公司重组起到了重要的作用。各个管理团队之间的竞争与控制公司资产的组织结构都使得巨量的经济资源

---

⊖ 虽然来自不同行业的股票可以很简单地解释多元化效应，但其关键在于相关股票组合的回报会高于单一股票。这个关系在同一行业的股票中同样存在。

⊜ 所有收到股利的股东都需要纳税。而对于回购股票而言，只有那些选择卖出股票且因此获得收益的投资者才有纳税义务。

⊜ 这种情况有点复杂：目标企业的股东必须为他们的资本利得付税。这些股东可能要求并购溢价来抵消这部分税收。

更快地朝实现其最大价值的方向转移。这一转移过程为整个经济和股东创造出实实在在的收益。1977—1988年的12年间，通过兼并、收购、杠杆收购和其他公司重组方式，出售方获利5 000亿美元（按1988年美元计算）。据我估计，在此期间买入方股东由此获取的总利得至少达到500亿美元。这些利得等于在此期间整个公司群体支付给股东的全部现金股利的53%。

并购是对那些要求公司改变经营方向或改变资源利用方式的新技术或市场条件做出的一种反应。与现任管理层相比，新的管理者常常更加有能力在当前的组织结构中实施重大的改革。类似地，杠杆收购通过为管理者建立企业家激励机制以及通过消除那些深植于大型上市公司内部阻碍企业行为能力的官僚行为，最终实现组织的变革。

当管理层在组织中拥有足够的所有权利益时，股东和管理层在公司自由现金流量支出问题上的利益冲突就会减少。管理层的激励将集中于使企业价值最大化，而不是通过多元化并购等方式盲目扩张，以损害股东利益。最后，管理层必须进行债务偿还方面的考虑，这不同于从前管理层要么小心翼翼地发放股利，要么过多地留存现金，于是实现了效率质的飞跃。

注：迈克尔·C.詹森（Michael C.Jensen）是哈佛大学Edsel Byrant Ford管理学教授，是一位杰出的学者和研究人员。他另辟蹊径分析现代公司及公司与股东的关系，并因此成名。

## 29.4　并购的两个"坏"理由

### 29.4.1　盈利增长

并购会产生盈利增长，这将愚弄投资者使他们高估企业的价值。来看看表29-2前两栏显示的Global Resources（GR）公司与Regional Enterprise（RE）公司的情况。并购前两家公司的每个收益均为1美元。然而GR公司每股市价为25美元，市盈率为25。RE公司每股市价为10美元，市盈率为10。这说明GR公司的投资者每投资25美元赢利1美元，而RE公司的投资者同样赢利1美元只需要投资10美元。那是否投资RE公司更有利呢？不尽然。GR公司的预期盈利增长可能快于RE公司。在这种情况下，投资GR公司的投资者愿意以短期的低盈利换取今后几年的高盈利。在第9章中，我们讨论过了决定市盈率的重要因素是市场对企业未来成长的预期。

表29-2　GR公司与RE公司的财务状况　　　　　　（金额单位：美元）

| | 并购前的GR公司 | 并购前的RE公司 | 并购后的GRE公司 | |
| --- | --- | --- | --- | --- |
| | | | 当市场"精明"时 | 当市场被"愚弄"时 |
| 每股收益 | 1.00 | 1.00 | 1.43 | 1.43 |
| 每股市价 | 25.00 | 10.00 | 25.00 | 35.71 |
| 市盈率 | 25 | 10 | 17.5 | 25 |
| 股票发行数量 | 100 | 100 | 140 | 140 |
| 总收益 | 100 | 100 | 200 | 200 |
| 总价值 | 2 500 | 1 000 | 3 500 | 5 000 |

注：转换比率：1股GR公司股票转换2.5股RE公司股票。

假设GR公司收购RE公司，而收购本身不产生额外收益。如果市场"精明"的话，它会知道联合企业的价值就等于各个独立企业价值之和，在此例中，该值等于3 500美元，即并购前两个相互独立的企业价值之和。

GR公司必须以其40股股票换取100股RE公司的股票来实现并购，这样在GR公司并购之后将有140股对外发行的股票。[⊖]并购后GR公司的股价仍然为25（＝3 500/140）美元。另外由于并购后GR公司对外发行股票140股和200美元的盈利，因此其每股收益为1.43（＝200/140）美元。而市盈率下调为17.5（＝25/1.43），以上

---

⊖　这一比率表示这种交换是公平的，因为RE公司股票市价是GR公司股票市价的40%（＝10/25）。

情况列示在表 29-2 的第 3 栏。为什么市盈率会下降？联合企业的市盈率是之前两家公司市盈率的平均值。一旦仔细思考，我们就会发现这是显而易见的。当 GR 公司收购一个成长较慢的新部门时，它的市盈率就应该下降。

现在让我们来考虑市场被"愚弄"的情形。如我们所言，并购可以使 GR 公司的每股收益从 1 美元增到 1.43 美元。如果市场被"愚弄"，它可能会认为每股收益增加 43% 是一种真实的增长。这样，并购后 GR 公司的市盈率可能不会下调，假设其市盈率仍保持在 25，联合企业的总价值会因此增至 5 000（＝ 25×200）美元，股价也会升至 35.71（＝ 5 000/140）美元，以上情况反映在表 29-2 的最后一栏。

这就是盈利增长的魔法。我们能否期望它会在现实世界发挥作用？虽然一些投资者可能会天真地使用市盈率（$P/E$）对公司进行估值，但从长远来看并不奏效。看来市场不是那么好"愚弄"的。

### 29.4.2　多元化

多元化经常被列为并购的好处之一。在进行并购的时候，对于这类现金充裕的公司声明开展多元化经营的必要性是很常见的事情。

但是，我们认为多元化本身不能增加价值。为说明这一点，我们回忆一下企业收益波动性中有一部分仅与企业自身有关，称为**非系统性风险**。

请回忆一下第 11 章中关于 CAPM 的讨论，理论上非系统性风险可由多样化的并购化解。但是，投资者并不需要像通用电气公司那样，通过多元化投资消除非系统性风险。股东可以比公司更容易地实现多元化投资，他们只需要购买不同公司的股票即可达到目的。例如，Sirius 公司的股东如果认为购买 XM Radio 公司的股票可以获得多元化利得，他们就可以进行此项投资。因而，跨界并购带来的多元化并不一定能使股东受益。<sup>⊖</sup>

只有满足以下三个条件，并购才能产生多元化利得。

（1）多元化减少非系统性风险的成本，小于投资者调整个人投资组合的成本。不过，这种可能性相当低。

（2）多元化降低风险，增强企业的举债能力。这种可能性在本章前面已提到过。

（3）相较于非多元化公司而言，内部资本和劳动力分配在多元化公司中更加有效率。

若以上条件不能满足，我们应该谨慎考量多元化并购是否能够真正创造价值。

## 29.5　股东因风险降低而付出的代价

在上一节中我们讨论的是并购的两个"坏"理由。然而并购的这两个理由不一定会损害价值，只是不会使企业价值提高。这一节中，我们讨论对股东价值产生实质性损害的并购。我们将谈到，并购能提高债券的安全性和价值，但却损害了股东利益。

在第 11 章中，我们讨论了个人追加购买与原先风险相同的证券以形成投资组合。只要证券间不是完全正相关的，那么组合的风险就会降低。简言之，这种风险的降低就是多元化效应。多元化效应在并购时也存在。两家企业并购后，联合企业价值的波动性通常比它们各自独立时的波动性要小。

但是这样做会出现一种令人惊讶的结果。当个人在组合的多元化中获利时，并购带来的多元化却会损害股东利益。这是因为并购使债权人在两家企业中的借款变得更安全。但债权人所获的好处是以牺牲股东利益为代价的。

### 29.5.1　基本情况

以 A 企业并购 B 企业为例，表 29-3 中的 I 给出了并购前在两种可能的经济状态下，A 企业和 B 企业的净现值。每种情形出现的概率为 0.5，因此每家企业的市场价值是两种情形下其价值的平均。例如，A 企业的价值为：$0.5×80+0.5×20＝50$（美元）。

现在假设两家企业并购时没有产生协同效应。联合企业 AB 将具有 75（＝50+25）美元的市场价值，即 A 企

---

⊖　事实上，一些学者认为多元化会削弱公司集中程度从而降低企业价值，这一观点将在本章后面进一步阐述。

业和 B 企业价值之和。进一步假设 B 企业的股东只拿到联合企业中原属于 B 企业的市场价值 25 美元，换句话说 B 企业没有得到溢价。因为 AB 联合企业的价值为 75 美元，并购后 A 企业股东的价值为 50（=75-25）美元——与并购前相同。A 企业与 B 企业是否进行并购，并不会对两家企业的股东带来实质性的影响。

表 29-3　互换股票并购　　　　　　　　　　　　　　　　（金额单位：美元）

| | 净现值 | | |
| --- | --- | --- | --- |
| | 情形 1 | 情形 2 | 市场价值 |
| 概率 | 0.5 | 0.5 | |
| I. 基本数据：（两家企业均为全权益的企业） | | | |
| 并购前价值： | | | |
| A 企业 | 80 | 20 | 50 |
| B 企业 | 10 | 40 | 25 |
| 并购后价值①： | | | |
| AB 联合企业 | 90 | 60 | 75 |
| II. A 企业资本结构中负债的账面价值为 30 | | | |
| 　B 企业资本结构中负债的账面价值为 15 | | | |
| 并购前价值： | | | |
| A 企业 | 80 | 20 | 50 |
| 　负债 | 30 | 20 | 25 |
| 　权益 | 50 | 0 | 25 |
| B 企业 | 10 | 40 | 25 |
| 　负债 | 10 | 15 | 12.50 |
| 　权益 | 0 | 25 | 12.50 |
| 并购后价值②： | | | |
| AB 联合企业 | 90 | 60 | 75 |
| 　负债 | 45 | 45 | 45 |
| 　权益 | 45 | 15 | 30 |

注：并购后 A 企业和 B 企业的负债价值都升高，股票价值都下跌。
① A 企业股东从联合企业 AB 取得 50 美元的股票，B 企业股东取得 25 美元的股票，故是否并购对股东没有区别。
② A 企业股东从联合企业 AB 取得股票的价值为 20 美元，B 企业股东取得股票的价值为 10 美元。并购产生的利得/损失如下：
　　　　　　　A 企业股东损失：20-25=-5（美元）
　　　　　　　B 企业股东损失：10-12.50=-2.50（美元）
　　　债权人从两个企业获得的总利得：45.00-37.50=7.50（美元）

### 29.5.2　若两家企业均有负债

如表 29-3 中的 II 所描述的，假定 A 企业的资本结构中负债的账面价值为 30 美元。若不并购，A 企业在情形 2 时将无法偿还债务，因为此时其价值为 20 美元，低于负债的价值 30 美元，所以 A 企业无法支付全部负债；债权人在此时也只能得到 20 美元。考虑到这一点，他们的负债价值则为 25（=0.5×30+0.5×20）美元。

B 企业负债的账面价值为 15 美元。在情形 1 时无法偿还债务，这是因为其公司价值仅为 10 美元，低于负债的账面价值 15 美元，事实上，情形 1 下 B 企业的负债价值为 12.50（=0.5×10+0.5×15）美元。此时两家企业总的负债价值应为 37.50（=25+12.50）美元。

现在让我们看看并购后的情况。联合企业 AB 在情形 1 时的价值为 90 美元，在情形 2 时的价值为 60 美元，则总的市场价值为 75（=0.5×90+0.5×60）美元，负债的账面价值为 45（=30+15）美元。由于在两种情形下联合企业的价值都大于 45 美元，因此可以清偿所有负债，所以负债价值就等于账面价值 45 美元。相比并购前，总的负债价值增长了 7.50（=45-37.50）美元。因此并购有利于债权人。

股东又如何呢？并购前 A 企业的权益价值为 25 美元，B 企业的权益价值为 12.50 美元，那么我们假设联合企业 AB 每发行 1 股股票给 B 企业股东的同时会给 A 企业股东发行 2 股股票。因为联合企业 AB 的权益价值为 30 美元，则 A 企业股东的股票价值为 20 美元，B 企业股东的股票价值为 10 美元。并购使 A 企业股东损失 5（=20−25）美元，同样 B 企业股东损失 2.50（=10−12.50）美元。两家企业股东总共损失的 7.50 美元，正好是债权人获利的部分。

在这个例子中，我们谈及了很多数字。但问题的关键在于债权人获利 7.50 美元而股东损失了 7.50 美元。为什么会出现价值转移呢？我们注意到当两家企业相互独立时，B 企业不会为 A 企业负债进行担保。也就是说，如果 A 企业无力清偿，那么 B 企业也帮不了 A 企业债权人。但是，并购后，债权人不仅可以从 A 企业创造的现金流量中获得清偿，还可以从 B 企业实现的现金流量中获得清偿。当联合企业的一个组成部分经营失败时，债权人可以从另一个组成部分的获利中获偿。这种相互担保被称为**共同保险效应**，它使债务的风险减小，价值增大。

不过就整体而言，企业并未因此获利。债权人获得共同保险效应，而股东丧失共同保险效应。从以上的分析可以得出以下几个一般性结论。

（1）并购通常对债权人有益。他们所获利益的大小取决于由于企业联合导致破产可能性减少的幅度，即联合企业风险越小，债权人获益越大。

（2）并购中，股东利益的损失通常等于债权人利益的增加。

（3）上述第二个结论适用于不产生协同效应的并购。在实践中，该结论是否仍适用要取决于协同效应的大小。

### 29.5.3　股东如何才能减少由于共同保险效应而遭受的损失

在一些并购案例中，共同保险效应提高了债权人的价值而降低了股东的价值，但股东至少可以采用两种方法减少或消除共同保险效应。首先，A 企业股东可以在并购公告日之前赎回债券，然后在并购后再发行等量的债券。因为债券是以并购前较低的价格赎回的，所以这种再融资交易将消除债权人获得的共同保险效应。

其次，由于并购降低了破产可能性，因此联合企业的举债能力相应增强，这样股东可采取的第二项措施就是增加负债。即使不是先赎回债券，并购后负债的增加也会产生两种效应：第一，企业新增负债利息的税盾效应将提高企业价值，这个在本章的前面小节有提到；第二，并购后负债的增加扩大了企业陷入财务困境的可能性，所以将导致债权人从共同保险效应所获利得的减少或消除。

## 29.6　并购的净现值

企业发生并购时一般都要进行净现值分析。在现金购买方式下，该分析相对来说较为简明，但如果采用股票互换方式，净现值分析就较为复杂。

### 29.6.1　现金购买

假设 A 企业和 B 企业价值分别是 500 美元和 100 美元，它们都是全权益企业。如果 A 企业并购 B 企业，且并购后会产生 100 美元的协同效应，那么联合企业 AB 的价值将达到 700 美元。B 企业的董事会已经表示若它能得到 150 美元现金，就会出售 B 企业。

A 企业是否应当并购 B 企业呢？假定 A 企业用现金进行收购，那么：⊖

$$并购后 A 企业的价值 = 联合企业的价值 − 支付的现金 = 700 − 150 = 550（美元）$$

因为并购前 A 企业价值为 500 美元，故 A 企业股东将获净现值：

$$550 − 500 = 50（美元）\tag{29-1}$$

再假定 A 企业对外发行了 25 股股票，并购前每股价值 20（=500/25）美元，并购后每股价值 22（=550/25）

---

⊖ 对其增发股票方式的分析与动用留存收益分析，从本质上来说是相同的。但发行折价进行融资的净现值分析就有所不同，因为债务利息可以抵税，这时需要采用调整现值法（APV）。

美元。这些计算列在表 29-4 的第 1 栏和第 3 栏。股价上涨，可以断定 A 企业会进行并购。

表 29-4　并购成本：现金或普通股方式　　　　　　　　　　　　（金额单位：美元）

| | 并购前 | | 并购后：A 企业 | | |
| --- | --- | --- | --- | --- | --- |
| | （1） | （2） | （3） | （4）<br>普通股转换比率②<br>（0.75：1） | （5）<br>普通股转换比率②<br>（0.681 8：1） |
| | A 企业 | B 企业 | 付现① | | |
| 市场价值（$V_A$，$V_B$） | 500 | 100 | 550 | 700 | 700 |
| 股票对外发行数量 | 25 | 10 | 25 | 32.5 | 31.818 |
| 每股价格 | 20 | 10 | 22 | 21.54 | 22 |

①付现方式下 A 企业并购后的价值：

$$V_A = V_{AB} - 支付的现金$$
$$550 = 700 - 150$$

②普通股调换方式下 A 企业并购后的价值：

$$V_A = V_{AB}$$
$$700 = 700$$

在前面我们提到了协同效应与并购溢价，在计算并购方的净现值时也可以这样计算：

$$并购方的净现值 = 协同效应 - 溢价$$

因为联合企业价值是 700 美元，A、B 企业并购前价值分别是 500 美元与 100 美元，故协同效应等于 100 [= 700 −（500 + 100）] 美元，溢价等于 50（= 150 − 100）美元。这样对并购方而言并购的净现值等于：

$$对 A 企业而言并购的净现值 = 100 - 50 = 50（美元）$$

因为联合企业价值是 700 美元，A 企业 B 企业并购前价值分别是 500 美元与 100 美元，故协同效应等于 100[= 700 −（500 + 100）] 美元，溢价等于 50（= 150 − 100）美元，这样对并购方而言并购的净现值等于：

$$对 A 企业而言并购的净现值 = 100 - 50 = 50（美元）$$

有一点需要提醒的是，本书一直都认为企业市场价值是其真实价值的最佳反映。但是，当讨论并购问题时，我们必须做一些调整。如果没有并购时 A 企业的真实价值是 500 美元，那么当进行并购磋商时，A 企业的市场价值很可能超过 500 美元，这是因为市场价格反映了并购发生的可能性。例如，若并购发生的可能性是 60%，那么 A 企业此时的市场价格便是：

$$\begin{array}{c} 有并购时 A 企业 \\ 的市场价值 \end{array} \times \begin{array}{c} 并购发生 \\ 的可能性 \end{array} + \begin{array}{c} 没有并购时 A 企业 \\ 的市场价值 \end{array} \times \begin{array}{c} 不发生并购的 \\ 可能性 \end{array}$$

$$530（美元）= \quad 550 \quad \times \quad 0.60 \quad + \quad 500 \quad \times \quad 0.40$$

若将 A 企业的市场价格代入式（29-1），经理人员便会低估并购的净现值。因此，估计并购发生前 A 企业的价值大小并不容易。

## 29.6.2　换股

A 企业当然可以不用现金而用普通股股票购买 B 企业，但这种方式的分析并不直观。为解决这个问题，我们必须知道 B 企业对外发行了多少股票。在表 29-4 的第 2 栏中，我们假设 B 企业对外发行了 10 股股票。

假设 A 企业用 7.5 普通股交换 B 企业 10 股普通股，我们称此为转换比率 0.75：1。并购前 A 企业每股价值为 20 美元，7.5 × 20 = 150（美元），这刚好等于用现金 150 美元购买 B 企业的数值。

但事实并不如此，A 企业的实际购买成本大于 150 美元。原因如下：并购后 A 企业对外发行股票的数量达到 32.5（= 25 + 7.5）股，B 企业股东拥有联合企业 23%（= 7.5/32.5）的股权，该股权价值为 161（= 23% × 700）美元，因为 B 企业股东得到价值为 161 美元的 A 企业股票，所以 A 企业股东为并购付出的成本一定是 161 美元，而不是 150 美元。

这个结果列示在表 29-4 的第 4 栏。股票互换后 A 企业股票每股只值 21.54（=700/32.5）美元，而用现金进行并购后 A 企业股票每股价值为 22 美元，差额正说明在股票互换方式下，A 企业付出了更高的成本。

产生这种非直觉结果的原因在于 7.5 股 A 企业股票交换 10 股 B 企业股票的转换比率是依据两家企业并购前的股价确定的。但是因为 A 企业股价在并购后会上涨，故 B 企业股东得到的 A 企业股票价值超过了 150 美元。

那么转换比率是多少才能使得 B 企业股东仅得到价值为 150 美元的 A 企业股票呢？我们先设一个 $\alpha$，它代表 B 企业股东拥有联合企业的股权比例，因为联合企业价值为 700 美元，那么并购后 B 企业股东价值等于（$\alpha \times 700$）。

因为 $\alpha \times 700 = 150$，所以得出 $\alpha = 21.43\%$。也就是说，若 B 企业股东并购后得到 21.43% 的股权，那么他们得到股票的价值便为 150 美元。

现在我们来确定 B 企业股东得到的股票数量。$\alpha$ 还可表示为：

$$\alpha = \frac{增发的股票数量}{原对外发行的股票数量 + 增发的股票数量} = \frac{增发的股票数量}{25 + 增发的股票数量}$$

代入 $\alpha$ 值，便得到：

$$0.214\,3 = \frac{增发的股票数量}{25 + 增发的股票数量}$$

解方程，得到：

$$增发的股票数量 = 6.818（股）$$

这样并购后对外发行的股票数量就等于 31.818（=25+6.818）股。因为这 6.818 股股票是用来交换 B 企业 10 股股票的，所以转换比率为 0.681 8∶1。

采用 0.681 8∶1 的转换比率的结果列于表 29-4 的第 5 栏。普通股每股价值 22 美元，正好等于现金购买方式下的价值，所以说，若 B 企业董事会欲以 150 美元的价位出售企业，那么 0.681 8∶1 的比率才是公平的，而不是 0.75∶1。

### 29.6.3　现金购买与普通股交换

我们刚刚讨论了现金购买与普通股交换两种并购的交易方式。接着，我们探讨并购方应如何在两种方式中进行选择。这一问题没有简单的答案，而是取决于诸多因素，其中最重要的可能就是并购方的股票价格。

如表 29-4 的例子，并购前 A 企业的每股市场价格是 20 美元。我们假设此时 A 企业管理者认为 A 企业"真实"的价值为 15 美元，即管理者认为公司的股价被高估。管理者会与市场所持观点不同吗？是的，因为管理者往往比市场掌握更多的信息。毕竟管理者是每天与客户、供应商和员工打交道并且可能获得私人信息的人。

现在如果 A 企业的管理者考虑用现金购买或是股票交换的方式并购 B 企业，价值的高估不会对现金购买方式产生影响，B 企业仍然取得 150 美元的现金。然而价值高估会对股票交换方式产生重大影响。虽然 B 企业取得由市场认为的价值为 150 美元的 A 企业股票，但 A 企业的管理者知道股票的真实价值不足 150 美元。

A 企业并购应采用什么方式支付？很显然，A 企业会倾向于用股票交换的方式，因为这样就可以支付少于150 美元的价值来完成并购。这个结论可能带有讽刺意味，因为从某种程度上来讲，A 企业试图欺骗 B 企业。然而理论与实证证据都表明一旦企业股票被高估，企业更可能采用股票交换的方式。[⊖]

事情并非如此简单。正如 A 企业管理者会如此战略性地思考，B 企业管理者也会这么思考。假设在并购谈判中，A 企业管理者力推采用股票交换方式，那么 B 企业管理者很可能会认为 A 企业的价值被高估。B 企业就会要求得到比 A 企业当时所给的更好的条件。否则 B 企业可能只接受现金收购方式或是拒绝被收购。

---

⊖　基本的理论观点见 Stewart C. Myers and Nicholas S. Majluf, "Corporate Financing and Investment Decisions When Firms Have Information That Investors Do Not Have," *Journal of Financial Economics* 13,no.2(June 1984):187-221。

正如 B 企业通过谈判来了解情况一样，市场也是如此。实证证据表明并购方的股票价格通常在宣布采用股票交换方式并购时开始下跌。<sup>⊖</sup>

然而，这并非就说明错误就不会发生，2001 年，网络服务提供商美国在线公司（AOL）和媒体公司时代华纳（Time Warner）采用的就是股票交换的并购方式。虽然并购双方看似规模相当且最终并购公司沿用了时代华纳的名称，但真正的并购方其实是 AOL。那次并购是迄今为止最大的并购案之一，两家公司在 2000 年 1 月宣布并购时联合市场资本为 3 500 亿美元。（受管制审查，从宣布并购到并购完成延后了 1 年时间。）这次并购也被认为是史上最糟糕的并购案之一，2016 年，时代华纳以约 790 美元的价格被 Charter Communication 收购。有趣的是，AOL 于 2015 年被 Verizon 收购。

2001 年两家企业并购时，AOL 的处境岌岌可危，它提供窄带网络服务，而当时顾客正期望使用宽带，而且至少现在回想起来，当时的网络股票是被严重高估的。那场交易允许 AOL 以被严重高估膨胀的股票作为货币来购买一家股价未被高估的互联网公司。如果时代华纳当时意识到 AOL 股价被高估的话，他们可能会直接取消交易或要求现金支付。虽然 AOL 的财务状况不太可能支持现金方式支付。

正如时代华纳的管理者不了解当时并购的内幕一样，市场也不了解。时代华纳的股票价格在宣布并购后的一周内上涨了 25%。

## 29.7 善意接管与恶意接管

并购通常是由并购企业而非被并购企业发起的。并购方的并购决策包括是否进行收购，选择收购的策略，决策愿意支付的最高价格，制定初始标价，并与目标企业联系。并购企业的执行总裁一般会向目标方的执行总裁提出并购建议。如果目标方接受，那么并购将最终促成。当然其中一定会有许多会议，用来协商关于价格、支付方式和其他一些起限制作用的因素。并购需要得到目标方董事会的正式批准。有时候并购方董事会也必须正式批准，最终由股东投票赞成并购议案。只有当以上提到的程序都遵照执行完毕时，这样的并购才被视为**善意接管**。

当然不是所有的并购都是善意的。目标方管理层可能拒绝并购，那么此时并购方就必须决定是否要继续进行并购以及并购的策略。面对拒绝，并购方可能开始秘密购买目标方的股票。通常称这些股票为发起并购的**立足点**。1968 年一个具有里程碑意义的法案——《威廉姆斯法案》通过。该法案规定如果并购方在 10 天内购买目标企业到达 5% 的股份，就必须向美国证券交易委员会提交 13D 文件，并在文件中提供包括收购方的意图以及它在目标企业中的地位等详细信息。如此一来，秘密收购就被终止了，因为并购方必须公开它并购目标企业的计划。目标企业的股票价格可能将因此而上升，新的价格显示了目标企业被溢价收购的可能性。然而并购方会竭尽所能地将这 10 天推后，在未提交文件之前买进尽量多的低价股票。

虽然并购方会在公开市场上继续购买目标方的股票，但是用这种方式实现并购不太可能。并购方更可能采取**要约收购**（直接向目标企业的股东发出以高出当时市场价的溢价购买其股票的要约）。要约收购可能明确说明并购方会购买所有接受要约的股东手中的股票，直到并购方得到，比如说，50% 的目标企业公开发行的股份为止。如果愿意出售的股票超过要约数，并购方就会按比例进行并购。例如，一种极端的情况，所有的股东都愿意出售股票，那么每个股东都可以按两股卖出一股的比例出售股票。有时并购方也会声明只有接受要约的股票数额达到它要求的最低限额时，才同意接受所有要约股票。

《威廉姆斯法案》中规定要约收购必须公开进行至少 20 天。这个延时是给目标企业时间做出反应。例如，目标企业可能通知股东不要接受要约，或是发表声明给要约收购造成负面压力，抑或是鼓励其他企业参与竞标过程。

当要约收购结束后，并购方了解清楚多少股票接受要约。并购方并不需要 100% 的股份来控制目标企业。

⊖ 例如，Gregor Andrade, Mark Mitchell, and Erik Stafford, "New Evidence and Perspectives on Mergers," *Journal of Economic Perspectives* 15,no.2(Spring 2001):103-20; and Randall Heron and Erik Lie, "Operating Performance and the Method of Payment in Takeovers," *Journal of Financial and Quantitative Analysis* 37,no.1(March 2002):137-55。

在一些企业中，20% 左右的控股权即可达到控制企业的目的。而在其他企业这个比例可能高一些。虽然你可能认为控制就是通过董事会来控制企业的经营，但控制本身是一个含糊的概念。股东推选董事成员，进而任命管理者。如果并购方掌握足够的股票，就有权利推选大多数董事成员，从而任命并购方所希望的管理者。然而有效的控制常常并不用达到如此目的。只要一些资深的董事成员支持并购方，新的董事成员一般乐于做顺水人情。

有时候，一旦并购方掌控了企业的运营，它会建议企业进行并购使其可以得到剩余的还不属于自己的股票。这时交易善意化了，因为新的董事会肯定会支持这项提议。这种并购叫作**全面合并**。

要约收购不是唯一一种恶意控制目标方的方式。另外，并购方还可以在公开市场上购买足够多的股票以完成控制。从战略上讲这种方式叫作**大扫荡**，它不是很常用，因为要购买足以实现控制目的的股票有点难度。而且刚才也提到，如果接受要约的股票低于并购方所需要的股票，要约收购允许并购方归还已要约的股票。相比之下，在公开市场上购买的股票不可以退换。

实现控制还可以通过争夺委托投票权来实现，该方式涉及公司投票选举的程序。企业董事会选举通常在股东大会上进行。并购目标企业股票之后，并购方会推荐一些候选人竞争董事席位。并购方通常会聘请一名代理律师，负责在股东大会之前与股东联系，让股东把票投给他们推荐的候选人。于是并购方的推荐候选人得到董事会的大多数席位，并购方也因此得以控制公司。正如我们在讲要约收购时指出的，有效的控制常常不需要多数席位。并购方可能只要求改变企业的一些具体政策，例如企业的资本预算项目或是多元化计划，或者只是简单地希望更换管理层。只要一些资深的董事成员支持并购方的计划，新的董事成员一般就会随大流。

例如，Land & Buildings 投资管理公司的创始人 Jonathan Litt 与一家商场所有者 Taubman Properties 进行了多次代理权之争。由于商场客流量下降，因此 Litt 对公司多个关键性决策产生怀疑。2017 年，Litt 在争夺董事会席位的代理权之争中落败，但很快于次年赢得了席位。2019 年，Litt 对外宣称，若 Taubman 不出售多处产业，他将再次进行代理权争夺。

与并购方获取目标公司全部股票的并购方式不同，控制权争夺的胜利方并未获得额外的股份。争夺胜利方的奖励只是其管理被证明有效后股价的增值。事实上，只是控制权争夺的威胁就常常会提升股价，因为现存管理层会努力提高经营效率以抵御威胁。当然，如果外界认为积极投资者挑起代理权之争的行为是不恰当的，那么代理权之争也可能造成公司价值的损失。例如，2017 年 4 月，为避免与积极投资者 Elliott Management 的代理权之争，Innoviva 同意支持 Elliott 提名的两位候选人加入董事会。公告当天，Innoviva 的股价下跌了约 10%。

## 29.8　防御性策略

目标公司的经理人员常常会阻挠接管的发生。如果目标公司因此提高并购价格或者其他公司参与竞标，那么阻挠活动可能对目标公司的股东有好处。否则阻挠反映的很可能是管理人员以股东利益受损为代价，来追求自身的利益。也就是说，目标公司经理人员可能为了保住自己的饭碗而阻挠接管活动。有时候管理层的阻挠可以促进公司政策的改进，在此情况下，即使最终接管失败，股东也会获利。

在本节中，我们将要介绍目标公司经理人员阻挠接管企图而采取的形形色色的防御策略。当一个或者多个团体企图并购一家公司时，这家公司就被称为**目标公司**（inplay）。按公司成为目标公司之前和之后作为依据划分防御性策划是很有益的。

### 29.8.1　防止成为目标公司

#### 1. 公司章程

公司章程是指规范企业的条款或公司组织章程，[一]其中规定了发生接管需要满足的条件。企业通常修改章程以增加企业被并购的难度。企业会考虑以下两种修订条款。

---

[一]　Ronald W. Masulis, Cong Wang, and Fei Xie, "Corporate Governance and Acquirer Returns," *Journal of Finance* 62, no. 4(August 2007): 1851-89, find that acquirer firms with more antitakeover provisions receive lower stock market returns than they would otherwise receive.

（1）**分级董事会**。在一个没有分级的执行董事会中，股东会每年选举一次董事会成员。但在分级董事会或是交错董事会中，每年只有一部分董事成员需要改选，董事有若干年任期。例如，每年 1/3 的董事要改选，董事任期为 3 年。分级董事会延长了并购方入主董事会所必需的时间。在上述例子中，并购方在并购后第 1 年只能获得 1/3 的席位。只有在第 2 年，并购方才能占据 2/3 的席位。因此，并购方不能如它所愿，迅速更换管理层。然而，一些人认为分级董事会并不一定有效，因为老股东经常会支持并购方。分级董事会的应用在近年来逐步减少。2003 年，标准普尔 500 中的公司约有 53% 设有分级董事会。这一比率于 2019 年下滑至不足 10%。

（2）**绝大多数表决条款**。公司章程规定，像并购这样的重大决议只有超过规定的表决率才能通过。在章程中，绝大多数表决条款意味着表决权的比率要高于 50%。2/3 的多数表决权较为常见，当然这个数字可以更大。显然在面对恶意管理层时，绝大多数表决条款可以增加并购难度。很多有关绝大多数条款的章程规定了所谓的**隔离**条款。也就是，如果董事会同意并购，那么绝大多数表决条款则会失效。这项条款只是为了确保阻止恶意接管。

### 2. 金保护伞

这个有趣的术语是指接管时，并购方解聘管理层要提供丰厚的解聘补偿。这个观点是说金保护伞可以通过增加并购成本来阻止接管。然而，一些权威人士认为这种阻止效果不会很明显，因为解聘补偿就算再丰厚，也可能只是并购成本中的一小部分。而且，有些人士还认为金保护伞事实上**促进**了接管的发生。理由是有着失业威胁的管理层会倾向于阻止任何接管，而巨额的解聘补偿会缓和接管对自己的影响，反而降低了管理层对接管的阻止。

### 3. 毒丸计划

毒丸计划是纽约一个著名的律师马丁·利普顿（Martin Lipton）在 20 世纪 80 年代早期发明的一种复杂的防御策略。从那以后，一系列毒丸的变形浮出水面，所以毒丸计划不存在恒定的定义。例如，2013 年 10 月，知名拍卖公司索斯比制订了一个毒丸计划来阻挡由积极投资者丹·勒布管理的对冲基金 Third Point。索斯比的毒丸计划多少有些特殊：该计划会在积极投资者并购 10% 以上的股份或者消极投资者并购 20% 以上的股份时被激活。当上述两个条件之一被激活后，所有股东，除去激活此计划的外来积极投资者，将被赋予半价购买新股份的权利。当时，索斯比流动股数大约为 6 900 万股。若 Third Point 当时并购超过 10% 的股份（690 万股），所有除 Third Point 之外的股东可以购买和现在持有股数相同的新增股份。如果所有股东都行使该权利，索斯比将会增发 6 210 万（＝0.90 × 6 900 万）股，导致总流通股数增至 13 110 万股。股价将会暴跌，因为公司将以半价发行新股。并购方的股份占比将从 10% 降至 5.3%（＝690 万股/13 110 万股）。这种巨大的稀释使得一些批评家认为毒丸计划是不能克服的。

## 29.8.2 在公司成为目标公司后，如何阻止接管

### 1. 绿色邮件和停滞协议

经理人员可能安排定向回购活动以消除接管威胁。在安排回购中，企业通常从潜在的投标者手中溢价购回股份，并附上卖方在某一期间承诺不购买该企业的条款，我们将这种溢价付出称为**绿色邮件**。

停滞协议在并购方得到一些酬金，并同意限制其在目标企业的控制权时签订。作为协议的一部分，并购方还常常承诺在并购方卖出股票时目标方有优先认购权。这一协议的达成，是为了防止股票落入下一个潜在并购方手中。

### 例 29-2　反接管

2021 年 4 月 2 日，Torrance 公司对外发行的股票数量是 2 800 万股。4 月 1 日公司在纽约证券交易所上市的股票价位是 49.25 美元。4 月 2 日这一天该公司董事会做出以下两项决策。

（1）董事会通过管理层与加拿大 Strauss 家族达成协议，即管理层以每股 51 美元的价格购买 Strauss 家族持有的 260 万股本公司股票。这是绿色邮件的一个部分，力求结束 Strauss 家族的并购行动。

（2）董事会授权公司回购 750 万股股票（占对外发行股份的 27%），与此同时，董事会还通过一项建立职工持股计划的决议，计划拥有 490 万股公司股票。

这两项行动将使 Torrance 公司有力量对抗非善意接管的企图。实际上，公司卖给职工的持股基金占全部股票的 20%。而前不久该公司已做了一项反非善意接管的准备工作，即必须有 80% 的股东同意，接管才能被批准。之后两天该公司股价下跌了 0.25 美元，因为这种下跌很可能是正常的波动，所以没有证据显示该公司的行动降低了股东价值。

绿色邮件自从在 20 世纪 70 年代后期被应用开始，一直是财务词汇中有趣生动的部分。从那之后，权威人士多次批评它的道德伦理性。最近几年，绿色邮件越来越不流行，原因可能有两个。第一，美国国会要对绿色邮件中并购方所获得的收益征税。第二，有关绿色邮件的法规目前并不明确，接受者会担心潜在的法律诉讼。

### 2. 白衣骑士与白衣护卫

企业在面对非善意的并购时，可能协商让另一家善意的公司并购，通常将这家公司称为**白衣骑士**。白衣骑士容易得到目标企业的支持，因为它愿意支付更高的购买价格；或者，它可能承诺不解雇员工、管理者或是拆售部门。白衣骑士之间的竞争常常也能使目标公司获得更高的并购溢价。例如，2019 年，日本酒店 UNIZO Holdings 公司收到了旅行社 H.I.S. 每股 3 100 美元的敌意收购要约。作为回应，UNIZO 找到了软银旗下的投资公司作为白衣骑士，后者提出每股 4 000 日元的要约收购，以帮助 UNIZO 抵制敌意并购。不过，在软银即将完成要约收购之际，Chitocea Investment 却以每股 5 100 日元的更高价格提出了另一份收购要约。

当然管理层可能更愿意避免一切并购行为。有时候，目标企业会邀请第三方企业对目标企业进行重要投资，条件是它必须投票赞成管理层，并且不收购目标企业的额外股票。第三方企业被称为**白衣护卫**。

### 3. 杠杆化资本结构调整

管理层经常会通过发行债券来发放股利或回购股份，这种交易叫作**资本杠杆化**。这种交易从多个方面躲避接管。首先，因为增多的负债产生更大的税盾效应，股票价格会上涨。股价的上涨会使并购成本更高且目标企业对投标方的吸引力降低。然而，股价上涨的前提是负债水平在资本结构调整之前是低于最优水平的。因此杠杆化资本并不适用于所有的目标企业。咨询师强调：低负债但有稳定现金流量的企业是并购的"最佳猎物"。其次，作为资本结构调整的一部分，管理层发行新的有价证券，使得管理层在被并购之前拥有更多的投票控制权。控制权的增大使得恶意收购更加困难。最后，资产负债表显示有大量现金的企业常常被认为是很有吸引力的目标企业。作为再资本化的一部分，目标企业可以将现金发放股利或者回购股份，从而降低自身作为接管目标企业的吸引力。

### 4. 排他式自我收购

**排他式自我收购**与目标回购相反。这种自我收购是指企业向目标股东之外的其他股东要约收购自己的一定数量的股票。

一个特殊的成功案例：优尼科（Unocal）公司是一家庞大的石油企业，它将其大股东——由伯恩·皮肯斯（Boone Pickens）领导的 Mesa Partners Ⅱ 公司排除在外，向其他股东提出要约收购自己 29% 的股票。收购价为每股 72 美元，比市价高出 16 美元。如此设计的目的在于挫败 Mesa 公司企图进行的接管，并且实际上将财富从 Mesa 公司转移给其他股东。

### 5. 资产重组

为改变资本结构，企业还可能通过出售现有的资产或是购买资产来规避接管。目标企业出售或者剥离资产通常有两大原因。第一，目标企业可能集合了不同业务路线的综合资产，而这些部门综合在一起效率很低。通过将这些部门拆分到不同企业，其价值也许会提高。学术上经常强调企业**集中度**或**单一业务**这个概念。将其放在这里就是说，通过专注于企业真正熟悉的几个业务领域，企业的功能会发挥得最优。剥离后的企业，股价会上升，从而降低对投标方的吸引力。与资产结构重组一样，股价上涨表明一项本可以在并购后实施的增值战略（在这个例子中，即增加企业集中度战略）已经实现。

第二，投标方可能只对目标企业的某一具体部分感兴趣。目标企业可以通过出售这一部门来降低投标方的兴趣。虽然这种战略可以使企业避免被并购，但如果该部门对目标企业比对并购方更有价值的话，目标企业股东的利益将会受到损害。权威人士经常将这种出售称为**皇冠宝石**或者**焦土战略**。

一些目标企业选择剥离现有资产，而另一些企业则在购买新资产。造成这一决策差异主要有两方面原因。首先，为防止被接管，虽然增加不相关的业务会让目标企业降低吸引力，然而，投标方可以出售这一新业务，所以购买新资产可能并不是有力的防御策略。其次，《反托拉斯法案》禁止以降低竞争为目的的并购。这项法案是由美国司法部（DOL）和联邦贸易委员会（FTC）联合贯彻执行的。一家企业并购另一家企业，如果投标方并购这个新部门，会触犯《反托拉斯法案》。然而这种策略并不一定奏效，因为在递交给 DOL 和 FTC 的文件中，投标方可以声明出售不相关业务的意图。

## 29.9 并购是否创造了价值

在第 29.2 节中，我们提到若并购后联合企业的价值大于并购前并购企业与被并购企业的价值之和，则产生协同效应。在第 29.3 节中，我们讨论了一些协同效应产生的来源，说明并购可以创造价值。现在我们需要了解在实践中并购是否可以创造价值。这是一个实证问题，所以需要用实证证据来回答。

衡量价值创造的方法有很多，但是在学术上偏好**事件研究**。这种研究方法用于估计并购宣告日当天及前后几天股票的超常收益率。超常收益率通常定义为一只实际股票的收益率与市场指数或者对照组股票的收益率的差额。这一对照组股票主要用于剔除市场整体或整个行业的影响因素。

表 29-5 报告了并购宣告日前后的收益率。1980—2001 年，所有并购的平均超常收益率为 0.013 5。这个数值联合了并购企业与被并购企业的收益率。0.013 5 为正说明市场认为并购平均来讲创造了价值。第 1 栏中其他三个收益率也均为正说明了不同时段的并购都存在价值创造。其他许多学术研究也得到相似的结论。因此，以上结论说明并购的协同效应存在于真实世界。

表 29-5 并购的收益率和金额

| 年份期间 | 并购的损益（包括并购企业与被并购企业） | | 并购企业的损益 | |
| --- | --- | --- | --- | --- |
| | 超常收益率 | 合计金额损益 / 亿美元 | 超常收益率 | 合计金额损益 / 亿美元 |
| 1980—2001 年 | 0.013 5 | −790 | 0.011 0 | −2 200 |
| 1980—1990 年 | 0.024 1 | 120 | 0.006 4 | −40 |
| 1991—2001 年 | 0.010 4 | −900 | 0.012 0 | −2 160 |
| 1998—2001 年 | 0.002 9 | −1 340 | 0.006 9 | −2 400 |

资料来源：Adapted from Sara B. Moeller, Frederik P. Schlingemann, and René M. Stulz, "Wealth Destruction on a Massive Scale? A Study of Acquiring-Firm Returns in the Recent Merger Wave," *Journal of Finance* 60, no.2 (April 2005): 757-82 Table 1.

然而，表 29-5 中第 2 栏却给出不同的信息。在 1980—2001 年的所有并购中，宣告并购后累计损失为 790 亿美元，这就是说平均来看，市场在并购宣告后降低了并购企业与被并购企业联合股票的价值。两栏的差异看似令人费解，但这是可以解释的。虽然大多数并购创造了价值，但涉及大公司的并购通常存在价值损失。超常收益率是一个非加权的平均，它把所有并购企业的收益率同等对待了。正的收益率反映了所有小规模的并购都创造价值，然而一些大规模的并购损失使得合计金额变化为负。

另外，表中第 2 栏还说明合计金额损失只发生在 1998—2001 年这段时间内。虽然这段时间的损失为 1 340 亿美元，但 1980—1990 年获利 120 亿美元，而且通过差补法可以了解到 1991—1997 年合计金额是利得 440（＝1 340−900）亿美元。由此看来 1998—2001 年发生了大规模的并购损失。

表 29-5 中所得出的结论对公共政策应该有重要的启示，因为美国国会一直在疑惑并购是该被提倡还是被阻止。不过表 29-5 给出的结论并不明确。一方面，第 1 栏的结论表明，平均来讲并购创造价值。这一观点的支持者或许认为损失主要是由于一些大规模的并购受挫，而此类并购不太可能再次发生。另一方面，我们不能简单地忽略这一事实，那就是从整个区间来看，并购损害的价值大于其创造的价值。该观点的支持者可能会引用一

句古老的谚语: "除了第一次世界大战和第二次世界大战, 20 世纪是非常和平的。"

接下来我们总结一下。读者可能会困惑于超常收益率的计算时点为何在并购宣告时, 正好在并购的影响浮现之前。当然, 学者会考虑长期收益率, 但是他们偏爱用短期收益率。如果市场有效, 短期收益率提供了一个并购总体效果的无偏估计。长期收益率虽然能够捕捉到更多并购的信息, 但也反映了更多不相关事件的影响。

### 29.9.1 投标方的收益

前面的结论是我们基于投标方与目标方联合的收益率而做出的。投资者可能更想了解投标方与目标方各自的收益。表 29-5 的第 3 栏说明投标方的超常收益率在整个样本区间段甚至单个子区间中都为正, 这与投标方与目标方联合一起的结果相类似。第 4 栏给出的投标方总计金额为价值损害的情况表明, 大规模的并购表现较小规模的并购表现更加糟糕。图 29-3 显示了投标方存在并购亏损的情况。大规模的亏损出现在 1998—2001 年, 其中 2000 年亏损最大。

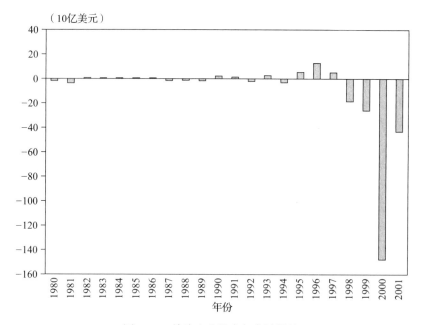

图 29-3 并购企业股东年合计损益

资料来源: Sara B. Moeller, Frederik P. Schlingemann, and René M. Stulz, "Wealth Destruction on a Massive Scale? A Study of Acquiring-Firm Returns in the Recent Merger Wave," *Journal of Finance* 60, no.2(April 2005):757-82, Figure 1.

让我们往前看几十年。假设你是企业的 CEO, 当然你会面临各种可能的并购。表 29-5 和图 29-3 的数据能否让你做出并购与否的决策? 同样, 这些证据是不明确的。一方面, 表中第 3 栏使你提高了对并购的兴趣; 另一方面, 表中第 4 栏与这张图可能使你做出终止并购的决定。

### 29.9.2 目标企业

虽然有关联合实体或是投标方单独的证据都不能给出有关并购好坏的明确结论, 但目标企业的证据却给出了清晰的答案。并购使目标企业的股东受益。下面的表格描述了在不同期间内, 美国的并购溢价的中值情况。[一]

| 时期 | 1973—1998 年 | 1973—1979 年 | 1980—1989 年 | 1990—1998 年 |
|---|---|---|---|---|
| 溢价 | 37.9% | 47.2% | 37.7% | 34.5% |

溢价是每股并购价格与目标企业并购前每股价格的差额, 再除以目标企业并购前每股价格。在整个样本区

---

[一] Gregor Andrade, Mark Mitchell, and Erik Stafford, "New Evidence and Perspectives on Mergers," *Journal of Economic Perspectives* 15 no.2(Spring 2001):103-20, Table 1.

间和子区间中，平均溢价都很高。例如，目标方在并购前每股为 100 美元，而被并购后它的股价为 142.1 美元，其中产生 42.1% 的溢价。显而易见，任何一家企业的股东都愿意接受将每股 100 美元的股票出售换得每股 142.1 美元的股票。

虽然其他一些研究对平均溢价有不同的估计，但研究都表明存在正溢价。因此我们得出结论：并购使目标企业股东受益。随之我们可以得到至少两个提示。第一，我们在某种程度上要怀疑阻挠并购的目标方管理者。他们声称目标企业的股票价值与企业真实价值无关，或是说阻挠可以使投标者提高投标条件。虽然这些辩驳在某些情况下是正确的，但这也可能是管理者为避免丢掉饭碗找借口。第二，溢价对并购企业来说是个障碍。纵使确实存在并购的协同效应，并购方的股东仍然可能因为支付超过了协同效应总价值的溢价而遭受损失。

### 29.9.3 管理者与股东

#### 1. 投标企业的管理者

前面我们是以股东的角度出发进行讨论的。从理论上来讲，股东支付给管理者工资，管理者理应从股东的角度看待问题。但是我们知道单个股东几乎不足以惩罚管理者。例如，一般的股东没有立场拿起电话，告诉管理者他的想法。虽然股东有权选举董事会来监督管理者，但是被选的董事也和股东联系甚少。

因此了解任命的管理者是否完全考虑股东的利益是个重要的问题。这个问题的核心用经济学术语来说就是**代理理论**。在这个领域的研究者认为若股东不对管理者施加必要措施，那么后者就可能拿得多、付出得少，并做出糟糕的管理决策。在代理理论中并购有一席之地。管理者常常可以从并购其他企业的行为中获得股利，而且这与其所在企业的规模成正比。另外管理者的声誉也与企业的规模相关。企业规模会随着并购变大，所以管理者可以从并购中获利，即使并购的净现值为负。

一项振奋人心的研究比较了两种企业，一种企业的管理者取得大量股票期权作为他们报酬的一部分，而另一种企业则没有这一报酬。[一]因为期权的价值是随着企业股票价格变化而变化的，所以拥有期权的管理者有动机放弃净现值为负的并购。文献表明"管理者拥有大量期权（文献中称之为基于权益的报酬）的企业，其收购活动创造的价值会大于管理者拥有少量或没有期权的企业"。

代理理论也解释了为什么由大企业发起的大规模并购会失败。拥有很少量企业股份的管理者没有对经营行为负责的动力，因为大部分损失由其他股东承受。再者，大企业管理者持有大企业股份的比率小于小企业管理者（要取得一定比率大企业的股份太过昂贵）。因此大企业的兼并失败可能是由于管理者持企业股票的比例太小而导致的。

在本书的前面章节中我们曾讨论过自由现金流量假设。其核心观点是管理者只有在有现金流量的时候才有可能大手大脚。现金流量少的企业管理者在好（正的净现值）的项目都投资完之前就没有现金了。相反，现金流量多的企业管理者就算投资完所有好的项目，手中还是有钱。如果企业成长，管理者会得到奖励，所以当投资完好的项目后还有现金，管理者就会将剩余的钱投资于不好（负的净现值）的项目。文献检验证实了这种猜测："现金充裕的企业更愿意发起收购……它所持有的每 1 美元现金，将有 7 美分被浪费掉……与股票收益率的结论一致，如果在现金充裕的情况下投标者发起并购，那么经营表现异常下降会随之而来"。[二]

在先前的讨论中，我们认为一些管理者可能不道德，即将自身的利益凌驾于股东利益之上。然而，最近一篇文章提出一个有趣的观点——一些管理者可能比不道德者更蠢。Malmendier 和 Tate 将某些 CEO 归为过分自信，具体定义为当企业需要行使股票期权政策的时候，他们拒绝这么做，或是因为媒体将他们描写成自信或是乐观。[三]文章的作者发现过分自信的管理者比其他管理者更希望发起并购。另外，当兼并方 CEO 过分自信时，

[一] Sudip Datta, Mai Iskandar-Datta, and Kartik Raman, "Executive Compensation and Corporate Acquisition Decisions," *Journal of Finance* 56, no.6 (December 2001):2299-2336.

[二] Jarrad Harford, "Corporate Cash Reserves and Acquisitions," *Journal of Finance* 54, no.6 (December 1999):1969-97.

[三] Ulrike Malmendier and Geoffrey Tate, "Who Makes Acquisitions? CEO Overconfidence and the Market's Reaction," published in *Journal of Financial Economics* 89, no.1 (July 2008):20-43.

市场上股票对宣告并购的反应更为消极。

### 2. 目标企业的管理者

我们刚讨论了并购企业的管理者，认为他们有时发起了不该发起的并购。然而这只是故事的一半，目标企业的股东可能也存在着很难控制管理者的问题。这些管理者会采用很多方式来将自己的利益凌驾于股东的利益之上。我们罗列其中的两种情况。第一种，我们之前已经提过溢价为正的接管对目标企业的股东有益。然而管理者担心企业并购后自己会丢掉饭碗，因此他们可能会反对被接管。<sup>○</sup>阻挠接管的策略又叫防御性策略，在前面章节中我们已经讨论过了。第二种，管理者若不能阻挠接管则可能与投标方协商，以股东利益受损为代价为自己赢得一笔好买卖。

来看一下 Wulf 在**公平并购**（mergers of equal，MOE）方面的精彩文献。<sup>○</sup>一些交易声称是公平并购，主要是因为两家企业所有权相等，并购实体的董事会能够平等发表意见。美国在线与时代华纳、戴姆勒 - 奔驰与克莱斯勒、摩根士丹利与添惠、Fleet Financial Group 与 BankBoston 等并购案都被认为是公平并购的例子。不过文章的作者认为在任何一个交易中，一家企业一定会比另一家企业享有更多的公平待遇。也就是在实践中，目标方与投标方经常被区别对待。例如，在一次并购中，戴姆勒 - 奔驰通常会被归类为投标方，而克莱斯勒被归类为目标方。

Wulf 发现如果用宣告并购时的超常收益率来衡量，在公平并购中目标方在并购中的获利较其他并购来得更少。而且流向目标方的利得比率与目标方高管和董事并购后留任的比例负相关。再加上其他一些发现，Wulf 得出结论："这些发现表明在公平并购的交易中，CEO 将自己的权利与股东享受的溢价做了交易。"

## 29.10 并购的税负形式

一家企业并购另一家企业，该交易可能是应税交易，也可能是免税交易。在**应税并购**中，被并购企业的股东被认为出售了持有的股权并且实现了应税的损益，而且如下所述，该企业的资产可能会被重新估价。

在**免税并购**中，出售方企业的股东被认为是用原有的股权换取等值的新股权，并未实现资本损益，相应地，该企业的资产价值无须被重新估计。

**例 29-3　有税**

假定 15 年前比尔·埃文斯（BE）创办了 Samurai Machinery（SM），购置了成本为 80 000 美元的厂房和设备。这些是 SM 的全部资产，该公司无负债。BE 是 SM 的唯一所有者，拥有全部的股权。出于税负的考虑，SM 的资产运用直线折旧法在 10 年期限内摊销，并且没有残值。这样年折旧费用就是 8 000（＝80 000/10）美元。该机器如今的账面价值为 0（它已从账面中注销）。但是，由于通货膨胀，该机器的公允市场价值为 200 000 美元，于是 S. A. Steel（SAS）出价 200 000 美元投标取得 SM 的全部股票。

### 1. 免税交易

如果 BE 获得 SAS 价值为 200 000 美元的股权，美国国税局将其视为一项免税交易。这样，BE 无须马上为此项股权交易获得的收益纳税。当然，未来 BE 出售股权获得资本利得时，它仍然需要纳税。此外，SAS 被允许采用与 SM 同样的方法计提折旧，由此该资产已经提取全部折旧，所以 SAS 无法获得任何折旧扣减好处。

### 2. 应税交易

如果 SAS 支付 200 000 美元现金给 SM，那么这就是一项应税交易，并且会产生如下的税收效应。

（1）在并购当年，BE 必须就其所得的并购款 200 000 美元与其初始投资额 80 000 美元之间的差额纳税，即他的应税所得为 120 000（＝200 000－80 000）美元。

---

○　然而正如之前陈述的那样，管理者阻挠接管可能是为了提高并购条件，而不是真想阻止并购。

○　Julie Wulf, "Do CEOs in Mergers Trade Power for Premium? Evidence From 'Mergers of Equals,'" *Journal of Law, Economics, and Organization* 20, no.1(April 2004):60-101.

（2）SAS 可能会加计机器的账面价值，这样，该公司就能够以 200 000 美元作为初始应税基数计提折旧。如果采用 10 年期直线折旧法，每年的折旧款就是 20 000（=200 000/10）美元。

如果 SAS 果真这样做了，那么它还必须将此 200 000 美元作为应税所得。<sup>⊖</sup>

（3）若 SAS 不加计机器账面价值，那么折旧额就不会增加。这样折旧额将始终保持为 0。此外，由于机器账面价值没有增加，因此 SAS 不必确认任何额外的应税所得。

因为折旧的税盾效应随着时间的推移才慢慢地体现出来，而应税所得必须立即确认，所以在应税交易中并购方通常不加计机器的账面价值。

由于加计账面价值的做法对于免税交易而言是不允许的，对于应税交易而言又通常不采用，故这两类交易之间真正存在的唯一税收差别主要表现在出售方企业股东的纳税方面。又由于出售方企业的股东在免税情况下可以推迟纳税，而在应税情况下必须立即纳税，所以免税交易能够取得更好的税收效应。两种交易类型的税收效应列示在表 29-6 中。

表 29-6　SAS 并购 SM 的税收效应

| 买方与卖方 | 并购类型 | |
| --- | --- | --- |
| | 应税并购 | 免税并购 |
| BE（卖方） | 立即就纳税所得 120 000<br>（=200 000 – 80 000）美元纳税 | 直到 BE 出售 SAS 股票时才需缴纳资本利得税 |
| SAS（买方） | 若加计账面价值<br>（1）SM 资产账面价值增至 200 000 美元（有效使用年限 10 年），每年折旧费 20 000 美元<br>（2）立即就 200 000 美元增加的资产价值纳税<br>　若不加计账面价值，则既不增加折旧费用，也无须立即纳税，通常并购方选择不加计账面价值的做法 | 不增加折旧费用 |

注：SAS 按 SM 设备的公允市场价值 200 000 美元并购 SM。设备的账面价值为 0。BE 在 15 年前以 80 000 美元创办 SM 公司。免税并购的税收效应优于应税并购，这是由于在免税并购中，出售方无须立刻纳税。

## 29.11　并购的会计处理方法

在以前的章节中，我们曾经提到企业都持有两类账册：股东账册和税收账册。上一节讨论的是并购对税收账册的影响，现在我们来看一看股东账册。当一家企业并购另一家企业时，并购方在做并购的会计处理时可以采用购买法。

**购买法**（purchase）要求在并购企业账册中，将原属于被并购企业的资产以其公允市场价值进行报告。这使并购企业按新的成本基础记录被并购资产的价值。

在购买法下，会产生**商誉**（goodwill）这样一个会计术语，即购买价格超过单个被并购资产公允市场价值之和的金额。

### 例 29-4　并购与会计处理

假设 A 企业并购 B 企业之后创立了 AB 企业。表 29-7 反映了并购日 A 企业与 B 企业各自的财务状况。B 企业在并购日的账面价值是 10 000 000 美元，其中包括 8 000 000 美元的建筑物和 2 000 000 美元的现金。但评估师认为这些建筑物的公允市场价值之和达到 14 000 000 美元，加上 2 000 000 美元的现金，这样 B 企业资产的公允价值达到 16 000 000 美元，这是 B 企业进行解散清算、逐个变卖资产时可获得的资金。然而，由于资产的整体价值大于单一资产价值之和，故 A 企业向 B 企业支付了 19 000 000 美元现金，其中 3 000 000（=19 000 000 – 16 000 000）美元便是商誉。它表示在维持 B 企业原状的情况下继续经营所能获得的资产增值。A 企业为支付并

---

⊖　从技术上说，SM 应当支付该税项。但是，由于现在 SM 是 SAS 的子公司，所以 SAS 才是真正的纳税人。

购价款举借了 19 000 000 美元的新债务。

AB 企业总资产升至 39 000 000 美元。B 企业的建筑物按现行市场价值入账，即被并购企业资产的市场价值成为新设企业账面价值的一部分。但是，并购企业（A 企业）的资产仍然按照原账面价值入账，它们并不因创建新的企业而被重新估价。

表 29-7　并购会计：购买法　　　　　　　　　　　　（单位：百万美元）

| A 企业 | | | | B 企业 | | | | AB 企业 | | | |
| --- | --- | --- | --- | --- | --- | --- | --- | --- | --- | --- | --- |
| 现金 | 4 | 权益 | 20 | 现金 | 2 | 权益 | 10 | 现金 | 6 | 负债 | 19 |
| 土地 | 16 | | | 土地 | 0 | | | 土地 | 16 | 权益 | 20 |
| 建筑物 | 0 | | | 建筑物 | 8 | | | 建筑物 | 14 | | |
| | | | | | | | | 商誉 | 3 | | |
| 合计 | 20 | | 20 | 合计 | 10 | | 10 | 合计 | 39 | | 39 |

注：当运用购买法时，被并购企业（B 企业）的资产在新设企业的账册中以公允市场价值入账。

购买价格超出被并购资产公允市场价值之和的 3 000 000 美元差额，确认为商誉。金融分析师会忽略商誉，因为它不会产生现金流量。每年企业必须重新评估商誉的价值，如果价值下降（也就是会计上说的贬值），那么账面上的商誉也要随之降低，否则不允许进行摊销。

## 29.12　转为非上市交易和杠杆收购

转为非上市交易和杠杆收购在并购中都是很常见的，本章有必要对它们进行讨论。当一家通常由上市公司管理层控制的非上市集团收购上市企业的股票时，上市企业就会转为非上市企业，它的股票会离开市场（如果是交易性股票，则股票名称将从交易所上市股票名单中除去），不再进行交易。因此，在转为非上市交易中，上市企业的股东被迫将股票变现。

转为非上市交易经常被称为**杠杆收购**（leveraged buyout，LBO）。杠杆收购中支付收购的价款主要通过筹集大量债务来满足。而杠杆收购中权益资本所占甚少，通常是由一小部分投资者提供，其中一些可能将成为被收购企业的管理者。

如同其他收购一样，杠杆收购中抛售股票的股东总是会获得高于市场价格的溢价，收购方也只有在产生的协同效应大于溢价时获利。我们在本章中已经提过一些形式的协同效应，并且它在两家企业并购的时候有可能产生。然而我们很难解释协同效应会出现在杠杆收购中，因为杠杆收购中只有一家企业。

杠杆收购可以创造价值通常有两个理由。首先，大量的负债会产生抵税效应。我们之前提到过，抵税效应可以使企业价值提高。大多数杠杆收购发生在有稳定盈利以及适度负债的企业，所以通过杠杆收购可以使企业的负债达到最优水平。

其次，价值来源于效率的提高，用术语说就是"萝卜与棒子"。通过杠杆收购，管理者成为所有者，这样可以刺激他们努力工作。这种动力通常被称为"萝卜"，而且在一些杠杆收购中，这些"萝卜"可能很大，例如位于纳什维尔的一个叫 HCA 的医院的 LBO 案例。2007 年，一个由 KKR、Bain Capital 和 HCA 的创始人托马斯·弗里斯特博士联合的投资财团将 HCA 以 330 亿美元的价格买下。由于此次交易的杠杆属性，因此，此投资财团只支付了 53 亿美元的自有资金，其余资金则通过举债获得。2010 年，HCA 支付给 LBO 投资者 43 亿美元的股利。而该公司于 2011 年再次上市并融资 37.9 亿美元。在此次 IPO 中，LBO 投资财团收获 10 亿美元，意味着此财团在 HCA 中的所有投资成本已经收回。当然，这还并不是这些投资者的全部收益。在 LBO 之后，他们仍持有大约 11 亿美元价值的 HCA 股票！而这还不是 HCA 的第一次 LBO。1989 年，一个由 Frist 博士的儿子参与的财团通过一个价值 51 亿美元的 LBO 交易将 HCA 私有化。1992 年 HCA 上市时，他们收获了大约 800% 的利润。

而"棒子"则是为保持高负债水平所必须支付的利息。巨额的利息支付可以轻而易举地使一家原本赢利的企业在杠杆收购后变成不赢利的企业。管理层必须做一些调整，通过提高收入或是降低成本来使企业在低谷中前进。本章反复提到的代理理论认为大量自由现金流量会使管理者浪费。而利息支付会降低现金流量，迫使管理者不再浪费。

要衡量LBO所带来的额外的税盾效应很容易，但要衡量效率提高带来的利得却很困难。但无论如何，在LBO创造价值的现象中，效率的提高至少与税盾效应同等重要。

学术研究表明杠杆收购从平均来讲是创造价值的。首先，溢价使被收购方股东受益。其次，研究指出被杠杆收购的企业最终会上市并给管理层带来巨大收益。最后，其他研究表明在LBO后企业的经营业绩有所提高。然而，我们不能完全确信LBO能创造价值，因为研究者很难获得通过杠杆收购但最终未上市的企业的数据。如果LBO损害了价值，上市公司的例子就只是一些片面的样本。无论LBO的业绩好坏与否，有一件事情是比较确定的：由于涉及大量的杠杆，因此此类交易带来的风险是巨大的。

## 29.13 剥离

本章主要在讲并购，但讨论它的对立问题——**剥离**（divestitures）也很有价值。剥离的方式各式各样，我们接下来讨论其中几种最重要的。

### 29.13.1 出售资产

最基本的剥离形式是将企业的一个部门、一个经营单位或分部或是一组资产**出售**给另一家企业。通常购买者并不以现金支付。进行这种出售的理由有以下几点。首先，本章之前的章节提到过出售资产是对恶意接管的一种防御手段，而且出售往往可以提高企业的集中度，从而提高出售方总体价值。即使公司不是被接管的目标，这一基本原理也适用。其次，出售资产可以为现金流动性差的企业提供资金。再次，单个经营区域会导致多元化的大企业很难产生价值。投资者可能因为企业这部分区域的不透明而对企业整体价值打折扣。但是这一观点与市场有效性假说不一致，因为这一观点认为大规模多元化的企业会以低于其真实价值的价格出售。最后，企业也许只是简单地希望卖掉不赢利的部门。不过不赢利的部门对任何企业都是低价值的。所以，只有当一个部门对购买方的价值高于其对出售方的价值时，它才应该被出售。

出售剥离的研究已经相当多了，学术界基本上达成了两个共识：一个是事件研究表明的在宣告出售时出售方的股票收益率为正，即出售剥离为出售方创造价值；另一个是被并购的企业还是会被出售。例如，Kaplan和Weisbach发现超过40%的并购最终被剥离，这个结果反映了出许多并购并不是好的交易。[一]平均而言，从并购到最终剥离，其中间隔约7年。

### 29.13.2 分立

通过**分立**，母公司将部门变成完全独立的实体并且将其股份分配给母公司的股东。分立与出售的不同至少有两个方面。一方面，母公司无法从分立出的公司中获得现金，但能获得免费的股票。另一方面，分立部门的原始股东就是母公司的股东。相比之下，在出售剥离中的购买方一般是另一家企业，但因为部门的股票在分立后公开发行，所以以股东也将随时间变更。

进行分立的原因大致有五个。第一，和出售剥离一样，分立可以提高公司的集中度。第二，因为分立的部门会公开进行交易，美国证券交易委员会要求其公布一些额外的信息，因此分立后投资者可以更方便地衡量母公司与子公司的价值。第三，企业常常会以股票和额外的现金作为执行管理者的报酬。这些股票能够起到激励管理者的效果，管理者业绩表现好，股票价格就会上市。然而在分立之前，管理者只从母公司中取得股票。如果部门相对于整体公司来说很小的话，部门经理的表现就与母公司的股票价格变动关系不大了。因此部门经理可能觉得自己的努力与股票增值关系不大。当然，在部门分立后，管理者可以拥有子公司的股票，自己的努力直接反映在子公司股票价格的变动上面。第四,分立能够缓解债务积压。如前面章节所述,当处于破产边缘且无法筹集额外资金的公司不投资正净现值的项目时,就会出现债务积压。分立可以将具有良好增长前景的部门与其他陷入困境的部门分开,从而使前者获得更好的增长。第五,分立后的税收效应会比出售来得更大,因为母公司不会从分立子公司中取得现金。

### 29.13.3 分拆上市

通过**分拆上市**,公司将部门变成完全独立的实体,然后把子公司的股票公开出售,由母公司保留主要权益。这个交易与分立类似,而且前面列示的分立的前四大好处同样适用于分拆上市。然而,两者最大的区别是公司可以从股权分割的子公司中取得现金,而分立则不行。现金的收取有好有坏。一方面,很多公司需要现金。Michaely 和 Shaw 发现赢利的大公司喜欢采用分拆上市的方式,而不赢利的小公司则喜欢分立方式。⊖一种解释是公司偏爱现金。然而不赢利的小公司发行股票有困难,必须借助于分立方式把子公司的股票分配给自己的股东。

不过,正如自由现金流量假说所提到的现金也有不好的地方。具体而言,当企业的现金流量超过赢利的资本预算项目所需时,多出来的部分可能会被用到不赢利的项目中。Allen 和 McConnell 发现如果现金用于还债,股票市场在宣布分拆上市时会给予积极反应,⊜而如果现金是用于投资,则股票市场的反应基本不变。

### 29.13.4 追踪股票

母公司发行追踪股票来“追踪”某一特定部门的经营业绩。例如,如果追踪股票分红,股利的规模由部门的业绩表现决定。虽然“追踪者”的交易独立于母公司股票的交易,但此部门与母公司是一个实体。相对而言,子公司在分立之后相较于母公司是独立的实体。

首只追踪股票是与通用汽车公司旗下子公司 EDS 的业绩相挂钩的。随后近几年,诸如迪士尼和索尼这样的大公司也发行了追踪股票。然而近几年很少有公司发行追踪股票,而且大多数的母公司收回了其发行在外的追踪股票。

也许追踪股票最大的一个问题就是缺乏明确的财产所有权。一个乐观的会计师可以通过提高特定分部的盈利来达到让该分部股利变大的目的。而悲观的会计师起的作用则相反。虽然会计师可以左右公司的账面盈利,但盈利上的改变不会直接影响股利。

## 本章小结

1. 收购方式有好几种,其中三种法定方式是:兼并、收购股票和收购资产。因为兼并可以依照法律进行,故成本最小,但这种方式必须获得股东的批准。收购股票无须股东表决,通常通过要约收购实现,但这样难以获得 100% 的控制权。而收购资产相对而言成本较高,因为它涉及更加复杂的资产过户手续。

2. 并购的协同效应是指联合企业的价值($V_{AB}$)减去两个企业各自的价值($V_A$ 和 $V_B$)之和的差额,或表示为:

$$协同效应 = V_{AB} - (V_A + V_B)$$

并购企业的股东只有在协同效应大于并购溢价时才会从中获利。

3. 并购的可能益处包括:
   a. 收入上升。
   b. 成本下降。
   c. 税负减少。
   d. 资本成本降低。

   另外,并购带来的风险降低实际上可能使债权人受益,而损害股东利益。

4. 如果并购只是以多元化和盈利增长为目的,那么股东不一定能从中获利。并购降低风险的实质可能是

---

⊖ Roni Michaely and Wayne H.Shaw, "The Choice of Going Public: Spin-offs vs. Carve-outs," *Financial Management* 24,no.3(Autumn 1995):5-21.

⊜ Jeffrey W.Allen and John J.McConnell, "Equity Carve-outs and Managerial Discretion," *Journal of Finance* 53,no.1.(February 1998):163-86.

债权人获利，而股东利益受损。

5. 当目标企业管理者支持并购时，这样的并购被认为是善意的；反之，并购则是恶意的。在抵御恶意并购而采取的防御策略中，产生了财务学上的一些多彩的新词：毒丸计划、金保护伞、皇冠宝石和绿色邮件，这些都是用来描述形形色色的反接管策略的。

6. 关于并购的实证研究范围极其广泛。平均而言，被并购企业的股东会从并购中赚上一大笔，而并购企业的股东受并购的影响并不明确。

7. 并购活动涉及复杂的税务和会计规则。它们可能是

应税交易，也有可能是免税交易。在应税交易中，每位出售股票的股东必须就其资本增值纳税，如果并购企业选择加计资产价值，则必须缴纳增加的税金。但是出于避税目的，并购企业通常并不加计资产价值。在免税交易中出售股票的股东无须缴税。购买法通常适用于并购的会计处理。

8. 在转为非上市的交易中，通常包括企业的管理者在内的并购团买下其余股东的股票。股票不再进行公开交易。杠杆收购属于大量举债融资方式下的一种转为非上市交易。

## 思考与练习

1. **并购会计** 从并购的会计处理角度，解释购买法与权益集合法的区别。会计方法的选择对现金流量的影响如何？对 EPS 的影响如何？

2. **并购的概念** 判断以下关于接管的陈述的对错，并简要阐述理由。

　a. 由于并购的相互竞争，接管会伴随着垄断的出现，即价格上涨、产品减少以及危害消费者的利益。

　b. 管理者常常以个人利益来行事，而不顾股东的要求。接管可以将这批管理者解雇。

　c. 在有效市场中，接管不会发生，因为市场价格反映了企业的真实价值。因此投标企业不需要给目标企业支付高于市场价格的溢价。

　d. 一些交易人和机构投资者眼光短浅，其他交易人对股票前景的看法会影响他们的认知。他们并没有对接管进行基础层面的评估，所以他们不顾企业的真实价值，出售目标企业的股票。

　e. 并购是避税的一种方式，因为允许并购方将被并购企业的资产价值入账。

　f. 并购分析法经常关注企业的总体价值。然而一次并购活动所影响的不光是总体价值，还包括相关的股东和债权人的价值。

3. **并购的基本原理** 为什么从根本上来讲多元化不是并购的一个好理由？

4. **公司分立** 不管你怎么看，2014 年和 2015 年对陶氏化学来说都是忙碌的两年。2014 年，陶氏化学宣布计划出售其旗下子公司安格斯化学公司，并完成了对部分北美铁路车辆的出售。此外，该公司还计

划在 2015 年完成氯碱／氯乙烯基、全球氯化有机物和环氧树脂业务的剥离。为什么公司要这样做？是否存在反向协同效应的可能？

5. **毒丸计划** 对股东而言，毒丸计划是好是坏？你认为并购方企业会如何绕过毒丸计划？

6. **并购与税收** 描述有税和免税情况下，并购的优势及劣势。在并购中，税收的基本地位如何体现？杠杆收购属于有税还是无税？请解释。

7. **经济规模** 为什么说一个好的并购可以有效发挥经济规模的优势？假设 Eastern Power 公司和 Western Power 公司分布在不同的时区。两家公司的经营高峰时段，一般是地方时间早上 9：00 和下午 5：00，持续时间各为 45 分钟。在这两个时段，公司可以充分利用 100% 的产能，而在其他时段，产能利用率为 60%。这两家企业很有可能并购，为什么？

8. **恶意接管** 目标企业管理层一般采用哪些方式来阻止投标方恶意并购？目标企业的股东如何从他们管理层的防御策略中获利？又如何会利益受损？请解释。

9. **并购要约** 假设你是一家企业的股东，企业收到来自两家企业的并购要约。你认为你的企业管理层支持低价的要约合理吗？并购的形式是否会影响你的回答？

10. **并购盈利** 并购企业的股东从接管中获得的利益微乎其微。为什么会出现这种问题？有哪些理由？

11. **并购的资产负债表** 并购前，X 公司与 Y 公司的情况如下。

|  | X 公司 | Y 公司 |
|---|---|---|
| 总收益 / 美元 | 95 000 | 12 000 |
| 股票发行数量 / 股 | 20 000 | 9 000 |
| 每股价值 / 美元 |  |  |
| 市场价值 / 美元 | 63 | 15 |
| 账面价值 / 美元 | 6 | 2 |

假设 X 公司并购 Y 公司,以现金支付的方式收购 Y 公司所有上市股票,溢价为每股 5 美元。假设两家公司并购前后都无负债。运用购买法编制 X 公司并购后的资产负债表。

12. **EPS、市盈率和并购** Bread 公司的股东投票通过了来自 Stultz 公司的收购要约。每个公司的信息如下表所示。

|  | Bread | Butter |
|---|---|---|
| 市盈率 | 7.2 | 14.4 |
| 发行在外股份数 | 73 000 | 146 000 |
| 盈利 / 美元 | 210 000 | 630 000 |

Bread 的股东将以他们持有的 3 股 Bread 的股票换取 1 股 Butter 的股票。

a. Butter 的并购后 EPS 将是多少? 如果此次并购的 NPV 是 0,那么市盈率将是多少?

b. Butter 如何评估两家公司并购后的协同效应? 试解释继续推进此次并购决策的理由。

13. **换股效果** A 公司和 B 公司并购前的信息如下表所示:

|  | A 公司 | B 公司 |
|---|---|---|
| 总盈利 / 美元 | 5 850 | 1 900 |
| 发行在外的股份数 | 1 600 | 400 |
| 每股股价 / 美元 | 56 | 59 |

假设 A 公司通过以每股 61 美元的价格对 B 公司进行换股并购,A 和 B 公司均无债务。

a. A 公司的并购后每股收益 EPS 将是多少?

b. 如果市场错误分析了披露的盈余增速(即市盈率不变),A 公司在并购后的每股价格将是多少?

c. 如果市场正确估计了这次交易,那么并购后的市盈率应该是多少?

d. 如果无协同效应,A 公司的交易后股价应该是多少? 市盈率应该是多少? 你的股价答案如何解释 A 公司收购 B 公司的股份数量? 是太高还是太低? 试解释。

# 第 30 章

# 财 务 困 境

2020 年 11 月，法官批准美国大型百货公司彭尼百货脱离破产程序。根据协议，债权人同意以 160 处不动产及 6 个配送中心为条件豁免了彭尼百货 10 亿美元的债务。卖场运营商西蒙地产（Simon Property Group）和 BrooKfield Property 合伙企业以 17.5 亿美元的价格收购了公司的零售业务，现有股东一无所得。2020 年 8 月，法院批准了 J. Crew 的破产重组计划。根据重组计划，16 亿美元的债务将转换为公司股权，商业信用债权人将从一个 7 100 万美元的资金池中获得部分补偿，而股东一无所得。

这些破产案是公司陷入重大财务困境的案例，也是本章研究的主题。当一家公司的现金流量不足以履行合同规定的付款义务（如利息）时，就将陷入财务困境。无法偿付到期债务的公司可能会被迫变现部分资产，但更常见的情况是，它会进行财务结构重组。财务重组包括以新债换旧债，进行私下和解或进入法定破产程序。私下和解是重组一家公司债务的自愿性协议，比如支付款项的延期或减免。如果私下和解不可能，那企业通常就要正式破产了。

## 30.1 什么是财务困境

令人奇怪的是，我们竟然很难准确定义**财务困境**（financial distress）。但事实就是如此，一定程度上是因为企业陷入财务困境的事件多种多样。可罗列的事件几乎是无穷无尽的，不过，我们在此还是给出一些例子：

- 股利的减少；
- 工厂的关闭；
- 亏损；
- 解雇员工；
- CEO 辞职；
- 股票价格暴跌。

财务困境是指一个企业处于经营性现金流量不足以抵偿现有到期债务（如商业信用或利息费用）而被迫采取改正行动的境况。[⊖]财务困境可能导致企业违反合同，也可能涉及企业、债权人和股东之间的财务重组。通常，企业会被迫采取某些在现金流量充足的情况下不可能采取的行动。

通过与无力偿付的概念相联系，我们对财务困境的定义多多少少会全面一些。在《布莱克法律大辞典》（*Black's Law Dictionary*）里，无力偿付（破产）被定义如下：[⊜]

---

⊖ 该定义类似于 Karen Wruck 所使用的定义，见 "Financial Distress, Reorganization, and Organizational Efficiency," *Journal of Financial Economics* 27 ,no.2(October 1990):419-44。

⊜ 摘自 *Black's Law Dictionary*, 5th ed. (St. Paul, MN: West Publishing Company1979)。

　　一个人无力支付其债务；一个人缺少支付其债务的手段。正如一个人的资产和负债处于这样一种状况，即其能够立即获得的可用资产不足以抵偿其负债。

　　上述定义有两个一般的主题：存量和流量。[一]图 30-1 说明了这两种不同主题的无力偿付的方法。当一家企业的净资产为负值，即资产价值少于负债价值时，就会发生"存量无偿付能力"。而当它的经营性现金流量不足以抵偿现有的到期债务时，则将出现"流量无偿付能力"。无力偿付可能会引至破产。表 30-1 列示了部分发生在美国的最大规模的破产案。

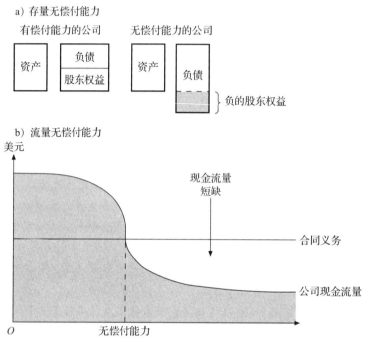

图 30-1　无偿付能力

注：当企业资产的价值小于企业负债的价值时，则发生存量无偿付能力，这就意味着负的所有者权益。当企业的现金流量不足以偿还合约所要求的支付款项时，则发生流量无偿付能力。

表 30-1　美国大型破产案

| 公司 | 负债 / 百万美元 | 破产日期 |
|---|---|---|
| 1. 雷曼兄弟 | 613 000 | 2008/09/15 |
| 2. 通用汽车 | 172 810 | 2009/06/01 |
| 3. 美国商业信托投资集团 | 64 901 | 2009/11/01 |
| 4. 克莱斯勒汽车 | 55 200 | 2009/04/30 |
| 5. 能源期货控股公司 | 49 701 | 2014/04/29 |
| 6. 全球曼氏金融 | 39 684 | 2011/10/31 |
| 7. 之鹰控股 | 29 552 | 2011/11/29 |
| 8. 通用增长物业公司 | 27 294 | 2009/04/22 |
| 9. 桑恩伯格房贷公司 | 24 700 | 2009/05/01 |
| 10. 赫兹国际控制 | 24 355 | 2020/05/22 |

资料来源：由纽约大学斯特恩商学院所罗门中心的 Edward I. Altman 提供。

○ Edward Altman 是首先区别存量破产和流量破产的学者之一。参看 Edward Altman, *Corporate Financial Distress: A Complete Guide to Predicting, Avoiding, and Dealing with Bankruptcy*, 3rd ed. (New York: John Wiley & Sons, 2005)。

## 30.2 陷入财务困境时会发生什么

通用汽车（GM）在2005年和2007年都出现了亏损，账面净资产在2006年也变成了负数。2008年6月，公司报告了第2季度1 500万美元的净亏损。与此同时，公司逐渐将市场份额拱手让给了丰田、宝马、本田等竞争对手，股价也从2003年的每股50美元暴跌到2009年的1美元左右。顾客们开始担心是否应该再继续购买通用汽车。通用汽车努力增加销售，削减成本，试图出售资产（如悍马生产线），减少银行债务，做出期限更长的融资安排。通用汽车明显是一家陷入财务困境的公司。2009年6月1日，通用汽车提出了破产申请。6周之后，公司从破产困境中摆脱出来；2010年11月，作为当时全世界最大的IPO，通用汽车卖出了它的股票。大部分的股票由美国财政部持有，这也是美国财政部对私营企业最大的一次托管。当然，多数陷入财务困境的公司并没有通用汽车这样的好运。

面对财务困境，企业有这样几种办法：

（1）出售主要资产。

（2）与其他公司合并。

（3）减少资本支出及研发费用。

（4）发售新的证券。

（5）与银行及其他债权人谈判。

（6）债转股。

（7）申请破产。

方法（1）、（2）和（3）与企业的资产有关。方法（4）、（5）、（6）和（7）涉及企业资产负债表的右栏，都是财务重组的典型事例。因此，财务困境可能包括资产重组和财务重组（即同时改变资产负债表的左右两栏）。

某些企业可能通过资产重组而从财务困境中获得实实在在的好处。例如，管理层可以利用财务困境增加自己在与工会或其他代表工人利益的群体谈判中的筹码，大规模裁员的威胁可能是逼迫工人代表做出让步的有效方法，但这么做似乎有违道德。杠杆资本重组也会改变一家企业的行为模式，迫使它们剥离那些非相关业务。杠杆资本重组的公司会增加大量的债务，而后果之一就是，它也许会因为现金流量不足以偿付债务而被迫出售其非核心业务。对一些企业来说，财务困境会导致新的组织形式和新的经营战略。不过，在本章中，我们只着重讨论财务重组。

财务重组包括私下和解或根据美国《破产法》第11章进行破产重组。图30-2反映了大型上市公司是如何走出财务困境的。约有一半的财务重组选择的是私下和解。而采用美国《破产法》第11章破产的多数大型上市公司（约83%）能够实现重组并继续经营下去。[一]

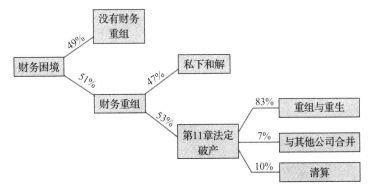

图30-2　大型上市公司陷入财务困境时会怎么做

资料来源：Karen H. Wruck, "Financial Distress, Reorganization, and Organizational Efficiency," *Journal of Financial Economics* 27, no.2 (October 1990):419-44, Figure 2. See also Stuart C. Gilson, Kose John, and Larry H. P. Lang, "Troubled Debt Restructurings: An Empirical Study of Private Reorganization of Firms in Default," *Journal of Financial Economics* 27, no.2 (October 1990):315-53; and Lawrence A. Weiss, "Bankruptcy Resolution: Direct Costs and Violation of Priority of Claims," *Journal of Financial Economics* 27, no.2 (October 1990):285-314.

---

[一] 不过，根据美国《破产法》第11章破产的企业（包括上市和非上市）中只有不到20%能重组成功。

财务困境可以被看作企业的"早期预警"系统。负债较多的企业可能比负债较少的企业更早陷入财务困境。不过，越早陷入财务困境，企业就需要越多的时间进行私下和解或重组。财务杠杆较低的企业虽然会较迟陷入财务困境，但一旦陷入，多数都会被迫进行清算。

## 30.3　破产清算与重组

无力或不愿意向债权人依约支付款项的公司有两种基本的选择：清算或重组。本节讨论破产清算和重组。<sup>⊖</sup>

**清算**（liquidation）意味着作为永续经营的公司的终止，包括按残余价值出售公司的资产。出售资产的所得，在扣除交易成本后的剩余部分按已确定的优先顺序分配给债权人。

**重组**（reorganization）是指公司选择维持永续经营；有时，会涉及发行新的证券以置换原来的证券。

清算和正式的重组也有可能通过破产来实现。**破产**是一种法律程序，它可以通过公司提出申请自愿地进行，也可以通过债权人提出申请而非自愿地进行。

### 30.3.1　破产清算

美国 1978 年《破产改革法》第 7 章讨论的是"直接"清算，典型程序如下。

（1）向联邦法院呈交申请书。公司可以呈交自愿破产申请书，其他人也可能呈交非自愿破产申请书。

（2）由债权人所选举产生的破产托管委员会接管公司的资产。托管委员会负责资产变现工作。

（3）扣除管理费用后的资产清算所得，将在债权人之间进行分配。

（4）如果支付完费用、偿还完债务后还有剩余财产，则分配给股东。

#### 1. 导致非自愿破产的条件

倘若同时符合如下两个条件，债权人可能会提出非自愿破产申请书。

（1）公司未能按时偿付债务。

（2）假如债权人总数超过 12 人，那么至少要有持有债权总额达到或超过 13 475 美元的 3 个债权人共同提出申请。如果债权人总数少于 12 人，那么只需要有 1 个债权金额达到 13 475 美元的债权人提出即可。

#### 2. 清偿顺序

一旦一家公司被断定要破产了，就要进行清算。清算所得的分配要根据以下的优先顺序进行。

（1）与破产公司资产清算有关的管理费用。

（2）提出非自愿破产申请后产生的无担保债权。

（3）工资、薪金及佣金。

（4）申请日之前 180 天内计提的员工福利计划。

（5）消费者索赔。

（6）积欠的税收。

（7）担保和非担保债权。

（8）优先股所有者权益。

（9）普通股所有者权益。

---

⊖ 破产企业所要做出的最重要的选择之一是确定要不要进行清算或重组。Arturo Bris、Ivo Welch 和 Ning Zhu 对此做了仔细的分析，可参见 "The Costs of Bankruptcy: Chapter 7 Liquidation versus Chapter 11 Reorganization," *Journal of Finance* 61,no.3 (June 2006):1253-1303。他们发现：
- 相比于规模较大的企业，规模较小的企业（如资产少于 100 000 美元）更倾向于清算，而非重组；
- 担保债权人数量众多的情况下，企业更倾向于重组；
- 无担保债权人（尤其是银行）的情况下更倾向于清算；
- 企业负债情况越严重，企业就越倾向于重组。

清算过程中使用的优先法则是**绝对优先权法则**（absolute priority rule，APR）。

这份清单里涉及担保债权人。财产的留置权被排除在 APR 的顺序之外。不过，要是担保财产清算所得不足以清偿债务，则担保债权人可以就未得到清偿部分与无担保债权人一起参与剩余清算财产的分配。反过来，如果担保财产的清算所得多于担保债权，则超出的部分将被用以偿付无担保债权人和其他人。

### 例 30-1 APR

B. O. 药品公司即将被清算。公司的清算价值大约为 270 万美元。有价值 150 万美元的债券是以公司的总部大楼作为抵押，该大楼卖了 100 万美元；有 20 万美元被用于支付管理费用和其他债权（包括未付的工资、退休福利金、消费者索赔和税收）。支付完这 20 万美元，可用于支付担保债权人和无担保债权人的金额为 250 万美元。这一金额少于公司总计 400 万美元的应付未付的债务金额。

根据绝对优先权法则，所有债权人都必须先于股东得到偿付，而抵押债券持有人对出售总部大楼所获得的 100 万美元有第一索取权。

债权人管理委员会提出如下的分配动议。

| 索取权类型 | 优先次序 / 美元 | 清算所得现金 / 美元 |
| --- | --- | --- |
| 债券（有抵押担保） | 1 500 000 | 1 500 000 |
| 次级债券 | 2 500 000 | 1 000 000 |
| 普通股股东 | 10 000 000 | 0 |
| 合计 | 14 000 000 | 2 500 000 |

| 计算过程 | |
| --- | --- |
| 出售资产所得中可供分配的现金 / 美元 | 2 500 000 |
| 出售抵押资产支付给担保债权人的现金 / 美元 | 1 000 000 |
| 可供一般债券和无担保债券持有人分配的现金 / 美元 | 1 500 000 |
| 剩余的索取权（4 000 000 美元减去已支付的 1 000 000 美元担保债券）/ 美元 | 3 000 000 |
| 剩余的 1 500 000 美元现金将在剩余的 3 000 000 美元索取权中分配 / 美元 | |

| 剩余的索取权 | 要求获得清偿的金额 / 美元 | 实际分配额 / 美元 |
| --- | --- | --- |
| 一般债券 | 500 000 | 500 000 |
| 次级债券 | 2 500 000 | 1 000 000 |
| 合计 | 3 000 000 | 1 500 000 |

---

**| 个人观点 |　　　　爱德华·I. 奥尔特曼论公司财务困境与破产**

全世界频繁发生的私营企业和上市公司的财务困境对其利益相关者产生了重大的影响。尽管《破产法》的作用相当明确——或者提供一套法定程序允许那些出现暂时性流动性问题的公司通过重组之后作为持续经营主体获得重生，或者为保护债权人利益而在资产价值被耗尽之前提供资产清算的法定顺序，不同国家的破产法各不相同。一般认为 1978 年美国《破产法》的第 11 章为破产公司提供了最为全面的保护，也使得重组更具有成功的可能性；相比之下，在其他国家，更多是出于保护债权人利益的目的而进行清算和资产出售。但是，美国的法律过程通常都很冗长（除非有足够数量的债权人事先通过第 11 章的破产前重组，

否则平均时间接近两年）、很昂贵，而且经过重组的公司也不见得就能躲过随后的困境。如果重组不成功，那随之而来的就是按《破产法》第 7 章进行清算。

美国以外的工业化国家的破产程序极为偏袒优先债权人，他们将获得公司的控制权并寻求在更大程度上遵守债务合同。例如，在英国，这一过程要快得多也便宜得多，但是过低的成本带来的结果是清算、失业和投资不足这些不受欢迎的状况。德国新的《破产法案》试图削弱担保债权人的力量，但它仍旧更贴近于英国体系。在美国，债权人和股东可以坐下来就"绝对优先权法则"的"背离"问题进行谈判——"法则"要求在向下一级的债权人或股东支付任何款项之前，

必须保证高一级的债权人已经得到了全额的补偿。（不过，所谓对绝对优先权法则的"背离"被证实是相当轻微的，比如少于公司价值的10%。）最后，美国体系赋予法院批准公司在申请破产后进行债务融资的权利，这些债务通常要比既有债务具有更为优先的索取权，这样也就更有利于公司的持续经营。最近，法国也有类似的成功经验。

衡量美国破产制度成功的一个尺度是成功幸存下来的公司的比例。美国近期的结果是复杂的，有将近83%的大公司幸存下来，但是小公司幸存下来的比例大概不到20%。还有一小部分公司随后又陷入困境，可能还要再次申请破产。

无论在哪个地方，破产制度和其他财务困境存在的目的之一是让债权人及其他的资本提供者清楚地知道他们的权利及在发生困境时所能获得的预期赔偿。如果制度不透明或执行过程过于随意、制度过时且伴有腐败行为，那么整个经济体系就要遭殃，经济增长就要被抑制。这正是发生在一些新兴市场国家当中的情形。改进这些落后体制应该排到首要位置。

除了重组制度的国别差异，还有一系列关于财务困境的令人感兴趣的理论与实证问题，其中就包括公司的举债能力、管理者－债权人－所有者的激励、预测困境的能力、违约率估计的数据与计算、困境公司证券的投资以及重组后的业绩评价等。

公司困境对债权人－债务人关系会产生巨大的冲击，再加上经营风险和税收方面的考虑，这些都会影响到公司的资本结构。关键问题之一是杠杆企业如何在**预期**财务困境成本与**预期**税收利益之间进行比较，也就是所谓的权衡理论。多数分析师认为直接（如法律费用）和间接成本的总和大致占到公司价值的10%～20%。

是否接受额外的风险、进行过度的投资是经理人和债权人之间代理冲突的一个例子，这取决于我们认为谁是财务困境企业真正的剩余所有者——是目前的股东还是债权人，对一个重组企业来说后者更像新的主人。在提交申请后的120天之内，现有的管理团队拥有制订第一份重组计划的独占权。他们的动机和影响具有倾向性，不过，并不会总是与其他利益相关者，尤其是债权人一致。为了限制这种独占的权力，加快重组进程并限制滥用管理权看起来是可取的。

过去的50多年，财务困境的预测模型使研究者和实践者着迷。财务困境的预测模型已经从单个财务比率发展到多元统计分析模型，进而发展到基于或有要求权和市场价值的方法，最终发展到人工智能技术。信用风险管理框架变得越来越复杂，多数金融机构开始采用上述的一种或几种模型，有时还与冒险型的信用资产组合策略相结合。有越来越多的私人信贷资产被证券化交易，而其中，违约因素是估价的关键变量。

也许，公司财务困境产生的最有趣的"副产品"是推动了一个相对新型的投资者类别，也就是**秃鹫投资者**（vulture）的发展。这类资金经理人专门投资那些陷入财务困境或发生违约的企业的证券。

注：爱德华·I. 奥尔特曼（Edward I. Altman）教授是美国纽约大学斯特恩商学院的 Max L. Heine 财务学讲席教授。他被公认为是破产与信用分析、破产债务和高收益债券等问题的世界级专家。

## 30.3.2　破产重组

公司重组依据的法律是美国 1978 年《联邦破产改革法》（Federal Bankruptcy Reform Act）第 11 章，及 2005 年《防止破产滥用及消费者保护法》（Bankruptcy Abuse Prevention and Consumer Protection Act）。⊖《破产法》第 11 章的诉讼程序的总体目的是通过对债权人的偿付进行公司重组，典型的程序如下。

（1）可以是公司提出自愿破产申请，也可以是 3 个或以上的债权人（如果总债权人总数不足 12 人，则只需一个债权人）提出非自愿破产申请。非自愿破产申请必须以公司没有偿还其债务为理由。

（2）通常，联邦法官会批准破产申请，并会确定债权人和股东提交索取权证明的时间。

---

⊖ 破产法有用吗？ Sergei A. Davydenko 和 Julian R. Franks 在 ["Do Bankruptcy Codes Matter? A Study of Defaults in France, Germany, and the U.K.," *Journal of Finance* 63,no.2 (April 2008):565-608] 中的研究结论认为是有的。他们发现由于法国、德国和英国的破产法各不相同，即使银行会针对法律对待债权人的态度友好与否做出重大调整，财务困境带来的结果还是不同。

（3）在绝大多数场合下，公司（"拥有所有权的债务人"）继续经营。<sup>⊖</sup>

（4）在 120 天时间内，只有公司可以提交重组计划。一旦公司提交，则自提交起算还会再得到 180 天的时间去争取债权人和股东对方案的认可。

（5）债权人和股东被分成几类。如果一个等级内部有 2/3 以上的债权（按金额计算）及半数以上的债权人（按人数计算）接受了该方案，则视为该等级的全体债权人接受了重组计划。<sup>⊖</sup>

（6）法庭在债权人接受后确认重组计划。

（7）以现金、财产和证券方式将款项支付给债权人和股东。该计划可能会涉及新证券发行。

前段时间，《破产法》第 363 条上了新闻。传统《破产法》第 11 章中，破产计划以类似招股说明书的形式发给债权人和股东。随后，该计划需得到各利益相关群体的投票通过。而第 363 条规定的破产更像一场拍卖。第一个出价者（像为摸清情况而推出的"掩护型候选人"）针对公司的全部或部分资产出价。之后，其他的出价者陆续进场，以期获得最高出价。第 363 条的最大好处是速度快。因为传统的破产案需要获得各个利益相关群体的同意，因此一拖几年的情况并不少见，而第 363 条就要快得多。比如，2009 年年中，通用汽车和克莱斯勒汽车在不到 45 天的时间内快速通过了破产流程，就是因为运用了第 363 条的拍卖。

**例 30-2 《破产法》第 11 章**

假设 B. O. 药品公司决定在《破产法》第 11 章下进行重组。通常而言，在其他各类索取权得到任何补偿前，优先债权人必须得到全额补偿。假设 B. O. 药品公司的持续经营价值是 300 万美元，其资产负债表如下。

（单位：美元）

| | |
|---|---|
| 资产 | 3 000 000 |
| 负债 | |
| 　抵押债券 | 1 500 000 |
| 　次级债券 | 2 500 000 |
| 所有者权益 | −1 000 000 |

公司提出如下的重组计划。

（单位：美元）

| 原有证券 | 原有的索取权 | 重组计划的新索取权 |
|---|---|---|
| 抵押债券 | 1 500 000 | 1 500 000 |
| 次级债券 | 2 500 000 | 1 500 000 |

重组计划中，新的索取权分配方案如下。

| 原有证券 | 重组计划下所得 |
|---|---|
| 抵押债券 | 年利率 9% 的优先债 1 000 000 美元 |
| | 年利率 11% 的次级债 500 000 美元 |
| 次级债券 | 年利率 8% 的优先股 1 000 000 美元 |
| | 普通股 500 000 美元 |

企业要说服担保债权人（抵押债债权人）接受同等面值的无担保债券会有一定的难度。此外，企业还会希望在公司里为原有股东保留一定的权益。毋庸多言，这是对绝对优先权法则的违反，次级债券债权人对此不会感到开心。

---

⊖ 根据《破产法》第 11 章，公司（我们现在称它为"拥有所有权的债务人"）继续经营。多数情况下，公司会寻求举借新的资金，并用这些钱来偿还担保债权人债务及满足继续经营需要，直到重组计划通过。

⊖ 我们描述的是标准的破产重组案。破产申请几乎总是会得到批准，而总体的原则是只要计划在所有的债权人等级内都通过，那么法院就会接受；如果所有债权人等级都反对，那么法院就会拒绝。而如果有一个或几个（但不是全部）等级的债权人接受了，那么该计划会进入"强制批准"程序。如果破产法院认为计划是公正的、公平的，那它就会"强制批准"并要求全体债权人接受。

| 专栏 | 绝对优先权法则

绝对优先权法则说明优先索取权必须在次级索取权获得任何赔偿之前得到完全的赔偿。

### 对法则的偏离

股东　　　　预想情况：没有偿付

　　　　　　现实情况：81%获得偿付

无抵押债权人　预想情况：在有抵押债权人之后获得完全偿付

　　　　　　现实情况：78%被违反

有抵押债权人　预想情况：完全偿付

　　　　　　现实情况：92%获得完全偿付

### 偏离的原因

• 债权人为了节省诉讼费用。债务人有120天的时间来拖延和损害债权人的价值。

• 经理人经常持有公司股票，要求得到补偿。

• 处理破产的法官喜欢经双方同意的计划，所以施加压力要求双方妥协。

资料来源：Lawrence A. Weiss, "Bankruptcy Resolution: Direct Costs and Violation of Priority of Claims," *Journal of Financial Economics* 27, no.2(October 1990):285-314.

## 30.4 私下和解与正式破产：哪个最好

发生债务违约的企业需要进行财务重组。这些企业将面临两种选择：正式破产或**私下和解**（private workout）。上一节讨论的是正式破产的两种形式：破产清算和破产重组。本节将就私下和解与破产重组进行比较。这两种形式的财务重组都涉及以新的索取权替换旧的索取权。通常，优先债权会被次级债权替代，次级债权会被替换成股权。最近的学术研究描述了私下和解和正式破产下所发生的一些情况。[○]

• 从历史角度看，财务重组中私下和解占到一半，但就近期而言，正式破产却占压倒性多数。

• 通过私下和解恢复的企业，其股票价格涨幅超过通过正式破产恢复的企业。

• 私下和解的直接成本比正式破产少得多。

• 无论私下和解还是正式破产，最高阶管理层通常都会损失一部分薪水，有时还会丢掉工作。

把这些事实合在一起，似乎暗示着私下和解比正式破产要好得多。于是我们不免要问：为什么还有公司要通过正式破产来进行财务重组呢？

### 30.4.1 边缘企业

就一般企业而言，正式破产要比私下和解贵得多，但对有些企业来说正式破产要好一些。正式破产允许企业发行优先于所有现有债务的债务。这种新债务就是**拥有所有权的债务人**（debtor in possession，DIP）的债务。对于有临时资金需求的企业来说，DIP债务就使得正式破产比私下和解更有吸引力。破产还有一些税收上的好处。破产情况下，企业不会丧失税收结转的好处，发生债务减免时的税收处理也比较有利。此外在正式破产中，破产前的无担保债券利息不累计。

### 30.4.2 拒不让步

通常来说，破产对股东的好处要大于债权人。发行DIP债务，停止累计无担保债券的利息都有利于股东，但却损害了债权人利益。结果之一就是，在破产过程中股东会为自身利益而拒不让步。在正式破产案中，偏向于保护债权人的绝对优先权法则经常被违反。最近的一项研究发现，近期发生的破产案中，81%的股东都获得

---

[○] Stuart Gilson, "Managing Default: Some Evidence on How Firms Choose between Workouts and Chapter 11," *Journal of Applied Corporate Finance* 4,no.2(Summer 1991)：62-70; and Stuart C. Gilson, Kose John, and Larry H. P. Lang, "Troubled Debt Restructurings: An Empirical Study of Private Reorganization of Firms in Default," *Journal of Financial Economics* 27, no.2(October 1990):315-53;and Lawrence A Weiss，"Bankruptcy Resolution," *Journal of Financial Econmics* 27, no.2(October 1990):285-314.

了某种补偿。<sup>○</sup>在《破产法》第 11 章下，债权人经常被迫放弃部分优先权以换取管理层和股东接受协议。

### 30.4.3 复杂性

资本结构复杂的公司在撮合私下和解时会遇到较大的困难。既有担保债权人又有贸易债权人的企业通常会选择正式破产，因为要让众多的债权人达成一致意见的难度实在是太大了。

### 30.4.4 信息的缺乏

股东和债权人之间存在着内在的利益冲突，当双方对于财务困境的信息都不完整时，冲突就会进一步加剧。当一家公司刚刚碰到现金流量短缺的时候，它可能不知道这种短缺是永久性的还是暂时性的。如果短缺是永久性的，债权人将会极力要求正式重组或清算。但如果短缺是暂时性的，就完全没有必要正式重组或清算。权益投资者会坚持这种观点。这种利益上的冲突不是那么容易能得到解决的。

最后这两点特别重要。它们说明复杂性越高（越低）、信息越不完全（越完全），则对应的财务困境就越贵（越便宜）。复杂性和信息的缺乏使得相对便宜的私下和解更不可能。

## 30.5 预包装破产

2019 年 5 月 1 日，总部在宾夕法尼亚州的数据中心提供商 Sungard Availability Services Capital 申请了预包装破产。根据方案条款，公司的债务将从 12.5 亿美元减少至 3 亿美元，现有债权人将被授予公司的新股票。这起破产案被称为有史以来最快的破产案：公司在 2019 年 5 月 1 日晚上 9 点提交申请，法官在第二天晚上 6 点就签署了确认破产的命令。

申请破产的公司为的是寻求保护以不受债权人影响，尤其是允许它们不按现行条件履行到期的财务义务。一旦进入破产环节，企业就将进行财务重组以期能够生存下去。这个过程的关键在于债权人必须最终同意该重组计划。虽然企业按《破产法》第 11 章进行重组的时间长短要取决于许多因素，但多数情况下是取决于债权人同意重组计划所花的时间。

**预包装破产**（prepackaged bankruptcy）是私下和解与正式破产的结合。<sup>○</sup>在申请破产之前，公司拿着重组计划与债权人接触。双方通过谈判达成协议，并就公司的财务将如何在破产过程中实现重组的细节达成一致意见。而后，在申请破产前，公司已经备齐破产法庭要求的全套文件。公司走进法庭，而同时又有获得债权人同意的重组计划，就像 Sungard 公司一样，这就构成预包装破产。

预包装破产的关键在于双方都会有得有失。如果破产迫在眉睫，那么即使会遭受一些财务上的损失，债权人加快重组进程也是很明智的。对 Sungard 的股东和债券持有人来说，破产都是很痛苦的。根据达成的协议，股东完全出局了，债权人将 8 亿美元的债务转换成为公司的股权。

另一个预包装破产的案例是，2013 年 2 月 19 日，大西洋城勒韦赌场提交了预包装破产申请。2011 年 2 月时持有 11.55 亿美元债务的债权人将在公司重组后持有公司 82% 的股权。2013 年 5 月 21 日，公司在《破产法》第 11 章下正式脱离了破产状态。附带说一句，投资银行摩根士丹利对该公司总额达 9.32 亿美元的投资于 2010 年安然脱身，总之，勒韦案被证明是一场豪赌。这起破产案最终被证实是不成功的，赌场在 2014 年 9 月关门了。

---

○ Lawrence A Weiss, "Bankruptcy Dissolution: Direct Costs and Violation of Priority and Claims," *Journal of Financial Economics* 27 (1990). 不过 W. Beranek, R. Boehmer 和 B. Smith 在 "Much Ado about Nothing: Absolute Priority Deviations in Chapter 11," *Financial Management* 25, no.3(Autumn 1996):102-09 文中发现 33.8% 的破产重组没有给股东留下任何东西。他们同时指出，由于《破产法》允许债权人在认为弃权符合他们的最佳利益时可以弃权，所以可以预计得到绝对优先法则会被背离。但 Allan C. Eberhart 和 Lawrence A. Weiss 在 "The Importance of Deviations from the Absolute Priority Rule in Chapter 11 Bankruptcy Proceedings," *Financial Management* 27, no.4(Winter 1998):106-10 中给予了反驳。

○ John J. McConnell and Henri Servaes ,"The Economics of Prepackaged Bankruptcy," *Journal of Applied Corporate Finance* 4,no.2 (Summer 1991):93-98. 他们描述了破产前重组。

预包装破产协议要求得到多数债权人的私下接受。如果一家公司有着数以千计的贸易债权人，预包装破产看起来就是行不通的。[一]

预包装破产的主要好处是它可以逼迫那些拒不让步的人接受破产重组。如果很大一部分债权人能够私下接受一份重组计划，那么就很可能可以避免拒不让步的问题。这种做法更容易达成正式破产所需的重组计划。[二]

McConnell、Lease 和 Tashjian 的研究表明预包装破产有很多好处，效率也更高。他们的研究结论表明相比正式破产，预包装破产所耗费的时间和直接成本都要少一些。[三]

## 30.6 企业破产预测：Z 值模型

许多贷款人运用信用评分模型来评估借款人的信誉。总的想法是，帮助贷款人找出能够区分好的和坏的信贷风险的因素。具体点说就是，贷款人希望能够识别出借款人的某些可能出现违约与破产的特征。

纽约大学教授爱德华·I. 奥尔特曼已经针对制造业上市公司开发出一套利用财务比率的多因素破产预测模型。模型如下式：

$$Z = 3.3 \times \frac{\text{EBIT}}{\text{总资产}} + 1.2 \times \frac{\text{净营运资本}}{\text{总资产}} + 1.0 \times \frac{\text{销售收入}}{\text{总资产}} +$$

$$0.6 \times \frac{\text{股权总市值}}{\text{总负债}} + 1.4 \times \frac{\text{累计留存收益}}{\text{总资产}}$$

Z 值是预测破产的指数。

当 Z 值小于 2.675 时，说明公司有 95% 的可能将在 1 年之内破产。奥尔特曼的结论显示 Z 值处在 1.81 到 2.99 之间是一个灰色区间。实际应用中，我们以 $Z \leqslant 1.81$ 作为企业会破产的标准，而当 $Z \geqslant 2.99$ 企业则不会破产。奥尔特曼指出破产企业和非破产企业在破产前一年的财务状况差异很大。[四] Z 值模型的几个核心财务比率列示在表 30-2 中。

表 30-2 破产前一年的财务比率：制造业企业

| | 破产前一年的平均比率 | |
| --- | --- | --- |
| | 破产企业 | 非破产企业 |
| $\dfrac{\text{净营运资本}}{\text{总资产}}$ | −6.1% | 41.4% |
| $\dfrac{\text{累计留存收益}}{\text{总资产}}$ | −62.6% | 35.5% |
| $\dfrac{\text{EBIT}}{\text{总资产}}$ | −31.8% | 15.4% |
| $\dfrac{\text{股权总市值}}{\text{总负债}}$ | 40.1% | 247.7% |

[一] S. Chatterjee, U. S. Dhillon, and G. G. Ramirez, in "Resolution of Financial Distress: Debt Restructurings via Chapter 11, Prepackaged Bankruptcies and Workouts," *Financial Management* 25,no.1 (Spring 1996):5-18. 他们发现相比于采用私下和解及第 11 章破产重组的企业而言，采用破产前重组的企业一般规模较小，财务状况较好，短期流动性问题更严重。

[二] 破产过程中，提出的计划可能被强塞给某一等级的债权人。如果破产法院认为重组计划是"公平公正"的，他就会强制债权人加入重组计划。

[三] John J. McConnell, Ronald Lease, and Elizabeth Tashjian, "Prepacks as a Mechanism for Resolving Financial Distress: The Evidence," *Journal of Applied Corporate Finance* 8 (1996).

[四] 这是奥尔特曼最初的观点，在最近的一次访谈中，他说现在负的 Z 值才是潜在破产可能的指标。See www.stern.nyu.edu/experience-stern/news-events/professor-edward-altman-discusses-his-z-score-research-and-today-s-credit-markets.

（续）

| | 破产前一年的平均比率 | |
|---|---|---|
| | 破产企业 | 非破产企业 |
| $\dfrac{销售收入}{总资产}$ | 150% | 190% |

资料来源：Edward I. Altman, *Corporate Financial Distress and Bankruptcy* (New York: John Wiley & Sons, 1993), Table 3.1, p. 109.

最初的奥尔特曼 Z 值模型要求企业必须是上市公司，而且是制造业的。后来针对私人企业和非制造业企业，他提出了修正模型。修正模型如下：

$$Z = 6.56 \times \frac{净营运资本}{总资产} + 3.26 \times \frac{累计留存收益}{总资产} +$$

$$1.05 \times \frac{EBIT}{总资产} + 6.72 \times \frac{账面所有者权益}{总负债}$$

$Z < 1.23$，则预示企业破产；$1.23 \leqslant Z \leqslant 2.90$，属于灰色区域；$Z > 2.90$，则预示企业不会破产。

### 例 30-3

U.S. Composite 公司试图提高其在第一国民银行的信贷额度。银行的信贷经理利用 Z 值模型判定企业的信用。U.S. Composite 公司的股票交易不活跃，市价并不可靠，因此他运用修正模型。

U.S. Composite 公司的资产负债表和利润表可见本书第 2 章的表 2-1 和表 2-2。

第一步，就是确定各个财务变量并应用到 Z 值修正模型中。

| | | | | |
|---|---|---|---|---|
| $\dfrac{净营运资本}{总资产}$ | = | $\dfrac{271}{1\,879}$ | = | 0.144 |
| $\dfrac{累计留存收益}{总资产}$ | = | $\dfrac{390}{1\,879}$ | = | 0.208 |
| $\dfrac{EBIT}{总资产}$ | = | $\dfrac{159}{1\,879}$ | = | 0.085 |
| $\dfrac{账面所有者权益}{总负债}$ | = | $\dfrac{805}{1\,074}$ | = | 0.750 |

接下来，计算修正的 Z 值：

$$Z = 6.56 \times 0.144 + 3.26 \times 0.208 + 1.05 \times 0.085 + 6.72 \times 0.750$$
$$= 6.75$$

最后，我们确定计算出来的 Z 值大于 2.90，因此我们判定 U.S. Composite 公司的信贷风险属性是好的。

## 本章小结

本章考察当公司陷入财务困境时会发生什么。

1. 财务困境是指企业经营性现金流量不足以偿还合同债务。陷入财务困境的企业通常被迫要采取改正措施并进行财务重组。财务重组包括用新的索取权替换旧的索取权。

2. 财务重组可以经由私下和解或正式破产来完成。财务重组可能涉及清算或重组，但清算更少一些。

3. 公司破产包括美国《破产法》第 7 章的清算或第 11 章的重组。《破产法》的一个基本特征是绝对优先权法则。绝对优先权法则说明优先债权人要在次级债权人得到任何补偿之前得到全额赔偿。不过，在实践中，经常出现违反绝对优先权法则的情况。

4. 财务重组的一种新形式是预包装破产。它是私下和解与正式破产的混合物。

5. 通过财务报表差异可以区分出哪些企业将陷入财务困境。Z 值模型把握了一些这样的差异点。

# 思考与练习

1. **财务困境** 使用存量基础和流量基础定义财务困境。

2. **财务困境** 财务困境有什么样的好处?

3. **预包装破产** 什么是预包装破产?预包装破产的主要好处是什么?

4. **财务困境** 为什么财务困境并不总是导致公司消亡?

5. **清算和重组的对比** 清算和重组有什么差别?

6. **APR** 什么是绝对优先权法则?

7. **DIP 贷款** 什么是 DIP 贷款?DIP 贷款在 APR 中处于什么地位?

8. **破产的道德问题** 公司有时利用破产要挟债权人对条款进行重新谈判。批评者称这些公司不是将破产法当作"盾",而是当作"剑"。这样的战术道德吗?

9. **破产的道德问题** 一些进入破产阶段或面临破产威胁的公司,至少会把它当作减少劳动力成本的一种手段。这种做法是否道德、是否恰当,这是个正在被热议的话题。这样利用破产符合道德吗?

10. **正式破产和私下和解的对比** 尽管私下和解的成本要低那么多,为什么仍有许多公司要申请法定正式破产呢?

11. **Z 值** 约翰收到了一家私营企业 Seether 公司的贷款申请。该公司的财务信息简表如下。

| | (单位:美元) |
|---|---|
| 总资产 | 78 000 |
| EBIT | 8 600 |
| 净营运资本 | 3 900 |
| 账面所有者权益 | 15 000 |
| 累计留存收益 | 26 000 |
| 总负债 | 55 000 |

该公司的 Z 值是多少?

# 第 31 章

# 跨国公司财务

2020 年，美国公司在海外持有现金储备成为新闻媒体追踪的热点。其中最受关注的莫过于账上拥有超过 2 000 亿美元现金的苹果公司、持有 1 940 亿美元现金的辉瑞制药以及持有 1 240 亿美元现金的微软公司等。2018 年之前，像苹果这样的公司有很强的避税动机将巨额的现金留在美国境外。不过，随着 2017 年《减税与就业法案》的签署，这一切都发生了变化。该法案对美国公司应该如何就其海外经营业务活动进行纳税做出了重大调整。作为回应，美国公司于 2020 年第一季度从境外汇回了 1 240 亿美元。在本章中，我们将讨论这一话题，以及货币、外币汇率和其他国际金融格局特征的重要影响。

在国外拥有重要经营业务的公司经常被称作**跨国公司**或**多国企业**。跨国公司必须考虑许多不会对纯粹的国内企业产生直接影响的财务因素，这些因素包括外币汇率、各国不同的利率、跨国经营所采用的复杂的会计方法、外国税率和外国政府的干涉等。

公司财务的基本原理仍然适用于跨国公司。与国内公司一样，它们进行的投资项目也必须为股东提供多于成本的收益，也必须进行融资安排，以尽可能低的成本进行融资。换言之，净现值法同时适用于国内经营和跨国经营，但是，在应用于跨国经营时通常更复杂。

外汇问题是跨国公司财务中需关注的最重要的问题之一。当跨国公司进行资本预算决策或融资决策时，外汇市场能为其提供信息和机会。外汇、利率和通货膨胀三者的联系特别紧密。我们在本章中将用大量的篇幅介绍它们之间的关系。

本章不介绍跨国公司经营中的不同的社会背景和文化氛围的重要作用，也不涉及不同的经济和政治制度的影响。这些问题在跨国公司经营中占有很重要的地位，因此需要专门的教材对其进行详细的介绍。本章将集中讨论跨国公司经营中的财务问题和外汇市场的作用。

## 31.1 专业术语

**全球化**是财务领域常见的专业术语。了解金融市场全球化的第一步就是必须掌握一些新的术语。像其他专业一样，跨国公司财务也包含了很多专业术语。因此，我们用一些常见的专业术语作为本章的开头。

以下的内容按照英文首字母的顺序排列，各个专业词汇的重要性是不一样的。我们将这些词汇列举出来，是因为它们常常出现在财务出版物上，或者这些词汇反映了跨国公司财务的特征。

（1）**美国存托凭证**（American depository receipt，ADR）。它是在美国发行的一种代表外国股权的证券，它使得外国股票可在美国上市交易。外国公司运用以美元发行的 ADR，来扩大潜在的美国投资者群体。ADR 以两种形式存在，涵盖了大量且数目仍在增长的外国公司：一是在交易所挂牌交易的 ADR，称为公司保荐形式；另一种是非保荐形式，这些 ADR 通常由投资银行持有并为其做市。这两种形式的 ADR 均可由个人投资和买卖，但报纸每天只报告保荐形式的 ADR 的交易情况。

（2）**交叉汇率**（cross rate）。它是指两种货币（通常都不是美元）之间通过第三种货币（通常是美元）计算出来的汇率。

（3）**欧洲债券**（Eurobond）。它是指在多国发行，但以单一货币（通常是发行人的本国货币）计价的债券。此类债券已成为许多跨国公司和政府筹集资金的重要方式。欧洲债券的发行不受发行人本国资本市场的发行限制，其交易主要以辛迪加形式在伦敦进行交易。当然，只要有买主和卖主，交易在任何地方都能进行。

（4）**欧洲货币**（Eurocurrency）。它是存放在发行国之外的金融中心里的货币。例如，欧洲美元（最为广泛使用的欧洲货币）就是存放在美国之外的银行里的美元。

（5）**外国债券**（foreign bonds）。与欧洲债券不同，外国债券在单一国家发行，并通常以发行国的货币计价。这些债券的发行国一般会将它们与国内发行人发行的债券区分开来。例如，外国债券可能被要求适用于不同的税法、不同的发行数量限制以及更严格的披露规则。外国债券通常以其发行国的昵称命名，如扬基债券（美国）、武士债券（日本）、伦勃朗债券（荷兰）、猛犬债券（英国）等。由于存在更严格的监管和披露规则等原因，外国债券市场在过去几年间并没有像欧洲债券市场那样蓬勃发展。

（6）**金边债券**（gilts）。严格说来，它是指英国政府和爱尔兰政府发行的债券。不过该术语也可包括英国地方政府和一些海外官方发行的证券。

（7）**伦敦银行间同业拆借利率**（London Interbank Offered Rate，LIBOR）。它是指大多数跨国银行在伦敦市场上拆借欧洲美元的隔夜利率。LIBOR 是货币市场上的证券和由政府和公司借款人发行的短期债券定价的基准，其利率通常被表示为高于 LIBOR 多少个百分点，并且通常随着 LIBOR 的波动而波动。由于 LIBOR 市场上的丑闻，因此 LIBOR 正在被另一种参考利率所取代。英国金融行为监管局宣布 LIBOR 最早于 2021 年年底被淘汰。在美国，担保隔夜融资利率（Secured Overnight Financing Rate，SOFR）成为 LIBOR 的继任者。2020 年 10 月，约 80 万亿美元的互换交易的参考利率从 LIBOR 变为 SOFR。SOFR 是回购国库券的利率，由纽约联邦储备银行每日发布。

## 31.2 外汇市场与汇率

### 31.2.1 外汇市场

**外汇市场**（foreign exchange market）无疑是世界上最大的金融市场。各国货币在这一市场上进行交易。绝大部分的交易只发生在少数几种货币之间：美元（$）、英镑（£）、日元（¥）、欧元（€）。表 31-1 列举了当前交易频繁的一些货币和它们的符号。

表 31-1　国际货币符号

| 国家 / 地区 | 货币 | 符号 | 国家 / 地区 | 货币 | 符号 |
| --- | --- | --- | --- | --- | --- |
| 澳大利亚 | 澳元（Dollar） | A$ | 挪威 | 挪威克朗（Krone） | Kr |
| 加拿大 | 加元（Dollar） | Can$ | 沙特阿拉伯 | 里亚尔（Riyal） | SR |
| 丹麦 | 丹麦克朗（Krone） | DKr | 新加坡 | 新加坡元（Dollar） | S$ |
| 欧洲货币联盟 | 欧元（Euro） | € | 南非 | 兰特（Rand） | R |
| 印度 | 卢比（Rupee） | Rs | 瑞典 | 瑞典克朗（Krona） | SKr |
| 伊朗 | 里亚尔（Rial） | RI | 瑞士 | 瑞士法郎（Franc） | SF |
| 日本 | 圆（Yen） | ¥ | 英国 | 英镑（Pound） | £ |
| 科威特 | 第纳尔（Dinar） | KD | 美国 | 美元（Dollar） | $ |
| 墨西哥 | 比索（Peso） | Ps | | | |

外汇市场是一种场外交易市场。交易者进行交易的地点并不固定，他们位于遍布世界各地的大商业银行与大

投资银行之中。交易者通过计算机终端、电话和其他通信工具进行联络。国外交易的通信网络还包括环球银行金融电信协会（Society for Worldwide Interbank Financial Telecommunication，SWIFT），这是比利时设立的一个非营利性合作组织。通过数据传输线路，纽约的银行可以利用 SWIFT 的当地处理中心将信息传递到伦敦的银行。

外汇市场形形色色的参与者包括以下几种类型。

（1）将本国货币兑换成外国货币以支付用外国货币计价的商品货款的进口商。

（2）收到外国货币却想兑换成本国货币的出口商。

（3）买卖外币股票和外币债券并进行投资组合的经理人。

（4）执行外汇买卖指令的外汇经纪人。

（5）进入外汇市场的交易者。

（6）试图利用汇率变动赚取利润的投机者。

## 31.2.2 汇率

汇率（exchange rate）是指以一国货币换成另一国货币的兑换价。实际中，几乎全部的货币交易都是通过美元进行的。例如，瑞士法郎（SF）和日元（￥）的交易也要按各自与美元的标价进行。汇率时刻处于变动中。

### 1. 外汇牌价

图 31-1 显示了 www.wsj.com 和 www.barchart.com 在 2020 年的一期外汇牌价。第 2 栏（标题为"USD Equivalent"）显示了每一单位外币可以购买多少美元。由于该标价表示的是每单位外币可兑换的美元数，因此该标价被称为**直接标价**（或美式标价）。例如，澳元的报价为 0.757 7，意味着 1 澳元可以购买 0.757 7 美元。

| Country or Region /Currency | USD Equivalent | Currency per USD | Country or Region/ Currency | USD Equivalent | Currency per USD |
|---|---|---|---|---|---|
| **Americas** | | | **Europe** | | |
| Argentina peso | 0.0120 | 83.3481 | Czech Rep. koruna | 0.04633 | 21.583 |
| Brazil real | 0.1917 | 5.2168 | Denmark krone | 0.1638 | 6.1043 |
| Canada dollar | 0.7785 | 1.2846 | Euro area euro | 1.2188 | 0.8205 |
| Chile peso | 0.001400 | 714.10 | Hungary forint | 0.00336496 | 297.18 |
| Columbia peso | 0.000286 | 3500.00 | Norway krone | 0.1157 | 8.6444 |
| Ecuador US dollar | 1 | 1 | Poland zloty | 0.2706 | 3.6957 |
| Mexico peso | 0.0498 | 20.0641 | Romania leu | 0.2502 | 3.9975 |
| Uruguay peso | 0.02366 | 42.2650 | Russia ruble | 0.01333 | 75.002 |
| | | | Sweden krona | 0.1206 | 8.2899 |
| **Asia-Pacific** | | | Switzerland franc | 1.1260 | 0.8881 |
| Australian dollar | 0.7577 | 1.3198 | 1-month | 1.1247 | 0.8891 |
| 1-month | 0.7580 | 1.3192 | 3-month | 1.1232 | 0.8903 |
| 3-month | 0.7583 | 1.3188 | 6-month | 1.1207 | 0.8923 |
| 6-month | 0.7587 | 1.3181 | Turkey lira | 0.1309 | 7.6397 |
| China yuan | 0.1529 | 6.5407 | U.K. pound | 1.3496 | 0.7410 |
| Chinese Hong Kong dollar | 0.1290 | 7.7532 | 1-month | 1.3506 | 0.7404 |
| India rupee | 0.01354 | 73.8361 | 3-month | 1.3511 | 0.7401 |
| Indonesia rupiah | 0.0000704 | 14200 | 6-month | 1.3517 | 0.7398 |
| Japan yen | 0.00966 | 103.55 | | | |
| 1-month | 0.00958 | 104.43 | **Middle East/Africa** | | |
| 3-month | 0.00950 | 105.22 | Bahrain dinar | 2.6525 | 0.3770 |
| 6-month | 0.00939 | 106.55 | Egypt pound | 0.0637 | 15.7007 |
| Malaysia ringgit | 0.2461 | 4.0635 | Israel shekel | 0.3109 | 3.2163 |
| New Zealand dollar | 0.7096 | 1.4092 | Kuwait dinar | 3.2789 | 0.3050 |
| Pakistan rupee | 0.00622 | 160.70 | Oman sul rial | 2.59744 | 0.38 |
| Philippines peso | 0.0208 | 48.060 | Qatar rial | 0.2747 | 3.6404 |
| Singapore dollar | 0.7519 | 1.3299 | Saudia Arabia riyal | 0.2665 | 3.7527 |
| Republic of Korea won | 0.0009034 | 1106.90 | South Africa rand | 0.0685 | 14.5948 |
| Chinese Taiwan dollar | 0.03553 | 28.15 | | | |
| Thailand baht | 0.03310 | 30.21 | | | |
| Vietnam dong | 0.0000432 | 23134 | | | |

图 31-1 外汇牌价

资料来源：www.wsj.com and www.barchart.com, December 24, 2020.

第 3 栏显示了**间接标价**或者**欧式标价**（虽然该货币有时候并不是欧元）的汇率。该报价按照每单位美元可兑换的外币金额进行标价，澳元的报价为 1.319 8，意味着 1 美元可以换取 1.319 8 澳元。当然，这个标价仅仅是直接标价的倒数（其中可能包含四舍五入）：1/0.757 7=1.319 8。

你可以从网络上找到更多的外汇汇率。假设你刚刚结束你的牙买加梦幻旅程回到美国，你感到十分富有，因为你有 10 000 牙买加元的剩余。你现在需要将其换回美元。你将可以换回多少？登录 www.xe.com，使用外汇转换工具得出答案。你可以发现：

---

**10 000 牙买加元（JMD）  =  69.983 3 美元（USD）**

牙买加元  ↔  美元

1 牙买加元 = 0.006 998 33 美元  　　1 美元 = 142.891 牙买加元

协调世界时（UTC）截至 2020 年 12 月 24 日 22 时 12 分的实时市场利率

---

看起来你离开牙买加的时候已经快没钱了。

### 例 31-1　日元欧元兑换

假设你有 1 000 美元。按照图 31-1 中的汇率，你可以换多少日元？或者，一辆保时捷价值 100 000 欧元，你将需要多少美元购买该车？

日元的汇率报价为（第 3 栏）为 103.55。你的 1 000 美元可以得到：

$$1\ 000\ \text{美元} \times 103.55\ \text{日元} / \text{美元} = 103\ 550\ \text{日元}$$

由于美元的汇率报价为 1.218 8 美元 / 欧元，你将需要：

$$100\ 000\ \text{欧元} \times 1.218\ 8\ \text{美元} / \text{欧元} = 121\ 880\ \text{美元}$$

### 2. 交叉汇率和三角套汇

所有的外币都用美元进行标价减少了过多的货币交叉标价。同时，使用美元标价可以有效减少汇率报价不一致的情况。

先前，我们把交叉汇率定义为非美元之间的两种货币的汇率：一种货币对另一种非美元货币的汇率。例如，假设我们观察到下面瑞士法郎（SF）和欧元（€）之间的汇率。

$$€ / \$1=1.00$$
$$SF/\$1=2.00$$

假设交叉汇率为：

$$€ /SF=0.40$$

你会发现什么？

交叉汇率同直接标价不一致。为了说明这个，我们假设你有 100 美元。如果你将 100 美元转换成瑞士法郎，你可以得到：

$$\$100 \times SF2/\$1=SF\ 200$$

如果你使用交叉汇率转换成欧元，你将获得：

$$SF\ 200 \times € 0.40 / SF1=€ 80$$

然而，如果你直接将美元转换成欧元，你将得到：

$$\$100 \times € 1/\$1= € 100$$

从上面我们可以看到，欧元有两个标价：€ 1/\$1 和€ 0.80/\$1，使用哪一种标价取决于我们使用哪一种方法转换到欧元。

通过低买高卖可以获利。我们要注意到一个重要的问题，如果我们从美元直接转换到欧元，欧元比较便宜，因为你以 1 美元购买了 1 欧元而不是 0.8 欧元。你可以按照以下步骤进行交易。

（1）用 100 美元购买 100 欧元。

（2）在交叉汇率下用 100 欧元购买瑞士法郎。由于 0.4 欧元可以购买 1 瑞士法郎，你可以收到€ 100/0.4=SF250。

（3）使用 250 瑞士法郎购买美元。由于汇率为 SF2/\$1，你可以得到 SF250/2 = \$125，一个循环交易下来，你获得了 25 美元的利润。

（4）重复（1）～（3）。

由于该程序涉及 3 种货币之间的交易，因此该交易程序被称为**三角套汇**（triangle arbitrage）。

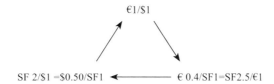

为了防止上述情况出现，不难看出由于 1 美元可以购买 1 欧元或者 2 瑞士法郎，因此交叉汇率应该为：

$$（€ 1/\$1）/（SF2/\$1）= €1/SF2$$

即，交叉汇率应该为 1 欧元兑换 2 瑞士法郎。如果是其他的比率，将会出现三角套汇机会。

### 例 31-2  换掉一些英镑

假设英镑和瑞士法郎的汇率为：

$$£ 1/\$1 = 0.60$$
$$SF/\$1 = 2.00$$

交叉汇率为 SF3/£1，这个汇率稳定吗？如何使用这个汇率套利？

该交叉汇率应该为 SF2.00/£0.60=SF3.33/£1。你可以在一个市场上用 3 瑞士法郎购买 1 英镑，然后在另外一个市场上用 1 英镑购买 3.33 瑞士法郎，即我们先拿到一些瑞士法郎，然后把瑞士法郎购买成英镑，接着把英镑售出。假设你拥有 100 美元，你可以：

（1）把美元换成瑞士法郎：\$100×2=SF200。

（2）把瑞士法郎换成英镑：SF200/3 = £66.67。

（3）把英镑换成美元：£66.67/0.60=\$111.12。

该循环将可以让你得到 11.12 美元的利润。

### 3. 交易类型

外汇市场上存在两种交易类型：即期和远期。**即期交易**（spot trade）涉及现在时点上的外汇交易，即外汇买卖双方就两个营业日内进行交割的汇率达成协议。该汇率被称为**即期汇率**（spot-exchange rate）。我们之前所讨论的所有的汇率都是即期汇率。

**远期交易**（forward trade）是指外汇买卖双方就未来交割的汇率达成协议，该汇率被称为**远期汇率**（forward-exchange rate）。远期交易一般在未来 12 个月内完成交易。

回到图 31-1，你可以看到一些主要货币的远期汇率。例如，瑞士法郎的即期汇率为 SF1 = \$1.126 0。180 天（6 个月）的远期汇率为 SF1 = \$1.120 7。这意味着你可以在今天用 1 瑞士法郎购买 1.126 0 美元，或者你可以在 180 天之后使用 1 瑞士法郎换取 1.120 7 美元。

注意到瑞士法郎在 180 天之后将更加便宜（\$1.120 7 对 \$1.126 0）。由于瑞士法郎在未来更加便宜，因此我们可以说，瑞士法郎在未来相对于美元**贬值**，而美元相对于瑞士法郎**升值**了。

为何存在远期市场？一个原因是远期市场可以使企业和个人在今天锁定未来的汇率，由此可以规避未来汇率变动的风险。

**例 31-3 远期交易**

假设未来 6 个月你将收到 100 万英镑，你同意在远期市场将未来的英镑换成美元。根据图 31-1，你将在 6 个月之后得到多少美元？未来 6 个月英镑相对于美元升值了还是贬值了？

图 31-1 中即期汇率和 6 个月远期汇率分别为 \$1.349 6 = £1 和 \$1.351 7 =£1。如果 180 天之后你有 100 万英镑，你可以得到 £100×\$1.351 7 = 135.17（万美元）。由于在未来购买 1 英镑需要花费更少的美元（1.351 7 美元对 1.349 6 美元），因此，未来英镑相对于美元升值了。

如我们先前提到过的，使用美元进行外汇汇率标价在全球（当然有一些例外）被广泛接受。这就意味着汇率是按照每一美元可以购买多少其他货币来标价的。在本章接下来的部分，你需要对此有很深的认识。如果你忘记了这一点，接下来的学习可能很麻烦。因此，当我们提到"汇率可能上升"的时候，知道我们是在说多少单位的其他货币可以换到一美元是很重要的。

## 31.3 购买力平价理论

我们已经讨论过了外汇市场汇率的含义，现在遇到一个问题：即期汇率是如何确定的？另外，我们已经知道汇率是一直处于变动中的，现在有另外一个相关的问题：汇率的变动是由什么引起的？上边两个问题至少部分可以用购买力平价来解释。所谓**购买力平价**（purchasing-power-parity，PPP），是指汇率会自行调整，以保证市场一揽子商品的价格不论是从哪个国家购入的，价格一律相等。我们下面将要讨论到两种购买力平价：绝对购买力平价和相对购买力平价。

### 31.3.1 绝对购买力平价理论

**绝对购买力平价**（absolute PPP）背后的真正含义是：无论在哪里，无论用哪一种货币购买或者销售同一种商品，其价格都是相同的。这是一个非常直截了当的定义。如果一瓶啤酒在伦敦的售价为 £2，汇率为 £0.6/\$1，则这瓶啤酒在纽约的售价为 £2/0.6=\$3.33。换一种说法，绝对购买力平价意味着你的 1 美元在全世界各地都将能够买到同样数量的汉堡包。

更加正式的表述，令英镑对美元的即期汇率为 $S_0$（时间 0），注意我们说到的汇率是 1 美元价值多少的其他货币。令 $P_{US}$ 和 $P_{UK}$ 分别为目前的使用美元和英镑在一种特定商品上（例如苹果）所标注的价格，则绝对购买力平价的含义为：

$$P_{UK} = S_0 \times P_{US}$$

这个公式告诉我对于同一种商品来讲，用英镑标注的价格等于用美元标注的价格乘以两种货币之间的汇率。

购买力平价的推理同三角套汇背后的推理过程一样。如果购买力平价不能成立，则将苹果从一个国家运输到另一个国家的时候，就在理论上存在三角套汇的可能性。例如，假设苹果在纽约的售价为 4 美元 / 蒲式耳，在伦敦的售价为 2.40 英镑 / 蒲式耳。绝对购买力平价意味着：

$$P_{UK} = S_0 \times P_{US}$$
$$£2.40 = S_0 \times \$4$$
$$S_0 = £2.40/\$4 = £0.60$$

即该定价隐含的即期汇率为 £0.60/\$1。等价地，1 英镑价值 \$1/ £0.60=\$1.67。

假设此时的实际汇率为 £0.50。从 4 美元开始，我们在美国购买 1 蒲式耳的苹果，然后运到伦敦，把这些苹果销售出去可以得到 2.40 英镑。我们接着将 2.40 英镑按照 $S_0 =$ £0.50 的汇率换成美元，我们将得到 £2.40/0.50=\$4.8。这轮交易我们可以得到 80 美分的利润。

由于这种潜在套利机会的存在，因此汇率或者苹果的价格将被动发生变动。在本例中，纽约的苹果开始被大量运到伦敦。这将减少纽约苹果的供给，推动纽约苹果价格的上涨，同时伦敦苹果的供给开始增加，伦敦苹果的售价下降。

在苹果被跨国交易的同时，苹果的交易商需要将更多的英镑转换成美元以购买更多的苹果。这个过程将增加英镑的供给同时增加对美元的需求，可以推断英镑将相对于美元贬值。这就意味着美元相对来讲更加值钱，即购买 1 美元将需要花费更多数量的英镑。由于汇率是由 1 美元可以购买多少其他货币来表示的，因此英镑兑美元的汇率将从 £0.5 开始上升。

绝对购买力平价需要以下假设以保证理论的成立。

（1）苹果的交易成本（运输、保险、损坏和其他成本）必须为零。

（2）交易苹果不存在贸易壁垒——没有关税、没有税收和其他政治性壁垒。

（3）最后，纽约的苹果消费和伦敦的苹果消费必须是同质和同偏好的。如果伦敦人吃青苹果，而纽约人吃红苹果，你将不能进行以上操作。

由于交易成本不为零，其他条件无法严格保证，因此，只有在可交易和高度同质化的商品上才能体现出绝对购买力平价。

正是由于上述原因，绝对购买力平价并不意味着梅塞德斯－奔驰同福特汽车的售价应该相同，同样地，纽约核电站的电价并不一定同法国核电站的电价相同。在汽车的例子中，它们不同质。在核电的例子中，虽然它们同质，但是它们很难进行交易运输。此外，我们将很难看到金价严重违背绝对购买力平价。

有一个很著名的例子，《经济学人》杂志发布的"巨无霸指数"通过计算麦当劳的巨无霸汉堡在世界各地的不同价格计算各个货币相对于美元的低估和高估。2020 年 6 月，53 种货币中有 1 种货币被高估 10% 以上，而 49 种货币被低估 10% 以上。例如，2020 年 6 月，一个巨无霸汉堡在美国的平均价格为 5.71 美元，而在中国仅为 3.10 美元。按市场汇率计算，这可能表明人民币被低估了 46%。未来，人民币很可能会升值，以缩小差距。同样，以市场汇率计算，墨西哥巨无霸汉堡的价格为 2.23 美元，这意味着比索被低估了 61%。

### 31.3.2 相对购买力平价理论

在实际中，一个购买力平价的相对概念被引入。**相对购买力平价**（relative PPP）并不关心什么决定了汇率的绝对值，而是告诉我们什么决定了汇率的**变动**。

#### 1. 基本理论

假设目前的英镑兑美元的汇率为 $S_0$ = £0.50。进一步假设未来 1 年英国的通货膨胀率为 10%。同时，美国在同期的通货膨胀率为 0。1 年后英镑兑美元的汇率为多少？

你可以这样考虑，目前在英国，1 美元价值 0.5 英镑。在 10% 的通货膨胀率下，英国的价格指数将在 1 年内上升 10%。因此，我们可以得到美元将增值 10%。英镑兑美元汇率将变为 £0.50 × 1.1 = £0.55。

如果美国的通货膨胀率不为 0，这时我们需要考虑两个国家的**相对**通货膨胀率。例如，如果美国的通货膨胀率为 4%。相对于美国，英国的通货膨胀率为 10%-4%=6%。因此，我们可以说美元升值了 6%，预测的英镑兑美元的汇率为 £0.50 × 1.06= £0.53。

#### 2. 结论

一般意义上，相对购买力平价意味着汇率的变动是由两个国家不同的通货膨胀率来决定的。为了更好地解释，我们使用下面的符号：

$S_0$ = 目前（时间 0）的即期汇率（其他货币兑美元）

$E(S_t)$ = 未来时间 $t$ 的汇率期望值

$h_{US}$ = 美国的通货膨胀率

$h_{FC}$ = 其他国家的通货膨胀率

基于我们以上的讨论，相对购买力平价预测未来 1 年的汇率变动，$[E(S_1) - S_0] / S_0$ 为：

$$[E(S_1) - S_0] / S_0 \approx h_{FC} - h_{US} \tag{31-1}$$

换一种说法，相对购买力平价意味着汇率的期望变动等于通货膨胀率的变动。[一]我们把公式重新排列，得到：

$$E(S_1) \approx S_0 \times [1+(h_{FC}-h_{US})] \qquad (31\text{-}2)$$

这个结论可以用于解释很多问题，但是更多地被用在解释汇率变动的问题上。

在我们的包含了英镑和美元的例子中，相对购买力平价意味着汇率下一年将上升10%-4%=6%。假设该通货膨胀率不变，则第2年的汇率$E(S_2)$为：

$$\begin{aligned} E(S_2) &= E(S_1) \times (1+0.06) \\ &= 0.53 \times 1.06 \\ &= 0.562 \end{aligned}$$

注意到我们可以将上式写成：

$$\begin{aligned} E(S_2) &= 0.53 \times 1.06 \\ &= 0.50 \times (1.06 \times 1.06) \\ &= 0.50 \times 1.06^2 \end{aligned}$$

一般来讲，相对购买力平价意味着未来某个时间点的汇率的变动$E(S_t)$为：

$$E(S_t) \approx S_0 \times [1+(h_{FC}-h_{US})]^t \qquad (31\text{-}3)$$

我们将看到，这是一个很重要的关系式。

由于我们并不能保证绝对购买力平价在所有商品上成立，因此下面的讨论集中于相对购买力平价。今后，当我们提到购买力平价的时候，如果没有特别说明，都是指相对购买力平价。

### 例31-4 都是相对的

假设日元兑美元的汇率为105日元兑换1美元。日本在未来3年的通货膨胀率均为2%，同时，美国的通货膨胀率都为6%。在相对购买力平价下，未来3年的日元兑美元汇率为多少？

由于美国的通货膨胀率较高，我们可以预测美元将相对贬值。贬值的比率为2%-6%=-4%。3年后，汇率将变为：

$$\begin{aligned} E(S_3) &\approx S_0 \times [1+(h_{FC}-h_{US})]^3 \\ &\approx 105 \times [1+(-0.04)]^3 \\ &\approx 92.90 \end{aligned}$$

### 3.货币升值和贬值

在当今的资本市场上，我们经常听到像"美元坚挺（疲软）"或者"美元将相对于英镑升值（贬值）"这样的话。当我们提到美元坚挺时，意味着美元价格上升，需要花费更多其他货币来购买美元。

当货币价值波动时汇率如何变动取决于汇率如何表示。由于我们用1美元兑换多少其他货币表示汇率，因此汇率将按照美元的上下变动而上下变动：美元升值，汇率上升；美元贬值，汇率降低。

相对购买力平价告诉我们如果美国的通货膨胀率相对较低，汇率将上升。这意味着其他货币相对于美元贬值。

## 31.4 利率平价理论、无偏远期汇率和国际费雪效应

我们下一个需要讨论的问题是即期汇率、远期汇率和利率的联系。开始讨论前，我们需要定义一些新的

---

[一] 式（31-1）是一个近似估计。相对购买力平价可以预测得出：

$$E(S_1)/S_0 = (1+h_{US})/(1+h_{FC}) \text{ 和 } [E(S_1)-S_0]/S_0 = [E(S_1)/S_0]-1$$

将会一直成立。那么在我们的例子中，每英镑相对于美元的变化将为：

$$(1+0.10)/(1+0.04)=1.058$$

即5.8个百分点变化而非6个百分点变化。这一个广泛应用的近似估计，我们将会时不时地使用以简化叙述。

符号。

$$F_t = 时间 t 的远期汇率$$
$$R_{US} = 美国的名义无风险利率$$
$$R_{FC} = 其他国家的名义无风险利率$$

同之前的讨论，我们使用 $S_0$ 代表即期汇率。假设美国国库券利率等于美国无风险利率 $R_{US}$。

### 31.4.1　抛补套利

假设我们在市场上观察到美元和瑞士法郎的以下信息。

$$S_0 = \text{SF2.00}$$
$$F_1 = \text{SF1.90}$$
$$R_{US} = 10\%$$
$$R_S = 5\%$$

其中 $R_S$ 为瑞士的无风险利率，期限为 1 年，所以，$F_1$ 是未来 360 天的远期汇率。

你可以从中看到一个套利机会吗？这里存在一个。如果你有 1 美元可以进行一个无风险的投资。你的一种做法是将 1 美元投资于 360 天的美国国债。如果你这样做，期末你的 1 美元将价值：

$$\$1 \text{ 在时期 1 的价值} = \$1 \times (1+R_{US}) = \$1 \times 1.10 = \$1.10$$

另一种做法是，你可以在瑞士进行无风险投资。你需要先将 1 美元转换成瑞士法郎，在 1 年后你需要将瑞士法郎重新兑换成美元。这个步骤如下所示。

（1）将 1 美元转换成 $\$1 \times S_0 = \text{SF2.00}$。

（2）同时，在远期市场锁定 1 年后瑞士法郎兑换美元的汇率。由于远期汇率为 SF1.90，因此 1 年后，你手中的每 1 美元可以转换成 1.90 瑞士法郎。

（3）将你手中现在的 SF2.00 投资于收益率为 $R_S$ 的无风险资产。1 年之后，你将得到：

$$1 \text{ 年后以瑞士法郎计算的资产} = \text{SF2.00} \times (1+R_S)$$
$$= \text{SF2.00} \times 1.05$$
$$= \text{SF2.10}$$

（4）将你手中的 SF2.10 按照已经锁定的 SF1.90=\$1 的汇率转换成美元，你将得到：

$$1 \text{ 年后以美元计算的资产} = \text{SF2.10}/1.90$$
$$= \$1.105\ 3$$

注意到我们根据以上策略，1 年之后你的资产数额可以按照以下公式表示：

$$1 \text{ 年后以美元计算的资产} = \$1 \times S_0 \times (1+R_S)/F_1$$
$$= \$1 \times 2 \times 1.05/1.90$$
$$= \$1.105\ 3$$

这项投资的收益率为 10.53%，高于投资于美国市场上的 10%。由于两项投资都是无风险投资，因此就存在一个套利机会。

为了利用利率差进行套利，你可以在美国以较低利率借入 500 万美元并投资于利率较高的瑞士。该循环投资的收益率是多少？为了得到答案，我们按照先前的交易步骤进行计算。

（1）将 500 万美元按照 SF2=\$1 的汇率兑换成 1 000 万瑞士法郎。

（2）达成一个在 1 年之后按照 SF1.90 = \$1 的汇率将瑞士法郎转换成美元的远期交易。

（3）将 1 000 万瑞士法郎按照 5% 的收益率投资于瑞士无风险资产，1 年后，你将得到 1 050 万瑞士法郎。

（4）将 1 050 万瑞士法郎按照之前的协议兑换成美元，你将得到 SF10 500 000/1.90 = \$5 526 316。

（5）偿还借款本金和利率。你借入了 500 万美元，加上 10% 的利率，你将需要偿还 550 万美元。此时，你有 5 526 316 美元，这一交易策略为你带来了 26 316 美元的无风险利润。

此处的交易就是无汇率风险波动的套利操作。无汇率风险波动是因为我们在今天锁定了一个未来的远期汇率以规避汇率波动。

### 31.4.2 利率平价理论

如果我们假设不存在明显的无汇率风险波动的套利机会，那么即期汇率、远期汇率和利率之间一定存在某些联系。为了看清它们之间的联系，回忆刚才的投资策略1，如果投资于美国无风险资产，每1美元将在1年后得到 $1 + R_{US}$ 的收益。接着看投资策略2，如果投资于外国无风险资产，1年后每1美元将得到 $S_0 \times (1 + R_{FC}) / F_1$ 的收益。由于不存在套利机会，这两个收益应当相等，即

$$1 + R_{US} = S_0 \times (1 + R_{FC}) / F_1$$

将上面公式重新排列便得到著名的**利率平价**（interest rate parity，IRP）理论：

$$F_1 / S_0 = (1 + R_{FC}) / (1 + R_{US}) \tag{31-4}$$

有一个近似的IRP的公式可以更清楚地表示公式的含义且更容易理解。$^{\ominus}$如果我们将之前的汇率变动的百分比表示为 $(F_1 - S_0) / S_0$，则IRP表示的汇率变动的近似等于两个利率之间的差：

$$(F_1 - S_0) / S_0 \approx R_{FC} - R_{US} \tag{31-5}$$

近似地说，IPR表示两个国家利率之间的差额由两个国家之间的汇率变动来抵消，这样，消除了可能存在的套利机会。我们也可以将公式写成：

$$F_1 \approx S_0 \times [1 + (R_{FC} - R_{US})] \tag{31-6}$$

一般地讲，如果将1期换成 $t$ 期，可以得到IRP的近似形式：

$$F_t \approx S_0 \times [1 + (R_{FC} - R_{US})]^t \tag{31-7}$$

此外，如果有 $t$ 期，我们应当使用与期数相匹配的无风险利率。例如，假设一个3年期的远期利率，我们应当使用3年期无风险利率。

#### 例 31-5　平价检验

假设日元的汇率 $S_0$ 为 ¥120 = \$1。如果美国的无风险利率为 $R_{US} = 10\%$，日本的无风险利率为 $R_J = 5\%$，则远期汇率需要为多少才可以保证没有抛补套利机会？

由IRP可以得到：

$$F_1 \approx S_0 \times [1 + (R_J - R_{US})]$$
$$\approx ¥120 \times [1 + (0.05 - 0.10)]$$
$$\approx ¥120 \times 0.95$$
$$\approx ¥114$$

可以看出，日元相对于美元升值了。（为什么？）

### 31.4.3　远期汇率和未来即期汇率

除了购买力平价（PPP）和利率平价（IRP），我们还需讨论另外一个基本关系。远期汇率和未来即期汇率之间的关系如何？**无偏远期汇率**（unbiased forward rates，UFR）理论表明远期汇率 $F_1$ 等于未来即期汇率的**期望值** $E(S_1)$：

$$F_1 = E(S_1)$$

对于 $t$ 期来讲，UFR可以表示成：

$$F_t = E(S_t)$$

近似地说，UFR理论表明，一般来讲，远期汇率等于未来即期汇率。

UFR理论在没有风险的情况下可以成立。假设日元的远期汇率以10日元/美元的汇率持续低于未来即期汇

---

$\ominus$　这里我们可以注意到 $F_1 / S_0 - 1 = (F_1 - S_0) / S_0$ 并且 $(1 + R_{FC}) / (1 + R_{US})$ 可以近似估计为 $R_{FC} - R_{US}$。

率，这就意味着没有人会通过远期汇率将美元兑换成日元。因为如果利用未来即期汇率进行美元和日元兑换，也可以得到更多的日元。这样，远期汇率必然上升到一个吸引更多投资者的水平。

同样地，如果远期汇率高于未来即期汇率，需要将日元换成美元的人将不会通过远期汇率进行兑换，因为通过未来即期汇率，同样的日元可以兑换更多的美元。远期汇率就必然下降以吸引更多的交易者。

正是由于这种原因，平均来讲，远期汇率必须等于实际的未来即期汇率。当然，未来即期汇率是不确定的。如果人们愿意支付一定的溢价来规避不确定性，则 URP 可能不成立。如果 URP 成立，则 180 天的远期汇率将等于 180 天的未来即期汇率的无偏估计。

### 31.4.4 整合全部理论

我们已经介绍了 3 种理论——购买力平价理论、利率平价理论和无偏远期汇率，来描述主要财务变量如利率、汇率和通货膨胀率之间的联系。我们现在将这 3 种理论融合到一起讨论。

#### 1. 未抛补利率平价理论

首先，我们先将国际金融市场上的 3 种理论联系起来：

$$\text{PPP}: \quad E(S_1) \approx S_0 \times [1 + (h_{\text{FC}} - h_{\text{US}})]$$
$$\text{IRP}: \quad F_1 \approx S_0 \times [1 + (R_{\text{FC}} - R_{\text{US}})]$$
$$\text{UFR}: \quad F_1 = E(S_1)$$

我们先将 UFR 和 IRP 联系在一起，由 UFR 可以推出 $F_1 = E(S_1)$，因此可以用 $E(S_1)$ 来代替 IRP 中的 $F_1$。结论为：

$$\text{UIP}: E(S_1) \approx S_0 \times [1 + (R_{\text{FC}} - R_{\text{US}})] \tag{31-8}$$

这个重要的关系式被称为**未抛补利率平价**（uncovered interest parity，UIP）理论，这个理论在下面关于国际资本预算的讨论中占有重要地位。UIP 在 $t$ 期可以表示为：

$$E(S_t) \approx S_0 \times [1 + (R_{\text{FC}} - R_{\text{US}})]^t \tag{31-9}$$

#### 2. 国际费雪效应

接下来，我们将 PPP 和 UIP 融合在一起。这两个理论的左边都有一个 $E(S_1)$，所以它们的右边必须相等，因此我们得到：

$$S_0 \times [1 + (h_{\text{FC}} - h_{\text{US}})] = S_0 \times [1 + (R_{\text{FC}} - R_{\text{US}})]$$
$$h_{\text{FC}} - h_{\text{US}} = R_{\text{FC}} - R_{\text{US}}$$

上述公式表示，美国市场上的收益率和外国市场上的收益率之间的差额等于这两个国家的通货膨胀率之间的差额。重新排列上述公式可以得到**国际费雪效应**（international Fisher effect，IFE）：

$$\text{IFE}: R_{\text{US}} - h_{\text{US}} = R_{\text{FC}} - h_{\text{FC}} \tag{31-10}$$

国际费雪效应告诉我们各国的**真实**利率应该是相等的。[⊖]

各国的真实利率相等的结论是基本的经济学原理。如果假设巴西的实际收益率高于美国的实际收益率，则资金将从美国流向巴西。这样，巴西的资产价格上升，收益率下降。同时，美国的资产价格下降，收益率上升。该循环保证了真实收益率的相等。

综上所述，我们需要注意一些问题。第一，我们在之前的讨论中没有涉及风险。如果不同国家的投资者有不同的风险偏好，则我们可能得出不同的结论。第二，各个国家之间存在着资金流的壁垒。如果资金不能自由流动，则长期来看，两个不同国家的真实收益率可能不同。第三，上述关系应适用于无风险利率。不过，由于一些国家所谓的最安全的投资并非真正没有风险，因此这种关系也有不适用的情况。

尽管存在这种问题，我们仍然期待世界市场越来越一体化。如果一体化能够实现，则各个不同国家的真实收益率之间的差异就会消失。国界也不会改变经济学原理的适用性。

---

⊖ 注意，由于我们使用了 PPP 和 IRP 的近似表示，因此这里的利率是指近似的实际利率，即 $R-h$（见第 8 章）。

## 31.5 跨国公司预算

Kihlstrom Equipment（KE）是一家总部设在美国的跨国公司，正在评估它在法国的一项投资。由于公司设备出口订单大量增长，因此它正在考虑是否该在法国设厂。该项目需要 200 万欧元的投资，估计未来 3 年每年能够为公司带来 90 万欧元的现金流量。

目前的即期汇率为€ 0.5。我们需要重新强调一下，该汇率是由美元标价的欧元汇率，即 1 欧元价值 $1/0.5 = $2。美国的无风险利率为 5%，法国的无风险利率为 7%。注意，该汇率是资本市场的观测值，并非估计值。⊖KE 公司同类美元投资的收益率为 10%。⊖

KE 公司应该接受该项目吗？如同以前讨论的，答案取决于项目的 NPV；但是，我们应该如何计算该项目以美元计算的 NPV？这里提供两种不同的方法。

（1）**本币方法**。将所有欧元现金流量转换成美元，接着将该现金流量以 10% 的利率折现，计算美元 NPV。注意，使用这个方法需要知道远期汇率，以便将未来的欧元现金流量转换成美元。

（2）**外币方法**。确定欧元投资所需的必要报酬率，接着将未来的现金流量按照欧元进行折现，计算欧元 NPV，然后将欧元 NPV 折算成美元 NPV。这种方法要求我们将美元下 10% 的必要报酬率折算成欧元下的必要报酬率。

这两种方法的不同之处在于我们在什么时候将欧元折算成美元。第 1 种方法中，我们在计算 NPV 之前将欧元折算成美元。第 2 种方法中，我们在计算 NPV 之后进行货币间折算。

由于第 2 种方法下我们仅仅需要折算一次欧元的必要报酬率，因此，第 2 种方法更多地应用于实际中。此外，第 1 种方法需要估算远期汇率，而这种估算可能存在很大的偏差。我们接下来会谈到，尽管如此，从本质上来说，两种方法是基本相同的。

### 31.5.1 方法 1：本币方法

为了将项目未来现金流量折算成美元，我们使用未抛补利率平价理论来计算项目的现金流量的汇率。基于我们之前的讨论，时间 $t$ 的期望汇率 $E(S_t)$ 为：

$$E(S_t) = S_0 \times [1 + (R_\epsilon - R_{US})]^t$$

其中，$R_\epsilon$ 为法国的无风险利率。由于 $R_\epsilon = 7\%$，$R_{US} = 5\%$，即期汇率 $S_0$ 为€ 0.5，因此：

$$E(S_t) = 0.5 \times [1 + (0.07 - 0.05)]^t$$
$$= 0.5 \times 1.02^t$$

项目现金流量的汇率如下表所示。

| 年 | 期望汇率 |
| --- | --- |
| 1 | € $0.5 \times 1.02^1$ = € 0.510 0 |
| 2 | € $0.5 \times 1.02^2$ = € 0.520 2 |
| 3 | € $0.5 \times 1.02^3$ = € 0.530 6 |

使用以上给出的未来期望汇率和即期汇率，我们将所有的现金流量折算成美元。

---

⊖ 比如，该利率可能是欧洲美元市场的短期利率或者大银行提供的贷款利率。

⊖ KE 公司的 WACC 按常规方法计算。假设债务和权益的市值以及成本如下：债务 500 美元，成本为 5%；权益 500 美元，成本为 16%；总市值为 1 000 美元。基于 20% 的公司税率，可以计算出：

$$WACC = \frac{S}{B+S} + \frac{B}{B+S} R_B(1 - t_C)$$
$$= \frac{1}{2} \times 16\% + \frac{1}{2} \times 5\% \times (1 - 20\%)$$
$$= 10\%$$

| 年 | （1）欧元下的现金流量／百万 | （2）期望汇率 | （3）美元下的现金流量［（1）／（2）］／百万 |
|---|---|---|---|
| 0 | － € 2.0 | € 0.500 0 | －4.00 |
| 1 | € 0.9 | € 0.510 0 | 1.76 |
| 2 | € 0.9 | € 0.520 2 | 1.73 |
| 3 | € 0.9 | € 0.530 6 | 1.70 |

最后，我们用一般方法计算该项目的 NPV：

$$NPV_\$ = -\$4+\$1.76/1.10+\$1.73/1.10^2+\$1.70/1.10^3$$
$$= \$0.3（百万）$$

所以，该项目是盈利的。

值得注意的是，在我们的示例中，可以只使用远期汇率而不是通过无偏远期汇率去预测汇率。事实上，能够获得远期汇率数据的分析师也是这样实操的。

### 31.5.2 方法 2：外币方法

KE 公司需要美元下的 10% 的必要报酬率。我们需要将该报酬率转换成欧元下的必要报酬率。基于国际费雪效应，我们知道名义利率的差额为：

$$R_\euro - R_{US} = h_\euro - h_{US}$$
$$= 7\%-5\% = 2\%$$

从上述公式估算出来的欧元现金流量的必要报酬率近似等于 10% 加上 2% 的欧元区的高通货膨胀率的补偿。

如果我们根据该数据计算欧元下的 NPV，可以得到：

$$NPV_\euro = -€ 2.0+€ 0.9/1.12+€ 0.9/1.12^2+€ 0.9/1.12^3$$
$$= € 0.16（百万）$$

该项目的 NPV 为 16 万欧元，接受该项目可以使我们得到 16 万欧元的收益。美元下的收益为多少？由于即期汇率为€ 0.5，美元下的项目 NPV 为：

$$NPV_\$ = NPV_\euro / S_0 = € 0.16/0.5 = \$0.3（百万）$$

这个 NPV 等于我们之前计算出来的那个 NPV。

上述例子的重要启示在于如果第 31.4 节中描述的关系成立，那么两种资本预算方法应该给出相同的答案。⊖ 第 2 种方法暗含着估算未来的汇率。即便如此，外币方法还是比较简单。

### 31.5.3 不汇回的现金流量

上例假定外国投资产生的全部税后现金流量都汇回母公司。但是，子公司产生的现金流量和能汇回母公司的现金流量之间可能存在显著差异。

外国子公司将资金汇回母公司有多种途径，其中包括：

（1）股利；

（2）总部管理费；

（3）商标和专利的特许权使用费。

无论用何种方法将现金流量汇回母公司，公司都需要特别注意汇款额，因为在现在和未来可能存在对汇款额的限制。许多政府都对外国公司榨取的利润保持高度关注。在这种情况下，政府将考虑对外国公司的汇回现金流量进行限制。目前不能汇回的资金被称为**冻结资金**。

---

⊖ 实际上，由于我们使用了近似值，两种方法的答案有一个小小的不同。如果使用精确值 1.10 ×（1+0.02）=12.2%，则我们将得到精确的相同的 NPV。

### 31.5.4 跨国公司的资本成本

在前一章中，我们表达了对于公司多元化经营带来的好处的一些质疑。相比于纯粹的国内公司，我们更支持跨国公司的多元化经营。假设美国的投资者持有国外证券存在障碍，且不同国家之间的资本市场存在隔离。我们进一步假设国外的投资者持有美国的公司股票时并不存在此种障碍。那么在此种情况下，一个在全球进行投资的美国公司就为那些并不能投资于国外公司股票的美国投资者提供了间接的多元化投资选择。这会导致国际项目的风险溢价降低。总的来说，如果公司投资于国外的成本低于个人投资国外的成本，那么由公司进行国际多元化就拥有优势，而这一优势将体现在更低的风险调整后折现率上。

换而言之，如果美国投资者投资于国外公司的股票并不存在障碍，那么美国投资者一样可以通过购买国外公司的股票来实现在全球范围的多元化投资。这样的话，项目的资本成本将与该项目是否在美国本土或在国外运营无关。实际中，持有国外股票是有较高成本的，包括税费、信息成本和交易成本。这意味着即便美国投资者可以自由持有国外公司股票，他们也不能完美地在全球范围内进行多元化投资。

公司在做国际投资决策时要比在国内投资时考虑更多的政治风险因素。额外的风险可能会抵消多元化带来的收益。在此情况下，公司可能针对征用风险和外汇管制风险去相应地提高项目折现率。

## 31.6 汇率风险

汇率风险（exchange rate risk）是指由于外币价值上下波动，国际经营业务因此必须面临的问题。进行汇率风险管理是跨国经营公司的一项重要活动。我们在接下来将讨论主要的 3 种汇率风险：短期外汇交易风险、长期外汇交易风险和换算风险。

### 31.6.1 短期外汇交易风险

汇率的日常波动产生了跨国财务管理中的短期外汇交易风险。大多数公司达成了在未来以固定价格买入或者卖出商品的协议。当该项交易中涉及两种不同的货币时，就存在另外一种附加风险。

例如，假设你从意大利进口通心面并且在美国市场上使用 Impasta 品牌进行销售。你最大的购货商订购了10 000 箱 Impasta 通心面。今天你将该项订单交给你的供应商，但是在 60 天之后你才可能付款。通心面的售价为 6 美元 / 箱，成本为 8.4 欧元 / 箱，欧元兑美元的汇率为€ 1.50，即每购买 1 美元需要支付 1.50 欧元。

在目前的汇率下，此订单的美元成本为€ 8.4/1.50 = $5.6，税前利润为 10 000 × （6−5.6）= 4 000（美元）。但是，60 天之后汇率可能发生变动，因此实际利润将取决于汇率如何发生变动。

例如，如果汇率变为€ 1.60，每箱的成本将变为€ 8.4/1.60 = $5.25，利润将是 7 500 美元。如果汇率变为€ 1.40，则每箱的成本变为€ 8.4/1.40 = $6，利润将变为 0。

我们例子中的短期外汇交易风险可以通过多种方法进行规避。最常用的方法是通过进入远期汇率市场锁定一个未来的汇率。例如，假设 60 天的远期汇率为€ 1.58。如果你进行此项对冲，利润将为多少？如果你不进行对冲，预期利润将为多少？

如果你进行此项对冲，你锁定了一个€ 1.58 的远期汇率。美元计价下的成本将为€ 8.4/1.58 = $5.32，而利润将为 10 000 × （6−5.32）= 6 800（美元）。如果你不进行此项对冲，且远期汇率为未来即期汇率的无偏估计（换一种说法就是 UFR 成立），你可以预计 60 天后的即期汇率为€ 1.58。你同样可以得到 6 800 美元的利润。

换一种方式，如果上述策略不可行，你可以简单地于今天借入美元，兑换为欧元，然后将欧元投资 60 天去赚取利息。基于 IRP，这和签订一个远期合约的收益应该相等。

### 31.6.2 长期外汇交易风险

长期来看，由于不同国家之间相对经济状况的变化可能无法完全预测，跨国经营项目的价值也存在波动。例如，假设我们在一个廉价劳动力国家拥有一个劳动密集型组装厂。随着时间的推移，未来的经济状况发生变化，该国的劳动力薪酬上升，劳动力成本优势可能不复存在。

这种汇率的波动是真实存在的。2018—2020 年年初，美元相较于其他货币持续走强。这意味着美国国内制造商每卖出 1 美元的商品或服务就能赚到更多，导致了利润的大幅波动。例如，IBM 在 2019 年就曾估计公司由于汇率波动而损失了 3 900 万美元。当然，这一损失和其 2018 年损失的 7.3 亿美元相比只是冰山一角。汇率波动引起利润变动的效应同样体现在澳大利亚的矿产商 Iluka 公司上，该公司预计澳元兑美元的每一分的波动将给公司带来额外的 500 万美元的利润变动。

对冲长期外汇交易风险比对冲短期外汇交易风险更加难以操作。首先，远期市场上不存在如此长期的交易。因此，公司大多采取将公司未来外币现金流入和现金流出进行匹配的策略。外国货币和本国机器劳动力的交易也采取了同样的策略。例如，一个在国外进行销售的公司可能匹配其在该国的原材料购买和劳动力消耗。这样，公司的年收入和成本就可以同步波动。这样的例子更多地体现在宝马、本田、梅赛德斯和丰田等汽车生产厂商上，这些厂商现在正越来越多地将汽车的组装转移到美国，这样它们就可以规避汇率的上下波动。

例如，宝马公司在南卡罗来纳州生产大约 400 000 辆汽车，其中大约 280 000 辆用于出口。生产这些汽车的大部分成本使用美元来支付，当宝马公司将这些车出口到欧洲的时候，将收到欧元支付。当美元走弱时，这些车将为宝马公司创造更多的利润。同时，宝马公司每年大约进口 250 000 辆汽车到美国。这些车大部分在欧洲进行生产，成本用欧元进行计算，所以，当美元走弱时，这些车的利润将下降。合在一起，利润的上升刚好弥补了利润的下降。这样，宝马公司进行了一次对冲。事实上，根据德国汽车工业协会的数据，在拥有德资背景的美国汽车生产商生产的汽车中，约 60% 用于出口。

类似地，企业可以通过在国外贷款来对冲长期外汇交易风险。国外资产价值的波动可以部分弥补债务的波动。

### 31.6.3　换算风险

当一家美国公司计算其会计净利润和每股收益的时候，需要将所有的数据转换成美元。当存在大量跨国交易的时候，就会出现一些会计问题。有两个问题比较突出。

（1）用哪一个汇率转换所有的会计报表项目比较合适？

（2）会计报表如何处理货币转换带来的汇兑损益？

为了更好地说明这些问题，假设 1 年前我们在 Lilliputia 国建立了一家工厂，该国的货币为 gulliver，缩写为 GL。在第 1 年年初，汇率为 GL2=\$1，gulliver 下的会计报表如下所示。

| 资产 | GL1 000 | 负债 | GL500 |
|---|---|---|---|
| | | 所有者权益 | GL500 |

在 2GL 可以兑换 1 美元下，该会计报表如下表所示。

| 资产 | \$500 | 负债 | \$250 |
|---|---|---|---|
| | | 所有者权益 | \$250 |

由于 Lilliputia 国去年没有进行任何经营活动，因此，净收入为 0（在考虑汇率之前）。但是，由于 Lilliputia 国的通货膨胀率远高于美国的通货膨胀率，因此，汇率变为 GL4=\$1。

由于没有进行任何经营活动，gulliver 年末会计报表同年初的会计报表一样。但是，如果我们用新的汇率将该报表转换成美元下的会计报表，我们将得到下表。

| 资产 | \$250 | 负债 | \$125 |
|---|---|---|---|
| | | 所有者权益 | \$125 |

注意，虽然净收益为 0，但所有者权益的账面价值降到了 125 美元。尽管没有进行任何经营活动，但是会计上

损失了 125 美元。如何处理这 125 美元的损失是一个很复杂的会计问题。

一个最简单有效的方法是将该损失计入母公司的利润表中。当汇率不断变动的时候，这种会计处理会显著影响母公司的每股收益。虽然这仅仅是一个会计问题，但是许多财务人员仍然讨厌这种情况。

目前流行的做法是根据美国会计准则委员会（FASB）第 52 条（FASB 52）的规定来处理该损益。FASB 52 法则规定，所有国外子公司的所有者权益和债务根据预设的汇率进行折算。

所有的汇兑损益将被计入资产负债表所有者权益的一个特殊项目中。该项目被称为"未确定汇兑损益"。该项目记录的汇兑损益可能金额巨大，但它们不会被计入利润表中。因此，该汇兑损益在资产被出售或负债被偿还之前并不影响利润。

### 31.6.4 管理汇率风险

对于一个大的跨国公司来讲，汇率风险管理涉及大量的国外子公司和外国货币。汇率的变动可能使某些子公司赢利而其他子公司亏损，公司整体的净收益取决于外汇的净收支差。

例如，假设一家公司有两家分部，分部 A 在美国通过美元购买商品，然后在英国用英镑进行销售。分部 B 在英国用英镑购买商品，然后在美国通过美元进行销售。如果这两家分部的现金流量正好相等，则公司不存在任何汇率风险。

在我们的例子中，该公司用英镑衡量的收益（现金流出少于现金流入）很少。因此，汇率风险就会很小。当然，如果其中一个分部通过对冲规避汇率风险，该公司的汇率风险就会上升。这个例子的核心问题是，公司需要集中考虑总的汇率风险。换言之，汇率风险应该进行集中管理。

## 31.7 政治风险

跨国经营的另外一个风险是**政治风险**（political risk）。政治风险是指政治活动对经济价值变化的影响。例如，2016 年 6 月，英国选民投票支持英国"脱欧"，震惊了欧洲的其他国家。尽管根据英国与欧洲其他国家先前签订的条约，英国真正完成"脱欧"还需要两年时间，但金融市场的反应却要迅速得多。英国宣布"脱欧"公投结果当天，英镑兑美元下跌了 11%，而伦敦富时和势拓欧洲 600 指数也下跌了约 8%。英国著名的银行巴克莱银行（Barclays）和劳埃德银行集团（Lloyds Banking Group）受到的打击更大。"脱欧"结果公布当天，二者的股价下跌超过 30%。不幸的是（或者幸运的是，取决于你的看法），英镑的下跌还远没有结束。此后，英镑兑美元的汇率持续下跌至 1985 年以来的最低水平。值得注意的是，政治风险并非跨国公司独有的问题。正如我们接下来要讨论的，美国税法和监管的变化可能使一些美国公司受益，而损害另一些美国公司的利益。因此，政治风险在国内和国际上都存在。

### 31.7.1 2017 年《减税与就业法案》

本章开篇描述了美国公司在海外持有大量现金。正如我们所指出的，苹果和其他大型的美国公司之所以在海外持有如此巨额的现金主要与美国税法有关。而税法也正是跨国公司面临的一种政治风险。

在 2017 年《减税与就业法案》签署之前，美国企业所需缴纳的公司所得税的税率在发达国家中位居高位。与此同时，美国政府还要求企业无论在何地获得利润，都必须按照美国本土的税率缴纳税收。特别的是，美国政府规定该税费缴纳只有当企业将海外利润汇回美国的时候才需执行。这究竟意味着什么？

要回答这个问题，让我们回到有关 Lilliputia 国的讨论。2018 年以前，Lilliputia 国的公司税率为 20%，而美国的公司税率却高达 35%。如果设立于 Lilliputia 国的子公司获得利润，那么该子公司需要按 20% 的税率向 Lilliputia 国政府缴税。如果将利润留在 Lilliputia 国内，则无须缴纳额外税款。但如果将利润汇回美国，则需要支付 15% 的额外税款，即美国税率与 Lilliputia 国税率之间的差额。从以上讨论中就能知道，避免额外纳税是美国公司不把境外子公司的利润汇回美国的一个重要动机。

但这里有一个令人困惑的问题。在媒体报道中，像苹果这样的公司被描述为在美国境外囤积了大量现金，但事实并非如此。事实上，苹果公司的现金主要以美元的形式存在，且主要投资于各类美国金融资产。因此，这些钱并不是真正地存在于美国"之外"。

相反，由于苹果公司选择不将其海外利润汇回美国以避免缴纳额外税款，因此它也不能在美国境内用这笔现金做支付股息或资本性投资等事情。当然，苹果公司也可以很容易绕过这一限制。例如，公司可以用持有的现金和证券投资组合作为担保，通过借贷获得能够用于支付股息或资本性投资的资金。

2017 年《减税与就业法案》在很多方面带来了改变。首先，企业所得税税率由最高 35% 统一下调至 21%，减少了企业将现金留在海外的动机。其次，该法案规定对以现金、有价证券和应收账款形式存在的海外未纳税所得，以 15.5% 的税率一次性征税；对用海外未纳税所得购买的其他低流动性资产，如厂房、财产和设备等，以 8% 的税率一次性征税。最后，从广义上讲，由于从海外汇回的收入不再需要按照美国税率缴纳额外税款，因此该法案的实施也从根本上消除了"税收返还"的问题。

### 31.7.2 管理政治风险

一些国家的政治风险高于另外一些国家的政治风险。当公司在风险高的国家进行经营时，就会要求更高的收益率以弥补可能存在的资产冻结、经营管制和合同废除等风险。在一些极端的例子中，一些政治不稳定性较高的地区存在着国有化的风险。

政治风险还取决于公司的经营属性：一些行业可能不存在很高的国有化风险，因为将公司交给其他所有者可能一文不值。一家仅仅生产供应给母公司特殊零部件的子公司可能不会成为接管对象。同样地，一家只能使用母公司供应的特殊零部件进行生产的子公司也不会面临接管风险。

自然资源如铜矿和油井则面临着完全不同的处境。一旦投入生产，则公司的大部分收益来自日常经营。该类公司面临着很大的政治风险。因此，进行此类投资都要求更高的收益率以弥补高政治风险带来的损失。

政治风险可以用很多种方法进行规避，特别是涉及接管和国有化时。利用本地资金，特别是当地政府的资金可以有效避免政治风险，因为在出现不利的政策时，公司可以拒绝偿还债务。当然，母公司积极进行政治游说也是另一种减轻政治风险的办法。

## 本章小结

跨国公司的业务要比国内公司的业务复杂得多。管理层必须了解利率、汇率和通货膨胀率之间的关系，必须知道大量不同的金融市场的规则和税收制度。本章简要地对国际经营中需要注意的问题进行了阐述。

我们所阐述的都是一些基本问题，主要有以下几点。

1. **一些基本的专业术语**：我们主要介绍了一些外汇词语如伦敦银行间同业拆借利率（LIBOR）、欧洲货币等。

2. **汇率的基本原理**：我们讨论了即期汇率、远期汇率和汇率的决定因素。

3. **国际融资的一些基本原理**：

   a. 绝对购买力平价理论。绝对购买力平价理论表明，1 美元在每个国家或地区应该具有相同的购买力。这意味着无论是在纽约还是东京购买橙子，橙子的价格都是一样的。

   b. 相对购买力平价理论。相对购买力平价理论意味着两个国家货币之间的预期汇率变化之比与两个国家之间的通货膨胀率差异相同。

   c. 利率平价理论。利率平价理论意味着远期汇率和即期汇率之间的百分比差额等于利率差额。我们展示了抛补套利如何迫使这种关系保持不变。

   d. 无偏远期汇率理论。无偏远期汇率理论表明当前远期汇率能够很好地预测未来即期汇率。

4. **跨国公司资本预算**：我们介绍了涉及汇率关系下的资本预算需要注意的两个情况。

   a. 未抛补利率平价理论。

   b. 国际费雪效应。

   在这两种情况下，我们论述了如何使用外币计算 NPV 和如何将外币转化成本币计算 NPV。

5. **汇率和政治风险**：我们介绍了几种重要的汇率风险以及如何对冲这些风险所带来的现金流量的波动。我们也介绍了一些政治风险以及如何规避这些政治风险。

6. **2017 年《减税与就业法案》**：我们阐释了广受关注的"税收返还"问题，以及该法案如何改变一系列针对跨国公司的税收激励措施。

## 思考与练习

1. **即期汇率和远期汇率** 假设瑞士法郎的即期汇率为 SF1.09，90 天的远期汇率为 SF1.11。
   a. 美元相对于瑞士法郎是折价兑换还是溢价兑换？
   b. 市场预期瑞士法郎相对于美元是升值了还是贬值了？为什么？
   c. 你觉得美国和瑞士未来的经济状况发生了什么样的相对变化？

2. **购买力平价** 假设未来几年墨西哥的通货膨胀率比美国的通货膨胀率高 3%。其他条件不变，墨西哥比索同美元之间的汇率将发生什么样的变化？你这样回答的理论依据是什么？

3. **汇率** 澳元兑美元的即期汇率为 A$1.40。明年该汇率水平可能上升 10%。
   a. 澳元是升值了还是贬值了？
   b. 澳大利亚和美国的通货膨胀率之间的关系如何？
   c. 澳大利亚和美国的名义利率之间的关系如何？实际利率呢？

4. **汇率** 汇率会给公司带来坏的还是好的影响？

5. **跨国经营风险** Duracell 公司一度准备在印度投资电池生产企业。在这个国家进行电池生产可以使 Duracell 公司规避 30% ～ 35% 的进口关税，而这些关税使碱性电池的价格对一些消费者来说过于昂贵。该投资建议可以为 Duracell 公司带了哪些好处？Duracell 公司可能面临哪些风险？

6. **跨国公司** 目前，越来越多的跨国公司的国外销售额高于国内销售额，那么，哪种货币应该作为公司的本币？

7. **汇率波动** 下边的陈述哪个是正确的？为什么？
   a. 如果英国的主要价格指数高于美国，我们将可以预测英镑将相对于美元升值。
   b. 假设你是一个德国机器出口商，你的所有销售都使用外币结算。进一步假设未来欧洲央行将采取扩张性货币政策。如果该政策将使德国的通货膨胀率高于其他国家，则你需要利用远期汇率市场来规避欧元贬值可能带来的损失。
   c. 如果你能准确预测两个国家之间的通货膨胀率之间的关系，而其他人不可以，则你可以借此在即期汇率市场上赢利。

8. **汇率波动** 一些国家的政府利用汇率的波动来实现短期的国际收支平衡。在下列几种情况下，描述其对美国进口商和出口商同国外进行交易的影响。
   a. 美国政府官员表示他们将乐意看到欧元对美元升值。
   b. 英国政府表示英镑相对于美元被过度低估。
   c. 巴西政府宣布将通过新发行数十亿的货币来刺激经济以降低失业率。

9. **国际资本市场的关系** 我们讨论了国际资本市场上的 5 种主要关系：相对购买力平价（PPP）理论、利率平价（IRP）理论、无偏远期利率（UFR）理论、未抛补利率平价（UIP）理论和国际费雪效应。上面的 5 种理论哪一种更接近现实？哪一种更容易在实际中被违背？

10. **汇率风险** 假设你是一位出口商，你将在收到货物 3 个月后进行外币结算，预计未来本币将相对于外币升值，你有必要进入远期汇率市场进行对冲吗？

11. **跨国公司预算** 假设你需要对公司的两家子公司进行投资项目分析，一家子公司位于国内，另一家子公司位于国外。你将使用本币进行两家子公司的项目分析。在哪种情况下你将倾向于投资于国外？哪些因素会影响你的这些决定？

12. **跨国公司预算** 使用折现率对政治风险和多元化风险进行调整后，一家国外子公司的项目可以产生正的 NPV，你是否应该接受该项目？为什么？

13. **跨国借款** 如果一家美国公司需要为其国外子公司进行债务融资，它在美国进行借款的劣势是什么？你如何规避这些劣势？

14. **跨国投资** 如果国际金融市场是有效的，假设欧洲美元利率比美国国内利率高，你将在美国进行融资然后投资到欧洲美元市场，这种做法是正确的吗？为什么？

15. **交叉汇率** 利用图 31-1 中的数据回答以下问题。

a. 你将选择拥有 100 美元还是 100 英镑？为什么？

b. 你将选择拥有 100 瑞士法郎还是 100 英镑？为什么？

c. 瑞士法郎和英镑之间的交叉汇率为多少？以瑞士法郎来定价的英镑汇率呢？

16. **利率平价** 利用图 31-1 中的数据回答问题。假设利率平价理论有效，美国的未来 6 个月期的无风险利率为 2.3%，则英国的无风险利率为多少？日本的呢？瑞士的呢？

17. **汇率和套利** 假设挪威克朗的即期汇率和未来 6 个月的远期汇率分别为 Nkr9.14 和 Nkr9.27。美国的无风险年利率为 3.8%，挪威的无风险年利率为 5.7%。

a. 这里存在套利机会吗？如果存在，你如何利用该套利机会？

b. 6 个月期的无风险利率应该为多少才能防止该套利机会的存在？

18. **资本预算** Lakonishok Equipment 有一个在欧洲的投资机会。这个项目耗资 950 万欧元，预期第 1 年现金流量为 160 万欧元，第 2 年为 210 万欧元，第 3 年为 320 万欧元。当前即期汇率为 1 欧元兑 0.94 美元，并且美国的无风险利率为 2.3%，而欧洲的无风险利率为 1.8%。项目适用的折现率预计为 13%。另外，此项目预期在第 3 年年底可以以 780 万欧元的价格出售。此项目的 NPV 是多少？

# 小案例

## 东方海岸游艇公司国际化

拉丽莎·沃伦是东方海岸游艇公司的总裁，她正在同摩纳哥一位游艇经销商贾瑞克·杰克维茨进行谈判，以便将该公司的游艇出售到欧洲市场。贾瑞克希望通过他的销售网络销售东方海岸的游艇。贾瑞克告诉拉丽莎他估计每月可以带来 800 万欧元的游艇销售额。由于所有的销售都由欧元来结算，因此贾瑞克将得到 5% 的用欧元支付的委托销售费用。由于游艇是订单销售，因此，第 1 笔交易将在 1 个月之后完成。贾瑞克将在交易完成 90 天之后支付货款。该结算协议将在两个公司合作期间持续进行。

拉丽莎认为公司完全有能力通过现有生产力满足欧洲的新需求，但是拉丽莎有点担心可能存在的欧洲销售的财务风险。目前的汇率为 $1.34 / €。在这个汇率下，公司的生产成本占到了销售额的 80%，该成本不包含支付给贾瑞克的委托销售费用。

拉丽莎决定由公司的财务分析师丹·埃尔文对该项目进行财务分析，并且要求丹重点分析以下几个问题。

1. 进行国际销售的优势和劣势有哪些？公司可能面临哪些额外风险？

2. 如果美元走强，公司的利润将如何变化？如果美元走弱呢？

3. 忽略税收，在目前 $1.34 / € 的汇率下，东方海岸游艇公司可以从该项目中获利还是亏损？如果汇率变为 $1.25 / €，公司的利润将为多少？汇率为多少时，公司达到盈亏平衡？

4. 公司如何对冲汇率风险？如何进行该操作？

5. 考虑所有问题之后，公司是否应该接受该项目？为什么？

# 附录 A

# 数 学 用 表

表 A-1 复利现值系数表：PVIF = 1 / (1 + *r*)^*T*

| *T* | *r* | | | | | | | | |
|---|---|---|---|---|---|---|---|---|---|
| | 1% | 2% | 3% | 4% | 5% | 6% | 7% | 8% | 9% |
| 1 | 0.990 1 | 0.980 4 | 0.970 9 | 0.961 5 | 0.952 4 | 0.943 4 | 0.934 6 | 0.925 9 | 0.917 4 |
| 2 | 0.980 3 | 0.961 2 | 0.942 6 | 0.924 6 | 0.907 0 | 0.890 0 | 0.873 4 | 0.857 3 | 0.841 7 |
| 3 | 0.970 6 | 0.942 3 | 0.915 1 | 0.889 0 | 0.863 8 | 0.839 6 | 0.816 3 | 0.793 8 | 0.772 2 |
| 4 | 0.961 0 | 0.923 8 | 0.888 5 | 0.854 8 | 0.822 7 | 0.792 1 | 0.762 9 | 0.735 0 | 0.708 4 |
| 5 | 0.951 5 | 0.905 7 | 0.862 6 | 0.821 9 | 0.783 5 | 0.747 3 | 0.713 0 | 0.680 6 | 0.649 9 |
| 6 | 0.942 0 | 0.888 0 | 0.837 5 | 0.790 3 | 0.746 2 | 0.705 0 | 0.666 3 | 0.630 2 | 0.596 3 |
| 7 | 0.932 7 | 0.870 6 | 0.813 1 | 0.759 9 | 0.710 7 | 0.665 1 | 0.622 7 | 0.583 5 | 0.547 0 |
| 8 | 0.923 5 | 0.853 5 | 0.789 4 | 0.730 7 | 0.676 8 | 0.627 4 | 0.582 0 | 0.540 3 | 0.501 9 |
| 9 | 0.914 3 | 0.836 8 | 0.766 4 | 0.702 6 | 0.644 6 | 0.591 9 | 0.543 9 | 0.500 2 | 0.460 4 |
| 10 | 0.905 3 | 0.820 3 | 0.744 1 | 0.675 6 | 0.613 9 | 0.558 4 | 0.508 3 | 0.463 2 | 0.422 4 |
| 11 | 0.896 3 | 0.804 3 | 0.722 4 | 0.649 6 | 0.584 7 | 0.526 8 | 0.475 1 | 0.428 9 | 0.387 5 |
| 12 | 0.887 4 | 0.788 5 | 0.701 4 | 0.624 6 | 0.556 8 | 0.497 0 | 0.444 0 | 0.397 1 | 0.355 5 |
| 13 | 0.878 7 | 0.773 0 | 0.681 0 | 0.600 6 | 0.530 3 | 0.468 8 | 0.415 0 | 0.367 7 | 0.326 2 |
| 14 | 0.870 0 | 0.757 9 | 0.661 1 | 0.577 5 | 0.505 1 | 0.442 3 | 0.387 8 | 0.340 5 | 0.299 2 |
| 15 | 0.861 3 | 0.743 0 | 0.641 9 | 0.555 3 | 0.481 0 | 0.417 3 | 0.362 4 | 0.315 2 | 0.274 5 |
| 16 | 0.852 8 | 0.728 4 | 0.623 2 | 0.533 9 | 0.458 1 | 0.393 6 | 0.338 7 | 0.291 9 | 0.251 9 |
| 17 | 0.844 4 | 0.714 2 | 0.605 0 | 0.513 4 | 0.436 3 | 0.371 4 | 0.316 6 | 0.270 3 | 0.231 1 |
| 18 | 0.836 0 | 0.700 2 | 0.587 4 | 0.493 6 | 0.415 5 | 0.350 3 | 0.295 9 | 0.250 2 | 0.212 0 |
| 19 | 0.827 7 | 0.686 4 | 0.570 3 | 0.474 6 | 0.395 7 | 0.330 5 | 0.276 5 | 0.231 7 | 0.194 5 |
| 20 | 0.819 5 | 0.673 0 | 0.553 7 | 0.456 4 | 0.376 9 | 0.311 8 | 0.258 4 | 0.214 5 | 0.178 4 |
| 21 | 0.811 4 | 0.659 8 | 0.537 5 | 0.438 8 | 0.358 9 | 0.294 2 | 0.241 5 | 0.198 7 | 0.163 7 |
| 22 | 0.803 4 | 0.646 8 | 0.521 9 | 0.422 0 | 0.341 8 | 0.277 5 | 0.225 7 | 0.183 9 | 0.150 2 |
| 23 | 0.795 4 | 0.634 2 | 0.506 7 | 0.405 7 | 0.325 6 | 0.261 8 | 0.210 9 | 0.170 3 | 0.137 8 |
| 24 | 0.787 6 | 0.621 7 | 0.491 9 | 0.390 1 | 0.310 1 | 0.247 0 | 0.197 1 | 0.157 7 | 0.126 4 |
| 25 | 0.779 8 | 0.609 5 | 0.477 6 | 0.375 1 | 0.295 3 | 0.233 0 | 0.184 2 | 0.146 0 | 0.116 0 |
| 30 | 0.741 9 | 0.552 1 | 0.412 0 | 0.308 3 | 0.231 4 | 0.174 1 | 0.131 4 | 0.099 4 | 0.075 4 |
| 40 | 0.671 7 | 0.452 9 | 0.306 6 | 0.208 3 | 0.142 0 | 0.097 2 | 0.066 8 | 0.046 0 | 0.031 8 |
| 50 | 0.608 0 | 0.371 5 | 0.228 1 | 0.140 7 | 0.087 2 | 0.054 3 | 0.033 9 | 0.021 3 | 0.013 4 |

（续）

| T | 10% | 12% | 14% | 15% | 16% | 18% | 20% | 24% | 28% | 32% | 36% |
|---|-----|-----|-----|-----|-----|-----|-----|-----|-----|-----|-----|
| | | | | | | r | | | | | |
| 1 | 0.909 1 | 0.892 9 | 0.877 2 | 0.869 6 | 0.862 1 | 0.847 5 | 0.833 3 | 0.806 5 | 0.781 3 | 0.757 6 | 0.735 3 |
| 2 | 0.826 4 | 0.797 2 | 0.769 5 | 0.756 1 | 0.743 2 | 0.718 2 | 0.694 4 | 0.650 4 | 0.610 4 | 0.573 9 | 0.540 7 |
| 3 | 0.751 3 | 0.711 8 | 0.675 0 | 0.657 5 | 0.640 7 | 0.608 6 | 0.578 7 | 0.524 5 | 0.476 8 | 0.434 8 | 0.397 5 |
| 4 | 0.683 0 | 0.635 5 | 0.592 1 | 0.571 8 | 0.552 3 | 0.515 8 | 0.482 3 | 0.423 0 | 0.372 5 | 0.329 4 | 0.292 3 |
| 5 | 0.620 9 | 0.567 4 | 0.519 4 | 0.497 2 | 0.476 1 | 0.437 1 | 0.401 9 | 0.341 1 | 0.291 0 | 0.249 5 | 0.214 9 |
| 6 | 0.564 5 | 0.506 6 | 0.455 6 | 0.432 3 | 0.410 4 | 0.370 4 | 0.334 9 | 0.275 1 | 0.227 4 | 0.189 0 | 0.158 0 |
| 7 | 0.513 2 | 0.452 3 | 0.399 6 | 0.375 9 | 0.353 8 | 0.313 9 | 0.279 1 | 0.221 8 | 0.177 6 | 0.143 2 | 0.116 2 |
| 8 | 0.466 5 | 0.403 9 | 0.350 6 | 0.326 9 | 0.305 0 | 0.266 0 | 0.232 6 | 0.178 9 | 0.138 8 | 0.108 5 | 0.085 4 |
| 9 | 0.424 1 | 0.360 6 | 0.307 5 | 0.284 3 | 0.263 0 | 0.225 5 | 0.193 8 | 0.144 3 | 0.108 4 | 0.082 2 | 0.062 8 |
| 10 | 0.385 5 | 0.322 0 | 0.269 7 | 0.247 2 | 0.226 7 | 0.191 1 | 0.161 5 | 0.116 4 | 0.084 7 | 0.062 3 | 0.046 2 |
| 11 | 0.350 5 | 0.287 5 | 0.236 6 | 0.214 9 | 0.195 4 | 0.161 9 | 0.134 6 | 0.093 8 | 0.066 2 | 0.047 2 | 0.034 0 |
| 12 | 0.318 6 | 0.256 7 | 0.207 6 | 0.186 9 | 0.168 5 | 0.137 2 | 0.112 2 | 0.075 7 | 0.051 7 | 0.035 7 | 0.025 0 |
| 13 | 0.289 7 | 0.229 2 | 0.182 1 | 0.162 5 | 0.145 2 | 0.116 3 | 0.093 5 | 0.061 0 | 0.040 4 | 0.027 1 | 0.018 4 |
| 14 | 0.263 3 | 0.204 6 | 0.159 7 | 0.141 3 | 0.125 2 | 0.098 5 | 0.077 9 | 0.049 2 | 0.031 6 | 0.020 5 | 0.013 5 |
| 15 | 0.239 4 | 0.182 7 | 0.140 1 | 0.122 9 | 0.107 9 | 0.083 5 | 0.064 9 | 0.039 7 | 0.024 7 | 0.015 5 | 0.009 9 |
| 16 | 0.217 6 | 0.163 1 | 0.122 9 | 0.106 9 | 0.093 0 | 0.070 8 | 0.054 1 | 0.032 0 | 0.019 3 | 0.011 8 | 0.007 3 |
| 17 | 0.197 8 | 0.145 6 | 0.107 8 | 0.092 9 | 0.080 2 | 0.060 0 | 0.045 1 | 0.025 8 | 0.015 0 | 0.008 9 | 0.005 4 |
| 18 | 0.179 9 | 0.130 0 | 0.094 6 | 0.080 8 | 0.069 1 | 0.050 8 | 0.037 6 | 0.020 8 | 0.011 8 | 0.006 8 | 0.003 9 |
| 19 | 0.163 5 | 0.116 1 | 0.082 9 | 0.070 3 | 0.059 6 | 0.043 1 | 0.031 3 | 0.016 8 | 0.009 2 | 0.005 1 | 0.002 9 |
| 20 | 0.148 6 | 0.103 7 | 0.072 8 | 0.061 1 | 0.051 4 | 0.036 5 | 0.026 1 | 0.013 5 | 0.007 2 | 0.003 9 | 0.002 1 |
| 21 | 0.135 1 | 0.092 6 | 0.063 8 | 0.053 1 | 0.044 3 | 0.030 9 | 0.021 7 | 0.010 9 | 0.005 6 | 0.002 9 | 0.001 6 |
| 22 | 0.122 8 | 0.082 6 | 0.056 0 | 0.046 2 | 0.038 2 | 0.026 2 | 0.018 1 | 0.008 8 | 0.004 4 | 0.002 2 | 0.001 2 |
| 23 | 0.111 7 | 0.073 8 | 0.049 1 | 0.040 2 | 0.032 9 | 0.022 2 | 0.015 1 | 0.007 1 | 0.003 4 | 0.001 7 | 0.000 8 |
| 24 | 0.101 5 | 0.065 9 | 0.043 1 | 0.034 9 | 0.028 4 | 0.018 8 | 0.012 6 | 0.005 7 | 0.002 7 | 0.001 3 | 0.000 6 |
| 25 | 0.092 3 | 0.058 8 | 0.037 8 | 0.030 4 | 0.024 5 | 0.016 0 | 0.010 5 | 0.004 6 | 0.002 1 | 0.001 0 | 0.000 5 |
| 30 | 0.057 3 | 0.033 4 | 0.019 6 | 0.015 1 | 0.011 6 | 0.007 0 | 0.004 2 | 0.001 6 | 0.000 6 | 0.000 2 | 0.000 1 |
| 40 | 0.022 1 | 0.010 7 | 0.005 3 | 0.003 7 | 0.002 6 | 0.001 3 | 0.000 7 | 0.000 2 | 0.000 1 | * | * |
| 50 | 0.008 5 | 0.003 5 | 0.001 4 | 0.000 9 | 0.000 6 | 0.000 3 | 0.000 1 | * | * | * | * |

注：* 系数保留到小数点后4位。

表 A-2 年金现值系数表：$PVIFA = [1 - 1 / (1 + r)^T] / r$

| T | 1% | 2% | 3% | 4% | 5% | 6% | 7% | 8% | 9% |
|---|-----|-----|-----|-----|-----|-----|-----|-----|-----|
| | | | | | r | | | | |
| 1 | 0.990 1 | 0.980 4 | 0.970 9 | 0.961 5 | 0.952 4 | 0.943 4 | 0.934 6 | 0.925 9 | 0.917 4 |
| 2 | 1.970 4 | 1.941 6 | 1.913 5 | 1.886 1 | 1.859 4 | 1.833 4 | 1.808 0 | 1.783 3 | 1.759 1 |
| 3 | 2.941 0 | 2.883 9 | 2.828 6 | 2.775 1 | 2.723 2 | 2.673 0 | 2.624 3 | 2.577 1 | 2.531 3 |
| 4 | 3.902 0 | 3.807 7 | 3.717 1 | 3.629 9 | 3.546 0 | 3.465 1 | 3.387 2 | 3.312 1 | 3.239 7 |
| 5 | 4.853 4 | 4.713 5 | 4.579 7 | 4.451 8 | 4.329 5 | 4.212 4 | 4.100 2 | 3.992 7 | 3.889 7 |
| 6 | 5.795 5 | 5.601 4 | 5.417 2 | 5.242 1 | 5.075 7 | 4.917 3 | 4.766 5 | 4.622 9 | 4.485 9 |
| 7 | 6.728 2 | 6.472 0 | 6.230 3 | 6.002 1 | 5.786 4 | 5.582 4 | 5.389 3 | 5.206 4 | 5.033 0 |
| 8 | 7.651 7 | 7.325 5 | 7.019 7 | 6.732 7 | 6.463 2 | 6.209 8 | 5.971 3 | 5.746 6 | 5.534 8 |
| 9 | 8.566 0 | 8.162 2 | 7.786 1 | 7.435 3 | 7.107 8 | 6.801 7 | 6.515 2 | 6.246 9 | 5.995 2 |
| 10 | 9.471 3 | 8.982 6 | 8.530 2 | 8.110 9 | 7.721 7 | 7.360 1 | 7.023 6 | 6.710 1 | 6.417 7 |
| 11 | 10.367 6 | 9.786 8 | 9.252 6 | 8.760 5 | 8.306 4 | 7.886 9 | 7.498 7 | 7.139 0 | 6.805 2 |

（续）

| T | r | | | | | | | | |
|---|---|---|---|---|---|---|---|---|---|
| | 1% | 2% | 3% | 4% | 5% | 6% | 7% | 8% | 9% |
| 12 | 11.255 1 | 10.575 3 | 9.954 0 | 9.385 1 | 8.863 3 | 8.383 8 | 7.942 7 | 7.536 1 | 7.160 7 |
| 13 | 12.133 7 | 11.348 4 | 10.635 0 | 9.985 6 | 9.393 6 | 8.852 7 | 8.357 7 | 7.903 8 | 7.486 9 |
| 14 | 13.003 7 | 12.106 2 | 11.296 1 | 10.563 1 | 9.898 6 | 9.295 0 | 8.745 5 | 8.244 2 | 7.786 2 |
| 15 | 13.865 1 | 12.849 3 | 11.937 9 | 11.118 4 | 10.379 7 | 9.712 2 | 9.107 9 | 8.559 5 | 8.060 7 |
| 16 | 14.717 9 | 13.577 7 | 12.561 1 | 11.652 3 | 10.837 8 | 10.105 9 | 9.446 6 | 8.851 4 | 8.312 6 |
| 17 | 15.562 3 | 14.291 9 | 13.166 1 | 12.165 7 | 11.274 1 | 10.477 3 | 9.763 2 | 9.121 6 | 8.543 6 |
| 18 | 16.398 3 | 14.992 0 | 13.753 5 | 12.659 3 | 11.689 6 | 10.827 6 | 10.059 1 | 9.371 9 | 8.755 6 |
| 19 | 17.226 0 | 15.678 5 | 14.323 8 | 13.133 9 | 12.085 3 | 11.158 1 | 10.335 6 | 9.603 6 | 8.950 1 |
| 20 | 18.045 6 | 16.351 4 | 14.877 5 | 13.590 3 | 12.462 2 | 11.469 9 | 10.594 0 | 9.818 1 | 9.128 5 |
| 21 | 18.857 0 | 17.011 2 | 15.415 0 | 14.029 2 | 12.821 2 | 11.764 1 | 10.835 5 | 10.016 8 | 9.292 2 |
| 22 | 19.660 4 | 17.658 0 | 15.936 9 | 14.451 1 | 13.163 0 | 12.041 6 | 11.061 2 | 10.200 7 | 9.442 4 |
| 23 | 20.455 8 | 18.292 2 | 16.443 6 | 14.856 8 | 13.488 6 | 12.303 4 | 11.272 2 | 10.374 1 | 9.580 2 |
| 24 | 21.243 4 | 18.913 9 | 16.935 5 | 15.247 0 | 13.798 6 | 12.550 4 | 11.469 3 | 10.528 8 | 9.706 6 |
| 25 | 22.023 2 | 19.523 5 | 17.413 1 | 15.622 1 | 14.093 9 | 12.783 4 | 11.653 6 | 10.674 8 | 9.822 6 |
| 30 | 25.807 7 | 22.396 5 | 19.600 4 | 17.292 0 | 15.372 5 | 13.764 8 | 12.409 0 | 11.257 8 | 10.273 7 |
| 40 | 32.834 7 | 27.355 5 | 23.114 8 | 19.792 8 | 17.159 1 | 15.046 3 | 13.331 7 | 11.924 6 | 10.757 4 |
| 50 | 39.196 1 | 31.423 6 | 25.729 8 | 21.482 2 | 18.255 9 | 15.761 9 | 13.800 7 | 12.233 5 | 10.961 7 |

| T | r | | | | | | | | |
|---|---|---|---|---|---|---|---|---|---|
| | 10% | 12% | 14% | 15% | 16% | 18% | 20% | 24% | 28% | 32% |
| 1 | 0.909 1 | 0.892 9 | 0.877 2 | 0.869 6 | 0.862 1 | 0.847 5 | 0.833 3 | 0.806 5 | 0.781 3 | 0.757 6 |
| 2 | 1.735 5 | 1.690 1 | 1.646 7 | 1.625 7 | 1.605 2 | 1.565 6 | 1.527 8 | 1.456 8 | 1.391 6 | 1.331 5 |
| 3 | 2.486 9 | 2.401 8 | 2.321 6 | 2.283 2 | 2.245 9 | 2.174 3 | 2.106 5 | 1.981 3 | 1.868 4 | 1.766 3 |
| 4 | 3.169 9 | 3.037 3 | 2.913 7 | 2.855 0 | 2.798 2 | 2.690 1 | 2.588 7 | 2.404 3 | 2.241 0 | 2.095 7 |
| 5 | 3.790 8 | 3.604 8 | 3.433 1 | 3.352 2 | 3.274 3 | 3.127 2 | 2.990 6 | 2.745 4 | 2.532 0 | 2.345 2 |
| 6 | 4.355 3 | 4.111 4 | 3.888 7 | 3.784 5 | 3.684 7 | 3.497 6 | 3.325 5 | 3.020 5 | 2.759 4 | 2.534 2 |
| 7 | 4.868 4 | 4.563 8 | 4.288 3 | 4.160 4 | 4.038 6 | 3.811 5 | 3.604 6 | 3.242 3 | 2.937 0 | 2.677 5 |
| 8 | 5.334 9 | 4.967 6 | 4.638 9 | 4.487 3 | 4.343 6 | 4.077 6 | 3.837 2 | 3.421 2 | 3.075 8 | 2.786 0 |
| 9 | 5.759 0 | 5.328 2 | 4.946 4 | 4.771 6 | 4.606 5 | 4.303 0 | 4.031 0 | 3.565 5 | 3.184 2 | 2.868 1 |
| 10 | 6.144 6 | 5.650 2 | 5.216 1 | 5.018 8 | 4.833 2 | 4.494 1 | 4.192 5 | 3.681 9 | 3.268 9 | 2.930 4 |
| 11 | 6.495 1 | 5.937 7 | 5.452 7 | 5.233 7 | 5.028 6 | 4.656 0 | 4.327 1 | 3.775 7 | 3.335 1 | 2.977 6 |
| 12 | 6.813 7 | 6.194 4 | 5.660 3 | 5.420 6 | 5.197 1 | 4.793 2 | 4.439 2 | 3.851 4 | 3.386 8 | 3.013 3 |
| 13 | 7.103 4 | 6.423 5 | 5.842 4 | 5.583 1 | 5.342 3 | 4.909 5 | 4.532 7 | 3.912 4 | 3.427 2 | 3.040 4 |
| 14 | 7.366 7 | 6.628 2 | 6.002 1 | 5.724 5 | 5.467 5 | 5.008 1 | 4.610 6 | 3.961 6 | 3.458 7 | 3.060 9 |
| 15 | 7.606 1 | 6.810 9 | 6.142 2 | 5.847 4 | 5.575 5 | 5.091 6 | 4.675 5 | 4.001 3 | 3.483 4 | 3.076 4 |
| 16 | 7.823 7 | 6.974 0 | 6.265 1 | 5.954 2 | 5.668 5 | 5.162 4 | 4.729 6 | 4.033 3 | 3.502 6 | 3.088 2 |
| 17 | 8.021 6 | 7.119 6 | 6.372 9 | 6.047 2 | 5.748 7 | 5.222 3 | 4.774 6 | 4.059 1 | 3.517 7 | 3.097 1 |
| 18 | 8.201 4 | 7.249 7 | 6.467 4 | 6.128 0 | 5.817 8 | 5.273 2 | 4.812 2 | 4.079 9 | 3.529 4 | 3.103 9 |
| 19 | 8.364 9 | 7.365 8 | 6.550 4 | 6.198 2 | 5.877 5 | 5.316 2 | 4.843 5 | 4.096 7 | 3.538 6 | 3.109 0 |
| 20 | 8.513 6 | 7.469 4 | 6.623 1 | 6.259 3 | 5.928 8 | 5.352 7 | 4.869 6 | 4.110 3 | 3.545 8 | 3.112 9 |
| 21 | 8.648 7 | 7.562 0 | 6.687 0 | 6.312 5 | 5.973 1 | 5.383 7 | 4.891 3 | 4.121 2 | 3.551 4 | 3.115 8 |
| 22 | 8.771 5 | 7.644 6 | 6.742 9 | 6.358 7 | 6.011 3 | 5.409 9 | 4.909 4 | 4.130 0 | 3.555 8 | 3.118 0 |
| 23 | 8.883 2 | 7.718 4 | 6.792 1 | 6.398 8 | 6.044 2 | 5.432 1 | 4.924 5 | 4.137 1 | 3.559 2 | 3.119 7 |
| 24 | 8.984 7 | 7.784 3 | 6.835 1 | 6.433 8 | 6.072 6 | 5.450 9 | 4.937 1 | 4.142 8 | 3.561 9 | 3.121 0 |
| 25 | 9.077 0 | 7.843 1 | 6.872 9 | 6.464 1 | 6.097 1 | 5.466 9 | 4.947 6 | 4.147 4 | 3.564 0 | 3.122 0 |

（续）

| T | 10% | 12% | 14% | 15% | 16% | 18% | 20% | 24% | 28% | 32% |
|---|---|---|---|---|---|---|---|---|---|---|
| 30 | 9.426 9 | 8.055 2 | 7.002 7 | 6.566 0 | 6.177 2 | 5.516 8 | 4.978 9 | 4.160 1 | 3.569 3 | 3.124 2 |
| 40 | 9.779 1 | 8.243 8 | 7.105 0 | 6.641 8 | 6.233 5 | 5.548 2 | 4.996 6 | 4.165 9 | 3.571 2 | 3.125 0 |
| 50 | 9.914 8 | 8.304 5 | 7.132 7 | 6.660 5 | 6.246 3 | 5.554 1 | 4.999 5 | 4.166 6 | 3.571 4 | 3.125 0 |

表 A-3　复利终值系数表：$FVIF = (1 + r)^T$

| T | 1% | 2% | 3% | 4% | 5% | 6% | 7% | 8% | 9% |
|---|---|---|---|---|---|---|---|---|---|
| 1 | 1.010 0 | 1.020 0 | 1.030 0 | 1.040 0 | 1.050 0 | 1.060 0 | 1.070 0 | 1.080 0 | 1.090 0 |
| 2 | 1.020 1 | 1.040 4 | 1.060 9 | 1.081 6 | 1.102 5 | 1.123 6 | 1.144 9 | 1.166 4 | 1.188 1 |
| 3 | 1.030 3 | 1.061 2 | 1.092 7 | 1.124 9 | 1.157 6 | 1.191 0 | 1.225 0 | 1.259 7 | 1.295 0 |
| 4 | 1.040 6 | 1.082 4 | 1.125 5 | 1.169 9 | 1.215 5 | 1.262 5 | 1.310 8 | 1.360 5 | 1.411 6 |
| 5 | 1.051 0 | 1.104 1 | 1.159 3 | 1.216 7 | 1.276 3 | 1.338 2 | 1.402 6 | 1.469 3 | 1.538 6 |
| 6 | 1.061 5 | 1.126 2 | 1.194 1 | 1.265 3 | 1.340 1 | 1.418 5 | 1.500 7 | 1.586 9 | 1.677 1 |
| 7 | 1.072 1 | 1.148 7 | 1.229 9 | 1.315 9 | 1.407 1 | 1.503 6 | 1.605 8 | 1.713 8 | 1.828 0 |
| 8 | 1.082 9 | 1.171 7 | 1.266 8 | 1.368 6 | 1.477 5 | 1.593 8 | 1.718 2 | 1.850 9 | 1.992 6 |
| 9 | 1.093 7 | 1.195 1 | 1.304 8 | 1.423 3 | 1.551 3 | 1.689 5 | 1.838 5 | 1.999 0 | 2.171 9 |
| 10 | 1.104 6 | 1.219 0 | 1.343 9 | 1.480 2 | 1.628 9 | 1.790 8 | 1.967 2 | 2.158 9 | 2.367 4 |
| 11 | 1.115 7 | 1.243 4 | 1.384 2 | 1.539 5 | 1.710 3 | 1.898 3 | 2.104 9 | 2.331 6 | 2.580 4 |
| 12 | 1.126 8 | 1.268 2 | 1.425 8 | 1.601 0 | 1.795 9 | 2.012 2 | 2.252 2 | 2.518 2 | 2.812 7 |
| 13 | 1.138 1 | 1.293 6 | 1.468 5 | 1.665 1 | 1.885 6 | 2.132 9 | 2.409 8 | 2.719 6 | 3.065 8 |
| 14 | 1.149 5 | 1.319 5 | 1.512 6 | 1.731 7 | 1.979 9 | 2.260 9 | 2.578 5 | 2.937 2 | 3.341 7 |
| 15 | 1.161 0 | 1.345 9 | 1.558 0 | 1.800 9 | 2.078 9 | 2.396 6 | 2.759 0 | 3.172 2 | 3.642 5 |
| 16 | 1.172 6 | 1.372 8 | 1.604 7 | 1.873 0 | 2.182 9 | 2.540 4 | 2.952 2 | 3.425 9 | 3.970 3 |
| 17 | 1.184 3 | 1.400 2 | 1.652 8 | 1.947 9 | 2.292 0 | 2.692 8 | 3.158 8 | 3.700 0 | 4.327 6 |
| 18 | 1.196 1 | 1.428 2 | 1.702 4 | 2.025 8 | 2.406 6 | 2.854 3 | 3.379 9 | 3.996 0 | 4.717 1 |
| 19 | 1.208 1 | 1.456 8 | 1.753 5 | 2.106 8 | 2.527 0 | 3.025 6 | 3.616 5 | 4.315 7 | 5.141 7 |
| 20 | 1.220 2 | 1.485 9 | 1.806 1 | 2.191 1 | 2.653 3 | 3.207 1 | 3.869 7 | 4.661 0 | 5.604 4 |
| 21 | 1.232 4 | 1.515 7 | 1.860 3 | 2.278 8 | 2.786 0 | 3.399 6 | 4.140 6 | 5.033 8 | 6.108 8 |
| 22 | 1.244 7 | 1.546 0 | 1.916 1 | 2.369 9 | 2.925 3 | 3.603 5 | 4.430 4 | 5.436 5 | 6.658 6 |
| 23 | 1.257 2 | 1.576 9 | 1.973 6 | 2.464 7 | 3.071 5 | 3.819 7 | 4.740 5 | 5.871 5 | 7.257 9 |
| 24 | 1.269 7 | 1.608 4 | 2.032 8 | 2.563 3 | 3.225 1 | 4.048 9 | 5.072 4 | 6.341 2 | 7.911 1 |
| 25 | 1.282 4 | 1.640 6 | 2.093 8 | 2.665 8 | 3.386 4 | 4.291 9 | 5.427 4 | 6.848 5 | 8.623 1 |
| 30 | 1.347 8 | 1.811 4 | 2.427 3 | 3.243 4 | 4.321 9 | 5.743 5 | 7.612 3 | 10.063 | 13.268 |
| 40 | 1.488 9 | 2.208 0 | 3.262 0 | 4.801 0 | 7.040 0 | 10.286 | 14.974 | 21.725 | 31.409 |
| 50 | 1.644 6 | 2.691 6 | 4.383 9 | 7.106 7 | 11.467 | 18.420 | 29.457 | 46.902 | 74.358 |
| 60 | 1.816 7 | 3.281 0 | 5.891 6 | 10.520 | 18.679 | 32.988 | 57.946 | 101.26 | 176.03 |

| T | 10% | 12% | 14% | 15% | 16% | 18% | 20% | 24% | 28% | 32% | 36% |
|---|---|---|---|---|---|---|---|---|---|---|---|
| 1 | 1.100 0 | 1.120 0 | 1.140 0 | 1.150 0 | 1.160 0 | 1.180 0 | 1.200 0 | 1.240 0 | 1.280 0 | 1.320 0 | 1.360 0 |
| 2 | 1.210 0 | 1.254 4 | 1.299 6 | 1.322 5 | 1.345 6 | 1.392 4 | 1.440 0 | 1.537 6 | 1.638 4 | 1.742 4 | 1.849 6 |
| 3 | 1.331 0 | 1.404 9 | 1.481 5 | 1.520 9 | 1.560 9 | 1.643 0 | 1.728 0 | 1.906 6 | 2.097 2 | 2.300 0 | 2.515 5 |
| 4 | 1.464 1 | 1.573 5 | 1.689 0 | 1.749 0 | 1.810 6 | 1.938 8 | 2.073 6 | 2.364 2 | 2.684 4 | 3.036 0 | 3.421 0 |
| 5 | 1.610 5 | 1.762 3 | 1.925 4 | 2.011 4 | 2.100 3 | 2.287 8 | 2.488 3 | 2.931 6 | 3.436 0 | 4.007 5 | 4.652 6 |
| 6 | 1.771 6 | 1.973 8 | 2.195 0 | 2.313 1 | 2.436 4 | 2.699 6 | 2.986 0 | 3.635 2 | 4.398 0 | 5.289 9 | 6.327 5 |
| 7 | 1.948 7 | 2.210 7 | 2.502 3 | 2.660 0 | 2.826 2 | 3.185 5 | 3.583 2 | 4.507 7 | 5.629 5 | 6.982 6 | 8.605 4 |

（续）

| $T$ | 10% | 12% | 14% | 15% | 16% | 18% | 20% | 24% | 28% | 32% | 36% |
|---|---|---|---|---|---|---|---|---|---|---|---|
| | | | | | | $r$ | | | | | |
| 8 | 2.143 6 | 2.476 0 | 2.852 6 | 3.059 0 | 3.278 4 | 3.758 9 | 4.299 8 | 5.589 5 | 7.205 8 | 9.217 0 | 11.703 |
| 9 | 2.357 9 | 2.773 1 | 3.251 9 | 3.517 9 | 3.803 0 | 4.435 5 | 5.159 8 | 6.931 0 | 9.223 4 | 12.166 | 15.917 |
| 10 | 2.593 7 | 3.105 8 | 3.707 2 | 4.045 6 | 4.411 4 | 5.233 8 | 6.191 7 | 8.594 4 | 11.806 | 16.060 | 21.647 |
| 11 | 2.853 1 | 3.478 5 | 4.226 2 | 4.652 4 | 5.117 3 | 6.175 9 | 7.430 1 | 10.657 | 15.112 | 21.199 | 29.439 |
| 12 | 3.138 4 | 3.896 0 | 4.817 9 | 5.350 3 | 5.936 0 | 7.287 6 | 8.916 1 | 13.215 | 19.343 | 27.983 | 40.037 |
| 13 | 3.452 3 | 4.363 5 | 5.492 4 | 6.152 8 | 6.885 8 | 8.599 4 | 10.699 | 16.386 | 24.759 | 36.937 | 54.451 |
| 14 | 3.797 5 | 4.887 1 | 6.261 3 | 7.075 7 | 7.987 5 | 10.147 | 12.839 | 20.319 | 31.691 | 48.757 | 74.053 |
| 15 | 4.177 2 | 5.473 6 | 7.137 9 | 8.137 1 | 9.265 5 | 11.974 | 15.407 | 25.196 | 40.565 | 64.359 | 100.71 |
| 16 | 4.595 0 | 6.130 4 | 8.137 2 | 9.357 6 | 10.748 | 14.129 | 18.488 | 31.243 | 51.923 | 84.954 | 136.97 |
| 17 | 5.054 5 | 6.866 0 | 9.276 5 | 10.761 | 12.468 | 16.672 | 22.186 | 38.741 | 66.461 | 112.14 | 186.28 |
| 18 | 5.559 9 | 7.690 0 | 10.575 | 12.375 | 14.463 | 19.673 | 26.623 | 48.039 | 86.071 | 148.02 | 253.34 |
| 19 | 6.115 9 | 8.612 8 | 12.056 | 14.232 | 16.777 | 23.214 | 31.948 | 59.568 | 108.89 | 195.39 | 344.54 |
| 20 | 6.727 5 | 9.646 3 | 13.743 | 16.367 | 19.461 | 27.393 | 38.338 | 73.864 | 139.38 | 257.92 | 468.57 |
| 21 | 7.400 2 | 10.804 | 15.668 | 18.822 | 22.574 | 32.324 | 46.005 | 91.592 | 178.41 | 340.45 | 637.26 |
| 22 | 8.140 3 | 12.100 | 17.861 | 21.645 | 26.186 | 38.142 | 55.206 | 113.57 | 228.36 | 449.39 | 866.67 |
| 23 | 8.954 3 | 13.552 | 20.362 | 24.891 | 30.376 | 45.008 | 66.247 | 140.83 | 292.30 | 593.20 | 1 178.7 |
| 24 | 9.849 7 | 15.179 | 23.212 | 28.625 | 35.236 | 53.109 | 79.497 | 174.63 | 374.14 | 783.02 | 1 603.0 |
| 25 | 10.835 | 17.000 | 26.462 | 32.919 | 40.874 | 62.669 | 95.396 | 216.54 | 478.90 | 1 033.6 | 2 180.1 |
| 30 | 17.449 | 29.960 | 50.950 | 66.212 | 85.850 | 143.37 | 237.38 | 634.82 | 1 645.5 | 4 142.1 | 10 143. |
| 40 | 45.259 | 93.051 | 188.88 | 267.86 | 378.72 | 750.38 | 1 469.8 | 5 455.9 | 19 427. | 66 521. | * |
| 50 | 117.39 | 289.00 | 700.23 | 1 083.7 | 1 670.7 | 3 927.4 | 9 100.4 | 46 890. | * | * | * |
| 60 | 304.48 | 897.60 | 2 595.9 | 4 384.0 | 7 370.2 | 20 555. | 56 348. | * | * | * | * |

注：*FVIF > 99 999。

表 A-4　年金终值系数表：FVIFA = [ ( 1 + $r$ )$^T$ −1] / $r$

| $T$ | 1% | 2% | 3% | 4% | 5% | 6% | 7% | 8% | 9% |
|---|---|---|---|---|---|---|---|---|---|
| | | | | | $r$ | | | | |
| 1 | 1.000 0 | 1.000 0 | 1.000 0 | 1.000 0 | 1.000 0 | 1.000 0 | 1.000 0 | 1.000 0 | 1.000 0 |
| 2 | 2.010 0 | 2.020 0 | 2.030 0 | 2.040 0 | 2.050 0 | 2.060 0 | 2.070 0 | 2.080 0 | 2.090 0 |
| 3 | 3.030 1 | 3.060 4 | 3.090 9 | 3.121 6 | 3.152 5 | 3.183 6 | 3.214 9 | 3.246 4 | 3.278 1 |
| 4 | 4.060 4 | 4.121 6 | 4.183 6 | 4.246 5 | 4.310 1 | 4.374 6 | 4.439 9 | 4.506 1 | 4.573 1 |
| 5 | 5.101 0 | 5.204 0 | 5.309 1 | 5.416 3 | 5.525 6 | 5.637 1 | 5.750 7 | 5.866 6 | 5.984 7 |
| 6 | 6.152 0 | 6.308 1 | 6.468 4 | 6.633 0 | 6.801 9 | 6.975 3 | 7.153 3 | 7.335 9 | 7.523 3 |
| 7 | 7.213 5 | 7.434 3 | 7.662 5 | 7.898 3 | 8.142 0 | 8.393 8 | 8.654 0 | 8.922 8 | 9.200 4 |
| 8 | 8.285 7 | 8.583 0 | 8.893 2 | 9.214 2 | 9.549 1 | 9.897 5 | 10.260 | 10.637 | 11.028 |
| 9 | 9.368 5 | 9.754 6 | 10.159 | 10.583 | 11.027 | 11.491 | 11.978 | 12.488 | 13.021 |
| 10 | 10.462 | 10.950 | 11.464 | 12.006 | 12.578 | 13.181 | 13.816 | 14.487 | 15.193 |
| 11 | 11.567 | 12.169 | 12.808 | 13.486 | 14.207 | 14.972 | 15.784 | 16.645 | 17.560 |
| 12 | 12.683 | 13.412 | 14.192 | 15.026 | 15.917 | 16.870 | 17.888 | 18.977 | 20.141 |
| 13 | 13.809 | 14.680 | 15.618 | 16.627 | 17.713 | 18.882 | 20.141 | 21.495 | 22.953 |
| 14 | 14.947 | 15.974 | 17.086 | 18.292 | 19.599 | 21.015 | 22.550 | 24.215 | 26.019 |
| 15 | 16.097 | 17.293 | 18.599 | 20.024 | 21.579 | 23.276 | 25.129 | 27.152 | 29.361 |
| 16 | 17.258 | 18.639 | 20.157 | 21.825 | 23.657 | 25.673 | 27.888 | 30.324 | 33.003 |
| 17 | 18.430 | 20.012 | 21.762 | 23.698 | 25.840 | 28.213 | 30.840 | 33.750 | 36.974 |
| 18 | 19.615 | 21.412 | 23.414 | 25.645 | 28.132 | 30.906 | 33.999 | 37.450 | 41.301 |

（续）

| T | 1% | 2% | 3% | 4% | 5% | 6% | 7% | 8% | 9% |
|---|---|---|---|---|---|---|---|---|---|
| 19 | 20.811 | 22.841 | 25.117 | 27.671 | 30.539 | 33.760 | 37.379 | 41.446 | 46.018 |
| 20 | 22.019 | 24.297 | 26.870 | 29.778 | 33.066 | 36.786 | 40.995 | 45.762 | 51.160 |
| 21 | 23.239 | 25.783 | 28.676 | 31.969 | 35.719 | 39.993 | 44.865 | 50.423 | 56.765 |
| 22 | 24.472 | 27.299 | 30.537 | 34.248 | 38.505 | 43.392 | 49.006 | 55.457 | 62.873 |
| 23 | 25.716 | 28.845 | 32.453 | 36.618 | 41.430 | 46.996 | 53.436 | 60.893 | 69.532 |
| 24 | 26.973 | 30.422 | 34.426 | 39.083 | 44.502 | 50.816 | 58.177 | 66.765 | 76.790 |
| 25 | 28.243 | 32.030 | 36.459 | 41.646 | 47.727 | 54.865 | 63.249 | 73.106 | 84.701 |
| 30 | 34.785 | 40.568 | 47.575 | 56.085 | 66.439 | 79.058 | 94.461 | 113.28 | 136.31 |
| 40 | 48.886 | 60.402 | 75.401 | 95.026 | 120.80 | 154.76 | 199.64 | 259.06 | 337.88 |
| 50 | 64.463 | 84.579 | 112.80 | 152.67 | 209.35 | 290.34 | 406.53 | 573.77 | 815.08 |
| 60 | 81.670 | 114.05 | 163.05 | 237.99 | 353.58 | 533.13 | 813.52 | 1 253.2 | 1 944.8 |

| T | 10% | 12% | 14% | 15% | 16% | 18% | 20% | 24% | 28% | 32% | 36% |
|---|---|---|---|---|---|---|---|---|---|---|---|
| 1 | 1.000 0 | 1.000 0 | 1.000 0 | 1.000 0 | 1.000 0 | 1.000 0 | 1.000 0 | 1.000 0 | 1.000 0 | 1.000 0 | 1.000 0 |
| 2 | 2.100 0 | 2.120 0 | 2.140 0 | 2.150 0 | 2.160 0 | 2.180 0 | 2.200 0 | 2.240 0 | 2.280 0 | 2.320 0 | 2.360 0 |
| 3 | 3.310 0 | 3.374 4 | 3.439 6 | 3.472 5 | 3.505 6 | 3.572 4 | 3.640 0 | 3.777 6 | 3.918 4 | 4.062 4 | 4.209 6 |
| 4 | 4.641 0 | 4.779 3 | 4.921 1 | 4.993 4 | 5.066 5 | 5.215 4 | 5.368 0 | 5.684 2 | 6.015 6 | 6.362 4 | 6.725 1 |
| 5 | 6.105 1 | 6.352 8 | 6.610 1 | 6.742 4 | 6.877 1 | 7.154 2 | 7.441 6 | 8.048 4 | 8.699 9 | 9.398 3 | 10.146 |
| 6 | 7.715 6 | 8.115 2 | 8.535 5 | 8.753 7 | 8.977 5 | 9.442 0 | 9.929 9 | 10.980 | 12.136 | 13.406 | 14.799 |
| 7 | 9.487 2 | 10.089 | 10.730 | 11.067 | 11.414 | 12.142 | 12.916 | 14.615 | 16.534 | 18.696 | 21.126 |
| 8 | 11.436 | 12.300 | 13.233 | 13.727 | 14.240 | 15.327 | 16.499 | 19.123 | 22.163 | 25.678 | 29.732 |
| 9 | 13.579 | 14.776 | 16.085 | 16.786 | 17.519 | 19.086 | 20.799 | 24.712 | 29.369 | 34.895 | 41.435 |
| 10 | 15.937 | 17.549 | 19.337 | 20.304 | 21.321 | 23.521 | 25.959 | 31.643 | 38.593 | 47.062 | 57.352 |
| 11 | 18.531 | 20.655 | 23.045 | 24.349 | 25.733 | 28.755 | 32.150 | 40.238 | 50.398 | 63.122 | 78.998 |
| 12 | 21.384 | 24.133 | 27.271 | 29.002 | 30.850 | 34.931 | 39.581 | 50.895 | 65.510 | 84.320 | 108.44 |
| 13 | 24.523 | 28.029 | 32.089 | 34.352 | 36.786 | 42.219 | 48.497 | 64.110 | 84.853 | 112.30 | 148.47 |
| 14 | 27.975 | 32.393 | 37.581 | 40.505 | 43.672 | 50.818 | 59.196 | 80.496 | 109.61 | 149.24 | 202.93 |
| 15 | 31.772 | 37.280 | 43.842 | 47.580 | 51.660 | 60.965 | 72.035 | 100.82 | 141.30 | 198.00 | 276.98 |
| 16 | 35.950 | 42.753 | 50.980 | 55.717 | 60.925 | 72.939 | 87.442 | 126.01 | 181.87 | 262.36 | 377.69 |
| 17 | 40.545 | 48.884 | 59.118 | 65.075 | 71.673 | 87.068 | 105.93 | 157.25 | 233.79 | 347.31 | 514.66 |
| 18 | 45.599 | 55.750 | 68.394 | 75.836 | 84.141 | 103.74 | 128.12 | 195.99 | 300.25 | 459.45 | 700.94 |
| 19 | 51.159 | 64.440 | 78.969 | 88.212 | 98.603 | 123.41 | 154.74 | 244.03 | 385.32 | 607.47 | 954.28 |
| 20 | 57.275 | 72.052 | 91.025 | 102.44 | 115.38 | 146.63 | 186.69 | 303.60 | 494.21 | 802.86 | 1 298.8 |
| 21 | 64.002 | 81.699 | 104.77 | 118.81 | 134.84 | 174.02 | 225.03 | 377.46 | 633.59 | 1 060.8 | 1 767.4 |
| 22 | 71.403 | 92.503 | 120.44 | 137.63 | 157.41 | 206.34 | 271.03 | 469.06 | 812.00 | 1 401.2 | 2 404.7 |
| 23 | 79.543 | 104.60 | 138.30 | 159.28 | 183.60 | 244.49 | 326.24 | 582.63 | 1 040.4 | 1 850.6 | 3 271.3 |
| 24 | 88.497 | 118.16 | 158.66 | 184.17 | 213.98 | 289.49 | 392.48 | 723.46 | 1 332.7 | 2 443.8 | 4 450.0 |
| 25 | 98.347 | 133.33 | 181.87 | 212.79 | 249.21 | 342.60 | 471.98 | 898.09 | 1 706.8 | 3 226.8 | 6 053.0 |
| 30 | 164.49 | 241.33 | 356.79 | 434.75 | 530.31 | 790.95 | 1 181.9 | 2 640.9 | 5 873.2 | 12 941. | 28 172.3 |
| 40 | 442.59 | 767.09 | 1 342.0 | 1 779.1 | 2 360.8 | 4 163.2 | 7 343.9 | 22 729. | 69 377. | * | * |
| 50 | 1 163.9 | 2 400.0 | 4 994.5 | 7 217.7 | 10 436. | 21 813. | 45 497. | * | * | * | * |
| 60 | 3 034.8 | 7 471.6 | 18 535. | 29 220. | 46 058. | * | * | * | * | * | * |

注：*FVIFA > 99 999。

表 A-5 连续复利的终值：$e^{rT}$

| T | 1% | 2% | 3% | 4% | 5% | 6% | 7% | 8% | 9% | 10% | 11% | 12% | 13% | 14% |
|---|---|---|---|---|---|---|---|---|---|---|---|---|---|---|
| 1 | 1.010 1 | 1.020 2 | 1.030 5 | 1.040 8 | 1.051 3 | 1.061 8 | 1.072 5 | 1.083 3 | 1.094 2 | 1.105 2 | 1.116 3 | 1.127 5 | 1.138 8 | 1.150 3 |
| 2 | 1.020 2 | 1.040 8 | 1.061 8 | 1.083 3 | 1.105 2 | 1.127 5 | 1.150 3 | 1.173 5 | 1.197 2 | 1.221 4 | 1.246 1 | 1.271 2 | 1.296 9 | 1.323 1 |
| 3 | 1.030 5 | 1.061 8 | 1.094 2 | 1.127 5 | 1.161 8 | 1.197 2 | 1.233 7 | 1.271 2 | 1.310 0 | 1.349 9 | 1.391 0 | 1.433 3 | 1.477 0 | 1.522 0 |
| 4 | 1.040 8 | 1.083 3 | 1.127 5 | 1.173 5 | 1.221 4 | 1.271 2 | 1.323 1 | 1.377 1 | 1.433 3 | 1.491 8 | 1.552 7 | 1.616 1 | 1.682 0 | 1.750 7 |
| 5 | 1.051 3 | 1.105 2 | 1.161 8 | 1.221 4 | 1.284 0 | 1.349 9 | 1.419 1 | 1.491 8 | 1.568 3 | 1.648 7 | 1.733 3 | 1.822 1 | 1.915 5 | 2.013 8 |
| 6 | 1.061 8 | 1.127 5 | 1.197 2 | 1.271 2 | 1.349 9 | 1.433 3 | 1.522 0 | 1.616 1 | 1.716 0 | 1.822 1 | 1.934 8 | 2.054 4 | 2.181 5 | 2.316 4 |
| 7 | 1.072 5 | 1.150 3 | 1.233 7 | 1.323 1 | 1.419 1 | 1.522 0 | 1.632 3 | 1.750 7 | 1.877 6 | 2.013 8 | 2.159 8 | 2.316 4 | 2.484 3 | 2.664 5 |
| 8 | 1.083 3 | 1.173 5 | 1.271 2 | 1.377 1 | 1.491 8 | 1.616 1 | 1.750 7 | 1.896 5 | 2.054 4 | 2.225 5 | 2.410 9 | 2.611 7 | 2.829 2 | 3.064 9 |
| 9 | 1.094 2 | 1.197 2 | 1.310 0 | 1.433 3 | 1.568 3 | 1.716 0 | 1.877 6 | 2.054 4 | 2.247 9 | 2.459 6 | 2.691 2 | 2.944 7 | 3.222 0 | 3.525 4 |
| 10 | 1.105 2 | 1.221 4 | 1.349 9 | 1.491 8 | 1.648 7 | 1.822 1 | 2.013 8 | 2.225 5 | 2.459 6 | 2.718 3 | 3.004 2 | 3.320 1 | 3.669 3 | 4.055 2 |
| 11 | 1.116 3 | 1.246 1 | 1.391 0 | 1.552 7 | 1.733 3 | 1.934 8 | 2.159 8 | 2.410 9 | 2.691 2 | 3.004 2 | 3.353 5 | 3.743 4 | 4.178 7 | 4.664 6 |
| 12 | 1.127 5 | 1.271 2 | 1.433 3 | 1.616 1 | 1.822 1 | 2.054 4 | 2.316 4 | 2.611 7 | 2.944 7 | 3.320 1 | 3.743 4 | 4.220 7 | 4.758 8 | 5.365 6 |
| 13 | 1.138 8 | 1.296 9 | 1.477 0 | 1.682 0 | 1.915 5 | 2.181 5 | 2.484 3 | 2.829 2 | 3.222 0 | 3.669 3 | 4.178 7 | 4.758 8 | 5.419 5 | 6.171 9 |
| 14 | 1.150 3 | 1.323 1 | 1.522 0 | 1.750 7 | 2.013 8 | 2.316 4 | 2.664 5 | 3.064 9 | 3.525 4 | 4.055 2 | 4.664 6 | 5.365 6 | 6.171 9 | 7.099 3 |
| 15 | 1.161 8 | 1.349 9 | 1.568 3 | 1.822 1 | 2.117 0 | 2.459 6 | 2.857 7 | 3.320 1 | 3.857 4 | 4.481 7 | 5.207 0 | 6.049 6 | 7.028 7 | 8.166 2 |
| 16 | 1.173 5 | 1.377 1 | 1.616 1 | 1.896 5 | 2.225 5 | 2.611 7 | 3.064 9 | 3.596 6 | 4.220 7 | 4.953 0 | 5.812 4 | 6.821 0 | 8.004 5 | 9.393 3 |
| 17 | 1.185 3 | 1.404 9 | 1.665 3 | 1.973 9 | 2.339 6 | 2.773 2 | 3.287 1 | 3.896 2 | 4.618 2 | 5.473 9 | 6.488 3 | 7.690 6 | 9.115 7 | 10.804 9 |
| 18 | 1.197 2 | 1.433 3 | 1.716 0 | 2.054 4 | 2.459 6 | 2.944 7 | 3.525 4 | 4.220 7 | 5.053 1 | 6.049 6 | 7.242 7 | 8.671 1 | 10.381 2 | 12.428 6 |
| 19 | 1.209 2 | 1.462 3 | 1.768 3 | 2.138 3 | 2.585 7 | 3.126 8 | 3.781 0 | 4.572 2 | 5.529 0 | 6.685 9 | 8.084 9 | 9.776 7 | 11.822 4 | 14.296 3 |
| 20 | 1.221 4 | 1.491 8 | 1.822 1 | 2.225 5 | 2.718 3 | 3.320 1 | 4.055 2 | 4.953 0 | 6.049 6 | 7.389 1 | 9.025 0 | 11.023 2 | 13.463 7 | 16.444 6 |
| 21 | 1.233 7 | 1.522 0 | 1.877 6 | 2.316 4 | 2.857 7 | 3.525 4 | 4.349 2 | 5.365 6 | 6.619 4 | 8.166 2 | 10.074 4 | 12.428 6 | 15.332 9 | 18.915 8 |
| 22 | 1.246 1 | 1.552 7 | 1.934 8 | 2.410 9 | 3.004 2 | 3.743 4 | 4.664 6 | 5.812 4 | 7.242 7 | 9.025 0 | 11.245 9 | 14.013 2 | 17.461 5 | 21.758 4 |
| 23 | 1.258 6 | 1.584 1 | 1.993 7 | 2.509 3 | 3.158 2 | 3.974 9 | 5.002 8 | 6.296 5 | 7.924 8 | 9.974 2 | 12.553 5 | 15.799 8 | 19.885 7 | 25.028 1 |
| 24 | 1.271 2 | 1.616 1 | 2.054 4 | 2.611 7 | 3.320 1 | 4.220 7 | 5.365 6 | 6.821 0 | 8.671 1 | 11.023 2 | 14.013 2 | 17.814 3 | 22.646 4 | 28.789 2 |
| 25 | 1.284 0 | 1.648 7 | 2.117 0 | 2.718 3 | 3.490 3 | 4.481 7 | 5.754 6 | 7.389 1 | 9.487 7 | 12.182 5 | 15.642 6 | 20.085 5 | 25.790 3 | 33.115 5 |
| 30 | 1.349 9 | 1.822 1 | 2.459 6 | 3.320 4 | 4.481 7 | 6.049 6 | 8.166 2 | 11.023 2 | 14.879 7 | 20.085 5 | 27.112 6 | 36.598 2 | 49.402 4 | 66.686 3 |
| 35 | 1.419 1 | 2.013 8 | 2.857 7 | 4.055 2 | 5.754 6 | 8.166 2 | 11.588 3 | 16.444 6 | 23.336 1 | 33.115 5 | 46.993 1 | 66.686 3 | 94.632 4 | 134.289 8 |
| 40 | 1.491 8 | 2.225 5 | 3.320 1 | 4.953 0 | 7.389 1 | 11.023 2 | 16.444 6 | 24.523 5 | 36.598 2 | 54.598 2 | 81.450 9 | 121.510 4 | 181.272 2 | 270.426 4 |
| 45 | 1.568 3 | 2.459 6 | 3.857 4 | 6.049 6 | 9.487 7 | 14.879 7 | 23.336 1 | 36.598 2 | 57.397 5 | 90.017 1 | 141.175 0 | 221.406 4 | 347.234 4 | 544.571 9 |
| 50 | 1.648 7 | 2.718 3 | 4.481 7 | 7.389 1 | 12.182 5 | 20.085 5 | 33.115 5 | 54.598 2 | 90.017 1 | 148.413 2 | 244.691 9 | 403.428 8 | 665.141 6 | 1 096.633 |
| 55 | 1.733 3 | 3.004 2 | 5.207 0 | 9.025 0 | 15.642 6 | 27.112 6 | 46.993 1 | 81.450 9 | 141.175 0 | 244.691 9 | 424.113 0 | 735.095 2 | 1 274.106 | 2 208.348 |
| 60 | 1.822 1 | 3.320 1 | 6.049 6 | 11.023 2 | 20.085 5 | 36.598 2 | 66.686 3 | 121.510 4 | 221.406 4 | 403.428 8 | 735.095 2 | 1 339.431 | 2 440.602 | 4 447.067 |

（续）

*r*

| T | 15% | 16% | 17% | 18% | 19% | 20% | 21% | 22% | 23% | 24% | 25% | 26% | 27% | 28% |
|---|---|---|---|---|---|---|---|---|---|---|---|---|---|---|
| 1 | 1.161 8 | 1.173 5 | 1.185 3 | 1.197 2 | 1.209 2 | 1.221 4 | 1.233 7 | 1.246 1 | 1.258 6 | 1.271 2 | 1.284 0 | 1.296 9 | 1.310 0 | 1.323 1 |
| 2 | 1.349 9 | 1.377 1 | 1.404 9 | 1.433 3 | 1.462 3 | 1.491 8 | 1.522 0 | 1.552 7 | 1.584 1 | 1.616 1 | 1.648 7 | 1.682 0 | 1.716 0 | 1.750 7 |
| 3 | 1.568 3 | 1.616 1 | 1.665 3 | 1.716 0 | 1.768 3 | 1.822 1 | 1.877 6 | 1.934 8 | 1.993 7 | 2.054 4 | 2.117 0 | 2.181 5 | 2.247 9 | 2.316 4 |
| 4 | 1.822 1 | 1.896 5 | 1.973 9 | 2.054 4 | 2.138 3 | 2.225 5 | 2.316 4 | 2.410 9 | 2.509 3 | 2.611 7 | 2.718 3 | 2.829 2 | 2.944 7 | 3.064 9 |
| 5 | 2.117 0 | 2.225 5 | 2.339 6 | 2.459 6 | 2.585 7 | 2.718 3 | 2.857 7 | 3.004 2 | 3.158 2 | 3.320 1 | 3.490 3 | 3.669 3 | 3.857 4 | 4.055 2 |
| 6 | 2.459 6 | 2.611 7 | 2.773 2 | 2.944 7 | 3.126 8 | 3.320 1 | 3.525 4 | 3.743 4 | 3.974 9 | 4.220 7 | 4.481 7 | 4.758 8 | 5.035 1 | 5.365 6 |
| 7 | 2.857 7 | 3.064 9 | 3.287 1 | 3.525 4 | 3.781 0 | 4.055 2 | 4.349 2 | 4.664 6 | 5.002 8 | 5.365 6 | 5.754 6 | 6.171 9 | 6.619 4 | 7.099 3 |
| 8 | 3.320 1 | 3.596 6 | 3.896 2 | 4.220 7 | 4.572 2 | 4.953 0 | 5.365 6 | 5.812 4 | 6.296 5 | 6.821 0 | 7.389 1 | 8.004 5 | 8.671 1 | 9.393 3 |
| 9 | 3.857 4 | 4.220 7 | 4.618 2 | 5.053 1 | 5.529 0 | 6.049 6 | 6.619 4 | 7.242 7 | 7.924 8 | 8.671 1 | 9.487 7 | 10.381 2 | 11.358 9 | 12.428 6 |
| 10 | 4.481 7 | 4.953 0 | 5.473 9 | 6.049 6 | 6.685 9 | 7.389 1 | 8.166 2 | 9.025 0 | 9.974 2 | 11.023 2 | 12.182 5 | 13.463 7 | 14.879 7 | 16.444 6 |
| 11 | 5.207 0 | 5.812 4 | 6.488 3 | 7.242 7 | 8.084 9 | 9.025 0 | 10.074 4 | 11.245 9 | 12.553 5 | 14.013 2 | 15.642 6 | 17.461 5 | 19.491 9 | 21.758 4 |
| 12 | 6.049 6 | 6.821 0 | 7.690 6 | 8.671 1 | 9.776 7 | 11.023 2 | 12.428 6 | 14.013 2 | 15.799 8 | 17.814 3 | 20.085 5 | 22.646 4 | 25.533 7 | 28.789 2 |
| 13 | 7.028 7 | 8.004 5 | 9.115 7 | 10.381 2 | 11.822 4 | 13.463 7 | 15.332 9 | 17.461 5 | 19.885 7 | 22.646 4 | 25.790 3 | 29.370 8 | 33.448 3 | 38.091 8 |
| 14 | 8.166 2 | 9.393 3 | 10.804 9 | 12.428 6 | 14.296 3 | 16.444 6 | 18.915 8 | 21.758 4 | 25.028 1 | 28.789 2 | 33.115 5 | 38.091 8 | 43.816 0 | 50.400 4 |
| 15 | 9.487 7 | 11.023 2 | 12.087 1 | 14.879 7 | 17.287 8 | 20.085 5 | 23.336 1 | 27.112 6 | 31.500 4 | 36.598 2 | 42.521 1 | 49.402 4 | 57.397 5 | 66.686 3 |
| 16 | 11.023 2 | 12.935 8 | 15.180 3 | 17.814 3 | 20.905 2 | 24.532 5 | 28.789 2 | 33.784 4 | 39.646 4 | 46.525 5 | 54.598 2 | 64.071 5 | 75.188 6 | 88.234 7 |
| 17 | 12.807 1 | 15.180 3 | 17.993 3 | 21.327 6 | 25.279 7 | 29.964 1 | 35.516 6 | 42.098 0 | 49.899 0 | 59.145 5 | 70.105 4 | 83.096 3 | 98.494 4 | 116.745 9 |
| 18 | 14.879 7 | 17.814 3 | 21.327 6 | 25.533 7 | 30.569 4 | 36.598 2 | 43.816 0 | 52.457 3 | 62.802 8 | 75.188 6 | 90.017 1 | 107.770 1 | 129.024 2 | 154.470 0 |
| 19 | 17.287 8 | 20.905 2 | 25.279 7 | 30.569 4 | 36.966 1 | 44.701 2 | 54.054 9 | 65.365 9 | 79.043 6 | 95.583 1 | 115.584 3 | 139.770 2 | 169.017 1 | 204.383 9 |
| 20 | 20.085 5 | 24.532 5 | 29.964 1 | 36.598 2 | 44.701 2 | 54.598 2 | 66.686 3 | 81.450 9 | 99.484 3 | 121.510 4 | 148.413 2 | 181.272 2 | 221.406 4 | 270.426 4 |
| 21 | 23.336 1 | 28.789 2 | 35.516 6 | 43.816 0 | 54.054 9 | 66.686 3 | 82.269 5 | 101.494 0 | 125.211 0 | 154.470 0 | 190.566 3 | 235.097 4 | 290.034 5 | 357.809 2 |
| 22 | 27.112 6 | 33.784 4 | 42.098 0 | 52.457 3 | 65.365 9 | 81.450 9 | 101.494 0 | 126.469 4 | 157.590 5 | 196.369 9 | 244.691 9 | 304.904 9 | 379.934 9 | 473.428 1 |
| 23 | 31.500 4 | 39.646 4 | 49.899 0 | 62.802 8 | 79.043 6 | 99.484 3 | 125.211 0 | 157.590 5 | 198.343 4 | 249.635 0 | 314.190 7 | 395.440 4 | 497.701 3 | 626.406 8 |
| 24 | 36.598 2 | 46.525 5 | 59.145 5 | 75.188 6 | 95.583 5 | 121.510 4 | 154.470 0 | 196.369 9 | 249.635 0 | 317.348 3 | 403.428 8 | 512.858 5 | 651.970 9 | 828.817 5 |
| 25 | 42.521 1 | 54.598 2 | 70.105 4 | 90.017 1 | 115.584 6 | 148.413 2 | 190.566 3 | 244.691 9 | 314.190 7 | 403.428 8 | 518.012 8 | 665.114 6 | 854.058 8 | 1 096.633 |
| 30 | 90.017 1 | 121.510 4 | 164.021 9 | 221.406 4 | 298.867 4 | 403.428 8 | 544.571 9 | 735.095 2 | 992.274 7 | 1 339.431 | 1 808.042 | 2 440.602 | 3 294.468 | 4 447.067 |
| 35 | 190.566 3 | 270.426 4 | 383.753 3 | 544.571 9 | 772.784 3 | 1 096.633 | 1 556.197 | 2 208.348 | 3 133.795 | 4 447.067 | 6 310.688 | 8 955.293 | 12 708.17 | 18 033.74 |
| 40 | 403.428 8 | 601.845 0 | 897.847 3 | 1 339.431 | 1 998.196 | 2 980.958 | 4 447.067 | 6 634.244 | 9 897.129 | 14 764.78 | 22 026.47 | 32 859.63 | 49 020.80 | 73 130.44 |
| 45 | 854.058 8 | 1 339.431 | 2 100.646 | 3 294.468 | 5 166.754 | 8 103.084 | 12 708.17 | 19 930.37 | 31 257.04 | 49 020.80 | 76 879.92 | 120 571.7 | 189 094.1 | 296 558.6 |
| 50 | 1 808.042 | 2 980.958 | 4 914.769 | 8 103.084 | 13 359.73 | 22 026.47 | 36 315.50 | 59 874.14 | 98 715.77 | 162 754.8 | 268 337.3 | 442 413.4 | 729 416.4 | 1 202 604. |
| 55 | 3 827.626 | 6 634.244 | 11 498.82 | 19 930.37 | 34 544.37 | 59 874.14 | 103 777.0 | 179 871.9 | 311 763.4 | 540 364.9 | 936 589.2 | 1 623 346. | 2 813 669. | 4 876 801. |
| 60 | 8 103.084 | 14 764.78 | 26 903.19 | 49 020.80 | 89 321.72 | 162 754.6 | 296 558.6 | 540 364.9 | 984 609.1 | 1 794 075. | 3 269 017. | 5 956 538. | 10 853 520. | 19 776 403. |

表 A-6 连续复利的现值：$e^{-rT}$

| $T$ | 1% | 2% | 3% | 4% | 5% | 6% | 7% | 8% | 9% | 10% | 11% | 12% | 13% | 14% | 15% | 16% | 17% |
|---|---|---|---|---|---|---|---|---|---|---|---|---|---|---|---|---|---|
| 1 | 0.9900 | 0.9802 | 0.9704 | 0.9608 | 0.9512 | 0.9418 | 0.9324 | 0.9231 | 0.9139 | 0.9048 | 0.8958 | 0.8869 | 0.8781 | 0.8694 | 0.8607 | 0.8521 | 0.8437 |
| 2 | 0.9802 | 0.9608 | 0.9418 | 0.9231 | 0.9048 | 0.8869 | 0.8694 | 0.8521 | 0.8353 | 0.8187 | 0.8025 | 0.7866 | 0.7711 | 0.7558 | 0.7408 | 0.7261 | 0.7118 |
| 3 | 0.9704 | 0.9418 | 0.9139 | 0.8869 | 0.8607 | 0.8353 | 0.8106 | 0.7866 | 0.7634 | 0.7408 | 0.7189 | 0.6977 | 0.6771 | 0.6570 | 0.6376 | 0.6188 | 0.6005 |
| 4 | 0.9608 | 0.9231 | 0.8869 | 0.8521 | 0.8187 | 0.7866 | 0.7558 | 0.7261 | 0.6977 | 0.6703 | 0.6440 | 0.6188 | 0.5945 | 0.5712 | 0.5488 | 0.5273 | 0.5066 |
| 5 | 0.9512 | 0.9048 | 0.8607 | 0.8187 | 0.7788 | 0.7408 | 0.7047 | 0.6703 | 0.6376 | 0.6065 | 0.5769 | 0.5488 | 0.5220 | 0.4966 | 0.4724 | 0.4493 | 0.4274 |
| 6 | 0.9418 | 0.8869 | 0.8353 | 0.7866 | 0.7408 | 0.6977 | 0.6570 | 0.6188 | 0.5827 | 0.5488 | 0.5169 | 0.4868 | 0.4584 | 0.4317 | 0.4066 | 0.3829 | 0.3606 |
| 7 | 0.9324 | 0.8694 | 0.8106 | 0.7558 | 0.7047 | 0.6570 | 0.6126 | 0.5712 | 0.5326 | 0.4966 | 0.4630 | 0.4317 | 0.4025 | 0.3753 | 0.3499 | 0.3263 | 0.3042 |
| 8 | 0.9231 | 0.8521 | 0.7866 | 0.7261 | 0.6703 | 0.6188 | 0.5712 | 0.5273 | 0.4868 | 0.4493 | 0.4148 | 0.3829 | 0.3535 | 0.3263 | 0.3012 | 0.2780 | 0.2576 |
| 9 | 0.9139 | 0.8353 | 0.7634 | 0.6977 | 0.6376 | 0.5827 | 0.5326 | 0.4868 | 0.4449 | 0.4066 | 0.3716 | 0.3396 | 0.3104 | 0.2837 | 0.2592 | 0.2369 | 0.2165 |
| 10 | 0.9048 | 0.8187 | 0.7408 | 0.6703 | 0.6065 | 0.5488 | 0.4966 | 0.4493 | 0.4066 | 0.3679 | 0.3329 | 0.3012 | 0.2725 | 0.2466 | 0.2231 | 0.2019 | 0.1827 |
| 11 | 0.8958 | 0.8025 | 0.7189 | 0.6440 | 0.5769 | 0.5169 | 0.4630 | 0.4148 | 0.3716 | 0.3329 | 0.2982 | 0.2671 | 0.2393 | 0.2144 | 0.1920 | 0.1720 | 0.1541 |
| 12 | 0.8869 | 0.7866 | 0.6977 | 0.6188 | 0.5488 | 0.4868 | 0.4317 | 0.3829 | 0.3396 | 0.3012 | 0.2671 | 0.2369 | 0.2101 | 0.1864 | 0.1653 | 0.1466 | 0.1300 |
| 13 | 0.8781 | 0.7711 | 0.6771 | 0.5945 | 0.5220 | 0.4584 | 0.4025 | 0.3535 | 0.3104 | 0.2725 | 0.2393 | 0.2101 | 0.1845 | 0.1620 | 0.1423 | 0.1249 | 0.1097 |
| 14 | 0.8694 | 0.7558 | 0.6570 | 0.5712 | 0.4966 | 0.4317 | 0.3753 | 0.3263 | 0.2837 | 0.2466 | 0.2144 | 0.1864 | 0.1620 | 0.1409 | 0.1225 | 0.1065 | 0.0926 |
| 15 | 0.8607 | 0.7408 | 0.6376 | 0.5488 | 0.4724 | 0.4066 | 0.3499 | 0.3012 | 0.2592 | 0.2231 | 0.1920 | 0.1653 | 0.1423 | 0.1225 | 0.1054 | 0.0907 | 0.0781 |
| 16 | 0.8521 | 0.7261 | 0.6188 | 0.5273 | 0.4493 | 0.3829 | 0.3263 | 0.2780 | 0.2369 | 0.2019 | 0.1720 | 0.1466 | 0.1249 | 0.1065 | 0.0907 | 0.0773 | 0.0659 |
| 17 | 0.8437 | 0.7118 | 0.6005 | 0.5066 | 0.4274 | 0.3606 | 0.3042 | 0.2567 | 0.2165 | 0.1827 | 0.1541 | 0.1300 | 0.1097 | 0.0926 | 0.0781 | 0.0659 | 0.0556 |
| 18 | 0.8353 | 0.6977 | 0.5827 | 0.4868 | 0.4066 | 0.3396 | 0.2837 | 0.2369 | 0.1979 | 0.1653 | 0.1381 | 0.1153 | 0.0963 | 0.0805 | 0.0672 | 0.0561 | 0.0469 |
| 19 | 0.8270 | 0.6839 | 0.5655 | 0.4677 | 0.3867 | 0.3198 | 0.2645 | 0.2187 | 0.1809 | 0.1496 | 0.1237 | 0.1023 | 0.0846 | 0.0699 | 0.0578 | 0.0478 | 0.0396 |
| 20 | 0.8187 | 0.6703 | 0.5488 | 0.4493 | 0.3679 | 0.3012 | 0.2466 | 0.2019 | 0.1653 | 0.1353 | 0.1108 | 0.0907 | 0.0743 | 0.0608 | 0.0498 | 0.0408 | 0.0334 |
| 21 | 0.8106 | 0.6570 | 0.5326 | 0.4317 | 0.3499 | 0.2837 | 0.2299 | 0.1864 | 0.1511 | 0.1225 | 0.0993 | 0.0805 | 0.0652 | 0.0529 | 0.0429 | 0.0347 | 0.0282 |
| 22 | 0.8025 | 0.6440 | 0.5169 | 0.4148 | 0.3329 | 0.2671 | 0.2144 | 0.1720 | 0.1381 | 0.1108 | 0.0889 | 0.0714 | 0.0573 | 0.0460 | 0.0369 | 0.0296 | 0.0238 |
| 23 | 0.7945 | 0.6313 | 0.5016 | 0.3985 | 0.3166 | 0.2516 | 0.1999 | 0.1588 | 0.1262 | 0.1003 | 0.0797 | 0.0633 | 0.0503 | 0.0400 | 0.0317 | 0.0252 | 0.0200 |
| 24 | 0.7866 | 0.6188 | 0.4868 | 0.3829 | 0.3012 | 0.2369 | 0.1864 | 0.1466 | 0.1153 | 0.0907 | 0.0714 | 0.0561 | 0.0442 | 0.0347 | 0.0273 | 0.0215 | 0.0169 |
| 25 | 0.7788 | 0.6065 | 0.4724 | 0.3679 | 0.2865 | 0.2231 | 0.1738 | 0.1353 | 0.1054 | 0.0821 | 0.0639 | 0.0498 | 0.0388 | 0.0302 | 0.0235 | 0.0183 | 0.0143 |
| 30 | 0.7408 | 0.5488 | 0.4066 | 0.3012 | 0.2231 | 0.1653 | 0.1225 | 0.0907 | 0.0672 | 0.0498 | 0.0369 | 0.0273 | 0.0202 | 0.0150 | 0.0111 | 0.0082 | 0.0061 |
| 35 | 0.7047 | 0.4966 | 0.3499 | 0.2466 | 0.1738 | 0.1225 | 0.0863 | 0.0608 | 0.0429 | 0.0302 | 0.0213 | 0.0150 | 0.0106 | 0.0074 | 0.0052 | 0.0037 | 0.0026 |
| 40 | 0.6703 | 0.4493 | 0.3012 | 0.2019 | 0.1353 | 0.0907 | 0.0608 | 0.0408 | 0.0273 | 0.0183 | 0.0123 | 0.0082 | 0.0055 | 0.0037 | 0.0025 | 0.0017 | 0.0011 |
| 45 | 0.6376 | 0.4066 | 0.2592 | 0.1653 | 0.1054 | 0.0672 | 0.0429 | 0.0273 | 0.0174 | 0.0111 | 0.0071 | 0.0045 | 0.0029 | 0.0018 | 0.0012 | 0.0007 | 0.0005 |
| 50 | 0.6065 | 0.3679 | 0.2231 | 0.1353 | 0.0821 | 0.0498 | 0.0302 | 0.0183 | 0.0111 | 0.0067 | 0.0041 | 0.0025 | 0.0015 | 0.0009 | 0.0006 | 0.0003 | 0.0002 |
| 55 | 0.5769 | 0.3329 | 0.1920 | 0.1108 | 0.0639 | 0.0369 | 0.0213 | 0.0123 | 0.0071 | 0.0041 | 0.0024 | 0.0014 | 0.0008 | 0.0005 | 0.0003 | 0.0002 | 0.0001 |
| 60 | 0.5488 | 0.3012 | 0.1653 | 0.0907 | 0.0498 | 0.0273 | 0.0150 | 0.0082 | 0.0045 | 0.0025 | 0.0014 | 0.0007 | 0.0004 | 0.0002 | 0.0001 | 0.0001 | 0.0000 |

（续）

r

| T | 18% | 19% | 20% | 21% | 22% | 23% | 24% | 25% | 26% | 27% | 28% | 29% | 30% | 31% | 32% | 33% | 34% | 35% |
|---|---|---|---|---|---|---|---|---|---|---|---|---|---|---|---|---|---|---|
| 1 | 0.8353 | 0.8270 | 0.8187 | 0.8106 | 0.8025 | 0.7945 | 0.7866 | 0.7788 | 0.7711 | 0.7634 | 0.7558 | 0.7483 | 0.7408 | 0.7334 | 0.7261 | 0.7189 | 0.7118 | 0.7047 |
| 2 | 0.6977 | 0.6839 | 0.6703 | 0.6570 | 0.6440 | 0.6313 | 0.6188 | 0.6065 | 0.5945 | 0.5827 | 0.5712 | 0.5599 | 0.5488 | 0.5379 | 0.5273 | 0.5169 | 0.5066 | 0.4966 |
| 3 | 0.5827 | 0.5655 | 0.5488 | 0.5326 | 0.5169 | 0.5016 | 0.4868 | 0.4724 | 0.4584 | 0.4449 | 0.4317 | 0.4190 | 0.4066 | 0.3946 | 0.3829 | 0.3716 | 0.3606 | 0.3499 |
| 4 | 0.4868 | 0.4677 | 0.4493 | 0.4317 | 0.4148 | 0.3985 | 0.3829 | 0.3679 | 0.3535 | 0.3396 | 0.3263 | 0.3135 | 0.3012 | 0.2894 | 0.2780 | 0.2671 | 0.2567 | 0.2466 |
| 5 | 0.4066 | 0.3867 | 0.3679 | 0.3499 | 0.3329 | 0.3166 | 0.3012 | 0.2865 | 0.2725 | 0.2592 | 0.2466 | 0.2346 | 0.2231 | 0.2122 | 0.2019 | 0.1920 | 0.1827 | 0.1738 |
| 6 | 0.3396 | 0.3198 | 0.3012 | 0.2837 | 0.2671 | 0.2516 | 0.2369 | 0.2231 | 0.2101 | 0.1979 | 0.1864 | 0.1755 | 0.1653 | 0.1557 | 0.1466 | 0.1381 | 0.1300 | 0.1225 |
| 7 | 0.2837 | 0.2645 | 0.2466 | 0.2299 | 0.2144 | 0.1999 | 0.1864 | 0.1738 | 0.1620 | 0.1511 | 0.1409 | 0.1313 | 0.1225 | 0.1142 | 0.1065 | 0.0993 | 0.0926 | 0.0863 |
| 8 | 0.2369 | 0.2187 | 0.2019 | 0.1864 | 0.1720 | 0.1588 | 0.1466 | 0.1353 | 0.1249 | 0.1153 | 0.1065 | 0.0983 | 0.0907 | 0.0837 | 0.0773 | 0.0714 | 0.0659 | 0.0608 |
| 9 | 0.1979 | 0.1809 | 0.1653 | 0.1511 | 0.1381 | 0.1262 | 0.1153 | 0.1054 | 0.0963 | 0.0880 | 0.0805 | 0.0735 | 0.0672 | 0.0614 | 0.0561 | 0.0513 | 0.0469 | 0.0429 |
| 10 | 0.1653 | 0.1496 | 0.1353 | 0.1225 | 0.1108 | 0.1003 | 0.0907 | 0.0821 | 0.0743 | 0.0672 | 0.0608 | 0.0550 | 0.0498 | 0.0450 | 0.0408 | 0.0369 | 0.0334 | 0.0302 |
| 11 | 0.1381 | 0.1237 | 0.1108 | 0.0993 | 0.0889 | 0.0797 | 0.0714 | 0.0639 | 0.0573 | 0.0513 | 0.0460 | 0.0412 | 0.0369 | 0.0330 | 0.0296 | 0.0265 | 0.0238 | 0.0213 |
| 12 | 0.1154 | 0.1023 | 0.0907 | 0.0805 | 0.0714 | 0.0633 | 0.0561 | 0.0498 | 0.0442 | 0.0392 | 0.0347 | 0.0308 | 0.0273 | 0.0242 | 0.0215 | 0.0191 | 0.0169 | 0.0150 |
| 13 | 0.0963 | 0.0846 | 0.0743 | 0.0652 | 0.0573 | 0.0503 | 0.0442 | 0.0388 | 0.0340 | 0.0299 | 0.0263 | 0.0231 | 0.0202 | 0.0178 | 0.0156 | 0.0137 | 0.0120 | 0.0106 |
| 14 | 0.0805 | 0.0699 | 0.0608 | 0.0529 | 0.0460 | 0.0400 | 0.0347 | 0.0302 | 0.0263 | 0.0228 | 0.0198 | 0.0172 | 0.0150 | 0.0130 | 0.0113 | 0.0099 | 0.0086 | 0.0074 |
| 15 | 0.0672 | 0.0578 | 0.0498 | 0.0429 | 0.0369 | 0.0317 | 0.0273 | 0.0235 | 0.0202 | 0.0174 | 0.0150 | 0.0129 | 0.0111 | 0.0096 | 0.0082 | 0.0071 | 0.0061 | 0.0052 |
| 16 | 0.0561 | 0.0478 | 0.0408 | 0.0347 | 0.0296 | 0.0252 | 0.0215 | 0.0183 | 0.0156 | 0.0133 | 0.0113 | 0.0097 | 0.0082 | 0.0070 | 0.0060 | 0.0051 | 0.0043 | 0.0037 |
| 17 | 0.0469 | 0.0396 | 0.0334 | 0.0282 | 0.0238 | 0.0200 | 0.0169 | 0.0143 | 0.0120 | 0.0102 | 0.0086 | 0.0072 | 0.0061 | 0.0051 | 0.0043 | 0.0037 | 0.0031 | 0.0026 |
| 18 | 0.0392 | 0.0327 | 0.0273 | 0.0228 | 0.0191 | 0.0159 | 0.0133 | 0.0111 | 0.0093 | 0.0078 | 0.0065 | 0.0054 | 0.0045 | 0.0038 | 0.0032 | 0.0026 | 0.0022 | 0.0018 |
| 19 | 0.0327 | 0.0271 | 0.0224 | 0.0185 | 0.0153 | 0.0127 | 0.0105 | 0.0087 | 0.0072 | 0.0059 | 0.0049 | 0.0040 | 0.0033 | 0.0028 | 0.0023 | 0.0019 | 0.0016 | 0.0013 |
| 20 | 0.0273 | 0.0224 | 0.0183 | 0.0150 | 0.0123 | 0.0101 | 0.0082 | 0.0067 | 0.0055 | 0.0045 | 0.0037 | 0.0030 | 0.0025 | 0.0020 | 0.0017 | 0.0014 | 0.0011 | 0.0009 |
| 21 | 0.0228 | 0.0185 | 0.0150 | 0.0122 | 0.0099 | 0.0080 | 0.0065 | 0.0052 | 0.0043 | 0.0034 | 0.0028 | 0.0023 | 0.0018 | 0.0015 | 0.0012 | 0.0010 | 0.0008 | 0.0006 |
| 22 | 0.0191 | 0.0153 | 0.0123 | 0.0099 | 0.0079 | 0.0063 | 0.0051 | 0.0041 | 0.0033 | 0.0026 | 0.0021 | 0.0017 | 0.0014 | 0.0011 | 0.0009 | 0.0007 | 0.0006 | 0.0005 |
| 23 | 0.0159 | 0.0127 | 0.0101 | 0.0080 | 0.0063 | 0.0050 | 0.0040 | 0.0032 | 0.0025 | 0.0020 | 0.0016 | 0.0013 | 0.0010 | 0.0008 | 0.0006 | 0.0005 | 0.0004 | 0.0003 |
| 24 | 0.0133 | 0.0105 | 0.0082 | 0.0065 | 0.0051 | 0.0040 | 0.0032 | 0.0025 | 0.0019 | 0.0015 | 0.0012 | 0.0009 | 0.0007 | 0.0006 | 0.0005 | 0.0004 | 0.0003 | 0.0002 |
| 25 | 0.0111 | 0.0087 | 0.0067 | 0.0053 | 0.0041 | 0.0032 | 0.0025 | 0.0019 | 0.0015 | 0.0012 | 0.0009 | 0.0007 | 0.0006 | 0.0004 | 0.0003 | 0.0003 | 0.0002 | 0.0002 |
| 30 | 0.0045 | 0.0033 | 0.0025 | 0.0018 | 0.0014 | 0.0010 | 0.0007 | 0.0006 | 0.0004 | 0.0003 | 0.0002 | 0.0002 | 0.0001 | 0.0001 | 0.0001 | 0.0001 | 0.0000 | 0.0000 |
| 35 | 0.0018 | 0.0013 | 0.0009 | 0.0006 | 0.0005 | 0.0003 | 0.0002 | 0.0002 | 0.0001 | 0.0001 | 0.0001 | 0.0000 | 0.0000 | 0.0000 | 0.0000 | 0.0000 | 0.0000 | 0.0000 |
| 40 | 0.0007 | 0.0005 | 0.0003 | 0.0002 | 0.0002 | 0.0001 | 0.0001 | 0.0000 | 0.0000 | 0.0000 | 0.0000 | 0.0000 | 0.0000 | 0.0000 | 0.0000 | 0.0000 | 0.0000 | 0.0000 |
| 45 | 0.0003 | 0.0002 | 0.0001 | 0.0001 | 0.0001 | 0.0000 | 0.0000 | 0.0000 | 0.0000 | 0.0000 | 0.0000 | 0.0000 | 0.0000 | 0.0000 | 0.0000 | 0.0000 | 0.0000 | 0.0000 |
| 50 | 0.0001 | 0.0001 | 0.0000 | 0.0000 | 0.0000 | 0.0000 | 0.0000 | 0.0000 | 0.0000 | 0.0000 | 0.0000 | 0.0000 | 0.0000 | 0.0000 | 0.0000 | 0.0000 | 0.0000 | 0.0000 |
| 55 | 0.0001 | 0.0000 | 0.0000 | 0.0000 | 0.0000 | 0.0000 | 0.0000 | 0.0000 | 0.0000 | 0.0000 | 0.0000 | 0.0000 | 0.0000 | 0.0000 | 0.0000 | 0.0000 | 0.0000 | 0.0000 |
| 60 | 0.0000 | 0.0000 | 0.0000 | 0.0000 | 0.0000 | 0.0000 | 0.0000 | 0.0000 | 0.0000 | 0.0000 | 0.0000 | 0.0000 | 0.0000 | 0.0000 | 0.0000 | 0.0000 | 0.0000 | 0.0000 |

## 附录 B

# 部分思考与练习参考答案

第 2 章

11. 121 660 美元；91 660 美元

12. 1 127 000 美元

13. 1 549 000 美元

14. a. 110 225 美元

    b. 19 600 美元

    c. 14 350 美元

    d. 2 475 美元

15. a. 1 300 美元；

    b. 0 美元

第 3 章

16. 1.63；13.69%；88 313.40 美元

17. 11.83%

18. a. 9.04%

19. 23.58 天

20. 8.95

第 4 章

1. a. 2 671.39 美元

    b. 4 253.74 美元

    c. 4 351.41 美元

2. 7.26%；9.42%；13.07%；10.86%

4. 588 235.29 美元；4.21%

5. EAR = 176.68%

6. 5.07%

7. 2 961 734.39 美元

8. 531 028.71 美元

9. 2 840 931.41 美元

10. 309 171.80 美元

11. 10 677.92 美元；13.73%

12. 179 859.81 美元

13. 18 969.69 美元

14. 19 326.90 美元

15. EAR = 17.10%

16. APR = 36.53%；EAR = 43.31%

第 5 章

1. 2.28 年；4.31 年；无

2. 15.11%；19.52%

3. a. 11.51%

    d. −285.58 美元；1 369.06 美元

4. a. 1.23 年；1.48 年

    b. 288.62 美元；366.87 美元

    c. 37.51%；27.04%

    d. 17.02%

5. a. 1.86 年；1.53 年

    b. 610 798.66 美元；488 760.86 美元

    c. 26.84%；42.20%

    d. 14.78%

第 6 章

3. 1 628 841.60 美元

5. 101 078.23 美元

6. 3 933 333.33 美元

7. 708 930.67 美元

8. 4 910 413.48 美元；28.39%

第 7 章

2. 直接进入市场 NPV = 19 100 000 美元

    进行市场测试 NPV = 20 458 558.56 美元

3. 9 805.98

4. 回收期 = 3.96 年

　　NPV = 10 421 358.80 美元

　　IRR = 17.22%

5. a. 726.53

　　b. 1 075.56

## 第 8 章

1. a. 1 000 美元

　　b. 823.34 美元

　　c. 1 235.56 美元

2. 3.71%

3. 2.70%；2.65%

4. 2.48%

5. 6.02%；5.83%；5.91%

## 第 9 章

1. 9.35%

2. 4.03 美元

3. 4.09%

4. 65.46 美元

5. 3.55 美元

6. 6.02 美元

7. a. 85.05 美元

　　b. 89.22 美元

　　c. 4.90%

## 第 10 章

2. 2.23%；12.16%

6. 3.11%；3.50%

10. a. 6.11%

　　b. 5.50%

14. 7.48%

20. 算术平均收益率 = 8.33%

　　几何平均收益率 = 7.20%

## 第 11 章

12. 10.06%

16. E(R) = 9.62%

　　$\sigma_A$ = 15.29%

20. 1.18

24. 11.26%

29. 2.50%

## 第 12 章

12. a. 4.28%

b. 14.53%

15. $F_1$ = 6.49%

　　$F_2$ = 5.64%

## 第 13 章

1. 5.30%；4.19%

2. 9.38%

3. a. 6.31%

　　b. 13.39%

4. b. 4.29%

　　c. 44 925 373 美元

5. 0.879 0

6. 13 425 240 美元

## 第 15 章

1. 4 961

2. 0.48

3. 954.96 美元

## 第 16 章

2. a. 4.72 美元；4.83 美元；4.67 美元

　　b. 65 250 美元

　　c. 65 250 美元

　　d. 3.73 美元；3.82 美元；3.69 美元

　　盈亏平衡点 = 65 250

3. 1 232 400 美元

4. $V_U$ = 791 666.67 美元

　　$V$ = 840 866.67 美元

## 第 17 章

1. 423 000 美元

2. a. 43 000 000 美元

　　b. 32.65%

　　c. 14.69%

## 第 18 章

1. 35 926.37 美元

2. a. 479 657.71 美元

　　b. 367 832.61 美元

3. 20 441 354.03 美元

4. a. 13 021 897.91 美元

## 第 19 章

22. a. 发行新股 = 4 000

　　b. 发行新股 = 10 000

26. 11 484；33.69 美元

30. a. 98 美元

b. 106 美元

c. 34 906

34. a. 2 040 000 美元

b. 53.57 美元

c(i). 2 040 000 美元

c(ii). 1 919.83

## 第20章

16. a. 48 美元

b. 609 756；4.43

c. 46.71 美元；1.29 美元

d. 48 000；48 000

19. 28.10 美元

## 第22章

22. a. 16.92 美元

b. 9.06 美元

24. 1.82 美元

28. 看涨期权 = 5.63 美元；看跌期权 = 7.10 美元

32. 296 928.02 美元

36. 75.00 美元

40. 项目 A：股票 = 4 646.93 美元；债券 = 8 653.07 美元

项目 B：股票 = 4 380.51 美元；债券 = 9 319.49 美元

44. a. 6.93 美元

b. 0.57；借入 25.64 美元

c. 6.93 美元

52. 10.44 美元

## 第23章

12. 1 482 236.42 美元

16. 279 908.38 美元

19. 6 547 526 美元

## 第26章

13. 现金 = 1 745

流动资产 = 6 920 美元

14. 经营周期 = 80.43 天

现金周期 = 41.11 天

15. 期末现金余额 = 99 870 美元（4 月）；100 985 美元（5 月）；200 395 美元（6 月）

## 第27章

13. a. 现金支付浮差 = 78 000 美元

现金回收浮差 = −49 200 美元

净浮差 = 28 800 美元

b. 现金支付浮差 = 78 000 美元

现金回收浮差 = −24 600 美元

净浮差 = 53 400 美元

14. a. 30 856 美元

b. 2.53 天

c. 30 856 美元

d. 5.72 美元

e. 12 586 美元

15. 3 370 000 美元；84 250 美元

## 第28章

1. 2 701 369.86 美元

2. 15.21 次；749 770.83 美元

3. 228 461.84 美元

4. 280 542.39 美元

5. 81.01 美元

## 第29章

11. 资产 = 300 000 美元

12. a. EPS = 4.93 美元；市盈率 = 12.60%

13. a. 3.81 美元

b. 58.31 美元

c. 14.71

d. 55.61 美元；14.61

## 第30章

11. 3.363

## 第31章

15. £ = 134.96 美元

SF/ £ = 1.198 6

£ /SF = 0.834 3

16. 英国 = 2.14%

日本 = 5.20%

瑞士 = 2.77%

17. b. 克朗 / 美元 = 9.226 4

18. 1 116 909.24 美元